KṚṢṆA

ANDERE WERKE VON HIS DIVINE GRACE
A. C. BHAKTIVEDANTA SWAMI PRABHUPĀDA

Bhagavad-gītā wie sie ist
Śrīmad-Bhāgavatam (Canto 1–10.1)
Śrī Caitanya-caritāmṛta
Śrī Īśopaniṣad
Der Nektar der Unterweisung
Der Nektar der Hingabe
Der Nektar der Unterweisung
Die Lehren Śrī Caitanyas
Die Lehren Königin Kuntīs
Die Lehren Śrī Kapilas
Die Schönheit des Selbst
Vollkommene Fragen, vollkommene Antworten
Leben kommt von Leben
Bewusste Freude
Im Angesicht des Todes
Bhakti-Yoga – Der Pfad des spirituellen Lebens
Jenseits von Raum und Zeit
Bhakti – Der Wandel im Herzen

KṚṢṆA

Die Quelle aller Freude

Eine Zusammenfassung des 10. Cantos
von Śrīla Vyāsadevas *Śrīmad-Bhāgavatam*

von

His Divine Grace
A. C. Bhaktivedanta Swami Prabhupāda
Gründer-Ācārya der Internationalen Gesellschaft für Krishna-Bewusstsein

THE BHAKTIVEDANTA BOOK TRUST

Sollten Sie Fragen oder Kommentare zu diesem Buch haben,
wenden Sie sich bitte an eine der folgenden Adressen:

DEUTSCHLAND UND ÖSTERREICH

ISKCON Deutschland-Österreich e. V.
Aarstraße 8, 65329 Hohenstein
Tel. +49 (0)6120 90 41 07
www.iskcon.de

SCHWEIZ

Sankirtan-Verein
Bergstrasse 54, 8032 Zürich
Tel. +41 (0)44 262 37 90 • Fax +41 (0)55 533 01 85
sa-ve@pamho.net • www.krishna.ch

MIX
Papier aus verantwortungsvollen Quellen
FSC® C083411
FSC www.fsc.org

www.bbt.se
www.bbtmedia.com
www.bbt.org
www.krishna.com

ISBN 978-91-7149-954-7

Kṛṣṇa, the Supreme Personality of Godhead (German)

Printed in 2016

Dieser Titel ist für Sie in allen E-Book-Formaten
kostenlos auf www.bbtmedia.com erhältlich.
Code: **EB16DE46489P**

Gewidmet meinem Vater,
Gour Mohan De (1849–1930),

einem reinen Geweihten Kṛṣṇas, der mich von klein auf im Kṛṣṇa-Bewusstsein erzog. In meinen Kindheitsjahren lehrte er mich die *mṛdaṅga* spielen. Er schenkte mir Rādhā-Kṛṣṇa-*vigraha* zur Verehrung, und er gab mir einen Jagannātha-Ratha, damit ich in meinen Kinderspielen das Ratha-yātrā-Fest richtig durchführen konnte. Er war sehr gütig zu mir, und ich empfing von ihm die Prinzipien, die später von meinem spirituellen Meister, meinem ewigen Vater, bekräftigt wurden.

A. C. Bhaktivedanta Swami

from Apple

Jeder sucht nach Kṛṣṇa. Manche wissen es vielleicht nicht, doch sie tun es. Kṛṣṇa ist Gott, der Ursprung alles Existierenden, die Ursache all dessen, was ist, war und zukünftig sein wird. Da Gott unbegrenzt ist, hat Er viele Namen. Allah, Buddha, Jehova, Rāma. Alle sind Kṛṣṇa, alle sind ein und derselbe. Gott ist nichts Abstraktes, sondern in Seinem endgültigen Aspekt eine Person – die Höchste Person, in der sowohl der persönliche als auch der unpersönliche Aspekt eingeschlossen ist –, und Er ist ewig, voller Glückseligkeit und voller Wissen. Wie ein Tropfen Wasser die gleichen Eigenschaften wie der Ozean besitzt, so hat unser Bewusstsein die gleichen Eigenschaften wie das Bewusstsein Gottes. Weil wir uns jedoch mit der materiellen Energie (mit dem physischen Körper, den Sinnenfreuden, mit materiellem Besitz, falschem Ego usw.) identifizieren und an sie angehaftet sind, ist unser wahres, transzendentales Bewusstsein verunreinigt worden und kann daher, gleich einem staubigen Spiegel, kein klares Bild mehr reflektieren. Im Laufe vieler Leben hat sich unsere Verbindung mit dem Vergänglichen verstärkt. Den unbeständigen Körper, eine Handvoll Knochen und Fleisch, halten wir fälschlicherweise für unser wahres Selbst, und daher glauben wir, dass dieser gegenwärtige zeitweilige Zustand das Ein und Alles wäre. Zu allen Zeiten waren Heilige der lebendige Beweis dafür, dass der nicht zeitweilige, beständige Zustand des Gottesbewusstseins in allen verkörperten Seelen wiedererweckt werden kann. Jede Seele ist ihrem Wesen nach göttlich. Kṛṣṇa sagt in der *Bhagavad-gītā* (6.28): „Der selbstbeherrschte Yogi, der ununterbrochen in den Vorgang des

Yoga vertieft ist, [wird] von aller materiellen Verunreinigung frei und erreicht die höchste Stufe vollkommenen Glücks im transzendentalen liebevollen Dienst des Herrn.“ Yoga (eine wissenschaftliche Methode zur Gottes- (und Selbstverwirklichung) ist der Vorgang, durch den wir unser Bewusstsein reinigen, weitere Verschmutzung verhindern und auf die Stufe der Vollkommenheit – voller Wissen und Glückseligkeit – gelangen können. „Wenn es einen Gott gibt, möchte ich Ihn sehen“, mögen viele sagen, und das ist richtig, denn es ist nicht gut, blind an etwas zu glauben. Kṛṣṇa-Bewusstsein und Meditation sind Methoden, mit denen man Gott tatsächlich wahrnehmen kann. Man kann Gott tatsächlich sehen, Ihn hören und mit Ihm spielen. Es mag verrückt klingen, aber Er ist tatsächlich gegenwärtig, Er ist tatsächlich bei Dir.

Es gibt viele Pfade des Yoga – Rāja, Jñāna, Hatha, Kriya, Karma, Bhakti –, und sie alle werden von den Meistern der einzelnen Pfade anerkannt und gepriesen.

A. C. Bhaktivedanta Swami ist, wie sein Name bereits sagt, ein *bhakti-yogī,* der dem Pfad der Hingabe folgt. Indem der Gottgeweihte Kṛṣṇa mit jedem Gedanken, jedem Wort und jeder Tat dient und Seinen heiligen Namen chantet, entwickelt er sehr schnell Gottesbewusstsein. Durch das Chanten von

Hare Kṛṣṇa, Hare Kṛṣṇa
Kṛṣṇa Kṛṣṇa, Hare Hare
Hare Rāma, Hare Rāma
Rāma Rāma, Hare Hare

erreicht man mit Sicherheit die Stufe des Kṛṣṇa-Bewusstseins. (Probieren geht über Studieren!)

Ich möchte Euch alle bitten, aus diesem Kṛṣṇa-Buch Euren Nutzen zu ziehen und in sein Verständnis einzudringen. Auch möchte ich Euch bitten, jetzt den Entschluss zu fassen, Euch durch den Befreiungsvorgang des Yoga („Verbindung“) Gott zuzuwenden – Give Peace a Chance.

ALL YOU NEED IS LOVE (KRISHNA) HARI BOL.

George Harrison

Inhalt

Vorwort

nivṛtta-tarṣair upagīyamānād
bhavauṣadhāc chrotra-mano-'bhirāmāt
ka uttamaśloka-guṇānuvādāt
pumān virajyeta vinā paśughnāt
(*Śrīmad-Bhāgavatam* 10.1.4)

Wenn jemand hier in der westlichen Welt den Umschlag eines Buches wie den des Kṛṣṇa-Buches sieht, wird er sich sofort fragen: „Wer ist Kṛṣṇa? Wer ist das Mädchen an Seiner Seite?"

Die unmittelbare Antwort lautet: „Kṛṣṇa ist die Höchste Persönlichkeit Gottes." Und warum? Weil Er bis in alle Einzelheiten mit den Beschreibungen Gottes, des Höchsten Wesens, übereinstimmt. Mit anderen Worten, Kṛṣṇa ist Gott, weil Er allanziehend ist. Ohne die Eigenschaft, auf alles anziehend zu wirken, hat das Wort „Gott" keine Bedeutung. Und wie kann jemand allanziehend sein? Zunächst einmal ist jemand für andere sehr anziehend, wenn Er wohlhabend ist, das heißt wenn er große Reichtümer besitzt. Ebenso fühlen sich die Menschen zu jemandem hingezogen, der sehr mächtig oder sehr berühmt ist. Anziehend wirkt auch jemand, der von schöner Gestalt ist, der weise ist oder der auf jeglichen Besitz verzichten kann. Somit kann man also aus praktischer Erfahrung sagen, dass jemand durch (1) Reichtum, (2) Macht, (3) Ruhm, (4) Schönheit, (5) Weisheit und (6) Entsagung anziehend wirkt. Wer alle diese sechs Eigenschaften gleichzeitig besitzt und über sie in unbegrenztem Ausmaß verfügt, wird als die Höchste Persönlichkeit Gottes bezeichnet. Diese Definition der sechs Füllen Gottes stammt von Parasara Muni, einer großen vedischen Autorität.

Wir kennen viele reiche, mächtige, berühmte, schöne, gelehrte und weise Menschen und solche, die in den Lebensstand der Entsagung getreten sind und sich von allen weltlichen Besitztümern losgelöst haben, doch niemals in der Geschichte haben wir von einem Menschen gehört, der in unbegrenztem Maße gleichzeitig reich, mächtig, berühmt, schön, weise und entsagungsvoll gewesen ist, so wie Kṛṣṇa. Kṛṣṇa, die Höchste Persönlichkeit Gottes, ist eine historische Persönlichkeit, die vor 5 000 Jahren auf der Erde erschien. Er blieb für 125 Jahre auf diesem Planeten und verhielt Sich genau wie ein Mensch – doch Seine Handlungen waren unvergleichlich. Vom Zeitpunkt Seines Erscheinens bis zum Zeitpunkt Seines Fortgangs ist jede Seiner Tätigkeiten einzigartig in der Weltgeschichte, und daher wird jeder, der versteht, was wir unter „Gott" verstehen, Kṛṣṇa als die Höchste Persönlichkeit Gottes anerkennen. Niemand kommt Gott gleich und niemand ist größer als Er. Das ist die tiefere Bedeutung des bekannten Sinnspruchs „Gott ist groß".

Es gibt viele Gruppen von Menschen mit unterschiedlichen Vorstellungen von Gott. Doch die vedischen Schriften und die großen *ācāryas* aller Zeiten, die autorisierten Lehrer, die im Wissen über Gott verankert sind, wie die *ācāryas* Śaṅkara, Rāmānuja, Madhva, Viṣṇusvāmī, Śrī Caitanya und all ihre Nachfolger in der Kette der spirituellen Meister, stimmen ausnahmslos darin überein, dass Kṛṣṇa die Höchste Persönlichkeit Gottes ist. Wir, die Anhänger der vedischen Zivilisation, erkennen unsererseits die vedische Geschichtsschreibung an, die das gesamte Universum umfasst, das aus verschiedenen Planetensystemen besteht, nämlich dem Svargaloka (dem höheren Planetensystem), Martyaloka (dem mittlerem Planetensystem) und Pātālaloka (dem niederen Planetensystem). Die modernen Historiker können keine Beweise für Ereignisse liefern, die mehr als 5 000 Jahre zurückliegen, und die Anthropologen sind der Ansicht, der Homo sapiens existiere auf unserem Planeten noch nicht länger als 40 000 Jahre, weil vorher die Evolution diese Stufe der Entwicklung noch nicht erreicht habe. Die vedischen Geschichtsbücher, wie die Purāṇas und das *Mahābhārata*, berichten jedoch von einer Menschheitsgeschichte, die Millionen und Abermillionen von Jahren in die Vergangenheit zurückreicht. Zum Beispiel erfahren wir aus diesen Schriften, dass Kṛṣṇa bereits vor vielen Millionen von Jahren in den verschiedensten Formen erschienen ist. Im 4. Kapitel der *Bhagavad-gītā* sagt Kṛṣṇa zu Arjuna, sowohl Er Selbst als auch

Arjuna seien schon viele Male geboren worden, doch Er, Kṛṣṇa, könne Sich, im Gegensatz zu Arjuna, an all diese Geburten erinnern. Dieses Beispiel veranschaulicht den Unterschied zwischen dem Wissen Kṛṣṇas und dem Wissen Arjunas. Arjuna war zweifelsohne ein großer Krieger und ein hochgestelltes Mitglied der Kuru-Dynastie, doch trotz allem war er ein gewöhnliches menschliches Lebewesen mit begrenztem Wissen, wohingegen Kṛṣṇa, die Höchste Persönlichkeit Gottes, über unbegrenztes Wissen verfügt. Weil Kṛṣṇa unbegrenztes Wissen besitzt, verfügt Er über ein Erinnerungsvermögen, das grenzenlos ist. Kṛṣṇas Wissen ist so vollkommen, dass Er Sich an alle Einzelheiten Seiner Erscheinungen, die Millionen und Abermillionen von Jahren zurückliegen, zu erinnern vermag, wohingegen Arjunas Erinnerung und Wissen von Raum und Zeit begrenzt sind, da er nur ein gewöhnlicher Mensch ist. Im 1. Vers des 4. Kapitels der *Bhagavad-gītā* sagt Kṛṣṇa, Er könne Sich daran erinnern, wie Er vor einigen Millionen von Jahren den Sonnengott Vivasvān in den Lehren der *Gītā* unterwiesen habe. Heutzutage ist es bei vielen atheistischen Menschen Mode geworden, zu versuchen, durch sogenannte Mystik Gott zu werden. Im Allgemeinen behaupten die Atheisten aufgrund von Einbildung oder scheinbarem Erfolg beim Meditieren, Gott zu sein. Kṛṣṇa jedoch ist kein solcher „Gott". Er wird nicht zu Gott, indem Er einen mystischen Meditationsvorgang ausübt, und ebenso braucht Er Sich nicht strenge Bußen aufzuerlegen, um Gott zu werden. Mit anderen Worten, Er *wird* nicht zu Gott, sondern Er ist Gott – und das unter allen Umständen.

In dem Gefängnis, in das Sein Vater und Seine Mutter auf Befehl Seines Onkels mütterlicherseits, Kaṁsa, gesperrt worden waren, erschien Kṛṣṇa außerhalb des Körpers Seiner Mutter als der vierhändige Viṣṇu-Nārāyaṇa. Darauf verwandelte Er Sich in ein Baby und sagte zu Seinem Vater, er solle Ihn zum Hause Nanda Mahārājas und dessen Frau Yaśodā bringen. Als Kṛṣṇa noch ein kleines Kind war, versuchte die gigantische Dämonin Pūtanā, Ihn zu töten, indem sie Ihm ihre vergiftete Brust bot, doch als Kṛṣṇa an ihrer Brust saugte, saugte Er ihr gleichzeitig auch das Leben aus. Das ist der Unterschied zwischen dem wahren Gott und einem sogenannten Gott, der in der „mystischen Fabrik" produziert wurde. Kṛṣṇa hatte gar nicht die Gelegenheit gehabt, den mystischen Yoga-Vorgang zu praktizieren, und trotzdem offenbarte Er Sich schon von allem Anfang an als die Höchste Persönlichkeit

Gottes – vom Säugling zum Kind, vom Kind zum Knaben und vom Knaben zum jungen Mann. Im vorliegenden Kṛṣṇa-Buch werden alle Seine Taten beschrieben, die Er als scheinbar menschliches Wesen ausführte. Obwohl Kṛṣṇa die Rolle eines Menschen spielt, behält Er immer Seine Identität als die Höchste Persönlichkeit Gottes.

Da Kṛṣṇa allanziehend ist, sollte man alle Wünsche, die man hat, auf Kṛṣṇa richten. In der *Bhagavad-gītā* wird gesagt, dass das individuelle Lebewesen der Eigentümer oder Meister des eigenen Körpers sei, dass aber Kṛṣṇa, der im Herzen eines jeden als Überseele weile, der höchste Eigentümer und der höchste Meister jedes einzelnen individuellen Körpers sei. Wenn wir also unsere Neigung zu lieben einfach auf Kṛṣṇa richten, dann wird allumfassende Liebe, Einigkeit und Frieden augenblicklich Wirklichkeit. Wenn man die Wurzel eines Baumes begießt, bewässert man gleichzeitig auch die Äste, Zweige, Blätter und Blüten, und wenn jemand den Magen mit Nahrung versorgt, so sorgt er damit auch für alle anderen Teile des Körpers.

Die Kunst, seine Aufmerksamkeit auf den Höchsten zu lenken und Ihm seine Liebe zu schenken, wird Kṛṣṇa-Bewusstsein genannt. Wir haben die Bewegung für Kṛṣṇa-Bewusstsein gegründet, damit jeder sein Verlangen, ein anderes Wesen zu lieben, dadurch erfüllen kann, dass er seine Liebe einfach auf Kṛṣṇa richtet. Jeder versucht, sein schlummerndes Verlangen nach Liebe zu befriedigen, doch die verschiedenen künstlichen Wege, wie Sozialismus, Kommunismus, Altruismus, Nationalismus und was auch immer zum Zwecke des Friedens und Wohlstands in der Welt erfunden wird, sind nutzlos und enttäuschend, weil wir Unwissenden der Kunst, Kṛṣṇa zu lieben, nicht bewusst sind. Viele denken, sie könnten durch moralische Prinzipien und religiöse Rituale glücklich werden, andere glauben, durch wirtschaftliche Entwicklung könne Glück und Zufriedenheit erreicht werden, und wieder andere sind der Ansicht, dass sie einfach durch Sinnenbefriedigung glücklich werden können. Die Wirklichkeit sieht jedoch anders aus. Die Menschen können nur dann wahrhaft glücklich werden, wenn sie lernen, Kṛṣṇa zu lieben.

Kṛṣṇa kann die liebenden Neigungen aller Lebewesen in Vollkommenheit erwidern und diese liebevollen Beziehungen werden in verschiedene *rasas*, oder Wohlgeschmäcke, unterteilt. Grundlegend gibt es zwölf Arten solcher liebevollen Beziehungen. Man kann Kṛṣṇa als den höchsten Unbekannten lieben, als den höchsten Meister, den höchsten Freund, das höchste Kind oder den höchsten Geliebten – dies sind die fünf grundlegenden *rasas* der Liebe zu Kṛṣṇa. Darüber hinaus kann man Kṛṣṇa auch indirekt in sieben Beziehungen lieben, die nach außen hin von den fünf oben genannten *rasas* verschieden sind. Auf jeden Fall wird man sein Leben zur Vollkommenheit führen, wenn man einfach seine schlummernde liebevolle Beziehung zu Kṛṣṇa wiedererweckt. Dies ist keine Einbildung, sondern eine Tatsache, die durch praktische Erfahrung verwirklicht werden kann. Man kann die Auswirkungen, die die Liebe zu Kṛṣṇa auf das eigene Leben hat, direkt wahrnehmen.

Im 9. Kapitel der *Bhagavad-gītā* wird diese Wissenschaft des Kṛṣṇa-Bewusstseins der König des Wissens, der König aller vertraulichen Themen und die höchste Wissenschaft der transzendentalen Verwirklichung genannt. Dennoch können wir die Ergebnisse dieser Wissenschaft des Kṛṣṇa-Bewusstseins direkt erfahren, weil sie sehr einfach zu praktizieren ist und große Freude mit sich bringt. Wie viele Prozente an Kṛṣṇa-Bewusstsein wir auch entwickeln können, es wird einen ewigen Gewinn für unser Leben bedeuten, da es unter allen Umständen unvergänglich ist. Heute gibt es viele lebendige Beispiele dafür, dass selbst die verwirrte und frustrierte junge Generation der westlichen Länder diesen Gewinn erhalten kann, wenn sie ihre Fähigkeit zu lieben auf Kṛṣṇa lenkt.

Im Gegensatz dazu müssen alle Entsagungen, alle Bußen und alle Opfer als nutzlos angesehen werden, wenn man es dabei versäumt, seine schlummernde Liebe zu Kṛṣṇa zu erwecken. Wozu benötigt man aber noch Opferzeremonien und Bußen, wenn man diese Liebe einmal erweckt hat? Die Bewegung für Kṛṣṇa-Bewusstsein ist das einzigartige Geschenk Śrī Caitanyas für die gefallenen Seelen des gegenwärtigen Zeitalters. Kṛṣṇa-Bewusstsein ist eine sehr einfache Methode, die in den westlichen Ländern während der letzten vier Jahre von vielen angenommen und praktiziert worden ist. Es steht außer Zweifel, dass diese Bewegung den Wunsch nach wirklicher Liebe, der in allen Menschen vorhanden ist, erfüllen kann. Das Kṛṣṇa-Buch ist eine weitere transzendentale Veröffentlichung, die dazu beitragen soll, die Bewegung für Kṛṣṇa-Bewusstsein in der westlichen Welt immer mehr Menschen bekannt zu machen. Die Menschen lieben es, zum Zeitvertreib spannende und unterhaltsame Geschichten zu lesen. Nun kann diese Neigung auf Kṛṣṇa gerichtet werden. Das Ergebnis wird die immerwährende Zufriedenheit der Seele sein, und dies sowohl in Beziehung auf das Individuum wie auch auf die Allgemeinheit.

In der *Bhagavad-gītā* wird gesagt, dass schon eine kleine Bemühung auf dem Pfad des Kṛṣṇa-Bewusstseins einen Menschen vor der größten Gefahr bewahren könne. Unzählige Beispiele von Menschen können angeführt werden, die den größten Gefahren des Lebens entkommen sind, nur weil sie ein wenig Fortschritt im Kṛṣṇa-Bewusstsein gemacht haben. Wir bitten daher jeden, seinen Nutzen aus dieser bedeutenden transzendentalen Schrift zu ziehen. Wenn man Seite für Seite aufmerksam liest, wird man bemerken, dass ein unermesslicher Schatz an Wissen über Kunst, Wissenschaft, Literatur, Philosophie und Religion enthüllt wird. Letzten Endes wird durch das Lesen dieses einen Buches, des Kṛṣṇa-Buches, Liebe zu Gott erweckt werden.

Meine dankbare Anerkennung gilt Śrīman George Harrison, der mittlerweile ebenfalls Hare Kṛṣṇa chantet, für seine großzügige Spende von 19 000 Dollar zur Deckung der gesamten Druckkosten dieser Ausgabe. Möge Kṛṣṇa ihn weiteren Fortschritt im Kṛṣṇa-Bewusstsein erreichen lassen.

Meine immerwährenden Segnungen erteile ich ebenfalls Śrīmān Śyāmasundara dāsa Adhikārī, Śrīmān Brahmānanda dāsa Brahmacārī, Śrīmān Hayagrīva dāsa Adhikārī, Śrīmān Satsvarūpa dāsa Adhikārī, Śrīmatī Devahūti-devī dāsī, Śrīmatī Jaduraṇī-devī dāsī, Śrīmān Muralīdhara dāsa Brahmacārī, Śrīmān Bhāradvāja dāsa Adhikārī und Śrīmān Pradyumna dāsa Adhikārī und allen anderen, die mir dabei behilflich waren, dieser Veröffentlichung zu großem Erfolg zu verhelfen.

Hare Kṛṣṇa.

A. C. Bhaktivedanta Swami

Am Erscheinungstag Śrīla Bhaktisiddhānta Sarasvatīs
26. Februar 1970, ISKCON-Hauptquartier
3764 Watseka Avenue, Los Angeles, Kalifornien

Einleitung

Kṛṣṇa! Kṛṣṇa! Kṛṣṇa! Kṛṣṇa! Kṛṣṇa! Kṛṣṇa! Kṛṣṇa! He!
Kṛṣṇa! Kṛṣṇa! Kṛṣṇa! Kṛṣṇa! Kṛṣṇa! Kṛṣṇa! Kṛṣṇa! He!
Kṛṣṇa! Kṛṣṇa! Kṛṣṇa! Kṛṣṇa! Kṛṣṇa! Kṛṣṇa! Raksa mām!
Kṛṣṇa! Kṛṣṇa! Kṛṣṇa! Kṛṣṇa! Kṛṣṇa! Kṛṣṇa! Pāhi mām!
Rāma! Rāghava! Rāma! Rāghava! Rāma! Rāghava! Raksa mām!
Kṛṣṇa! Keśava! Kṛṣṇa! Keśava! Kṛṣṇa! Keśava! Pāhi mām!
(*Caitanya-caritāmṛta, Madhya-līlā* 7.96)

Bevor ich beginne, das Kṛṣṇa-Buch zu schreiben, möchte ich zunächst meinem spirituellen Meister, Oṁ Viṣṇupāda 108 Śrī Śrīmad Bhaktisiddhānta Sarasvatī Gosvāmī Mahārāja Prabhupāda, meine respektvollen Ehrerbietungen erweisen. Dann möchte ich meine respektvollen Ehrerbietungen auch dem Ozean der Barmherzigkeit, Śrī Kṛṣṇa Caitanya Mahāprabhu, darbringen. Er ist die Höchste Persönlichkeit Gottes, Kṛṣṇa Selbst, der in der Rolle eines Gottgeweihten erschien, um die höchsten Prinzipien des hingebungsvollen Dienstes zu verbreiten. Śrī Caitanya begann Seine Predigtarbeit in Gauḍadeśa (Westbengalen). Und da ich zur Madhva-Gauḍīya-*sampradāya* gehöre, muss ich auch dieser Nachfolge der spirituellen Meister meine respektvollen Ehrerbietungen erweisen. Die Madhva-Gauḍīya-*sampradāya* ist auch als Brahma-*sampradāya* bekannt, weil diese Schülernachfolge ursprünglich von Brahmā ausging. Brahmā lehrte den Weisen Nārada das vedische Wissen, Nārada unterwies Vyāsadeva, und Vyāsadeva gab es an Madhva Muni, Madhvācārya, weiter. Śrī Mādhavendra Purī, der Gründer der Madhva-Gauḍīya-*sampradāya*, war ein *sannyāsī* (Gottgeweihter, der sich auf der Lebensstufe der Entsagung befindet) und gehörte der Madhvācārya-Schülernachfolge an. Er hatte viele berühmte Schüler, wie Nityānanda Prabhu, Advaita Prabhu und Īśvara Purī. Īśvara Purī war der spirituelle Meister von Śrī Caitanya Mahāprabhu. Erweisen wir also unsere respektvollen Ehrerbietungen Īśvara Purī, Nityānanda Prabhu, Śrī Advaita Ācārya Prabhu, Śrīvāsa Paṇḍita und Śrī Gadādhara Paṇḍita. Ebenso erweisen wir unsere respektvollen Ehrerbietungen Svarūpa Dāmodara, dem Privatsekretär Śrī Caitanya Mahāprabhus, wie auch Śrī Vāsudeva Datta und dem ständigen Diener Śrī Caitanyas, Śrī Govinda, ebenso dem ständigen Freund Śrī Caitanyas, Mukunda, und auch Murāri Gupta. Des Weiteren erweisen wir unsere respektvollen Ehrerbietungen den Sechs Gosvāmīs von Vṛndāvana, Śrī Rūpa Gosvāmī, Śrī Sanātana Gosvāmī, Śrī Raghunātha Bhaṭṭa Gosvāmī, Śrī Gopāla Bhaṭṭa Gosvāmī, Śrī Jīva Gosvāmī und Śrī Raghunātha dasa Gosvāmī.

Kṛṣṇa Selbst hat in der *Bhagavad-gītā* erklärt, dass Er die Höchste Persönlichkeit Gottes sei. Immer wenn die regulierenden Prinzipien des religiösen Lebens nicht mehr befolgt würden und Irreligiosität überhandnehme, erscheine Er auf Erden. Mit anderen Worten, als Śrī Kṛṣṇa erschien, war es notwendig, die Last der sündigen Handlungen, die sich auf diesem Planeten bzw. in diesem Universum angesammelt hatte, zu verringern.

Für die Angelegenheiten der materiellen Schöpfung ist Mahā-viṣṇu, Kṛṣṇas vollständige Teilerweiterung, zuständig. Wenn der Herr erscheint, geht diese Inkarnation somit von Viṣṇu aus. Mahā-viṣṇu ist die ursprüngliche Ursache der materiellen Schöpfung. Er erweitert Sich zu Garbhodakaśāyī Viṣṇu und dann zu Kṣīrodakaśāyī Viṣṇu. Im Allgemeinen sind alle Inkarnationen, die im materiellen Universum erscheinen, vollständige Erweiterungen Kṣīrodakaśāyī Viṣṇus. Daher ist die Beseitigung der Überlast sündhafter Tätigkeiten nicht die Aufgabe von Śrī Kṛṣṇa persönlich. Doch wenn Śrī Kṛṣṇa persönlich erscheint, begleiten Ihn alle Viṣṇu-Erweiterungen. Kṛṣṇas Erweiterungen, nämlich Nārāyaṇa, die vierfache Erweiterung Vāsudeva, Saṅkarṣaṇa, Pradyumna und Aniruddha, sowie auch vollständige Teilerweiterungen wie Matsya (die Fischinkarnation), andere *yuga-avatāras* (die Inkarnationen in den jeweiligen Zeitaltern) und die *manvantara-avatāras* (Inkarnationen im Zusammenhang mit der Herrschaft der Manus) – sie alle kommen zusammen und erscheinen gemeinsam mit Kṛṣṇa, der

Höchsten Persönlichkeit Gottes. Kṛṣṇa ist das vollkommene Ganze, daher leben alle vollständigen Erweiterungen und Inkarnationen stets mit Ihm zusammen.

Als Kṛṣṇa erschien, war Śrī Viṣṇu also ebenfalls bei Ihm. Kṛṣṇa erscheint in Wirklichkeit, um Seine Vṛndāvana-Spiele zu offenbaren und so die vom Glück begünstigten bedingten Seelen zu Sich hinzuziehen und zur Rückkehr nach Hause, zurück zu Gott, zu bewegen. Das Töten der Dämonen geschah gleichzeitig mit Kṛṣṇas Spielen in Vṛndāvana, wurde jedoch nur von Seiner Viṣṇu-Erweiterung ausgeführt.

In der *Bhagavad-gītā* wird im 20. Vers des 8. Kapitels gesagt, dass es noch eine andere, ewige Natur gebe, den spirituellen Himmel, der transzendental zur manifestierten und unmanifestierten Materie sei. Die manifestierte Welt kann in der Form von vielen Sternen und Planetensystemen gesehen werden und besteht aus Sternen und Planeten wie Sonne und Mond, doch jenseits davon existiert ein unmanifestierter Teil der Schöpfung, der niemandem, der sich im gegenwärtigen grobstofflichen Körper befindet, zugänglich ist. Und jenseits dieses Bereiches der unmanifestierten Materie liegt die spirituelle Welt. Jene Welt wird in der *Bhagavad-gītā* als das höchste und ewige Reich beschrieben, das niemals vernichtet wird. Die materielle Natur ist der wiederholten Schöpfung und Vernichtung unterworfen, doch die spirituelle Natur bleibt für ewige Zeiten wie sie ist.

Das höchste Reich der Persönlichkeit Gottes, Kṛṣṇa, wird in der *Brahma-saṁhitā* als das *cintāmaṇi*-Reich beschrieben. In diesem Reich Śrī Kṛṣṇas, das als Goloka Vṛndāvana bekannt ist, stehen zahllose Paläste, die aus dem Wunschstein (*cintāmaṇi*) erbaut sind. Die Bäume dort sind Wunschbäume, und die Kühe werden *surabhi* genannt. In diesem Reich dienen dem Herrn viele Tausende von Glücksgöttinnen, Sein Name ist Govinda, der Urerste Herr, und Er ist die Ursache aller Ursachen. Er spielt wundervoll auf Seiner Flöte, Seine Augen gleichen den Blütenblättern einer Lotosblume, und die Farbe Seines Körpers ähnelt der einer bezaubernden Wolke. In Seinem Haar steckt eine Pfauenfeder und Er ist so wunderschön, dass Er Tausende von Liebesgöttern an Schönheit übertrifft. Śrī Kṛṣṇa gibt in der *Gītā* nur einen kleinen Hinweis auf Sein persönliches Reich, den höchsten Planeten im spirituellen Königreich, doch im *Śrīmad-Bhāgavatam* wird ausführlich geschildert, wie Kṛṣṇa mit all Seinen Gefährten erscheint und Seine transzendentalen Taten in Vṛndāvana, Mathurā und Dvārakā entfaltet. In diesem Buch werden all diese Taten nach und nach beschrieben.

Die Dynastie, in der Kṛṣṇa erschien, wird als Yadu-Dynastie bezeichnet. Sie gehört zur Familie, die von Soma, dem Mondgott, ausgeht. Es gibt zwei verschiedene *kṣatriya*-Familien des königlichen Standes – eine, die vom Mondgott, und eine, die vom Sonnengott ausgeht. Wenn der Herr, die Höchste Persönlichkeit Gottes, erscheint, tut Er dies im Allgemeinen in einer *kṣatriya*-Familie, weil Er die religiösen Prinzipien bzw. die Regeln einer rechtschaffenen Lebensweise wieder einführen will. Die *kṣatriyas* sind nach dem vedischen System die Beschützer der menschlichen Gesellschaft. Als die Höchste Persönlichkeit Gottes als Śrī Rāmacandra auf die Erde kam, erschien Er in der Familie, die vom Sonnengott abstammte und als Raghu-vaṁśa bezeichnet wird. Als Er als Śrī Kṛṣṇa erschien, tat Er dies in der Familie der Yadu-vaṁśa. Im *Śrīmad-Bhāgavatam* wird im 24. Kapitel des 9. Cantos eine lange Liste der Könige der Yadu-vaṁśa aufgeführt, die alle sehr bedeutende und mächtige Herrscher waren. Kṛṣṇas Vater, Vasudeva, war der Sohn Śūrasenas, der der Yadu-Dynastie angehörte.

In Wirklichkeit gehört Kṛṣṇa, die Höchste Persönlichkeit Gottes, natürlich zu keiner Dynastie der materiellen Welt, doch durch Seine Gnade wird die Familie, in der Er erscheint, berühmt. Sandelholz zum Beispiel stammt aus Malaysia. Sandelholz ist berühmt für seine Eigenschaften und diese Eigenschaften haben nichts direkt mit Malaysia zu tun, doch weil es zufällig größtenteils aus Malaysia kommt, ist es als malaysisches Sandelholz bekannt. In ähnlicher Weise kann man sagen, dass Kṛṣṇa allen gehört, doch wie die Sonne im Osten aufgeht, obwohl es noch andere Richtungen gibt, in denen sie aufgehen könnte, erscheint auch der Herr nach Seiner Wahl in einer bestimmten Familie, wodurch diese Berühmtheit erlangt.

Wenn Kṛṣṇa erscheint, wird Er, wie bereits erläutert, von all Seinen vollständigen Erweiterungen begleitet. Auch Sein älterer Bruder Balarāma (Baladeva) erscheint mit Ihm. Balarāma ist der Ursprung Saṅkarṣaṇa, der zu der vierfachen Erweiterung Kṛṣṇas gehört. Balarāma ist ebenfalls eine vollständige Erweiterung Kṛṣṇas. Mit diesem Buch wird der Versuch unternommen, zu zeigen, wie Kṛṣṇa in der Familie der Yadu-Dynastie erschien und Sein transzendentales Wesen offenbarte. Dies wird sehr lebendig im *Śrīmad-Bhāgavatam* beschrieben – besonders im 10. Canto, der somit die Grundlage dieses Buches bildet.

Die Spiele des Herrn zu hören und sie mit tiefer Freude in sich aufzunehmen, ist im Allgemeinen das Merkmal von befreiten Seelen. Die bedingten Seelen sind mehr daran interessiert, Geschichten über die materialistischen Tätigkeiten eines gewöhnlichen Menschen zu lesen. Ähnliche Erzählungen, die die transzendentalen Spiele und Taten Gottes beschreiben, findet man vor allem im *Śrīmad-Bhāgavatam* und in den anderen Purāṇas, doch die meisten bedingten Seelen ziehen die Lektüre gewöhnlicher Geschichten vor. Sie sind nicht so sehr daran interessiert, sich mit den Erzählungen über die Spiele Śrī Kṛṣṇas zu beschäftigen. Und doch sind die Beschreibungen der Spiele Śrī Kṛṣṇas so anziehend, dass sie für die verschiedensten Menschen angenehm anzuhören sind. Es gibt drei Gruppen von Menschen. Die einen nennt man befreite Seelen, die anderen sind diejenigen, die versuchen, befreit zu werden, und die dritten sind die materialistischen Menschen. Ob man befreit ist oder versucht, Befreiung zu erlangen – ja, selbst wenn man ein großer Materialist ist –, die Spiele Śrī Kṛṣṇas sind es wert, dass man sich mit ihnen eingehend auseinandersetzt.

Befreite Persönlichkeiten führen keine materialistischen Tätigkeiten aus. Aber die Theorie der Unpersönlichkeitsanhänger, dass man nach der Befreiung inaktiv werde und nichts mehr zu hören brauche, ist deswegen noch lange nicht richtig, denn in Wirklichkeit ist auch eine befreite Seele nicht inaktiv. Eine spirituelle Seele kann niemals inaktiv sein. Sie ist sowohl im bedingten als auch im befreiten Zustand aktiv. Wenn ein Mensch zum Beispiel krank ist, ist er auch aktiv, aber jede Bewegung ist für ihn schmerzhaft. Der gleiche Mensch wird, wenn er von seiner Krankheit geheilt ist, nicht untätig, sondern ist immer noch aktiv, doch im gesunden Zustand handelt er voller Freude. Ebenso mögen Unpersönlichkeitsanhänger danach streben, sich von den krankhaften, bedingten Tätigkeiten zu befreien, aber sie wissen nichts von den Tätigkeiten im gesunden Zustand. Wer tatsächlich befreit und mit vollkommenem Wissen erleuchtet ist, beginnt von den transzendentalen Spielen und Taten Kṛṣṇas zu hören – eine solche Beschäftigung ist eine reine, spirituelle Tätigkeit.

Für Menschen, die tatsächlich befreit sind, ist es von fundamentaler Wichtigkeit, von den Spielen Kṛṣṇas zu hören, dies ist für die befreiten

Seelen der Gegenstand höchster Freude. Aber auch für diejenigen, die versuchen, befreit zu werden, wird der Pfad zur Befreiung deutlich erkennbar, wenn sie solche Erzählungen wie die *Bhagavad-gītā* und das *Śrīmad-Bhāgavatam* hören. Die *Bhagavad-gītā* ist die vorbereitende Studie zum *Śrīmad-Bhāgavatam*. Durch das Studium der *Gītā* wird man sich der Position Śrī Kṛṣṇas voll bewusst. Wenn man bei den Lotosfüßen Kṛṣṇas Zuflucht gesucht hat, kann man auch die Erzählungen über Kṛṣṇa verstehen, wie sie im *Śrīmad-Bhāgavatam* beschrieben werden. Śrī Caitanya gab daher Seinen Anhängern den Auftrag, überall Kṛṣṇa-*kathā* zu verkünden.

Kṛṣṇa-*kathā* bezieht sich auf Erzählungen, die Kṛṣṇa zum Thema haben. Es gibt zwei Arten von Kṛṣṇa-*kathā*. Erzählungen, die von Kṛṣṇa gesprochen wurden, und Erzählungen, die über Kṛṣṇa gesprochen wurden. Die *Bhagavad-gītā* ist die Erzählung oder die Philosophie über die Wissenschaft von Gott, die von Kṛṣṇa Selbst gesprochen wurde. Das *Śrīmad-Bhāgavatam* erzählt von den Taten und transzendentalen Spielen Śrī Kṛṣṇas. Beides ist Kṛṣṇa-*kathā*. Es ist die Anweisung Śrī Caitanyas, dass Kṛṣṇa-*kathā* auf der ganzen Welt verbreitet werde, denn wenn die bedingten Seelen, die unter den Qualen des materiellen Lebens leiden, sich der Kṛṣṇa-*kathā* zuwenden, wird ihr Pfad zur Befreiung offen und klar. Dieses Buch wird daher in erster Linie mit dem Ziel veröffentlicht, allen Menschen die Möglichkeit zu geben, Kṛṣṇa bzw. Kṛṣṇa-*kathā* zu verstehen, denn dadurch können sie von der Fessel der materiellen Welt befreit werden.

Kṛṣṇa-*kathā* wird selbst für die materialistischen Menschen sehr anziehend sein, denn Kṛṣṇas Spiele mit den *gopīs* (Kuhhirtenmädchen) ähneln den Liebesbeziehungen zwischen Mädchen und Jungen in der materiellen Welt. Die Neigung zu Sexualität, wie die Menschen sie kennen, ist nicht unnatürlich, denn die gleiche Neigung zu Sexualität ist auch in der ursprünglichen Persönlichkeit Gottes vorhanden. Die Freudenkraft des Höchsten wird Śrīmatī Rādhārāṇī genannt. Der Austausch liebevoller Gefühle auf der Grundlage geschlechtlicher Anziehung ist der ursprüngliche Aspekt der Höchsten Persönlichkeit Gottes, und da wir, die bedingten Seelen, winzige Teile des Höchsten sind, kennen auch wir solche Gefühle, die von uns jedoch gegenwärtig in verzerrter, spärlicher Form erfahren werden. Wenn daher diejenigen, die in dieser materiellen Welt nach sexuellem Genuss suchen, von Kṛṣṇas Spielen mit den *gopīs* hören, werden selbst sie transzendentale Freude erfahren, obwohl diese materiell zu sein scheint. Zu ihrem Vorteil werden sie allmählich auf die spirituelle Ebene erhoben werden. Im *Bhāgavatam* wird gesagt, dass jemand, der in ergebener Haltung von autorisierten Persönlichkeiten über die Spiele Śrī Kṛṣṇas mit den *gopīs* höre, auf die Ebene des transzendentalen liebevollen Dienstes für den Herrn erhoben werde und dass auf diese Weise die materielle Krankheit der Lust im Herzen völlig überwunden werde. Mit anderen Worten, auf diese Weise kann man dem Verlangen nach materieller Sexualität entgegenwirken.

Dieses Kṛṣṇa-Buch, voller Kṛṣṇa-*kathā* wird daher auf die befreiten Seelen wie auch auf die nach Befreiung Strebenden und selbst auf die abgestumpften, bedingten Materialisten anziehend wirken. Nach der Aussage Mahārāja Parīkṣits, der von Śukadeva Gosvāmī über Kṛṣṇa hörte, ist Kṛṣṇa-*kathā* für jeden Menschen geeignet, ganz gleich, in welchem Zustand des Lebens er sich befindet. Jeder wird es sicherlich sehr schätzen, Erzählungen über Kṛṣṇa zu hören. Doch Mahārāja Parīkṣit mahnte an, dass Menschen, die nur mit dem Töten von Tieren und mit ihrer eigenen Vernichtung beschäftigt sind, von Kṛṣṇa-*kathā* nicht sehr angezogen sein würden. Mit anderen Worten, gewöhnliche Menschen, die den regulierenden Moralprinzipien der Schriften folgen, werden ungeachtet ihrer Lebensumstände zweifellos sehr angezogen sein, jedoch nicht solche, die sich selbst zerstören. Das genaue Wort, das in diesem Zusammenhang im *Śrīmad-Bhāgavatam* gebraucht wird, lautet *paśu-ghna* und bezeichnet jemanden, der Tiere oder sich selbst tötet. Menschen, die nicht selbstverwirklicht sind und sich auch nicht für spirituelle Verwirklichung interessieren, zerstören sich selbst – sie begehen im wahrsten Sinne des Wortes Selbstmord. Da die menschliche Form des Lebens besonders zur Selbstverwirklichung bestimmt ist, vergeudet man seine Zeit wie ein Tier, wenn man diese wichtige Aufgabe seines Lebens vernachlässigt – man ist ein *paśu-ghna*. Die andere Bedeutung des Wortes *paśu-ghna* umfasst diejenigen, die tatsächlich Tiere töten, das heißt die Fleischesser (die manchmal sogar Hunde essen). Solche Personen töten auf verschiedenste Weise Tiere, wie durch Jagen, Eröffnen von Schlachthäusern usw. Solche Menschen können an Kṛṣṇa-*kathā* keinen Geschmack finden.

König Parīkṣit war besonders begierig, Kṛṣṇa-*kathā* zu hören, weil er wusste, dass seine Vorfahren, insbesondere sein Großvater Arjuna, in der Schlacht von Kurukṣetra nur dank Kṛṣṇas Hilfe siegreich gewesen waren. Wir sollten die materielle Welt ebenfalls wie das Schlachtfeld von Kurukṣetra betrachten. Auf diesem Schlachtfeld kämpft jeder hart um seine Existenz und auf Schritt und Tritt lauern Gefahren. Mahārāja Parīkṣit verglich das Schlachtfeld von Kurukṣetra mit einem riesigen Ozean voller gefährlicher Untiere. Sein Großvater Arjuna musste gegen große Helden wie Bhīṣma, Droṇa, Karṇa und viele andere kämpfen, die keine gewöhnlichen Krieger waren. Solche Krieger wurden mit *timiṅgila*-Fischen verglichen, denn *timiṅgila*-Fische können ohne Weiteres große Wale verschlingen. Ähnlich hätten die großen Krieger auf dem Schlachtfeld von Kurukṣetra mit Leichtigkeit viele Arjunas verschlingen können, doch durch die Barmherzigkeit Kṛṣṇas war Arjuna fähig gewesen, sie alle zu töten. So wie jemand ohne Anstrengung über die kleine Pfütze im Hufabdruck eines Kalbes schreiten kann, konnte Arjuna durch die Gnade Kṛṣṇas sehr leicht den Ozean der Schlacht von Kurukṣetra überqueren.

Mahārāja Parīkṣit wusste Kṛṣṇas Taten noch aus vielen anderen Gründen sehr zu schätzen. Nicht nur sein Großvater war von Kṛṣṇa gerettet worden, sondern auch er selbst. In der Schlacht von Kurukṣetra waren alle Mitglieder der Kuru-Dynastie gefallen, sowohl die Söhne und Enkel auf der Seite Dhṛtarāṣṭras als auch die auf Seiten der Pāṇḍavas. Außer den fünf Pāṇḍava-Brüdern war jeder auf dem Schlachtfeld umgekommen. Mahārāja Parīkṣit befand sich zu jener Zeit im Leib seiner Mutter. Sein Vater Abhimanyu, der Sohn Arjunas, war ebenfalls auf dem Schlachtfeld von Kurukṣetra gefallen, und so war Mahārāja Parīkṣit ein nachgeborenes Kind. Noch als er sich im Schoß seiner Mutter befand, feuerte Aśvatthāmā eine *brahmāstra*-Waffe ab, die ihn hätte töten sollen. Als Mahārāja Parīkṣits Mutter, Uttarā, sich in ihrer Not an Kṛṣṇa wandte, ging Kṛṣṇa, der die Gefahr des Mordes an dem ungeborenen Kind sah, als Überseele in ihren Mutterleib ein und rettete auf diese Weise Mahārāja Parīkṣit. Ein anderer Name Mahārāja Parīkṣits ist daher Viṣṇurāta, weil er von Śrī Viṣṇu persönlich beschützt wurde, als er sich noch im Mutterleib befand.

Jeder sollte daher in jeglicher Lebenslage begierig sein, von Kṛṣṇa und Seinen Taten zu hören, denn Kṛṣṇa ist die Höchste Absolute Wahrheit, die Persönlichkeit Gottes. Er ist alldurchdringend, Er lebt im Herzen eines jeden, und Er existiert als universale Form. Dennoch erscheint Er, wie Er Selbst in der *Bhagavad-gītā* sagt, unter den Menschen in Seiner ursprünglichen Gestalt, nur um jeden einzuladen, in Sein transzendentales Reich zurückzukehren, zurück nach Hause, zurück zu Gott. Jeder sollte sich bemühen, etwas über Kṛṣṇa zu erfahren, und deshalb möchten wir dieses Buch vorlegen, um den Menschen etwas über Kṛṣṇa mitzuteilen, damit sie aus ihrem menschlichen Leben den vollkommenen Nutzen ziehen können.

Im 9. Canto des *Śrīmad-Bhāgavatam* wird Śrī Baladeva als der Sohn Rohiṇīs, einer Frau Vasudevas, bezeichnet. Vasudeva, der Vater Kṛṣṇas, hatte 16 Frauen, und eine von ihnen war Rohiṇī, die Mutter Baladevas, der auch Balarāma genannt wird. Aber Balarāma wird gleichzeitig auch der Sohn Devakīs genannt – wie konnte Er nun sowohl der Sohn Devakīs als auch der Sohn Rohiṇīs sein? Dies war eine der Fragen, die Mahārāja Parīkṣit Śukadeva Gosvāmī stellte, und sie wird im weiteren Verlauf beantwortet werden. Mahārāja Parīkṣit fragte Śukadeva Gosvāmī auch, warum Śrī Kṛṣṇa gleich nach Seinem Erscheinen als der Sohn Vasudevas zum Haus Nanda Mahārājas in Vṛndāvana, Gokula, gebracht wurde. Er wollte außerdem wissen, welche Taten und Spiele Śrī Kṛṣṇa ausführte, während Er Sich in Vṛndāvana und in Mathurā aufhielt, und vor allem wollte Mahārāja Parīkṣit wissen, warum Kṛṣṇa Seinen Onkel, Kaṁsa, tötete. Kaṁsa, der Bruder Seiner Mutter, war ein naher und höhergestellter Verwandter Kṛṣṇas und man wird sich fragen, warum Kṛṣṇa ihn tötete. Mahārāja Parīkṣit fragte auch, wie viele Jahre Śrī Kṛṣṇa in der menschlichen Zivilisation blieb, wie lange Er das Königreich von Dvārakā regierte und wie viele Frauen Er dort heiratete. Für einen *kṣatriya*-König ist es im Allgemeinen üblich, mehr als eine Frau anzunehmen, und daher fragte Mahārāja Parīkṣit nach der Anzahl der Frauen, die Kṛṣṇa heiratete. Śukadeva Gosvāmīs Antworten auf diese und viele andere Fragen von Mahārāja Parīkṣit bilden das Thema dieses Buches.

Die Erhabenheit Mahārāja Parīkṣits und Śukadeva Gosvāmīs ist einzigartig. Mahārāja Parīkṣit ist die geeignete Persönlichkeit, um von den transzendentalen Spielen Śrī Kṛṣṇas zu hören, und Śukadeva Gosvāmī ist die würdige Persönlichkeit, um sie zu beschreiben. Wenn solch ein glückverheißendes Treffen zustande kommt, wird sofort Kṛṣṇa-*kathā* offenbart. Die Menschen können aus einem solchen Gespräch den größten Nutzen ziehen, den man sich vorstellen kann.

Das *Śrīmad-Bhāgavatam* wurde von Śukadeva Gosvāmī vorgetragen, als sich Mahārāja Parīkṣit darauf vorbereitete, seinen Körper aufzugeben, und fastend am Ufer des Ganges saß. Um Śukadeva Gosvāmī zu versichern, dass ihn das Hören von Kṛṣṇa-*kathā* nicht ermüden werde, sagte Mahārāja Parīkṣit ganz offen: „Hunger und Durst könnten zwar auch mich quälen, genau wie jeden anderen Menschen. Doch die Geschichten über Kṛṣṇa sind so schön, dass auch ich sie unaufhörlich anhören kann, ohne zu ermüden, denn dieses Hören erhebt einen auf die transzendentale Ebene."

Es wird gesagt, dass man sehr vom Glück begünstigt sein muss, um so ernsthaft wie Mahārāja Parīkṣit Kṛṣṇa-*kathā* hören zu können. Er war besonders aufmerksam, weil er jeden Augenblick den Tod erwartete. Auch wir sollten uns der Gefahr des Todes in jeder Sekunde bewusst sein, denn unser Leben wird durch nichts gesichert – wir können jederzeit sterben, ganz gleich, ob wir jung oder alt sind. Bevor der Tod kommt, sollten wir also völlig Kṛṣṇa-bewusst sein.

Zum Zeitpunkt seines Todes hörte König Parīkṣit von Śukadeva Gosvāmī das *Śrīmad-Bhāgavatam*. Als König Parīkṣit seinen Wunsch ausdrückte, ohne Unterlass den Erzählungen über Kṛṣṇa zu lauschen, war Śukadeva Gosvāmī sehr erfreut. Śukadeva war der größte *Bhāgavatam*-Sprecher, und so begann er, von Kṛṣṇas Spielen zu berichten, die alle verderblichen Einflüsse des Kali-yuga zerstören. Śukadeva Gosvāmī dankte dem König für sein begeistertes Verlangen, über Kṛṣṇa zu hören, und ermutigte ihn, indem er sagte: „Mein lieber König, dein begeistertes Verlangen, von den Spielen Kṛṣṇas zu hören, zeugt von großer Intelligenz." Er ließ Mahārāja Parīkṣit wissen, dass das Hören und Wiedergeben der Spiele Kṛṣṇas so glückverheißend sei, dass es alle drei Beteiligten ganz und gar reinige, nämlich den, der die transzendentalen Spiele Kṛṣṇas erzählt, den, der sie hört, und den, der über sie Fragen stellt. Kṛṣṇas Spiele sind wie das Wasser des Ganges, das von den Zehen Śrī Viṣṇus ausgeht, sie reinigen alle drei Welten – die oberen, die mittleren und die unteren Planetensysteme.

KAPITEL 1

Die Ankunft Śrī Kṛṣṇas

Es gab eine Zeit, da war die Welt mit übermäßig angewachsenen Streitmächten verschiedener Könige überladen, die in Wirklichkeit Dämonen waren, sich aber als Mitglieder des königlichen Standes ausgaben. Da zu jener Zeit die ganze Welt in großer Unordnung war, begab sich die herrschende Gottheit der Erde, Bhūmi, zu Brahmā, um ihm von der bedrohlichen Situation zu berichten, in die sie aufgrund der dämonischen Könige geraten war. Bhūmi nahm die Gestalt einer Kuh an und erschien mit Tränen in den Augen vor Brahmā. Sie war zutiefst bekümmert und weinte, um sein Mitleid zu erwecken, während sie ihm von den fürchterlichen Zuständen auf der Erde erzählte. Als Brahmā ihre Schilderung hörte, war er sehr betroffen, woraufhin er beschloss, sich sofort zum Milchozean zu begeben, wo Śrī Viṣṇu residiert. Brahmā wurde von allen Halbgöttern begleitet, allen voran Śiva, und Bhūmi folgte ihnen. Als sie ans Ufer des Milchozeans kamen, begann Brahmā Gebete zu sprechen, um Śrī Viṣṇu günstig zu stimmen, welcher schon vor langer Zeit einmal den Erdplaneten vor dem Untergang gerettet hatte, indem Er die transzendentale Gestalt eines Ebers annahm.

In den vedischen Mantras gibt es ein besonderes Gebet, Puruṣa-sūkta genannt, das im Allgemeinen die Halbgötter chanten, um Viṣṇu, der Höchsten Persönlichkeit Gottes, ihre Ehrerbietungen darzubringen. Man muss in diesem Zusammenhang verstehen, dass sich die herrschende Gottheit jedes Planeten an den höchsten Halbgott des Universums, Brahmā, wenden kann, wenn Störungen auf dem jeweiligen Planeten auftreten. Brahmā seinerseits kann sich dem Höchsten Herrn, Viṣṇu, nähern, jedoch nicht direkt, sondern vom Ufer des Milchozeans aus. Es gibt im Universum einen Planeten namens Śvetadvīpa, und auf diesem Planeten befindet sich ein Ozean aus Milch. Aus den vedischen Schriften erfahren wir, dass es auf anderen Planeten verschiedene Arten von Ozeanen gibt, ähnlich wie auf unserem Planeten einen Ozean aus Salzwasser. So gibt es die verschiedensten Ozeane, wie zum Beispiel einen Ozean aus Milch, einen Ozean aus Öl, einen Ozean aus Alkohol und viele andere. Puruṣa-sūkta ist das Standardgebet, das die Halbgötter sprechen, um die Höchste Persönlichkeit Gottes, Kṣīrodakaśāyī Viṣṇu, günstig zu stimmen. Weil Er auf dem Milchozean ruht, wird Er Kṣīrodakaśāyī Viṣṇu genannt. Er ist die Form des Herrn, der Höchsten Persönlichkeit Gottes, von dem alle Inkarnationen in diesem Universum ausgehen.

Die Halbgötter brachten also das Puruṣa-sūkta-Gebet dar, doch sie vernahmen keine Antwort. Daraufhin versank Brahmā persönlich in Meditation, und so empfing er eine Botschaft von Viṣṇu, die er dann an die Halbgötter weitergab. Das ist das System, vedisches Wissen zu empfangen. Das vedische Wissen wurde zuerst Brahmā mitgeteilt, dem es die Höchste Persönlichkeit Gottes durch das Herz offenbarte. Dies wird auch am Anfang des *Śrīmad-Bhāgavatam* erwähnt: *tene brahma hṛdā ya ādi-kavaye* – das transzendentale Wissen der Veden wurde Brahmā in das Herz eingegeben. Ebenso konnte auch in diesem Fall nur Brahmā die Botschaft verstehen, die von Viṣṇu übermittelt wurde; diese gab er an die Halbgötter weiter, damit diese sofort dementsprechend handeln konnten. Die Botschaft lautete: Der Herr, die Höchste Persönlichkeit

Gottes, wird sehr bald zusammen mit Seinen unvergleichlich mächtigen Energien auf der Erde erscheinen. Solange Er auf dem Erdplaneten bleibt, um Seine Mission, die Vernichtung der Dämonen und die Errettung der Geweihten, zu erfüllen, sollen auch die Halbgötter dort sein, um Ihn zu unterstützen. Sie alle sollen sich sofort darauf vorbereiten, in der Yadu-Dynastie geboren zu werden, in der auch der Herr sehr bald erscheinen wird. Die Höchste Persönlichkeit Gottes, Kṛṣṇa, erschien als der Sohn Vasudevas. Vor Seinem Erscheinen kamen alle Halbgötter mit ihren Frauen in verschiedenen frommen Familien auf die Erde, um den Herrn bei der Ausführung Seiner Mission zu unterstützen. Das genaue Wort, das hier gebraucht wird, lautet *tat-priyārtham;* es bedeutet, dass die Halbgötter auf der Erde erschienen, um den Herrn zu erfreuen. Mit anderen Worten, jedes Lebewesen, das sein Leben nur dazu benutzt, den Höchsten zufriedenzustellen, ist ein Halbgott. Die Halbgötter wurden außerdem darüber informiert, dass die vollständige Erweiterung Kṛṣṇas, Ananta, der die Planeten des Universums mit Seinen Millionen von Köpfen in der Schwebe hält, ebenfalls vor der Ankunft Śrī Kṛṣṇas auf der Erde erscheinen werde. Auch die äußere Energie Viṣṇus (*māyā*), die alle bedingten Seelen bezaubert, werde erscheinen, um Kṛṣṇa, dem Höchsten Herrn, behilflich zu sein.

Nachdem Brahmā allen Halbgöttern, auch Bhūmi, diese Botschaft mitgeteilt und sie mit wohlmeinenden Worten beruhigt hatte, kehrte er, der Vater aller *prajāpatis* (Vorväter der Bevölkerung im Universum), zu seinem Residenzort auf dem höchsten materiellen Planeten namens Brahmaloka zurück.

Der Anführer der Yadu-Dynastie, König Śūrasena, regierte das Land Māthura, worin die Stadt Mathurā liegt, sowie den Distrikt Śūrasena, der nach ihm benannt wurde. Unter der Herrschaft Śūrasenas wurde Mathurā die Hauptstadt aller Yadu-Könige. Mathurā wurde auch aus dem Grund zur Hauptstadt gewählt, weil die Yadus eine sehr fromme Familie waren und wussten, dass Mathurā der Ort ist, an dem Śrī Kṛṣṇa, genau wie in Dvārakā, ewig lebt.

Eines Tages bestieg Vasudeva, der Sohn Śūrasenas, kurz nach seiner Hochzeit mit Devakī zusammen mit seiner jungen Braut eine Kutsche, um nach Hause zu fahren. Der Vater Devakīs, Devaka, der seine Tochter sehr liebte, hatte eine beträchtliche Mitgift beigesteuert, worunter sich unter anderem Hunderte von Kutschen befanden, die vollkommen mit

Gold ausgestattet waren. Um seine Schwester Devakī zu erfreuen, hatte sich Kaṁsa, der Sohn Ugrasenas, anerboten, die Zügel von Vasudevas Wagen selbst zu lenken und das Brautpaar nach Hause zu fahren. Wenn ein Mädchen heiratet, bringt der Bruder nach vedischem Brauch die Schwester und den Schwager zu ihrem neuen Heim. Weil das frisch verheiratete Mädchen unter der Trennung von der Familie ihres Vaters leiden könnte, begleitet sie ihr Bruder bis zum Hause des Schwiegervaters. Die von Devaka beigesteuerte Mitgift bestand aus insgesamt 400 mit goldenen Girlanden geschmückten Elefanten, 15 000 geschmückten Pferden und 1 800 Kutschen. Außerdem hatte er 200 wunderschöne Mädchen ausgesucht, die seine Tochter begleiten sollten. Das *kṣatriya*-System der Heirat, das in Indien noch heute Gültigkeit hat, besagt, dass bei der Heirat eines *kṣatriya* zusammen mit der Braut einige Dutzend der Freundinnen der Braut zum Hause des Königs gehen. Die Begleiterinnen der Königin werden zwar Dienerinnen genannt, doch in Wirklichkeit sind sie ihre Freundinnen. Dieses System ist seit unvordenklichen Zeiten Brauch und lässt sich mindestens bis zur Zeit vor der Ankunft Śrī Kṛṣṇas vor 5 000 Jahren zurückverfolgen. Vasudeva brachte also zusammen mit seiner Frau Devakī noch 200 schöne Mädchen mit nach Hause. Während Braut und Bräutigam in der Kutsche dahinfuhren, wurden die verschiedensten Instrumente gespielt, um das glückverheißende Ereignis zu begleiten. Es ertönten Muschelhörner, Trompeten, Trommeln und Pauken, die sich zu einem wohlklingenden Konzert vereinten. Die Hochzeitsgesellschaft war in freudiger Stimmung und Kaṁsa lenkte den Wagen, als plötzlich eine geheimnisvolle Stimme vom Himmel ertönte, die besonders an Kaṁsa gerichtet war.

„Kaṁsa, du Narr, du lenkst die Kutsche deiner Schwester und deines Schwagers und weißt nicht, dass das achte Kind deiner Schwester dich töten wird.“

Kaṁsa, der Sohn Ugrasenas, gehörte zur Bhoja-Dynastie, und es wird gesagt, dass er der dämonischste aller Könige jener Dynastie war. Sowie er die Prophezeiung vom Himmel hörte, packte er Devakī bei den Haaren und zückte sein Schwert, um sie töten. Vasudeva war entsetzt, als er Kaṁsas Verhalten sah, doch um den grausamen, schamlosen Schwager zu besänftigen, richtete er mit großer Klarheit und Ruhe die folgenden Worte an ihn: „Mein lieber Kaṁsa, mein Schwager, du bist der berühmteste König der Bhoja-Dynastie, und jeder weiß, dass du ein tapferer Krieger und ein großer König bist. Wie kommt es, dass du dermaßen in Wut gerätst, dass du sogar bereit bist, eine Frau, die noch dazu deine Schwester ist, an ihrem Hochzeitstag zu töten? Warum hast du so große Angst vor dem Tod? Dein Tod wurde schon bei deiner Geburt mit dir geboren. Seit dem Tag, an dem du geboren wurdest, begannst du zu sterben. Du bist jetzt vielleicht 25 Jahre alt, das bedeutet, dass du schon 25 Jahre lang gestorben bist. In jedem Moment, in jeder Sekunde stirbst du – warum solltest du also Angst vor dem Tode haben? Der Tod ist unvermeidlich. Du magst heute oder in hundert Jahren sterben – dem Tod kannst du nicht entrinnen. Warum solltest du dich also fürchten? In Wirklichkeit bedeutet der Tod lediglich die Vernichtung des gegenwärtigen Körpers. Sobald der Körper funktionsunfähig wird und sich mit den fünf Elementen der materiellen Natur vereinigt, nimmt das Lebewesen, das sich im Körper befunden hat, je nach seinen früheren Taten einen anderen Körper an. Es ist wie mit einem Mann, der auf der Straße geht. Er setzt einen Fuß vor, und wenn er sicher ist, dass der Fuß auf festem Grund steht, hebt er den anderen Fuß. In ähnlicher Weise wandert die Seele von einem Körper zum anderen. Oder schau dir eine Raupe an, wenn sie vorsichtig von einem Zweig zum anderen kriecht. Ebenso wechselt das Lebewesen seinen Körper, sobald höhere Autoritäten über den nächsten Körper entscheiden. Solange ein Lebewesen in der materiellen Welt gefangen ist, muss es immer wieder, Geburt für Geburt, einen materiellen Körper annehmen. Der nächste Körper, den man erhält, wird durch die Gesetze der Natur entsprechend den Handlungen und den daraus resultierenden Reaktionen des vorherigen Lebens bestimmt.

Unser gegenwärtiger Körper gleicht genau den Körpern, die wir in unseren Träumen annehmen. Während wir schlafen, schaffen wir im Traum mit dem Geist die verschiedensten Körper. In unserer Erinnerung befinden sich viele Bilder von Dingen, die wir schon gesehen haben, wie zum Beispiel Gold und einen Berg, und so schaffen wir im Traum durch die Verbindung dieser beiden Bilder einen goldenen Berg. Manchmal träumen wir auch, fliegen zu können, und so vergessen wir unseren eigentlichen Körper völlig. Ebenso wechseln wir unseren materiellen Körper. Wenn man einen neuen Körper annimmt, vergisst man den alten. Während eines Traumes können wir so viele verschiedene Körper schaffen, doch wenn wir erwachen, vergessen wir sie alle wieder. In Wirklichkeit sind auch unsere grobstofflichen Körper nichts anderes als Schöpfungen unseres Geistes – nur können wir uns zum gegenwärtigen Zeitpunkt nicht mehr an unsere vergangenen Körper erinnern.

Der Geist ist von Natur aus unstet. Manchmal nimmt er etwas an, und dann lehnt er es kurze Zeit später wieder ab. Annehmen und Ablehnen sind die Tätigkeiten des Geistes in Verbindung mit den fünf Objekten der Sinnenbefriedigung: Form, Geschmack, Geruch, Klang und Berührung. Wenn der ruhelose, ständig spekulierende Geist mit den Sinnesobjekten in Berührung kommt, entwickelt das Lebewesen nach und nach den Wunsch nach einem bestimmten Körper, den es dann bekommt. Auf diese Weise ist unser Körper ein Geschenk der Gesetze der materiellen Natur. Das Lebewesen kommt in die materielle Welt und nimmt einen Körper an, um dann entsprechend der Beschaffenheit des Körpers zu genießen und zu leiden. Ohne Körper können wir, trotz unserer mentalen Neigungen, die wir aus dem vorherigen Leben geerbt haben, weder genießen noch leiden. Der Körper, den man annimmt, wird von dem Bewusstsein bestimmt, in dem man sich zur Stunde des Todes befindet.

Leuchtende Planeten wie die Sonne, der Mond und die Sterne spiegeln sich auf Flüssigkeiten, wie zum Beispiel Wasser, Öl oder Butterfett, und ihr Spiegelbild bewegt sich zusammen mit den Flüssigkeiten. Der Mond spiegelt sich auf der Oberfläche eines Sees, und wenn sich das Wasser bewegt, scheint sich auch der Mond zu bewegen, obwohl er dies in Wirklichkeit nicht tut. In ähnlicher Weise nimmt das Lebewesen durch die Tätigkeit seines Geistes verschiedene Arten von Körpern an, obwohl es in Wirklichkeit mit solchen Körpern nichts zu tun hat. Doch weil sich das Lebewesen in Illusion befindet, bezaubert durch den Einfluss *māyās,* glaubt es, zu einem bestimmten Körper zu gehören. Auf diese Weise bleibt die Seele in ihrem bedingten Dasein gefangen. Wenn sich ein Lebewesen beispielsweise in einem menschlichen Körper befindet, glaubt es, es gehöre zur menschlichen Spezies, zu einem bestimmten Land und zu einem bestimmten Ort. Es identifiziert sich mit all diesen Dingen und bereitet sich somit auf einen weiteren Körper vor, den es im Grunde nicht benötigt. Solche Neigungen und Vorstellungen sind die Ursachen der verschiedenen Körper. Der illusionierende Einfluss der materiellen Natur ist so stark, dass das Lebewesen in jedem Körper, den es erhält, zufrieden ist und sich freudig mit ihm identifiziert. Daher bitte ich dich – lass dich nicht vom Diktat deines Geistes und deines Körpers überwältigen!“

Mit diesen Worten bat Vasudeva Kaṁsa, auf seine neuvermählte Schwester nicht neidisch zu sein. Man sollte auf niemanden neidisch sein, denn Neid führt dazu, dass man sowohl im gegenwärtigen als auch im nächsten Leben, wenn man vor Yamarāja steht, von großen Ängsten gequält wird. Vasudeva wandte sich im Namen Devakīs an Kaṁsa und hielt ihm vor Augen, dass sie seine jüngere Schwester sei. Er erinnerte ihn auch daran, dass heute ein besonderer Tag sei. Eine jüngere Schwester oder ein jüngerer Bruder sollten wie die eigenen Kinder beschützt werden. „Überdies wäre eine solche Tat sehr riskant“, warnte Vasudeva seinen Schwager, „denn wenn du sie tötest, wirst du deinen guten Ruf verlieren.“

Vasudeva versuchte, Kaṁsa sowohl durch gute Worte als auch durch philosophische Argumente zu beschwichtigen. Doch Kaṁsa konnte nicht besänftigt werden, da er aufgrund seiner Gemeinschaft mit Dämonen von dämonischem Wesen war, obwohl er aus einer sehr hohen königlichen Familie stammte. Ein Dämon kümmert sich niemals um gute Ratschläge. Es ist wie mit einem geborenen Dieb. Man kann ihm zwar moralische Anweisungen erteilen, doch es wird nichts nützen. Ebenso wird jemand, der von Natur aus dämonisch und atheistisch ist, schwerlich eine gute Belehrung annehmen, ganz gleich, wie begründet sie auch sein mag. Darin unterscheidet sich ein Halbgott von einem Dämon. Diejenigen, die gute Ratschläge bereitwillig annehmen und versuchen, danach zu handeln, werden Halbgötter genannt, wohingegen diejenigen, die unfähig sind, solche Belehrungen anzunehmen, als Dämonen bezeichnet werden.

Nachdem der Versuch, Kaṁsa zu beruhigen, gescheitert war, fragte sich Vasudeva, wie er seine Frau Devakī beschützen könne. Wenn Gefahr droht, sollte ein intelligenter Mensch versuchen, der Gefahr so weit wie möglich aus dem Weg zu gehen. Wenn es dann trotz aller intelligenten Bemühungen nicht gelingt, die Gefahr abzuwenden, trifft einen keine Schuld. Man sollte versuchen, seine Pflichten nach bestem Vermögen auszuführen, und wenn es einem trotzdem nicht gelingt, ist man nicht schuldig.

Vasudeva dachte bei sich: „Erst einmal will ich das Leben Devakīs retten, und später, wenn einmal die Kinder da sind, werde ich sehen, wie ich auch sie retten kann.“ Er dachte weiter: „Wenn in der Zukunft ein Kind geboren wird, das imstande ist, Kaṁsa zu töten, so wie Kaṁsa glaubt, dann werden sowohl Devakī als auch das Kind in Sicherheit sein, denn die Vorsehung waltet auf unbegreifliche Weise. Doch jetzt will ich vorerst einmal versuchen, das Leben Devakīs zu retten.“

Man kann nicht mit Bestimmtheit sagen, auf welche Weise ein Lebewesen mit einem bestimmten Körper in Kontakt kommt, ebenso wie es keine Gewissheit gibt, auf welche Weise das lodernde Feuer bei einem Waldbrand mit einem bestimmten Baum in Berührung kommt. Es ist beobachtet worden, dass die Funken durch den Wind manchmal einen Baum überspringen und einen anderen erfassen. Ebenso mag ein Mensch sehr aufmerksam und mit peinlichster Genauigkeit seinen Pflichten nachkommen, doch es ist für ihn immer noch sehr schwierig, mit Bestimmtheit vorauszusagen, welche Art von Körper er im nächsten Leben erhalten wird. Mahārāja Bharata zum Beispiel erfüllte auf vorbildliche Weise die Pflichten, die zur Selbstverwirklichung vorgeschrieben sind, doch zufällig entwickelte er eine vorübergehende Zuneigung zu einem Reh und musste daher in seinem nächsten Leben den Körper eines Rehs annehmen. Nachdem Vasudeva überlegt hatte, wie er seine Frau retten könne, wandte er sich mit großer Ehrfurcht an Kaṁsa, obwohl dieser der sündigste aller Sünder war. Manchmal ist es notwendig, dass ein so vortrefflicher Mensch wie Vasudeva einer niederträchtigen Person vom Schlage Kaṁsas schmeicheln muss. Das kann bei allen diplomatischen Verhandlungen vorkommen. Vasudeva gab sich also nach außen hin unbeschwert, obwohl er tief bekümmert war. Weil der gewissenlose Kaṁsa einen solch grausamen Charakter besaß, musste sich Vasudeva mit folgenden Worten an ihn wenden: „Mein lieber Schwager, bitte bedenke, dass dir von deiner Schwester keinerlei Gefahr droht. Du fürchtest dich, weil du eine orakelhafte Stimme vom Himmel gehört hast, aber die Gefahr soll von den Söhnen deiner Schwester kommen, die doch noch gar nicht geboren sind. Und wer weiß, ob sie überhaupt jemals geboren werden? Wenn du all dies berücksichtigst, wirst du zugeben müssen, dass du zurzeit in Sicherheit bist. Von deiner Schwester hast du ohnehin nichts zu befürchten. Falls sie tatsächlich männlichen Kindern das Leben schenken sollte, verspreche ich dir, jedes einzelne vor dich zu bringen, so dass du tun kannst, was du für nötig hältst."

Kaṁsa kannte den Wert von Vasudevas Ehrenwort, und da er außerdem durch dessen Argumente überzeugt worden war, beschloss er, seine Schwester vorerst nicht zu töten. Vasudeva war sehr erleichtert und lobte Kaṁsas Entscheidung. Auf diese Weise kehrte er nach Hause zurück.

Im Laufe der Zeit wurden Vasudeva und Devakī acht männliche Kinder und eine Tochter geboren. Vasudeva hielt sein Ehrenwort und erschien gleich nach der Geburt seines ersten Sohnes vor Kaṁsa. Vasudeva war für seine Tugendhaftigkeit und sein Ehrenwort weithin berühmt, und diesem Ruhm wollte er gerecht werden. Während es für Vasudeva jedoch sehr schmerzlich war, das Kind wegzugeben, war es für Kaṁsa eine große Freude, dass Vasudeva mit seinem Kind zu ihm gekommen war. Doch als er Vasudeva so unglücklich sah, bekam er ein wenig Mitleid. Diese Szene ist beispielhaft. Für eine große Seele wie Vasudeva gibt es nichts, was zu schmerzhaft wäre, als dass es ihn von der Erfüllung seiner Pflicht abhalten könnte. Ein weiser Mensch wie Vasudeva führt seine Pflicht ohne Zögern aus. Auf der anderen Seite schreckt ein Dämon wie Kaṁsa vor keiner noch so abscheulichen Tat zurück. Es wird daher gesagt, dass es einem Heiligen nichts ausmacht, alle Arten von Unbequemlichkeiten auf sich zu nehmen, dass ein Gelehrter seine Pflicht erfüllen kann, ohne etwas dafür zu erwarten, dass ein verabscheuungswürdiger Mensch wie Kaṁsa zu jeder Sünde fähig ist und dass ein Gottgeweihter bereit ist, alles zu opfern, um die Höchste Persönlichkeit Gottes zu erfreuen.

Kaṁsa war mit Vasudeva zufrieden, und er war sehr überrascht, dass dieser sein Versprechen gehalten hatte. Mitleidig und erfreut zugleich sagte er: „Mein lieber Vasudeva, du brauchst mir dieses Kind nicht zu übergeben, denn es bedeutet keine Gefahr für mich. Es wurde mir gesagt, dass mich erst das achte Kind Devakīs töten werde. Warum sollte ich dir also dieses Kind unnötig wegnehmen? Du kannst es behalten."

Als Vasudeva mit seinem erstgeborenen Kind nach Hause zurückkehrte, war er zwar erfreut, aber er konnte Kaṁsas Worten keinen Glauben schenken, denn er wusste, dass dieser unberechenbar war. Ein atheistischer Mensch kann nicht zu seinem Ehrenwort stehen. Wer seine Sinne nicht beherrschen kann, wankt in seinen Entschlüssen. Der große Politiker Cāṇakya Paṇḍita sagte einmal: „Traue niemals einem Diplomaten oder einer Frau.“ Wer der uneingeschränkten Sinnenbefriedigung verfallen ist, kann unter keinen Umständen als ehrlich oder vertrauenswürdig gelten.

Zu jener Zeit kam der große Weise Nārada zu Kaṁsa. Er wusste, dass Kaṁsa Mitleid mit Vasudeva bekommen und ihm sein erstgeborenes Kind zurückgegeben hatte. Nārada war bestrebt, die Ankunft Śrī Kṛṣṇas so weit wie möglich zu beschleunigen, weshalb er Kaṁsa mitteilte, dass sich alle Bewohner Vṛndāvanas – Nanda Mahārāja, die Kuhhirten und deren Frauen und die Kuhhirtenmädchen – sowie Vasudeva, dessen Vater Śūrasena und alle Mitglieder der Familie Vṛṣṇis in der Yadu-Dynastie auf das Erscheinen des Herrn vorbereiteten. Nārada warnte Kaṁsa, sich vor den Freunden, Gönnern und all den Halbgöttern, die in diesen Familien erscheinen sollten, in Acht zu nehmen. Sowohl Kaṁsa als auch seine Freunde und Berater waren Dämonen, und Dämonen fürchten sich immer vor den Halbgöttern. Nachdem Kaṁsa von Nārada über das Erscheinen der Halbgötter in den verschiedenen Familien unterrichtet worden war, wurde er sehr wachsam. Er wusste nun, dass die Halbgötter bereits erschienen waren, wodurch er zur Schlussfolgerung gelangte, dass auch Śrī Viṣṇu bald erscheinen müsse. Deshalb ließ er sofort seinen Schwager Vasudeva und seine Schwester Devakī festnehmen und ins Gefängnis werfen.

Im Gefängnis schenkten Vasudeva und Devakī, in eiserne Ketten gelegt, Jahr für Jahr einem männlichen Kind das Leben, und Kaṁsa, der in jedem der Neugeborenen die Inkarnation Viṣṇus sah, tötete eines nach dem anderen. Er fürchtete sich zwar besonders vor dem achten Kind, doch nach dem Besuch Nāradas war er zu dem Schluss gekommen, dass jedes Kind Kṛṣṇa sein könnte. Daher hielt er es für besser, alle Kinder zu töten, die von Devakī und Vasudeva zur Welt gebracht wurden.

Das Verhalten Kaṁsas ist nicht schwer zu verstehen. In der Weltgeschichte gibt es viele Beispiele von Menschen königlichen Geschlechts, die den eigenen Vater, den eigenen Bruder, ihre Freunde oder sogar die ganze Familie aus selbstsüchtigen Motiven ermordeten. Dies ist nichts Erstaunliches, denn Dämonen sind in ihrem skrupellosen Ehrgeiz sogar bereit, über Leichen zu gehen.

Durch die Gnade Nāradas war es Kaṁsa vergönnt, die Geschichte seines vorherigen Lebens zu erfahren. Er hörte, dass er in seinem letzten Leben ein Dämon namens Kālanemi gewesen und von Viṣṇu getötet worden sei. Kaṁsa, der in der Bhoja-Dynastie geboren worden war, beschloss daraufhin, ein Todfeind der Yadu-Dynastie zu werden; weil Kṛṣṇa in dieser Familie geboren werden sollte, war es Kaṁsas große Sorge und Furcht, dass er auch diesmal von Kṛṣṇa getötet werden würde, so wie es ihm schon in seinem letzten Leben widerfahren war.

Als Erstes sperrte er seinen Vater Ugrasena ein, da dieser der führende König unter den Königen der Yadu-, Bhoja- und Andhaka-Dynastien war, und besetzte dann das Königreich Śūrasenas, des Vaters von Vasudeva. Daraufhin erklärte er sich selbst zum König all dieser Länder.

Hiermit enden die Bhaktivedanta-Erläuterungen zum 1. Kapitel des Kṛṣṇa-Buches mit dem Titel „Die Ankunft Śrī Kṛṣṇas".

KAPITEL 2

Die Gebete der Halbgötter zu Kṛṣṇa im Mutterleib

König Kaṁsa besetzte nicht nur die Reiche der Yadu-, Bhoja- und Andhaka-Dynastien und das Königreich Śūrasenas, sondern er verbündete sich auch mit allen anderen dämonischen Königen, namentlich mit den Dämonen Pralamba, Baka, Cāṇūra, Tṛṇāvarta, Aghāsura, Muṣṭika, Ariṣṭa, Dvivida, Pūtanā, Keśī und Dhenuka. Zu jener Zeit war Jarāsandha König über die Provinz Magadha (die heute als Bihar bekannt ist). Unter dem Schutz Jarāsandhas errichtete Kaṁsa durch seine geschickte Politik das mächtigste Königreich seiner Zeit. Er schloss weitere Bündnisse mit Königen wie Baṇāsura und Bhaumāsura, bis er schließlich eine Vormachtstellung erreichte. Daraufhin leitete er feindselige Aktionen gegen die Yadu-Dynastie ein, in der Kṛṣṇa geboren werden sollte.

Als die Könige der Yadu-, Bhoja- und Andhaka-Dynastien so von

Kaṁsa verfolgt wurden, mussten sie in andere Königreiche fliehen, wie in das Reich der Kurus und der Pañcālas und in die Reiche, die als Kekaya, Śālva, Vidarbha, Niṣadha, Videha und Kośala bekannt sind. Auf diese Weise brach Kaṁsa den Zusammenhalt des Yadu-Königreichs wie auch den des Bhoja- und Andhaka-Reiches und machte seine Position zur stärksten im ganzen Kontinent, der zu jener Zeit als Bhāratavarṣa bezeichnet wurde.

Als Kaṁsa die sechs Kinder Devakīs und Vasudevas eines nach dem anderen umbrachte, suchten ihn viele Freunde und Verwandte auf und baten ihn, von diesen Gräueltaten abzulassen, doch sie alle wurden schließlich zu Verehrern Kaṁsas.

Als Devakī zum siebten Mal schwanger wurde, erschien Ananta, eine vollständige Erweiterung Kṛṣṇas, in ihrem Leibe. Devakī war von Freude und Schmerz zugleich überwältigt. Sie war freudig, weil sie verstehen konnte, dass Śrī Viṣṇu in ihrem Leib erschienen war, doch zur gleichen Zeit war sie auch sehr bekümmert, da sie befürchtete, dass Kaṁsa auch dieses Kind töten würde. Weil die Yadus aufgrund der von Kaṁsa begangenen Grausamkeiten Furcht empfanden, hatte die Höchste Persönlichkeit Gottes, Kṛṣṇa, großes Mitleid mit ihnen, und so wies Er Yogamāyā, Seine innere Energie, an, ebenfalls zu erscheinen. Kṛṣṇa ist der Herr des Universums, doch vor allem ist Er der Herr der Yadu-Dynastie.

Yogamāyā ist die Hauptenergie der Persönlichkeit Gottes. In den Veden wird gesagt, dass die Höchste Persönlichkeit Gottes viele Energien besitzt. *Parāsya śaktir vividhaiva śrūyate.* All diese verschiedenen Energien wirken äußerlich und innerlich und Yogamāyā ist die höchste all dieser Energien. Kṛṣṇa gab Yogamāyā den Auftrag, im Land von Vrajabhūmi, Vṛndāvana, zu erscheinen, das immer geschmückt ist und wo Tausende von schönen Kühen weiden.

In Vṛndāvana lebte Rohiṇī, eine der Frauen Vasudevas, im Hause des Königs Nanda und der Königin Yaśodā. Nicht nur Rohiṇī, sondern auch viele andere Angehörige der Yadu-Dynastie waren aus Furcht vor den Grausamkeiten Kaṁsas geflohen und hatten sich nun über das ganze Land verstreut. Einige von ihnen lebten sogar in Berghöhlen.

Der Herr sagte daher zu Yogamāyā: „Devakī und Vasudeva liegen im Kerker Kaṁsas, und zum gegenwärtigen Zeitpunkt befindet Sich Śeṣa, Meine vollständige Erweiterung, im Schoß Devakīs. Sorge dafür, dass

Śeṣa aus dem Schoß Devakīs in den Leib Rohiṇīs gebracht wird. Danach werde Ich persönlich mit all Meinen Energien in den Leib Devakīs eingehen und daraufhin als der Sohn Vasudevas und Devakīs erscheinen. Du wirst währenddessen als die Tochter Nandas und Yaśodās in Vṛndāvana erscheinen.

Da du als Meine gleichaltrige Schwester erscheinen wirst und du Wünsche nach Sinnenbefriedigung rasch erfüllen wirst, werden dich die Menschen mit wertvollen Gaben, wie mit Räucherstäbchen, Kerzen, Blumen und Opferdarbringungen, verehren. Menschen, die nach materialistischer Vollkommenheit streben, werden dich in den verschiedenen Formen Deiner Erweiterungen verehren, die man Durgā, Bhadrakālī, Vijayā, Vaiṣṇavī, Kumudā, Caṇḍikā, Kṛṣṇā, Mādhavī, Kanyakā, Māyā, Nārāyaṇī, Īśanī, Śāradā und Ambikā nennen wird."

Kṛṣṇa und Yogamāyā erschienen als Bruder und Schwester – der Höchste Mächtige und die höchste Macht. Obwohl es im Grunde keinen Unterschied zwischen dem Mächtigen und der Machtenergie gibt, ist die Machtenergie dennoch dem Mächtigen immer untergeordnet. Die Materialisten verehren die Energie, wohingegen die Transzendentalisten den Energieursprung verehren. Dieser Energieursprung ist Kṛṣṇa, der Höchste Mächtige, und Durgā ist in der materiellen Welt die höchste Macht. In der vedischen Kultur jedoch verehren die Menschen sowohl den Mächtigen als auch die Macht. Es gibt viele Tausende von Tempeln, in denen Viṣṇu und Durgā, manchmal sogar zusammen, verehrt werden. Die Verehrer der Macht, das heißt Durgās, der äußeren Energie Kṛṣṇas, mögen in materieller Hinsicht sehr erfolgreich sein, doch wer auf die transzendentale Ebene erhoben werden möchte, muss im Kṛṣṇa-Bewusstsein den Höchsten Mächtigen, Kṛṣṇa, verehren.

Der Herr sagte auch zu Yogamāyā, dass Sich Seine vollständige Erweiterung, Ananta Śeṣa, im Schoß Devakīs befinde. Weil dieser Sich sehr stark zu Rohiṇī hingezogen fühle, werde Er Saṅkarṣaṇa genannt werden und Sich als die Quelle aller spirituellen Kraft (*bala*) offenbaren, durch die man die höchste Glückseligkeit des Lebens (*ramaṇa*) erlangen könne. Daher werde diese vollständige Teilerweiterung, Ananta, nach Seinem Erscheinen entweder als Saṅkarṣaṇa oder als Balarāma bekannt sein.

In den Upaniṣaden heißt es: *nāyam ātmā bala-hīnena labhyah.* Dieser Vers besagt, dass man die höchste Stufe der Selbstverwirklichung nicht erreichen könne, wenn man nicht von Balarāma hinreichend begünstigt werde. *Bala* bedeutet nicht körperliche Stärke. Niemand kann spirituelle Vollkommenheit durch körperliche Stärke erreichen. Man muss die spirituelle Kraft besitzen, die Balarāma bzw. Saṅkarṣaṇa gewähren kann. Ananta oder Śeṣa ist der Ursprung der Kraft, die alle Planeten in der Schwebe hält. In der materiellen Welt wird diese erhaltende Kraft als das Gesetz der Schwerkraft bezeichnet, doch in Wirklichkeit ist es die Wirkung der Energie Saṅkarṣaṇas. Balarāma, Saṅkarṣaṇa, ist der Ursprung der spirituellen Kraft, der ursprüngliche spirituelle Meister. Daher ist Nityānanda Prabhu, der ebenfalls eine Inkarnation Balarāmas ist, der ursprüngliche spirituelle Meister. Der spirituelle Meister wiederum ist der Repräsentant Balarāmas, der Form der Höchsten Persönlichkeit Gottes, der spirituelle Kraft spendet. Im *Caitanya-caritāmṛta* wird bestätigt, dass der spirituelle Meister die Verkörperung der Barmherzigkeit Kṛṣṇas ist.

Nachdem Yogamāyā auf diese Weise von der Höchsten Persönlichkeit Gottes angewiesen worden war, umkreiste sie den Herrn und erschien dann in der materiellen Welt, um Seinem Befehl Folge zu leisten. Als der Höchste Mächtige, die Persönlichkeit Gottes, Śeṣa aus dem Schoße Devakīs in den Schoß Rohiṇīs versetzte, standen beide Frauen unter dem Einfluss Yogamāyās, der auch *yoga-nidrā* genannt wird. Als dies geschehen war, glaubten die Leute, dass Devakīs siebte Schwangerschaft als Fehlgeburt geendet hätte. Somit wurde also Balarāma, obwohl Er Sich zuerst als Devakīs Sohn manifestiert hatte, in den Leib Rohiṇīs versetzt, um als deren Sohn zu erscheinen. Daraufhin ging die Höchste Persönlichkeit Gottes, Kṛṣṇa, der immer bereit ist, Seine lauteren Geweihten zu beschützen, als der Herr der gesamten Schöpfung mit all Seinen unbegreiflichen Kräften in den Geist Vasudevas ein. In diesem Zusammenhang muss gesagt werden, dass Sich Śrī Kṛṣṇa zuerst in Vasudevas reinem Herzen manifestierte und dann in Devakīs Herz überging. Er ist also nicht durch geschlechtliche Vereinigung in Devakīs Leib gelangt. Kṛṣṇa, die Höchste Persönlichkeit Gottes, kann kraft Seiner unergründlichen Energie überall und unter allen Umständen erscheinen. Deshalb war es für Ihn nicht notwendig, auf dem gewöhnlichen materiellen Weg nach geschlechtlicher Vereinigung im Schoß einer Frau heranzuwachsen.

Als Vasudeva die Gestalt der Höchsten Persönlichkeit Gottes in seinem Herzen trug, glich er der glühenden Sonne, deren Strahlen ein gewöhnlicher Mensch als unerträglich und glühend heiß empfindet. Die Gestalt des Herrn im reinen Herzen Vasudevas war von der ursprünglichen Gestalt Kṛṣṇas nicht verschieden. Jeder Ort, an dem die Gestalt Kṛṣṇas erscheint, besonders das Herz, wird *dhāma* genannt. *Dhāma* bezieht sich nicht nur auf das Erscheinen von Kṛṣṇas Gestalt, sondern auch auf das Erscheinen Seines Namens, Seiner Eigenschaften und Seines persönlichen Besitzes, denn dies alles wird gleichzeitig manifestiert.

Dann übertrug sich die ewige Gestalt der Höchsten Persönlichkeit Gottes mit all Ihren Kräften vom Geiste Vasudevas in den Geist Devakīs, genau wie sich die Strahlen der untergehenden Sonne auf den im Osten aufgehenden Vollmond übertragen.

Kṛṣṇa, die Höchste Persönlichkeit Gottes, ging somit von Vasudevas Körper in den Körper Devakīs ein. Dabei befand Er Sich jenseits jeglicher Bedingtheiten gewöhnlicher Lebewesen. Wenn Kṛṣṇa erscheint, begleiten Ihn alle Seine vollständigen Erweiterungen wie Nārāyaṇa und Inkarnationen wie Nṛsiṁha, Varāha usw. Sie alle sind den Bedingungen des materiellen Daseins nicht unterworfen. Auf diese Weise wurde Devakī zur Unterkunft des Herrn, der Höchsten Persönlichkeit Gottes, dem niemand gleichkommt und der die Ursache der Schöpfung ist. In Devakī befand sich die Absolute Wahrheit, aber weil sie im Gefängnis Kaṁsas eingekerkert war, glich sie einem unterdrückten Feuer oder missbrauchtem Wissen. Wenn Feuer im Innern eines Kruges brennt, kann sich niemand an seinem Licht erfreuen. Ebenso wird Wissen nicht wertgeschätzt, wenn es missbraucht wird und der Menschheit nichts nützt. Devakī war in den Gefängnismauern von Kaṁsas Palast gefangen, und daher konnte niemand ihre transzendentale Schönheit sehen, die darauf beruhte, dass sie die Höchste Persönlichkeit Gottes in sich trug.

Kaṁsa jedoch bemerkte die übernatürliche Schönheit seiner Schwester und wusste sofort, dass die Höchste Persönlichkeit Gottes in ihren Leib eingegangen war. Sie hatte niemals zuvor so schön ausgesehen. Ihm war klar, dass sich etwas Wunderbares in ihrem Leib befinden musste. Kaṁsa war daher beunruhigt, denn er war überzeugt, dass die Höchste Persönlichkeit Gottes, die für ihn den Tod bedeuten sollte, nun erschienen war. Er dachte bei sich: „Was soll ich mit Devakī tun?

Zweifelsohne trägt sie Viṣṇu oder Kṛṣṇa in ihrem Leib, also ist es sicher, dass Kṛṣṇa gekommen ist, um die Bitte der Halbgötter zu erfüllen. Selbst wenn ich Devakī sofort töte, kann Sein Vorhaben nicht verhindert werden." Kaṁsa wusste sehr wohl, dass niemand imstande ist, den Plan Viṣṇus zu vereiteln. Jeder intelligente Mensch kann verstehen, dass die Gesetze Gottes nicht umgangen werden können. Seine Pläne werden trotz aller Widerstände der Dämonen durchgesetzt. Kaṁsa dachte weiter: „Wenn ich Devakī jetzt töte, wird Viṣṇu Seinen höchsten Willen umso heftiger durchsetzen. Devakī jetzt zu töten wäre eine höchst verruchte Handlung. Niemand will seinen Ruf aufs Spiel setzen – nicht einmal in einer gefährlichen Situation –, und wenn ich Devakī jetzt töte, ist es um mein Ansehen geschehen. Devakī ist eine Frau und befindet sich in meiner Obhut. Außerdem ist sie schwanger, und wenn ich sie töte, habe ich mein Ansehen, das Ergebnis meiner frommen Handlungen und meine Lebensdauer verspielt."

Er dachte weiter: „Wer zu grausam ist, ist schon zu Lebzeiten so gut wie tot. Niemand mag einen grausamen Menschen. Nach seinem Tode verfluchen ihn die Leute. Weil er sich mit dem Körper identifiziert, bringt er zweifelsohne Schande über sich und wird in die finstersten Regionen der Hölle geworfen." Auf diese Weise überlegte Kaṁsa, ob er Devakī töten solle oder nicht und wägte sorgfältig alle Vor- und Nachteile ab.

Schließlich kam Kaṁsa zu dem Schluss, Devakī nicht sofort zu töten, sondern die unvermeidliche Zukunft abzuwarten. Seine Gedanken jedoch erfüllten sich mit Hass gegen die Persönlichkeit Gottes. Er wartete geduldig auf die Geburt des Kindes, in der Absicht, es sofort zu töten, wie er es bereits mit den anderen Kindern Devakīs getan hatte. Versunken in einen Ozean des Hasses gegen die Persönlichkeit Gottes, begann er, im Sitzen, im Stehen, im Gehen, beim Schlafen, beim Essen, beim Arbeiten – immer und unter allen Umständen – an Kṛṣṇa und Viṣṇu zu denken. Sein Geist wurde so sehr von Gedanken an die Höchste Persönlichkeit Gottes erfüllt, dass er indirekt überall nur noch Kṛṣṇa, oder Viṣṇu, sah. Obwohl Kaṁsa so sehr in Gedanken an Viṣṇu versunken war, kann er nicht als Gottgeweihter anerkannt werden, da er an Kṛṣṇa als Feind dachte. Große Gottgeweihte sind auch ständig in Gedanken an Kṛṣṇa versunken, doch sie denken an Ihn mit Liebe, und nicht mit Hass. Mit Liebe an Kṛṣṇa zu denken ist Kṛṣṇa-Bewusstsein, aber mit Hass an Kṛṣṇa zu denken ist kein Kṛṣṇa-Bewusstsein.

Zu dieser Zeit erschienen Brahmā und Śiva, begleitet von großen Weisen wie Nārada und gefolgt von vielen anderen Halbgöttern, unsichtbar im Palast Kaṁsas. Sie beteten zur Höchsten Persönlichkeit Gottes mit erlesenen Versen, die die Gottgeweihten mit Freude erfüllen und ihre Wünsche zufriedenstellen. Mit den ersten Worten, die sie sprachen, drückten sie ihre Freude darüber aus, dass der Herr Sein Versprechen stets hält. Wie in der *Bhagavad-gītā* gesagt wird, erscheint Kṛṣṇa in der materiellen Welt nur, um die Frommen zu beschützen und die Atheisten zu vernichten. Das ist Sein Versprechen. Die Halbgötter wussten, dass Sich der Herr im Leibe Devakīs befand, um dieses Versprechen zu erfüllen. Sie waren sehr froh, dass der Herr zu diesem Zwecke erschienen war.

Die Halbgötter priesen den Herrn daher als *satyam param*, als die Höchste Absolute Wahrheit. Jeder sucht nach der Wahrheit. Dies ist der philosophische Aspekt des Lebens. Von den Halbgöttern erfahren wir, dass die Höchste Absolute Wahrheit Kṛṣṇa ist. Wer völlig Kṛṣṇa-bewusst wird, kann die Absolute Wahrheit erkennen, denn Kṛṣṇa ist die Absolute Wahrheit. Eine relative Wahrheit kann nicht in allen drei Phasen der ewigen Zeit, das heißt in Vergangenheit, Gegenwart und Zukunft, Wahrheit sein. Kṛṣṇa hingegen ist immer Wahrheit – in der Vergangenheit, in der Gegenwart und auch in der Zukunft. In der materiellen Welt, die von der höchsten Zeit beherrscht wird, ist alles dem Ablauf von Vergangenheit, Gegenwart und Zukunft unterworfen. Kṛṣṇa jedoch existierte bereits vor der Schöpfung. Wenn die Schöpfung manifestiert ist, ruht sie in Ihm, und wenn sie vernichtet wird, wird Kṛṣṇa unberührt davon weiter existieren. Daher ist Er unter allen Umständen die Absolute Wahrheit. Wenn es irgendeine Wahrheit in der materiellen Welt gibt, so geht sie von der Höchsten Wahrheit, Kṛṣṇa, aus. Wenn es Reichtum in der materiellen Welt gibt, so ist die Ursache dieses Reichtums Kṛṣṇa. Wenn es Ruhm in der materiellen Welt gibt, so ist der Grund dieses Ruhms Kṛṣṇa. Wenn es Macht in der materiellen Welt gibt, so ist der Ursprung dieser Macht Kṛṣṇa, und wenn es Wissen und Bildung in der materiellen Welt gibt, so ist die Quelle dieses Wissens ebenfalls Kṛṣṇa. Daher ist Kṛṣṇa der Urgrund aller relativen Wahrheiten.

Die materielle Welt besteht aus fünf Hauptelementen: Erde, Wasser, Feuer, Luft und Äther. Alle diese Elemente sind Emanationen Kṛṣṇas. Die materialistischen Wissenschaftler erkennen zwar diese fünf Hauptelemente als die Ursache der materiellen Manifestation an, doch sie wissen nicht, dass diese Elemente in ihrem grobstofflichen und feinstofflichen Zustand von Kṛṣṇa geschaffen wurden. Die Lebewesen, die sich in der materiellen Welt befinden, gehören zur marginalen Energie Kṛṣṇas. Das 7. Kapitel der *Bhagavad-gītā* erklärt ausführlich, wie die gesamte kosmische Manifestation eine Kombination zweier Energien Kṛṣṇas ist, der höheren und der niederen Energie. Die Lebewesen sind Seine höhere Energie und die toten materiellen Elemente sind Seine niedere Energie. Im unmanifestierten Zustand ruht alles in Kṛṣṇa.

Die Halbgötter richteten weitere ehrfurchtsvolle Gebete an die höchste Form der Persönlichkeit Gottes, Kṛṣṇa, indem sie die materielle Manifestation beschrieben und analysierten. Was ist die materielle Manifestation? Sie ist wie ein Baum, denn ähnlich wie ein Baum im Erdreich wurzelt, so wurzelt der Baum der materiellen Manifestation im Boden der materiellen Natur. Die materielle Manifestation wird auch deshalb mit einem Baum verglichen, weil ein Baum nach einer gewissen Zeit gefällt wird. Das Sanskritwort für „Baum" ist *vṛkṣa. Vṛkṣa* bedeutet „das, was letzten Endes gefällt wird". Daher kann der Baum der materiellen Manifestation nicht als die endgültige Wahrheit angesehen werden. Auf der materiellen Manifestation lastet der Einfluss der Zeit, doch Kṛṣṇas Körper ist ewig. Kṛṣṇa bestand vor der materiellen Schöpfung, Er besteht während ihrer Manifestation, und Er wird auch nach ihrer Vernichtung weiter bestehen. Deshalb kann nur Kṛṣṇa als die Absolute Wahrheit anerkannt werden.

Auch in der *Kaṭha Upaniṣad* finden wir das Beispiel vom Baum der materiellen Manifestation, der im Boden der materiellen Natur wurzelt. Dieser Baum trägt zwei Früchte: Glück und Leid. Diejenigen, die im Baum des Körpers leben, werden mit zwei Vögeln verglichen. Der eine Vogel ist der lokalisierte Aspekt Kṛṣṇas, die Überseele (der Paramātmā), und der andere Vogel ist das Lebewesen, die Seele. Das Lebewesen isst die Früchte der materiellen Manifestation. Manchmal isst es die Früchte des Glücks, und manchmal isst es die Früchte des Leids. Der andere Vogel jedoch ist nicht daran interessiert, die Früchte des Leids oder des Glücks zu essen, denn er ist in sich selbst zufrieden.

Die *Kaṭha Upaniṣad* sagt, dass der eine Vogel auf dem Baum des Körpers die Früchte verzehre, während der andere Vogel einfach Zeuge sei. Die Wurzeln des Baumes erstrecken sich in drei Richtungen und sie werden mit den drei Erscheinungsweisen der materiellen Natur verglichen: Tugend, Leidenschaft und Unwissenheit. Ein Baum wächst entsprechend seinen Wurzeln, und entsprechend dem Kontakt mit den drei Erscheinungsweisen wächst die Dauer des Aufenthalts in der materiellen Welt. Die Früchte dieses Baumes haben vier verschiedene Arten des Geschmacks: Religiosität, wirtschaftliche Entwicklung, Sinnenbefriedigung und schließlich Befreiung. Je nach ihrer Verbindung mit den drei Erscheinungsweisen erfahren die Lebewesen den Geschmack verschiedener Arten der Religiosität, des materiellen Fortschritts, der Sinnenbefriedigung und der Befreiung. Im Grunde wird jede Handlung in der materiellen Welt in Unwissenheit ausgeführt, doch weil es drei Erscheinungsweisen gibt, ist die Erscheinungsweise der Unwissenheit manchmal mit Tugend oder Leidenschaft vermischt. Der Geschmack dieser materiellen Früchte wird mit fünf Sinnen wahrgenommen. Die fünf Sinnesorgane, durch die Wissen erworben wird, werden von sechs Arten des Leids gepeitscht: Klagen, Illusion, Schwäche, Tod, Hunger und Durst. Der materielle Körper wird von sieben Schichten bedeckt: Haut, Muskeln, Blut, Mark, Knochen, Fett und Samen. Der Baum hat acht Äste: Erde, Wasser, Feuer, Luft, Äther, Geist, Intelligenz und falsches Ego. Es gibt neun Öffnungen im Körper: zwei Augen, zwei Ohren und zwei Nasenlöcher, den Mund, das Geschlechtsteil und den Anus. Außerdem zirkulieren zehn Arten von innerer Luft im Körper: *prāṇa, apāna, udāna, vyāna, samāna* usw. Die beiden Vögel, die in diesem Baum sitzen, sind, wie oben erklärt, das Lebewesen und der lokalisierte Aspekt der Höchsten Persönlichkeit Gottes.

Die ursprüngliche Ursache der materiellen Manifestation ist die Höchste Persönlichkeit Gottes. Die Höchste Persönlichkeit Gottes erweitert Sich, um die drei Erscheinungsweisen der materiellen Welt zu lenken. Viṣṇu lenkt die Erscheinungsweise der Tugend, Brahmā lenkt die Erscheinungsweise der Leidenschaft, und Śiva lenkt die Erscheinungsweise der Unwissenheit. Brahmā erschafft das Universum durch die Erscheinungsweise der Leidenschaft, Viṣṇu erhält es durch die Erscheinungsweise der Tugend, und Śiva vernichtet es durch die Erscheinungsweise der Unwissenheit. Die gesamte Schöpfung ruht letztlich im Höchsten Herrn. Er ist der Ursprung von Schöpfung, Erhaltung und Vernichtung. Wenn die gesamte Manifestation aufgelöst worden ist, ruht sie in ihrer feinstofflichen Form als Seine Energie in Seinem Körper.

Die Halbgötter fuhren fort: „Der Höchste Herr, Śrī Kṛṣṇa, bereitet nun Sein Erscheinen vor, um für die Erhaltung der Schöpfung zu sorgen." Es gibt nur eine höchste Ursache, doch weniger intelligente Menschen, die von den drei Erscheinungsweisen der materiellen Natur verwirrt werden, glauben, die Entstehung der Welt habe verschiedene andere Ursachen. Wer hingegen intelligent ist, kann erkennen, dass es nur eine Ursache gibt – Kṛṣṇa. Dies wird in der *Brahma-saṁhitā* bestätigt: *sarva-kāraṇa-kāraṇam* – „Kṛṣṇa, die Höchste Persönlichkeit Gottes, ist die Ursache aller Ursachen." Brahmā ist der bevollmächtigte Verantwortliche für die Schöpfung, Viṣṇu, eine Erweiterung Kṛṣṇas, ist für die Erhaltung, und Śiva, ebenfalls eine Erweiterung des Höchsten, ist für die Auflösung zuständig.

„O Herr", beteten die Halbgötter, „es ist sehr schwierig, Deine ewige persönliche Gestalt zu verstehen. Die Menschen sind im Allgemeinen nicht imstande, Deine wirkliche Gestalt zu erkennen, daher erscheinst Du, um Deine ursprüngliche ewige Gestalt zu offenbaren. Auf irgendeine Weise können die Menschen zwar Deine verschiedenen Inkarnationen verstehen, doch es bereitet ihnen große Schwierigkeiten, Dich in Deiner ewigen Gestalt zu verstehen, als den zweiarmigen Kṛṣṇa, der Sich unter ihnen bewegt wie einer der Ihren. Diese ewige Gestalt bereitet den Gottgeweihten ständig anwachsende transzendentale Freude, doch für die Nichtgottgeweihten ist sie sehr bedrohlich." Laut der *Bhagavad-gītā* ist Kṛṣṇa für die *sādhus* die Quelle aller Freude, denn dort heißt es: *paritrāṇāya sādhūnām.* Aber derselbe Kṛṣṇa ist für die Dämonen sehr bedrohlich, weil Er auch erscheint, um die Dämonen zu töten. So ist Kṛṣṇa gleichzeitig die Ursache großer Freude für die Gottgeweihten und die Ursache großer Furcht für die Dämonen.

„O Lotosäugiger", fuhren die Halbgötter fort, „Du bist die Quelle reiner Tugend. Es gibt viele große Weise, die den weiten Ozean der Unwissenheit, der von der materiellen Natur geschaffen wurde, auf die Größe einer Wasserpfütze im Hufabdruck eines Kalbes verringerten, da sie die Stufe des *samādhi* erreichten, das heißt, weil sie über Deine Lotosfüße meditierten und somit in Gedanken an Dich versanken."

Das Ziel der Meditation besteht darin, den Geist auf die Persönlichkeit Gottes zu richten, wobei man als Erstes über Seine Lotosfüße meditiert. Viele große Weise haben schon den weiten Ozean des materiellen Daseins ohne Schwierigkeiten überquert, einfach nur indem sie über die Lotosfüße des Herrn meditierten.

„O Selbsterleuchteter, die großen Heiligen, die den Ozean der Unwissenheit im transzendentalen Boot Deiner Lotosfüße überquerten, haben das Boot nicht fortgenommen. Es liegt immer noch am Ufer." Wenn jemand ein Boot benutzt, um einen Fluss zu überqueren, so nimmt er das Boot mit sich auf die andere Seite des Flusses. Wie ist es also möglich, wenn jemand auf diese Weise sein Ziel erreicht hat, dass dasselbe Boot immer noch denen zur Verfügung steht, die am anderen Ufer zurückgeblieben sind? Als Antwort auf diese schwierige Frage sagen die Halbgötter in ihrem Gebet, dass das Boot gar nicht fortgenommen worden sei. Deshalb können die Gottgeweihten, die auf der anderen Seite zurückgeblieben sind, den Ozean der materiellen Natur ebenfalls hinter sich lassen, weil die reinen Gottgeweihten das Boot nicht mitnehmen, wenn sie diesen Ozean überqueren. Schon dadurch, dass man sich dem Boot nur nähert, wird der weite Ozean der materiellen Unwissenheit auf die Größe einer Pfütze im Hufabdruck eines Kalbes verkleinert. Daher benötigen die Gottgeweihten kein Boot, um an das andere Ufer zu gelangen – sie überqueren den Ozean einfach mit einem kleinen Schritt. Weil die großen Heiligen mit allen bedingten Seelen Mitleid haben, liegt das Boot immer noch bei den Lotosfüßen des Herrn. Man kann jederzeit über Seine Lotosfüße meditieren und auf diese Weise den Ozean der materiellen Unwissenheit überqueren.

Meditation bedeutet Konzentration des Geistes auf die Lotosfüße des Herrn. Das Wort „Lotosfüße" weist auf die Höchste Persönlichkeit Gottes hin. Die Anhänger der Unpersönlichkeitsphilosophie jedoch erkennen die Lotosfüße des Herrn nicht an, und daher ist ihr Objekt der Meditation etwas Unpersönliches. Die Halbgötter erklären jedoch unmissverständlich, dass diejenigen, die über etwas Leeres und Unpersönliches meditieren, den Ozean der Unwissenheit nicht überqueren können. Solche Menschen bilden sich nur ein, sie wären befreit. Die Halbgötter sagten: „O lotosäugiger Herr, ihre Intelligenz ist unrein, da sie nicht über Deine Lotosfüße meditieren." Weil die Unpersönlichkeitsanhänger dies vernachlässigen, fallen sie wieder ins materielle, bedingte Leben zurück, obwohl sie sich für eine gewisse Zeit sogar auf die Stufe der unpersönlichen Verwirklichung erheben mögen. Die Unpersönlichkeitsanhänger gehen, nachdem sie strenge Entsagungen und Bußen auf sich genommen haben, in die Brahman-Ausstrahlung, das heißt in die unpersönliche Brahman-Existenz, ein. Doch ihr Geist ist nicht frei von materieller Verunreinigung. Sie haben lediglich versucht, die materielle Denkweise zu negieren. Das bedeutet jedoch noch lange nicht, dass sie befreit sind. Deshalb kommen sie wieder zu Fall.

In der *Bhagavad-gītā* wird gesagt, dass es den Unpersönlichkeitsanhängern nur unter großen Schwierigkeiten möglich sei, das endgültige Ziel zu erreichen. Ebenso heißt es zu Beginn des *Śrīmad-Bhāgavatam*, dass man erst dann von den Fesseln fruchtbringender Tätigkeiten befreit sei, wenn man der Höchsten Persönlichkeit Gottes hingebungsvollen Dienst darbringe. In der *Bhagavad-gītā* wird dies von Śrī Kṛṣṇa gesagt, im *Śrīmad-Bhāgavatam* wird diese Tatsache von dem großen Weisen Nārada bestätigt, und hier sagen es auch die Halbgötter: „Wer Dir nicht in liebender Hingabe dient, hat das endgültige Ziel der Erkenntnis nicht verstanden, und er ist nicht mit Deiner Gnade gesegnet."

Die Unpersönlichkeitsanhänger bilden sich nur ein, befreit zu sein. In Wirklichkeit jedoch haben sie nicht die geringste Vorstellung von der Persönlichkeit Gottes. Sie glauben, Kṛṣṇa nehme einen materiellen Körper an, wenn Er in die materielle Welt kommt. Sie ignorieren also den transzendentalen Körper Kṛṣṇas. Dies wird ebenfalls in der *Bhagavad-gītā* bestätigt: *Avajānanti māṁ mūḍhāḥ.* Selbst wenn die Unpersönlichkeitsanhänger die materielle Lust besiegen und sich auf die Ebene der Befreiung erheben, kommen sie wieder zu Fall. Wenn sie sich Wissen nur um des Wissens willen aneignen und sich nicht im hingebungsvollen Dienst beschäftigen, können sie das ersehnte Ziel nicht erreichen. Was sie erreichen, ist die Bemühung, die sie unternehmen – sonst nichts.

Es wird in der *Bhagavad-gītā* eindeutig gesagt, dass die Erkenntnis der eigenen Zugehörigkeit zum Brahman nicht alles sei. Die Brahman-Erkenntnis kann einem Menschen vielleicht helfen, Zufriedenheit, die frei von materieller Anhaftung und Abneigung ist, zu erreichen und auf die Ebene der Ausgeglichenheit zu gelangen, doch von dieser Stufe muss man einen Schritt weiter gehen und mit hingebungsvollem Dienst beginnen. Wer sich im hingebungsvollen Dienst beschäftigt, nachdem er die Ebene der Brahman-Erkenntnis erreicht hat, darf das spirituelle Königreich betreten, um dort für immer mit der Höchsten Persönlichkeit Gottes zusammen zu sein. Das ist das Ergebnis des hingebungsvollen Dienstes. Die Geweihten der Höchsten Persönlichkeit Gottes fallen niemals wieder auf die materielle Ebene hinunter wie die Unpersönlichkeitsanhänger. Selbst wenn die Gottgeweihten straucheln, bleiben sie mit dem Höchsten Herrn in Liebe verbunden. Sie mögen auf dem Pfad des hingebungsvollen Dienstes auf viele Hindernisse stoßen, doch sie können solche Hindernisse sehr leicht und ohne Furcht überwinden. Da sie Kṛṣṇa hingegeben sind, können sie sicher sein, dass Er sie immer beschützen wird. Dies verspricht Kṛṣṇa persönlich in der *Bhagavad-gītā:* „Meine Geweihten werden niemals besiegt."

„O Herr", fuhren die Halbgötter fort, „Du bist zum Wohl aller Lebewesen in der materiellen Welt in Deiner ursprünglichen, reinen Gestalt, der ewigen Gestalt der Tugend, erschienen. Mit Deinem Erscheinen wird ihnen nun die Möglichkeit geboten, Dein Wesen und Deine Gestalt zu verstehen. Die Menschen aller vier Stufen des Lebens (die *brahmacārīs,* die *gṛhasthas,* die *vānaprasthas* und die *sannyāsīs*) können aus Deinem Erscheinen Nutzen ziehen.

O Herr, Gemahl der Glücksgöttin, Gottgeweihte, die Dir in Hingabe dienen, fallen – im Gegensatz zu den Unpersönlichkeitsanhängern – nicht wieder von der hohen Stufe herab, die sie erreicht haben. Von Dir beschützt, können Deine Geweihten über die Köpfe von *māyās* Abgesandten hinwegschreiten, die ihnen auf dem Weg der Befreiung ständig Hindernisse entgegenstellen. O Herr, Du erscheinst zum Wohl aller Lebewesen in Deiner ewigen transzendentalen Gestalt, so dass sie Dich von Angesicht zu Angesicht sehen und Dir in Verehrung ihre Opfer darbringen können, indem sie die Rituale der Veden, mystische Meditation oder hingebungsvollen Dienst ausführen, wie es in den Schriften empfohlen wird. O Herr, erschienest Du nicht in Deiner ewigen transzendentalen Gestalt, die voller Glückseligkeit und Wissen ist und die jegliche Art von unwissenden Vorstellungen über Dich zu beseitigen vermag, dann würde jeder, je nach der Erscheinungsweise der materiellen Natur, von der er beherrscht wird, einfach nur über Dich spekulieren."

Das Erscheinen Kṛṣṇas ist die Antwort auf alle phantasiehaften

Vorstellungen und Bildnisse von der Höchsten Persönlichkeit Gottes. Jeder stellt sich die Gestalt der Höchsten Persönlichkeit Gottes gemäß der Erscheinungsweise vor, von der er beeinflusst wird. In der *Brahma-saṁhitā* wird gesagt, dass der Höchste Herr die älteste Person sei. Aus diesem Grunde glauben einige Menschen, Gott müsse sehr alt sein, und stellen Ihn daher als alten Mann dar. Doch in derselben *Brahma-saṁhitā* wird auch das genaue Gegenteil erklärt. Obwohl Er das älteste unter allen Lebewesen ist, besitzt Er die ewige Gestalt eines blühenden Jünglings. Die genauen Worte, die in diesem Zusammenhang im *Śrīmad-Bhāgavatam* gebraucht werden, lauten: *vijñānam ajñāna bhidāpamārjanam. Vijñānam* bedeutet „transzendentales Wissen von der Höchsten Person". *Vijñānam* bezieht sich auch auf verwirklichtes Wissen. Transzendentales Wissen muss über den herabsteigenden Weg der Schülernachfolge empfangen werden, genau wie Brahmā in seiner *Brahma-saṁhitā* transzendentales Wissen über Kṛṣṇa weiterreicht. Die *Brahma-saṁhitā* ist *vijñānam,* da sie die Frucht von Brahmās transzendentaler Verwirklichung ist, und mit dieser Verwirklichung war es ihm möglich, die Gestalt und die Spiele Kṛṣṇas in dessen transzendentalem Reich zu beschreiben. Dieses Wissen ist *ajñāna bhidāpamārjanam* – „das, was alle Arten von Spekulationen widerlegen kann". In ihrer Unwissenheit stellen sich die Menschen Gott nach ihrem Gutdünken vor. Manchmal hat Er keine Gestalt, und manchmal hat Er eine Gestalt, die den verschiedenen Vorstellungen der Menschen entspringt. Die Darstellung in der *Brahma-saṁhitā* ist jedoch *vijñānam* – wissenschaftliches, verwirklichtes Wissen, das von Brahmā weitergegeben und von Śrī Caitanya anerkannt wurde. Darüber besteht kein Zweifel. Śrī Kṛṣṇas Gestalt, Śrī Kṛṣṇas Flöte, Kṛṣṇas Körpertönung – all das ist Realität. Hier wird gesagt, dass *vijñānam* alle Arten spekulativen Wissens besiege. „Daher wäre es unmöglich, *ajñāna bhidāpamārjanam* (Wissen, dass spekulatives Wissen Unwissenheit ist) oder *vijñānam* zu erlangen, wenn Du nicht als Kṛṣṇa, so wie Du bist, erscheinen würdest. In anderen Worten, durch Dein Erscheinen wird die Unwissenheit spekulativen Wissens besiegt, und sie muss dem wirklichen Wissen, das man von Autoritäten wie Brahmā empfängt, weichen. Menschen, die von den drei Erscheinungsweisen der materiellen Natur beherrscht werden, schaffen sich entsprechend diesen Erscheinungsweisen ihren eigenen Gott. Aus diesem Grunde gibt es die verschiedensten Vorstellungen von Gott, aber Dein Erscheinen wird die wahre Gestalt Gottes offenbaren."

Der größte Irrtum, dem die Unpersönlichkeitsanhänger unterliegen, ist die Vorstellung, die Inkarnation Gottes nehme einen materiellen Körper in der Erscheinungsweise der Tugend an. In Wirklichkeit nämlich befindet sich die transzendentale Gestalt Kṛṣṇas bzw. Nārāyaṇas jenseits jeder materiellen Vorstellung. Sogar der bedeutendste Vertreter der Unpersönlichkeitslehre, Śaṅkarācārya, bestätigte dies mit den Worten *nārāyaṇaḥ paro 'vyaktāt.* Die materielle Schöpfung wird durch die unpersönliche *avyakta*-Manifestation der Materie verursacht, das heißt von der Gesamtheit der Materie in ihrem unmanifestierten Zustand, doch Kṛṣṇa ist unter allen Umständen transzendental zu dieser materiellen Natur. Auch im Śrīmad-Bhāgavatam wird die Stellung Kṛṣṇas als transzendental (*śuddha-sattva*) bezeichnet. Er befindet Sich nicht in der materiellen Erscheinungsweise der Tugend, sondern steht über ihr. Er ist transzendental – ewig, voller Wissen und voller Glückseligkeit.

„O Herr", fuhren die Halbgötter fort, „wenn Du in Deinen verschiedenen Inkarnationen erscheinst, nimmst Du, entsprechend den jeweiligen Situationen, verschiedene Namen und Formen an. Kṛṣṇa ist Dein Name, weil Du allanziehend bist, und wegen Deiner transzendentalen Schönheit wirst Du Śyāmasundara genannt. Śyāma bedeutet ‚schwärzlich', und dennoch wird gesagt, dass Du Tausende von Liebesgöttern an Schönheit übertriffst – *kandarpa-koṭi-kamanīya.* Obgleich Du in einer Farbe erscheinst, die sich mit der einer schwärzlichen Wolke vergleichen lässt, ist Deine Schönheit, da Du transzendental und absolut bist, um viele Male anziehender als die anmutige Gestalt des Liebesgottes. Manchmal wirst Du Giridharī genannt, weil Du den Berg Govardhana emporgehoben hast, und manchmal wirst Du Nandanandana, Vāsudeva oder Devakīnandana genannt, weil Du als der Sohn von Mahārāja Nanda bzw. von Devakī und Vasudeva erscheinst. Die Unpersönlichkeitsanhänger denken, Deine vielen Namen und Formen entsprächen jeweils einer bestimmten Handlungsweise und Eigenschaft, denn sie betrachten Dich von einem materialistischen Standpunkt aus.

O Herr, man kann Dein absolutes Wesen, Deine absolute Gestalt und Deine absoluten Taten nicht durch mentale Spekulation verstehen. Man muss sich im hingebungsvollen Dienst beschäftigen – dann erst kann man Dich wirklich erkennen. Im Grunde kann nur ein Mensch, der zumindest ein wenig den Geschmack daran gefunden hat, Deinen Lotosfüßen zu dienen, Dein transzendentales Wesen, Deine transzendentale Gestalt und Deine transzendentalen Eigenschaften verstehen. Andere mögen für Millionen von Jahren fortfahren zu spekulieren, doch es wird ihnen nicht gelingen, auch nur den geringsten Aspekt Deiner wirklichen Position zu verstehen." Mit anderen Worten, die Höchste Persönlichkeit Gottes, Kṛṣṇa, kann von Nichtgottgeweihten nicht verstanden werden, weil Seine wahre Gestalt wegen des Schleiers von Yogamāyā ihrer Sicht verborgen bleibt. In der *Bhagavad-gītā* wird dies vom Herrn bestätigt: *nāhaṁ prakāśaḥ sarvasya* – „Ich bin nicht allen und jedem sichtbar." Als Kṛṣṇa erschien, war Er tatsächlich auf dem Schlachtfeld von Kurukṣetra anwesend und jeder sah Ihn. Aber nicht jeder konnte verstehen, dass Er die Höchste Persönlichkeit Gottes war. Dennoch wurde jeder, der in Seiner Gegenwart starb, aus der materiellen Gefangenschaft befreit und in die spirituelle Welt erhoben.

„Lieber Herr, die Unpersönlichkeitsanhänger und Nichtgottgeweihten können nicht begreifen, dass Dein Name mit Deiner Form identisch ist." Da der Herr absolut ist, besteht zwischen Ihm und Seinem Namen kein Unterschied. In der materiellen Welt jedoch sind der Name und der Gegenstand voneinander verschieden. Eine Mangofrucht ist von dem Wort „Mango" verschieden. Den Geschmack der Mangofrucht kann man nicht wahrnehmen, wenn man lediglich „Mango, Mango, Mango" ruft. Der Gottgeweihte aber, der weiß, dass es keinen Unterschied zwischen dem Namen und der Form Gottes gibt, chantet „Hare Kṛṣṇa, Hare Kṛṣṇa, Kṛṣṇa Kṛṣṇa, Hare Hare / Hare Rāma, Hare Rāma, Rāma Rāma, Hare Hare" und erfährt auf diese Weise, dass er ständig mit Kṛṣṇa zusammen ist.

Für diejenigen, die im absoluten Wissen vom Höchsten noch nicht so weit fortgeschritten sind, offenbart Śrī Kṛṣṇa Seine transzendentalen Spiele. Indem sie einfach an die Spiele des Herrn denken, können sie den vollen Nutzen erlangen. Da zwischen dem transzendentalen Namen und der transzendentalen Form des Herrn kein Unterschied besteht, sind auch Seine transzendentalen Spiele nicht von Ihm verschieden. Für die weniger Intelligenten (wie Frauen, Arbeiter und Kaufleute) schrieb der große Weise Vyāsadeva das *Mahābhārata*. Im *Mahābhārata*, das historische Begebenheiten schildert, ist Kṛṣṇa in

Form Seiner verschiedenen Taten gegenwärtig. Einfach indem sie die transzendentalen Taten Kṛṣṇas studieren, über sie hören und sich an sie erinnern, können auch die weniger intelligenten Menschen allmählich auf die Ebene eines reinen Gottgeweihten gelangen.

Von den reinen Gottgeweihten, die immer in Gedanken an die transzendentalen Lotosfüße Kṛṣṇas versunken sind und in vollkommenem Kṛṣṇa-Bewusstsein ununterbrochen hingebungsvollen Dienst darbringen, sollte man niemals denken, sie befänden sich immer noch in der materiellen Welt. Śrīla Rūpa Gosvāmī erklärte, dass diejenigen, die ständig mit Körper, Geist und Taten im Kṛṣṇa-Bewusstsein beschäftigt sind, als befreit angesehen werden müssen, auch wenn sie sich noch in einem materiellen Körper befinden. Dies wird auch in der *Bhagavad-gītā* bestätigt. Dort heißt es, dass diejenigen, die dem Herrn hingebungsvollen Dienst darbringen, die materielle Welt bereits hinter sich gelassen haben.

Kṛṣṇa erscheint, um sowohl Seinen Geweihten als auch den Nichtgottgeweihten die Möglichkeit zur Erkenntnis des eigentlichen Zieles des Lebens zu geben. Die Gottgeweihten erhalten die Gelegenheit, Ihn direkt zu sehen und zu verehren, während diejenigen, die sich noch nicht auf dieser Ebene befinden, die Möglichkeit bekommen, mit Seinen Spielen vertraut zu werden und auf diese Weise zur gleichen Stellung erhoben zu werden.

„O Herr, o höchster Herrscher, wenn Du auf der Erde erscheinst, werden alle Dämonen, wie Kaṁsa und Jarāsandha, vernichtet werden, und Glück und Frieden werden auf der Erde wieder einkehren. Wenn Du über die Erde schreitest, werden Deine Lotosfüße die Zeichen auf Deinen Fußsohlen, wie die Fahne, den Dreizack und den Blitz, als Spuren auf dem Boden zurücklassen. Auf diese Weise lässt Du sowohl der Erde als auch uns auf den himmlischen Planeten, die wir diese Zeichen sehen, Deine Gunst zukommen."

„O Herr", beteten die Halbgötter weiter, „Du bist ungeboren, und daher finden wir für Dein Erscheinen keinen anderen Grund, als dass Du kommst, um Dich Deiner transzendentalen Spiele zu erfreuen." Obwohl der Grund für das Erscheinen des Herrn in der *Bhagavad-gītā* erklärt wird (Er kommt, um die Gottgeweihten zu beschützen und die Dämonen zu vernichten), erscheint Er im Grunde, um Sich mit Seinen Geweihten zu erfreuen, und nicht direkt, um die Nichtgottgeweihten zu töten. Die Nichtgottgeweihten könnten auch einfach durch die materielle Natur vernichtet werden. „Die Aktionen und Reaktionen der äußeren, materiellen Energie (nämlich Schöpfung, Erhaltung und Vernichtung) geschehen automatisch. Doch Deine Geweihten erhalten vollständigen Schutz, indem sie einfach bei Deinem Heiligen Namen Zuflucht suchen, denn Dein Heiliger Name und Deine Persönlichkeit sind nicht voneinander verschieden.“ Um die Gottgeweihten zu beschützen und die Dämonen zu vernichten, braucht die Höchste Persönlichkeit Gottes nicht unbedingt Selbst zu kommen. Er erscheint nur aus Seiner transzendentalen Freude – es kann keinen anderen Grund geben.

„O Herr, Du erscheinst als der Beste der Yadu-Dynastie, und wir bringen Deinen Lotosfüßen unsere respektvollen, demütigen Ehrerbietungen dar. Vor Deinem jetzigen Erscheinen bist Du als Fisch-Inkarnation erschienen und als Pferde-, Schildkröten-, Halb-Mensch-halb-Löwen-, Eber- und Schwan-Inkarnation, als König Rāmacandra, als Paraśurāma und in vielen anderen Inkarnationen. Du erschienst nur, um Deine Geweihten zu beschützen. Daher bitten wir Dich, dass Du auch uns in Deiner gegenwärtigen Erscheinung als die Höchste Persönlichkeit Gottes überall in den drei Welten Schutz gewähren und alles beseitigen mögest, was uns daran hindert, in Frieden zu leben.

Liebe Mutter Devakī, in deinem Leib befindet Sich der Herr, die Höchste Persönlichkeit Gottes, der zusammen mit all Seinen vollständigen Erweiterungen erscheint. Er ist die ursprüngliche Persönlichkeit Gottes, die zu unserem Wohl erscheint; daher brauchst du dich vor deinem Bruder, dem König von Bhoja, nicht zu fürchten. Dein Sohn, Śrī Kṛṣṇa, die ursprüngliche Persönlichkeit Gottes, kommt zum Schutz der frommen Yadu-Dynastie. Er erscheint nicht allein, sondern wird von Seiner unmittelbaren vollständigen Erweiterung, Baladeva, begleitet.“

Devakī fürchtete sich sehr vor ihrem Bruder Kaṁsa, weil dieser bereits alle ihre Kinder getötet hatte. Daher war sie um Kṛṣṇa sehr in Sorge. Im *Viṣṇu Purāṇa* wird gesagt, dass alle Halbgötter mit ihren Frauen Devakī des Öfteren besuchten, um ihr die Angst davor zu nehmen, dass ihr Sohn von Kaṁsa getötet werde. Kṛṣṇa, der Sich in ihrem Leib befinde, erscheine nicht nur, um die Welt von ihrer Last zu befreien, sondern vor allem auch, um die Interessen der Yadu-Dynastie zu verteidigen, und natürlich auch, um Devakī und Vasudeva zu beschützen. Kṛṣṇa befand Sich nun also in Devakīs Leib, nachdem Er von Vasudevas Geist in den Geist Devakīs übergegangen war. So wurde Devakī, Kṛṣṇas Mutter, von den Halbgöttern verehrt.

Nachdem die Halbgötter auf diese Weise der transzendentalen Form des Herrn ihre Verehrung dargebracht hatten, kehrten sie alle, mit Brahmā und Śiva an der Spitze, in ihre Reiche auf den himmlischen Planeten zurück.

Hiermit enden die Bhaktivedanta-Erläuterungen zum 2. Kapitel des Kṛṣṇa-Buches mit dem Titel „Die Gebete der Halbgötter zu Kṛṣṇa im Mutterleib“.

KAPITEL 3

Die Geburt Śrī Kṛṣṇas

In der *Bhagavad-gītā* sagt der Herr, dass Sein Erscheinen, Seine Geburt und Seine Taten transzendental seien und dass jeder, der sie wirklich versteht, sofort die Befähigung erlange, in die spirituelle Welt erhoben zu werden. Die Geburt oder vielmehr das Erscheinen des Herrn ist also nicht mit der eines gewöhnlichen Menschen zu vergleichen, der gezwungen ist, entsprechend seinen vergangenen Taten einen materiellen Körper anzunehmen. Warum der Herr erscheint, wurde bereits im 2. Kapitel dieses Buches erklärt. Er erscheint aus Seiner eigenen Freude. Als die Zeit für das Erscheinen des Herrn heranreifte, bildeten die Gestirne glückverheißende Konstellationen, wobei der starke Einfluss des Sternes Rohiṇī besonders auffällig war. Dieser Stern gilt als sehr glückbringend und steht unter der direkten Aufsicht Brahmās. Nach der Erkenntnis der Astrologen gibt es neben der normalen Stellung der Sterne auch günstige und ungünstige Momente, die durch unterschiedliche Stellungen der verschiedenen Planetensysteme verursacht werden. Zur Zeit der Geburt Kṛṣṇas ordneten sich die Planetensysteme wie von selbst so um, dass ihr Einfluss sehr glückverheißend wurde. Zu jener Zeit herrschte überall – im Osten, Westen, Süden und Norden eine Atmosphäre des Friedens und des Glücks. Günstige Gestirne waren am Himmel sichtbar, und auf der Erde zeigten sich in allen Städten und Dörfern, auf allen Weiden und Wiesengründen und im Geiste eines jeden Zeichen des Glücks. Die Flüsse schwollen mit klarem Wasser an, und die Seen waren mit farbenprächtigen Lotosblumen übersät. Überall in den Wäldern waren schöne Vögel und Pflanzen zu sehen. Die Vögel in den Wäldern hoben nun an, mit lieblichen Stimmen zu singen, und die Pfauen mit ihren Weibchen tanzten dazu. Der Wind, der den Duft vieler Blumen mit sich trug, wehte sehr wohltuend und verlieh den körperlichen Sinnen ein angenehmes Gefühl. Die *brāhmaṇas*, die seit jeher im Feuer Opfergaben darzubringen pflegten, sahen, dass in ihren Häusern die Umstände für solche Opfer erneut sehr günstig geworden waren, denn wegen der Verfolgung auf Anordnung der dämonischen Könige waren in den Häusern der *brāhmaṇas* fast keine Feueropfer mehr durchgeführt worden. Nun bot sich ihnen auf einmal doch die Gelegenheit, das Feuer wieder in Frieden zu entzünden. Als den *brāhmaṇas* das Darbringen von Opfern verboten worden war, hatte sich in ihrem Geist, ihrer Intelligenz und in ihren Tätigkeiten Betrübtheit ausgebreitet, doch zu der Zeit, als Śrī Kṛṣṇa erscheinen sollte, wurden sie von Freude erfüllt, denn sie konnten transzendentale Klänge vom Himmel vernehmen, die das Erscheinen der Höchsten Persönlichkeit Gottes ankündigten.

Die Bewohner der Gandharva- und Kinnara-Planeten begannen zu singen, und die Bewohner von Siddhaloka und den Planeten der Cāraṇas brachten zur Freude der Persönlichkeit Gottes Gebete dar. Auf den himmlischen Planeten versammelten sich die Engel und ihre Frauen zusammen mit den Vidyādharas sowie deren Frauen und führten bezaubernde Tänze auf.

Die großen Weisen und Halbgötter ließen voller Freude Blumen niederregnen. An der Meeresküste war das Rauschen sanfter Wellen zu vernehmen, und aus den Wolken über dem Meer erklang angenehm schallender Donner.

Als sich alles in solcher Harmonie befand, erschien in der Dunkelheit der Nacht Śrī Viṣṇu, der im Herzen eines jeden Lebewesens gegenwärtig ist, als die Höchste Persönlichkeit Gottes vor Devakī, die wie eine Halbgöttin anmutete. Das Erscheinen Śrī Viṣṇus zu jener Zeit kann mit dem Vollmond verglichen werden, der am östlichen Horizont aufging. Man könnte einwenden, es sei nicht möglich, dass der Vollmond zu diesem Zeitpunkt aufgegangen sei, da Śrī Kṛṣṇa doch am achten Tag des abnehmenden Mondes erschien. Die Erklärung hierzu lautet wie folgt: Śrī Kṛṣṇa erschien in der Dynastie, die auf den Mond zurückgeht. Obwohl der Mond in jener Nacht eigentlich nur als Sichel sichtbar gewesen wäre, konnte er durch Kṛṣṇas Gnade und überwältigt von der Freude, dass Kṛṣṇa in der Mond-Dynastie erscheint, als Vollmond erstrahlen.

In einer astrologischen Abhandlung namens *Khamaṇikya* wird die Konstellation der Gestirne zur Erscheinungszeit Śrī Kṛṣṇas sehr genau beschrieben. Es wird dort bestätigt, dass das Kind, das in jenem günstigen Augenblick geboren wurde, das Höchste Brahman, die Absolute Wahrheit, war.

Vasudeva betrachtete mit Erstaunen das wundervolle Kind, das vier Arme hatte und in den Händen Muschelhorn, Keule, Feuerrad und Lotosblume hielt. Das Kind war mit dem Śrīvatsa-Zeichen geschmückt, trug eine Halskette aus *kaustubha*-Juwelen, war in gelbe Seide gekleidet und glänzte wie eine schwärzliche Wolke. Auf Seinem Kopf befand sich ein Helm, der mit *vaidūrya*-Steinen besetzt war, Es trug wertvolle Armreife, Ohrringe und viele andere Schmuckstücke überall auf Seinem Körper, und Sein Gesicht wurde von einer prächtigen Haarfülle umrahmt. Vasudeva war über die außergewöhnliche Erscheinung des Kindes von Verwunderung ergriffen. Wie konnte ein neugeborenes Kind so wunderschön geschmückt sein? Er konnte deshalb verstehen, dass Śrī Kṛṣṇa nun erschienen war, und diese Erkenntnis überwältigte ihn. Voller Demut fragte sich Vasudeva, wie es möglich sei, dass die alldurchdringende Persönlichkeit Gottes, Viṣṇu, Kṛṣṇa, als Kind in Seiner ursprünglichen Gestalt vor einem gewöhnlichen Lebewesen wie ihm erschien, der er doch unter dem Einfluss der materiellen Natur stand und sich dazu noch in Kaṁsas Gefängnis befand. Kein irdisches Kind wird mit vier Armen geboren, geschmückt mit kostbaren Juwelen und schönen Kleidern und versehen mit allen Zeichen der Höchsten

Persönlichkeit Gottes. Immer wieder betrachtete Vasudeva sein Kind und überlegte sich, wie er diesen glücklichen Augenblick würdigen könnte. Er dachte sich: „Gewöhnlich feiert man die Geburt eines männlichen Kindes mit freudvollen Festen und Zeremonien, und nun wurde mir, obgleich ich gefangen bin, die Höchste Persönlichkeit Gottes geboren. Wie viele Millionen und Abermillionen Male müsste also ich diese glückverheißenden Zeremonien durchführen!“ Als Vasudeva, der auch Ānakadundubhi genannt wird, sein neugeborenes Kind ansah, war er so glücklich, dass er den *brāhmaṇas* viele tausend Kühe als Spende geben wollte. Nach vedischem System verteilt der König aus Freude großzügige Spenden, wenn im *kṣatriya*-Palast eine glückverheißende Zeremonie gefeiert wird. Dabei werden den *brāhmaṇas* und Weisen viele mit goldenen Gehängen geschmückte Kühe geschenkt. Vasudeva wollte ebenfalls eine solche Zeremonie durchführen, um Kṛṣṇas Erscheinen zu feiern, doch weil er von Kaṁsa in Ketten gelegt worden war, fehlte ihm jede Möglichkeit dazu. Trotzdem führte er diese Zeremonie durch, indem er den *brāhmaṇas* einfach in Gedanken Tausende von Kühen schenkte.

Als Vasudeva überzeugt war, dass das neugeborene Kind die Höchste Persönlichkeit Gottes war, kniete er mit gefalteteten Händen nieder und verbeugte sich, um dem Kind seine Gebete darzubringen. Vasudeva befand sich auf der transzendentalen Ebene und war von aller Furcht vor Kaṁsa völlig befreit. Der Raum, wo das Neugeborene erschienen war, wurde durch Seine Ausstrahlung in helles Licht getaucht.

Vasudeva betete: „O Herr, ich verstehe, wer Du bist. Du bist die Höchste Persönlichkeit Gottes, die Überseele aller Lebewesen und die Absolute Wahrheit. Du bist in Deiner ursprünglichen, ewigen Gestalt erschienen, die jetzt von uns direkt wahrgenommen werden kann, und ich verstehe, dass Du erschienen bist, nur um mich von der Furcht vor Kaṁsa zu befreien. Du gehörst nicht zur materiellen Welt, vielmehr bist Du derjenige, der einfach nur durch einen Blick über die materielle Natur die kosmische Manifestation erschafft.“

Man könnte einwenden, der Höchste Herr, der die gesamte kosmische Manifestation einfach durch Seinen Blick erschafft, könne nicht im Leib Devakīs, der Frau Vasudevas, erscheinen. Um dieses Argument zu widerlegen, sagte Vasudeva: „Mein lieber Herr, es ist nicht weiter verwunderlich, dass Du im Leib Devakīs erschienen bist, denn auf dieselbe

Weise hast Du auch die Schöpfung durchgeführt. Du lagst als Mahā-viṣṇu im Ozean der Ursachen, und durch Dein Ausatmen entstanden unzählige Universen. Daraufhin gingst Du als Garbhodakaśāyī Viṣṇu in jedes dieser Universen ein, anschließend hast Du Dich in Kṣīrodakaśāyī Viṣṇu erweitert und bist auf diese Weise in die Herzen aller Lebewesen und sogar in die Atome eingegangen. Und so ist auch Dein Eintreten in den Leib Devakīs zu verstehen. Du scheinst in Devakī eingegangen zu sein, aber gleichzeitig bist Du alldurchdringend. Anhand von Phänomenen, die wir in der materiellen Welt beobachten, können wir verstehen, wie Du gleichzeitig in etwas eingehen und trotzdem allgegenwärtig sein kannst. Die gesamte materielle Energie bleibt selbst dann bestehen, wenn sie in die 16 Elemente aufgeteilt wird. Der materielle Körper ist nichts weiter als eine Verbindung der fünf grobstofflichen Elemente – Erde, Wasser, Feuer, Luft und Äther. Wann immer ein materieller Körper entsteht, scheint es, als ob die dazu erforderlichen Elemente neu geschaffen würden. In Wirklichkeit jedoch existieren diese Elemente zu jeder Zeit unabhängig von den körperlichen Formen, und ebenso existierst Du, obwohl Du als Kind im Leibe Devakīs erscheinst, auch außerhalb von ihr. Du weilst immer in Deinem Reich, aber dennoch kannst Du Dich gleichzeitig in Millionen von Formen erweitern.

Man muss Dein Erscheinen mit wahrer Intelligenz verstehen, da die materielle Energie ebenfalls von Dir ausgeht. Du bist die ursprüngliche Quelle der materiellen Energie, genau wie die Sonne der Ursprung des Sonnenscheins ist. Der Sonnenschein kann die Sonne nicht bedecken, und so kann auch die materielle Energie, da sie Deine Emanation ist, Dich nicht bedecken. Du scheinst unter dem Einfluss der drei Erscheinungsweisen der materiellen Energie zu stehen, doch in Wirklichkeit können Dich diese Erscheinungsweisen nicht bedecken. Alle großen Philosophen bestätigen dies. Mit anderen Worten, obwohl es so aussieht, als wärest Du dem Einfluss der materiellen Energie unterworfen, kann sie Dich niemals bedecken.

Wir erfahren aus den Veden, dass vom Höchsten Brahman eine Ausstrahlung ausgeht, wodurch alles erleuchtet wird. Der *Brahma-saṁhitā* können wir entnehmen, dass das *brahmajyoti* (die Brahman-Ausstrahlung) vom Körper des Höchsten Herrn ausgeht. Aus der Brahman-Ausstrahlung wiederum geht die gesamte Schöpfung hervor. In der *Bhagavad-gītā* wird gesagt, dass der Herr auch der Erhalter der

Brahman-Ausstrahlung ist. Daher ist Er die ursprüngliche Wurzel alles Existierenden. Doch Menschen mit geringer Intelligenz denken, Kṛṣṇa, die Höchste Persönlichkeit Gottes, nähme materielle Eigenschaften an, wenn Er in der materiellen Welt erscheine. Schlussfolgerungen dieser Art zeugen nicht von großer Weisheit, und nur die weniger Intelligenten vertreten solche Auffassungen.

Die Höchste Persönlichkeit Gottes existiert direkt und indirekt überall, Er weilt außerhalb der materiellen Schöpfung, und gleichzeitig befindet Er Sich auch in ihr. Er existiert in der materiellen Schöpfung nicht nur als Garbhodakaśāyī Viṣṇu, sondern Er ist auch in jedem Atom gegenwärtig. Alles Existierende beruht auf Seiner Gegenwart. Nichts kann von Seiner Existenz getrennt werden. Aus den vedischen Unterweisungen erfahren wir, dass sich jeder der Höchsten Seele, der ursprünglichen Wurzel allen Seins, zuwenden sollte, da nichts unabhängig von Ihr existiert. Deshalb ist auch die materielle Manifestation eine Umwandlung Seiner Energie. Sowohl die leblose Materie als auch die Lebenskraft, die Seele, geht von Ihm aus. Nur törichte Menschen glauben, der Höchste Herr nehme die Eigenschaften der Materie an, wenn Er erscheine. Selbst wenn Er scheinbar einen materiellen Körper annimmt, ist Er nicht der Bedingtheit der materiellen Natur unterworfen. Mit Seinem Erscheinen hat Kṛṣṇa allen Fehlvorstellungen und Spekulationen über das Erscheinen und Fortgehen der Höchsten Persönlichkeit Gottes ein Ende bereitet.

„Mein Herr, Dein Erscheinen, Deine Gegenwart und Dein Fortgehen befinden sich jenseits der materiellen Erscheinungsweisen. Weil Du das Höchste Brahman und der Kontrollierende alles Existierenden bist, ist in Deiner Person nichts unvorstellbar oder widersprüchlich. Wie Du Selbst gesagt hast, wirkt die materielle Natur unter Deiner Aufsicht – ähnlich wie ein Regierungsbeamter, der die Anordnungen seines Vorgesetzten befolgt. Die Wirkung Dir untergeordneter Tätigkeiten kann Dich nicht berühren. Da Du das Höchste Brahman bist, existiert alles in Dir, und da alle Vorgänge in der materiellen Natur von Dir, o Herr, beherrscht werden, berührt Dich keine dieser Tätigkeiten. Du wirst *śuklam* genannt. *Śuklam,* die Farbe Weiß, ist die symbolische Repräsentation der Absoluten Wahrheit, da diese nicht durch materielle Einflüsse verunreinigt ist. Brahmā wird *rakta* (rot) genannt, weil er für die Erscheinungsweise der Leidenschaft zuständig ist. Die Dunkelheit gehört zu Śiva, weil er den Kosmos vernichtet. Die Schöpfung, Vernichtung und Erhaltung der kosmischen Manifestation wird durch Deine Energien bewirkt, doch Du Selbst wirst niemals davon beeinflusst. Wie in den Veden bestätigt wird (*harir hi nirguṇaḥ sākṣāt*), ist die Höchste Persönlichkeit Gottes immer frei von allen materiellen Erscheinungsweisen. Ebenso steht geschrieben, dass es in der Person des Höchsten Herrn nicht die geringste Spur der Erscheinungsweisen der Leidenschaft und Unwissenheit gibt.

O Herr, Du bist der Höchste Kontrollierende, die Persönlichkeit Gottes, der Absolute, der die Ordnung der kosmischen Schöpfung aufrechterhält. Obgleich Du der höchste Kontrollierende bist, bist Du dennoch in Deiner Güte vor mir erschienen. Du bist gekommen, um die Anhänger der dämonischen Herrscher zu töten, die sich als Könige verkleidet haben, in Wirklichkeit aber Dämonen sind. Ich bin sicher, dass Du sie alle, zusammen mit ihren Anhängern und Soldaten, töten wirst.

Ich weiß, dass Du erschienen bist, um den barbarischen Kaṁsa und seine Anhänger zu töten. Da er wusste, dass Du erscheinen würdest, um ihn und seine Anhänger zu vernichten, hat er bereits alle Deine Brüder, die vor Dir erschienen sind, ermordet. Nun wartet er nur noch auf die Nachricht Deiner Geburt. Sobald er davon hört, wird er mit allen möglichen Waffen erscheinen, um Dich zu vernichten."

Nach diesem Gebet Vasudevas brachte Devakī, die Mutter Kṛṣṇas, ihre Gebete dar. Devakī, die sich sehr vor den Grausamkeiten ihres Bruders fürchtete, sagte: „Mein lieber Herr, Deine ewigen Formen wie Nārāyaṇa, Śrī Rāma, Hayaśirṣa, Varāha, Nṛsiṁha, Vamana, Baladeva und Millionen ähnlicher Inkarnationen, die von Viṣṇu ausgehen, werden in den vedischen Schriften als ursprünglich beschrieben. Du wirst als ursprünglich bezeichnet, weil sich all Deine Inkarnationen jenseits der materiellen Schöpfung befinden. Du existiertest, bevor die kosmische Manifestation erschaffen wurde. Deine Formen sind ewig und alldurchdringend. Sie strahlen aus sich selbst heraus, sie unterliegen keiner Veränderung, und keine materielle Erscheinungsweise kann sie verunreinigen. Solche ewigen Formen sind immer voller Wissen und voller Glückseligkeit, sie befinden sich in transzendentaler Tugend, und sie führen fortwährend die verschiedensten Spiele aus. Du bist nicht auf eine bestimmte Form begrenzt, all Deine transzendentalen ewigen

Erweiterungen und Inkarnationen sind in sich selbst zufrieden. Mir ist klar, dass Du der Höchste Herr, Śrī Viṣṇu, bist.

Nach vielen Millionen von Jahren, wenn Brahmās Leben zu Ende geht, wird die kosmische Manifestation vernichtet, und die fünf Elemente – Erde, Wasser, Feuer, Luft und Äther – gehen in das *mahat-tattva* ein. Das *mahat-tattva* tritt daraufhin unter dem Einfluss der Zeit in die nichtmanifestierte Gesamtheit der materiellen Energie ein. Diese materielle Energie geht in das energetische *pradhāna* ein, und das *pradhāna* geht schließlich in Dich ein. Nach der Vernichtung der gesamten kosmischen Manifestation existierst nur noch Du zusammen mit Deinem transzendentalen Namen, Deiner transzendentalen Gestalt, Deinen transzendentalen Eigenschaften und allem, was mit Dir verbunden ist.

O mein Herr, ich bringe Dir meine respektvollen Ehrerbietungen dar, denn Du bist der Lenker der gesamten nichtmanifestierten Energie, und Du bist das endgültige Behältnis der materiellen Natur. Mein Herr, die gesamte kosmische Manifestation steht unter dem Einfluss der Zeit, angefangen von der Dauer eines Augenblickes bis hin zur Dauer eines Jahres. Alles geschieht unter Deiner Aufsicht. Du bist der ursprüngliche Lenker alles Existierenden und die Quelle aller Energien.

Die bedingten Seelen fliehen ständig von einem Körper zum nächsten und von einem Planeten zum anderen, dennoch entkommen sie den Angriffen von Geburt und Tod nicht. Aber wenn ein solches von der Angst verfolgte Lebewesen unter den Schutz Deiner Lotosfüße gelangt, findet es Frieden, frei von der Furcht, vom gnadenlosen Tod angegriffen zu werden.“ Diese Worte Devakīs werden in der *Bhagavad-gītā* vom Herrn Selbst bestätigt. Er sagt dort, dass man durch das ganze Universum reisen könne, von Brahmaloka bis Pātālaloka, dass man aber trotzdem dem Angriff von Geburt, Tod, Krankheit und Alter nicht entkommen könne. Wer jedoch in das Königreich Gottes gelange, sagt der Herr, sei niemals mehr gezwungen, in die materielle Welt zurückzukehren.

„Daher bitte ich Dich, o Herr, errette mich aus der Gewalt des grausamen Kaṁsa, des Sohnes von Ugrasena. Ich bete zu Dir, dass Du mich aus diesem angstvollen Zustand befreien mögest, denn Du bist immer bereit, Deinen Dienern Schutz zu gewähren.“ Der Herr hat diese Feststellung in der *Bhagavad-gītā* bestätigt, als Er Arjuna versicherte: „Der ganzen Welt kannst du verkünden, dass Mein Geweihter niemals vergeht."

Während Mutter Devakī so um Schutz betete, wurde gleichwohl ihre mütterliche Liebe deutlich. „Ich weiß, dass Deine transzendentale Gestalt im Allgemeinen nur von den großen Weisen in tiefer Meditation gesehen werden kann, dennoch befürchte ich nun, wo Du erschienen bist, dass Kaṁsa Dir Leid zufügen könnte, sobald er davon erfährt. Daher bitte ich Dich, vorerst für unsere materiellen Augen unsichtbar zu werden." Mit anderen Worten, sie bat den Herrn, die Gestalt eines gewöhnlichen Kindes anzunehmen. „Der einzige Grund, warum ich meinen Bruder Kaṁsa fürchte, bist Du. O Madhusūdana, ich hoffe, Kaṁsa möge nicht erfahren, dass Du geboren wurdest. Daher bitte ich Dich, Deine herrliche vierarmige Gestalt zu verbergen, die die vier Symbole Viṣṇus – Muschelhorn, Feuerrad, Keule und Lotosblume – hält. Lieber Herr, am Ende der Vernichtung der kosmischen Manifestation nimmst Du das gesamte Universum in Deinen Leib auf, trotzdem bist Du in Deiner reinen Barmherzigkeit in meinem Schoß erschienen. Ich kann es kaum fassen, dass Du wie ein gewöhnliches menschliches Wesen auftrittst, nur um Deine Geweihten zu erfreuen.

Nachdem der Herr die Gebete Devakīs angehört hatte, antwortete Er: „Meine liebe Mutter, im Zeitalter des Svāyambhuva Manu lebte Mein Vater, Vasudeva, als einer der Prajāpatis, und damals hieß er Sutapā, und du warst seine Frau mit Namen Pṛśni. Als Brahmā wünschte, die Bevölkerung zu vermehren, bat er euch, Nachkommenschaft zu zeugen. Daraufhin habt ihr euch darin geübt, eure Sinne zu beherrschen, und ihr habt strenge Entsagung auf euch genommen. Indem ihr die Atemübungen des Yoga-Systems praktiziertet, wurdet ihr fähig, alle Einflüsse der materiellen Gesetze zu ertragen: die Regenzeit, Sturmwinde und die glühende Hitze der Sonne. Ihr befolgtet alle religiösen Prinzipien und konntet auf diese Weise euer Herz reinigen und den Einfluss der materiellen Gesetze überwinden. Ihr lebtet in völliger Entsagung und habt euch nur von zu Boden gefallenen Blättern ernährt. Als ihr dann Ausgeglichenheit des Geistes und Freiheit von sexuellen Drängen erlangtet, habt ihr Mich mit dem Wunsch verehrt, eine außergewöhnliche Segnung zu erhalten. Nach der Zeitrechnung der Halbgötter habt ihr 12 000 Jahre lang strenge Bußen auf euch genommen. Während dieser Zeit wart ihr voll und ganz in Gedanken an Mich vertieft. Als ihr Mir in Hingabe dientet und ohne Unterlass an Mich dachtet, war Ich über euch sehr erfreut. O sündlose Mutter, dein Herz ist deshalb immer rein. Auch zu jener Zeit erschien Ich in dieser Gestalt vor dir und fragte dich nach deinen Wünschen. Damals hast du den Wunsch geäußert, Mich als deinen Sohn zu bekommen. Du sahst Mich persönlich und hättest Mich um vollkommene Befreiung aus der materiellen Knechtschaft bitten können, aber stattdessen hast du Mich, unter dem Einfluss Meiner Energie, gebeten, dein Sohn zu werden.

So wählte Sich der Herr Pṛśni und Sutapā zu Seinen Eltern, um in der materiellen Welt zu erscheinen. Wann immer der Herr in der Gestalt eines menschlichen Wesens in die materielle Welt hinabsteigt, muss Er jemanden als Vater und jemanden als Mutter haben, und so wählte Er Pṛśni und Sutapā als Seine ewigen Eltern. Aus diesem Grunde konnten Pṛśni und Sutapā den Herrn nicht um Befreiung bitten. Befreit zu werden ist nicht so wichtig, wie dem Herrn in transzendentaler Liebe zu dienen. Der Herr hätte Pṛśni und Sutapā augenblickliche Befreiung gewähren können, doch Er zog es vor, dass sie in der materiellen Welt blieben, damit sie bei Seinen verschiedenen Erscheinungen dabei sein konnten, wie dies im Folgenden erklärt wird. Nachdem Sutapā und Pṛśni vom Herrn die Segnung empfangen hatten, Seine Eltern zu werden, beendeten sie ihre Entsagungen und Bußen und lebten als Mann und Frau zusammen, um ein Kind zu zeugen, das die Höchste Persönlichkeit Gottes Selbst sein sollte.

Nach einiger Zeit wurde Pṛśni schwanger und brachte das Kind zur Welt. Der Herr sprach weiter zu Devakī und Vasudeva: „Zu jener Zeit war Mein Name Pṛśnigarbha. Im nächsten Zeitalter wurdet ihr als Aditi und Kaśyapa geboren, und Ich wurde euer Kind mit dem Namen Upendra. Meine Gestalt glich der eines Zwerges, weshalb Ich auch Vamanadeva genannt wurde. Ich gab euch die Segnung, drei mal als euer Sohn zu erscheinen. Das erste Mal wurde Ich von Pṛśni und Sutapā als Pṛśnigarbha geboren, bei der nächsten Geburt hieß Ich Upendra und ihr wart Aditi und Kaśyapa. Nun erscheine Ich zum dritten Mal als euer Sohn, als Kṛṣṇa, der Sohn Devakīs und Vasudevas. Ich bin in dieser Viṣṇu-Gestalt erschienen, um euch davon zu überzeugen, dass Ich dieselbe Höchste Persönlichkeit Gottes bin. Ich hätte auch als gewöhnliches Kind erscheinen können, doch dann hättet ihr nicht geglaubt, dass die Höchste Persönlichkeit Gottes in deinem Schoß geboren worden war. Meine lieben Eltern, ihr habt Mich viele Male mit großer Zuneigung und Liebe als euer Kind aufgezogen, daher bin Ich sehr zufriedengestellt. Ich danke euch und versichere euch, dass ihr dieses Mal zurück nach Hause, zurück zu Gott, gehen werdet. Ich weiß, dass ihr um Mich besorgt seid, denn ihr fürchtet Kaṁsa. Bringt Mich deshalb sofort nach Gokula und tauscht Mich gegen die Tochter aus, die gerade von Yaśodā geboren wurde."

Nachdem der Herr so zu Seinem Vater und zu Seiner Mutter gesprochen hatte, nahm Er in deren Beisein die Gestalt eines gewöhnlichen Kindes an und lag schweigend da.

Um der Anweisung der Höchsten Persönlichkeit Gottes Folge zu leisten, traf Vasudeva sofort alle notwendigen Vorkehrungen, um mit seinem Sohn das Gefängnis, den Schauplatz Seiner Geburt, zu verlassen. Gerade in jener Stunde wurde Nanda und Yaśodā in Gokula eine Tochter geboren. Es war Yogamāyā, die innere Energie des Herrn, und durch ihren Einfluss wurden alle Bewohner im Palast Kaṁsas, vor allem die Torwächter, von tiefem Schlaf übermannt. Alle Palasttore öffneten sich, obwohl sie mit eisernen Ketten verschlossen waren. In dieser Nacht herrschte tiefste Finsternis, doch als Vasudeva mit Kṛṣṇa auf dem Arm in die Nacht hinaustrat, wurde alles hell erleuchtet, als ob die Sonne schien.

Gemäß dem *Caitanya-caritāmṛta* ist Kṛṣṇa wie das Sonnenlicht und dort, wo Kṛṣṇa ist, kann die illusionierende Energie, die mit Dunkelheit verglichen wird, nicht standhalten. Als Vasudeva Kṛṣṇa trug, wich die Dunkelheit der Nacht. Alle Gefängnistüren öffneten sich wie von selbst. Zur gleichen Zeit erschallte ein Donnern am Himmel und schwerer Regen setzte ein. Während Vasudeva seinen Sohn Kṛṣṇa durch den prasselnden Regen trug, breitete Śeṣa, der eine Schlangengestalt hat, seine Häupter über dem Kopf Vasudevas aus, so dass der Regen ihm nichts anhaben konnte. Als Vasudeva zum Ufer der Yamunā kam, sah er, dass diese mit schäumenden Wogen dahinbrauste. Dennoch gab der Fluss, obwohl er so wild erschien, eine Furt frei, damit Vasudeva ungehindert ans andere Ufer gelangen konnte, genau wie auch der Indische Ozean einmal einen Weg für Śrī Rāma freigegeben hatte. Auf diese Weise überquerte Vasudeva die Yamunā. Als er das Haus Nanda Mahārājas in Gokula erreichte, sah er, dass alle Kuhhirten in tiefem Schlaf lagen. Schnell nutzte er die Gelegenheit, betrat leise das Haus von Yaśodā und vertauschte seinen Sohn mit dem neugeborenen Mädchen Yaśodās. Daraufhin kehrte er zum Gefängnis Kaṁsas zurück, legte das Mädchen vorsichtig auf den Schoß Devakīs und legte sich die Fesseln wieder an, damit Kaṁsa nicht bemerken konnte, dass in der Zwischenzeit so vieles geschehen war.

Mutter Yaśodā war sich bewusst, dass ihr ein Kind geboren worden war, aber weil sie von der Anstrengung der Geburt sehr erschöpft war, fiel sie schnell in tiefen Schlaf. Als sie erwachte, konnte sie sich nicht mehr erinnern, ob sie ein männliches oder ein weibliches Kind geboren hatte.

Hiermit enden die Bhaktivedanta-Erläuterungen zum 3. Kapitel des Kṛṣṇa-Buches mit dem Titel „Die Geburt Śrī Kṛṣṇas“.

KAPITEL 4

Kaṁsa beginnt seine Verfolgungen

Nachdem Vasudeva die Dinge so hergerichtet hatte, wie sie gewesen waren, bevor er Kṛṣṇa nach Gokula trug und er alle Türen und Tore wieder verriegelt hatte, erwachten die Torwächter und hörten das neugeborene Kind weinen. Sofort benachrichtigten sie Kaṁsa, der bereits ungeduldig die Geburt des Kindes erwartete. Als die Wächter Kaṁsa die Nachricht überbrachten, fuhr er augenblicklich aus seinem Bett hoch und rief aus: „Nun ist mein grausamer Tod geboren!" Kalter Schweiß trat ihm auf die Stirn, da er sein Ende nahen sah, und seine Haare gerieten in Unordnung. Sofort eilte er in den Kerker, wo das Kind geboren worden war.

Als Devakī ihren Bruder hereinstürzen sah, fiel sie auf die Knie und flehte ihn demütig an: „Mein lieber Bruder, bitte töte dieses Kind nicht! Es ist ein Mädchen, und ich verspreche dir, dass ich sie deinem Sohn zur Frau geben werde, deshalb schone bitte ihr Leben. Du solltest doch von der Hand eines männlichen Kindes sterben – so war das Omen. Töte sie bitte nicht. Mein lieber Bruder, du hast so viele meiner Kinder umgebracht, die gerade erst das Licht der Welt erblickt hatten und die strahlend wie die Sonne waren. Es war ja nicht dein Fehler – dir ist von dämonischen Freunden geraten worden, meine Kinder zu ermorden –, aber nun bitte ich dich, wenigstens diesem Mädchen gnädig zu sein und es am Leben zu lassen."

Kaṁsa war jedoch so grausam, dass ihn die flehentlichen Bitten seiner Schwester Devakī nicht berührten; vielmehr, als wolle er seine Schwester für ihre Worte bestrafen, riss er ihr das neugeborene Kind aus den Armen und wollte es gnadenlos auf dem Boden zerschmettern. Dieses drastische Verhalten zeigt, wie ein grausamer Dämon alle verwandtschaftlichen Beziehungen vergessen kann, wenn es um seine eigene Person geht. Das Kind jedoch entschlüpfte blitzschnell seinen Händen, erhob sich zum Himmel und verwandelte sich in die jüngere Schwester Viṣṇus mit acht Armen. Sie trug prächtige Gewänder, Blumengirlanden und Geschmeide und hielt in ihren Händen Bogen, Lanze, Schwert, Pfeile, Muschel, Feuerrad, Keule und Schild.

Als die Halbgötter auf den verschiedenen Planeten wie Siddhaloka, Cāraṇaloka, Gandharvaloka, Apsaraloka, Kinnaraloka und Uragaloka die Erscheinung des Kindes sahen, das in Wirklichkeit die Göttin Durgā war, brachten sie ihm verschiedene Gaben und Gebete dar. Aus der Höhe rief die Göttin Kaṁsa zu: „Elender, wie kannst du es wagen, mich töten zu wollen? Das Kind, das dich töten wird, ist bereits vor mir an einem anderen Ort der Welt geboren worden. Sei nicht so grausam zu deiner armen Schwester." Nach dieser Erscheinung wurde die Göttin Durgā unter verschiedenen Namen in vielen Teilen der Welt bekannt.

Als Kaṁsa diese Worte hörte, wurde er von panischer Angst ergriffen. Aus Furcht ließ er Vasudeva und Devakī sofort frei und begann ehrerbietig zu ihnen zu sprechen. Er sagte: „Meine liebe Schwester und mein lieber Schwager, ich habe wie ein Dämon gehandelt, als ich meine eigenen Neffen – eure Kinder – tötete. Dadurch habe ich unsere engen verwandtschaftlichen Beziehungen außer Acht gelassen, und ich weiß nicht, was die Folge meiner entsetzlichen Handlungen sein wird. Vielleicht werde ich zur Hölle geschickt, wo Mörder von *brāhmaṇas* hingehören. Ich bin jedoch überrascht, dass sich die himmlische

Prophezeiung nicht bewahrheitet hat. Es sieht so aus, als würden nicht nur die Menschen lügen und betrügen, sondern auch die Bewohner der himmlischen Planeten. Weil ich den Worten der Halbgötter Glauben geschenkt habe, beging ich die schwere Sünde, die Kinder meiner eigenen Schwester umzubringen. Lieber Vasudeva und liebe Devakī, ihr seid große Seelen. Ich bin nicht in der Lage, euch Unterweisungen zu erteilen, aber dennoch bitte ich euch, über den Tod eurer Kinder nicht zu unglücklich zu sein. Jeder von uns wird von einer höheren Macht kontrolliert, und diese höhere Macht gestattet es uns nicht, für immer zusammenzubleiben. Wir sind gezwungen, im Laufe der Zeit von unseren Freunden und Verwandten Abschied zu nehmen. Doch dabei dürfen wir nie vergessen, dass die Seele, obwohl der materielle Körper vergeht, ewig und unvergänglich ist. Zum Beispiel werden viele Tontöpfe gefertigt, die nach einiger Zeit zerbrechen, dennoch bleibt die Tonerde an sich unverändert. Ebenso werden die Körper, die die Seele annimmt, unter verschiedenen Bedingungen zusammengesetzt und wieder aufgelöst, doch die Seele existiert ewiglich. Daher gibt es keinen Grund, um den Verlust des Körpers zu trauern. Jeder sollte verstehen, dass der materielle Körper von der spirituellen Seele verschieden ist. Solange man nicht zu diesem Verständnis kommt, ist es sicher, dass man immer wieder von einem Körper zum anderen wandern muss. Meine liebe Schwester, du bist so sanft und gütig. Bitte verzeih mir, und sei wegen des Todes deiner Kinder, den ich verschuldet habe, nicht betrübt. Im Grunde genommen habe ich all diese Untaten gar nicht selbst getan, denn sie waren vorherbestimmt. Man ist gezwungen, dem vorherbestimmten Plan entsprechend zu handeln – sogar wider Willen. Die meisten Menschen glauben, mit dem Ende des Körpers sterbe auch das Selbst, oder sie denken, es sei möglich, ein anderes Lebewesen zu töten. All diese falschen Vorstellungen zwingen uns dazu, ein materielles Dasein zu fristen. Mit anderen Worten, solange man sich nicht vollkommen über die Ewigkeit der Seele bewusst ist, verbleibt man in einer leidvollen Situation, wo man meint, andere Lebewesen zu töten oder selbst getötet zu werden. Liebe Devakī und lieber Vasudeva, verzeiht mir in eurer Güte die Abscheulichkeiten, die ich gegen euch begangen habe. Ich bin so hartherzig, und ihr seid so großherzig – darum habt Erbarmen und vergebt mir."

Als Kaṁsa auf diese Weise sprach, traten ihm Tränen in die Augen, und weinend fiel er Vasudeva und Devakī zu Füßen. Weil er den Worten Durgādevīs, die er versucht hatte zu töten, Glauben schenkte, befreite er sofort seinen Schwager und seine Schwester. Kaṁsa öffnete ihnen persönlich die Ketten, und mit Freundlichkeit und Wohlwollen zeigte er seinen Familienmitgliedern seine Freundschaft.

Als Devakī ihren Bruder so voller Reue sah, empfand sie Mitleid mit ihm und vergaß sein verabscheuungswürdiges Verbrechen an ihren Kindern. Auch Vasudeva, der die Vergangenheit ruhen lassen wollte, lächelte und sagte zu seinem Schwager: „Mein lieber Kaṁsa, es ist richtig, was du über den materiellen Körper und die Seele gesagt hast. Jedes Lebewesen wird in Unwissenheit geboren und hält folglich den materiellen Körper für das Selbst. Dieser Irrtum hat seine Ursache in unserer Unwissenheit, und aufgrund dieser Unwissenheit entwickeln wir Feindschaft und Freundschaft. Klagen, Jubel, Furcht, Feindseligkeit, Gier, Illusion und Verrücktheit sind verschiedene Aspekte unserer materiellen Auffassung des Lebens. Ein Mensch, der ihren Einflüssen unterliegt, verhält sich nur aufgrund des materiellen Körpers feindselig. Weil wir solchen Tätigkeiten nachgehen, vergessen wir unsere ewige Beziehung zur Höchsten Persönlichkeit Gottes."

Als Vasudeva Kaṁsas Wohlwollen sah, nutzte er die Gelegenheit und klärte ihn darüber auf, dass der Grund für sein atheistisches Verhalten ebenfalls in der falschen Auffassung des Lebens zu suchen sei, die er selbst verurteilt hatte, nämlich in der Identifizierung des materiellen Körpers mit dem Selbst. Als Vasudeva solche erleuchtenden Worte sprach, zeigte sich Kaṁsa sehr erfreut, und sein Schuldgefühl wegen der Morde an seinen Neffen schwand dahin. Mit Erlaubnis seiner Schwester und seines Schwagers kehrte er erleichtert in seinen Palast zurück.

Am nächsten Tag jedoch rief Kaṁsa all seine Berater zusammen und erzählte ihnen von den Vorfällen, die sich in der Nacht zuvor ereignet hatten. Alle Berater Kaṁsas waren Dämonen und ewige Feinde der Halbgötter, und so waren sie sehr bestürzt, als sie ihren Herrn von den nächtlichen Ereignissen berichten hörten. Obwohl sie nicht sehr weise oder gelehrt waren, begannen sie, Kaṁsa Ratschläge zu erteilen: „O Meister, lass uns Vorbereitungen treffen, alle Kinder ohne Ausnahme zu töten, die während der letzten zehn Tage in allen Städten, Dörfern und Höfen geboren wurden. Lass uns schnell und entschlossen handeln. Die Halbgötter werden bestimmt nichts gegen uns unternehmen, wenn wir schonungslos zur Tat schreiten, denn sie fürchten den Kampf mit uns. Auch wenn sie den Wunsch hätten, uns daran zu hindern, würden sie es nicht wagen, sich uns in den Weg zu stellen, denn sie fürchten wegen deiner unermesslichen Stärke deinen Bogen. In der Tat haben wir gesehen, dass sie jedes Mal, wenn du dich ihnen zum Kampf stelltest und im Begriff warst, deine Pfeile auf sie abzuschießen, sofort die Flucht ergriffen, um ihr Leben zu retten. Viele Halbgötter wagten es nicht einmal, sich auf einen Kampf mit dir einzulassen, sondern lösten sogleich ihre Turbane und lockerten ihr Haar, als Zeichen dafür, dass sie sich ergeben wollten. Mit gefalteten Händen baten sie dich um Gnade und sagten: ‚Lieber Herr, wir alle fürchten Deine Stärke. Bitte verschone uns vor diesem Kampf, der für uns aussichtslos ist.' Und wir konnten sehen, dass du diese Krieger, die sich dir hilflos ergaben, niemals getötet hast. Sie zitterten vor Angst, ihre Bogen, Pfeile und Streitwagen waren zerbrochen, sie dachten nicht mehr an ihre militärische Pflicht und waren unfähig, mit dir zu kämpfen. Wir haben also tatsächlich nichts von diesen Halbgöttern zu befürchten. Sie sind zwar sehr stolz darauf, in Friedenszeiten große Kämpfer außerhalb des Schlachtfeldes zu sein, doch in Wirklichkeit haben sie auf dem Schlachtfeld weder Talent noch militärische Stärke vorzuweisen. Obwohl Viṣṇu, Śiva und Brahmā stets bereit sind, diesen Halbgöttern, die von Indra angeführt werden, zu helfen, brauchen wir sie dennoch nicht zu fürchten. Viṣṇu hat Sich bereits in den Herzen aller Lebewesen versteckt und kann nicht herauskommen. Śiva hat seinerseits bereits allem Handeln entsagt und sich in den Wald zurückgezogen. Und Brahmā ist entweder ständig in Meditation versunken, oder er ist gerade dabei, sich Bußen und Entsagungen zu unterziehen. Von Indra brauchen wir gar nicht erst zu reden – er ist wie ein Strohhalm im Vergleich zu deiner Stärke. Keiner der Halbgötter stellt irgendeine Gefahr für uns dar. Aber wir sollten sie auch nicht unterschätzen, denn sie sind unsere erklärten Feinde. Wir müssen daher vorsichtig sein und Schutzmaßnahmen treffen. Um sie ganz und gar auszurotten, wollen wir dir einfach gehorsam dienen und immer bereit sein, deinem Befehl zu folgen."

Die Dämonen fuhren fort: „Wenn der Körper von einer Krankheit befallen wird und wenn man sich nicht darum kümmert, dann verschlimmert sich diese Krankheit und wird unheilbar. Ähnlich wird es sehr schwierig, die Sinne zu beherrschen, wenn man sie nicht bedachtsam zügelt, sondern ausschweifen lässt. Daher sollten wir uns nun vor den Halbgöttern sehr in Acht nehmen, denn sonst werden sie zu mächtig. Dann ist es nicht mehr möglich, sie zu unterwerfen. Die Stärke der Halbgötter steht und fällt mit Viṣṇu, da es das endgültige Ziel aller religiösen Prinzipien ist, Ihn zu erfreuen. Die vedischen Unterweisungen, die *brāhmaṇas*, die Kühe sowie alle Bußen, Opfer, Mildtätigkeiten und Gaben sind zur Freude Viṣṇus bestimmt. Lasst uns also sofort beginnen, die *brāhmaṇas*, die das vedische Wissen besitzen, und die großen Weisen, die die rituellen Opferdarbringungen vollziehen, zu töten. Lass uns alle Kühe töten, von denen die Butter kommt, die für die Ausführung von Opferungen unerlässlich ist. Bitte lass uns freie Hand, sie alle zu töten."

In der Tat stellen die *brāhmaṇas*, die Kühe und das vedische Wissen sowie Entsagung, Wahrhaftigkeit, Beherrschung der Sinne und des Geistes, Ehrlichkeit, Mildtätigkeit, Toleranz und Opferdarbringungen die Gliedmaßen von Śrī Viṣṇus transzendentalem Körper dar. Śrī Viṣṇu weilt im Herzen eines jeden und ist der Anführer aller Halbgötter, einschließlich Śivas und Brahmās. So kamen die Minister zum Schluss: „Wenn wir die großen Weisen und die *brāhmaṇas* töten, töten wir auch Śrī Viṣṇu."

Kaṁsa hörte sich die Ratschläge seiner dämonischen Minister an, und da er seit jeher der skrupelloseste Schurke war, beschloss er, die *brāhmaṇas* und Vaiṣṇavas verfolgen zu lassen. Dadurch verstrickte er sich nur noch tiefer in das Netz der allesverschlingenden, ewigen Zeit. So gab er den Dämonen, die ihn berieten, den Befehl, die Heiligen im ganzen Land verfolgen zu lassen; danach zog er sich in seine Gemächer zurück. Die Anhänger Kaṁsas standen unter dem illusionierenden Einfluss der Erscheinungsweise der Leidenschaft und Unwissenheit, und ihr einziges Interesse war es, den Weisen und Heiligen das Leben schwer zu machen. Eine solch unheilvolle Verhaltensweise hat für gewöhnlich zur Folge, dass sich die eigene Lebensdauer verkürzt, das heißt, die Dämonen beschleunigten auf diese Weise ihren eigenen Niedergang und riefen ihren Tod geradezu herbei. Das Vergehen, heilige Menschen zu verfolgen, ist so groß, dass es nicht nur zu frühzeitigem Tod führt, sondern auch zum Verlust von Schönheit, Ruhm, religiösen Prinzipien und somit auch der Möglichkeit, zu höheren Planeten zu gelangen. Getrieben von verschiedenen Wahnideen, richten die

Dämonen nur Schaden an. Ein Vergehen gegen die Lotosfüße der Gottgeweihten und *brāhmaṇas* ist schwerwiegender als ein Vergehen gegen die Lotosfüße der Höchsten Persönlichkeit Gottes. Eine Zivilisation, die sich derart sündhaften Handlungen ergibt, verliert gewöhnlich jeglichen Glauben an den Höchsten Herrn. Aus diesem Grund wird solch eine gottlose Zivilisation zur Ursache aller nur denkbaren Katastrophen der Menschheit.

Hiermit enden die Bhaktivedanta-Erläuterungen zum 4. Kapitel des Kṛṣṇa-Buches mit dem Titel „Kaṁsa beginnt seine Verfolgungen".

KAPITEL 5

Die Begegnung zwischen Nanda und Vasudeva

Eigentlich war Kṛṣṇa der Sohn von Vasudeva und Devakī, aber wegen der Bedrohung durch Kaṁsa war es Vasudeva nicht möglich gewesen, die Geburtszeremonie für seinen Sohn selbst durchzuführen. Nun lag es an Nanda Mahārāja, dem Pflegevater, Kṛṣṇas Geburtszeremonie durchzuführen, und dies tat er voller Freude.

Am Tag, nachdem Vasudeva die beiden Kinder vertauscht hatte, wurde verkündet, dass Yaśodā einen Jungen zur Welt gebracht habe. Nach vedischem Brauch rief Nanda Mahārāja gelehrte Astrologen und *brāhmaṇas* zusammen, die die Geburtszeremonie durchführen sollten. Wenn ein Kind zur Welt kommt, untersuchen die Astrologen den Zeitpunkt der Geburt und erstellen ein Horoskop, das die Zukunft des Kindes beschreibt. Bevor die Zeremonie stattfindet, nehmen die Familienmitglieder ein Bad, reinigen sich und ziehen sich ihre schönsten

Schmuckstücke und Kleider an. Dann treten sie vor das Neugeborene und die Astrologen, um über die Zukunft des Kindes zu hören. Nachdem Nanda Mahārāja und die anderen Mitglieder der Familie gebadet und sich angekleidet hatten, begaben sie sich zur Stelle, wo Kṛṣṇa geboren worden war. Die *brāhmaṇas,* die sich zu diesem Anlass dort versammelt hatten, chanteten die vorgeschriebenen segensreichen Mantras, während die Astrologen die Geburtszeremonie durchführten. Bei einer solchen Gelegenheit werden auch alle Halbgötter und die Vorfahren der Familie verehrt. Nanda Mahārāja schenkte den *brāhmaṇas* 200 000 mit kostbaren Decken und Schmuckstücken verzierte Kühe. Er spendete nicht nur Kühe, sondern auch Berge von Getreide, die mit goldumsäumten Tüchern und vielerlei Zierrat versehen waren.

In der materiellen Welt besitzen die Menschen die verschiedensten Arten von Reichtum und Besitz. Doch dieser Reichtum wird manchmal auf nicht sehr fromme und ehrliche Weise erworben, was nun einmal in der Natur der Sache liegt. Nach den vedischen Unterweisungen sollte Reichtum daher geläutert werden, indem man den *brāhmaṇas* Kühe und Gold spendet. Auch ein neugeborenes Kind wird geläutert, wenn man den *brāhmaṇas* Getreide schenkt. Wie wir wissen, befindet sich jeder in der materiellen Welt in einem verunreinigten Zustand; deshalb ist es erforderlich, sein Leben, seinen Besitz und sich selbst zu reinigen. Das Leben wird rein, indem man täglich ein Bad nimmt, den Körper innerlich und äußerlich reinigt und die zehn Läuterungsvorgänge durchführt. Durch Entsagung, die Verehrung des Herrn und das Verteilen von Spenden kann man das Besitzen von Reichtum reinigen. Sich selbst kann man läutern, indem man die Veden studiert, um die Höchste Absolute Wahrheit zu verstehen und Selbstverwirklichung zu erlangen. Laut den vedischen Schriften wird jeder als *śūdra* geboren und kann durch die Reinigungsvorgänge ein Zweimalgeborener werden. Durch das Studieren der Veden kann man ein *vipra* werden, was unbedingt notwendig ist, wenn man ein *brāhmaṇa* werden will. Zum *brāhmaṇa* wird jemand, wenn er die Absolute Wahrheit in Vollkommenheit versteht, und wenn ein *brāhmaṇa* in seiner Verwirklichung noch mehr fortschreitet, wird er zu einem Vaiṣṇava, zu einem Gottgeweihten.

Bei der Geburtszeremonie Kṛṣṇas chanteten die versammelten *brāhmaṇas* verschiedene Arten vedischer Mantras, um für das Kind eine glückverheißende Zukunft zu erwirken. Es gibt mehrere Arten des Chantens, und zwar *sūta, māgadha, vandī* und *virudāvalī*. Während diese Mantras und Hymnen gechantet wurden, ertönten außerhalb des Hauses Hörner und Pauken, und ihre freudigen Klänge waren in allen Häusern und auf allen Weidegründen zu vernehmen. Die Häuser waren innen und außen mit kunstvollen Gemälden und Mustern aus Reisbrei verziert worden und überall, sogar auf den Wegen und Straßen, hatte man wohlriechendes Wasser versprengt. In jedem Raum hingen viele Arten von Fähnchen, Girlanden und grünen Blättern von der Decke, und auch die Dächer waren auf dieselbe Weise geschmückt worden. Dazu waren an den Toren Blumen und Blätter angebracht worden. Die Kühe, Stiere und Kälber waren alle mit einer Mischung aus Öl und Kurkuma eingerieben sowie mit Naturfarben wie roter Oxiderde, gelbem Lehm und Braunstein bemalt worden, und sie trugen Girlanden aus Pfauenfedern, farbige Decken und goldene Halsketten.

Welch ekstatische Freude die Kuhhirten erfüllte, als sie vernahmen, dass Nanda Mahārāja, der Vater Kṛṣṇas, die Geburtszeremonie seines Sohnes feierte! Schnell zogen sie sich kostbare Kleider an, schmückten sich mit verschiedenen Arten von Ohrringen und Halsketten und setzten sich große Turbane auf. Danach nahmen sie ihre verschiedenen Geschenke und begaben sich zum Hause Nanda Mahārājas.

Als die Kuhhirtenfrauen erfuhren, dass Mutter Yaśodā ein Kind geboren hatte, überkam auch sie große Freude. Sie legten ebenfalls ihre besten Kleider an, schmückten sich mit kostbarem Geschmeide und rieben sich mit duftenden Ölen ein.

Wie Staub auf einem Lotos die außergewöhnliche Schönheit dieser Blume noch mehr hervorhebt, so kam die Schönheit der *gopīs* (Kuhhirtenfrauen) noch mehr zur Geltung, als sie sich *kuṅkuma*-Pulver auf ihre lotosgleichen Gesichter auftrugen. Die *gopīs* nahmen ebenfalls ihre verschiedenen Geschenke und beeilten sich, zum Hause Nanda Mahārājas zu kommen. Mit ihren runden Hüften und vollen Brüsten konnten sie nicht so schnell laufen, in ihrer ekstatischen Liebe zu Kṛṣṇa versuchten sie dennoch, das Haus Nandas und Yaśodās so schnell wie möglich zu erreichen. Ihre Ohren schmückten Perlenringe, sie trugen juwelenbesetzte Halsketten, ihre Lippen und Augen waren mit verschiedenen Schminken und Tuschen bemalt, und ihre Handgelenke zierten goldene Armreife. Als die *gopīs* auf diese Weise hastig den Kiesweg entlang liefen, lösten sich ihre Blumengirlanden und fielen zu Boden, und es schien, als würden Blumen vom Himmel regnen. Die vielen Schmuckstücke der *gopīs* tanzten funkelnd hin und her und ließen ihre Schönheit sogar noch mehr anwachsen. So kamen sie schließlich beim Haus von Nanda und Yaśodā an, wo sie sich sogleich zum Kind begaben und Es segneten: „Liebes Kind, mögest Du lange leben, um uns zu beschützen." Während sie diese Segnungen aussprachen, besprengten sie den kleinen Kṛṣṇa mit einer Mischung aus Kurkumapulver, Öl, Joghurt, Milch und Wasser. Doch sie besprengten nicht nur Kṛṣṇa, sondern sie ließen auch alle anderen Anwesenden etwas abbekommen. Währenddessen spielten verschiedene Formationen von hervorragenden Musikern zur Feier dieses glückverheißenden Ereignisses.

Die Kuhhirten, die die Scherze ihrer Frauen, der *gopīs*, sahen, gingen vergnügt darauf ein und warfen Joghurt, Milch, Butterfett und Wasser zurück, woraufhin beide Seiten begannen, sich mit Butter zu bewerfen. Nanda Mahārāja war sehr glücklich, als er die Kuhhirten und die *gopīs* so voller Freude sah, und er belohnte die verschiedenen Sänger mit großzügigen Geschenken. Einige von ihnen trugen bekannte Verse aus den Upaniṣaden und den Purāṇas vor, andere rühmten die Vorfahren der Familie, und wieder andere sangen liebliche Weisen. Es waren auch viele gelehrte *brāhmaṇas* anwesend, und Nanda Mahārāja, der mit der Zeremonie überaus zufrieden war, schenkte auch ihnen reichliche Mengen Kleider, Schmuck und Kühe.

Es ist in diesem Zusammenhang wichtig, dass man sich vor Augen hält, wie reich die Einwohner von Vṛndāvana einfach wegen ihrer Kühe waren. Alle Kuhhirten gehörten zur *vaiśya*-Gemeinschaft und ihre Aufgabe war es, die Kühe zu beschützen sowie die Ernten einzubringen. Ihre Kleider, ihr Schmuck und ihr Verhalten deuten darauf hin, dass sie sehr reich gewesen sein müssen, obwohl sie nur in einem kleinen Dorf lebten. Sie besaßen eine solche Fülle von verschiedenen Milchprodukten, dass sie sich nach Herzenslust mit Butter bewerfen konnten. Ihr Reichtum bestand aus Milch, Joghurt, Butterfett und vielen anderen Milchprodukten, und durch den Handel mit ihren landwirtschaftlichen Erzeugnissen besaßen sie große Mengen von Juwelen, Schmuck und wertvollen Kleidern. Sie benutzten all diese Dinge nicht nur für sich selbst, sondern verschenkten sie auch gern großzügig, wie es Nanda Mahārāja bei dieser Gelegenheit tat. So erfüllte Nanda Mahārāja, der

Pflegevater Śrī Kṛṣṇas, die Wünsche aller, die in sein Haus gekommen waren. Er behandelte alle mit großem Respekt und gab jedem, was immer er begehrte. Die gelehrten *brāhmaṇas*, die kein anderes Einkommen hatten, waren in ihrem Lebensunterhalt von den *vaiśya*-Gemeinschaften abhängig und empfingen bei festlichen Anlässen, wie Geburtstagen und Hochzeiten, Spenden. Nanda Mahārāja tat sein Bestes, um zur Feier dieses Anlasses Śrī Viṣṇu zu verehren und alle Gäste zu erfreuen, denn es war sein einziger Wunsch, dass sein neugeborener Sohn Kṛṣṇa glücklich sein würde. Nanda ahnte nicht, dass dieses Kind der Ursprung Viṣṇus war, und so betete er zu Śrī Viṣṇu, dass Er Kṛṣṇa beschützen möge.

Rohiṇīdevī, die Mutter Balarāmas, war die Frau Vasudevas, die am meisten vom Glück begünstigt war, denn sie konnte Kṛṣṇas Geburtszeremonie beiwohnen. Sie war zwar von ihrem Mann Vasudeva getrennt, sie kleidete sich dennoch sehr schön, um Mahārāja Nanda zur Geburt seines Sohnes zu beglückwünschen. Sie trug eine Blumengirlande, eine Halskette und noch vielerlei anderen Schmuck. In dieser festlichen Aufmachung bewegte sie sich frei unter den Leuten und war überall anzutreffen. Nach vedischem Brauch sollte sich eine Frau, wenn ihr Mann nicht gegenwärtig ist, sehr unauffällig kleiden, dennoch trug Rohiṇī zu diesem Anlass ein sehr schönes Kleid.

Die reiche und prächtige Geburtszeremonie Kṛṣṇas zeigt deutlich den großen Wohlstand, der zu jener Zeit in Vṛndāvana herrschte. Weil Kṛṣṇa im Hause von König Nanda und Mutter Yaśodā geboren wurde, war die Göttin des Glücks verpflichtet, ihren Reichtum in Vṛndāvana zu offenbaren. So schien es, als sei Vṛndāvana bereits der Aufenthaltsort der Glücksgöttin geworden.

Nach der Geburtszeremonie Kṛṣṇas beschloss Nanda Mahārāja, nach Mathurā zu gehen, um seine jährlichen Abgaben an die Regierung Kaṁsas zu entrichten. Vor seiner Abreise rief Nanda die erfahrensten Kuhhirten zusammen und beauftragte sie, sich während seiner Abwesenheit um Vṛndāvanas Wohl zu kümmern. Als Vasudeva erfuhr, dass Nanda Mahārāja nach Mathurā gekommen war, konnte er es kaum erwarten, seinen Freund zur Geburt seines Sohnes zu beglückwünschen. So begab sich Vasudeva sofort zum Ort, wo sich Nanda Mahārāja aufhielt, und als dieser Vasudeva sah, war es ihm, als kehre das Leben in ihn zurück. Nanda, erhob sich von Freude überwältigt sofort, um

Vasudeva zu empfangen, umarmte ihn und bot ihm einen bequemen Platz zum Sitzen an. Vasudeva machte sich um seine beiden Söhne große Sorgen, die er ohne Nandas Wissen in dessen Obhut gegeben hatte, und so fragte er nach Ihnen. Balarāma wie Kṛṣṇa waren Söhne Vasudevas. Balarāma war in den Leib Rohiṇīs gebracht worden, die ebenfalls Vasudevas Frau war, aber unter dem Schutz Nanda Mahārājas lebte. Kṛṣṇa war von Vasudeva persönlich zu Yaśodā gebracht und gegen ihre Tochter ausgetauscht worden. Nanda Mahārāja wusste, dass Balarāma der Sohn Vasudevas war, doch er ahnte nicht, dass auch Kṛṣṇa Vasudevas Sohn war. Vasudeva indessen war sich dieses Sachverhalts sehr wohl bewusst, und so erkundigte er sich bei Nanda über Kṛṣṇa und Balarāma: „Mein lieber Bruder, du hattest schon immer den Wunsch, einen Sohn zu bekommen, doch du musstest dich lange gedulden. Nun ist dir durch die Gnade des Herrn endlich ein Sohn geschenkt worden, und dies ist ein Zeichen großen Glücks. Lieber Freund, ich war für viele Jahre in Kaṁsas Kerker eingesperrt gewesen und bin nun endlich wieder frei, daher ist dies wie eine zweite Geburt für mich. Ich hatte bereits alle Hoffnung aufgegeben, dich jemals wiederzusehen, doch durch Gottes Gnade ist auch das möglich geworden." Voller Sorge kam Vasudeva dadurch indirekt auf Kṛṣṇa zu sprechen. Kṛṣṇa war insgeheim zum Bett Mutter Yaśodās gebracht worden, und nachdem Nanda in prunkvoller Weise Kṛṣṇas Geburtszeremonie durchgeführt hatte, kam er nach Mathurā. Deshalb war Vasudeva sehr erfreut und sagte, dass dies wie eine zweite Geburt für ihn sei. Er hatte niemals erwartet, dass Kṛṣṇa überleben würde, weil all seine anderen Söhne von Kaṁsa getötet worden waren.

Vasudeva fuhr fort: „Mein lieber Freund, es ist sehr schwierig für uns zusammenzuleben. Obwohl wir unsere Familie, unsere Söhne, Töchter und Verwandten haben, werden wir durch die Gesetze der Natur immer wieder voneinander getrennt. Der Grund dafür ist, dass die Lebewesen unter verschiedenen Bedingungen, die von ihren eigenen vergangenen Handlungen bestimmt werden, auf der Erde erscheinen. Obwohl sie zusammenkommen, gibt es keine Garantie dafür, dass sie für lange Zeit zusammenbleiben. Den Reaktionen auf vergangene fruchtbringende Handlungen entsprechend wird man gezwungen, unterschiedlichen Tätigkeiten nachzugehen, wodurch man wieder auseinandergetrieben und getrennt wird. Es ist wie beim Seetang auf den

Wogen des Ozeans. Manchmal kommt er zusammen, und dann wird er wieder für immer auseinandergerissen. Die eine Pflanze schwimmt in eine Richtung, die andere Pflanze in eine andere. Ebenso mag unsere Familiengemeinschaft sehr schön sein, solange wir zusammenleben, die Wogen der Zeit werden uns jedoch früher oder später wieder trennen."

Bei diesen Worten dachte Vasudeva an seine acht Söhne, die von Devakī geboren worden waren und die er alle verloren hatte. Nicht einmal Kṛṣṇa hatte er bei sich behalten können. Ihn schmerzte die Trennung von Kṛṣṇa sehr, aber er durfte seine wahren Gefühle nicht zeigen. „Wie sieht es in Vṛndāvana aus?", fragte er. „Ihr habt so viele Tiere – sind sie alle glücklich? Bekommen sie genügend Gras und Wasser? Bitte sage mir auch, ob der Ort, an dem ihr nun lebt, ungestört und friedlich ist." Vasudeva stellte diese Fragen, weil er um Kṛṣṇas Sicherheit besorgt war. Er wusste, dass Kaṁsa und seine Anhänger Kṛṣṇa töten wollten und dass sie verschiedene Dämonen mit dieser Aufgabe betraut hatten. Kaṁsa hatte bereits beschlossen, alle Kinder, die zehn Tage vor und nach Kṛṣṇas Erscheinen geboren worden waren, töten zu lassen. Vasudeva war also sehr in Sorge um Kṛṣṇa und erkundigte sich, ob Sein Aufenthaltsort sicher sei. Er fragte auch nach Balarāma und dessen Mutter Rohiṇī, die ebenfalls der Obhut Nanda Mahārājas anvertraut worden waren. Vasudeva erinnerte Nanda daran, dass Balarāma Seinen wirklichen Vater nicht kannte. „Er hält dich für Seinen Vater", sagte er, „und nun bist du mit einem weiteren Kind, Kṛṣṇa, gesegnet worden. Ich bin davon überzeugt, dass Sie bei dir sehr gut aufgehoben sind."

Es ist bezeichnend, dass sich Vasudeva auch nach dem Befinden der Tiere Nanda Mahārājas erkundigte. Die Tiere, besonders die Kühe, wurden wie die eigenen Kinder beschützt. Vasudeva war ein *kṣatriya* und Nanda Mahārāja ein *vaiśya.* Es ist die Pflicht der *kṣatriyas,* alle Bürger zu beschützen, und die Aufgabe der *vaiśyas* ist der Schutz der Kühe. Die Kühe sind genauso wichtig wie die Bürger. Wie den Menschen, so sollte auch den Kühen vollständiger Schutz gewährt werden.

Vasudeva sagte weiter, dass das Befolgen der religiösen Prinzipien, wirtschaftliche Entwicklung und die Befriedigung der körperlichen Bedürfnisse von der Zusammenarbeit der Verwandten, der verschiedenen Länder und der gesamten Menschheit abhängig seien, und daher sei es die Pflicht eines jeden, dafür zu sorgen, dass seinen Mitmenschen und den Kühen kein Leid zugefügt werde. Man solle sich für den Frieden und das Wohlergehen seiner Mitmenschen und der Tiere verantwortlich fühlen. Dann seien Religiosität, wirtschaftliche Entwicklung und die Befriedigung der Sinne ohne Schwierigkeiten zu erreichen. Vasudeva beklagte es deshalb, dass er nicht in der Lage gewesen sei, seine eigenen, von Devakī geborenen Söhne zu beschützen. Daher dachte er, dass für ihn religiöse Prinzipien, wirtschaftliche Entwicklung und die Zufriedenstellung der Sinne allesamt verloren seien.

Als Nanda Mahārāja dies hörte, erwiderte er: „Ich weiß, dass du zutiefst betrübt bist, weil der grausame Kaṁsa alle deine Söhne ermordet hat. Dein letztes Kind jedoch, obwohl es ein Mädchen war, hat Kaṁsa nicht zu töten vermocht, und es hat sich auf die himmlischen Planeten begeben. Lieber Freund, sei nicht traurig, denn wir alle sind den Nachwirkungen unserer vergessenen Taten der Vergangenheit ausgesetzt. Diesen Reaktionen auf vergangene Taten ist jeder ausgesetzt. Wer jedoch die Philosophie des Karma und seiner Reaktionen versteht, besitzt wirkliches Wissen und wird durch kein Ereignis, sei es freudig oder traurig, beeinflusst.

Vasudeva erwiderte daraufhin: „Mein lieber Nanda, wenn du die jährlichen Steuern an die Regierung Kaṁsas entrichtet hast, kehre bitte so schnell wie möglich nach Gokula zurück, denn ich befürchte, dass es dort einige Unannehmlichkeiten geben könnte."

Nach diesem freundschaftlichen Gespräch mit Nanda Mahārāja kehrte Vasudeva nach Hause zurück, und auch Nanda Mahārāja und die Kuhhirten, die alle nach Mathurā gekommen waren, um ihre Steuern zu bezahlen, machten sich auf den Heimweg.

Hiermit enden die Bhaktivedanta-Erläuterungen zum 5. Kapitel des Kṛṣṇa-Buches mit dem Titel „Die Begegnung zwischen Nanda und Vasudeva".

KAPITEL 6

Kṛṣṇa tötet die Hexe Pūtanā

Auf dem Heimweg ging Nanda Mahārāja ständig Vasudevas Warnung durch den Kopf, dass es in Gokula unerwartete Zwischenfälle geben könnte. „Gewiss war der Ratschlag meines Freundes nicht unbegründet“, dachte er. „Es muss etwas Wahres daran sein.“ Aus Furcht suchte er daher Zuflucht bei der Höchsten Persönlichkeit Gottes. Es ist ganz natürlich für einen Gottgeweihten, bei drohender Gefahr an Kṛṣṇa zu denken, denn er kennt keine andere Zuflucht. Wenn sich ein Kind in Gefahr befindet, sucht es sofort bei seinem Vater oder seiner Mutter Zuflucht. Ebenso befindet sich ein Gottgeweihter stets unter dem Schutz der Höchsten Persönlichkeit Gottes, und wenn er unverhofft in eine gefahrvolle Situation gerät, erinnert er sich erst recht an den Herrn.

Nachdem sich Kaṁsa mit seinen dämonischen Ministern beraten hatte, wandte er sich an die Hexe Pūtanā, die die schwarze Kunst beherrschte, kleine Kinder auf grässliche Weise umzubringen, und beauftragte sie, alle kleinen Kinder in den umliegenden Städten, Dörfern und Weidegründen zu töten. Solche Hexen können ihre schwarze Kunst jedoch nur dort anwenden, wo der Heilige Name Kṛṣṇas nicht gehört oder gechantet wird. Es wird gesagt, dass überall dort, wo der Heilige Name Kṛṣṇas gechantet wird - auch wenn dies nur nachlässig geschieht –, alle bösen Elemente wie Hexen und Geister und alle anderen unheilvollen Einflüsse sofort weichen. Ganz gewiss trifft dies auf einen Ort wie Vṛndāvana zu, wo der Name Kṛṣṇas mit aller Ernsthaftigkeit gechantet wurde und der Höchste Herr persönlich gegenwärtig war. Die Sorgen, die sich Nanda Mahārāja machte, beruhten nur auf seiner großen Zuneigung, die er für Kṛṣṇa empfand. In Wirklichkeit stellte Pūtanā trotz ihrer mystischen Kräfte keine Gefahr dar. Hexen dieser Art werden *khecarīs* genannt, was bedeutet, dass sie fliegen können. Einige Frauen in den abgelegenen nordwestlichen Teilen Indiens beherrschen noch heute diese schwarze Magie. Sie sind in der Lage, auf dem Ast eines entwurzelten Baumes durch die Lüfte zu reiten. Auch Pūtanā war mit dieser schwarzen Kunst vertraut, und deshalb wird sie im *Bhāgavatam* als *khecarī* bezeichnet.

Pūtanā gelang es, ohne Erlaubnis in das Land von Gokula, das Herrschaftsgebiet König Nandas, einzudringen, und in der Gestalt einer hübschen jungen Frau begab sie sich zum Haus von Mutter Yaśodā. Mit vollen Brüsten, den Ohrringen und den Blumen im Haar sah sie wunderschön aus, und ihre Schönheit wurde durch ihre schmale Taille noch hervorgehoben. Sie schaute jedem mit einem bezaubernden Lächeln in die Augen, und alle Einwohner von Gokula waren von ihrer Schönheit gefangen. Die unschuldigen Kuhhirtenfrauen hielten sie für die Glücksgöttin, die mit einer Lotosblume in der Hand erschienen war, um Kṛṣṇa, ihren Gemahl, zu sehen. Weil sie so außergewöhnlich schön war, wurde sie von niemandem aufgehalten und konnte daher ungehindert in das Haus Nanda Mahārājas eintreten. Als Pūtanā, die Mörderin zahlloser Kinder, Kṛṣṇa als Baby in Seinem kleinen Bettchen sah, konnte sie sogleich erkennen, dass dieses Kind über unvergleichliche Kräfte verfügen musste, die einem von Asche bedeckten Feuer glichen. Pūtanā dachte: „Dieses Kind ist so mächtig, dass Es auf der Stelle das gesamte Universum vernichten kann."

Pūtanās Einsicht ist sehr bedeutsam. Die Höchste Persönlichkeit

Gottes, Śrī Kṛṣṇa, weilt im Herzen eines jeden. In der *Bhagavad-gītā* heißt es, dass Er jedem die notwendige Intelligenz gebe und dass Er auch die Ursache des Vergessens sei. Pūtanā war sich sofort bewusst, dass das Kind, das sie im Hause Nanda Mahārājas sah, der Herr, die Höchste Persönlichkeit Gottes, war. Er lag dort als kleines Kind, aber das bedeutete nicht, dass Er deswegen weniger mächtig gewesen wäre. Die materialistische Theorie, nach der die Verehrung Gottes dem Anthropomorphismus entspringt, ist völlig falsch. Kein Lebewesen kann Gott werden, indem es meditiert oder sich Bußen auferlegt. Gott ist immer Gott. Kṛṣṇa ist als kleines Kind ebenso vollkommen wie als blühender Jüngling. Nach der Māyāvāda-Theorie war das Lebewesen früher einmal Gott und wurde dann von *māyā* überwältigt. Deshalb, so sagen die Unpersönlichkeitsanhänger, sei das Lebewesen zwar zurzeit nicht Gott, doch es werde wieder Gott, sobald der Einfluss *māyās* überwunden sei. Diese Theorie kann jedoch nicht auf die kleinen Lebewesen angewandt werden. Die Lebewesen sind winzige Teile der Höchsten Persönlichkeit Gottes. Sie sind wie die Teilchen oder Funken des ursprünglichen Feuers. Diese Funken können also durch den Einfluss *māyās* bedeckt werden, aber das ursprüngliche Feuer, Kṛṣṇa, kann nie bedeckt werden. Kṛṣṇa ist die Höchste Persönlichkeit Gottes, und das ist Er immer, selbst als Er ganz am Anfang vor Vasudeva und Devakī im Gefängnis erschien.

Kṛṣṇa verhielt Sich genau wie ein kleines Kind und schloss die Augen, als wolle Er es vermeiden, Pūtanās Gesicht zu sehen. Die Gottgeweihten deuten das Schließen der Augen auf verschiedene Weise. Einige sagen, Kṛṣṇa habe das Gesicht Pūtanās nicht sehen wollen, weil sie so viele Kinder getötet hatte und nun gekommen war, um auch Ihm das Leben zu nehmen. Andere sagen, Pūtanā habe gezögert, das Baby auf ihren Schoß zu nehmen, weil ihr aus ihrem Innern etwas Außergewöhnliches aufgetragen worden sei, und um sie in ihrem Vorhaben zu bestärken, habe Kṛṣṇa Seine Augen geschlossen, damit sie sich nicht fürchtete. Wieder andere geben folgende Erklärung: Kṛṣṇa erschien, wie in der *Bhagavad-gītā* bestätigt wird *(paritrāṇāya sādhūnāṁ vināśāya ca duṣkṛtām)*, um die Dämonen zu töten und die Gottgeweihten zu beschützen. Der erste Dämon, der getötet werden sollte, war eine Frau. Nach vedischem Gesetz ist das Töten einer Frau, eines *brāhmaṇa*, einer Kuh und eines Kindes strengstens verboten, aber weil Kṛṣṇa dazu verpflichtet war, die Dämonin Pūtanā zu töten, konnte Er nichts anderes tun als die Augen zu schließen. Andere Gottgeweihte sind der Ansicht, Kṛṣṇa habe Seine Augen geschlossen, weil Er Pūtanā als Seine Amme annehmen wollte. Pūtanā kam nur zu Kṛṣṇa, um Ihm ihre Brust zu geben, und obwohl Kṛṣṇa wusste, dass sie gekommen war, um Ihn zu töten, war Er so barmherzig, dass Er sie als Amme und Mutter annahm.

Gemäß den vedischen Schriften gibt es sieben Mütter. Die leibliche Mutter, die Frau des Lehrers oder des spirituellen Meisters, die Frau des Königs, die Frau eines *brāhmaṇa*, die Kuh, die Amme und die Mutter Erde. Weil Pūtanā gekommen war, um Kṛṣṇa auf ihren Schoß zu nehmen und Ihn an ihrer Brust saugen zu lassen, wurde sie von Kṛṣṇa als eine Seiner Mütter angesehen. Dies wird als ein weiterer Grund dafür angegeben, dass Er Seine Augen schloss. Er musste Seine Amme töten, das heißt eine Seiner Mütter. Wenn Kṛṣṇa Seine Mutter oder Amme tötet, so ist dies nicht verschieden von der Liebe, die Er für Seine leibliche Mutter oder Seine Pflegemutter Yaśodā zeigt. Weiter können wir aus den Veden erfahren, dass Kṛṣṇa Pūtanā wie Seine Mutter behandelte und ihr dasselbe Resultat gewährte. Mutter Yaśodā erlangte Befreiung aus der materiellen Welt, und ebenso erlangte auch Pūtanā Befreiung. Als der kleine Kṛṣṇa Seine Augen schloss, nahm Pūtanā Ihn auf ihren Schoß. Sie ahnte nicht, dass sie den leibhaften Tod in ihren Armen hielt. Wenn ein Mensch irrtümlich eine Schlange für ein Seil hält, begeht er einen verhängnisvollen Fehler. Pūtanā hatte viele Kinder getötet, bevor sie zu Kṛṣṇa kam. Sie glaubte, Er wäre wie die anderen Kinder, doch nun nahm sie die Schlange an ihre Brust, die sie augenblicklich töten sollte.

Pūtanā nahm also den kleinen Kṛṣṇa auf ihren Schoß, und sowohl Yaśodā als auch Rohiṇī schauten ihr dabei zu, doch weil die Hexe so wunderschön gekleidet war und mütterliche Zuneigung für Kṛṣṇa zeigte, hinderten sie sie nicht daran. Sie wussten nicht, dass Pūtanā wie ein Schwert in einer verzierten Scheide war. Pūtanā hatte ihre Brüste mit einem tödlichen Gift eingerieben, und gleich nachdem sie das Kind auf den Schoß genommen hatte, schob sie Ihm eine ihrer Brustwarzen in den Mund. Sie erwartete, dass Kṛṣṇa augenblicklich sterben würde, wenn Er an ihrer Brust saugte, Kṛṣṇa jedoch griff zornig nach der Brust der Dämonin und saugte ihr zusammen mit der vergifteten Milch die Lebensluft aus dem Körper. Mit anderen Worten, Kṛṣṇa trank ihre Milch und tötete sie dabei gleichzeitig, indem Er ihr das Leben aussaugte. Kṛṣṇa ist so barmherzig, dass Er sogar den Wunsch der Hexe Pūtanā erfüllte und sie als Seine Mutter annahm, als sie Ihm ihre Brustmilch anbot. Um sie jedoch von weiteren Abscheulichkeiten abzuhalten, tötete Er sie auf der Stelle. Und weil die Dämonin von Kṛṣṇa getötet wurde, erlangte sie Befreiung. Während Kṛṣṇa Pūtanās Brust unheimlich stark drückte und ihr den eigenen Atem heraussaugte, stürzte sie zu Boden, warf Arme und Beine weit von sich und schrie: „O Kind, geh weg! Geh weg!" Laut gellten ihre Schreie durch die Gegend, der Schweiß trat ihr aus allen Poren, und ihr ganzer Körper wurde feucht.

Als Pūtanā schreiend niederstürzte und starb, erzitterten die Erde sowie die oberen und unteren Planeten in allen Himmelsrichtungen unter ungeheurem Krachen, und den Menschen schien es, als fielen Blitze vom Himmel. So endete der Alptraum von der Hexe Pūtanā, und sie nahm wieder ihre wirkliche Gestalt als große Dämonin an. Sie riss ihren furchterregenden Rachen weit auf und streckte alle Viere von sich. Als sie niederfiel, glich sie Vṛtrāsura, der einstmals vom Donnerkeil Indras erschlagen wurde. Das lange Haar hing ihr zerzaust über den gewaltigen Leib, der bis zu einer Länge von 19 Kilometern anwuchs und dabei alle Bäume umriss und zersplitterte. Alle, die diese gigantische Verwandlung sahen, wurden von Schrecken und Verwunderung ergriffen. Ihre Zähne glichen Pflügen, und ihre Nasenlöcher waren so groß wie Berghöhlen. Ihre Brüste glichen kleinen Hügeln, und ihre Haare waren wie rotes Dickicht. Ihre Augenhöhlen sahen aus wie pechschwarze Brunnen, und ihre Hüften waren wie die beiden Ufer eines Flusses. Ihre Hände glichen massiven Brücken, und ihr Bauchnabel glich einem ausgetrockneten See. Ihr Anblick erfüllte die Kuhhirten und ihre Frauen mit überwältigendem Erstaunen, und das Dröhnen, als die Hexe zu Boden stürzte, betäubte sie fast und ließ ihre Herzen bis zum Hals schlagen.

Als die *gopīs* den kleinen Kṛṣṇa furchtlos auf Pūtanās Schoß spielen sahen, eilten sie schnell herbei und nahmen Ihn auf den Arm. Mutter Yaśodā, Rohiṇī und einige andere ältere *gopīs* begannen sogleich mit glückverheißenden Zeremonien. Sie nahmen einen Kuhschwanz und umkreisten Kṛṣṇa, wuschen Ihn von Kopf bis Fuß mit Kuhurin und streuten Staub auf Ihn, den die Kühe mit ihren Hufen aufgewirbelt hatten. All das wurde unternommen, um den kleinen Kṛṣṇa vor zukünftigem Unheil zu bewahren. Dieser Vorfall beweist, wie wichtig die Kuh für die Familie und die Gesellschaft, ja für alle Lebewesen, ist. Natürlich brauchte der transzendentale Körper Kṛṣṇas nicht beschützt zu werden, doch um uns zu zeigen, welche Bedeutung die Kuh hat, wurde der Herr mit Kuhdung eingerieben, mit Kuhurin gewaschen und mit dem Staub bestreut, den die Kühe beim Gehen aufgewirbelt hatten.

Nach diesem Reinigungsvorgang chanteten die *gopīs* unter der Leitung von Mutter Yaśodā und Rohiṇī zwölf verschiedene Namen Viṣṇus, um Kṛṣṇas Körper vor allen schlechten Einflüssen zu schützen. Sie wuschen ihre Hände und Füße und schlürften dreimal Wasser, wie es vor dem Chanten von Mantras Brauch ist. Dann chanteten sie: „Lieber Kṛṣṇa, möge der Herr, der als Aja bekannt ist, Deine Beine beschützen. Möge Śrī Maṇimān Deine Knie beschützen. Möge Śrī Yajña Deine Schenkel beschützen. Möge Śrī Acyuta Deine obere Hüfte beschützen. Möge Śrī Hayagrīva Deinen Bauch beschützen. Möge Śrī Keśava Dein Herz beschützen. Möge Śrī Īśa Deine Brust beschützen. Möge Śrī Sūrya deinen Hals beschützen. Möge Śrī Viṣṇu Deine Arme beschützen. Möge Śrī Urukrama Dein Gesicht beschützen. Möge Śrī Īśvara Deinen Kopf beschützen. Möge Śrī Cakradhara Deine Vorderseite beschützen. Möge Śrī Gadādhara Deinen Rücken beschützen. Möge Śrī Madhusūdana, der einen Bogen in Seiner Hand trägt, Deine rechte Seite beschützen. Möge Śrī Ajana Deine linke Seite beschützen. Möge Śrī Urugāya mit Seinem Muschelhorn Dich von allen Seiten beschützen. Möge die Persönlichkeit Gottes, Upendra, Dich von oben beschützen. Möge Dich Śrī Tārkṣya von unten her beschützen. Möge Dich Śrī Haladhara von allen Seiten beschützen. Möge die Persönlichkeit Gottes, die als Śrī Hṛṣīkeśa bekannt ist, all Deine Sinne beschützen. Möge Śrī Nārāyaṇa Deine Lebenslüfte beschützen. Möge der Herr von Śvetadvīpa, Nārāyaṇa, das Innerste Deines Herzens beschützen. Möge Śrī Yogeśvara Deinen Geist beschützen. Möge Śrī Pṛśnigarbha Deine Intelligenz beschützen, und möge die Höchste Persönlichkeit Gottes Deine Seele beschützen. Beim Spielen beschütze Dich Śrī Govinda von allen Seiten. Während des Schlafes möge Dich Śrī Mādhava vor aller Gefahr beschützen; beim Gehen bewahre Dich der Herr von Vaikuṇṭha davor umzufallen. Möge Dich Śrī Nārāyaṇa beschützen, während Du sitzt, und beim Essen möge Dir der Herr aller Opfer jeglichen Schutz gewähren."

Mutter Yaśodā chantete die vielen Namen Viṣṇus, um auf diese

Weise die verschiedenen Körperteile des kleinen Kṛṣṇa zu beschützen. Sie war fest davon überzeugt, dass sie ihr Kind vor allen möglichen Geistern und Dämonen schützen müsse, wie den Ḍākinīs, Yātudhānīs, Kuṣmāṇḍas, Yakṣas, Rākṣasas, Vināyakas, Koṭarās, Revatīs, Jyeṣṭhās, Pūtanās, Mātṛkās, Unmādas und ähnlichen anderen üblen Geistern, die einen Menschen seine Existenz vergessen lassen und seine Sinne und die Lebensluft unheilvoll beeinflussen. Manchmal erscheinen sie in Träumen und stiften große Verwirrung, und zuweilen erscheinen sie auch als alte Frauen und saugen den kleinen Kindern das Blut aus. Doch keiner dieser bösen Geister und Dämonen kann es ertragen, an einem Ort zu verweilen, wo der Heilige Name gechantet wird. Mutter Yaśodā hatte festes Vertrauen in die vedischen Unterweisungen, die besagen, wie wichtig die Kühe und der Heilige Name Viṣṇus sind, und deshalb suchte sie bei den Kühen und dem Namen Viṣṇus Zuflucht, um ihr Kind zu beschützen. Sie chantete alle Heiligen Namen Viṣṇus mit der Bitte, dass Er ihren Kṛṣṇa beschützen möge. Schon seit Beginn der Weltgeschichte weiß die vedische Kultur das Halten von Kühen und das Chanten der Heiligen Namen Viṣṇus zu nutzen. Menschen, die noch immer den Veden folgen, besonders die Haushälter unter ihnen, halten sich daher mindestens ein Dutzend Kühe und verehren die transzendentale Bildgestalt Viṣṇus, die sie in ihrem Haus aufgestellt haben. Personen, die im Kṛṣṇa-Bewusstsein fortschreiten, sollten von diesem Spiel lernen und ebenso an Kühen und am Heiligen Namen Śrī Viṣṇus Interesse entwickeln.

Die älteren *gopīs* von Vṛndāvana liebten Kṛṣṇa so sehr, dass sie Ihn beschützen wollten, obwohl dies überhaupt nicht notwendig war, da Er Sich bereits Selbst geholfen hatte. Sie ahnten nicht, dass Kṛṣṇa, die Höchste Persönlichkeit Gottes, der Herr war, der Sich wie ein gewöhnliches Kind verhielt. Nachdem sie die Rituale beendet hatten, nahm Mutter Yaśodā Kṛṣṇa auf den Schoß und gab Ihm ihre Brust. Da ihr Kind nun von dem Viṣṇu-Mantra beschützt war, fühlte sich Mutter Yaśodā beruhigt. Währenddessen kehrten die Kuhhirten nach dem Entrichten ihrer Steuern aus Mathurā zurück, und sie waren sehr bestürzt, als sie den gigantischen Körper Pūtanās erblickten.

Nanda Mahārāja erinnerte sich an die Prophezeiung Vasudevas und dachte bei sich, Vasudeva müsse wohl ein großer Weiser oder mystischer Yogi sein, denn wie hätte er sonst einen Vorfall voraussagen können, der sich während seiner Abwesenheit in Vṛndāvana dann auch tatsächlich ereignete? Daraufhin schnitten die Bewohner von Vraja den ungeheuren Leib Pūtanās in Stücke und stapelten die Teile mit Holz zu einem Haufen auf, den sie dann in Brand setzten. Als die Stücke von Pūtanās Körper brannten, verbreitete der Rauch, der vom Feuer aufstieg, den angenehmen Duft von *aguru* – weil Pūtanā nämlich von Kṛṣṇa getötet worden war, war die Dämonin von all ihren Sünden gereinigt worden und hatte einen himmlischen Körper erlangt. Dieses Beispiel zeigt, dass die Höchste Persönlichkeit Gottes allgütig ist. Pūtanā war mit der Absicht gekommen, Kṛṣṇa zu töten, aber weil sie Ihm ihre Milch zu trinken gab, wurde sie augenblicklich geläutert, und ihr toter Körper nahm ein transzendentales Wesen an. Das einzige, was sie gerne getan hatte, war, kleine Kinder zu töten und ihnen das Blut auszusaugen. Obwohl sie Kṛṣṇa feindlich gesinnt war, wurde sie befreit, da sie Ihm ihre Milch zu trinken gegeben hatte. Was soll man dann erst von denen sagen, die als Mutter für Kṛṣṇa Zuneigung empfinden und Ihm ständig mit großer Liebe und Hingabe dienen. Schließlich ist Er die Höchste Persönlichkeit Gottes und die Überseele, die in jedem Lebewesen weilt.

Aber auch schon die kleinste Bemühung im Dienst des Herrn bringt einem unermesslichen spirituellen Nutzen. Dies wird in der *Bhagavad-gītā* wie folgt erklärt: *svalpam apy asya dharmasya trāyate mahato bhayāt.* Hingebungsvoller Dienst im Kṛṣṇa-Bewusstsein ist so erhaben, dass schon der kleinste Dienst für Kṛṣṇa – sei er bewusst oder unbewusst ausgeführt – größten transzendentalen Nutzen bringt. Wenn Kṛṣṇa Blüten und Früchte eines Baumes geopfert werden, dann erfährt auch das Lebewesen, das den Körper des Baumes besitzt, indirekt großen Nutzen. Der *arcana*-Vorgang, das heißt Der Vorgang der Verehrung Kṛṣṇas, kommt also jedem Lebewesen zugute. Kṛṣṇa wird sogar von großen Halbgöttern wie Brahmā und Śiva verehrt, und Pūtanā war so sehr vom Glück begünstigt, dass derselbe Kṛṣṇa als kleines Kind auf ihrem Schoß spielte. Seine Lotosfüße, die von allen großen Weisen und Gottgeweihten verehrt werden, setzte Er auf den Körper Pūtanās. Die Menschen verehren Kṛṣṇa und opfern Ihm Speisen mit Ehrfurcht und Hingabe, doch Er trank von Sich aus die Milch von Pūtanās Brust. Die Gottgeweihten beten deshalb: Wenn Pūtanā so sehr gesegnet wurde, einfach dadurch, dass sie Kṛṣṇa etwas in einer feindlichen Haltung anbot, wie kann man dann den Nutzen ermessen, den man erfährt, wenn man Kṛṣṇa mit Liebe und Hingabe verehrt? Daher sollte man nur Kṛṣṇa verehren – denn dies verspricht einen gewaltigen Nutzen.

Obwohl Pūtanā ein böser Geist war, erlangte sie, genau wie die Mutter der Höchsten Persönlichkeit Gottes, Befreiung. Es ist daher selbstverständlich, dass auch die Kühe und die älteren *gopīs,* die Kṛṣṇa ihre Milch gaben, auf die transzendentale Ebene erhoben wurden. Kṛṣṇa kann die Wünsche eines jeden erfüllen – von jeder nur erdenklichen materiellen Freude bis hin zur Befreiung. Daher kann kein Zweifel darüber bestehen, dass Pūtanā, an deren Brust Kṛṣṇa so lange saugte, befreit wurde. Und erst recht steht es außer Frage, dass die *gopīs,*die Kṛṣṇa so sehr liebten, Befreiung erlangten. Die *gopīs* wie auch die Kuhhirtenjungen, die Kühe und alle anderen, die Kṛṣṇa in Vṛndāvana mit Liebe und Zuneigung dienten, wurden von den leidvollen Bedingungen des materiellen Daseins erlöst.

Als die Einwohner von Vṛndāvana auf den Wohlgeruch aufmerksam wurden, der von dem brennenden Körper Pūtanās aufstieg, fragten sie sich, woher dieser Duft komme. Und während sie sich darüber unterhielten, fanden sie heraus, dass es der Rauch der brennenden Pūtanā war, der so wunderbar duftete. Sie liebten Kṛṣṇa sehr, und als sie hörten, dass die Hexe Pūtanā von Kṛṣṇa getötet worden war, gaben sie Ihm in ihrer großen Zuneigung ihren Segen. Als Nanda Mahārāja nach der Verbrennung Pūtanās nach Hause kam, nahm er Kṛṣṇa sofort auf Seinen Schoß und roch an Seinem Köpfchen. Er war sehr froh, dass sein Sohn diese große Gefahr heil überstanden hatte.

Śrīla Śukadeva Gosvāmī hat allen Menschen, die davon hören, wie Kṛṣṇa die Hexe Pūtanā tötete, eine Segnung gewährt: Sie werden mit Sicherheit die Gunst Govindas erlangen.

Hiermit enden die Bhaktivedanta-Erläuterungen zum 6. Kapitel des Kṛṣṇa-Buches mit dem Titel „Kṛṣṇa tötet die Hexe Pūtanā".

KAPITEL 7

Die Erlösung Tṛṇāvartas

Die Höchste Persönlichkeit Gottes, Śrī Kṛṣṇa, besitzt ewiglich sechs transzendentale Füllen in ihrer Gesamtheit: vollkommenen Reichtum, vollkommene Macht, vollkommenen Ruhm, vollkommenes Wissen, vollkommene Schönheit und vollkommene Entsagung. Der Herr erscheint in dieser Welt in verschiedenen vollkommenen und ewigen Inkarnationen. So bieten sich der bedingten Seele viele Möglichkeiten, über die transzendentalen Taten zu hören, die der Herr in diesen verschiedenen Inkarnationen offenbart. In der *Bhagavad-gītā* heißt es in diesem Zusammenhang: *janma karma ca me divyam.* Die Taten und Spiele des Herrn sind nicht materiell – sie befinden sich jenseits des materiellen Vorstellungsvermögens. Doch wenn die bedingte Seele von Seinen ungewöhnlichen Taten hört, kann sie einen sehr großen Nutzen erfahren. Über den Herrn zu hören ist eine Gelegenheit, mit dem Herrn zusammen zu sein. Einfach nur von Seinen Taten zu hören, bedeutet schon, seine transzendentale Natur zu entfalten. Die bedingte Seele hat die natürliche Neigung, über andere bedingte Seelen in Form von Geschichten, Dramen und Romanen zu hören. Diese Neigung, etwas über andere zu erfahren, sollte dazu verwendet werden, von den Spielen des Herrn zu hören. Auf diese Weise kann man augenblicklich sein natürliches spirituelles Bewusstsein wiedererwecken. Kṛṣṇas Spiele sind nicht nur außergewöhnlich und wunderbar, sondern erfreuen auch unser Gemüt.

Wenn jemand von den transzendentalen Spielen des Herrn hört, kann die materielle Verunreinigung durch den Staub, der sich durch den langen Aufenthalt in der materiellen Welt in seinem Herzen angesammelt hat, augenblicklich fortgewaschen werden. Auch Śrī Caitanya sagte, dass man einfach durch das Hören von Śrī Kṛṣṇas transzendentalem Namen das Herz von allen materiellen Verunreinigungen befreien kann. Es gibt viele verschiedene Vorgänge zur Selbstverwirklichung, doch der hingebungsvolle Dienst – bei dem Hören die wichtigste Tätigkeit ist – hat den natürlichen Effekt, dass er die bedingte Seele von allen materiellen Verunreinigungen befreit, so dass sie ihre ursprüngliche, wesenseigene Position erkennen kann. Das bedingte Leben hat seine Ursache einzig und allein in dieser Verunreinigung, und sobald diese Verunreinigung entfernt ist, erwacht die natürliche, schlummernde Funktion des Lebewesens, nämlich dem Herrn in Hingabe zu dienen. Wenn man seine ewige Beziehung zum Höchsten Herrn wiedererweckt, qualifiziert man sich, mit den Geweihten des Herrn Freundschaft zu schließen. Mahārāja Parīkṣit empfahl aus eigener Erfahrung, dass jeder über die transzendentalen Spiele des Herrn hören solle. Dieses Kṛṣṇa-Buch dient ebendiesem Zweck, und der Leser kann daraus seinen Nutzen ziehen, um das endgültige Ziel des menschlichen Lebens zu erreichen.

Der Herr erscheint aus Seiner grundlosen Barmherzigkeit in der materiellen Welt und entfaltet Seine Tätigkeiten, die denen eines gewöhnlichen Menschen gleichen. Leider halten die Unpersönlichkeitsanhänger, die Atheisten, Kṛṣṇa für einen gewöhnlichen Sterblichen, wie sie es sind, und verspotten Ihn deshalb. Diese Haltung wird in der *Bhagavad-gītā* vom Herrn Selbst verurteilt: *Avajānanti māṁ mūḍhāḥ.* Die *mūḍhas,* die Schurken, halten Kṛṣṇa für einen gewöhnlichen Menschen oder für einen Menschen, der vielleicht ein wenig mächtiger ist als sie selbst. Zu ihrem Unglück können sie Ihn nicht als die Höchste Persönlichkeit Gottes anerkennen. Manchmal behaupten solche unglückseligen Menschen sogar, sie selbst seien eine Inkarnation Kṛṣṇas, ohne sich jedoch auf die autorisierten Schriften stützen zu können.

Wie die Tage so vergingen, begann Kṛṣṇa, Sich vom Rücken auf den Bauch zu drehen, und bald kam die Zeit, wo Yaśodā und Nanda Mahārāja eine weitere Zeremonie durchführten: Kṛṣṇas ersten Geburtstag. Sie trafen viele Vorkehrungen für Kṛṣṇas Geburtstagszeremonie, ein Fest, das noch heute von allen Anhängern der vedischen Prinzipien durchgeführt wird. (In Indien wird Kṛṣṇas Geburtstagszeremonie von allen Hindus gefeiert, ungeachtet der vielen verschiedenen Glaubensrichtungen.) Alle Kuhhirten Vṛndāvanas und ihre Frauen waren eingeladen, an dieser ausgelassenen Feier teilzunehmen. Eine Gruppe von Musikern hatte sich aufgestellt, und ihre Kunst erfreute alle Gäste. Auch alle gelehrten *brāhmaṇas* des Ortes waren eingeladen worden, und sie chanteten vedische Hymnen, um Kṛṣṇa eine glückverheißende Zukunft zu sichern. Während die vedischen Hymnen gechantet wurden und die Musiker spielten, wurde Kṛṣṇa von Mutter Yaśodā gebadet. Diese Badezeremonie wird *abhiṣeka* genannt und wird auch heute noch in allen Tempeln von Vṛndāvana am Janmāṣṭamī-Tag, dem Geburtstag Kṛṣṇas, durchgeführt.

Mutter Yaśodā ließ eine große Menge Getreide verteilen, und es wurden die besten Kühe, die mit goldenem Geschmeide geschmückt waren, bereitgestellt, um sie den gelehrten und ehrwürdigen *brāhmaṇas* als Spende zu geben. Nachdem Mutter Yaśodā ihr Bad genommen und ihre schönsten Kleider angezogen hatte, nahm sie den gebadeten und frisch angezogenen Kṛṣṇa auf den Arm und setzte sich, um den *brāhmaṇas* zuzuhören, die vedische Hymnen chanteten. Während sie den *brāhmaṇas* zuhörte, wurde der kleine Kṛṣṇa sehr müde, und so legte Mutter Yaśodā Ihn behutsam in Sein Bettchen. Da sie voll und ganz davon in Anspruch genommen war, Freunde, Verwandte und die verschiedenen Einwohner von Vṛndāvana zu empfangen, vergaß sie, das Kind zu stillen. Kṛṣṇa aber war sehr hungrig und begann zu weinen, doch Mutter Yaśodā konnte Ihn in all dem Trubel nicht hören. Als Ihm Seine Mutter keine Aufmerksamkeit schenkte, obwohl Er so hungrig war, wurde Kṛṣṇa sehr ärgerlich, und Er begann mit Seinen

Lotosfüßen wie ein gewöhnliches Kind zu strampeln. Mutter Yaśodā hatte Kṛṣṇas Wiege unter einen Handkarren gestellt, und als der kleine Kṛṣṇa mit Seinen Beinen strampelte, stieß Er zufällig gegen das Rad des Wagens, worauf dieser umkippte. Das Messing- und Metallgeschirr und die verschiedenen anderen Gegenstände, die auf dem Handkarren aufgestapelt waren, fielen mit großem Lärm zu Boden. Das Rad hatte sich von der Achse gelöst und überall lagen zerbrochene Speichen herum. Mutter Yaśodā und alle *gopīs* sowie Mahārāja Nanda und die Kuhhirten eilten sogleich herbei und waren sehr erstaunt, als sie den zerbrochenen Wagen sahen. All die Teilnehmer an dieser heiligen Zeremonie versammelten sich um den Wagen und stellten Vermutungen an, wie er von selbst hatte zusammenstürzen können, doch niemand konnte die Ursache herausfinden. Einige Kinder, die bei dem kleinen Kṛṣṇa gelassen worden waren, um mit Ihm zu spielen, teilten den Umstehenden mit, der Karren sei plötzlich umgefallen, weil Kṛṣṇa mit Seinen Füßen gegen das Rad getreten habe. Sie versicherten, dass sie dies mit eigenen Augen gesehen hätten, und beteuerten, dass sie die reine Wahrheit sprachen. Einige glaubten den Kindern, doch andere sagten: „Wie kann man nur den Worten dieser Kinder Glauben schenken?" Die Kuhhirten und Kuhhirtenfrauen konnten nicht verstehen, dass die allmächtige Persönlichkeit Gottes vor ihnen als Säugling lag und alles tun konnte, was Ihm beliebte. Das Mögliche wie das Unmögliche standen in Seiner Macht.

Inmitten der Diskussion begann Baby Kṛṣṇa plötzlich zu weinen, und Mutter Yaśodā nahm das Kind ohne ein Wort des Tadels auf ihren Schoß. Sie rief die gelehrten *brāhmaṇas* zusammen, um sie heilige vedische Hymnen zum Schutz gegen böse Geister chanten zu lassen, während sie dem Kind die Brust gab. Wenn ein Kind an der Brust der Mutter saugt, kann man sicher sein, dass es sich außer Gefahr befindet. Daraufhin reparierten die stärkeren unter den Kuhhirten den zerbrochenen Karren und sammelten alle Gegenstände, die verstreut herumlagen, zusammen, um sie wieder auf den Karren zu stapeln. Danach begannen die *brāhmaṇas,* im Opferfeuer Butter, Joghurt, *kūśa*-Gras und Wasser darzubringen. Sie verehrten die Höchste Persönlichkeit Gottes, um auf diese Weise das Schicksal des Kindes günstig zu beeinflussen.

Die *brāhmaṇas,* die bei dieser Zeremonie zugegen waren, besaßen alle erforderlichen guten Eigenschaften. Sie sprachen stets die Wahrheit, sie waren niemals stolz, frei von Neid und gewaltlos, und sie erwarteten niemals Ehre für sich selbst. Sie waren echte *brāhmaṇas,* weshalb es keinen Grund gab, die Wirksamkeit ihrer Segnungen zu bezweifeln. Nanda Mahārāja, mit festem Vertrauen in die *brāhmaṇas,* nahm Kṛṣṇa auf seinen Schoß, und während die *brāhmaṇas* Hymnen aus dem *Ṛg-, Yajur-* und *Sāma-Veda* chanteten, badete er Kṛṣṇa mit Wasser, das mit den verschiedensten Kräutern vermischt war.

Es heißt, dass man die Mantras der Veden nicht chanten dürfe, wenn man kein qualifizierter *brāhmaṇa* sei. Dies beweist, dass die bei Kṛṣṇas Geburtstagszeremonie anwesenden *brāhmaṇas* alle brahmanischen Eigenschaften aufwiesen, und daher hatte Mahārāja Nanda volles Vertrauen in ihre Fähigkeiten und erlaubte es ihnen, die rituellen Zeremonien durchzuführen und die vedischen Mantras zu chanten. Es gibt viele verschiedene Opfer, die für verschiedene Zwecke empfohlen werden, doch die dazu erforderlichen Mantras müssen von qualifizierten *brāhmaṇas* gechantet werden. Da es im gegenwärtigen Zeitalter, dem Kali-yuga, keine qualifizierten *brāhmaṇas* mehr gibt, sind alle vedischen Opfer verboten. Śrī Caitanya Mahāprabhu hat aus diesem Grunde nur ein einziges Opfer für diese Zeit empfohlen, nämlich den *saṅkīrtana-yajña,* das Chanten des Mahā-Mantra: Hare Kṛṣṇa, Hare Kṛṣṇa, Kṛṣṇa Kṛṣṇa, Hare Hare / Hare Rāma, Hare Rāma, Rāma Rāma, Hare Hare.

Als die *brāhmaṇas* zum zweiten Mal die vedischen Hymnen chanteten und die Rituale durchführten, beschenkte Nanda Mahārāja sie noch einmal mit einer riesigen Menge von Getreide und Kühen. Auf jeder Kuh lag eine wunderschöne golddurchwobene Decke, ihre Hörner waren mit vielen goldenen Ringen versehen, ihre Hufe waren mit Silber eingefasst, und um ihren Hals hingen duftende Blumengirlanden. Nanda Mahārāja spendete die vielen Kühe allein zum Wohl seines wunderbaren Sohnes, während die *brāhmaṇas* ihrerseits dem Kind von ganzem Herzen ihre Segnungen gaben. Und die Segnungen dieser qualifizierten *brāhmaṇas* blieben mit Sicherheit niemals wirkungslos. Als Mutter Yaśodā einige Tage später ihr Kind auf dem Schoß hielt und liebkoste, wurde ihr das Kind zu schwer, und so setzte sie es widerwillig auf den Boden. Nach kurzer Zeit dann musste sie wieder Haushaltsarbeiten nachgehen. Da erschien plötzlich Tṛṇāvarta, ein Diener

Kaṁsas, der auf Befehl seines Herrn als Wirbelsturm über Vṛndāvana hereinbrach. Er packte das Kind, hob es auf seine Schultern und verursachte einen großen Sandsturm über Vṛndāvana. Schon nach kurzer Zeit war dadurch das gesamte Gebiet von Vṛndāvana in eine so dunkle Staubwolke gehüllt, dass man nicht einmal mehr die Hand vor Augen sehen konnte. Als Mutter Yaśodā nach verzweifelter Suche ihren Kṛṣṇa, der vom Wirbelwind davongetragen worden war, nicht finden konnte, begann sie mitleiderregend zu weinen und fiel zu Boden, wie eine Kuh, die ihr Kalb verloren hat. Sofort kamen alle Kuhhirtenfrauen herbeigelaufen und suchten ebenfalls nach dem kleinen Kṛṣṇa, doch auch ihre Bemühungen blieben erfolglos – sie konnten das Kind nirgends finden.

Der Tṛṇāvarta-Dämon, der Baby Kṛṣṇa auf seinen Schultern entführte, stieg hoch in den Himmel, doch plötzlich nahm das Kind ein solches Gewicht an, dass er nicht mehr höher fliegen konnte und innehalten musste. Der kleine Kṛṣṇa machte Sich noch schwerer und drückte den Dämon durch Sein Gewicht herunter. Dann griff Kṛṣṇa nach Tṛṇāvartas Hals und umklammerte ihn, und der Dämon fühlte, wie das Kind so schwer wie ein Berg wurde. Er versuchte, Seiner Gewalt zu entkommen, was ihm jedoch nicht gelang. Seine Augen traten ihm aus dem Schädel, und wild schreiend fiel er vom Himmel, genau wie einstmals Tripurāsura, nachdem er von einem Pfeil Śivas durchbohrt worden war. Tṛṇāvarta schlug auf einer Steinplatte auf, und dieser Aufprall zerschmetterte ihm die Glieder. So wurde sein Körper allen Einwohnern Vṛndāvanas sichtbar.

Als die *gopīs* sahen, dass der Dämon tot war und der kleine Kṛṣṇa unbekümmert auf seinem Körper spielte, nahmen sie Kṛṣṇa sogleich liebevoll in ihre Arme und drückten Ihn an sich. Die Kuhhirten und ihre Frauen waren sehr glücklich, dass ihr geliebter Kṛṣṇa unversehrt geblieben war. Sie begannen, über den außergewöhnlichen Vorfall zu sprechen. Einige fragten, ob es nicht wundervoll sei, dass der Dämon Kṛṣṇa entführte, um Ihn zu verschlingen, aber stattdessen selbst sein Leben lassen musste. Andere waren der Meinung, dass es gar nicht so erstaunlich sei, und sagten: „Es ist nichts als recht, dass er getötet wurde, denn diejenigen, die zu sündig sind, sterben an den Folgen ihrer Sünden, Kṛṣṇa dagegen ist sehr fromm und wurde daher aus allen möglichen gefährlichen Situationen gerettet. Dazu haben wir auch sicherlich in unseren vorherigen Leben große Opfer dargebracht, die Höchste Persönlichkeit Gottes verehrt, viel Reichtum als Spende verteilt und zum Wohl aller Menschen großmütig gehandelt. Aufgrund dieser frommen Tätigkeiten ist das Kind vor allen Gefahren beschützt."

Auch die *gopīs,* die sich dort eingefunden hatten, sagten zueinander: „Wie groß müssen unsere Entsagungen und Bußen gewesen sein, die wir in unseren früheren Leben auf uns genommen haben! Wir haben bestimmt die Höchste Persönlichkeit Gottes verehrt, die verschiedensten Opfer dargebracht, große Spenden verteilt und viele gute Werke für die Allgemeinheit vollbracht, wie Banyanbäume gepflanzt und Brunnen gegraben. Als Belohnung für diese frommen Taten haben wir unser Kind zurückbekommen, das wir bereits für tot hielten. Nun ist Es zur Erleichterung all Seiner Verwandten wieder zurückgekehrt." Alle diese wunderbaren Ereignisse ließen Nanda Mahārāja immer wieder an die Worte Vasudevas denken.

Als Mutter Yaśodā nach diesem Vorfall wieder einmal ihr Kind stillte und Es mit großer Zuneigung liebkoste, strömte übermäßig viel Milch aus ihrer Brust. Als sie daraufhin mit ihrer Hand den Mund des Kindes öffnete, sah sie darin plötzlich die universale Manifestation. Sie sah im Munde Kṛṣṇas den gesamten Himmel, einschließlich der Planeten und Sterne aller Himmelsrichtungen; sie sah die Sonne, den Mond, Feuer, Luft, Meere, Inseln, Berge, Flüsse, Wälder und alle sich bewegenden und sich nicht bewegenden Lebewesen. Als Mutter Yaśodā dieser Dinge gewahr wurde, begann ihr Herz schneller zu schlagen, und sie flüsterte: „Oh, welch ein Wunder!" Sie war so überwältigt, dass sie sich nicht weiter auszudrücken vermochte, und so schloss sie einfach ihre Augen und versank in wunderbare Gedanken.

Dass Kṛṣṇa Seine universale Form zeigte, als Er noch auf dem Schoß Seiner Mutter lag, beweist, dass die Höchste Persönlichkeit Gottes immer die Höchste Persönlichkeit Gottes ist – ganz gleich, ob Kṛṣṇa Sich als Kind auf dem Schoß Seiner Mutter manifestiert oder auf dem Schlachtfeld von Kurukṣetra den Streitwagen Arjunas lenkt. Dies ist der Beweis, dass die Theorie der Unpersönlichkeitsanhänger falsch ist, die glauben, man könnte durch Meditation oder durch künstliche materielle Tätigkeiten Gott werden. Gott ist immer Gott – unter allen Umständen –, und die Lebewesen sind immer Seine winzigen Teile.

Sie können niemals der unbegreiflichen, übernatürlichen Macht der Höchsten Persönlichkeit Gottes gleichkommen.

Hiermit enden die Bhaktivedanta-Erläuterungen zum 7. Kapitel des Kṛṣṇa-Buches mit dem Titel „Die Erlösung Tṛṇāvartas“.

KAPITEL 8

Die Offenbarung der universalen Form

Nach diesem Ereignis bat Vasudeva seinen Familienpriester Garga Muni, Nanda Mahārāja zu besuchen, um die Zukunft Kṛṣṇas astrologisch zu berechnen. Garga Muni, ein großer Heiliger, der viele Entsagungen und Bußen auf sich genommen hatte, war der Priester der Yadu-Dynastie. Als er im Hause Nanda Mahārājas eintraf, freute sich Nanda sehr, ihn zu sehen, und stand sofort mit gefalteten Händen auf, um ihm seine achtungsvollen Ehrerbietungen zu erweisen. Er empfing Garga Muni mit dem gleichen Respekt, mit dem man den Höchsten Herrn verehrt. Er bot ihm einen bequemen Sitz an, und nachdem sich Garga Muni hingesetzt hatte, hieß ihn Nanda Mahārāja mit herzlichen Worten willkommen. Er sagte: „Mein lieber *brāhmaṇa,* du erscheinst nur im Hause eines Haushälters, um Erleuchtung zu bringen. Wir Haushälter sind immer so sehr mit unserer Familie beschäftigt, dass wir darüber unsere eigentliche Pflicht vergessen, nämlich nach Selbstverwirklichung zu streben. Wenn du zu uns kommst, willst du uns im spirituellen Leben unterweisen, nur aus diesem Grund besuchst du die Haushälter." Eigentlich gibt es für Heilige oder *brāhmaṇas* nicht den geringsten Grund, Haushälter zu besuchen, die sich gewöhnlich bloß mit Geld- und Besitzangelegenheiten beschäftigen. Wenn sie es trotzdem tun, dann nur, um die Haushälter zu erleuchten. Man wird sich vielleicht fragen, warum die Haushälter nicht selbst zu einem Heiligen oder einem *brāhmaṇa* gehen, um sich erleuchten zu lassen. Die Antwort lautet, dass die Haushälter im Allgemeinen sehr engstirnig sind und glauben, es sei ihre vornehmste Pflicht, sich um ihre Familie zu kümmern. Selbstverwirklichung und Erleuchtung im spirituellen Wissen halten sie für weniger wichtig. Daher ist Mitleid der einzige Grund, warum Heilige und *brāhmaṇas* die Haushälter besuchen.

Nanda Mahārāja bezeichnete Garga Muni auch als eine der großen Autoritäten in der astrologischen Wissenschaft. Die Voraussagen der Astrologie, wie z. B. der Zeitpunkt einer Sonnen- oder Mondfinsternis, beruhen auf eindrucksvollen Berechnungen. Durch diese Wissenschaft kann man seine Zukunft klar erkennen. Garga Muni war auf diesem Gebiet sehr erfahren. Mit Hilfe der Astrologie kann man auch feststellen, was man in seinem vorherigen Leben getan hat und welche Ergebnisse man im jetzigen Leben genießen oder erleiden wird. Nanda Mahārāja nannte Garga Muni auch den „besten der *brāhmaṇas*". Als *brāhmaṇa* wird jemand bezeichnet, der mit dem Wissen über das Höchste vertraut ist. Ohne Wissen über das Höchste Absolute zu besitzen, kann man nicht als *brāhmaṇa* anerkannt werden. Das genaue Wort, das in diesem Zusammenhang gebraucht wird, lautet *brahmavidām*, was so viel bedeutet wie „diejenigen, die den Höchsten sehr gut kennen". Ein erfahrener *brāhmaṇa* kann für die untergeordneten Kasten, die *kṣatriyas* und *vaiśyas*, Reinigungszeremonien durchführen; die *śūdras* hingegen unterziehen sich keinen solchen Ritualen. Die *brāhmaṇas* gelten als die spirituellen Meister der *kṣatriyas* und *vaiśyas* und erfüllen auch alle priesterlichen Aufgaben. Nanda Mahārāja war ein *vaiśya*, und er sah Garga Muni als *brāhmaṇa* höchsten Ranges an. Er holte deshalb seine beiden Pflegesöhne, Kṛṣṇa und Balarāma, und bat Garga Muni, Sie der üblichen Reinigungszeremonie zu unterziehen. Nanda erklärte, dass nicht nur seine beiden Söhne, sondern alle

Menschen gleich nach der Geburt einen qualifizierten *brāhmaṇa* als spirituellen Meister annehmen sollten.

Auf diese Bitte Nandas hin antwortete Garga Muni: „Vasudeva hat mich hierher geschickt, damit ich für diese Knaben, und ganz besonders für Kṛṣṇa, die Reinigungszeremonien durchführe. Wenn ich dies jedoch tue, mag es zufällig so wirken, als ob Kṛṣṇa der Sohn Devakīs sei, da ich Vasudevas Familienpriester bin." Anhand seiner astrologischen Berechnungen wusste Garga Muni, dass Kṛṣṇa der Sohn Devakīs war und dass Er der Obhut Nanda Mahārājas anvertraut worden war, ohne dass dieser davon wusste. Er deutete indirekt an, dass sowohl Kṛṣṇa als auch Balarāma die Söhne Vasudevas waren. Es war allen bekannt, dass Balarāma der Sohn Vasudevas war, denn Seine Mutter Rohiṇī wohnte in Vṛndāvana, doch Nanda Mahārāja wusste nicht, dass auch Kṛṣṇa der Sohn Devakīs war. Indirekt also offenbarte Garga Muni dieses Geheimnis. Garga Muni warnte Nanda Mahārāja gleichzeitig vor Kaṁsa und sagte, dieser sei ein äußerst sündhafter Mensch. Wenn Kaṁsa erfahren würde, dass er, Garga Muni, als Familienpriester der Yadus die Reinigungszeremonie durchführe, dann würde er sofort glauben, Kṛṣṇa sei der Sohn von Vasudeva und Devakī. Auch hätten astrologische Berechnungen ergeben, dass das achte Kind von Devakī unmöglich ein Mädchen sein konnte, wie es alle annahmen. Auf diese Weise deutete Garga Muni Nanda Mahārāja gegenüber an, dass das Mädchen eigentlich von Yaśodā geboren worden war, Kṛṣṇa in Wirklichkeit Devakīs Sohn war und dass die beiden aber vertauscht wurden. Das weibliche Kind, in Wirklichkeit die Göttin Durgā, hatte zudem Kaṁsa darüber informiert, dass der Knabe, welcher ihn töten sollte, bereits woanders geboren worden sei. Garga Muni fuhr fort: „Wenn ich deinem Kind einen Namen gebe und wenn Kaṁsa erfährt, dass dieser Knabe genau mit der Prophezeiung des Mädchens übereinstimmt, dann wird dieser frevlerische Dämon nicht zögern, hierherzukommen, um nach der Namengebungszeremonie auch dieses Kind zu töten. Ich möchte nicht für all dieses zukünftige Unheil verantwortlich sein." Nachdem Nanda Mahārāja die Worte Garga Munis gehört hatte, sagte er: „Wenn die Situation derart gefährlich ist, dann ist es besser, keine festliche Namengebungszeremonie abzuhalten. Unter diesen Umständen wird es besser sein, wenn du einfach die erforderlichen vedischen Hymnen chantest und die Reinigungsvorgänge in aller Stille vollziehst. Wir gehören zur Kaste der

Zweimalgeborenen, und so möchte ich deine Anwesenheit nutzen. Daher bitte ich dich, die Namengebungszeremonie trotzdem durchzuführen, wir werden dabei einfach jedes Aufsehen vermeiden." Nanda Mahārāja wollte, dass die Namengebungszeremonie ein Geheimnis blieb, doch zugleich wollte er auch die günstige Gelegenheit der Anwesenheit Garga Munis nutzen und diese Zeremonie von ihm durchführen lassen.

Als Garga Muni so inständig von Nanda Mahārāja gebeten wurde, vollzog er die Namengebungszeremonie so unauffällig wie möglich in Nanda Mahārājas Kuhstall. Er erklärte dabei, dass der Sohn Rohiṇīs Nanda Mahārājas Familienmitgliedern und Verwandten sehr viel Freude bereiten werde und deswegen den Namen Rāma erhalten werde. Außerdem werde Er in der Zukunft ungewöhnliche Kraft offenbaren und deshalb auch Baladeva genannt werden. Des Weiteren sagte Garga Muni zu Nanda Mahārāja: " Weil deine Familie so eng mit der Familie der Yadus verbunden ist und zwischen euch eine so tiefe Freundschaft herrscht, wird man Ihn auch Saṅkarṣaṇa nennen." Garga Muni gab dem Sohn Rohiṇīs also drei Namen: Balarāma, Saṅkarṣaṇa und Baladeva. Doch er sagte vorsichtshalber nichts davon, dass Balarāma ebenfalls im Mutterleib Devakīs erschienen und daraufhin in den Schoß Rohiṇīs versetzt worden war. Kṛṣṇa und Balarāma sind wirkliche Brüder, denn Sie sind ursprünglich die Söhne Devakīs.

Garga Muni gab Nanda Mahārāja weitere Informationen. Der andere Knabe ist bereits in den verschiedenen anderen *yugas* (Zeitaltern) erschienen, und zwar mit unterschiedlicher Körperfarbe: zuerst mit weißer, dann mit roter, darauf mit gelber und nun mit schwarzer Körperfarbe. Er wurde früher einmal als der Sohn Vasudevas geboren, und deshalb soll Er sowohl Vāsudeva als auch Kṛṣṇa heißen. Manche Menschen werden Ihn Kṛṣṇa nennen und andere Vāsudeva. Dazu muss ich dir noch sagen, dass dieses Kind bereits viele andere Namen bekommen hat, von denen sich jeder auf Seine verschiedenen Taten und Spiele bezieht."

Garga Muni ließ Nanda Mahārāja des Weiteren wissen, dass man seinen Sohn auch Giridharī nennen werde, weil Er als eines Seiner ungewöhnlichen Spiele den Govardhana-Hügel hochheben werde. Da Garga Muni als Astrologe Einblick in Vergangenheit und Zukunft hatte, sprach er: „Ich kenne alle Seine Spiele und Namen, andere wissen nichts davon. Dein Sohn wird allen Kuhhirten und Kühen sehr viel Freude bereiten. Er wird in Vṛndāvana sehr beliebt sein, und deswegen wird Er dir viel Glück bringen. Durch Seine Anwesenheit wirst du trotz vieler Hindernisse alle materiellen Schwierigkeiten überwinden."

Garga Muni sagte weiter: „Mein lieber König von Vraja, in Seinen früheren Leben hat dieses Kind viele Male, wenn politische Wirren überhandnahmen, die rechtschaffenen Menschen vor Räubern und Schurken beschützt. Dein Kind ist so mächtig, dass jeder, der Sein Geweihter wird, vor Feinden sicher ist. Wie die Halbgötter immer von Śrī Viṣṇu beschützt werden, so werden die Geweihten deines Sohnes immer von Nārāyaṇa, der Höchsten Persönlichkeit Gottes, beschützt. Dieses Kind wird an Macht, Schönheit und Reichtum – in jeder Hinsicht – Nārāyaṇa, der Höchsten Persönlichkeit Gottes, gleichkommen. Deshalb gebe ich dir den Rat, deinen Sohn sorgfältig zu behüten, so dass Er ungestört aufwachsen kann."

Weil Nanda Mahārāja ein Geweihter Nārāyaṇas sei, so erklärte Garga Muni also, habe ihm der Herr einen Sohn gegeben, der Ihm Selbst ebenbürtig sei. Gleichzeitig jedoch sagte Garga Muni zu Nanda Mahārāja, dass dieser Sohn Angriffe von vielen Dämonen erfahren werde und Nanda also vorsichtig sein und Ihn beschützen solle. Auf diese Weise überzeugte Garga Muni Nanda Mahārāja davon, dass Nārāyaṇa persönlich sein Sohn geworden war. Er beschrieb in vielen Einzelheiten die transzendentalen Eigenschaften Kṛṣṇas, und nachdem er so gesprochen hatte, kehrte er nach Hause zurück. Nanda Mahārāja freute sich sehr über die Segnung, die er bekommen hatte und hielt sich für den glücklichsten Menschen der Welt.

Kurz danach begannen Kṛṣṇa und Balarāma, auf Händen und Knien umherzukriechen, was Ihre Mütter mit großer Freude erfüllte. Die Glöckchen, die an Ihren Hüften und Fußgelenken hingen, klingelten fröhlich. Es gab nichts Erfreulicheres, als Ihnen zuzuschauen, wie Sie so vergnügt umherkrochen. Manchmal wurden Sie genau wie gewöhnliche Kinder von anderen erschreckt, worauf Sie sogleich zu Ihren Müttern flohen, um bei ihnen Schutz zu suchen. Manchmal fielen Sie auch in den Lehm und den Schlamm von Vṛndāvana und kamen dann über und über mit Lehm und Safran beschmiert nach Hause. Eigentlich waren Sie von Ihren Müttern mit Safran und Sandelholzpaste eingerieben worden, doch weil Sie im schlammigen Lehm spielten, bedeckten

Sie Ihre Körper gleichzeitig mit Lehm. Sowie Sie zu Yaśodā und Rohiṇī kamen, nahmen diese ihre beiden Kinder auf den Schoß, bedeckten Sie mit dem unteren Teil ihres Saris und gaben Ihnen die Brust. Als die Kinder an ihren Brüsten saugten, fühlten die Mütter, dass bereits die ersten Zähnchen kamen, und so steigerte sich ihre Freude nur noch mehr, da sie sahen, wie ihre Kinder heranwuchsen. Manchmal krabbelten die beiden auch zum Kuhstall, ergriffen den Schwanz eines Kalbes und zogen Sich daran hoch. Die erschreckten Kälber begannen sofort, wild durcheinanderzulaufen, und zogen die Kinder durch Kuhfladen und Schlammpfützen hinter sich her. Yaśodā und Rohiṇī riefen dann sogleich ihre Freundinnen aus der Nachbarschaft, *die gopīs,* herbei, damit alle diesen Spaß miterleben konnten. Als die *gopīs* die kindlichen Spiele Śrī Kṛṣṇas sahen, wurden sie in transzendentale Glückseligkeit getaucht, und in ihrer ekstatischen Freude lachten sie lauthals.

Kṛṣṇa und Balarāma waren so lebhaft, dass ihre Mütter ständig damit zu tun hatten, sie vor Kühen, Stieren, Affen, Wasser, Feuer und Vögeln zu schützen, während sie gleichzeitig auch ihren Haushaltspflichten nachkommen mussten. Weil sie ständig ängstlich darum bemüht waren, auf die Kinder aufzupassen und gleichzeitig ihre übrigen Pflichten zu erfüllen, kamen die beiden Mütter nie zur Ruhe. Schon nach kurzer Zeit gelang es Kṛṣṇa und Balarāma, Sich auf Ihre Beine zu stellen, und unbeholfen wagten Sie Ihre ersten Schritte. Als Sie so umhertappten, schlossen sich Ihnen einige gleichaltrige Freunde an, und auf diese Weise bereiteten sie den *gopīs*, ganz besonders aber Mutter Yaśodā und Rohiṇī, die höchste transzendentale Freude.

Alle *gopī*-Freundinnen von Yaśodā und Rohiṇī hatten ihre Freude an den frechen, kindlichen Spielen Kṛṣṇas und Balarāmas in Vṛndāvana. Um noch größere transzendentale Glückseligkeit zu erfahren, taten sie sich eines Tages alle zusammen und gingen zu Mutter Yaśodā, um sich bei ihr über die ungezogenen Jungen zu beklagen. Als Kṛṣṇa gerade vor Mutter Yaśodā auf dem Boden saß, begannen die älteren *gopīs*, ihre Klagen gegen Ihn vorzubringen, so dass auch Er sie hören konnte. Sie sagten: „Liebe Yaśodā, warum lässt du deinen frechen Kṛṣṇa tun und lassen, was Er will? Er kommt jeden Morgen und Abend, bevor die Kühe gemolken werden, zusammen mit Balarāma zu unseren Häusern und bindet die Kälber los, die natürlich sofort zu den Kühen laufen und deren Milch trinken. Wenn wir dann die Kühe melken wollen, finden wir, dass ihre Euter leer sind, und so müssen wir mit leeren Eimern und Töpfen zurückkehren. Wenn wir dann Kṛṣṇa und Balarāma schelten, nicht noch einmal so etwas zu tun, lächeln Sie einfach nur so zauberhaft, dass wir uns hilflos fühlen. Auch bereitet es Kṛṣṇa und Balarāma große Freude, unseren Joghurt und unsere Buttervorräte zu stehlen. Wir können unsere Vorräte nicht vor Ihnen verstecken. Ganz gleich wo wir sie aufbewahren, die beiden finden sie immer. Wenn wir Kṛṣṇa und Balarāma dann ertappen, wie Sie den Joghurt und die Butter davontragen, entgegnen Sie: „Warum sagt ihr, dass Wir stehlen? Denkt ihr etwa, dass es bei Uns zu Hause an Butter und Joghurt mangelt?" Manchmal nehmen Sie auch den Joghurt, die Butter und die Milch und verteilen sie an die Affen. Wenn die Affen dann satt sind und nichts mehr nehmen wollen, fangen deine Söhne an zu schimpfen und sagen: „Die Milch, die Butter und auch der Joghurt sind wertlos – nicht einmal die Affen wollen davon nehmen." Dann zerbrechen Sie die Töpfe und werfen sie durcheinander. Und selbst wenn wir unsere Butter, den Joghurt und die Milch an einem versteckten, dunklen Ort aufbewahren, finden Kṛṣṇa und Balarāma unsere Vorräte, da der Schmuck und die Juwelen, die Sie tragen, einen leuchtenden Schimmer verbreiten. Sollten Sie aber zufällig einmal die versteckte Butter und den Joghurt nicht finden, gehen Sie zu unseren kleinen Kindern und zwicken sie, bis sie zu weinen beginnen, woraufhin Sich die beiden schnell aus dem Staub machen. Selbst wenn wir unsere Butter- und Joghurtvorräte aus Angst vor diesen ungezogenen Jungen hoch unter der Zimmerdecke auf eine Schaukel stellen, so dass sie sich außerhalb Ihrer Reichweite befinden, gelingt es Ihnen dennoch, an diese Vorräte heranzukommen, indem Sie Kisten auf einem umgestülpten Mörser aufeinanderstapeln. Und wenn Sie die Butter einmal nicht erreichen können, machen Sie ein Loch in den Topf. Wir möchten dich daher bitten, deinen Kindern den Juwelenschmuck abzunehmen."

Als Mutter Yaśodā diese Klagen hörte, sagte sie: „Gut, ich werde Kṛṣṇa allen Schmuck wegnehmen, so dass Er in der Dunkelheit die versteckte Butter nicht mehr finden kann." Doch die *gopīs* erwiderten schnell: „O nein, tu nur das nicht! Es würde sowieso nichts nützen, wenn du Ihnen den Schmuck wegnimmst, wir wissen nicht, was es mit diesen Jungen auf sich hat, aber auch ohne Schmuck geht ein Leuchten von Ihnen aus, so dass Sie sogar in der Dunkelheit alles sehen können."

Mutter Yaśodā sagte daraufhin zu den *gopīs*: „Ihr müsst in Zukunft eure Butter und euren Joghurt besser verstecken, so dass die Jungen eure Vorräte nicht erreichen können." Doch die *gopīs* entgegneten: „Das tun wir schon seit langem, aber weil wir auch unseren Haushaltspflichten nachgehen müssen, gelingt es diesen ungezogenen Jungen immer wieder, Sich unbemerkt ins Haus zu schleichen und Unordnung zu stiften. Und wenn es Ihnen einmal nicht gelingt, unsere Butter und unseren Joghurt zu entwenden, urinieren oder spucken Sie aus Zorn auf den sauberen Fußboden. Sieh dir nur einmal deinen Kṛṣṇa an – Er weiß genau, wovon wir sprechen. Den ganzen Tag heckt Kṛṣṇa Pläne aus, wie Er an unsere Butter und unseren Joghurt herankommen kann, und da sitzt Er nun wie ein artiger Junge. Sieh nur einmal Kṛṣṇas Gesicht an." Als Mutter Yaśodā all diese Klagen hörte, überlegte sie, wie sie Kṛṣṇa bestrafen könnte, doch als sie Sein reuiges Gesicht sah, musste sie lächeln und vergaß ihr Vorhaben.

Ein anderes Mal, als Kṛṣṇa und Balarāma mit Ihren Freunden spielten, taten sich alle Jungen mit Balarāma zusammen und erzählten Mutter Yaśodā, Kṛṣṇa habe Lehm gegessen. Als Mutter Yaśodā dies hörte, nahm sie Kṛṣṇa sofort bei der Hand und sagte zu Ihm: „Mein lieber Kṛṣṇa, warum hast Du heimlich Erde gegessen? Sieh doch nur, alle Deine Freunde, selbst Balarāma, beklagen sich schon über Dich." Weil Sich Kṛṣṇa vor Seiner Mutter fürchtete, antwortete Er: „Meine liebe Mutter, diese Jungen und auch Mein älterer Bruder Balarāma verbreiten Lügen über Mich. Ich habe nie irgendwelchen Lehm gegessen. Als wir heute zusammen spielten, wurde Balarāma zornig auf Mich, und deshalb hat Er Sich mit den anderen verbündet, um Sich bei dir über Mich zu beklagen. Sie stecken alle unter einer Decke. Sie wollen Mich bei dir anschwärzen und hoffen, dass du zornig wirst und Mich bestrafst. Wenn du glaubst, dass sie die Wahrheit sagen, dann schau in Meinen Mund und sieh nach, ob Ich Lehm gegessen habe oder nicht." „Gut", erwiderte Mutter Yaśodā, „wenn Du wirklich keinen Lehm gegessen hast, dann öffne Deinen Mund – ich werde es ja sehen."

Als die Höchste Persönlichkeit Gottes, Kṛṣṇa, von Seiner Mutter diesen Befehl bekam, öffnete Er wie ein gewöhnlicher Junge gehorsam Seinen Mund, und da sah Mutter Yaśodā die gesamte Fülle der Schöpfung. Sie sah die grenzenlosen Dimensionen des Weltraums, alle Berge, Inseln, Meere, Ozeane, Planeten sowie die Luft, das Feuer, den Mond und die Sterne. Zusammen mit dem Mond und den Sternen sah sie auch alle Elemente, das Wasser, den Himmel, den alldurchdringenden Äther, das gesamte Ich und seine Erzeugnisse, nämlich die Sinne und die Beherrscher der Sinne, alle Halbgötter sowie die Objekte der Sinne, wie Klang und Geruch. Ebenso sah sie in Kṛṣṇas Mund die drei Erscheinungsweisen der materiellen Natur, alle Lebewesen, die ewige Zeit, die materielle und die spirituelle Natur, Aktivität, Bewusstsein und die verschiedenen Zustände der gesamten Schöpfung. Yaśodā sah im Munde ihres Kindes alles, was zur kosmischen Manifestation gehört. Sie sah sogar sich selbst, wie sie Kṛṣṇa auf ihren Schoß nahm und Ihm die Brust gab. Als sie all dies erblickte, wurde sie von Ehrfurcht ergriffen und fragte sich, ob sie träume oder ob sie tatsächlich Zeuge eines außergewöhnlichen Schauspiels sei. Sie kam zu dem Schluss, sie müsse entweder träumen oder dem Spiel der illusionierenden Energie der Höchsten Persönlichkeit Gottes zusehen. Sie war verwirrt und glaubte, sie müsse den Verstand verloren haben, da sie solch seltsame Erscheinungen sehe. „Vielleicht hat all dies seine Ursache in der kosmischen mystischen Kraft meines Kindes", dachte sie bei sich. „Vielleicht sehe ich deshalb solche Visionen in Seinem Mund. Ich erweise nun meine achtungsvollen Ehrerbietungen der Höchsten Persönlichkeit Gottes, die Sich jenseits der Ausdrucksformen von Bewusstsein, Geist, Tätigkeit und philosophischer Spekulation befindet und deren unterschiedliche Energien alles Manifestierte und Unmanifestierte erzeugen.

Unter Seiner Energie entstehen die Vorstellungen vom körperlichen Selbst und der eigenen körperlichen Besitztümer." Sie fuhr fort: „Ich erweise dem Herrn meine demütigen Ehrerbietungen, unter dessen illusionierender Energie ich glaube, Nanda Mahārāja wäre mein Ehemann, Kṛṣṇa mein Sohn, all das, was Nanda Mahārāja gehört, wäre auch mein Besitz, und alle Kuhhirten und ihre Frauen wären meine Untergebenen. All diese falschen Vorstellungen haben ihre Ursache in der illusionierenden Energie des Höchsten Herrn. Deshalb bete ich zu Ihm, dass Er mich immer beschütze.

Während Mutter Yaśodā über solch erhabene philosophische Gedanken nachsann, erweiterte Śrī Kṛṣṇa Seine innere Energie erneut, um ihr diese Sicht mit dem Gefühl mütterlicher Zuneigung zu bedecken. Augenblicklich vergaß Mutter Yaśodā alle philosophische Spekulation und hielt Kṛṣṇa wieder für ihr Kind. Sie nahm Ihn auf den Schoß und wurde von mütterlicher Zuneigung überwältigt. Dadurch hielt sie die Höchste Persönlichkeit Gottes – die verstanden werden kann, indem man sich das Wissen aus den Upaniṣaden und dem *Vedānta-sūtra* aneignet sowie auch durch das mystische Yoga-System und dem Studium der *sāṅkhya*-Philosophie – wieder für ihr eigenes Kind.

Um die Absolute Wahrheit, die Höchste Persönlichkeit Gottes, als Sohn zu bekommen und Ihn mit der eigenen Milch stillen zu dürfen, muss Mutter Yaśodā in ihren früheren Leben unzählige fromme Tätigkeiten ausgeführt haben. Ebenso steht es außer Frage, dass auch Nanda Mahārāja viele große Opfer dargebracht und fromme Tätigkeiten ausgeführt hatte, denn Śrī Kṛṣṇa erschien als sein Sohn und nannte ihn „Vater". Doch es ist überraschend, dass nicht auch Vasudeva und Devakī an der transzendentalen Glückseligkeit der Kindheitsspiele Kṛṣṇas teilhaben konnten, obwohl Kṛṣṇa eigentlich ihr Sohn war. Die Kindheitsspiele Kṛṣṇas werden selbst heute noch von vielen Weisen und Heiligen verherrlicht, doch Vasudeva und Devakī konnten sich nicht persönlich an diesen Spielen Kṛṣṇas erfreuen. Der Grund dafür wurde von Śukadeva Gosvāmī gegenüber Mahārāja Parīkṣit wie folgt erklärt.

Als der beste der Vasus mit Namen Droṇa zusammen mit seiner Frau Dharā von Brahmā angewiesen wurde, die Bevölkerung zu vermehren, sagte Droṇa: „Lieber Vater, wir bitten um eine Segnung von dir. Möge der Höchste Herr, Śrī Kṛṣṇa, wenn wir das nächste Mal in diesem Universum geboren werden, in Seiner bezauberndsten Form, der Form als Kind, erscheinen, um unsere ganze Aufmerksamkeit auf Sich zu ziehen. Möge unsere Beziehung zu Kṛṣṇa so stark sein, dass jeder, der einfach nur darüber hört, wie Kṛṣṇa Seine Kindheitsspiele vollführt, sofort die Befähigung erlangt, die Unwissenheit von Geburt und Tod zu überwinden." So erklärte sich Brahmā bereit, ihnen diese Segnung zu erteilen, woraufhin Droṇa als Nanda Mahārāja in Vṛndāvana erschien und Dharā als Mutter Yaśodā, die Frau Nanda Mahārājas.

Auf diese Weise konnten Nanda Mahārāja und seine Frau, Mutter Yaśodā, ihre reine Hingabe zur Höchsten Persönlichkeit Gottes entwickeln, da sie Ihn als ihren Sohn bekamen, und alle *gopīs* und Kuhhirten, die mit Kṛṣṇa zusammen sein durften, entwickelten ganz natürlich ihre verschiedenen liebevollen Beziehungen zu Ihm.

So erschien Śrī Kṛṣṇa, die Höchste Persönlichkeit Gottes, zusammen mit Seiner vollständigen Erweiterung, Balarāma, in Vṛndāvana, nur um Brahmās Segnung wahr werden zu lassen. Er vollführte in Seiner Kindheit die verschiedensten Spiele und steigerte dadurch die transzendentale Freude aller Bewohner von Vṛndāvana.

Hiermit enden die Bhaktivedanta-Erläuterungen zum 8. Kapitel des Kṛṣṇa-Buches mit dem Titel „Die Offenbarung der universalen Form".

KAPITEL 9

Mutter Yaśodā bindet Śrī Kṛṣṇa

Als Mutter Yaśodā einmal sah, dass ihre Dienerin im Haushalt mit verschiedenen Arbeiten beschäftigt war, übernahm sie selbst das Buttern. Während sie mit dem Quirlholz Butter kirnte, sang sie Lieder über Kṛṣṇas Kindheitsspiele und dachte voller Freude an ihren Sohn.

Sie hatte sich das Oberteil ihres Saris eng um den Körper geschlungen. Weil sie so sehr in liebevolle Gedanken an ihren Sohn versunken war, tropfte Milch aus ihren Brüsten, die sich hin und her bewegten, da sie angestrengt mit beiden Händen quirlte. Die Schmuckringe und Reife an ihren Handgelenken ließen ein helles Klingeln ertönen, und ihre Ohrringe tanzten im Rhythmus ihrer Brüste. Schweiß trat ihr ins Gesicht, und Blumen fielen aus der Girlande, die sie auf ihrem Haar trug. In dieser malerischen Szene erschien Śrī Kṛṣṇa als Kind. Er war hungrig, und um die Liebe Seiner Mutter zu steigern, wollte Er ihr eine Gelegenheit zum Ausruhen geben. Er gab ihr also zu verstehen, dass es ihre erste Pflicht sei, Ihn zu stillen, und dass sie später weiterbuttern könne.

Mutter Yaśodā nahm ihren kleinen Sohn auf den Schoß und gab ihm die Brust. Während Kṛṣṇa ihre Milch trank, lächelte sie glücklich und freute sich an der Schönheit Seines kindlichen Gesichtes. Plötzlich bemerkte sie, dass die Milch auf dem Herd überkochte. Um zu verhindern, dass die Milch verlorenging, setzte sie Kṛṣṇa schnell beiseite und lief ins Haus. Als Kṛṣṇa von Seiner Mutter einfach so auf den Boden gesetzt und allein gelassen wurde, regte sich heftiger Zorn in Ihm, und Seine Lippen und Seine Augen röteten sich. Er presste Seine Zähne und Lippen zusammen, hob einen Stein vom Boden auf und warf ihn flink gegen den Buttertopf, der in Stücke brach. Dann nahm Er Sich etwas Butter heraus und rannte mit falschen Tränen in den Augen in ein Versteck, um Sich die Butter schmecken zu lassen.

Nachdem Mutter Yaśodā den Milchtopf vom Herd genommen hatte, kehrte sie an die Stelle zurück, wo sie Kṛṣṇa zurückgelassen hatte. Als sie den zerbrochenen Buttertopf sah und ihren Jungen nirgendwo finden konnte, wusste sie sogleich, dass dies alles Kṛṣṇas Werk war. Mit einem Lächeln sagte sie zu sich: „Dieser Schlingel! Nachdem Er den Topf zerbrochen hatte, ist Er fortgelaufen, weil Er Sich vor der Strafe fürchtet." Nachdem Mutter Yaśodā überall vergeblich nach Kṛṣṇa gesucht hatte, entdeckte sie Ihn plötzlich, wie Er auf einem umgestülpten hölzernen Mörser saß. Er war gerade dabei, Butter, die in einem Topf an einer Schaukel von der Decke hing, an die Affen zu verfüttern. Sie sah, wie Kṛṣṇa ständig ängstliche Blicke um Sich warf, denn Er war Sich durchaus Seiner Missetat bewusst. Nachdem Mutter Yaśodā kurz innegehalten hatte, um sich dies alles anzuschauen, ging sie mit leisen Schritten von hinten her auf Kṛṣṇa zu. Kṛṣṇa jedoch bemerkte sofort, wie sie mit einem Stock in der Hand auf Ihn zukam, und schnell sprang Er vom Mörser herunter und floh voller Furcht.

Mutter Yaśodā lief Kṛṣṇa überallhin nach und versuchte, die Höchste Persönlichkeit Gottes zu fangen, der sich nicht einmal die großen Yogis durch ihre Meditation nähern können. Mit anderen Worten, die Höchste Persönlichkeit Gottes, Kṛṣṇa, der nicht einmal von den größten Yogis und spekulierenden Philosophen eingefangen werden kann, spielte die

Rolle eines kleinen Kindes, um eine große Gottgeweihte wie Mutter Yaśodā zu erfreuen. Für Mutter Yaśodā war es nicht leicht, das flinke Kind einzuholen, denn sie hatte eine schmale Taille und einen schweren Körper. Dennoch versuchte sie, Ihm so schnell wie möglich zu folgen. Ihr Haar löste sich dabei, und die Blumen, die ihr Haar schmückten, fielen zu Boden. Obwohl sich Mutter Yaśodā sehr erschöpft fühlte, gelang es ihr letzten Endes, den ungezogenen Kṛṣṇa irgendwie einzufangen. Als nun Mutter Yaśodā Kṛṣṇa festhielt, begann Er fast zu weinen. Er rieb Sich die Augen, die mit schwarzer Tusche bemalt waren, und als Er das Gesicht Seiner Mutter über Sich erblickte, begannen sich Seine Augen vor Furcht hin und her zu bewegen.

Mutter Yaśodā sah, dass Sich Kṛṣṇa unnötig vor ihr fürchtete, und im Interesse Seines Wohles wollte sie Ihm alle Furcht nehmen. Da sie nur das Beste für ihr Kind wollte, sagte sie sich: „Wenn Sich das Kind zu sehr vor mir fürchtet, könnte dies schlechte Folgen haben", und so warf sie den Stock beiseite. Aber um Kṛṣṇa nicht ganz ungestraft zu lassen, dachte sie daran, Ihm mit ein paar Stricken die Hände zusammenzubinden. Sie war sich nicht bewusst, dass es ganz und gar unmöglich ist, die Höchste Persönlichkeit Gottes festzubinden, denn für sie war Kṛṣṇa einfach nur ihr kleiner Sohn. Sie wusste nicht, dass es für dieses Kind keine Begrenzungen gab. Für Kṛṣṇa gibt es weder Innen noch Außen, weder Anfang noch Ende. Er ist unbegrenzt und alldurchdringend. Die gesamte kosmische Manifestation ruht in Ihm, und zugleich ist Er Selbst die kosmische Manifestation. Aber Mutter Yasodā hielt Ihn dennoch für ihr Kind. Obgleich Er Sich weit jenseits der materiellen Sinneswahrnehmung befindet, versuchte sie, Ihn an dem Mörser festzubinden. Als sie nun daranging, Kṛṣṇa zu fesseln, stellte sie fest, dass der Strick um zwei Fingerbreit zu kurz war. Sogleich holte sie weitere Stricke und knotete sie zusammen, doch seltsamerweise fehlte immer noch die gleiche Länge. Auf diese Weise suchte sie alle Stricke zusammen, die sie finden konnte, doch als sie schließlich den letzten Knoten geknüpft hatte, musste sie feststellen, dass immer noch zwei Fingerbreit fehlten. Mutter Yasodā lächelte, doch sie war verwirrt. Wie konnte dies nur möglich sein? Nachdem Mutter Yaśodā eine Zeitlang vergeblich versucht hatte, ihren Sohn festzubinden, fühlte sie sich sehr ermattet. Sie schwitzte am ganzen Körper, und die Blumengirlande auf ihrem Kopf fiel zu Boden.

Schließlich war Śrī Kṛṣṇa mit ihrer angestrengten Bemühung zufrieden und erbarmte Sich ihrer; so ließ Er Sich fesseln. Kṛṣṇa, der in Mutter Yaśodās Haus die Rolle eines gewöhnlichen Kindes spielte, entfaltete Seine eigenen ausgewählten Spiele. Natürlich kann niemand die Höchste Persönlichkeit Gottes beherrschen. Der reine Gottgeweihte ergibt sich den Lotosfüßen des Herrn, der ihn ganz nach Belieben beschützen oder vernichten kann. Der Gottgeweihte seinerseits vergisst niemals, dass es seine Stellung ist, sich dem Höchsten Herrn hinzugeben. Ebenso erfährt auch der Herr transzendentale Freude, wenn Er Sich Seinem Geweihten unterordnet, um Sich von ihm beschützen zu lassen. Kṛṣṇa gab dafür ein wunderbares Beispiel, als Er Sich Yaśodā, Seiner Mutter, ergab.

Kṛṣṇa gewährt Seinen Geweihten jede Art der Befreiung, doch die Segnung, die Er Mutter Yaśodā gab, wurde nicht einmal Brahmā, Śiva oder der Glücksgöttin zuteil. Der Herr, die Höchste Persönlichkeit Gottes, der als der Sohn Mutter Yaśodās und Nanda Mahārājas bekannt ist, kann von den Yogīs und den spekulierenden Philosophen niemals in dieser vollkommenen Weise erkannt werden. Diese können auch niemals erkennen, dass Er die höchste Quelle aller Freude ist. Doch Seine Geweihten haben sehr leicht Zugang zu Ihm.

Nachdem Mutter Yaśodā ihren Sohn festgebunden hatte, widmete sie sich wieder ihren Haushaltspflichten. Als Sich Kṛṣṇa, der nun an den hölzernen Mörser gebunden war, umsah, fielen Ihm zwei *arjuna*-Bäume auf. Śrī Kṛṣṇa, die höchste Quelle aller Freude, dachte bei Sich: „Meine Mutter hat Mich von ihrem Schoß weggesetzt, ohne Mir genügend Milch zu geben, weshalb Ich den Buttertopf zerbrach und den Inhalt an die Affen verteilte. Nun hat sie Mich an einen hölzernen Mörser gebunden. Diesmal werde Ich Mir einen noch größeren Streich erlauben." Und somit fasste Er den Entschluss, die beiden großen *arjuna*-Bäume umzureißen.

Mit diesen beiden Bäumen ist eine Geschichte verbunden. In ihrem vorherigen Leben waren sie Nalakūvara und Maṇigrīva gewesen, die Söhne des Halbgottes Kuvera. Sie waren von dem großen Weisen Nārada Muni verflucht worden, um die höchste Segnung erhalten zu können – nämlich Śrī Kṛṣṇa mit eigenen Augen zu sehen –, und so warf nun der Herr, zu ihrem großen Glück, Seinen Blick auf sie. Dieser Segensfluch war über Nalakūvara und Maṇigrīva ausgesprochen worden, weil sie sich berauschten und alle Anstandsregeln vergaßen. Diese Geschichte wird im nächsten Kapitel erzählt.

Hiermit enden die Bhaktivedanta-Erläuterungen zum 9. Kapitel des Kṛṣṇa-Buches mit dem Titel „Mutter Yaśodā bindet Śrī Kṛṣṇa".

KAPITEL 10

Die Befreiung Nalakūvaras und Maṇigrīvas

Diese Geschichte erzählt, wie durch den segensreichen Wunsch des großen Weisen Nārada Nalakūvara und Maṇigrīva verflucht und schließlich von Kṛṣṇa befreit wurden.

Die beiden großen Halbgötter Nalakūvara und Maṇigrīva waren die Söhne des Schatzmeisters der Halbgötter, Kuvera, der ein großer Geweihter Śivas war. Durch die Gnade Śivas kannte Kuveras Reichtum keine Grenzen. Wie die Söhne eines gewöhnlichen reichen Mannes oft Wein und Frauen zum Opfer fallen, so verfielen auch die Söhne Kuveras dem Wein und der Geschlechtslust. Als sich die beiden Halbgötter wieder einmal vergnügen wollten, betraten sie die Gärten Śivas, die in der Provinz Kailāsa an den Ufern des Mandākinī-Ganges liegen. Dort tranken sie übermäßig und lauschten dem Gesang der schönen Mädchen, die ihnen in diesen duftenden Blumengärten Gesellschaft leisteten.

Danach stiegen die beiden Brüder, die bereits betrunken waren, in das Wasser des Ganges, wo unzählige Lotosblumen schwammen, und erfreuten sich dort der Gemeinschaft dieser jungen Mädchen, genauso wie ein Elefantenbulle im Wasser die Gemeinschaft von Elefantenkühen genießt.

Während sie sich auf diese Weise im Wasser vergnügten, kam unvermittelt der große Weise Nārada des Weges. Er erkannte sogleich, dass die beiden Halbgötter Nalakūvara und Maṇigrīva zu betrunken waren, um ihn zu bemerken. Die jungen Mädchen hingegen, die nicht so berauscht waren wie die beiden Halbgötter, wurden sofort von Scham erfüllt, als sie nackt vor dem großen Weisen Nārada standen und bedeckten hastig ihre Blöße. Die beiden Söhne Kuveras jedoch waren so betrunken, dass sie der Gegenwart des Weisen Nārada nicht gewahr wurden und ihren Körper nicht bedeckten. Als Nārada sah, auf welch tiefe Stufe die beiden Halbgötter in ihrer Trunkenheit gefallen waren, wollte er ihnen helfen, und so schenkte er ihnen seine grundlose Barmherzigkeit, indem er sie verfluchte.

Weil der große Weise Mitleid mit ihnen hatte, wollte er ihrem falschen Genuss in Form von Berauschung und jungen Frauen ein Ende bereiten und ihnen die Möglichkeit geben, Śrī Kṛṣṇa von Angesicht zu Angesicht zu sehen. So entschloss sich Nārada, sie zu verfluchen, wobei er folgende Überlegung anstellte. Das Hingezogensein zu materieller Sinnesfreude ist dem zunehmenden Einfluss der Erscheinungsweise der Leidenschaft zuzurechnen. Menschen, die in der materiellen Welt Reichtum erlangen, werden im Allgemeinen das Opfer dreier Dinge: Berauschung, Sexualität und Glücksspiel. Und wenn der Reichtum sie hochmütig gemacht hat, werden sie dazu noch so herzlos, dass sie Tiere töten und Schlachthöfe errichten. Von sich selbst aber glauben sie, sie müssten niemals sterben. Solche Toren, die das Gesetz der Natur nicht wahrhaben wollen, sind blind in ihren eigenen Körper verliebt. Sie vergessen, dass jeder materielle Körper – selbst wenn er so hoch entwickelt ist wie der eines Halbgottes – letzten Endes zu Asche oder Kot verwandelt wird. Und zu Lebzeiten ist der Körper, ganz gleich wie schön er auch von außen erscheinen mag, mit Kot, Urin und verschiedenartigen Würmern angefüllt. Weil die Menschen wegen äußerlicher Unterschiede neidisch und gewalttätig sind, können sie nicht begreifen, was das endgültige Ziel des Lebens ist. Ohne dieses zu kennen, fallen sie für gewöhnlich in höllische Lebensbedingungen hinab. In ihrem nächsten Leben begehen diese verblendeten Narren alle nur erdenklichen Sünden, da sie den vergänglichen Körper genießen wollen. Sie sind nicht einmal imstande, darüber nachzudenken, ob er eigentlich ihnen gehört oder jemand anderem. Man sagt im Allgemeinen, der Körper gehöre demjenigen, der ihn ernährt. Es stellt sich also die Frage, ob der Körper einem persönlich gehört oder dem Meister, dem man mit dem Körper dient. Ein Sklavenhalter erhebt vollen Besitzanspruch auf die Körper der Sklaven, weil er die Sklaven ernährt. Man muss sich demnach auch fragen, ob der Körper dem Vater gehört, der den Samen gegeben hat, oder der Mutter, die den Körper in ihrem Leib hat heranwachsen lassen.

Unwissende Menschen begehen so viele Sünden, weil sie sich fälschlicherweise mit dem materiellen Körper identifizieren. Man sollte jedoch intelligent genug sein zu verstehen, wem der Körper wirklich gehört. Ein törichter Mensch tötet ohne zu überlegen Tiere, um seinen Körper zu ernähren. Niemals kommt er auf den Gedanken, sich zu fragen, ob sein Körper tatsächlich ihm gehört oder ob sein Vater, seine Mutter oder gar sein Großvater mütterlicherseits der eigentliche Besitzer ist. Manchmal gibt ein Vater seine Tochter einem Mann zur Frau, weil dieser das Kind seiner Tochter als eigenen Sohn annehmen möchte. Der Körper kann auch einem Stärkeren gehören, der uns zwingt, für ihn zu arbeiten. Manchmal wird der Körper eines Sklaven unter der Voraussetzung verkauft, dass sein Körper zum Eigentum seines neuen Herrn wird. Am Ende des Lebens gehört der Körper dem Feuer, denn er wird auf einen Scheiterhaufen gelegt und zu Asche verbrannt. Oder es kann auch sein, dass der Körper auf die Straße geworfen wird, wo sich Hunde und Geier über ihn hermachen.

Bevor man viele Sünden auf sich lädt, um seinen Körper zu erhalten, sollte man sich darüber im Klaren sein, wem der Körper nun eigentlich gehört. Der Körper ist ein Produkt der materiellen Natur und geht am Ende wieder in die materielle Natur ein – deshalb lautet die Schlussfolgerung, dass der Körper der materiellen Natur gehört. Man sollte nicht irrtümlich glauben, der Körper gehöre einem selbst. Warum sollte man dann, um einen trügerischen Besitz aufrechtzuerhalten, andere töten? Warum sollte man unschuldige Tiere töten, um den Körper mit Nahrung zu versorgen? Wenn ein Mensch aufgrund seines Reichtums stolz wird, kümmert er sich nicht mehr um moralische Gesetze, sondern beschäftigt sich mit Wein, Frauen und dem Schlachten von Tieren. In dieser Hinsicht ist es oft besser, in armen Verhältnissen zu leben, denn einem armen Menschen fällt es nicht schwer, sich in die Lage anderer zu versetzen. Ein armer Mensch hat im Allgemeinen niemals den Wunsch, anderen Leid zuzufügen, denn er weiß aus eigener Erfahrung, wie schmerzvoll es ist, wenn einem andere Leid zufügen. Aufgrund all dieser Erwägungen entschied der große Weise Nārada, dass es das beste sei, die beiden Halbgötter Nalakūvara und Maṇigrīva, die so sehr von Stolz und Eitelkeit gefangen waren, in eine Lebensform zu versetzen, in der sie nicht den geringsten Reichtum besäßen.

Ein Mensch, der sich an einer Nadel gestochen hat, möchte nicht, dass anderen dasselbe passiert. Ebenso wünscht auch ein feinfühliger Mensch, der ein Leben in Armut führt, nicht, dass andere unter solchen Bedingungen leben müssen. Im Allgemeinen kann man beobachten, dass ein Mensch, der ein Leben in Armut verbracht hat und dann reich wird, am Ende seines Lebens eine Wohlfahrtseinrichtung oder etwas Ähnliches ins Leben ruft, um den Armen zu helfen. Kurz gesagt, ein mitleidiger armer Mensch hat viel Verständnis für die Freuden und Leiden anderer. Ein Armer ist selten hochmütig, sondern meistens frei von solchen Verblendungen. Er ist mit dem zufrieden, was er durch die Gnade des Herrn für seinen Lebensunterhalt bekommt.

Es ist eine Art von Entsagung, ein Leben in Armut zu führen. Die Prinzipien der vedischen Kultur sehen deshalb vor, dass sich die *brāhmaṇas* auf eine bescheidene Lebensweise beschränken, damit sie nicht ein Opfer des falschen Stolzes werden, den materieller Reichtum mit sich bringt. Eitelkeit aufgrund von materiellem Wohlstand ist ein großes Hindernis auf dem Weg zur spirituellen Befreiung. Ein Mensch in ärmlichen Lebensverhältnissen kann nicht durch übermäßiges Essen fett werden, weil er es sich nicht leisten kann, mehr zu essen, als er braucht. Somit sind seine Sinne nicht erregt, und weil die Sinne nicht erregt sind, wird er niemals gewalttätig.

Ein anderer Vorteil der Armut besteht darin, dass eine heilige Persönlichkeit ohne Weiteres in das Haus eines armen Mannes eintreten kann – und somit bietet sich diesem Menschen die Gelegenheit, aus der Gemeinschaft mit einem Heiligen einen großen Nutzen zu ziehen. Ein reicher Mann hingegen erlaubt niemandem, sein Haus zu betreten, und so finden auch heilige Persönlichkeiten bei ihm keinen Zutritt. Nach vedischem Brauch nehmen die Heiligen die Position von Bettelmönchen ein, um so unter dem Vorwand, etwas von den Haushältern erbetteln zu wollen, in jedes Haus eintreten zu können. Die Haushälter, die für gewöhnlich völlig vergessen haben, wie sie spirituellen Fortschritt erlangen können, weil sie zu sehr in Familienangelegenheiten verstrickt sind, können aus dem Zusammentreffen mit einem Heiligen großen Nutzen ziehen. Es ist sogar möglich, dass solch ein bescheiden lebender Mensch durch diese Gemeinschaft mit einem Heiligen Befreiung erlangt. Was nützen den Menschen ihre materiellen Güter und ihr Ansehen, worauf sie so stolz sind, wenn sie nicht die Gemeinschaft von Heiligen und Gottgeweihten bekommen? Der große Weise Nārada hielt es daher für seine Pflicht, die beiden Halbgötter in einen Lebensumstand zu versetzen, in dem sie nicht fälschlich auf Reichtum und Ansehen stolz sein konnten. Nārada hatte großes Mitleid mit ihnen und wollte sie aus ihrem gefallenen Zustand erretten. Sie befanden sich in der Erscheinungsweise der Dunkelheit, und weil sie deshalb nicht in der Lage waren, ihre Sinne zu beherrschen, waren sie der sexuellen Begierde zum Opfer gefallen. Es war die Pflicht eines Heiligen wie Nārada, sie aus ihrem abscheulichen Lebenszustand zu befreien. Einem Tier macht es nichts aus, nackt zu sein, denn es ist sich darüber nicht bewusst, doch Nalakūvara und Maṇigrīva waren die Söhne Kuveras, des Schatzmeisters der Halbgötter, der ein sehr verantwortungsbewusster Mann war. Dennoch waren sie so tierisch und verantwortungslos geworden, dass es ihnen in ihrer Trunkenheit gleichgültig war, nackt zu sein. Es ist ein Prinzip menschlicher Zivilisation, den unteren Teil des Körpers zu bedecken, und wenn Männer oder Frauen dieses Prinzip außer Acht lassen, fallen sie auf die Stufe des tierischen Daseins. Nārada hielt es daher für die beste Strafe, die beiden Halbgötter in unbewegliche Lebewesen, und zwar in Bäume, zu verwandeln. Das Gesetz der Natur verbietet es den Bäumen, sich zu bewegen. Obwohl sie völlig von der Erscheinungsweise der Unwissenheit bedeckt sind, können sie keinen Schaden anrichten. Der große Weise Nārada hielt es daher für das Beste, die beiden Brüder in solcher Weise zu bestrafen, dass sie zwar zu Bäumen würden, sich aber durch seine Barmherzigkeit weiterhin an ihr früheres Leben erinnern und so verstehen könnten, warum sie bestraft worden waren. Nachdem ein Lebewesen seinen Körper verlassen hat, vergisst es im Allgemeinen sein früheres Leben, doch in einigen Fällen, wie zum Beispiel im Falle Nalakūvaras und Maṇigrīvas, vermag es sich durch die Barmherzigkeit des Herrn an sein vorheriges Leben zu erinnern.

Nārada Muni fasste also den Entschluss, die beiden Brüder für 100 Jahre – nach der Zeitrechnung der Halbgötter – in Bäume zu verwandeln, und gab ihnen die Segnung, dass sie nach Ablauf dieser Zeit das Glück haben sollten, den Herrn, die Höchste Persönlichkeit Gottes, dank Seiner grundlosen Barmherzigkeit von Angesicht zu Angesicht zu sehen. Auf diese Weise sollten sie wieder das Leben von Halbgöttern erreichen und zu großen Geweihten des Herrn werden.

Danach kehrte der große Weise Nārada zu seinem Aufenthaltsort zurück, der als Nārāyaṇāśrama bekannt ist, und die beiden Halbgötter nahmen die Gestalt der Zwillings-*arjuna*-Bäume an. Durch die grundlose Barmherzigkeit Nāradas wurde den beiden Halbgöttern die Möglichkeit gegeben, im Hof von Nanda Mahārāja zu wachsen und Śrī Kṛṣṇa mit eigenen Augen zu sehen. Obwohl der kleine Kṛṣṇa an dem hölzernen Mörser festgebunden war, gelang es Ihm, Sich auf die beiden Bäume zuzubewegen, denn Er wollte die Prophezeiung Seines großen Geweihten Nārada erfüllen. Śrī Kṛṣṇa wusste, dass die beiden *arjuna*-Bäume vor Ihm in Wirklichkeit die Söhne Kuveras waren, und Er dachte bei Sich: „Ich muss nun die Worte Meines großen Geweihten Nārada in Erfüllung gehen lassen." Kṛṣṇa kroch also langsam zwischen den beiden Bäumen hindurch. Für Ihn Selbst war der Zwischenraum zwar groß genug, doch der hölzerne Mörser war zu breit und blieb stecken. Śrī Krsna nutzte die Gelegenheit und zog mit großer Kraft an dem Seil, mit dem Er am Mörser festgebunden war. Sobald er daran zu ziehen begann, stürzten die beiden Bäume samt all ihrer Äste und Zweige mit lautem Krachen zu Boden. Aus den umgerissenen Bäumen kamen zwei wie loderndes Feuer leuchtende Gestalten hervor. Die ganze Umgebung wurde durch die Ausstrahlung, die von ihren Körpern ausging, in ein helles Licht getaucht. Die beiden geläuterten Gestalten traten vor den kleinen Kṛṣṇa, verneigten sich mit großer Ehrfurcht vor Ihm und brachten Ihm ihre Gebete dar.

„Lieber Śrī Kṛṣṇa, Du bist die ursprüngliche Persönlichkeit Gottes, der Herr über alle mystischen Kräfte. Die gelehrten *brāhmaṇas* wissen, dass die kosmische Manifestation eine Erweiterung Deiner Energie ist, die manchmal manifestiert und ein anderes Mal unmanifestiert ist. Von Dir stammen ursprünglich die Lebenskraft, die Körper und die Sinne aller Lebewesen. Du bist der ewige Gott, Śrī Viṣṇu, der alldurchdringende, unvergängliche Herrscher über alles und die ewige Zeit. Du bist der ursprüngliche Quell der kosmischen Manifestation, die unter dem Bann der drei Erscheinungsweisen der materiellen Natur – Tugend, Leidenschaft und Unwissenheit – aktiv ist. Du bist als Überseele in allen Lebewesen gegenwärtig und Du weißt, was in ihrem Körper und ihrem Geist vor sich geht. Deshalb bist Du der höchste Lenker all ihrer Handlungen. Obgleich Du mitten in der gesamten Existenz weilst, die unter dem Bann der Erscheinungsweisen der materiellen Natur steht, wirst Du dennoch nicht von diesen verunreinigten Eigenschaften berührt. Niemand, der sich im Einflussbereich der Erscheinungsweisen befindet, kann Deine transzendentalen Eigenschaften verstehen, die bereits vor der Schöpfung existierten. Deshalb wirst Du auch die Höchste Transzendenz genannt. Daher bringen wir Dir, Śrī Vāsudeva, dem Höchsten Brahman, der immer von Seinen persönlichen inneren Energien verherrlicht wird, zu Deinen Lotosfüßen unsere achtungsvollen Ehrerbietungen dar.

In der materiellen Welt gibst Du Dich nur durch Deine verschiedenen Inkarnationen zu erkennen. Du nimmst viele verschiedene Körper an, doch sie gehören nicht zur materiellen Schöpfung. Sie sind immer vollkommen in ihrer transzendentalen Fülle, das heißt, sie besitzen unbegrenzten Reichtum, unbegrenzte Kraft, unbegrenzte Schönheit, unbegrenzten Ruhm, unbegrenzte Weisheit und unbegrenzte Entsagung. Im materiellen Dasein besteht ein Unterschied zwischen dem Körper und dem Besitzer des Körpers, aber weil Du in Deinem ursprünglichen spirituellen Körper erscheinst, gibt es für Dich keinen solchen Unterschied. Wenn Du erscheinst, weisen Deine ungewöhnlichen Taten darauf hin, dass Du die Höchste Persönlichkeit Gottes bist. Niemand in der materiellen Welt kann Deine transzendentalen Taten und Spiele nachahmen. Du bist genau diese Höchste Persönlichkeit Gottes, und Du bist nun erschienen – begleitet von all Deinen vollständigen Erweiterungen –, um Geburt und Tod der Lebewesen sowie auch deren Befreiung zu verursachen. Du kannst jedem Lebewesen alle nur erdenklichen Segnungen gewähren. O Herr, o Quell des Glücks und der Reinheit, wir bringen Dir unsere respektvollen Ehrerbietungen dar. Du bist die alldurchdringende Höchste Persönlichkeit Gottes, die höchste Quelle des Friedens und die höchste Persönlichkeit in der Dynastie König Yadus. O Herr, unser Vater, der Halbgott Kuvera, steht in Deinem Dienst, und auch der große Weise Nārada ist Dein Diener. Nur durch ihre Gnade sind wir jetzt in der Lage, Dich persönlich zu sehen. Wir bitten daher darum, dass wir immer in Deinem transzendentalen liebevollen Dienst beschäftigt sein dürfen, indem wir ausschließlich Deinen Ruhm preisen und von Deinen transzendentalen Taten hören. O Herr, mögen unsere Hände und unser ganzer Körper in Deinem Dienst beschäftigt sein, mögen all unsere Gedanken stets zu Deinen Lotosfüßen streben, und möge unser Haupt sich stets vor Deiner alldurchdringenden universalen Form verneigen."

Nachdem die Halbgötter Nalakūvara und Maṇigrīva ihre Gebete beendet hatten, lächelte das Kind, Śrī Kṛṣṇa, der Herr und Gebieter von Gokula, der immer noch an den hölzernen Mörser gebunden war, und sagte: „Ich wusste bereits, dass Mein großer Geweihter Nārada Muni seine grundlose Barmherzigkeit gezeigt hat, indem er euch vor eurem verächtlichen Stolz gerettet hat. Ihr wart verblendet, denn ihr hattet durch eure Geburt in einer Familie der Halbgötter außergewöhnliche Schönheit und unsagbaren Reichtum besessen. Er bewahrte euch davor, in die niedersten Zustände des höllischen Lebens hinabzugleiten. All diese Tatsachen sind Mir bereits bekannt. Ihr seid sehr vom Glück begünstigt, denn ihr wurdet nicht nur von ihm verflucht, sondern ihr bekamt auch die Möglichkeit, ihn zu sehen. Wenn eine bedingte Seele durch Zufall einem erhabenen Heiligen wie Nārada begegnet, der immer allen Lebewesen barmherzig gesinnt ist, dann erlangt diese Seele Befreiung. Die Anwesenheit eines solchen Heiligen ist wie das Licht der Sonne – nichts kann mehr im Dunkeln bleiben. Deshalb, o Nalakūvara und Maṇigrīva, ist euer Leben nun erfolgreich geworden, denn ihr habt ekstatische Liebe zu Mir entwickelt. Dies ist eure letzte Geburt in der materiellen Welt. Ihr könnt nun zur Residenz eures Vaters auf den himmlischen Planeten zurückkehren, und indem ihr Mir weiter in Hingabe dient, werdet ihr schon in diesem Leben befreit werden."

Nachdem die Halbgötter diese Worte vernommen hatten, umkreisten sie den Herrn viele Male und verneigten sich immer wieder vor

Ihm. Dann entfernten sie sich. Und der Herr blieb weiter an den Mörser gefesselt.

Hiermit enden die Bhaktivedanta-Erläuterungen zum 10. Kapitel des Kṛṣṇa-Buches mit dem Titel „Die Befreiung Nalakūvaras und Maṇigrīvas".

KAPITEL 11

Die Vernichtung der Dämonen Vatsāsura und Bakāsura

Als die beiden *arjuna*-Bäume mit lautem Krachen zu Boden stürzten, war es, als fielen zwei Blitze vom Himmel. Nanda Mahārāja und all die anderen Einwohner von Gokula liefen aufgeregt herbei, um festzustellen, was geschehen war. Sie waren sprachlos vor Staunen, als sie die umgestürzten Bäume sahen, und da sie sich nicht zu erklären wussten, wie die Bäume so plötzlich umfallen konnten, waren sie sehr verwirrt. Als sie den kleinen Kṛṣṇa bemerkten, der noch immer mit den Stricken Mutter Yaśodās gefesselt war, dachten sie, irgendein Dämon müsse die Ursache für diesen Vorfall gewesen sein. Wie sonst hätte etwas so Außergewöhnliches geschehen können? Gleichzeitig waren sie aber auch sehr besorgt, denn zu oft schon hatten sich in Kṛṣṇas Nähe solch seltsame Dinge ereignet. Während die Kuhhirten solche Betrachtungen anstellten, erzählten die Kinder, die in der Nähe gespielt hatten, wie

Kṛṣṇa die beiden Bäume mit dem hölzernen Mörser, an dem Er festgebunden war, umgerissen hatte. „Kṛṣṇa kroch zwischen den beiden Bäumen hindurch", erklärten sie, „und dabei wurde der hölzerne Mörser auf den Kopf gestellt und blieb stecken. Daraufhin zog Kṛṣṇa an den Stricken, so dass die Bäume umstürzten. Zwei leuchtende Männer kamen aus den Bäumen hervor und sie sprachen mit Kṛṣṇa."

Die meisten Kuhhirten schenkten den Worten der Kinder keinen Glauben. Sie konnten sich nicht vorstellen, dass so etwas möglich war. Einige Männer jedoch glaubten den Kindern und sagten zu Nanda Mahārāja: „Dein Sohn unterscheidet Sich von allen anderen Kindern. Es ist durchaus möglich, dass Kṛṣṇa dies getan hat." Nanda Mahārāja lächelte, als er von den außergewöhnlichen Fähigkeiten seines Sohnes hörte, und so löste er den Knoten der Stricke, die seinen wundervollen Sohn an den Mörser banden. Kaum war Kṛṣṇa frei, hoben Ihn die älteren *gopīs* sogleich auf den Arm und trugen Ihn in den Hof des Hauses, wo sie in die Hände klatschten und Seine ungewöhnlichen Taten rühmten. Kṛṣṇa klatschte dann genau wie jedes andere Kind ebenfalls in die Hände. Die Höchste Persönlichkeit Gottes, Śrī Kṛṣṇa, der völlig unter der Kontrolle der *gopīs* stand, begann zu singen und zu tanzen, als wäre Er eine Puppe in ihren Händen.

Manchmal bat Mutter Yaśodā Kṛṣṇa, ihr ein Brett zum Sitzen zu bringen. Obwohl das Brett eigentlich zu schwer war, um von einem Kind getragen zu werden, brachte es Kṛṣṇa trotzdem jedes Mal irgendwie fertig, das Brett zu Seiner Mutter zu schleppen. Oder manchmal bat Ihn Sein Vater, wenn er eine Verehrungszeremonie für Nārāyaṇa durchführte, ihm die Holzsandalen zu bringen, worauf Sich Kṛṣṇa unter großen Schwierigkeiten die Sandalen auf den Kopf stellte und sie Seinem Vater brachte. Wenn Er gebeten wurde, einen schweren Gegenstand hochzuheben, den Er nicht zu tragen vermochte, bewegte Er einfach nur hilflos Seine beiden Ärmchen hin und her. Auf diese Weise war Kṛṣṇa Tag für Tag, zu jedem Zeitpunkt, für Seine Eltern die unerschöpfliche Quelle höchster Freude. Der Herr entfaltete diese kindlichen Spiele mit den Einwohnern von Vṛndāvana, weil Er damit den großen Philosophen und Weisen, die nach der Absoluten Wahrheit forschen, zeigen wollte, wie die Höchste Absolute Wahrheit, die Persönlichkeit Gottes, von den Wünschen Seiner reinen Geweihten kontrolliert wird.

Eines Tages kam eine Obstverkäuferin vor Nanda Mahārājas Haus und rief: „Alle, die frische Früchte möchten, kommt bitte her zu mir!" Als Kṛṣṇa dies hörte, nahm Er sofort einige Getreidekörner in die Hand und lief zur Verkäuferin, um die Körner gegen Früchte einzutauschen. In jenen Tagen betrieb man Tauschhandel, und Kṛṣṇa hatte des Öfteren gesehen, wie Seine Eltern Getreide gegen Früchte und andere Dinge eintauschten, weswegen Er es ihnen nachmachte. Doch Seine Hände waren noch sehr klein, und Er achtete nicht darauf, die Getreidekörner fest zusammenzuhalten, weshalb die meisten davon zu Boden fielen. Die Frau, die gekommen war, um Früchte zu verkaufen, sah dies und war fasziniert von Kṛṣṇas Schönheit. Ohne zu zögern, nahm sie von Kṛṣṇa die letzten Getreidekörner an, die Er noch hatte, und füllte Ihm dafür die Hände mit Früchten. Als sie danach in den Korb schaute, in welchem sie ihre Früchte aufbewahrte, sah sie zu ihrem Erstaunen, dass der ganze Korb mit funkelnden Juwelen gefüllt war. Der Herr erteilt alle nur denkbaren Segnungen. Wenn jemand dem Herrn etwas gibt, verliert er niemals dabei, sondern gewinnt millionenfach.

Eines Tages spielte Śrī Kṛṣṇa, der Befreier der beiden *arjuna*-Bäume, zusammen mit Balarāma und anderen Spielgefährten am Ufer der Yamunā. Weil es schon fast Mittag war, ging Rohiṇī, die Mutter Balarāmas, zu Ihnen hinaus, um Sie nach Hause zu rufen. Aber Balarāma und Kṛṣṇa waren so sehr in das Spiel mit Ihren Freunden vertieft, dass Sie nicht zurückkehren wollten. So spielten Sie einfach weiter, und als Rohiṇī unverrichteter Dinge zurückkehren musste, schickte sie Mutter Yaśodā an die Yamunā hinunter, damit sie die Jungen abermals rief. Mutter Yaśodā liebte ihren Sohn so sehr, dass sich auf dem Weg ihre Brust mit Milch füllte. Sie rief laut: „Mein liebes Kind, komm bitte schnell nach Hause, die Zeit zum Essen ist bereits vorüber." Dann fuhr sie fort: „Lieber Kṛṣṇa, mein liebes, lotosäugiges Kind, bitte komm und nimm meine Brust. Du hast nun lange genug gespielt, mein Liebling, und Du bist bestimmt hungrig. Auch wirst Du vom langen Spielen müde geworden sein." Daraufhin wandte sie sich an Balarāma: „Mein lieber Rāma, o Ruhm Deiner Familie, mein liebes Kind, bitte komm zusammen mit Deinem jüngeren Bruder Kṛṣṇa sofort nach Hause. Ihr spielt schon seit dem frühen Morgen, und Ihr müsst daher sehr müde sein. Bitte kommt und nehmt Euer Mittagessen zu Euch. Euer Vater, Nandarāja, wartet bereits. Er möchte essen, und so bitte ich

Euch, unverzüglich nach Hause zu kommen, damit er nicht länger zu warten braucht."

Als Kṛṣṇa und Balarāma hörten, dass Nanda Mahārāja auf Sie wartete und nicht ohne Sie mit dem Essen beginnen wollte, schickten Sie Sich an, nach Hause zu gehen. Doch sogleich beklagten sich Ihre Spielgefährten: „Kṛṣṇa verlässt uns immer dann, wenn unser Spiel gerade am schönsten ist. Das nächste Mal werden wir Ihm nicht erlauben, einfach fortzugehen."

Kṛṣṇas Spielkameraden drohten, Ihn nicht wieder mitspielen zu lassen. Als Kṛṣṇa das hörte, wurde Er sehr ängstlich, und statt nach Hause zu gehen, gesellte Er Sich wieder zu den spielenden Jungen. Diesmal begann Mutter Yaśodā, die Kinder zu schelten, und sagte zu ihrem Sohn: „Mein lieber Kṛṣṇa, glaubst Du, dass Du ein Gassenjunge bist oder dass Du kein Zuhause hast? Bitte komm jetzt auf der Stelle nach Hause! Du spielst schon seit dem frühen Morgen und bist von oben bis unten mit Schmutz bedeckt. Komm jetzt endlich nach Hause und nimm Dein Bad. Außerdem wird heute Dein Geburtstag gefeiert. Du solltest daher den *brāhmanas* Kühe spenden. Siehst Du nicht, dass auch Deine Spielkameraden von ihren Müttern fein angezogen und geschmückt worden sind? Auch Du musst Dich waschen und Dir schöne Gewänder und Schmuckstücke anlegen. Bitte komm mit mir, nimm Dein Bad, und zieh frische Kleider an, dann kannst Du wieder spielen gehen."

Auf diese Weise rief Mutter Yasodā nach Śrī Kṛṣṇa und Śrī Balarāma, die von großen Halbgöttern wie Brahmā und Śiva verehrt werden. Mutter Yaśodā glaubte, Kṛṣṇa und Balarāma seien ihre Kinder.

Als Kṛṣṇa und Balarāma nach Hause kamen, badete Mutter Yaśodā Sie gründlich und schmückte Sie mit den schönsten Kleidern und Juwelen. Dann rief sie die *brāhmaṇas* herbei und ließ ihnen zur Feier des Tages von ihren Kindern viele Kühe schenken. Auf diese Weise feierte Mutter Yasodā Kṛṣṇas Geburtstag.

Kurze Zeit danach versammelten sich alle älteren Kuhhirten unter Nanda Mahārājas Leitung und berieten, was sie gegen die von den Dämonen verursachten Störungen im Mahāvana-Gebiet unternehmen könnten. In dieser Zusammenkunft war auch Upānanda, der Bruder Nanda Mahārājas, anwesend. Er galt als sehr gelehrt und erfahren, und er war Kṛṣṇa und Balarāma sehr zugetan. Upānanda war ebenfalls einer der Anführer unter den Hirten und so ergriff er das Wort: „Meine lieben Freunde, wir sollten diesen Ort so schnell wie möglich verlassen, denn wir werden ständig von gefährlichen Dämonen heimgesucht, die unseren Frieden stören und es anscheinend vor allem auf unsere Kinder abgesehen haben. Denkt nur an Pūtanā, wie sie den kleinen Kṛṣṇa töten wollte. Nur durch die Gnade Śrī Haris wurde Er damals aus ihren Händen gerettet. Kurz darauf wurde Kṛṣṇa von dem Wirbelsturm-Dämon in den Himmel getragen, doch auch da wurde Kṛṣṇa durch die Gnade Śrī Haris gerettet, während der Dämon vom Himmel stürzte und auf dem felsigen Boden den Tod fand. Erst kürzlich spielte das Kind zwischen zwei Bäumen, die plötzlich mit lautem Getöse umstürzten, auch in diesem Fall blieb Kṛṣṇa wie durch ein Wunder unverletzt. Śrī Hari rettete Ihn also auch dieses Mal. Stellt euch nur vor, wie groß unser Kummer sein würde, wenn Kṛṣṇa oder irgendeines der Kinder, die mit Ihm spielten, von den niederstürzenden Bäumen erschlagen worden wäre. Wenn wir all diese Begebenheiten in Betracht ziehen, müssen wir zu dem Schluss kommen, dass dieser Ort nicht mehr genug Sicherheit bietet. Lasst uns also von hier fortziehen. Bisher wurden wir durch die grundlose Barmherzigkeit Śrī Haris vor allen Gefahren bewahrt, doch nun sollten wir vorsichtig sein und diesen Ort verlassen. Lasst uns irgendwo anders hingehen, wo wir in Frieden leben können. Ich halte es für das Beste, wenn wir in den Wald, der als Vṛndāvana bekannt ist, ziehen, wo gerade jetzt frisch gewachsene Gräser und Kräuter stehen. Dieser Ort eignet sich sehr gut als Weideplatz für unsere Kühe, und unsere Familien, die *gopīs* mit ihren kleinen Kindern, können dort in Frieden leben. In der Nähe von Vṛndāvana befindet sich der wunderschöne Govardhana-Hügel. Auch dort gibt es reichlich frisches Gras und anderes Futter für unsere Tiere, so dass es nicht schwierig sein wird, dort zu leben. Ich schlage deshalb vor, dass wir uns sofort an diesen wunderschönen Ort begeben und hier keine Zeit mehr verlieren. Lasst uns so schnell wie möglich unsere Karren beladen, und wenn ihr nichts dagegen habt, können wir aufbrechen und die Kühe vor uns hertreiben."

Als Upānanda geendet hatte, stimmten ihm sogleich alle Kuhhirten zu: „O ja, lasst uns unverzüglich aufbrechen!" So lud jeder seine Möbel und Haushaltsgegenstände auf die Karren und machte sich bereit für die Fahrt nach Vṛndāvana. All die Kinder, Frauen und alten Männer des Dorfes konnten auf dem Wagen Platz nehmen, und die Hirten bewaffneten sich mit Pfeil und Bogen und gingen neben den Wagen her. Die Kühe, Stiere und Kälber wurden an die Spitze des Zuges getrieben. Die Kuhhirten bewachten die Herde von allen Seiten, wobei sie ihre verschiedenen Hörner erschallen ließen. So brachen sie, weithin vernehmbar, auf nach Vṛndāvana.

Wer könnte die Mädchen von Vrāja beschreiben, wie sie, in kostbare Saris gekleidet und geschmückt mit funkelnden Juwelen, auf den Wagen dahinfuhren? Und sie alle sangen wie gewohnt über Kṛṣṇas transzendentale Spiele und Taten. Mutter Yaśodā und Mutter Rohiṇī fuhren auf einem eigenen Wagen, und Kṛṣṇa und Balarāma saßen auf ihren Schößen. Während der Fahrt sprachen Yaśodā und Rohiṇī viel mit Kṛṣṇa und Balarāma, und weil ihnen diese Gespräche unbeschreibliche Freude bereiteten, sahen sie wunderschön aus.

Als die Kuhhirten schließlich Vṛndāvana erreichten, wo jeder ewiglich in Glück und Frieden lebt, umschlossen sie diesen Ort, indem sie all ihre Wagen und Karren in einem Halbkreis anordneten und so eine zeitweilige Siedlung bildeten. Als Kṛṣṇa und Balarāma die Schönheit Vṛndāvanas, des Govardhana-Hügels und die Ufer der Yamunā sahen, waren Sie sehr erfreut. Während Ihrer Kindheit sprachen Sie mit Ihren Eltern und anderen auf kindische Weise und bereiteten so allen Bewohnern Vṛndāvanas große Freude.

Bald darauf waren Kṛṣṇa und Balarāma alt genug, dass Ihnen die Kälber anvertraut werden konnten. Die Kuhhirtenjungen werden von klein auf im Hüten der Kühe geschult und die erste Verantwortung, die den Hirtenjungen übertragen wird, besteht darin, sich um die kleinen Kälber zu kümmern. Kṛṣṇa und Balarāma gingen also mit Ihren gleichaltrigen Freunden auf die Weide und hüteten dort die Kälber, wobei Sie mit Ihren Gefährten spielten. Während die beiden Brüder die Kälber beaufsichtigten, spielten Sie manchmal auf Ihren Flöten. Manchmal nahmen Sie *āmalakī*- oder Belfrüchte und vergnügten Sich wie kleine Kinder beim Ballspiel. Gelegentlich tanzten Sie und ließen dabei Ihre Fuß- und Handglöckchen melodisch erklingen. Manchmal verkleideten Sie Sich auch mit Decken als Stiere und Kühe, und als weiteres Spiel ahmten die beiden Brüder das Muhen der Rinder nach und kämpften miteinander wie Stiere, und manchmal ahmten Sie die verschiedenen Vogel- und Tierstimmen nach. Auf diese Weise erfreuten Sie Sich Ihrer Kindheit und verhielten Sich dabei ganz wie gewöhnliche Erdenkinder.

Als Kṛṣṇa und Balarāma einmal am Ufer der Yamunā spielten, näherte sich Ihnen plötzlich ein Dämon mit Namen Vatsāsura, der die Form eines Kalbes angenommen hatte und nach Vṛndāvana gekommen war, um die beiden Brüder zu töten. Weil der Dämon wie ein Kalb aussah, gelang es ihm, sich unter die anderen Kälber zu mischen, doch Kṛṣṇa durchschaute seine Absicht und unterrichtete sofort Balarāma von seinem Eindringen. Die beiden Brüder schlichen Sich leise von hinten an ihn heran. Dann packte Kṛṣṇa den Kalbsdämon unvermittelt an den Hinterbeinen und am Schwanz, wirbelte ihn einige Male in der Luft herum und schleuderte ihn auf den nächsten Baum. Der Dämon verlor augenblicklich das Leben und stürzte von der Spitze des Baumes auf den Boden herab. Als er tot auf dem Waldboden lag, beglückwünschten die Hirtenjungen ihren Freund Śrī Kṛṣṇa und riefen begeistert: „Einfach wunderbar! Das hast Du großartig gemacht!“ Und die Halbgötter ließen vor Freude Blumen vom Himmel regnen. Kṛṣṇa und Balarāma, die Erhalter der gesamten Schöpfung, gingen früh morgens in den Wald, um dort Ihre Kälber zu hüten. Auf diese Weise genossen Sie Ihre Kindheitsspiele als Hirtenknaben in Vṛndāvana.

Eines Tages gingen alle Hirtenjungen an das Ufer der Yamunā, um dort die Kälber zu tränken. Die Jungen tranken bei dieser Gelegenheit ebenfalls aus dem Fluss. Nachdem Sie getrunken hatten und am Flussufer saßen, sahen sie ganz unvermittelt ein riesiges Tier auftauchen, das große Ähnlichkeit mit einem Fischreiher hatte und so hoch wie ein Berg war. Sein Schnabel schien so mächtig wie ein Blitzstrahl zu sein. Beim Anblick dieses ungewöhnlichen Tieres bekamen Kṛṣṇas Freunde große Angst. Das Ungeheuer war Bakāsura, ein guter Freund Kaṁsas. Als er die Kinder erreicht hatte, stieß er mit seinem spitzen und scharfen Schnabel blitzschnell auf Kṛṣṇa zu und verschlang Ihn. Als Kṛṣṇa so plötzlich verschluckt wurde, stockte allen Knaben, sogar Balarāma, der Atem, als hätte sie das Leben verlassen. Der Dämon jedoch verspürte plötzlich ein unerträgliches Brennen in der Kehle, das von Kṛṣṇas glühender Ausstrahlung verursacht wurde. Er musste Kṛṣṇa sofort wieder hervorwürgen und ausspeien, worauf er Ihn mit seinem Schnabel durchbohren wollte. Bakāsura wusste nicht, dass sein Gegner, obwohl Er die Rolle des Sohnes von Nanda Mahārāja spielte, der Ursprung Brahmās, des Schöpfers des Universums, war. Das Kind Mutter Yaśodās, das für alle Halbgötter der Quell der Freude ist und alle Heiligen beschützt, ergriff den Schnabel des riesigen Reihers und spaltete ihn vor den Augen Seiner Freunde mit der gleichen Leichtigkeit, mit der ein Kind einen Grashalm auseinanderreißt. Die Bewohner der himmlischen Planeten ließen daraufhin zum Zeichen ihrer Begeisterung Blumen vom Himmel regnen, unter ihnen auch die *mallikā*-Blume, die von allen Blumen am besten duftet, und sie ließen Büffelhörner, Trommeln und Muschelhörner erschallen.

Als die Knaben den Blumenschauer vom Himmel fallen sahen und die himmlischen Klänge hörten, waren sie zutiefst erstaunt. Als sie Kṛṣṇa nach seiner Befreiung aus dem Rachen des großen Dämons Bakāsura wiedersahen, wurden Balarāma und alle anderen Knaben so sehr von Freude überwältigt, dass es schien, als hätten sie die Quelle ihres Lebens wiedergewonnen. Als Kṛṣṇa zu ihnen zurückkehrte, umarmten sie Ihn einer nach dem anderen und drückten Ihn immer wieder an sich. Dann riefen sie alle Kälber zusammen und kehrten ins Dorf zurück.

Zu Hause angekommen, schilderten die Knaben die wundervollen Taten des Sohnes von Nanda. Als die *gopīs* und die Kuhhirten ihre Berichte hörten, waren sie sehr erleichtert und froh, denn sie alle liebten Kṛṣṇa sehr. Ihre Zuneigung wurde nur noch größer, als sie von Seinen ruhmreichen Taten und Siegen hörten, und weil sie dachten, Kṛṣṇa sei aus dem Rachen des Dämons vor dem Tode gerettet worden, betrachteten sie Ihn mit großer Liebe und Zuneigung. Sie machten sich große Sorgen, weswegen sie nie mehr ihre Augen von Ihm lassen wollten. Die *gopīs* und die Kuhhirten unterhielten sich oft darüber, wie das Kind schon so viele Male von Dämonen angegriffen worden war und wie auf wunderbare Weise all diese Dämonen getötet wurden, ohne dass Kṛṣṇa Selbst jemals verletzt worden wäre. „Viele Dämonen mit gewaltigen und abscheulichen Körpern griffen Kṛṣṇa an, um Ihn zu töten", sagten sie, „doch durch die Gnade Haris konnten sie Ihm nicht einmal ein Haar krümmen. Sie starben vielmehr wie Fliegen, die sich in ein großes Feuer stürzen." Sie erinnerten sich an die Prophezeiungen Garga Munis, der aufgrund seiner vorzüglichen Kenntnis der Veden und der Wissenschaft der Astrologie vorausgesagt hatte, dass Kṛṣṇa von vielen Dämonen angegriffen werden sollte. Nun sahen sie, dass sich diese Prophezeiungen Wort für Wort bewahrheiteten. Alle Kuhhirten, Nanda Mahārāja nicht ausgenommen, sprachen ständig über die wundervollen Taten Śrī Kṛṣṇas und Śrī Balarāmas, und sie waren so tief in diese Gespräche versunken, dass sie die dreifachen Leiden des materiellen Daseins vergaßen. Das ist das Ergebnis des Kṛṣṇa-Bewusstseins. Die Freude, die Nanda Mahārāja vor 5 000 Jahren empfand, kann immer noch von Kṛṣṇa-bewussten Menschen erfahren werden, die einfach über die transzendentalen Spiele Kṛṣṇas und Seiner Gefährten sprechen. So genossen Balarāma und Kṛṣṇa Ihre Kindheitsspiele. Sie ahmten die Affen Śrī Rāmacandras nach, die eine Brücke über den Ozean bauten, und imitierten Hanuman, wie er über das Meer nach Ceylon sprang. Im Kreis Ihrer Freunde ahmten Sie noch viele andere derartige Spiele nach und verbrachten auf diese Weise glücklich Ihre Kindheit.

Hiermit enden die Bhaktivedanta-Erläuterungen zum 11. *Kapitel des Kṛṣṇa-Buches mit dem Titel „Die Vernichtung der Dämonen Vatsāsura und Bakāsura".*

KAPITEL 12

Kṛṣṇa tötet den Dämon Aghāsura

Einmal wollte der Herr mit Seinen Kuhhirtenfreunden schon sehr früh am Morgen in den Wald gehen, um dort mit ihnen gemeinsam zu frühstücken. Sowie Er aufgestanden war, blies Er in Sein Büffelhorn und rief alle Seine Freunde zusammen. Auf diese Weise machten sie sich auf den Weg in den Wald und trieben ihre Kälber in einer großen Prozession vor sich her. Es waren Tausende von Knaben, die Śrī Kṛṣṇa begleiteten. Sie alle trugen einen Hirtenstab, eine Flöte, ein Horn und Proviant mit sich. Jedem, auch Kṛṣṇa, waren Tausende von Kälbern anvertraut worden, und so hatte jeder eine eigene Herde, um die er sich aufmerksam kümmerte, während die Kälber an verschiedene Orte im Wald gebracht wurden. Alle waren auf dem Ausflug sehr ausgelassen und fröhlich. Die Jungen, die verschiedenartigen Goldschmuck trugen, sammelten in ihrer Verspieltheit Blumen, Blätter, Zweige, Pfauenfedern und roten

Ton und begannen, sich auf vielerlei Art weiter damit zu schmücken. Während sie so durch den Wald zogen, stahl zuweilen einer der Jungen einem anderen den Proviant und gab ihn an einen dritten weiter. Wenn der bestohlene Junge bemerkte, dass sein Beutel mit Proviant verschwunden war, und versuchte, diesen zurückzubekommen, wurde der Beutel dem nächsten zugeworfen. Auf diese Weise vergnügten sich die Knaben mit kindlichen Spielen.

Wenn Śrī Kṛṣṇa manchmal weit vorausging, um einen Ausblick auf die Landschaft zu bekommen, versuchten die Jungen, Ihn einzuholen, und jeder wollte Ihn als erster berühren. Jedes Mal entstand ein großer Wettstreit, und wenn einer sagte: „Ich werde Kṛṣṇa als erster berühren", riefen andere sofort: „O nein, ich werde als erster bei Kṛṣṇa sein." Manche spielten auch auf ihren Flöten oder bliesen in ihre Büffelhörner; wieder andere verfolgten die Pfauen oder ahmten die Lockrufe der Kuckucke nach. Einige von Kṛṣṇas Freunden liefen so schnell sie konnten dem Schatten der Vögel nach und versuchten, ihrem Flug genau zu folgen, andere gingen zu den Affen und setzten sich leise neben sie, und wieder andere ahmten die Tänze der Pfauen nach. Manchmal ergriffen die Knaben die Affen an ihren Schwänzen und spielten mit ihnen. Wenn die Affen entflohen und auf den nächsten Baum sprangen, rannten ihnen die Jungen nach. Die Affen schnitten dann oft ärgerliche Grimassen und fletschten die Zähne, doch die Jungen ließen sich nicht einschüchtern, sondern zeigten ihnen ebenfalls die Zähne. Andere Hirtenjungen spielten mit den Fröschen am Ufer der Yamunā, und wenn die Frösche aus Angst ins Wasser sprangen, tauchten die Jungen hinter ihnen her. Wenn sie dann wieder herauswateten und im Wasser ihr Spiegelbild sahen, beugten sie sich vor und schnitten Grimassen und lachten vergnügt. Manchmal liefen sie auch zu einem leeren Brunnen und riefen laut hinein. Wenn das Echo widerhallte, beschimpften sie es und lachten.

Wie die Höchste Persönlichkeit Gottes persönlich in der *Bhagavad-gītā* sagt, wird Er von den Transzendentalisten in dem Maße, wie sie sich Ihm hingeben, entweder als Brahman, als Paramātmā oder als die Höchste Persönlichkeit Gottes erkannt. Hier – in Bestätigung dieser Aussage – sehen wir, wie Śrī Kṛṣṇa, der den Unpersönlichkeitsanhängern mit Seiner körperlichen Ausstrahlung die Freude der Brahman-Verwirklichung gewährt, als Höchste Persönlichkeit Gottes für Seine

Geweihten ein Quell transzendentaler Freude ist. Diejenigen, die von *māyā*, der äußeren Energie, verwirrt werden, halten Ihn einfach nur für ein schönes Kind, doch den Kuhhirtenjungen, die mit Ihm spielten, gewährte Er eine nicht endende spirituelle Glückseligkeit. Nur weil diese Knaben in ihren früheren Leben unzählige fromme Tätigkeiten ausgeführt hatten, bekamen sie nun die Gelegenheit, persönlich mit dem Höchsten Herrn zusammen zu sein. Wer kann jemals das transzendentale Glück der Einwohner von Vṛndāvana ermessen? Sie sahen den Herrn, die Höchste Persönlichkeit Gottes, täglich von Angesicht zu Angesicht, Ihn, den viele große Yogis nicht einmal durch härteste Entsagung erkennen können, obwohl Er in ihren Herzen weilt. Dies wird in der *Brahma-saṁhitā* bestätigt. Man kann Kṛṣṇa, die Höchste Persönlichkeit Gottes, zwar in den Seiten der Veden und Upaniṣaden suchen, was jedoch ein schwieriges Unterfangen ist. Erst wenn man das große Glück hat, mit einem Gottgeweihten zusammenzukommen, kann man der Höchsten Persönlichkeit Gottes persönlich gegenübertreten. Nachdem die Kuhhirtenjungen viele Leben hindurch fromme Tätigkeiten ausgeführt hatten, konnten sie mit Kṛṣṇa zusammen sein und als Freunde mit Ihm spielen. Sie konnten nicht verstehen, dass Kṛṣṇa die Höchste Persönlichkeit Gottes ist, aber sie waren Kṛṣṇas vertraute Freunde, die mit inniger Liebe an Seinen Spielen teilnahmen.

Als Sich Śrī Kṛṣṇa auf diese Weise mit Seinen Freunden unbekümmert Seiner Kindheitsspiele erfreute, wurden sie von einem Dämon namens Aghāsura beobachtet, und dieser Dämon vermochte seinen Hass kaum mehr zu zügeln. Es war ihm unerträglich, Kṛṣṇa beim fröhlichen Spielen zuzusehen, weshalb er vor den Jungen erschien, um sie alle zu töten. Dieser Aghāsura war so gefährlich, dass sich selbst die Halbgötter vor ihm fürchteten. Obgleich die Bewohner der himmlischen Planeten täglich Nektar tranken, um ihr Leben zu verlängern, fürchteten sie sich vor Aghāsura und fragten sich: „Wann wird dieser Dämon endlich getötet werden?" Die Halbgötter pflegten Nektar zu trinken, um unsterblich zu werden, doch im Grunde setzten sie kein allzu großes Vertrauen in ihre sogenannte Unsterblichkeit. Aber die Jungen, die mit Kṛṣṇa spielten, hatten keine Angst vor Dämonen. Sie waren frei von aller Angst. Jede materielle Schutzmaßnahme, die man trifft, um sich vor dem Tod zu retten, ist letzten Endes erfolglos, doch wenn man Kṛṣṇa-bewusst ist, erlangt man mit Sicherheit Unsterblichkeit.

So erschien der Dämon Aghāsura vor Kṛṣṇa und Seinen Freunden. Aghāsura war der jüngere Bruder von Pūtanā und Bakāsura. Er dachte: „Kṛṣṇa hat meinen Bruder und meine Schwester getötet. Dafür werde ich Ihn jetzt zusammen mit Seinen Freunden und Kälbern ebenfalls töten." Aghāsura war von Kaṁsa angestachelt worden, und daher war er in seinem Vorhaben fest entschlossen. Wenn er im Gedenken an seinen Bruder und seine Schwester Getreide und Wasser opfern und dann Kṛṣṇa sowie alle Hirtenjungen töten würde, so überlegte sich Aghāsura, dann würden automatisch auch die Einwohner von Vṛndāvana sterben. Im Allgemeinen lieben die Eltern ihre Kinder genauso wie ihr eigenes Leben. Wenn die Kinder sterben, können aufgrund des starken Bandes der Zuneigung auch die Eltern nicht mehr weiterleben.

Als Aghāsura seinen Plan, alle Einwohner von Vṛndāvana zu töten, in die Tat umsetzen wollte, vergrößerte er sich mit Hilfe der *yoga-siddhi* namens *mahimā*. Die Dämonen beherrschen im Allgemeinen fast alle Arten mystischer Kräfte. Wenn man im Yoga die Vollkommenheit der *mahimā-siddhi* erreicht hat, kann man sich nach Belieben ausweiten. Der Dämon Aghāsura dehnte sich somit zu einer Größe von knapp 13 Kilometern aus und nahm die Form einer fetten Schlange an. Nach dieser seltsamen Verwandlung öffnete der Dämon sein Maul, das so groß war wie ein Höhleneingang. Er wollte die Knaben – auch Kṛṣṇa und Balarāma – allesamt mit einem Mal verschlingen, und so legte er sich ihnen in den Weg und wartete.

Der Dämon, der sich in diese gigantische Schlange verwandelt hatte, lag mit weit aufgerissenem Maul da, das vom Erdboden bis zum Himmel reichte. Seine Unterlippe lag auf dem Boden, und Seine Oberlippe berührte die Wolken. Sein Rachen glich einer riesigen Berghöhle, deren Tiefe nicht abzuschätzen war, und seine Zähne sahen aus wie Bergspitzen. Seine Zunge glich einer breiten Landstraße, sein Atem ging wie ein Wirbelsturm, und Seine Augen loderten wie Feuer. Anfangs dachten die Jungen, der Dämon sei nur eine riesige Statue, doch nachdem sie ihn genauer betrachtet hatten, sahen sie, dass er als große Schlange erschien, die mit aufgerissenem Maul vor ihnen auf dem Weg lag. Einer der Jungen sagte. „Liebe Freunde, dieses Ungetüm sieht aus wie ein großes Tier, und es liegt da, als wolle es uns verschlingen. Seht doch nur – ist dieses Ungeheuer nicht eine riesige Schlange, die ihr Maul aufgesperrt hat, um uns alle zu fressen?" Ein anderer sagte: „Ja, was du sagst, ist wahr. Die Oberlippe dieses Tieres gleicht dem Sonnenschein, und seine Unterlippe ist wie die Reflexion des roten Sonnenlichts auf dem Boden. Liebe Freunde, schaut euch nur einmal die Seitenwände seines Maules an. Dieses Maul ist so groß wie eine Höhle, und man kann nicht abschätzen, wie hoch es ist. Sein Kiefer ragt wie eine Bergspitze hervor. Die lange Straße ist allem Anschein nach seine Zunge. Im Innern seines Maules ist es finster wie in einem Stollen. Der heiße Wind, der wie ein Orkan bläst, ist sein Atem. Der fischige Gestank, der seinem Maul entströmt, ist der Geruch seiner Eingeweide."

Sie berieten sich weiter: „Diese Riesenschlange kann uns unmöglich verschlingen, wenn wir alle gleichzeitig in sein Maul hineingehen. Doch selbst wenn es ihr gelingen sollte, uns alle mit einem Mal herunterzuschlucken, könnte sie doch niemals Kṛṣṇa verschlingen. Kṛṣṇa wird dieses Ungeheuer einfach töten, wie Er es auch mit Bakāsura tat." Mit diesen Worten drehten sich die Jungen nach Kṛṣṇa um, blickten lächelnd in Sein wunderschönes lotosgleiches Gesicht, klatschten fröhlich in die Hände und marschierten dann gemeinsam in das Maul der gigantischen Schlange hinein.

In der Zwischenzeit hatte Kṛṣṇa, der als Überseele im Herzen aller Lebewesen weilt, bereits erkannt, dass die gewaltige statuenhafte Gestalt vor Ihm ein Dämon war. Jedoch wussten dies die Knaben nicht, und während Er überlegte, wie Er die Vernichtung Seiner Freunde verhindern könnte, begaben sich alle Knaben zusammen mit ihren Kälbern in den Rachen des Ungeheuers. Doch Kṛṣṇa folgte ihnen nicht. Der Dämon wartete darauf, dass Kṛṣṇa ebenfalls in sein Maul eintritt und dachte bei sich: „Alle sind gekommen, jetzt fehlt nur noch Kṛṣṇa, der meinen Bruder und meine Schwester getötet hat."

Wer von Kṛṣṇa beschützt wird, befindet sich immer in Sicherheit. Aber als Kṛṣṇa sah, dass Seine Freunde nicht mehr bei Ihm waren, sondern im Bauch der großen Schlange lagen, war Er einen Augenblick lang sehr bekümmert. Er wunderte Sich über die bezaubernde Wirkungsweise Seiner äußeren Energie. Dann überlegte Er, wie Er den Dämon töten und gleichzeitig die Jungen und die Kälber retten könnte. Obgleich es für Kṛṣṇa eigentlich keinen Grund zur Sorge gab, machte Er Sich solche Gedanken. Schließlich, nach kurzem Nachdenken, betrat Er ebenfalls das Maul des Dämons. Als nun auch Kṛṣṇa in das riesige Maul hineinging, waren die Halbgötter, die sich versammelt hatten, um das Schauspiel mitanzusehen, und die sich hinter den Wolken versteckt hielten, zutiefst bestürzt und riefen: „O weh, o weh!" Zur gleichen Zeit frohlockten die Freunde Aghāsuras – ganz besonders Kaṁsa –, die alle Fleisch und Blut zu essen pflegten, und brachen in lautes Freudengeschrei aus.

Während der Dämon versuchte, Kṛṣṇa und Seine Gefährten zu vernichten, hörte Kṛṣṇa die angstvollen Rufe der Halbgötter. So begann Er sofort, Sich in der Kehle des Dämons auszudehnen, und Er wurde größer und größer. Obwohl der Dämon einen riesenhaften Körper besaß, begann er fürchterlich zu röcheln, als Sich Kṛṣṇa ausdehnte. In panischer Angst rollten die Augen des Dämons hin und her und schon bald erstickte er. Seine Lebensluft konnte nirgends aus ihm herausströmen und schoss schließlich aus einer Öffnung in der Schädeldecke hervor. Nachdem der Dämon tot war, rief Kṛṣṇa alle Knaben und Kälber einfach durch Seinen transzendentalen Blick ins Leben zurück und verließ mit ihnen den toten Körper des Ungeheuers. Als Sich Kṛṣṇa noch in Aghāsuras Maul befunden hatte, war die Seele des Dämons wie ein strahlendes Licht aus dem Körper ausgetreten. Sie schwebte nun wartend am Himmel, wobei die gesamte Umgebung erleuchtet wurde. Sowie Kṛṣṇa mit Seinen Kälbern und Freunden aus dem Maul des Dämons hervorkam, ging das strahlende Licht vor den Augen aller anwesenden Halbgötter in den Körper Kṛṣṇas ein.

Die Halbgötter waren außer sich vor Freude und überschütteten Kṛṣṇa, die Höchste Persönlichkeit Gottes, mit Blumen, um Ihm so ihre Ehre zu erweisen. Die Bewohner des Himmels tanzten frohlockend, und die Bewohner von Gandharvaloka brachten die verschiedensten Gebete dar, während überall zum Zeichen des Sieges Trommeln und Pauken ertönten. Die *brāhmaṇas* rezitierten vedische Hymnen, und alle Gottgeweihten riefen: „*Jaya! Jaya!* Gepriesen sei die Höchste Persönlichkeit Gottes!"

Als Brahmā diese freudigen Klänge hörte, die durch das obere Planetensystem hallten, eilte er sofort herbei, um zu sehen, was sich ereignet hatte. Als er sah, dass Aghāsura tot am Boden lag, wunderte er sich sehr über die ungewöhnlichen und ruhmreichen Spiele der Persönlichkeit Gottes.

Das gigantische Maul des Dämons blieb für viele Tage aufgesperrt und trocknete langsam aus, woraufhin es zu einem Spielplatz für die Hirtenjungen wurde.

Aghāsura wurde getötet, als Kṛṣṇa und Seine Freunde noch nicht ganz fünf Jahre alt waren. Kinder unter fünf Jahren werden *kaumāra* genannt. Vom sechsten bis zum zehnten Lebensjahr nennt man sie *paugaṇḍa* und vom elften bis zum fünfzehnten Lebensjahr *kaiśora*. Nach dem fünfzehnten Lebensjahr werden sie als Jugendliche bezeichnet. Der Zwischenfall mit dem Aghāsura-Dämon wurde im Dorf von Vraja für ein ganzes Jahr mit keinem Wort erwähnt. Erst als die Jungen ihr sechstes Lebensjahr erreichten, erzählten sie ihren Eltern voller Erstaunen von ihrem Abenteuer. Für die Höchste Persönlichkeit Gottes, Śrī Kṛṣṇa, der weit erhabener ist als Halbgötter wie Brahmā und Śiva, ist es nicht schwierig, jemandem die Gelegenheit zu geben, in Seinen ewigen Körper einzugehen, und diese Segnung gewährte Er auch Aghāsura. Aghāsura war zweifellos das sündhafteste aller Lebewesen, und sündigen Lebewesen ist es im Allgemeinen nicht möglich, in die Existenz der Absoluten Wahrheit einzugehen. Doch weil Kṛṣṇa in diesem besonderen Fall persönlich in den Körper Aghāsuras eintrat, wurde der Dämon von allen sündhaften Reaktionen vollkommen gereinigt. Wer fortwährend an den Herrn, die Höchste Persönlichkeit Gottes, denkt, sei es in Form Seiner Bildgestalt oder auch im Geist, dem wird die höchste transzendentale Segnung, die Erhebung in das Königreich Gottes, mit Sicherheit zuteil, und er wird in die Gemeinschaft der Höchsten Persönlichkeit Gottes aufgenommen werden. Wir können uns also vorstellen, wie erhaben die Position Aghāsuras gewesen sein muss, dass Kṛṣṇa, die Höchste Persönlichkeit Gottes, persönlich in seinen Körper eintrat. Die großen Weisen, die weit fortgeschrittenen Yogis und die Gottgeweihten meditieren ständig über die Form des Herrn in ihrem Herzen oder betrachten die transzendentale Bildgestalt des Herrn im Tempel. Auf diese Weise werden sie von allen materiellen Verunreinigungen befreit, und wenn sie den Körper verlassen, werden sie in das Königreich Gottes erhoben. Diese Stufe der Vollkommenheit kann man erreichen, wenn man einfach ständig an die transzendentale Gestalt des Herrn denkt. Im Falle Aghāsuras jedoch trat der Höchste Herr Selbst in dessen Körper ein. Aghāsuras Position ist demnach weitaus höher als die eines gewöhnlichen Gottgeweihten oder die des größten Yogi.

Mahārāja Parīkṣit war in das Hören der transzendentalen Spiele Śrī Kṛṣṇas vertieft (der ihm einst das Leben gerettet hatte, als er sich im Leib seiner Mutter befand), wodurch er immer begieriger wurde, noch mehr über Kṛṣṇa zu hören. Deshalb stellte er dem Weisen Śukadeva Gosvāmī, der ihm das *Śrīmad Bhāgavatam* vortrug, eine weitere Frage.

König Parīkṣit war verwundert, dass ein Jahr lang nicht über die Vernichtung des Aghāsura-Dämons gesprochen wurde – so lange nämlich, bis die Knaben das *pauganḍa*-Alter erreichten. Mahārāja Parīkṣit war neugierig, mehr darüber zu erfahren, denn er war davon überzeugt, dass ein solcher Vorfall seine Ursache in der Entfaltung von Kṛṣṇas verschiedenen Energien haben musste.

Im Allgemeinen sind die *kṣatiyas* (die verwaltende Klasse) so sehr mit politischen Angelegenheiten beschäftigt, dass sie nur wenig Gelegenheit haben, über die transzendentalen Spiele Śrī Kṛṣṇas zu hören. Daher schätzte sich Parīkṣit Mahārāja sehr vom Glück begünstigt, als er von diesen transzendentalen Spielen hörte, denn er hörte Kṛṣṇas Spiele direkt von Śukadeva Gosvāmī, der größten Autorität des *Śrīmad-Bhāgavatam.* Auf Mahārāja Parīkṣits Bitte hin fuhr Śukadeva Gosvāmī fort, über Śrī Kṛṣṇas transzendentale Spiele, Seine Gestalt, Seine Eigenschaften und Seinen Ruhm zu sprechen.

Hiermit enden die Bhaktivedanta-Erläuterungen zum 12. *Kapitel des Kṛṣṇa Buches mit dem Titel „Kṛṣṇa tötet den Dämon Aghāsura".*

KAPITEL 13

Brahmā stiehlt die Knaben und Kälber

Śukadeva Gosvāmī war sehr erfreut, als Mahārāja Parīkṣit ihn fragte, warum die Kuhhirtenjungen erst nach einem Jahr über die Vernichtung Aghāsuras sprachen, und so sagte er: „Mein lieber König, durch deine Wissbegierde machst du das Thema der transzendentalen Spiele Kṛṣṇas noch frischer."

Es wird gesagt, dass es die Natur eines Gottgeweihten sei, ständig seine Gedanken, seine Energie, seine Worte, seine Ohren usw. damit zu beschäftigen, über Kṛṣṇa zu hören und zu chanten. Dies wird Kṛṣṇa-Bewusstsein genannt, und jeder, der sich dem Hören und Chanten über Kṛṣṇa widmet, wird diese transzendentalen Themen niemals eintönig oder alltäglich finden. Hierin besteht der Unterschied zwischen transzendentalen und materiellen Themen. Materielle Themen werden langweilig, und man kann sich etwas Bestimmtes nicht lange anhören, sondern verlangt schnell nach Abwechslung. Themen mit transzendentalem Inhalt hingegen werden *nitya-nava-navāyamāna* genannt, was bedeutet, dass man fortwährend, ohne zu ermüden, über den Herrn hören und chanten kann und dabei immer begieriger wird, noch mehr über Ihn zu erfahren.

Es ist die Pflicht des spirituellen Meisters, dem wissbegierigen und ernsthaften Schüler alle vertraulichen Dinge zu offenbaren, und so begann Śukadeva Gosvāmī zu erklären, warum die Einwohner von Vṛndāvana ein Jahr lang nicht über die Vernichtung Aghāsuras sprachen. Śukadeva Gosvāmī sagte zu dem König: „Bitte höre aufmerksam zu, während ich dir dieses Geheimnis enthülle. Nachdem Śrī Kṛṣṇa Seine Freunde aus dem Rachen Aghāsuras gerettet und den Dämon getötet hatte, führte Er sie alle ans Ufer der Yamunā und sagte: „Seht nur, liebe Freunde, wie gut dieser Platz zum Mittagessen geeignet ist und wie schön man auf dem weichen, sandigen Ufer der Yamunā spielen kann. Die Lotosblumen stehen in voller Blüte und erfüllen die ganze Umgebung mit einem herrlichen Duft. Das Zwitschern der Vögel, das Rufen der Pfauen und das Rauschen der Blätter antworten einander und machen diesen schönen Ort hier unter den Bäumen noch lieblicher. Lasst uns also an diesem Ort zu Mittag essen, denn es ist bereits spät, und wir alle sind hungrig. Wir behalten die Kälber in unserer Nähe, wo sie vom Wasser der Yamunā trinken können, und während wir unser Mittagessen einnehmen, lassen wir sie im saftigen Gras, das hier wächst, weiden."

Als die Jungen Kṛṣṇas Vorschlag hörten, stimmten alle freudig zu und sagten: „O ja, lasst uns hier Rast machen und zu Mittag essen." Sie ließen die Kälber frei umherlaufen, so dass diese sich am frischen Gras erfreuen konnten. Nachdem sich alle Kuhhirtenjungen um Kṛṣṇa herum niedergesetzt hatten, öffneten sie ihre Proviantbeutel, die sie von zu Hause mitgebracht hatten. Śrī Kṛṣṇa saß in der Mitte Seiner Freunde, die Ihm alle ihr Gesicht zugewandt hatten. Während sie aßen, genossen sie es, den Herrn von Angesicht zu Angesicht sehen zu können. Kṛṣṇa glich dem Zentrum einer Lotosblume, und die Knaben umgaben Ihn wie die Blütenblätter. Sie sammelten Blumen, Blätter und Baumrinde und verteilten ihren Proviant darauf und auf ihre Picknickbeutel. So begannen sie, in Kṛṣṇas Gemeinschaft zu Mittag zu essen. Während des Essens entfaltete jeder der Jungen seine ihm eigene Beziehung zu Kṛṣṇa, und so tauschten sie in einer vergnügten Stimmung gegenseitig scherzende Worte aus. Kṛṣṇa hatte Seine Flöte auf Seiner rechten Seite in den Gürtel geschoben, und in der linken Seite Seines Gewandes steckten das Büffelhorn und der Hirtenstab. In Seiner linken Hand, zwischen Seinen blütengleichen Fingern, hielt Er einen Klumpen Süßes, der aus Joghurt, Butter, Reis und Fruchtsalat bestand. Die Höchste Persönlichkeit Gottes, der Genießer der Ergebnisse aller Opfer, lachte und scherzte, während Er mit Seinen Spielgefährten im Wald von Vṛndāvana das Mittagessen genoss. Die ganze Zeit über hatten die Halbgötter vom Himmel aus diese Szene mitverfolgt, doch die Kuhhirtenjungen waren einfach in die transzendentale Ekstase der Gemeinschaft mit der Höchsten Persönlichkeit Gottes vertieft.

Unterdessen betraten die Kälber, die in der Nähe weideten, den tiefen Wald, angelockt von den frischen Gräsern, die dort wuchsen. Sie verschwanden allmählich außer Sichtweite, und als die Jungen plötzlich bemerkten, dass die Kälber verschwunden waren, erschraken sie sehr und riefen: „Kṛṣṇa!" Kṛṣṇa ist der Vernichter der personifizierten Furcht, vor der sich jeder fürchtet. Die Furcht selbst jedoch fürchtet sich vor Kṛṣṇa. Als die Jungen „Kṛṣṇa!" riefen, überwanden sie daher sofort ihre Furcht. Weil Kṛṣṇa Seinen Freunden sehr zugetan war, wollte Er nicht, dass sie mit dem Essen aufhörten, um nach den Kälbern zu suchen, und so sagte Er: „Meine lieben Freunde, ihr braucht eure Mahlzeit nicht zu unterbrechen. Esst ruhig weiter. Ich werde Mich Selbst um die Kälber kümmern." Und so machte Er Sich auf, immer noch mit der Mischung aus Joghurt und Reis in der linken Hand, um die Kälber zu suchen. Er hielt überall in den Wäldern und Berghöhlen nach ihnen Ausschau, doch Er konnte sie nirgends finden. Als die Halbgötter mit Staunen sahen, wie Aghāsura von Kṛṣṇa getötet wurde, kam auch Brahmā herbei, der auf dem Lotos geboren worden war, der aus Viṣṇus Nabel wächst. Es überraschte ihn sehr, wie ein so kleiner Junge wie Kṛṣṇa derartige Heldentaten vollbringen konnte. Obwohl Brahmā zu Ohren gekommen war, dass der kleine Kuhhirtenjunge die Höchste Persönlichkeit Gottes sei, wollte er noch großartigere Spiele von Ihm sehen. Aus diesem Grund stahl er alle Kälber und Kuhhirtenjungen und brachte sie in ein Versteck. Śrī Kṛṣṇa konnte daher trotz emsigen Suchens die Kälber nicht finden. Als Er ans Ufer der Yamunā zurückkehrte, wo Er alle Seine Freunde zurückgelassen hatte, musste Er feststellen, dass auch sie verschwunden waren. Kṛṣṇa war in Seiner Form als Kuhhirtenjunge im Vergleich zu Brahmā winzig klein, doch weil Er die Höchste Persönlichkeit Gottes ist, wusste Er sofort, dass die Kälber und Knaben von Brahmā gestohlen worden waren. Er sagte Sich: „Brahmā hat Meine Freunde und die Kälber entführt, doch Ich kann unmöglich ohne sie nach Vṛndāvana zurückkehren – ihren Müttern würde vor Kummer das Herz brechen."

Um den Müttern Seiner Freunde unnötige Sorgen zu ersparen und zugleich um Brahmā von der Allmacht der Höchsten Persönlichkeit Gottes zu überzeugen, erweiterte Sich Kṛṣṇa auf der Stelle in die entführten Kuhhirtenjungen und Kälber. In den Veden wird gesagt, dass Sich die Höchste Persönlichkeit Gottes durch Seine spirituelle Energie bereits in unzählige Lebewesen erweitert habe. Deshalb war es für Ihn nicht weiter schwierig, Sich auch noch in die viele Jungen und Kälber zu erweitern. Er nahm das genaue Aussehen der Jungen an, die alle von unterschiedlicher Gestalt waren, verschiedenartige Gesichter und Körper hatten und sich auch in ihren Gewändern, ihrem Schmuck und ihrem Verhalten voneinander unterschieden. Mit anderen Worten, obwohl jeder Junge, als individuelle Seele, ganz unterschiedliche Neigungen hatte, anderen Tätigkeiten nachging und ein gewisses Verhalten zeigte, erweiterte Sich Kṛṣṇa genau in all die verschiedenen Gestalten der individuellen Kuhhirtenjungen. Er erweiterte Sich auch in die Kälber, die ebenfalls von verschiedener Größe und Farbe waren und sich unterschiedlich verhielten. All dies war nur deshalb möglich, weil alles Existierende von Kṛṣṇa ausgeht. Im *Viṣṇu Purāṇa* heißt es dazu: *parasya brahmaṇaḥ śakti.* Alles, was wir in der kosmischen Manifestation sehen, sei es Materie oder seien es die Handlungen der Lebewesen, ist nichts anderes als eine Erweiterung der Energien des Herrn, die von Ihm ausgehen wie Licht und Wärme vom Feuer. Kṛṣṇa erweiterte Sich also in die verschiedenen Kuhhirtenjungen und Kälber mit all ihren Eigenschaften und kehrte, umgeben von Seinen Erweiterungen, in das Dorf Vṛndāvana zurück. Die Einwohner von Vṛndāvana ahnten nichts von dem, was geschehen war. Als die Kuhhirtenjungen mit ihren Herden ins Dorf heimkehrten, gingen die Kälber in ihre Ställe zurück, und die Knaben gingen nach Hause zu ihren Müttern.

Schon lange bevor die Jungen das Dorf erreichten, hatten die Mütter ihr Flötenspiel vernommen. Sie kamen aus den Häusern und liefen ihren Kindern entgegen, um sie zu umarmen. Aufgrund ihrer starken mütterlichen Zuneigung strömte Milch aus ihren Brüsten, und sie erlaubten den Jungen, davon zu trinken. Sie ahnten nicht, dass sie eigentlich nicht ihre Söhne, sondern die Höchste Persönlichkeit Gottes stillten, die Sich in ihre eigenen Kinder erweitert hatte. Śrī Kṛṣṇa gab auf diese Weise nicht nur Yaśodā, sondern auch allen anderen älteren *gopīs* die Gelegenheit, Ihn mit ihrer Milch zu stillen.

Die Jungen verhielten sich ihren Müttern gegenüber, wie sie es immer getan hatten, und am Abend badeten die Mütter ihre Kinder, versahen sie mit *tilaka* und Schmuckstücken und gaben ihnen nach der langen Arbeit des Tages reichlich zu essen. Die Kühe, die tagsüber auf den Weidegründen gegrast hatten, kehrten am Abend ins Dorf zurück. Sobald sie nach ihren Kälbern riefen, kamen diese augenblicklich herbeigelaufen, worauf die Kühe sie freudig beleckten. Die Beziehung zwischen den Kühen und ihren Kälbern und zwischen den *gopīs* und ihren Kindern blieb erhalten, ja sie schien sich auf unerklärliche Weise sogar noch zu vertiefen. So vergrößerte sich ihre gegenseitige Zuneigung, obwohl die wirklichen Kälber und Knaben gar nicht zugegen waren. Bisher hatten sich die Kühe und die älteren *gopīs* von Vṛndāvana mehr zu Kṛṣṇa hingezogen gefühlt als zu ihren eigenen Kindern, doch nach diesem Vorfall verstärkte sich ihre Zuneigung zu den Kindern unendlich, genau wie sie es bei Kṛṣṇa empfanden. Ein Jahr lang verblieb Kṛṣṇa in der Gestalt der Kälber und der Kuhhirtenjungen, und so war es allein Kṛṣṇa, der in Form dieser verschiedenen Erweiterungen auf den Weidegründen gegenwärtig war. Wie in der *Bhagavad-gītā* erklärt wird, weilt Kṛṣṇa als Überseele im Herzen eines jeden Lebewesens. In diesem Falle jedoch erweiterte Er Sich nicht als Überseele, sondern in Form der Kälber und Kuhhirtenjungen, und das für die Dauer eines ganzen Jahres.

Eines Tages, wenige Tage vor Ablauf eines Jahres, als Kṛṣṇa und Balarāma die Kälber im Wald hüteten, sahen Sie von Weitem einige Kühe auf der Spitze des Govardhana-Hügels weiden. Als die Kühe den Hang hinunterblickten und die Jungen mit den Kälbern sahen, liefen sie plötzlich mit weitausgreifenden Beinen den Hügel hinunter. Sie liebten ihre Kälber so sehr, dass sie gar nicht bemerkten, wie steinig der Pfad war, der vom Govardhana-Hügel hinunter zu den Weiden führte. Mit prall gefüllten Eutern und steil erhobenen Schwänzen stürmten sie den Abhang hinab, während ihre Euter Ströme von Milch vergossen – so sehr waren die Kühe ihren Kälbern zugetan, die in Wahrheit gar nicht ihre eigenen waren. Diese Kühe hatten bereits neue Kälber zur Welt gebracht, und die Kälber, die am Fuß des Govardhana-Hügels grasten, waren bereits aus dem Alter heraus, wo sie noch vom Euter der Mutter trinken mussten. Dennoch liefen all die Kühe direkt auf die Kälber zu und begannen sie zu belecken, während die Kälber ihrerseits die Milch aus den Eutern ihrer Mütter saugten. Zwischen den Kühen und den Kälbern bestand offensichtlich eine ungewöhnlich starke liebevolle Beziehung.

Als die Kühe von der Höhe des Govardhana-Hügels hinunterrannten, versuchten die Hirten, sie aufzuhalten. Die älteren Kühe werden nämlich von den Männern bewacht, und die Knaben kümmern sich um die Kälber. Die Kälber werden soweit wie möglich von den Kühen getrennt gehalten, damit sie nicht deren Euter leertrinken, weshalb die Männer auf dem Govardhana-Hügel versuchten, ihre Tiere zurückzuhalten. All ihre Bemühungen waren jedoch vergebens, und so blieb ihnen nichts anderes übrig, als hinab ins Tal zu gehen, um die Tiere zurückzuholen. Beschämt und ärgerlich machten sie sich auf den Weg, doch als sie dann am Fuß des Hügels ankamen und ihre Kinder bei den Kälbern sahen, regten sich in ihnen plötzlich tiefe Gefühle der Liebe. Dies war recht erstaunlich, denn obgleich die Männer aufgrund ihres missglückten Versuches, die Kühe zurückzuhalten, enttäuscht und verdrossen den Hügel heruntergekommen waren, schmolzen ihre Herzen in großer Zuneigung beim Anblick ihrer Söhne. Ihre Unzufriedenheit und ihr Missmut verflogen im Nu, und mit väterlicher Liebe nahmen sie ihre Kinder in die Arme, drückten sie an sich und sogen den Duft ihrer Köpfe ein. Einfach indem sie mit ihren Kindern zusammen waren, fühlten sie eine überwältigende Freude. Nach dieser Liebkosung trieben die Männer die Kühe auf den Govardhana-Hügel zurück, und als sie an ihre Kinder dachten, traten ihnen Tränen der Zuneigung in die Augen.

Balarāma, der diesen ungewöhnlichen Austausch von Zuneigung zwischen den Kühen und ihren Kälbern sowie zwischen den Vätern und ihren Söhnen beobachtete – obwohl eigentlich weder die Kälber noch die Kinder eine derart große Umsorgung benötigten –, suchte nach einer Erklärung für dieses außerordentliche Verhalten. Es wunderte Ihn, dass die Einwohner von Vṛndāvana eine ebenso große Zuneigung für ihre Kinder wie für Kṛṣṇa empfanden, und genau das stellte er auch bei den Kühen und ihren Kälbern fest. Balarāma vermutete, dass diese außergewöhnliche Offenbarung von Zuneigung eine geheimnisvolle Ursache haben musste, die entweder auf einen Halbgott oder auf irgendeinen machtvollen Menschen zurückzuführen war. Wie sonst hätte diese wundersame Veränderung stattfinden können? So kam Balarāma zur Überzeugung, dass diese mystische Wandlung nur Kṛṣṇa zur Ursache haben konnte, den Er als Seinen verehrungswürdigen Herrn, die Höchste Persönlichkeit Gottes, betrachtete. Er sagte Sich: „All diese Vorfälle wurden von Kṛṣṇa gelenkt, und nicht einmal Ich konnte Seine mystischen Kräfte durchschauen." Auf diese Weise konnte Balarāma verstehen, dass die Knaben und die Kälber Erweiterungen Kṛṣṇas waren.

Balarāma wandte Sich an Kṛṣṇa, um die wahren Zusammenhänge zu erfahren, und deshalb sagte Er: „Mein lieber Kṛṣṇa, anfangs dachte Ich, die Kälber und Hirtenjungen seien entweder große Heilige und Weise oder Halbgötter, doch jetzt bin Ich der Ansicht, dass sie Deine Erweiterungen sind. Sie alle sind Du. Du Selbst spielst die Rolle der Kälber und Knaben. Welches Geheimnis verbirgt sich dahinter? Wo sind die ursprünglichen Kälber und Knaben, und warum hast Du Dich erweitert und trittst an ihrer statt auf? Bitte erkläre Mir dies alles." Auf diese Bitte Balarāmas hin schilderte Kṛṣṇa in kurzen Worten, wie die Kälber und die Knaben von Brahmā gestohlen worden waren und wie Kṛṣṇa Sich erweiterte, um diesen Vorfall absichtlich zu verheimlichen, so dass die Dorfbewohner nicht bemerken würden, dass die ursprünglichen Kälber und Kuhhirtenjungen verschwunden waren.

Während Sich Kṛṣṇa und Balarāma unterhielten, kehrte Brahmā nach Vṛndāvana zurück, nachdem er (gemessen an seiner Lebensdauer) für einen Augenblick fortgewesen war. In der *Bhagavad-gītā* finden wir folgende Information über die Lebensdauer Brahmās: 12 Stunden in Brahmās Leben bestehen aus vier Zeitaltern, multipliziert mit 1 000; also aus 4 320 000 × 1 000 Jahren. Ein Augenblick in Brahmās Leben entspricht somit einem unserer Sonnenjahre. Nachdem also nach Brahmās Zeitrechnung ein Augenblick verstrichen war, kehrte Er zurück, um die Verwirrung zu sehen, die er durch die Entführung der Kälber und Knaben verursacht hatte. Doch zur gleichen Zeit hatte er auch Angst, denn er wusste, dass er mit Feuer spielte. Kṛṣṇa war sein Herr, und er hatte sich einen schlechten Scherz mit Ihm erlaubt, als er Seine Kälber und Freunde entführte. Er hatte tatsächlich große Angst und wagte es deshalb nicht, lange fortzubleiben, sondern kehrte (gemäß seiner eigenen Zeitrechnung) schon nach einem Augenblick wieder zurück. Doch zu seinem großen Erstaunen sah er, dass alle Kälber und Hirtenjungen immer noch da waren und genauso mit Kṛṣṇa spielten, wie sie es getan hatten, als er sie das erste Mal sah. Er hätte schwören können, dass er sie entführt und durch seine mystischen Kräfte in Schlaf versetzt hatte, und so dachte er: „Alle diese Knaben und Kälber habe ich doch entführt, und ich bin mir ganz sicher, dass sie immer noch fest schlafen. Wie ist es dann möglich, dass hier die gleiche Gruppe von Hirtenjungen und Kälbern mit Kṛṣṇa spielt? Hat meine mystische Kraft etwa keinen Einfluss auf sie, und wurde ihr Spiel im vergangenen Jahr vielleicht gar nie unterbrochen?" Brahmā versuchte zu verstehen, wer die Kuhhirtenjungen waren und wie es möglich war, dass sie nicht von seiner mystischen Kraft beeinflusst wurden, doch trotz allen Nachdenkens konnte er die Ursache nicht herausfinden. Mit anderen Worten, er wurde ein Opfer seiner eigenen mystischen Kräfte. Die Macht von Brahmās mystischen Kräften erschien genau wie das Leuchten von Schnee in der Dunkelheit oder eines Glühwürmchens am Tage. Nachts, wenn es dunkel ist, mag ein Glühwürmchen leuchten, und am Tage mag Schnee, der auf einem Hügel oder auf einer Wiese liegt, im Sonnenlicht hell glänzen, doch tagsüber hat ein Glühwürmchen keine Leuchtkraft, und der Schnee verliert in der Nacht jeglichen silbrigen Glanz. Ebenso verhielt es sich auch mit der mystischen Kraft Brahmās, als er sie vor der Allmacht Kṛṣṇas entfaltete. Sie glich Schnee in der Nacht oder einem Glühwürmchen am Tag. Wenn jemand mit geringen mystischen Kräften seine Macht in der Gegenwart einer großen Persönlichkeit mit größeren mystischen Kräften zeigt, vermindert er lediglich seine eigenen Kräfte. Er kann sie niemals vergrößern. Selbst eine so bedeutende Persönlichkeit wie Brahmā machte sich nur lächerlich, als er seine mystische Kraft in der Gegenwart Kṛṣṇas entfalten wollte. Brahmā wurde auf diese Weise durch seine eigenen mystischen Kräfte verwirrt.

Kṛṣṇa wollte Brahmā davon überzeugen, dass die Kälber und die Knaben, die nun mit Ihm spielten, nicht die ursprünglichen waren, und so verwandelten sich die Knaben und die Kälber in Viṣṇu-Formen. In

Wirklichkeit schliefen die ursprünglichen Knaben und Kälber immer noch unter dem Zauber von Brahmās mystischen Kräften. Die Kälber und Knaben jedoch, die Brahmā vor sich sah, waren direkte Erweiterungen Kṛṣṇas, oder Viṣṇus. Viṣṇu ist eine Erweiterung Kṛṣṇas, und diese Viṣṇu-Formen erschienen nun vor Brahma. Alle Viṣṇus hatten eine blaue Körpertönung und waren in gelbe Gewänder gekleidet. Sie hatten vier Arme, und in Ihren Händen hielten Sie Feuerrad, Lotosblume, Keule und Muschelhorn. Sie trugen funkelnde, mit Juwelen besetzte Helme, und Sie waren mit Perlen und Ohrringen geschmückt und mit prächtigen Blumengirlanden bekränzt. Auf Ihrer Brust befand sich das Śrīvatsa-Zeichen, und Ihre Arme wurden von Armreifen und anderen Schmuckstücken geziert. Ihre Hälse glichen Muscheln, an Ihren Fußgelenken hingen Glöckchen, um Ihre Hüfte schwang sich ein goldener Gürtel, und an Ihren Fingern steckten Ringe aus Juwelen. Brahmā sah ebenfalls, dass über den ganzen Körper eines jeden Śrī Viṣṇus, von den Lotosfüßen bis zum Kopf, frische *tulasī*-Blätter und -Knospen gestreut waren. Ein anderes wichtiges Merkmal der Viṣṇu-Formen war Ihre transzendentale Schönheit. Ihr Lächeln glich dem Mondschein, und Ihre Blicke waren wie der frühe Sonnenaufgang. Allein schon durch Ihren erhabenen Blick offenbarten Sie Sich als die Schöpfer und Erhalter der Erscheinungsweisen der Unwissenheit und Leidenschaft. Viṣṇu repräsentiert die Erscheinungsweise der Tugend, Brahmā die Erscheinungsweise der Leidenschaft und Śiva die Erscheinungsweise der Unwissenheit. Als Erhalter der gesamten kosmischen Manifestation ist Viṣṇu auch der Schöpfer und der Erhalter Brahmās und Śivas.

Nachdem Sich Śrī Viṣṇu auf diese Weise manifestiert hatte, sah Brahmā, wie viele andere Brahmās, Śivas und Halbgötter bis hin zu so unbedeutenden Lebewesen wie Ameisen und Gräsern – mit anderen Worten, sowohl die sich bewegenden als auch die sich nicht bewegenden Lebewesen – Śrī Viṣṇu tanzend umringten. Dazu erklangen verschiedene Arten von Musik, und so brachte jeder Śrī Viṣṇu seine Verehrung dar. Brahmā erkannte auch, dass die Viṣṇu-Formen vollkommene mystische Kraft besaßen, angefangen mit der *aṇimā*-Vollkommenheit, durch die man so klein wie ein Atom werden kann, bis hin zu der Vollkommenheit, unbegrenzt wie die kosmische Manifestation zu werden. Alle mystischen Kräfte Brahmas, Śivas und der anderen Halbgötter sowie die 24 Elemente der kosmischen Manifestation waren in der Person Viṣṇus vollständig vereint, und auch die untergeordneten mystischen Kräfte nahmen aufgrund von Śrī Viṣṇus unermesslicher Macht an Seiner Verehrung teil. Alle brachten Ihm ihre Verehrung dar. Die Zeit, der Raum, die kosmische Manifestation, die Kraft der Erneuerung, die Wünsche, die Aktivitäten und die drei Erscheinungsweisen der materiellen Natur. Brahmā erkannte auch, dass Śrī Viṣṇu die Quelle aller Wahrheit, allen Wissens und aller Glückseligkeit ist. Er vereinigt in Sich die drei transzendentalen Aspekte Ewigkeit, Wissen und Glückseligkeit, und Er ist das Ziel der Verehrung für all diejenigen, die den Upaniṣaden folgen.

Brahmā erkannte darüber hinaus, dass die Verwandlung der Knaben und Kälber in Viṣṇu-Formen nicht durch die Art von mystischen Kräften stattgefunden hatte, wie sie einem Yogi oder einem Halbgott verliehen sind. All diese Formen, in die sich die Knaben und die Kälber verwandelt hatten, waren als Viṣṇu-*mūrtis* keine Manifestationen *viṣṇu-māyās*, der Energie Viṣṇus, sondern Viṣṇu selbst. Die Eigenschaften Viṣṇus und *viṣṇu-māyās* sind mit Feuer und Hitze vergleichbar. Hitze besitzt zwar die Eigenschaft des Feuers, nämlich Wärme, doch sie ist nicht das Feuer. Die Manifestation der Viṣṇu-Formen war also nicht wie die Hitze, sondern vielmehr wie das Feuer, denn Sie alle waren tatsächlich Viṣṇu. Die Eigenschaften Viṣṇus sind vollkommene Wahrheit, vollkommenes Wissen und vollkommene Glückseligkeit. Ein anderes Beispiel besagt, dass sich materielle Gegenstände gleichzeitig an vielen Orten widerspiegeln können. Wenn sich z. B. die Sonne in einer Reihe von Wassertöpfen widerspiegelt, so sind diese Spiegelbilder – obwohl sie wie die Sonne aussehen – nicht die Sonne selbst, denn von ihnen gehen keine wirkliche Hitze und kein wirkliches Licht aus. Im Gegensatz dazu waren alle Viṣṇu-Formen, in die Sich Kṛṣṇa erweitert hatte, mit Viṣṇu Selbst vollkommen identisch. Der besondere Ausdruck in diesem Zusammenhang heißt *satya-jñānānantānanda. Satya* bedeutet „Wahrheit", *jñāna* „vollkommenes Wissen", *ananta* „unbegrenzt" und *ānanda* „vollkommene Glückseligkeit".

Die Herrlichkeiten der Höchsten Persönlichkeit Gottes sind so unermesslich, dass die Unpersönlichkeitsphilosophen, die die Upaniṣaden studieren, niemals die Stufe des Wissens erreichen können, auf der sie diese Erweiterungen begreifen könnten. Insbesondere die transzendentalen Formen der Höchsten Persönlichkeit Gottes befinden sich außerhalb der Reichweite der Unpersönlichkeitsphilosophen, die durch ihr Studium der Upaniṣaden lediglich erkennen können, dass die Absolute Wahrheit nicht materiell ist bzw. nicht durch materielle Energien begrenzt wird. Brahmā hingegen konnte mit seinen begrenzten Kräften dadurch, dass Sich Kṛṣṇa in Viṣṇu-Formen erweitert hatte, verstehen, dass alles in der kosmischen Manifestation – sowohl das Bewegliche als auch das Unbewegliche – aufgrund der Erweiterung der Energie des Höchsten Herrn existiert.

Brahmā war aufgrund seiner begrenzten Fähigkeiten völlig verwirrt, und er wurde sich seiner Begrenztheit innerhalb der Schranken der elf Sinne bewusst. So konnte er erkennen, dass auch er, einer Puppe gleich, nur eine Schöpfung der materiellen Energie ist. Ähnlich wie eine Puppe, die nicht unabhängig nach ihrem eigenen Willen tanzen kann, sondern sich unter der Führung des Puppenspielers, der alle Fäden in der Hand hält, bewegen muss, sind auch die Halbgötter und alle anderen Lebewesen der Höchsten Persönlichkeit Gottes untergeordnet. Gemäß dem *Caitanya-caritāmṛta* ist Kṛṣṇa der einzige Meister und alle anderen sind Seine Diener. Die ganze Welt schwimmt auf den Wellen des materiellen Zauberbannes, und die Lebewesen werden wie Stroh hin und her geschwemmt. So kämpfen sie ständig um ihr Leben. Doch sowie man sich bewusst wird, dass man der ewige Diener der Höchsten Persönlichkeit Gottes ist, findet diese *māyā*, das heißt der illusorische Kampf ums Dasein, sein Ende.

Brahmā, der Herr der Göttin der Gelehrsamkeit, der als die größte Autorität im vedischen Wissen gilt, war verwirrt, da er außerstande war, die ungewöhnliche Macht zu verstehen, die die Höchste Persönlichkeit Gottes entfaltete. Niemand also in der materiellen Welt, nicht einmal eine Persönlichkeit wie Brahmā, ist in der Lage, die mystischen Kräfte des Höchsten Herrn zu verstehen. Brahmā war bereits völlig verwirrt, als er die Manifestation der Erweiterungen Kṛṣṇas nur sah, wie hätte er dann in der Lage sein können, diese Manifestationen zu verstehen?

Kṛṣṇa hatte Mitleid mit Brahmā, denn dieser konnte nicht verstehen, wie Kṛṣṇa die Formen Viṣṇus entfaltete und Sich in die Kälber und Kuhhirtenjungen verwandelte, wobei Er gleichzeitig die Viṣṇu-Formen vollkommen offenbarte und auf diese Weise plötzlich den Vorhang *yoga-māyās* über den Schauplatz zog. In der *Bhagavad-gītā* wird gesagt, dass Kṛṣṇa, die Höchste Persönlichkeit Gottes, nicht sichtbar sei, weil Er vom Schleier *yoga-māyās* verhüllt werde. Der Schleier, der die Realität verhüllt, wird als *mahā-māyā* bezeichnet, die äußere Energie, die es der bedingten Seele nicht erlaubt, die Höchste Persönlichkeit Gottes, die Sich jenseits der kosmischen Manifestation befindet, zu verstehen. Doch die Energie, durch die die Höchste Persönlichkeit Gottes in gewisser Hinsicht enthüllt wird und dennoch teilweise verborgen bleibt, wird *yoga-māyā* genannt. Brahmā ist keine gewöhnliche bedingte Seele. Er ist allen anderen Halbgöttern weit überlegen, dennoch konnte er die Entfaltung der Energien der Höchsten Persönlichkeit Gottes nicht verstehen. Aus diesem Grunde verzichtete Kṛṣṇa darauf, weitere Energien zu manifestieren. Angesichts derartiger Manifestationen wird die bedingte Seele nur verwirrt, und es besteht nicht die geringste Hoffnung, dass sie irgendetwas davon versteht. Daher ließ Kṛṣṇa den Schleier *yoga-māyās* über die Szene fallen, damit Brahmā nicht noch mehr verwirrt wurde.

Als Brahmā von seiner Verwirrtheit befreit war, schien er aus einem todähnlichen Zustand zu erwachen. Er öffnete langsam die Augen, was ihm große Schwierigkeiten bereitete, und als er sich umsah, konnte er die ewige kosmische Manifestation wieder mit gewöhnlicher Sichtweise wahrnehmen. Er sah die unvergleichliche Schönheit von Vṛndāvana – mit seinen zahllosen Bäumen –, das die Lebensquelle aller Lebewesen ist. Vor seinen Augen breitete sich das ganze heilige Land von Vṛndāvana aus, wo alle Lebewesen transzendental zur gewöhnlichen Natur sind. Im Wald von Vṛndāvana leben selbst wilde Tiere wie Tiger friedlich mit den Rehen und den Menschen zusammen. Er konnte verstehen, dass Vṛndāvana aufgrund der Anwesenheit der Höchsten Persönlichkeit Gottes transzendental zu allen anderen Orten ist und dass dort weder Lust noch Gier zu finden sind.

Auf diese Weise erblickte Brahmā Śrī Kṛṣṇa, die Höchste Persönlichkeit Gottes, der die Rolle eines gewöhnlichen Kuhhirtenjungen spielte. Er sah diesen kleinen Jungen, der in Seiner linken Hand eine Süßigkeit hielt und nach Seinen Freunden und den Kälbern suchte, genau wie Er es vor einem Jahr getan hatte, als die Knaben und Kälber plötzlich verschwunden waren.

Brahmā stieg augenblicklich von seinem großen Schwan herunter und fiel wie ein goldener Stab vor dem Herrn zu Boden, um Ihm seine Ehrerbietungen zu erweisen. Das Wort, das unter Vaiṣṇavas für diese

Art der Ehrerbietung gebraucht wird, lautet *daṇḍavat*, was so viel bedeutet wie „gleich einem Stock zu Boden fallen". Man sollte einem höherstehenden Vaiṣṇava seine Ehrerbietungen erweisen, indem man sich wie ein Stab langausgestreckt vor ihm zu Boden wirft. So brachte Brahmā seine Ehrerbietungen dar, und weil er eine goldene Körperfarbe hatte, glich er einem goldenen Stab, der vor Śrī Kṛṣṇa lag. Alle vier Helme auf den Köpfen Brahmās berührten Kṛṣṇas Lotosfüße, und weil Brahmā von Glückseligkeit erfüllt war, vergoss er Freudentränen, die Kṛṣṇas Lotosfüße benetzten. Immer wieder erhob sich Brahmā, um erneut Ehrerbietungen darzubringen, und dabei erinnerte er sich unablässig an die wunderbaren Taten des Herrn. Nachdem Brahmā auf diese Weise für lange Zeit seine Ehrerbietungen dargebracht hatte, stand er auf und rieb sich die Augen. Dann begann er zitternd, dem Herrn, der vor ihm stand, mit großer Achtung, Demut und Aufmerksamkeit Gebete darzubringen.

Hiermit enden die Bhaktivedanta-Erläuterungen zum 13. Kapitel des Kṛṣṇa-Buches mit dem Titel „Brahmā stiehlt die Knaben und Kälber".

KAPITEL 14

Brahmā bringt Śrī Kṛṣṇa seine Gebete dar

Brahmā betete: „Lieber Herr, Du bist der einzige verehrungswürdige Höchste Herr, die Persönlichkeit Gottes. Ich bringe Dir meine demütigen Ehrerbietungen und Gebete dar, um Dich zu erfreuen. Deine Körpertönung gleicht der Farbe frischer Regenwolken, und um Dich herum erstrahlt ein silbrig glänzender Schimmer, der von Deinem gelben Gewand ausgeht.

Immer wieder erweise ich dem Sohne Nanda Mahārājas meine respektvollen Ehrerbietungen, der mit Muschelhorn, glänzenden Ohrringen und einer Pfauenfeder in Seinem Haar vor mir steht. Sein Antlitz ist unbeschreiblich schön, Er trägt einen Helm, um Seinen Hals schwingt sich eine Girlande aus bunten Waldblumen, und in Seiner Hand hält Er einen kleinen Happen zu Essen. So steht Er mit zierlichen Lotosfüßen vor mir. Zusätzlich wird er geschmückt von einem Hirtenstab, einem Hirtenhorn, einem Büffelhorn sowie von einer Flöte.

Mein lieber Herr, die Menschen mögen sagen, ich sei der Meister des vedischen Wissens. Sie halten mich für den Schöpfer des Universums, doch nun hat es sich gezeigt, dass ich nicht imstande bin zu verstehen, dass du als Kind vor mir stehst. Du spielst gemeinsam mit Deinen Freunden und Kälbern, was zum Gedanken verleiten könnte, Du besäßest nicht einmal eine ausreichende Bildung. Du erscheinst vor mir wie ein kleiner Dorfjunge, der in seiner Hand etwas zum Essen hält und der nach seinen verlorenen Kälbern sucht. Und dennoch besteht zwischen Deinem Körper und meinem ein so großer Unterschied, dass ich nicht in der Lage bin, die Energien Deines Körpers zu ermessen. Wie ich bereits in der *Brahma-saṁhitā* gesagt habe, ist Dein Körper nicht materiell.“

In der *Brahma-saṁhitā* erklärt Brahmā, dass der Körper des Herrn vollkommen spirituell sei. Es besteht kein Unterschied zwischen dem Körper des Herrn und Ihm Selbst. Jedes Seiner Gliedmaßen kann die Funktionen aller anderen ausführen. Der Herr kann mit Seinen Händen sehen, mit Seinen Augen hören, Er kann mit Seinen Beinen Opfer annehmen und mit Seinem Mund Dinge erschaffen.

Brahmā fuhr fort: „Du erscheinst zum Wohl Deiner Geweihten als kleiner Hirtenjunge. Obgleich ich große Vergehen gegen Deine Lotosfüße begangen habe, indem ich Deine Freunde und Deine Kälber entführte, sehe ich, dass Du trotz alledem barmherzig zu mir bist. Dies zeigt Deine transzendentale Eigenschaft, Deinen Geweihten sehr zugeneigt zu sein. Doch trotz Deiner großen Zuneigung zu mir bin ich nicht in der Lage, die Macht Deiner Taten zu ermessen. Wenn sogar ich, Brahmā, die höchste Persönlichkeit in diesem Universum, meine Unfähigkeit eingestehen muss, den kindgleichen Körper der Höchsten Persönlichkeit Gottes zu ermessen, kann dies erst recht keinem anderen gelingen. Und wenn ich nicht einmal die spirituelle Macht Deines kindgleichen Körpers zu ermessen vermag, wie könnte ich dann jemals Deine transzendentalen Spiele verstehen? Aus diesem Grunde vermittelt die *Bhagavad-gītā*, dass jeder, der nur ein wenig über die transzendentalen Spiele und das transzendentale Erscheinen und Fortgehen des Herrn weiß, sogleich in das Reich Gottes eingehen kann, nachdem er den materiellen Körper aufgegeben hat. Diese Aussage wird auch von den Veden bestätigt, worin es heißt: ‚Einfach dadurch, dass man die Höchste Persönlichkeit Gottes versteht, kann man die Ketten des Kreislaufs von Geburt und Tod sprengen.' Ich rate daher allen davon ab zu versuchen, Dich durch Spekulieren zu verstehen.

Der beste Vorgang, Wissen über Dich zu erlangen, besteht darin, alles Spekulieren aufzugeben und zu versuchen, in ergebener Haltung über Dich zu hören – entweder von Dir Selbst in Form Deiner Lehren, wie sie in der *Bhagavad-gītā* und ähnlichen vedischen Schriften niedergeschrieben sind, oder von einem erleuchteten Gottgeweihten, der Zuflucht bei Deinen Lotosfüßen gesucht hat. Man muss von einem Gottgeweihten hören ohne zu spekulieren. Es ist jedoch nicht notwendig, seine Position in der materiellen Welt aufzugeben. Es genügt schon, einfach nur über Dich zu hören. Obwohl Du nicht mit Hilfe der materiellen Sinne verstanden werden kannst, kann man dennoch die Unwissenheit falscher Vorstellungen überwinden, indem man einfach über Dich hört. Allein aus Deiner Gnade offenbarst Du Dich einem Gottgeweihten. Es gibt keinen anderen Weg, um zu Dir zu gelangen. Die Entwicklung spekulativen Wissens ohne eine Spur von hingebungsvollem Dienst ist eine nutzlose Zeitverschwendung auf der Suche nach Dir. Hingebungsvoller Dienst ist so bedeutsam, dass selbst die kleinste Bemühung den Gottgeweihten auf die höchste Stufe der Vollkommenheit erheben kann. Man sollte daher niemals den glückverheißenden Vorgang des hingebungsvollen Dienstes missachten und sich der Spekulation zuwenden. Durch diese Methode der Spekulation kann man unter Umständen einen Teil Deiner kosmischen Manifestation verstehen, doch es ist unmöglich, Dich, den Ursprung alles Existierenden, auf diese Weise zu erkennen. Wer nur an spekulativem Wissen interessiert ist, vergeudet einfach nur seine kostbare Zeit und Energie. Er gleicht einem Menschen, der aus leeren Hülsen Reis dreschen möchte. Man kann die Reiskörner mit einem Dreschflegel enthülsen und auf diese Weise den Reis gewinnen, doch wenn die Hülsen leer sind, hat es keinen Sinn, selbst eine große Menge davon zu dreschen. Es wäre eine völlig nutzlose Arbeit. O Herr, in der Menschheitsgeschichte gibt es viele Beispiele dafür, dass jemand, der vergeblich versucht hatte, die transzendentale Ebene zu erreichen, sich mit Körper, Geist und Worten dem hingebungsvollen Dienst zuwandte und so die höchste Stufe der Vollkommenheit erreichte, indem er in Dein Reich einging. Die

Versuche, Dich durch Spekulation oder mystische Meditation zu verstehen, sind ohne hingebungsvollen Dienst nutzlos. Man sollte sich deshalb in Deinem hingebungsvollen Dienst beschäftigen, sogar im Bereich seiner alltäglichen Tätigkeiten, und man sollte ständig Deine Nähe suchen, indem man über Deinen transzendentalen Ruhm chantet und hört. Einfach dadurch, dass man Geschmack daran findet, über Deinen Ruhm zu chanten und zu hören, kann man die höchste Stufe der Vollkommenheit erreichen und somit Dein Reich betreten. Jeder, der immer mit Dir verbunden bleibt, indem er über Deine ruhmreichen Taten und Spiele chantet und hört und Dir zu Deiner Zufriedenstellung die Früchte seiner Arbeit opfert, kann mit Leichtigkeit und voller Glückseligkeit in Dein ewiges Reich zurückkehren. Nur Menschen, deren Herz von jeglicher Verunreinigung befreit ist, können Dich erkennen. Das Herz kann man nur reinigen, wenn man über Deine Herrlichkeiten hört und chantet."

Der Herr ist alldurchdringend. Śrī Kṛṣṇa sagt in der *Bhagavad-gītā:* „Von Mir wird alles erhalten, doch gleichzeitig bin Ich nicht in allem." Weil Kṛṣṇa allgegenwärtig ist, kann nichts außerhalb Seines Wissens existieren. Das alldurchdringende Wesen der Höchsten Persönlichkeit Gottes kann niemals vom begrenzten Wissen des winzigen Lebewesens erfasst werden. Nur ein Mensch, dessen Geist durch Konzentration auf die Lotosfüße des Herrn stetig geworden ist, kann den Höchsten Herrn bis zu einem gewissen Grade verstehen. Es ist die Beschäftigung des Geistes, ständig umherzuwandern und Objekte der Sinnenbefriedigung zu betrachten. Deshalb kann nur jemand, der seine Sinne im Dienste des Herrn beschäftigt, den Geist beherrschen und sich auf die Lotosfüße des Herrn konzentrieren. Die Konzentration des Geistes auf die Lotosfüße des Herrn wird *samādhi* genannt. Solange man nicht die Stufe des *samādhi*, der Trance, erreicht hat, kann man das Wesen der Höchsten Persönlichkeit Gottes nicht verstehen. Es mag vielleicht einige Philosophen und Wissenschaftler geben, die in der Lage sind, die atomare Zusammensetzung des Kosmos zu verstehen. Vielleicht können sie sogar die Atome des Weltalls, der Planeten und der Sterne, unter Umständen sogar die Lichtteilchen der Sonne und der Sterne sowie anderer Leuchtkörper zählen. Die Eigenschaften der Höchsten Persönlichkeit Gottes jedoch sind unzählig.

Wie zu Beginn des *Vedānta-sūtra* erklärt wird, ist die Höchste

Person der Ursprung aller Eigenschaften. Die Höchste Person wird im Allgemeinen als *nirguṇa* bezeichnet. *Nirguṇa* bedeutet „dessen Eigenschaften unermesslich sind" (*guṇa* bedeutet „Eigenschaft", und *nir* bedeutet „jenseits des Ermessens"). Die Unpersönlichkeitsanhänger geben dem Wort *nirguṇa* die Bedeutung „keine Eigenschaften habend". Weil sie nicht in der Lage sind, die Eigenschaften des Höchsten Herrn durch spirituelle Verwirklichung zu erkennen, kommen sie zu der Schlussfolgerung, der Höchste Herr habe keine Eigenschaften. Doch dies ist ein Trugschluss. In Wirklichkeit ist der Höchste Herr die Quelle aller Eigenschaften, die in nichtendender Fülle aus Ihm hervorgehen. Wie könnte also ein begrenztes Lebewesen jemals die Eigenschaften des Herrn zählen? Und selbst wenn jemand für einen Augenblick die Eigenschaften Kṛṣṇas ermessen könnte, so müsste er doch schon im nächsten Augenblick feststellen, dass sich die Eigenschaften des Herrn vermehrt haben. Es ist also nicht möglich, die transzendentalen Eigenschaften des Herrn zu zählen, und deshalb wird Er *nirguṇa* genannt.

Man sollte daher nicht versuchen, die Eigenschaften des Herrn durch mentale Spekulation zu ermessen. Es ist völlig überflüssig, den Weg der Spekulation einzuschlagen oder körperliche Übungen zu betreiben, um Vollkommenheit im mystischen Yoga zu erreichen. Man braucht lediglich zu verstehen, dass die Leiden und Freuden des Körpers bereits vorherbestimmt sind und dass es daher keinen Zweck hat, den Leiden des körperlichen Daseins ausweichen zu wollen oder zu versuchen, durch verschiedene körperliche Übungen glücklich zu werden. Es ist das Beste, sich der Höchsten Persönlichkeit Gottes mit Körper, Geist und Worten hinzugeben und ständig in Seinem Dienst beschäftigt zu sein. Nur durch diese transzendentale Bemühung kann man den gewünschten Erfolg erzielen, wohingegen andere Versuche, die Absolute Wahrheit zu verstehen, zum Scheitern verurteilt sind. Ein intelligenter Mensch vergeudet daher seine Zeit nicht mit dem Versuch, der Absoluten Wahrheit durch Spekulation oder mystische Kräfte näherzukommen. Er beschäftigt sich vielmehr im hingebungsvollen Dienst und macht sich von der Höchsten Persönlichkeit Gottes abhängig. Er weiß, dass alles, was seinem Körper widerfährt, eine Reaktion auf vorangegangene fruchtbringende Tätigkeiten ist. Wenn man solch ein einfaches Leben im hingebungsvollen Dienst führt, erlangt man automatisch das transzendentale Reich des Herrn. Ursprünglich ist jedes Lebewesen ein Teilchen des Höchsten Herrn, ein Sohn Gottes. Jeder hat das natürliche Recht, die transzendentale Freude des Höchsten Herrn zu erben und daran teilzuhaben. Doch weil die bedingten Lebewesen eine Beziehung zur Materie eingegangen sind, haben sie sich praktisch um diese Erbschaft gebracht. Nur wenn man sich dem einfachen Vorgang des hingebungsvollen Dienstes widmet, kann man von materieller Verunreinigung wieder befreit werden und auf die transzendentale Ebene gelangen, wo man die Möglichkeit bekommt, sich der Gemeinschaft mit dem Höchsten Herrn zu erfreuen.

Brahmā erklärte Śrī Kṛṣṇa, er halte sich für das anmaßendste Lebewesen, denn er habe die wunderbare Macht des Herrn auf die Probe stellen wollen. Er entführte Kṛṣṇas Freunde und Kälber, nur um zu sehen, wie der Herr sie wiederfinden würde. Doch daraufhin gestand Brahmā ein, dass er höchst vermessen gewesen sei, als er versuchte, seine eigene Energie mit der des Allmächtigen, des Ursprungs aller Energien, zu messen. Als Brahmā, der in den Augen aller anderen Lebewesen dieses materiellen Universums ein sehr mächtiges Lebewesen ist, wieder zur Vernunft kam, erkannte er, dass seine vielgepriesene Macht im Vergleich zur Macht und Energie der Höchsten Persönlichkeit Gottes völlig unbedeutend ist. Die Wissenschaftler der materiellen Welt haben einige erstaunliche Dinge wie zum Beispiel die Atombombe erfunden. Wenn solche Waffen auf einer Stadt oder irgendeinem kleinen Gebiet der Erde zur Anwendung kommen, scheint es, als wären sie in der Lage, riesengroße Verwüstungen zu verursachen. Doch was würden sie ausrichten, wenn sie auf der Sonne gezündet würden? Ihre Wirkung wäre dort völlig unbedeutend. Ebenso mag die Entführung der Hirtenjungen und Kälber ein außerordentliches Schauspiel der mystischen Kräfte Brahmās gewesen sein, doch als Sich Śrī Kṛṣṇa in all die verschiedenen Kälber und Knaben erweiterte und sie mühelos manifestiert hielt, erkannte Brahmā, dass seine Macht höchst unbedeutend war.

Brahmā bezeichnete Śrī Kṛṣṇa als *acyuta*, weil der Herr nicht einmal den kleinsten Dienst vergisst, den Ihm Sein Geweihter darbringt. Er ist Seinen Geweihten so gütig gesinnt und ihnen so zugeneigt, dass Er bereits den kleinsten Dienst als etwas sehr Wertvolles annimmt. Brahmā hatte dem Herrn zweifellos schon viele Dienste geleistet, und als der höchste Verwalter des Universums ist er gewiss ein treuer Diener Kṛṣṇas. Deshalb gelang es ihm, Kṛṣṇas Wohlwollen zu erwerben. Er bat den Herrn daher, ihn als Seinen ergebenen Diener zu betrachten, dem man kleine Fehltritte und Vermessenheiten ausnahmsweise einmal verzeihen könne. Er gab zu, dass er aufgrund seiner mächtigen Stellung als Brahmā überheblich geworden sei. Brahmā ist in dieser Welt die qualitative Inkarnation der Erscheinungsweise der Leidenschaft, weshalb dieser Stolz für ihn ganz natürlich war. Dies war der Grund, warum er seinen Fehler beging. Da Brahmā letztendlich Śrī Kṛṣṇas Untergebener war, hoffte er darauf, dass der Herr ihm gegenüber Mitleid zeigen und ihm diesen großen Fehler verzeihen würde.

Brahmā erkannte seine wirkliche Position. Er ist ohne Zweifel der höchste Lehrer im Universum. Auch ist er für die Schöpfung der materiellen Natur verantwortlich, die aus der Gesamtheit der materiellen Energie, dem falschen Ego, dem Äther, der Luft, dem Feuer, dem Wasser und der Erde, besteht. Obwohl ein Universum von gigantischen Ausmaßen ist, kann man seine Größe ebenso mithilfe von Handspannen beschreiben wie die Länge unseres Körpers. Im Allgemeinen schätzt man die Größe eines Menschen auf sieben Handspannen. Unser Universum mag uns zwar unvorstellbar groß erscheinen, aber für Brahmā misst es nicht mehr als sieben Handspannen. Außer unserem Universum gibt es noch unzählige andere Universen, die sich jenseits des Einflussbereiches unseres Brahmās befinden. So wie zahllose Atome durch ein Mückennetz dringen, das vor einem Fenster aufgespannt wurde, so gehen Millionen und Abermillionen von Universen in ihrer samenähnlichen Form aus den Poren Mahā-viṣṇus hervor, und Mahā-viṣṇu ist nur ein Teil eines Teils der vollständigen Erweiterung Kṛṣṇas. Brahmā ist zwar das höchste Lebewesen im Universum, doch wie bedeutend ist er im Vergleich zu Śrī Kṛṣṇa?

Brahmā verglich sich daher mit einem Kind im Mutterleib. Wenn das Kind im Mutterleib seine Arme und Beine bewegt und dabei die Mutter stößt, wird diese dann zornig werden? Natürlich nicht. Ebenso mag Brahmā zwar eine große Persönlichkeit sein, doch befindet auch er sich, genau wie alles andere in der Welt, im Leib der Höchsten Persönlichkeit Gottes. Die Energie des Herrn ist alldurchdringend: Es gibt keinen Teil der Schöpfung, in dem sie nicht aktiv ist. Da alles in der Energie des Herrn existiert, befinden sich daher sowohl der Brahmā unseres Universums als auch die Brahmās all der anderen Millionen und Abermillionen von Universen innerhalb der Energie des Herrn.

Aus diesem Grunde wird der Höchste Herr auch als die Mutter angesehen, und alles, was sich in Seinem Leib befindet, als Sein Kind. Die gütige Mutter ist niemals böse auf ihr Kind, selbst dann nicht, wenn das Kind sie im Mutterleib mit seinen Füßen tritt.

Daraufhin beschrieb Brahmā, wie er auf der Lotosblume geboren wurde, die nach der Zerstörung der drei Planetensysteme Bhurloka, Bhuvarloka und Svarloka aus dem Nabel Nārāyaṇas wuchs. Das Universum ist in drei Planetensysteme unterteilt: Svarga, Martya und Pātāla. Diese drei Planetensysteme werden zur Zeit der Vernichtung des Universums von Wasser überflutet. Zu der Zeit legt Sich Nārāyaṇa, die vollständige Teilerweiterung Kṛṣṇas, auf diesem Wasser nieder. Aus Seinem Nabel wächst allmählich ein Lotos, und auf dieser Lotosblüte wird Brahmā geboren. So ist es zu erklären, dass Nārāyaṇa manchmal als die Mutter Brahmās bezeichnet wird. Der Herr wird Nārāyaṇa genannt, weil nach der Vernichtung des Universums alle Lebewesen in Ihm ruhen. Das Wort *nāra* bedeutet „die Gesamtheit aller Lebewesen", und *ayana* bedeutet „Ruhestätte". Garbhodakaśāyī Viṣṇu wird Nārāyaṇa genannt, nicht nur weil Er die endgültige Ruhestätte aller Lebewesen ist, sondern auch, weil Er auf dem Wasser des Universums ruht. Außerdem ist Nārāyaṇa, wie in der *Bhagavad-gītā* bestätigt wird, im Herzen eines jeden Lebewesens anwesend. Auch in diesem Sinne ist der Herr Nārāyaṇa, denn *ayana* bedeutet sowohl „der Ursprung des Wissens" als auch „Ruhestätte". In der *Bhagavad-gītā* wird ebenfalls bestätigt, dass die Fähigkeit, sich an etwas zu erinnern, von der Überseele im Herzen kommt. Wenn das Lebewesen seinen Körper wechselt, vergisst es sein ganzes vergangenes Leben, doch Nārāyaṇa, der als Überseele im Herzen gegenwärtig ist, erinnert das Lebewesen daran, so zu handeln, wie es seinen früheren Wünschen entspricht. Brahmā wollte mit seinem Gebet aufzeigen, dass Kṛṣṇa der ursprüngliche Nārāyaṇa, das heißt der Ursprung Nārāyaṇas, ist und dass Nārāyaṇa keine Schöpfung der äußeren Energie, sondern eine Erweiterung der spirituellen Energie ist. Die äußere Energie, *māyā*, beginnt ihre Aktivität erst nach der Schöpfung der kosmischen Welt, wohingegen die ursprüngliche spirituelle Energie Nārāyaṇas bereits vor der Schöpfung aktiv ist. Die Erweiterungen Nārāyaṇas, von Nārāyaṇa zu Kāraṇodakaśāyī Viṣṇu, von Kāraṇodakaśāyī Viṣṇu zu Garbhodakaśāyī Viṣṇu, von Garbhodakaśāyī Viṣṇu zu Kṣīrodakaśāyī Viṣṇu und von Kṣīrodakaśāyī Viṣṇu in das Herz aller

Lebewesen sind eigentlich Kṛṣṇas Erweiterungen, Manifestationen Seiner spirituellen Energie. Diese Erweiterungen sind keine Manifestationen der materiellen Energie, weshalb sie nicht zeitweilig sind. Alles, was dem Einfluss der materiellen Energie unterliegt, ist vergänglich, wohingegen alles, was unter der Führung der spirituellen Energie geschieht, ewig ist.

Brahmā betonte noch einmal, dass Kṛṣṇa der ursprüngliche Nārāyaṇa sei, und sagte, dass die gigantische universale Form des Herrn immer noch auf dem Wasser des Garbhodaka-Ozeans liege. Er fuhr fort: „Diese gigantische universale Form ist eine weitere Manifestation Deiner Energie. Weil Deine universale Form auf dem Wasser ruht, ist sie ebenfalls Nārāyaṇa, und wir alle befinden uns im Leib dieser Nārāyaṇa-Form. Ich kann überall Deine verschiedenen Nārāyaṇa-Formen wahrnehmen. Ich sehe Dich auf dem Wasser, ich sehe Dich in meinem Herzen, und nun sehe ich Dich sogar direkt vor mir. Du bist der ursprüngliche Nārāyaṇa.

Mein lieber Herr, in Deiner jetzigen Erscheinung hast Du bewiesen, dass *māyā* ganz unter Deiner Aufsicht steht. Obgleich Du Dich in der kosmischen Schöpfung aufhältst, ruht diese dennoch zur gleichen Zeit in Dir. Dies hast Du bewiesen, als Du Mutter Yaśodā die gesamte universale Schöpfung in Deinem Mund zeigtest. Solche Dinge kannst Du, ohne äußere Hilfe, allein durch Deine unvorstellbare Energie *yogamāyā*, vollbringen.

Mein lieber Śrī Kṛṣṇa, die gesamte kosmische Manifestation, die wir sehen, befindet sich in Deinem Körper, dennoch kann ich Dich außerhalb davon erblicken. Auch Du siehst mich außerhalb Deines Körpers. Wie könnte so etwas ohne den Einfluss Deiner unermesslichen Energie geschehen?"

Brahmā betont hier besonders die Tatsache, dass man für nichts die richtige Erklärung finden kann, solange man nicht die unvorstellbare Energie der Höchsten Persönlichkeit Gottes anerkennt. So fuhr er fort: „Lieber Herr, selbst wenn wir alles andere außer Acht lassen und nur die heutigen Geschehnisse betrachten – das, was sich vor meinen Augen abgespielt hat –, so gelangt man zur Schlussfolgerung, dass auch sie einzig und allein auf Deine unvorstellbaren Energien zurückzuführen sind. Als ich Dich ganz am Anfang sah, warst Du allein, dann hast Du Dich in Deine Kuhhirtenfreunde, die Kälber und ganz Vṛndāvana erweitert.

Daraufhin sah ich Dich und all Deine Freunde sowie die Kälber als vierarmige Viṣṇus, die von allen Elementen und von allen Halbgöttern, sogar von mir selbst, verehrt wurden. Schließlich wurden Sie alle vor meinen Augen wieder zu Hirtenjungen, und Du standest wieder allein da wie am Anfang. Ist all dies nicht ein eindeutiger Beweis dafür, dass Du der Höchste Śrī Nārāyaṇa bist, der Ursprung allen Seins, dass alles von Dir ausgeht und wieder in Dich eingeht, wobei Du dennoch stets der gleiche bleibst? Menschen, die Deine unvorstellbare Energie nicht kennen, können nicht verstehen, dass Du Dich als der Schöpfer (Brahmā), als Erhalter (Viṣṇu) und als der Zerstörer (Śiva) inkarnierst. Wer sich dieser Tatsachen nicht bewusst ist, glaubt, ich, Brahmā, wäre der Schöpfer, Viṣṇu wäre der Erhalter und Śiva der endgültige Zerstörer. In Wirklichkeit aber bist Du alles – der Schöpfer wie auch der Erhalter und der Zerstörer. Ebenso erweiterst Du Dich in verschiedene Inkarnationen. Unter den Halbgöttern erscheinst Du als Vāmanadeva, unter den großen Weisen als Paraśurāma, unter den Menschen erscheinst Du in Deiner ursprünglichen Form als Śrī Kṛṣṇa oder auch als Śrī Rāma, unter den Landtieren erscheinst Du als die Eber-Inkarnation und unter den Wassertieren als die Fisch-Inkarnation. Dennoch gibt es für Dich kein Erscheinen oder Verschwinden, denn Du bist ewig. Dein Erscheinen und Weggehen wird durch Deine unbegreifliche Energie ermöglicht, nur um die aufrichtigen Gottgeweihten zu beschützen und die ungläubigen Dämonen zu vernichten. O Herr, o alldurchdringende Höchste Persönlichkeit Gottes, o Überseele, Meister aller mystischen Kräfte, niemand kann Deine transzendentalen Spiele begreifen, die Du in den drei Welten offenbarst! Niemand kann sich vorstellen, wie Du Deine *yoga-māyā*-Energie und Deine Inkarnationen entfaltest und wie Du durch Deine transzendentale Energie handelst. Lieber Herr, die gesamte kosmische Manifestation gleicht einem kurz aufflackernden Traum, und ihr zeitweiliges Wesen verwirrt die Lebewesen nur. Infolgedessen fristen wir ein angsterfülltes Dasein. In der materiellen Welt zu leben, bedeutet nichts weiter als zu leiden und ständig neue Leiden ertragen zu müssen. Trotzdem scheint die zeitweilig existierende materielle Welt ein angenehmer und schöner Ort zu sein, da sie aus Deinem transzendentalen Körper hervorgegangen ist, der ewig, voller Glückseligkeit und voller Wissen ist.

Aus all diesen Gründen bin ich zu dem Schluss gekommen, dass Du die Höchste Seele, die Absolute Wahrheit und die höchste, ursprüngliche Person bist. Und obgleich Du Dich durch Deine unvorstellbaren transzendentalen Energien in unendlich viele Viṣṇu-Formen und unzählige Lebewesen und Energien erweitert hast, bist Du dennoch der Höchste Absolute, dem keiner gleichkommt. Du bist die höchste Überseele. Die unzähligen Lebewesen sind wie Funken, die von Dir, o Herr, dem ursprünglichen Feuer, stammen. Die Vorstellung, die Überseele wäre unpersönlich, ist falsch, denn ich sehe, dass Du die ursprüngliche Person bist. Weil Du der Sohn Nanda Mahārājas bist, könnte ein Mensch mit geringem Wissen vielleicht meinen, Du wärest wie ein gewöhnlicher Mensch geboren worden und Du könnest aus diesem Grunde unmöglich die ursprüngliche Person sein, doch diese Annahme ist ein großer Irrtum. Du bist die wahre ursprüngliche Person. Das ist meine endgültige Erkenntnis. Obwohl Du der Sohn Nandas bist, bist Du zweifelsohne die ursprüngliche Person. Du bist die Absolute Wahrheit und befindest Dich daher nicht in der Dunkelheit der materiellen Welt. Du bist die Quelle des ursprünglichen *brahmajyoti* und der materiellen Leuchtkörper – der Sonne, des Mondes und der Sterne. Deine transzendentale Ausstrahlung ist identisch mit dem *brahmajyoti.* Wie in der *Brahma-saṁhitā* erklärt wird, ist das *brahmajyoti* nichts anderes als die Ausstrahlung Deines transzendentalen Körpers. Es gibt unzählige Viṣṇu-Formen und Inkarnationen Deiner transzendentalen Eigenschaften, doch all diese Inkarnationen befinden sich keineswegs auf der gleichen Ebene wie Du. Du bist wie die ursprüngliche Kerze, und Deine Inkarnationen sind wie viele andere Kerzen. Sie mögen die gleiche Leuchtkraft besitzen wie Du, aber Du bist die ursprüngliche Kerze, an der alle anderen Kerzen entzündet werden. Und weil Du nicht eine der vielen Schöpfungen der materiellen Welt bist, wirst Du selbst nach der Vernichtung dieser Welt weiterbestehen.

Da Du die ursprüngliche Persönlichkeit bist, wirst Du in der *Gopāla-tāpanī Upaniṣad* wie auch in der *Brahma-saṁhitā* als *govindam ādi-puruṣam* beschrieben, als Govinda, die urerste Person, die Ursache aller Ursachen. Auch in der *Bhagavad-gītā* heißt es, dass Du der Ursprung der Brahman-Ausstrahlung seist. Niemand sollte daher annehmen, Dein Körper wäre ein gewöhnlicher, materieller Körper. Dein Körper ist *akṣara*, unzerstörbar. Der materielle Körper ist stets dem Angriff der dreifachen materiellen Leiden ausgesetzt, doch Dein Körper ist *sac-cid-ānanda-vigraha:* ewig, voller Wissen und voller Glückseligkeit. Du wirst auch als *nirañjana* bezeichnet, weil Deine Spiele als der kleine Sohn Mutter Yaśodās oder als der Liebhaber der *gopīs* niemals von den materiellen Erscheinungsweisen berührt werden. Obwohl Du Dich in Form so vieler Hirtenjungen und Kälber gezeigt hast, wurde Deine transzendentale Kraft nicht verringert. Du bist immer vollendet und vollkommen. In den vedischen Schriften wird erklärt, dass das Vollkommene, die Höchste Absolute Wahrheit, immer das Höchste Vollkommene bleibt, selbst wenn eine vollkommene Einheit von Ihm fortgenommen wird. Und obwohl viele Erweiterungen vom Vollkommenen ausgehen, bleibt das Vollkommene immer vollkommen und einzigartig. Da alle Deine Spiele spirituell sind, können sie niemals von den Erscheinungsweisen der materiellen Natur verunreinigt werden. Wenn Du Dich Deinem Vater und Deiner Mutter, Nanda und Yaśodā, fügst, bedeutet dies nicht, dass sich Deine Macht verringert. Diese Unterordnung ist vielmehr ein Zeichen der Liebe, die Du für Deine Geweihten empfindest. Es gibt keinen zweiten neben Dir, der Sich mit Dir messen könnte. Törichte Menschen denken, Dein Erscheinen und Deine Spiele wären materiell. Doch wie in der *Gopāla-tāpanī Upaniṣad* erklärt wird, bist Du sowohl zu materieller Unwissenheit als auch zu materiellem Wissen völlig transzendental. Du bist der ursprüngliche *amṛta* (unvergängliche Nektar der Unsterblichkeit), wie in den Veden bestätigt wird: *amṛtaṁ śāśvataṁ brahme.* Das Brahman ist der ewige und höchste Ursprung allen Seins. Es kennt weder Geburt noch Tod.

In den Upaniṣaden wird gesagt, dass das Höchste Brahman, das wie die Sonne leuchtet, der höchste Ursprung alles Existierenden sei und dass jeder, der diese urerste Person verstehen kann, vom materiellen, bedingten Leben befreit werde. Jeder, dem es durch hingebungsvollen Dienst gelingt, Zuneigung zu Dir zu entwickeln, kann Dich Selbst, Deine Geburt, Dein Erscheinen, Dein Fortgehen und Deine Taten verstehen. Wie die *Bhagavad-gītā* bestätigt, wird man einfach dadurch, dass man Deine wirkliche Position, Dein Erscheinen und Dein Fortgehen versteht, sofort befähigt, nach Verlassen des gegenwärtigen Körpers ins spirituelle Königreich erhoben zu werden. Jeder intelligente Mensch, der den Ozean der materiellen Unwissenheit überqueren will, sucht deshalb Zuflucht bei Deinen Lotosfüßen und erreicht so ohne Schwierigkeiten die spirituelle Welt.

Es gibt viele Verblendete, die sogenannte Meditation praktizieren, jedoch nicht wissen, dass Du die Höchste Seele bist. Wie in der *Bhagavad-gītā* erklärt wird, bist Du die Höchste Seele, die im Herzen eines jeden gegenwärtig ist. Deshalb ist es überflüssig, über etwas anderes zu meditieren als über Dich. Jemand, der ständig in Meditation über Deine ursprüngliche Gestalt als Śrī Kṛṣṇa versunken ist, vermag den Ozean der materiellen Unwissenheit mit Leichtigkeit zu überqueren. Wer jedoch nicht weiß, dass Du die Höchste Seele bist, bleibt trotz seiner sogenannten Meditation in der materiellen Welt gefangen. Wenn man jedoch durch die Gemeinschaft mit Deinen Geweihten zu verstehen lernt, dass Du, Śrī Kṛṣṇa, die ursprüngliche Überseele bist, dann wird es möglich, den Ozean der materiellen Unwissenheit zu überqueren. Wenn jemand ein Seil für eine Schlange hält, ist er voller Furcht, doch sowie er seinen Irrtum bemerkt, vergeht seine unbegründete Angst. Derjenige also, der Dich versteht, sei es durch Deine persönlichen Lehren, wie sie in der *Bhagavad-gītā* festgehalten sind, oder durch die Lehren Deiner reinen Geweihten, wie sie im *Śrīmad-Bhāgavatam* und allen anderen vedischen Schriften festgehalten sind – das heißt, wenn er versteht, dass Du das endgültige Ziel aller Erkenntnis bist –, braucht sich nicht mehr vor der materiellen Existenz zu fürchten.

Für denjenigen, der sich in Deinem hingebungsvollen Dienst beschäftigt, haben sogenannte Befreiung und Fesselung keine Bedeutung, genauso wie es für denjenigen, der das Seil von der Schlange zu unterscheiden weiß, keinen Grund zur Angst gibt. Ein Gottgeweihter weiß, dass diese materielle Welt Dir gehört, weswegen er alles in Deinem transzendentalen liebevollen Dienst nutzt. Auf diese Weise gibt es für ihn keine Fesselung an die Materie. Wenn sich jemand bereits auf der Sonne befindet, wie könnte es für ihn dann Sonnenaufgang und Sonnenuntergang, das heißt Tag und Nacht, geben? Ebenso wird gesagt, dass Du, Kṛṣṇa, wie die Sonne bist und *māyā* wie die Dunkelheit. Überall, wo die Sonne hin scheint, gibt es keine Dunkelheit. Ebenso gibt es für all diejenigen, die durch Beschäftigung in Deinem Dienst ständig in Deiner Gegenwart bleiben, keine Dualität von Fesselung und Befreiung, denn sie sind schon längst befreit. Auf der anderen Seite aber müssen diejenigen, die sich selbst nur vormachen, befreit zu sein, und nicht bei Deinen Lotosfüßen Zuflucht gesucht haben, wieder zu Fall kommen, da ihre Intelligenz unrein ist.

Wenn man also nicht begreift, dass Du und die Überseele miteinander identisch sind, und wenn man deshalb versucht, Sie irgendwo anders zu finden – in den Wäldern oder in den Berghöhlen des Himalaya –, befindet man sich in einem beklagenswerten Zustand. Du erklärst in der *Bhagavad-gītā*, dass man alle anderen Vorgänge zur Selbstverwirklichung aufgeben und sich einfach Dir hingeben solle, denn dies sei die höchste Vollkommenheit. Selbst diejenigen, die in die Brahman-Ausstrahlung eingehen wollen, suchen indirekt nach Dir, denn Du bist in jeder Hinsicht der Höchste. Auch diejenigen, die danach streben, die Überseele zu erkennen, suchen in Wirklichkeit ebenfalls nur nach Dir. In der *Bhagavad-gītā* sagst Du, dass Du in Deiner Teilrepräsentation als Überseele in die kosmische Manifestation eingegangen seist. Somit bist Du im Herzen aller Lebewesen gegenwärtig, weshalb es nicht nötig ist, die Überseele irgendwo anders zu suchen. Wer dies trotzdem versucht, befindet sich einfach in Unwissenheit. Wer sich jedoch nicht unter dem Einfluss von Unwissenheit befindet, der ist sich darüber bewusst, dass Du unbegrenzt bist und dass Du innerhalb und außerhalb alles Existierenden weilst. Daher bist Du allgegenwärtig. Ein Gottgeweihter sucht nicht irgendwo anders nach der Überseele, sondern er konzentriert seinen Geist auf Deine Form, die in seinem Innern wohnt. Auf die Suche nach Dir kann sich in Wirklichkeit aber nur derjenige begeben, der von der materiellen Lebensauffassung befreit ist; andere sind dazu nicht in der Lage. Das Beispiel der Verwechslung eines Seils mit einer Schlange lässt sich nur auf diejenigen anwenden, die nichts über Dich wissen. Eigentlich existiert jene vermeintliche Schlange nur im Geist. Ebenso existiert *māyā* nur auf der Ebene des Geistes, denn *māyā* bedeutet nichts anderes als Unwissenheit über Deine Person. Wenn das Lebewesen Dich vergisst, gerät es in den bedingten Zustand, wo es von *māyā* beherrscht wird. Wer sich daher innerlich wie auch äußerlich auf Dich konzentriert, ist von aller Illusion befreit.

Jeder, der auch nur ein wenig Fortschritt im hingebungsvollen Dienst erzielt, vermag Deine Herrlichkeiten zu verstehen, wohingegen sogar diejenigen, die nach Brahman- oder Paramātmā-Verwirklichung streben, außerstande sind, die verschiedenen Aspekte Deiner Persönlichkeit zu erkennen, solange Du ihnen nicht den Nutzen von auch nur einer geringen Beschäftigung im hingebungsvollen Dienst gewährst.

Selbst wenn man der spirituelle Meister vieler Unpersönlichkeitsanhänger ist oder sich in den Wald oder eine Berghöhle zurückzieht und dort als Eremit für viele Jahre meditiert, kann man Deine Herrlichkeit nicht verstehen, wenn man nicht mit einem kleinen Fortschritt im hingebungsvollen Dienst gesegnet wird. Wenn ein Mensch also nicht mit der wundervollen Wirkung des hingebungsvollen Dienstes in Berührung gekommen ist, dann ist er nicht einmal in der Lage, Dich als unpersönliches Brahman oder als Paramātmā zu erkennen, selbst wenn er sich für viele Jahre darum bemüht.

Lieber Herr, daher bete ich zu Dir, dass ich irgendwann einmal, sei es in diesem oder in einem späteren Leben, wo auch immer ich geboren werde, das Glück erlange, zu Deinen Geweihten zu gehören. Wo auch immer ich bin, bete ich, dass ich in Deinem hingebungsvollen Dienst beschäftigt sein darf. Es ist mir sogar gleichgültig, in welcher Lebensform ich geboren werde, denn ich habe gesehen, dass Deine Geweihten selbst in der Form von Kühen, Kälbern oder auch Hirtenjungen so vom Glück begünstigt sind, dass sie immer in Deinem transzendentalen Dienst beschäftigt sein und sich Deiner Gemeinschaft erfreuen dürfen. Deshalb möchte ich viel lieber einer von ihnen sein als eine solch hochgestellte Persönlichkeit, wie ich es jetzt bin, denn trotz meiner Stellung befinde ich mich in völliger Unwissenheit. Die *gopīs* und die Kühe von Vṛndāvana sind so sehr vom Glück begünstigt, dass sie Dir ihre Milch zu trinken geben durften. Diejenigen, die große Opfer durchführen und in ihren Opfern viele wertvolle Ziegen darbringen, können nicht die Vollkommenheit erreichen, Dich zu verstehen. Doch weil sich diese einfachen Dorffrauen und die Kühe ausschließlich dem hingebungsvollen Dienst geweiht haben, sind sie in der Lage, Dich mit ihrer Milch zufriedenzustellen. Du hast sie zu Deiner vollsten Zufriedenheit getrunken, obwohl Du nicht einmal von denen so sehr erfreut werden kannst, die große Opferzeremonien durchführen. Ich bewundere das Glück Mahārāja Nandas, Mutter Yaśodās, der Kuhhirten und der *gopīs*, denn Du, die Höchste Persönlichkeit Gottes, die Absolute Wahrheit, lebst hier mit ihnen zusammen als das höchste Objekt ihrer Liebe. Lieber Herr, niemand kann wirklich ermessen, wie glücklich die Einwohner von Vṛndāvana sind. Wir sind zwar Halbgötter und die beherrschenden Gottheiten der verschiedenen Sinne der Lebewesen, und wir sind sehr stolz darauf, im Genuss solcher Vorrechte zu sein.

Doch mit den Einwohnern von Vṛndāvana, die Dich täglich sehen und sich bei all ihren sinnengebundenen Tätigkeiten Deiner Gemeinschaft erfreuen, können wir uns nicht vergleichen. Wir mögen uns rühmen, beherrschende Gottheiten der Sinne zu sein, doch die Einwohner von Vṛndāvana befinden sich auf einer solch transzendentalen Ebene, dass sie nicht unserer Aufsicht unterstehen. In Wirklichkeit werden ihre Sinne dadurch zufriedengestellt, dass sie Dir hingebungsvollen Dienst darbringen. Ich würde mich daher sehr glücklich schätzen, wenn ich in einem meiner zukünftigen Leben im Land von Vṛndāvana geboren werden dürfte.

Lieber Herr, ich bin weder an materiellen Reichtümern noch an Befreiung interessiert. Daher bete ich in aller Demut bei Deinen Lotosfüßen, dass Du es mir erlauben mögest, im Wald von Vṛndāvana geboren zu werden, so dass ich dort vom Staub der Füße Deiner Geweihten gesegnet werde. Die Geburt als bescheidener Grashalm in diesem Land wäre eine höchst ruhmreiche Gelegenheit für mich. Sollte ich jedoch nicht würdig genug sein, direkt im Wald von Vṛndāvana leben zu dürfen, so bitte ich Dich darum, mich zumindest in der unmittelbaren Umgebung von Vṛndāvana wachsen zu lassen, so dass die Gottgeweihten, die vorübergehen, mich mit ihren Lotosfüßen berühren. Selbst das wäre schon eine große Segnung für mich, denn ich sehne mich nach nichts anderem als nach einer Geburt, in der ich vom Staub der Füße Deiner Geweihten gesegnet werde. Ich sehe, dass alle Bewohner von Vṛndāvana völlig Kṛṣṇa-bewusst sind. Niemand hier kennt etwas anderes als die Lotosfüße Kṛṣṇas, oder Mukundas, die das Ziel aller Veden sind."

In der *Bhagavad-gītā* wird bestätigt, dass es das Ziel des vedischen Wissens ist, Kṛṣṇa zu finden. In der *Brahma-saṁhitā* wird in diesem Zusammenhang gesagt, dass es sehr schwierig sei, Kṛṣṇa, die Höchste Persönlichkeit Gottes, allein durch das systematische Studium der vedischen Schriften zu erkennen. Durch die Barmherzigkeit eines reinen Gottgeweihten jedoch kann Kṛṣṇa sehr leicht erreicht werden. Die reinen Geweihten von Vṛndāvana sind besonders vom Glück begünstigt, denn sie können Mukunda, Śrī Kṛṣṇa, ständig von Angesicht zu Angesicht sehen. Das Wort *mukunda* hat zwei Bedeutungen. *Muk* bedeutet Befreiung. Śrī Kṛṣṇa besitzt zweifelsohne die Kraft, Befreiung und somit auch transzendentale Glückseligkeit zu gewähren. Zum anderen bezieht sich dieses Wort auf Kṛṣṇas lächelndes Gesicht, das starke Ähnlichkeit mit der *kunda*-Blume hat. *Mukha* bedeutet übersetzt „Gesicht“, und der Vergleich mit der *kunda*-Blume wird angestellt, weil sie so schön ist, dass sie zu lächeln scheint.

Die reinen Gottgeweihten von Vṛndāvana unterscheiden sich von Gottgeweihten an anderen Orten darin, dass sie kein anderes Verlangen haben, als mit Kṛṣṇa zusammen zu sein. Und da Kṛṣṇa Seinen Geweihten sehr zugeneigt ist, erfüllt Er ihnen diesen Wunsch. Weil sich die Gottgeweihten immer nur Kṛṣṇas Gemeinschaft wünschen, ist Er immer bereit, mit ihnen zusammen zu sein. Alle Einwohner von Vṛndāvana haben die Stufe der spontanen Liebe zu Kṛṣṇa erreicht. Sie halten sich nicht strikt an die verschiedenen Regeln und Vorschriften, denn dies ist für sie nicht mehr nötig, da sie bereits auf natürliche Weise transzendentale Liebe zu Kṛṣṇa entwickelt haben. Regeln und Vorschriften sind nur für diejenigen notwendig, die solch eine Ebene der spontanen Liebe noch nicht erreicht haben. Brahmā ist auch ein Geweihter des Herrn, aber er ist immer noch ein gewöhnlicher Gottgeweihter und somit an Regeln und Vorschriften gebunden. Aus diesem Grunde bat er Śrī Kṛṣṇa, ihm die Möglichkeit zu geben, in Vṛndāvana geboren zu werden, damit er auf die Ebene der spontanen Liebe erhoben werden könne.

„Lieber Herr“, fuhr Brahmā fort, „manchmal frage ich mich, wie es Dir jemals möglich sein wird, die Einwohner von Vṛndāvana für ihren hingebungsvollen Dienst zu belohnen. Ich kann mir dies kaum vorstellen, obwohl ich eigentlich weiß, dass Du alle Segnungen geben kannst. Man halte sich nur vor Augen, wie gütig und großherzig Du bist. Selbst Pūtanā, die sich als liebevolle Mutter verkleidet hatte und gekommen war, nur um Dich zu überlisten, hast Du befreit, und Du hast ihr sogar die Stellung einer Mutter gewährt. Auch andere Dämonen, wie Aghāsura und Bakāsura, die zur gleichen Familie gehörten, wurden mit Befreiung gesegnet und haben Dich erreicht. Ich muss Dir gestehen, dass meine Verwirrung immer größer wird, je länger ich darüber nachdenke. Die Bewohner von Vṛndāvana haben Dir alles hingegeben. Ihren Körper, ihren Geist und ihre Gedanken, ihre Liebe, ihr Heim und ihre Habseligkeiten. Sie verwenden alles, was sie besitzen, in Deinem Dienst. Wie nur wirst Du jemals deine Schuld begleichen? Du hast Dich Selbst sogar der Hexe Pūtanā gegeben – was gibt es noch mehr, das Du den Einwohnern von Vṛndāvana geben könntest, die Dir mit Liebe dienen? Ich sehe nicht, wie Du ihnen jemals diese Schuld zurückbezahlen kannst. Lieber Herr, mir ist klargeworden, dass der Dienst, den Dir die Einwohner von Vṛndāvana darbringen, deshalb so einzigartig und vollkommen ist, weil sie alle ihre natürlichen Neigungen spontan in Deinem liebenden Dienst beschäftigen. Es wird gesagt, dass Anhaftung an materielle Dinge und an das eigene Zuhause nur auf Illusion beruhe, durch die das Lebewesen in der materiellen Welt gefangen werde. Doch dies ist nur bei Menschen der Fall, die nicht Kṛṣṇa-bewusst sind. Für die Einwohner von Vṛndāvana gibt es solche Hindernisse wie Anhaftung an Heim und Herd nicht. Sie können durch nichts gehindert werden, denn ihre Anhaftung und ihre Liebe sind ausschließlich auf Dich gerichtet. Ihre Häuser sind dank Deiner ständigen Anwesenheit zu Tempeln geworden, und sie haben alles andere Dir zuliebe vergessen. Für einen wirklich Kṛṣṇa-bewussten Menschen ist die Anhaftung an Heim und Herd kein Hindernis, denn er ist befreit von Illusion.

Außerdem ist mir klargeworden, dass Dein Erscheinen als kleiner Hirtenjunge, als Sohn der Kuhhirten, nichts Materielles an sich hat. Vielmehr bist Du aus Dankbarkeit für die Zuneigung Deiner Geweihten hierhergekommen, um sie durch Deine transzendentale Anwesenheit immer mehr in ihrem hingebungsvollen Dienst anzuspornen. In Vṛndāvana gibt es keinen Unterschied zwischen Materiellem und Spirituellem, weil hier alles in Deinem transzendentalen Dienst verwendet wird. Lieber Herr, Deine Spiele in Vṛndāvana dienen allein dem Zweck, den Enthusiasmus Deiner Geweihten noch mehr anwachsen zu lassen. Wer Deine Spiele für materiell hält, unterliegt daher einem großen Irrtum.

Lieber Śrī Kṛṣṇa, Menschen, die Dich verspotten und behaupten, Dein Körper wäre materiell wie der jedes gewöhnlichen Menschen, werden in der *Bhagavad-gītā* als dämonisch und weniger intelligent bezeichnet. In Wirklichkeit bist Du immer transzendental. Die Nichtgottgeweihten schaden sich daher selbst, wenn sie Dich für ein Wesen der materiellen Welt halten. In Wirklichkeit erscheinst Du in diesem Körper, der dem eines gewöhnlichen Kuhhirtenjungen genau gleicht, weil Du einfach die Hingabe und die transzendentale Glückseligkeit Deiner Geweihten vergrößern willst.

Lieber Herr, ich kann nicht verstehen, wie Menschen von sich behaupten können, sie hätten Gott bereits verwirklicht oder sie wären durch ihre Meditation selbst Gott geworden. Ich meinerseits bekenne ganz offen, dass ich Dich weder mit meinem Körper noch mit meinem Geist noch mit meinen Worten erfassen kann. Was kann ich schon über Dich sagen? Wie könnte ich Dich mit meinen Sinnen erkennen? Es gelingt mir ja nicht einmal, mit meinem Geist, dem Meister der Sinne, vollkommen an Dich zu denken. Wie sollte dann ein gewöhnlicher Mensch in der Lage sein, Deine transzendentalen Eigenschaften und Taten zu verstehen oder Deinen transzendentalen Körper wahrzunehmen? Nur durch Deine Barmherzigkeit kann man Dich bis zu einem gewissen Ausmaß erkennen. O mein Herr, manchmal bilde ich mir ein, der Gebieter dieses Universums zu sein, doch in Wirklichkeit beherrschst Du allein die gesamte Schöpfung. Man mag mich zwar als Herr dieses Universums bezeichnen, aber neben diesem einen Universum gibt es noch unzählige Universen mit unzähligen anderen Brahmās, die alle letztlich unter Deiner Kontrolle stehen. Weil Du als Überseele im Herzen eines jeden Lebewesens weilst, weißt Du alles. Bitte nimm mich daher als Deinen ergebenen Diener an. Ich hoffe, Du verzeihst mir das große Vergehen, dass ich Dich bei Deinen Spielen mit Deinen Freunden und Kälbern gestört habe. Wenn Du es mir erlaubst, werde ich mich nun von hier entfernen, so dass Du Dich der Gemeinschaft Deiner Freunde und Kälber erfreuen kannst, ohne durch meine Gegenwart gestört zu werden.

Mein lieber Śrī Kṛṣṇa, bereits Dein Name besagt, dass Du allanziehend bist. Die Anziehungskraft der Sonne und des Mondes findet ihren Ursprung allein in Dir. Durch die Anziehungskraft der Sonne verschönerst Du das Leben der Yadu-Dynastie. Und durch die Anziehungskraft des Mondes vergrößerst Du die Kraft des Landes, der Halbgötter, der *brāhmaṇas,* der Kühe und der Ozeane. Auch werden durch Deine höchst erhabene Anziehungskraft Dämonen wie Kaṁsa und andere vernichtet werden. Daher bin ich zu der wohlüberlegten Schlussfolgerung gekommen, dass Du allein der verehrungswürdige Herr der gesamten Schöpfung bist. Lass mich Dir bitte bis zur Zeit der Vernichtung dieser materiellen Welt meine demütigen Ehrerbietungen darbringen. Solange es Sonnenschein in der materiellen Welt gibt, erweise ich Dir meine demütigen Ehrerbietungen."

Auf diese Weise erwies Brahmā, der Meister des Universums, der

Höchsten Persönlichkeit Gottes, Śrī Kṛṣṇa, seine demütigen und achtungsvollen Ehrerbietungen und umkreiste Ihn dreimal. Er wollte nun wieder in sein Reich, Brahmaloka, zurückkehren, und mit einer Geste gab ihm die Höchste Persönlichkeit Gottes die Erlaubnis.

Sowie sich Brahmā entfernt hatte, kehrte Śrī Kṛṣṇa umgehend zu den Ufern der Yamunā zurück und schloss Sich wieder seinen Kälbern und Kuhhirtenfreunden an, die an derselben Stelle waren wie an dem Tag, an dem sie verschwunden waren. Als Kṛṣṇa Seine Freunde am Ufer der Yamunā allein zurückgelassen hatte, waren sie gerade dabei gewesen, ihr Mittagessen zu sich zu nehmen. Obwohl inzwischen genau ein Jahr vergangen war, dachten die Jungen, es habe nur einen kurzen Augenblick gedauert, bis Kṛṣṇa wieder zurückkehrte. Das ist die wunderbare Wirkungsweise von Śrī Kṛṣṇas mannigfaltigen Energien. In der *Bhagavad-gītā* wird dazu gesagt, dass Kṛṣṇa im Herzen eines jeden Lebewesens weile und dass von Ihm Erinnerung und Vergessen kämen. Alle Lebewesen werden von der absoluten Energie des Herrn beherrscht. Manchmal erinnern sie sich an ihre wesenseigene Stellung, und manchmal vergessen sie diese Stellung. Weil auch Kṛṣṇas Freunde von dieser Energie beherrscht wurden, wussten sie nicht, dass sie ein ganzes Jahr lang vom Yamunā-Ufer entfernt gewesen waren und sich unter Brahmās Zauberbann befunden hatten. Als Kṛṣṇa dann zu den Kuhhirtenjungen zurückkehrte, dachten sie: „Kaum eine Minute ist vergangen, und schon kehrt Kṛṣṇa wieder zurück." Sie begannen zu lachen, denn sie dachten, Kṛṣṇa habe es nicht über das Herz bringen können, die Gesellschaft Seiner fröhlich speisenden Gefährten für längere Zeit zu verlassen. Die Kuhhirtenjungen wurden bei diesem Gedanken sehr glücklich und luden Kṛṣṇa ein, Sich wieder zu ihnen zu setzen: „Kṛṣṇa, lieber Freund, Du bist ja schnell wieder zurück! Wir haben zum Glück noch gar nicht angefangen zu essen – nicht einen Bissen. Komm und setz Dich zu uns, so dass wir gemeinsam essen können." Kṛṣṇa nahm die Einladung Seiner Freunde lächelnd an und erfreute Sich so des gemeinsamen Mittagessens. Während alle vergnügt speisten, dachte Kṛṣṇa: „Diese Jungen glauben tatsächlich, Ich sei schon nach ein paar Sekunden zurückgekommen, sie wissen nicht, dass Ich Mich ein Jahr lang mit Brahmās mystischem Zauber befasst habe."

Nachdem Kṛṣṇa und Seine Freunde ihr Mahl beendet hatten, begaben sie sich zusammen mit den Kälbern auf den Heimweg nach

Vrajabhūmi. Bei ihrer Rückkehr kamen sie auch am gigantischen Leichnam von Aghāsura vorbei, den sie fröhlich und vergnügt bestaunten. Als Kṛṣṇa in Vṛndāvana einzog, waren die Blicke aller Einwohner auf Ihn gerichtet. Kṛṣṇa trug eine Pfauenfeder an Seinem Helm, der mit Waldblumen geschmückt war, um Seinen Hals schwang sich eine Blumengirlande, und Er hatte Sich mit verschiedenen Erdfarben bemalt, die aus den Höhlen des Govardhana-Hügels stammten. Der Govardhana-Hügel ist auch heute noch für seine roten Erdfarben berühmt, mit denen sich Kṛṣṇa und Seine Freunde zu bemalen pflegten. Jeder Seiner Freunde trug ein Büffelhorn, einen Hirtenstab und eine Flöte, und sie riefen ihre Kälber bei ihren jeweiligen Namen. Die Kuhhirtenjungen waren alle so stolz auf Kṛṣṇas Wundertat, dass sie bei der Rückkehr ins Dorf laut Seine Herrlichkeit besangen. Alle *gopīs* von Vṛndāvana sahen, wie der schöne Kṛṣṇa heimkehrte. Die Knaben dichteten aus dem Stegreif wohlklingende Lieder, in denen sie beschrieben, wie sie aus dem Rachen der großen Schlange gerettet wurden und wie Kṛṣṇa den Dämon tötete. In einigen der Lieder wurde Kṛṣṇa als der Sohn Yaśodās gepriesen und in anderen als der Sohn Nanda Mahārājas. „Kṛṣṇa ist einfach großartig. Er hat uns aus dem Schlund der großen Schlange errettet und sie mühelos getötet", sangen die Knaben. Aber niemand von ihnen ahnte, dass seit dem Erlebnis mit dem Aghāsura-Dämon bereits ein Jahr vergangen war.

An dieser Stelle wandte sich Mahārāja Parīkṣit an Śukadeva Gosvāmī und fragte ihn, wie es möglich gewesen sei, dass die Einwohner von Vṛndāvana plötzlich so viel Liebe für Kṛṣṇa entwickelten, obgleich Er gar kein Mitglied ihrer Familie war. Mahārāja Parīkṣit fragte auch: „Als die ursprünglichen Kuhhirtenjungen verschwunden waren und Sich Kṛṣṇa Selbst in sie erweiterte, warum liebten die Eltern diese Jungen dann mehr als ihre eigenen? Und warum verspürten die Kühe plötzlich eine viel größere Zuneigung zu diesen Kälbern als zu ihren eigenen?"

Śukadeva Gosvāmī erklärte Mahārāja Parīkṣit, dass jedes Lebewesen am meisten an sich selbst hängt. Äußerlichkeiten wie Heim, Familie, Freunde, Land, Gesellschaft, Reichtum, Wohlstand, Ruhm usw. sind an sich für das Lebewesen zweitrangig, denn es interessiert sich nur so lange für diese Dinge, wie sie ihm Freude bereiten. So ist es auch zu erklären, dass die Menschen egozentrisch sind und sich selbst und ihren Körper mehr lieben als Frau, Kinder, Verwandte und Freunde. Wenn man in Gefahr ist, sorgt man zuallererst für sich selbst und denkt erst dann an andere. Das ist ganz natürlich, und es beweist, dass man nichts mehr liebt als das eigene Selbst. Das nächstwichtige Objekt der Anhaftung und Zuneigung ist – nach dem eigenen Selbst – der eigene materielle Körper. Wer nichts von der ewigen spirituellen Seele weiß, haftet so stark am materiellen Körper, dass er sogar noch im Alter versucht, mit allen möglichen künstlichen Mitteln und Methoden jung zu bleiben, indem er sich einbildet, sein alter, verbrauchter Körper wäre noch auf irgendeine Weise zu retten. Jeder arbeitet Tag und Nacht sehr hart, um das eigene Selbst zu erfreuen, sei es unter einer körperlichen oder einer spirituellen Auffassung des Lebens. Wir haften nur deshalb an materiellen Besitztümern, weil sie den Sinnen und dem Körper Genuss verschaffen. Den Körper wiederum lieben wir nur deshalb, weil sich in ihm das „Ich", die spirituelle Seele, befindet. Wer noch fortgeschrittener ist, weiß, dass man die spirituelle Seele nur deshalb liebt, weil sie ein Teil Kṛṣṇas ist. Letzten Endes ist es also Kṛṣṇa, der freudespendend und allanziehend ist. Er ist die Überseele in allem Existierenden. Um dieses Wissen zu verkünden, erscheint der Höchste Herr unter uns und zeigt, dass Er der allanziehende Mittelpunkt ist. Nichts kann anziehend sein, wenn es nicht eine Erweiterung Kṛṣṇas ist. Alles, was in dieser kosmischen Manifestation faszinierend ist, ist eine Erweiterung Śrī Kṛṣṇas, des Ursprungs aller Freude. Er ist das aktive Prinzip in allem, was existiert. Daher sehen die erleuchteten Transzendentalisten alles in Beziehung zu Ihm. Im *Caitanya-caritāmṛta* wird gesagt, dass ein *mahābhāgavata,* das heißt ein weit fortgeschrittener Gottgeweihter, Kṛṣṇa als das aktive Prinzip in allen sich bewegenden und sich nicht bewegenden Lebewesen erkenne. Daher sieht er alles in der kosmischen Manifestation in Verbindung zu Kṛṣṇa. Jeder vom Glück begünstigte Mensch, der verwirklicht hat, dass Kṛṣṇa alles ist, und mit dieser Erkenntnis bei Ihm Zuflucht gesucht hat, ist bereits befreit. Ein solcher Mensch lebt, mit anderen Worten, nicht mehr in der materiellen Welt. Dies wird in der *Bhagavad-gītā* bestätigt: Jeder, der sich im hingebungsvollen Dienst für Kṛṣṇa betätigt, befindet sich bereits auf der *brahma-bhūta*-Stufe, der spirituellen Ebene. Allein der Name „Kṛṣṇa" weist auf Tugend und Befreiung hin. Somit steigt jeder, der bei Kṛṣṇas Lotosfüßen Zuflucht sucht, in das sichere Boot ein, mit dem er den Ozean der Unwissenheit überqueren kann. Für eine solch hingegebene Seele wird dieser weite Ozean der materiellen Manifestation so klein wie das Wasser im Hufabdruck eines Kalbes. Somit ist Kṛṣṇa die Zuflucht aller großen Seelen und auch die aller materiellen Welten. Für einen Menschen, der fest im Kṛṣṇa-Bewusstsein verankert ist, ist Vaikuṇṭha, die spirituelle Welt, nicht fern. Er lebt nicht mehr in der materiellen Welt, wo auf Schritt und Tritt Gefahr lauert.

Śukadeva Gosvāmī erklärte Mahārāja Parīkṣit auf diese Weise das Kṛṣṇa-Bewusstsein in vollem Umfang. Er rezitierte vor dem König sogar die Worte und Gebete Brahmās. Die Beschreibung von Śrī Kṛṣṇas Spielen in der Gemeinschaft der Kuhhirtenjungen, wie Er mit ihnen zu Mittag aß und wie Brahmā Ihm Gebete darbrachte, sind alles transzendentale Themen. Jeder, der diese Beschreibung hört, sie weitererzählt oder chantet, erfährt mit Sicherheit die Erfüllung all seiner spirituellen Wünsche. Auf diese Weise wurden Kṛṣṇas Kindheit und Seine vergnüglichen Spiele, die Er zusammen mit Balarāma in Vṛndāvana vollführte, beschrieben.

Hiermit enden die Bhaktivedanta-Erläuterungen zum 14. Kapitel des Kṛṣṇa-Buches mit dem Titel „Brahmā bringt Śrī Kṛṣṇa seine Gebete dar.“

KAPITEL 15

Der Tod Dhenukāsuras

Auf diese Weise verbrachte Śrī Kṛṣṇa mit Seinem älteren Bruder Balarāma das Kindheitsalter, das man als *kaumāra* bezeichnet, und kam schließlich in das *paugaṇḍa*-Alter, das vom sechsten bis zum zehnten Lebensjahr dauert. Zu jener Zeit kamen die Kuhhirten zusammen, um sich zu beraten. Sie beschlossen, den Jungen, die das fünfte Lebensjahr hinter sich gelassen hatten, die Kühe auf den Weidegründen anzuvertrauen. Balarāma und Kṛṣṇa zogen von da an also mit den Kühen über das Land von Vṛndāvana und segneten es mit den Spuren Ihrer Lotosfüße.

Begleitet von den Kuhhirtenjungen und von Balarāma, trieb Kṛṣṇa die Kühe vor Sich her. Als sie so den Wald von Vṛndāvana betraten, der voll war von Blumen, Kräutern und Weidegras, spielte Kṛṣṇa auf Seiner Flöte. Der Wald von Vṛndāvana war geheiligt genau wie der ungetrübte Geist eines Gottgeweihten. Bienen summten umher, und Blumen, Pflanzen und Weidegras wuchsen in Überfülle. Verschiedenartige Vogelstimmen erfüllten den Wald, und es gab kristallklare Teiche, die mit ihrem Wasser die Müdigkeit eines jeden vertreiben konnten. Dazu wehten süßduftende, milde Lüfte, die Geist und Körper erfrischten. Kṛṣṇa, der gemeinsam mit Seinen Freunden und Balarāma den Wald betrat, wünschte sich, nach Herzenslust den Anblick der idyllischen Umgebung zu genießen. Kṛṣṇa sah, dass die Bäume, die mit Früchten und frischen Zweigen schwer beladen waren, ihre Äste bis zum Boden herabneigten, als wollten sie Ihn willkommen heißen, indem sie Seine Lotosfüße berührten. Dieses Verhalten der Bäume, Sträucher und Blumen gefiel Kṛṣṇa, und Er lächelte, da Er ihre tiefsten Wünsche erkannte.

Kṛṣṇa sprach alsdann zu Seinem älteren Bruder Balarāma: „Mein lieber Bruder, Du überragst uns alle, und Deine Lotosfüße werden von den Halbgöttern verehrt. Sieh nur, wie sich all diese Bäume voller Früchte und Blumen herabgebeugt haben, um Deinen Lotosfüßen Ehre zu erweisen. Mir scheint, als versuchten sie, der Dunkelheit zu entkommen, zu der sie in ihren Körpern als Bäume verurteilt sind. Die Bäume im Land von Vṛndāvana sind in Wirklichkeit jedoch keine gewöhnlichen Lebewesen. Weil sie in ihren vorangegangenen Leben die Philosophie der Unpersönlichkeit vertreten haben, wurden sie in diese Lebensform versetzt, doch nun haben sie die Gelegenheit, Dich in Vṛndāvana zu sehen. Sie beten darum, durch Deine persönliche Anwesenheit weiteren Fortschritt im spirituellen Leben erlangen zu dürfen. Im Allgemeinen erhalten Lebewesen, die sich in der Erscheinungsweise der Dunkelheit befinden, die Körper von Bäumen. Auch die Anhänger der Unpersönlichkeitsphilosophie befinden sich in dieser Unwissenheit, doch nun befreien sie sich davon, indem sie aus Deiner Anwesenheit vollen Nutzen ziehen. Auch glaube Ich, dass die Hummeln, die Dich ständig summend begleiten, in ihren früheren Leben Deine Geweihten gewesen sein müssen. Sie können sich nicht von Dir trennen, denn niemand kann ein besserer und gütigerer Meister sein als Du. Du bist die höchste und ursprüngliche Persönlichkeit Gottes, und diese Hummeln versuchen, Deine Herrlichkeit zu verbreiten, indem sie unablässig über sie chanten. Einige von ihnen müssen große Weise, Geweihte von Dir, sein, die einfach nur die Form von Hummeln angenommen haben, weil sie nicht imstande sind, Deine Gemeinschaft auch nur für einen Augenblick zu verlassen. Mein lieber Bruder, Du bist der höchste verehrungswürdige Gott. Sieh nur, wie die Pfauen in großer Ekstase vor Dir tanzen. Mit derselben Zuneigung begrüßen Dich die Rehe, die sich genau wie die *gopīs* verhalten, und die Kuckucke, die hier im Wald wohnen, empfangen Dich mit fröhlichem und lieblichem Zwitschern, weil sie wissen, dass Dein Erscheinen in ihrem Reich sehr glückverheißend ist. Obwohl sie Bäume und Tiere sind, preisen Dich diese Bewohner von Vṛndāvana und versuchen, Dich nach ihrem besten Vermögen willkommen zu heißen, so wie es große Seelen tun, wenn sie eine andere große Seele bei sich zu Hause empfangen. Das Land ist so fromm und vom Glück gesegnet, da die Abdrücke Deiner Lotosfüße seinen Körper zeichnen.

Für diese Einwohner von Vṛndāvana ist es nur natürlich, eine solch großartige Persönlichkeit wie Dich so zu empfangen. Die Kräuter, die Kletterpflanzen und die Gräser sind ebenfalls so sehr mit Glück gesegnet, dass sie Deine Lotosfüße berühren dürfen. Diese kleinen Sträucher werden glorreich, einfach weil Du mit Deinen Fingernägeln ihre Zweige berührst. Auch die Hügel und Flüsse sind verehrenswert, weil Du nun Deinen Blick über sie schweifen lässt. Doch noch glorreicher sind die Mädchen von Vraja, die *gopīs*, denn Du hast sie, von ihrer Schönheit angezogen, in Deine starken Arme geschlossen."

Auf diese Weise genossen Śrī Kṛṣṇa und Balarāma nach Herzenslust die Gemeinschaft der Bewohner von Vṛndāvana, als Sie die Kühe und Kälber am Ufer der Yamunā hüteten. Gewisse Orte suchten Kṛṣṇa und Balarāma allein auf, und an anderen wurden Sie von Ihren Kuhhirtenfreunden begleitet. Die Jungen sangen, während sie Kṛṣṇa und Balarāma, die beide eine Girlande aus Waldblumen trugen, Gesellschaft leisteten, und dabei ahmten sie manchmal das Summen der Hummeln nach. Zuweilen, wenn sie spazieren gingen, ahmten die Jungen auch die Stimmen der Schwäne auf den Seen nach, oder wenn sie die Pfauen tanzen sahen, tanzten sie vor Kṛṣṇa ebenfalls wie Pfauen. Und auch Kṛṣṇa bewegte Seinen Hals wie ein tanzender Pfau hin und her und brachte so Seine Freunde zum Lachen.

Die Kühe, die Kṛṣṇa hütete, hatten bestimmte Namen, und Kṛṣṇa rief sie manchmal mit liebevollem Ton zu Sich. Wenn die Kühe Kṛṣṇa rufen hörten, antworteten sie sogleich mit vernehmlichem Muhen. Den

Kuhhirtenjungen, die diesen liebevollen Austausch sahen, bereitete dies große Freude. Gelegentlich ahmten sie auch die Stimmen verschiedener Vogelarten nach, besonders die der *cakoras*, Pfauen, Kuckucke und *bhāradvājas*. Wenn sie sahen, wie schwächere Tiere aus Furcht vor dem Gebrüll der Löwen und Tiger die Flucht ergriffen, imitierten die Jungen zusammen mit Kṛṣṇa und Balarāma diese fliehenden Tiere und liefen mit ihnen um die Wette. Wenn sie sich müde fühlten, setzten sie sich auf den Boden, und Balarāma legte gewöhnlich Seinen Kopf auf den Schoß eines Jungen, um Sich auszuruhen. Kṛṣṇa begann dann, Balarāmas Beine zu massieren, und manchmal nahm Kṛṣṇa auch einen Fächer aus Palmblättern in die Hand und fächelte Balarāma kühlende Luft zu, um Ihn zu erfrischen. Während Balarāma Sich ausruhte, tanzten oder sangen manche Jungen, und gelegentlich rangen sie miteinander oder veranstalteten Bockspringen. Immer wenn die Jungen auf diese Weise ausgelassen umhertollten, lief Kṛṣṇa augenblicklich hinzu und fasste Seine Freunde bei den Händen. So genoss Er mit ihnen zusammen den Tag, und Er lachte und lobte ihr Spiel. Wenn Kṛṣṇa dann müde wurde, legte Er Sich meist im Schatten eines großen Baumes nieder, und eine Baumwurzel oder der Schoß eines Kuhhirtenjungen dienten Ihm als Kopfkissen. Dann begannen die Jungen sogleich, Seine Beine zu massieren und Ihm mit Blättern Luft zuzufächeln, während die begabtesten von ihnen mit süßen Stimmen sangen, um Kṛṣṇa zu erfreuen. Dadurch verflog Seine Müdigkeit natürlich sehr schnell. Die Höchste Persönlichkeit Gottes, Śrī Kṛṣṇa, dessen Beine von der Glücksgöttin behütet werden, verhielt Sich unter den Kuhhirtenjungen wie einer der Ihren, während Er Seine innere Energie spielen ließ, um wie ein Dorfjunge zu erscheinen. Doch obwohl Er Sich wie ein einfaches Dorfkind verhielt, gab es Momente, wo Er Sich als die Höchste Persönlichkeit Gottes offenbarte. Manchmal erklären sich gewöhnliche Menschen für Gott und betrügen die Ahnungslosen, doch das einzige, was sie tun können, ist betrügen; die Macht Gottes entfalten können sie nicht.

Während Kṛṣṇa, begleitet von den so unheimlich vom Glück begünstigten Kuhhirtenjungen, in Seine transzendentalen Spiele vertieft war, ereignete sich wieder ein Zwischenfall, der Ihm Gelegenheit gab, die übermenschlichen Kräfte Gottes zu entfalten. Seine engsten Freunde, Śrīdāma, Subala und Stoka Kṛṣṇa, wandten sich an Ihn und Balarāma und sagten voller Liebe und Zuneigung: „Lieber Balarāma, Du bist sehr mächtig, und Deine Arme sind von unglaublicher Stärke. Lieber Kṛṣṇa, Du hast schon oft Deine Fähigkeit bewiesen, mit allen Arten übler Dämonen fertigzuwerden. Bitte beachtet, dass sich nicht weit von hier ein großer Wald namens Tālavana befindet. Dieser Wald steht voller Palmen, die mit den herrlichsten Früchten beladen sind. Die Früchte sind jetzt gerade voll ausgereift, und die ersten sind bereits vom Baum gefallen. Es ist ein traumhaft schöner Ort, aber weil ein großer Dämon namens Dhenukāsura dort haust, ist es sehr gefährlich, den Wald zu betreten. Niemand ist in der Lage, sich diesen Bäumen auch nur zu nähern, um ein paar Früchte aufzusammeln. Lieber Kṛṣṇa und lieber Balarāma, der Dämon weilt dort in der Form eines Esels, umgeben von dämonischen Freunden in gleicher Gestalt. Ihre Stärke ist so gefürchtet, dass niemand sich in den Wald wagt. Liebe Brüder, Ihr seid die einzigen, die solchen Dämonen ein Ende bereiten können. Niemand sonst kann dorthin gehen, ohne befürchten zu müssen, getötet zu werden. Selbst die Tiere meiden den Ort, und kein Vogel lebt dort. Sie alle haben den Wald verlassen. Man kann nur noch die süßen Düfte riechen, die von Weitem herüberwehen, und bis heute ist es noch niemandem gelungen, die nektargleichen Früchte zu probieren, weder diejenigen, die auf den Bäumen hängen, noch diejenigen, die zu Boden gefallen sind. Offen gesagt, lieber Kṛṣṇa, die süßen Düfte verlocken uns sehr. Lieber Balarāma, wenn Du magst, lass uns gemeinsam hingehen und uns an den Früchten laben. Die verlockenden Düfte dringen bereits bis hierher. Könnt Ihr sie nicht riechen?"

Als Kṛṣṇa und Balarāma so von Ihren vertrauten Freunden gedrängt wurden, wollten Sie ihnen diese Freude nicht versagen. Deshalb machten Sie Sich, freudestrahlend und umgeben von all Ihren Gefährten, auf den Weg zum Wald. Kaum hatten sie den Tālavana-Wald betreten, da ergriff der starkarmige Balarāma sogleich die ersten Bäume und schüttelte sie mit der Kraft eines Elefanten, worauf eine Unzahl reifer Früchte laut niederprasselte. Als er den Lärm der fallenden Früchte vernahm, näherte sich der Dämon Dhenukāsura in seiner Eselsgestalt zornentbrannt – so ungestüm, dass die Bäume wie bei einem Erdbeben erzitterten. Der Dämon wandte sich als Erstes Balarāma zu und trat Ihm mit seinen Hinterhufen gegen die Brust. Anfangs sagte Balarāma nichts dazu, aber der wutschnaubende Dämon trat Balarāma nur mit noch größerer Heftigkeit. Da packte Balarāma die Hinterbeine des Esels mit einer Hand, wirbelte ihn einige Male herum und schleuderte ihn auf den nächsten Baumwipfel. Schon während der Dämon in der Luft herumgewirbelt wurde, hauchte er sein Leben aus. Balarāma warf ihn auf die höchste Palme. Der Körper des Dämons war so schwer, dass die Palme umstürzte und mehrere andere Bäume mit sich riss. Es war wie bei einem gewaltigen Orkan, bei dem viele Bäume, einer nach dem anderen, umgerissen werden. Die außergewöhnliche Kraft Balarāmas ist im Grunde nicht erstaunlich, denn Balarāma ist die Persönlichkeit Gottes, Ananta Śeṣa Nāga, der auf Seinen Millionen von Häuptern alle Planeten in der Schwebe hält. Die gesamte kosmische Manifestation wird von Ihm erhalten, genau wie die senkrechten und waagerechten Fäden ein gewobenes Tuch zusammenhalten.

Nachdem der Dämon Dhenukāsura in den Bäumen sein Ende gefunden hatte, rotteten sich seine Freunde und Gehilfen zusammen und stürmten voller Wut auf Kṛṣṇa und Balarāma zu, entschlossen, den Tod ihres Freundes bitter zu rächen. Aber Kṛṣṇa und Balarāma bekamen die Esel einen nach dem anderen bei den Hinterbeinen zu fassen und wirbelten sie durch die Luft, genau wie Sie es mit Dhenukāsura gemacht hatten. So mussten die Esel allesamt ihr Leben lassen und landeten ebenfalls in den Baumwipfeln. Hinterher boten die leblosen Eselskörper einen einzigartigen Anblick. Sie glichen Wolken verschiedener Färbungen, die sich in den Bäumen niedergelassen hatten. Als die Halbgötter auf den höheren Planeten von dieser Tat hörten, ließen sie Blumen auf Kṛṣṇa und Balarāma regnen, schlugen ihre Trommeln und brachten Ihnen hingebungsvolle Gebete dar.

Schon wenige Tage nach dem Tode Dhenukāsuras betraten wieder Menschen den Tālavana-Wald, um Früchte zu sammeln, und auch die Tiere kehrten ohne Furcht zurück, um das saftige Gras, das dort wuchs, zu fressen. Allein durch das Hören und Chanten der transzendentalen Taten und Spiele der Brüder Kṛṣṇa und Balarāma kann man die Ergebnisse vieler frommer Handlungen ansammeln.

Als sie alle ins Dorf zurückkehrten, spielten Kṛṣṇa und Balarāma auf der Flöte, und die Jungen priesen Ihre unvergleichlichen Taten im Wald. Ihre Gesichter waren mit *tilaka* geschmückt und von dem Staub bedeckt, den die Kühe aufgewirbelt hatten. Auf Kṛṣṇas Haupt steckte eine Pfauenfeder. Kṛṣṇa und Balarāma spielten auf Ihrer Flöte, und die jungen *gopīs* freuten sich sehr, als sie Kṛṣṇa heimkehren sahen. Sie waren während Kṛṣṇas Abwesenheit immer sehr bedrückt. Den ganzen Tag weilten sie mit ihren Gedanken bei Kṛṣṇa, wie Er im Wald umherzog oder die Kühe auf den Weidegründen hütete. Doch wenn sie Kṛṣṇa dann zurückkehren sahen, waren all ihre Ängste augenblicklich vergessen. Sie betrachteten Kṛṣṇas Antlitz in der gleichen Weise wie Bienen, die auf der Suche nach Honig eine Lotosblume umkreisen. Als Kṛṣṇa das Dorf betrat, lächelten und lachten die jungen *gopīs*. Kṛṣṇa wiederum erfreute Sich, während Er auf Seiner Flöte spielte, an der Schönheit der lächelnden *gopīs*.

Daraufhin wurden Kṛṣṇa und Balarāma sogleich von Yasodā und Rohiṇī, Ihren liebevollen Müttern, empfangen, die bestrebt waren, sich je nach den Wünschen ihrer Söhne um deren Wohlergehen zu kümmern. Die Mütter dienten ihren transzendentalen Söhnen und gaben Ihnen gleichzeitig Segnungen. Sie umsorgten ihre Kinder, indem sie Sie badeten und Ihnen wunderschöne Kleider anzogen. Kṛṣṇa wurde in ein gelbes Gewand gekleidet und Balarāma in ein blaues, und dann wurden Sie mit den verschiedensten Arten von Schmuck versehen und bekamen frische Blumengirlanden. Befreit von den Anstrengungen des Tages, waren Sie nun erfrischt und strahlten vor lieblicher Schönheit.

Ihre Mütter setzten Ihnen dann schmackhafte Speisen vor, die Sie mit großem Behagen restlos verzehrten. Nach dem Essen wurden Sie in ein frisches, sauberes Bett gelegt, und die Mütter sangen verschiedene Lieder, die von Ihren Spielen handelten. Kaum lagen Sie im Bett, schliefen Sie auch schon ein. So pflegten Kṛṣṇa und Balarāma Ihr Leben in Vṛndāvana als Kuhhirtenjungen zu genießen. Täglich gingen die Kuhhirtenjungen in Begleitung Kṛṣṇas an das Ufer der Yamunā, um dort die Kühe zu hüten, und manchmal gesellte Sich auch Balarāma zu ihnen. Allmählich kam der Sommer näher, und als die Kuhhirtenjungen mit ihren Kühen einmal wieder auf der Weide waren, verspürten sie großen Durst, weshalb sie zur Yamunā liefen, um Wasser zu trinken. Der Fluss jedoch war von dem Gift einer riesigen Schlange namens Kāliya vergiftet worden.

Das Wasser war so giftig, dass sich bei den Knaben und den Kühen unvermittelt die Wirkungen bemerkbar machten, und sie fielen wie tot zu Boden. Doch sogleich warf Kṛṣṇa, der das Leben allen Lebens ist, einfach Seinen barmherzigen Blick über sie, worauf die Knaben und die Kühe ihr Bewusstsein wiedererlangten und einander mit großem Erstaunen anblickten. Ihnen wurde klar, dass sie gestorben waren, weil sie aus der Yamunā giftiges Wasser getrunken hatten, und dass sie nun durch den barmherzigen Blick Kṛṣṇas ihr Leben wieder erlangt hatten. Auf diese Weise erfuhren sie die Wirkung der mystischen Kraft Kṛṣṇas, der als Yogeśvara, der Herr aller mystischen Yogis, bekannt ist.

Hiermit enden die Bhaktivedanta-Erläuterungen zum 15. Kapitel des Kṛṣṇa-Buches mit dem Titel „Der Tod Dhenukāsuras".

KAPITEL 16

Kṛṣṇa bezwingt die Schlange Kāliya

Als Śrī Kṛṣṇa sah, dass die große schwarze Schlange Kāliya das Wasser der Yamunā vergiftet hatte, bestrafte Er Kāliya und zwang ihn, die Yamunā zu verlassen und anderswohin zu gehen. Auf diese Weise wurde das Wasser wieder rein.

Als Mahārāja Parīkṣit dies von Śukadeva Gosvāmī hörte, wurde er noch begieriger, von den Kindheitsspielen Kṛṣṇas zu hören. Er fragte Śukadeva Gosvāmī, auf welche Weise Kṛṣṇa die Schlange Kāliya bestrafte, die schon seit vielen Jahren in diesen Gewässern gelebt hatte. So begeisterte sich Mahārāja Parīkṣit immer mehr für die transzendentalen Spiele Kṛṣṇas, und mit großem Interesse stellte er viele Fragen.

Śukadeva Gosvāmī erzählte daraufhin die Geschichte von der Schlange Kāliya. Der Fluss Yamunā bildete an einer Stelle einen großen See, und in diesem See lebte die schwarze Schlange Kāliya. Von dem

Gift der Schlange war die ganze Umgebung so verseucht, dass Tag und Nacht unablässig giftige Dämpfe aufstiegen. Flog zufällig ein Vogel über den See, verendete er augenblicklich und stürzte ins Wasser und verendete. Durch die giftigen Dämpfe der Yamunā waren alle Bäume und Gräser an den Flussufern abgestorben. Śrī Kṛṣṇa sah die Verheerung, die das Gift der großen Schlange angerichtet hatte: Der ganze Fluss von Vṛndāvana war ein totes Gewässer.

Kṛṣṇa, der erschienen war, um alle störenden Elemente auf der Welt zu beseitigen, kletterte daraufhin sofort auf einen großen *kadamba*-Baum, der um Ufer der Yamunā stand. Der *kadamba*-Baum, der runde, gelbe Blüten trägt, wächst im Allgemeinen nur im Gebiet von Vṛndāvana. Nachdem Er die Spitze des Baumes erklommen hatte, band Er Sein Gürteltuch fester, und während Er wie ein Ringkämpfer Seine Arme schwang, sprang Er weit in den giftigen See hinein. Der *kadamba*-Baum, von dem Kṛṣṇa sprang, war der einzige Baum, der nicht abgestorben war. Einige Kommentatoren sagen, der Baum sei auf der Stelle lebendig geworden, als er von den Lotosfüßen Kṛṣṇas berührt wurde. In einigen Purāṇas heißt es auch, dass Garuḍa, der ewige Träger Viṣṇus, wusste, dass Kṛṣṇa in der Zukunft diese Tat vollbringen würde, und dass er aus diesem Grunde etwas Nektar auf den Baum träufelte, um ihn am Leben zu erhalten. Als Kṛṣṇa in das Wasser hineinsprang, trat der Fluss etwa hundert Meter weit ins Land über seine Ufer, als wäre etwas sehr Großes und Schweres hineingefallen. Dieses Zeichen der Kraft Kṛṣṇas ist im Grunde nicht erstaunlich, denn Er ist die Quelle aller Kräfte.

Kṛṣṇa schwamm wie ein großer, starker Elefant im Fluss umher und verursachte dadurch ein gewaltiges Rauschen, das bis zur Schlange Kāliya drang. Der aufgeschreckte Kāliya wusste, dass der Lärm nur eines bedeuten konnte: Jemand wagte einen Angriff auf seine Behausung. Weil Kāliya dies nicht dulden konnte, tauchte er augenblicklich auf. Voller Verwunderung sah er, wie betörend Kṛṣṇas anmutige Schönheit war: Kṛṣṇas Körpertönung glich der Farbe einer Gewitterwolke, und Seine Füße glichen Lotosblumen. Außerdem war Er mit dem Śrīvatsa-Zeichen und mit Juwelen geschmückt und trug ein gelbes Gewand. Ein Lächeln spielte auf Seinem lieblichen Gesicht, während Er Sich mit kraftvoller Gewandtheit in der Yamunā bewegte. Doch trotz der wunderschönen Erscheinung Kṛṣṇas fühlte Kāliya grimmigen Zorn in seinem Herzen, weshalb er Kṛṣṇa mit seinen mächtigen Häuptern packte.

Die Kuhhirtenjungen und die anderen Bewohner Vṛndāvanas, die Kṛṣṇa über alles liebten, konnten ihren Augen kaum trauen, als sie sahen, wie Kṛṣṇa in die Umklammerung der Schlange geriet, und lähmendes Entsetzten überfiel sie. Alles, was sie besaßen, hatten sie Kṛṣṇa hingegeben: ihre Zuneigung, ihr Eigentum, ihre Handlungen, ihr ganzes Leben – alles gehörte Kṛṣṇa. Als sie Ihn in dieser Lage sahen, sanken sie, von Furcht überwältigt, zu Boden. Auch die Kühe, die Stiere und die kleinen Kälber wurden von großem Schmerz erfüllt und schauten voller Verzweiflung zu Kṛṣṇa hinüber; doch sie konnten in ihrer Angst nur bitterlich weinen und standen bewegungslos am Ufer, unfähig, ihrem geliebten Kṛṣṇa zu helfen.

Während dieser Geschehnisse am Ufer der Yamunā waren unheilvolle Zeichen zu sehen. Die Erde bebte, Meteore fielen vom Himmel, und die Menschen zitterten an ihrer linken Seite. All dies sind Anzeichen einer großen, unmittelbar bevorstehenden Gefahr. Als die Kuhhirten und auch Mahārāja Nanda die düsteren Zeichen wahrnahmen, wurden sie von großer Besorgnis erfüllt, besonders als sie auch noch erfuhren, dass Kṛṣṇa ohne Seinen älteren Bruder Balarāma zu den Weidegründen gegangen war. Diese Nachricht steigerte die Angst er Eltern und der Kuhhirten, die sich über das Ausmaß der Energien Kṛṣṇas nicht bewusst waren, nur noch mehr. In ihrer großen Zuneigung zu Kṛṣṇa wurden sie von Kummer und Besorgnis übermannt, denn nichts liebten sie mehr als Kṛṣṇa. Sie hatten alles, was sie besaßen, Ihm geweiht – ihr Leben, ihren Besitz, ihre Zuneigung, ihre Gedanken und ihre Handlungen. Weil sie so sehr an Kṛṣṇa hingen, dachten sie: „Heute wird Kṛṣṇa bestimmt etwas Schreckliches passieren!“

Gemeinsam verließen die Bewohner von Vṛndāvana das Dorf, um Kṛṣṇa zu suchen. Die Schar bestand aus Kindern, alten Männern, Frauen, Tieren und allen möglichen Arten von Lebewesen; sie wussten, dass Kṛṣṇa ihr einziger Beschützer war. Während dieser Vorgänge stand Balarāma, der Meister allen Wissens, ruhig lächelnd dabei. Er wusste, wie mächtig Sein jüngerer Bruder war und dass es keinen Grund zur Aufregung gab, wenn dieser mit einer gewöhnlichen Schlange der materiellen Welt kämpfte. Deshalb war Er persönlich nicht im Geringsten bekümmert. Aber die Bewohner Vṛndāvanas waren verzweifelt und begannen, nach Kṛṣṇa zu suchen, indem sie Seinen Fußspuren auf dem weichen Boden folgten, und so näherten sie sich eilig der Yamunā. Kṛṣṇas Lotosfüße hatten Spuren hinterlassen auf denen die Zeichen einer Fahne, eines Bogens und eines Muschelhorns zu sehen waren. Von diesen Spuren wurden die Einwohner Vṛndāvanas schließlich bis ans Flussufer geführt, wo sie die Kühe und die Knaben weinen sahen, weil diese hilflos zusehen mussten, wie die schwarze Schlange Kṛṣṇa in ihrer Umklammerung zu erdrücken versuchte. Das steigerte die Verzweiflung der Bewohner Vṛndāvanas nur noch mehr. Während Balarāma über ihr Wehklagen lächelte, versanken die Einwohner von Vrajabhūmi in einem Meer des Jammers, denn sie dachten, nun sei es um Kṛṣṇa geschehen. Obwohl die Einwohner von Vṛndāvana nicht viel über Kṛṣṇa wussten, kannte ihre Liebe zu Ihm keine Grenzen. Als sie sahen wie Kṛṣṇas mitten in der Yamunā von der Schlange Kāliya umklammert wurde und wie die Knaben und Kühe am Ufer klagten, konnten sie nur noch an Kṛṣṇas Freundschaft denken, an Sein lächelndes Gesicht, an Seine süßen Worte und an ihre Erlebnisse mit Ihm. Während sie so in Erinnerung versanken und glaubten, Kṛṣṇa befände Sich nun in der Gewalt Kāliyas, schien es ihnen, als ob die drei Welten öde und leer geworden wären. Auch Śrī Caitanya sagt in einem Seiner Gebete, dass Ihm in Seiner Trennung von Kṛṣṇa alle drei Welten trostlos und leer erschienen. Das ist die höchste Stufe des Kṛṣṇa-Bewusstseins. Fast alle Einwohner von Vṛndāvana hatten die höchste Stufe der ekstatischen Liebe zu Kṛṣṇa erreicht.

Als Mutter Yaśodā an der Yamunā ankam, wollte sie sofort in den Fluss springen. Als man sie daran hinderte, fiel sie in Ohnmacht. Ihre Freunde, die ebenso verzweifelt waren, weinten so sehr, dass ihnen die Tränen wie Regengüsse oder Wasserfälle aus den Augen strömten. Um Mutter Yaśodā wieder zu Bewusstsein zu bringen, begannen sie, mit lauter Stimme über die transzendentalen Spiele Kṛṣṇas zu sprechen. Mutter Yaśodā jedoch regte sich nicht, als wäre sie tot, denn ihr ganzes Bewusstsein war auf das Gesicht Kṛṣṇas konzentriert. Nanda und die anderen Hirten, die alles, selbst ihr Leben, Kṛṣṇa hingegeben hatten, wollten sich ebenfalls in das Wasser der Yamunā begeben, doch Balarāma hinderte sie daran, denn Er besaß vollkommenes Wissen, wodurch Er wusste, dass keine Gefahr drohte.

Zwei Stunden lang blieb Kṛṣṇa wie ein gewöhnliches Kind im Griff der Würgearme Kāliyas. Doch als Er sah, dass alle Einwohner von Gokula – Seine Mutter, Sein Vater, die *gopīs,* die Kuhhirtenjungen und die Kühe – nahe daran waren, ihr Leben aufzugeben, und dass sie nichts mehr vor dem unmittelbaren Tod bewahren konnte, befreite Er sich augenblicklich. Kṛṣṇa dehnte Seinen Körper aus, und als Kāliya versuchte, Ihn festzuhalten, spürte er einen starken Druck, der ihn bald zwang, die Umklammerung zu lockern. Schließlich blieb Kāliya keine andere Möglichkeit, als die Höchste Persönlichkeit Gottes, Kṛṣṇa, aus seinem Griff entkommen zu lassen. Dies schürte in Kāliya rasende Wut, und seine Hauben blähten sich auf. Er stieß giftige Dämpfe aus seinen Nüstern, seine Augen loderten wie Feuer und Flammen züngelten aus seinen Mäulern. So richtete die vielköpfige Schlange ihren Blick auf Kṛṣṇa und verharrte für kurze Zeit in unbeweglicher Haltung. Die Lippen mit gespaltenen Zungen leckend, beobachtete die Schlange Kṛṣṇa mit doppelt aufgeblähten Hauben und mit giftigem Blick. Doch ohne zu zögern stürzte Sich Kṛṣṇa auf Kāliya, genau wie Garuḍa, wenn er eine Schlange attackiert. Der angegriffene Kāliya suchte nach einer Gelegenheit, Kṛṣṇa zu beißen, aber Kṛṣṇa wich geschickt aus und schwamm um ihn herum. Während sich Kāliya und Kṛṣṇa auf diese Weise im Kreis bewegten, ermüdete die Schlange allmählich, und es war zu bemerken, dass ihre Kraft beträchtlich nachließ. Kṛṣṇa zog nun plötzlich die Schlangenköpfe herunter und sprang auf sie. Die Lotosfüße des Herrn wurden durch die Strahlen, die von den Juwelen auf den Schlangenhäuptern ausgingen, rot gefärbt. Dann begann Kṛṣṇa, der ursprüngliche Meister aller schönen Künste, zu denen auch das Tanzen gehört, auf den Köpfen der Schlange zu tanzen, obwohl sie sich ständig hin und her bewegten. Als die Halbgötter auf den höheren Planeten dies sahen, ließen sie Blumen vom Himmel regnen, schlugen ihre Trommeln, spielten auf verschiedenartigen Flöten und sangen viele Lieder und Gebete. Auf diese Weise zeigten die Bewohner des Himmels wie die Gandharvas, Siddhas und andere Halbgötter, ihre Freude.

Während Kṛṣṇa auf den Köpfen der Kāliya-Schlange tanzte, versuchte sie ständig, Ihn mit einem ihrer Köpfe herunterzustoßen. Kāliya besaß ungefähr einhundert Köpfe, aber Kṛṣṇa behielt sie alle unter Kontrolle. Er fing an, Kāliya mit Seinen Lotosfüßen zu treten. Das war mehr, als die Schlange ertragen konnte. Allmählich war Kāliya so weit, dass er nur noch um sein nacktes Leben kämpfte. Er spie üblen

Geifer und stieß sengende Flammen aus. Während er giftige Substanzen aus seinem Innern hervorwürgte, verringerten sich die Reaktionen auf seine Sündenlast. Mit verzweifelter Wut kämpfte er um sein Leben, während er immer wieder versuchte, einen seiner Köpfe zu erheben, um den Herrn zu töten. Sofort aber sprang der Herr auf den Kopf, der zum Biss ausholte, trat ihn mit Seinen Lotosfüßen und tanzte auf ihm weiter. Im Grunde glich die Szene zunehmend einer Verehrung der Höchsten Persönlichkeit Gottes, Śrī Viṣṇu, und das Gift, das den Mäulern der Schlange entströmte, ähnelte einer Blumenopferung. Bald jedoch begann Kāliya, statt Gift Blut zu speien; er war völlig erschöpft, und sein ganzer Körper schien von den Tritten des Herrn wie zerbrochen. Innerlich aber begann Kāliya allmählich zu verstehen, dass Kṛṣṇa die Höchste Persönlichkeit Gottes ist, und so kam er zum Punkt, wo er sich Kṛṣṇa ergab. Kāliya erkannte, dass Kṛṣṇa der Höchste Herr ist, der Meister aller Meister.

Die Frauen Kāliyas, die Nāgapatnīs, sahen, dass ihr Mann durch die Tritte des Herrn, in dessen Bauch das gesamte Universum ruht, bezwungen worden war und dass er durch die schwere Last auf ihm dem unmittelbaren Tod gegenüberstand. So rannten sie herbei, um dem Herrn ihre Verehrung darzubringen, wobei ihnen in der Eile jedoch Kleidung, Haar und Schmuck durcheinandergerieten. Auch sie unterwarfen sich dem Höchsten Herrn. So erschienen sie zusammen mit ihren Kindern vor dem Herrn, um Ihm ihre Gebete darzubringen. Sie warfen sich am Ufer der Yamunā zu Boden und erwiesen auf diese Weise Kṛṣṇa ihre achtungsvollen Ehrerbeitungen. Die Nāgapatnīs wussten, dass Kṛṣṇa die Zuflucht aller hingegebenen Seelen ist, und sie wollten den Herrn mit ihren Gebeten erfreuen, um ihren Mann vor der drohenden Gefahr einer harten Bestrafung zu bewahren.

Die Nāgapatnīs begannen mit ihren Gebeten und sprachen: „O lieber Herr, Du bist jedem gleichgesinnt. Für Dich gibt es keinen Unterschied zwischen Deinen Söhnen, Freunden und Feinden. Deshalb hast Du auch mit der Bestrafung, die Du Kāliya gütigerweise erteilt hast, völlig gerecht gehandelt. O Herr, Du bist mit der besonderen Absicht erschienen, alle störenden Element auf der Welt zu vernichten, und weil Du die Absolute Wahrheit bist, gibt es keinen Unterschied zwischen Deiner Barmherzigkeit und Deiner Strafe. Uns scheint es daher, dass die Bestrafung Kāliyas im Grunde eine Segnung ist. Wir betrachten diese

Strafe als große Gnade für uns, denn jemand, der von Dir bestraft wird, wird von allen Reaktionen auf seine vergangenen sündhaften Handlungen befreit. Es ist offensichtlich, dass das Wesen, das in diesem Schlangenkörper lebt, früher ungeheuer viele Sünden auf sich geladen haben muss; denn warum sonst musste es den Körper einer Schlange annehmen? Durch das Tanzen auf seinen Köpfen hast Du alle Reaktionen auf seine sündhaften Handlungen vernichtet, die er begangen hat, weil er den Körper einer Schlange besitzt. Es ist deshalb ein großes Glück, dass Du zornig geworden bist und ihn auf diese Weise bestraft hast. Doch wundern wir uns sehr, wie es Kāliya gelungen ist, Dich so gütig zu stimmen; er muss Dich und alle anderen wohl in seinen früheren Leben durch viele religiöse Handlungen erfreut haben. Er muss alle Arten von Bußen und Entsagungen auf sich genommen haben, demütig Andere geehrt haben und wohltätige Werke zum Wohl aller Lebewesen des Universums vollbracht haben."

Die Nāgapatnīs bestätigen hier, dass man nicht mit Kṛṣṇa in Verbindung kommen kann, ohne in seinen früheren Leben durch hingebungsvollen Dienst fromme Tätigkeiten ausgeführt zu haben. Wie Śrī Caitanya in Seinem *Śikṣāṣṭaka* sagt, muss man hingebungsvollen Dienst ausführen, indem man demütig das Hare-Kṛṣṇa-Mantra chantet, sich niedriger dünkt als das Stroh in der Gasse und immer bereit ist, anderen alle Ehre zu erweisen, ohne für sich selbst Ehre zu erwarten. Die Nāgapatnīs fragten sich, wie es möglich sein konnte, dass Kāliya einerseits infolge schwerer sündiger Handlungen den Körper einer Schlange erhalten hatte und andererseits mit dem Herrn in Verbindung kommen konnte, ja sogar von den Lotosfüßen des Herrn berührt wurde. Zweifellos konnte es sich hierbei nicht um das gewöhnliche Ergebnis frommer Werke handeln. Diese beiden widersprüchlichen Tatsachen verwunderten sie also, und deshalb beteten sie: „O Herr, wir sind verwundert, dass Kāliya so vom Glück begünstigt ist, dass er vom Staub Deiner Lotosfüße gesegnet wird. Wie kommt es also, dass Kāliya diesen Staub so leicht erhielt? Wir haben aus maßgeblicher Quelle gehört, dass diejenigen, die mit dem Staub Deiner Lotosfüße gesegnet sind, nicht einmal die höchste Stellung innerhalb dieses Universums, das Leben als Brahmā, erstreben und dass sie sich auch nicht nach dem Thron der himmlischen Planeten oder nach der Herrschaft über die Erde sehnen. Solche Menschen begehren nicht, als Könige die Planeten oberhalb der

Erde, wie Siddhaloka, zu regieren, und sie streben auch nicht nach den mystischen Kräften, die man durch bestimmte Yoga-Übungen erhält. Auch versuchen die reinen Gottgeweihten nicht, durch Befreiung eins mit Dir zu werden. O Herr, obwohl Kāliya in einer Lebensform geboren wurde, die von der abscheulichsten Erscheinungsweise der materiellen Natur beherrscht wird, begleitet von der Eigenschaft des Zornes, hat dieser König der Schlangen etwas erreicht, was man nur äußerst selten erlangt. Die Lebewesen, die innerhalb des materiellen Universums in einer Lebensform nach der anderen von Planet zu Planet wandern, können allein durch Deine Barmherzigkeit sehr leicht die höchste aller Segnungen erhalten."

Im *Caitanya-caritāmṛta* wird bestätigt, dass die Lebewesen im materiellen Universum von einer Lebensform zur anderen wandern, dass aber durch die Barmherzigkeit Kṛṣṇas und des spirituellen Meisters der Same des hingebungsvollen Dienstes in ihnen aufgehen kann, wodurch der Pfad zur Befreiung geebnet wird.

Die Nāgapatnīs fuhren fort: „Wir bringen Dir unsere respektvollen Erarbeitungen dar, o Herr, denn Du bist die Höchste Person, die als Überseele in jedem Lebewesen wohnt. Obwohl Du gegenüber der kosmischen Manifestation transzendental bist, ruht alles in Dir. Du bist die personifizierte, unüberwindliche ewige Zeit. Die gesamte Zeitenergie existiert in Dir, und daher bist Du der Beobachter und die Verkörperung der gesamten Zeit, die in Form von Vergangenheit, Gegenwart, Zukunft, Monaten, Tagen, Stunden und Augenblicken wahrgenommen wird. Mit anderen Worten, o Herr, Du siehst in vollkommener Weise alle Ereignisse, die sich zu jeder Sekunde, zu jeder Stunde, an jedem Tag, in jedem Monat, in jedem Jahr, in der Vergangenheit, in der Gegenwart und in der Zukunft ereignen. Du Selbst bist die universale Form, und dennoch bist Du verschieden von diesem Universum. Du bist eins mit dem Universum und gleichzeitig verschieden von ihm. Wir bringen Dir deshalb unsere respektvollen Ehrerbietungen dar.

Du Selbst bist das gesamte Universum, und dennoch bist Du der Schöpfer des Universums. Du bist der Kontrollierende und der Erhalter des Universums, und Du bist seine ursprüngliche Ursache. Obwohl Du in diesem Universum durch Deine drei qualitativen Inkarnationen, Brahmā, Viṣṇu und Maheśvara, gegenwärtig bist, bist Du transzendental zur materiellen Schöpfung. Obwohl Du die Ursache für das

Erscheinen aller Arten von Lebewesen bist – ihrer Sinne, ihres Lebens, ihres Geistes und ihrer Intelligenz –, kannst Du nur durch Deine innere Energie erkannt werden. Daher erweisen wir Dir, dem Zentrumg der gesamten Schöpfung, unsere respektvollen Ehrerbietungen. Du bist unbegrenzt, feiner als das Feinste, und Du bist allwissend.

Viele verschiedene spekulierende Philosophen versuchen, Dich zu erreichen. Du bist das letztliche Ziel aller philosophischen Bemühungen, und im Grunde bist Du es, den alle Philosophen in ihren verschiedenen Lehren beschreiben. Wir erweisen Dir deshalb unsere respektvollen Ehrerbietungen, denn Du bist der Ursprung aller Schriften und die Quelle des Wissens. Du bist die Wurzel aller Beweise, und Du bist die Höchste Person, die uns das höchste Wissen geben kann. Du bist die Ursache aller möglichen Wünsche, und Du bist die Ursache jeglicher Zufriedenstellung. Du verkörperst die Veden. Deshalb bringen wir Dir unsere respektvollen Ehrerbietungen dar.

O lieber Herr, Du bist die Höchste Persönlichkeit Gottes, Kṛṣṇa und Du bist der höchste Genießer, der nun als der Sohn Vasudevas erschienen ist, welcher eine Manifestation des Zustandes der reinen Tugend ist. Du bist die Gottheiten, die Geist und Intelligenz beherrschen, Aniruddha und Pradyumna, und Du bist der Herr aller Vaiṣṇavas. Durch Deine Erweiterung als *catur-vyūha* – als Vāsudeva, Saṅkarṣaṇa, Aniruddha und Pradyumna – bist Du die Ursache für die Entwicklung von Geist und Intelligenz. Nur durch Dein Wirken wird ein Lebewesen von Vergessen bedeckt oder entdeckt seine wirkliche Identität. Dies wird im 15. Kapitel der *Bhagavad-gītā* bestätigt: Der Herr weilt als Überseele im Herzen eines jeden Lebewesens, und aufgrund Seiner Anwesenheit vergisst ein Lebewesen seine Identität oder belebt sein ursprüngliches Bewusstsein. Wir können bis zu einem gewissen Maße verstehen, dass Du Dich in unserem Herzen als der Zeuge all unserer Handlungen aufhältst; aber es ist sehr schwierig, Deine Anwesenheit richtig zu erkennen, obwohl wir uns alle darüber bis zu einem gewissen Grade bewusst sind. Du bist der höchste Gebieter über die materielle und die spirituelle Energie. Deshalb bist Du, obwohl Du von der kosmischen Manifestation verschieden bist, unter allen Umständen der höchste Kontrollierende. Du bist der Beobachter, der Schöpfer und die Substanz der kosmischen Manifestation. Deshalb bringen wir Dir unsere respektvollen Ehrerbietungen dar.

O Herr, mit der Schöpfung der materiellen Manifestation hast Du persönlich nichts zu tun; vielmehr erschaffst, erhältst und vernichtest Du einfach durch die Entfaltung Deiner verschiedenen Energien – nämlich der Erscheinungsweise der Leidenschaft, der Tugend und der Unwissenheit – die kosmische Manifestation. Einfach durch Deinen Blick über die materielle Energie kannst Du, der Gebieter über die Zeit, das Universum erschaffen und die verschiedenen Erscheinungsweisen der materiellen Natur ins Dasein rufen, die dann die verschiedenen Lebewesen unterschiedlich beeinflussen. Deshalb kann niemand begreifen, auf welche Weise Dein Wille hier in dieser Welt ausgeführt wird.

Lieber Herr, Du hast Dich in die drei Hauptgottheiten des Universums – Brahmā, Viṣṇu und Śiva – erweitert, um Schöpfung, Erhaltung und Vernichtung durchzuführen, aber Dein Erscheinen als Śrī Viṣṇu hat den besonderen Zweck, allen Lebewesen zum wirklichen Wohl zu verhelfen. Deshalb wird denjenigen, die voller Frieden sind und nach dem höchsten Frieden streben, empfohlen, Deine friedenbringende Form, Śrī Viṣṇu, zu verehren.

O Herr, bitte erhöre unsere Gebete. Du weißt, was es für uns bedeutet, wenn diese arme Schlange nun stirbt. Du weißt, dass unsere Ehemänner für uns Frauen unser Ein und Alles sind. Deshalb flehen wir Dich an, Kāliya, unserem Ehemann, gütigerweise zu verzeihen, denn wenn diese Schlange stirbt, geraten wir in große Not. Nur um unseretwillen, bitte, vergib dem armseligen Frevler! O Herr, jedes Lebewesen stammt von Dir ab, und jedes wird von Dir am Leben erhalten. Ebenso ist es mit Kāliya, weshalb wir Dich bitten, ihm einmal zu vergeben, obwohl er Dich so schwer beleidigt hat, weil er sicherlich Deine Übermacht nicht kannte. Wir bitten Dich also, ihm für dieses eine Mal noch zu vergeben. O Herr, wir dienen Dir mit Liebe, weil wir Deine ewigen Dienerinnen sind. Du kannst von uns verlangen, was immer Dir beliebt. Wenn ein Lebewesen bereit ist, stets Deinen Anweisungen zu folgen, kann es von jeglicher Verzweiflung frei werden."

Nachdem Sich Śrī Kṛṣṇa die Gebete der Nāgapatnīs angehört hatte, erlöste Er Kāliya von seiner Strafe. Kāliya war durch die Tritte des Herrn bewusstlos geworden, doch als die Strafe von ihm genommen wurde und er sein Bewusstsein wiedererlangte, kehrten seine Lebenskraft und die Fähigkeiten seiner Sinne zurück. Mit gefalteten Händen begann er, demütig zum Höchsten Herrn, Śrī Kṛṣṇa, zu beten: „Mein lieber Herr, ich bin in einer solch abscheulichen Lebensform geboren worden, dass ich von Natur aus wütend und grausam bin, da ich mich in diesem Körper in finsterer Unwissenheit befinde. Du weißt sehr gut, o Herr, dass es sehr schwierig ist, die natürlichen Triebe aufzugeben, obwohl das Lebewesen gerade durch diese Triebe gezwungen wird, von einem Körper zum nächsten zu wandern." Auch in der *Bhagavad-gītā* wird bestätigt, dass es äußerst schwierig ist, der Gewalt der materiellen Natur zu entkommen, dass die materielle Natur aber keine Macht mehr über den hat, der sich der Höchsten Persönlichkeit Gottes, Śrī Kṛṣṇa ergeben hat. Kāliya fuhr fort: „Lieber Herr, Du bist der Ursprung der Erscheinungsweisen der materiellen Natur, durch die dieses Universum erschaffen wird, und Du bist die Ursache für die verschiedenen Bewusstseinszustände der Lebewesen, durch die sie ihre unterschiedlichen Körper erlangt haben. O Herr, ich bin als Schlange geboren worden, und deshalb bin ich von Natur aus bösartig. Wie sollte es mir also ohne Deine Barmherzigkeit möglich sein, diese Eigenschaften aufzugeben? Es ist sehr schwierig, der Gewalt *māyās* zu entkommen, denn da *māyā* Deine Energie ist, kann sie uns für Ewigkeiten gefesselt halten. Lieber Herr, vergib mir deshalb gütigerweise meine unvermeidbaren materiellen Neigungen. Ich gebe mich Dir hin. Nun kannst Du mich ganz nach Deinem Belieben bestrafen oder erlösen."

Nachdem der Herr, die Höchste Persönlichkeit Gottes, der die Rolle eines kleinen Menschenkindes spielte, dieses Gebet gehört hatte, gab Er der Schlange folgenden Befehl: „Verlass augenblicklich diesen Ort und begib dich in den Ozean. Alle deine Kinder, deine Frauen und deine Besitztümer kannst du mit dir nehmen, aber mach dich jetzt ohne Verzögerung auf den Weg. Vergifte in Zukunft nie mehr das Wasser der Yamunā, denn Meine Kühe und Kuhhirtenjungen sollen es ohne Bedenken trinken können." Der Herr sagte darauf, dass der Befehl, den Er der Kāliya-Schlange erteilt habe, an alle verbreitet werden solle, so dass sich niemand mehr vor Kāliya zu fürchten brauche.

Jeder, der diese Erzählung von der Schlange Kāliya und ihrer Bestrafung vernimmt, wird nicht mehr die Niedertracht der Schlangen zu fürchten brauchen. Der Herr erklärte des Weiteren: „Wer im Kāliya-See badet, wo einst Meine Kuhhirtenfreunde und Ich gebadet haben, oder wer, nachdem er für einen Tag gefastet hat, den Vorvätern mit diesem Wasser ein Opfer darbringt, wird von allen sündhaften Reaktionen befreit." Der Herr versicherte Kāliya außerdem: „Du kamst hierher, weil du dich vor Garuḍa fürchtetest, der zu deinem paradiesischen Eiland im Ozean gekommen war, um dich zu fressen. Wenn Garuḍa aber die Markierung sieht, die Ich mit Meinen Lotosfüßen auf deinem Kopf hinterlassen habe, wird er dich in Ruhe lassen."

Der Herr war mit Kāliya und seinen Frauen sehr zufrieden. Gleich nachdem die Frauen Seinen Befehl vernommen hatten, begannen sie und die Schlange, Ihn mit reichen Opfergaben, wie schönen Gewändern, Blumen, Girlanden, Juwelen, Geschmeide, Sandelholzpasten, Lotosblumen und wohlschmeckenden Früchten, zu verehren. Auf diese Weise erfreuten sie den Herrn Garuḍas, vor dem sie sich so sehr gefürchtet hatten. Dann verließen sie, dem Befehl Śrī Kṛṣṇas folgend, die Yamunā.

Hiermit enden die Bhaktivedanta-Erläuterungen
zum 16. *Kapitel des Kṛṣṇa-Buches mit dem Titel*
„Kṛṣṇa bezwingt die Schlange Kāliya".

KAPITEL 17

Wie Kṛṣṇa einen Waldbrand löschte

Nachdem König Parīkṣit von der Bestrafung Kāliyas gehört hatte, fragte er Śukadeva Gosvāmī, warum Garuḍa Kāliya so feindlich gesinnt war und warum Kāliya sein paradiesisches Eiland verließ. Śukadeva Gosvāmī berichtete dem König daraufhin von einer Insel namens Nāgālaya, die von Schlangen bewohnt wurde, von denen Kāliya einer der Aufrührer war. Garuḍa, der es liebt, Schlangen zu fressen, pflegte diese Insel zu besuchen und nach Belieben viele Schlangen zu töten. Einige von ihnen fraß er tatsächlich, aber viele wurden auch unnötig getötet. Die Gemeinschaft der Schlangen wurde dadurch so verängstigt, dass Vāsuki, ihr Anführer, Brahmā um Schutz bat. Brahmā traf daraufhin eine Vorkehrung, die Garuḍa künftig davon abhalten sollte, die Schlangen zu plagen: In jeder Halbmondnacht sollte die Gemeinschaft der Schlangen einen der Ihren Garuḍa als Opfer unter einen Baum legen.

Garuḍa war damit zufrieden und tat von da an keiner anderen Schlange etwas zuleide.

Aber nach einiger Zeit wollte sich Kāliya diese neue Situation zunutze machen. Durch die Giftmenge, die er angesammelt hatte, und durch den Hochmut aufgrund seiner materiellen Macht dachte er: „Warum soll gerade Garuḍa dieses Opfer erhalten?“ Er stellte deshalb jede Opferung ein und fraß stattdessen die für Garuḍa bestimmte Opfergabe selbst. Als Garuḍa, der große Gottgeweihte und gefiederte Träger Viṣṇus, erkannte, dass Kāliya diese Opfergaben selbst fraß, überfiel ihn gewaltiger Zorn, und sofort flog er zu dieser Insel hin, um die frevlerische Schlange zu töten. Zuerst wagte es Kāliya, gegen Garuḍa zu kämpfen, und bot ihm mit seinen vielen Häuptern Widerstand, indem er ihn mit seinen scharfen Giftzähnen zu beißen versuchte; aber Garuḍa, der Sohn Tārkṣyas, schlug voller Ingrimm mit seinen strahlenden, goldenen Schwingen auf Kāliya ein und entfaltete dabei eine gewaltige Kraft, wie sie dem Träger Śrī Viṣṇus gebührt. Kāliya, der auch Kadrusuta, der Sohn Kadrus, genannt wird, floh daraufhin zu einem See, der sich in der Yamunā befand und später als Kāliya-hrada bekannt werden sollte. Diesem See konnte sich Garuḍa nicht nähern.

Kāliya suchte aus folgenden Gründen im Wasser der Yamunā Zuflucht: So wie Garuḍa die Insel der Kāliya-Schlange aufsuchte, liebte er es, zur Yamunā zu fliegen, um dort Fische zu fangen. Es lebte dort jedoch ein großer Yogi namens Saubhari Muni, der unter Wasser zu meditieren pflegte und den Fischen sehr zugeneigt war. Er bat Garuḍa, die Fische in Frieden zu lassen. Weil Garuḍa der Träger Viṣṇus ist, kann ihm niemand etwas befehlen, doch er wollte die Weisung des großen Yogis nicht missachten. Deshalb verzichtete Garuḍa darauf, für längere Zeit dort zu bleiben und viele Fische zu fangen, und so entfernte er sich, fing zuerst aber noch einen letzten großen Fisch. Dieser große Fisch war jedoch einer der Anführer der anderen Fische, und weil Saubhari Muni über dessen Tod so bekümmert war und die Fische beschützen wollte, verhängte er über Garuḍa einen Fluch: „Vom heutigen Tag an soll Garuḍa nie mehr hierherkommen. Erscheint er dennoch an diesem Ort, so soll er – und das sage ich mit aller Macht, die ich besitze – augenblicklich sterben.“

Von diesem Fluch wusste nur Kāliya, und da er überzeugt war, dass Garuḍa sich diesem See nicht zu nähern wagte, hielt er es für das klügste, bei Saubhari Muni Zuflucht zu suchen. Doch auch das konnte Kāliya nicht retten, denn er wurde von Kṛṣṇa, dem Herrn Garuḍas, aus der Yamunā vertrieben. Hierbei muss bemerkt werden, dass Garuḍa in direkter Beziehung zur Höchsten Persönlichkeit Gottes steht und daher so mächtig ist, dass er keinem Befehl und keinem Fluch unterworfen ist. Im Grunde beging Saubhari Muni deshalb ein schweres Vergehen, als er Garuḍa verfluchte, der, wie im *Śrīmad-Bhāgavatam* gesagt wird, von gleichem Rang ist wie Bhagavān, die Höchste Persönlichkeit Gottes. Obwohl Garuḍa nicht versuchte, sich zu rächen, blieben die Folgen für den Muni nicht aus, denn er hatte ein Vergehen gegen einen großen Vaiṣṇava begangen. Saubhari fiel später wegen seines Vergehens von seiner fortgeschrittenen Stufe als Yogi herunter und wurde ein Haushälter und Sinnengenießer in der materiellen Welt. Das Zufallkommen Saubhari Munis, von welchem gesagt wird, er habe sich durch seine Meditation bereits auf der Stufe spiritueller Glückseligkeit befunden, ist eine Warnung für diejenigen, die sich Vergehen gegen Vaiṣṇavas zuschulden kommen lassen.

Als Kṛṣṇa schließlich dem See Kāliyas entstieg, kamen Ihm alle Seine Freunde und Verwandten am Ufer der Yamunā entgegen, und sie sahen, wie prächtig geschmückt Er vor ihnen erschien. Er war über und über mit *candana*-Paste betupft, Er trug wertvolle Juwelen und Edelsteine und eine Fülle von goldenem Schmuck. Als die Einwohner von Vṛndāvana – darunter die Kuhhirtenjungen, die erwachsenen Hirten, die *gopīs*, Mutter Yaśodā, Nanda Mahārāja sowie die Kühe und Kälber – sahen, wie Kṛṣṇa der Yamunā entstieg, war es, als hätten sie ihr Leben wiedergewonnen. Wenn ein Mensch zu neuem Leben gelangt, ist es ganz natürlich, dass er von Freude und Glück erfüllt wird. Sie alle drückten Kṛṣṇa an ihre Brust, wobei sie große Erleichterung fühlten. Mutter Yaśodā, Rohiṇī, Mahārāja Nanda und die Kuhhirten waren so glücklich, dass sie dachten, ihr höchstes Lebensziel erreicht zu haben, als sie Kṛṣṇa umarmten.

Auch Balarāma umarmte Kṛṣṇa, doch Er lachte, weil Er die ganze Zeit über gewusst hatte, was mit Kṛṣṇa geschehen sollte, während alle anderen von Angst überwältigt gewesen waren. Alle Bäume am Ufer der Yamunā, alle Kühe, Stiere und Kälber waren überglücklich, weil Kṛṣṇa wieder bei ihnen war. Die *brāhmaṇas* von Vṛndāvana kamen mit ihren Frauen herbei, um Kṛṣṇa und Seine Familienmitglieder zu beglückwünschen. Weil die *brāhmaṇas* als die spirituellen Meister der Gesellschaft angesehen werden, gaben sie also Kṛṣṇa und Seiner Familie zu Seiner glücklichen Rettung ihren Segen. Zudem baten sie Nanda Mahārāja, ihnen anlässlich des Ereignisses Spenden zu überreichen. Mahārāja Nanda war über Kṛṣṇas Wiederkehr so froh, dass er den *brāhmaṇas* viele Kühe und eine Menge Gold schenkte. Während sich Nanda Mahārāja den *brāhmaṇas* widmete, hielt Mutter Yaśodā Kṛṣṇa einfach auf ihrem Schoß und umarmt Ihn, wobei sie unaufhörlich Tränen vergoss.

Weil es schon dämmerte und alle Einwohner von Vṛndāvana einschließlich der Kühe und Kälber sehr müde waren, beschlossen sie, am Ufer des Flusses zu übernachten. Mitten in der Nacht jedoch, als sie fest schliefen, brach plötzlich ein ungeheurer Waldbrand aus, und es schien, als würde das Feuer bald alle Einwohner von Vṛndāvana verschlingen. Sowie sie von der Hitze des Feuers geweckt wurden, suchten sie bei der Höchsten Persönlichkeit Gottes Zuflucht, obwohl Er die Rolle ihres Kindes spielte, und sie riefen: „Lieber Kṛṣṇa, o Höchste Persönlichkeit Gottes! Lieber Balarāma, o Quelle aller Kraft! Bitte rettet uns vor diesem allesverschlingenden und verwüstenden Feuer; wir haben keine andere Zuflucht als Euch. Dieses vernichtende Feuer wird uns alle verschlingen." So beteten sie zu Kṛṣṇa, und sie sagten, dass sie nirgends Zuflucht suchen könnten außer bei Seinen Lotosfüßen. Śrī Kṛṣṇa, der Mitleid mit den Bewohnern Vṛndāvanas hatte, verschluckte daraufhin den gesamten Waldbrand, und sie waren gerettet. Dies war für Kṛṣṇa nichts außergewöhnliches, denn Er ist unbegrenzt. Kṛṣṇa besitzt unbegrenzte Kräfte, um alles zu tun, was Ihm beliebt.

Hiermit enden die Bhaktivedanta-Erläuterungen zum 17. Kapitel des Kṛṣṇa-Buches mit dem Titel „Wie Kṛṣṇa einen Waldbrand löschte".

KAPITEL 18

Der Dämon Pralambāsura wird getötet

Nachdem Kṛṣṇa den Waldbrand gelöscht hatte, kehrte Er, umgeben von Seinen Verwandten, Freunden, Kühen, Kälbern und Bullen und unter dem Gesang Seiner Freunde, in das Dorf Vṛndāvana zurück, das immer voller Kühe ist. Während Kṛṣṇa und Balarāma das Leben in Vṛndāvana inmitten der Kuhhirtenjungen und -mädchen genossen, zog der Sommer ins Land. Der Sommer wird in Indien nicht sehr begrüßt, weil er im Allgemeinen eine fast unerträgliche Hitze mit sich bringt; aber in Vṛndāvana war das Klima auch zu dieser Jahreszeit für jeden angenehm, denn der Sommer erschien dort ganz wie der Frühling. Dies war nur möglich, weil Śrī Kṛṣṇa und Balarāma dort wohnten, die selbst Brahmā und Śiva beherrschen. In Vṛndāvana gibt es viele Wasserfälle, von denen ständig Wasser fließt, und ihr Rauschen klingt so lieblich, dass es das Zirpen der Grillen übertönt. Und weil überall Wasser fließt, blüht der ganze Wald Vṛndāvanas stets in lebendigem Grün.

Die Einwohner von Vṛndāvana wurden niemals von hohen Sommertemperaturen und sengender Hitze geplagt. Die Seen von Vṛndāvana sind von grünem Gras umgeben. Auf ihnen blühen verschiedenartige Lotosblumen wie die *kahlāra, kañja* und *utpala,* deren duftender Blütenstaub von den sanften Winden, die in Vṛndāvana wehen, überallhin getragen wird. Manchmal kam von den Wellen der Yamunā, von den Seen und den Wasserfällen her ein feiner Wasserdunst und versprühte sich über die Gegend, wodurch die Einwohner von Vṛndāvana eine erfrischende Kühlung erfuhren. So verbrachten sie völlig unbeschwert die Sommerzeit.

Vṛndāvana ist ein unbeschreiblich schöner Ort. Zu jeder Jahreszeit blühen dort Blumen, und sogar verschiedenartig gezeichnete Rehe sind dort anzutreffen. Die Vögel zwitschern, die Pfauen rufen und tanzen, die Bienen summen, und die Kuckucke singen mit wohlklingenden Stimmen in fünf verschiedenen Tönen.

Oft zog Kṛṣṇa, der Quell aller Freude, auf Seiner Flöte spielend und begleitet von Seinem älteren Bruder Balarāma und von den anderen Kuhhirtenjungen und ihren Kühen, in den schönen Wald von Vṛndāvana, um Sich an der friedvollen Idylle zu erfreuen. Sie liefen zwischen den Bäumen hindurch, die voll von frischgewachsenen Blättern waren, deren Blüten Pfauenfedern ähnelten. Sie trugen Girlanden aus diesen Blüten und bemalten sich gegenseitig mit safranfarbener Kreide. Manchmal tanzten und sangen sie gemeinsam und manchmal rangen sie auch miteinander. Während Kṛṣṇa tanzte, sangen einige Kuhhirtenjungen dazu, und andere spielten auf ihren Flöten. Manche bliesen Büffelhörner oder klatschten in die Hände und priesen dabei Kṛṣṇa: „Lieber Bruder, Du tanzt so wunderbar." Im Grunde waren all diese Knaben Halbgötter, die von höheren Planeten herabgekommen waren, um Kṛṣṇa bei Seinen Spielen zu unterstützen. Die Halbgötter in Gestalt von Kuhhirtenjungen spornten Kṛṣṇa beim Tanzen an, so wie ein Künstler einen anderen mit Lobesworten anspornt. Bis zu dieser Zeit hatten Sich weder Balarama noch Kṛṣṇa der Haarschneidezeremonie unterzogen, und deshalb war Ihr Haar so dicht wie das Gefieder der Krähen. Sie spielten oft mit Ihren Freunden Verstecken, sprangen übereinander und veranstalteten Ringkämpfe. Manchmal lobte auch Kṛṣṇa

Seine Freunde, wenn sie sangen und tanzten: „Meine lieben Freunde, ihr tanzt und singt gar wunderbar!" Mit Früchten wie der Belfrucht und *āmalakī* spielten die Jungen Fangball, und manchmal spielten sie Blindekuh, wobei sie sich neckten und sich gegenseitig zu fassen versuchten. Manchmal imitierten sie die Waldtiere und die verschiedenen Vogelarten oder ahmten scherzhaft die quakenden Frösche nach. Viel Freude bereitete es ihnen auch, auf Schaukeln unter den Bäumen hin und her zu schwingen, und manchmal spielten sie auch König und Untertan miteinander. Auf diese Weise vergnügten Sich Kṛṣṇa und Balarāma mit Ihren Freunden bei allen möglichen Spielen und genossen die angenehme Atmosphäre von Vṛndāvana, wo es so viele Flüsse, Seen, Bäche, prächtige Bäume und einzigartige Gärten mit Früchten und Blumen gab.

Als die Jungen wieder einmal in ihre transzendentalen Spiele vertieft waren, schlich sich ein großer Dämon mit Namen Pralambāsura in ihre Gemeinschaft ein, der Kṛṣṇa und Balarāma entführen wollte. Kṛṣṇa spielte die Rolle eines Kuhhirtenjungen, dennoch kannte Er, die Höchste Persönlichkeit Gottes, alles – die Vergangenheit, Gegenwart und Zukunft. Als sich Pralambāsura also zu ihnen gesellte, dachte Sich Kṛṣṇa einen Plan aus, um den Dämon zu töten, doch nach außen hin empfing Er ihn als einen Freund. „O Mein lieber Freund", sagte Er, „wie schön, dass du gekommen bist, um an unseren Spielen teilzunehmen!" Kṛṣṇa rief daraufhin all Seine Freunde zusammen und verkündete: „Nun lasst uns Reiterkampf spielen! Wir werden uns gegenseitig in Paaren herausfordern." Sogleich teilten sich die Jungen auf. Einige stellten sich auf die Seite Kṛṣṇas, andere auf die Seite Balarāmas, und beide Gruppen machten sich zum Kampf fertig. Es war bestimmt worden, dass die Verlierer die Gewinner huckepack auf dem Rücken tragen mussten. Dann begannen sie das Spiel und zogen kämpfend durch den Bhāṇḍīravana-Wald, dennoch vergaßen sie nicht, gleichzeitig auf die Kühe zu achten.

Die Gruppe Balarāmas, zu der auch Śrīdāmā und Vṛṣabha gehörten, ging schließlich siegreich aus dem Kampf hervor, und deshalb musste Kṛṣṇas Gruppe sie auf dem Rücken durch den Bhāṇḍīravana-Wald tragen. Weil die Höchste Persönlichkeit Gottes, Kṛṣṇa, besiegt wurde, musste Er Śrīdāmā auf dem Rücken tragen, und Bhadrasena trug Vṛṣabha. Pralambāsura, der immer noch wie ein Kuhhirtenjunge erschien, ahmte ihr Spiel nach und nahm Balarāma auf den Rücken. Pralambāsura war einer der größten Dämonen, und er schlussfolgerte, dass Kṛṣṇa der mächtigste der Kuhhirtenjungen war.

Um ein Zusammentreffen mit Kṛṣṇa zu vermeiden, trug Pralambāsura Balarāma weit weg. Der Dämon war zweifellos sehr stark und mächtig, aber er trug Balarāma, der mit einem Berg verglichen wird, auf seinem Rücken. Daher ermüdete er schon bald unter der drückenden Last, so dass er schließlich gezwungen war, seine wirkliche Form anzunehmen. Als er in seiner eigentlichen Gestalt erschien, war er mit einem goldenen Helm und Ohrringen geschmückt und sah aus wie eine wetterleuchtende Wolke, die den Mond trägt. Balarāma sah, wie der Körper des Dämons anwuchs, bis er die Wolken berührte; seine Augen loderten wie Feuer, und in seinem Mund blitzten scharfe Zähne. Anfangs war Balarāma durch die Verwandlung des Dämons überrascht, und Er wunderte Sich: „Wie ist es nur möglich, dass Mein Träger sich auf einmal so verändert hat?“ Aber mit Seinem scharfen Verstand begriff Er schnell, dass es ein Dämon war, der Ihn von Seinen Freunden forttrug, um Ihn zu töten. Sogleich versetzte Er deshalb dem Dämon mit Seiner starken Faust einen Schlag auf den Kopf, gleich dem König des Himmels, wenn dieser einen Blitz auf einen Berg schleudert. Getroffen von der Faust Balarāmas, stürzte der Dämon wie eine Schlange mit zerschmettertem Kopf tot zu Boden, und das Blut quoll ihm aus dem Mund. Beim Aufprall entstand ein donnerndes Getöse, als wäre ein riesiger Berg von einem Blitz Indras getroffen worden und niedergestürzt. Alle Jungen rannten sofort zum Ort des Geschehens. Überrascht von dem ungeheuren Anblick, lobten sie Balarāma: „Gut gemacht! Gut gemacht!“ Voller Zuneigung umarmte jeder von ihnen Balarāma, von dem sie glaubten, Er wäre gerade von den Toten zurückgekehrt, und alle überhäuften Ihn mit Lob und Segenswünschen. Die Halbgötter auf den himmlischen Planeten waren überaus erfreut und ließen Blumen auf den transzendentalen Körper Balarāmas herabregnen, um Ihm ebenfalls ihre Segnungen und Glückwünsche zukommen zu lassen, weil Er den großen Dämon Pralambāsura getötet hatte.

Hiermit enden die Bhaktivedanta-Erläuterungen zum 18. Kapitel des Kṛṣṇa-Buches mit dem Titel „Der Dämon Pralambāsura wird getötet“.

KAPITEL 19

Kṛṣṇa verschluckt den Waldbrand

Während Kṛṣṇa, Balarāma und Ihre Freunde von dem soeben geschilderten Abenteuer in Anspruch genommen waren, begannen die unbewachten Kühe, allein weiterzuwandern und begaben sich, verlockt von frischen Gräsern, in immer entferntere Teile des Waldes. So zogen die Ziegen, Kühe und Büffel von einem Wald zum anderen, bis sie schließlich in den Wald kamen, der Īṣīkāṭavī heißt. Sie waren vom saftig grünen Gras dieses Waldes angelockt worden; aber als sie den Wald betraten, sahen sie, dass dort ein Waldbrand wütete, und vor Schrecken fingen sie an zu schreien. Inzwischen hatten Balarāma, Kṛṣṇa und Ihre Freunde bemerkt, dass ihre Tiere verschwunden waren, und sie wurden deshalb sehr bekümmert. Sogleich begaben sie sich auf die Suche, indem sie den Spuren der Kühe und dem Pfad folgten, der durch das abgeweidete Gras entstanden war. Die Jungen befürchteten, dass sie nun all ihre Kühe, die Grundlage ihres Lebensunterhalts, verloren hatten. Während sie durch den Wald liefen und die Kühe suchten, wurden sie selbst sehr müde und durstig. Bald jedoch vernahmen sie das Muhen ihrer Kühe, und Kṛṣṇa rief sogleich die Kühe mit lauter Stimme bei ihren Namen. Mit freudigem Muhen antworteten die Kühe auf die Rufe Kṛṣṇas, doch der Waldbrand hatte sie bereits allesamt eingeschlossen, und ihre Lage war äußerst bedrohlich. Als der Wind noch heftiger blies, wuchsen die Flammen immer stärker an, und es schien, als werde alles Bewegliche und Unbewegliche in den Flammen umkommen. Die Kühe und die Jungen überkam Entsetzen, und sie blickten alle auf Balarāma und Kṛṣṇa, genau wie ein Sterbender auf das Bild der Höchsten Persönlichkeit Gottes blickt. Sie sagten: „Lieber Kṛṣṇa, lieber Kṛṣṇa! Du und Balarāma, ihr seid sehr mächtig. Wir spüren bereits die brennende Hitze des lodernden Feuers. Lasst uns bei Euren Lotosfüßen Zuflucht suchen! Wir wissen, dass Ihr uns vor dieser großen Gefahr beschützen könnt. Lieber Freund Kṛṣṇa, wir sind Deine guten Freunde. Es ist nicht richtig, dass wir auf diese Weise leiden sollen. Wir sind völlig von Dir abhängig, und Du bist der Kenner allen religiösen Lebens. Wir kennen niemanden außer Dich."

Als Śrī Kṛṣṇa, die Persönlichkeit Gottes, das Flehen Seiner Freunde hörte, antwortete Er ihnen mit einem wohltuenden Blick. Durch die Sprache Seiner Augen teilte Er ihnen mit, dass sie sich nicht zu fürchten brauchten und Er versicherte ihnen: „Sorgt euch nicht!". Dann verschluckte Kṛṣṇa, der höchste Mystiker, die mächtige Persönlichkeit Gottes, im Nu alle Flammen. So wurden die Kühe und die Kuhhirtenjungen aus der drohenden Gefahr errettet. Vor Angst waren Kṛṣṇas Freunde fast bewusstlos geworden, aber als sie ihr Bewusstsein wiedererlangten und die Augen öffneten, sahen sie, dass sie wieder, wie zuvor, zusammen mit Kṛṣṇa und Balarāma und den Kühen im Bhāṇḍīra-Wald waren. Sie konnten es kaum fassen, dass sie den Angriff des lodernden Feuers heil überstanden hatten und dass auch den Kühen nichts geschehen war. Insgeheim dachten sie, dass Kṛṣṇa kein gewöhnlicher Junge sein könne, sondern irgendein Halbgott wäre.

Am Abend kehrten Kṛṣṇa und Balarāma zusammen mit den Kuhhirtenjungen und Kühen nach Vṛndāvana zurück, wobei Sie auf Ihren Flöten spielten. Als Sie Sich dem Dorf näherten, wurden alle *gopīs* überaus heiter und froh. Den ganzen Tag lang, während Sich Kṛṣṇa im Wald befand, dachten die *gopīs* an Ihn, und in Seiner Abwesenheit erschien ihnen ein Augenblick so lang wie zwölf Jahre.

Hiermit enden die Bhaktivedanta-Erläuterungen zum 19. *Kapitel des Kṛṣṇa-Buches mit dem Titel „Kṛṣṇa verschluckt den Waldbrand".*

KAPITEL 20

Herbst in Vṛndāvana

Die Kunde, wie Balarāma Pralambāsura tötete und wie Kṛṣṇa den Waldbrand verschlang, verbreitete sich überall in Vṛndāvana. Die Kuhhirten schilderten ihren Frauen und den übrigen Dorfbewohnern diese wunderbaren Taten, und alle wurden in Erstaunen versetzt, als sie vernahmen, was im Wald von Vṛndāvana geschehen war. Sie schlossen daraus, dass Kṛṣṇa und Balarāma Halbgötter sein mussten, die gütigerweise in Vṛndāvana als ihre Kinder erschienen waren.

Bald darauf kündigte sich die Regenzeit an. Nach der sengenden Hitze des Sommers ist die Regenzeit in Indien sehr willkommen. Die Menschen freuen sich über die Wolken, die sich am Himmel zusammenziehen und Sonne und Mond verdecken, und sie können den Regen gar nicht mehr erwarten. Nach dem Sommer wird der Beginn der Regenzeit als eine lebensspendende Quelle für jeden empfunden. Selbst das Donnern oder auch gelegentliche Blitze werden freudig begrüßt.

Die Symptome der Regenzeit sind mit den Symptomen der Lebewesen vergleichbar, die von den drei Erscheinungsweisen der materiellen Natur bedeckt sind. Der unbegrenzte Himmel ist wie das Höchste Brahman, und die winzigen Lebewesen sind wie der bedeckte Himmel oder wie das Brahman, das von den drei Erscheinungsweisen der materiellen Natur bedeckt ist. Ursprünglich ist jedes Lebewesen ein winziges Teilchen des Brahmans. Das Höchste Brahman, der unbegrenzte Himmel, kann niemals ganz von einer Wolke bedeckt werden, sondern nur teilweise. Wie es in der *Bhagavad-gītā* heißt, sind die Lebewesen zwar Teilchen der Höchsten Persönlichkeit Gottes, aber verglichen mit Gott besitzen sie nur eine unbedeutende Größe. Diese Teilchen werden von den Erscheinungsweisen der materiellen Natur bedeckt und aus diesem Grunde befinden sich die Lebewesen in der materiellen Welt. Das *brahmajyoti*, die spirituelle Ausstrahlung, gleicht dem Sonnenlicht. Ähnlich wie sich das Licht der Sonne aus winzigen Lichtpartikeln zusammensetzt, besteht das *brahmajyoti* aus winzigen Teilchen der Höchsten Persönlichkeit Gottes. Von der unbegrenzten Anzahl dieser winzigen Teile des Höchsten Herrn sind einige vom Einfluss der materiellen Natur bedeckt, während andere frei davon sind.

Wolken sind aufgespeichertes Wasser, das durch die Einwirkung des Sonnenscheins von der Erde aufsteigt. Acht Monate lang lässt die Sonne ununterbrochen Wasser, das sich in verschiedensten Formen auf der Erdoberfläche befindet, verdunsten. Dieses Wasser sammelt sich in Form von Wolken, um dann, wenn es benötigt wird, als Regen verteilt zu werden. In ähnlicher Weise zieht eine Regierung von den Bürgern verschiedene Arten von Steuern ein, wie Einkommenssteuer und Mehrwertsteuer, die die Bürger entsprechend dem Gewinn aus ihren materiellen Tätigkeiten in Landwirtschaft, Handel, Industrie usw. zu zahlen haben. Bei der Erhebung von Steuern trifft der Vergleich mit der Sonne zu, die das Wasser aus der Erde zieht. Wenn auf der Erdoberfläche wieder Wasser benötigt wird, wandelt ebendieser Sonnenschein das Wasser in Wolken um und verteilt es überall auf der Erde. Ebenso müssen auch die Steuern, die von der Regierung eingezogen werden, in Form von Ausbildungsmöglichkeiten, öffentlichen Bauvorhaben, Abwasser- und Abfallentsorgung usw. wieder dem Volk zugutekommen.

Dies ist ein wesentliches Prinzip für eine gute Regierung. Die Regierung sollte nicht einfach Steuern einziehen, um sie danach sinnlos zu verschwenden, vielmehr müssen die Steuern für das Wohl der Allgemeinheit verwendet werden.

Während der Regenzeit stürmen heftige Winde über das ganze Land und treiben die Wolken von Ort zu Ort, um das lebensspendende Wasser an die bedürftigen Lebewesen zu verteilen. Nach dem Sommer wird das Wasser dringend benötigt, so sind die Wolken wie ein reicher Mann, der in Zeiten der Not sein Geld verteilt, auch wenn er dabei all seine Mittel erschöpft. Ebenso erschöpfen sich die Wolken, um das Wasser auf der Erdoberfläche zu verteilen.

Es heißt, dass Mahārāja Daśaratha, der Vater Śrī Rāmacandras, beim Kampf mit seinen Feinden so auf sie losging, wie ein Bauer Unkraut ausreißt und unnütze Bäume beseitigt. Wenn Not herrschte, pflegte er Geld zu verteilen wie eine Wolke den Regen. Die Wolken verteilen den Regen so großzügig, dass man dies mit der Spendenverteilung eines reichen, freigiebigen Mannes vergleichen kann. Sie vergießen das Wasser so reichlich, dass der Regen selbst auf Felsen, Berge, Seen und Meere fällt, wo Wasser überhaupt nicht nötig ist. Die Wolken sind wie ein wohltätiger Mensch, der den Inhalt seiner Schatzkammer zur Verteilung freigibt und nicht lange unterscheidet, ob die Spende benötigt wird oder nicht. Er verschenkt mit vollen Händen.

Vor dem Regen ist die gesamte Erdoberfläche fast aller Energien beraubt und bietet einen mageren, trostlosen Anblick, doch nach dem Regenfall erblüht die Erde in frischem Grün und wird sichtlich gesund und kräftig. Hierzu passt der Vergleich von einem Menschen, der sich große Entbehrungen auferlegt hat, um sich einen materiellen Wunsch zu erfüllen. Das Erblühen der Vegetation nach der Regenzeit wird mit der Erfüllung materieller Wünsche verglichen. Wenn ein Land einer unerwünschten Regierung unterworfen ist, nehmen die Bürger und die Parteien oftmals schwere Anstrengungen und Entsagungen auf sich, um die Regierung zu übernehmen. Wenn sie Erfolg haben, erfreuen sie sich blühender Umstände – aufgrund der großzügigen Gehälter, die sie sich selbst gewähren. Auch dieser zeitweilige Gewinn ist mit dem Aufblühen der Vegetation während der Regenzeit vergleichbar. Im Grunde sollte man sich schwere Entsagungen und Bußen nur auferlegen, um spirituelles Glück zu erlangen. Das *Śrīmad-Bhāgavatam* rät uns, *tapasya*, oder Entsagung, nur anzunehmen, wenn sie förderlich ist, den Höchsten Herrn zu erkennen. Wenn man im hingebungsvollen Dienst Entsagungen auf sich nimmt, erweckt man sein spirituelles Leben wieder. Sowie man wieder zum spirituellen Leben erwacht, erfreut man sich unbegrenzter spiritueller Glückseligkeit. Aber wie in der *Bhagavad-gītā* erklärt wird, sind die Ergebnisse von Opfern und Entsagungen, die man sich auferlegt, um ein materielles Ziel zu erreichen, vergänglich. Sie werden nur von weniger intelligenten Menschen angestrebt.

Während der Regenzeit kann man am Abend viele Glühwürmchen beobachten, die die Baumwipfel umschwirren und wie kleine Lichter glitzern. Die großen Leuchtkörper des Himmels wie die Sterne und der Mond indessen sind nicht sichtbar. Ebenso treten im Zeitalter des Kali in zunehmendem Maße Atheisten und andere Scharlatane in den Vordergrund, wohingegen Menschen, die die vedischen Prinzipien befolgen und um spirituelle Befreiung bemüht sind, praktisch ein Schattendasein führen müssen. Dieses Zeitalter, das Kali-yuga, wird mit der wolkigen Jahreszeit der Lebewesen verglichen. In diesem Zeitalter ist das wirkliche Wissen durch den Einfluss des materiellen Fortschritts der Zivilisation verdeckt. Die billigen Spekulanten, Atheisten und Erfinder sogenannter religiöser Prinzipien treten hervor wie die Glühwürmchen im Dunkeln, wohingegen Menschen, die strikt den vedischen Prinzipien und den Anweisungen der Schriften folgen, von den Wolken dieses Zeitalters verhüllt werden. Die Menschen sollten lernen, die wirklichen Lichtquellen am Himmel, die Sonne, den Mond und die Sterne, zu nutzen, statt sich mit dem Licht der Glühwürmchen zufriedenzugeben. Im Grunde kann nämlich das Glühwürmchen in der Dunkelheit gar kein Licht spenden. Wie sich die Wolkendecke manchmal selbst während der Regenzeit öffnet, so dass der Mond, die Sterne oder die Sonne sichtbar werden, so bieten sich auch im Kali-yuga manchmal günstige Gelegenheiten. Beispielsweise ist die vedische Bewegung Śrī Caitanyas – die Verbreitung des Chantens des Hare-Kṛṣṇa-Mantras – eine solche Gelegenheit. Menschen, die aufrichtig darum bemüht sind, das wirkliche Licht zu finden, sollten diese Bewegung nutzen, statt sich vom Licht mentaler Spekulanten und Atheisten verblenden zu lassen.

Wenn es nach dem ersten Regenfall in den Wolken donnert, fangen alle Frösche an zu quaken, genau wie Schüler plötzlich wieder beginnen, in ihren Büchern zu lesen. Die Schüler müssen im Allgemeinen frühmorgens aufstehen. Aber sie stehen gewöhnlich nicht von allein auf, sondern nur, wenn in dem Tempel oder der spirituellen Einrichtung, in der sie leben, eine Glocke ertönt. Gemäß der Anordnung des spirituellen Meisters stehen sie augenblicklich auf und setzen sich nach Erledigung ihrer morgendlichen Pflichten nieder, um die Veden zu studieren oder vedische Mantras zu chanten. Jeder schläft in der Dunkelheit des Kali-yuga, und nur wenn ein großer *ācārya* auftritt, wenden sich die Menschen auf seinen Aufruf hin dem Studium der Veden zu, um wirkliches Wissen zu erwerben.

Während der Regenzeit füllen sich viele kleine Teiche, Seen und Bäche mit Wasser, die den Rest des Jahres über ausgetrocknet sind. Ähnlich verhält es sich mit den materialistischen Menschen. Sie sind ausgetrocknet, doch manchmal, wenn es ihnen gelungen ist, etwas sogenannten Reichtum anzuhäufen – ein Haus, eine Familie oder ein kleines Bankkonto –, scheinen sie aufzublühen, doch bald schon versiegen ihre Quellen wieder, und sie trocknen aus wie die kleinen Bäche und Teiche. Der Dichter Vidyāpati sagte einmal, dass man, umgeben von Freunden, Familie, Kindern, Frau usw., sicherlich eine gewisse Freude erfahren könne, aber diese Freude sei mit einem Wassertropfen in der Wüste zu vergleichen. Jeder sehnt sich nach Glück, ebenso wie sich in der Wüste jeder nach Wasser sehnt. Wenn man in der Wüste einen Tropfen Wasser erhält, handelt es sich dabei natürlich um Wasser, doch was nützt schon ein Tropfen? Wir sehnen uns in unserem materiellen Leben, das einer Wüste gleicht, nach einem Ozean des Glücks, aber in Form von Gesellschaft, Freunden und weltlicher Liebe erhalten wir nicht mehr als einen unbedeutenden Tropfen Wasser. Im materiellen Leben können wir niemals zufrieden werden, ebenso wenig wie die kleinen Bäche, Seen und Teiche während der Trockenzeit mit Wasser gefüllt werden können.

Durch den Regenfall erhalten das Gras, die Bäume und alle übrigen Pflanzen eine kräftige grüne Farbe. Manchmal lässt sich eine gewisse Art rötlicher Insekten in Schwärmen auf dem Gras nieder, und wenn in dem Gemisch aus Grün und Rot dann noch die schirmähnlichen Pilze auftauchen, verändert sich das Bild der Landschaft völlig, gleich einem Menschen, der plötzlich zu Reichtum gelangt. Zu dieser Zeit werden die Bauern sehr glücklich, da sie ihre Felder voller Getreide sehen, wohingegen die Kapitalisten, die solche Vorgänge niemals als das Wirken einer übernatürlichen Kraft anerkennen wollen, unglücklich werden, weil sie aufgrund des Überflusses Angst vor den Konkurrenzpreisen haben. In einigen Teilen der Welt schränken gewisse Kapitalisten mit einem Regierungsposten die Getreideproduktion der Bauern ein, weil sie nicht wissen, dass alles Getreide in Wirklichkeit von der Höchsten Persönlichkeit Gottes zur Verfügung gestellt wird. Wie wir aus den Veden erfahren, versorgt die Höchste Persönlichkeit Gottes die gesamte Schöpfung *(eko bahūnāṁ yo vidadhāti kāmān)*. Er sorgt also für alles, was die Lebewesen benötigen. Wenn die Bevölkerung anwächst, obliegt es dem Höchsten Herrn, sie mit Essen zu versorgen. Aber Atheisten und Schurken sind gegen eine reichliche Produktion von Getreide – besonders, wenn ihr Geschäft dabei zu kurz kommen könnte.

Während der Regenzeit werden alle Lebewesen auf dem Lande, in der Luft und im Wasser sehr erfrischt, gleich jemandem, der sich dem transzendentalen liebevollen Dienst des Herrn zuwendet. Das haben wir bei unseren Schülern in der Internationalen Gesellschaft für Krishna-Bewusstsein praktisch erfahren können. Bevor sie Gottgeweihte wurden, wirkten sie unsauber, obwohl sie von Natur aus wohlgestaltet waren. Weil sie nichts vom Kṛṣṇa-Bewusstsein wussten, sahen sie ungepflegt und heruntergekommen aus, doch nachdem sie sich dem Kṛṣṇa-Bewusstsein zugewandt hatten, besserte sich ihre Verfassung. Weil sie die Regeln und Vorschriften befolgen, haben sie ihre körperliche Ausstrahlung zurückgewonnen. Wenn sie in safranfarbene Gewänder gekleidet sind und *tilaka* auf der Stirn tragen, mit der Gebetskette in der Hand und *tulasī*-Perlen um den Hals, sehen sie aus, als kämen sie direkt aus Vaikuṇṭha.

Wenn die Flüsse in der Regenzeit anschwellen und sich in die Ozeane und Meere ergießen, scheinen sie den Ozean aufzuwühlen. Ähnlich wird ein Mensch, der sich mit dem mystischen Yoga-Vorgang befasst, jedoch im spirituellen Leben nicht sehr fortgeschritten ist, leicht von sexuellen Wünschen erregt. Auch wenn hohe Berge während der Regenzeit von Regengüssen überschüttet werden, wandeln sie sich nicht; ebenso wird jemand, der im Kṛṣṇa-Bewusstsein fortgeschritten ist, selbst durch größte Schwierigkeiten nicht in Bedrängnis geraten. Jemand, der spirituell fortgeschritten ist, sieht jeden widrigen Umstand als die Barmherzigkeit des Herrn an, wodurch er sich dafür qualifiziert, das spirituelle Königreich zu erreichen.

In der Regenzeit werden manche Straßen nur selten benutzt, weswegen sie von hohem Gras überwuchert werden. Diese Straßen gleichen einem *brāhmaṇa*, der nicht regelmäßig die in den Veden vorgeschriebenen Reinigungsmethoden studiert und praktiziert – er wird von dem hohen Gras *māyās* überdeckt. In diesem Zustand vergisst er seine wesenseigene Identität, seine Position als ewiger Diener der Höchsten Persönlichkeit Gottes. Weil ein solcher *brāhmaṇa* durch dieses jahreszeitlich bedingte wuchernde Gras *māyās* vom rechten Pfad abgebracht wird, identifiziert er sich mit den Vorspiegelungen *māyās* und erliegt der Illusion. So vergisst er sein spirituelles Leben.

Während der Regenzeit ist es oft so, dass zunächst in einer bestimmten Wolkengruppe Blitze aufleuchten und unmittelbar darauf in einer anderen. Dieses Phänomen wird mit einer lustvollen Frau verglichen, die ihren Geist nicht auf einen bestimmten Mann konzentieren kann. Die Wolke wird mit einem Mann mit guten Eigenschaften verglichen, denn sie lässt Regen niedergehen und ernährt dadurch viele Menschen, ebenso ernährt ein tugendhafter Mann viele Lebewesen, wie zum Beispiel seine Familienangehörigen oder Angestellten in einem Betrieb. Doch sein ganzes Leben kann ruiniert werden, wenn sich seine Frau von ihm scheiden lässt. Wenn der Familienvater in Schwierigkeiten gerät, wird die gesamte Familie zerfallen. Die Kinder gehen aus dem Haus, oder das Geschäft muss aufgegeben werden – alles wird in Mitleidenschaft gezogen. Deshalb lautet die Regel, dass eine Frau, die im Kṛṣṇa-Bewusstsein Fortschritte erlangen möchte, friedvoll mit ihrem Ehemann zusammenleben soll und dass sich das Paar unter keinen Umständen trennen darf. Mann und Frau sollten ihr Geschlechtsleben beherrschen und ihren Geist ins Kṛṣṇa-Bewusstsein vertiefen, so dass ihr Leben erfolgreich sein kann. In der materiellen Welt ist es nun einmal so, dass ein Mann eine Frau braucht und eine Frau einen Mann. Aber wenn sie einmal zusammen sind, sollten sie einträchtig im Kṛṣṇa-Bewusstsein leben und nicht unstet wie die Blitze sein, die von einer Wolke zur anderen wechseln.

Manchmal tritt neben dem rollenden Donnern der Wolken auch ein Regenbogen auf, der wie ein Bogen ohne Sehne am Himmel steht. Der Bogen hat eine geschwungene Form, weil zwischen seinen beiden Enden eine Sehne gespannt ist, aber der Regenbogen wird von keiner Sehne gespannt und steht dennoch so majestätisch am Himmel. Ebenso erscheint die Höchste Persönlichkeit Gottes in der materiellen Welt wie ein gewöhnlicher Mensch, ohne jedoch von materiellen Bedingungen abhängig zu sein. In der *Bhagavad-gītā* sagt der Herr, dass Er durch Seine innere Energie erscheine, die nicht durch die äußere Energie gebunden sei. Was für das gewöhnliche Lebewesen Gebundenheit ist, ist Freiheit für die Persönlichkeit Gottes. In der Regenzeit ist der Mond meistens von Wolken verdeckt und wird nur ab und zu sichtbar. Zuweilen entsteht der Eindruck, der Mond würde sich mit den Wolken bewegen, aber in Wirklichkeit bleibt der Mond an seinem Ort. Nur durch das Vorbeiziehen der Wolken scheint sich auch der Mond zu bewegen. Ebenso wird die ursprüngliche spirituelle Ausstrahlungskraft eines Lebewesens, wenn es sich mit den Bewegungen der materiellen Welt identifiziert, von Illusion verdeckt, so dass es denkt, es bewege sich mit dem Ablauf der materiellen Handlungen durch verschiedene Lebenssituationen. Dies ist auf das falsche Ego zurückzuführen, das die Trennungslinie zwischen dem spirituellen und dem materiellen Dasein bildet, genau wie die sich bewegende Wolke die Trennungslinie zwischen dem leuchtenden Mond und der Dunkelheit bildet. Wenn die Pfauen zu Beginn der Regenzeit die ersten Wolken am Himmel erblicken, beginnen sie vor Freude zu tanzen. Sie können mit Menschen verglichen werden, die vom materialistischen Leben völlig zermürbt sind. Wenn es ihnen jedoch gelingt, die Gemeinschaft von jemandem zu finden, der im liebenden hingebungsvollen Dienst beschäftigt ist, dann werden sie von neuem Leben erfüllt wie die Pfauen, die zu tanzen anfangen. Wir haben dies praktisch gesehen: Viele unserer Schüler waren, bevor sie zum Kṛṣṇa-Bewusstsein kamen, leer und verdrießlich, aber in der Gemeinschaft von Gottgeweihten tanzen sie nun wie jubilierende Pfauen.

Die Pflanzen und Bäume wachsen, indem sie Wasser aus dem Boden ziehen. Ebenso ist es mit einem Asketen, der ein entsagungsvolles, trockenes Leben führt. Wenn er nach der Beendigung seiner Askese das Resultat erhält, beginnt er ein Leben der Sinnenfreude zu genießen, mit Familie, Gesellschaft, Liebe, Haushalt usw. Er wird fröhlich wie austreibende Pflanzen und Gräser. Manchmal kann man beobachten, wie Kraniche und Enten an den Ufern von Seen und Flüssen unermüdlich umhergehen, obwohl der Boden von schlammigem Abfall und dornigen Sträuchern bedeckt ist. Ebenso beharren Haushälter ohne

Kṛṣṇa-Bewusstsein trotz aller Unbequemlichkeiten auf ihrem Dasein im materiellen Leben. Weder im Familienleben noch in irgendeiner anderen Art des Lebens kann man ohne Kṛṣṇa-Bewusstsein vollkommen glücklich sein. Śrīla Narottama dāsa Ṭhākura bittet daher in einem seiner Gebete darum, immer mit jemandem zusammen sein zu dürfen – sei es ein Haushälter oder ein *sannyāsī* –, der im transzendentalen liebevollen Dienst des Herrn tätig ist und ständig den Heiligen Namen Śrī Caitanyas anruft. Für den Materialisten werden die Lebensumstände in dieser Welt immer bedrohlicher, wohingegen für einen Menschen im Kṛṣṇa-Bewusstsein alles glückverheißend erscheint.

Die Erdwälle, die Äcker umgeben, brechen manchmal infolge starker Regengüsse. In ähnlicher Weise durchbricht die unautorisierte Propaganda der Atheisten im Zeitalter des Kali die Gesetze der vedischen Anweisungen. Dadurch sinken die Menschen allmählich zur Gottlosigkeit herab. In der Regenzeit spenden die vom Wind getriebenen Wolken reichlich Wasser, das so willkommen ist wie Nektar. Wenn die Befolger der Veden, die *brāhmanas,* reiche Männer wie Könige und wohlhabende Kaufleute dazu anregen, bei großen Opferungen Spenden zu geben, ist die Verteilung solchen Reichtums ebenfalls nektarhaft. Die vier Gruppen der menschlichen Zivilisation, nämlich *brāhmaṇas, kṣatriyas, vaiśyas* und *śūdras,* sind dazu bestimmt, in Frieden zusammenzuleben und zusammenzuarbeiten. Dies ist nur möglich, wenn sie von erfahrenen vedischen *brāhmanas* geführt werden, die Opfer durchführen und den Reichtum gerecht verteilen.

Der Wald von Vṛndāvana war durch die Regenfälle noch herrlicher geworden und hing voller reifer Datteln, Mangos, Brombeeren und anderer Früchte. Die Höchste Persönlichkeit Gottes, Śri Kṛṣṇa, Seine jungen Freunde und Balarāma betraten den Wald, um sich an der Frische der neuen Jahreszeit zu erfreuen. Die Kühe wurden, da sie so junges, saftiges Gras zu fressen bekamen, überaus kräftig, und ihre Euter waren prall gefüllt. Wenn Kṛṣṇa sie bei ihren Namen rief, kamen sie voller Zuneigung sofort zu Ihm gelaufen, und in ihrer Freude floss ihnen Milch aus den Eutern. So zog Śrī Kṛṣṇa voller Vergnügen durch den beim Govardhana-Hügel gelegenen Wald von Vṛndāvana. Am Ufer der Yamunā sah Er, dass die Bäume mit Bienenstöcken geschmückt waren, aus denen Honig tropfte. Am Govardhana-Hügel gab es viele Wasserfälle, deren liebliches Rauschen Kṛṣṇa hören konnte, wenn Er in die Höhlen des Hügels hineinschaute. Als die Regenzeit noch nicht ganz vorüber war, sondern sich erst allmählich in den Herbst wandelte, setzten sich Kṛṣṇa und Seine Gefährten – besonders wenn es im Wald regnete – unter einen Baum oder in die Höhlen des Govardhana-Hügels und genossen es, die reifen Früchte zu essen und sich mit großem Vergnügen zu unterhalten. Wenn Sich Kṛṣṇa und Balarāma im Wald aufhielten, ließ Ihnen Mutter Yaśodā Früchte, Süßigkeiten und mit Joghurt vermischten Reis bringen. Kṛṣṇa setzte Sich dann zum Essen auf einen flachen Felsen am Ufer der Yamunā nieder und rief Seine Freunde herbei. Während Kṛṣṇa, Balarāma und Ihre Freunde gemeinsam schmausten, beobachteten sie die Kühe, Kälber und Stiere. Die Kühe schienen wegen ihrer schweren Euter vom Stehen ein wenig ermüdet zu sein, doch wenn sie sich dann niederließen und das Gras wiederkäuten, wurden sie wieder fröhlich, und auch Kṛṣṇa freute Sich bei ihrem Anblick. Er war stolz auf die Schönheit des Waldes. Diese offenbarte sich durch die Regenzeit, die nichts anderes als die Manifestation Seiner eigenen Energie war. Bei solchen Gelegenheiten liebte es Kṛṣṇa, das besondere Wirken der Natur während der Regenzeit zu preisen. In der *Bhagavad-gītā* heißt es, dass die materielle Energie, die Natur, in ihrem Wirken nicht unabhängig sei. Die Natur bewegt sich unter der Oberaufsicht Kṛṣṇas. Dies wird in der *Brahma-saṁhitā* bestätigt, worin es heißt, dass die materielle Natur, Durgā, sich wie der Schatten Kṛṣṇas verhalte. Die materielle Natur gehorcht jedem Befehl, der ihr von Kṛṣṇa erteilt wird. Daher wurde auch die besondere Schönheit der Natur zur Regenzeit nach den Anweisungen Kṛṣṇas geschaffen, der sehr stolz auf die wunderbaren Aktivitäten der Natur war.

Während Kṛṣṇa und Balarāma Sich an den Gaben der Regenzeit auf diese Weise erfreuten, näherte sich allmählich der Herbst, als die Bäche, Teiche und Seen sehr klar und erquicklich wurden und überall erfrischende Winde wehten. Der Himmel war von allen Wolken gänzlich reingefegt und hatte seine natürliche blaue Farbe zurückerhalten. Die Lotosblumen im klaren Wasser des Waldes glichen Menschen, die von der Stufe des Yoga heruntergefallen waren, aber nun im wiedergewonnenen spirituellen Leben aufblühten. Mit der Ankunft des Herbstes entfaltet alles seine natürliche Schönheit. Ebenso wird ein Materialist, der sich dem spirituellen Leben im Kṛṣṇa-Bewusstsein zuwendet, so rein wie der Himmel und das Wasser im Herbst.

Der Herbst verjagt die grollenden Gewitterwolken am Himmel und reinigt das Wasser von allen Verschmutzungen. Selbst der aufgeweichte, schlammige Erdboden wird wieder rein. Ebenso wird jemand, der sich dem Kṛṣṇa-Bewusstsein zuwendet, sofort innerlich wie äußerlich von allen Unreinheiten befreit. Kṛṣṇa ist deshalb als Hari bekannt. *Hari* bedeutet „derjenige, der fortnimmt". Kṛṣṇa nimmt sehr schnell alle unreinen Gewohnheiten von einem Menschen, der sich dem Kṛṣṇa-Bewusstsein zuwendet. Die Wolken des Herbstes sind von weißer Farbe, denn sie führen kein Wasser mit sich. Ebenso wird ein Mann in Entsagung, der von aller Familienverantwortung – wie die Erhaltung von Haus, Frau und Kindern – befreit ist und sich vollkommen dem Kṛṣṇa-Bewusstsein weiht, von allen Sorgen frei und sieht so weiß aus wie die Wolken im Herbst. Manchmal stürzen im Herbst Wasserfälle mit klarem Wasser von der Hügelspitze nieder, und dann wieder gibt es Zeiten, wo sie versiegen. Ebenso verschenken die großen Heiligen manchmal reines Wissen und ein anderes Mal schweigen sie. Die kleinen Teiche, die sich während der Regenzeit mit Wasser gefüllt haben, trocknen im Herbst allmählich aus. Die kleinen Wassertiere, die in den Teichen leben, merken nicht, dass sich die Wassermenge darin mit jedem Tag verringert. Sie gleichen materialistischen Menschen, die ebenfalls nicht sehen können, dass sich ihr Leben mit jedem Tag verkürzt. Solche Menschen sorgen sich nur um die Erhaltung von Kühen, Besitz, Kindern, Frau, Gesellschaft und Freundschaften. Wie die kleinen Wassertiere wegen der sengenden Hitze und des Versiegens des Wassers in qualvolle Not geraten, so sind auch Menschen mit unbeherrschten Sinnen immer unglücklich, weil sie nicht imstande sind, das Leben zu genießen und ihre Familienmitglieder zu erhalten. So wie die schlammige Erde im Herbst allmählich austrocknet und das frisch gewachsene Gras zu verdorren beginnt, so versiegt bei einem Menschen, der sich dem Kṛṣṇa-Bewusstsein zugewandt hat, allmählich das Verlangen nach Familiengenuss.

Wenn der Herbst ins Land zieht, wird das Meer ruhig und sanft, so dass es einem Menschen gleicht, der die Stufe der Selbstverwirklichung erlangt hat und nicht mehr von den drei Erscheinungsweisen der materiellen Natur verwirrt wird. Im Herbst stauen die Bauern das Regenwasser auf den Feldern, indem sie starke Erdwälle bauen, so dass das Wasser nicht von den Feldern fließen kann. Es besteht kaum Aussicht auf neue Regenfälle, und deshalb gehen sie mit dem Wasser, das sich auf den Feldern angesammelt hat, sorgsam um. Ebenso geht ein Mensch, der auf dem Pfad der Selbstverwirklichung fortgeschritten ist, mit seiner Energie sorgsam um, indem er seine Sinne beherrscht. Es wird empfohlen, nach dem fünfzigsten Lebensjahr dem Familienleben zu entsagen und die Energie des Körpers für den Fortschritt im Kṛṣṇa-Bewusstsein aufzusparen. Solange man nicht imstande ist, die Sinne zu beherrschen und sie im transzendentalen liebevollen Dienst Mukundas zu gebrauchen, kann man unmöglich Befreiung erlangen.

Im Herbst verbreitet die Sonne tagsüber eine glühende Hitze, nachts aber werden die Menschen durch den klaren Mondschein von der Beschwerlichkeit des Tages erlöst. Wenn ein Mensch bei Mukunda, oder Kṛṣṇa, Zuflucht sucht, kann er auf ähnliche Weise von aller Beschwerlichkeit erlöst werden, die auf seiner fälschlichen Identifizierung des Körpers mit dem Selbst beruht. Mukunda, oder Kṛṣṇa, ist auch die Quelle des Trostes für die Mädchen von Vṛndāvana. Die Mädchen von Vrajabhūmi leiden ständig unter dem Schmerz der Trennung von Kṛṣṇa, doch wenn sie in der mondhellen Herbstnacht mit Kṛṣṇa zusammenkommen, wird ihr Leid gestillt. Wenn der Himmel nachts wolkenlos und klar ist, leuchten die Sterne in voller Schönheit. In ähnlicher Weise wird ein Mensch, der wirklich im Kṛṣṇa-Bewusstsein gefestigt ist, von allen Verunreinigungen befreit, und seine Schönheit kommt der der Sterne am herbstlichen Himmel gleich. Obwohl die Veden Anweisungen zum Streben nach Wissen *(jñāna),* zum Praktizieren mystischen Yogas und zur Beschäftigung in karmischen Aktivitäten in Form von Opferhandlungen enthalten, wird der letztendliche Zweck der Veden in der *Bhagavad-gītā* folgendermaßen definiert: Wenn man die Veden gründlich studiert hat, muss man sich dem Kṛṣṇa-Bewusstsein zuwenden. Aus diesem Grunde ist das reine Herz eines Gottgeweihten im Kṛṣṇa-Bewusstsein mit dem klaren Himmel des Herbstes vergleichbar. Im Herbst erstrahlen der Mond und die Sterne am klaren Himmel in besonders hellem Licht. Śrī Kṛṣṇa erschien am Himmel der Yadu-Dynastie, deren Mitglieder Ihn umgaben, und so glich Er genau dem von Sternen umringten Mond. Wenn in den Gärten der Wälder die Blumen blühen, wehen erfrischend würzige Lüfte über das Land und. lassen die Menschen die Leiden der Sommer- und Regenzeit vergessen. Leider jedoch konnten die *gopīs* in solchen kühlen Winden keinen Trost finden, denn ihre Herzen weilten bei Kṛṣṇa. Die meisten Menschen erfreuten sich an diesen milden Herbstwinden, nur die *gopīs* konnten es nicht, da sie nicht von Kṛṣṇa umarmt wurden.

Mit dem Einzug des Herbstes werden die meisten weiblichen Tiere, wie Kühe, Hirschkühe und Vogelweibchen, trächtig, weil zu dieser Jahreszeit der Paarungstrieb der Männchen besonders stark ist. Diese trächtigen Weibchen werden mit den Transzendentalisten verglichen, die durch die Gnade des Herrn mit der Erfüllung ihres Lebenszieles gesegnet werden. Śrīla Rūpa Gosvāmī lehrt in seinem *Upadeśāmṛta*, hingebungsvollen Dienst mit großer Begeisterung, Geduld und Überzeugung zu praktizieren, die Regeln und Regulierungen einzuhalten, sich von materieller Verunreinigung frei zu halten und immer in der Gemeinschaft von Gottgeweihten zu bleiben. Durch das Befolgen dieser sechs Prinzipien wird man mit Sicherheit das ersehnte Ergebnis des hingebungsvollen Dienens erlangen. Ein Gottgeweihter, der mit Geduld den regulierenden Prinzipien des hingebungsvollen Dienens folgt, wird zweifelsohne zu gegebener Zeit das gewünschte Ergebnis erhalten, so wie der Wunsch der Weibchen erfüllt wird, indem sie trächtig werden.

Im Herbst sprießen die Lotosblumen auf den Seen in großer Zahl, weil zu dieser Zeit keine Lilien mehr wachsen. Sowohl die Lilien als auch die Lotospflanzen wachsen durch den Sonnenschein, aber die glühende Sonne des Herbstes erlaubt es nur den Lotosblumen zu blühen. Dieses Beispiel gleicht der Situation eines Landes, in dem der König oder die Regierung mit starker Hand regiert: Üble Elemente wie Räuber und Verbrecher haben keine Möglichkeit, erfolgreich ihrer Tätigkeit nachzugehen. Weil die Bürger darauf vertrauen können, dass sie nicht von Verbrechern bedroht werden, gedeiht die Gesellschaft zur Zufriedenheit aller. Die sengende Herbstsonne wird mit der starken Regierung verglichen, die Lilien mit den Räubern und Verbrechern und die Lotosblumen mit den zufriedenen Bürgern. Während des Herbstes füllen sich die Felder mit reifem Getreide; dann bringen die Menschen mit großer Freude die Ernte ein und begehen verschiedene Zeremonien, wie zum Beispiel das Navānna-Opfer, bei dem der Höchsten Persönlichkeit Gottes frisch geerntetes Getreide dargebracht wird. Das frische Getreide wird zuerst in den verschiedenen Tempeln den Bildgestalten Gottes geopfert, woraufhin alle Menschen eingeladen werden,

Milchreis zu essen, der aus dem Reis dieser Ernte zubereitet wurde. Es gibt noch andere religiöse Zeremonien und Verehrungsriten, vor allem in Bengalen, wo die größte dieser Zeremonien, die Durgā-*pūjā*, abgehalten wird.

Wegen der Anwesenheit der Höchsten Persönlichkeit Gottes, Kṛṣṇa und Balarāma, war der Herbst in Vṛndāvana damals besonders schön. Mit dem Einzug des Herbstes war es der Kaufmannsklasse, dem königlichen Stand und den großen Weisen wieder möglich, umherzureisen, um ihr jeweiliges Ziel zu erreichen. In ähnlicher Weise erreichen auch die Transzendentalisten, wenn sie aus der Gefangenschaft des materiellen Körpers befreit werden, ihr ersehntes Ziel. Während der Regenzeit können die Kaufleute nicht von einem Ort zum anderen ziehen und verzeichnen deshalb auch keine Gewinne. Die Mitglieder des königlichen Standes können keine Reisen unternehmen, um Steuern einzuziehen, und auch die Heiligen, die umherreisen müssen, um transzendentales Wissen zu predigen, werden durch die Regenzeit in der Ausübung ihrer Pflicht behindert. Wenn aber der Herbst kommt, verlassen sie alle den Ort, an den sie gebunden waren. Der Transzendentalist – sei er ein *jñānī*, ein Yogi oder ein Gottgeweihter – kann sich nicht wirklich des Ergebnisses seines spirituellen Fortschritts erfreuen, solange er einen materiellen Körper hat. Aber sowie beim Tod der Körper aufgegeben wird, geht derjenige, der ein *jñānī* ist, in die spirituelle Ausstrahlung des Herrn ein, der Yogi begibt sich auf einen der verschiedenen höheren Planeten, und der Gottgeweihte erreicht den Planeten des Höchsten Herrn, Goloka Vṛndāvana, oder einen der Vaikuṇṭhas und genießt dort sein ewiges spirituelles Leben.

Hiermit enden die Bhaktivedanta-Erläuterungen zum 20. Kapitel des Kṛṣṇa-Buches mit dem Titel „Herbst in Vṛndāvana“.

KAPITEL 21

Kṛṣṇas Flötenspiel bezaubert die gopīs

Mit Beginn der wunderschönen Herbstzeit wurde das Wasser in den Seen und Flüssen kristallklar und füllte sich mit duftenden Lotosblumen, während angenehme Brisen wehten. Zu dieser Zeit betrat Kṛṣṇa zusammen mit den Kühen und den Kuhhirtenjungen den Wald von Vṛndāvana. Kṛṣṇa freute Sich sehr an der Atmosphäre des Waldes, in dem die Blumen farbenprächtig blühten und die Bienen und Drohnen vergnügt umhersummten. Die Vögel, Bäume und Pflanzen des Waldes sahen alle sehr glücklich aus, während Kṛṣṇa, der von Śrī Balarāma und den Kuhhirtenjungen begleitet wurde, die Kühe hütete, und in dieser Szene begann Kṛṣṇa, auf Seiner transzendentalen Flöte zu spielen. Die *gopīs* in Vṛndāvana, die Kṛṣṇas Flöte vernahmen, erinnerten sich bei diesem Klang an Ihn, und sie erzählten sich gegenseitig, wie schön Kṛṣṇa auf der Flöte spielte. Als die *gopīs* die süßen Töne von

Kṛṣṇas Flöte beschrieben, erinnerten sie sich auch an ihre Begegnungen mit Ihm; dadurch wurden sie ganz verwirrt und waren nicht mehr imstande, passende Worte zu finden, um die wunderbaren Klangschwingungen zu beschreiben. Während sie miteinander über die transzendentalen Klänge sprachen, erinnerten sie sich daran, wie Kṛṣṇa gekleidet und geschmückt war. Er trug eine Pfauenfeder im Haar, genau wie ein Tänzer, und hatte Sich blaue Blumen hinter das Ohr gesteckt. Sein Gewand leuchtete goldgelb und Er trug eine Vaijayantī-Girlande um den Hals. Auf diese Weise gekleidet, wirkte Kṛṣṇa auf alle anziehend. Er füllte die Tonlöcher Seiner Flöte mit dem Nektar, der von Seinen Lippen strömte. Die *gopīs* erinnerten sich an Ihn, wie Er den Wald von Vṛndāvana betrat, der immer von Seinen Fußspuren und denen Seiner Gefährten verherrlicht wird.

Kṛṣṇa spielte Seine Flöte mit unvorstellbarer Meisterhaftigkeit. Die *gopīs* wurden von den Klängen der Flöte bezaubert, die nicht nur auf sie eine Anziehungskraft ausübten, sondern auch auf alle anderen Lebewesen, die sie vernahmen. Eine der *gopīs* sagte zu ihren Freundinnen: „Die höchste Vollkommenheit der Augen ist es, Kṛṣṇa und Balarāma zu sehen, wie Sie gerade den Wald betreten und auf Ihren Flöten spielen, während sie gemeinsam mit Ihren Freunden die Kühe hüten."

Diejenigen, die Kṛṣṇa fortwährend in transzendentaler Meditation innerlich und äußerlich sehen, indem sie daran denken, wie Er auf Seiner Flöte spielt, den Wald von Vṛndāvana betritt und zusammen mit den Kuhhirtenjungen die Kühe hütet, haben tatsächlich die Vollkommenheit des *samādhi* erreicht. *Samādhi* (Trance) bedeutet, dass alle Sinnesaktivitäten auf ein bestimmtes Objekt konzentriert sind, und die *gopīs* weisen hier darauf hin, dass die Spiele Kṛṣṇas die Vollkommenheit der Meditation und des *samādhi* darstellen. In der *Bhagavad-gītā* wird bestätigt, dass derjenige, der immer in Gedanken an Kṛṣṇa versunken ist, als der höchste aller Yogis angesehen werden muss.

Eine andere *gopī* war der Meinung, dass Kṛṣṇa und Balarāma, wenn Sie mit den Kuhhirtenjungen die Kühe hüteten, Schauspielern glichen, die sich für ihren Bühnenauftritt bereit machen. Kṛṣṇa war in leuchtend gelbe Gewänder gekleidet, Balarāma in blaue, und in Ihren Händen hielten Sie frische Zweige eines Mangobaumes, Pfauenfedern und Blumensträuße. Sie trugen Girlanden aus Lotosblumen um den Hals, und manchmal sangen Sie mit melodischer Stimme in der

Gemeinschaft Ihrer Freunde. Eine *gopī* fragte ihre Freundinnen: „Wie kommt es nur, dass Kṛṣṇa und Balarāma so schön aussehen?" Eine andere *gopī* sagte: „Liebe Freundinnen, wie sollten wir jemals Seine Bambusflöte verstehen können? Welch fromme Werke die Bambusflöte vollbracht haben muss, dass sie nun den Nektar von Kṛṣṇas Lippen genießen darf, der doch in Wirklichkeit das Eigentum von uns *gopīs* ist!" Kṛṣṇa küsst manchmal die *gopīs*; daher ist der transzendentale Nektar Seiner Lippen nur ihnen allein zugänglich. Die *gopīs* fragten sich also: „Wie nur ist es möglich, dass die Flöte, ein bloßes Bambusrohr, immerzu den Nektar von Kṛṣṇas Lippen genießen darf? Weil die Flöte im Dienst des Höchsten Herrn beschäftigt ist, müssen auch die Mutter und der Vater der Flöte sehr glücklich sein."

Die Seen und Flüsse werden als die Mütter der Bäume betrachtet, weil die Bäume nur von ihrem Wasser leben. Deshalb war das Wasser der Seen und Flüsse Vṛndāvanas glücklich und voll von blühenden Lotosblumen, denn das Wasser dachte: „Wie kommt es nur, dass unser Sohn, der Bambusstab, den Nektar von Kṛṣṇas Lippen genießt?" Die Bambushalme am Ufer der Flüsse und Seen waren ebenfalls glücklich, ihren Abkömmling auf diese Weise im Dienst des Herrn beschäftigt zu sehen, genau wie sich auch im transzendentalen Wissen fortgeschrittene Personen freuen zu sehen, dass sich ihre Nachkommen im Dienst des Herrn betätigen. Die Bäume waren alle von Freude überwältigt und lieferten ständig Honig, der aus den Bienenstöcken triefte, die in ihren Zweigen hingen.

Eine andere *gopī* sprach mit ihren Freundinnen folgendermaßen über Kṛṣṇa: „Liebe Freundinnen, unser Vṛndāvana verkündet die Herrlichkeit der gesamten Erde, denn dieser Planet ist durch die Abdrücke der Lotosfüße des Sohnes von Devakī geheiligt. Wenn Govinda auf Seiner Flöte spielt, werden die Pfauen auf der Stelle wie verrückt, als hätten sie das Grollen einer neuen Wolke gehört. Wenn die Tiere, Bäume und Pflanzen auf dem Govardhana-Hügel und in seiner Umgebung dann die tanzenden Pfauen erblicken, verharren sie in ihren Bewegungen und lauschen mit großer Aufmerksamkeit dem transzendentalen Klang der Flöte. Wir glauben nicht, dass diese Segnung auf irgendeinem anderen Planeten erhältlich ist." Obwohl die *gopīs* einfache Kuhhirtenfrauen und -mädchen waren, besaßen sie ausführliches vedisches Wissen. Das ist die Wirkung vedischer Zivilisation. Im Allgemeinen erlernten die

Menschen die höchsten Wahrheiten der Veden einfach nur durch das Hören aus autorisierten Quellen. Eine andere *gopī* sagte: „Meine lieben Freundinnen, seht nur die Rehe! Obwohl sie unwissende Tiere sind, haben sie sich dem Sohne Mahārāja Nandas, Kṛṣṇa, genähert. Sie fühlen sich nicht nur zu Kṛṣṇas und Balarāmas Gewändern hingezogen, sondern bringen dem Herrn, sowie sie Sein Flötenspiel hören, gemeinsam mit ihren Gatten ihre respektvollen Ehrerbietungen dar, indem sie Ihn mit großer Zuneigung anschauen." Die *gopīs* beneideten die Rehe, weil die Rehe in der glücklichen Lage waren, Kṛṣṇa gemeinsam mit ihren Ehemännern zu dienen. Sie selbst hielten sich nicht für so begünstigt, denn immer, wenn sie zu Kṛṣṇa gehen wollten, waren ihre Ehemänner sehr unzufrieden.

Eine andere *gopī* sagte: „Liebe Freundinnen, Kṛṣṇa ist so schön gekleidet, dass es so scheint, als ob Er die Frauen dazu ermuntere, verschiedene Zeremonien durchzuführen. Sogar die Frauen der Halbgötter fühlen sich zum transzendentalen Klang Seiner Flöte hingezogen. Obwohl sie mit ihren Flugzeugen in der Luft umherreisen und dabei das Zusammensein mit ihren Ehemännern genießen, werden sie sofort verwirrt, wenn sie die Töne von Kṛṣṇas Flöte vernehmen. Ihr Haar löst sich und ihre enganliegenden Gürtel lockern sich." Die transzendentalen Klänge von Kṛṣṇas Flöte drangen also in alle Winkel des Universums. Auch ist es von Bedeutung, dass die *gopīs* über die verschiedenen Flugzeuge, die am Himmel flogen, Bescheid wussten.

Wieder eine andere *gopī* sagte zu ihren Freundinnen: „Meine lieben Freundinnen, auch die Kühe sind ganz bezaubert, wenn sie den transzendentalen Klang von Kṛṣṇas Flöte hören. Diese Töne erscheinen ihnen wie ein Strom von Nektar, und sie richten sogleich ihre langen Ohren auf, um den flüssigen Nektar der Flötenklänge aufzufangen. Die Kälber stehen zwar noch bei ihren Müttern und halten die Zitzen im Mund, aber sie sind nicht imstande, die Milch zu saugen. Sie sind wie erstarrt vor Hingabe, und Tränen rollen aus ihren Augen, die deutlich zeigen, mit welcher Liebe sie Kṛṣṇa im Herzen umarmen." All das deutet darauf hin, dass selbst die Kühe und die Kälber in Vṛndāvana so erhaben waren, dass sie nach Kṛṣṇa weinten und Ihn im Innersten ihres Herzens umarmten. Tatsächlich kann die Vollkommenheit im Kṛṣṇa-Bewusstsein im Vergießen von Tränen gipfeln.

Eine andere junge *gopī* sagte zu ihrer Mutter: „Liebe Mutter, die

Vögel, die alle Kṛṣṇa beim Flötenspielen zuschauen, sitzen auf den Zweigen und Ästen der Bäume und zeigen große Aufmerksamkeit. An ihrem Aussehen kann man erkennen, dass sie alles vergessen haben und nur noch Kṛṣṇas Flöte zuhören. Das zeigt, dass sie keine gewöhnlichen Vögel sind – sie sind große Weise und Gottgeweihte. Nur um Kṛṣṇas Flöte zu hören, sind sie im Wald von Vṛndāvana als Vögel erschienen." Alle großen Weisen und Gelehrten befassen sich mit dem vedischen Wissen, aber was die Essenz des vedischen Wissens ist, wird in der *Bhagavad-gītā* beschrieben: *vedaiś ca sarvair aham eva vedyaḥ*. Das Studium der Veden muss dazu führen, dass man Wissen über Kṛṣṇa erlangt. Aus dem Verhalten der Vögel wurde deutlich, dass es sich bei ihnen um große Gelehrte der Veden handelte, die alle Zweige des vedischen Wissens zurückgewiesen hatten, um sich ausschließlich Kṛṣṇas transzendentalem Flötenspiel zuzuwenden. Als auch die Yamunā, die sich sehr danach sehnte, Kṛṣṇas Lotosfüße zu umarmen, den transzendentalen Klang von Kṛṣṇas Flöte vernahm, zügelte sie sogleich ihre reißenden Wellen und floss sehr friedlich dahin. Dabei hielt sie Lotosblumen in ihren Händen, nur um Mukunda in tiefer Zuneigung Blumen darzubringen.

Die glühende Hitze der Herbstsonne wurde manchmal unerträglich, und deshalb sammelten sich die Wolken aus Zuneigung über Kṛṣṇa und Balarāma und Ihren jungen Freunden, während diese auf Ihren Flöten spielten. Die Wolken dienten als schattenspendende Schirme über Ihren Köpfen, weil sie Kṛṣṇas Freundschaft gewinnen wollten.

Auch die Eingeborenenmädchen fühlten sich völlig befriedigt, wenn sie sich ihr Gesicht und ihre Brüste mit dem Staub von Vṛndāvana einrieben, der sich durch die Berührung mit Kṛṣṇas Lotosfüßen rötlich gefärbt hatte. Die Eingeborenenmädchen hatten volle Brüste und dazu waren sie auch sehr lustvoll, aber wenn ihre Liebhaber ihre Brüste berührten, bereitete das den Mädchen kein sehr großes Vergnügen. Wenn sie jedoch in den Wald von Vṛndāvana gingen, sahen sie, dass sich dort, wo Kṛṣṇa vorbeizog, einige Blätter und Pflanzen rötlich färbten, weil *kuṅkuma*-Pulver von Seinen Lotosfüßen fiel. Die *gopīs* drücken Seine Lotosfüße an ihre Brüste, die ebenfalls mit *kuṅkuma*-Pulver eingerieben sind, doch wenn Kṛṣṇa mit Balarāma und Seinen jungen Freunden im Wald von Vṛndāvana umherstreift, fällt dieses rötliche Pulver auf den Waldboden. Sowie die lustvollen Eingeborenenmädchen, die ihre

Blicke auf den Flöte spielenden Kṛṣṇa richteten, den roten *kuṅkuma* entdeckten, nahmen sie ihn vom Boden auf und rieben sich ihn über Gesicht und Brüste. Auf diese Weise wurden sie vollkommen zufriedengestellt, wohingegen sie nicht befriedigt waren, wenn ihre Liebhaber ihre Brüste berührten. Alle materiellen lustvollen Verlangen können augenblicklich gestillt werden, wenn man mit dem Kṛṣṇa-Bewusstsein in Berührung kommt.

Eine andere *gopī* pries die einzigartige Stellung des Govardhana-Hügels: „Wie gesegnet der Govardhana-Hügel ist! Er genießt das Zusammensein mit Kṛṣṇa und Balarāma, die oft über ihn wandern. So wird der Govardhana-Hügel immer von den Lotosfüßen des Herrn berührt. Weil er Kṛṣṇa und Balarāma so dankbar ist, lässt er die verschiedensten Arten von Früchten, Wurzeln und Kräutern wachsen und füllt seine Seen mit äußerst wohltuendem, kristallklarem Wasser. So bringt er dem Herrn seine Geschenke dar. Das beste Geschenk jedoch, das der Govardhana-Hügel anbietet, ist das frische Gras für die Kühe und Kälber. Der Govardhana-Hügel weiß den Herrn zu erfreuen, indem er dessen liebste Gefährten, die Kühe und Kuhhirtenjungen, erfreut."

Eine andere *gopī* sagte: „Wenn Kṛṣṇa und Balarāma auf Ihren Flöten spielend durch den Wald von Vṛndāvana ziehen und mit allen sich bewegenden und sich nicht bewegenden Lebewesen enge Freundschaft schließen, dann zeigt sich alles von seiner schönsten Seite. Wenn Kṛṣṇa und Balarāma auf Ihren transzendentalen Flöten spielen, verharren die sich bewegenden Geschöpfe regungslos, und die sich nicht bewegenden Geschöpfe, wie die Bäume und Pflanzen, beginnen vor Ekstase zu zittern. Das sind die wundervollen Reaktionen auf das Erklingen der transzendentalen Flöten von Kṛṣṇa und Balarāma."

Kṛṣṇa und Balarāma trugen wie gewöhnliche Kuhhirtenjungen Stricke zum Binden der Kühe über den Schultern und in den Händen. Bevor die Jungen die Kühe melkten, banden sie ihnen nämlich die Hinterbeine mit einem kurzen Seil zusammen. Solche Seile hatten die Jungen fast immer über den Schultern hängen, und sie fehlten auch nicht auf den Schultern von Kṛṣṇa und Balarāma. Obwohl Sie die Höchste Persönlichkeit Gottes waren, verhielten Sie Sich genau wie Kuhhirtenjungen, und dies war der Grund, warum alles so unbeschreiblich wunderbar und anziehend aussah.

Wenn Kṛṣṇa dabei war, die Kühe im Wald von Vṛndāvana oder

auf dem Govardhana-Hügel zu hüten, waren die *gopīs* im Dorf stets in Gedanken bei Ihm, und sie sprachen miteinander über Seine verschiedenen Spiele. Das ist das vollkommene Beispiel für Kṛṣṇa-Bewusstsein: auf irgendeine Weise immer in Gedanken an Kṛṣṇa versunken zu sein. Jede Handlung der *gopīs* war ein eindrucksvolles Beispiel für diese Vollkommenheit. Deshalb erklärte Śrī Caitanya, dass niemand den Herrn auf bessere Weise verehren könne als die *gopīs*. Die *gopīs* waren nicht in hochgestellten *brāhmaṇa-* oder *kṣatriya*-Familien geboren worden; sie stammten aus Familien von *vaiśyas*, aber nicht aus reichen Kaufmannsgeschlechtern, sondern einfach aus Familien von Kuhhirten. Sie waren auch keine großen Gelehrten, obwohl sie von den *brāhmaṇas*, den Autoritäten des vedischen Wissens, in allen wichtigen Bereichen des Wissens unterrichtet worden waren. Der einzige Wunsch der *gopīs* war es, immer in Gedanken bei Kṛṣṇa zu sein.

Hiermit enden die Bhaktivedanta-Erläuterungen
zum 21. Kapitel des Kṛṣṇa-Buches mit dem Titel
„Kṛṣṇas Flötenspiel bezaubert die gopīs*“.*

KAPITEL 22

Kṛṣṇa stiehlt die Kleider der unverheirateten gopīs

Nach dem Brauch der vedischen Zivilisation verehren die unverheirateten Mädchen vom zehnten bis zum vierzehnten Lebensjahr entweder Śiva oder die Göttin Durgā, um einen guten Ehemann zu bekommen. Die unverheirateten Mädchen von Vṛndāvana waren jedoch bereits von der Schönheit Kṛṣṇas gefangengenommen; nichtsdestoweniger verehrten auch sie am Anfang der Hemanta-Zeit (der Zeit vor Einbruch des Winters) die Göttin Durgā. Der erste Monat der Hemanta-Zeit (Oktober/November) wird Agrahāyaṇa genannt. Zu dieser Zeit begannen alle unverheirateten *gopīs* von Vṛndāvana mit der Verehrung der Göttin Durgā, indem sie ein Gelübde ablegten. Zuerst aßen sie *haviṣyānna*, eine Speise, die zubereitet wird, indem man *mung-dāl* zusammen mit Reis in Wasser kocht und dabei auf jegliches Gewürz einschließlich Kurkuma verzichtet. Die Anweisungen der Veden empfehlen dieses

Essen zur Läuterung des Körpers, bevor man eine rituelle Zeremonie durchführt. Alle unverheirateten *gopīs* in Vṛndāvana pflegten täglich frühmorgens die Göttin Kātyāyani zu verehren, nachdem sie ihr Bad in der Yamunā genommen hatten. Kātyāyani ist ein anderer Name für die Göttin Durgā. Diese Göttin wird verehrt, indem man als Erstes aus Sand, vermischt mit Erde vom Ufer der Yamunā, eine Figur herstellt. Die Anweisungen der vedischen Schriften erlauben, dass man eine Bildgestalt aus verschiedenen Elementen herstellt; sie kann aus Metall, Juwelen, Holz, Erde oder Stein bestehen, sie kann gemalt oder im Herzen des Verehrenden einfach nur als Vorstellung gegenwärtig sein. Die Māyavādī-Philosophen halten all diese Formen für Einbildung, aber die vedischen Schriften erklären, dass solche Formen mit dem Höchsten Herrn oder mit dem betreffenden Halbgott identisch seien.

Die unverheirateten *gopīs* pflegten eine Bildgestalt der Göttin Durgā herzustellen, die sie mit *candana*-Paste, Blumengirlanden, Räucherstäbchen, Lampen und allen möglichen Gaben, wie Früchten, Getreide und jungen Zweigen, verehrten. Nach der Verehrung bittet man dann gewöhnlich um eine Segnung. Deshalb richteten die unverheirateten Mädchen mit großer Hingabe das folgende Gebet an die Göttin Kātyāyanī: „O höchste äußere Energie der Persönlichkeit Gottes, o höchste mystische Kraft, o höchste Kontrollierende der materiellen Welt, o Göttin, bitte sei uns barmherzig und bewirke unsere Heirat mit dem Sohn Nanda Mahārājas, Kṛṣṇa." Die Vaiṣṇavas verehren im Allgemeinen keine Halbgötter. Śrīla Narottama dāsa Ṭhākura hat jedem, der im reinen hingebungsvollen Dienst Fortschritt erzielen möchte, jegliche Art der Verehrung von Halbgöttern streng verboten. Dennoch sieht man hier, dass die *gopīs*, deren Liebe zu Kṛṣṇa sich mit nichts vergleichen lässt, die Halbgöttin Durgā verehrten. Die Verehrer der Halbgötter argumentieren manchmal, dass auch die *gopīs* die Göttin Durgā verehrten, aber wir müssen dabei beachten, mit welcher Absicht die *gopīs* dies taten. Gewöhnlich verehren die Menschen Durgā, um eine materielle Segnung zu erhalten. In diesem Falle aber beteten die *gopīs* zu der Göttin, um die Frauen Śrī Kṛṣṇas zu werden. Die Erklärung hierzu lautet, dass ein Gottgeweihter jedes Mittel anwenden kann, um sein Ziel zu erreichen, vorausgesetzt, dass Kṛṣṇa das Zentrum seines Strebens ist. Den *gopīs* war jedes Mittel recht, um Kṛṣṇa zu erfreuen und Ihm zu dienen. Das ist ihre hervorragendste Besonderheit. Einen Monat lang verehrten die *gopīs* die Göttin Durgā, um Kṛṣṇa zum Gemahl zu bekommen. So beteten sie jeden Tag, dass Kṛṣṇa, der Sohn Nanda Mahārājas, sie heiraten möge.

Früh am Morgen pflegten die *gopīs* ans Ufer der Yamunā zu gehen, um zu baden. Sie versammelten sich dann alle, fassten einander bei den Händen und besangen laut die wunderbaren Spiele Kṛṣṇas. Es ist ein alter Brauch bei den indischen Mädchen und Frauen, dass sie vor ihrem Bad im Fluss ihre Kleidungsstücke ans Ufer legen und dann völlig nackt ins Wasser steigen. Der Zutritt zu dem Teil des Flusses, an dem die Mädchen und Frauen baden, ist jeder männlichen Person streng verboten, und so wird es auch heute noch gehalten. Der Herr, die Höchste Persönlichkeit Gottes, der die Gedanken der unverheirateten jungen *gopīs* kannte, segnete sie, indem Er ihnen das Ersehnte gewährte. Sie hatten darum gebeten, dass Kṛṣṇa ihr Gemahl werden möge, und Kṛṣṇa wollte ihren Wunsch erfüllen.

Am Ende des Monats erschien Kṛṣṇa zusammen mit Seinen Freunden an diesem Ort. Ein anderer Name für Kṛṣṇa ist Yogeśvara, „der Herr über alle mystischen Kräfte". Yogis können durch Meditation die psychischen Vorgänge in anderen Menschen beobachten. Zweifellos konnte auch Kṛṣṇa den Wunsch der *gopīs* erkennen. Kṛṣṇa sammelte, als Er plötzlich auftauchte, sogleich sämtliche Kleider der *gopīs* zusammen, kletterte auf einen nahestehenden Baum und wandte Sich lächelnd an die *gopīs*.

„Meine lieben Mädchen", sagte Er, „kommt einzeln hierher und bittet um eure Kleider. Dann könnt ihr sie wiederhaben. Glaubt nicht, dass Ich scherze. Ich meine es ernst. Ich habe nicht die Absicht, Meinen Spaß mit euch zu treiben, denn ihr seid erschöpft, da ihr einen Monat lang die strikten Prinzipien befolgt habt, die bei der Verehrung der Göttin Kātyāyanī vorgeschrieben sind. Bitte kommt nicht alle auf einmal hierher. Kommt allein, Ich möchte jede von euch in ihrer ganzen Schönheit sehen, denn ihr alle habt schmale Hüften. Fügt euch also Meiner Anordnung und kommt alle, eine nach der anderen, hierher zu Mir." Als die Mädchen im Wasser diese scherzenden Worte Kṛṣṇas hörten, blickten sie einander an und lächelten. Sie freuten sich sehr, solch eine Aufforderung von Kṛṣṇa zu hören, denn sie waren bereits in Ihn verliebt. Schüchtern wie sie waren, tauschten sie vielsagende Blicke aus, aber sie wagten es nicht, aus dem Wasser zu kommen, weil sie nackt waren. Als sie schon für längere Zeit im Wasser ausgeharrt hatten, begannen sie zu frieren, und sie zitterten. Aber als sie Govindas ermunternd scherzhafte Worte hörten, wurden sie vor Freude verwirrt und verlegen. So wandten sie sich mit folgenden Worten an Kṛṣṇa: „Lieber Sohn Nanda Mahārājas, bitte treibe nicht in dieser Weise Deinen Scherz mit uns. Was Du machst, ist ungerecht. Du bist ein ehrenwerter Junge, denn Du bist der Sohn Nanda Mahārājas, und Du bist uns allen sehr lieb. Aber Du solltest uns nicht solche Streiche spielen, weil wir nun schon vor Kälte im Wasser zittern. Sei also so gut und gib uns unsere Kleider wieder, sonst müssen wir noch weiter leiden." Dann hielten sie inne, um mit einem Ton großer Unterwürfigkeit fortzufahren. „Lieber Śyāmasundara", sagten sie, „wir alle sind Deine ewigen Dienerinnen. Wir sind dazu verpflichtet, alles, was Du uns befiehlst, ohne Zögern zu tun, denn dies sehen wir als unsere religiöse Pflicht an. Aber wenn Du weiterhin auf dieser Forderung beharrst, der wir unmöglich Folge leisten können, werden wir zu Nanda Mahārāja gehen müssen, um uns über Dich zu beklagen. Wenn Nanda Mahārāja nichts zu Deiner Bestrafung unternimmt, werden wir zu König Kaṁsa gehen und ihm von Deinem schlechten Betragen berichten."

Als Kṛṣṇa die Worte der unverheirateten *gopīs* hörte, erwiderte Er: „Meine lieben Mädchen, wenn ihr glaubt, dass ihr Meine ewigen Dienerinnen seid, und wenn ihr immer bereit seid, Meine Befehle auszuführen, dann möchte Ich von euch, dass ihr bitte allein, eine nach der anderen, mit einem lächelnden Gesicht hierherkommt und euch eure Kleider zurückholt. Wenn ihr jedoch nicht zu Mir kommt und euch bei Meinem Vater beschwert, so macht Mir das überhaupt nichts aus, denn Ich weiß, dass Mein Vater alt ist und Mir nichts anhaben kann.

Als die *gopīs* sahen, dass Kṛṣṇa fest entschlossen blieb, sahen sie keine andere Möglichkeit, als Seinem Befehl zu folgen. Sie kamen einzeln aus dem Wasser heraus, aber weil sie völlig nackt waren, versuchten sie, ihre Blöße zu bedecken, indem sie die linke Hand über ihre Schamgegend hielten. In dieser Haltung standen sie alle da und zitterten. Mit ihrem einfachen Wesen strahlten sie eine solche Reinheit aus, dass Śrī Kṛṣṇa mit ihnen sofort zufrieden war. Alle unverheirateten *gopīs*, die zu Kātyāyanī darum gebetet hatten, Kṛṣṇa als ihren Ehemann zu bekommen, wurden auf diese Weise zufriedengestellt. Eine Frau darf sich vor keinem Mann nackt zeigen außer vor ihrem Ehemann. Die unverheirateten *gopīs* hatten sich Kṛṣṇa als ihren Ehemann gewünscht, und Er erfüllte ihren Wunsch auf diese Weise. Weil Er mit ihnen sehr zufrieden war, nahm Er ihre Kleider auf Seine Schulter und sagte: „Meine lieben Mädchen, ihr habt ein großes Vergehen begangen, als ihr nackt in der Yamunā badetet. Deshalb ist nun die herrschende Gottheit der Yamunā, Varuṇadeva, zornig auf euch. Bitte berührt also eure Stirn mit gefalteten Händen und verbeugt euch vor dem Halbgott Varuṇa, damit euch dieses Vergehen verziehen wird." Die *gopīs* waren alle einfache Seelen und sie nahmen alles, was Kṛṣṇa sagte, für wahr an. Um vor dem Zorn Varuṇadevas bewahrt zu werden wie auch um das ersehnte Ziel ihres Gelübdes zu erreichen und letztlich um ihren verehrungswürdigen Herrn, Kṛṣṇa, zu erfreuen, gehorchten sie unverzüglich Seiner Anweisung. So wurden sie die innigsten Geliebten Kṛṣṇas und Seine gehorsamsten Dienerinnen.

Nichts kann mit dem Kṛṣṇa-Bewusstsein der *gopīs* verglichen werden. Im Grunde kümmerten sich die *gopīs* weder um Varuṇa noch um irgendeinen anderen Halbgott; sie wollten einzig und allein Kṛṣṇa zufriedenstellen. Die schlichte Art der *gopīs* stimmte Kṛṣṇa dankbar und zufrieden, und so gab Er sogleich einer nach der anderen ihre Kleider zurück. Obwohl Sich Kṛṣṇa mit den jungen, unverheirateten *gopīs* einen Spaß erlaubt hatte und sie veranlasste, nackt vor Ihm zu stehen, während Er Seine Freude daran hatte, mit ihnen zu scherzen, und obwohl Er sie wie Marionetten behandelte und ihnen die Kleider stahl, waren sie dennoch voller Zuneigung zu Ihm und beklagten sich niemals. Diese Haltung der *gopīs* gab Śrī Caitanya Mahāprabhu in Seinem Gebet wieder, in dem es heißt: „Mein lieber Herr, Śrī Kṛṣṇa, Du kannst Mich umarmen oder Mich mit Deinen Füßen treten, oder Du kannst Mir das Herz brechen, indem Du niemals vor Mir gegenwärtig bist. Alles, was Du möchtest, kannst Du tun, denn Dir steht es vollkommen frei, nach Deinem Belieben zu handeln. Aber trotz allem bleibst Du ewiglich Mein Herr, und es gibt für Mich kein anderes Ziel der Verehrung." Dies ist die Haltung der *gopīs* gegenüber Kṛṣṇa.

Śrī Kṛṣṇa war zufrieden mit den *gopīs*, und weil sie Ihn alle als Ehemann begehrten, sagte Er zu ihnen: „Meine lieben, braven Mädchen, Ich kenne eure Sehnsucht nach Mir und weiß deshalb, warum ihr die Göttin Kātyāyanī verehrt habt. Ich billige eure Handlungen ganz und gar. Jeder, dessen Bewusstsein ausschließlich auf Mich gerichtet ist, wird, selbst wenn er voller Lust ist, erhoben. So wie ein Same, der geröstet wird, nicht mehr keimen kann, so können Verlangen, die in Verbindung mit Meinem liebevollen Dienst stehen, keine fruchtbringenden Reaktionen erzeugen, wie es bei gewöhnlichem Karma der Fall ist."

In der *Brahma-saṁhitā* ist folgende Aussage zu finden: *karmāṇi nirdahati kintu ca bhakti-bhājām*. Jedes Lebewesen wird durch seine fruchtbringenden Handlungen gebunden, aber weil die Gottgeweihten ausschließlich zur Freude des Herrn handeln, erleiden sie keine Reaktionen. Ebenso sollte man die Haltung der *gopīs* gegenüber Kṛṣṇa, obwohl sie scheinbar lustvoll ist, nicht mit dem lüsternen Verlangen einer gewöhnlichen Frau vergleichen. Der Grund dafür wird von Śrī Kṛṣṇa Selbst gegeben. Die Handlungen im hingebungsvollen Dienst für Kṛṣṇa sind transzendental zu jedem fruchtbringenden Ergebnis.

„Meine lieben *gopīs*", fuhr Kṛṣṇa fort, „euer Wunsch, Mich zum Ehemann zu haben, wird erfüllt werden, weil ihr mit diesem Wunsch die Göttin Kātyāyanī verehrt habt. Ich verspreche euch, dass ihr während des nächsten Herbstes die Möglichkeit bekommen werdet, euch mit Mir zu treffen, und dass ihr Mich dann als euren Ehemann haben werdet."

Als Kṛṣṇa Sich, zusammen mit Seinen Kuhhirtenfreunden, daraufhin in den Schatten der Bäume zurückzog, war Er sehr vergnügt und fröhlich. So sprach Er zu den Einwohnern von Vṛndāvana: „Mein lieber Stoka Kṛṣṇa, Mein lieber Varūthapa, mein lieber Bhadrasena, Mein lieber Sudāmā, Mein lieber Subala, Mein lieber Arjuna, Mein lieber Viśāla, Mein lieber Ṛṣabha – seht euch nur diese gesegneten Bäume von Vṛndāvana an. Sie haben ihr ganzes Leben dem Wohl anderer gewidmet. Sie selbst müssen die vielen Witterungseinflüsse wie Wirbelstürme, Gewitterregen, sengende Hitze und eisige Kälte ertragen, aber trotzdem sind sie sehr darum bemüht, uns mit ihrem Schatten zu erfrischen und Schutz zu gewähren. Meine lieben Freunde, Ich glaube, dass sich diese Lebewesen in ihrer Geburt als Bäume großen Ruhm verdienen. Sie sind so sehr darauf bedacht, anderen Zuflucht zu gewähren, dass sie edlen, wohltätigen Menschen gleichen, die niemandem, der sich mit einer Bitte an sie wendet, die Hilfe versagen. Diese Bäume verwehren niemandem den Schutz. Sie schenken dem Menschen viele nützliche Dinge wie Blätter, Blüten, Früchte, Schatten, Wurzeln, Rinde, Duftextrakte und Brennholz. Sie geben das vollkommene Beispiel für ein großmütiges Leben. Sie sind wie edle Menschen, die alles, was sie besitzen – ihren Körper, ihren Geist, ihre Werke, ihre Intelligenz und ihre Worte –, zum Wohl aller anderen Lebewesen einsetzen."

Auf diese Weise wanderte Śrī Kṛṣṇa, die Höchste Persönlichkeit Gottes, am Ufer der Yamunā entlang, wobei Er die Blätter, Früchte, Blüten und Zweige der Bäume berührte und ihre rühmenswerten wohltätigen Eigenschaften lobte. Verschiedene Menschen mögen je nach ihrer Ansicht eine ganz bestimmte Wohlfahrtsarbeit als besonders segensreich für die Menschheit ansehen, doch die Verbreitung der Bewegung für Kṛṣṇa-Bewusstsein ist die Wohltat, von der alle Menschen ewigen Nutzen erfahren. Jeder sollte dazu bereit sein, diese Bewegung zu unterstützen und zu verbreiten. Nach den Anweisungen Śrī Caitanyas sollte man demütiger sein als ein Grashalm auf dem Boden und duldsamer als ein Baum. Śrī Kṛṣṇa Selbst erklärt, was es bedeutet, so duldsam wie ein Baum zu sein. Diejenigen, die Kṛṣṇa-Bewusstsein verbreiten, sollten die in den Lehren Śrī Kṛṣṇas und Śrī Caitanyas enthaltenen Unterweisungen durch deren direkte Nachfolge von spirituellen Meistern empfangen und ihren Nutzen daraus ziehen.

Als Kṛṣṇa mit Seinen Freunden eine Weile am Ufer der Yamunā entlang durch den Wald von Vṛndāvana gestreift war, setzte Er Sich an einer schönen Stelle nieder und ließ die Kühe das kühle, klare Wasser der Yamunā trinken. Da sich die Kuhhirtenjungen, Kṛṣṇa und Balarāma müde fühlten, tranken auch sie aus der Yamunā. Kṛṣṇa verbrachte nach Seiner Begegnung mit den jungen *gopīs*, die in der Yamunā badeten, den restlichen Morgen zusammen mit den Jungen.

Hiermit enden die Bhaktivedanta-Erläuterungen zum 22. Kapitel des Kṛṣṇa-Buches mit dem Titel „Kṛṣṇa stiehlt die Kleider der unverheirateten gopīs*".*

KAPITEL 23

Die Frauen der brāhmaṇas, die Opfer durchführten, erlangen Befreiung

Der Morgen verstrich und die Kuhhirtenjungen verspürten großen Hunger, denn sie hatten noch nicht gefrühstückt. Sie wandten sich sofort an Kṛṣṇa und Balarāma und sagten: „Lieber Kṛṣṇa, lieber Balarāma, Ihr beide seid allmächtig, Ihr könnt viele Dämonen töten, aber heute werden wir von großem Hunger geplagt, der uns sehr zu schaffen macht. Deshalb bitten wir Euch, dass Ihr etwas unternehmt, um unseren Hunger zu stillen."

Als Śrī Kṛṣṇa und Balarāma die Bitte Ihrer Freunde vernahmen, wollten Sie die Gelegenheit nutzen, um einigen *brāhmaṇa*-Frauen, deren Männer gerade Opferzeremonien durchführten, Ihre Barmherzigkeit zu erweisen. Diese Frauen waren große Gottgeweihte, und um ihnen Seine Segnung zu gewähren, sagte Kṛṣṇa: „Meine lieben Freunde, bitte geht in die Häuser der *brāhmaṇas*, die nicht weit von hier wohnen.

Sie sind gerade dabei, vedische Āṅgirasa-Opfer durchzuführen, denn sie wollen zu den himmlischen Planeten erhoben werden. Geht bitte alle zu ihnen." Zuvor warnte Śrī Kṛṣṇa Seine Freunde noch: „Diese *brāhmaṇas* sind keine Vaiṣṇavas, sie können nicht einmal Unsere Namen ‚Kṛṣṇa' und ‚Balarāma' chanten. Sie sind sehr eifrig im Chanten der vedischen Hymnen, obwohl es der eigentliche Sinn des vedischen Wissens ist, Mich zu finden. Sie fühlen sich jedoch nicht zu Unseren Namen, Kṛṣṇa und Balarāma, hingezogen, weshalb es besser ist, ihr bittet sie nicht in Meinem, sondern in Balarāmas Namen um eine Spende."

Spenden werden im Allgemeinen den hochqualifizierten *brāhmaṇas* gegeben, doch Kṛṣṇa und Balarāma waren nicht in einer *brāhmaṇa*-Familie erschienen. Balarāma war als Sohn Vasudevas, eines *kṣatriya*, bekannt, und Kṛṣṇa war in Vṛndāvana als der Sohn Nanda Mahārājas bekannt, der ein *vaiśya* war. Keiner der beiden gehörte also zur Gemeinschaft der *brāhmaṇas*. Kṛṣṇa überlegte Sich daher, dass die *brāhmaṇas*, die gerade mit Opferungen beschäftigt waren, wahrscheinlich nicht dazu bewegt werden könnten, einem *kṣatriya* oder *vaiśya* eine Spende zu geben. „Aber wenn ihr den Namen Balarāmas erwähnt", sagte Er, „werden sie vielleicht Ihm als *kṣatriya* eher eine Spende geben als Mir, der Ich nur ein *vaiśya* bin."

Auf diese Anweisung der Höchsten Persönlichkeit Gottes hin begaben sich die Knaben zu den *brāhmaṇas* und baten sie um eine milde Gabe. Sie näherten sich ihnen mit gefalteten Händen und fielen vor ihnen zu Boden, um ihnen ihre Ehrerbietungen zu erweisen. „O Götter auf Erden", sprachen sie, „bitte vernehmt, was uns Śrī Kṛṣṇa und Śrī Balarāma aufgetragen haben. Wir hoffen, dass ihr die beiden gut kennt, und wir möchten euch die besten Segenswünsche ausrichten. Kṛṣṇa und Balarāma hüten in der Nähe die Kühe und wir sind Ihre Gefährten. Wir sind hierhergekommen, um etwas Essen von euch zu erbitten. Ihr alle seid *brāhmaṇas* und kennt die religiösen Prinzipien. Wenn ihr damit einverstanden seid, uns eine Spende zu geben, dann gebt uns bitte etwas Nahrung, so dass wir alle zusammen mit Kṛṣṇa und Balarāma essen können. Ihr zählt zu den ehrwürdigsten *brāhmaṇas* der menschlichen Gesellschaft, weswegen ihr gewiss auch die Prinzipien religiösen Verhaltens kennt."

Obwohl die Kuhhirtenjungen nur Dorfknaben waren, von denen nicht zu erwarten war, dass sie alle vedischen Prinzipien religiöser

Rituale kannten, zeigen ihre Worte doch, dass sie aufgrund ihres Umgangs mit Kṛṣṇa und Balarāma über all diese Prinzipien Bescheid wussten. Die Knaben sprachen die *brāhmaṇas* als „Kenner aller religiösen Prinzipien" an, um ihnen dadurch zu verstehen zu geben, dass sie nun, wo die Höchste Persönlichkeit Gottes, Kṛṣṇa und Balarāma, sie um etwas Essen bittet, nicht eine Sekunde zögern sollten, Ihnen dies zu geben; denn wie in der *Bhagavad-gītā* gesagt wird, sollte man *yajñas* (Opfer) einzig und allein zur Zufriedenstellung Viṣṇus darbringen.

Die Jungen sagten weiter: „Śrī Viṣṇu steht als Kṛṣṇa und Balarāma wartend in der Nähe, und daher solltet ihr augenblicklich alles hergeben, was ihr an Nahrungsvorräten habt." Sie erklärten den *brāhmaṇas* außerdem, wann die Speisen gegessen werden können und wann sie nicht akzeptiert werden sollten. Im Allgemeinen beteiligen sich die Vaiṣṇavas, die reinen Geweihten des Herrn, nicht an gewöhnlichen Opferzeremonien. Dennoch kennen sie die Riten dieser Zeremonien, die als *dīkṣā, paśu-saṁsthā* und *sautrāmaṇiya* bezeichnet werden, sehr gut. Es ist erlaubt, die Speisen nach der *dīkṣā*-Zeremonie, aber noch vor der *paśu-saṁsthā*-Zeremonie, einer Tieropferung, und der *sautrāmaṇiya*-Zeremonie, einer Opferung von alkoholischen Getränken, zu sich zu nehmen. Die Kuhhirtenjungen fuhren fort: „Wir können somit in der gegenwärtigen Phase der Zeremonie die Speisen an uns nehmen, denn das verstößt nicht gegen die Regeln. Ihr könnt uns die Speisen also ruhig geben." Obwohl die Gefährten Śrī Kṛṣṇas und Balarāmas einfache Kuhhirtenjungen waren, befanden sie sich dennoch in der erhabenen Position, sogar den hochgestellten *brāhmaṇas*, die sich mit den vedischen Opferzeremonien befassten, Anweisungen zu geben. Aber die *smārta-brāhmaṇas*, die an nichts anderes als an ihre Opferzeremonien dachten, konnten die Anordnungen der transzendentalen Geweihten des Herrn nicht verstehen. Sie wussten es nicht einmal zu würdigen, dass der Höchste Herr, Kṛṣṇa und Balarāma, sie persönlich um etwas bat. Obwohl sie alle Argumente hörten, die die Kuhhirtenjungen im Namen von Kṛṣṇa und Balarāma vorbrachten, kümmerten sie sich nicht darum und ließen sich nicht dazu herab, mit den Jungen zu sprechen. Solche *brāhmaṇas* ohne Hingabe zu Gott, die sich selbst für sehr fortgeschritten halten, mögen im Wissen über die vedischen Opferriten zwar sehr bewandert sein, doch trotz alledem sind sie nur Dummköpfe und Ignoranten. All ihre Bemühungen sind kindisch, denn sie kennen das Ziel der Veden nicht, das in der *Bhagavad-gītā* erklärt wird, nämlich Kṛṣṇa zu verstehen. Trotz ihres Fortschritts im vedischen Wissen und in der Durchführung von Ritualen verstehen sie Kṛṣṇa nicht, und daher ist all ihr Wissen über die Veden nutzlos. Daher äußerte Śrī Caitanya Seine wertvolle Meinung, dass ein Mensch, auch wenn er nicht in einer *brāhmaṇa*-Familie geboren wurde, mehr als ein *brāhmaṇa* sei, wenn er Kṛṣṇa und die Wissenschaft des Kṛṣṇa-Bewusstseins kenne, und dass dieser alle Voraussetzungen besitze, spiritueller Meister zu werden.

Es gibt verschiedene Faktoren, die bei der Durchführung eines Opfers zu beachten sind: *deśa*, „der Ort"; *kāla*, „die Zeit"; *pṛthak dravya*, „die verschiedenen einzelnen Utensilien"; *mantra*, „die Hymnen"; *tantra*, „die Aussagen der Schriften"; *agni*, „Feuer"; *ṛtvik*, „die gelehrten Vollzieher von Opfern"; *devatā*, „die Halbgötter"; *vajamāna*, „derjenige, der die eigentlichen Opfer ausführt"; *kratu*, „das Opfer selbst" und *dharma*, „die Opfervorgänge". All diese Faktoren sind dazu bestimmt, Kṛṣṇa zu erfreuen. Tatsächlich wird in der *Bhagavad-gītā* bestätigt, dass Er der eigentliche Genießer aller Opfer ist, weil Er die Höchste Persönlichkeit Gottes, die Höchste Absolute Wahrheit, ist – weit jenseits des Wahrnehmungs- und Spekulationsvermögens der materiellen Sinne. Als Er auf der Erde erschien, glich Er einem gewöhnlichen menschlichen Jungen, doch für diejenigen, die sich mit ihrem Körper identifizieren, ist es äußerst schwierig, Ihn zu verstehen. Diese *brāhmaṇas* waren vor allem sehr an Annehmlichkeiten für den materiellen Körper und am Erreichen von Orten auf den himmlischen Planeten, genannt *svarga-vāsa*, interessiert. Sie waren völlig unfähig, die Stellung Kṛṣṇas zu verstehen.

Als die Kuhhirtenjungen erkannten, dass die *brāhmaṇas* nicht einmal mit einem einfachen Ja oder Nein antworten wollten, waren sie sehr enttäuscht. Sie kehrten also zu Kṛṣṇa und Balarāma zurück und berichteten Ihnen, was geschehen war. Als die Höchste Persönlichkeit Gottes, Śrī Kṛṣṇa, ihre Schilderung vernahm, lächelte Er und sagte, sie sollten nicht betrübt sein, dass die *brāhmaṇas* sie abgewiesen hätten, denn damit müsse man rechnen, wenn man bettle. Er machte ihnen klar, dass man beim Spendensammeln oder Betteln nicht glauben solle, dass man überall erfolgreich sein könnte. Man gehe manchmal vielleicht leer aus, aber das solle kein Grund zur Enttäuschung sein. Śrī Kṛṣṇa bat darauf alle Jungen, es noch einmal zu versuchen, aber diesmal bei den Frauen jener *brāhmaṇas*, die das Opfer ausführten. Er verriet ihnen, dass diese Frauen große Gottgeweihte waren: „Sie sind immer in Gedanken an Uns vertieft. Geht zu ihnen und bittet sie in Meinem Namen und im Namen Balarāmas um etwas zu essen; Ich bin sicher, dass sie euch so viele Speisen geben werden, wie ihr begehrt." Die Kuhhirtenjungen folgten Kṛṣṇas Anordnungen und suchten sogleich die Frauen der *brāhmaṇas* auf. Als sie ankamen, saßen die Frauen in den Häusern der *brāhmaṇas*. Sie waren mit prächtigem Geschmeide geschmückt. Nachdem die Jungen ihnen ihre respektvollen Ehrerbietungen dargebracht hatten, sagten sie: „Liebe Mütter, bitte nehmt unsere demütigen Ehrerbietungen entgegen und schenkt unseren Worten Gehör. Wisset, dass Śrī Kṛṣṇa und Śrī Balarāma Sich in der Nähe aufhalten. Sie ziehen mit den Kühen über die Weidegründe und auf Ihre Anweisung hin sind wir nun zu euch gekommen. Wir sind nämlich alle sehr hungrig und wollen euch daher um etwas zu essen bitten. Bitte gebt uns etwas – für Kṛṣṇa, Balarāma und für uns."

Sowie die Frauen der *brāhmaṇas* dies hörten, erwachte in ihnen Sehnsucht nach Kṛṣṇa und Balarāma. Sie reagierten völlig spontan. Sie brauchten gar nicht erst von der Bedeutung Kṛṣṇas und Balarāmas überzeugt zu werden; sowie sie Ihre Namen hörten, wurden sie begierig danach, Sie zu sehen. Sie waren so fortgeschritten, dass sie ständig an Kṛṣṇa dachten, was die höchste Form mystischer Meditation darstellt. Die Frauen beeilten sich also, Schüsseln und Töpfe mit den erlesensten Speisen zu füllen, und weil die Speisen für die Opferzeremonie bestimmt waren, waren sie alle äußerst schmackhaft. Nachdem die Frauen ein wahres Festmahl zusammengestellt hatten, machten sie sich bereit, zu Kṛṣṇa zu gehen, den sie über alles liebten; dabei glichen sie Flüssen, die dem Meer zuströmen.

Lange Zeit schon hatten sich die Frauen danach gesehnt, Kṛṣṇa sehen zu dürfen. Als sie sich jedoch fertig machten, das Haus zu verlassen, wurden sie von ihren Ehemännern, Vätern, Söhnen und den übrigen Verwandten aufgefordert, nicht zu gehen. Die Frauen aber hörten nicht auf sie. Wenn einen Gottgeweihten die Zuneigung zu Kṛṣṇa ruft, kümmert er sich nicht um körperliche Bindungen. Die Frauen gingen also in den Wald von Vṛndāvana, der sich entlang der Yamunā erstreckt, und dort, in einer blühenden Pflanzenwelt mit grünenden Weinranken und farbenprächtigen Blumen, erblickten sie Kṛṣṇa und Balarāma im Kreise Ihrer geliebten Freunde.

Die *brāhmaṇa*-Frauen erblickten Kṛṣṇa mit Seiner schwärzlichen Hauttönung, der ein Gewand trug, das wie Gold glitzerte. Er trug eine wunderschöne Girlande aus Waldblumen, in Seinem Haar steckte eine Pfauenfeder, und dazu war Er mit verschiedenen Erdfarben, die man in Vṛndāvana finden kann, bemalt. Auf diese Weise sah Er aus wie ein tanzender Schauspieler auf einer Theaterbühne. Er hatte eine Hand auf die Schulter Seines Freundes gelegt und in der anderen Hand hielt Er eine Lotosblume. Seine Ohren waren mit Lilien geschmückt und Sein Körper mit *tilaka*-Zeichen, und er lächelte anmutig. Die Frauen der *brāhmaṇas* sahen mit eigenen Augen den Herrn, die Höchste Persönlichkeit Gottes, von dem sie so viel gehört hatten, der ihnen so lieb war und bei dem sie ständig in Gedanken weilten. Nun sahen sie Ihn direkt von Angesicht zu Angesicht, und Kṛṣṇa trat durch ihre Augen in ihre Herzen ein.

In ihrem Inneren umarmten sie Kṛṣṇa zur vollsten Zufriedenheit ihres Herzens und augenblicklich linderte sich der Schmerz der Trennung. Sie waren wie die großen Weisen, die durch ihren Fortschritt im Wissen in die Existenz des Höchsten eingehen. Als die Überseele, die im Herzen eines jeden weilt, konnte Śrī Kṛṣṇa ihre Gedanken lesen. Sie waren trotz aller Einwände ihrer Verwandten, Väter, Ehemänner und Brüder und trotz aller Haushaltspflichten zu Ihm gekommen. Sie waren gekommen, nur um Ihn zu sehen, der ihr Ein und Alles war. Sie hatten damit auch genau Kṛṣṇas Anweisung befolgt, der in der *Bhagavad-gītā* sagt, man solle sich Ihm ergeben und alle Arten beruflicher und religiöser Pflichten aufgeben. Aus diesem Grund begann Kṛṣṇa mit einem erhabenen Lächeln zu ihnen zu sprechen. In diesem Zusammenhang ist anzumerken, dass weder der Höchste Herr, Śrī Kṛṣṇa, noch die einzelnen Frauen ihre Identität verloren, als Er in ihre Herzen einging und als sie Ihn umarmten und die transzendentale Glückseligkeit erfuhren, mit Ihm eins zu sein. Die Individualität des Herrn und die der Frauen blieb weiterhin bestehen, und dennoch fühlten sie Einheit in ihrer Existenz. Wenn sich eine Geliebte dem Geliebten ohne Rückhalt unterwirft, wird dies Einheit genannt. Śrī Caitanya drückte dieses Gefühl des Einsseins in Seinem *Śikṣāṣṭaka* aus. Kṛṣṇa kann tun und lassen, was Er will, aber der Gottgeweihte muss sich immer in Einheit mit Ihm befinden, das heißt in Übereinstimmung mit Seinen Wünschen. Ein Beispiel für diese Einheit sind die Frauen der *brāhmaṇas* in ihrer Liebe zu Kṛṣṇa.

Kṛṣṇa begrüßte sie mit folgenden Worten: „Meine lieben *brāhmaṇa*-Frauen, die ihr so sehr vom Glück begünstigt seid, seid willkommen! Bitte sagt Mir, was Ich für euch tun kann. Ihr habt völlig richtig daran getan, hierherzukommen, um Mich zu sehen und alle Widerstände und Behinderungen von Seiten eurer Väter, Brüder, Ehemänner und Anverwandten nicht zu beachten. Wer in dieser Weise handelt, kennt sein wahres Selbstinteresse, denn Mir ohne Motiv und ohne Einschränkung liebevollen transzendentalen Dienst darzubringen, ist wahrhaft glückbringend für alle Lebewesen."

Śrī Kṛṣṇa bestätigt hier, dass die bedingte Seele die höchste Stufe der Vollkommenheit erreichen kann, indem sie sich Ihm hingibt. Man muss alle anderen Verpflichtungen aufgeben. Solche bedingungslose Hingabe für die Höchste Persönlichkeit Gottes ist der glückverheißendste Pfad für die bedingte Seele, denn Śrī Kṛṣṇa ist das höchste Ziel aller Liebe. Jeder liebt sein Selbst entsprechend dem Fortschritt seines Wissens. Wenn man letztlich versteht, dass das Selbst eine spirituelle Seele ist und sie nichts anderes ist als ein winziger Teil des Höchsten Herrn, erkennt man im Höchsten Herrn das endgültige Ziel der Liebe und ergibt sich schließlich Ihm. Dieses Sich-Ergeben gilt als wirklich segensreich für die bedingte Seele. Unser Leben, unser Besitz, unser Zuhause, unsere Frau, unsere Kinder, unser Land, unsere Gesellschaft und alles, was uns lieb ist und woran wir hängen, sind Erweiterungen der Höchsten Persönlichkeit Gottes. Er ist das Ziel aller Liebe, denn Er gibt uns alle Glückseligkeit, indem Er Sich Selbst – entsprechend unseren verschiedenen Situationen der körperlichen, mentalen und spirituellen Existenz – auf unvorstellbar viele Arten erweitert.

„Meine lieben Frauen der *brāhmaṇas*", sagte Kṛṣṇa weiter, „ihr könnt nun nach Hause zurückkehren. Helft bei der Durchführung der Opferungen und beschäftigt euch weiterhin im Dienst eurer Ehemänner und im Haushalt, so dass eure Ehemänner mit euch zufrieden sind und das Opfer, das sie begonnen haben, auf richtige Weise zu Ende geführt wird. Denn schließlich sind eure Ehemänner Haushälter, und wie könnten sie ohne eure Hilfe ihre vorgeschriebenen Pflichten erfüllen?"

Die Frauen der *brāhmaṇas* entgegneten darauf: „Lieber Herr, eine solche Anweisung schickt sich nicht für Dich. Du hast das ewige

Versprechen gegeben, Deine Geweihten zu beschützen, und Du musst dieses Versprechen halten. Jeder, der zu Dir kommt und sich Dir ergibt, geht niemals in das bedingte Leben des materiellen Daseins zurück. Wir erwarten von Dir, dass Du nun Dein Versprechen erfüllst. Wir haben uns Deinen Lotosfüßen hingegeben, die mit *tulasī*-Blättern bedeckt sind, und daher verspüren wir nicht das geringste Verlangen, die Zuflucht Deiner Lotosfüße aufzugeben und in den Kreis unserer sogenannten Verwandten und Freunde oder in unsere Gesellschaft zurückzukehren. Und was sollen wir tun, wenn wir zurückkehren? Unsere Ehemänner, Brüder, Väter, Mütter, Söhne und Freunde werden uns nicht wieder aufnehmen, da wir sie bereits alle verlassen haben. Nirgendwo mehr gibt es für uns eine Zuflucht. Bitte schicke uns daher nicht nach Hause zurück, sondern ermögliche es, dass wir unter Deinen Lotosfüßen bleiben und ewig in Deiner Obhut leben können."

Die Höchste Persönlichkeit Gottes erwiderte: „Meine lieben Frauen der *brāhmaṇas*, seid euch dessen gewiss, dass eure Ehemänner euch bei eurer Rückkehr nicht abweisen werden und dass eure Väter, Söhne und Brüder sich nicht weigern werden, euch wieder in ihre Gemeinschaft aufzunehmen. Weil ihr Meine reinen Geweihten seid, werden nicht nur eure Verwandten, sondern alle Menschen und auch alle Halbgötter mit euch zufrieden sein." Kṛṣṇa weilt im Herzen aller Lebewesen. Daher wird jemand, der die Stufe der reinen Hingabe für Śrī Kṛṣṇa erreicht, für alle eine Quelle der Freude. Der reine Geweihte Śrī Kṛṣṇas ist niemals irgendjemandem feindlich gesinnt, noch kann je ein vernünftiger Mensch der Feind eines reinen Gottgeweihten sein. „Transzendentale Liebe zu Mir hängt nicht von einer körperlichen Beziehung ab", erklärte Śrī Kṛṣṇa weiter, „denn jeder, dessen Geist ständig in Gedanken an Mich vertieft ist, wird ohne Zweifel sehr bald zu Mir kommen und ewig mit Mir zusammen sein."

Nachdem die Frauen von der Höchsten Persönlichkeit Gottes diese Anweisung empfangen hatten, kehrten sie nach Hause zu ihren Ehemännern zurück. Die *brāhmaṇas*, die sehr froh waren, ihre Ehefrauen wieder bei sich zu Hause zu sehen, saßen mit ihnen beisammen und führten die Opferzeremonien durch, wie es in den *śāstras* vorgeschrieben ist. Nach dem vedischen Prinzip müssen die religiösen Rituale von Ehemann und Ehefrau gemeinsam ausgeführt werden. Als die

Frauen der *brāhmaṇas* nun zurückkehrten, konnten die Opfer vorschriftsgemäß durchgeführt werden. Eine der *brāhmaṇa*-Frauen jedoch, die man mit Gewalt daran gehindert hatte, zu Kṛṣṇa zu gehen, versank in der Erinnerung an Ihn, als sie von Seiner körperlichen Erscheinung hörte. Während sie vollkommen in Gedanken an Ihn vertieft war, gab sie ihren durch die Gesetze der Natur bedingten materiellen Körper auf.

Nachdem die Frauen der *brāhmaṇas* gegangen waren, genossen Śrī Govinda und die Kuhhirtenjungen die geweihten Speisen. Auf diese Weise offenbarte die ewig glückselige Persönlichkeit Gottes Seine transzendentalen Spiele, indem Er wie ein gewöhnlicher Mensch erschien, um auch die gewöhnlichen Menschen zum Kṛṣṇa-Bewusstsein anzuziehen. Alle Kühe, Kuhhirtenjungen und Mädchen in Vṛndāvana fühlten sich zu Seinen Worten und zu Seiner Schönheit hingezogen. Sie alle genossen gemeinsam die Spiele des Herrn.

Nachdem die Frauen, die Kṛṣṇa gesehen hatten, wieder nach Hause zurückgekehrt waren, wurden sich die *brāhmaṇas*, die sich mit der Opferzeremonie beschäftigten, darüber bewusst, dass sie ein großes Vergehen begangen hatten. Sie bereuten es bitter, dass sie sich geweigert hatten, der Höchsten Persönlichkeit Gottes etwas zu essen zu geben. So sahen sie schließlich ihren Fehler ein, nämlich dass sie während der Durchführung ihrer vedischen Rituale die Höchste Persönlichkeit Gottes völlig vergessen hatten, die Sich in einer menschenähnlichen Gestalt auf der Erde aufhielt und nun zu ihnen gekommen war, um sie um etwas Speise zu bitten. Die *brāhmaṇas* machten sich große Vorwürfe, da sie den Glauben und die Hingabe ihrer Frauen sahen, die sich bereits auf der Ebene des reinen hingebungsvollen Dienstes befanden, wohingegen sie selbst nicht im Geringsten wussten, wie man die Höchste Seele verstehen und Ihr in Liebe dienen kann. „Was ist der Nutzen unserer brahmanischen Herkunft?", klagten sie alle. „Was ist der Nutzen unseres Studiums der vedischen Schriften? Was nützen uns alle Opferungen, Regeln und Vorschriften, die wir befolgen? Zur Hölle damit! Zur Hölle mit unserer Familie! Zur Hölle mit unserer Fachkundigkeit bei der Durchführung von Ritualen, die wir genau nach den Beschreibungen der Schriften zelebrierten! Zur Hölle damit, denn all dies konnte uns nicht helfen, Liebe und Hingabe zur Höchsten Persönlichkeit Gottes zu entwickeln, die Sich jenseits unserer Spekulationen und jenseits der Begrenztheit unseres Verstandes, unseres Körpers und unserer Sinne befindet."

Die Klagen der gelehrten *brāhmaṇas*, die sich in der Ausführung vedischer Zeremonien genau auskannten, waren durchaus berechtigt, denn solange man durch die Ausübung religiöser Pflichten kein Kṛṣṇa-Bewusstsein entwickelt, verschwendet man nur kostbare Zeit und Energie. Die *brāhmaṇas* fuhren fort: „Die äußere Energie Kṛṣṇas ist so mächtig, dass sie sogar die größten mystischen Yogis in Illusion versetzt. Und so wurden auch wir von dieser äußeren Energie getäuscht, obwohl wir *brāhmaṇas* als die Lehrer der anderen Gesellschaftsklassen angesehen werden. Doch seht nur, wie sehr dagegen unsere Frauen vom Glück gesegnet sind! Sie haben ihr Leben völlig der Höchsten Persönlichkeit Gottes, Śrī Kṛṣṇa, geweiht und taten daher mit Leichtigkeit etwas, das gewöhnlich äußerst schwierig ist: sie haben ihre Familienverbindungen aufgegeben, die einem dunklen Brunnen gleichen in dem man gezwungen ist, die leidvolle materielle Existenz fortzusetzen." Weil Frauen im Allgemeinen ein einfaches Gemüt besitzen, fällt es ihnen nicht schwer, sich dem Kṛṣṇa-Bewusstsein zuzuwenden. Wenn sie dann Liebe für Kṛṣṇa entwickeln, können sie sehr leicht aus der Gewalt *māyās* befreit werden, was selbst für die sogenannten intelligenten und gebildeten Menschen äußerst schwierig ist.

Die *brāhmaṇas* fuhren fort: „Die vedischen Schriften erlauben es den Frauen nicht, durch die Reinigungszeremonie und die anschließende Übergabe der heiligen Schnur eingeweiht zu werden oder als *brahmacāriṇīs* im *āśrama* des spirituellen Meisters zu leben. Es wird ihnen nicht geraten, sich harten Entsagungen zu unterziehen. Auch sind sie nicht in der Lage, über die Philosophie der Selbstverwirklichung zu sprechen; dazu kommt, dass sie von Natur aus nicht sehr rein sind und sich auch nicht sonderlich zu glückverheißenden Tätigkeiten hingezogen fühlen. Ist es deshalb nicht umso wundervoller, dass sie trotzdem transzendentale Liebe zu Kṛṣṇa, dem Herrn aller mystischen Yogis, entwickelten? Sie haben uns durch ihren festen Glauben und ihre Hingabe für Kṛṣṇa weit übertroffen. Obwohl man uns als die Meister aller Reinigungsvorgänge ansieht, hatten wir das eigentliche Ziel vergessen, da wir sehr am materialistischen Leben hingen. Obwohl uns die Kuhhirtenjungen an Kṛṣṇa und Balarāma erinnerten, haben wir Sie nicht beachtet. Es kann daher nur eine barmherzige List des Höchsten Herrn gewesen sein, als Er Seine Freunde mit dem Auftrag hierher schickte, uns um etwas Speise zu bitten, denn eigentlich braucht Kṛṣṇa niemanden um Essen zu bitten. Schon Sein Wille hätte ausgereicht, den Hunger der Jungen augenblicklich zu stillen."

Gewisse Menschen wollen nicht glauben, dass Kṛṣṇa in Sich Selbst vollkommen ist, wenn sie hören, dass Er für Seinen Lebensunterhalt Kühe hütete, und solche Menschen werden auch bezweifeln, dass Kṛṣṇa kein Essen benötigte, weil sie denken, Er wäre tatsächlich hungrig gewesen. Sie wissen nicht, dass selbst die Glücksgöttin Seine ewige Dienerin ist und dass sie so ihre schlechte Angewohnheit der Rastlosigkeit durchbrechen kann. Dies wird in den vedischen Schriften, wie zum Beispiel in der *Brahma-saṁhitā*, bestätigt, worin es heißt, dass Kṛṣṇa in Seinem Reich nicht nur von einer, sondern von vielen Tausenden von Glücksgöttinnen mit großem Respekt verehrt werde. Daher ist es ein Fehler zu denken, Kṛṣṇa hätte bei den *brāhmaṇas* um Speisen gebettelt. Es war tatsächlich nur eine List, um ihnen Barmherzigkeit zu erweisen, indem Er ihnen zeigte, dass sie Ihn in reinem hingebungsvollen Dienst verehren sollten, statt sich mit den rituellen Zeremonien zu beschäftigen. Alles, was zu einer vedischen Zeremonie gehört – der geeignete Ort, der richtige Zeitpunkt, die verschiedenen Gegenstände der Opferzeremonie, die Hymnen, die dabei gechantet werden, der Opfervorgang, der Priester, dem die richtige Durchführung obliegt, das Opferfeuer und die Halbgötter, derjenige, der das Opfer darbringt, sowie die religiösen Prinzipien, die dabei eingehalten werden –, all dies sind Hilfen, um Kṛṣṇa, die Höchste Persönlichkeit Gottes, zu verstehen. Er ist der Höchste Herr, Śrī Viṣṇu, und der Meister aller mystischen Yogis.

Die *brahmaṇas* fuhren fort: „Weil Kṛṣṇa als ein Kind in der Dynastie der Yadus erschien, waren wir so dumm, dass wir nicht erkannten, dass Er die Höchste Persönlichkeit Gottes ist. Auf der anderen Seite aber können wir stolz darauf sein, solch erhabene Frauen zu haben, die reinen hingebungsvollen Dienst zum Herrn erlangten, ohne sich dabei durch unseren vehementen Widerstand hindern zu lassen. Lasst uns nun den Lotosfüßen Śrī Kṛṣṇas unsere respektvollen Ehrerbietungen darbringen, durch dessen illusionierende Energie, *māyā*, wir in fruchtbringende Tätigkeiten vertieft sind. Deshalb beten wir zum Herrn, Er möge so gütig sein und uns vergeben. Wir waren von Seiner äußeren

Energie verwirrt und missachteten deshalb Seine Anweisungen, ohne Seine transzendentale Herrlichkeit zu kennen."

Die *brāhmaṇas* bereuten ihr sündiges Verhalten, und sie wollten zu Kṛṣṇa gehen, um Ihm persönlich ihre demütigen Ehrerbietungen zu erweisen, aber aus Furcht vor Kaṁsa wagten sie es nicht, zu Ihm zu gehen und sich Ihm zu ergeben. Mit anderen Worten, es ist sehr schwierig, sich dem Höchsten Herrn hinzugeben, ohne durch hingebungsvollen Dienst gereinigt worden zu sein. Das Beispiel der gelehrten *brāhmaṇas* und ihrer Frauen lässt dies sehr deutlich werden. Weil die Frauen der *brāhmaṇas* in reinen hingebungsvollen Dienst vertieft waren, gab es für sie keine Hindernisse und sie gingen ohne Zögern zu Kṛṣṇa. Die *brāhmaṇas* erkannten zwar die Oberhoheit des Höchsten Herrn an und bereuten ihre Fehler, aber weil sie zu sehr an fruchtbringenden Tätigkeiten hingen, konnten sie ihre Furcht vor König Kaṁsa nicht überwinden.

Hiermit enden die Bhaktivedanta-Erläuterungen zum 23. Kapitel des Kṛṣṇa-Buches mit dem Titel „Die Frauen der brāhmaṇas, *die Opfer durchführten, erlangen Befreiung".*

KAPITEL 24

Die Verehrung des Govardhana-Hügels

Während Kṛṣṇa und Balarāma mit den *brāhmaṇas*, die zu sehr an der Durchführung vedischer Opfer hingen, beschäftigt waren, bemerkten Sie auch, dass die Kuhhirten in Vṛndāvana eine ähnliche Zeremonie vorbereiteten. Damit sollte Indra, der König des Himmels und Versorger der Lebewesen mit Wasser, erfreut werden. Im *Caitanya-caritāmṛta* wird gesagt, dass ein Geweihter Kṛṣṇas unerschütterlich davon überzeugt sein müsse, dass er von allen anderen Verpflichtungen befreit sei, wenn er sich einfach nur im Kṛṣṇa-Bewusstsein, das heißt in Kṛṣṇas transzendentalem liebevollem Dienst, beschäftige. Ein reiner Geweihter Śrī Kṛṣṇas braucht keine der rituellen Zeremonien zu vollziehen, wie sie in den vedischen Schriften vorgeschrieben sind. Er braucht auch nicht die Halbgötter zu verehren, denn die Tatsache, dass er ein Geweihter Śrī Kṛṣṇas ist, bedeutet, dass er bereits alle Arten der vedischen

Zeremonien und der Halbgötterverehrung ausgeführt hat. Man kann nicht auf die Ebene des hingebungsvollen Dienstes zu Kṛṣṇa gelangen, indem man lediglich die vedischen Rituale ausführt oder die Halbgötter verehrt. Doch wenn man sich vorbehaltlos im hingebungsvollen Dienst beschäftigt, hat man damit automatisch alle vedischen Unterweisungen erfüllt.

Um Seine Geweihten von Tätigkeiten dieser Art abzubringen, wollte Kṛṣṇa während Seiner Gegenwart in Vṛndāvana ungetrübten hingebungsvollen Dienst einführen. Als allwissende Höchste Persönlichkeit Gottes wusste Kṛṣṇa natürlich alles über das Opfer, das die Kuhhirten vorbereiteten, doch um die Form zu wahren, fragte Er Nanda Mahārāja und die anderen älteren Bewohner des Dorfes mit großem Respekt, welche Bewandtnis es damit habe. Kṛṣṇa sprach also folgende Worte zu Seinem Vater: „Mein lieber Vater, weshalb bereiten die Kuhhirten ein derartig großes Opfer vor? Was versprechen sie sich davon, und für wen ist es bestimmt? Wie soll es durchgeführt werden? Bitte lass Mich dies alles wissen, denn Ich möchte sehr gern lernen, was es mit solchen Opferzeremonien auf sich hat." Nanda Mahārāja schwieg zuerst auf die Fragen seines kleinen Sohnes, denn er dachte, Kṛṣṇa könne die komplizierten Rituale eines *yajña* doch nicht verstehen. Kṛṣṇa aber drängte weiter: „Lieber Vater, Menschen, die großherzig und heilig sind, kennen keine Geheimnisse. Sie sehen niemanden als Freund, Feind oder Neutralgesinnten, denn sie sind jedem gegenüber offen. Aber auch wenn man nicht so weitherzig ist, sollte man doch zumindest vor seinen Familienangehörigen und Freunden keine Geheimnisse haben, obwohl Zurückhaltung gegenüber feindlich gesinnten Menschen durchaus angebracht sein kann. Du solltest daher nichts vor Mir geheim halten. Alle Menschen gehen fruchtbringenden Tätigkeiten nach, doch während einige wissen, worin diese Tätigkeiten bestehen und welche Ergebnisse sie nach sich ziehen, führen andere diese Tätigkeiten aus, ohne ihren Zweck oder ihre Ergebnisse zu kennen. Doch nur ein Mensch, der in vollkommenem Wissen handelt, kann ein vollkommenes Ergebnis erwarten. Wer dagegen in Unwissenheit handelt, kann keine so guten Ergebnisse erwarten. Erkläre Mir daher bitte den Sinn des geplanten Opfers. Wird es in den Veden vorgeschrieben oder ist es nur ein volkstümlicher Brauch? Bitte erkläre Mir alle Einzelheiten des Opfers." Als Nanda Mahārāja die Wissbegierde seines Sohnes sah, gab er schließlich nach und antwortete: „Mein liebes Kind, diese Zeremonie ist mehr oder weniger ein alter Brauch. Weil der Regen aufgrund von König Indras Barmherzigkeit fällt, weil die Wolken seine Repräsentanten sind und weil das Wasser für uns so wichtig ist, gehört es sich, dass wir dem Herrn des Regens, Mahārāja Indra, unsere Dankbarkeit zeigen. Unsere Vorbereitungen haben deshalb den Zweck, König Indra zufriedenzustellen, denn in seiner Güte hat er uns so viel Regen geschickt, dass wir immer reiche Ernten einbringen konnten. Wasser ist sehr wichtig, denn ohne Wasser können wir nichts anbauen und kein Getreide ernten, das wir zum Leben brauchen. Zudem ist Regen für die erfolgreiche Durchführung religiöser Zeremonien, für die wirtschaftliche Entwicklung und letztlich für Befreiung unbedingt erforderlich. Deshalb dürfen wir diese überlieferte Zeremonie nicht aufgeben. Wenn jemand dies tut, weil er von Lust, Gier oder Furcht getrieben wird, schafft er sich eine düstere Zukunft." Als Kṛṣṇa, die Höchste Persönlichkeit Gottes, Seinen Vater so sprechen hörte, beschloss Er, Indra, den König des Himmels, zu erzürnen. Aus diesem Grund riet Er Seinem Vater und den anderen älteren Hirten dazu, auf das für Indra bestimmte Opfer zu verzichten, wofür Er zwei Gründe hatte. Zunächst einmal ist es, wie in der *Bhagavad-gītā* erklärt wird, nicht notwendig, die Halbgötter zu verehren, um Fortschritte im materiellen Leben zu erzielen. Alle Ergebnisse, die man durch die Verehrung der Halbgötter erhält, sind zeitweilig, weswegen nur unintelligente Menschen an ihnen interessiert sind. Zweitens müssen Segnungen, die die Halbgötter erteilen, von der Höchsten Persönlichkeit Gottes bewilligt werden. Dies wird in der *Bhagavad-gītā* bestätigt: *mayaiva vihitān hi tān*. Jede Segnung, die man sich von den Halbgöttern wünscht, wird im Grunde von der Höchsten Persönlichkeit Gottes gewährt, denn ohne die Erlaubnis des Höchsten Herrn kann niemand einem anderen eine Gunst erweisen. Doch manchmal werden die Halbgötter durch den Einfluss der materiellen Natur hochmütig, so dass sie sich selbst für die höchsten Kontrollierenden halten und die erhabene Stellung der Persönlichkeit Gottes vergessen. Im *Śrīmad-Bhāgavatam* wird an dieser Stelle eindeutig gesagt, dass Kṛṣṇa König Indra bewusst habe erzürnen wollen. Kṛṣṇa war vor allem erschienen, um die Gottgeweihten zu beschützen und die Dämonen zu vernichten. König Indra war selbstverständlich ein Gottgeweihter, kein Dämon, doch er war hochmütig geworden, und deshalb wollte

Kṛṣṇa ihm eine Lektion erteilen. Zuerst erzürnte Er König Indra, indem Er die Indra-*pūjā* verhinderte, die die Kuhhirten in Vṛndāvana hatten durchführen wollen.

Mit dieser Absicht begann Kṛṣṇa wie ein Atheist zu reden, der die Philosophie des Karma-mīmāṁsā vertritt. Die Verfechter dieser Lehre weigern sich, die höchste Autorität der Persönlichkeit Gottes anzuerkennen. Nach ihrer Vorstellung braucht man nur redlich zu handeln, um ein gutes Ergebnis zu erhalten. Selbst wenn es einen Gott gäbe, der den Menschen das Ergebnis ihres Tuns zukommen ließe, argumentieren sie, bestünde dennoch nicht der geringste Anlass, Ihn zu verehren, denn solange der Mensch nicht rechtschaffen handle, könne Gott ihm auch kein gutes Ergebnis gewähren. Man solle vielmehr, statt Gott oder einen Halbgott zu verehren, seine ganze Aufmerksamkeit auf seine Pflichten richten, denn so sei einem ein gutes Ergebnis sicher. Śrī Kṛṣṇa wandte Sich an Seinen Vater, indem Er die Argumente dieser Karma-mīmāṁsā-Philosophie vertrat. „Mein lieber Vater", sagte Er, „Ich glaube nicht, dass du einen Halbgott verehren musst, um erfolgreich Landwirtschaft zu betreiben. Jedes Lebewesen wird entsprechend seinem vergangenen Karma geboren. Wenn es diesen Körper verlässt, nimmt es die Ergebnisse seines gegenwärtigen Karma mit sich. Mit anderen Worten, genauso wie jeder gemäß seinen vergangenen Taten den gegenwärtigen Körper bekommen hat, so bestimmen seine gegenwärtigen Taten, welchen Körper er in der Zukunft bekommt. Daher sind die unterschiedlichen Arten von Glück und Leid und die verschiedenen Vorteile und Nachteile, die die Lebewesen erhalten, Reaktionen auf die verschiedenen Arten von Handlungen eines früheren oder des jetzigen Lebens."

Mahārāja Nanda und die anderen älteren Hirten waren jedoch anderer Ansicht. Sie entgegneten Kṛṣṇa, dass es unmöglich sei, nur durch materielle Tätigkeiten ein gutes Ergebnis zu erzielen, ohne den zuständigen Halbgott zufriedenzustellen. Und dies ist auch wirklich so. Manchmal kommt es zum Beispiel vor, dass ein Patient trotz aller Bemühungen eines hervorragenden Arztes stirbt. Eine erstklassige Behandlung und erstklassige Ärzte reichen also nicht aus, um einen Kranken zu heilen. Seine Genesung ist letzten Endes von der Einwilligung der Höchsten Persönlichkeit Gottes abhängig. Ebenso hängt das Schicksal der Kinder nicht einzig von der Fürsorge der Eltern ab – so kommen die Kinder mitunter trotz der Anstrengungen der Eltern vom rechten Weg ab oder finden gar den Tod. Wie man deutlich sieht, reichen materielle Ursachen allein nicht aus, um ein gutes Ergebnis herbeizuführen. Entscheidend ist allein der Wille der Höchsten Persönlichkeit Gottes. Nanda Mahārāja vertrat also den Standpunkt, man müsse Indra, den Halbgott des Regens, verehren, um eine gute Ernte einzubringen. Doch Śrī Kṛṣṇa widerlegte dieses Argument, indem Er ihm erklärte, dass die Halbgötter ihre Segnungen nur den Menschen geben, die ihre vorgeschriebenen Pflichten ordnungsgemäß erfüllt haben. Sie können niemanden begünstigen, der seine vorgeschriebenen Pflichten nicht erfüllt hat. Die Halbgötter sind also davon abhängig, wie die Menschen ihre Pflichten ausführen, weswegen sie nicht völlig frei in ihrer Entscheidung sind, wen sie begünstigen wollen.

„Mein lieber Vater", fuhr Śrī Kṛṣṇa fort, „niemand braucht einen Halbgott wie Indra zu verehren, denn jeder ist selbst seines Glückes Schmied. Wir können tatsächlich sehen, dass jeder den Tätigkeiten nachgeht, die seinen natürlichen Neigungen entsprechen, und gemäß diesen natürlichen Neigungen erhalten alle Lebewesen – seien es Menschen oder Halbgötter – ihre unterschiedlichen Ergebnisse. Aufgrund dieser unterschiedlichen Tätigkeiten bekommen sie jeweils den Körper einer höheren oder niederen Lebensform, in dem sie sich durch ihre entsprechende Handlungsweise Freunde, Feinde und Neutralgesinnte schaffen. Man sollte sich daher bemühen, seine Pflichten sorgfältig und in Übereinstimmung mit seiner natürlichen Neigung auszuführen. Man sollte es vermeiden, seine Aufmerksamkeit auf die Verehrung der Halbgötter abschweifen zu lassen. Erfüllt man nur seine Pflicht, sind die Halbgötter schon zufrieden, so dass es nicht mehr notwendig ist, sie zu verehren. Lasst uns vielmehr unsere vorgeschriebenen Pflichten zuverlässig ausführen, denn niemand kann glücklich sein, ohne seinen Pflichten nachzukommen. Deshalb wird derjenige, der es vernachlässigt, seine Pflichten richtig auszuführen, mit einer unkeuschen Ehefrau verglichen. Es ist die vorgeschriebene Pflicht der *brāhmaṇas*, die Veden zu studieren; die vorgeschriebene Pflicht der *kṣatriyas* ist es, für die Sicherheit der Bürger zu sorgen; die vorgeschriebene Pflicht der *vaiśyas* ist es, sich um Ackerbau, Kuhschutz und Handel zu kümmern; und die *śūdras* schließlich haben die Pflicht, den anderen drei Kasten, den *brāhmaṇas*, *kṣatriyas* und *vaiśyas*, zu dienen. Wir gehören der *vaiśya*-Gemeinschaft an. Daher ist es unsere Pflicht, auf den Äckern Landwirtschaft zu betreiben und mit den Erzeugnissen zu handeln, die Kühe zu beschützen oder im Bankwesen tätig zu sein."

Kṛṣṇa fühlte Sich der *vaiśya*-Gemeinschaft zugehörig, da sich unter dem Schutz Seines Vaters Nanda Mahārāja viele Kühe befanden, die Kṛṣṇas Aufsicht anvertraut waren. Kṛṣṇa erwähnte die vier Pflichten der *vaiśyas*, nämlich Ackerbau, Handel, Kuhschutz und das Bankgeschäft. Die *vaiśyas* können sich irgendeinem dieser vier Bereiche zuwenden, doch die Männer von Vṛndāvana kümmerten sich in erster Linie um den Schutz der Kühe.

Kṛṣṇa erklärte Seinem Vater als nächstes: „Die kosmische Manifestation steht unter dem Einfluss der drei Erscheinungsweisen der Natur – Tugend, Leidenschaft und Unwissenheit –, und sie sind auch die Ursache der Schöpfung, Erhaltung und Vernichtung. Die Wolken werden von der Erscheinungsweise der Leidenschaft erzeugt, deshalb ist es die Erscheinungsweise der Leidenschaft, die den Regen verursacht. Wenn der Regen gefallen ist, bekommen die Lebewesen das Resultat, nämlich die ertragreiche Ernte. Was hat also Indra mit alledem zu tun? Was könnte er schon gegen uns unternehmen, wenn wir Ihn nicht verehrten? Er nützt uns ohnehin nicht viel. Und selbst wenn der Regen von ihm beherrscht würde – schüttet er ihn nicht auch in den Ozean, wo er völlig überflüssig ist und wo ihn niemand darum gebeten hat? Das beweist doch eindeutig, dass der Regenfall keineswegs davon abhängt, ob wir Indra verehren oder nicht. Wir brauchen niemals in fremde Städte, Dörfer oder Länder zu ziehen. Dort in den Städten mag es zwar große Paläste geben, doch wir sind damit zufrieden, im Wald von Vṛndāvana zu leben. Hier gibt es alles, was wir brauchen, und daher sind wir in Wirklichkeit nur dem Govardhana-Hügel und dem Wald von Vṛndāvana zu Dank verpflichtet. Lieber Vater, Ich bitte dich daher, ein Opfer zu Ehren der hiesigen *brāhmaṇas* und des Govardhana-Hügels durchzuführen. Um Indra kümmern wir uns am besten gar nicht." „Mein lieber Junge", sagte Nanda Mahārāja, als er die Worte Kṛṣṇas vernommen hatte, „weil Du mich so inständig darum bittest, werde ich Deinen Wunsch erfüllen und alles für ein besonderes Opfer zu Ehren des Govardhana-Hügels und der *brāhmaṇas* von Vṛndāvana veranlassen. Zunächst einmal will ich aber das geplante Opfer, nämlich den Indra-*yajña*, vollziehen."

Kṛṣṇa jedoch entgegnete: „Mein lieber Vater, warum zögerst du? Das Opfer, das du zu Ehren der *brāhmaṇas* und des Govardhana-Hügels ausführen willst, wird viel Zeit in Anspruch nehmen. Daher ist es das Beste, einfach die Opfergaben zu nehmen, die du schon für den Indra-*yajña* bereitgestellt hast, und damit so schnell wie möglich den Govardhana-Hügel und die hiesigen *brāhmaṇas* zufriedenzustellen."

Nanda Mahārāja gab schließlich den Bitten seines Sohnes nach. So fragten die Hirten Kṛṣṇa, wie Er Sich die Darbringung des *yajña* im Einzelnen vorstelle, worauf ihnen Kṛṣṇa folgende Anweisungen erteilte: „Bereitet von dem Getreide und dem Butterfett, das ihr für den *yajña* bereitgestellt habt, viele köstliche Gerichte zu. Kocht vor allem Reis und *dāl.* Und dazu *halavā, pakorās, purīs* und alle möglichen Milchzubereitungen wie Milchreis, *rabrī, gulabjamuns, sandeśa, rasagullās* und *laḍḍus.* Ladet dann alle *brāhmaṇas* ein, die sich darauf verstehen, Gaben im Feuer zu opfern und vedische Hymnen zu chanten. Diesen *brāhmaṇas* solltet ihr die verschiedensten Arten von Getreide spenden. Schmückt dann die Kühe und füttert sie reichlich. Im Anschluss daran solltet ihr den *brāhmaṇas* Geld spenden. Die niederen Tiere, wie zum Beispiel die Hunde, und die niederen Gruppen von Menschen, wie die *caṇḍālas*, die als fünfte Klasse der Menschen und als unberührbar bezeichnet werden, sollen auch reichlich *prasāda* bekommen. Sobald alle Kühe saftiges Gras bekommen haben, könnt ihr mit der Govardhana-*pūjā* beginnen. Dieses Opfer wird Mich sehr erfreuen."

Mit diesen Worten beschrieb Śrī Kṛṣṇa gleichsam den gesamten Tätigkeitsbereich der *vaiśyas.* In allen Gemeinschaften der Menschheit – einschließlich der *brāhmaṇas, kṣatriyas, vaiśyas, śūdras, caṇḍālas* usw. – und auch im Tierreich – auch unter den Kühen, Hunden, Ziegen usw. – ist jedem Mitglied eine ganz bestimmte Rolle zugedacht. Jedes Individuum muss mit allen anderen zusammen für das Wohl der Gesamtheit arbeiten, wozu nicht nur die beseelten Wesen, sondern auch die unbeseelten Objekte, wie zum Beispiel die Hügel und das Land, gehören. Die *vaiśyas* sind besonders für den wirtschaftlichen Fortschritt der Gesellschaft verantwortlich. Sie erzeugen Getreide, beschützen die Kühe, transportieren, wenn nötig, Nahrung und kümmern sich um das Finanz- und Bankwesen.

Aus Kṛṣṇas Worten geht weiter hervor, dass zwar Katzen und Hunde, die ja heute so bedeutend geworden sind, nicht vernachlässigt werden dürfen, dass es jedoch weitaus wichtiger ist, die Kühe zu beschützen als Katzen und Hunde. Ebenso dürfen die *caṇḍālas*, die Unberührbaren, von den höheren Klassen nicht missachtet werden und sollten den notwendigen Schutz erhalten. Jeder ist wichtig, doch einige sind unmittelbar für den Fortschritt der Gesellschaft verantwortlich, während andere nur eine mittelbare Rolle einnehmen. Wenn in einer Gesellschaft jedoch Kṛṣṇa-Bewusstsein vorherrscht, so ist dafür gesorgt, dass jeder den größtmöglichen Nutzen bekommt.

Die Govardhana-*pūjā* wird auch in der Bewegung für Kṛṣṇa-Bewusstsein gefeiert. Śrī Caitanya lehrte, dass das Land Kṛṣṇas – Vṛndāvana und der Govardhana-Hügel – ebenso verehrungswürdig seien wie Kṛṣṇa Selbst. Um diese Aussage zu bestätigen, sagte Śrī Kṛṣṇa, die Verehrung des Govardhana-Hügels sei ebenso gut wie die Verehrung Seinerselbst. Seit diesem Tag ist die Govardhana-*pūjā*, die auch als Annakūṭa bekannt ist, immer wieder gefeiert worden. Bei diesem Opfer werden in allen Tempeln von Vṛndāvana und auch außerhalb Vṛndāvanas gewaltige Mengen köstlicher Speisen zubereitet, die nach der Zeremonie an die Bevölkerung verteilt werden. Zuweilen werden die Speisen auch unter die Menschen geworfen, die dann erfreut das köstliche *prasāda* vom Boden aufsammeln. An diesem Brauch wird deutlich, dass Speisen, die Kṛṣṇa geopfert wurden, niemals verschmutzt oder verunreinigt werden können – selbst dann nicht, wenn sie den Boden berührt haben. Die Menschen lesen sie daher sogar von der Erde auf und essen sie mit großer Zufriedenheit.

Die Höchste Persönlichkeit Gottes, Śrī Kṛṣṇa, gab den Hirten also den Rat, alle Vorbereitungen zum Indra-*yajña* abzubrechen und unverzüglich mit der Govardhana-*pūjā* zu beginnen. Auf diese Weise wollte Er Indra zurechtweisen, der auf seine Stellung als Herr der himmlischen Planeten allzu stolz geworden war. Die ehrlichen und einfachen Hirten nahmen Kṛṣṇas Vorschlag ohne Bedenken an und führten unverzüglich all Seine Anweisungen aus. Auf diese Weise veranstalteten sie die Govardhana-*pūjā* und eine Prozession um den Hügel. (Noch heute führen die Einwohner von Vṛndāvana die Govardhana-*pūjā* aus. An diesem Tag kleiden sie sich in ihre besten Gewänder und versammeln sich am Govardhana-Hügel, um ihm ihre Ehre zu erweisen und ihn zusammen mit ihren Kühen zu umwandern.) Als Erstes riefen Nanda Mahārāja und die Kuhhirten, genau wie es Śrī Kṛṣṇa angeordnet hatte, die gelehrten *brāhmaṇas* herbei, die sogleich mit der Verehrungszeremonie begannen, indem sie vedische Hymnen chanteten und dem Govardhana-Hügel *prasāda* opferten. Währenddessen versammelten sich auch die Einwohner von Vṛndāvana. Nachdem sie ihre Kühe geschmückt und mit saftigem Gras gefüttert hatten, trieben sie all ihre Kühe vor sich her und umkreisten auf diese Weise den Govardhana-Hügel. Die *gopīs*, die zu diesem festlichen Anlass wunderschöne Kleider angezogen hatten, saßen auf Karren, die von Ochsen gezogen wurden. Während der ganzen Prozession priesen sie Kṛṣṇas ruhmreiche Taten und Spiele. Die *brāhmaṇas*, die dieser Govardhana-*pūjā* als Priester vorsaßen, erteilten den Kuhhirten und deren Frauen, den *gopīs*, ihren Segen.

Als die Zeremonie ihrem Ende zuging, nahm Kṛṣṇa eine gewaltige transzendentale Form an und erklärte den Einwohnern von Vṛndāvana, dass Er vom Govardhana-Hügel nicht verschieden sei. Auf diese Weise wollte Er den Gottgeweihten zeigen, dass Er Selbst, Kṛṣṇa, mit dem Govardhana-Hügel identisch ist. Danach nahm Kṛṣṇa in dieser Form alle Speisen zu Sich, die dem Govardhana-Hügel geopfert worden waren. Auch heute noch wird Kṛṣṇas Identität mit dem Govardhana-Hügel in Ehren gehalten. Deshalb nehmen große Gottgeweihte manchmal Steine vom Hügel und verehren sie ebenso wie die Bildgestalten Kṛṣṇas im Tempel. Die Anhänger der Bewegung für Kṛṣṇa-Bewusstsein sammeln kleine Felsbrocken oder Steine vom Govardhana-Hügel und verehren sie zu Hause, denn diese Verehrung ist ebenso gut wie die Verehrung der Bildgestalten Gottes. Die Form, in die Sich Kṛṣṇa erweiterte, um die Opfergaben anzunehmen, war eine getrennte Manifestation Seinerselbst, und so erwies Kṛṣṇa zusammen mit den anderen Einwohnern Vṛndāvanas dieser Manifestation wie auch dem Govardhana-Hügel Seine respektvollen Ehrerbietungen. Als Kṛṣṇa Seiner riesigen Erweiterung und dem Govardhana-Hügel Ehrerbietungen dargebracht hatte, sagte Er: „Seht nur, welch gewaltige Form der Govardhana-Hügel angenommen hat! Ist es nicht eine große Gnade von ihm, dass er auf diese Weise all unsere Opfergaben annimmt?" Dann fügte Er hinzu: „Wer es versäumt, die Govardhana-*pūjā* zu begehen, wie Ich es Selbst hier zeige, wird niemals glücklich werden. Im Gegenteil – er wird irgendwann von einer der vielen Schlangen, die auf dem Hügel leben, gebissen werden und daran sterben. Es ist also unbedingt notwendig, dass alle Menschen, die in der Nähe des Govardhana hier in Vṛndāvana wohnen, den Govardhana-Hügel nach Meinen Anweisungen verehren, um so sich selbst und den Kühen ein glückliches Dasein zu sichern."

Auf diese Weise befolgten die Einwohner Vṛndāvanas die Anweisungen Kṛṣṇas, des Sohnes von Vasudeva, und führten das Opfer zur Govardhana-*pujā* durch. Danach kehrten sie alle wieder nach Hause zurück.

Hiermit enden die Bhaktivedanta-Erläuterungen zum 24. Kapitel des Kṛṣṇa-Buches mit dem Titel „Die Verehrung des Govardhana-Hügels".

KAPITEL 25

Vṛndāvana wird von furchtbaren Unwettern heimgesucht

Als Indra bemerkte, dass das Opfer, das von den Kuhhirten in Vṛndāvana durchgeführt werden sollte, von Kṛṣṇa abgebrochen worden war, packte ihn der Zorn. So beschloss er, sich an den Einwohnern von Vṛndāvana, an deren Spitze Nanda Mahārāja stand, zu rächen, wohl wissend, dass Kṛṣṇa sie persönlich beschützte. Als Gebieter aller verschiedenen Wolken rief er augenblicklich die Sāṁvartaka-Wolke herbei, die eigentlich nur zur Vernichtung der gesamten kosmischen Manifestation eingesetzt wird. Indra befahl der Sāṁvartaka-Wolke, nach Vṛndāvana zu ziehen und dort das ganze Gebiet mit furchtbaren Regengüssen zu überschwemmen. Indra glaubte dämonischerweise, er wäre die allmächtige höchste Persönlichkeit. Wenn Dämonen sehr mächtig werden, wagen sie es sogar, dem höchsten Kontrollierenden, der Persönlichkeit Gottes, zu trotzen. Indra war zwar kein Dämon, doch seine hohe, verantwortungsvolle Stellung hatte ihn so hochmütig werden lassen, dass er den höchsten Kontrollierenden herausfordern wollte. Er hielt sich, zumindest vorübergehend, für genauso mächtig wie Kṛṣṇa. Indra sagte: „Was bilden sich diese unverschämten Einwohner von Vṛndāvana überhaupt ein? Sie sind einfach nur Waldbewohner, und bloß weil ihr Freund Kṛṣṇa – der nichts anderes als ein ganz gewöhnlicher Mensch ist – sie überredete, haben sie es gewagt, sich den Halbgöttern zu widersetzen."

Kṛṣṇa erklärt in der *Bhagavad-gītā*, dass die Verehrer der Halbgötter nicht sehr intelligent seien. Er gibt die Anweisung, alle Arten der Halbgottverehrung aufzugeben und die ganze Aufmerksamkeit dem Kṛṣṇa-Bewusstsein zu widmen. Dadurch, dass Kṛṣṇa zuerst den Zorn Indras heraufbeschwor und ihn dann bestrafte, verdeutlichte Er Seinen Geweihten, dass diejenigen, die im Kṛṣṇa-Bewusstsein beschäftigt sind, niemals einen Halbgott zu verehren brauchen, auch dann nicht, wenn der Halbgott einmal erzürnt ist. Kṛṣṇa gewährt Seinen Geweihten jeglichen Schutz, weshalb sie ganz auf Seine Barmherzigkeit vertrauen sollten.

Indra verfluchte die Einwohner von Vṛndāvana für ihr Verhalten und sprach: „Die Einwohner von Vṛndāvana haben es gewagt, die Autorität der Halbgötter zu missachten. Dafür werden sie im Abgrund des materiellen Daseins leiden müssen. Da sie es versäumten, den Halbgöttern Opfer darzubringen, werden sie den Ozean der materiellen Existenz niemals überqueren können. Diese Kuhhirten von Vṛndāvana haben meine Autorität missachtet, nur weil ihnen ein kleiner, geschwätziger Junge, den sie Kṛṣṇa nennen, dazu riet. Den Worten eines Kindes, eines kleinen Jungen, schenkten sie Glauben, und dafür sollen sie nun meinen Zorn zu spüren bekommen." Indra befahl daraufhin der Sāṁvartaka-Wolke, nach Vṛndāvana zu ziehen und dort allen Wohlstand zu vernichten. „Mir scheint", fuhr Indra fort, „die Männer von Vṛndāvana wurden wegen ihres Reichtums sehr hochmütig und in der Gegenwart ihres winzigen Freundes Kṛṣṇa wurden sie zu überheblich. Dieser Kṛṣṇa redet einfach nur viel, Er ist kindisch und weiß nicht das Geringste über den Aufbau und die Verwaltung des Universums, obwohl Er Sich für so gescheit hält. Weil diese Hirten Kṛṣṇa so ernst nahmen, müssen sie bestraft werden. Mögen sie samt ihren Kühen zugrunde gehen." Auf diese Weise wies Indra die

Sāṁvartaka-Wolke an, nach Vṛndāvana zu ziehen und das ganze Land zu überschwemmen.

Aus dem letzten Satz Indras wird deutlich, dass der Wohlstand der Menschen auf dem Lande und in den Dörfern im Wesentlichen von den Kühen abhängt. Gehen die Kühe ein, dann verlieren die Menschen die Grundlage für ihren Lebensunterhalt. Als König Indra der Sāṁvartaka und mehreren anderen Wolken befahl, Vṛndāvana zu verwüsten, fürchteten sich die Wolken zunächst ein solches Unheil anzurichten, doch Indra ermutigte sie: „Geht unbesorgt voraus. Ich werde euch auf meinem Elefanten folgen, und mit mir zusammen werden auch viele verheerende Stürme hereinbrechen. Ich werde all meine Kräfte offenbaren, um diese Einwohner von Vṛndāvana zu bestrafen."

Wenig später zogen sich die von Indra gesandten Wolken drohend über Vṛndāvana zusammen und begannen, mit aller Macht unablässig Wasser vom Himmel zu schütten, das gleich einem Regen spitzer Pfeile auf Vṛndāvana niederprasselte. Es blitzte, donnerte und stürmte ständig. Da die Wolken ohne Unterlass Wasser in säulengleichen Strömen vergossen, wurde nach und nach das ganze Land von Vṛndāvana überflutet, so dass man nicht mehr zwischen Erhebungen und Vertiefungen unterscheiden konnte. Die Lage wurde immer bedrohlicher, vor allem für die Tiere. Eisige Stürme, die das Unwetter begleiteten, ließen alle Lebewesen in Vṛndāvana vor Kälte zittern. Da sie nirgendwo anders Rettung finden konnten, wandten sie sich alle an Govinda und suchten bei Seinen Lotosfüßen Zuflucht. Vor allem die Kühe hatten unter dem Unwetter schwer zu leiden, sie senkten ihren Kopf, und zusammen mit ihren Kälbern, die sie mit ihrem eigenen Körper zu schützen versuchten, begaben sie sich zum Höchsten Herrn, um bei Seinen Lotosfüßen Zuflucht zu suchen. So wandten sich all die Einwohner von Vṛndāvana an Śrī Kṛṣṇa und flehten Ihn um Hilfe an. „Lieber Kṛṣṇa", beteten sie, „Du bist allmächtig und Du bist Deinen Geweihten ganz besonders zugeneigt. Bitte beschütze uns vor dem erzürnten Indra, der unser Leben bedroht."

Als Kṛṣṇa ihr Gebet hörte, wusste Er bereits, dass Indra für die Regengüsse und die Stürme mit schweren Hagelkörnern verantwortlich war, zumal diese überhaupt nicht in die Jahreszeit passten. Er verstand, dass sich der erzürnte Indra auf diese Weise dafür rächen wollte, dass man ihn um seine Opfergaben gebracht hatte, und so sagte Er Sich:

„Dieser Halbgott, der sich einbildet, allmächtig zu sein, hat lange genug mit seiner Macht geprahlt. Ich werde ihm zeigen, wer der Höchste ist, und ihn lehren, dass er nicht unabhängig die Geschehnisse im Universum lenken kann. Ich bin der Höchste Herr, der Allesbeherrschende. Daher werde Ich seinen Hochmut, der aus seiner Macht entstand, von ihm nehmen. Die Halbgötter sind Meine Geweihten, und eigentlich ist es nicht möglich, dass sie Meine absolute Macht und Herrschaft vergessen, aber irgendwie ist diesem Indra seine materielle Macht zu Kopf gestiegen, und er gebärdet sich nun wie ein Verrückter. Deshalb werde Ich etwas unternehmen, um ihn von seiner Eitelkeit zu befreien. Gleichzeitig werde Ich Meine reinen Geweihten in Vṛndāvana beschützen, die völlig von Meiner Barmherzigkeit abhängig sind und denen Ich Meinen Schutz zugesichert habe. Ich muss sie durch Meine mystische Kraft erretten."

Mit diesen Gedanken hob Śrī Kṛṣṇa sogleich den Govardhana-Hügel mit einer Hand empor, genau wie ein Kind einen Pilz vom Boden hochhebt. Auf diese Weise offenbarte Śrī Kṛṣṇa eines Seiner berühmtesten transzendentalen Spiele, das Hochheben des Govardhana-Hügels. Dann wandte Sich Śrī Kṛṣṇa an Seine Geweihten: „Meine lieben Brüder, lieber Vater, liebe Bewohner von Vṛndāvana, stellt euch getrost unter den Schutz des Govardhana-Hügels, den Ich gerade emporgehoben habe. Habt keine Angst, dass der Hügel Mir aus der Hand fallen könnte. Ihr habt so sehr unter diesen peitschenden Regenfällen und Sturmwinden gelitten. Deshalb habe Ich den Govardhana-Hügel hochgehoben, der euch wie ein großer Schirm beschützen soll. Ich glaube, dies genügt, um euch vor der größten Not zu bewahren. Vergesst deshalb unter diesem sicheren Schirm gemeinsam mit den Tieren alle Sorge." Als Śrī Kṛṣṇa den Einwohnern von Vṛndāvana auf diese Weise Mut gemacht hatte, traten sie schließlich zusammen mit den Tieren und ihrem gesamten Hab und Gut unter den großen Hügel, wo sie alle in Sicherheit waren.

Eine Woche lang blieben die Dorfbewohner mit ihren Tieren unter dem Govardhana-Hügel, ohne von Hunger, Durst oder irgendwelchen anderen widrigen Umständen geplagt zu werden. Erstaunt beobachteten sie, wie Kṛṣṇa den schweren Berg die ganze Zeit über auf dem kleinen Finger Seiner linken Hand trug. Als Indra, der König des Himmels, die außergewöhnliche mystische Kraft Kṛṣṇas gewahrte, war er wie vom

Donner gerührt, und er musste sich geschlagen geben. Er rief sogleich alle Wolken zusammen und befahl ihnen, sich unverzüglich zurückzuziehen. Als sich dann der Himmel aufklärte und die Sonne wieder hervorkam, legten sich auch die heftigen Stürme. Daraufhin sagte die Höchste Persönlichkeit Gottes, Śrī Kṛṣṇa, der seit dieser Zeit als „der Heber des Govardhana-Hügels" bekannt ist: „Meine lieben Kuhhirten, ihr könnt jetzt zusammen mit euren Frauen, Kindern, Kühen und Habseligkeiten wieder ins Freie treten, das Unwetter ist vorüber. Auch die Überschwemmung ist zurückgegangen und die Flüsse folgen wieder ihrem gewohnten Lauf."

Frohen Mutes beluden all die Männer ihre Karren und kamen dann langsam mit ihren Familien und den Kühen unter dem Hügel hervor, und als schließlich der Raum unter dem Govardhana-Hügel gänzlich frei war, setzte Śrī Kṛṣṇa ihn behutsam an seinen alten Platz zurück. Nun, wo alles vorüber war, näherten sich alle Einwohner von Vṛndāvana Kṛṣṇa mit Gefühlen der Liebe und umarmten Ihn voller Ekstase. Die *gopīs*, die sich ganz natürlich zu Kṛṣṇa hingezogen fühlten, brachten Ihm Joghurt dar, der mit ihren Tränen vermischt war, und überschütteten Ihn mit immer neuen Segenswünschen. Mutter Yaśodā, Mutter Rohiṇī, Nanda Mahārāja und Balarāma, der Stärkste unter den Starken, schlossen Ihn nacheinander in die Arme, wobei sie Ihm, von spontanen Gefühlen der Zuneigung überwältigt, immer wieder ihre Segnungen erteilten. Auf den himmlischen Planeten, wie Siddhaloka, Gandharvaloka und Cāraṇaloka, brachen die Halbgötter in freudigen Jubel aus und überschütteten die Erde mit Blumen. Sie ließen ihre Muschelhörner erschallen, rührten die Trommeln, und die Einwohner von Gandharvaloka, die von göttlichen Empfindungen inspiriert wurden, holten ihre Tanpuras herbei und begannen zur Freude des Herrn zu musizieren. Auf diese Weise kehrte Kṛṣṇa, die Höchste Persönlichkeit Gottes, umgeben von Seinen geliebten Freunden und Tieren, nach Vṛndāvana zurück. Dabei begannen die *gopīs* Seine transzendentalen Spiele zu preisen, so wie sie es immer tun. Ihre Stimmen drückten tiefste Gefühle aus, denn ihr Lobgesang kam direkt von Herzen.

Hiermit enden die Bhaktivedanta-Erläuterungen zum 25. Kapitel des Kṛṣṇa-Buches mit dem Titel „Vṛndāvana wird von furchtbaren Unwettern heimgesucht".

KAPITEL 26

Wunderbarer Kṛṣṇa

Die Kuhhirtenjungen und die älteren Hirten von Vṛndāvana waren sich weder über das allumfassende Wesen Kṛṣṇas, der Höchsten Persönlichkeit Gottes, noch über Seine unvergleichlichen spirituellen Füllen bewusst. So begannen sie, in ihrer Unschuld über Kṛṣṇas wunderbare Taten zu sprechen, die alle menschlichen Fähigkeiten bei Weitem übertreffen.

„Liebe Freunde", sagte einer der Hirten, „wenn wir einmal über Kṛṣṇas unvergleichliche Taten nachdenken, müssen wir uns doch fragen, wie es kommt, dass solch ein ungewöhnlicher Junge zu uns gekommen ist und mit uns in Vṛndāvana lebt. Es ist wirklich unglaublich! Stellt euch vor. Er ist erst sieben Jahre alt! Wie konnte Er den Govardhana-Hügel einfach nur mit einer Hand hochheben, genau wie der König der Elefanten mit seinem Rüssel eine Lotosblume hochhält? Es gibt nichts Leichteres für einen Elefanten, als eine Lotosblume hochzuheben und ebenso hat Kṛṣṇa ohne die geringste Mühe den Govardhana-Hügel hochgehoben. Damals, als Er noch ein Säugling war und noch nicht einmal richtig sehen konnte, tötete Er die große Hexe Pūtanā, indem Er ihr gleichzeitig mit der Milch die Lebenskraft aus der Brust saugte. Kṛṣṇa vernichtete diesen Dämon, genau wie die ewige Zeit ein Lebewesen zu einem festgesetzten Zeitpunkt aus dem Leben ruft. Als Er nur drei Monate alt war, schlief Er einmal unter einem Handkarren, und da Er hungrig wurde und es Ihn nach der Brust Seiner Mutter verlangte, fing Er an zu weinen und mit Seinen Beinchen zu strampeln. Allein diese Tritte mit Seinen kleinen Füßen genügten, um den Karren umstürzen und auseinanderbrechen zu lassen. Dann, als Er ein Jahr alt war, wurde Er vom Dämon Tṛṇāvarta entführt, der die Form eines Wirbelsturmes angenommen hatte. Als Tṛṇāvarta mit Ihm hoch in die Lüfte flog, hängte Sich Kṛṣṇa einfach an den Hals des Dämons, wodurch dieser vom Himmel stürzte und am Boden zerschmettert wurde. Als Er ein anderes Mal Seine Mutter verärgerte, indem Er ihre Butter stahl, band sie Ihn an einen hölzernen Mörser. Daraufhin zerrte Er den Mörser zwischen zwei *yamala-arjuna*-Bäumen hindurch und riss die Bäume auf diese Weise zu Boden. Als Kṛṣṇa einmal zusammen mit Seinem älteren Bruder Balarāma im Wald Kälber hütete, erschien der Dämon Bakāsura und wollte Kṛṣṇa töten, doch Kṛṣṇa riss ihm einfach den Schnabel auseinander. Dann schlich sich Vatsāsura unter die Kälber, mit der Absicht, Kṛṣṇa zu töten, aber Kṛṣṇa entdeckte den Dämon und tötete ihn, indem Er ihn durch die Luft wirbelte und auf einen Baum warf. Als Kṛṣṇa und Sein Bruder Balarāma einmal in den Tālavana-Wald gingen, griff Sie Dhenukāsura in der Gestalt eines Esels an, doch auch er musste sogleich sein Leben lassen, da Balarāma ihn kurzerhand bei den Hinterbeinen ergriff und auf die nächste Palme schleuderte. Daraufhin wollten Dhenukāsuras Eselsfreunde dessen Tod rächen, aber auch sie wurden von den beiden mühelos bezwungen, so dass der Tālavana-Wald von da an für uns und die Tiere frei war. Auch der Dämon Pralamba rannte in den eigenen Tod, als er sich unter Kṛṣṇas Kuhhirtenfreunde mischte, denn er wurde darauf durch Kṛṣṇas Vorkehrungen von Balarāma erschlagen. Danach errettete Kṛṣṇa Seine Freunde und die Kühe aus einem lodernden Waldbrand, und Er zwang die Schlange Kāliya, die sich im See der

Yamunā eingenistet hatte, dieses Gebiet zu verlassen, wodurch das Wasser von dem tödlichen Gift dieser Schlange befreit wurde."

Ein anderer Freund Nanda Mahārājas sagte: „Mein lieber Nanda, wir können uns nicht erklären, warum wir uns so sehr zu deinem Sohn hingezogen fühlen. Auch wenn wir Ihn vergessen wollten, könnten wir Ihn nicht aus unseren Gedanken verbannen. Warum nur empfinden wir eine solch natürliche Zuneigung zu Ihm? Es ist einfach unbegreiflich. Kṛṣṇa ist erst sieben Jahre alt, dennoch haben wir gesehen, wie Er einen so großen Hügel wie den Govardhana ohne Mühe hochgehoben hat. O Nanda Mahārāja, wir haben einen Verdacht, dein Sohn muss ein Halbgott sein – Er kann einfach kein gewöhnliches Kind sein! Vielleicht ist Er sogar die Höchste Persönlichkeit Gottes."

Als König Nanda die Lobreden der Kuhhirten von Vṛndāvana hörte, entgegnete er: „Meine lieben Freunde, um eure Vermutungen zu klären, kann ich nur die Aussage Garga Munis wiederholen. Als Garga Muni zu mir kam, um die Namengebungszeremonie für Kṛṣṇa durchzuführen, sagte er, dass mein Sohn in verschiedenen Körperfarben regelmäßig von Zeit zu Zeit erscheine und dass Er diesmal in Vṛndāvana mit einer schwärzlichen Hautfarbe erschienen sei, die als *kṛṣṇa* bezeichnet werde. In früheren Inkarnationen sei Er nacheinander von weißer, roter und schließlich von gelber Hautfarbe gewesen. Einst sei dieser Knabe einmal der Sohn Vasudevas gewesen, weshalb Ihn diejenigen, die von Seiner vergangenen Geburt wissen, auch Vāsudeva nennen. Er erklärte damals, Kṛṣṇa trage entsprechend Seinen Eigenschaften und Taten viele verschiedene Namen. Gargācārya versicherte mir, dass mein Sohn für meine Familie in jeder Beziehung glückbringend sein werde und dass Er euch Kuhhirten samt den Kühen in transzendentale Glückseligkeit versetzen werde. Auch all die Schwierigkeiten, die in der Zukunft auf uns zukämen, würden wir durch die Gnade dieses Knaben sehr leicht überwinden. Er sagte weiter, Kṛṣṇa habe früher einmal die Erde aus einer chaotischen Lage errettet und Er beschütze alle frommen Menschen vor den gottlosen Dieben. Jeder, der so vom Glück begünstigt sei und Zuneigung zu Kṛṣṇa gewinne, könne niemals von Feinden vernichtet oder besiegt werden. Alles in allem also gleiche Er in jeder Hinsicht Śrī Viṣṇu, der immer auf der Seite der Halbgötter steht, so dass sie niemals von den Dämonen besiegt werden können. Abschließend sagte mir Gargācārya, dass mein Sohn in jeder Hinsicht Viṣṇu gleichkommen werde – in Bezug auf Seine transzendentale Schönheit, Seine Eigenschaften und Taten, Seine Macht und Seinen Reichtum –, und wir brauchten daher nicht erstaunt zu sein, wenn Er wundervolle Taten vollbringe. Dies war das letzte, was mir Gargācārya sagte, bevor er wieder ging. Seitdem hat jeder von uns tatsächlich mit eigenen Augen sehen können, wie dieses Kind fortgesetzt die verschiedensten Wundertaten vollbrachte. Wenn ich mir daher Gargācāryas Worte durch den Kopf gehen lasse, glaube ich fast, dass mein Sohn Nārāyaṇa Selbst oder eine vollständige Erweiterung Nārāyaṇas sein muss."

Nachdem Nanda Mahārāja den Kuhhirten von Gargācāryas Erklärungen erzählt hatte, konnten diese die wunderbaren Taten Kṛṣṇas viel besser verstehen, was sie sehr erfreute und zufriedenstellte. Sie priesen Nanda Mahārāja, der ihre Unklarheiten über Kṛṣṇa beseitigt hatte, und sagten: „Möge Kṛṣṇa, der so unsagbar gütig, schön und barmherzig ist, uns beschützen. Als wir von den Regen- und Hagelstürmen des zornigen Indra heimgesucht wurden, hatte Kṛṣṇa sofort Mitleid und rettete unsere Familien, unsere Kühe und unser Hab und Gut, indem Er gleich einem Kind, das einen Pilz vom Boden pflückt, den Govardhana-Hügel in die Luft hob. Auf solch wundervolle Weise rettete uns Kṛṣṇa. Möge Er auch weiterhin mit Seinem barmherzigen Blick über uns und unsere Kühe wachen. Mögen wir auch weiterhin friedlich unter dem Schutz des wunderbaren Kṛṣṇa leben."

Hiermit enden die Bhaktivedanta-Erläuterungcn zum 26. Kapitel des Kṛṣṇa-Buches mit dem Titel „Wunderbarer Kṛṣṇa".

KAPITEL 27

Die Gebete des Himmelskönigs Indra

Nachdem Kṛṣṇa die Einwohner von Vṛndāvana vor dem Zorn Indras gerettet hatte, indem Er den Govardhana-Hügel hochhob, trat eine Surabhi-Kuh aus Goloka-Vṛndāvana vor Ihn, gefolgt von Indra, dem König der himmlischen Planeten. Weil sich König Indra bewusst war, dass er Kṛṣṇa gegenüber ein großes Vergehen begangen hatte, trat er nun in aller Heimlichkeit an einem abgeschiedenen Ort vor Kṛṣṇa hin. Er trug eine Krone, die wie die Sonne leuchtete und funkelte, dennoch warf er sich sogleich vor Kṛṣṇas Lotosfüßen nieder. Indra kannte Kṛṣṇas erhabene Position, denn Kṛṣṇa ist der Herr von Indra, doch er konnte sich nicht vorstellen, dass Kṛṣṇa erschienen war, um in Vṛndāvana unter Kuhhirten zu leben. Als Sich Kṛṣṇa der Autorität Indras widersetzte, wurde Indra sehr zornig, denn er hatte geglaubt, dass er in diesem Universum der Größte wäre und dass niemand ihn an Macht überträfe. Aber nach diesem Ereignis war seine hochmütige und anmaßende Meinung über sich selbst erschüttert worden. Da Indra sich bewusst war, dass er sich in einer untergeordneten Stellung befand, erschien er mit gefalteten Händen vor Kṛṣṇa und brachte Ihm die folgenden Gebete dar.

„Mein lieber Herr“, sagte Indra, „in meiner Selbstherrlichkeit war mir meine Macht zu Kopf gestiegen. Ich fühlte mich zutiefst beleidigt, weil Du die Kuhhirten davon abhieltest, den Indra-*yajña* durchzuführen. Dazu dachte ich auch noch, dass Du die Opferungen, die für die Zeremonie bereitgestellt worden waren, selbst genießen wolltest. Ich dachte, dass Du mich unter dem Vorwand eines Govardhana-*yajña* um meinen Opferanteil bringen wolltest, und so verkannte ich in meiner Verblendung Deine Herrlichkeit. Durch Deine Gnade jedoch kann ich Dich nun als den Höchsten Herrn, die Persönlichkeit Gottes, erkennen, der Du transzendental zu allen materiellen Eigenschaften bist. Deine transzendentale Stellung ist *viśuddha-sattva*, das heißt, sie befindet sich über der Ebene der materiellen Erscheinungsweise der Tugend, und Dein transzendentales Reich liegt weit jenseits des störenden Einflusses der materiellen Erscheinungsweisen. Dein Name, Dein Ruhm, Deine Gestalt, Deine Eigenschaften, die Gegenstände, mit denen du ausgerüstet bist, und Deine Spiele befinden sich also alle jenseits der materiellen Natur und werden nie durch die drei materiellen Erscheinungsweisen beeinträchtigt. Dein Reich kann nur von jemandem erreicht werden, der sich schwere Entsagungen und Bußen auferlegt hat und der vom Ansturm materieller Einflüsse wie Leidenschaft und Unwissenheit vollständig frei wird. Wer glaubt, dass Du den Erscheinungsweisen der materiellen Natur unterworfen bist, wenn Du in dieser materiellen Welt erscheinst, irrt sich. Die Wellen der materiellen Einflüsse sind niemals in der Lage, Dich zu berühren, und ganz sicher nimmst Du keine materiellen Eigenschaften an, wenn Du in dieser Welt gegenwärtig bist. Du, o Herr, wirst niemals von den Gesetzen der materiellen Natur beschränkt.

Mein lieber Herr, Du bist der ursprüngliche Vater der kosmischen Manifestation. Du bist der höchste spirituelle Meister, und Du bist der ursprüngliche Besitzer aller Dinge. In Deinem Aspekt als ewige Zeit lässt Du allen sündhaften Lebewesen ihre Bestrafung zukommen. In dieser materiellen Welt gibt es viele Dummköpfe wie mich, die sich einbilden, dass ihnen im Universum niemand gleichkommt, oder die sich sogar für Gott halten. Du jedoch bist so barmherzig, dass Du, ohne von deren Vergehen berührt zu werden, Mittel und Wege findest, diese Vermessenheit von ihnen zu nehmen, so dass sie verstehen können, dass Du allein die Höchste Persönlichkeit Gottes bist.

Mein lieber Herr, Du bist der höchste Vater, der höchste spirituelle Meister und der höchste König. Deshalb hast Du das Recht, jedes Lebewesen zu bestrafen, wenn es sich unangemessen verhält. Ein Vater will immer nur das Beste für seine Söhne, und ebenso will auch ein spiritueller Meister oder ein Staatsoberhaupt nur das Beste für seine Schüler bzw. für seine Bürger. Deshalb steht es ihnen auch zu, ihre Schutzbefohlenen zurechtzuweisen. Du erscheinst gemäß Deinem eigenen Wunsch in Deinen ewigen glückverheißenden Formen auf der Erde, um den ganzen Planeten zu verherrlichen und insbesondere um die Menschen zu bestrafen, die sich fälschlich für Gott ausgeben. In der materiellen Welt herrscht zwischen allen Lebewesen ein ständiger Kampf um die Vormacht und die Stellung eines Führers ihrer Gesellschaft, und Menschen, die in ihrem Bemühen, höchste Ämter und Ehren zu erlangen, gescheitert sind, behaupten dann aufgrund ihrer Torheit, sie wären Gott, die Höchste Persönlichkeit. In dieser materiellen Welt gibt es leider viele solche törichten Lebewesen, zu denen auch ich gehöre, doch im Laufe der Zeit, wenn sie zur Vernunft kommen, ergeben sie sich Dir und nehmen wieder das richtige Verhalten an, indem sie Dir hingebungsvollen Dienst darbringen. Nur aus diesem Grund bestrafst Du diejenigen, die Dir feindselig gesinnt sind.

Mein lieber Herr, ich beging ein großes Vergehen gegen Deine Lotosfüße, als ich aufgrund meines materiellen Reichtums hochmütig wurde und Deine unbegrenzte Macht verkannte. Deshalb, o Herr, verzeih mir gütigerweise, denn ich bin ein Dummkopf ersten Ranges. Sei mir barmherzig und gewähre mir Deine Segnungen, damit ich nicht noch einmal eine solche Dummheit begehe. Solltest Du jedoch mein Vergehen für zu schwer erachten, als dass Du es entschuldigen könntest, o Herr, so möchte ich demütig darauf hinweisen, dass ich trotz allem Dein ewiger Diener bin. Du erscheinst in der materiellen Welt, um Deine ewigen Diener zu beschützen und die Dämonen zu vernichten, die große Streitheere besitzen und für die ganze Welt eine unerträgliche Last darstellen. Ich bin Dein ewiger Diener – sei mir barmherzig und verzeihe mir.

Mein lieber Herr, Du bist die Höchste Persönlichkeit Gottes. Ich bringe Dir meine achtungsvollen Ehrerbietungen dar, denn Du bist die Höchste Person und die Höchste Seele. Du bist der Sohn Vasudevas, der Höchste Herr, Kṛṣṇa, und Du bist der Meister aller reinen Gottgeweihten, bitte akzeptiere meine demütigsten Ehrerbietungen im Staub Deiner Lotosfüße. Du bist die Personifikation des höchsten Wissens, und Du kannst ganz nach Deinem Belieben zu jeder Zeit in irgendeiner Deiner ewigen Formen erscheinen. Du bist die Wurzel der gesamten Schöpfung und Du bist die Überseele aller Lebewesen. Aufgrund meiner tiefen Unwissenheit habe ich schwere Regenfälle und Hagelstürme nach Vṛndāvana geschickt, die dort großen Schaden anrichteten. Ich wurde von blindem Zorn getrieben, denn ich konnte es nicht ertragen, dass Du das Opfer verhindert hattest, das zu meiner Zufriedenstellung bestimmt war. Trotzdem, o Herr, warst Du so gütig zu mir, dass Du mich mit Deiner Barmherzigkeit gesegnet hast, indem Du meinen falschen Stolz brachst. Deshalb suche ich bei Deinen Lotosfüßen Zuflucht. Mein lieber Herr, Du bist nicht nur der höchste Kontrollierende, sondern auch der spirituelle Meister aller Lebewesen."

Śrī Kṛṣṇa, die Höchste Persönlichkeit Gottes, lächelte sanft, als Er so von Indra gepriesen wurde, und Er erwiderte mit ernster Stimme, die dem Grollen einer Wolke glich: „Mein lieber Indra, Ich habe das Opfer, das zu deinen Ehren hätte stattfinden sollen, unterbunden, um dir Meine grundlose Barmherzigkeit zu erweisen und dich daran zu erinnern, dass ich dein ewiger Meister bin. Aber Ich bin nicht nur dein Meister, sondern auch der aller anderen Halbgötter. Du solltest dir immer vor Augen halten, dass du all deine materiellen Reichtümer nur durch Meine Barmherzigkeit erhalten hast. Kein Lebewesen kann unabhängig zu Reichtum gelangen: Man muss durch Meine Barmherzigkeit begünstigt sein. Jeder sollte sich stets daran erinnern, dass Ich der Höchste Herr bin. Ich kann jedem Meine Gunst erweisen und jeden bestrafen, denn niemand steht über Mir. Wenn Ich sehe, dass jemand von falschem Stolz befallen ist, zeige Ich ihm Meine grundlose Barmherzigkeit, indem Ich seinen gesamten Reichtum verschwinden lasse."

Es ist bemerkenswert, wie Kṛṣṇa einem Menschen manchmal allen Reichtum fortnimmt, um diesem dadurch zu helfen, sich Ihm vollkommen hinzugeben. Dies ist eine besondere Segnung des Herrn. Manchmal gerät ein materiell wohlhabender Mensch in Armut, wenn er sich im hingebungsvollen Dienst des Herrn beschäftigt. Es wäre jedoch falsch, daraus zu schließen, man würde zum Bettler, nur weil man dem Höchsten Herrn dient. Die wirkliche Erklärung lautet, dass der Herr einem aufrichtigen Gottgeweihten, der aufgrund einer Fehlauffassung immer noch die materielle Natur beherrschen will, Seine besondere Barmherzigkeit zeigt, indem Er ihm allen materiellen Reichtum wegnimmt, so dass er sich schließlich dem Höchsten Herrn gänzlich hingibt. Als Śrī Kṛṣṇa Indra auf diese Weise unterwiesen hatte, bat Er ihn, in sein Königreich auf den himmlischen Planeten zurückzukehren, und Er riet ihm, künftig immer daran zu denken, dass er niemals die höchste Stellung innehabe, sondern stets der Höchsten Persönlichkeit Gottes untergeordnet sei. Er könne weiterhin der Himmelskönig bleiben, aber er solle achtsam sein und nicht noch einmal seinem Hochmut zum Opfer fallen.

Alsdann brachte die transzendentale Surabhi-Kuh, die zusammen mit Indra vor Śrī Kṛṣṇa erschienen war, dem Herrn ihre achtungsvollen Ehrerbietungen dar und verehrte Ihn. „Mein lieber Herr, Śrī Kṛṣṇa", betete sie, „Du bist der mächtigste aller mystischen Yogis, weil Du die Seele des gesamten Universums bist, und von Dir allein ist diese kosmische Manifestation ausgegangen. Deshalb hast Du meinen Abkömmlingen, den Kühen in Vṛndāvana, Deinen Schutz gewährt, obwohl Indra alles versuchte, um sie zu töten. Du hast sie alle auf wunderbare Weise beschützt. Nur Du allein bist unser Höchster Herr und wir werden niemals bei den Halbgöttern oder irgendwelchen anderen Gottheiten Schutz suchen. Du bist deshalb unser Indra, Du bist der höchste Vater des gesamten Kosmos, und Du, o Herr, bist der Beschützer und wohlmeinende Freund der Kühe, der *brāhmaṇas* und der Halbgötter sowie all derjenigen, die Deine reinen Geweihten sind. O Überseele des Universums, bitte erlaube uns, Dich in unserer Milch zu baden, denn Du bist unser Indra. O Herr, Du erscheinst nur, um die Welt von der Last aller unreinen Handlungen zu befreien."

Dann badete die Surabhi-Kuh Kṛṣṇa mit ihrer Milch, und Indra badete Ihn mit dem Wasser des himmlischen Ganges, das sein Trägerelefant mit dem Rüssel über Ihn sprühte. Danach brachten Indra, der Himmelskönig, und viele Surabhi-Kühe sowie alle anderen Halbgötter und deren Mütter dem Herrn, Śrī Kṛṣṇa, ihre Verehrung dar, indem sie Ihn mit dem Wasser des Ganges und der Milch der Surabhi-Kühe badeten. Auf diese Weise war Govinda, Śrī Kṛṣṇa, mit ihnen allen zufrieden. Die Bewohner der höheren Planetensysteme, wie Gandharvaloka, Vidyādharaloka, Siddhaloka und Cāraṇaloka, versammelten sich und verherrlichten den Herrn durch das Chanten Seines Heiligen Namens, während ihre Frauen zusammen mit den himmlischen Mädchen voller Glückseligkeit tanzten. Ebenso bereiteten sie Kṛṣṇa große Freude, indem sie alle einen kaum enden wollenden Blumenschauer vom Himmel regnen ließen. Nach dieser freudvollen Zeremonie, als sich alles wieder in schönster Harmonie befand, überfluteten die Kühe die Erdoberfläche mit ihrer Milch. Das Wasser der Flüsse floss mit verschiedenen wohlschmeckenden Flüssigkeiten und bewässerte das Land, so dass die Bäume saftige Früchte trugen und überall farbenprächtige Blumen mit einer Vielfalt von Düften hervorsprossen. Von den Ästen der Bäume tropfte Honig und die Hügel und Berge ließen die wirksamsten Heilkräuter und herrliche Edelsteine zum Vorschein kommen. Weil Kṛṣṇa gegenwärtig war, herrschte überall eine glückbringende Atmosphäre, und die niederen Tiere, die gewöhnlich gegenüber anderen Tieren Gewalt zeigten, waren friedlich.

Nachdem König Indra auf diese Weise Kṛṣṇa, den Herrn der Kühe von Vṛndāvana, der auch Govinda genannt wird, zufriedengestellt hatte, kehrte er mit Kṛṣṇas Erlaubnis in sein himmlisches Reich zurück. Auf seinem Weg durchs Weltall war Er von den verschiedensten Halbgöttern umgeben. Diese eindrucksvolle Begebenheit zeigt deutlich, wie segensreich das Kṛṣṇa-Bewusstsein für die ganze Welt ist. Sogar die niederen Tiere vergessen ihre Gewaltsamkeit und erlangen die Eigenschaften von Halbgöttern.

Hiermit enden die Bhaktivedanta-Erläuterungen zum 27. Kapitel des Kṛṣṇa-Buches mit dem Titel „Die Gebete des Himmelskönigs Indra“.

KAPITEL 28

Kṛṣṇa befreit Nanda Mahārāja aus den Händen Varuṇas

Die Zeremonie zu Ehren des Govardhana-Hügels hatte am Tag des Neumonds stattgefunden. Danach hatten sieben Tage lang verheerende Regenfälle und Hagelstürme getobt, die von König Indra geschickt worden waren, und am zehnten Tag nach Neumond hatte König Indra Śrī Kṛṣṇa seine Gebete dargebracht, wodurch alles zu einem glücklichen Ende gekommen war. Danach, am elften Tag des zunehmenden Mondes, Ekādaśī, fastete Nanda Mahārāja während des ganzen Tages. Früh am Morgen des darauffolgenden Tages, der Dvādaśī genannt wird, ging er hinunter an die Yamunā, um ein Bad zu nehmen. Er ging weit in den Fluss hinein, doch plötzlich erschien ein Diener des Halbgottes Varuṇadeva vor ihm und nahm ihn gefangen. Nanda Mahārāja wurde vor Varuṇa gebracht und von dessen Diener beschuldigt, zur falschen Zeit in der Yamunā gebadet zu haben. Nach astronomischen Berechnungen, so erklärte er, gelte die Zeit, zu der Nanda Mahārāja sein Bad genommen habe, als dämonisch. Eigentlich hatte Nanda Mahārāja frühmorgens, kurz vor Sonnenaufgang, in der Yamunā baden wollen, doch irgendwie war er ein wenig zu früh gekommen, weshalb er zu einer unheilvollen Zeit in den Fluss stieg. Als Folge davon wurde er von Varuṇas Diener festgenommen.

Als die Männer, die Nanda Mahārāja begleiteten, sahen, dass dieser von einem Diener Varuṇas abgeführt wurde, riefen sie laut nach Kṛṣṇa und Balarāma. Kṛṣṇa und Balarāma begriffen sofort, dass Nanda Mahārāja von einem Diener Varuṇas entführt worden war. So begaben Sie Sich zur Residenz Varuṇas, um dem Schutzgesuch der Einwohner von Vṛndāvana nachzukommen, die alle reine Geweihte des Herrn waren. Gottgeweihte kennen keine andere Zuflucht als die Höchste Persönlichkeit Gottes und rufen so von Natur aus immer nach Kṛṣṇa, genau wie Kinder, die nur bei ihren Eltern Schutz finden.

Der Halbgott Varuṇa empfing Śrī Kṛṣṇa und Balarāma mit großer Ehrfurcht und sprach: „O Herr, jetzt, wo Du vor mir gegenwärtig bist, ist mein Leben als Varuṇa, der Halbgott, vom Erfolg gekrönt. Obwohl ich der Besitzer aller Reichtümer des Wassers bin, weiß ich, dass all meine materiellen Schätze mir nicht helfen können, das Leben zum Erfolg zu führen. Doch jetzt, wo ich Dich sehe, ist mein Leben vollkommen geworden, denn weil ich Dich sehen durfte, brauche ich nie mehr einen materiellen Körper anzunehmen. O Herr, o Höchste Persönlichkeit Gottes, o Höchstes Brahman und Überseele aller Wesen, ich erweise Dir meine achtungsvollen Ehrerbietungen. Du bist die höchste transzendentale Persönlichkeit, Du gerätst niemals unter den Einfluss der materiellen Natur. Es tut mir aufrichtig leid, dass mein Diener aus Torheit – weil er nicht wusste, was getan werden muss und was nicht getan werden darf – versehentlich Deinen Vater, Nanda Mahārāja, festnahm, und ich bitte für das Vergehen meines Dieners vielmals um Vergebung. Ich denke, es war sogar Dein Plan, dass Du mir mit Deinem persönlichen Besuch Deine Barmherzigkeit erweist. Mein lieber Śrī Kṛṣṇa, Govinda, sei mir barmherzig – hier ist Dein Vater. Er kann Dich selbstverständlich wieder nach Hause begleiten."

Auf diese Weise befreite Śrī Kṛṣṇa, die Höchste Persönlichkeit Gottes, Seinen Vater und brachte ihn seinen Freunden zurück, die voller Jubel waren. Es hatte Nanda Mahārāja in großes Erstaunen versetzt, dass der mächtige Halbgott Varuṇa trotz seines außerordentlichen Reichtums Kṛṣṇa solchen Respekt entgegenbrachte. Voller Verwunderung erzählte Nanda seinen Freunden und Verwandten alles, was geschehen war, wobei er immer wieder sein großes Erstaunen zum Ausdruck brachte.

Obwohl Śrī Kṛṣṇa schon so viele Wundertaten vollbracht hatte, konnten sich Nanda Mahārāja und Mutter Yaśodā nicht vorstellen, dass Er die Höchste Persönlichkeit Gottes war. Vielmehr sahen sie in Ihm immer ihren geliebten Sohn. So nahm es Nanda Mahārāja auch nicht hin, dass Varuṇa Kṛṣṇa deswegen verehrt hatte, weil Er die Höchste Persönlichkeit Gottes ist. Nanda dachte einfach, Kṛṣṇa sei ein so wundervolles Kind, dass Ihm sogar Varuṇa alle Ehre erwies. Die Freunde Nanda Mahārājas, die Kuhhirten, fragten sich, ob Kṛṣṇa wohl die Höchste Persönlichkeit sei und ob Er gekommen sei, um ihnen allen Erlösung zu gewähren. Als die Kuhhirten untereinander solche Mutmaßungen anstellten, erfasste Kṛṣṇa ihre Gedanken. Um ihnen alle Zweifel daran zu nehmen, dass ihr Bestimmungsort tatsächlich das spirituelle Königreich war, offenbarte Er ihnen die spirituelle Welt. Gewöhnlich verbringen die Menschen in der materiellen Welt ihre Zeit einfach nur mit harter Arbeit. Sie haben nicht die geringste Ahnung, dass es auch ein anderes Reich, eine andere Welt, nämlich die spirituelle Welt, gibt, wo das Leben ewig, voller Glückseligkeit und voller Wissen ist. Wie es in der *Bhagavad-gītā* heißt, kehrt ein Lebewesen, das die spirituelle Welt erreicht, niemals mehr in diese materielle Welt des Todes und des Leids zurück.

Kṛṣṇa, die Höchste Persönlichkeit Gottes, ist stets darum bemüht, den bedingten Seelen das Wissen zu vermitteln, dass es weit jenseits der materiellen Welt eine spirituelle Welt gibt, eine Welt, die mit den unzähligen Universen dieser materiellen Energie nichts zu tun hat. Kṛṣṇa ist natürlich jeder bedingten Seele stets gütig gesinnt, doch Seinen Geweihten ist Er immer besonders zugeneigt, wie dies auch in der *Bhagavad-gītā* bestätigt wird. Als Kṛṣṇa die Fragen der Kuhhirten hörte, hielt Er es deshalb sofort für angebracht, Seinen reinen Geweihten in Vṛndāvana die spirituelle Welt und die darin befindlichen Vaikuṇṭha-Planeten zu zeigen.

Jede bedingte Seele in der materiellen Welt wird von der Finsternis der Unwissenheit bedeckt. Mit anderen Worten, alle bedingten Seelen befinden sich in der körperlichen Auffassung des Lebens. Jeder lebt unter der falschen Vorstellung, dass er zu dieser materiellen Welt gehöre, und diese Lebensauffassung ist die Ursache, dass jeder in Unwissenheit handelt und in den verschiedensten Lebensformen geboren wird. Die Tätigkeiten, die ein Lebewesen in einem bestimmten Körper ausführt, werden Karma, fruchtbringende Tätigkeiten, genannt. Alle bedingten Seelen sind aufgrund ihrer körperlichen Lebensauffassung gezwungen, gemäß ihrem jeweiligen Körper zu handeln, und dadurch bestimmen sie ihre nächste Lebensform. Weil diese unglücklichen Seelen nicht das Geringste über die spirituelle Welt wissen, wenden sie sich im Allgemeinen auch nicht spirituellen Tätigkeiten zu, die als *bhakti-yoga* bezeichnet werden. Wenn diejenigen, die *bhakti-yoga* mit Erfolg praktizieren, ihren gegenwärtigen Körper verlassen, werden sie direkt in die spirituelle Welt erhoben und erreichen dort einen der Vaikuṇṭha-Planeten. Die Einwohner von Vṛndāvana sind alle reine Gottgeweihte, und wenn sie ihren Körper verlassen, ist ihr Bestimmungsort Kṛṣṇaloka. Somit lassen sie sogar die Vaikuṇṭhalokas hinter sich. Mit anderen Worten, diejenigen, die ununterbrochen im Kṛṣṇa-Bewusstsein beschäftigt sind und reifen, reinen hingebungsvollen Dienst darbringen, bekommen die Möglichkeit, nach ihrem Tod in einem der Universen dieser materiellen Welt Kṛṣṇas Gemeinschaft zu erlangen, denn Kṛṣṇas Spiele finden fortwährend statt, entweder in diesem Universum oder in einem anderen. Genau wie der Lauf der Sonne auf dieser Erde fortwährend an immer neuen Orten als Sonnenaufgang gesehen wird, so findet auch der Kṛṣṇa-*līlā*, das heißt das transzendentale Erscheinen und die transzendentalen Spiele Kṛṣṇas, fortwährend an neuen Orten statt, entweder in diesem oder in einem anderen Universum. Die gereiften Gottgeweihten also, die den Vorgang des Kṛṣṇa-Bewusstseins bis zu seiner Vollkommenheit ausgeführt haben, gelangen in das Universum, wo Kṛṣṇa gerade erscheint. In diesem bestimmten Universum bekommen die Gottgeweihten ihre erste Gelegenheit, mit Kṛṣṇa persönlich und unmittelbar zusammen zu sein. Diese „Ausbildung" findet so statt, wie wir es in Kṛṣṇas Vṛndāvana-*līlā* auf der Erde sehen können. Kṛṣṇa offenbarte deshalb die Vaikuṇṭha-Planeten in ihrer ganzen Fülle, so dass die Einwohner von Vṛndāvana ihren Bestimmungsort erkennen konnten.

Somit zeigte Kṛṣṇa ihnen den ewiglich existierenden spirituellen Himmel, der unbegrenzt und voller Wissen ist. Die Lebewesen in der materiellen Welt befinden sich auf unterschiedlich hohen Entwicklungsstufen, und entsprechend diesen Stufen ist auch das Wissen unterschiedlich. So ist zum Beispiel das Wissen, wie es sich im Körper eines Kindes ausdrückt, nicht so vollkommen wie das Wissen eines erwachsenen Mannes. Diese verschiedenen Abstufungen der Lebewesen können überall gefunden werden – bei den Wasserlebewesen, den Pflanzen und Bäumen, bei den Reptilien, Insekten, Vögeln und Säugetieren sowie auch bei den zivilisierten und unzivilisierten menschlichen Lebensformen. Den menschlichen Lebewesen übergeordnet sind die Halbgötter, von den Cāraṇas und Siddhas bis hin zu Brahmā, der auf Brahmaloka lebt, und unter all diesen Halbgöttern gibt es immer verschiedene Abstufungen des Wissens. Aber jenseits dieser materiellen Universen, in der spirituellen Welt, besitzt jeder vollständiges Wissen. Daher beschäftigen sich dort alle Lebewesen ausnahmslos im hingebungsvollen Dienst des Herrn, sowohl auf den Vaikuṇṭha-Planeten wie auch direkt auf Kṛṣṇaloka.

Die *Bhagavad-gītā* erklärt, dass vollkommenes Wissen bedeute, Kṛṣṇa als die Höchste Persönlichkeit Gottes zu erkennen. In den Veden und in der *Bhagavad-gītā* heißt es auch, dass im *brahmajyoti,* dem spirituellen Himmel, keine Notwendigkeit für Sonnenlicht, Mondlicht oder Elektrizität bestehe. All jene Planeten sind selbstleuchtend und ewig, weswegen das *brahmajyoti,* oder der spirituelle Himmel, niemals einer Schöpfung oder Vernichtung unterworfen ist. In der *Bhagavad-gītā* wird auch bestätigt, dass sich jenseits der materiellen Welt eine andere Welt befindet, die unvergängliche spirituelle Welt, in der alles ewig existiert. Direktes Wissen über die spirituelle Welt jedoch kann man nur von großen Weisen und Heiligen bekommen, die bereits den Einfluss der drei materiellen Erscheinungsweisen überwunden haben, indem sie sich in hingebungsvollem Dienst, oder Kṛṣṇa-Bewusstsein, beschäftigen. Solange man nicht stetig auf der transzendentalen Ebene verankert ist, besteht keine Möglichkeit, die spirituelle Natur zu verstehen.

Aus diesem Grund wird empfohlen, dass man den Pfad des *bhakti-yoga* einschlägt und sich 24 Stunden täglich im Kṛṣṇa-Bewusstsein beschäftigt, denn nur so kann man dem Einflussbereich der drei materiellen Erscheinungsweisen entkommen. Wer Kṛṣṇa-bewusst ist, kann die Natur des spirituellen Himmels und der Vaikuṇṭhalokas leicht begreifen. Da sich die Einwohner von Vṛndāvana ständig im Kṛṣṇa-Bewusstsein beschäftigten, waren sie in der Lage, die transzendentale Natur der Vaikuṇṭhalokas sehr leicht zu verstehen.

Kṛṣṇa führte die Kuhhirten also zu dem See, wo Er später auch Akrūra die Vaikuṇṭha-Planeten offenbaren sollte. Als die Männer, allen voran Nanda Mahārāja, das Ufer des Sees erreichten, nahmen sie dort sogleich ein Bad. Während sie im Wasser standen, sahen sie plötzlich den spirituellen Himmel und alle Vaikunthalokas in ihrer ganzen Fülle. Nanda Mahārāja und alle anderen Kuhhirten fühlten sich bei diesem Anblick in tiefe Glückseligkeit getaucht, und als sie wieder aus dem See stiegen, sahen sie Kṛṣṇa, der mit erlesenen Gebeten verehrt wurde.

Hiermit enden die Bhaktivedanta-Erläuterungen
zum 28. Kapitel des Kṛṣṇa-Buches mit dem Titel
„Kṛṣṇa befreit Nanda Mahārāja aus den Händen Varuṇas“.

KAPITEL 29

Der rāsa-Tanz: Einführung

Aus dem *Śrīmad-Bhāgavatam* erfahren wir, dass der *rāsa*-Tanz in der Vollmondnacht der *śarat*-Jahreszeit stattfand. Aus den früheren Kapiteln geht hervor, dass das Fest der Govardhana-*pūjā* gleich nach der mondlosen Nacht des Monats Kārttika vollzogen wurde. Danach fand die Zeremonie namens Bhrātṛ-dvitīya statt. Darauf wurde Vṛndāvana von den Regenfällen und Hagelstürmen heimgesucht, die Indra in seinem Zorn geschickt hatte. Śrī Kṛṣṇa hielt den Govardhana-Hügel für sieben Tage hoch, bis zum neunten Tag des zunehmenden Mondes. Am zehnten Tag sprachen die Einwohner Vṛndāvanas über die wunderbaren Taten Kṛṣṇas. Am darauffolgenden Tag war Ekādaśī, weshalb Nanda Mahārāja fastete. Am nächsten Tag, am Dvādaśī, wurde Nanda Mahārāja, als er im Ganges ein Bad nehmen wollte, von einem der Männer Varuṇas gefangengenommen, doch Kṛṣṇa befreite ihn wieder.

Schließlich offenbarte Er Nanda Mahārāja und den anderen Kuhhirten den spirituellen Himmel.

Auf diese Weise ging die Vollmondnacht der *śarat*-Jahreszeit vorüber. Die Vollmondnacht im Monat Asvina wird *śarat-pūrṇimā* genannt. Den Aussagen des *Śrīmad-Bhāgavatam* können wir also entnehmen, dass Kṛṣṇa ein ganzes Jahr lang warten musste, bis die nächste solche Vollmondnacht kam und Er zusammen mit den *gopīs* den *rāsa*-Tanz genießen konnte. Kṛṣṇa war sieben Jahre alt gewesen, als Er den Govardhana-Hügel hochhob. Beim *rāsa*-Tanz also war Kṛṣṇa acht Jahre alt.

In den vedischen Schriften bezieht sich das Wort *rāsa*-Tanz auf eine Vorführung, in der ein Ballett-Tänzer mit vielen Mädchen zusammen tanzt. Als Kṛṣṇa sah, dass sich die Vollmondnacht der *śarat*-Jahreszeit ankündigte, schmückte Er Sich mit vielen Blumen, die zu dieser Jahreszeit blühten, vor allem mit den wohlriechenden *mallikā*-Blumen. Er erinnerte Sich daran, wie die *gopīs* zur Göttin Kātyāyanī gebetet hatten, um Ihn als Ehemann zu bekommen. So dachte Kṛṣṇa Sich, dass die Vollmondnacht der *śarat*-Jahreszeit sich vortrefflich zum Tanzen eigne. Auf diese Weise würde Er den Wunsch der *gopīs*, Ihn als Ehemann zu haben, erfüllen.

Die Worte, die in diesem Zusammenhang im *Śrīmad-Bhāgavatam* benutzt werden, sind *bhagavān api*, was bedeutet, dass Kṛṣṇa, obwohl Er die Höchste Persönlichkeit Gottes ist, keinerlei Verlangen hat (weil Er ewiglich alle sechs Füllen in Vollkommenheit besitzt). Dennoch wollte Er Sich im *rāsa*-Tanz der Gemeinschaft der *gopīs* erfreuen. Die Worte *bhagavān api* weisen auch darauf hin, dass der *rāsa*-Tanz nicht dasselbe ist, wie wenn in der materiellen Welt junge Leute miteinander tanzen. Zur genauen Erläuterung werden im *Śrīmad-Bhāgavatam* die Worte *yoga-māyām upāsritaḥ* gebraucht, was bedeutet, dass sich Kṛṣṇas Tanz mit den *gopīs* auf der Ebene von *yoga-māyā* befindet, nicht auf der von *mahā-māyā*. Wenn in der materiellen Welt Jungen und Mädchen miteinander tanzen, so gehört dies in das Königreich *mahā-māyās*, der äußeren Energie. Kṛṣṇas *rāsa*-Tanz mit den *gopīs* jedoch findet auf der *yoga-māyā*-Ebene statt. Der Unterschied zwischen der Ebene von *yoga-māyā* und *mahā-māyā* wird im *Caitanya-caritāmṛta* mit dem Unterschied zwischen Gold und Eisen verglichen. Beides sind zwar Metalle, doch an Qualität sind sie voneinander völlig verschieden. Ebenso verhält es sich mit dem *rāsa*-Tanz. Śrī Kṛṣṇas Gemeinschaft mit den *gopīs* scheint äußerlich genau wie das gewöhnliche Zusammentreffen von Jungen und Mädchen zu sein, aber in Wirklichkeit besteht qualitativ ein gewaltiger Unterschied. Diesen Unterschied können jedoch nur die großen Vaiṣṇavas wahrnehmen, die zwischen Liebe zu Kṛṣṇa und Lust zu unterscheiden wissen.

Auf der Ebene der *mahā-māyā* tanzt man miteinander mit dem Ziel der Sinnenbefriedigung. Aber als die *gopīs* zu der Stelle liefen, an der Kṛṣṇa auf Seiner Flöte spielte, um sie zum *rāsa*-Tanz zu rufen, hatten sie nur den einen transzendentalen Wunsch, nämlich Kṛṣṇa zu erfreuen. Wie der Autor des *Caitanya-caritāmṛta*, Kṛṣṇadāsa Kavirāja Gosvāmī, erklärt, bedeutet Lust Sinnenbefriedigung, und auch Liebe bedeutet Sinnenbefriedigung – aber für Kṛṣṇa. Mit anderen Worten, Handlungen mit dem Ziel der eigenen Sinnenbefriedigung sind materiell, und Handlungen zur Zufriedenheit Kṛṣṇas sind spirituell. Auf jeder Ebene des Handelns herrscht das Prinzip der Sinnenbefriedigung, aber auf der spirituellen Ebene ist die Sinnenbefriedigung für die Höchste Persönlichkeit Gottes, Kṛṣṇa, bestimmt, während man auf der materiellen Ebene die eigene Sinnenbefriedigung will. Zum Beispiel versucht ein Diener auf der materiellen Ebene nicht, die Sinne des Meisters zufriedenzustellen, sondern einzig und allein die eigenen. Ohne Bezahlung würde er aufhören, dem betreffenden Meister zu dienen. Auf der spirituellen Ebene jedoch dient der Gottgeweihte der Höchsten Persönlichkeit Gottes, Kṛṣṇa, ohne Bezahlung, und er führt seinen Dienst unter allen Umständen aus. Das ist der Unterschied zwischen Kṛṣṇa-Bewusstsein und materiellem Bewusstsein.

Wie zuvor erwähnt, war Kṛṣṇa acht Jahre alt, als Er Sich mit den *gopīs* im *rāsa*-Tanz vergnügte, und zu der Zeit waren die meisten *gopīs* bereits verheiratet, denn in Indien wurden die Mädchen vor allem in jenen Tagen schon sehr früh verheiratet. Es wird sogar von vielen Fällen berichtet, wo ein Mädchen schon im Alter von zwölf Jahren ein Kind zur Welt brachte. Deshalb waren alle *gopīs*, die sich Kṛṣṇa zum Ehemann wünschten, bereits verheiratet; trotzdem hofften sie weiterhin, dass Kṛṣṇa eines Tages ihren Wunsch erfüllen werde. Weil ihre Liebe zu Kṛṣṇa genau wie die Sehnsucht nach einem Geliebten ist, wird die Liebesbeziehung zwischen Kṛṣṇa und den *gopīs* als *parakīya-rasa* bezeichnet. Wenn jemand, der verheiratet ist, eine andere Frau bzw. einen anderen Mann als Ehepartner begehrt, so nennt man dies *parakīya-rasa.*

Im Grunde ist Kṛṣṇa der Gemahl eines jeden, denn Er ist der höchste Genießer. Die *gopīs* wünschten sich Kṛṣṇa als Gemahl, obwohl es in Wirklichkeit nicht möglich war, dass Er die *gopīs* heiratete. Aber weil sie trotzdem die spontane Neigung hatten, Kṛṣṇa als ihren höchsten Gemahl zu lieben, wird die Beziehung zwischen den *gopīs* und Kṛṣṇa als *parakīya-rasa* bezeichnet. Dieser *parakīya-rasa* besteht ewig auf Goloka Vṛndāvana in der spirituellen Welt, wo es nicht die geringste Spur von der Verunreinigung und Verzerrung gibt, die für den *parakīya-rasa* in der materiellen Welt kennzeichnend ist. In der materiellen Welt ist der *parakīya-rasa* verabscheuungswürdig, wohingegen der *parakīya-rasa* in der spirituellen Welt die höchstvollkommene Beziehung zwischen Kṛṣṇa und den *gopīs* darstellt. Es gibt viele Beziehungen zu Kṛṣṇa: die Diener-Meister-Beziehung, die Beziehung als Freund, die elterliche Beziehung und die Beziehung als Geliebter und Geliebte. Von all diesen *rasas* gilt der *parakīya-rasa* als der vortrefflichste.

Die materielle Welt ist eine verzerrte Spiegelung, eine pervertierte Reflexion, der spirituellen Welt. Es ist genauso wie bei der Widerspiegelung eines Baumes, der am Ufer eines Gewässers steht. Der Wipfel, der oberste Teil des Baumes, wird in der Widerspiegelung zum untersten Teil. Ebenso wird der *parakīya-rasa* zu einer höchst verabscheuenswerten Beziehung, wenn er verzerrt in der materiellen Welt widergespiegelt wird. Deshalb genießen die Menschen, die Kṛṣṇas *rāsa*-Tanz mit den *gopīs* imitieren wollen, bloß die pervertierte, verabscheuenswerte Reflexion des transzendentalen *parakīya-rasa.* Es ist unmöglich, den transzendentalen *parakīya-rasa* in der materiellen Welt zu genießen. Im Śrīmad-Bhāgavatam heißt es, dass man diesen *parakīya-rasa* nicht einmal im Traum oder in der Vorstellung nachahmen darf. Diejenigen, die es dennoch tun, trinken das tödlichste Gift.

Als Kṛṣṇa, der höchste Genießer, Sich wünschte, in dieser Vollmondnacht der *śarat*-Jahreszeit die Gemeinschaft der *gopīs* zu genießen, erschien genau zur gleichen Zeit der Mond, der Herr der Sterne, über dem Horizont und leuchtete in seiner schönsten Pracht. Die Vollmondnacht der *śarat*-Jahreszeit gilt als die schönste Nacht im Jahr. In der indischen Stadt Agra im Bundesstaat Uttar Pradesh gibt es eine berühmte Sehenswürdigkeit namens Taj Mahal, ein Grabmal aus bestem Marmor. Während der Vollmondnacht der *śarat*-Jahreszeit kommen viele Besucher dorthin, um zu sehen, wie sich der Mond in einem einzigartigen Schauspiel auf dem Grabmal widerspiegelt. Diese Vollmondnacht ist also sogar heute noch für ihre Schönheit berühmt.

Als der Vollmond im Osten aufging, tauchte er alles in einen sanften rötlichen Schimmer, und im Licht des Mondes erschien der ganze Himmel, als sei er mit rotem *kuṅkuma* gefärbt. Wenn ein Mann nach langer Abwesenheit nach Hause zu seiner Frau zurückkehrt, schmückt er das Gesicht seiner Frau mit rotem *kuṅkuma*. Auf diese Weise schmückte der langerwartete Vollmond der *śarat*-Jahreszeit den gesamten östlichen Horizont.

Mit dem Mondaufgang nahm Kṛṣṇas Wunsch, mit den *gopīs* zu tanzen, noch mehr zu. Der Wald war erfüllt vom Duft der verschiedensten Blumen und die Atmosphäre war wohltuend kühl und festlich. Als Śrī Kṛṣṇa auf Seiner Flöte zu spielen begann, waren die *gopīs* überall in Vṛndāvana wie verzaubert. Der aufgehende Mond, der rötliche Horizont, die kühle und stille Atmosphäre und die überall erblühenden Blumen ließen die Sehnsucht der *gopīs* beim Erklingen von Kṛṣṇas Flöte um ein Tausendfaches anwachsen. Die *gopīs* fühlten sich alle von Natur aus zu Kṛṣṇas Schönheit hingezogen, und als sie den Klang Seiner Flöte vernahmen, wurden sie sehr begierig, Kṛṣṇas Sinne zu erfreuen.

Als die *gopīs* den Klang der Flöte hörten, ließen sie ohne zu zögern alles stehen und liegen und eilten zu dem Ort, wo Sich Kṛṣṇa befand. Ihre Ohrringe tanzten hin und her, als sie versuchten, so schnell wie möglich zum Ort zu gelangen, den sie als Vaṁśī-vaṭa kannten. Einige waren gerade am Melken, doch sie liefen einfach zu Kṛṣṇa, obwohl sie die Kühe noch nicht fertiggemolken hatten. Eine der *gopīs* hatte die frischgemolkene Milch schon zum Kochen auf den Herd gestellt, doch sowie sie Kṛṣṇas Flöte hörte, verließ sie das Haus, ohne sich darum zu kümmern, dass die Milch dabei war überzukochen. Einige waren gerade damit beschäftigt, ihre Kinder zu stillen, und andere teilten der Familie, die sich zu Tisch gesetzt hatte, das Essen aus – doch sie alle vergaßen ihre Pflichten und liefen sofort zu dem Ort, wo Kṛṣṇa auf Seiner Flöte spielte. Einige der *gopīs* waren dabei, ihre Ehemänner zu bedienen, und einige aßen gerade selbst, doch auch sie liefen alle weg; es kümmerte sie nicht, ob ihre Ehemänner warteten oder ob sie selbst gegessen hatten oder nicht. Einige der *gopīs* hatten sich noch schminken und besonders anmutig kleiden wollen, bevor sie zu Kṛṣṇa gingen, aber leider waren sie nicht in der Lage, sich fertig zu schminken oder ihre Kleidung richtig anzulegen, denn ihr Verlangen, Kṛṣṇa zu sehen, war zu stark. Ihre Gesichter waren nur flüchtig und in aller Eile geschminkt, und einige hatten in der Überstürzung sogar die Oberteile ihrer Kleidung mit den Unterteilen verwechselt und die Unterteile mit den Oberteilen.

Als die *gopīs* eilig ihre Häuser verließen, wurden sie von ihren Ehemännern, Brüdern und Vätern voller Verwunderung gefragt, wohin sie gehen wollten, schließlich waren sie junge Mädchen und mussten entweder von ihrem Ehemann, ihrem Vater oder von den älteren Brüdern sorgfältig behütet werden. Alle Verwandten untersagten es ihnen, zu Kṛṣṇa zu gehen, doch die *gopīs* ließen sich nicht zurückhalten. Wenn sich jemand so sehr zu Kṛṣṇa hingezogen fühlt und völlig ins Kṛṣṇa-Bewusstsein vertieft ist, kümmert er sich nicht mehr um weltliche Pflichten, auch wenn diese noch so dringlich erscheinen. Das Kṛṣṇa-Bewusstsein ist so mächtig, dass es jeden vom materiellen Leben befreien kann. Śrīla Rūpa Gosvāmī verfasste einmal einen sehr schönen Vers, in dem eine *gopī* zu einer anderen sagt: „Liebe Freundin, wenn du immer noch den Wunsch hast, materielle Gesellschaft, Freundschaft und Liebe zu genießen, dann gehe lieber nicht zu diesem lächelnden Jüngling Govinda, der am Ufer der Yamunā steht und auf Seiner Flöte spielt und dessen Lippen in den Strahlen des Vollmondes leuchten." Śrīla Rūpa Gosvāmī sagt damit indirekt, dass jeder, der von dem wunderbaren, lächelnden Gesicht Kṛṣṇas bezaubert wird, jegliche Anziehung zu materiellen Freuden verliert. Das ist das Merkmal des Fortschritts im Kṛṣṇa-Bewusstsein; mit anderen Worten, wie fortgeschritten jemand im Kṛṣṇa-Bewusstsein ist, kann man daran sehen, inwieweit er das Interesse an materiellen Tätigkeiten und eigener Sinnenbefriedigung verloren hat.

Einige der *gopīs* wurden von ihren Ehemännern tatsächlich daran gehindert, zu Kṛṣṇa zu gehen, und wurden mit Gewalt in ihre Zimmer zurückgebracht und dort eingeschlossen. Da es ihnen nicht möglich war, zu Kṛṣṇa zu gehen, schlossen sie ihre Augen und begannen, über Seine transzendentale Gestalt zu meditieren. Längst schon hatte sich Kṛṣṇas Gestalt in ihre Gedanken eingeprägt. Dies alles beweist, dass die *gopīs* erhabener waren als die größten Yogis, denn wie es in der

Bhagavad-gītā heißt, ist derjenige der höchste aller Yogis, der ständig mit Glauben und Liebe an Kṛṣṇa in seinem Herzen denkt. Derjenige, der tatsächlich echten Yoga praktiziert, konzentriert seinen Geist auf die Gestalt Śrī Viṣṇus, und Kṛṣṇa ist die ursprüngliche Form aller Viṣṇu-*tattvas*. Da diese *gopīs* nicht persönlich zu Kṛṣṇa gehen konnten, versanken sie, als vollkommene Yogis, in Meditation über Ihn.

Im bedingten Zustand erhalten die Lebewesen durch ihre fruchtbringenden Tätigkeiten zwei Arten von Ergebnissen. Das bedingte Lebewesen, das ständig sündhaften Tätigkeiten nachgeht, muss als Resultat leiden, und dasjenige, das frommen Tätigkeiten nachgeht, bekommt als Resultat materiellen Genuss. In beiden Fällen jedoch – ob das Resultat nun materielles Leid oder materieller Genuss ist – wird der Genießende oder Leidende durch die materielle Natur bedingt.

Die Gefährtinnen Kṛṣṇas, die *gopīs*, die dort erschienen, wo Kṛṣṇa Seine Spiele vollführte, lassen sich in zwei Gruppen unterteilen. Die meisten der *gopīs* waren ewige Gefährtinnen des Herrn. In der *Brahma-saṁhitā* heißt es: *ānanda-cin-māyā-rasa pratibhāvitābhiḥ* – Kṛṣṇas Gefährtinnen in der spirituellen Welt, insbesondere die *gopīs*, sind Manifestationen der Freudenenergie Kṛṣṇas, das heißt, sie sind Erweiterungen Śrīmatī Rādhārāṇīs. Wenn Kṛṣṇa allerdings Seine transzendentalen Spiele in den Universen der materiellen Welt entfaltet, nehmen nicht nur Seine ewigen Gefährtinnen daran teil, sondern auch diejenigen, die aus der materiellen Welt kommen und zu dieser Stufe erhoben wurden. Einige der *gopīs*, die sich Kṛṣṇas Spielen in dieser materiellen Welt anschlossen, kamen also von der Ebene gewöhnlicher Menschen. Waren sie damals von fruchtbringenden Tätigkeiten gebunden gewesen, so wurden sie nun durch ihre ununterbrochene Meditation über Kṛṣṇa von allen Reaktionen des Karmas vollkommen befreit. Das qualvolle Verlangen, das in den *gopīs* brannte, da es ihnen in jener Nacht nicht vergönnt war, mit Kṛṣṇa zusammen zu sein, befreite sie von allen sündhaften Reaktionen. Und ihre Ekstase der transzendentalen Liebe zu Kṛṣṇa, während sie von Ihm getrennt waren, beendete all ihre Reaktionen auf materiell fromme Tätigkeiten. Jede bedingte Seele wird sowohl durch fromme als auch durch sündhafte Tätigkeiten an den Kreislauf von Geburt und Tod gebunden, doch die *gopīs*, die in die Meditation über Kṛṣṇa versunken waren, hatten beide Ebenen der Tätigkeit hinter sich gelassen. So wurden sie geläutert und auf die Ebene derjenigen *gopīs* erhoben, die Erweiterungen Seiner Freudenenergie sind. All diese *gopīs*, die ihren Geist auf Kṛṣṇa richteten und Ihn als Geliebten sahen, wurden von allen fruchtbringenden Reaktionen der materiellen Natur vollkommen befreit, ja einige von ihnen gaben sogar ihren materiellen Körper auf, den sie unter dem Einfluss der drei Erscheinungsweisen der materiellen Natur erhalten hatten.

Mahārāja Parīkṣit hatte zugehört, wie Śukadeva Gosvāmī die *gopīs* beschrieb, die zu Kṛṣṇa eilten, um am *rāsa*-Tanz teilzunehmen. Als er hörte, dass einige *gopīs* einfach dadurch, dass sie an Kṛṣṇa dachten wie an ihren Geliebten, von der Bedingtheit der Geburt und des Todes befreit wurden, fragte er: „Die *gopīs* wussten nicht, dass Kṛṣṇa die Höchste Persönlichkeit Gottes ist. Sie hielten Ihn für einen wunderschönen Knaben und sahen in Ihm ihren Geliebten. Wie war es ihnen also möglich, von der materiellen Bedingtheit frei zu werden, einfach indem sie ständig an Kṛṣṇa dachten und sich in Ihn verliebten?" Im Zusammenhang mit dieser Frage muss man daran denken, dass Kṛṣṇa und die gewöhnlichen Lebewesen qualitativ eins sind. Da die gewöhnlichen Lebewesen winzige Bestandteile Kṛṣṇas sind, sind sie ebenfalls Brahman – Kṛṣṇa jedoch ist das Höchste Brahman, das Parabrahman. Mahārāja Parīkṣit fragte also mit anderen Worten: Wenn es für die Gottgeweihten möglich ist, durch ständiges Denken an Kṛṣṇa aus der materiellen Gefangenschaft befreit zu werden, warum sollte das nicht auch für Menschen möglich sein, die ebenfalls fortwährend an irgendjemanden denken? Da alle Lebewesen Brahman sind, warum wird dann nicht auch jemand, der an seinen Ehemann oder Sohn oder einfach an irgendein Lebewesen denkt, von dem verunreinigten Zustand des materiellen Lebens befreit? Dies ist eine sehr intelligente Frage, weil es immer Atheisten gibt, die Kṛṣṇa nachzuahmen versuchen. In der heutigen Zeit, dem Kali-yuga, gibt es viele Betrüger, die sich selbst für ebenso bedeutend wie Kṛṣṇa halten und die anderen Menschen weismachen wollen, man könne ebenso gut an sie denken wie an Śrī Kṛṣṇa. Parīkṣit Mahārāja stellte diese Frage, weil er voraussehen konnte, in welcher Gefahr sich die blinden Anhänger solcher dämonischen Scharlatane befinden würden. Glücklicherweise ist die Antwort im *Śrīmad-Bhāgavatam* festgehalten worden, so dass unschuldige Menschen erkennen können, dass es keinesfalls das gleiche ist, ob man an einen gewöhnlichen Menschen denkt oder an Kṛṣṇa.

Nicht einmal die Meditation über einen Halbgott lässt sich mit der Meditation über Kṛṣṇa vergleichen. In diesem Zusammenhang heißt es im *Vaiṣṇava-Tantra,* dass jemand, der Viṣṇu, Nārāyaṇa oder Kṛṣṇa auf die Stufe der Halbgötter stellt, ein *pāṣaṇḍī* oder Schurke, genannt wird. Als Śukadeva Gosvāmī Mahārāja Parīkṣits Frage hörte, entgegnete er: „Mein lieber König, deine Frage ist lange vor dieser Begebenheit bereits beantwortet worden." Mahārāja Parīkṣit hatte diese Frage gestellt, um alle Unklarheiten zu beseitigen, und sein spiritueller Meister antwortete ihm auf sehr intelligente Weise: „Warum stellst du eine Frage, die ich dir schon längst beantwortet habe? Warum bist du so vergesslich?" Der spirituelle Meister befindet sich immer in einer höheren Stellung als der Schüler, und deshalb hat er auch das Recht, ihn zu tadeln. Śukadeva Gosvāmī war sich bewusst darüber, dass Mahārāja Parīkṣit diese Frage nicht für den eigenen Nutzen gestellt hatte, sondern für den Nutzen aller unschuldigen Menschen in der Zukunft, die sonst denken könnten, ein gewöhnlicher Sterblicher wäre Kṛṣṇa ebenbürtig.

Śukadeva Gosvāmī erinnerte Parīkṣit Mahārāja darauf an die Erlösung Śiśupālas. Śiśupāla hatte Kṛṣṇa immer gehasst, und wegen dieses Hasses ist er von Kṛṣṇa getötet worden. Doch weil Kṛṣṇa die Höchste Persönlichkeit Gottes ist, erlangte Śiśupāla Erlösung – einfach dadurch, dass er Kṛṣṇa von Angesicht zu Angesicht sah. Wenn ein feindlich gesinnter Mensch bereits erlöst wird, weil er irgendwie seine Gedanken auf Kṛṣṇa richtet, so kann man sich vorstellen, was der Lohn der *gopīs* ist, die von Kṛṣṇa innig geliebt werden und die ihrerseits ständig in Liebe an Ihn denken. Zwischen den Freunden und den Feinden Kṛṣṇas muss es einen Unterschied geben. Wenn Kṛṣṇas Feinde von der materiellen Verunreinigung befreit wurden und mit dem Höchsten eins werden konnten, dann können Seine vertrauten Gefährten, wie die *gopīs,* mit Sicherheit diese Ebene der Befreiung und vieles mehr erreichen.

Hinzu kommt, wie es in der *Bhagavad-gītā* heißt, dass ein anderer Name Kṛṣṇas Hṛṣīkeśa lautet. Deshalb sagte Śukadeva Gosvāmī auch, Kṛṣṇa sei Hṛṣīkeśa, die Überseele, wohingegen ein gewöhnlicher Mensch eine bedingte Seele sei, die von einem materiellen Körper bedeckt werde. Zwischen Kṛṣṇa Selbst und Kṛṣṇas Körper gibt es keinen Unterschied, weil Er Hṛṣīkeśa ist. Jeder, der zwischen Kṛṣṇa und Kṛṣṇas Körper unterscheidet, ist ein Dummkopf ersten Ranges. Die beiden besonderen Namen Kṛṣṇas, die Śukadeva Gosvāmī in diesem

Zusammenhang anführte, sind Hṛṣīkeśa und Adhokṣaja. Hṛṣīkeśa bezieht sich auf die Überseele, und Adhokṣaja bezieht sich auf die Höchste Persönlichkeit Gottes, die Sich jenseits der materiellen Natur befindet. Nur zum Wohl der gewöhnlichen Lebewesen erscheint Kṛṣṇa aus Seiner grundlosen Barmherzigkeit heraus so, wie Er ist, in Seiner ursprünglichen Form. Leider halten Ihn törichte Menschen für einen gewöhnlichen Sterblichen und auf diese Weise ebnen sie sich den Weg zur Hölle.

Śukadeva Gosvāmī fuhr fort und erklärte Mahārāja Parīkṣit, dass Kṛṣṇa keine gewöhnliche Person sei, sondern vielmehr die Höchste Persönlichkeit Gottes – unvergänglich, unermesslich und ohne materielle Eigenschaften – voller spiritueller Eigenschaften. Er erscheint aus Seiner grundlosen Barmherzigkeit in dieser materiellen Welt, und wann immer Er erscheint, geschieht dies, ohne dass Er Sich zu wandeln braucht. Dies wird in der *Bhagavad-gītā* bestätigt, wo der Herr sagt, dass Er durch Seine spirituelle Energie erscheine. Er erscheint nicht unter dem Zwang der materiellen Energie. Vielmehr untersteht die materielle Energie Seiner Herrschaft. In der *Bhagavad-gītā* wird beschrieben, dass die materielle Energie unter Kṛṣṇas Oberaufsicht tätig sei. In diesem Zusammenhang wird in der *Brahma-saṁhitā* gesagt, dass die materielle Energie, Durgā, genau wie ein Schatten der eigentlichen Substanz sei. Mit anderen Worten, wer auf irgendeine Weise eine Anhaftung an Kṛṣṇa gewinnt oder sich zu Ihm hingezogen fühlt – entweder wegen Seiner Eigenschaften: Schönheit, Reichtum, Berühmtheit, Macht, Entsagung und Wissen oder aus Gefühlen der Zuneigung oder Freundschaft oder sogar aufgrund von Lust, Zorn oder Furcht –, dem ist die Erlösung und die Freiheit von aller materiellen Verunreinigung gewiss.

Im 18. Kapitel der *Bhagavad-gītā* erklärt der Herr, dass Ihm jeder, der Kṛṣṇa-Bewusstsein predige, sehr lieb sei. Ein Prediger muss bei seiner Bemühung, reines Kṛṣṇa-Bewusstsein zu verbreiten, oft mit vielen Schwierigkeiten kämpfen. Manchmal wird ihm Gewalt zugefügt und manchmal kommt er dabei sogar ums Leben. All dies nimmt er freiwillig als Opfer für Kṛṣṇa auf sich, und deshalb sagt Kṛṣṇa, dass Ihm ein solcher Prediger sehr, sehr lieb sei. Wenn bereits Kṛṣṇas Feinde die Erlösung erwartet, weil sie einfach ihren Geist auf Ihn gerichtet haben, was erwartet dann solche Gottgeweihte, die Kṛṣṇa lieb und teuer sind? Es besteht kein Zweifel darüber, dass solchen Gottgeweihten, die Kṛṣṇa-

Bewusstsein auf der ganzen Welt predigen, die Erlösung unter allen Umständen garantiert ist. Solche Prediger jedoch kümmern sich nicht im Geringsten um Befreiung, denn wer im Kṛṣṇa-Bewusstsein, im hingebungsvollen Dienst, beschäftigt ist, hat die Stufe der Befreiung bereits erreicht. Śukadeva Gosvāmī bestärkte deshalb König Parīkṣit in seiner Überzeugung, dass jemand, der sich zu Kṛṣṇa hingezogen fühlt, aus der materiellen Gefangenschaft befreit wird, da Kṛṣṇa der transzendentale Meister aller mystischen Kräfte ist.

Als sich die *gopīs*, wie oben beschrieben, vor Kṛṣṇa einfanden, hieß Er sie erfreut willkommen, doch Er verstand es, Seine Worte so geschickt zu wählen, dass Er die *gopīs* zur gleichen Zeit entmutigte. Kṛṣṇa ist der vollkommene und höchste Sprecher, Er ist der Sprecher der *Bhagavad-gītā*. Er kann über die erhabensten Themen der Philosophie, Politik und Wirtschaft sprechen – kurzum, einfach über alles. Und dieser Kṛṣṇa sprach nun mit den *gopīs*, die Ihm so lieb waren, und Er wollte sie mit Seinen Wortspielereien bezaubern.

„O ihr Damen von Vṛndāvana", sagte Kṛṣṇa, „ihr seid sehr vom Glück begünstigt, und Ich freue Mich sehr, euch hier zu sehen. Ich hoffe, dass bei euch zu Hause alles in bester Ordnung ist. Ich stehe ganz zu eurer Verfügung. Was kann Ich für euch tun? Was ist der Grund, der euch mitten in der Nacht hierherführt? Bitte nehmt doch Platz, und lasst Mich wissen, was Ich für euch tun kann."

Die *gopīs* waren zu Kṛṣṇa gekommen, um Seine Gemeinschaft zu genießen, um mit Ihm zu tanzen, Ihn zu umarmen und Ihn zu küssen. Deshalb waren sie sehr verwundert, als Kṛṣṇa sie mit derart formellen Worten nach allen Regeln der Höflichkeit empfing – ganz so wie man gewöhnliche vornehme Damen der Gesellschaft begrüßt. Als sie Kṛṣṇa auf diese Art reden hörten, lachten sie deshalb verstohlen, und wenngleich sie sehr gespannt zuhörten, waren sie doch überrascht davon. Dann begann Kṛṣṇa sie wie folgt zu unterweisen: „Meine lieben Freundinnen, wisst ihr nicht, dass es bereits späte Nacht ist und dass es sehr gefährlich ist, um diese Zeit in den Wald zu gehen? Überall lauern wilde Tiere, wie Tiger, Bären, Schakale und Wölfe. Ihr habt euch in eine sehr gefährliche Lage begeben. Nirgendwo gibt es einen Ort, wo ihr euch in Sicherheit bringen könntet, jeden Augenblick könnt ihr auf eines dieser Raubtiere treffen, die auf der Suche nach Beute überall umherstreifen. Ich glaube, dass ihr euch auf etwas sehr Gefährliches eingelassen habt, einfach so mitten in der Nacht hierherzukommen. Ich muss euch deshalb bitten, unverzüglich nach Hause zu gehen."

Als Kṛṣṇa sah, dass die *gopīs* immer noch lächelten, sagte Er: „Ich muss gestehen, dass ihr wirklich überaus hübsch seid mit euren zierlichen, schmalen Taillen." Die *gopīs*, die sich dort um Kṛṣṇa versammelt hatten, waren tatsächlich von anmutigster Schönheit. Sie werden mit dem Wort *sumadhyamā* beschrieben. Wenn eine Frau eine schmale Taille hat, dann wird diese Art der Schönheit als *sumadhyamā* bezeichnet.

Kṛṣṇa wollte den *gopīs* zu verstehen geben, dass sie noch nicht alt genug seien, um auf sich selbst achtzugeben. Eigentlich müssten sie ständig behütet werden, und deshalb sei es nicht sehr klug gewesen, mitten in der Nacht zu Ihm zu kommen. Kṛṣṇa machte auch die Andeutung, dass Er und die Mädchen noch sehr jung seien: „Es schickt sich nicht, dass sich junge Mädchen und Knaben mitten in der Nacht treffen." Als die *gopīs* dies hörten, sahen sie nicht gerade glücklich aus, deshalb betonte Kṛṣṇa diesen Punkt und führte ihn weiter aus.

„Meine lieben Freundinnen, es ist Mir klar, dass ihr ohne die Erlaubnis eurer Beschützer von zu Hause weggelaufen seid. Eure Mütter, eure Väter, eure älteren Brüder und sogar eure kleinen Söhne, ganz zu schweigen von euren Ehemännern, werden deshalb sehr in Sorge sein. Während ihr hier bei Mir seid, suchen sie gewiss voller Unruhe nach euch, und sie befürchten vielleicht schon Schlimmes. Haltet euch also nicht länger auf, sondern kehrt schnell zu ihnen zurück, so dass sie sich nicht mehr zu ängstigen brauchen."

Als die *gopīs* diesen Ratschlag von Kṛṣṇa hörten, schienen sie ein wenig verwirrt und ärgerlich zu sein, und so ließen sie ihre Blicke abschweifen und betrachteten die Schönheit des Waldes. Der ganze Wald wurde von hellem Mondlicht überflutet, der Wind strich sanft über die blühenden Blumen und die grünen Blätter der Bäume bewegten sich raschelnd in der leichten Brise. Kṛṣṇa nutzte diese Gelegenheit und wandte Sich mit einem wohlmeinenden Ton an die *gopīs*, deren Blicke über den Wald wanderten. „Wie Ich sehe, seid ihr hierhergekommen, um in dieser Nacht die Schönheit des Waldes von Vṛndāvana zu betrachten", sagte Er, „aber nun, wo ihr euren Wunsch erfüllt habt, solltet ihr unverzüglich nach Hause zurückkehren. Ich weiß, dass ihr alle sehr sittsam seid, und deshalb rate Ich euch, da ihr nun die herrliche

Atmosphäre des Vṛndāvana-Waldes ja reichlich genossen habt, nach Hause zurückzukehren und euren Ehemännern treu zu dienen. Obwohl ihr so jung seid, haben einige von euch schon Kinder. Ihr habt sie zu Hause zurückgelassen und sie weinen nun bestimmt. Geht daher bitte schnell nach Hause und stillt sie mit eurer Milch. Ich weiß natürlich, dass ihr große Zuneigung zu Mir empfindet, und aufgrund dieser transzendentalen Zuneigung seid ihr hierhergekommen, als ihr Mich auf Meiner Flöte spielen hörtet. Eure Gefühle der Liebe und Zuneigung zu Mir sind durchaus zu begründen, denn Ich bin die Höchste Persönlichkeit Gottes. Alle Lebewesen sind Meine Teile, und daher ist es nur natürlich, dass sie sich zu Mir hingezogen fühlen. Diese Zuneigung ist also etwas Erfreuliches und Ich beglückwünsche euch hierzu. Nun könnt ihr nach Hause zurückkehren. Und noch etwas muss Ich euch erklären: Für eine keusche Frau ist es das wichtigste religiöse Prinzip, ihrem Mann ohne Falschheit zu dienen. Eine Frau sollte jedoch nicht nur keusch sein und ihrem Mann treu dienen, sondern sie sollte auch den Freunden ihres Mannes gegenüber freundlich sein, dem Vater und der Mutter ihres Mannes gehorchen und die jüngeren Brüder ihres Mannes zuvorkommend behandeln. Vor allem aber muss sich die Frau um die Kinder kümmern."

Auf diese Weise erklärte Kṛṣṇa die Pflichten einer Frau. Ganz besonders hob er dabei auch hervor, dass die Frau ihrem Mann treu dienen müsse: „Auch wenn der Mann keinen guten Charakter hat oder wenn er nicht sehr wohlhabend oder vom Glück begünstigt ist und auch wenn er durch fortwährende Krankheit alt und gebrechlich geworden ist – ganz gleich, in welcher Lage sich der Ehemann befindet –, eine Frau sollte sich niemals von ihrem Mann trennen, wenn sie nach dem Verlassen ihres Körpers tatsächlich auf die himmlischen Planeten erhoben werden möchte. Abgesehen davon wird eine Frau, die ihrem Gatten untreu ist und sich einen anderen Mann sucht, von der Gesellschaft als verabscheuungswürdig angesehen. Durch ihr lasterhaftes Verhalten bringt sie sich um die Möglichkeit, auf die himmlischen Planeten erhoben zu werden, und die Folgen ihres Verhaltens sind entwürdigend. Eine verheiratete Frau sollte sich nach keinem Liebhaber sehnen, denn dies wird von den vedischen Lebensprinzipien nicht gebilligt. Wenn ihr aber das Gefühl habt, dass ihr sehr an Mir hängt und dass es euer Wunsch ist, immer mit Mir zusammen zu sein, dann rate Ich euch, Meine

Gemeinschaft nicht direkt genießen zu wollen. Es ist besser für euch, wenn ihr nach Hause geht und einfach über Mich sprecht und an Mich denkt. Wenn ihr euch auf diese Weise ständig an Mich erinnert und Meine Namen chantet, werdet ihr ohne Zweifel auf die spirituelle Ebene erhoben. Es ist also nicht nötig, bei Mir zu bleiben. Kehrt bitte nach Hause zurück."

Die Anweisungen, die die Höchste Persönlichkeit Gottes hier den *gopīs* gab, waren durchaus nicht ironisch gemeint. Jede ehrbare Frau sollte sich diese Anweisungen sehr zu Herzen nehmen. Die Höchste Persönlichkeit Gottes betont hier vor allem die Keuschheit der Frau. Deshalb sollte dieses Prinzip von jeder ernsthaften Frau, die auf eine höhere Lebensstufe erhoben werden möchte, befolgt werden. Kṛṣṇa ist das Zentrum der Zuneigung aller Lebewesen. Wenn man diese Liebe zu Kṛṣṇa entwickelt, erhebt man sich über alle vedischen Vorschriften und transzendiert sie. Dies war bei den *gopīs* der Fall, die Kṛṣṇa von Angesicht zu Angesicht sahen; doch für die Frauen im bedingten materiellen Zustand ist dies nicht möglich. Leider nimmt manchmal ein Scharlatan, der die Philosophie des Monismus, des Einsseins, vertritt, die Rolle von Kṛṣṇa ein, indem er Kṛṣṇas Verhalten gegenüber den *gopīs* nachahmt. Auf unverantwortliche Weise missbraucht er den *rāsa-līlā* zu seinen Zwecken und verführt viele leichtgläubige Frauen unter dem Vorwand spiritueller Erkenntnis. Als Warnung weist Śrī Kṛṣṇa an dieser Stelle darauf hin, dass das, was für die *gopīs* möglich war, für gewöhnliche Frauen nicht möglich ist. Eine Frau kann zwar durch Fortschritt im Kṛṣṇa-Bewusstsein tatsächlich auf höhere Ebenen gelangen, doch sie sollte sich nicht von Heuchlern und Betrügern verführen lassen, die sich selbst für Kṛṣṇa ausgeben. Wie Kṛṣṇa hier Selbst rät, sollte sie ihre hingebungsvollen Tätigkeiten durch Chanten und Meditieren auf Kṛṣṇa richten. Sie sollte nicht auf die *sahajiyās* hereinfallen, die heuchlerischen Gottgeweihten, die alles auf die leichte Schulter nehmen.

Als Kṛṣṇa solche entmutigenden Worte sprach, wurden die *gopīs* sehr traurig, denn sie befürchteten, ihr Wunsch, mit Kṛṣṇa den *rāsa*-Tanz zu genießen, ginge nicht in Erfüllung. So überkam sie große Betrübnis. Traurig begannen die *gopīs*, schwer zu atmen, und statt Kṛṣṇa anzuschauen, senkten sie den Blick zu Boden und zeichneten mit ihren Zehen Linien in den Sand. Dabei strömten ihnen schwere Tränen aus den Augen, so dass ihre ganze Schminke weggewaschen wurde. Die Tränen vermischten sich mit dem *kuṅkuma* auf ihren Brüsten und fielen schließlich zu Boden. Sie brachten kein Wort über ihre Lippen, und so standen sie einfach schweigend vor Kṛṣṇa. Durch ihr Schweigen gaben sie Ihm zu verstehen, dass ihre Herzen tief verwundet waren.

Die *gopīs* waren keine gewöhnlichen Frauen. Im Grunde befanden sie sich auf derselben Ebene wie Kṛṣṇa. Sie sind Seine ewigen Gefährtinnen. Wie in der *Brahma-saṁhitā* bestätigt wird, sind sie Erweiterungen der Freudenenergie Kṛṣṇas, und als solche sind sie nicht verschieden von Ihm. Obwohl Kṛṣṇas Worte sie sehr deprimierten, wollten sie Ihm nicht in grobem Ton antworten. Dennoch wollten sie Kṛṣṇa für Seine herzlosen Worte tadeln, und so begannen sie mit bebender Stimme zu sprechen. Sie brachten es nicht übers Herz, grobe Worte gegen Kṛṣṇa zu richten, denn Er war ihr Liebstes, ihr ein und alles. Die *gopīs* hatten nur Kṛṣṇa in ihren Herzen. Sie waren vollkommen hingegebene Seelen, die sich Ihm allein geweiht hatten. Als sie aber solch schmerzliche Worte hörten, versuchten sie natürlicherweise, etwas zu entgegnen, doch ihre Stimmen erstickten in einem Strom von Tränen. Schließlich gelang es ihnen trotzdem, etwas zu sagen.

„Kṛṣṇa", sagten sie, „Du bist so grausam! Du solltest nicht so reden. Wir sind Dir vorbehaltlos hingegebene Seelen. Bitte nimm uns an, und sprich nicht solch quälerische Worte. Natürlich bist Du die Höchste Persönlichkeit Gottes, und Du kannst tun, was immer Dir beliebt; doch es ist Deiner nicht würdig, zu uns so unbarmherzig zu sein. Wir haben alles verlassen und sind zu Dir gekommen, um bei Deinen Lotosfüßen Zuflucht zu suchen. Wir wissen, dass Du völlig unabhängig bist und dass Du tun kannst, was Dir beliebt. Wir flehen Dich an, bitte weise uns nicht von Dir. Wir sind Deine Geweihten. Du solltest Dich unserer annehmen, ebenso wie Śrī Nārāyaṇa Sich Seiner Geweihten annimmt. Es gibt viele Geweihte Śrī Nārāyaṇas, die Ihn verehren, um erlöst zu werden, und Er gewährt ihnen die Erlösung. Wie kannst Du uns also zurückweisen, die wir keine andere Zuflucht kennen als Deine Lotosfüße?"

„O lieber Kṛṣṇa", fuhren die *gopīs* fort, „Du bist der höchste Lehrer, darüber besteht kein Zweifel. Deine Anweisungen für die Frauen, nämlich dem Ehemann treu zu bleiben, zu den Kindern gütig zu sein, sich um den Haushalt zu kümmern und den älteren Familienangehörigen zu gehorchen, stimmen zweifellos mit allen Grundsätzen der *śāstras* überein; wir wissen jedoch, dass all diese Anweisungen in vollkommener Weise erfüllt werden, wenn man sich unter den Schutz Deiner Lotosfüße begibt. Unsere Ehemänner, Freunde, Kinder und alle übrigen Familienangehörigen sind uns nur deshalb so lieb, weil Du gegenwärtig bist, denn Du bist die Überseele aller Lebewesen. Ohne Deine Gegenwart ist man wertlos. Wenn Du einen Körper verlässt, stirbt dieser Körper sofort, und nach den Anordnungen der *śāstras* muss ein toter Körper so schnell wie möglich in einen Fluss geworfen oder verbrannt werden. Deshalb bist im Grunde Du die liebenswerteste Persönlichkeit dieser Welt. Wenn wir also all unser Vertrauen und all unsere Liebe auf Dich richten, werden wir mit Sicherheit nie unseren Ehemann, unsere Freunde oder unsere Söhne und Töchter verlieren. Denn wenn eine Frau Dich als den höchsten Gemahl annimmt, wird sie, anders als im materiellen Leben, ihren Gemahl niemals verlieren. Wenn wir Dich als unseren endgültigen Gemahl annehmen, dann ist es unmöglich, dass es eine Trennung oder Scheidung gibt oder dass wir sogar einmal Witwen werden. Du bist der ewige Gemahl, der ewige Sohn, der ewige Freund und der ewige Meister, und wer in eine Beziehung mit Dir tritt, ist für immer glücklich. Weil Du der Lehrer aller religiösen Prinzipien bist, müssen Deine Lotosfüße das erste Ziel aller Verehrung darstellen. Deshalb heißt es in den *śāstras*: *ācārya-upāsanā*. ‚Die Verehrung Deiner Lotosfüße ist das erste Prinzip.' Dazu kommt noch, dass Du, wie in der *Bhagavad-gītā* bestätigt wird, der einzige Genießer, der einzige Besitzer und der einzige Freund bist. Deshalb sind wir zu Dir gekommen und haben sogenannte Freundschaft, Gesellschaft und Liebe verlassen, und nun bist Du unser Genießer. Mögen wir ewiglich von Dir genossen werden. Sei unser Besitzer, denn das ist Dein natürliches Anrecht, und sei unser höchster Freund, denn das bist Du von Natur aus. Erlaube uns also, Dich zu umarmen, Dich, unseren höchsten Geliebten."

Weiter sagten die *gopīs* zu dem lotosäugigen Kṛṣṇa: „Bitte entmutige uns nicht in unser langgehegten Sehnsucht, Dich als unseren Gemahl zu bekommen. Jeder intelligente Mensch, dem das wahre Selbstinteresse am Herzen liegt, wendet sich auf seiner Suche nach Liebe vertrauensvoll Dir zu. Nur Menschen, die von der äußeren Energie irregeführt sind und sich deshalb mit falschen Vorstellungen zufriedengeben, versuchen, getrennt von Dir das Leben zu genießen. Die sogenannten

Ehemänner, Freunde, Söhne, Töchter, Väter und Mütter sind im Grunde nur Quellen materiellen Leids. Niemand wird in der materiellen Welt glücklich, nur weil er einen Vater, eine Mutter, einen Ehepartner, einen Sohn, eine Tochter und viele Freunde hat. Obwohl von den Eltern erwartet wird, dass sie für die Kinder sorgen, gibt es viele Kinder, die darunter leiden, dass sie nicht genügend zu essen bekommen und nicht richtig behütet werden. Es gibt viele gute Ärzte, doch wenn ein Kranker stirbt, kann ihn kein Arzt wieder zum Leben erwecken. Es gibt viele Mittel, um sich zu schützen, doch wenn man vom Schicksal verurteilt ist, kann einem keine Schutzmaßnahme helfen; vielmehr werden all diese sogenannten Schutzmaßnahmen ohne den Schutz durch Dich nur zu Ursachen fortgesetzten Leids. Wir flehen Dich daher an, o Herr aller Herren, bitte töte nicht unser langgehegtes Verlangen, Dich als unseren höchsten Gemahl zu bekommen.

Lieber Kṛṣṇa, als Frauen sind wir gewiss zufrieden, wenn unsere Herzen den Familienangelegenheiten gewidmet sind, doch Du hast unsere Herzen bereits gestohlen. Wir können sie nicht mehr mit Familienangelegenheiten beschäftigen. Du bittest uns zwar immer wieder, nach Hause zurückzukehren, und diese Anweisung ist durchaus angemessen, aber leider stehen wir hier wie gelähmt. Unsere Beine haben nicht die Kraft, sich auch nur einen Schritt von Deinen Lotosfüßen zu entfernen. Und selbst wenn wir auf Deine Bitte hin nach Hause zurückkehren würden, was könnten wir dort tun? Wir sind unfähig, irgendetwas zu tun, wenn Du nicht bei uns bist. Statt unsere Herzen, wie gewöhnliche Frauen, familiären Dingen zu widmen, haben wir eine andere Art von Lust entwickelt, die wie Feuer in unseren Herzen brennt. Nun bitten wir Dich, lieber Kṛṣṇa, dieses Feuer mit Deinem liebevollen Lächeln und dem transzendentalen Klang, der von Deinen Lippen ausgeht, zu löschen. Wenn Du uns diese Gunst nicht erweist, werden wir gewiss im Feuer der Trennung verbrennen. Dann werden wir einfach an Dich und Deine Schönheit denken und so den Körper aufgeben. Auf diese Weise, so hoffen wir, wird es uns möglich sein, im nächsten Leben einen Platz bei Deinen Lotosfüßen zu erhalten. Lieber Kṛṣṇa, falls Du nun sagst, unsere Ehemänner würden, wenn wir nach Hause gingen, die lustvolle Flamme unseres Verlangens löschen, so können wir nur sagen, dass dies nicht mehr möglich ist. Du Selbst hast es herbeigeführt, dass wir nun hier im Wald von Dir genossen werden können, und Du hast schon einmal unsere Brüste berührt, was wir damals als Segnung auffassten, genau wie es die Glücksgöttinnen tun, die von Dir auf den Vaikuṇṭhalokas genossen werden. Seitdem wir diesen transzendentalen Genuss gekostet haben, sind wir nicht mehr daran interessiert, zur Erfüllung unserer Lust zu irgendjemand anderem zu gehen als zu Dir. Lieber Kṛṣṇa, die Lotosfüße der Glücksgöttin werden stets von den Halbgöttern verehrt, obwohl Sie auf den Vaikuṇṭha-Planeten immer an Deiner Brust ruht. Sie nahm große Entsagungen und Bußen auf sich, um den Schutz Deiner Lotosfüße zu bekommen, die immer mit *tulasī*-Blättern geschmückt sind. So verlässt die Glücksgöttin Deine Brust, um Deine Lotosfüße zu verehren, die die wahre Zuflucht all Deiner Diener sind. Wir haben uns nun unter den Staub Deiner Füße geflüchtet; bitte weise uns nicht von Dir, denn wir sind Dir völlig ergebene Seelen.

Lieber Kṛṣṇa, Du wirst auch Hari genannt. Du beseitigst die Leiden aller Lebewesen, besonders derjenigen, die die Anhaftung an ihr Heim und ihre Familie aufgegeben und sich vollkommen Dir anvertraut haben. Wir haben unsere Familien einzig und allein mit der Hoffnung verlassen, unser Leben bedingungslos Deinem Dienst zu weihen und hinzugeben. Wir bitten einfach nur darum, Deine Dienerinnen sein zu dürfen. Niemals ist es unsere Bitte, Du mögest uns heiraten und als Deine Ehefrauen annehmen. Nein, lass uns einfach Deine Dienerinnen sein. Da Du die Höchste Persönlichkeit Gottes bist und es liebst, den *parakīya-rasa* zu genießen, und da Du als transzendentaler Frauenliebhaber berühmt bist, sind wir gekommen, um Deine transzendentalen Wünsche zu befriedigen. Wir sind auch wegen unserer eigenen Befriedigung gekommen, denn ein einziger Blick auf Dein lächelndes Gesicht genügte, dass in uns eine große Lust wach wurde. Wir sind in unseren schönsten Kleidern und unserem besten Schmuck zu Dir gekommen, doch solange Du uns nicht umarmst, bleiben all unsere Kleider und unsere Schönheit unvollkommen. Du bist die Höchste Person, und wenn Du unseren Versuch, schön auszusehen, als der *puruṣa-bhūṣaṇa*, das ‚männliche Schmuckstück', vervollständigst, werden all unsere Wünsche erfüllt. Dann erst werden unser Schmuck und unsere Schönheit vollkommen sein.

Lieber Kṛṣṇa, wir waren einfach bezaubert, als wir Dich mit *tilaka* und Ohrringen sahen. Dein unbeschreiblich schönes Gesicht und Deine Locken, die Dir ins Gesicht wehten, sowie Dein außergewöhnliches

Lächeln haben uns erobert. Darüber hinaus fühlen wir uns auch zu Deinen Armen hingezogen, die allen ergebenen Seelen stets Geborgenheit gewähren. Und obwohl wir uns auch zu Deiner Brust hingezogen fühlen, an der stets die Glücksgöttin ruht, hegen wir nicht den Wunsch, ihren Platz einzunehmen. Wir sind schon zufrieden, einfach Deine Dienerinnen sein zu dürfen. Solltest Du uns jedoch vorwerfen, wir würden uns der Prostitution preisgeben, so können wir nur fragen: Wo in den drei Welten ist die Frau zu finden, die Deiner Schönheit und den rhythmischen Melodien Deiner Flöte nicht erliegt? In diesen drei Welten gibt es in Beziehung zu Dir keinen Unterschied zwischen Mann und Frau, denn sie alle gehören zu Deiner marginalen Energie, der *prakṛti*. In Wirklichkeit ist niemand der Genießer, das heißt, niemand ist männlich; jeder ist dazu bestimmt, von Dir genossen zu werden. In allen drei Welten gibt es keine Frau, die es vermeiden könnte, vom Pfad der Keuschheit abzuweichen, wenn sie sich einmal zu Dir hingezogen fühlt; denn Deine Schönheit ist so erhaben, dass nicht nur die Männer und Frauen, sondern auch die Kühe, Vögel, Waldtiere und selbst die Bäume, Früchte und Blumen – einfach alles und jeder – bezaubert werden, um wieviel mehr also wir? Es steht jedoch fest, dass Du hier in Vṛndāvana erschienen bist, um die Einwohner vor allen Nöten zu beschützen, genau wie Śrī Viṣṇu immer die Halbgötter beschützt, wenn die Dämonen angreifen. O lieber Freund der Leidenden, sei so gütig und lege Deine Hände auf unsere heißen Brüste und auf unsere Köpfe, denn wir haben uns Dir als Deine ewigen Dienerinnen hingegeben. Solltest Du jedoch befürchten, dass Deine lotosgleichen Hände zu Asche verbrannt würden, wenn Du sie auf unsere glühenden Brüste legst, dann lass uns Dir versichern, dass Deine Hände Freude statt Schmerz empfinden werden, ebenso wie die Lotosblumen, obwohl sie sehr zart und sanft sind, die glühende Hitze der Sonne genießen."

Als der Herr, die Höchste Persönlichkeit Gottes, die sehnsüchtigen Bitten der *gopīs* hörte, lächelte Er, und da Er den *gopīs* sehr gütig gesinnt war, begann Er, obwohl Er völlig in Sich Selbst zufrieden ist, sie zu umarmen und zu küssen, ganz wie es ihr Wunsch war. Als Kṛṣṇa den *gopīs* lächelnd in die Augen blickte, nahm die Schönheit ihrer Gesichter um ein Hundertfaches zu. Als Er Sich so in ihrer Mitte mit ihnen vergnügte, sah Er aus wie der Vollmond, der von Millionen funkelnder Sterne umgeben wird. Die Höchste Persönlichkeit Gottes, umschwärmt von Hunderten von *gopīs* und bekränzt mit einer farbenprächtigen Blumengirlande, zog durch den Wald von Vṛndāvana, wobei Er manchmal allein für Sich Selbst sang und manchmal zusammen mit den *gopīs*. Auf diese Weise erreichten der Herr und die *gopīs* das kühle, sandige Ufer der Yamunā, wo viele Lilien und Lotosblumen standen, und in dieser transzendentalen Atmosphäre begannen die *gopīs* und Kṛṣṇa ihr Zusammensein zu genießen. Während sie am Ufer der Yamunā entlangschlenderten, legte Kṛṣṇa zuweilen Seinen Arm um den Hals, die Brüste oder die Hüfte einer *gopī*, oder sie vergnügten sich miteinander, indem sie sich kniffen, miteinander scherzten und sich in die Augen schauten. Wenn Kṛṣṇa ihren Körper berührte, fühlten die *gopīs*, wie ihre Lust, Ihn zu umarmen, noch mehr zunahm. Sie alle genossen diese Spiele. Die *gopīs* waren von der Höchsten Persönlichkeit Gottes mit aller Barmherzigkeit gesegnet worden, da sie sich Seiner Gemeinschaft ohne eine Spur weltlicher Sexualität erfreuten.

Die *gopīs* jedoch fühlten sich schon nach kurzer Zeit sehr stolz und hielten sich für die glücklichsten Frauen im Universum, da sie das Glück hatten, mit Kṛṣṇa zusammen zu sein. Kṛṣṇa jedoch, der auch Keśava genannt wird, erkannte sogleich ihren Stolz, der entstanden war, weil sie die große Gunst erhalten hatten, Seine persönliche Gemeinschaft zu genießen. So verschwand Er vom Schauplatz – in der Absicht, ihnen Seine grundlose Barmherzigkeit zu erweisen und ihnen den falschen Stolz zu nehmen. Damit zeigte Er zugleich Seine transzendentale Fülle der Entsagung. Die Höchste Persönlichkeit Gottes besitzt immer alle sechs Arten von Füllen in Vollkommenheit, und bei dieser Gelegenheit offenbarte Er Seine Fülle der Entsagung. Diese Entsagung bestätigt Kṛṣṇas völlige Freiheit von aller Anhaftung. Er ist immer in Sich Selbst zufrieden und somit von nichts abhängig. Das ist die Ebene, auf der Seine transzendentalen Spiele stattfinden.

Hiermit enden die Bhaktivedanta-Erläuterungen zum 29. Kapitel des Kṛṣṇa-Buches mit dem Titel „Der rāsa-*Tanz: Einführung“.*

KAPITEL 30

Kṛṣṇa verbirgt Sich vor den gopīs

Als Kṛṣṇa plötzlich aus der Mitte der *gopīs* verschwand, begannen sie sogleich überall nach Ihm zu suchen. Als sie Ihn jedoch nirgends finden konnten, bekamen sie es mit der Angst zu tun und wurden fast verrückt nach Ihm. In verzweifelter Liebe und Zuneigung konnten sie nur noch an Kṛṣṇas Spiele denken, und da sie völlig in Gedanken an Kṛṣṇa versunken waren, vergaßen sie alles andere. Sie erinnerten sich mit tränenverschleierten Augen an Kṛṣṇas verschiedene Spiele, an Seine entzückenden Gespräche mit ihnen, Seine Umarmungen, Seine Küsse und noch vieles mehr. In ihrer brennenden Sehnsucht ahmten sie Seine Art zu tanzen, Seine Art zu gehen und Sein Lächeln nach, als wären sie selbst Kṛṣṇa. Kṛṣṇas Abwesenheit ließ sie alle verrückt werden, jede erzählte der anderen, sie selbst wäre Kṛṣṇa. Schließlich versammelten sich alle *gopīs* und chanteten laut Kṛṣṇas Namen, während sie quer durch den ganzen Wald streiften und Kṛṣṇa suchten.

In Wirklichkeit ist Kṛṣṇa alldurchdringend. Er ist im Himmel, und Er ist im Wald, Er ist im Herzen, und Er ist zu allen Zeiten überall gegenwärtig. Im Wald wachsen viele Arten von großen Bäumen und kleinen Pflanzen, an die sich die *gopīs* nun wandten: „Lieber Banyanbaum, hast du Nanda Mahārājas Sohn gesehen, wie Er lachte und auf Seiner Flöte spielte? Ist Er hier vorbeigekommen? Er hat unser Herz gestohlen und ist dann einfach davongelaufen. Falls Du ihn gesehen hast, sag uns bitte, wohin Er gegangen ist. Lieber *aśoka*-Baum, lieber *nāga*- und lieber *campaka*-Blütenstrauch, habt ihr Balarāmas jüngeren Bruder hier vorbeigehen sehen? Er hat uns verlassen, weil wir so stolz wurden." Die *gopīs* wussten sehr wohl, warum Kṛṣṇa so plötzlich verschwunden war; als sie sich nämlich mit Kṛṣṇa vergnügt hatten, hielten sie sich für die glücklichsten Frauen im Universum, und weil sie darauf sehr stolz waren, verschwand Kṛṣṇa aus ihrer Mitte, um sie von ihrem Stolz zu befreien. Kṛṣṇa mag es nicht, wenn Seine Geweihten auf ihren Dienst für Ihn stolz werden. Kṛṣṇa nimmt jedermanns Dienst entgegen, aber Er liebt es nicht, wenn sich aus Stolz ein Geweihter für besser hält als die anderen. Wenn solche Gefühle trotzdem einmal entstehen, beseitigt Kṛṣṇa sie, indem Er Seine Haltung gegenüber diesem Gottgeweihten ändert.

Die *gopīs* wandten sich daraufhin an die *tulasī*-Pflanzen: „Liebe Tulasī, du wirst von Śrī Kṛṣṇa sehr geliebt, denn deine Blätter schmücken stets Seine Lotosfüße. Liebe *mālatī*-Blume, liebe *mallikā*-Blume, lieber Jasminstrauch, ihr alle müsst von Śrī Kṛṣṇa berührt worden sein, als Er hier vorbeikam, nachdem Er uns transzendentale Freude bereitet hatte. Habt ihr Madhava hier vorbeigehen sehen? O Mangobäume, o Jackfruchtbäume, o Birnbäume und *āsana*-Bäume! O Brombeersträucher, Belbäume und blühende *kadamba*-Bäume, ihr seid alle sehr fromm, da ihr am Ufer der Yamunā leben dürft. Kṛṣṇa muss hier vorbeigekommen sein. Würdet ihr uns gütigerweise verraten, wohin Er gegangen ist?"

Alsdann schauten die *gopīs* auf den Boden, über den sie schritten, und sagten dabei zur Erde: „Lieber Erdenplanet, wir wissen nicht, wie viele Entsagungen und Bußen du auf dich genommen hast, dass du es nun erleben darfst, dass Śrī Kṛṣṇa Seine Lotosfüße auf dich stellt. Wie groß muss deine Freude sein! Diese jubilierenden Bäume und

Pflanzen sind die Haare auf deinem Körper. Śrī Kṛṣṇa muss mit dir sehr zufrieden sein, wie sonst hätte Er dich in Seiner Form als Varāha, der Eber, umarmen können? Als du einmal tief ins Wasser getaucht wurdest, hat Er dich gerettet, indem Er dich, schwer wie du bist, mit Seinen Hauern emporhob."

Nachdem die *gopīs* die zahllosen Bäume, Pflanzen und die Erde gefragt hatten, fiel ihr Blick auf die zierlichen Rehe, die die *gopīs* mit munteren Augen ansahen. „Wie es scheint", sagten die *gopīs* zu den Rehen, „muss Kṛṣṇa, der der Höchste Nārāyaṇa Selbst ist, mit Seiner Gefährtin Lakṣmī, der Glücksgöttin, hier vorbeigekommen sein. Wie sonst ist es möglich, dass der sanfte Wind, der hier weht, den Duft Seiner Girlande mit sich trägt, die mit dem *kuṅkuma* von der Brust der Glücksgöttin rötlich gefärbt ist? Es scheint, dass sie hier vorübergegangen sind und euch berührt haben und dass ihr euch deshalb so wohlgemut fühlt und uns mit solcher Zuneigung betrachtet. Bitte sagt uns also, wohin Kṛṣṇa gegangen ist. Kṛṣṇa ist der wohlmeinende Freund von Vṛndāvana. Er ist euch ebenso zugetan wie uns, also muss Er, nachdem Er uns verlassen hat, in eurer Mitte gewesen sein. O ihr glücklichen Bäume, wir denken ständig an Kṛṣṇa, den jüngeren Bruder Balarāmas. Als Er hier vorbeikam, die eine Hand auf der Schulter der Glücksgöttin und in der anderen spielerisch eine Lotosblume drehend, muss Er sehr erfreut gewesen sein, eure Ehrerbietungen entgegenzunehmen. Gewiss wird Er euch mit großer Freude Seinen Blick geschenkt haben."

Einige der *gopīs* wandten sich an ihre Gefährtinnen und sagten: „Liebe Freundinnen, warum fragt ihr nicht die Kletterpflanzen, die die großen Bäume so jubelnd umfangen, als wären sie ihre Ehemänner? Ganz bestimmt sind die Blüten dieser Kletterpflanzen von Kṛṣṇas Fingernägeln berührt worden; wie sonst könnten sie so fröhlich sein?"

Nachdem die *gopīs* überall nach Kṛṣṇa gesucht hatten, waren sie sehr erschöpft, und so fingen sie an, wie Verrückte zu reden. Sie konnten sich nur dadurch Erleichterung verschaffen, dass sie Kṛṣṇas verschiedene Spiele nachahmten. Eine der *gopīs* tat so, als wäre sie die Hexe Pūtanā, und eine andere spielte Kṛṣṇas Rolle und saugte an ihrer Brust. Eine *gopī* stellte sich so hin, als wäre sie ein Handkarren, indes legte sich eine andere unter sie und stieß ihre Beine nach oben, genauso wie der kleine Kṛṣṇa nach den Rädern des Wagens getreten hatte, als Er den Dämon Śakaṭāsura tötete. Eine *gopī* legte sich wie Kṛṣṇa auf den Boden, und eine andere *gopī* spielte die Rolle des Dämons Tṛṇāvarta, der den kleinen Kṛṣṇa mit Gewalt in die Lüfte getragen hatte, wohingegen eine weitere *gopī* Kṛṣṇas erste Gehversuche nachahmte, bei denen Kṛṣṇas Hand- und Fußglöckchen so lieblich geklingelt hatten. Zwei *gopīs* imitierten Kṛṣṇa und Balarāma, während ihnen andere *gopīs* wie die Kuhhirtenfreunde nachliefen. Eine *gopī* spielte den Dämon Bakāsura, und eine andere zwang sie, zu Boden zu fallen, genau wie Bakāsura umgestürzt war, als er von Kṛṣṇa getötet wurde. In ähnlicher Weise tat eine andere *gopī* so, als besiege sie Vatsāsura. Kṛṣṇa pflegte Seine Kühe bei ihren Namen zu rufen, und so ahmten Ihn die *gopīs* auch darin nach und riefen die Namen der verschiedenen Kühe. Eine der *gopīs* mimte einen Flötenspieler, und eine andere *gopī* lobte sie, genau wie die Knaben Kṛṣṇa lobten, wenn Er auf Seiner Flöte spielte. Wieder eine andere *gopī* nahm eine ihrer Freundinnen auf die Schultern, genauso wie es Kṛṣṇa mit Seinen Spielkameraden tat, dabei war sie so sehr in Gedanken an Kṛṣṇa vertieft, dass sie sich zu brüsten begann, selbst Kṛṣṇa zu sein: „Schaut alle her und seht, wie gewandt und stark ich bin!“ Eine der *gopīs* spannte das obere Teil ihres Saris über ihrem Kopf aus und rief: „Fürchtet euch nicht vor Regengüssen und tosenden Wirbelstürmen. Ich werde euch beschützen!“ Auf diese Weise imitierte sie Kṛṣṇa, wie Er den Govardhana-Hügel hochhob. Wieder eine andere *gopī* setzte ihren Fuß mit Gewalt auf den Kopf einer Gefährtin und rief: „Du Scheusal, Kāliya! Ich werde dich hart bestrafen. Verlasse diesen Ort auf der Stelle. Ich bin auf der Erde erschienen, um alle Schurken zu bestrafen!“ Eine andere *gopī* rief ihren Gefährtinnen zu: „Seht nur! Die Flammen des Waldbrandes kommen direkt auf uns zu, um uns zu verschlingen. Schließt getrost die Augen! Ich werde euch vor der drohenden Gefahr bewahren.“

Auf diese Weise drang Kṛṣṇas Abwesenheit tief in die Herzen der *gopīs* ein und trieb sie zum Wahnsinn. Überall fragten sie die Bäume und Pflanzen nach Ihm. An einigen Stellen fanden sie Fußspuren, die nur von Kṛṣṇa stammen konnten, da sie die charakteristischen Zeichen Seiner Fußsohlen zeigten, nämlich Flagge, Lotosblume, Dreizack, Blitz und noch weitere Symbole. Als die *gopīs* die Fußabdrücke sahen, riefen sie erstaunt aus: „Oh, seht einmal, hier sind Kṛṣṇas Fußabdrücke. Man kann alle Zeichen von Kṛṣṇas Fußsohle deutlich sehen, wie die Flagge, die Lotosblume, den Dreizack und den Blitz.“ Sie folgten den

Fußspuren, und plötzlich erblickten sie daneben ein weiteres Paar Fußabdrücke. Das stimmte sie sogleich sehr traurig, und so sagte eine der *gopīs*: „Seht nur, liebe Freundinnen! Wem gehören diese Fußabdrücke? Sie befinden sich direkt neben den Fußspuren von Nanda Mahārājas Sohn. Kṛṣṇa ist hier mit einer anderen *gopī* vorbeigekommen, genau wie ein Elefant an der Seite seines geliebten Weibchens geht, und dabei hat Er bestimmt Seinen Arm um Sie gelegt. Wir müssen daraus schließen, dass diese *gopī* Kṛṣṇa mit noch größerer Liebe und Ergebenheit diente als wir. Aus diesem Grunde konnte Er Sich zwar von uns trennen, aber Er brachte es nicht übers Herz, Sie zu verlassen, weshalb Sie bei Ihm bleiben durfte. Liebe Freundinnen, stellt euch nur vor, welch transzendentaler Ruhm dem Staub dieses Ortes zukommt. Der Staub von den Lotosfüßen Kṛṣṇas wird selbst von Brahma, Śiva und der Glücksgöttin Lakṣmī verehrt. Doch zugleich sind wir sehr betrübt darüber, dass diese eine *gopī* mit Kṛṣṇa zusammen sein darf, denn Sie genießt den Nektar von Kṛṣṇas Küssen und lässt uns hier voller Klagen zurück. Liebe Freundinnen, seht nur! An dieser Stelle sind die Fußabdrücke dieser *gopī* nicht mehr zu sehen. Es scheint, dass das trockene Gras, das hier auf dem Weg steht, Ihren Füßen wehgetan hat, und deshalb hat Kṛṣṇa Rādhārāṇī auf Seine Schultern genommen. Wie unbeschreiblich lieb Sie Ihm ist! Und hier hat Kṛṣṇa bestimmt ein paar Blüten gepflückt, um Rādhārāṇī eine besondere Freude zu bereiten, denn wir können hier nur Seinen halben Fußabdruck sehen; Er muss Sich auf die Zehenspitzen gestellt haben, um die Blüten dieses Baumes zu erreichen. Und seht nur hier, liebe Freundinnen, an dieser Stelle hat Sich Kṛṣṇa bestimmt mit Rādhārāṇī niedergesetzt und versucht, Ihr Blumen ins Haar zu stecken. Ihr könnt euch sicher sein, dass Sie hier zusammen saßen." Kṛṣṇa ist in Sich Selbst vollkommen: Sein Genießen ist von nichts anderem abhängig. Doch um Seine Geweihte, Rādhārāṇī, zu erfreuen, hat Er Sich Ihr gegenüber verhalten wie ein verliebter Junge gegenüber seiner Freundin. Kṛṣṇa ist so gütig, dass Er all die Umstände, die Ihm Seine Freundinnen bereiten, immer geduldig hinnimmt.

So wiesen die *gopīs* auf die Fehler dieser bestimmten *gopī* hin, die Kṛṣṇa allein mit Sich genommen hatte. Sie sagten, dass die Haupt-*gopī*, Rādhārāṇī, auf Ihre Stellung ebenfalls sehr stolz sein müsse und Sich Selbst bestimmt für die beste aller *gopīs* halte. „Sie muss jedoch außergewöhnlich schön sein und zweifelsohne besondere Eigenschaften besitzen, denn wie sonst hätte Kṛṣṇa Sie allein mit Sich nehmen und uns einfach zurücklassen können. Sie hat Kṛṣṇa bestimmt tief in den Wald geführt und dann zu Ihm gesagt: ‚Mein lieber Kṛṣṇa, Ich bin sehr müde. Ich kann nicht mehr. Bitte trage Mich, wohin Du willst.' Als Sie so zu Kṛṣṇa sprach, wird Er wahrscheinlich erwidert haben: ‚Ja, komm und steig auf Meine Schulter.' Doch im selben Augenblick wird Kṛṣṇa aus Ihrer Sicht verschwunden sein, und nun steht Rādhārāṇī bestimmt allein da und klagt um Ihn. ‚Mein Geliebter, Mein Liebster, Du bist so schön und mächtig. Wohin bist Du gegangen? Ich bin nichts weiter als Deine gehorsamste Dienerin. Tiefer Kummer sticht Mein Herz, daher flehe Ich Dich an, komm bitte wieder zurück zu Mir.' Aber Kṛṣṇa ist bestimmt nicht zurückgekommen, sondern Er wird Sie aus einiger Entfernung beobachten und Ihren Kummer und Ihre Klagen genießen."

Die *gopīs* gelangten auf ihrer Suche nach Kṛṣṇa immer tiefer in den Wald hinein, und plötzlich sahen sie, dass Rādhārāṇī tatsächlich von Kṛṣṇa allein zurückgelassen worden war, und so wurden die *gopīs* nur noch trauriger. Das ist das Zeichen für Kṛṣṇa-Bewusstsein. Zu Beginn waren sie ein wenig neidisch gewesen, weil Kṛṣṇa Rādhārāṇī allein mit Sich genommen und sie, die anderen *gopīs*, zurückgelassen hatte. Doch sobald sie erkannten, dass Kṛṣṇa auch Rādhārāṇī verlassen hatte und dass Sie nun allein dasaß und um Ihn klagte, tat Sie ihnen sehr leid. So stießen die *gopīs* auf Rādhārāṇī. Sie erzählte ihnen, wie Sie Sich Kṛṣṇa gegenüber falsch verhalten hatte und stolz geworden war und wie Sie dafür bestraft wurde. Als die *gopīs* diese Worte hörten, bekamen sie noch größeres Mitleid mit Rādhārāṇī. Alsdann gingen alle *gopīs*, begleitet von Rādhārāṇī, noch tiefer in den Wald hinein, bis sie schließlich das Licht des Mondes nicht mehr sehen konnten.

Als sie bemerkten, dass es immer finsterer wurde, blieben sie stehen. Ihr Geist und ihre Intelligenz versanken in die Erinnerung an Kṛṣṇa, und sie alle imitierten Kṛṣṇas Taten und Worte. Sie hatten sich Kṛṣṇa mit Herz und Seele hingegeben. Nun begannen sie, über Seinen Ruhm zu chanten. Ihre Familien hatten sie völlig vergessen. Auf diese Weise kehrten alle *gopīs* zum Ufer der Yamunā zurück. In der Hoffnung, dass Er zu ihnen zurückkehren werde, chanteten sie alle über die Herrlichkeiten Śrī Kṛṣṇas – Hare Kṛṣṇa, Hare Kṛṣṇa,

Kṛṣṇa Kṛṣṇa, Hare Hare / Hare Rāma, Hare Rāma, Rāma Rāma, Hare Hare.

Hiermit enden die Bhaktivedanta-Erläuterungen zum 30. Kapitel des Kṛṣṇa-Buches mit dem Titel „Kṛṣṇa verbirgt Sich vor den gopīs".

KAPITEL 31

Die Lieder der gopīs

Eine *gopī* sagte: „Mein lieber Kṛṣṇa, seitdem Du im Land von Vrajabhūmi erschienen bist, ist alles glorreich geworden. Das Land von Vṛndāvana ist glorreich geworden, und es scheint, als ob die Glücksgöttin selbst stets anwesend sei. Wir sind die einzigen, die unglücklich sind, denn all unsere Versuche, Dich wiederzufinden, blieben erfolglos. Unser Leben ist ganz von Dir abhängig, und deshalb bitten wir Dich, wieder zu uns zurückzukommen."

Eine andere *gopī* sagte: „Lieber Kṛṣṇa, Du bist sogar das Leben und die Seele der Lotosblumen, die auf den Seen blühen, deren Wasser durch die Regenfälle des Herbstes kristallklar geworden ist. Diese Lotosblumen sind sehr schön, doch sie würden verwelken, wenn Du nicht Deinen Blick über sie gleiten ließest. Ebenso können auch wir ohne Dich nicht leben. Eigentlich sind wir nicht Deine Frauen, sondern Deine Sklavinnen. Du hast niemals Geld für uns ausgegeben, doch allein Dein Blick genügt schon, um uns zu erobern. Wenn wir nun sterben, weil Du uns nicht mehr mit Deinem Blick beglückst, wirst Du an unserem Tod schuld sein. Frauen zu töten ist eine schwere Sünde, und wenn wir ums Leben kommen, weil Du nicht mehr zu uns zurückkehrst, wirst Du schwere sündhafte Reaktionen erleiden müssen. Komm also bitte zu uns zurück. Glaube nicht, man könnte nur durch Waffen getötet werden; nein, wir werden durch Deine Abwesenheit getötet. Sei Dir also bewusst, dass Du für den Tod von Frauen verantwortlich wirst. Wir sind Dir trotz allem zu ewigem Dank verpflichtet, weil Du uns schon oft beschützt hast. Vor dem vergifteten Wasser der Yamunā, vor der Schlange Kāliya, vor Bakāsura, vor dem Zorn Indras und seinen verheerenden Regenstürmen, vor dem Waldbrand und vor vielen anderen Gefahren. Du bist das größte und mächtigste aller Lebewesen. Deshalb ist es so wunderbar, wie Du uns oftmals aus größter Gefahr gerettet hast. Aber warum, so fragen wir erstaunt, weist Du uns gerade in dieser Stunde von Dir?

Lieber Kṛṣṇa, lieber Freund, wir wissen sehr wohl, dass Du im Grunde nicht der Sohn von Mutter Yaśodā und Nanda Mahārāja bist. Du bist die Höchste Persönlichkeit Gottes, die Überseele aller Lebewesen. Aus Deiner grundlosen Barmherzigkeit bist Du auf die Erde herabgestiegen, weil Brahmā Dich bat, die Welt zu retten. Einzig und allein aus Deiner Güte bist Du in der Yadu-Dynastie erschienen. O Bester der Yadu-Dynastie, wenn jemand der materialistischen Lebensweise müde wird und Zuflucht bei Deinen Lotosfüßen sucht, weigerst Du Dich niemals, ihm diese Zuflucht zu gewähren. Deine Bewegungen sind überaus anmutig und Du bist vollkommen unabhängig. Du hast Deine eine Hand auf die Glücksgöttin gelegt und in der anderen hältst Du eine Lotosblume. Solcherart ist Dein außergewöhnliches Erscheinen. Bitte komme deshalb zu uns zurück und segne uns mit der Lotosblume in Deiner Hand.

Lieber Kṛṣṇa, Du nimmst den Einwohnern von Vṛndāvana alle Furcht. Du bist der mächtigste Held, und wir wissen, dass Du den unbegründeten Stolz Deiner Geweihten wie auch den Hochmut von Frauen, wie wir es sind, einfach durch Dein bezauberndes Lächeln zerstören kannst. Wir sind nichts anderes als Deine Dienerinnen und

Sklavinnen. Nimm uns deshalb als solche an, indem Du uns Dein schönes lotosgleiches Antlitz zeigst.

Lieber Kṛṣṇa, wir müssen Dir gestehen, dass sich große Lust in uns regte, als Du uns mit Deinen Lotosfüßen berührtest. Deine Lotosfüße zerstören alle Sünden eines Gottgeweihten, der bei ihnen Zuflucht gesucht hat, und Du bist so gütig, dass Du sogar gewöhnlichen Tieren die Zuflucht Deiner Lotosfüße nicht versagst. Deine Lotosfüße sind auch der Aufenthaltsort der Glücksgöttin. Dennoch hast Du Deine Lotosfüße auf die Köpfe der Schlange Kāliya gesetzt und auf ihnen getanzt. Erhöre nun gütigerweise unsere Bitte und setze Deine Lotosfüße auf unsere Brüste, so dass unsere brennenden Verlangen, Dich zu berühren, beruhigt werden.

O Herr, der Anblick Deiner Augen, die dem Lotos gleichen, ist überaus wohltuend, und Deine süßen Worte sind so faszinierend, dass selbst die größten Gelehrten sich an ihnen erfreuen und von großer Zuneigung zu Dir erfüllt werden. Auch wir sind von Deinen Worten und von der Schönheit Deines Antlitzes und Deiner Augen bezaubert. Bitte stille deshalb unser Verlangen durch Deine nektargleichen Küsse. Lieber Herr, die Worte, die Du gesprochen hast, und die Worte, die Deine Taten beschreiben, sind voll von Nektar. Jeder, der einfach Deine Worte wiederholt und hört, kann aus dem lodernden Feuer des materiellen Daseins errettet werden. Große Halbgötter wie Brahmā und Śiva chanten ständig über Deinen Ruhm, um so die Sünden aller Lebewesen in der materiellen Welt auszulöschen. Wenn man einfach nur versucht, Deine transzendentalen Worte zu hören, kann man schon sehr bald auf die Ebene frommer Tätigkeiten erhoben werden. Den Vaiṣṇavas bereiten Deine Worte transzendentale Freude, und die heiligen Persönlichkeiten, die Deine transzendentale Botschaft über die ganze Welt verbreiten, sind die größten Wohltäter.“ (Dies wurde von Rūpa Gosvāmī bestätigt, als er ein Gebet an Śrī Caitanya richtete und Ihn dort als die großmütigste Inkarnation bezeichnete, weil Er die Worte Kṛṣṇas und Liebe zu Kṛṣṇa, frei und ohne Unterscheidungen zu treffen, über die ganze Welt verbreitete.)

„Lieber Kṛṣṇa, Du bist sehr schlau“, fuhren die *gopīs* fort. „Du kannst Dir nicht vorstellen, wie bekümmert wir sind, wenn wir uns an Dein verschmitztes Lächeln, an Deinen wohltuenden Blick, an unsere gemeinsamen Stunden im Wald von Vṛndāvana und an Deine glückverheißenden Meditationen erinnern. Unser Herz schlug schneller, als Du mit uns an einsamen Orten vertrauliche Worte gewechselt hast. Nun befällt uns Schwermut und Sehnsucht, wenn wir uns an all dies erinnern. Bitte rette uns. Lieber Kṛṣṇa, sicherlich weißt Du, wie traurig wir sind, wenn Du das Dorf von Vṛndāvana verlässt, um die Kühe im Wald zu hüten. Allein der Gedanke daran, dass Deine sanften Lotosfüße von dürren Halmen und spitzen Steinen gestochen werden könnten, bereitet uns tiefen Schmerz. Wir hängen so sehr an Dir, dass wir ständig nur an Deine Lotosfüße denken.

O Kṛṣṇa, wenn Du mit den Kühen von den Weidegründen zurückkehrst, ist Dein von Locken umrahmtes Gesicht von dem Staub bedeckt, den die Kühe mit ihren Hufen aufwirbeln. Jedes Mal, wenn wir Dein sanftes Lächeln sehen, vergrößert sich unser Verlangen, uns mit Dir zu erfreuen. O lieber Kṛṣṇa, Du bist der höchste Geliebte und stets gewährst Du den Dir ergebenen Seelen Zuflucht. Du erfüllst die Wünsche aller Lebewesen und Deine Lotosfüße werden sogar von Brahmā, dem Schöpfer des Universums, verehrt. Jedem, der Deine Lotosfüße verehrt, erteilst Du bereitwillig Deinen Segen. Sei also bitte nicht böse auf uns, sondern schenk uns Deine Barmherzigkeit und setze Deine Lotosfüße auf unsere Brüste, so dass unser Schmerz gelindert wird. Lieber Kṛṣṇa, wir sehnen uns nach Deinen Küssen, die Du sogar Deiner Flöte gibst. Der Klang Deiner Flöte bezaubert die ganze Schöpfung und so auch unsere Herzen. Komm deshalb bitte zu uns zurück und küsse uns mit Deinem Nektarmund."

Hiermit enden die Bhaktivedanta-Erläuterungen zum 31. *Kapitel des Kṛṣṇa-Buches mit dem Titel „Die Lieder der* gopīs*".*

KAPITEL 32

Kṛṣṇa kehrt zu den gopīs zurück

Als Śrī Kṛṣṇa schließlich wieder unter den *gopīs* auftauchte, sah Er wunderschön aus, so wie es jemandem, der vielfältige Füllen besitzt, gebührt. So heißt es in der *Brahma-samhitā: ānanda-cin-maya-rasa-pratibhāvitābhiḥ.* Kṛṣṇa allein strahlt nicht eine solch vollkommene Schönheit aus, wie wenn Er mit Seiner Energie, die von Ihm ausgeht – insbesondere mit Seiner Freudenenergie, die von Rādhārāṇī repräsentiert wird –, zusammen ist. Die Māyāvāda-Vorstellung von Vollkommenheit, nach der eine Absolute Wahrheit keine Energie besitzt, zeugt von unzureichendem Wissen. Die Absolute Wahrheit wäre unvollkommen, würde sie nicht die verschiedensten Energien entfalten. *Ānanda-cin-maya-rasa* bedeutet, dass Kṛṣṇas Körper aus ewiger Glückseligkeit und ewigem Wissen besteht. Kṛṣṇa wird stets von den vielfältigsten Energien umgeben, weswegen Er vollkommen und schön ist. Aus der

Brahma-saṁhitā und dem *Skanda Purāṇa* erfahren wir, dass Sich Kṛṣṇa immer inmitten von vielen Tausenden von Glücksgöttinnen befindet. Die *gopīs* sind alle Glücksgöttinnen und Kṛṣṇa ging mit ihnen Hand in Hand am Ufer der Yamunā entlang.

Laut dem *Skanda Purāṇa* nehmen unter den vielen Tausenden *gopīs* 16 000 eine führende Rolle ein, unter diesen 16 000 *gopīs* gibt es 108, die besonders hervorragen, und von diesen 108 *gopīs* heben sich acht wiederum besonders hervor. Von diesen acht *gopīs* sind Rādhārāṇī und Candrāvalī die führenden, und von diesen beiden ist Śrīmatī Rādhārāṇī die erste.

Als Kṛṣṇa im Wald am Ufer des Flusses Yamunā erschien, wurde die Dunkelheit vom Leuchten des Mondes vertrieben. In dieser Jahreszeit blühten viele Blumen wie die *kunda-* und *kadamba*-Blumen, deren Duft ein sanfter Wind verbreitete. Die Bienen wurden hervorgelockt, weil sie den Duft für Honig hielten. Die *gopīs* bauten einen Sitz für Kṛṣṇa, indem sie den weichen Sand anhäuften und einige Kleidungsstücke darauflegten.

Die *gopīs*, die sich dort einfanden, hatten fast alle die Veden befolgt. In ihrem früheren Leben, während Śrī Rāmacandras Erscheinen, waren sie vedische Gelehrte gewesen, die sich gewünscht hatten, mit Śrī Rāmacandra in ehelicher Liebe zusammen zu sein. Rāmacandra gab ihnen die Segnung, dass sie zusammen mit Śrī Kṛṣṇa erscheinen würden und dass Er ihre Wünsche erfüllen werde. Als Kṛṣṇa dann erschien, wurden diese vedischen Gelehrten als *gopīs* in Vṛndāvana geboren, so ging ihr langgehegter Wunsch in Erfüllung, und sie durften als junge *gopīs* mit Kṛṣṇa zusammen sein. Weil sie alle das höchste Ziel ihres vollkommenen Wunsches erreicht hatten, waren sie so glücklich, dass sie keine anderen Wünsche mehr kannten. Dies wird in der *Bhagavad-gītā* bestätigt, wo es heißt, dass jemand, der die Höchste Persönlichkeit Gottes erreiche, sich nichts anderes mehr wünsche. Als Kṛṣṇa zu den *gopīs* zurückkehrte, verflog all ihr Kummer. Ihre Klagen in Trennung von Kṛṣṇa fanden ein Ende. Sie hatten alles bekommen, wonach sie sich gesehnt hatten, und weil sie wieder mit Kṛṣṇa zusammen sein durften, waren sie wunschlos glücklich. Sorgfältig breiteten sie Kleidungsstücke auf dem Boden aus, um für Kṛṣṇa einen Sitzplatz herzurichten. Diese Kleidungsstücke bestanden aus feinsten Leinenstoffen und waren mit dem roten *kuṅkuma*, der ihre Brüste schmückte, durchdrungen. Kṛṣṇa war ihr Ein und Alles, und so bereiteten sie Ihm einen bequemen Sitzplatz.

Als Kṛṣṇa dann in ihrer Mitte saß, vergrößerte sich Seine Schönheit noch mehr. Große Yogis wie Brahma, Śiva und sogar Śrī Śeṣa bemühen sich ständig, ihren Geist vollkommen auf Kṛṣṇa in ihrem Herzen zu richten. Doch diesen Kṛṣṇa sahen nun die *gopīs*, wie Er vor ihnen auf ihren Kleidern saß. Umgeben von all den *gopīs*, bot Kṛṣṇa einen unvergleichlich schönen Anblick. Sie waren die hübschesten Mädchen der drei Welten, und sie alle waren gekommen, um mit Kṛṣṇa zusammen zu sein.

Kṛṣṇa setzte sich neben jede der vielen *gopīs* hin, und es mag die Frage aufkommen, wie es für Ihn möglich war, dies zu tun. In diesem Zusammenhang verwendet das *Śrīmad-Bhāgavatam* ein bedeutungsvolles Wort: *īśvara*. Dieses Wort findet man auch in der *Bhagavad-gītā*: *īśvaraḥ sarva-bhūtānām*. *Īśvara* bezieht sich auf den Höchsten Herrn, der Sich als Überseele im Herzen eines jeden befindet. Diese Kraft, sich als Paramātmā zu erweitern, manifestierte Kṛṣṇa auch, als Er Sich zu den *gopīs* gesellte, denn Er setzte Sich bei jeder einzelnen *gopī* hin, ohne dass Er von den anderen gesehen wurde. Kṛṣṇa erwies Sich den *gopīs* gegenüber als so gütig, dass Er nicht in ihren Herzen blieb, wo Er nur durch Yoga-Meditation wahrgenommen werden kann, sondern Sich direkt an ihre Seite setzte. Dadurch, dass Kṛṣṇa äußerlich erschien, beschenkte Er die *gopīs*, die auserwählten Schönheiten der gesamten Schöpfung, mit einer einzigartigen Gunst. Die *gopīs*, die glücklich waren, dass sie ihren innig geliebten Herrn wieder bei sich hatten, bewegten zu Seiner Freude ihre Augenbrauen, lächelten Ihm liebevoll zu und unterdrückten dabei ihren Unmut. Einige von ihnen nahmen Seine Lotosfüße auf ihren Schoß und massierten sie, während sie sich mit einem Lächeln auf den Lippen vertraulich an Kṛṣṇa wandten und Ihm gegenüber ihren unterdrückten Unmut andeuteten: „Lieber Kṛṣṇa, wir sind einfache Frauen aus Vṛndāvana und wir wissen nicht viel über die Veden – was richtig und was falsch ist. Wir möchten Dir deshalb eine Frage stellen. Du bist sehr gelehrt und kannst uns sicherlich die richtige Antwort geben. In der Beziehung zwischen Geliebten sehen wir, dass es drei Arten von Männern gibt. Die einen machen ihre Liebe davon abhängig, was sie bekommen; die anderen haben immer eine liebevolle Haltung, selbst wenn die Geliebte einmal abweisend ist, und die dritten sind zwar nicht abweisend, doch sie erwidern auch Gefühle der Liebe nicht. Welche dieser drei Arten ziehst Du vor, und welche würdest Du als ehrlich bezeichnen?“

„Meine lieben Freundinnen“, entgegnete ihnen Kṛṣṇa, „diejenigen, die einfach nur mit so viel Liebe antworten, wie sie bekommen, sind nichts anderes als Händler. In ihren Beziehungen sind sie nicht bereit, mehr zu geben, als sie bekommen. Im Grunde kann man hier gar nicht von Liebe sprechen. Es ist einfach nur eine Geschäftsbeziehung aus Eigeninteresse, bei der man sich selbst im Vordergrund sieht. Selbst diejenigen ohne auch nur den Hauch einer liebenden Beziehung sind besser als diese Händler. Besser noch als die Menschen der ersten Kategorie sind diejenigen, die auch trotz der gegensätzlichen Haltung der anderen Seite Liebe empfinden. So eine aufrichtige Liebe findet man zum Beispiel bei Eltern, die ihre Kinder lieben, selbst wenn sie von ihnen abweisend behandelt werden. Die dritte Art von Menschen, diejenigen, die eine Beziehung weder erwidern noch abweisen, können zweifach unterteilt werden. Die einen sind in sich selbst zufrieden und nicht auf die Liebe anderer angewiesen. Sie werden *ātmārāma* genannt, was bedeutet, dass sie ständig in Gedanken an die Höchste Persönlichkeit Gottes versunken sind, so dass es für sie keinen Unterschied darstellt, ob man sie liebt oder nicht. Die andere Gruppe besteht aus Undankbaren, die sich gefühllos benehmen. Diese Menschen lehnen sich gegen alle Höhergestellten auf, genau wie ein Sohn seine Eltern, die alles für ihn getan haben, manchmal undankbar und gefühllos behandelt und ihre Liebe nicht erwidert. Menschen dieser Art werden im Allgemeinen *guru-druhaḥ* genannt, was bedeutet, dass sie die Eltern bzw. den spirituellen Meister missachten, obwohl diese ihnen so große Gunst erweisen.“

Damit beantwortete Kṛṣṇa indirekt alle Fragen der *gopīs* und ging sogar auf ihren versteckten Vorwurf ein, Er habe ihre Liebe nicht angemessen erwidert. Er gab ihnen durch Seine Antwort zu verstehen, dass Er als die Höchste Persönlichkeit Gottes in Sich Selbst zufrieden ist. Er ist nicht davon abhängig, ob Ihn jemand liebt oder nicht, aber gleichzeitig, so sagte Kṛṣṇa, sei Er auch nicht undankbar.

„Meine lieben Freundinnen“, fuhr Kṛṣṇa fort, „Meine Worte und Mein Verhalten mögen euch betrübt haben, doch wisset, dass Ich zuweilen die Liebe Meiner Geweihten nicht erwidere. Meine Geweihten hängen sehr an Mir, doch manchmal erwidere Ich ihre Gefühle nicht dementsprechend, um ihre Liebe zu Mir noch mehr zu vergrößern. Wenn es nichts Außergewöhnliches wäre, zu Mir zu gelangen, würden sie vielleicht denken: ‚Kṛṣṇa ist so leicht zu haben.' Nur aus diesem Grunde antwortete Ich manchmal nicht. Wenn ein mittelloser Mensch plötzlich zu Reichtum kommt, ihn jedoch kurz darauf wieder verliert, wird er 24 Stunden am Tag an nichts anderes mehr denken können als an seinen verlorenen Besitz. Ebenso sieht es manchmal aus, als hätten Meine Geweihten Mich verloren, doch statt Mich zu vergessen, fühlen sie, wie ihre Liebe zu Mir immer mehr zunimmt. Meine lieben Freundinnen, denkt niemals auch nur für einen Augenblick, Ich hätte euch wie gewöhnliche Gottgeweihte behandelt. Ich weiß, wen Ich vor Mir habe. Ihr habt alle gesellschaftlichen und religiösen Verpflichtungen hinter euch gelassen, und ihr habt einfach eure Eltern und Familien verlassen. Ohne euch um irgendwelche Gebote oder Verbote zu kümmern, seid ihr zu Mir gekommen, um Mir eure Liebe darzubringen. Deshalb fühle Ich Mich euch so zu Dank verpflichtet, dass Ich euch niemals wie gewöhnliche Gottgeweihte behandeln könnte. Denkt also bitte nicht, Ich wäre euch jemals fern gewesen. Nein, Ich war immer in eurer Nähe. Ich habe euch beobachtet, wie sehr ihr euch in Meiner Abwesenheit nach Mir gesehnt habt. Versucht also bitte nicht, Fehler in Mir zu finden. Weil ihr Mich eurer Liebe für würdig haltet, bitte Ich euch, Mir gütigerweise zu verzeihen, wenn Ich irgendetwas falsch gemacht habe. Ich kann euch niemals eure unaufhörliche Liebe zu Mir vergelten, selbst dann nicht, wenn Ich es für eine solch lange Zeit versuchen würde, wie die Halbgötter auf den himmlischen Planeten leben. Es ist Mir nicht möglich, euch für eure Liebe zu belohnen oder euch auch nur in angemessener Weise Meine Dankbarkeit zu zeigen. Seid daher bitte mit euren eigenen frommen Tätigkeiten zufrieden. Eure Liebe und Zuneigung zu Mir ist beispielhaft, und sie hat euch befähigt, die größten Schwierigkeiten zu überwinden, die ihren Ursprung in den Familienverbindungen haben. Deshalb bitte Ich euch, einfach mit eurem großartigen und beispiellosen Charakter zufrieden zu sein, denn Ich sehe Mich außerstande, euch Meine Schuld zurückzuzahlen.

Die Gottgeweihten von Vṛndāvana gaben mit ihrem Dienst zu Kṛṣṇa das beste Beispiel für die reinste Art der Hingabe. In den *śāstras* wird gesagt, dass hingebungsvoller Dienst *ahaitukī* und *apratihatā* sein müsse, das heißt, der hingebungsvolle Dienst zu Kṛṣṇa kann weder durch politische noch durch religiöse Bestimmungen aufgehalten werden, denn die Stufe des hingebungsvollen Dienstes ist immer und unter allen Umständen transzendental dazu. Die *gopīs* im Besonderen dienten Kṛṣṇa mit solch reiner Hingabe, dass selbst Kṛṣṇa in ihrer Schuld blieb. Śrī Caitanya erklärte daher, der hingebungsvolle Dienst der *gopīs* in Vṛndāvana übertreffe alle anderen Methoden, sich der Höchsten Persönlichkeit Gottes zuzuwenden.

Hiermit enden die Bhaktivedanta-Erläuterungen zum 32. Kapitel des Kṛṣṇa-Buches mit dem Titel „Kṛṣṇa kehrt zu den gopīs *zurück".*

KAPITEL 33

Beschreibung des rāsa-Tanzes

Als die *gopīs* die besänftigenden Worte Kṛṣṇas, der Höchsten Persönlichkeit Gottes, vernahmen, schmolzen ihre Herzen vor Freude. Ihr Trennungsschmerz verflog nicht nur beim Hören der Worte der Höchsten Persönlichkeit Gottes vollends, sondern auch als sie darauf die Hände und Beine der Höchsten Persönlichkeit Gottes berührten. Dann begann Kṛṣṇa, die Höchste Persönlichkeit Gottes, Seinen *rāsa*-Tanz. Ein Tanz mit vielen Mädchen wird *rāsa*-Tanz genannt. Kṛṣṇa tanzte inmitten der schönsten und glücklichsten Mädchen aller drei Welten, und so durften die *gopīs* von Vṛndāvana, dic so sehr in Kṛṣṇa verliebt waren, mit Ihm zusammen Hand in Hand tanzen.

Kṛṣṇas *rāsa*-Tanz darf niemals mit weltlichen Tänzen verglichen werden, wie sie an den verschiedensten Festen und bei Gesellschaftsveranstaltungen üblich sind. Der *rāsa*-Tanz ist völlig spirituell, und um diese Tatsache zu bestätigen, erweiterte Sich Kṛṣṇa, der höchste Mystiker, in viele Formen und begab Sich so zu jeder einzelnen *gopī*. Er legte Seine Arme um die Schultern der beiden *gopīs*, die jeweils zu Seiner Seite standen, und in ihrer Mitte begann Er zu tanzen. Die *gopīs* konnten die mystischen Erweiterungen Kṛṣṇas nicht wahrnehmen, denn Kṛṣṇa erschien allein vor jeder einzelnen *gopī*, und so dachte jede *gopī*, Kṛṣṇa tanze nur mit ihr allein. Über dem Wald von Vṛndāvana versammelten sich die Bewohner der himmlischen Planeten in ihren Flugzeugen, da sie unbedingt sehen wollten, wie Kṛṣṇa auf wunderbare Weise zusammen mit den *gopīs* tanzte. Die Gandharvas und Kinnaras begannen zu singen und zusammen mit ihren Frauen ließen die Gandharvas Blumen auf den Schauplatz des *rāsa*-Tanzes herunterregnen. Als die *gopīs* und Kṛṣṇa miteinander tanzten, ertönte ein glückseliges Klingeln von ihren Glöckchen, Schmuckstücken und Goldreifen. Kṛṣṇa glich einem grünlich schimmernden Saphir, der sich in der Mitte einer goldenen, mit Edelsteinen besetzten Halskette befindet. Während Er und die *gopīs* zusammen tanzten, offenbarte sich ihre außergewöhnliche körperliche Schönheit. Die Bewegungen ihrer Beine, die Art und Weise, wie sie ihre Hände aufeinanderlegten, die Bewegungen ihrer Augenbrauen, ihr Lächeln und die Bewegungen der Brüste der *gopīs* und ihrer Kleider, ihrer Ohrringe, ihrer Wangen und ihres Haares, in dem wundervolle Blumen steckten – wie Kṛṣṇa und die *gopīs* so zusammen sangen und tanzten, sahen sie aus wie Wolken, die von Donner, Schnee und Blitzen begleitet werden. Kṛṣṇas bezaubernde Erscheinung erinnerte an eine Zusammenballung von Wolken, die Lieder der *gopīs* waren wie Donner, ihre Schönheit leuchtete wie Blitze vom Himmel, und die Schweißperlen auf ihren Gesichtern sahen aus wie fallende Schneeflocken. Auf diese Weise ließen sich die *gopīs* und Kṛṣṇa im Tanze treiben.

Der Hals der *gopīs* nahm eine rötliche Färbung an, weil ihr Verlangen nach Kṛṣṇa immer stärker wurde. Um dieses Verlangen zu befriedigen, begann Kṛṣṇa im Takt ihrer Lieder in die Hände zu klatschen. Eigentlich ist die ganze Welt von Kṛṣṇas Gesang erfüllt, nur nehmen dies die verschiedenen Lebewesen auf unterschiedliche Weise wahr. In der *Bhagavad-gītā* wird dies bestätigt: *Ye yathā māṁ prapadyante tāṁs tathaiva bhajāmy aham*. Kṛṣṇa tanzt, und auch die Lebewesen tanzen, doch es besteht ein großer Unterschied zwischen dem Tanzen in der spirituellen Welt und in der materiellen Welt. Der Verfasser des *Caitanya-caritāmṛta* erklärt in diesem Zusammenhang, dass Kṛṣṇa der Haupttänzer sei, während alle anderen Seine Diener seien. Jeder versucht, Kṛṣṇas Tanzen nachzuahmen. Doch nur diejenigen, die tatsächliches Kṛṣṇa-Bewusstsein besitzen, sind in der Lage, sich in Harmonie an Kṛṣṇas Tanzen anzupassen – sie versuchen nicht, unabhängig zu tanzen. Die Lebewesen in der materiellen Welt jedoch versuchen, Kṛṣṇa zu imitieren und selbst die Höchste Persönlichkeit Gottes zu sein. Die Lebewesen tanzen unter der Aufsicht von Kṛṣṇas *mayā* und denken, sie wären Kṛṣṇa ebenbürtig, doch dem ist nicht so. Im Kṛṣṇa-Bewusstsein gibt es diese falschen Auffassungen nicht, denn ein Kṛṣṇa-bewusster Mensch weiß, dass Kṛṣṇa der höchste Meister ist und jeder andere Sein Diener. Man muss zur Freude Kṛṣṇas tanzen, und nicht, um Ihn zu imitieren oder um zu versuchen, Ihm ebenbürtig zu werden. Weil die *gopīs* Kṛṣṇa erfreuen wollten, antworteten sie Ihm, als Er sang, mit ermutigenden Worten: „Wie wunderschön Du singst! Wunderbar!" Manchmal waren es auch die *gopīs*, die zu Kṛṣṇas Freude wunderschöne Melodien sangen, und Kṛṣṇa antwortete ihnen Seinerseits mit lobenden Worten.

Als einige *gopīs* von den Bewegungen des Tanzens müde wurden, legten sie ihre Hände auf Śrī Kṛṣṇas Schultern. Ihr Haar öffnete sich, und die Blumen fielen auf den Boden. Als die *gopīs* ihre Hände auf Kṛṣṇas Schulter legten, wurden sie vom betörenden Duft Seines Körpers überwältigt, der von vielen wohlriechenden Blumen, wie dem Lotos, und von Seiner Sandelholzpaste ausging. Ihr Herz überströmte vor Liebe zu Kṛṣṇa und so begannen sie Ihn zu küssen. Einige der *gopīs* legten ihren Kopf an Kṛṣṇas Wange, und Kṛṣṇa bot ihnen die gekauten Betelnüsse aus Seinem Mund an, die sie im Kuss mit großer Freude annahmen. Und indem die *gopīs* diese Betelnüsse annahmen, drangen sie auf dem spirituellen Pfad weiter vor.

Nach dem langen Singen und Tanzen wurden die *gopīs* müde. Um sich in ihrer Erschöpfung zu erfrischen, nahmen sie die Hand von Śrī Kṛṣṇa, der neben ihnen tanzte, und legten sie auf ihre erhobenen Brüste. Kṛṣṇas Hand wie auch die Brüste der *gopīs* sind ewig glückverheißend, und als sie einander berührten, steigerten sich deshalb ihre spirituellen Qualitäten noch mehr. Die *gopīs* erfüllte das Zusammensein mit Kṛṣṇa, dem Gemahl der Glücksgöttin, mit solcher Glückseligkeit, dass sie vergaßen, jemals bei einem anderen Ehemann gewesen zu sein.

Als Kṛṣṇa sie in Seine Arme schloss und sie mit Ihm tanzten und sangen, vergaßen sie alles. Das *Śrīmad-Bhāgavatam* beschreibt die Schönheit der *gopīs,* während sie sich zusammen mit Krsna im *rāsa*-Tanz bewegten, auf folgende Weise: Sie hatten sich über ihren Ohren Lotosblumen ins Haar gesteckt und ihre Gesichter waren mit Sandelholzpaste geschmückt. Sie trugen *tilaka,* und auf ihren lächelnden Lippen standen kleine Schweißperlen. Die Glöckchen und die Reife an ihren Fußgelenken klingelten hell. Die Blumen, die sie sich ins Haar gesteckt hatten, fielen vor Kṛṣṇas Lotosfüße, und Er war sehr zufrieden.

Wie in der *Brahma-saṁhitā* gesagt wird, sind die *gopīs* Erweiterungen von Kṛṣṇas Freudenenergie. Indem Kṛṣṇa ihren Körper mit Seinen Händen berührte und in ihre glückstrahlenden Augen blickte, vergnügte Er Sich mit den *gopīs*, genau wie sich ein Kind vergnügt, wenn es mit seinem Bild im Spiegel spielt. Als Kṛṣṇa die verschiedenen Teile ihres Körpers berührte, fühlten die *gopīs*, wie sie von spiritueller Energie durchdrungen wurden. Sie versuchten vergeblich, ihre gelockerten Kleider wieder richtig anzuziehen. Ihr Haar und ihre Kleider gerieten durcheinander, und auch ihr Schmuck löste sich, als sie sich völlig Kṛṣṇas Gemeinschaft hingaben und alles andere vergaßen.

Als Kṛṣṇa auf diese Weise die Gemeinschaft der *gopīs* im *rāsa*-Tanz genoss, versammelten sich die erstaunten Halbgötter mit ihren Gemahlinnen am Himmel. Der Mond wurde von einer Art Lust ergriffen, und gebannt vor Verwunderung, ließ er seinen Blick auf den Tanzenden ruhen. Die *gopīs* hatten zur Göttin Kātyāyanī gebetet, Kṛṣṇa zum Gemahl zu bekommen, und nun erfüllte ihnen Kṛṣṇa diesen Wunsch, indem Er Sich in die Anzahl der *gopīs* erweiterte und so ihre Gemeinschaft wie ein Ehemann genoss.

Śrīla Śukadeva Gosvāmī erklärt in diesem Zusammenhang, dass Kṛṣṇa *ātmārāma* sei, in Sich Selbst zufrieden. Er benötigt niemand anderen, um glücklich zu sein. Weil sich die *gopīs* aber danach gesehnt hatten, Kṛṣṇa als Gemahl zu bekommen, hatte Er ihnen diesen Wunsch erfüllt. Als Kṛṣṇa sah, dass die *gopīs* vom langen Tanzen müde wurden, wischte er über ihre Gesichter, um so ihre Müdigkeit zu vertreiben. Die *gopīs* ihrerseits erwiderten Kṛṣṇas Zärtlichkeit mit liebevollen Blicken. Die glückverheißende Berührung durch Kṛṣṇas Hände ließ sie innerlich jubeln, und ihre lächelnden Wangen strahlten vor Schönheit. Dann begannen die *gopīs*, in transzendentaler Freude Kṛṣṇas ruhmvolle Taten und Spiele zu besingen. Je länger die *gopīs* Kṛṣṇas Gemeinschaft genießen durften, desto mehr wurden sie, da sie reine Gottgeweihte waren, mit Seiner Herrlichkeit erleuchtet. Auf diese Weise erwiderten die *gopīs* Seine Zuneigung. Sie wollten Kṛṣṇa erfreuen, indem sie Seine transzendentalen Spiele verherrlichten. Kṛṣṇa ist die Höchste Persönlichkeit Gottes, der Meister aller Meister, und die *gopīs* wollten Ihn aus Dankbarkeit ruhmpreisen, weil Er sie mit Seiner besonderen Barmherzigkeit gesegnet hatte.

Die *gopīs* und Kṛṣṇa begaben sich in das Wasser der Yamunā, um ihre Müdigkeit, die vom langen *rāsa*-Tanz herrührte, zu vertreiben. Die Lilien der Girlanden, die die *gopīs* um ihren Hals trugen, waren unter vielen Umarmungen zerdrückt und in Unordnung gebracht worden und hatten sich zum Teil schon gelöst, und der rote *kuṅkuma* von den Brüsten der *gopīs* hatte diese hellen Blumen rötlich gefärbt. Bienen summten in ihrer Nähe, um den Honig dieser Blumen zu bekommen. Als Kṛṣṇa auf diese Weise zusammen mit den *gopīs* in das Wasser der Yamunā stieg, glich Er einem Elefanten, der zusammen mit seinen Weibchen ein Bad nimmt. Als die *gopīs* und Kṛṣṇa im Wasser miteinander spielten und sich vergnügten, um sich von der Anstrengung des *rāsa*-Tanzes zu erholen, vergaßen sie ihre wirkliche Identität. Die *gopīs* begannen, Kṛṣṇa mit Wasser zu bespritzen, und lachten dabei schelmisch, während Kṛṣṇa Seinen Spaß daran hatte. Es bereitete ihnen große Freude, sich auf diese Weise scherzende Worte zuzurufen und sich gegenseitig zu bespritzen. Als die Halbgötter auf den himmlischen Planeten dies sahen, ließen sie Blumen vom Himmel regnen. Damit lobpriesen sie den unvergleichlichen *rāsu*-Tanz Kṛṣṇas, des höchsten Genießers, und Seine Spiele zusammen mit den *gopīs* im Wasser der Yamunā.

Nach einiger Zeit stiegen Śrī Kṛṣṇa und die *gopīs* wieder aus dem Wasser und schlenderten gemeinsam am Ufer der Yamunā entlang, wo ein angenehmer Wind wehte, der den Duft der verschiedensten Blumen über das Wasser und das Land trug. Während sie am Ufer der Yamunā entlanggingen, trug Kṛṣṇa die verschiedensten Gedichte vor. Auf diese Weise genoss Krsna im milden Licht des Herbstmondes die Gemeinschaft der *gopīs*.

Sexuelles Verlangen regt sich vor allem im Herbst, doch das Wunderbare an Kṛṣṇas Spielen mit den *gopīs* war, dass es dabei nicht die geringste Spur von sexuellem Verlangen gab. Śukadeva Gosvāmī benutzt in seiner Bhāgavata-Beschreibung die Worte *avaruddha-saurata*, was bedeutet, dass die sexuellen Triebe vollkommen beherrscht waren. Wenn Śrī Kṛṣṇa mit den *gopīs* tanzt und wenn gewöhnliche Lebewesen in der materiellen Welt miteinander tanzen, ist das nicht dasselbe, sondern es besteht ein großer Unterschied. Um Missverständnisse über den *rāsa*-Tanz und die liebende Beziehung zwischen Kṛṣṇa und den *gopīs* zu vermeiden, sagte Mahārāja Parīkṣit, der dem Vortrag des *Śrīmad-Bhāgavatam* lauschte, zu Śukadeva Gosvāmī: „Kṛṣṇa erschien auf der Erde, um die regulierenden Prinzipien der Religion wieder einzuführen und um die Vorherrschaft der Irreligiosität zu brechen. Sein Verhältnis mit den *gopīs* indessen scheint mir die irreligiösen Prinzipien in der materiellen Welt beinahe zu befürworten. Es überrascht mich deshalb zu hören, dass Er auf solche Weise handelte und mitten in der Nacht die Gemeinschaft verheirateter Frauen genoss." Śukadeva Gosvāmī freute sich sehr über diese Worte Mahārāja Parīkṣits. Seine Antwort weist bereits auf das Erscheinen der Māyāvādī-Unpersönlichkeitsanhänger hin und warnt vor ihrem verabscheuenswerten Charakter, denn sie geben sich selbst für Krsna aus und verführen auf diese Weise junge Mädchen und Frauen.

Die grundlegenden Anweisungen der Veden besagen, dass es strikt verboten sei, mit einer anderen Frau als der eigenen sexuell zu verkehren. Kṛṣṇas Liebesverhältnis mit den *gopīs* schien deshalb krass gegen diese Vorschrift zu verstoßen. Mahārāja Parīkṣit hatte natürlich aufgrund von Śukadeva Gosvāmīs Worten bereits alle Zusammenhänge verstanden, dennoch verlieh er seinem Erstaunen Ausdruck, um so die transzendentale Natur von Kṛṣṇas *rāsa*-Tanz mit den *gopīs* noch klarer herauszustellen. Diese Frage ist sehr wichtig, denn sie entlarvt das schamlose Verhalten der *prākṛta-sahajiyās*, die auf ungezügelte Weise mit Frauen verkehren.

Mahārāja Parīkṣit hatte mehrere bedeutungsvolle Worte verwendet, die der näheren Erläuterung bedürfen. Das erste dieser Worte lautet *jugupsitam* und bedeutet „verabscheuenswert". Mahārāja Parīkṣits erstes Bedenken besagte also Folgendes: Śrī Kṛṣṇa ist die Höchste Persönlichkeit Gottes, und Er erschien, um die religiösen Prinzipien wieder einzuführen. Warum also traf Er Sich mitten in der Nacht mit verheirateten Frauen und vergnügte Sich mit ihnen, indem Er mit ihnen tanzte, sie umarmte und küsste? Die vedischen Anweisungen verbieten dies streng. Er Selbst hatte anfangs zu den *gopīs* gesagt, als sie zu Ihm kamen, dass sie wieder nach Hause gehen sollten. Verheiratete Frauen oder junge Mädchen zu sich zu rufen, um sich mit ihnen zu vergnügen und mit ihnen zu tanzen, wird von den Veden als höchst verabscheuenswert bezeichnet. Warum sollte Kṛṣṇa dies getan haben?

Ein anderes Wort, das Mahārāja Parīkṣit in diesem Zusammenhang gebrauchte, lautet *āpta-kāma*. Einige Menschen werden gewiss glauben, Kṛṣṇa wäre voller Lust gewesen, als Er Sich inmitten der jungen Mädchen befand, doch Parīkṣit Mahārāja erklärte, dass es nicht möglich gewesen sei, dass Kṛṣṇa lustvolle Wünsche hatte. Zunächst einmal, nach materieller Berechnung, war Kṛṣṇa erst acht Jahre alt, und ein Knabe dieses Alters hat keine lustvollen Wünsche. *Āpta-kāma* bedeutet, dass die Höchste Persönlichkeit Gottes in Sich Selbst zufrieden ist. Selbst wenn Kṛṣṇa lustvolle Wünsche gehabt hätte, wäre es für Ihn nicht notwendig gewesen, die Hilfe Anderer in Anspruch zu nehmen, um Seine Verlangen zu befriedigen. Ein anderer Einwand besagt, dass Kṛṣṇa vielleicht nicht Selbst lustvoll gewesen sei, dass Er aber durch die lustvollen Wünsche der *gopīs* verführt worden sei. Aber als Antwort darauf bezeichnete Mahārāja Parīkṣit Kṛṣṇa als *yadu-pati*, als die erhabenste Persönlichkeit der Yadu-Dynastie. Die Könige der Yadu-Dynastie galten als die frömmsten Menschen ihrer Zeit, und ihre Nachkommen hatten den gleichen Ruf. Kṛṣṇa, der in dieser frommen Familie geboren wurde, konnte also unmöglich verführt werden – nicht einmal von den *gopīs*. Deshalb steht es außer Frage, dass irgendeine von Kṛṣṇas Taten verabscheuenswert war. Mahārāja Parīkṣits Frage lief vielmehr darauf hinaus, warum Kṛṣṇa so handelte. Welcher Grund verbarg sich wirklich dahinter?

Ein anderes Wort, das Mahārāja Parīkṣit gebrauchte, als er sich an Śukadeva Gosvāmī wandte, ist *suvrata*, was so viel bedeutet wie „das Gelübde auf sich nehmen, fromm zu handeln". Śukadeva Gosvāmī war ein strikter *brahmacārī*, weshalb es für ihn ausgeschlossen war, sich mit Sexualität zu beschäftigen. Von diesem strikten Verbot ist kein *brahmacārī* ausgenommen, ganz zu schweigen also von einem *brahmacārī* wie Śukadeva Gosvāmī. Da der *rāsa*-Tanz jedoch einen zweideutigen, ja sogar fragwürdigen Eindruck hinterlassen könnte, bat Mahārāja Parīkṣit Śukadeva Gosvāmī, den genauen Sachverhalt zu erklären. Śukadeva Gosvāmī antwortete sogleich, dass eine Verletzung der religiösen Prinzipien durch den höchsten Kontrollierenden nur ein weiterer Beweis Seiner unbegrenzten Macht sei. Es sei wie mit dem Feuer, das alles Abscheuliche verbrennen könne; darin zeige sich die überlegene Kraft des Feuers. Ebenso habe die Sonne die Kraft, aus Kot und Urin Wasser zu ziehen, ohne dabei selbst verunreinigt zu werden, vielmehr werde der unreine, schmutzige Ort durch die reinigende Kraft der Sonnenstrahlen entkeimt und desinfiziert.

Ein weiterer Einwand könnte lauten, dass man dem Vorbild Kṛṣṇas folgen müsse, da Er die höchste Autorität sei. Als Antwort auf dieses Argument ließ Śukadeva Gosvāmi unmissverständlich verlauten, dass der höchste Kontrollierende, *īśvara*, manchmal gegen Seine eigenen Anweisungen verstoße, dass dies aber nur dem Kontrollierenden Selbst möglich sei, nicht dem Kontrollierten. Die außergewöhnlichen und unvergleichlichen Taten des Kontrollierenden können von niemandem nachgeahmt werden. Śukadeva Gosvāmī betonte deshalb, dass alle bedingten Lebewesen, die im Grunde überhaupt nichts kontrollieren oder beherrschen können, nicht einmal daran denken sollten, die außergewöhnlichen Taten des Kontrollierenden nachzuahmen. Ein Mayavādī-Philosoph mag zwar von sich behaupten, Gott oder Kṛṣṇa zu sein, doch er kann nicht wie Kṛṣṇa handeln. Er kann vielleicht seine Anhängerinnen dazu überreden, mit ihm den *rāsa*-Tanz nachzuahmen, doch er wird niemals fähig sein, den Govardhana-Hügel hochzuheben. Wir kennen viele Beispiele aus der Vergangenheit von Mayavadis und anderen Scharlatanen dieser Art, die ihre Anhänger betrogen haben, indem sie sich selbst als Kṛṣṇa ausgaben, um den *rāsa-līlā* nachzuahmen. In einigen Fällen griff sogar die Regierung ein und sperrte sie ins Gefängnis. In Orissa zum Beispiel bestrafte Ṭhākura Bhaktivinoda einen Betrüger, der sich als Inkarnation Viṣṇus ausgab und mit jungen Mädchen zusammen den *rāsa-līlā* nachahmte. Es waren viele Klagen gegen diese sogenannte Inkarnation Viṣṇus erhoben worden. Daher beauftragte die Regierung Bhaktivinoda Ṭhākura, der zu jener Zeit Richter in Orissa war, diesem Scharlatan das Handwerk zu legen, woraufhin er ihn gehörig bestrafte. Der *rāsa-līlā*-Tanz kann von niemandem imitiert werden, und Śukadeva Gosvāmī warnt sogar davor, auch nur daran zu denken, dies zu tun. Er betonte, dass jemand, der in seiner Dummheit versuche, Kṛṣṇas *rāsa*-Tanz nachzuahmen, sein Leben einbüße, genau wie jemand, der versuche, wie Śiva einen Ozean voller Gift zu trinken. Śiva leerte einmal einen Ozean voller Gift und behielt das Gift in seiner Kehle, weshalb sein Hals blau wurde. Aus diesem Grund heißt Śiva auch Nīlakaṇta. Wenn nun ein gewöhnlicher Mensch versucht, Śiva zu imitieren, indem er Gift trinkt und *gañja* raucht, geht er mit Bestimmtheit daran zu Grunde, und sein Tod ist in absehbare Nähe gerückt. Deshalb sollte man nicht vergessen, dass Śrī Kṛṣṇas Beziehung zu den *gopīs* etwas Außergewöhnliches ist und unter ganz besonderen Umständen stattfand.

Die meisten *gopīs* waren in ihrem vorangegangenen Leben große Weise gewesen, die sich in allen Veden auskannten, und als Śrī Kṛṣṇa in Seiner Form als Śrī Rāmacandra erschienen war, hatten sie den Wunsch geäußert, sich Seiner Gemeinschaft erfreuen zu dürfen. Śrī Rāmacandra hatte ihnen damals die Segnung gegeben, dass all ihre Wünsche in Erfüllung gehen würden, wenn Er als Kṛṣṇa erscheine. Dies zeigt, dass sich die *gopīs* schon seit längster Zeit gewünscht hatten, die Freude von Śrī Kṛṣṇas Erscheinen erfahren zu dürfen, weswegen sie zur Göttin Kātyāyanī gebetet hatten, dass Kṛṣṇa ihr Gemahl werden möge. Es gibt noch viele andere Fälle, die ebenfalls zeigen, dass Kṛṣṇa die höchste Autorität ist und dass Ihn die Regeln und Gesetze der materiellen Welt nicht binden. In Ausnahmefällen also, wenn es Ihm beliebt, macht Kṛṣṇa alles, nur um Seine Geweihten zu erfreuen, selbst wenn es gegen irgendwelche Regeln und Gesetze verstößt. Doch dies ist nur Ihm möglich, weil Er der höchste Kontrollierende ist. Die Menschen hingegen sollten Kṛṣṇas Unterweisungen folgen, wie sie in der *Bhagavad-gīta* zu finden sind, und sie dürfen nicht einmal daran denken, Śrī Kṛṣṇas *rāsa*-Tanz zu imitieren.

Kṛṣṇas Taten, wie zum Beispiel das Heben des Govardhana-Hügels und das Töten von großen Dämonen wie Pūtanā, sind allesamt außergewöhnlich, und ebenso ist auch der *rāsa*-Tanz etwas Außergewöhnliches, das von niemandem nachgeahmt werden kann. Ein Mensch, der wie Arjuna gemäß seiner vorgeschriebenen Pflicht handelt, sollte diese Pflicht erfüllen, um dadurch Kṛṣṇa zu erfreuen, das liegt tatsächlich im Bereich seiner Fähigkeiten. Arjuna war ein Krieger, und Kṛṣṇa verlangte von ihm, dass er zu Seiner Zufriedenheit kämpfte. Arjuna kam dieser Anweisung nach, obwohl er zuerst nicht gewillt war zu kämpfen. Pflichten sind für gewöhnliche Menschen unerlässlich. Sie sollten nicht hochmütig werden und in ihrer Vermessenheit versuchen, Kṛṣṇa und Seinen *rāsa*-Tanz zu imitieren, denn dadurch stürzen sie sich nur ins Verderben. Man sollte sich im Klaren darüber sein, dass Krsna bei allem, was Er zur Segnung der *gopīs* tat, kein persönliches Interesse verfolgte. In der *Bhagavad-gītā* heißt es in diesem Zusammenhang, dass Kṛṣṇa niemals Reaktionen auf Seine Tätigkeiten genießt oder erleidet *(na māṁ karmāni limpanti)*. Deshalb kann nicht die Rede davon sein, dass Kṛṣṇa irreligiös handelte. Er ist transzendental zu allen religiösen Pflichten und Prinzipien und Er wird niemals von den Erscheinungsweisen der materiellen Natur berührt. Er ist der höchste Beherrscher aller Lebewesen, unabhängig davon, ob sie zur menschlichen Spezies, zu den Halbgöttern auf den himmlischen Planeten oder zu den niederen Formen des Lebens gehören. Er ist auch der höchste Herrscher über die materielle Natur. Wie könnte Er also religiösen oder irreligiösen Prinzipien unterworfen sein.

Śukadeva Gosvāmī erklärt weiter, dass sich die großen Weisen und Gottgeweihten, deren Herz von aller Verunreinigung befreit ist, selbst in der Bedingtheit der materiellen Welt frei bewegen können, da sie sich ständig mit Herz und Seele auf Kṛṣṇa, die Höchste Persönlichkeit Göttes, konzentrieren. Auf diese Weise sind auch sie niemals den Gesetzen von Freud und Leid entsprechend den Erscheinungsweisen der materiellen Natur unterworfen. Wie könnte dann Kṛṣṇa, der in Seiner inneren Energie erscheint, den Gesetzen des Karmas unterworfen sein?

Wann immer der Herr irgendwo erscheint, erscheint Er durch Seine innere Energie. Dies bestätigt Er Selbst unmissverständlich in der *Bhagavad-gītā*. Er wird nicht durch das Gesetz des Karmas gezwungen, einen Körper anzunehmen, wie dies bei gewöhnlichen Lebewesen der Fall ist. Jedes Lebewesen wird aufgrund seiner früheren Tätigkeiten gezwungen, eine bestimmte Art von Körper anzunehmen. Kṛṣṇa jedoch erscheint in einem Körper; der Körper wird Ihm nicht aufgrund früherer Handlungen aufgezwungen. Sein Körper ist das Medium für Seine Spiele transzendentaler Freude, die von Seiner inneren Energie entfaltet werden. Er ist nicht an die Gesetze des Karmas gebunden. Der Māyāvādi-Monist muss unter dem Diktat der Naturgesetze einen bestimmten Körper annehmen; deshalb ist seine Behauptung, mit Kṛṣṇa, Gott, eins zu sein, eine bloße Theorie. Menschen, die verkünden, Kṛṣṇa ebenbürtig zu sein, und die dem Genuss des *rāsa-līlā* frönen, stellen für die Allgemeinheit eine große Gefahr dar. Kṛṣṇa, die Höchste Persönlichkeit Gottes, war als Überseele bereits in den Herzen der *gopīs* wie auch in den Herzen ihrer Ehemänner gegenwärtig. Er ist der Führer aller Lebewesen, wie dies in der *Kaṭha Upaniṣad* bestätigt wird: *Nityo nityānāṁ cetanas' cetanānām*. Die Überseele lenkt die individuelle Seele, auf bestimmte Weise zu handeln, und so ist die Überseele der Ausführende und der Zeuge aller Handlungen.

In der *Bhagavad-gītā* wird bestätigt, dass Kṛṣṇa im Herzen eines jeden Lebewesens weilt und dass von Ihm allein Wissen, Erinnerung und Vergessen kommen. Er ist der Herr, die ursprüngliche Person, und das Ziel des vedischen Wissens ist es, Ihn zu erkennen. Er ist der Verfasser der *Vedānta*-Philosophie und Er kennt die *Vedānta*-Philosophie in Vollkommenheit. Die Vedāntisten und Māyāvādīs sind unfähig, Kṛṣṇa so zu verstehen, wie Er ist; stattdessen führen sie ihre Anhänger in die Irre, indem sie Kṛṣṇas Taten auf unautorisierte Weise nachahmen. Kṛṣṇa, die Überseele, befindet Sich bereits im Körper eines jeden, wenn Er daher jemanden anblickt oder umarmt, kann von Anstandslosigkeit keine Rede sein.

Man mag sich nun fragen, warum Kṛṣṇa, wenn Er doch in Sich Selbst vollkommen ist, überhaupt solche Spiele mit den *gopīs* offenbarte, die den sogenannten Moralisten unserer Welt anstößig erscheinen. Die Antwort lautet, dass diese Spiele die besondere Barmherzigkeit für die gefallenen, bedingten Seelen darstellen. Die *gopīs* sind Erweiterungen Seiner inneren Energie, doch weil Kṛṣṇa den *rāsa-līlā* entfalten wollte, erschienen sie wie gewöhnliche Menschen. Aller Genuss in der materiellen Welt gründet letzten Endes auf der sexuellen Anziehung zwischen Mann und Frau. Der Mann lebt nur, um sich von Frauen betören zu lassen, und die Frau lebt nur, um sich von Männern betören zu lassen. Auf diesem Prinzip beruht das gesamte materielle Leben. Sowie diese gegenseitige Anziehung zustande kommt, werden die Menschen immer mehr ins materielle Dasein hineingezogen. Um ihnen eine besondere Gunst zu gewähren, entfaltete Kṛṣṇa Seinen *rāsa-līlā*-Tanz. Damit wollte Kṛṣṇa einfach nur die bedingten Seelen faszinieren und zu Sich hinziehen, denn weil sie alle so sehr vom Sexuellen angezogen werden, bekommen sie auf diese Weise die Möglichkeit, im Austausch mit Kṛṣṇa dieselben Gefühle und Beziehungen zu genießen und gleichzeitig Befreiung aus der materiellen Bedingtheit zu erlangen. Im 2. Canto des *Śrīmad-Bhāgavatam* erklärt Mahārāja Parīkṣit ebenfalls, dass die Spiele und Taten Śrī Kṛṣṇas wie Medizin für die bedingten Seelen sind, denn wenn sie einfach nur über Kṛṣṇa hören, werden sie von der materiellen Krankheit geheilt. Sie sind dem materiellen Genuss verfallen und pflegen alle Arten von pornographischer Literatur zu lesen, doch wenn sie von Kṛṣṇas transzendentalen Spielen mit den *gopīs* hören, werden sie von aller materiellen Verunreinigung befreit.

Śukadeva Gosvāmī erklärte auch, wie man richtig hört und von wem man hören darf und von wem nicht. Das Problem liegt darin, dass die Welt voller Māyāvādīs ist, und viele dieser Māyāvādis haben es sich zur Beschäftigung gemacht, das *Śrīmad-Bhāgavatam* vorzutragen, um damit Geld zu verdienen. Deshalb sind die Zuhörer solcher Vorträge, die die verheerende Wirkung der Māyāvāda-Philosophie nicht kennen, hinterher verwirrt und haben die verschiedensten Fehlvorstellungen. Es wird davon abgeraten, dass gewöhnliche Menschen über den *rāsa-līlā* sprechen, da sie alle mehr oder weniger von der Māyāvāda-Philosophie beeinflusst sind. Wenn jedoch ein fortgeschrittener Gottgeweihter über den *rāsa-līlā* spricht, dann ist es sicher, dass diejenigen, die ihm zuhören, allmählich auf die Ebene des Kṛṣṇa-Bewusstseins erhoben und von der materiellen Verunreinigung befreit werden.

Auch ist zu beachten, dass sich keine der *gopīs*, die mit Kṛṣṇa tanzten, in ihrem materiellen Körper befand. Sie tanzten in ihrem spirituellen Körper mit Kṛṣṇa. Währenddessen dachten die sogenannten Ehemänner der *gopīs*, dass ihre Frauen an ihrer Seite schliefen, denn sie alle waren bereits vom Einfluss der äußeren Energie Kṛṣṇas verblendet worden. Diese Energie erlaubte es ihnen nicht zu erkennen, dass ihre Frauen fortgegangen waren, um mit Kṛṣṇa zu tanzen. Wie stichhaltig ist also die Anschuldigung, Kṛṣṇa habe mit den Frauen anderer Männer getanzt? Die Körper der *gopīs*, die ihren Ehemännern gehörten, lagen im Bett; es waren die spirituellen Bestandteile Kṛṣṇas, die mit Ihm tanzten. Kṛṣṇa ist die höchste Person, das spirituelle Ganze, und Er tanzte mit den spirituellen Körpern der *gopīs*. Deshalb ist es nicht gerechtfertigt, in Kṛṣṇa Fehler finden zu wollen.

Als der *rāsa*-Tanz vorüber war, ging die Nacht ihrem Ende entgegen (eine Nacht Brahmās; wie es in der *Bhagavad-gītā* heißt, ist dies eine unvorstellbar lange Zeitspanne), und die *brāhma-muhūrta* brach an. Die *brāhma-muhūrta* beginnt ungefähr eineinhalb Stunden vor

Sonnenaufgang, und es wird empfohlen, zu dieser Zeit aufzustehen und sich, nach Beendigung der morgendlichen Körperreinigung, spirituellen Tätigkeiten zu widmen, wie die *maṅgala-ārati*-Zeremonie durchzuführen und das Hare-Kṛṣṇa-Mantra zu chanten. Die Zeit der *brāhma-muhūrta* eignet sich nämlich besonders gut zur Durchführung spiritueller Aktivitäten. Als nun diese glückverheißende Stunde gekommen war, bat Kṛṣṇa die *gopīs*, Ihn zu verlassen. Obwohl es den *gopīs*, die Kṛṣṇa so lieb waren, schwerfiel, Seine Gemeinschaft aufzugeben, waren sie Ihm gehorsam, und so gingen sie sofort nach Hause, als Kṛṣṇa sie dazu aufforderte. Śukadeva Gosvāmī beendet die Schilderung des *rāsa*-Tanzes mit dem Hinweis darauf, dass jeder, der von der richtigen Quelle über die Spiele Kṛṣṇas, des ursprünglichen Viṣṇu, und der *gopīs*, der Erweiterungen von Kṛṣṇas Energie, hört, von der gefährlichsten Krankheit befreit werde, nämlich der Lust. Mit anderen Worten, wenn man solchen Beschreibungen des *rāsa-līlā* aufmerksam zuhört, wird man vollständig von lustvollen Verlangen nach Sexualität befreit und auf die höchste Ebene der spirituellen Verwirklichung erhoben. Doch weil die Menschen über den *rāsa*-Tanz im Allgemeinen von *Māyāvādīs* hören und selbst ebenfalls *Māyāvādīs* sind, geraten sie immer mehr unter das Diktat der sexuellen Begierde. Die bedingte Seele sollte die Beschreibung des *rāsa-līlā*-Tanzes von einem autorisierten spirituellen Meister hören und von ihm geschult werden, damit sie dieses Thema richtig verstehen kann. Auf diese Weise kann die bedingte Seele zur höchsten Stufe des spirituellen Lebens erhoben werden; andernfalls gerät sie immer tiefer in die materielle Verstrickung. Die materielle Lust ist eine Art Herzkrankheit, und um diesen erkrankten Zustand des Herzens zu heilen, wird der bedingten Seele empfohlen, über Kṛṣṇa zu hören – doch nicht von Betrügern und Scharlatanen wie den Māyāvādīs. Nur wenn man aus der richtigen Quelle hört und alles, was man hört, richtig versteht, kann man sein Leben tatsächlich verändern.

Śukadeva Gosvāmī bezeichnet jemanden, der im spirituellen Leben geschult ist, als *śraddhānvita*. *Śraddhā*, Vertrauen, bildet den Anfang spirituellen Lebens. Jemand, der sein Vertrauen in Kṛṣṇa entwickelt hat und ihn als die Höchste Persönlichkeit Gottes, als die höchste spirituelle Seele, kennt, kann den *rāsa*-Tanz richtig hören und beschreiben. Des Weiteren benutzt Śukadeva Gosvāmī das Wort *anuśṛṇuyāt*, das darauf hinweist, dass man von der Nachfolge der spirituellen Meister hören muss. Das Wort *anu* hat zwei Bedeutungen, nämlich „folgen“ und „ununterbrochen“. Man muss sich also immer an die Schülernachfolge halten, und man sollte seine Aufmerksamkeit nicht irgendeinem dahergelaufenen Geschichtenerzähler, sei er ein Māyāvādī oder ein x-beliebiger Mensch. *Anuśṛṇuyāt* bedeutet, dass man von einem autorisierten spirituellen Meister hören muss, der sich in der Schülernachfolge befindet und der ununterbrochen im Kṛṣṇa-Bewusstsein tätig ist. Wenn jemand bereit ist, den *rāsa-līlā* auf diese Weise zu hören, wird sich die Wirkung mit Sicherheit einstellen: Man wird auf die höchste Ebene des spirituellen Lebens erhoben. Śukadeva Gosvāmī verwendet außerdem die beiden bedeutsamen Worte *bhaktim* und *parām. Bhaktiṁ parām* bedeutet das Ausführen hingebungsvollen Dienstes jenseits der Anfängerstufe. Diejenigen, die sich lediglich zu Tempelverehrung hingezogen fühlen, jedoch mit der *bhakti*-Philosophie nicht vertraut sind, befinden sich auf der Anfängerstufe. Diese Form der *bhakti* ist nicht die vollkommene Stufe. Die vollkommene Stufe der *bhakti*, des hingebungsvollen Dienstes, wird durch das vollständige Freisein von materieller Verunreinigung charakterisiert, und die gefährlichste Art der Verunreinigung ist Lust oder sexuelle Begierde. Der hingebungsvolle Dienst auf der Ebene der *bhaktiṁ parām* ist sehr mächtig, und je mehr man auf diesem Pfad fortschreitet, desto mehr verliert man seine Anziehung zum materiellen Leben. Wer den wirklichen Nutzen aus dem Hören des *rāsa-līlā*-Tanzes zieht, erreicht mit Sicherheit die transzendentale Ebene, und sein Herz wird frei von jeglicher Spur der Lust.

Śrīla Viśvanātha Cakravartī Ṭhākura weist darauf hin, dass nach der Aussage der *Bhagavad-gītā* jeder Tag und jede Nacht Brahmās eine Zeitspanne von 4 300 000 × 1 000 Sonnenjahren umfasst. Laut Viśvanātha Cakravartī Ṭhākura fand der *rāsa*-Tanz während des langen Zeitraumes von Brahmās Nacht statt, ohne dass sich die *gopīs* darüber bewusst waren. Nur um den Wunsch der *gopīs* zu erfüllen, hatte Kṛṣṇa die Dauer der Nacht auf eine solch unermessliche Zeitspanne anwachsen lassen. Man mag sich nun fragen, wie dies möglich war. Viśvanātha Cakravartī Ṭhākura erinnert uns daran, dass Kṛṣṇa, obwohl Er mit einem Strick gefesselt war, Seiner Mutter in Seinem Mund das gesamte Universum offenbaren konnte. Wie war dies zu verstehen? Die Antwort lautet, dass Kṛṣṇa alles tun kann, um Seine Geweihten zu erfreuen. Aus diesem Grund bekamen die *gopīs*, die sich so sehr nach Kṛṣṇas Gemeinschaft gesehnt hatten, die Möglichkeit, mit Ihm für eine solch lange Zeit zusammen zu sein. Damit hielt Er Sein Versprechen ein, das Er den *gopīs* gegeben hatte, als Er ihre Kleider stahl. Damals hatten die *gopīs* am Cīraghāṭa in der Yamunā gebadet, und Kṛṣṇa hatte ihnen versprochen, in einer Nacht in der Zukunft ihren Herzenswunsch zu erfüllen. So geschah es in dieser Nacht, dass die *gopīs* Kṛṣṇa als ihren geliebten Gemahl in die Arme schließen durften, doch diese Nacht war keine gewöhnliche Nacht. Es war eine Nacht Brahmās, die Millionen und Abermillionen von Jahren währt. Für Kṛṣṇa ist alles möglich, denn Er ist der höchste Kontrollierende.

Hiermit enden die Bhaktivedanta-Erläuterungen zum 33. Kapitel des Kṛṣṇa-Buches mit dem Titel „Beschreibung des rāsa-*Tanzes“.*

KAPITEL 34

Die Befreiung Vidyādharas und der Tod des Dämons Śaṅkhacūḍa

Eines Tages beschlossen die Kuhhirten von Vṛndāvana, angeführt von Nanda Mahārāja, gemeinsam nach Ambikāvana zu gehen, um dort der *Śiva-rātri*-Zeremonie beizuwohnen. Der *rāsa-līlā* fand im Herbst statt, und die nächste große Zeremonie, die in dieser Zeit stattfindet, ist die *Dolāyātrā*-Zeremonie, auch Holi genannt. Zwischen dem *rāsa-līlā*-Fest und der *Dolāyātrā*-Zeremonie gibt es eine andere wichtige Zeremonie, die *Śiva-rātri* genannt wird und vor allem von den Śivaiten, den Geweihten Śivas, abgehalten wird. Manchmal nehmen auch Vaiṣṇavas an dieser Zeremonie teil, weil sie Śiva als den erhabensten Vaiṣṇava anerkennen. Aber die *bhaktas*, die Geweihten Kṛṣṇas, nehmen nicht regelmäßig an der *Śiva-rātri*-Feier teil. Deshalb wird im *Śrīmad-Bhāgavatam* in diesem Zusammenhang gesagt, Nanda Mahārāja und die anderen Kuhhirten hätten „eines Tages" den Wunsch danach gehabt. Dies weist daraufhin, dass sie nicht regelmäßig an der *Śiva-rātri*-Feier teilnahmen, sondern dass sie eines Tages beschlossen, aus Neugier heraus nach Ambikāvana zu gehen. Ambikāvana liegt irgendwo im Bundesstaat Gujarat und soll sich am Ufer der Sarasvatī befinden. Jedoch heute finden wir in Gujarat keinen Fluss namens Sarasvatī; der einzige Fluss dort heißt Savarmatī. In Indien liegen alle berühmten Pilgerorte an heiligen Flüssen wie dem Ganges, der Yamunā, Sarasvatī, Narmadā, Godāvarī, Kāverī usw. Ambikāvana befand sich am Ufer der Sarasvatī und Nanda Mahārāja ging gemeinsam mit allen Kuhhirten dorthin.

In Ambikāvana verehrten sie mit viel Hingabe die Bildgestalten Śivas und Ambikās. Es ist Brauch, dass überall dort, wo ein Śiva-Tempel steht, auch ein Tempel Ambikās (oder Durgās) stehen muss, denn Ambikā ist die Gattin Śivas und die erhabenste aller keuschen Frauen. Sie lebt niemals getrennt von ihrem Gatten. Nachdem die Kuhhirten von Vṛndāvana in Ambikāvana angekommen waren, nahmen sie zuerst ein Bad in der Sarasvatī. Wenn man eine Pilgerstätte besucht, ist es die erste Pflicht, ein Bad zu nehmen, und manchmal auch, sich den Kopf zu rasieren. Das ist das erste, was man zu tun hat. Nachdem die Kuhhirten also in der Sarasvatī gebadet hatten, verehrten sie die Bildgestalten, und anschließend verteilten sie an diesem heiligen Ort Spenden.

Nach den Regeln der vedischen Kultur muss man den *brāhmaṇas* Spenden geben. In den vedischen *śāstras* heißt es, dass nur die *brāhmaṇas* und *sannyāsīs* berechtigt sind, Spenden anzunehmen. Somit gaben die Hirten aus Vṛndāvana den *brāhmaṇas* Kühe, die Goldschmuck und wunderschöne Blumenkränze trugen. Den *brāhmaṇas* werden Spenden gegeben, weil sie keinen Geschäften nachgehen und keinen Beruf ausüben, um Geld zu verdienen. Dafür erwartet man von ihnen, dass sie ihre brahmanischen Pflichten erfüllen, wie sie in der *Bhagavad-gītā* beschrieben werden, das heißt, dass sie sich Wissen aneignen und sich Entsagung und Bußen auferlegen. Die *brāhmaṇas* dürfen das Wissen nicht für sich selbst behalten, sondern müssen es an andere weitergeben. Die *brāhmaṇas* sollten sich nicht damit begnügen, einfach nur die standesgemäßen Vorrechte zu genießen, sondern sie sollten auch andere zu *brāhmaṇas* werden lassen; denn wenn jemand bereit ist, der Schüler eines *brāhmaṇa* zu werden, bekommt auch er die Möglichkeit, ein *brahmana* zu werden. Die *brāmaṇas* sind stets mit der Verehrung Śrī Viṣṇus beschäftigt, weshalb sie berechtigt sind, alle Arten von Spenden entgegenzunehmen. Wenn die *brāhmaṇas* jedoch mehr bekommen, als sie brauchen, ist es ihre Pflicht, das Überschüssige für den Dienst Śrī Viṣṇus zu verwenden. Deshalb wird es in den vedischen Schriften empfohlen, den *brāhmaṇas* Spenden zu geben, denn dadurch erfreut man Śrī Viṣṇu und alle Halbgötter.

Die Pilger müssen also ein Bad nehmen, die Bildgestalten verehren und Spenden geben, außerdem wird ihnen geraten, einen Tag lang zu fasten. Wenn sie einen Pilgerort besuchen, sollten sie mindestens drei Tage lang dort bleiben. Während des ersten Tages fasten die Pilger, und am Abend dürfen sie ein wenig Wasser trinken, da durch Wasser das Fasten nicht gebrochen wird.

Die Kuhhirten und ihr Anführer, Nanda Mahārāja, verbrachten die erste Nacht am Ufer der Sarasvatī. Sie hatten während des ganzen Tages gefastet, und am Abend hatten sie ein wenig Wasser zu sich genommen und sich dann zur Ruhe gelegt. Während der Nacht jedoch kroch aus dem nahegelegenen Wald eine riesengroße Schlange zu den schlafenden Kuhhirten hin und stürzte sich auf Nanda Mahārāja, um ihn gierig zu verschlingen. In seiner hilflosen Lage rief Nanda: „Mein lieber Sohn, Kṛṣṇa, bitte komm und hilf mir! Ich werde von einer Schlange verschlungen!“ Nanda Mahārājas Hilferufe weckten all die anderen Kuhhirten, die erschrocken von ihren Lagern hochfuhren. Als sie sahen, was vor sich ging, holten sie sofort brennende Holzscheite aus dem Feuer und schlugen damit wild auf die Schlange ein, um sie zu töten. Doch obwohl die Riesenschlange mit brennenden Scheiten geschlagen wurde, wollte sie nicht von Nanda Mahārāja ablassen. Dann jedoch erschien Kṛṣṇa auf dem Schauplatz und berührte die Schlange mit Seinen Lotosfüßen. Sowie die Schlange von Kṛṣṇas Lotosfüßen berührt wurde, brach der Reptilienkörper in sich zusammen, und hervor kam ein wunderschöner Halbgott. Es war der Halbgott Vidyādhara, dessen körperliche Schönheit so groß war, dass er würdig schien, verehrt zu werden. Ein Strahlen und Leuchten ging von seinem Körper aus und er war mit einer goldenen Halskette geschmückt. Er brachte Śrī Kṛṣṇa sogleich seine Ehrerbietungen dar und stellte sich in aller Demut vor Ihm hin: „Du scheinst ein erhabener Halbgott zu sein“, sagte Kṛṣṇa zu Vidyādhara, „und dazu scheinst du in der Gunst der Glücksgöttin zu stehen. Wie kommt es also, dass du solch abscheuliche Taten begingst, dass du im Körper einer Schlange geboren werden musstest?“ Daraufhin erzählte der Halbgott die Geschichte seines vorangegangenen Lebens.

„Mein lieber Herr“, sprach er, „in meinem letzten Leben hieß ich Vidyādhara. Ich war auf der ganzen Welt berühmt für meine Schönheit. Weil ich eine gefeierte Persönlichkeit war, pflegte ich in meinem Flugzeug überallhin zu reisen. Eines Tages erblickte ich den großen Weisen Aṅgirā. Er war sehr hässlich, und da mir meine Schönheit zu Kopf gestiegen war, wagte ich es, ihn auszulachen. Zur Strafe für dieses Vergehen verfluchte mich der Weise, den Körper einer Schlange anzunehmen.“

Hieraus kann man ersehen, dass ein Lebewesen, solange es nicht Kṛṣṇas Barmherzigkeit bekommt, stets unter dem Einfluss der Erscheinungsweisen der materiellen Natur steht, ganz gleich, wie fortgeschritten es in materieller Hinsicht auch sein mag. Vidyādhara war, materiell gesehen, ein edler Halbgott von außergewöhnlicher Schönheit. Zudem erfreute er sich einer hohen materiellen Stellung und war in der Lage, mit seinem Flugzeug überallhin zu reisen. Trotzdem wurde er dazu verflucht, in seinem nächsten Leben eine Schlange zu werden. Mit anderen Worten, jeder, selbst wenn er materiell sehr hochstehend ist, kann dazu verurteilt werden, in eine abscheuliche Lebensform zurückzufallen, wenn er nicht vorsichtig ist. Es ist ein Irrtum, zu glauben, man falle nach Erlangen eines menschlichen Körpers unter keinen Umständen wieder auf eine niedere Lebensform zurück. Vidyādhara bestätigte, dass er, obwohl er ein Halbgott war, dazu verflucht worden war, eine Schlange zu werden. Doch weil er nun von Kṛṣṇas Lotosfüßen berührt worden war, erwachte er augenblicklich zum Kṛṣṇa-Bewusstsein. Allerdings bekannte er, dass er in seinem vorangegangenen Leben sehr sündig gewesen sei. Ein Kṛṣṇa-bewusster Mensch weiß, dass er immer der Diener des Dieners von Kṛṣṇa ist; er selbst sieht sich als höchst unbedeutend, und bei jedwedem Erfolg ist er sich darüber bewusst, dass diese nichts anderes als die reine Barmherzigkeit Kṛṣṇas und des spirituellen Meisters ist.

Der Halbgott Vidyādhara sagte weiter zu Śrī Kṛṣṇa: „Weil ich auf die ausnehmende Schönheit meines Körpers sehr stolz war, verspottete ich das hässliche Aussehen des großen Weisen Aṅgirā, worauf er mich verfluchte, eine Schlange zu werden. Doch nun erkenne ich, dass dieser Fluch des Weisen in Wirklichkeit gar kein Fluch war, sondern eine große Segnung. Hätte er mich nämlich nicht verflucht, wäre ich niemals von Deinen Lotosfüßen getreten und dadurch von aller materiellen Verunreinigung befreit worden."

Im materiellen Dasein gelten vier Vorzüge als sehr wertvoll: in einer ehrbaren Familie geboren zu sein, sehr reich zu sein, sehr gelehrt zu sein und sehr schön zu sein. Diese Vorzüge werden als materielle Werte angesehen, doch leider werden genau diese materiellen Werte ohne Kṛṣṇa-Bewusstsein manchmal die Ursache dafür, dass man Sünden begeht oder zu Fall kommt. Ein gutes Beispiel dafür ist Vidyādhara. Obwohl er ein Halbgott war und einen wunderschönen Körper besaß, wurde er so eitel und überheblich, dass er verflucht wurde, den Körper einer Schlange anzunehmen. Aus diesem Vorfall können wir lernen, dass diejenigen mit zu großem Stolz auf ihre materiellen Besitztümer oder mit feindlicher Gesinnung gegenüber anderen auf die Daseinsstufe einer Schlange herabsinken. Die Schlange gilt als das grausamste und heimtückischste Lebewesen, doch wenn ein Mensch andere Lebewesen grausam behandelt, ist er noch heimtückischer als Schlangen. Eine Schlange lässt sich durch besondere Mantras und Kräuter beschwören, wohingegen sich ein neidischer, unberechenbarer Mensch durch nichts besänftigen lässt.

„Lieber Herr", fuhr Vidyādhara fort, „nun, da ich glaube, von allen Sünden befreit worden zu sein, bitte ich Dich um die Erlaubnis, in mein Reich auf den himmlischen Planeten zurückzukehren." Diese Bitte zeigt, dass Menschen, die fruchtbringenden Tätigkeiten nachgehen und sich wünschen, die materiellen Annehmlichkeiten der höheren Planetensysteme zu genießen, ihr angestrebtes Lebensziel nicht ohne die Einwilligung der Höchsten Persönlichkeit Gottes erreichen können. Ebenso heißt es in der *Bhagavad-gītā*, dass Menschen, die nicht sehr intelligent sind, nach materiellen Vorteilen streben und deshalb die verschiedensten Halbgötter verehren, doch sie wissen nicht, dass sie die Segnungen der Halbgötter im Grunde nur mit der Einwilligung Śrī Viṣṇus, oder Kṛṣṇas, erhalten. Die Halbgötter allein haben nicht die Macht, jemanden mit materiellem Reichtum zu segnen. Deshalb sollte sogar jemand, dem es nur um materielle Segnungen geht, Kṛṣṇa, die Höchste Persönlichkeit Gottes, verehren und sich mit seiner Bitte an Ihn wenden. Kṛṣṇa ist selbstverständlich in der Lage, auch materielle Segnungen zu gewähren. Es besteht jedoch ein Unterschied, ob man die Halbgötter um materielle Segnungen bittet oder Kṛṣṇa. So verehrte zum Beispiel Dhruva Mahārāja die Höchste Persönlichkeit Gottes mit materiellen Motiven. Doch als er dann die Gunst des Höchsten Herrn erlangte und Ihn von Angesicht zu Angesicht sah, war er so zufrieden, dass er nicht mehr an materiellen Segnungen interessiert war. Wenn jemand also intelligent ist, verehrt er nicht die Halbgötter, um sie um Segnungen zu bitten, vielmehr wird er direkt Kṛṣṇa-bewusst. Wenn er sich irgendwelche materiellen Vorteile wünscht, wendet er sich an Kṛṣṇa und nicht an die Halbgötter.

Vidyādhara, der auf Kṛṣṇas Erlaubnis wartete, zu den himmlischen Planeten zurückzukehren, erklärte weiter: „Nun, da mich Deine Lotosfüße berührt haben, bin ich von allen materiellen Qualen befreit. Du bist der mächtigste aller Mystiker, Du bist die ursprüngliche Höchste Persönlichkeit Gottes, Du bist der Herr aller Gottgeweihten und Du bist der Eigentümer aller Planetensysteme. Deshalb bitte ich Dich um die Erlaubnis, in mein Reich zurückzukehren. Nimm mich gütigerweise als eine Dir völlig ergebene Seele an. Ich weiß sehr wohl, dass Menschen, die ständig Deinen Heiligen Namen chanten, von allen sündhaften Reaktionen erlöst werden, ganz zu schweigen also von denjenigen, die das Glück haben, von Deinen Lotosfüßen berührt zu werden. Ich bin überzeugt, dass ich nun vom Fluch des *brāhmaṇa* erlöst bin, da ich Dich gesehen habe von Deinen Lotosfüßen berührt wurde."

Auf diese Weise erhielt Vidyādhara von Śrī Kṛṣṇa die Erlaubnis, in seine Heimat auf den himmlischen Planeten zurückzukehren. Für diese Erlaubnis war er dankbar, so umkreiste er den Herrn, erwies Ihm seine respektvollen Ehrerbietungen und kehrte zu seinem Planeten zurück. Auf diese Weise wurde Nanda Maharāja aus dem Rachen der furchterregenden Schlange gerettet.

Die Kuhhirten, die nach Ambikāvana gepilgert waren, um Śiva und Ambikā zu verehren, führten diese feierliche Zeremonie zu Ende und traten danach die Rückreise nach Vṛndāvana an. Unterwegs erinnerten sie sich an Kṛṣṇas wundervolle Taten. Wie sie so über den Vorfall von Vidyādharas Befreiung sprachen, steigerte sich ihre Zuneigung zu Kṛṣṇa. Sie waren gekommen, um Śiva und Ambikā zu verehren, aber das Ergebnis war, dass sie sich noch mehr zu Kṛṣṇa hingezogen fühlten. Ebenso hatten die *gopīs* die Göttin Kātyāyānī verehrt, um dadurch noch größere Liebe zu Kṛṣṇa zu gewinnen. In der *Bhagavad-gītā* wird gesagt, dass Menschen, die Halbgötter wie Brahma, Śiva, Indra und Candra verehren, um einen persönlichen Vorteil daraus zu ziehen, weniger intelligent seien und das eigentliche Ziel des Lebens vergessen hätten. Aber die Kuhhirten, die Einwohner von Vṛndāvana, waren keine gewöhnlichen Menschen. Alles, was sie taten, taten sie für Kṛṣṇa. Wenn man Halbgötter wie Śiva und Brahmā verehrt, um seine Liebe zu Kṛṣṇa zu vergrößern, lässt sich dagegen nichts einwenden, doch wenn man die Halbgötter aus selbstsüchtigen Motiven heraus verehrt, ist dies zu verurteilen.

Nach diesem Vorfall begaben Sich Kṛṣṇa und Sein älterer Bruder Balarāma, die beide unvorstellbar mächtig sind, während einer milden Nacht in den Wald von Vṛndāvana, begleitet von den Mädchen aus Vrajabhūmi, deren Gemeinschaft Sie genossen. Die jungen Mädchen aus Vraja waren sehr schön gekleidet und mit Sandelholzpaste und Blumen geschmückt. Der Mond leuchtete am Himmel, umringt von funkelnden Sternen. Ein sanfter Wind trug den süßen Duft der *mallikā*-Blumen mit sich, und die Hummeln waren wie verrückt nach diesem Duft. In dieser bezaubernden Atmosphäre begannen Kṛṣṇa und Balarāma, die schönsten Melodien zu singen. Die *gopīs* wurden von Ihren rhythmischen Liedern so gefangen, dass sie alles andere vergaßen und sich kaum mehr beherrschen konnten; ihr Haar löste sich, ihre Kleider verrutschten und ihre Blumengirlanden fielen zu Boden.

Während Kṛṣṇa, Balarāma und die *gopīs* so vertieft und fast wie von Sinnen waren, erschien plötzlich ein Dämon unter ihnen, der zum Bekanntenkreis Kuveras, des Schatzmeisters der himmlischen Planeten, gehörte. Der Dämon hieß Śaṅkhacūḍa, da er auf seinem Kopf einen kostbaren Juwel trug, der einem Muschelhorn glich. Genau wie einst die beiden eitlen Söhne Kuveras vor Stolz auf ihren Reichtum die Gegenwart Nārada Munis nicht zu würdigen wussten, so war auch dieser Śaṅkhacūḍa wegen seines materiellen Reichtums so eingebildet, dass er Kṛṣṇa und Balarāma einfach nur für ordinäre Kuhhirtenjungen hielt, die es sich anmaßten, die Gemeinschaft vieler schöner Mädchen zu genießen. In der materiellen Welt glaubt ein sehr reicher Mann für gewöhnlich, alle schönen Frauen wären für ihn bestimmt. Und genau dieser Auffassung war auch Śaṅkhacūḍa. Er glaubte, weil er zur reichen Gefolgschaft Kuveras gehöre, wäre es nur recht und billig, wenn er, und nicht Kṛṣṇa und Balarāma, sich an so vielen hübschen Mädchen erfreut. Er beschloss daher, sie alle zu rauben. Unvermittelt erschien er vor Kṛṣṇa und Balarāma und den Mädchen von Vrāja und machte sich bedenkenlos daran, die Mädchen vor Kṛṣṇas und Balarāmas Augen gewaltsam in den Norden fortzutreiben. Er kommandierte sie herum, als wäre er ihr Besitzer und Ehemann. Als die Mädchen von Vraja auf diese Weise gewaltsam entführt wurden, riefen sie laut Kṛṣṇa und Balarāma zu Hilfe. Sogleich nahmen die beiden Brüder große Knüppel aus *śāla*-Holz in die Hand und folgten ihnen. „Habt keine Angst! Habt keine Angst!“, riefen sie den *gopīs* zu. „Wir kommen sofort und töten den Dämon.“ Gleich darauf hatten sie Śaṅkhacūḍa eingeholt. Der Dämon, dem die beiden Brüder zu mächtig erschienen, ließ die *gopīs* stehen und rannte davon, um sein Leben zu retten. Aber Kṛṣṇa wollte ihn nicht entkommen lassen. Er vertraute die *gopīs* der Obhut Balarāmas an und verfolgte Śaṅkhacūḍa, wohin auch immer dieser floh, denn Kṛṣṇa hatte es auf den wertvollen, muschelähnlichen Juwel abgesehen, den der Dämon auf seinem Kopf trug. Schon nach kurzer Distanz bekam Kṛṣṇa den Dämon zu fassen und schlug ihm mit der Faust auf den Kopf, worauf der Dämon seine Lebensenergie aushauchte. Dann nahm Kṛṣṇa das kostbare Juwel an Sich und kehrte zu den anderen zurück. Vor den Augen der Mädchen von Vraja überreichte Er das wertvolle Schmuckstück Seinem älteren Bruder Balarāma.

Hiermit enden die Bhaktivedanta-Erläuterungen zum 34. *Kapitel des Kṛṣṇa-Buches mit dem Titel „Die Befreiung Vidyādharas und der Tod des Dämons Śaṅkhāsura“.*

KAPITEL 35

Die Trennungsgefühle der gopīs

Die *gopīs* aus Vṛndāvana liebten Kṛṣṇa so sehr, dass der nächtliche *rāsa*-Tanz nicht genügte, um sie zufriedenzustellen; sie wollten sich auch tagsüber Seiner Gemeinschaft erfreuen. Wenn Kṛṣṇa zusammen mit Seinen Kuhhirtenfreunden und den Kühen in den Wald zog, konnten die *gopīs* zwar nicht persönlich mit Ihm gehen, doch mit ihren Herzen waren sie bei Ihm. Und weil ihre Herzen Ihn begleiteten, war es den *gopīs* möglich, durch ihre starken Gefühle der Trennung weiterhin Kṛṣṇas Gemeinschaft zu haben. Dieses starke Gefühl der Trennung zu erlangen, ist das Ziel der Lehren Śrī Caitanyas und Seiner direkten Schüler, den Sechs Gosvāmīs. Wie die *gopīs*, so können auch wir, wenn wir nicht persönlich mit Kṛṣṇa zusammen sein können, durch Gefühle der Trennung in Seine Gemeinschaft gelangen. Kṛṣṇas transzendentale Gestalt, Seine Eigenschaften, Seine Spiele und Seine Umgebung sind mit Ihm identisch. Es gibt neun verschiedene Arten des hingebungsvollen Dienstes. Hingebungsvoller Dienst für Kṛṣṇa in Gefühlen der Trennung erhebt den Gottgeweihten auf die höchste Stufe der Vollkommenheit, auf die Stufe der *gopīs.*

Śrīnivāsa Ācārya beschreibt in seinen Gebeten zu den Sechs Gosvāmīs, dass die Gosvāmīs ihre materiell einträglichen Regierungsämter niederlegten und dem damit verbundenen fürstlichen Leben entsagten, um nach Vṛndāvana zu gehen, wo sie wie gewöhnliche Bettelmönche von Tür zu Tür zogen. Doch sie waren so sehr von den Trennungsgefühlen der *gopīs* erfüllt, dass sie in jedem Augenblick transzendentale Freude genossen. Ebenso offenbarte Śrī Caitanya, als Er Sich in Jagannātha Purī aufhielt und das Wesen Rādhārāṇīs annahm, Gefühle der Trennung von Kṛṣṇa. Die Gottgeweihten, die sich in der Nachfolge der Mādhva-Gauḍīya-sampradāya befinden, sollten immer Trennungsgefühle von Kṛṣṇa spüren, während sie Seine transzendentale Gestalt verehren und miteinander über Seine transzendentalen Lehren, Seine Spiele, Seine Eigenschaften, Seine Gefährten und seine Gemeinschaft sprechen. Dies wird die Gottgeweihten erleuchten, so dass sie die höchste Vollkommenheit der Hingabe erreichen. Ständige Trennung zu empfinden, während man im Dienst des Herrn beschäftigt ist, bildet die Vollkommenheit des Kṛṣṇa-Bewusstseins.

Die *gopīs* pflegten ständig miteinander über Kṛṣṇa zu reden. So sagte eine der *gopīs:* „Meine lieben Freundinnen, wusstet ihr schon, dass Sich Kṛṣṇa auf den linken Ellbogen aufstützt, wenn Er Sich auf den Boden legt, und dass Er dann Seinen Kopf in der linken Hand ruhen lässt? Wenn Er mit Seinen zierlichen Fingern auf der Flöte spielt, tanzen Seine Augenbrauen auf betörende Weise hin und her und der Klang Seiner Flöte erzeugt eine solch wunderbare Stimmung, dass die Bewohner der himmlischen Planeten, die mit ihren Frauen und Angehörigen durch den Weltraum reisen, ihre Flugzeuge anhalten, da sie vom Klang der Flöte überwältigt sind. Die Frauen der Halbgötter schämen sich dann ihrer geringen Fähigkeiten des Singens und Musizierens, doch darüber hinaus erwachen in ihnen solch starke Gefühle ehelicher Liebe, dass sich ihr Haar löst und dass sich ihre enganliegenden Kleider lockern."

Eine andere *gopī* sagte: „Meine lieben Freundinnen, Kṛṣṇa ist so wunderschön, dass sich die Glücksgöttin ständig an Seiner Brust aufhält, und Er wird immer von einer goldenen Halskette geschmückt. Unser schöner Kṛṣṇa spielt auf Seiner Flöte, um die Herzen unzähliger Gottgeweihter zu beleben. Er ist der einzige Freund der leidenden Lebewesen. Wenn Er auf Seiner Flöte spielt, halten all die Kühe und die anderen Tiere Vṛndāvanas mitten im Kauen inne und stehen mit vollem Maul da. Sie spitzen ihre Ohren und sind wie gelähmt. Sie scheinen gar nicht mehr am Leben zu sein, sondern stehen nur noch da wie gemalte Kühe auf einer Leinwand. Kṛṣṇas Flötenspiel ist so bezaubernd, dass selbst die Tiere wie gebannt zuhören – ganz zu schweigen dann also von uns."

Eine andere *gopī* sagte: „Meine lieben Freundinnen, nicht nur die Tiere, sondern auch die unbeseelten Dinge wie die Flüsse und Seen von Vṛndāvana werden reglos, wenn Kṛṣṇa, dessen Haupt mit Pfauenfedern geschmückt ist und dessen Körper mit Erdfarben aus Vṛndāvana bemalt ist, an ihnen vorbeizieht. Mit den Blättern und Blumen, die Ihn schmücken, sieht Er aus wie ein Held. Wenn Er auf Seiner Flöte spielt und gemeinsam mit Balarāma die Kühe zusammenruft, hält die Yamunā in ihrem Lauf inne und wartet voller Hoffnung, dass der Wind den Staub von Seinen Lotosfüßen zu ihr herüberweht. Aber die Yamunā ist ebenso bedauernswert wie wir und erhält nicht Kṛṣṇas Barmherzigkeit. Der Fluss bleibt einfach nur wie erstarrt stehen und hält seine Wellen zurück, genau wie auch wir in unserer Sehnsucht nach Kṛṣṇa manchmal aufhören zu weinen." In Kṛṣṇas Abwesenheit vergossen die *gopīs* ständig Tränen, und manchmal, wenn sie meinten, Kṛṣṇa kehre zurück, hörten sie auf zu weinen. Doch wenn sie sich in ihrer Hoffnung getäuscht sahen, brachen sie erneut in Tränen aus.

Kṛṣṇa ist die ursprüngliche Persönlichkeit Gottes, der Ursprung aller Viṣṇu-Erweiterungen, und die Kuhhirtenjungen waren alles Halbgötter. Genau wie Śrī Viṣṇu immer von den verschiedensten Halbgöttern wie Śiva, Brahmā, Indra und Candra umgeben ist, die Ihm alle ihre Verehrung darbringen, wurde Kṛṣṇa immer von den Kuhhirtenjungen begleitet, ob Er nun durch den Wald von Vṛndāvana zog oder Sich auf den Govardhana-Hügel begab. Dabei spielte Er oft auf Seiner Flöte, um die Kühe zu Sich zu rufen. Allein durch Kṛṣṇas Gegenwart wurden die Bäume, Sträucher und alle anderen Pflanzen im Wald augenblicklich Kṛṣṇa-bewusst, obwohl ihr Bewusstsein in dieser Lebensform nicht sehr fortgeschritten war. Genau wie ein Mensch, der Kṛṣṇa-bewusst ist, alles Kṛṣṇa darbringt, so wollten auch die Bäume und die anderen Pflanzen, die durch die Gegenwart von Kṛṣṇa und Seinen Freunden gesegnet worden waren, alles, was sie besaßen, Kṛṣṇa darbringen – ihre Früchte, ihre Blüten und den Honig, der unaufhörlich von ihren Ästen tropfte.

Kṛṣṇa ging oft am Ufer der Yamunā entlang, die Stirn mit *tilaka* gezeichnet, mit einer Girlande aus Waldblumen um den Hals und den Körper mit Sandelholzpaste und *tulasī*-Blättern geschmückt. Die Hummeln wurden verrückt nach dem Duft und der Lieblichkeit, die die Luft erfüllten, und begannen zu summen. Weil Sich Kṛṣṇa über das Summen der Bienen und Hummeln freute, spielte Er dazu auf Seiner Flöte; vereinigt wurden die Klänge so lieblich, dass Wasservögel wie die Kraniche, Schwäne und Enten wie verzaubert lauschten. Statt weiter zu schwimmen oder zu fliegen, hielten sie überwältigt inne. Sie schlossen ihre Augen und fielen in Trance, wobei sie in tiefer Meditation Kṛṣṇa verehrten.

Eine *gopī* sagte: „Meine lieben Freundinnen, wie schön Kṛṣṇa und Balarāma mit Ihren Ohrringen und Perlenhalsketten aussehen! Sie vergnügen Sich oben auf dem Govardhana-Hügel. Alles versinkt in einen Ozean transzendentaler Freude, wenn Kṛṣṇa auf Seiner Flöte spielt und die ganze Schöpfung bezaubert. Wenn Er zu spielen beginnt, stellen die Wolken vor Ehrfurcht ihr lautes Donnern ein, und statt den Klang Seiner Flöte zu stören, antworten sie mit einem sanften Donnerrollen, um so Kṛṣṇa, ihren Freund, zu beglückwünschen.

Kṛṣṇa gilt als der Freund der Wolken, weil sowohl die Wolken als auch Kṛṣṇa den Menschen helfen, wenn sie in Not sind. Wenn die Menschen unter sengender Hitze leiden, geben ihnen die Wolken die Erquickung des Regens. In ähnlicher Weise gibt auch das Kṛṣṇa-Bewusstsein Erleichterung für die Menschen, die in ihrem materialistischen Leben vom Feuer der materiellen Leiden gequält werden. Deshalb gelten Kṛṣṇa und die Wolken als Freunde, und zudem haben sie auch noch die gleiche Körpertönung. Weil die Wolken ihren höhergestellten Freund beglückwünschen wollten, ließen sie nicht Wasser, sondern kleine Blumen vom Himmel regnen und zogen sich wie ein Schirm über Seinem Haupt zusammen, um Ihn vor der heißen Sonne zu schützen.

Eine der *gopīs* sagte zu Mutter Yaśodā: „Meine liebe Mutter, dein

Sohn ist der geschickteste unter den Kuhhirtenjungen. Er beherrscht die verschiedensten Künste, wie das Kühehüten und das Flötenspiel. Er komponiert Seine eigenen Lieder und dann setzt Er Seine Flöte an die Lippen, um sie vorzuspielen. Immer wenn Seine Flöte ertönt, sei es am Morgen oder am Abend, neigen alle Halbgötter, einschließlich Śiva, Brahma, Indra und Candra, ihr Haupt und lauschen mit großer Aufmerksamkeit, doch obwohl sie alle sehr gelehrt und talentiert sind, gelingt es ihnen nicht, die musikalische Kunst von Kṛṣṇas Flötenspiel zu verstehen. Sie lauschen konzentriert, doch Kṛṣṇas Kunst entzieht sich ihrem Begriffsvermögen, und so stehen sie einfach da und sind verwirrt.

Eine andere *gopī* sagte: „Meine lieben Freundinnen, wenn Kṛṣṇa mit Seinen Kühen heimkehrt, lassen die Abdrücke Seiner Fußsohlen, die mit Fahne, Blitz, Dreizack und Lotosblume gezeichnet sind, die Erde ihre Schmerzen vergessen, die sie fühlt, wenn all die Kühe über sie hinwegziehen. Wenn Kṛṣṇa so dahinschreitet und Seine Flöte trägt, bietet Er den anmutigsten Anblick. Wenn wir Ihn nur schon von Weitem sehen, regt sich in uns die brennende Sehnsucht, Seine Gemeinschaft zu genießen. In solchen Momenten kommen all unsere Bewegungen zum Stillstand. Wir stehen gelähmt da wie Bäume und merken gar nicht, dass sich unser Haar löst und sich unsere Kleidung lockert."

Kṛṣṇa hütete viele Tausende von Kühen, die nach ihrer Farbe in verschiedene Gruppen aufgeteilt waren. Sie alle trugen unterschiedliche Namen, die sich ebenfalls nach ihrer Zeichnung richteten. Wenn Sich Kṛṣṇa für den Aufbruch von den Weidegründen nach Hause vorbereitete, trieb Er alle Kühe zusammen. Genau wie die Vaiṣṇavas auf einer Gebetskette mit 108 Perlen zählen, die die 108 *gopīs* repräsentieren, so zählte auch Kṛṣṇa auf 108 Perlen, um die verschiedenen Kuhherden zu zählen.

„Wenn Kṛṣṇa heimkehrt", so vertraute eine *gopī* ihrer Freundin an, „trägt Er eine Girlande aus *tulasī*-Blättern. Er legt Seine Hand auf die Schulter eines Freundes und beginnt dann auf Seiner transzendentalen Flöte zu spielen. Wenn die Frauen der schwarzen Hirsche den Klang von Kṛṣṇas Flöte vernehmen, der an den Klang der *vīṇā* erinnert, laufen sie wie verzaubert auf Kṛṣṇa zu, bleiben in Seiner Nähe unbeweglich stehen und vergessen ihr Zuhause und ihre Gatten. Die Hirschkühe werden ebenso von den Klängen Seiner Flöte betört wie wir, die wir vom Ozean der transzendentalen Eigenschaften Kṛṣṇas überwältigt sind."

Eine andere *gopī* sagte zu Mutter Yaśodā: „Meine liebe Mutter, wenn Dein Sohn ins Dorf zurückkehrt, schmückt Er Sich mit den Knospen der *kunda*-Blume und spielt auf Seiner Flöte, nur um Seine Freunde zu erleuchten und zu erfreuen. Der Wind, der sanft vom Süden her weht, ist sehr angenehm, weil er wohlriechende Düfte mit sich trägt und erfrischend kühl ist. Untergeordnete Halbgötter wie die Gandharvas und Siddhas nutzen diese glückverheißenden Momente und bringen deinem Sohn ihre Gebete dar, indem sie ihre Hörner und Trommeln ertönen lassen. Kṛṣṇa ist sehr gütig zu den Einwohnern von Vrajabhūmi, Vṛndāvana, und wenn Er mit Seinen Kühen und Freunden ins Dorf zurückkehrt, erinnern sich alle daran, wie Er den Govardhana-Hügel in die Luft hob. Selbst die mächtigsten Halbgötter wie Brahmā und Śiva nutzen die Gelegenheit, um vor Kṛṣṇa zu erscheinen und Ihm ihre Abendgebete darzubringen, und zusammen mit den Kuhhirtenjungen lobpreisen sie Kṛṣṇas Eigenschaften.

Kṛṣṇa wird mit dem Mond verglichen, der aus dem Ozean von Devakīs Schoß geboren wurde. Wenn Er am Abend heimkehrt, scheint Er müde zu sein, doch auch dann ist Er bestrebt, die Einwohner von Vṛndāvana durch Seine glückspendende Anwesenheit zu erfreuen. Wenn Kṛṣṇa so mit Blumen bekränzt ist, erstrahlt Sein Gesicht vor Schönheit, geschmückt mit goldenen Ohrringen. Er zieht in Vṛndāvana ein wie ein majestätischer Elefant, und langsamen Schrittes geht Er nach Hause. Sowie Kṛṣṇa ins Dorf zurückkehrt, vergessen die Männer, Frauen und Kühe von Vṛndāvana die sengende Hitze des Tages."

Auf diese Weise erinnerten sich die *gopīs* an die transzendentalen Spiele und Taten von Kṛṣṇa, wenn Er nicht in Vṛndāvana war. Sie geben uns eine Vorstellung davon, wie anziehend Kṛṣṇa nicht nur für die Menschen, sondern auch für alle belebten und unbelebten Dinge ist. In Vṛndāvana fühlt sich alles und jeder zu Kṛṣṇa hingezogen, einschließlich der Bäume, der Pflanzen, dem Wasser und der Tiere, wie Rehe und Kühe. Das ist die vollkommene Beschreibung von Kṛṣṇas allanziehendem Wesen. Das Beispiel der *gopīs* ist sehr lehrreich für alle, die versuchen, sich in das Kṛṣṇa-Bewusstsein zu vertiefen. Es zeigt uns, dass man sehr leicht mit Kṛṣṇa zusammen sein kann, wenn man sich einfach an Seine transzendentalen Spiele erinnert. Jeder hat die

Neigung, jemanden zu lieben. Diese Liebe auf Kṛṣṇa zu richten, bildet den Kern des Kṛṣṇa-Bewusstseins. Wenn man ständig das Hare-Kṛṣṇa-Mantra chantet und sich an Kṛṣṇas transzendentale Spiele erinnert, erreicht man die vollkommene Stufe des Kṛṣṇa-Bewusstseins, und auf diese Weise wird das Leben erhaben und erfolgreich.

Hiermit enden die Bhaktivedanta-Erläuterungen zum 35. Kapitel des Kṛṣṇa-Buches mit dem Titel „Die Trennungsgefühle der gopīs*".*

KAPITEL 36

Kaṁsa schickt Akrūra nach Vṛndāvana

Die Gedanken der Einwohner von Vṛndāvana weilten stets bei Kṛṣṇa. Jeder erinnerte sich an Seine transzendentalen Spiele und war auf diese Weise ständig in den Ozean der transzendentalen Glückseligkeit getaucht. Doch die materielle Welt ist so unrein, dass die *asuras*, die Dämonen, selbst in Vṛndāvana versuchten, den Frieden zu stören.

Eines Tages kam ein Dämon namens Ariṣṭāsura in der Gestalt eines gigantischen Stiers mit riesigen Hörnern in das Dorf gestürmt, wobei er mit seinen Hufen die Erde aufwarf. Als der Stier in das Gebiet von Vṛndāvana eindrang, schien das ganze Land wie bei einem Erdbeben zu erzittern. Er brüllte furchterregend und rannte auf das Dorf zu, nachdem er die Erde am Flussufer durchgepflügt hatte. Das fürchterliche Gebrüll des Stiers war so durchdringend, dass einige der trächtigen Kühe und schwangeren Frauen Fehlgeburten erlitten. Sein Körper war so gewaltig und groß, dass Wolken über ihm schwebten wie über einem Berggipfel. Als Ariṣṭāsura auf das Dorf Vṛndāvana zustürmte, sah er so furchterregend aus, dass schon beim bloßen Anblick des Dämons alle Männer und Frauen in Angst und Schrecken versetzt wurden und dass die Kühe und all die anderen Tiere aus dem Dorf flohen.

Die Lage war so bedrohlich, dass die Einwohner von Vṛndāvana alle laut um Hilfe riefen: „Kṛṣṇa! Kṛṣṇa, bitte rette uns!" Als Kṛṣṇa diese Hilferufe vernahm und dazu noch sah, dass die Kühe wegrannten, antwortete Er sofort mit lauter Stimme: „Habt keine Angst! Habt keine Angst!" Dann stellte Er Sich dem Dämon entgegen und rief: „Du bist das niedrigste Geschöpf unter der Sonne. Wie kannst du es wagen, die Einwohner von Vṛndāvana zu erschrecken? Was versprichst du dir davon? Wenn du gekommen bist, um Meine Autorität herauszufordern, so bin Ich zum Kampf bereit." Mit diesen Worten forderte Kṛṣṇa Ariṣṭāsura heraus, wodurch der wutschnaubende Dämon bis aufs Blut gereizt wurde. Kṛṣṇa hatte Sich einfach auf den Weg gestellt und schaute dem Stier entgegen, wobei Seine Hand auf der Schulter eines Freunde ruhtes. Vor Wut kochend, stürzte Ariṣṭāsura auf Kṛṣṇa zu. Er pflügte mit seinen Hufen die Erde auf, und seinen Schwanz streckte er hoch in die Luft, so dass er bis in die Wolken zu reichen schien. Seine blutunterlaufenen Augen rollten grimmig hin und her, als Er mit gesenkten Hörnern wie ein von Indra gesandter Blitz auf Kṛṣṇa zuschoss. Doch Kṛṣṇa packte ihn unvermittelt bei den Hörnern und schleuderte ihn durch die Luft, genau wie ein gewaltiger Elefant einen kleinen feindlichen Elefanten aus dem Weg stößt. Obwohl der Dämon schwitzte und ziemlich angeschlagen war, raffte er sich noch einmal auf und erhob sich mutig. Getrieben von gewaltigem Zorn, startete er noch einmal einen Angriff. Während er mit neuem Anlauf auf Kṛṣṇa zustürmte, schnaubte er sehr schwer. Doch auch diesmal bekam Kṛṣṇa den Dämon bei den Hörnern zu fassen und schmetterte ihn auf den Boden, wobei Er ihm die Hörner abbrach. Darauf versetzte Ihm Kṛṣṇa Fußtritte, genau wie man auf nasse Wäsche tritt, um sie auszuwringen. Als Ariṣṭāsura so von Kṛṣṇa getreten wurde, rollte er über den Boden und schlug mit seinen Beinen heftig um sich. Er blutete aus dem Mund und ließ Kot und Urin, und seine Augäpfel quollen aus dem Schädel – so ging er in das Königreich des Todes ein.

Die Halbgötter auf den himmlischen Planeten ließen daraufhin

Blumen auf Kṛṣṇa herabregnen, um Ihn für Seinen wunderbaren Sieg zu verherrlichen. Kṛṣṇa war bereits das Ein und Alles der Einwohner von Vṛndāvana, doch nachdem Er den Stierdämon erschlagen hatte, richteten sich alle Augen auf ihn. Unter den lauten Jubelrufen der Bewohner von Vṛndāvana zog Er zusammen mit Balarāma triumphierend in das Dorf von Vṛndāvana ein. Wenn man eine wundervolle Tat vollbringt, ist es ganz natürlich, dass die Verwandten, Bekannten und Freunde voller Freude sind.

Nach diesem Vorfall enthüllte der große Weise Nārada Kaṁsa das Geheimnis über Kṛṣṇas Geburt. Nārada Muni wird gewöhnlich als *deva-darsana* bezeichnet, was bedeutet, dass er nur von Halbgöttern oder Lebewesen auf der gleichen Ebene wie die Halbgötter, gesehen werden kann. Trotzdem ging Nārada zu Kaṁsa und zeigte sich ihm, obwohl sich Kaṁsa nicht im Geringsten mit einem Halbgott vergleichen ließ. Natürlich hatte er schon die Gelegenheit gehabt, Kṛṣṇa zu sehen, weswegen es eigentlich nichts Besonderes war, dass auch er Nārada Muni sehen konnte. Im Allgemeinen muss man gereinigte Augen haben, um den Herrn und Seine Geweihten sehen zu können, ansonsten bleibt einem jeder Nutzen verwehrt. Die Gemeinschaft mit einem reinen Gottgeweihten begünstigt unmerklich jeden, der mit ihm zusammenkommt, auch wenn man diesen nicht als solchen erkennen mag. Dieser unbewusste Fortschritt heißt *ajñāta-sukṛti*. Man kann nicht verstehen, auf welche Weise man Fortschritt erlangt, dennoch erreicht man diesen, wenn man einen Geweihten des Herrn sieht. Nārada Munis Aufgabe war es, die Ereignisse zu einem raschen Ende zu führen, denn Kṛṣṇa war erschienen, um die Dämonen zu töten, deren Anführer Kaṁsa war. Weil Nārada also den Ablauf der Dinge beschleunigen wollte, begab er sich unvermittelt zu Kaṁsa, um ihm die Wahrheit mitzuteilen. „Dir ist es vorherbestimmt, vom achten Sohn Vasudevas getötet zu werden", sagte Nārada zu Kaṁsa. „Dieser achte Sohn ist Kṛṣṇa. Vasudeva täuschte dich, indem er dich glauben ließ, sein achtes Kind wäre ein Mädchen, doch in Wirklichkeit wurde Vasudevas angebliche Tochter von Yaśodā, der Frau Nanda Mahārājas, zur Welt gebracht. Vasudeva vertauschte seinen Sohn mit dieser Tochter und führte dich so hinters Licht. Kṛṣṇa ist also, genau wie Balarāma, ein Sohn Vasudevas. Weil sich Vasudeva vor deinem grausamen Wesen fürchtete, hat er die beiden wohlweislich nach Vṛndāvana gebracht, um Sie dort vor

His Divine Grace A. C. Bhaktivedanta Swami Prabhupāda
Gründer-Ācārya der Internationalen Gesellschaft für Krishna-Bewusstsein

Śrī Kṛṣṇa erschien vor Seinen Eltern Devakī und Vasudeva zuerst als vierarmiger Viṣṇu und nahm dann auf ihre Bitten hin die Gestalt eines kleinen Kindes an.

Während Vasudeva in der stürmischen Nacht seinen Sohn Kṛṣṇa über die Yamunā trug, breitete Śrī Śeṣa seine schützenden Köpfe über ihnen aus.

Kṛṣṇa tötete die riesige Hexe Pūtanā, die von König Kaṁsa geschickt worden war, um alle Neugeborenen in Vṛndāvana umzubringen.

Als Mutter Yaśodā in Kṛṣṇas Mund schaute, sah sie das ganze Universum, auch sich selbst und Kṛṣṇa.

Je höher sich der Wirbelsturm-Dämon Tṛṇāvarta in die Lüfte erhob, desto schwerer wurde Kṛṣṇa.

Mutter Yaśodā versuchte, Kṛṣṇa einzuholen – Ihn, den nicht einmal große Yogis mit ihrer Meditation erreichen können.

Kṛṣṇa, die Überseele im Herzen eines jeden Lebewesens, wusste genau, dass diese große Höhle der Mund eines Dämons war.

Kṛṣṇa wollte Seine Allmacht demonstrieren, und so offenbarte er Brahmā, dass all die Kälber und Kuhhirtenjungen Seine Viṣṇu-Erweiterungen waren.

Genau wie Dhenukāsura endeten auch all die anderen Esel-Dämonen auf den Wipfeln der Palmen.

Dann begann Kṛṣṇa, der ursprüngliche Meister aller schönen Künste, auf den Köpfen der Schlange Kāliya zu tanzen.

Kṛṣṇa hob den Govardhana-Hügel mit dem kleinen Finger Seiner linken Hand hoch, um die Bewohner von Vṛndāvana vor Indras Gewittern zu beschützen.

Dann begann Śrī Kṛṣṇa, die Höchste Persönlichkeit Gottes, Seinen *rāsa*-Tanz, und die *gopīs* von Vṛndāvana tanzten mit Ihm Hand in Hand.

Kṛṣṇa versetzt Kaṁsa in der Kampfarena von Mathurā tödliche Fausthiebe.

dir zu verstecken.“ Nārada enthüllte Kaṁsa noch mehr: „Kṛṣṇa und Balarāma haben bis jetzt unerkannt in der Obhut Nanda Mahārāja gelebt, und Sie haben all deine Freunde, die *asuras*, getötet, die du nach Vṛndāvana geschickt hast, um dort verschiedene Kinder zu morden.“

Als Kaṁsa diese Worte Nārada Munis hörte, zog er sofort sein scharfes Schwert und wollte zu Vasudeva gehen, um ihn für seinen Betrug hinzurichten. Nārada beschwichtigte ihn jedoch: „Du wirst doch nicht von Vasudeva getötet“, hielt er ihm entgegen, „warum willst du ihn also umbringen? Es ist viel klüger, Kṛṣṇa und Balarāma zu töten.“ Doch um seinen Zorn zu besänftigen, nahm Kaṁsa Vasudeva und Devakī erneut gefangen und ließ sie in eiserne Ketten legen. Angesichts dieser Neuigkeiten wollte Kaṁsa sofort zur Tat schreiten, und so ließ er den Dämon Keśī herbeirufen und trug ihm auf, sofort nach Vṛndāvana zu gehen, um dort Balarāma und Kṛṣṇa zu töten. Im Grunde war dies genauso, als ob Kaṁsa dem Keśī-Dämon aufgetragen hätte, nach Vrndavana zu gehen, um dort von Kṛṣṇa und Balarāma getötet zu werden und auf diese Weise Befreiung zu erlangen. Danach rief Kaṁsa seine erfahrensten Elefantenbändiger zu sich sowie die Ringer Cāṇūra, Muṣṭika, Śala, Tośala und andere, und sprach zu ihnen: „Meine lieben Freunde, hört mir bitte aufmerksam zu! In Nanda Mahārājas Haus in Vṛndāvana leben die beiden Brüder Kṛṣṇa und Balarāma, die eigentlich Söhne Vasudevas sind. Wie ihr wisst, soll es mein Schicksal sein, von Kṛṣṇa getötet zu werden. Es gibt eine Prophezeiung, die dies besagt. Aus diesem Grund will ich, dass ihr einen großen Ringkampf vorbereitet. Leute aus allen Teilen des Landes sollen kommen, um diesem Fest beizuwohnen. Ich meinerseits werde dafür sorgen, dass die beiden Jungen hierhergebracht werden, und ihr werdet versuchen, Sie in der Kampfarena zu töten.

Ringkampfspiele erfreuen sich auch heute noch bei den Einheimischen Nordindiens großer Beliebtheit, und wie aus dieser Stelle des *Śrīmad-Bhāgavatam* hervorgeht, waren Ringkämpfe bereits vor 5 000 Jahren sehr populär. Kaṁsa heckte den Plan aus, einen solchen Kampf zu veranstalten und viele Leute dazu einzuladen. Zuletzt befahl er seinen Elefantenbändigern: „Bringt vor allem den Elefanten Kuvalayāpīḍa zur Arena und postiert ihn direkt am Tor des Kampfplatzes. Dort müsst ihr dann versuchen, Kṛṣṇa und Balarāma gleich bei Ihrer Ankunft abzufangen und Sie durch den Elefanten umbringen zu lassen.“

Kaṁsa hatte seinen Freunden auch angeraten, Śiva zu verehren. Zu diesem Zweck sollten sie Tieropferungen und den *dhanur-yājna* wie auch das Caturdaśī-Opfer durchführen, das am vierzehnten Tag nach Neu- und Vollmond vollzogen wird. Caturdaśī fällt auf den dritten Tag nach Ekādaśī und ist eigens für die Verehrung Śivas vorgesehen. Eine der vollständigen Erweiterungen Śivas heißt Kālabhairava, und die Dämonen verehren diese Erweiterung Śivas, indem sie gehäutete Tiere opfern, die vor ihm getötet werden. Dieser Opfervorgang wird auch heute noch an einem Ort in Indien, in Vaidyanatha-dhāma, durchgeführt, wo die Dämonen der Bildgestalt Kālabhairavas Tieropfer darbringen. Auch Kaṁsa gehörte zu dieser Art von Dämonen. Da er zudem auch ein geschickter Diplomat war, fand er sofort Mittel und Wege, seine dämonischen Freunde dafür zu gewinnen, sich um Kṛṣṇas und Balarāmas Ermordung zu kümmern.

Schließlich ließ er Akrūra zu sich kommen. Akrūra war ein Angehöriger der Yadu-Dynastie, in der Kṛṣṇa als Sohn Vasudevas erschienen war. Als Akrūra vor ihn trat, schüttelte Kaṁsa ihm mit aller Herzlichkeit die Hand und sagte: „Mein lieber Akrūra, es gibt für mich in der ganzen Bhoja- und Yadu-Dynastie zweifelsohne keinen besseren Freund als dich. Du bist der großmütigste Mensch, den ich kenne, und daher bitte ich dich als Freund um einen Gefallen. Ich suche bei dir Zuflucht, genau wie König Indra bei Śrī Viṣṇu Zuflucht sucht. Ich bitte dich, sofort nach Vṛndāvana zu gehen und dort die beiden Jungen mit Namen Kṛṣṇa und Balarāma ausfindig zu machen. Diese beiden fraglichen Jungen sind die Söhne Nanda Mahārājas. Nimm diese prachtvolle Kutsche mit dir, die eigens für die Jungen gebaut wurde, und bring Sie so schnell wie möglich hierher. Das ist meine Bitte an dich. Ich habe nämlich vor, diese beiden Jungen zu beseitigen. Sobald Sie durch das Tor treten, werden Sie von dem gigantischen Elefanten Kuvalayāpīḍa in Empfang genommen, der Sie höchstwahrscheinlich auf der Stelle zermalmen wird. Doch selbst wenn es Ihnen irgendwie gelingen sollte, ihm zu entkommen, werden Sie als nächstes auf die Ringer treffen, und das wird Ihr sicheres Ende sein. So lautet mein Plan. Wenn die beiden Jungen dann tot sind, werde ich auch Vasudeva und Nanda, die Gönner der Vṛṣṇi- und Bhoja-Dynastie, aus dem Weg schaffen. Auch meinen Vater Ugrasena und dessen Bruder Devaka werde ich töten, denn sie sind im Grunde meine Gegner und deshalb Hindernisse für meine diplomatischen Pläne und politischen Ambitionen. Auf diese Weise werde ich alle meine Feinde beseitigen. Jarāsandha ist mein Schwiegervater, und außerdem habe ich einen Riesenaffen namens Dvivida zum Freund. Mit ihrer Hilfe wird es mir ein leichtes sein, alle Könige, die auf Seiten der Halbgötter stehen, von der Erdoberfläche zu tilgen. So lauten meine weiteren Pläne, und wenn ich sie alle verwirklicht habe, werde ich keine Gegner mehr zu fürchten haben. Dann kann ich endlich völlig unbeschwert über die Welt herrschen. Vielleicht interessiert es dich auch, dass Sambara, Narakāsura und Banāsura meine engen Freunde sind, und wenn ich den Krieg gegen die Könige, die die Halbgötter unterstützen, beginne, werden sie mir eine bedeutende Hilfe sein. Deshalb besteht nicht der geringste Zweifel, dass ich all meine Feinde besiegen werde. Begib dich also unverzüglich nach Vṛndāvana und lade die Jungen ein, hierherzukommen. Sage Ihnen einfach, Sie sollten Sich einmal die schöne Stadt Mathurā anschauen, und es sei ein Ringkampf geplant, an dem Sie bestimmt Ihre Freude haben würden." Nachdem Akrūra den Plan Kaṁsas vernommen hatte, erwiderte er: „Lieber König, du hast dir einen vorzüglichen Plan zurechtgelegt, um alle Hindernisse für deine Politik aus dem Weg zu räumen. Doch sei auf der Hut, denn deine Pläne können genauso gut fehlschlagen. Nicht umsonst sagt man: ‚Der Mensch denkt, Gott lenkt.' Wir mögen Pläne zur Welteroberung schmieden, aber solange sie nicht von der höchsten Autorität gebilligt werden, sind sie zum Scheitern verurteilt. Jeder in der materiellen Welt weiß, dass letztlich alles von den übernatürlichen Kräften gelenkt wird. Man mag zwar mit seinem findigen Hirn viele große Pläne entwerfen, doch man sollte dabei stets bedenken, dass man am Ende gezwungen ist, die Früchte, nämlich Glück und Leid, zu ernten. Aber ich habe nichts gegen deinen Vorschlag einzuwenden. Als Freund werde ich deinen Auf trag selbstverständlich erfüllen und Kṛṣṇa und Balarāma hierherbringen, wie du es wünschst." Nachdem Kaṁsa seinen Freunden diese verschiedenen Anweisungen gegeben hatte, zog er sich in seine Gemächer zurück, und Akrūra machte sich auf den Weg zurück nach Hause.

Hiermit enden die Bhaktivedanta-Erläuterungen zum 36. Kapitel des Kṛṣṇa-Buches mit dem Titel „Kaṁsa schickt Akrūra nach Vṛndāvana".

KAPITEL 37

Kṛṣṇa tötet die Dämonen Keśī und Vyomāsura

Nachdem der Dämon Keśī Kaṁsas Anweisungen gehört hatte, verwandelte er sich in ein grässliches Pferd. Mit flatternder Mähne galoppierte er los, wobei seine Hufe die Erde tief aufwühlten, und so erreichte er, mit der Geschwindigkeit des Geistes, das Gebiet von Vṛndāvana. Er ließ ein grelles Wiehern erschallen, wodurch er den ganzen Wald in Angst und Schrecken versetzte. Kṛṣṇa schaute Sich alles an – wie der Dämon ohrenbetäubend wieherte, wie er mit seinem Schweif, der einer riesigen Wolke glich, durch die Luft peitschte und wie alle Bewohner von Vṛndāvana vor Entsetzen erstarrten. Kṛṣṇa wusste, dass dieses Pferd gekommen war, um Ihn zum Kampf herauszufordern, und Er wollte die Herausforderung annehmen. So trat der Herr dem Keśī-Dämon entgegen und provozierte ihn mit lauten Rufen. Das Pferd rannte daraufhin mit einem zornentbrannten Schnauben, das an das Brüllen eines

Löwen erinnerte, und mit weit aufgerissenem Maul, als wollte es den ganzen Himmel verschlingen, auf Kṛṣṇa los. Mit großer Geschwindigkeit stürmte Keśī auf den Herrn zu und versuchte, Ihn mit seinen kraftstrotzenden und steinharten Beinen zu überrennen, doch Kṛṣṇa packte ihn blitzschnell an den Beinen und stoppte ihn. Erbost wie Er war, hob Kṛṣṇa den Pferdedämon kurzerhand in die Luft, wirbelte ihn ein paar Mal herum und schleuderte ihn dann verachtend hundert Meter von Sich, genau wie es Garuḍa mit einer großen Schlange macht. Der Pferdedämon verlor sogleich das Bewusstsein, doch nach kurzer Zeit kam er wieder zu sich, und mit Wut und großem Ungestüm rannte er erneut mit weit aufgerissenem Maul auf Kṛṣṇa zu. Doch gerade als sich Keśī auf Kṛṣṇa stürzen wollte, drückte ihm Kṛṣṇa Seinen linken Arm ins Maul und es schein, als ob eine große Schlange in ein Erdloch in einem Feld gekrochen wäre. Das Pferd zuckte unter unerträglichem Schmerz zusammen, denn Kṛṣṇas Arm fühlte sich an wie ein glühender Eisenstab, und all seine Zähne waren zersplittert. Kṛṣṇas Arm dehnte sich schlagartig im Rachen des Pferdes aus und verschloss ihm die Kehle. Daraufhin begann der Keśī-Dämon zu röcheln; sein ganzer Körper war von Schweiß überströmt, und er schlug nach allen Seiten aus. Bei seinem letzten Atemzug schließlich quollen ihm die Augen über und gleichzeitig traten Kot und Urin aus ihm hervor. Auf diese Weise verließ ihn die Lebenskraft, und als er tot dalag, lockerten sich seine Kiefer, so dass Kṛṣṇa Seinen Arm ohne Schwierigkeiten herausziehen konnte. Für Kṛṣṇa war es nichts Besonderes gewesen, den Keśī-Dämon so problemlos zu töten, doch die Halbgötter im Himmel waren von Erstaunen überwältigt. Mit großer Bewunderung gratulierten sie Kṛṣṇa, indem sie Blumen regnen ließen.

Nach diesem Vorfall suchte Nārada Muni, der größte aller Gottgeweihten, Kṛṣṇa an einem einsamen Ort auf und richtete folgende Worte an Ihn: „Lieber Herr, Śrī Kṛṣṇa, Du bist die unbegrenzte Überseele, der höchste Gebieter aller mystischen Kräfte, der Herr des gesamten Universums und die allgegenwärtige Persönlichkeit Gottes. In Dir ruht die ganze kosmische Manifestation. Du bist der Meister aller Gottgeweihten und der Herr eines jeden. Mein lieber Herr, als die Überseele aller Lebewesen bist Du in ihren Herzen verborgen wie das Feuer im Holz. Du bist der Zeuge aller Handlungen, die die Lebewesen ausführen, auch bist Du der höchste Herrscher in ihren Herzen. Du bist in Dir

Selbst zufrieden, Du hast schon vor der Schöpfung existiert, und durch Deine unvorstellbare Energie hast Du all die materiellen Elemente erschaffen. Nach Deinem vollkommenen Plan wurde die materielle Welt durch die Wechselwirkungen der drei Erscheinungsweisen der Natur hervorgebracht, und von Dir wird sie erhalten und schließlich vernichtet. Obgleich Du von diesen Vorgängen niemals berührt wirst, bist Du ewig der höchste Kontrollierende. Mein lieber Herr, Du bist auf dieser Erde erschienen, um alle vermeintlichen Könige, die in Wirklichkeit Dämonen sind, zu töten. Diese Schreckgespenster betrügen die Leute, indem sie sich als Fürsten und Führer verkleiden. Du Selbst sagst, dass Du nur in die materielle Welt kommest, um die Prinzipien der Religion zu beschützen und die unerwünschten Schurken zu vernichten. Du bist nun erschienen, damit sich all Deine Worte bewahrheiten. Lieber Herr, ich bin mir daher sicher, dass Du übermorgen die Dämonen Cāṇūra und Muṣṭika wie auch alle anderen Ringkämpfer samt ihren Elefanten, ja sogar Kaṁsa selbst, töten wirst. Dies werde ich mit eigenen Augen sehen dürfen. Danach werde ich dabei sein dürfen, wenn Du andere Dämonen, wie Śaṅkha, Yavana, Mura und Narakāsura, vernichtest. Außerdem werde ich sehen, wie Du die *pārijāta*-Blume aus dem himmlischen Königreich raubst und wie Du danach den König des Himmels persönlich besiegst."

„Mein lieber Herr", fuhr Nārada Muni fort, „danach werde ich sehen können, wie Du viele Prinzessinnen – die Töchter von edelsten Königen – heiraten wirst, indem Du ihren Preis mit der Stärke eines *kṣatriya* bezahlst." (Immer wenn ein *kṣatriya* eine sehr schöne und tugendhafte Tochter eines großen Königs heiraten möchte, muss er mit seinen Rivalen kämpfen und sie besiegen. Der Sieg wird damit belohnt, dass dem Gewinner die Prinzessin versprochen wird.)

„Des Weiteren werde ich sehen können, wie Du König Nṛga aus einem höllischen Dasein erlöst", sagte Nārada Muni. „Dies wird sich in Dvārakā ereignen. Danach werde ich mitansehen dürfen, wie Du Deine Gemahlin findest, wie Du das *Syamantaka*-Juwel geschenkt bekommst und wie Du den Sohn eines *brāhmaṇa* wieder ins Leben zurückrufst, nachdem dieser schon auf einen anderen Planeten gebracht worden war. Danach wirst Du den Dämon Pauṇḍraka töten und das Königreich von Kāśī in Schutt und Asche legen. Ich werde auch sehen können, wie Du während der großen Opferzeremonie von Mahārāja

Yudhiṣṭhira den König von Cedi und Dantavakra tötest. Dazu werde ich viele andere Deiner heldenhaften Taten bewundern können, die Du während Deines Aufenthaltes in Dvārakā vollbringen wirst. All diese wundervollen Taten, die Du aus Deiner Barmherzigkeit ausführst, werden von großen Dichtern in aller Welt gepriesen werden. Du wirst an der Schlacht von Kurukṣetra teilnehmen und den Streitwagen Deines Freundes Arjuna lenken, und als die unüberwindliche Todesinkarnation, die ewige Zeit, wirst Du alle anwesenden Streitmächte vernichten. Ich sehe auch, wie unzählige Krieger auf dem Schlachtfeld fallen. Mein Herr, ich erweise Deinen Lotosfüßen meine achtungsvollen Ehrerbietungen. Du befindest Dich ewig in Deiner transzendentalen Stellung – in vollkommenem Wissen und vollkommener Glückseligkeit. Bei der Erfüllung all Deiner Wünsche bist Du in Dir Selbst vollkommen. Durch die Anwendung Deiner inneren Energie hast Du den Einfluss *māyās* errichtet. Niemand vermag Deine unbegrenzten Kräfte zu ermessen. Mein lieber Herr, Du bist der höchste Kontrollierende. Du befindest Dich unter Deiner inneren Energie, somit wäre es töricht zu glauben, Du wärest von irgendeiner Deiner Schöpfungen abhängig.

Du hast in der Yadu- bzw. in der Vṛṣṇi-Dynastie Geburt genommen, und Dein Erscheinen auf der Erde in Deiner ursprünglichen Gestalt, die von ewigem, glückseligem Wissen erfüllt ist, ist einzig und allein Dein transzendentales Spiel. Du bist von nichts abhängig außer von Dir Selbst, und so bringe ich Deinen Lotosfüßen meine achtungsvollen Ehrerbietungen dar." Nachdem Nārada Muni Śrī Kṛṣṇa seine demütigen Ehrerbietungen dargebracht hatte, entfernte er sich mit Kṛṣṇas Erlaubnis.

Nārada Muni wollte allen Menschen vor Augen führen, dass Kṛṣṇa vollkommen unabhängig ist. Um Seine Aktivitäten, zum Beispiel Sein Erscheinen in der Familie Yadus oder Seine Freundschaft mit Arjuna, zu genießen, ist Er keinerlei Zwang unterworfen, auf bestimmte Weise zu handeln. Kṛṣṇas Tätigkeiten sind alles transzendentale Spiele, an denen Er Sich unbeschwert erfreut, wohingegen sie für uns wirkliche, greifbare Tatsachen sind.

Nach der Vernichtung des Keśī-Dämons ging Kṛṣṇa wieder zusammen mit Seinen Freunden in den Wald, um die Kühe zu hüten, als wäre nichts geschehen. So ist Kṛṣṇa zusammen mit Seinen Gefährten, den Kuhhirtenjungen und den *gopīs*, in Vṛndāvana ewig in Seine transzendentalen Spiele vertieft, manchmal jedoch offenbart Er auch die außerordentliche Stärke der Höchsten Persönlichkeit Gottes, indem Er verschiedene Dämonen tötet.

Später an diesem Morgen ging Kṛṣṇa mit Seinen Kuhhirtenfreunden auf den Govardhana-Hügel, um dort „Räuber und Gendarm" zu spielen. Einige der Jungen spielten die Polizisten, andere spielten die Räuber, und wieder andere übernahmen die Rolle der Lämmer. Während sich die Jungen so mit ihren Kindheitsspielen vergnügten, mischte sich ein berüchtigter Dämon unter sie, der Vyomāsura, „der Dämon, der in der Luft fliegt", hieß und der Sohn eines anderen großen Dämons namens Maya war. Diese Dämonen besitzen wundersame Zauberkräfte, und so gesellte sich Vyomāsura zu den Kuhhirtenjungen, die die Rolle der Räuber spielten, und stahl auf diese Weise viele „Lämmer". Er trug einen Jungen nach dem anderen weg, bis am Schluss fast keiner mehr übrig war, und brachte sie alle in Berghöhlen, die er mit Felsbrocken fest verschloss. Doch Kṛṣṇa durchschaute die List des Dämons, deshalb packte Er ihn, genauso wie ein Löwe, der ein Lamm reißt. Vyomāsura versuchte, sich so groß wie ein Hügel zu machen, um der Umklammerung zu entkommen. Doch Kṛṣṇa ließ den Dämon Vyoma nicht aus Seinem Griff, sondern schmetterte ihn sogleich mit ungeheurer Gewalt auf den Boden und tötete ihn genau wie ein Tier auf der Schlachtbank. Dann befreite Śrī Kṛṣṇa Seine Freunde aus den Berghöhlen, und während sie alle zusammen mit ihren Kühen wieder nach Vṛndāvana zurückkehrten, wurde Kṛṣṇa von Seinen Hirtenfreunden wie auch von den Halbgöttern für Seine wundervollen Taten gepriesen.

Hiermit enden die Bhaktivedanta-Erläuterungen zum 37. Kapitel des Kṛṣṇa-Buches mit dem Titel „Kṛṣṇa tötet die Dämonen Keśī und Vyomāsura".

KAPITEL 38

Akrūras Ankunft in Vṛndāvana

Nārada Muni hatte nichts davon erwähnt, dass Kṛṣṇa Vyomāsura töten würde. Das bedeutet, dass Vyomāsura am gleichen Tag wie der Keśī-Dämon getötet wurde. Der Keśī-Dämon wurde am frühen Morgen getötet, dann gingen die Kuhhirtenjungen auf den Govardhana-Hügel, und dort ereignete sich etwas später der Vorfall mit Vyomāsura. Beide Dämonen wurden also am gleichen Morgen vernichtet. Akrūra war von Kaṁsa angewiesen worden, bis zum Abend in Vṛndāvana zu sein. Nachdem Akrūra diesen Auftrag bekommen hatte, fuhr er gleich am nächsten Morgen mit der Kutsche los, um rechtzeitig in Vṛndāvana zu sein. Weil er ein großer Gottgeweihter war, begann er auf dem Weg nach Vṛndāvana zu Kṛṣṇa zu beten. Die Gottgeweihten sind ständig in Gedanken an Kṛṣṇa vertieft, und so meditierte Akrūra ununterbrochen über die Lotosaugen Kṛṣṇas.

Er konnte sich nicht vorstellen, welch fromme Werke er verrichtet haben musste, dass er jetzt die Gelegenheit erhielt, Śrī Kṛṣṇa und Śrī Balarāma an dem Tag in Vṛndāvana zu sehen. Ein reiner Vaiṣṇava sieht sich selbst immer als unfähig an, Kṛṣṇa zu dienen. Akrūra begann, bei sich zu denken, dass er keine Eignung habe, die transzendentale Gelegenheit zu erhalten, die Höchste Persönlichkeit Gottes zu sehen. Er sah sich in gleichem Maße als ungeeignet an, Kṛṣṇa zu sehen, wie einer materialistischen Person die Eignung fehlt, die Wissenschaft von Gott zu begreifen oder wie einer viertklassigen Person (einem *śūdra*) diese zum Studium der Veden fehlt. Doch dann begann Akrūra zu denken: „Durch die Gnade Kṛṣṇas ist alles möglich und wenn er es will, werde ich Ihn daher sehen können. So wie ein Grashalm, der auf den Wellen eines Flusses schwimmt, zufällig dem Ufer nahe kommen kann und so Halt findet, mag eine bedingte Seele von den Wellen der materiellen Existenz manchmal durch Kṛṣṇas Gnade errettet werden." Akrūra dachte sich daher, dass er imstande sein werde, Kṛṣṇa zu sehen, wenn Dieser es wolle. Akrūra betrachtete sich als den glücklichsten Menschen, da er sehr bald Kṛṣṇa sehen würde, den zu sehen sich alle mystischen Yogis wünschen. Er war überzeugt, dass an diesem Tag alle sündhaften Reaktionen seines vorangegangenen Lebens von ihm genommen würden und dass er nun seine gesegnete menschliche Lebensform endlich zum Erfolg führen könne. Im Grunde, so sagte Akrūra, sei es eine große Gunst von Kaṁsa, dass er ihm den Auftrag gegeben habe, Kṛṣṇa und Balarāma zu holen, denn dadurch bekomme er nun die Möglichkeit, den Herrn zu sehen. Akrūra dachte weiter daran, dass in früheren Zeiten große Weise und Heilige einfach durch den Anbklick der strahlenden Nägel der Lotosfüße Kṛṣṇas von der materiellen Welt befreit wurden.

„Nun ist der Herr, die Höchste Persönlichkeit Gottes, in einer Gestalt erschienen, die der eines gewöhnlichen Menschen gleicht, und ich bin wirklich sehr vom Glück begünstigt, dass ich Ihn von Angesicht zu Angesicht sehen darf", dachte Akrūra. Er bebte vor Freude, da er es kaum erwarten konnte, die gleichen Lotosfüße zu sehen, die von großen Halbgöttern wie Brahmā, Nārada und Śiva verehrt werden und die über den Boden von Vṛndāvana schreiten sowie die Brüste der *gopīs* berühren, welche vom *kuṅkuma* leicht gerötet sind. „Ich habe so großes Glück", sagte er zu sich, „dass ich heute die Gelegenheit bekomme, diese

Lotosfüße zu sehen, und gewiss werde ich auch das liebliche Antlitz Kṛṣṇas betrachten dürfen, das auf Stirn und Nase mit *tilaka* gezeichnet ist. Auch Sein Lächeln und Sein lockiges schwarzes Haar werde ich sehen. Ich kann mir dessen sicher sein, denn heute ziehen alle Rehe an meiner Rechten vorbei. Heute werde ich endlich die Schönheit des spirituellen Königreichs von Viṣṇuloka erblicken, denn Kṛṣṇa ist der Höchste Viṣṇu, und Er ist nur aus Seinem Wohlwollen heraus erschienen. Er ist der Inbegriff aller Schönheit, deshalb werden meine Augen heute die Vollkommenheit erlangen."

Akrūra zweifelte in keinster Weise daran, dass Śrī Kṛṣṇa der Höchste Viṣṇu ist. Śrī Viṣṇu lässt Seinen Blick über die materielle Energie gleiten, wodurch die kosmische Manifestation ins Leben gerufen wird. Obwohl Śrī Viṣṇu jedoch der Schöpfer der materiellen Welt ist, ist Er durch Seine eigene Energie immer frei vom Einfluss der materiellen Energie. Mit Seiner inneren Energie kann Er die Dunkelheit der materiellen Energie durchdringen, und ebenso hat Kṛṣṇa, der ursprüngliche Viṣṇu, durch die Erweiterung Seiner inneren Energie die Einwohner von Vṛndāvana geschaffen. In der *Brahma-saṁhitā* wird bestätigt, dass Śrī Kṛṣṇas Reich und alles, was sonst noch mit Kṛṣṇa verbunden ist, Erweiterungen Seiner inneren Energie sind. Dieselbe innere Energie, die Kṛṣṇa in Goloka Vṛndāvana manifestiert, wird im irdischen Vṛndāvana manifestiert, wo Er zusammen mit Seinen Eltern und Seinen Freunden, den Kuhhirtenjungen und den *gopīs*, Seine Spiele genießt. Aus Akrūras Worten geht deutlich hervor, dass Kṛṣṇa transzendental zu den Erscheinungsweisen der materiellen Natur ist und dass deshalb auch die Einwohner von Vṛndāvana, die stets im liebevollen Dienst des Herrn beschäftigt sind, transzendental sind.

Akrūra dachte auch an die Notwendigkeit der transzendentalen Spiele des Herrn. Er war sich bewusst, dass Kṛṣṇas transzendentale Taten, Unterweisungen, Eigenschaften und Spiele für alle Menschen Glück und Segen bedeuten. Die Menschen können stets auf der Ebene des Kṛṣṇa-Bewusstseins bleiben, wenn sie über die transzendentale Gestalt und die transzendentalen Eigenschaften, Spiele und Attribute des Herrn sprechen. Auf diese Weise kann das gesamte Universum wirklich ein glückliches Leben führen und sich friedlich entwickeln. Doch ohne Kṛṣṇa-Bewusstsein bedeutet die Zivilisation nichts anderes als ein geschmückter toter Körper. Man kann eine Leiche so prächtig schmücken, wie man will, doch wo kein Bewusstsein ist, ist aller Schmuck nutzlos. Ebenso ist die menschliche Zivilisation ohne Kṛṣṇa-Bewusstsein nutz- und leblos.

Akrūra dachte: „Nun ist die Höchste Persönlichkeit Gottes, Śrī Kṛṣṇa, als einer der Abkömmlinge der Yadu-Dynastie erschienen. Die religiösen Prinzipien sind die von Ihm verfügten Gesetze. Diejenigen, die diese Gesetze befolgen, sind Halbgötter, und diejenigen, die sich ihnen widersetzen, sind Dämonen. Er ist gekommen, um die Halbgötter, die Seine Gesetze gehorsam einhalten, zu beschützen. Mit Freude befolgen die Halbgötter und die Gottgeweihten Kṛṣṇas Gesetze, und Kṛṣṇa findet Seinerseits Freude daran, ihnen allen Schutz zu gewähren. Wie in der *Bhagavad-gītā* bestätigt wird, ist es für die Menschen immer segensreich, wenn sie darüber hören und sprechen, wie Kṛṣṇa Seine Geweihten beschützt und die Dämonen vernichtet. Die glorreichen Taten des Herrn werden von den Gottgeweihten und Halbgöttern in ewig zunehmendem Maße gepriesen.

Kṛṣṇa, die Höchste Persönlichkeit Gottes, ist der spirituelle Meister aller spirituellen Meister. Er ist der Befreier aller gefallenen Seelen und der Befreier der drei Welten. Jeder, dessen Augen mit Liebe zu Gott gesalbt sind, erfreut sich eines wahren Festes des Sehens. Heute wird es mir möglich sein, den Herrn, die Höchste Persönlichkeit Gottes, zu sehen, der mit Seiner transzendentalen Schönheit die Glücksgöttin zu Sich hingezogen hat, so dass sie nun ewig mit Ihm lebt. Sowie ich in Vṛndāvana ankomme, werde ich vom Kutschbock springen und mich ausgestreckt zu Boden werfen, um dem Höchsten Herrn, dem Meister der materiellen Natur und aller Lebewesen, meine Ehrerbietungen zu erweisen. Die Lotosfüße Kṛṣṇas werden ständig von großen mystischen Yogis verehrt, und auch ich werde Seine Lotosfüße verehren und einer Seiner Freunde in Vṛndāvana werden wie die Kuhhirtenjungen. Wenn ich Śrī Kṛṣṇa auf diese Weise zu Füßen falle, wird Er mir gewiss Seine furchtlose Lotoshand auf den Kopf legen. Er reicht Seine Hand allen bedingten Seelen, die Zuflucht bei Seinen Lotosfüßen suchen. Kṛṣṇa ist das endgültige Lebensziel aller Menschen, die sich vor der materiellen Existenz fürchten, und so wird Er sicherlich auch mir Zuflucht unter Seinen Lotosfüßen gewähren. Ich sehne mich danach, dass Er meinen Kopf mit Seinen lotosgleichen Händen berührt. Als diese Hand die Gaben von König Indra und König Bali berührte, erlangten diese beiden die Eignung, Herren des Universums zu sein. Als diese Hand die *gopīs* berührte, während sie mit Kṛṣṇa im *rāsa-līlā* tanzten, nahm sie ihnen jegliche Müdigkeit.“

Auf diese Weise war Akrūra voller Erwartung, von Kṛṣṇas Hand gesegnet zu werden. Er wusste, dass Indra, der Himmelskönig und der Herrscher über alle drei Welten – die oberen, mittleren und unteren Planetensysteme –, einst die Segnung des Herrn erlangt hatte, einfach weil er ein wenig Wasser opferte, das Kṛṣṇa annahm. Ebenso hatte Bali Mahārāja die Stellung Indras erreicht, nur weil er Śrī Vāmanadeva drei Schritte Land als Spende gab und Ihm dazu ein wenig Wasser opferte, was von Vāmanadeva angenommen wurde. Als die *gopīs* während des *rāsa*-Tanzes mit Kṛṣṇa müde wurden, wischte ihnen Kṛṣṇa mit Seiner Hand, die wie eine Lotosblume aus dem See Mānasa-sarovara duftet, die perlengleichen Schweißtropfen von ihren Gesichtern, so dass sich die *gopīs* augenblicklich erfrischt fühlten. So erhoffte sich auch Akrūra den Segen der allbarmherzigen Hand Kṛṣṇas. Kṛṣṇas Hand kann jedem Menschen, der sich dem Kṛṣṇa-Bewusstsein zuwendet, alle Segnungen erteilen. Wenn jemand materielles Glück wie das des Königs des Himmels möchte, kann er diese Segnung von der Hand Kṛṣṇas bekommen. Wenn jemand von den Qualen der materiellen Existenz befreit werden möchte, kann Er diese Segnung ebenfalls von Kṛṣṇas Hand bekommen. Wenn jemand in reiner transzendentaler Liebe mit Kṛṣṇa zusammen sein und Seinen transzendentalen Körper berühren möchte, so kann er auch diese Segnung von Kṛṣṇas Hand bekommen.

Akrūra hatte jedoch auch Befürchtungen, weil er von Kaṁsa, Kṛṣṇas Feind, geschickt wurde. Er dachte: „Ich werde Kṛṣṇa als Bote des Feindes begegnen.“ Doch gleichzeitig sagte er sich auch: „Kṛṣṇa weilt als Überseele im Herzen eines jeden, weshalb Er auch mein Herz kennen wird.“ Obgleich Akrūra ein Vertrauter von Kṛṣṇas Feind war, hatte er ein reines Herz. Er war ein reiner Geweihter Śrī Kṛṣṇas. Er ging das Risiko ein, Kaṁsas Gesandter zu werden, nur um Kṛṣṇa zu treffen. Akrūra war sich sicher, dass Kṛṣṇa ihn nicht wie einen Feind empfangen würde, obgleich er als Vertreter Kaṁsas zu Ihm kam. „Der Auftrag, den ich auszuführen habe, ist zwar sehr schändlich, da ich von Kaṁsa geschickt bin, doch wenn ich mich der Höchsten Persönlichkeit Gottes nähere, werde ich dies in aller Demut mit aneinandergelegten Handflächen tun. Meine Hingabe wird Ihn bestimmt erfreuen, und vielleicht wird Er mir sogar ein Lächeln schenken und Seinen Blick über mich gleiten lassen, so dass ich von allen sündhaften Reaktionen befreit werde. Dann habe ich die Ebene der transzendentalen Glückseligkeit und des transzendentalen Wissens erreicht. Weil Kṛṣṇa mich im Innersten meines Herzens kennt, wird Er mich gewiss umarmen, wenn ich vor Ihn trete. Ich bin nicht nur ein Abkömmling der Yadu-Dynastie, sondern auch sein Verwandter und ein reiner Gottgeweihter. Durch Seine barmherzige Umarmung werden mein Körper, mein Herz und meine Seele mit Sicherheit von den Reaktionen auf die Taten meines vergangenen Lebens gänzlich gereinigt werden. Wenn sich unsere Körper berühren, werde ich sofort in tiefster Demut mit gefalteten Händen aufstehen. Bestimmt werden mich Kṛṣṇa und Balarāma ‚Onkel Akrūra' nennen und das wird die Krönung meines Lebens sein. Solange man nicht von der Höchsten Persönlichkeit Gottes anerkannt wird, kann das Leben niemals erfolgreich sein."

Hier wird deutlich gesagt, dass man sich bemühen sollte, durch Dienst und Hingabe die Anerkennung der Höchsten Persönlichkeit Gottes zu erlangen. Ein Mensch, der diese Bemühung nicht unternimmt, hat die Möglichkeit, die das menschliche Leben bietet, verspielt. In der *Bhagavad-gītā* wird gesagt, dass der Höchste Herr, die Persönlichkeit Gottes, jedem Lebewesen gleichgesinnt sei, für Ihn gebe es weder Freunde noch Feinde. Einem Gottgeweihten jedoch, der Ihm mit Liebe und Hingabe dient, ist Er besonders zugetan. In der *Bhagavad-gītā* wird auch gesagt, dass der Höchste Herr den hingebungsvollen Dienst Seiner Geweihten in gleichem Maße erwidert. Akrūra verglich Kṛṣṇa mit dem Wunschbaum der himmlischen Planeten, der dem Verehrenden jede Frucht gibt, die er sich wünscht. Dazu ist die Höchste Persönlichkeit Gottes auch die Quelle aller Dinge, und der Gottgeweihte muss sich bewusst sein, wie er Ihm dienen kann, um Seine Anerkennung zu finden. Im *Caitanya-caritāmṛta* wird deshalb erklärt, dass man gleichzeitig dem spirituellen Meister und Kṛṣṇa dienen müsse, um Fortschritte im Kṛṣṇa-Bewusstsein zu erlangen. Wenn man sich unter der Führung des spirituellen Meisters in Kṛṣṇas Dienst beschäftigt, leistet man echten und wirkungsvollen Dienst, denn der spirituelle Meister ist der äußere Vertreter Kṛṣṇas. Śrī Viśvanātha Cakravartī Ṭhākura sagt, dass man direkt den Höchsten Herrn zufriedenstelle, wenn man den spirituellen Meister zufriedenstellt. Dies lässt sich mit dem Dienst in einer Regierungsstelle vergleichen, wo man unter der Aufsicht eines Abteilungsleiters arbeiten muss. Wenn der Abteilungsleiter mit der Arbeit eines bestimmten Angestellten zufrieden ist, dann werden automatisch auch Beförderung und Gehaltserhöhung folgen.

„Wenn Sich Kṛṣṇa und Balarāma über mein Verhalten freuen", so malte sich Akrūra aus, „werden Sie mich gewiss bei der Hand nehmen und mich in Ihr Haus führen, um mich dort mit beehrender Gastlichkeit zu empfangen. Sie werden Sich bestimmt auch nach den Unternehmungen Kaṁsas und seiner Freunde erkundigen."

Auf diese Weise meditierte Akrūra, der Sohn Śvaphalkas, während der ganzen Fahrt über Kṛṣṇa und vergaß dabei völlig die Zeit. So verging der ganze Tag, und als er Vṛndāvana erreichte, berührte die Sonne bereits den Horizont. Sowie Akrūra die Grenze von Vṛndāvana erreichte, erblickte er die Spuren der Kühe und auch Śrī Kṛṣṇas Fußabdrücke, die durch die Zeichen auf Seinen Fußsohlen – Fahne, Dreizack, Blitz und Lotosblume – erkenntlich waren. Diese Zeichen auf den Sohlen der transzendentalen Lotosfüße des Herrn werden von allen Halbgöttern und anderen großen Persönlichkeiten in allen drei Welten verehrt. Als Akrūra Kṛṣṇas Fußspuren erblickte, sprang Er sofort voller Ehrfurcht von der Kutsche. Er wurde von allen Anzeichen der Ekstase überwältigt, er weinte, und sein Körper zitterte. In seinem unendlichen Jubel, den Staub zu sehen, der von Kṛṣṇas Lotosfüßen berührt worden war, warf sich Akrūra flach aufs Gesicht und begann, sich auf dem Boden zu wälzen.

Akrūras Reise nach Vṛndāvana ist beispielhaft. Jeder, der Vṛndāvana besuchen möchte, sollte seinem idealen Beispiel folgen und ständig an die Spiele und Taten des Herrn denken. Wenn man die Grenze von Vṛndāvana erreicht, sollte man sich sofort den ganzen Körper mit dem Staub von Vṛndāvana einreiben, ohne dabei über seine materielle Stellung und sein materielles Ansehen Gedanken zu verlieren. Śrīla Narottama dāsa Ṭhākura sagt in einem berühmten Lied: *viṣaya chāḍiyā kabe śuddha habe mana* – „Wenn mein Geist rein geworden ist, nachdem ich die Verunreinigung des materiellen Sinnengenusses überwunden habe, werde ich fähig sein, Vṛndāvana zu besuchen." Man kann also nicht nach Vṛndāvana gelangen, indem man sich einfach eine Fahrkarte kauft. Den Vorgang, wie man nach Vṛndāvana kommt, zeigt Akrūra hier durch sein Beispiel.

Als Akrūra im Dorf von Vṛndāvana eintraf, sah er, wie Kṛṣṇa und Balarāma gerade das Melken der Kühe beaufsichtigten. Kṛṣṇa war in gelbe Gewänder gekleidet und Balarāma in blaue. Akrūra sah auch, wie Ihre Augen den schönen frischen Blüten des herbstlichen Lotos glichen. So traf er auf Kṛṣṇa und Balarāma, die im Frühling Ihrer Jugend standen. Sie hatten die gleichen Körpermerkmale, doch Kṛṣṇa hatte eine schwärzliche Körpertönung, wohingegen Balarāmas Körpertönung weißlich war. Beide waren Sie die Zuflucht der Glücksgöttin. Sie hatten wohlgeformte Körper, anmutige Hände und bezaubernde Gesichtszüge, und Sie waren so stark wie Elefanten. Nachdem Akrūra bereits Ihre Fußabdrücke gesehen hatte – mit Flagge, Dreizack, Donnerkeil und Lotos –, stand er nun Kṛṣṇa und Balarāma direkt gegenüber. Obwohl Kṛṣṇa und Balarāma die mächtigsten Persönlichkeiten waren, schenkten Sie Akrūra Ihre lächelnden Blicke. Akrūra erkannte, dass Kṛṣṇa und Balarāma gerade aus dem Wald zurückgekehrt waren, wo Sie Ihre Kühe gehütet hatten. Sie hatten Ihr Bad genommen und waren nun in frische Gewänder gekleidet und trugen Blumengirlanden und Halsketten aus den wertvollsten Juwelen, dazu waren Ihre Körper mit Sandelholzpaste bestrichen. Der Duft der Blumen und des Sandelholzes und die Gegenwart Kṛṣṇas und Balarāmas beseelten Akrūra mit großer Freude. Er schätzte sich unbeschreiblich glücklich, weil er Kṛṣṇa, die Höchste Persönlichkeit Gottes, und Seine vollständige Erweiterung, Balarāma, von Angesicht zu Angesicht sehen durfte, wusste er doch, dass Sie die ursprünglichen Schöpfer der gesamten kosmischen Manifestation waren.

Wie in der *Brahma-saṁhitā* erklärt wird, ist Kṛṣṇa die ursprüngliche Persönlichkeit Gottes und die Ursache aller Ursachen. Akrūra wusste, dass der Herr, die Höchste Persönlichkeit Gottes, persönlich zum Wohl Seiner Schöpfung erschienen war, um die Prinzipien der Religion wieder festzusetzen und die Dämonen zu vernichten. Zwei Bergen aus Saphir und Silber gleich, vertrieben die beiden Brüder mit Ihrer körperlichen Ausstrahlung die ganze Dunkelheit der Welt. Ohne zu zögern, sprang Akrūra von der Kutsche herunter und fiel ausgestreckt wie ein Stock vor Kṛṣṇa und Balarāma zu Boden. Als er die Lotosfüße der Höchsten Persönlichkeit Gottes berührte, wurde er von transzendentaler Glückseligkeit überwältigt, seine Stimme versagte ihm, so dass er kein Wort hervorbrachte. Die transzendentale Freude ließ Ströme von

Tränen aus seinen Augen laufen, und in seiner Ekstase war er wie erstarrt, als hätte er die Fähigkeit zu sehen und zu sprechen gänzlich verloren. Doch Śrī Kṛṣṇa, der zu Seinen Geweihten sehr gütig ist, ergriff Akrūras Hand und half ihm beim Aufstehen, und dann umarmte Er ihn herzlich. Śrī Kṛṣṇa war offensichtlich sehr zufrieden mit Akrūra, und auch Balarāma schloss ihn in die Arme. Dann nahmen Kṛṣṇa und Balarāma Akrūra bei der Hand und führten ihn in Ihre Stube, wo Sie ihm einen bequemen Sitz anboten und Wasser brachten, um ihm die Füße zu waschen. Dazu beehrten Sie Ihren Gast mit einem gebührlichen Geschenk Honig, der mit weiteren Zutaten vermischt war. Nachdem Kṛṣṇa und Balarāma so für Akrūras Behaglichkeit gesorgt hatten, schenkten Sie ihm eine Kuh und brachten ihm darauf die köstlichsten Speisen, die sich Akrūra schmecken ließ. Nach beendetem Mahl überreichte ihm Balarāma Betelnüsse, Gewürze und Sandelholzpaste, um es ihm an keiner Annehmlichkeit fehlen zu lassen. Śrī Kṛṣṇa hielt Sich somit genau an die Regeln der vedischen Kultur, um alle Menschen zu lehren, wie man einen Gast bei sich zu Hause empfangen sollte. Gemäß den vedischen Anweisungen sollte man sogar einen Gast, der der eigene Feind ist, so zuvorkommend empfangen, das dieser merkt, vom Gastgeber nichts befürchten zu müssen. Selbst wenn der Gastgeber sehr arm ist, sollte er seinem Gast zumindest eine Strohmatte als Sitzgelegenheit und ein Glas Wasser zum Trinken anbieten. Kṛṣṇa und Balarāma empfingen Akrūra in einer Weise, die seiner erhabenen Stellung angemessen war.

Nach dem festlichen Empfang setzte sich Nanda Mahārāja, Kṛṣṇas Pflegevater, zu Akrūra und sagte: „Mein lieber Akrūra, wahrscheinlich erübrigen sich meine Fragen. Ich weiß, dass du unter dem Schutz Kaṁsas stehst, der sehr grausam und dämonisch ist. Wenn er jemandem Schutz verspricht, ist es genauso, wie wenn ein Schlachthausbesitzer Tiere beschützt, um sie später zu töten. Kaṁsa ist so skrupellos und selbstsüchtig, dass er nicht einmal davor zurückschreckte, die Söhne seiner eigenen Schwester zu töten. Wie könnte ich daher noch ernsthaft glauben, er würde die Einwohner von Mathurā beschützen?" Nanda Mahārāja macht hier auf einen sehr wichtigen Punkt aufmerksam. Wenn die Regierungsoberhäupter nur ihr Selbstinteresse im Auge haben, können sie niemals für das Wohlergehen der Bürger sorgen. Als sich Nanda Mahārāja mit solch freundlichen Worten an Akrūra wandte, vergaß dieser die Anstrengungen seiner Reise von Mathurā nach Vṛndāvana.

Hiermit enden die Bhaktivedanta-Erläuterungen zum 38. Kapitel des Kṛṣṇa-Buches mit dem Titel „Akrūras Ankunft in Vṛndāvana".

KAPITEL 39

Akrūras Rückreise und seine Vision von Viṣṇuloka im Fluss Yamunā

Nachdem Śrī Kṛṣṇa und Nanda Mahārāja Akrūra einen herzlichen Empfang bereitet hatten, zeigten sie ihm seinen Schlafplatz. Danach nahmen die beiden Brüder, Balarāma und Kṛṣṇa, Ihr Abendessen ein, und Akrūra saß währenddessen auf seinem Bett und dachte darüber nach, wie all seine Hoffnungen, die er sich auf dem Weg von Mathurā nach Vṛndāvana gemacht hatte, in Erfüllung gegangen waren. Wenn Śrī Kṛṣṇa, der Gemahl der Glücksgöttin, mit Seinem reinen Geweihten zufrieden ist, erfüllt Er ihm jeden Wunsch. Doch ein reiner Gottgeweihter bittet Kṛṣṇa niemals um etwas für sich selbst.

Nach Ihrem Abendessen gingen Kṛṣṇa und Balarāma noch einmal zu Akrūra, um ihm eine gute Nacht zu wünschen und fragten ihn, wie sich Kaṁsa seinen Freunden und Verwandten gegenüber verhalte. Danach fragte Kṛṣṇa wie die Zukunftspläne Kaṁsas aussähen. Die

Höchste Persönlichkeit Gottes versicherte Akrūra noch einmal, dass sich alle über seinen Besuch aufrichtig freuten. Im weiteren Verlauf des Gespräches fragte Kṛṣṇa, ob all Seine Verwandten und Freunde wohlauf seien oder ob ihnen irgendwelche Schwierigkeiten bereitet würden. Kṛṣṇa erklärte, dass Er es sehr bedauere, Seinen Onkel mütterlicherseits auf dem Thron des Königreiches zu wissen. Kaṁsa stelle den größten Störfaktor im gesamten System der Regierung dar, und solange er herrsche, sei nicht zu erwarten, dass es den Bürgern gut gehe. Dann sagte Kṛṣṇa: „Mein Vater musste so viel Leid ertragen, nur weil Ich sein Sohn bin. Er verlor um Meinetwillen sogar seine vielen anderen Söhne. Ich schätze Mich sehr glücklich, dass du, Mein Freund und Verwandter, hierhergekommen bist. Mein lieber Onkel Akrūra, bitte sage Mir, weshalb du nach Vṛndāvana gekommen bist."

Daraufhin berichtete Akrūra, der der Yadu-Dynastie angehörte, von den jüngsten Ereignissen in Mathurā, unter anderem von Kaṁsas Versuch, Vasudeva, Kṛṣṇas Vater, zu töten. Er erzählte dem Herrn alles, was geschehen war, nachdem Nārada Kaṁsa offenbart hatte, dass Kṛṣṇa der Sohn Vasudevas sei und dass dieser Ihn im Hause Nanda Mahārājas versteckt habe. Da Akrūra nun bei Śrī Kṛṣṇa im Hause Nanda Mahārājas war, sagte er offen alles, was er sonst noch über Kaṁsa wusste. Er erzählte, wie Nārada sich mit Kaṁsa getroffen hatte und wie er selbst von Kaṁsa nach Vṛndāvana geschickt worden war. Dazu berichtete er auch, dass Nārada Kaṁsa informiert habe, dass Kṛṣṇa gleich nach Seiner Geburt von Mathurā nach Vṛndāvana gebracht wurde und dort in der Folge alle von Kaṁsa ausgesandten Dämonen getötet habe. Schließlich teilte Akrūra Kṛṣṇa den eigentlichen Zweck seines Kommens mit. Er solle Kṛṣṇa nach Mathurā bringen. Als Kṛṣṇa und Balarāma, die beide sehr geschickt darin sind, Ihre Feinde zu töten, auf diese Weise von Kaṁsas Plänen hörten, lächelten Sie nur.

Sie informierten umgehend Nanda Mahārāja, dass Kaṁsa alle Kuhhirtenjungen eingeladen hatte, mit nach Mathurā zu kommen, um dort der *dhanur-yajña*-Zeremonie beizuwohnen, da er wünsche, dass alle zu dieser Feier kämen. Auf Kṛṣṇas Bitte hin rief Nanda Mahārāja sofort alle Kuhhirten zusammen und trug ihnen auf, frische Milch und alle möglichen Milchprodukte mitzunehmen, um sie dann während der Zeremonie dem König als Geschenk darzubringen. Darüber hinaus ließ Er dem Polizeikommandanten von Vṛndāvana die Anweisung zukommen, allen Bewohnern von Kaṁsas großem *dhanur-yajña* zu berichten und sie einzuladen, daran teilzunehmen. Er teilte den Kuhhirten mit, dass sie alle am nächsten Morgen aufbrechen würden. Deshalb trafen sie schnell alle notwendigen Vorbereitungen und richteten die Kühe und Stiere her, die dafür bestimmt waren, sie alle nach Mathurā zu bringen.

Als die *gopīs* erfuhren, dass Akrūra gekommen war, um Kṛṣṇa und Balarāma nach Mathurā zu holen, erschraken sie sehr. Einige wurden von solchem Kummer überwältigt, dass sich ihre Gesichter schwarz färbten, ihr Atem ging schwer, und ihre Herzen begannen wie rasend zu klopfen. Sie bemerkten, wie sich ihr Haar öffnete und ihre Saris verrutschten. Als einige *gopīs*, die gerade im Haushalt beschäftigt waren, hörten, dass Kṛṣṇa und Balarāma nach Mathurā gehen würden, ließen sie ihre Arbeit stehen, als hätten sie alles vergessen, genau wie jemand, der vom Tod gerufen wird und diese Welt unvermittelt verlassen muss. Wieder andere fielen beim Gedanken an die Trennung von Kṛṣṇa ohnmächtig zu Boden. Tiefster Schmerz ergriff die *gopīs*, als sie sich an Kṛṣṇas bezauberndes Lächeln und an ihre Gespräche mit Ihm erinnerten. Sie alle erinnerten sich an die anmutige Erscheinung Kṛṣṇas, der Persönlichkeit Gottes, wie Er Sich über das Land von Vṛndāvana bewegte und wie Er mit Seinen scherzenden Worten ihre Herzen erobert hatte. Indem die *gopīs* so an Kṛṣṇa und an ihre bevorstehende Trennung von Ihm dachten, versammelten sie sich mit aufgewühltem Herzen, und völlig in Gedanken an Kṛṣṇa vertieft, begannen sie mit tränenüberströmten Gesichtern miteinander zu sprechen.

„O Vorsehung, du bist so grausam! Barmherzigkeit scheinst du nicht zu kennen. Durch deinen Willen lernen sich Menschen kennen und werden Freunde, doch du reißt sie wieder auseinander, bevor sie ihre Wünsche erfüllen können. Dein Verhalten gleicht dem Spiel von Kindern, das ohne Sinn ist. Es ist sehr gemein von dir, uns erst den schönen Kṛṣṇa zu zeigen, dessen bläuliches, lockiges Haar Seine breite Stirn und Seine spitze Nase verschönert und der stets lächelt, um jeden Schmerz in der materiellen Welt zu lindern – und nun trennst du uns wieder von Ihm. O Vorsehung, du bist so grausam! Doch wie erstaunlich es ist, dass du nun als Akrūra erscheinst, dessen Name ‚nicht grausam' bedeutet. Anfangs hatten wir deine Kunstfertigkeit geschätzt, uns Augen zu verleihen, so dass wir Kṛṣṇas liebliches Antlitz betrachten konnten, doch nun nimmst du uns, wie ein närrisches Geschöpf, unsere Augen, indem du uns Kṛṣṇa hier nicht mehr sehen lässt. Kṛṣṇa, der Sohn Nanda Mahārājas, ist ebenfalls sehr grausam! Ständig muss Er neue Freunde haben; Er liebt es nicht, mit jemandem längere Freundschaft zu halten. Wir *gopīs* von Vṛndāvana haben unser Zuhause, unsere Freunde und unsere Verwandten verlassen und sind Kṛṣṇas Dienerinnen geworden, doch Er kümmert Sich nicht darum und geht einfach fort. Er schaut uns nicht einmal an, obwohl wir Ihm völlig hingegeben sind. Nun werden all die jungen Mädchen von Mathurā die Gelegenheit haben, mit Kṛṣṇa zusammen zu sein. Sie erwarten bestimmt schon Seine Ankunft, und sie werden mit Freuden den Honig Seines süßen Lächelns trinken. Wir wissen zwar, dass Kṛṣṇa sehr standhaft und entschlossen ist, doch wir müssen befürchten, dass Er Sich vielleicht nicht mehr beherrschen kann, wenn Er die hübschen Gesichter der jungen Mädchen von Mathurā erblickt. Wir befürchten, dass Er unter ihre Macht gerät und uns, die wir nur einfache Dorfmädchen sind, völlig vergessen wird. Die Zeit ist vorbei, wo Er uns Seine Gunst erwiesen hat, und so glauben wir nicht, dass Kṛṣṇa jemals wieder nach Vṛndāvana zurückkehren wird. Er wird die Gesellschaft der Mädchen von Mathurā nicht mehr verlassen."

Die *gopīs* malten sich aus, welch großartige Festlichkeiten in Mathurā stattfinden würden. Kṛṣṇa würde durch die Straßen ziehen, und die Damen und die jungen Mädchen von Mathurā würden auf dem Balkon ihrer Häuser stehen und Ihm entgegenblicken. Mathurā wurde von verschiedenen Geschlechtern bewohnt, die damals als das *Daśārha-*, *Bhoja-*, *Andhaka-* und *Sātvata*-Geschlecht bekannt waren. All diese Geschlechter waren verschiedene Zweige derselben Familie, in der auch Śrī Kṛṣṇa erschienen war, nämlich der Yadu-Dynastie; und sie alle erwarteten die Ankunft Kṛṣṇas. Sie hatten bereits in Erfahrung gebracht, dass Kṛṣṇa, die Zuflucht der Glücksgöttin und die Quelle aller Freude und transzendentalen Eigenschaften, die Stadt Mathurā besuchen würde.

Daraufhin begannen die *gopīs*, Akrūras Verhalten anzuklagen. Sie sagten, dass er ihnen Kṛṣṇa wegnehme, den sie mehr liebten als alles andere und der die Freude ihrer Augen sei. Akrūra ließe Kṛṣṇa aus ihrer Sicht verschwinden, ohne sie zuerst zu benachrichtigen oder sie zu trösten. Sie klagten, wie Akrūra nur so herzlos sein könne und warum er kein Mitleid mit ihnen habe.

Und die *gopīs* fuhren fort: „Was uns aber am meisten verwundert, ist, dass Sich Kṛṣṇa, der Sohn Nandas, ohne weitere Gedanken bereits auf die Kutsche gesetzt hat. Daran kann man sehen, dass Kṛṣṇa nicht sehr intelligent ist. Doch selbst wenn Er sehr intelligent sein sollte, so ist Er zumindest nicht sehr barmherzig. Aber nicht nur Kṛṣṇa hat ein hartes Herz, sondern auch all die anderen Kuhhirten. Sie sind überhaupt nicht besser, denn sonst würden sie nicht schon die Bullen und Kälber einspannen, um nach Mathurā zu fahren. Selbst die älteren Leute von Vṛndāvana haben alles Mitgefühl verloren. Sie beachten nicht im Geringsten, wie sehr wir leiden, denn sonst würden sie Kṛṣṇa davon abhalten, nach Mathurā zu reisen. Sogar die Halbgötter sind gegen uns, denn auch sie hindern Kṛṣṇa nicht daran, nach Mathurā zu reisen."

Die *gopīs* flehten die Halbgötter an, irgendwelche Unwetter zu schicken, wie einen Orkan oder andere heftige Stürme oder Regengüsse und Überschwemmungen, so dass Kṛṣṇa an der Fahrt gehindert würde. Als auch dies nichts half, sagten sie: „Wir werden trotz der Gegenwart unserer Eltern und Behüter Kṛṣṇa persönlich davon abhalten, nach Mathurā zu fahren. Uns bleibt keine andere Möglichkeit als dieser direkte Schritt, denn alle haben sich gegen uns gewandt, um uns Kṛṣṇa zu nehmen. Ohne Ihn jedoch können wir nicht einen Augenblick lang leben." Die *gopīs* beschlossen darauf, sich Kṛṣṇa an einer Stelle, wo Er mit Seiner Kutsche durchfahren musste, in den Weg zu stellen. Und sie sagten zueinander: „Wir haben mit Kṛṣṇa eine sehr lange Nacht im *rāsa*-Tanz verbracht, die uns jedoch so kurz wie ein Augenblick erschien. Wir sahen Sein zauberhaftes Lächeln, wir umarmten Ihn und sprachen mit Ihm. Wie könnten wir auch nur für eine Sekunde weiterleben, wenn Er uns verließe? Am Ende des Tages, wenn der Abend dämmerte, kehrte Kṛṣṇa gewöhnlich mit Seinem älteren Bruder Balarāma und Seinen Freunden nach Hause zurück. Er lächelte und spielte auf Seiner Flöte, und Er schenkte uns so liebevolle Blicke. Wie könnten wir Ihn jemals vergessen? Wie nur könnten wir Ihn vergessen, der unser Ein und Alles ist? Er hat uns während unserer Tage und während unserer Nächte auf verschiedenste Arten unsere Herzen gestohlen. Wenn Er nun einfach weggeht, können wir unmöglich weiterleben."

Je länger die *gopīs* miteinander sprachen, desto unerträglicher wurde es für sie, dass Kṛṣṇa Vṛndāvana verlassen wollte. Sie konnten ihre Gefühle nicht mehr zurückhalten und schluchzten laut auf, und sie riefen

Kṛṣṇa bei Seinen verschiedenen Namen: „O lieber Dāmodara! Lieber Mādhava!"

Die *gopīs* weinten während der ganzen Nacht vor Kṛṣṇas Abreise. Als die Sonne aufging, nahm Akrūra sein morgendliches Bad und bestieg die Kutsche. Dann begab er sich zusammen mit Kṛṣṇa und Balarāma auf den Weg nach Mathurā. Nanda Mahārāja und die Kuhhirten bestiegen ihre Ochsenkarren, die sie mit großen Tontöpfen beladen hatten, die voller Milch, Joghurt, Butterfett und anderen Milchprodukten waren, und sie folgten der Kutsche von Kṛṣṇa und Balarāma. Als sich die Kutsche in Bewegung setzte, kamen alle *gopīs* gelaufen, und obwohl Kṛṣṇa sie bat, nicht den Weg zu versperren, drängten sie sich um die Kutsche und schauten Kṛṣṇa mit flehenden Augen an. Kṛṣṇa war sehr gerührt über den mitleiderregenden Anblick der *gopīs*, doch es war Seine Pflicht, nach Mathurā zu fahren, da dies von Nārada vorausgesagt worden war. Deshalb tröstete Kṛṣṇa die *gopīs*, indem Er ihnen sagte, sie sollten nicht traurig sein, denn sobald die Angelegenheiten in Mathurā erledigt seien, komme Er wieder zurück. Aber die *gopīs* ließen sich nicht dazu bewegen, den Weg freizugeben. Die Kutsche jedoch machte kehrt und fuhr in westlicher Richtung davon, und die *gopīs* ließen ihre Blicke der Kutsche folgen, die sich weiter und weiter entfernte. Sie blickten der Flagge von Kṛṣṇas Kutsche nach, bis sie schließlich in der Ferne nur noch eine Staubwolke erkennen konnten. Die *gopīs* rührten sich nicht von der Stelle, sondern blieben stehen, bis von Kṛṣṇas Kutsche nichts mehr zu sehen war. So verharrten sie gebannt wie Gestalten auf einem Gemälde. Alle *gopīs* sagten sich, dass Kṛṣṇa so bald nicht zurückkommen werde, und mit tiefer Enttäuschung im Herzen gingen sie nach Hause. Zutiefst betrübt über die Abwesenheit Kṛṣṇas, konnten sie Tag und Nacht an nichts anderes denken als an Seine transzendentalen Spiele. Auf diese Weise fühlten sie ein wenig Trost.

Begleitet von Akrūra und Balarāma fuhr der Herr mit großer Geschwindigkeit in der Kutsche dem Ufer der Yamunā entgegen. Einfach dadurch, dass man in der Yamunā ein Bad nimmt, kann man die Reaktionen auf seine sündhaften Tätigkeiten verringern. Kṛṣṇa und Balarāma stiegen in den Fluss, badeten und wuschen Sich das Gesicht. Nachdem Sie ein wenig vom kristallklaren Wasser der Yamunā getrunken hatten, kehrten Sie zur Kutsche zurück, die im Schatten eines hohen Baumes stand, und die zwei Brüder setzten Sich wieder auf Ihre

Plätze. Darauf ging Akrūra mit Ihrer Erlaubnis gleichfalls zur Yamunā hinunter, um ein Bad zu nehmen. Wenn man in einem Fluss badet, sollte man danach, gemäß vedischem Brauch, mindestens bis zur Hüfte im Wasser stehend, das Gāyatrī-Mantra chanten. Während Akrūra also im Fluss stand, sah er plötzlich Kṛṣṇa und Balarāma vor sich im Wasser. Er war überrascht, Sie im Fluss zu erblicken, denn er hätte schwören können, dass Sie auf der Kutsche saßen. Verwirrt stieg er deshalb aus dem Fluss und wollte herausfinden, wo die Jungen nun tatsächlich waren, doch seine Verwirrung vergrößerte sich nur noch, als er sah, dass die beiden wie zuvor immer noch auf der Kutsche saßen. Er war sich nicht mehr sicher, ob er Sie tatsächlich auch im Wasser gesehen hatte, weshalb er zum Fluss zurückging. Diesmal erblickte er dort nicht nur Balarāma und Kṛṣṇa, sondern auch viele Halbgötter und alle Siddhas, Cāraṇas und Gandharvas. Sie alle verneigten sich vor dem Herrn. Akrūra erkannte auch Śeṣa-Nāga mit Seinen Tausenden von Köpfen. Śeṣa-Nāga trug bläuliche Gewänder, und Seine vielen Hälse waren weiß, so dass sie an schneebedeckte Berge erinnerten. Auf Śeṣa-Nāgas gewundenem Schoß ruhte Kṛṣṇa in aller Ruhe. Er hatte Seine vierarmige Gestalt angenommen und Seine Augen glichen den rötlichen Blütenblättern einer Lotosblume.

Mit anderen Worten, als Akrūra zur Yamunā zurückkehrte, sah er Balarāma als Śeṣa-Nāga und Kṛṣṇa als Mahā-viṣṇu. Akrūra sah die Höchste Persönlichkeit Gottes in Ihrer vierhändigen Gestalt. Der Herr lächelte lieblich. Seine Gegenwart bezauberte alle, und Er ließ über jeden der Anwesenden Seinen barmherzigen Blick streifen. Sein Antlitz erstrahlte vor Schönheit, mit Seiner markanten Nase, Seiner breiten Stirn, Seinen schönen Ohren und Seinen rötlichen Lippen. Seine Arme, die bis an die Knie reichten, waren sehr stark; Seine Schultern waren hoch, Seine Brust war sehr breit und Sein Nacken wie eine Muschel geformt; Sein Nabel war tief, und Seinen Bauch zeichneten drei Linien. Seine Hüfte war breit und groß und ähnelte der einer Frau, und Seine Schenkel glichen Elefantenrüsseln. Auch die anderen Teile Seiner Beine, die Gelenke und die Glieder Seiner Füße, waren alle vollkommen in ihrerForm. Die Nägel Seiner Füße funkelten, und Seine Zehen waren so schön wie die Blütenblätter einer Lotosblume. Der Helm, den Er trug, war mit kostbaren Juwelen besetzt. Ein hübscher Gürtel umschlang Seine Taille, und um die mächtige Brust trug Er die heilige Schnur.

Seine Handgelenke und Oberarme wurden von Reifen geschmückt und an Seinen Fußgelenken trug Er Glöckchen. Mahā-viṣṇu war von strahlender Schönheit, und Seine Handflächen glichen Lotosblüten. Außerdem zierten Ihn die verschiedenen Symbole der *Viṣṇu-mūrti*, die Er jeweils in Seinen vier Händen hielt: das Muschelhorn, die Keule, das Feuerrad und die Lotosblume. Seine Brust zeichneten die besonderen Merkmale Viṣṇus, und frische Blumengirlanden umkränzten Seinen Hals. Sein ganzer Anblick bot eine unvergleichliche Schönheit. Akrūra sah auch, dass der Herr von Seinen engen Geweihten, wie den vier Kumāras – Sanaka, Sanātana, Sananda und Sanat-kumāra – und von anderen Gefährten wie Sunanda und Nanda sowie auch von Halbgöttern wie Brahmā und Śiva umgeben wurde. Die neun großen Weisen waren ebenfalls anwesend, und auch Gottgeweihte wie Prahlāda, Nārada und die acht Vasus waren alle darin vertieft, dem Herrn mit lauterem Herzen und reinen Worten Gebete darzubringen. Beim Anblick der transzendentalen Persönlichkeit Gottes wurde Akrūra von einem freudigen Gefühl und großer Hingabe überwältigt, und ein transzendentales Zittern durchlief seinen ganzen Körper. Obwohl er zuerst verwirrt war, erlangte er sein klares Bewusstsein wieder und verneigte sein Haupt vor dem Herrn. Dann brachte er dem Herrn mit gefalteten Händen und bebender Stimme seine Gebete dar.

Hiermit enden die Bhaktivedanta-Erläuterungen zum 39. *Kapitel des Kṛṣṇa-Buches mit dem Titel „Akrūras Rückreise und seine Vision von Viṣṇuloka im Fluss Yamunā".*

KAPITEL 40

Die Gebete Akrūras

„Lieber Herr", betete Akrūra, „ich erweise Dir meine achtungsvollen Ehrerbietungen, da Du die höchste Ursache aller Ursachen und die urerste unerschöpfliche Persönlichkeit, Nārāyaṇa, bist. Aus Deinem Nabel wächst eine Lotosblume, und auf diesem Lotos wird Brahmā, der Schöpfer dieses Universums, geboren. Weil Brahmā die Ursache des Universums ist, bist Du die Ursache aller Ursachen. Aus Deinem Körper gehen alle Elemente der kosmischen Manifestation hervor: Erde, Wasser, Feuer, Luft, Äther, Ego und die gesamte materielle Energie sowie die Natur, die marginale Energie, die Lebewesen, der Geist, die Sinne, die Sinnesobjekte und die Halbgötter, die die Geschehnisse im Kosmos regeln.

Du bist die Überseele in allem Existierenden, doch niemand kennt Deine transzendentale Gestalt. Jedes Lebewesen in der materiellen Welt wird von den Erscheinungsweisen der materiellen Natur beeinflusst. Da selbst Halbgötter wie Brahmā unter dem Einfluss der materiellen Natur stehen, haben auch sie keine genaue Kenntnis von Deiner transzendentalen Existenz jenseits der kosmischen Manifestation der drei materiellen Erscheinungsweisen. Große Weise und Mystiker verehren Dich als die Höchste Persönlichkeit Gottes, die ursprüngliche Ursache aller Lebewesen, der gesamten kosmischen Manifestation und der Vielzahl der Halbgötter. Sie verehren Dich als den Allumfassenden. Einige der gelehrten *brāhmaṇas* verehren Dich, indem sie vedische rituelle Zeremonien durchführen und im Namen der Halbgötter verschiedenartige Opfer darbringen. Andere wiederum fühlen sich mehr dazu hingezogen, transzendentales Wissen zu verehren. Sie sind sehr friedvoll, und nachdem sie alle materiellen Aktivitäten aufgeben, beschäftigen sie sich mit dem Opfer, das als *jñāna-yoga* bekannt ist, der philosophischen Suche nach Dir.

Es gibt aber auch Gottgeweihte, die Dich als die Höchste Persönlichkeit Gottes verehren. Sie werden *bhāgavatas* genannt. Wenn sie gemäß allen Vorschriften in den Vorgang des *pāñcarātra* eingeweiht worden sind, tragen sie *tilaka* auf ihren Körper auf und verehren Deine verschiedenen *Viṣṇu-mūrti*-Formen. Wieder andere, die Śivaiten, die Anhänger verschiedener *ācāryas*, verehren Dich in der Form Śivas."

In der *Bhagavad-gītā* wird erklärt, dass die Verehrung der Halbgötter eine indirekte Verehrung des Höchsten Herrn ist. Aber eine solche Art der Verehrung kann nicht als orthodox bezeichnet werden, denn der einzige, dem alle Verehrung gebührt, ist der Herr, die Höchste Persönlichkeit Gottes, Nārāyaṇa. Halbgötter wie Brahmā und Śiva sind Inkarnationen der materiellen Eigenschaften, die ebenfalls vom Körper Nārāyaṇas ausgehen. Vor der Schöpfung existierte niemand außer Nārāyaṇa, der Höchsten Persönlichkeit Gottes. Die Verehrung der Halbgötter kommt daher nicht der Verehrung Nārāyaṇas gleich.

Akrūra fuhr fort: „Obwohl diejenigen, die die Halbgötter verehren, ihre Aufmerksamkeit auf einen bestimmten Halbgott richten, erreicht ihre Art der Verehrung indirekt Dich, denn Du bist die Überseele aller Lebewesen, einschließlich der Halbgötter. Genau wie einige der kleinen Flüsse, die während der Regenzeit von den Bergen fließen, ins Meer gelangen und einige nicht, so mögen Dich einige der Halbgottverehrer erreichen und einige auch nicht. Für ihren Erfolg gibt es keine Gewähr. Er ist ganz allein von der Stärke ihrer Verehrung abhängig."

Gemäß den vedischen Prinzipien führt jemand, der einen bestimmten Halbgott verehrt, gleichzeitig auch ein Ritual für Nārāyaṇa, Yajñeśvara, aus, denn wie in der *Bhagavad-gītā* erklärt wird, können die Halbgötter nicht ohne die Einwilligung Nārāyaṇas, Kṛṣṇas, die Wünsche ihrer Verehrer erfüllen. Die genauen Worte, die in der *Bhagavad-gītā* gebraucht werden, lauten: *mayaiva vihitān hi tān*, was bedeutet, dass die Halbgötter nur dann Segnungen gewähren können, wenn sie vom Höchsten Herrn dazu ermächtigt worden sind. Wenn ein Verehrer der Halbgötter zur Vernunft kommt, sagt er sich: „Die Halbgötter können nur dann Segnungen gewähren, wenn sie vom Höchsten Herrn dazu ermächtigt worden sind; warum verehre ich dann nicht direkt den Höchsten Herrn?" Es ist also möglich, dass solche Verehrer der Halbgötter letzten Endes zur Höchsten Persönlichkeit Gottes gelangen. Doch diejenigen, die die Halbgötter für das Ein und Alles halten, können das höchste Ziel nicht erreichen.

Akrūra fuhr mit seinen Gebeten fort: „Lieber Herr, die ganze Welt ist erfüllt von den drei materiellen Erscheinungsweisen der Natur – Tugend, Leidenschaft und Unwissenheit. In der materiellen Welt befindet sich jedes Lebewesen, angefangen mit Brahmā, bis hinunter zu den bewegungslosen Pflanzen und Bäumen, unter dem Einfluss dieser Erscheinungsweisen. Mein lieber Herr, ich erweise Dir meine achtungsvollen Ehrerbietungen, denn Du befindest Dich jenseits dieser drei Erscheinungsweisen. Du bist der einzige, der nicht von den Wellen dieser Erscheinungsweisen umhergetrieben wird. Mein lieber Herr, das Feuer ist Dein Mund, die Erde bildet Deine Füße, die Sonne ist Dein Auge, der Himmel ist Dein Nabel, und die Himmelsrichtungen sind Deine Ohren. Der Weltraum ist Dein Haupt, die Halbgötter sind Deine Arme, die Ozeane und Meere sind Dein Bauch, die Luft und die Winde sind Deine Kraft und Lebensstärke. Die Pflanzen und Kräuter sind die Haare auf Deinem Körper, die Wolken sind Dein Haupthaar, die Berge sind Deine Knochen und Nägel, und die Tage und Nächte sind das Zwinkern Deiner Augenlider. Prajāpati, der Stammvater, ist Dein Genital, und der Regen ist Dein Samen.

Lieber Herr, alle Lebewesen, einschließlich der verschiedenen Kategorien von Halbgöttern, Königen und anderen Herrschern, ruhen in

Dir als winzige Bestandteile des Ganzen. Unmöglich kann Dich jemand durch experimentelles Wissen verstehen. Deine transzendentale Existenz lässt sich mit einem großen Ozean vergleichen, in dem sich vielerlei Arten von Lebewesen befinden, oder mit der *uḍumbara*-Frucht, aus der viele kleine Mücken hervorkommen. Mein lieber Herr, alle Deine ewigen Formen und Inkarnationen, die Du bei Deinem Erscheinen in der materiellen Welt annimmst, sollen die Lebewesen von ihrer Unwissenheit, ihren Illusionen und ihren Klagen befreien. Alle Menschen können daher Deine Inkarnationen und transzendentalen Spiele wertschätzen und sie werden Deine Taten in Ewigkeit preisen. Niemand kann die Vielzahl Deiner Formen und Inkarnationen ermessen, und ebenso kann niemand die Anzahl der Universen ermessen, die in Dir existieren.

Ich erweise deshalb meine achtungsvollen Ehrerbietungen Deiner Inkarnation als Fisch, die im Ozean der Vernichtung erschien, obwohl Du, o Herr, die Ursache aller Ursachen bist. Ich erweise meine achtungsvollen Ehrerbietungen Deiner Hayagrīva-Inkarnation, die die beiden Dämonen Madhu und Kaiṭabha tötete. Ich erweise Dir meine achtungsvollen Ehrerbietungen, der Du die gigantische Schildkröten-Inkarnation annahmst und den großen Berg Mandara auf Deinem Rücken trugst und der Du als Eber-Inkarnation erschienst, um den Erdplaneten aus dem Wasser des Garbhodaka-Ozeans zu retten. Ich erweise Dir, o Herr, meine achtungsvollen Ehrerbietungen, der Du als Nṛsiṁhadeva erschienst, um die vielen Arten von Gottgeweihten vor den bedrohlichen Gräueltaten der Atheisten zu retten. Ich bringe Dir meine achtungsvollen Ehrerbietungen dar, der Du als Vāmanadeva erschienst und alle drei Welten mit der Erweiterung Deiner Lotosfüße durchmaßest. Ich erweise Dir meine achtungsvollen Ehrerbietungen, der Du als der Herr der Bhṛgus erschienst, um die gottlosen Herrscher der Welt zu töten. Ich erweise Dir meine achtungsvollen Ehrerbietungen, der Du als Śrī Rāma erschienst, um Dämonen wie Rāvaṇa zu vernichten. Du wirst von allen Gottgeweihten als der Herr der Raghu-Dynastie, Śrī Rāmacandra, verehrt. Ich bringe Dir meine respektvollen Ehrerbietungen dar, der Du als Śrī Vāsudeva, Śrī Saṅkarṣaṇa, Śrī Pradyumna und Śrī Aniruddha erschienst. Ich bringe Dir meine respektvollen Ehrerbietungen dar, der Du als Buddha erschienst, um die Atheisten und Dämonen zu verwirren. Und ich bringe Deiner

Inkarnation als Kalki meine respektvollen Ehrerbietungen dar, die erscheint, um die vermeintlichen Könige zu bestrafen, die zur Stufe abscheulicher *mlecchas*, welche außerhalb aller regulierenden Prinzipien der vedischen Kultur leben, degeneriert sind.

Lieber Herr, jeder in der materiellen Welt wird durch Deine illusionierende Energie bedingt. Mit einer Lebensauffassung unter dem Einfluss falscher Identifizierung und falscher Besitzansprüche bewegt sich das Lebewesen auf dem Pfad der fruchtbringenden Tätigkeiten und ihrer Reaktionen und muss auf diese Weise einen Körper nach dem anderen annehmen. Mein lieber Herr, ich bilde unter diesen bedingten Seelen keine Ausnahme. Ich halte mich irrtümlicherweise für glücklich, nur weil ich ein Haus, eine Frau, Kinder, Land und Besitz sowie Freunde mein Eigen nenne. Auf diese Weise lebe ich wie in einem Traum, denn keines dieser Dinge ist von Dauer. Welch ein Narr ich bin, dass ich immer noch an den Vorstellungen solcher Dinge hänge und sie für dauerhafte Wahrheiten halte. Lieber Herr, aufgrund meiner irrtümlichen Auffassung über meine wahre Identität habe ich alles Zeitweilige als ewig angesehen, wie zum Beispiel meinen materiellen Körper, der nichts Spirituelles an sich hat, sondern vielmehr die Ursache der verschiedensten leidvollen Zustände ist. Weil ich aufgrund solcher Lebensauffassungen verwirrt bin, beschäftigen sich meine Gedanken immer nur mit materieller Dualität, und ich habe Dich vergessen, der Du die Quelle aller transzendentalen Freude bist. Ich bin fern von Deiner transzendentalen Gemeinschaft, genau wie ein großer Tor, der die Oase, die voller saftiger Pflanzen ist, verlässt, um in der Wüste nach Wasser zu suchen. Die bedingten Seelen möchten ihren Durst stillen, doch sie wissen nicht, wo Wasser zu finden ist. So verlassen sie den Ort, an dem sich die Wasserstelle befindet, und rennen in die Wüste hinaus, wo es kein Wasser gibt. Lieber Herr, ich bin völlig außerstande, meinen Geist zu beherrschen, der von den zügellosen Sinnen umhergetrieben wird und der von materiellen Tätigkeiten und von ihren Früchten bezaubert wird. Deshalb ist meine Intelligenz von großem Geiz besessen. Lieber Herr, niemand, der sich im bedingten Zustand in der materiellen Existenz befindet, vermag Deine Lotosfüße zu erkennen, doch irgendwie durfte ich mich Deinen Lotosfüßen nähern, und dies ist zweifellos Deine grundlose Barmherzigkeit, die Du mir gewährst. Du kannst frei nach Deinem Willen handeln, denn Du bist der höchste

Kontrollierende. Deshalb ist mir klar, dass jemand, der sich qualifiziert, vom Kreislauf von Geburt und Tod befreit zu werden, sich nur durch Deine grundlose Barmherzigkeit Deinen Lotosfüßen nähern kann und weitere Fortschritte erreichen kann, um einen Geschmack für Deinen hingebungsvollen Dienst zu entwickeln."

Akrūra fiel dem Herrn zu Füßen und sagte: „Mein lieber Herr, Deine transzendentale ewige Gestalt ist voller Wissen. Einfach indem man seinen Geist auf Deine transzendentale Gestalt richtet, kann man in vollkommenem Wissen alle Dinge verstehen, denn Du bist der Ursprung allen Wissens. Du bist der Allmächtige, der alle verschiedenen Energien besitzt. Du bist das Höchste Brahman und die Höchste Person, der höchste Kontrollierende und der Meister der materiellen Energien. Ich erweise Dir meine achtungsvollen Ehrerbietungen, denn Du bist Vāsudeva, der Ruheort der gesamten Schöpfung. Du bist die alldurchdringende Höchste Persönlichkeit Gottes, und Du bist auch die Höchste Seele, die im Herzen eines jeden weilt und jedem Lebewesen Anweisungen zum Handeln gibt. Nun, o Herr, bin ich Dir völlig ergeben. Bitte gewähre mir Deinen Schutz."

Hiermit enden die Bhaktivedanta-Erläuterungen
zum 40. Kapitel des Kṛṣṇa-Buches mit dem Titel
„Die Gebete Akrūras".

KAPITEL 41

Kṛṣṇa zieht in Mathurā ein

Während Akrūra der Höchsten Persönlichkeit Gottes seine Gebete darbrachte, verschwand die Erscheinung des Herrn auf dem Wasser – genau wie ein geschickter Schauspieler seine Kleidung wechselt und wieder sein ursprüngliches Aussehen annimmt. Nachdem die *viṣṇu-mūrti* verschwunden war, stieg Akrūra wieder ans Ufer, und als er dann seine Rituale beendet hatte, ging er zurück zur Kutsche von Balarāma und Kṛṣṇa und blieb vor ihr stehen, und große Verblüffung stand ihm im Gesicht. Kṛṣṇa fragte Akrūra, ob er im Wasser oder am Himmel etwas Wunderbares gesehen habe, und Akrūra antwortete: „Mein lieber Herr, alle wundervollen Dinge, die in dieser Welt geschehen, ob in der Luft, im Wasser oder auf dem Land, finden in Deiner universalen Form statt. Wenn ich also Dich gesehen habe, welche wundervollen Dinge habe ich dann noch nicht gesehen?" Diese Worte bestätigen die Aussage der Veden, wonach jemand, der Kṛṣṇa kennt, alles kennt, und wonach jemand, der Kṛṣṇa gesehen hat, alles gesehen hat – wie wundervoll alles andere auch sein mag. „Lieber Herr“, fuhr Akrūra fort, „es kann nichts Wundervolleres geben als Deine transzendentale Gestalt. Was könnte es für mich also sonst noch zu sehen geben, jetzt, wo ich diese Deine transzendentale Gestalt gesehen habe?“

Nach diesen Worten setzte Akrūra die Kutsche sofort in Bewegung, und es war schon Abend, als sie die Gegend von Mathurā erreichten. Alle Reisenden, die ihnen während der Fahrt von Vṛndāvana nach Mathurā begegneten, waren von Kṛṣṇas und Balarāmas Anblick so überwältigt gewesen, dass sie den Blick nicht mehr von Ihnen wenden konnten und der Kutsche wie gebannt nachschauten. In der Zwischenzeit hatten die Einwohner von Vṛndāvana, angeführt von Nanda und Upananda, Mathurā bereits erreicht, weil sie ihren Weg durch den Wald genommen hatten, und warteten in einem Garten auf Kṛṣṇas und Balarāmas Ankunft. Als Kṛṣṇa und Balarāma nun vor dem Stadttor von Mathurā anlangten, sprangen Sie von der Kutsche und reichten Akrūra die Hand. Kṛṣṇa sagte zu ihm: „Du kannst nun nach Hause gehen, denn Wir werden Uns erst später zusammen mit Unseren Gefährten in die Stadt Mathurā begeben.“ Doch Akrūra erwiderte: „O lieber Herr, ich kann unmöglich allein Mathurā betreten und Dich hier zurücklassen. Ich bin Dein ergebener Diener, bitte versage mir nicht Deine Gemeinschaft, sondern komm gemeinsam mit Deinem älteren Bruder Balarāma und all Deinen jungen Freunden zu mir in mein Haus, und heilige es durch Deine Anwesenheit. Mein lieber Herr, wenn Du mich besuchst, wird mein Haus vom Staub Deiner Lotosfüße geheiligt. Das Wasser, das vom Schweiß Deiner Lotosfüße ausgeht, nämlich der Ganges, reinigt jeden, einschließlich der Vorväter, des Feuergottes und aller anderen Halbgötter. Bali Mahārāja wurde berühmt, einfach weil er Deine Lotosfüße wusch. Er erfreute sich aller materiellen Reichtümer und wurde später zur höchsten Stufe der Befreiung erhoben. Das Gangeswasser heiligt nicht nur die drei Welten, sondern es wird auch von Śiva auf dem Kopf getragen. Die Vorfahren von Bhagīratha, die in Berührung mit diesem Gangeswasser gekommen waren, erreichten die himmlischen Planeten. O Höchster Herr aller Herren! O Meister des Universums! Man kann einfach durch das Hören über Deine Spiele Frömmigkeit erlangen. O Höchster Nārāyaṇa, der Du mit ausgewählten Versen gepriesen wirst, ich bringe Dir meine achtungsvollen Ehrerbietungen dar."

Als Kṛṣṇa, die Höchste Persönlichkeit Gottes, diese Bitte vernahm, antwortete Er: „Akrūra, du kannst dir sicher sein, dass Ich dich zusammen mit Meinem älteren Bruder Balarāma besuchen werde, aber erst wenn Ich alle Dämonen getötet habe, die der Yadu-Dynastie feindlich gesinnt sind. Auf diese Weise werde Ich alle Meine Verwandten erfreuen." Akrūra war über diese Worte der Höchsten Persönlichkeit Gottes ein wenig enttäuscht, aber er konnte sich Kṛṣṇas Anweisung nicht widersetzen. So begab er sich in die Stadt hinein und ging zu Kaṁsa, um ihn über die Ankunft Kṛṣṇas zu unterrichten, wonach er nach Hause zurückkehrte.

Nachdem sich Akrūra verabschiedet hatte, betraten Śrī Kṛṣṇa und Balarāma zusammen mit den Kuhhirtenjungen Mathurā, um sich die Stadt anzusehen. Sie sahen, dass das äußerst kunstvolle Stadttor aus feinstem Marmor gebaut worden war und dass die Tore aus purem Gold bestanden. Überall im Stadtinnern befanden sich herrlich angelegte Obstgärten und Parks. Die ganze Stadt war mit Kanälen umgeben, so dass es für einen Feind kein leichtes gewesen wäre, in sie einzudringen. An jeder Straßenkreuzung stießen sie auf Goldverzierungen und sie sahen Getreidelager aus Kupfer und Messing. Die vielen Häuser der reichen Bürger sahen symmetrisch aus, als wären sie alle vom selben Architekten gebaut worden. Die Häuser waren mit kostbaren Juwelen verziert, und zu jedem Gebäude gehörte ein schönes Grundstück mit den verschiedensten Blumen und Bäumen voller Früchte. Die Arkadengänge und die Veranden der einzelnen Häuser waren mit seidenen Tüchern und Zierwerk aus Juwelen und Perlen geschmückt. Vor den Balkonfenstern saßen gurrende Tauben, und farbenprächtige Pfauen stolzierten umher und ließen ihre Rufe ertönen. Die Getreidehändler der Stadt hatten ihre Läden mit den verschiedensten Arten von Blumen und Girlanden und mit frischem Gras und duftenden Blumen wie Narzissen und Rosen dekoriert. An den Haupteingängen der Häuser standen gefüllte Wasserkrüge, und eine Mischung aus Wasser, Joghurt, Sandelholzpaste und Blumen war überall vor den Hauseingängen versprengt worden. Außerdem waren die Türen mit brennenden Lampen verschiedener Größe verziert worden und über allen Türen hatte man Dekorationen aus Mangoblättern und Seidengehängen angebracht.

Sowie sich die Nachricht verbreitete, dass Sich Kṛṣṇa und Balarāma zusammen mit den Kuhhirtenjungen in Mathurā befanden, liefen alle Einwohner herbei, und die Frauen und Mädchen eilten auf die Dächer ihrer Häuser, um Sie von dort aus zu sehen. Die Frauen hatten die Ankunft von Kṛṣṇa und Balarāma sehnsüchtig erwartet, und in ihrer Begierde, die beiden zu sehen, nahmen sie sich nicht einmal die Zeit, sich ordentlich zu kleiden. Einige verwechselten sogar ihre Kleidungsstücke. Manche schminkten sich nur ein Auge, und wieder andere trugen nur an einem Bein Fußglöckchen oder nur einen Ohrring. Auf diese Weise vergaßen sie sogar, sich richtig zu schmücken, und sie eilten so schnell sie konnten auf die Dächer, um Kṛṣṇa zu sehen. Manche waren gerade beim Essen gewesen, doch als sie hörten, dass Kṛṣṇa und Balarāma in der Stadt eingetroffen waren, ließen sie ihre Mahlzeiten stehen und liefen auf die Dächer. Andere wiederum hatten sich gerade im Badezimmer befunden, um ein Bad zu nehmen, doch auch sie liefen, ohne ihr Bad richtig zu beenden, sofort auf die Dächer, um Kṛṣṇa und Balarāma zu sehen. Einige waren gerade dabei, ihrem Kind die Brust zu geben, doch um Kṛṣṇa und Balarāma zu sehen, legten sie ihr Baby einfach beiseite. Als Śrī Kṛṣṇa dann gemächlich an ihnen vorbeizog und lächelte, eroberte Er all ihre Herzen im Sturm. Auf diese Weise schritt der Gemahl der Glücksgöttin würdevoll wie ein Elefant durch die Straßen Mathurās. Schon seit langem hatten die Frauen von Mathurā von Kṛṣṇa und Balarāma und Ihren außergewöhnlichen Eigenschaften gehört. Sie fühlten sich daher bereits sehr zu Ihnen hingezogen und waren sehr begierig, Sie zu sehen. Als Kṛṣṇa und Balarāma nun tatsächlich an ihnen vorbeizogen und als sie Ihr bezauberndes Lächeln sahen, erreichte die Glückseligkeit der Frauen den Punkt der Ekstase. Sie schlossen Kṛṣṇa und Balarāma, die sie nun endlich mit eigenen Augen sehen durften, fest in ihre Herzen und umarmten Sie, wie es ihr sehnlichster Wunsch gewesen war, und in Ekstase sträubten sich ihnen die Körperhaare. Obwohl sie schon viel von Kṛṣṇa gehört hatten, war es ihnen nie vergönnt gewesen, Ihn wirklich zu sehen, doch nun hatte sich ihr sehnsüchtiges Verlangen erfüllt. Freudestrahlend ließen die Frauen von den Palastdächern Mathurās Blumen auf Kṛṣṇa und Balarāma herabregnen. Während die Brüder durch die Straßen zogen, kamen alle *brāhmaṇas* der Nachbarschaft aus ihren Häusern und brachten Sandelwasser und Blumen mit sich, um Kṛṣṇa und Balarāma respektvoll in ihrer Stadt zu empfangen. Alle Einwohner Mathurās sprachen über die vortrefflichen und frommen Taten, die die Bewohner von Vṛndāvana vollbracht haben mussten. Sie fragten sich, welch fromme Tätigkeiten die Kuhhirten von Vṛndāvana in ihren vorangegangenen Leben wohl getan hatten, um Kṛṣṇa und Balarāma täglich als Kuhhirtenjungen sehen zu können.

Als Kṛṣṇa und Balarāma so durch die Straßen zogen, erblickten Sie einen Wäscher und Tuchfärber. Kṛṣṇa gefiel es, ihn um ein schönes Kleidungsstück zu bitten. Wenn er Ihm das schönste Kleidungsstück gäbe, werde der Wäscher dafür sehr glücklich sein, versprach ihm Kṛṣṇa, und seine ganze Zukunft werde gesegnet sein. Kṛṣṇa war kein Bettler, und Er benötigte auch keine Kleidung, doch Er wollte durch Seine Bitte darauf hinweisen, dass jeder bereit sein sollte, dem Herrn alles zu geben, was Er verlangt. Das ist die Bedeutung des Kṛṣṇa-Bewusstseins.

Leider aber war der Wäscher ein Diener Kaṁsas und wusste daher den Wunsch Śrī Kṛṣṇas, der Höchsten Persönlichkeit Gottes, nicht zu würdigen. Das war auf seinen schlechten Umgang zurückzuführen. Er hätte dem Herrn, der Höchsten Persönlichkeit Gottes, der ihm alles Glück der Welt versprach, das Kleid augenblicklich geben können, doch weil er in Kaṁsas Diensten stand, ging er nicht auf das Angebot ein. Statt sich zu freuen, wurde dieser sündhafte Dämon sehr zornig und wies die Bitte des Herrn zurück: „Was fällt Dir ein, das Kleid zu begehren, das für den König bestimmt ist?“ Und dann fing der Wäscher an, Kṛṣṇa und Balarāma zu belehren: „Meine lieben Kinder, seid in Zukunft nicht noch einmal so unverschämt, um Dinge zu betteln, die dem König gehören. Andernfalls werden Euch die Ordnungshüter strafen müssen. Sie werden Euch gefangen nehmen und bestrafen, und dann ergeht es Euch schlecht. Dies habe ich schon oft erlebt. Jeder, der unrechtmäßig über das Eigentum des Königs verfügen will, wird schwer bestraft.“

Als Kṛṣṇa, der Sohn Devakīs, dies hörte, wurde Er sehr zornig auf den Wäscher, und Er versetzte dem Mann mit der Handkante einen Schlag und trennte ihm so den Kopf vom Rumpf. Tot stürzte der Wäscher zu Boden. Auf diese Weise bestätigte Śrī Kṛṣṇa die Aussage der *Brahma-saṁhitā*, dass der Herr mit jedem Teil Seines Körpers tun kann, was immer Er will. In diesem Fall also schlug Er dem Wäscher ohne ein Schwert, nur mit der bloßen Hand, den Kopf ab. Dies beweist, dass der

Höchste Herr allmächtig ist, denn wenn Er etwas tun will, kann Er es ohne jede fremde Hilfe tun.

Nach diesem furchterregenden Zwischenfall ergriffen die Angestellten des Wäschers entsetzt die Flucht und ließen alle Kleider zurück. Kṛṣṇa und Balarāma nahmen sie sogleich in Ihren Besitz und wählten Sich einige davon aus, um Sich neu zu kleiden. Den Rest verteilten Sie an die Kuhhirtenjungen, die sich ebenfalls nach Herzenslust neu einkleideten. Was sie nicht gebrauchen konnten, ließen sie einfach liegen, worauf Kṛṣṇa, Balarāma und die Jungen weiter der Hauptstraße entlanggingen. In der Zwischenzeit nahm ein Schneider, der ein Gottgeweihter war, die Gelegenheit wahr, Kṛṣṇa und Balarāma einen Dienst zu erweisen, und fertigte Ihnen mit den verbliebenen Tüchern die edelsten Kleider an. In Ihren neuen Kleidern sahen Kṛṣṇa und Balarāma wie Elefanten aus, die am Tag des Vollmondes oder des Neumondes mit farbigen Decken geschmückt werden. Kṛṣṇa war mit dem Schneider sehr zufrieden und segnete ihn mit *sārūpya-mukti*, der Befreiung, bei der man nach dem Tod einen vierarmigen Körper erhält, der genau dem Körper von Nārāyaṇa auf den Vaikuṇṭha-Planeten gleicht. Dazu versicherte ihm Kṛṣṇa auch, dass er für den Rest seines Lebens genügend Reichtum erwerben werde, um ein genussreiches Leben führen zu können. Dadurch zeigte Kṛṣṇa, dass es den Kṛṣṇa-bewussten Gottgeweihten nicht an materiellem Genuss oder Sinnenbefriedigung mangelt. Sie bekommen dazu genügend Gelegenheit, aber nach dem Verlassen des gegenwärtigen Körpers, wird es ihnen erlaubt sein, auf die spirituellen Planeten zu gelangen, entweder auf die Vaikuṇṭhalokas oder auf Kṛṣṇaloka, Goloka Vṛndāvana.

Nachdem Sich Kṛṣṇa und Balarāma auf diese Weise wunderschön angezogen hatten, kamen Sie zu einem Blumenhändler namens Sudāmā. Sowie Sie in die Nähe seines Hauses gelangten, kam der Blumenhändler sofort heraus und warf sich mit großer Hingabe flach auf den Boden, um Ihnen seine achtungsvollen Ehrerbietungen darzubringen. Dann bot er Kṛṣṇa und Balarāma einen bequemen Sitz an und befahl seinen Gehilfen, Blumen, Betelnüsse und *candana*-Paste herbeizuholen. Auf diese Weise stellte der Blumenhändler den Herrn mit seinem Empfang sehr zufrieden.

In einer sehr demütigen und bescheidenen Haltung brachte der Blumenhändler dem Herrn seine Gebete dar: „Mein lieber Herr, weil Du nun mein Haus mit Deinem Besuch beglückst, sind all meine Vorfahren und ehrbaren Vorgesetzten bestimmt voller Freude und haben Befreiung erlangt. Lieber Herr, Du bist die höchste Ursache aller Ursachen der kosmischen Manifestation, doch zum Wohl der Bewohner dieser Erde bist Du nun zusammen mit Deiner vollständigen Erweiterung erschienen, um Deine Geweihten zu beschützen und die Dämonen zu vernichten. Als Freund aller Lebewesen bist Du jedem gleichgesinnt. Du bist die Überseele, und Du unterscheidest nicht zwischen Freund und Feind, dennoch gefällt es Dir, Deine Geweihten mit dem besonderen Ergebnis ihres hingebungsvollen Dienstes zu beschenken. O Herr, ich bitte Dich, mir zu sagen, was ich für Dich tun kann, denn ich bin Dein ewiger Diener. Wenn Du mir nur gestattest, Dir einen Dienst zu erweisen, so wäre dies eine große Gunst für mich." Der Blumenhändler Sudāmā freute sich bis ins Innerste seines Herzens, dass Kṛṣṇa und Balarāma zu ihm gekommen waren, und um sich seinen sehnlichsten Wunsch zu erfüllen, nahm er verschiedenartige erlesene Blumen und zog sie zu zwei Girlanden auf, die er dann dem Herrn zum Geschenk gab. Kṛṣṇa wie auch Balarāma freuten Sich sehr über diesen aufrichtigen Dienst, und Kṛṣṇa bedachte den Blumenhändler mit freundlichen Worten und bot ihm eine Segnung an. Der Herr ist immer bereit, allen ergebenen Seelen Seine Segnungen zu erteilen, und als dem Blumenhändler auf diese Weise eine Segnung angeboten wurde, bat er den Herrn darum, als Sein ewiger Diener im hingebungsvollen Dienst beschäftigt sein zu dürfen, um durch solchen Dienst für alle Lebewesen Gutes zu tun. Dadurch wird deutlich, dass sich ein Geweihter des Herrn, der sich im Kṛṣṇa-Bewusstsein betätigt, nicht mit seinem eigenen Fortschritt im hingebungsvollen Dienst zufrieden geben sollte, vielmehr muss er bereit sein, sich um das Wohl aller zu bemühen. Das beste Beispiel dafür sind die Sechs Gosvāmīs von Vṛndāvana. Deshalb heißt es in einem Gebet an die Sechs Gosvāmīs: *lokānāṁ hitakāriṇau* – die Vaiṣṇavas, die Geweihten des Herrn, sind nicht selbstsüchtig. Was auch immer sie durch die Segnungen der Höchsten Persönlichkeit Gottes bekommen, wollen sie an alle anderen weiterverteilen. Das ist die wertvollste aller humanitären Tätigkeiten. Weil Śrī Kṛṣṇa mit Sudāmā so zufrieden war, erteilte Er ihm nicht nur all die Segnungen, die er sich wünschte, sondern darüber hinaus bot Er ihm auch materiellen Reichtum, Familienglück, ein langes Leben und alles andere an, was sein Herz sonst noch in der materiellen Welt begehrte.

Hiermit enden die Bhaktivedanta-Erläuterungen
zum 41. Kapitel des Kṛṣṇa-Buches mit dem Titel
„Kṛṣṇa zieht in Mathurā ein".

KAPITEL 42

Kṛṣṇa zerbricht den Bogen in der Opferarena

Nachdem Kṛṣṇa und Balarāma das Haus des Blumenhändlers verlassen hatten, begegneten Sie auf der Straße einer buckligen jungen Frau, die eine Schale mit Sandelholzpaste bei sich trug. Da Kṛṣṇa alle Freude innewohnt, erlaubte Er Sich mit der buckligen Frau einen Scherz, um alle Seine Gefährten zu erheitern. „O hochgewachsene junge Frau", sprach Kṛṣṇa sie an, „Wer bist du? Und sag Mir, für wen ist die Sandelholzpaste in deinen Händen bestimmt? Ich glaube, am besten gibst du dieses Sandelholz Mir, und wenn du das machst, so kann Ich dir versichern, dass du sehr glücklich wirst." Kṛṣṇa ist die Höchste Persönlichkeit Gottes und Er wusste alles über die bucklige Frau. Durch Seine Fragen wollte Er darauf hinweisen, dass es keinen Sinn hat, einem Dämon zu dienen, sie täte besser daran, Kṛṣṇa und Balarāma zu dienen und für ihren Dienst ein unmittelbares Ergebnis zu bekommen.

Die Frau entgegnete: „Mein lieber Śyāmasundara, o schöner, dunkler Jüngling, Du musst wissen, dass ich eine Dienerin Kaṁsas bin, und ich bringe ihm täglich Sandelholzpaste. Wegen dieses Dienstes ist der König sehr zufrieden mit mir, doch nun sehe ich, dass dieses wertvolle Sandelholz niemandem mehr gebührt als Euch, Kṛṣṇa und Balarāma." Weil die bucklige junge Frau von Kṛṣṇas und Balarāmas wunderschönem Aussehen, von der Art, wie Sie sprachen, von Ihrem Lächeln, Ihren Blicken und Ihrem ganzen Auftreten bezaubert war, machte sie sich voller Freude und Hingabe daran, all die Sandelholzpaste auf Ihre Körper aufzutragen. Die beiden transzendentalen Brüder, Kṛṣṇa und Balarāma, waren von Natur aus sehr schön. Mit Ihrer schönen Körpertönung und Ihren farbenprächtigen Gewändern boten Sie einen unvergleichlichen Anblick. Als dann die bucklige Frau Kṛṣṇas und Balarāmas Oberkörper, die an sich schon sehr anziehend waren, mit Sandelholzpaste schmückte, sahen die beiden noch schöner aus. Kṛṣṇa freute Sich sehr über ihren Dienst und überlegte, wie Er sie belohnen könnte. Mit anderen Worten, um die Aufmerksamkeit des Herrn auf sich zu ziehen, muss der Kṛṣṇa-bewusste Gottgeweihte Ihm mit viel Liebe und Hingabe dienen. Kṛṣṇa kann durch nichts anderes als durch transzendentalen liebevollen Dienst erfreut werden. Nach diesen Gedanken stellte Sich Śrī Kṛṣṇa mit Seinen Zehen auf die Füße der buckligen Frau. Indem Er sie mit Seinen Fingern an den Wangen ergriff, zog Er ihren Kopf mit einem Ruck nach oben, um sie wieder gerade aufzurichten. Augenblicklich verwandelte sich die ehemals bucklige Frau in ein wunderschönes, gutgewachsenes Mädchen mit breiten Hüften, schmaler Taille und vollen, wohlgeformten Brüsten. Weil Kṛṣṇa mit der Buckligen sehr zufrieden war und sie mit Seinen Händen berührt hatte, wurde sie die schönste unter allen Frauen. Diese Begebenheit zeigt uns, dass ein Gottgeweihter dadurch, dass er Kṛṣṇa dient, sogleich zur höchsten Stufe erhoben wird. Hingebungsvoller Dienst ist in jeder Hinsicht so mächtig, dass jeder, der sich ihm zuwendet, alle göttlichen Eigenschaften entwickelt. Kṛṣṇa war der buckligen Frau nicht wegen ihrer Schönheit zugetan, sondern wegen ihres Dienstes; weil sie Ihm diente, wurde sie sofort zur schönsten aller Frauen. Ein Kṛṣṇa-bewusster Mensch braucht nicht talentiert oder hübsch zu sein; einfach indem er Kṛṣṇa-bewusst wird und Kṛṣṇa dient, bekommt er alle Talente und alle Schönheit.

Als die Bucklige durch Kṛṣṇas Barmherzigkeit in ein hübsches junges Mädchen verwandelt worden war, fühlte sie sich Kṛṣṇa natürlich sehr zu Dank verpflichtet. Da es ihr zudem auch Kṛṣṇas Schönheit angetan hatte, ergriff sie ohne Scheu den hinteren Teil Seines Gewandes und zog daran. Dabei lächelte sie verführerisch und gestand, dass sie von lustvollen Verlangen ergriffen sei. Sie vergaß, dass sie sich auf der Straße befand und dass Kṛṣṇas älterer Bruder Balarāma und Seine Freunde dabeistanden.

Sie schlug Kṛṣṇa ganz unverblümt vor: „Mein liebster Held, ich kann Dich nicht einfach so verlassen. Bitte komm zu mir nach Hause. Deine Schönheit hat mich bereits gefangen, und ich fühle mich sehr stark zu Dir hingezogen, weshalb ich Dich empfangen möchte, wie es sich gehört, denn Du bist der beste aller Männer. Sei auch Du bitte lieb zu mir." Ohne große Umschweife lud sie Kṛṣṇa ein, zu ihr nach Hause zu kommen, um ihre lustvollen Wünsche zu erfüllen. Kṛṣṇa fühlte Sich natürlich etwas verlegen vor Seinem älteren Bruder Balarāma, doch Er wusste, dass das Mädchen von einfacher Natur war und sich lediglich zu Ihm hingezogen fühlte. Deshalb lächelte Er, als Er ihre Worte hörte. Während Er Seinen Kuhhirtenfreunden zublinzelte, erwiderte Er ihr: „Mein liebes hübsches Mädchen, Ich freue Mich sehr über deine Einladung. Ich werde bestimmt zu dir kommen, sobald Ich Meine Angelegenheiten hier erledigt habe. Solch ein hübsches Mädchen wie du ist das einzige, was Personen wie Uns trösten kann, denn Wir sind fern von zu Hause und unverheiratet. Gewiss kann eine geeignete Freundin wie du Uns von aller Rastlosigkeit befreien." Nachdem Kṛṣṇa das Mädchen mit diesen süßen Worten zufriedengestellt hatte, verließ Er sie und ging die Straße hinunter, die zum Marktplatz führte. Dort hatten sich bereits die Bürger versammelt, um Ihn mit verschiedenen Geschenken, wie Betelnüssen, Blumen und Sandelholzpaste, zu empfangen.

Die Marktleute verehrten Kṛṣṇa und Balarāma mit großer Ehrfurcht. Als Kṛṣṇa weiter die Straße entlangging, kamen alle Frauen aus den umliegenden Häusern gelaufen, um Ihn zu sehen. Einige der jüngeren Frauen fielen, überwältigt von Seiner Schönheit, fast in Ohnmacht; ihr Haar und ihre enganliegenden Kleider lockerten sich, und sie vergaßen völlig, wo sie waren.

Dann erkundigte Sich Kṛṣṇa bei einigen der Bürger, die Ihn empfingen, wo die angekündigte Opferzeremonie stattfinden werde. Kaṁsa hatte in der Zwischenzeit die *dhanur-yajña*-Zeremonie vorbereitet, und als Wahrzeichen für dieses besondere Opfer hatte er neben dem Opferaltar einen gigantischen Bogen aufstellen lassen. Der Bogen war von atemberaubender Größe und glich einem Regenbogen. In der Opferarena befanden sich viele Schutzsoldaten und Wächter, die von König Kaṁsa angestellt worden waren, um den Bogen zu bewachen. Als Kṛṣṇa und Balarāma auf den Bogen zugingen, wurden Sie gewarnt, nicht weiterzugehen, doch Kṛṣṇa kümmerte Sich nicht um diese Warnung. Gewaltsam verschaffte Er Sich Durchlass und nahm den gewaltigen Bogen blitzschnell in die linke Hand. Vor den Augen der Menge zog Kṛṣṇa an der Sehne und spannte den Bogen so stark, dass Er ihn in der Mitte zerbrach, genau wie ein Elefant auf dem Feld Zuckerrohr zerbricht. Alle Anwesenden bewunderten Kṛṣṇas Kraft. Das laute Krachen des brechenden Bogens erfüllte Himmel und Erde und drang an Kaṁsas Ohr. Als Kaṁsa erfuhr, was geschehen war, begann er um sein Leben zu bangen. Die Wärter des Bogens, die alles hatten tatenlos mit ansehen müssen, bebten vor Zorn. Mit ihren jeweiligen Waffen in der Hand stürzten sie sich auf Kṛṣṇa und schrien: „Packt Ihn! Packt Ihn! Tötet ihn! Tötet Ihn!" Kṛṣṇa und Balarāma wurden umstellt. Als Sie die finsteren Beweggründe der Wächter erfassten, wurden Sie sehr zornig. Sie ergriffen die beiden Hälften des zerbrochenen Bogens und begannen, auf all Ihre Gegner einzuschlagen. Während dieser Tumult losbrach, schickte Kaṁsa den Wächtern eine kleine Gruppe von Soldaten zu Hilfe, aber Kṛṣṇa und Balarāma kämpften auch mit ihnen und töteten sie.

Danach ging Kṛṣṇa nicht weiter in die Opferarena hinein, sondern schritt durch das Tor hinaus und machte Sich auf den Weg zu Ihrem Lager. Doch Er ließ es Sich nicht nehmen, zuerst noch verschiedene Schenswürdigkeiten der Stadt Mathurā zu besuchen. Die Einwohner von Mathurā, die Zeuge von Kṛṣṇas Taten und Seiner wunderbaren Stärke geworden waren, sagten sich, dass die beiden Brüder Halbgötter sein müssten, die nach Mathurā gekommen waren. Sie betrachteten Kṛṣṇa und Balarāma mit ehrfürchtigem Staunen. Die beiden Brüder Ihrerseits schlenderten unbeschwert durch die Straßen, ohne Sich im Geringsten um Kaṁsas Gesetz und Ordnung zu kümmern.

Mit herannahendem Sonnenuntergang gingen Kṛṣṇa und Balarāma zusammen mit Ihren Kuhhirtenfreunden wieder vor die Stadttore, wo die Ochsenwagen ein Lager gebildet hatten. Auf diese Weise machten

Kṛṣṇa und Balarāma Kaṁsa warnend auf Ihre Ankunft in Mathurā aufmerksam, so dass der König ahnen konnte, was ihn am nächsten Tag in der Opferarena erwartete.

Als Kṛṣṇa und Balarāma aufbrachen, um von Vṛndāvana nach Mathurā zu reisen, malten sich die Bewohner von Vṛndāvana bereits das Glück der Bürger von Mathurā aus. Diese sollten nun die Gelegenheit bekommen, die außergewöhnliche Schönheit Kṛṣṇas zu sehen, der von Seinen reinen Geweihten sowie von der Glücksgöttin verehrt wird. Was die Einwohner von Vṛndāvana in ihrer Vorstellung gesehen hatten, hat sich nun tatsächlich erfüllt, denn die Bürger von Mathurā waren glücklich und zufrieden, weil sie Kṛṣṇa gesehen hatten.

Als Kṛṣṇa in Sein Lager zurückkehrte, kümmerten Sich Diener um Ihn, die Seine Lotosfüße wuschen, Ihm einen bequemen Sitzplatz zurechtmachten und Ihm Milch und wohlschmeckende Speisen brachten. Kṛṣṇa nahm Sein Abendessen zu Sich, dachte kurz über den Ablauf des nächsten Tages nach und legte Sich dann zur Ruhe. Auf diese Weise verbrachte Er friedvoll die Nacht im Lager.

Ganz anders erging es Kaṁsa. Nachdem er erfahren hatte, dass Kṛṣṇa seinen wunderbaren Bogen zerbrochen und seine Wächter und Soldaten getötet hatte, bekam er eine gewisse Vorstellung von der Macht der Höchsten Persönlichkeit Gottes. Ihm wurde klar, dass nun der achte Sohn Devakīs erschienen war und dass sein Tod unmittelbar bevorstand. Weil er immer wieder an sein bevorstehendes Ende denken musste, konnte er die ganze Nacht nicht richtig schlafen. Er hatte viele unheilvolle Visionen, und er verstand, dass Kṛṣṇa und Balarāma, die bereits die Tore seiner Stadt erreicht hatten, die Todesboten für ihn waren. Kaṁsa sah sowohl im Wachzustand als auch in Träumen verschiedenste unheilvolle Zeichen. Wenn er in den Spiegel schaute, konnte er seinen Kopf nicht mehr sehen, obwohl dieser immer noch da war. Er sah die Sterne am Himmel doppelt, obgleich es sie nur einmal gab. Er sah Löcher in seinem Schatten, und ein hoher Ton summte in seinen Ohren. Die Bäume um ihn herum schienen aus Gold zu sein. Seine Fußspuren im Staub oder in der aufgeweichten Erde waren ihm unsichtbar. Im Traum erschienen ihm verschiedene Geister, die in einer von Eseln gezogenen Kutsche saßen. Er träumte auch, dass ihm jemand einen Becher voller Gift reicht, und er sah sich, wie er den Becher austrank. Er träumte auch, dass er nackt, nur mit einer Blumengirlande bekränzt, umhergeht und sich den ganzen Körper mit Öl einreibt. Ob Kaṁsa also wach war oder sich in Träumen wälzte, er wurde von den verschiedensten Omen verfolgt, und er begriff, dass ihm der Tod gewiss war. Vor Angst konnte er die ganze Nacht nicht schlafen. Sobald der Tag graute, stürzte sich Kaṁsa deshalb in die Vorbereitungen für den Ringkampf.

Die Kampfarena wurde gründlich gereinigt und mit Fähnchen, Girlanden und Blumen geschmückt, kurz darauf ertönte das Dröhnen der Kesselpauken, das den Wettkampf ankündigte. Der Kampfplatz, der mit vielen Wimpeln und Flaggen dekoriert war, sah sehr festlich aus. Für die ehrwürdigen Persönlichkeiten, wie die Könige, die *brāhmanas* und die *kṣatriyas*, waren mehrere Tribünen errichtet worden; für die Könige hatte man Throne reserviert, und auch für andere Ehrengäste wurden besondere Sitze bereitgehalten. Schließlich traf Kaṁsa in Begleitung seiner Minister und Berater ein und setzte sich auf ein erhöhtes Podium, das extra für ihn bestimmt war. Doch obwohl er inmitten all seiner Regierungsbeamten saß, zitterte sein Herz vor Todesangst. Der grausame Tod verschont offensichtlich nicht einmal einen so mächtigen Menschen wie Kaṁsa. Wenn der Tod kommt, ist es ihm gleichgültig, wie hoch die Stellung seines Opfers ist.

Als alles kampfbereit war, marschierten die Ringer, die ihre Kraft und ihre Fähigkeiten vor der Menge zeigen sollten, in die Arena ein. Sie trugen prachtvolle Kleidung und glänzende Schmuckstücke. Die berühmtesten unter ihnen waren *Cāṇūra, Muṣṭika, Śala, Kūṭa* und *Tośala*. Angefeuert durch das Konzert der Musiker, schritten sie ausgelassen und zuversichtlich durch die Arena. Auch die ehrwürdigen Kuhhirten, die unter Nandas Führung von Vṛndāvana gekommen waren, wurden von Kaṁsa willkommen geheißen. Nachdem die Kuhhirten ihrerseits Kaṁsa die mitgebrachten Milchprodukte überreicht hatten, nahmen sie auf der für sie bestimmten Tribüne Platz, die sich neben dem König befand.

Hiermit enden die Bhaktivedanta-Erläuterungen zum 42. Kapitel des Kṛṣṇa-Buches mit dem Titel „Kṛṣṇa zerbricht den Bogen in der Opferarena“.

KAPITEL 43

Die Vernichtung des Elefanten Kuvalayāpīḍa

Nachdem Kṛṣṇa und Balarāma Ihr Bad genommen und auch alle anderen morgendlichen Pflichten beendet hatten, vernahmen Sie das Dröhnen der Kesselpauken, das vom Ringkampfstadion herüberdrang. Sofort machten Sie Sich auf den Weg zum Kampfplatz, um Sich den Spaß mitanzusehen. Als Kṛṣṇa und Balarāma beim Tor des Ringkampfstadions anlangten, sahen Sie dort einen gewaltigen Elefanten namens Kuvalayāpīḍa, der von einem auf seinem Kopf reitenden Wärter geführt wurde. Der Wärter versperrte Ihnen absichtlich den Weg, indem er den Elefanten vor dem Tor stehen ließ. Kṛṣṇa wusste, was der Wärter im Sinn hatte, und so machte Er Sich zum Kampf bereit, indem Er Sein Gewand fester gürtete. Mit drohender Stimme, gleich dem rollenden Donner einer Wolke, sprach Er zum Wärter: „Du Schurke von einem Tierwärter, gib den Weg frei und lass Mich durch. Wenn du noch länger den Eingang versperrst, schicke Ich dich mit deinem Elefanten augenblicklich zur Adresse des personifizierten Todes."

Als der Wärter hörte, wie er von Kṛṣṇa beschimpft wurde, wurde er sehr zornig, und um Kṛṣṇa herauszufordern, stachelte er, ganz wie es geplant war, den Elefanten zum Angriff an. Der Elefant erschien wie der unvermeidliche Tod, und er stürzte sich auf Kṛṣṇa, um Ihn mit seinem Rüssel zu packen; doch Kṛṣṇa sprang flink zur Seite und lief hinter den Elefanten. Weil der Elefant mit seinen Augen nicht weiter als bis an sein Rüsselende sehen konnte, vermochte er Kṛṣṇa nicht ausfindig zu machen, der Sich hinter seinen Beinen versteckte. Trotzdem versuchte er erneut, Kṛṣṇa irgendwie mit seinem Rüssel zu ergreifen, doch Kṛṣṇa entwischte ihm auch diesmal, lief wieder auf die andere Seite und ergriff den Elefanten beim Schwanz. Kṛṣṇa zog am Schwanz und schleifte den Elefanten mit unglaublicher Kraft etwa 25 Meter hinter Sich her, genau wie Garuḍa eine unbedeutende Schlange durch den Staub schleift. Kṛṣṇa zog den Elefanten von links nach rechts und von rechts nach links, so wie Er als Kind manchmal ein Kalb am Schwanz gezogen hatte. Danach sprang Kṛṣṇa vor den Elefanten und versetzte ihm einen heftigen Schlag, um dann abermals den Augen Seines Gegners zu entschwinden, indem Er hinter ihn lief. Dann warf Sich Kṛṣṇa vor die Beine des Elefanten und brachte ihn dadurch zum Stolpern, so dass er niederstürzte. Kṛṣṇa sprang sofort wieder auf die Beine, doch der Elefant, der glaubte, dass Kṛṣṇa immer noch auf dem Boden liege, versuchte, Ihn mit einem Stoßzahn zu durchbohren, den er mit aller Kraft in den Boden rammte. Obgleich der Elefant bereits abgekämpft und äußerst zornig war, bemühte sich der Wärter, der auf ihm ritt, ihn weiter anzustacheln. Der Elefant stürzte sich deshalb wie von Sinnen auf Kṛṣṇa, doch sowie er in Kṛṣṇas Reichweite kam, packte dieser seinen Rüssel und riss ihn zu Boden. Als Kuvalayāpīḍa mitsamt dem Wärter zu Boden stürzte, sprang Kṛṣṇa auf den Rücken des Elefanten, brach ihm einen seiner Stoßzähne aus und tötete so den Elefanten und auch den Wärter. Nach vollendeter Tat nahm Kṛṣṇa den Stoßzahn auf Seine Schulter. Geschmückt mit Schweißtropfen und besprengt mit dem Blut des Elefanten, sah Er wunderschön aus, und so schritt Er auf die Kampfarena zu. Śrī Balarāma nahm den anderen Stoßzahn des Elefanten und legte ihn auf Seine Schulter, und begleitet von Ihren Freunden, den Kuhhirtenjungen, betraten Sie die Arena.

Als Kṛṣṇa zusammen mit Balarāma und Seinen Freunden die Kampfarena betrat, sahen Ihn alle Anwesenden auf ihre ganz persönliche Weise, die von ihrer jeweiligen Beziehung *(rasa)* zu Ihm abhing. Kṛṣṇa ist der Ursprung aller Freude und aller Arten von *rasas*, sowohl derjenigen voller Zuneigung als auch derjenigen voller Feindlichkeit. Den Ringern erschien Er wie ein Blitz, und die Zuschauer sahen in Ihm die wunderschönste Person. Die Frauen sahen in Ihm den bezauberndsten Mann, den Liebesgott in Person, der ihre lustvollen Verlangen erweckte. Die Kuhhirten sahen in Kṛṣṇa ihren Verwandten, der aus demselben Dorf kam wie sie. Den gottlosen *kṣatriya*-Königen erschien Er als der stärkste Gebieter und ihr Bestrafer; für Seine Eltern, Nanda und Yaśodā, war Er ihr geliebtes Kind, und Kaṁsa, dem König der Bhoja-Dynastie, erschien Er wie der personifizierte Tod. Die Unintelligenten hielten Ihn für einen unvollkommenen Menschen, die anwesenden Yogis sahen Ihn als die Überseele, und die Angehörigen der Vṛṣṇi-Dynastie sahen Ihn als ihren berühmtesten Abkömmling. So wurde Kṛṣṇa von den einzelnen Anwesenden auf verschiedene Weise wahrgenommen, als Er zusammen mit Balarāma und Seinen Freunden, den Kuhhirtenjungen, die Kampfarena betrat. Als Kaṁsa vernahm, dass Kṛṣṇa bereits den Elefanten Kuvalayāpīḍa getötet hatte, wusste er nun mit aller Klarheit, dass Kṛṣṇa über gewaltige Kräfte verfügte, weswegen ihn panische Angst erfüllte. Kṛṣṇa und Balarāma hatten lange Arme; Sie waren sehr schön gekleidet, und alle Menschen, die sich dort versammelt hatten, fühlten sich zu Ihnen hingezogen. Sie waren gekleidet, als gingen Sie zu einem Bühnenauftritt, und so zogen Sie die Aufmerksamkeit aller auf Sich.

Als die Bürger von Mathurā Kṛṣṇa, die Höchste Persönlichkeit Gottes, sahen, überkam sie große Freude, und sie betrachteten Sein Gesicht mit unersättlichen Blicken, als würden sie den Nektar des Himmels trinken. Kṛṣṇa zu sehen bereitete ihnen eine solche Seligkeit, dass es nicht nur schien, als tränken sie den Nektar Seines Antlitzes, sondern auch, als atmeten sie den Duft Seines Körpers ein, als kosteten sie Seinen Geschmack und schlössen Ihn und Balarāma in die Arme. So entspannen Sich unter den Bürgern von Mathurā Gespräche über die beiden transzendentalen Brüder. Schon oft hatten sie von Kṛṣṇas und Balarāmas Schönheit und von Ihren Taten gehört, doch nun sahen sie Kṛṣṇa und Balarāma mit eigenen Augen, von Angesicht zu Angesicht.

Sie dachten, Kṛṣṇa und Balarāma seien zwei vollständige Inkarnationen der Höchsten Persönlichkeit Gottes, Nārāyaṇa, die in Vṛndāvana erschienen seien.

Die Bürger von Mathurā redeten auch über Kṛṣṇas Spiele, und sie erzählten einander, wie Er als der Sohn von Vasudeva erschienen war, wie Er in die Obhut von Nanda Mahārāja und seiner Frau in Gokula gebracht worden war und was alles dazu geführt hatte, dass Er nun nach Mathurā gekommen war, um ihnen Seine Gunst zu erweisen. Sie sprachen darüber, wie Er die Dämonin Pūtanā und Tṛṇāvarta, der sich in einen Wirbelsturm verwandelt hatte, getötet hatte und wie Er die beiden Zwillingsbrüder aus den *yamala-arjuna*-Bäumen befreit hatte. Die Bürger von Mathurā sprachen zueinander: „Śaṅkhacūḍa, Keśī, Dhenukāsura und noch viele andere Dämonen wurden von Kṛṣṇa und Balarāma in Vṛndāvana getötet. Ebenso rettete Kṛṣṇa alle Kuhhirten von Vṛndāvana vor einem verheerenden Waldbrand. Er bestrafte die Schlange Kāliya im Wasser der Yamunā und brach den Hochmut des Himmelskönigs Indra. Sieben Tage lang hielt Kṛṣṇa mit einer Hand den riesigen Govardhana-Hügel empor und rettete so alle Bewohner Gokulas vor den unablässigen Regenfällen, den Orkanen und den Hagelstürmen." Und immer wieder kamen ihnen neue wunderbare Spiele des Herrn in den Sinn: „Die Mädchen von Vṛndāvana waren so bezaubert, wenn sie Kṛṣṇas Schönheit sahen und an Seinen Spielen teilnahmen, dass sie alle Mühen ihres materiellen Daseins vergaßen. Indem sie Kṛṣṇa sahen und ständig an Ihn dachten, vergaßen sie alle Sorgen." Die Einwohner von Mathurā kamen auch auf die Yadu-Dynastie zu sprechen und sagten, dass sie für alle Zeit die berühmteste Familie im Universum bleiben werde, da Kṛṣṇa in ihr erschienen sei. Dann begannen die Einwohner Mathurās über Balarāma zu sprechen. Sie sprachen über Seine wunderschönen, lotosblütenförmigen Augen, und sie sagten: „Dieser Knabe hat den Dämon Pralamba und viele andere Dämonen getötet." Während sie so über die Taten von Kṛṣṇa und Balarāma sprachen, erklang plötzlich die Musik der Kapellen, die den Beginn der Ringkampfspiele ankündigte.

Daraufhin wandte sich Cāṇūra, der berühmte Ringkämpfer, an Kṛṣṇa und Balarāma. „Mein lieber Kṛṣṇa, mein lieber Balarāma", sagte er, „wir haben viel von Euren Taten gehört. Ihr seid wirklich große Helden, und deshalb hat Euch der König rufen lassen. Wir hörten auch, dass Ihr für die außerordentliche Stärke Eurer Arme bekannt seid. Der König und alle Zuschauer hier sind begierig, Eure Ringkampftalente zu sehen. Ein Bürger muss immer gehorsam sein und den herrschenden König erfreuen; wenn er sich daran hält, ist ihm aller Wohlstand sicher. Wehe dem aber, der nicht gehorchen will, denn er zieht den Zorn des Königs auf sich. Ihr seid Kuhhirtenjungen, und wie ich gehört habe, liebt Ihr es, beim Hüten Eurer Kühe im Wald Ringkämpfe untereinander auszutragen. Wir bitten Euch daher, dass Ihr zur Freude aller Anwesenden und auch des Königs an unserem Ringkampf teilnehmt."

Kṛṣṇa durchschaute natürlich sogleich die wahren Absichten Cāṇūras und war bereit, mit ihm zu kämpfen. Doch entsprechend der Zeit und den Umständen antwortete Er: „Du bist ein Untertan des Königs der Bhojas, und du lebst im Dschungel. Wir sind indirekt auch seine Untertanen und versuchen, ihn so gut wie möglich zufriedenzustellen. Er hat Uns eine große Ehre erwiesen, indem er Uns zum Ringkampf einlud, doch trotz allem musst du bedenken, dass Wir nur kleine Jungen sind, die manchmal im Wald von Vṛndāvana mit ihren Freunden im gleichen Alter spielen. Wir halten es für das Beste, nur mit gleichaltrigen und gleichstarken Gegnern zu kämpfen, denn es würde die Zuschauer lediglich abstoßen, wenn Wir Uns mit so überragenden Ringern wie euch messen würden. Ein solch ungleicher Kampf würde bestimmt im Widerspruch zu ihren religiösen Prinzipien stehen." Kṛṣṇa deutete somit an, dass diese berühmten, starken Ringkämpfer Ihn und Balarāma besser nicht zum Kampf herausfordern sollten.

Daraufhin entgegnete Cāṇūra: „Mein lieber Kṛṣṇa, wir wissen sehr wohl, dass man Dich weder als Kind noch als Jüngling bezeichnen kann. Du befindest Dich über allen Wesen, genau wie auch Dein großer Bruder Balarāma. Du hast bereits den Elefanten Kuvalayāpīḍa getötet, der so stark war, dass er es mit Tausenden von anderen Elefanten aufnehmen konnte. Du hast ihn auf wunderbare Weise besiegt, und weil Du so stark bist, steht es Dir durchaus zu, mit den besten Ringern von uns zu kämpfen. Ich selbst möchte daher mit Dir ringen, und Dein älterer Bruder Balarāma soll mit Muṣṭika kämpfen."

Hiermit enden die Bhaktivedanta-Erläuterungen
zum 43. Kapitel des Kṛṣṇa-Buches mit dem Titel
„Die Vernichtung des Elefanten Kuvalayāpīḍa".

KAPITEL 44

Kaṁsas Ende

Nachdem Kaṁsas Ringkämpfer ihre Entschlossenheit zum Ausdruck gebracht hatten, trat die Höchste Persönlichkeit Gottes, der Vernichter des Madhu-Dämons, Cāṇūra entgegen, und Śrī Balarāma, der Sohn Rohiṇīs, trat Muṣṭika entgegen. Kṛṣṇa und Cāṇūra sowie auch Balarāma und Muṣṭika umklammerten einander mit Händen und Beinen, und jeder begann den anderen zu drängen und zu stoßen, um ihn irgendwie zu Fall zu bringen. Hand an Hand, Wade an Wade, Kopf an Kopf und Brust an Brust bedrängten sie sich und begannen aufeinander einzuschlagen. Der Kampf steigerte sich, als sie einander durch die Arena stießen. Einer packte den anderen und warf ihn zu Boden oder lief von hinten her vor seinen Gegner und versuchte, ihn in den Griff zu bekommen. Der Kampf wurde allmählich wilder. Sie hoben einander vom Boden hoch, zerrten und stießen sich, dann wieder umklammerten sie einander mit Händen und Füßen. Beide Seiten zeigten alle Künste des Ringkampfes in vollendeter Form, während jeder sein Bestes versuchte, den Gegner zu bezwingen.

Die Zuschauer in der Arena waren indessen nicht sehr zufrieden, denn die Kämpfer schienen einander nicht ebenbürtig zu sein. Im Vergleich zu den beiden stärksten Ringkämpfern Cāṇūra und Muṣṭika, die wuchtig wie Felsen waren, sahen Kṛṣṇa und Balarāma in ihren Augen nur wie kleine Jungen aus. Viele Frauen protestierten aus Mitleid, weil sie auf Kṛṣṇas und Balarāmas Seite standen: „Liebe Freunde, dieser Kampf ist ungerecht." Und jemand anderes empörte sich: „Wie ist es möglich, dass ein solch ungleicher Ringkampf vor den Augen des Königs stattfindet?" Die Frauen hatten ihre Freude am Ringkampf verloren. Sie konnten unmöglich den Kampf eines Stärkeren mit einem schwächeren Gegner gutheißen. „Muṣṭika und Cāṇūra sind wie Blitze und so überwältigend wie Berge, wohingegen Kṛṣṇa und Balarāma nur zwei zierliche Knaben von zartem Alter sind. Das Prinzip der Gerechtigkeit hat diese Versammlung bereits verlassen. Den Menschen, die noch ein wenig Sinn für die zivilisierten Prinzipien der Gerechtigkeit besitzen, wird es unmöglich sein, hier länger zu bleiben und diesen ungleichen Kampf weiter mitanzusehen. Und diejenigen, die dennoch diesem Ringkampf beiwohnen, können nicht sehr erleuchtet sein, denn ob sie etwas dagegen sagen oder ruhig bleiben, sie werden auf jeden Fall sündhafte Reaktionen erleiden müssen."

„Aber meine lieben Freunde", unterbrach eine andere Frau, „seht nur einmal Kṛṣṇas Gesicht! Es ist mit Schweißperlen bedeckt, weil Er Seinem Gegner so stark zusetzt. Sein Antlitz gleicht einer Lotosblüte, die mit Wassertropfen benetzt ist."

Eine weitere Frau sprach: „Seht ihr nicht, welch besondere Schönheit sich auf Balarāmas Gesicht zeigt? Seine weiße Gesichtsfarbe hat einen Hauch von Rot bekommen, denn der Kampf mit Muṣṭika ist sehr anstrengend."

Wieder eine andere Frau im Publikum wandte sich an ihre Freundin: „Liebe Freundin, stellt euch vor, wie gesegnet das Land von Vṛndāvana ist, wo der Herr, die Höchste Persönlichkeit Gottes, der mit einer Blumengirlande geschmückt ist, stets gegenwärtig ist und zusammen mit Seinem Bruder, Śrī Balarāma, die Kühe hütet. Er wird stets von Seinen Freunden, den Kuhhirtenjungen, begleitet und spielt auf Seiner transzendentalen Flöte. Die Einwohner von Vṛndāvana sind in der glücklichen Lage, immer die Lotosfüße Kṛṣṇas und Balarāmas sehen zu können, die von so großen Halbgöttern wie Śiva sowie der Glücksgöttin verehrt werden. Wir können gar nicht ermessen, wie viele fromme Handlungen die Mädchen von Vrajabhūmi ausgeführt haben müssen, dass sie sich der Höchsten Persönlichkeit Gottes erfreuen konnten, indem sie die unvergleichliche Schönheit Seines transzendentalen Körpers sehen durften. Die Schönheit des Herrn lässt sich mit nichts vergleichen. Niemand übertrifft die Schönheit Seiner Körpertönung und Seiner körperlichen Ausstrahlung und niemand kommt ihr auch nur annähernd gleich. Kṛṣṇa und Balarāma sind das Behältnis aller verschiedenen Füllen – Reichtum, Kraft, Schönheit, Wissen, Ruhm und Entsagung. Die *gopīs* sind so vom Glück begünstigt, dass sie in der Lage sind, Kṛṣṇa 24 Stunden am Tag zu sehen und an Ihn zu denken – angefangen mit dem morgendlichen Melken der Kühe, dem Reisdreschen und dem Butterkirnen. Während sie ihre Häuser säubern und die Fußböden wischen, sind sie in Gedanken ständig bei Kṛṣṇa."

Die *gopīs* geben uns ein vollkommenes Beispiel, wie man Kṛṣṇa-Bewusstsein selbst dann ausführen kann, während man verschiedene materielle Tätigkeiten verrichtet. Wenn man unablässig in Gedanken an Kṛṣṇa vertieft ist, kann man von der Verunreinigung materieller Tätigkeiten nicht berührt werden. Die *gopīs* befinden sich deshalb ständig in völliger Trance, in *samādhi*, der höchsten Stufe aller mystischen Vollkommenheit. In der *Bhagavad-gītā* wird erklärt, dass jemand, der ständig an Kṛṣṇa denke, von allen Arten von Yogis der höchste sei. „Meine lieben Freundinnen", sagte eine der Frauen, „das Verhalten der *gopīs* muss die höchste Form der Frömmigkeit sein, denn wie sonst hätten sie die Gelegenheit bekommen, Kṛṣṇa morgens und abends zu sehen – morgens, wenn Er zusammen mit Seinen Kühen und den Kuhhirtenjungen auf die Weiden zieht und abends bei ihrer Rückkehr, während Er auf Seiner Flöte spielt und strahlend lächelt?"

Als Śrī Kṛṣṇa, die Überseele in allen Lebewesen, erkannte, dass sich die Frauen auf den Rängen um Ihn sorgten, beschloss Er, den Ringkampf nicht weiter fortzuführen, sondern die Ringer auf der Stelle zu töten. Die Eltern von Kṛṣṇa und Balarāma, Nanda Mahārāja und Yaśodā wie auch Vasudeva und Devakī, standen ebenfalls große Ängste aus, denn sie kannten die unbegrenzte Kraft ihrer Kinder nicht. Śrī

Balarāma kämpfte mit Muṣṭika auf die gleiche Art und Weise wie Kṛṣṇa, die Höchste Persönlichkeit Gottes, mit Cāṇūra. Śrī Kṛṣṇa schien plötzlich unerbittlich zu ergrimmen und versetzte Cāṇūra hintereinander drei kräftige Faustschläge, und zum Erstaunen der Zuschauer geriet der große Ringer ins Wanken. Doch Cāṇūra unternahm einen letzten Versuch und fiel Kṛṣṇa an wie ein Falke, der auf einen anderen Falken herabstößt. Er ballte seine beiden Hände zu Fäusten und schlug auf Kṛṣṇas Brust ein, doch dies machte Śrī Kṛṣṇa überhaupt nichts aus, genauso wenig wie einem Elefanten, den man mit einer Blumengirlande schlägt. Vielmehr packte Er unvermittelt die beiden Hände Seines Gegners und wirbelte ihn im Kreis durch die Luft, und allein durch die Zentrifugalkraft verlor Cāṇūra das Leben. Dann schmetterte ihn Kṛṣṇa zu Boden. Cāṇūra stürzte wie die Flagge Indras, und seine feinverzierten Schmuckstücke wurden in alle Richtungen verstreut.

Unterdessen war es auch Muṣṭika gelungen, Balarāma mit einem Faustschlag zu treffen, doch Balarāma erwiderte diesen Schlag mit noch größerer Gewalt. Muṣṭika taumelte benommen umher und erbrach Blut. Unter Todesqualen gab er sein Leben auf und stürzte wie ein vom Sturm gefällter Baum zu Boden.

Als die beiden getötet waren, stürmte ein weiterer Ringkämpfer namens Kūṭa in die Arena, doch Balarāma ergriff ihn elegant mit der linken Hand und tötete ihn, ohne mit der Wimper zu zucken. Darauf erschien der Ringkämpfer Śala, doch Kṛṣṇa zertrümmerte ihm sogleich mit einem Tritt den Schädel. Der nächste, der hervortrat, war Tośala, und ihn ereilte das gleiche Schicksal. Auf diese Weise wurden alle Ringkampfgrößen von Kṛṣṇa und Balarāma getötet. Die verbliebenen Kämpfer ergriffen in Todesangst die Flucht und stürzten Hals über Kopf aus der Arena. Die Kuhhirtenfreunde Kṛṣṇas und Balarāmas kamen alle begeistert herbeigelaufen und gratulierten den beiden mit großer Freude; während die Trompeten erdröhnten Trommeln geschlagen wurden, klingelten die Glöckchen an Kṛṣṇas und Balarāmas Fußgelenken.

Alle Zuschauer in der Ringkampfarena klatschten begeistert Beifall und ihre Freude kannte keine Grenzen. Die anwesenden *brāhmaṇas* sprachen in Ekstase Lobesworte zu Ehren Kṛṣṇas und Balarāmas. Nur Kaṁsa war missmutig, weder klatschte er in seine Hände, noch gab er Kṛṣṇa seinen Segen. Es ärgerte ihn, dass die Trompeten und Trommeln Kṛṣṇas Sieg verkünden sollten, und er konnte es kaum ertragen, dass seine besten Ringer den Tod gefunden hatten oder aus dem Stadion geflohen waren. Daher gebot er den Musikern Einhalt und sprach zu seinen Männern: „Ich befehle, dass diese beiden Söhne Vasudevas augenblicklich aus Mathurā gejagt werden. Die Kuhhirtenjungen, die mit Ihnen gekommen sind, sollen ausgeplündert und aller Reichtümer beraubt werden. Nehmt auch sofort Nanda Mahārāja gefangen und tötet ihn für seine Hinterlist, und tötet auch den Schurken Vasudeva. Das gleiche gilt für meinen Vater Ugrasena, der hinter meinem Rücken ständig meine Feinde unterstützt."

Als Kaṁsa dies sagte, wurde Kṛṣṇa sehr zornig, und in Sekundenschnelle sprang Er auf das hohe Podium des Königs. Kaṁsa hatte Kṛṣṇas Angriff erwartet, denn er hatte von Anfang an gewusst, dass Kṛṣṇa die Ursache seines Todes sein sollte. Augenblicklich zog Kaṁsa sein Schwert und schickte sich an, Kṛṣṇas Angriff mit Waffe und Schild abzuwehren. Doch obgleich Kaṁsa mit seinem Schwert wild um sich schlug, packte ihn Śrī Kṛṣṇa, der allmächtige Herr, mit großer Kraft. Śrī Kṛṣṇa, die Höchste Persönlichkeit Gottes, der die Zuflucht der gesamten Schöpfung ist und aus dessen Lotosnabel die Schöpfung hervorgeht, schlug Kaṁsa sogleich die Krone vom Kopf und packte ihn an seinem langen Haarschopf. Auf diese Weise zerrte Er Kaṁsa von seinem erhöhten Sitz auf den Ringkampfplatz herab, wo Er ihn zu Boden warf. Mit einem Satz setzte sich Kṛṣṇa rittlings auf seine Brust und schlug, immer wieder auf ihn ein. Allein Seine Fausthiebe bewirkten, dass Kaṁsa sein Leben aushauchte.

Um Seinen Eltern zu zeigen, dass Kaṁsa auch wirklich tot war, schleifte ihn Śrī Kṛṣṇa durch die Arena, genau wie ein Löwe einen erlegten Elefanten wegschleift. Bei diesem Anblick ging ein erregtes Raunen durch die Zuschauermenge, wobei einige ihrer Freude und Erleichterung Ausdruck verliehen, während andere in Wehklagen ausbrachen. Von dem Tag an, an dem Kaṁsa erfahren hatte, dass er von dem achten Sohn Devakīs getötet werden würde, hatte er ohne Unterbrechung 24 Stunden am Tag an Kṛṣṇa gedacht – beim Essen, bei jedem Schritt und jedem Atemzug –, und als natürliche Folge davon wurde er mit Befreiung gesegnet. In der *Bhagavad-gītā* wird erklärt: *sadā tadbhāva-bhāvitaḥ* – entsprechend den Gedanken, mit denen man sich ständig beschäftigt, erhält man den nächsten Körper. Kaṁsa dachte ständig an die Form Kṛṣṇas, in der Er ein Feuerrad hält, das heißt, er dachte an

Nārāyaṇa, der ein Feuerrad, ein Muschelhorn, eine Lotosblume und eine Keule hält.

Laut der Aussage der Autoritäten erhielt Kaṁsa nach seinem Tod *sārūpya-mukti*, was bedeutet, dass er die gleiche Gestalt wie Nārāyaṇa (Viṣṇu) bekam. Auf den Vaikuṇṭha-Planeten haben alle Einwohner die gleichen körperlichen Merkmale wie Nārāyaṇa. Kaṁsa erlangte nach seinem Tod also Befreiung und wurde auf Vaikuṇṭhaloka erhoben. An diesem Beispiel können wir sehen, dass selbst ein Mensch, der an die Höchste Persönlichkeit Gottes als Feind denkt, befreit wird und einen der Vaikuṇṭha-Planeten erreicht. Was also muss erst die reinen Gottgeweihten erwarten, die ständig in zuneigungsvolle Gedanken an Kṛṣṇa vertieft sind? Selbst ein Feind Kṛṣṇas erreicht Befreiung, wenn er von Ihm getötet wird, und wird auf die Ebene des unpersönlichen *brahmajyoti* erhoben. Weil Kṛṣṇa, die Höchste Persönlichkeit Gottes, allgut ist, wird jeder, der an Ihn denkt – ob als Freund oder als Feind –, befreit. Doch die Befreiung des Gottgeweihten und die Befreiung des Feindes unterscheiden sich. Ein Feind erhält im Allgemeinen die *sāyujya*-Befreiung oder manchmal auch die *sārūpya*-Befreiung.

Kaṁsa hatte acht Brüder, die von Kaṅka angeführt wurden Sie alle waren jünger als Kaṁsa, und als sie erfuhren, dass ihr ältester Bruder getötet worden war, schlossen sie sich zusammen und stürzten mit großer Wut auf Kṛṣṇa zu, um Ihn zu töten. Kaṁsa und seine Brüder waren Kṛṣṇas Onkel, da sie die Brüder seiner Mutter Devakī waren. Mit Kaṁsa tötete Kṛṣṇa also Seinen Onkel, den Bruder Seiner Mutter, was gegen die vedischen Prinzipien verstößt. Obgleich Kṛṣṇa von allen vedischen Anweisungen unabhängig ist, verletzt Er sie nur dann, wenn es sich nicht vermeiden lässt. Weil Kaṁsa von niemandem außer Kṛṣṇa getötet werden konnte, sah Kṛṣṇa es als Seine Pflicht an, ihn zu töten; was nun aber Kaṁsas acht Brüder betraf, so nahm Sich Balarāma ihrer an. Balarāmas Mutter Rohiṇī war zwar auch mit Vasudeva verheiratet, doch sie war keine Schwester von Kaṁsa, deshalb übernahm es Balarāma, alle acht Brüder Kaṁsas zu töten. Er ergriff die nächstbeste Waffe (höchstwahrscheinlich den Elefantenstoßzahn, den Er bei Sich trug) und erschlug die acht Brüder einen nach dem anderen, genau wie ein Löwe, der ein Rudel Rehe anfällt. Auf diese Weise bestätigten Kṛṣṇa und Balarāma mit Ihren Taten, dass die Höchste Persönlichkeit Gottes erscheint, um die Frommen zu beschützen und die gottlosen Dämonen, die Feinde der Halbgötter, zu vernichten.

Die Halbgötter ließen von den höheren Planetensystemen Blumen regnen, um Kṛṣṇa und Balarāma zu beglückwünschen. Unter den Halbgöttern waren so mächtige Persönlichkeiten wie Brahmā und Śiva, und sie alle kamen, um gemeinsam ihre große Freude über Kaṁsas Tod zu zeigen. Der Blumenregen schien kein Ende nehmen zu wollen; überall auf den himmlischen Planeten ertönten Trommeln, und die Frauen der Halbgötter begannen in Ekstase zu tanzen.

Die Frauen Kaṁsas und seiner acht Brüder wurden durch den unvermittelten Tod ihrer Gatten von tiefem Schmerz erfüllt. Sie schlugen sich verzweifelt gegen die Stirn und vergossen Ströme von Tränen. Sie schluchzten laut und umarmten immer wieder die Körper ihrer toten Männer, die in der Ringerarena lagen, wobei sie wehklagend zu ihnen sprachen: „Liebste Gatten, in eurer großen Güte habt ihr immer für das Wohl eurer Schutzbefohlenen gesorgt. Mit eurem Tod sind auch wir gestorben und zusammen mit uns auch euer Zuhause und eure Kinder. Wir alle haben unser frohes Aussehen verloren, und weil ihr nun tot seid, finden auch die glückverheißenden Zeremonien, die geplant waren, wie das Bogenopfer, nicht mehr statt. Liebste Gatten, ihr habt Menschen, die ohne Fehl waren, schändlich behandelt, und dafür musstet ihr sterben. Dies war unvermeidlich, denn jemand, der einem Unschuldigen Leid zufügt, muss durch die Gesetze der Natur bestraft werden. Wir wissen, dass Śrī Kṛṣṇa die Höchste Persönlichkeit Gottes ist. Er ist der höchste Meister über alles und der höchste Genießer aller Dinge. Daher kann jemand, der Seine höchste Autorität missachtet, niemals glücklich werden, sondern wird letzten Endes wie ihr vom Tod gerichtet."

Weil Kṛṣṇa Seinen Tanten sehr zugeneigt war und Mitleid mit ihnen hatte, tröstete Er sie, so gut es ging. Die rituellen Bestattungszeremonien wurden unter der persönlichen Aufsicht Kṛṣṇas durchgeführt, weil Er der Neffe der toten Fürsten war. Nach Erledigung dieser Angelegenheit befreiten Kṛṣṇa und Balarāma sofort Ihre Eltern, Vasudeva und Devakī, die von Kaṁsa eingekerkert worden waren. Als Kṛṣṇa und Balarāma Ihre Eltern sahen, fielen Sie ihnen zu Füßen und brachten ihnen Gebete dar. Vasudeva und Devakī hatten wegen ihres Sohnes viele Schwierigkeiten durch Kaṁsa erleiden müssen. Devakī und Vasudeva waren sich über Kṛṣṇas erhabene Stellung als die Höchste Persönlichkeit Gottes völlig bewusst, weshalb sie es vermieden, Ihn zu umarmen, sogar dann, als Er ihre Füße berührte und ihnen Ehrerbietungen und Gebete darbrachte. Sie erhoben sich einfach, um die Worte der Höchsten Persönlichkeit Gottes zu hören. Vasudeva und Devakī waren sich stets der Stellung Kṛṣṇas bewusst, obwohl Er als ihr Sohn erschienen war.

Hiermit enden die Bhaktivedanta-Erläuterungen zum 44. Kapitel des Kṛṣṇa-Buches mit dem Titel „Kaṁsas Ende“.

KAPITEL 45

Kṛṣṇa bringt den Sohn Seines Lehrers zurück

Als Śrī Kṛṣṇa sah, wie Vasudeva und Devakī in ihrer ehrfürchtigen Haltung dastanden, ließ Er sogleich den Einfluss Seiner *yoga-māyā* wirksam werden, damit Seine Eltern Ihn und Balarāma wie ihre Kinder behandeln konnten. Ähnlich wie bei den verschiedenen Lebewesen in der materiellen Welt durch den Einfluss der illusionierenden Energie die Beziehung von Vater, Mutter und Kindern ermöglicht wird, so kann der Gottgeweihte durch den Einfluss *yoga-māyās* in eine Beziehung zur Höchsten Persönlichkeit Gottes treten, in der der Herr sein Kind wird. Auf diese Weise waren Kṛṣṇa und Sein älterer Bruder Balarāma als die berühmtesten Söhne der Sātvata-Dynastie erschienen. Nachdem Kṛṣṇa Seine *yoga-māyā* entfaltet hatte, sprach Er Vasudeva und Devakī sehr ergeben und respektvoll an: „Lieber Vater und liebe Mutter, obgleich ihr euch stets bemüht habt, Unser Leben zu behüten, wurde euch die

Freude nicht zuteil, Uns als kleine Kinder, als Knaben und als heranwachsende Jünglinge zu sehen." Kṛṣṇa pries damit indirekt Nanda Mahārāja und Mutter Yaśodā; ihre Beziehung als Vater und Mutter war die vortrefflichste, denn sie hatten die Kindheitsspiele von Kṛṣṇa und Balarāma miterleben können, ungeachtet der Tatsache, dass die beiden eigentlich gar nicht ihre Kinder waren. Die Natur hat es so eingerichtet, dass die Kindheit eines geborenen Lebewesens den Eltern immer große Freude bereitet. Selbst im Tierreich bringen die Eltern ihren Jungen sehr viel Zuneigung entgegen. Weil die Eltern von der zarten Erscheinung ihres Nachwuchses fasziniert sind, liegt ihnen ihr Wohlergehen sehr am Herzen. Vasudeva und Devakī waren ihrerseits auch stets um Kṛṣṇas und Balarāmas Wohl besorgt. Aus diesem Grund war Kṛṣṇa gleich nach Seinem Erscheinen in Sicherheit gebracht worden. Ähnlich war auch Balarāma von Devakīs Leib in den Leib Rohiṇīs versetzt worden.

Vasudeva und Devakī hatten sich ständig große Sorgen um Kṛṣṇas und Balarāmas Schutz gemacht, doch hatten sie die Freude Ihrer Kindheitsspiele nicht kennenlernen dürfen. Deshalb sagte Kṛṣṇa zu ihnen: „Durch die Fügung des Schicksals konnten Wir leider nicht von Unseren eigenen Eltern aufgezogen werden und Unsere Kindheit zu Hause genießen. Lieber Vater und liebe Mutter, man steht immer in der Schuld seiner Eltern, von denen man den Körper bekommen hat, der einem alle Vorteile des materiellen Daseins zugänglich machen kann. Die Veden lehren, dass man in der menschlichen Lebensform die Gelegenheit bekommt, die verschiedensten Arten von Religiosität zu praktizieren, sich alle möglichen Wünsche zu erfüllen und alle möglichen Reichtümer zu erlangen. Darüber hinaus ist die menschliche Lebensform die einzige, die einem die Möglichkeit bietet, Befreiung von der materiellen Existenz zu erlangen. Der Körper wird durch die gemeinsamen Bemühungen des Vaters und der Mutter erzeugt. Jeder Mensch sollte seinen Eltern dankbar sein und einsehen, dass er immer in ihrer Schuld stehen wird. Wenn der erwachsene Sohn nicht versucht, die Eltern durch seine Handlungen und durch großzügige Geschenke zu erfreuen, wird er ganz sicher nach seinem Tod vom Herrn des Todes bestraft und muss sein eigenes Fleisch essen. Wenn jemand seinen betagten Eltern, seiner keuschen Ehefrau, den Kindern, dem spirituellen Meister, den *brāhmaṇas* oder anderen, denen Unterstützung gebührt, diese Hilfe versagt und ihnen keinen Schutz gewährt, obwohl er dazu in der Lage wäre, ist er so gut wie tot, obgleich er noch atmet. Mein lieber Vater und Meine liebe Mutter, ihr habt euch immer um Unser Wohlergehen gesorgt, doch unglücklicherweise konnten Wir euch nicht den geringsten Gegendienst erweisen. Bis heute haben Wir daher lediglich Unsere Zeit verschwendet. Aus Gründen, die sich Unserer Kontrolle entziehen, konnten Wir euch nicht dienen. Liebe Mutter, lieber Vater, bitte vergebt Uns dieses sündhafte Verhalten."

Als die Höchste Persönlichkeit Gottes wie ein unschuldiges Kind mit süßen Worten zu Vasudeva und Devakī sprach, wurden diese von elterlicher Zuneigung überwältigt und umarmten Ihn voller Freude. Vor Rührung brachten sie kein Wort heraus und konnten Kṛṣṇa nichts zur Antwort sagen. So umarmten sie Kṛṣṇa und Balarāma einfach voller Zuneigung und verharrten schweigend, wobei ihnen unablässig Tränen aus den Augen strömten.

Nachdem Kṛṣṇa Seine Eltern getröstet hatte, ging Er, die Höchste Persönlichkeit Gottes, die als der geliebte Sohn Devakīs erschienen war, zu Seinem Großvater Ugrasena und verkündete, dass Ugrasena von nun an König über das Reich der Yadus sein werde. Kaṁsa hatte seinen Vater einkerkern lassen und auf diese Weise gewaltsam die Herrschaft über das Königreich der Yadus an sich gerissen. Nach Kaṁsas Tod nun wurde sein Vater Ugrasena befreit und zum König über die Yadus ernannt. Damals gab es im Westen Indiens viele kleine Königreiche, die von den Dynastien der Yadus, Andhakas, Vṛṣṇis und Bhojas beherrscht wurden. Mahārāja Ugrasena gehörte der Bhoja-Dynastie an, und als Kṛṣṇa ihn auf den Thron setzte, bestimmte Er damit indirekt, dass der König der Bhoja-Dynastie der Herrscher über die anderen Königreiche sein würde. Kṛṣṇa bat Mahārāja Ugrasena großmütig, über Ihn Selbst wie auch über Balarāma zu herrschen, denn Sie beide waren seine Untertanen. In diesem Zusammenhang wird das Wort *prajā* verwendet, das sowohl „Nachkommenschaft" als auch „Bürger" bedeutet. Kṛṣṇa zählte aus zwei Gründen zu den *prajās*: Er war zum einen ein Enkel Mahārāja Ugrasenas und zum anderen ein Angehöriger der Yadu-Dynastie. Deshalb erkannte Er bereitwillig die Oberherrschaft Mahārāja Ugrasenas an und teilte ihm mit: „Weil die Könige der Yadu-Dynastie von Yayāti verflucht worden sind, mögen sie den Thron nicht besteigen. Uns Selbst wird es eine große Freude sein, dir als deine Untergebenen zu dienen. Durch meine enge Zusammenarbeit wird deine Position noch erhabener und stärker, so dass die Könige der anderen Dynastien nicht zögern werden, dir ihre jeweiligen Tribute zu zahlen. Unter Meinem Schutz wirst du sogar von den Halbgöttern auf den himmlischen Planeten verehrt werden. Lieber Großvater, Mein grausamer Onkel Kaṁsa, der nun nicht mehr unter uns weilt, hat alle Könige der Yadu-, Vṛṣṇi-, Andhaka-, Madhu-, Daśarha- und Kukura-Dynastie in Angst und Schrecken versetzt. Doch nun kannst du sie alle beruhigen und ihnen versichern, dass sie nichts mehr zu befürchten haben. Auf diese Weise wird in deinem ganzen Königreich Frieden herrschen."

Alle Könige der angrenzenden Reiche hatten ihre Paläste aus Furcht vor Kaṁsa verlassen und sich in die abgelegenen Teile des Landes zurückgezogen. Nachdem Kaṁsa den Tod gefunden hatte und Ugrasena wieder als König eingesetzt worden war, erhielten sie viele großzügige Geschenke und Unterstützungen, worauf sie alle wieder in ihre Paläste zurückkehrten. Als die politischen Verhältnisse auf diese Weise zufriedenstellend geregelt waren, bereitete es allen große Freude, in Mathurā zu leben, wo sie von Kṛṣṇas und Balarāmas starken Armen beschützt wurden. Unter der guten Regierung in Anwesenheit von Kṛṣṇa und Balarāma waren die Einwohner von Mathurā vollkommen glücklich und zufrieden, denn es war für all ihre materiellen Wünsche und Bedürfnisse gesorgt. Weil sie Kṛṣṇa und Balarāma täglich von Angesicht zu Angesicht sahen, vergaßen sie schon bald alle materiellen Leiden. Immer wenn sie sahen, wie Kṛṣṇa und Balarāma in Ihren bezaubernden Kleidern auf die Straße traten, lächelten und voller Anmut zu den Einwohnern blickten, wurden diese von liebender Ekstase ergriffen, einfach weil Mukunda persönlich vor ihnen stand. Der Name Mukunda bedeutet „jemand, der Befreiung und transzendentale Glückseligkeit gewährt". Kṛṣṇas Anwesenheit wirkte wie ein belebender Trank, so dass nicht nur die jungen Generationen, sondern auch die älteren Leute von Mathurā, die Kṛṣṇa regelmäßig sahen, mit jugendlicher Energie und Kraft erfüllt wurden.

Nanda Mahārāja und Yaśodā blieben in Mathurā, da Sich Kṛṣṇa und Balarāma dort aufhielten, doch nach einiger Zeit wollten sie wieder nach Vṛndāvana zurückkehren. Bevor sie aufbrachen, gingen Kṛṣṇa und Balarāma noch einmal zu ihnen, und nachdem Sie Nanda und

Yaśodā voller Zuneigung umarmt hatten, sprach Kṛṣṇa: „Lieber Vater und liebe Mutter, obgleich Wir als Söhne von Vasudeva und Devakī geboren wurden, seid ihr Unsere wirklichen Eltern, denn ihr habt Uns von Geburt an mit sehr viel Zuneigung und Liebe aufgezogen. Eure Liebe zu Uns war so stark, dass sie die Liebe, die man seinen eigenen Kindern entgegenbringen kann, bei Weitem übertrifft. Ihr seid wirklich Unsere Eltern, weil ihr Uns zu einer Zeit, als Wir praktisch Waisen waren, wie eure eigenen Kinder aufgezogen habt. Aufgrund bestimmter Umstände wurden Wir von Unseren Eltern weggegeben und ihr habt Uns behütet. Lieber Vater und liebe Mutter, Wir wissen, dass euch die Trennung schmerzen wird, wenn ihr Uns hier verlasst und nach Vṛndāvana zurückkehrt. Doch ihr könnt euch sicher sein, dass Wir nach Vṛndāvana zurückkommen werden, wenn Wir Unseren leiblichen Eltern, Vasudeva und Devakī, sowie Unseren Großvater und Unsere anderen Verwandten hier zufriedengestellt haben." Kṛṣṇa und Balarāma trösteten so Nanda Mahārāja und Yaśodā mit süßen Worten und mit Geschenken, wie den verschiedensten Kleidern, Schmuckstücken und kupfernen Gebrauchsgegenständen. So gut es ging, trösteten Sie Ihre Eltern und all Ihre Freunde und Nachbarn, die von Vṛndāvana nach Mathurā gekommen waren. Aus seiner starken väterlichen Liebe zu Kṛṣṇa und Balarāma füllten sich Nanda Mahārājas Augen mit Tränen, und er umarmte Sie ein letztes Mal, bevor er zusammen mit den anderen Kuhhirten nach Vṛndāvana aufbrach.

Bald darauf unterzog Vasudeva seine Söhne der Einweihung mit der heiligen Schnur. Die heilige Schnur ist das Zeichen der „zweiten Geburt", die für die höheren Klassen der menschlichen Gesellschaft von größter Bedeutung ist. Vasudeva ließ zu diesem Zweck seinen Familienpriester und viele gelehrte *brāhmaṇas* kommen, die die Einweihungszeremonie, bei der Kṛṣṇa und Balarāma die heilige Schnur bekamen, vorschriftsmäßig durchführten. Während dieser Zeremonie spendete Vasudeva den *brāhmaṇas* vielerlei Schmuck und beschenkte sie auch mit Kühen, die seidene Decken und goldenes Geschmeide trugen. Vasudeva hatte den *brāhmaṇas* eigentlich schon bei Kṛṣṇas und Balarāmas Geburt Kühe spenden wollen, doch weil er sich damals in Kaṁsas Gefängnis befand und weil Kaṁsa ihm all seine Kühe gestohlen hatte, konnte er dies nur in Gedanken tun. Mit Kaṁsas Tod wurden seine Kühe wieder befreit und er konnte den *brāhmaṇas* jetzt tatsächlich die Kühe überreichen. Anschließend wurden Balarāma und Kṛṣṇa eingeweiht, indem Ihnen die heilige Schnur übergeben wurde und Sie das vorgesprochenen Gāyatrī-Mantra rezitierten. Das Gāyatrī-Mantra wird dem Schüler nach der Zeremonie der heiligen Schnur anvertraut, und Balarāma und Kṛṣṇa befolgten aufs Genauste alle Vorschriften für das Chanten des Mantra. Jeder, der dieses Mantra chantet, muss bestimmte Prinzipien und Gelübde einhalten, und obwohl Kṛṣṇa und Balarāma transzendentale Persönlichkeiten sind, befolgten Sie ebenfalls strikt diese Vorschriften. Beide wurden von Ihrem Familienpriester Gargācārya eingeweiht, dem *ācārya* der Yadu-Dynastie, der bekannter ist unter dem Namen Garga Muni. Nach den Regeln der vedischen Kultur muss jede achtbare Familie einen *ācārya*, einen spirituellen Meister, haben. Man kann nicht als wirklich gebildet gelten, ohne von einem *ācārya* eingeweiht und geschult worden zu sein. Aus diesem Grund wird auch gesagt, dass erst jemand, der einen *ācārya* angenommen hat, vollkommenes Wissen besitzen kann. Śrī Kṛṣṇa und Śrī Balarāma sind die Höchste Persönlichkeit Gottes, die Meister aller Bildung und allen Wissens. Sie hatten es daher nicht nötig, einen *ācārya* oder spirituellen Meister anzunehmen, doch um den gewöhnlichen Menschen ein Beispiel zu geben, nahmen auch Sie einen spirituellen Meister an, um im spirituellen Wissen Fortschritte zu machen.

Es ist Brauch, dass ein Schüler, der in das Chanten des Gāyatrī-Mantra eingeweiht worden ist, für eine gewisse Zeit getrennt von zu Hause in der Obhut des *ācārya* lebt, um von ihm im spirituellen Leben geschult zu werden. Während dieser Zeit muss man sich unter der Führung des spirituellen Meisters wie ein demütiger Diener verhalten. Es gibt viele Regeln und Vorschriften für einen *brahmacārī*, der unter der Aufsicht eines *ācārya* lebt, und sowohl Śrī Kṛṣṇa als auch Śrī Balarāma folgten strikt diesen Prinzipien, als Sie unter der Aufsicht Ihres spirituellen Meisters, Sāndīpani Muni, einem Einwohner von Avantīpura, in dessen *āśrama* im nordindischen Distrikt Ujjain lebten. Nach den Anweisungen der Schriften muss dem spirituellen Meister die gleiche Achtung und Ehre entgegengebracht werden wie der Höchsten Persönlichkeit Gottes. Kṛṣṇa und Balarāma folgten diesen Prinzipien mit großer Hingabe und unterzogen Sich allen Regulierungen des *brahmacarya*. Dadurch erfreuten Sie Ihren spirituellen Meister, der sie im vedischen Wissen unterwies. Sāndīpani Muni lehrte Sie deshalb alle

Einzelheiten der vedischen Weisheit und der ergänzenden Schriften wie der Upaniṣaden. Da Kṛṣṇa und Balarāma *kṣatriyas* waren, wurde bei Ihrer Schulung besonderes Schwergewicht auf Kriegskunst, Politik und Ethik gelegt. Politik schließt Wissensgebiete ein, wie die Kunst, Frieden zu schließen, die Kunst zu kämpfen, die Kunst zu beschwichtigen, die Kunst zu teilen und zu herrschen, und die Kunst zu beschützen. All diese Themen wurden Kṛṣṇa und Balarāma vollständig erklärt und beigebracht.

Der Ozean ist der Ursprung des Wassers in den Flüssen. Wenn das Wasser des Ozeans verdunstet, entsteht eine Wolke, die dieses Wasser in Form von Regen über die Erdoberfläche verteilt; dort sammelt es sich in Flüssen und kehrt wieder zum Ozean zurück. Ebenso sind Kṛṣṇa und Balarāma, die Höchste Persönlichkeit Gottes, der Ursprung allen Wissens, doch weil Sie die Rolle gewöhnlicher Menschenkinder spielten, wollten Sie das ideale Beispiel geben, damit jeder lernt, wie man aus der richtigen Quelle Wissen empfängt. Aus diesem Grund erklärten Sie Sich bereit, von einem spirituellen Meister Wissen anzunehmen.

Kṛṣṇa und Balarāma brauchten die Unterweisungen Ihres Lehrers nur ein einziges Mal zu hören, und schon waren Sie Meister in den entsprechenden Künsten und Wissenschaften. In 64 Tagen und 64 Nächten erlernten Sie das gesamte Wissen, das für die menschliche Gesellschaft notwendig ist. Tagsüber ließen Sie Sich von Sāndīpani Muni in einem bestimmten Wissensgebiet unterrichten, und am Abend schon hatten Sie auf diesem Gebiet die Vollkommenheit erreicht.

Als Erstes lernten Sie, wie man singt, Lieder komponiert und die verschiedenen Tonarten erkennt; Sie lernten, welche Metren und Taktmaße günstig und welche ungünstig sind; Sie lernten, die verschiedensten Rhythmen und Melodien zu singen und diese mit verschiedenen Trommeln zu begleiten, und Sie lernten, nach bestimmten Rhythmen von Melodien und Liedern zu tanzen. Als nächstes wurden Sie darin unterrichtet, Theaterstücke zu schreiben; sodann wurden Sie in den verschiedensten Arten des Malens unterrichtet, von einfacher ländlicher Kunst bis hin zur Stufe höchster Perfektion. Sāndīpani Muni zeigte Ihnen, wie man *tilaka* auf das Gesicht malt, indem Stirn und Wangen mit verschiedenartigen Punkten verziert werden. Danach lernten Sie die Kunst, wie man mit einem flüssigen Brei aus Reis und Mehl Bilder auf den Boden malt. Solche Gemälde sind an glückverheißenden

Zeremonien innerhalb der Familie oder auch im Tempel sehr beliebt. Sie lernten auch, aus Blumen ein Ruhebett herzustellen, Kleidung und Gliedmaßen mit farbenprächtigen Bemalungen zu verzieren und Edelsteine einzufassen. Außerdem lernten Sie die Kunst, auf Wassertöpfen zu musizieren. Dazu werden Wassertöpfe mit bestimmten Wassermengen gefüllt, so dass sie beim Anschlagen verschiedene Töne erzeugen, die zusammen harmonische Melodien ergeben. Sie lernten auch, wie man sich in Flüssen und Seen mit Wasser bespritzt, wenn man gemeinsam mit seinen Freunden ein Bad nimmt. Dann erlernten Sie auch die Kunst des Dekorierens mit Blumen, die *phula-baḍī* genannt wird und die man auch heute noch während des Sommers in vielen Tempeln von Vṛndāvana sehen kann. Dabei werden der Altar und der Thron der Bildgestalten sowie auch die Wände und die Decke des Tempels mit Blumen geschmückt, und in der Tempelmitte errichtet man einen kleinen, duftenden Blumenbrunnen. Diese Blumenpracht bietet den Menschen, die unter der sengenden Hitze des Sommers leiden, eine willkommene Erfrischung.

Kṛṣṇa und Balarāma lernten die Kunst, wie man das Haar zu verschiedenen Frisuren formt und wie man sich einen Helm in verschiedenen Stellungen aufsetzt. Sie lernten, wie man eine Theaterbühne aufbaut, wie man Schauspieler mit Kostümen ankleidet und über den Ohren mit Blumen schmückt und wie man Sandelholzpaste und Wasser versprengt, so dass sie einen angenehmen Duft verbreiten. Dann wurde Ihnen gezeigt, wie man magische Kunststücke ausführt. In der Magie gibt es eine Kunst, die *bahu-rūpī* genannt wird, mit deren Hilfe man sich so verkleiden kann, dass einen nicht einmal der beste Freund erkennt. Kṛṣṇa und Balarāma lernten auch, verschiedene Zuckersäfte und Getränke mit unterschiedlichen Geschmäcken und berauschender Wirkung zuzubereiten, die zu verschiedenen Zeitpunkten und Anlässen benötigt werden. Außerdem lernten Sie verschiedene Näh- und Sticktechniken sowie die Kunst, Marionetten an dünnen Fäden tanzen zu lassen. Diese Kunst umfasst das Spannen von Saiten auf Instrumente wie der *vīṇā,* Sitar, *esaraj* und Tanpura, um mit ihnen melodische Klänge zu erzeugen. Darauf lernten Sie, wie man Rätsel erfindet und sie löst. Dann wurde Ihnen die Kunst beigebracht, wie selbst der unbegabteste Schüler sehr schnell das Alphabet lernen und Bücher lesen kann. Sie lernten, Theaterstücke einzustudieren und sie aufzuführen, und Sie lernten die Kunst, Kreuzworträtsel zu lösen, bei denen fehlende Buchstaben eingesetzt werden, um vollständige Wörter zu bilden.

Kṛṣṇa und Balarāma lernten dann, in Bilderschrift zu schreiben und zu lesen. In einigen Ländern der Welt ist die Bilderschrift auch heute noch im Gebrauch. Mit dieser Schrift kann man eine Geschichte in Bildern darstellen, so können zum Beispiel ein Mann und ein Haus auf eine solche Weise gezeichnet werden, dass sie einen Mann darstellen, der nach Hause zurückkehrt. Kṛṣṇa und Balarāma studierten auch Architektur, die Kunst, Wohnhäuser zu bauen. Sie wurden auch darin geschult, wertvolle Edelsteine anhand ihrer Ausstrahlung und ihrer Farben zu erkennen. Sie erlernten die Kunst, Edelsteine in Gold und Silber einzufassen, so dass sie sehr schön aussehen. Dazu lernten Sie auch, wie man den Boden nach Mineralien absucht. Diese Bodenanalyse ist heute zu einer sehr spezialisierten Wissenschaft entwickelt worden, doch früher gehörte es zum Allgemeinwissen selbst der einfachen Menschen. Sie lernten, Kräuter und Pflanzen zu untersuchen, um zu erkennen wie sie als Medizin gegen verschiedene Beschwerden verwendet werden könnten, und bei Ihrem Studium der verschiedenen Pflanzenarten lernten Sie auch, wie man sie miteinander kreuzt und verschiedene Früchte züchtet. Sie lernten auch, wie man Hähne und Schafböcke für Kampfwettspiele abrichtet und wie man Papageien das Sprechen beibringt, so dass sie auf Fragen von Menschen antworten.

Sie wurden auch in praktischer Psychologie unterrichtet, das heißt, Sie lernten, wie man einen anderen Menschen beeinflussen und ihn auf diese Weise dazu bewegen kann, so zu handeln, wie man es selbst will. Manchmal wird diese Kunst auch Hypnose genannt. Sie lernten, wie man sein Haar wäscht, es in verschiedenen Farben tönt und es auf vielerlei Art in Locken legt. Sie erlernten die Kunst, den Inhalt eines Buches zu kennen, ohne es tatsächlich angeschaut oder gelesen zu haben. Ebenso lernten Sie auch, wie man erkennt, was in der geschlossenen Faust eines anderen verborgen ist. Kinder versuchen manchmal, diese Kunst nachzuahmen, doch es gelingt ihnen nur auf höchst unvollkommene Weise. Bei diesem Spiel hält ein Kind irgendetwas in der Faust und fragt einen Freund: „Weißt du, was in meiner Hand ist?“ Der Freund versucht es zu erraten, obwohl er nie weiß, ob es tatsächlich stimmt. Doch es gibt eine Kunst, mit der man ganz genau sagen kann, was der andere in der Faust hält.

Kṛṣṇa und Balarāma lernten die Sprachen der verschiedensten Länder sprechen und verstehen, und Sie lernten nicht nur die menschlichen Sprachen – Kṛṣṇa konnte sogar mit den Tieren und Vögeln reden, wie in den Vaiṣṇava-Schriften der Gosvāmīs bestätigt wird. Danach lernten Sie, wie man Kutschen und Flugzeuge aus Blumen baut. Im *Rāmāyaṇa* wird berichtet, dass Rāmacandra nach Seinem Sieg über Rāvaṇa in einem Flugzeug aus Blumen, genannt *puṣpa-ratha*, von Laṅkā nach Bhārata-varṣa geflogen wurde. Kṛṣṇa und Balarāma erlernten danach die Kunst, anhand von Vorzeichen zukünftige Ereignisse vorauszusagen. Es gibt ein Buch, die *Khānāra-vacana*, in dem die verschiedenen Vorzeichen und Omen erklärt werden. Wenn man zum Beispiel aus dem Hause geht und einem Menschen begegnet, der einen gefüllten Wassereimer trägt, ist dies ein gutes Vorzeichen. Doch wenn man jemanden mit einem leeren Eimer sieht, ist dies kein gutes Zeichen. Ebenso ist es ein gutes Zeichen, wenn man ein Kalb sieht, das gerade die Milch seiner Mutter trinkt. Wer all diese Zeichen zu deuten weiß, ist imstande, die Zukunft vorherzusagen, und Kṛṣṇa und Balarāma erlernten auch diese Wissenschaft. Dann erlernten Sie die Kunst, *mātṛkās* zusammenzustellen. Ein *mātṛkā* ist wie ein Kreuzworträtsel mit drei Zahlen in jeder Zeile. Wenn man drei beliebige Zahlen von irgendeiner Seite zusammenzählt, ist das Ergebnis immer neun. Die *mātṛkās* gibt es in verschiedenen Arten und zu verschiedenen Zwecken.

Kṛṣṇa und Balarāma erlernten die Kunst, Edelsteine, wie zum Beispiel Diamanten, zu schleifen, und die Kunst, in Gedichtform Fragen zu stellen und Antworten zu geben, indem man diese Gedichte aus dem Stegreif heraus verfasst. Sie wurden in der Wissenschaft der Aktionen und Reaktionen physikalischer Verbindungen und Vorgänge unterrichtet, und Sie erlernten die Kunst des Psychiaters, die Psyche von anderen zu verstehen. Dazu lernten Sie auch, wie man seine eigenen Wünsche zufriedenstellen kann. Wünsche können nur sehr schwer erfüllt werden, und deshalb gibt es eine Kunst, mit der man selbst die unvernünftigsten und zügellosesten Wünsche, die niemals erfüllt werden können, bezwingen und beruhigen kann. Mit dieser Kunst kann man auch sexuelle Verlangen, die manchmal sogar im *brahmacārī*-Leben auftreten, überwinden. Mit dieser Kunst kann man sogar einen Feind zu seinem Freund machen und die direkten Einflüsse physischer Elemente in eine andere Richtung lenken.

Nachdem Śrī Kṛṣṇa und Śrī Balarāma, die das Behältnis allen Wissens sind, gezeigt hatten, dass Sie alle oben genannten Künste und Wissenschaften beherrschen, boten Sie Ihrem Lehrer Ihre Dienste an und versprachen ihm, ihm jeden Wunsch zu erfüllen. Diese Gabe des Schülers an seinen Lehrer oder spirituellen Meister wird *guru-dakṣiṇā* genannt. Es ist sehr wichtig, dass sich ein Schüler bemüht, den Lehrer aus Dankbarkeit für alles, was er von ihm in spiritueller wie auch in materieller Hinsicht gelernt hat, zu erfreuen und zufriedenzustellen. Als Kṛṣṇa und Balarāma Ihrem Lehrer Sāndīpani Muni Ihre Dienste anboten, hielt dieser es für weise, Sie um etwas ganz Außergewöhnliches zu bitten, etwas, das kein gewöhnlicher Schüler geben könnte. Er beriet sich daher mit seiner Frau, was man von den beiden wohl am besten erbitten würde. Sie hatten schon oft Kṛṣṇas und Balarāmas außergewöhnliche Kräfte gesehen und waren sich daher bewusst, dass die beiden Jungen die Höchste Persönlichkeit Gottes waren. So entschlossen sie sich, Kṛṣṇa und Balarāma um die Rückkehr ihres Sohnes zu bitten, der am Strand von Prabhāsa-kṣetra im Ozean ertrunken war.

Als Kṛṣṇa und Balarāma von Ihrem Lehrer über den Tod seines Sohnes hörten, begaben Sie Sich mit Ihrer Kutsche sofort nach Prabhāsa-kṣetra, und am Strand angekommen, forderten Sie die beherrschende Gottheit des Meeres auf, den Sohn Ihres Lehrers zurückzugeben. Der Meeresgott erschien auch prompt vor dem Herrn und brachte Ihm mit aller Demut seine achtungsvollen Ehrerbietungen dar.

Der Herr sagte: „Vor einiger Zeit hast du den Sohn Unseres Lehrers ertrinken lassen. Ich befehle dir, ihn wieder zurückzugeben."

Daraufhin antwortete der Meeresgott: „Der Junge wurde in Wirklichkeit nicht von mir gefangen, sondern von einem Dämon namens Pañcajana. Dieser große Dämon haust gewöhnlich tief im Wasser in der Gestalt einer Muschel. Vermutlich wurde der Sohn Eures Lehrers von ihm verschlungen und liegt nun in seinem Bauch."

Als Kṛṣṇa dies erfuhr, tauchte Er tief in das Wasser hinein, bis er auf den Dämon Pañcajana stieß. Er tötete ihn auf der Stelle, konnte aber in dessen Innern den Sohn Seines Lehrers nicht finden. Deshalb nahm Er den toten Körper des Dämons (in Form einer Muschel) und kehrte damit zu Seiner Kutsche am Strand von Prabhāsa-kṣetra zurück. Von dort fuhr Er sogleich nach Saṁyamanī, der Residenz Yamarājas, des Herrn des Todes. Begleitet von Seinem älteren Bruder Balarāma, der auch als Halāyudha bekannt ist, traf Kṛṣṇa dort ein und blies in sein Muschelhorn.

Als Yamarāja den Klang des Muschelhorns vernahm, erschien er sogleich vor Śrī Kṛṣṇa und empfing Ihn mit aller Achtung und Ehrerbietung. Yamarāja wusste, wer Kṛṣṇa und Balarāma waren, und so bot er dem Herrn sofort seine demütigen Dienste an. Kṛṣṇa und Balarāma waren zwar scheinbar als gewöhnliche Menschen auf der Erde erschienen, doch in Wirklichkeit sind Sie die Überseele im Herzen eines jeden Lebewesens. Obgleich Sie Viṣṇu Selbst sind, spielten Sie die Rolle zweier gewöhnlicher Menschenkinder. Als Yamarāja seine Dienste anbot, bat ihn Śrī Kṛṣṇa, den Sohn Seines Lehrers zurückzugeben, der als Folge seiner Tätigkeiten zu ihm ins Reich des Todes gekommen war. „Du weißt, dass Ich der höchste Herrscher bin“, sagte Kṛṣṇa, „und angesichts dieser Tatsache solltest du Mir den Sohn Meines Lehrers unverzüglich zurückgeben.“

Yamarāja übergab der Höchsten Persönlichkeit Gottes daraufhin den Knaben, und Kṛṣṇa und Balarāma brachten diesen sogleich zu seinem Vater zurück. Sodann fragten die beiden Brüder Ihren Lehrer, ob er noch einen weiteren Wunsch habe, doch Sāndīpani Muni antwortete: „Meine lieben Söhne, Ihr habt genug für mich getan. Ich bin nun völlig zufrieden, denn was kann sich ein Mensch noch wünschen, der zwei Schüler wie Euch hat? Meine lieben Jungen, Ihr könnt nun nach Hause gehen. Eure ruhmvollen Taten werden für alle Zeiten überall auf der Welt bekannt sein. Ihr steht zwar über jeglicher Segnung, doch es ist meine Pflicht, Euch zu segnen. Daher gebe ich Euch die Segnung, dass alles, was Ihr jemals sprechen werdet, ewig frisch bleiben wird wie die Anweisungen der Veden. Eure Lehren werden nicht nur innerhalb dieses einen Universums oder nur in diesem einen Zeitalter geehrt werden, sondern an allen Orten und zu allen Zeiten. Sie werden in immer stärkerem Maße neu und bedeutsam bleiben.“ Wegen dieser Segnung Seines Lehrers ist Śrī Kṛṣṇas *Bhagavad-gītā* ewig in zunehmendem Maße frisch und lebendig, und sie ist nicht nur in diesem Universum, sondern auch in vielen anderen berühmt.

Auf die Anweisung Ihres Lehrers hin kehrten Kṛṣṇa und Balarāma unverzüglich in Ihrer Kutsche nach Hause zurück. Sie reisten mit der Geschwindigkeit des Windes und verursachten dabei Geräusche wie zusammenstoßende Wolken. Die Einwohner von Mathurā, die Kṛṣṇa und Balarāma schon seit langer Zeit nicht mehr gesehen hatten, waren bei Ihrer Heimkehr außer sich vor Freude. Sie fühlten sich so glücklich wie Menschen, die ihren verlorenen Besitz wiedererlangt haben.

Hiermit enden die Bhaktivedanta-Erläuterungen zum 45. Kapitel des Kṛṣṇa-Buches mit dem Titel „Kṛṣṇa bringt den Sohn Seines Lehrers zurück“.

KAPITEL 46

Uddhava besucht Vṛndāvana

Nanda Mahārāja kehrte ohne Kṛṣṇa und Balarāma nach Vṛndāvana zurück. Er wurde nur von den Kuhhirten und den Kuhhirtenjungen begleitet. Die Enttäuschung der *gopīs*, Mutter Yaśodās, Śrīmatī Rādhārāṇīs und aller anderen Einwohner von Vṛndāvana war unbeschreiblich. Viele Gottgeweihte haben versucht klarzustellen, wie es zu verstehen ist, dass Kṛṣṇa von Vṛndāvana fern war, denn nach Ansicht der fortgeschrittenen Gottgeweihten verlässt Kṛṣṇa Vṛndāvana niemals auch nur mit einem Schritt. Er bleibt immer dort. Die Erklärung der gelehrten Gottgeweihten lautet, dass Kṛṣṇa in Wirklichkeit nicht von Vṛndāvana fernblieb. Er kehrte wie versprochen mit Nanda Mahārāja zurück.

Als Kṛṣṇa auf Akrūras Kutsche nach Mathurā losfahren wollte und die *gopīs* sich Ihm in den Weg stellten, versprach Er ihnen, sofort zu ihnen zurückzukehren, wenn Seine Aufgabe in Mathurā erfüllt sei. Er hatte die Mädchen gebeten, nicht bekümmert zu sein, und hatte sie auf diese Weise beruhigen können. Da Er nun aber nicht mit Nanda Mahārāja zurückkehrte, sieht es so aus, als hätte Er entweder die *gopīs* betrügen wollen oder dann Sein Versprechen nicht halten können. Erfahrene Gottgeweihte indessen haben erklärt, dass Kṛṣṇa niemals betrügt und auch niemals Sein Versprechen bricht. Kṛṣṇa in Seiner ursprünglichen Identität kehrte zusammen mit Nanda Mahārāja zurück und hielt Sich in Seiner *bhāva*-Erweiterung bei den *gopīs* und Mutter Yaśodā auf. Kṛṣṇa und Balarāma blieben nicht in Ihrer ursprünglichen Form in Mathurā, sondern in Form Ihrer Erweiterungen als Vāsudeva und Saṅkarṣaṇa. Der wirkliche Kṛṣṇa und der wirkliche Balarāma befanden Sich in Ihrer *bhāva*-Manifestation in Vṛndāvana, während Sie in Mathurā in Ihren *prābhava*- und *vaibhava*-Erweiterungen erschienen. Das ist die sachverständige Ansicht der fortgeschrittenen Geweihten Śrī Kṛṣṇas. Dem Äußeren Anschein nach waren Sie jedoch von Vṛndāvana abwesend. Als sich Nanda Mahārāja zur Rückreise nach Vṛndāvana anschickte, hatte er daher mit Kṛṣṇa und Balarāma darüber gesprochen, ob Sie getrennt von ihm würden leben können. So waren sie schließlich alle übereingekommen, sich trotz allem zu trennen.

Vasudeva und Devakī waren die wirklichen Eltern von Kṛṣṇa und Balarāma, und jetzt, wo Kaṁsa tot war, wollten sie, dass die beiden bei ihnen blieben. Solange Kaṁsa gelebt hatte, hatten die beiden unter Nanda Mahārājas Obhut in Vṛndāvana gelebt. So war es nur natürlich, dass Vasudeva und Devakī ihre Söhne Kṛṣṇa und Balarāma bei sich behalten wollten, vor allem auch deshalb, weil sie die beiden in der Reinigungszeremonie, der Zeremonie der heiligen Schnur, einweihen lassen wollten. Außerdem wollten sie Ihnen eine gute Bildung zukommen lassen, denn dies ist die Pflicht eines jeden Vaters. Ein weiterer Gesichtspunkt war, dass alle Freunde von Kaṁsa, die mit ihm verbündet waren, planten, Mathurā anzugreifen. Schon aus diesem Grund musste Kṛṣṇa in Mathurā bleiben, denn Er wollte nicht, dass Vṛndāvana von Feinden wie Dantavakra und Jarāsandha heimgesucht würde. Doch wenn Er nach Vṛndāvana ginge, würden sie nicht nur Mathurā, sondern auch Vṛndāvana angreifen und die Dorfbewohner in ihrem Frieden stören. Kṛṣṇa beschloss daher, in Mathurā zu bleiben, und so kehrte Nanda Mahārāja allein nach Vṛndāvana zurück. Obwohl die Einwohner von Vṛndāvana starke Trennungsgefühle hatten, spürten sie aufgrund der sich daraus ergebenden Ekstase *(bhāva)*, dass Kṛṣṇa ständig durch Seine *līlās*, Seine Spiele, bei ihnen gegenwärtig war.

Seit Kṛṣṇa Vṛndāvana verlassen hatte und nach Mathurā gefahren war, hatten die Einwohner von Vṛndāvana, vor allem Mutter Yaśodā, Nanda Mahārāja, Śrīmati Rādhārāṇī, die *gopīs* und die Kuhhirtenjungen, bei jedem Schritt nur noch an Kṛṣṇa gedacht: „Kṛṣṇa hat auf diese Weise gespielt. Hier hat Kṛṣṇa auf Seiner Flöte gespielt. Kṛṣṇa scherzte mit uns auf diese Art, und Kṛṣṇa umarmte uns auf jene Weise." Dies wird *līlā-smaraṇa* genannt, und von allen Vorgängen, um die Gemeinschaft Kṛṣṇas zu erhalten, wird dieser von den großen Gottgeweihten am meisten empfohlen. Selbst Śrī Caitanya genoss die *līlā-smaraṇa*-Gemeinschaft mit Kṛṣṇa, als Er in Purī lebte. Die Gottgeweihten, die die höchste Stufe des hingebungsvollen Dienstes und der Ekstase erreicht haben, leben jeden Augenblick in Kṛṣṇas Gemeinschaft, indem sie sich ununterbrochen an Seine Spiele erinnern. Śrīla Viśvanātha Cakravartī Ṭhākura hinterließ uns ein transzendentales Schriftwerk, den *Kṛṣṇa-bhāvanāmṛta*, der voller Beschreibungen von Kṛṣṇas Spielen ist. Erhabene Gottgeweihte können immer in Gedanken bei Kṛṣṇa sein, indem sie solche Bücher lesen. Jedes Buch, das von Kṛṣṇas *līlās* handelt – auch das vorliegende Kṛṣṇa-Buch und unser Buch *Die Lehren Śrī Caitanyas* – ist ein wirklicher Trost für alle Gottgeweihten, die Trennung von Kṛṣṇa empfinden.

Zusammenfassend kann man also sagen, dass Kṛṣṇa und Balarāma, indem Sie nicht nach Vṛndāvana zurückkehrten, Ihr Versprechen in keiner Weise gebrochen haben, denn in Wirklichkeit waren Sie niemals von Vṛndāvana abwesend, auf der anderen Seite war aber auch Ihre Gegenwart in Mathurā vonnöten.

In der Zwischenzeit kam Uddhava, Kṛṣṇas Vetter, aus Dvārakā, um Kṛṣṇa zu besuchen. Uddhava war der Sohn von Vasudevas Bruder, und er befand sich ungefähr im gleichen Alter wie Kṛṣṇa. Außerdem sah er aufgrund seiner äußeren Erscheinung Kṛṣṇa zum Verwechseln ähnlich. Kṛṣṇa war gerade erst aus dem Haus Seines Lehrers zurückgekommen, und Er freute Sich natürlich sehr, Uddhava, Seinen liebsten Freund, zu sehen. So kam Ihm der Gedanke, Uddhava mit einer Botschaft nach Vṛndāvana zu schicken, um dadurch den Trennungsschmerz der Einwohner zu lindern.

In der *Bhagavad-gītā* heißt es: *ye yathā māṁ prapadyante tāṁs tathaiva bhajāmy aham* – Kṛṣṇa, der sehr empfänglich ist, kommt dem Gottgeweihten in dem Maße entgegen, wie dieser im hingebungsvollen Dienst Fortschritte erreicht. Die *gopīs* dachten 24 Stunden am Tag voller Trennungsgefühle an Kṛṣṇa. Ebenso dachte auch Kṛṣṇa immer an die *gopīs*, Mutter Yaśodā, Nanda Mahārāja und die anderen Einwohner von Vṛndāvana, obwohl Er ihnen fern zu sein schien. Er konnte verstehen, wie groß ihr transzendentaler Schmerz war, weshalb Er sogleich Uddhava nach Vṛndāvana schicken wollte, um sie mit einer Botschaft zu trösten.

Uddhava wird als die erhabenste Persönlichkeit der Vṛṣṇi-Dynastie beschrieben. Er ist fast ebenso erhaben wie Kṛṣṇa. Er war ein großer Freund des Herrn, und weil er ein direkter Schüler Bṛhaspatis, des Lehrers und Priesters der himmlischen Planeten, war, besaß er große Intelligenz und war sehr zielstrebig. Seine geistigen Fähigkeiten zeugten von hoher Begabung. Kṛṣṇa, der Uddhava als enger Freund sehr zugetan war, wollte ihn nach Vṛndāvana schicken, um ihm so die Gelegenheit zu geben, die erhabenste Form des hingebungsvollen Dienstes auf der Stufe der Ekstase, wie er in Vṛndāvana ausgeführt wird, zu studieren. Selbst jemand, der eine vorzügliche materielle Bildung hat oder sogar ein Schüler Bṛhaspatis ist, muss von den *gopīs* und den anderen Bewohnern Vṛndāvanas lernen, wie man Kṛṣṇa auf der höchsten Ebene lieben kann. Kṛṣṇa erwies Uddhava eine besondere Gunst, indem Er ihn mit einer Botschaft nach Vṛndāvana schickte, um die Einwohner des Dorfes zu trösten.

Ein anderer Name Śrī Kṛṣṇas lautet Hari, was so viel bedeutet wie „derjenige, der alle Leiden von den Ihm ergebenen Seelen nimmt". Śrī Caitanya sagt, dass es niemals, zu keiner Zeit, eine Art der Verehrung geben könne, die so erhaben sei wie diejenige der *gopīs*. Weil Sich Kṛṣṇa große Sorgen um die betrübten *gopīs* machte, wandte Er Sich an Uddhava und bat ihn höflich, nach Vṛndāvana zu gehen. Kṛṣṇa schüttelte Uddhava die Hand und sagte zu ihm: „Lieber, gütiger Freund, bitte begib dich unverzüglich nach Vṛndāvana, und versuche, Meinen Vater Nanda Mahārāja und Meine Mutter Yaśodādevī sowie auch die *gopīs* zu beruhigen. Sie sind in tiefen Kummer versunken, als würden sie von großen Schmerzen aufgezehrt. Geh also bitte zu ihnen und überbringe ihnen diese Botschaft. Ich hoffe, dass ihr Schmerz dadurch ein wenig gelindert werden kann. Die *gopīs* sind ständig in Gedanken an

Mich vertieft, und sie haben Mir ihren Körper, ihre Wünsche, ihr Leben und ihre Seele geweiht. Doch Ich kümmere Mich nicht nur um die *gopīs*, sondern auch um jeden anderen, der Gesellschaft, Freundschaft, Liebe und persönliche Annehmlichkeiten für Mich opfert. Es ist Meine Pflicht, solche hervorragenden Gottgeweihten zu beschützen. Die *gopīs* sind Mir am liebsten, denn sie denken ständig so sehr an Mich, dass sie von Sehnsucht überwältigt werden und aufgrund des Trennungsschmerzes fast sterben. Sie halten sich nur noch durch die Hoffnung am Leben, dass Ich bald zu ihnen zurückkehren werde." Als Uddhava Kṛṣṇas Bitte vernahm, stieg er sofort auf seinen Wagen und fuhr los, um Kṛṣṇas Botschaft nach Gokula zu bringen. Er erreichte Vṛndāvana bei Sonnenuntergang, als die Kühe gerade von den Weidegründen heimkehrten. Uddhava wurde zusammen mit seinem Wagen von dem Staub bedeckt, den die Kühe mit ihren Hufen aufwirbelten. Er sah, wie Stiere Kühen zur Paarung nachliefen, und es gab Kühe, die mit prallgefüllten Eutern hinter ihren Kälbern herliefen, um sie mit Milch zu tränken. Im ganzen Land von Vṛndāvana waren unzählige weiße Kühe mit ihren Kälbern zu sehen. Auch in Gokula selbst liefen überall Kühe umher, und dazu war das Geräusch des Melkens zu hören. Jedes Haus in Vṛndāvana war zur Verehrung des Sonnengottes und des Feuergottes wie auch für den Empfang von Gästen, Kühen, *brāhmaṇas* und Halbgöttern geschmückt. In jedem Haus brannten Lampen, und zur Weihung der Atmosphäre waren Räucherstäbchen entzündet worden. Überall in Vṛndāvana waren herrliche Gärten zu sehen und die Luft war vom Summen und Zwitschern der Bienen und Vögel erfüllt. Die Seen waren mit Lotosblumen übersät, zwischen denen Enten und Schwäne umherschwammen.

Als Uddhava das Haus von Nanda Mahārāja betrat, wurde er als Abgesandter Vasudevas empfangen. Nanda Mahārāja bot ihm einen Sitzplatz an und setzte sich zu ihm, um Neues über Kṛṣṇa, Balarāma und die anderen Verwandten in Mathurā zu erfahren. Er wusste, dass Uddhava ein vertrauter Freund Kṛṣṇas war und daher mit guten Nachrichten gekommen sein musste. Deshalb fragte er: „Mein lieber Uddhava, wie geht es meinem Freund Vasudeva? Er wurde doch aus Kaṁsas Gefängnis befreit und ist nun wieder mit seinen Freunden und seinen Kindern, Kṛṣṇa und Balarāma, zusammen. Bestimmt ist er deshalb sehr glücklich. Bitte erzähle uns, was er macht und wie es ihm geht.

Auch wir sind sehr erleichtert, dass Kaṁsa, der sündigste Dämon, der jemals lebte, nun endlich sein Ende gefunden hat. Er war der Familie der Yadus, seinen Verwandten, ständig feindlich gesinnt. Nun musste er zusammen mit seinen Brüdern für die begangenen Sünden mit dem Leben büßen.

Bitte verrate uns, ob Sich Kṛṣṇa noch manchmal an Seinen Vater und Seine Mutter sowie Seine Spielgefährten und Freunde in Vṛndāvana erinnert. Denkt Er zuweilen noch an Seine Kühe, Seine *gopīs,* Seinen Govardhana-Hügel und Seine Weidegründe in Vṛndāvana? Oder hat Er sie alle schon vergessen? Besteht irgendeine Möglichkeit, dass Er noch einmal zu Seinen Freunden und Verwandten zurückkommt, so dass wir Sein bezauberndes Gesicht mit der hervorstehenden Nase und den lotosgleichen Augen wiedersehen können? Wir denken oft daran, wie Er uns vor dem Waldbrand rettete und wie Er die Riesenschlange Kāliya in der Yamunā und viele andere Dämonen bezwang, um uns zu beschützen. Wir sind Ihm alle so zu Dank verpflichtet, denn Er stand uns bei all den zahllosen Gefahren schützend zur Seite. Mein lieber Uddhava, wenn wir an Kṛṣṇas schönes Gesicht und Seine Augen sowie an Seine vielen Taten, die Er hier in Vṛndāvana vollbrachte, denken, übermannt uns die Erinnerung so sehr, dass wir regungslos verharren. Wir denken einfach nur an Kṛṣṇa, wie Er lächelte und wie Er uns gnädig anblickte. Wenn wir zum Ufer der Yamunā gehen oder zu den Seen von Vṛndāvana, zum Govardhana-Hügel oder auf die Weidegründe, finden wir immer noch die Abdrücke von Kṛṣṇas Lotosfüßen auf der Oberfläche der Erde, und die Erinnerung steigt in uns hoch, wie Er an diesen Orten gespielt hat, denn Er hat sie oft besucht. Wenn Kṛṣṇa auf diese Weise in unserer Erinnerung sichtbar wird, versinken wir augenblicklich in Gedanken an Ihn.

Wir vermuten daher, dass Kṛṣṇa und Balarāma führende Halbgötter von den himmlischen Planeten sind, die wie gewöhnliche Knaben unter uns erschienen sind, um besondere Pflichten auf der Erde zu erfüllen. Dies wurde von Garga Muni vorausgesagt, als er Kṛṣṇas Horoskop erstellte. Wenn Kṛṣṇa keine große Persönlichkeit wäre, wie hätte Er dann Kaṁsa töten können, der die Kraft von 10 000 Elefanten besaß? Dazu wurde Kaṁsa noch von den starken Ringkämpfern und vom gigantischen Elefanten Kuvalayāpīḍa unterstützt. Doch Kṛṣṇa tötete all diese Tiere und Dämonen, genau wie ein Löwe ein unbedeutendes

Beutetier reißt. Ist es nicht wundervoll, wie Kṛṣṇa mit nur einer Hand den großen, schweren Bogen nahm, der aus drei zusammengebundenen Palmen bestand, und ihn ohne Weiteres zerbrach? Grenzt es nicht an ein Wunder, dass Er sieben Tage lang den Govardhana-Hügel auf einem Finger trug? Und ist es nicht auch ein großes Wunder, dass Er all die Dämonen, wie Pralambāsura, Dhenukāsura, Ariṣṭāsura, Tṛṇāvarta und Bakāsura, vernichtete? Sie alle waren so stark, dass sich selbst die Halbgötter auf den himmlischen Planeten vor ihnen fürchteten, doch Kṛṣṇa tötete sie mit spielerischer Leichtigkeit."

Während Nanda Mahārāja von den außerordentlichen Taten Kṛṣṇas erzählte, stockte seine Stimme, und er war nicht mehr in der Lage, weiterzusprechen. Mutter Yaśodā saß die ganze Zeit neben ihrem Mann und hörte den Schilderungen der Spiele Kṛṣṇas wortlos zu. Sie weinte ununterbrochen und Milch floss aus ihren Brüsten. Als Uddhava sah, wie Mahārāja Nanda und Yaśodā völlig in Gedanken an Kṛṣṇa, die Höchste Persönlichkeit Gottes, versunken waren und welch große Zuneigung sie für Ihn empfanden, wurde auch er bewegt, und er sagte: „Liebe Mutter Yaśodā und lieber Nanda Mahārāja, niemand unter den Menschen ist so großer Achtung würdig wie ihr, denn niemand außer euch kann in solch transzendentaler Ekstase über Kṛṣṇa meditieren."

Uddhava sprach weiter: „Balarāma und Kṛṣṇa sind beide die ursprüngliche Persönlichkeit Gottes, von der die kosmische Manifestation ausgeht. Sie sind allen Persönlichkeiten übergeordnet. Jeder von Ihnen stellt sowohl die materielle als auch die wirkende Ursache dieser materiellen Schöpfung dar. Die materielle Natur wird von den *puruṣa*-Inkarnationen gelenkt, die ihrerseits alle unter der Aufsicht Kṛṣṇas und Balarāmas stehen. In Ihrer Teilrepräsentation gehen Sie in die Herzen aller Lebewesen ein. Sie sind der Ursprung allen Wissens und allen Vergessens." Dies wird im 15. Kapitel der *Bhagavad-gītā* bestätigt, wo der Herr sagt: „Ich weile im Herzen eines jeden Lebewesens, und von Mir kommen Erinnerung und Vergessen. Ich bin der ursprüngliche Verfasser des *Vedānta*, und Ich bin es, der die Veden tatsächlich kennt." Uddhava fuhr fort: „Wenn ein Mensch zum Zeitpunkt des Todes seinen geläuterten Geist auf Kṛṣṇa zu richten vermag, selbst wenn es nur für einen Moment ist, ist er geeignet, seinen materiellen Körper hinter sich zu lassen und in seinem ursprünglichen spirituellen Körper zu erscheinen, genau wie die Sonne am Morgen aufgeht und alles erleuchtet. Wer auf diese Weise aus dem Leben scheidet, gelangt augenblicklich in das spirituelle Königreich, Vaikuṇṭha."

Das ist das Ergebnis des Vorgangs des Kṛṣṇa-Bewusstseins. Wenn wir in unserem gegenwärtigen Körper Kṛṣṇa-Bewusstsein praktizieren, während wir in guter körperlicher und geistiger Verfassung sind, wird es uns einfach durch das Chanten des heiligen Mahā-Mantra, Hare Kṛṣṇa, möglich sein, unsere Gedanken zum Zeitpunkt des Todes auf Kṛṣṇa zu richten. Gelingt uns dies, so wird unser Leben ohne Zweifel zum Erfolg gelangen. Bleibt unser Geist jedoch mit Bemühungen um materiellen Genuss beschäftigt, werden wir natürlich auch zum Zeitpunkt des Todes an solche fruchtbringenden Tätigkeiten denken. Dies wird uns dazu zwingen, erneut in einen materiellen, bedingten Körper einzugehen und weiterhin den dreifachen Leiden des materiellen Daseins unterworfen zu sein. Die Einwohner von Vṛndāvana, wie Nanda Mahārāja, Mutter Yaśodā und die *gopīs*, befinden sich auf der vollkommenen Stufe, immer ins Kṛṣṇa-Bewusstsein versunken zu sein. Wenn wir einfach ihrem Beispiel folgen, selbst in einem verhältnismäßig geringen Ausmaß, wird unser Leben erfolgreich sein, und wir erreichen das spirituelle Königreich, Vaikuṇṭha.

„Liebe Mutter Yaśodā und lieber Nanda Mahārāja", fuhr Uddhava fort, „ihr habt euren Geist ausschließlich auf die transzendentale Gestalt der Höchsten Persönlichkeit Gottes, Nārāyaṇa, gerichtet, dessen transzendentale Form die Ursache des unpersönlichen Brahmans ist. Die Brahman-Ausstrahlung besteht aus nichts anderem als den Strahlen, die von Nārāyaṇa ausgehen. Da ihr ständig, in Ekstase versunken, an Kṛṣṇa und Balarāma denkt, kann es keine andere fromme Handlung geben, die ihr noch verrichten müsstet. Ich habe euch eine Botschaft von Kṛṣṇa mitzuteilen. Er sagt, Er werde sehr bald nach Vṛndāvana zurückkehren und euch beide durch Seine persönliche Anwesenheit erfreuen. Kṛṣṇa hat euch versprochen, nach Vṛndāvana zurückzukehren, wenn Er Seine Aufgaben in Mathurā erfüllt hat. Ganz bestimmt wird Er dieses Versprechen halten. Ich bitte euch daher, die ihr so sehr vom Glück begünstigt seid, nicht länger über Kṛṣṇas Abwesenheit bekümmert zu sein.

Ihr seid euch bereits 24 Stunden am Tag über Seine Gegenwart bewusst, aber trotzdem wird Er sehr bald zu euch zurückkehren. Eigentlich ist Er allgegenwärtig, und Er weilt im Herzen eines jeden, genauso wie das Feuer im Holz gegenwärtig ist. Da Kṛṣṇa die Überseele ist, sieht er jeden gleich: niemand ist Sein Feind und niemand Sein Freund, und niemand steht niedriger oder höher als Er. In Wirklichkeit hat Er weder Vater noch Mutter, noch Bruder, noch irgendwelche anderen Verwandten, und ebenso braucht Er weder Gesellschaft, Freundschaft noch Liebe. Er hat keinen materiellen Körper wie wir; Er wird auch niemals geboren wie ein gewöhnlicher Mensch. Er erscheint nicht in höheren oder niederen Lebensformen, wie es gewöhnliche Lebewesen tun, die aufgrund ihrer früheren fruchtbringenden Handlungen zur Geburt gezwungen werden. Vielmehr erscheint Er durch Seine innere Energie, nur um Seine Geweihten zu beschützen. Er wird niemals von den Erscheinungsweisen der materiellen Natur berührt, obwohl Er Sich, wenn Er in die materielle Welt herabkommt, scheinbar wie ein gewöhnliches Lebewesen verhält, das unter dem Einfluss der materiellen Erscheinungsweisen steht. In Wirklichkeit jedoch ist Er der Gebieter über die gesamte materielle Schöpfung, und während Er niemals unter den Einfluss der Erscheinungsweisen der materiellen Natur gerät, erschafft, erhält und zerstört Er den gesamten Kosmos. Irrtümlicherweise halten wir Kṛṣṇa und Balarāma für gewöhnliche menschliche Wesen; wir sind wie Menschen, die sich schnell drehen und glauben, die ganze Welt drehe sich um sie. Der Herr, die Persönlichkeit Gottes, ist niemandes Sohn. Er ist vielmehr der Vater, die Mutter und der höchste Kontrollierende eines jeden. Darüber besteht kein Zweifel. Alles, was wir wahrnehmen, alles, was wir nicht wahrnehmen, alles, was bereits existiert, alles, was einmal existiert hat, alles, was noch in Zukunft existieren wird, alles, vom Kleinsten bis zum Größten, ist immer mit dem Höchsten Herrn verbunden. Nichts ist von Ihm getrennt, und nichts befindet sich außerhalb von Ihm. Alles ruht in Ihm, und trotzdem steht Er über allem Manifestierten."

Auf diese Weise sprachen Nanda und Uddhava während der ganzen Nacht über Kṛṣṇa. Am nächsten Morgen bereiteten die *gopīs* die *maṅgala-ārati*-Zeremonie vor, indem sie Lampen anzündeten und mit Joghurt vermischte Butter versprengten. Gleich nach der Morgen-*ārati* begannen sie, frischen Joghurt zu Butter zu kirnen, und das Leuchten der Lampen spiegelte sich auf den Schmuckstücken der *gopīs*, wodurch ihre Schmuckstücke noch heller erstrahlten. Mit rhythmischen Armbewegungen drehten die *gopīs* den Butterquirl, und im Takt dazu tanzten ihre Ohrringe, ihre Armreife und ihre Brüste, und das *kuṅkuma*-Pulver verlieh ihren Gesichtern ein safranfarbenes Leuchten, das der aufgehenden Sonne glich. Während sie durch das Butterkirnen verschiedene Geräusche erzeugten, besangen sie die Herrlichkeiten Kṛṣṇas, und diese beiden Klänge vereinigten sich, stiegen in den frühmorgendlichen Himmel auf und heiligten die ganze Atmosphäre.

Nach Sonnenaufgang gingen die *gopīs,* wie jeden Tag, zu Nanda Mahārāja und Mutter Yaśodā, um ihnen ihre Ehrerbietungen zu erweisen. Doch als sie Uddhavas goldene Kutsche sahen, die vor dem Tor stand, waren sie sehr erstaunt und fragten sich, was dies zu bedeuten habe und wem sie wohl gehöre. Einige fragten sich, ob Akrūra, der Kṛṣṇa abgeholt hatte, wieder zurückgekehrt sei. Beim Gedanken an Akrūra hatten die *gopīs* immer gemischte Gefühle, denn dieser war in Kaṁsas Auftrag gekommen, um den lotosäugigen Kṛṣṇa in die Stadt Mathurā zu holen. Alle *gopīs* befürchteten, dass Akrūra gekommen sein könnte, um erneut einen grausamen Plan auszuführen. Doch gleichzeitig dachten sie: „Wir sind nur noch tote Körper ohne unseren höchsten Meister, Kṛṣṇa. Was könnte Akrūra unserem toten Körper noch zufügen?" Während sie auf diese Weise untereinander Vermutungen anstellten, beendete Uddhava seine morgendlichen Waschungen, seine Gebete und sein Chanten und trat dann vor die *gopīs.*

Hiermit enden die Bhaktivedanta-Erläuterungen
zum 46. Kapitel des Kṛṣṇa-Buches mit dem Titel
„Uddhava besucht Vṛndāvana".

KAPITEL 47

Kṛṣṇas Botschaft an die gopīs

Als die *gopīs* Uddhava sahen, bemerkten sie, dass er fast genauso aussah wie Kṛṣṇa, und daran erkannten sie, dass er ein großer Geweihter Kṛṣṇas sein musste. Er hatte sehr lange Arme, und seine Augen glichen den Blütenblättern einer Lotosblume. Mit seinem gelben Gewand, seiner Girlande aus Lotosblumen und seinem außergewöhnlich schönen Gesicht sah Uddhava fast genauso aus wie Kṛṣṇa; er hatte die *sārūpya*-Befreiung erlangt, weshalb er die gleichen körperlichen Merkmale aufwies wie der Herr. In Kṛṣṇas Abwesenheit hatten es sich die *gopīs* zur Pflicht gemacht, frühmorgens Mutter Yaśodā mit einem Besuch zu ehren. Sie wussten, dass Nanda Mahārāja und Mutter Yaśodā sehr bekümmert waren, weshalb sie es als ihre erste Pflicht ansahen, diesem Elternpaar, den ehrwürdigsten Persönlichkeiten von Vṛndāvana, täglich ihre Achtung zu erweisen. Wenn Nanda und Yaśodā Kṛṣṇas

Freundinnen sahen, wurden sie an Kṛṣṇa Selbst erinnert und dadurch ein wenig getröstet, und auch die *gopīs* freuten sich jedes Mal sehr, wenn sie Nanda und Yaśodā sahen.

Als die *gopīs* sahen, dass Uddhava Kṛṣṇa sogar in seinem Äußeren glich, kamen sie zu dem Schluss, dass er eine der Höchsten Persönlichkeit Gottes völlig ergebene Seele sein müsse. Sie fragten sich daher: „Wer ist dieser Jüngling nur, der so aussieht wie Kṛṣṇa? Seine Augen gleichen ebenfalls den Blütenblättern einer Lotosblume, er hat die gleiche edle Nase und das gleiche schöne Antlitz, und er lächelt genauso bezaubernd wie Kṛṣṇa. Er gleicht in jeder Beziehung Kṛṣṇa, Śyāmasundara, dem schönen schwärzlichen Jüngling. Er ist sogar genau wie Kṛṣṇa gekleidet. Woher kommt er? Wer ist das glückliche Mädchen, das ihn zum Gemahl hat?" So sprachen sie untereinander. Die *gopīs* waren sehr begierig, etwas über Uddhava zu erfahren, und weil sie einfache, unkomplizierte Dorfmädchen waren, drängten sie sich neugierig um Uddhava.

Als die *gopīs* erfuhren, dass Uddhava eine Botschaft von Kṛṣṇa mit sich brachte, freuten sie sich sehr, und so führten sie ihn an einen ruhigen Ort, wo sie ihm einen schönen Sitzplatz anboten. Sie wollten völlig ungestört mit Uddhava sprechen, ohne vor fremden Zuhörern in Verlegenheit geraten zu müssen. Sie hießen ihn mit höflichen Worten und in großer Ergebenheit willkommen: „Uns ist bekannt, dass du ein enger Vertrauter von Kṛṣṇa bist und dass Er dich deshalb hierher nach Vṛndāvana geschickt hat, um Seinen Vater und Seine Mutter zu trösten. Die Zuneigung zur eigenen Familie ist sehr stark. Sogar große Weise, die in den Lebensstand der Entsagung getreten sind, sind nicht in der Lage, die Zuneigung für ihre Familie völlig aufzugeben. Manchmal denken sie an ihre Familienmitglieder. Sicherlich hat Kṛṣṇa dich aus diesem Grund zu Seinem Vater und Seiner Mutter geschickt, denn ansonsten ist Ihm nichts mehr an Vṛndāvana gelegen. Nun, wo Er in der Stadt lebt, können Ihm das Dorf Vṛndāvana und das Weideland der Kühe gleichgültig sein. Dies alles hat für Kṛṣṇa keinerlei Wert mehr, denn Er ist ein Stadtbewohner geworden.

Bestimmt macht Er Sich nichts aus denjenigen, die nicht zu Seinen Familienangehörigen zählen. Freundschaften mit Menschen, die außerhalb der Familie stehen, dauern nur so lange, wie man ein eigennütziges Interesse an ihnen hat. Warum sonst sollte man sich mit Personen abgeben, die nicht zur Familie gehören? Insbesondere jemand, der an den Frauen anderer hängt, interessiert sich für diese, solange sie ihm für seine Sinnenbefriedigung nützlich sind, wie die Biene, die nur so lange auf einer Blume sitzt, bis sie allen Honig eingesammelt hat. Es ist nur natürlich und psychologisch leicht erklärbar, dass eine Dirne ihren Liebhaber links liegen lässt, wenn er kein Geld mehr hat. Ebenso ist es mit den Bürgern, die ihr Land verlassen, wenn sie sehen, dass die Regierung nicht fähig ist, sie ausreichend zu beschützen. Ein Schüler bricht seine Beziehung zu Lehrern und Schule ab, sobald seine Ausbildung abgeschlossen ist. Wenn ein Priester von einem Tempelbesucher Geld bekommen hat, kümmert er sich nicht mehr um ihn. Wenn ein Baum all seine Früchte verloren hat, haben die Vögel kein Interesse mehr an ihm. Sobald ein Gast im Hause seines Wirtes gespeist hat, gibt er seine Beziehung zu ihm auf. Wenn nach einem Waldbrand kein frisches Gras mehr zu finden ist, verlassen die Rehe und die anderen Tiere den Wald. Ebenso trennt sich auch ein Mann wieder von seiner Freundin, wenn er ihre Gemeinschaft genug genossen hat." Auf diese Weise führten die *gopīs* viele Beispiele an, mit denen sie Kṛṣṇa für Sein Verhalten ihnen gegenüber indirekt anklagen wollten.

Uddhava verstand, dass die *gopīs* von Vṛndāvana völlig in Gedanken an Kṛṣṇa und Seine Kindheitsspiele vertieft waren. Während sie mit Uddhava über Kṛṣṇa sprachen, vergaßen sie all ihre Haushaltspflichten. Und sie vergaßen sogar sich selbst, weil ihre Sehnsucht nach Kṛṣṇa immer stärker wurde.

Eine der *gopīs,* nämlich Śrīmatī Rādhārāṇī, war aufgrund Ihres engen, vertraulichen Umgangs, den Sie mit Kṛṣṇa gehabt hatte, so tief in Gedanken an Ihn versunken, dass Sie mit einer Hummel zu sprechen begann, die in Ihrer Nähe umherflog und versuchte, Ihre Lotosfüße zu berühren. Während die anderen *gopīs* mit Kṛṣṇas Boten Uddhava sprachen, hielt Śrīmatī Rādhārāṇī jene Hummel für einen Boten Kṛṣṇas und wandte Sich mit folgenden Worten an sie: „Hummel, du fliegst von Blüte zu Blüte und trinkst gern den Nektar daraus, weshalb es dir gefallen hat, Kṛṣṇas Bote zu sein, der von gleichem Wesen ist wie du. Ich kann an den Haaren auf deiner Oberlippe die Spuren von dem roten *kuṅkuma*-Pulver entdecken, das an Kṛṣṇas Blumengirlande haften blieb, als Er diese gegen die Brust eines anderen Mädchens, das Meine Rivalin ist, drückte. Du bist bestimmt sehr stolz darauf, dass du diese Girlande berühren durftest, und dein Bart ist ganz rötlich geworden. Du bist hierhergekommen, um Mir eine Botschaft zu bringen. Du möchtest Meine Füße berühren, aber, Meine liebe Hummel, Ich warne dich. Rühr Mich nicht an! Ich möchte keine Botschaften von deinem unzuverlässigen Meister. Du bist der unzuverlässige Diener eines unzuverlässigen Meisters." Es ist gut möglich, dass Śrīmatī Rādhārāṇī die Hummel absichtlich mit sarkastischen Worten anredete, um Kṛṣṇas Boten Uddhava indirekt zu tadeln. Wie auch die anderen *gopīs* sah Sie nämlich, dass Uddhava nicht nur die gleichen körperlichen Merkmale wie Kṛṣṇa besaß, sondern Kṛṣṇa auch dem Wesen nach glich. So deutete Sie indirekt an, dass Uddhava genauso unzuverlässig sei wie Kṛṣṇa Selbst. Śrīmatī Rādhārāṇī wollte jedoch auch die genauen Gründe zu verstehen geben, weshalb Sie mit Kṛṣṇa und Seinen Boten unzufrieden war.

Sie sprach also weiter zur Hummel: „Dein Meister Kṛṣṇa hat genau das gleiche Wesen wie du. Du setzt dich auf eine Blume nieder, nimmst ein wenig Honig von ihr und fliegst gleich zur nächsten Blume, um dort von ihrem Honig zu kosten. Auf ähnliche Weise ließ Mich dein Meister Kṛṣṇa nur einmal die Berührung Seiner Lippen kosten, wonach Er Mich einfach verließ. Ich weiß auch, dass die Glücksgöttin Lakṣmī, die im Herzen der Lotosblume lebt, sich ständig in Kṛṣṇas Dienst beschäftigt. Ich kann jedoch nicht verstehen, warum sie so von Kṛṣṇa betört worden ist und warum sie so sehr an Ihm hängt, obwohl sie Seinen wahren Charakter kennt. Vielleicht ist sie einfach von Kṛṣṇas lieblichen Worten betört worden und konnte deshalb nicht Sein wahres Wesen erkennen. Dagegen sind wir viel klüger, denn wir lassen uns nicht noch einmal von Kṛṣṇa oder Seinem Boten betrügen."

Nach Ansicht der Gelehrten ist die Glücksgöttin Lakṣmī eine untergeordnete Erweiterung Śrīmatī Rādhārāṇīs. So wie Kṛṣṇa unzählige Erweiterungen in Form der *viṣṇu-mūrtis* besitzt, so hat auch Seine Freudenenergie, Rādhārāṇī, zahllose Erweiterungen in Form der Glücksgöttinnen. Daher sehnt sich die Glücksgöttin, Lakṣmījī, immer danach, die Stufe der *gopīs* zu erreichen.

Śrīmatī Rādhārāṇī fuhr fort: „Du einfältige Hummel, du versuchst, Mich froh zu stimmen und eine Belohnung dafür zu bekommen, indem du Kṛṣṇas Herrlichkeit besingst, doch du bemühst dich vergeblich. Wir *gopīs* besitzen nichts mehr, und wir sind getrennt von unserem Zuhause und unseren Familien. Außerdem kennen wir Kṛṣṇa sehr gut, sogar noch besser als du. Was immer du also über Ihn erzählen wirst, sind alte Geschichten für uns. Kṛṣṇa hält Sich nun in der Stadt auf, wo Ihn alle als Arjunas Freund kennen. Er hat nun viele neue Freundinnen, die in Seiner Gemeinschaft gewiss sehr glücklich sind. Sie sind glücklich, weil Kṛṣṇa das lustvoll brennende Gefühl in ihren Brüsten gestillt hat. Wenn du zu ihnen gehst und dort Kṛṣṇa preist, wirst du bestimmt mehr Erfolg haben, und du wirst sogar eine Belohnung bekommen. Du versuchst Mich durch Schmeicheleien zu trösten, und deshalb hast du deinen Kopf unter Meine Füße gelegt. Aber Ich durchschaue deinen Trick, weiß Ich doch, dass du von einem noch größeren Schwindler, Kṛṣṇa, geschickt worden bist. Deshalb verlass Mich bitte.

Ich kann Mir denken, dass du sehr geschickt darin bist, zwei Streitende miteinander zu versöhnen, doch gleichzeitig muss Ich dir sagen, dass Ich sowohl dir als auch deinem Meister, Kṛṣṇa, nicht mehr vertrauen kann. Wir haben unsere Ehemänner, Kinder und alle Verwandten nur wegen Kṛṣṇa verlassen, aber Er fühlte Sich uns gegenüber nicht im Geringsten verpflichtet und hat uns letztendlich unserem Schicksal überlassen. Denkst du also, dass wir Ihm jemals wieder unser Vertrauen schenken würden? Wir wissen, dass Kṛṣṇa nicht auch nur einen Augenblick ohne die Gemeinschaft junger Frauen leben kann. Das ist Sein Wesen. Er dürfte jedoch in Mathurā auf einige Schwierigkeiten stoßen, denn Er ist jetzt nicht mehr im Dorf unter unschuldigen Kuhhirtenmädchen. Er verkehrt nun in aristokratischen Kreisen, und daher fällt es Ihm sicherlich nicht leicht, mit anderen jungen Mädchen dort Freundschaft zu schließen. Vielleicht bist du deshalb nach Vṛndāvana gekommen, um wieder für Ihn zu freien oder um uns nach Mathurā zu holen. Doch warum sollte Kṛṣṇa erwarten, dass wir nun nach Mathurā kommen? Er ist in der Lage, nicht nur die Mädchen von Vṛndāvana oder Mathurā zu betören, sondern alle Frauen im ganzen Universum. Sein wundervolles Lächeln ist so bezaubernd und die Bewegungen Seiner Augenbrauen so schön, dass Er jede Frau von den himmlischen, den mittleren und den höllischen Planeten zu Sich rufen kann. Selbst Mahā-Lakṣmī, die hervorragendste aller Glücksgöttinnen, sehnt sich ständig danach, Ihm einen kleinen Dienst darbringen zu dürfen. Wer sind wir schon im Vergleich zu all diesen Frauen des Universums? Wir sind unbedeutend.

Kṛṣṇa bezeichnet Sich Selbst als sehr großherzig, und Er wird von großen Heiligen gepriesen. Seine guten Eigenschaften würden tatsächlich unter Beweis gestellt, wenn Er ein wenig Mitleid mit uns hätte, denn wir sind von Ihm so sehr mit Füßen getreten und vernachlässigt worden. Du armer Bote, du bist einfach nur ein Diener mit wenig Intelligenz. Du weißt nicht viel über Kṛṣṇa, wie undankbar und hartherzig Er gewesen ist – nicht nur in diesem, sondern auch in Seinen früheren Leben. Unsere Großmutter Paurṇamāsī hat uns dies alles erzählt. Sie hat uns verraten, dass Kṛṣṇa vor Seiner jetzigen Geburt in einer *kṣatriya*-Familie erschienen war und Rāmacandra hieß. Damals tötete Er Vāli, einen Feind Seines Freundes, hinterlistig wie ein Jäger, statt ihn auf eine Art zu besiegen, die sich für einen *kṣatriya* geziemt. Der Jäger sucht sich ein sicheres Versteck und erlegt von dort aus ein Tier, ohne ihm gegenüberzutreten. Rāmacandra hätte also wie ein richtiger *kṣatriya* mit Vāli Mann gegen Mann kämpfen müssen, doch auf den Rat Seines Freundes hin tötete Er Seinen Gegner aus dem Hinterhalt, indem Er Sich hinter einem Baum versteckte. Somit verletzte Er die religiösen Prinzipien der *kṣatriyas*. Außerdem war Er so sehr von der Schönheit einer Frau namens Sītā betört, dass Er Śūrpaṇakhā, die Schwester Rāvaṇas, verunstaltete, indem Er ihre Nase und ihre Ohren abschnitt. Śūrpaṇakhā hatte Ihm nämlich einen Antrag gemacht, und als *kṣatriya* hätte Rāmacandra ihren Wunsch erfüllen müssen. Doch Er war so selbstsüchtig, dass Er Sītādevī nicht vergessen konnte und deshalb Śūrpaṇakhās Gesicht entstellte. Vor Seinem Leben als *kṣatriya* war Er als *brāhmaṇa*-Knabe namens Vāmanadeva geboren worden und hatte damals Bali Mahārāja um eine kleine Spende gebeten. Der König war so großzügig, Ihm alles zu geben, was er besaß, doch Kṛṣṇa als Vāmanadeva nahm ihn, undankbar wie Er ist, wie eine Krähe gefangen und stieß ihn in das Pātāla-Königreich hinab. Wir kennen Kṛṣṇa sehr gut und wissen ganz genau, wie undankbar Er ist. Doch hier beginnt unsere Schwierigkeit: Obwohl Er so grausam und hartherzig ist, fällt es uns sehr schwer, nicht mehr über Ihn zu sprechen. Und wir sind nicht die einzigen, die nicht aufhören können, über Ihn zu sprechen, ja selbst die großen Weisen und Heiligen sprechen ständig über Ihn. Wir *gopīs* von Vṛndāvana wollen nichts mehr mit diesem blauschwarzen Jüngling zu tun haben, doch ehrlich gesagt wissen wir nicht, wie es uns jemals gelingen soll, aufzuhören, uns an Ihn zu erinnern und über Seine Taten zu sprechen."

Weil Kṛṣṇa absolut ist, ist es genauso schön, über Seine scheinbar unbarmherzigen Taten zu hören wie über Seine barmherzigen. Heilige und große Gottgeweihte wie die *gopīs* können sich daher niemals von Kṛṣṇa abwenden. Śrī Caitanya sagt deshalb in einem Gebet: „Kṛṣṇa, Du bist frei und in jeder Beziehung unabhängig. Du kannst Mich umarmen und unter Deinen Füßen zertreten – ganz wie es Dir beliebt. Du kannst Mir das Herz brechen, indem Du Dich Mir während Meines ganzen Lebens niemals zeigst, aber trotz allem bleibst Du das einzige Ziel Meiner Liebe."

„Meiner Meinung nach", fuhr Śrīmatī Rādhārāṇī fort, „sollte man am besten gar nicht erst von Kṛṣṇa hören, denn sowie ein Tropfen des Nektars Seiner transzendentalen Spiele in das Ohr dringt, wird man augenblicklich über die Dualität von Zuneigung und Widerwillen erhoben. Wenn man auf diese Weise völlig von der Verunreinigung materieller Anhaftung befreit ist, gibt man die Verbundenheit gegenüber der materiellen Welt auf, einschließlich gegenüber der Familie, dem Zuhause, der Frau, den Kindern und allem anderen, was jedem Menschen materiell lieb ist. Wenn man dann aller materiellen Besitztümer beraubt ist, macht man seine Verwandten und sich selbst unglücklich. In diesem Zustand sucht man dann ständig nach Kṛṣṇa, sowohl als Mensch als auch in anderen Lebensformen, sogar als Vogel, und führt freiwillig das Leben eines Wandermönchs. Es ist sehr schwierig, Kṛṣṇa, Seinen Namen, Seine Eigenschaften, Seine Gestalt, Seine Spiele, Seine Umgebung und alles, was sonst noch mit Ihm verbunden ist, wirklich zu verstehen."

Darauf sagte Śrīmatī Rādhārāṇī zu dem schwarzen Boten Kṛṣṇas: „Bitte sprich nicht mehr über Kṛṣṇa. Es ist besser, über etwas anderes zu reden. Wir *gopīs* sind bereits verloren, genau wie die schwarzgefleckten Rehe im Wald, die von den süßen Melodien des Jägers angelockt worden sind. Wir sind nämlich von den süßen Worten Kṛṣṇas betört worden und müssen immer wieder an das Glänzen Seiner Zehennägel denken. Immer stärker verlangt es uns danach, mit Ihm zusammen zu sein. Deshalb bitte Ich dich, nicht mehr von Kṛṣṇa zu sprechen."

Rādhārāṇīs Gespräche mit der Hummel, die Sie für einen Boten hielt, und auch die Art und Weise, wie Sie Sich einerseits auf so viele Arten über Kṛṣṇa beklagte und andererseits trotzdem nicht aufhören konnte, über Ihn zu sprechen, sind Anzeichen der höchsten transzendentalen Ekstase, die man *mahā-bhāva* nennt. Diese Ekstase der *mahā-bhāva* kann sich ausschließlich in Rādhārāṇī und Ihren Gefährtinnen manifestieren. Große *ācāryas*, wie Śrīla Rūpa Gosvāmī und Śrīla Viśvanātha Cakravartī Ṭhākura, haben diese *mahā-bhāva*-Reden Śrīmatī Rādhārāṇīs analysiert und deren verschiedenen Sonderformen beschrieben, wie zum Beispiel *udghūrṇā*, Verwirrung, und *jalpa-pratijalpa*, das Sprechen in unterschiedlichen Haltungen. Dies sind die Anzeichen von *ujjvala*, dem strahlendsten Juwel der Liebe zu Gott.

Während Rādhārāṇī so mit der Hummel redete, entschwand diese plötzlich Ihren Augen. In Ihrer Trennung von Kṛṣṇa war Rādhārāṇī voller Klagen gewesen, und daher empfand Sie große Ekstase, als Sie mit der Hummel sprechen konnte. Als die Hummel dann aber plötzlich verschwand, wurde Sie fast wie von Sinnen, denn Sie befürchtete, der Hummelbote könnte zu Kṛṣṇa zurückkehren und Ihm alles verraten, was Sie gegen Ihn gesagt hatte. Sie dachte: „Kṛṣṇa ist bestimmt sehr betrübt, wenn Er Meine Klagen vernimmt." Auf diese Weise wurde Sie von einer anderen Art der Ekstase überwältigt.

Unterdessen erschien die Hummel, die nur ein wenig umhergeflogen war, wieder vor Ihr. „Kṛṣṇa ist Mir nicht böse", sagte Sich Rādhārāṇī sogleich. „Obwohl Sein Bote Meine verletzenden Worte überbracht hat, war Er so gütig, die Hummel wieder zu Mir zu schicken, damit sie Mich zu Ihm bringt." Diesmal war Śrīmatī Rādhārāṇī sehr darauf bedacht, nichts gegen Kṛṣṇa zu sagen: „Mein lieber Freund, sei Mir willkommen", sprach Sie: „Es war sehr gütig von Kṛṣṇa, dich wieder hierherzuschicken. Kṛṣṇa ist so gütig und zuneigungsvoll zu Mir, dass Er dich glücklicherweise wieder hierher sandte, obgleich du Ihm Meine abweisenden Worte überbracht hast. Gesegnet seist du, Mein lieber Freund! Du kannst Mich nun um alles bitten, was du möchtest. Ich werde dir alles geben, weil du so freundlich zu Mir bist. Du bist gekommen, um Mich zu Kṛṣṇa zu bringen, denn Er kann Mathurā nicht verlassen, wo Er von vielen neuen Freundinnen umgeben wird. Aber du bist ja nur ein kleines Bienlein, wie könntest du Mich dorthin tragen? Wie willst du Mir helfen, Kṛṣṇa zu treffen, der nun neben der Glücksgöttin liegt und sie an Seine Brust drückt? Aber sorge dich nicht. Lass uns einfach vergessen, dass es Mein Wunsch war, dorthin zu gehen oder dich dort hinzuschicken. Erzähle Mir viel lieber, wie es Kṛṣṇa in Mathurā geht. Erinnert Er Sich noch an Seinen Pflegevater Nanda Mahārāja und Seine zärtliche Mutter Yaśodā, und denkt Er manchmal auch an Seine

Freunde, die Kuhhirtenjungen, und an Seine bedauernswerten Freundinnen, wie uns, die *gopīs?* Sicherlich denkt Er hin und wieder an uns, denn wir dienten Ihm wie Mägde, ohne Bezahlung. Dürfen wir noch hoffen, dass Kṛṣṇa eines Tages wieder zurückkommt und uns Seine nach *aguru* duftende Hand auf den Kopf legt? Wenn du Kṛṣṇa wiedersiehst, dann frage Ihn bitte."

Uddhava stand in der Nähe und hörte Rādhārāṇī zu, während Sie so sprach, als hätte Sie die Sehnsucht nach Kṛṣṇa verrückt gemacht. Es erstaunte ihn außerordentlich, wie die *gopīs* ununterbrochen in der höchsten Ekstase der *mahā-bhāva*-Liebe an Kṛṣṇa dachten. Er hatte eine handgeschriebene Botschaft Kṛṣṇas bei sich und wollte sie nun den *gopīs* vorlesen, um sie zu beruhigen. Er sagte daher: „Liebe *gopīs*, für euch ist die Bestimmung des menschlichen Lebens erfüllt, denn ihr seid alle wunderbare Geweihte der Höchsten Persönlichkeit Gottes, deshalb seid ihr es wert, von allen Menschen verehrt zu werden. Überall auf den drei Welten gebührt euch die Verehrung, denn ihr seid auf unvergleichliche Weise in Gedanken an Vāsudeva, Kṛṣṇa, vertieft. Er ist das Ziel aller frommen Tätigkeiten und rituellen Zeremonien, wie dem Geben von Spenden, dem Aufsichnehmen von Entsagungen, Gelübden und Bußen und dem Darbringen von Opfern im Opferfeuer. Er ist das Ziel der gesamten Vielfalt von Mantras, das Ziel des Studiums der Veden, der Beherrschung der Sinne und der Konzentration des Geistes durch Meditation. Dies sind einige der Vorgänge, um zur Selbstverwirklichung und zur Vollkommenheit des Lebens zu gelangen. Im Grunde genommen sind sie aber einzig und allein dazu bestimmt, die Menschen dahin zu bringen, Kṛṣṇa zu erkennen und sich dem transzendentalen liebevollen Dienst für die Höchste Persönlichkeit Gottes zu weihen." So lautet auch die letzte Unterweisung der *Bhagavad-gītā*; obwohl Kṛṣṇa verschiedene Vorgänge zur Selbstverwirklichung beschreibt, empfiehlt Er am Ende, alles aufzugeben und sich einfach Ihm hinzugeben. All die anderen Vorgänge sind dazu bestimmt, den Menschen zu lehren, wie er sich letztlich den Lotosfüßen Kṛṣṇas hingeben kann. Die *Bhagavad-gītā* erklärt des Weiteren, dass der Vorgang der Hingabe von einem aufrichtigen Menschen zur Vollkommenheit gebracht werden kann, nachdem er viele Leben hindurch die Vorgänge zur Selbstverwirklichung in Weisheit und Entsagung befolgt hat.

Da die Vollkommenheit solcher Entsagungen im Leben der *gopīs* vollständig ihren Ausdruck findet, war Uddhava völlig zufrieden, als er die transzendentale Position der *gopīs* sah. Er sagte deshalb: „Meine lieben *gopīs*, die Gefühle, die ihr in eurer Beziehung zu Kṛṣṇa entwickelt habt, sind nur äußerst schwer zu erreichen, sogar für die großen Weisen und Heiligen. Ihr habt die höchste, vollkommene Stufe des Lebens erreicht. Es ist zu eurem großen Segen, dass ihr euren Geist auf Kṛṣṇa gerichtet und euch entschlossen habt, nur noch für Kṛṣṇa zu leben und um Seinetwillen eure Familie, euer Zuhause, eure Verwandten, eure Ehemänner und Kinder aufzugeben. Weil euer Geist nun völlig in Kṛṣṇa, die Höchste Seele, versunken ist, hat sich in euch automatisch allumfassende Liebe entwickelt. Ich schätze mich sehr glücklich, dass es mir durch eure Gnade vergönnt ist, euch in dieser transzendentalen Stellung zu sehen."

Aber Uddhava hatte bereits angekündigt, dass er eine Botschaft von Kṛṣṇa bei sich habe, und diese Botschaft interessierte die *gopīs* viel mehr als die Lobpreisung ihrer eigenen erhabenen Stellung. Sie liebten es nicht sonderlich, selbst gepriesen zu werden, vielmehr drängten sie ungeduldig und neugierig darauf, Kṛṣṇas Botschaft zu hören. Uddhava sagte also: „Meine lieben *gopīs*, ich habe das Vorrecht bekommen, euch diese Botschaft zu überbringen, die ihr so einzigartige erhabene Gottgeweihte seid. Kṛṣṇa hat mich ausgewählt, weil ich Sein vertrautester Diener bin."

Uddhava jedoch händigte die Botschaft, die ihm Kṛṣṇa übergeben hatte, nicht an die *gopīs* aus, sondern er zog es vor, sie selbst vorzulesen. Die Botschaft war in einem ernsten Ton geschrieben, weil sie nicht nur den *gopīs*, sondern auch allen empirischen Philosophen klarmachen sollte, wie reine Liebe zu Gott in ihrer Essenz mit all Seinen verschiedenen Energien verbunden ist. Aus den vedischen Schriften geht hervor, dass der Höchste Herr mannigfache Energien besitzt: *parāsya śaktir vividhaiva śrūyate*. Die innige Liebe der *gopīs*, die sie mit Kṛṣṇa verband, bewegte Ihn so sehr, dass Er außerdem nicht deutlich schreiben konnte. Uddhava verfügte als Schüler Bṛhaspatis über scharfe Intelligenz, und daher hielt er es für klüger, den *gopīs* persönlich den Brief vorzulesen und zu erklären, als ihn einfach nur abzugeben.

Uddhava sagte also: „Dies sind die Worte der Höchsten Persönlichkeit Gottes: ‚Meine lieben *gopīs*, Meine lieben Freundinnen, bitte wisset, dass es zu keiner Zeit, nirgendwo und unter keinen Umständen möglich ist, dass wir voneinander getrennt sind, denn Ich bin alldurchdringend.'"

Dieser alldurchdringende Aspekt Kṛṣṇas wird sowohl im 9. als auch im 7. Kapitel der *Bhagavad-gītā* erklärt. Es heißt im 9. Kapitel, dass Kṛṣṇa in Seinem unpersönlichen Aspekt alldurchdringend sei; obgleich alles in Ihm ruhe, sei Er nicht überall persönlich anwesend. Im 7. Kapitel heißt es, dass die fünf grobstofflichen Elemente (Erde, Wasser, Feuer, Luft und Äther) zusammen mit den drei feinstofflichen Elementen (Geist, Intelligenz und falsches Ego) Kṛṣṇas niedere Energien darstellten. Aber es gibt noch eine andere, höhere Energie, nämlich die Lebewesen. Die Lebewesen sind ebenfalls direkt Bestandteile Kṛṣṇas. Daher ist Kṛṣṇa sowohl die materielle als auch die unmittelbar wirkende Ursache von allem. Als Ursache und Wirkung ist Er immer an allem beteiligt. Nicht nur die *gopīs*, sondern alle Lebewesen sind ewig und unter allen Umständen untrennbar mit Kṛṣṇa verbunden. Der Unterschied jedoch ist, dass die *gopīs* sich dieser Beziehung zu Kṛṣṇa völlig bewusst sind, wohingegen die Lebewesen unter dem Einfluss *māyās*, der illusionierenden Energie, Kṛṣṇa vergessen haben und glauben, sie wären unabhängig und hätten keine Beziehung zu Ihm.

Liebe zu Kṛṣṇa, oder Kṛṣṇa-Bewusstsein, ist daher die vollkommene Stufe wirklichen Wissens, auf der man die Dinge sieht, wie sie sind. Unser Geist kann niemals leer sein, sondern ist ständig mit irgendwelchen Gedanken beschäftigt, und der Gegenstand dieser Gedanken kann sich nicht außerhalb der acht Elemente von Kṛṣṇas Energie befinden. Jemand, der diese Natur der Gedanken kennt, ist ein wirklicher Weiser und gibt sich Kṛṣṇa hin. Die *gopīs* sind der Inbegriff für diese vollkommene Stufe des Wissens. Man kann sie also keinesfalls als mentale Spekulanten bezeichnen, denn ihr Geist ist immer vollkommen auf Kṛṣṇa gerichtet. Der Geist ist nichts anderes als eine Energie Kṛṣṇas. Deshalb kann im Grunde niemand, der denken, fühlen und wollen kann, von Kṛṣṇa getrennt sein. Doch die eigene ewige Beziehung zu Kṛṣṇa zu verstehen, wird Kṛṣṇa-Bewusstsein genannt. Der krankhafte Zustand, in dem man seine ewige Beziehung zu Kṛṣṇa nicht verstehen kann, wird *māyā*, die Stufe der Verunreinigung, genannt. Weil sich die *gopīs* auf der Ebene des reinen transzendentalen Wissens befinden, ist ihr Geist immer von Kṛṣṇa-Bewusstsein erfüllt. So wie zum Beispiel

Feuer und Luft nicht voneinander getrennt sind, so sind auch Kṛṣṇa und die Lebewesen niemals voneinander getrennt. Wenn die Lebewesen Kṛṣṇa vergessen haben, befinden sie sich nicht in ihrem natürlichen Zustand. Die *gopīs* hingegen, die unablässig an Kṛṣṇa denken, befinden sich auf der absoluten Ebene des vollkommenen Wissens. Es gibt sogenannte empirische Philosophen, die denken, der Pfad der *bhakti* wäre für die weniger Intelligenten bestimmt. In Wirklichkeit jedoch ist das Wissen der scheinbar intelligenten Menschen dazu verdammt, unrein und unvollkommen zu bleiben, solange sie nicht die Ebene der *bhakti* erreichen. Die Stufe, auf der wir unsere ewige Beziehung zu Kṛṣṇa vergessen, ist Trennung. Doch an sich ist dies eine Illusion, denn eine solche Trennung existiert nicht. Die *gopīs* befanden sich nicht in jenem illusorischen Bewusstseinszustand, weshalb es für sie keine Trennung gab – nicht einmal im philosophischen Sinne.

Uddhava fuhr damit fort, Kṛṣṇas Botschaft vorzutragen: „Nichts ist getrennt von Mir. Die gesamte kosmische Manifestation ruht in Mir, sie ist nicht getrennt von Mir. Ich existierte bereits vor der Schöpfung." Diese Aussage wird von den vedischen Schriften bestätigt: *eko nārāyaṇa āsīn na brahmā na naśānaḥ* – „Vor der Schöpfung existierte nur Nārāyaṇa. Es gab keinen Brahmā und keinen Śiva." Die gesamte kosmische Manifestation wird von den drei Erscheinungsweisen der materiellen Natur bewegt. Es heißt, dass Brahmā, die Inkarnation für die Erscheinungsweise der Leidenschaft, das Universum erschaffen hat, doch in Wirklichkeit ist er nur der untergeordnete Schöpfer, der ursprüngliche Schöpfer ist Nārāyaṇa. Dies wird auch von Śaṅkarācārya bestätigt: *nārāyaṇaḥ paro 'vyaktāt* – „Nārāyaṇa ist völlig transzendental, das heißt, Er befindet Sich jenseits der kosmischen Schöpfung." Auf diese Weise ist nichts in der kosmischen Schöpfung von Kṛṣṇa getrennt, obwohl Kṛṣṇas ursprüngliche Form nicht in allem sichtbar ist.

Kṛṣṇa erschafft, erhält und vernichtet die gesamte kosmische Manifestation, indem Er Sich in verschiedene Inkarnationen erweitert. Alles ist Kṛṣṇa, und alles ist von Kṛṣṇa abhängig, doch man kann Ihn in der materiellen Energie nicht wahrnehmen. Die materielle Energie wird deswegen als *māyā*, Illusion, bezeichnet. In der spirituellen Energie jedoch kann man Kṛṣṇa auf Schritt und Tritt, unter allen Umständen, wahrnehmen. Diese vollkommene Sicht findet man bei den *gopīs*. So wie Kṛṣṇa stets über der kosmischen Manifestation steht, obwohl sie gänzlich von Ihm abhängig ist, steht auch das Lebewesen völlig über seinem materiellen bedingten Leben, obwohl sich der materielle Körper auf der Grundlage der spirituellen Existenz entwickelt hat. In der *Bhagavad-gītā* wird die gesamte materielle Manifestation als die Mutter der Lebewesen bezeichnet und Kṛṣṇa als der Vater. Wie der Vater die Mutter befruchtet, indem er das Lebewesen in ihren Schoß eingibt, so gibt Kṛṣṇa die Lebewesen in den Schoß der materiellen Natur ein, wo sie entsprechend ihren früheren fruchtbringenden Tätigkeiten unterschiedliche Körper bekommen. Unter allen Umständen aber ist das Lebewesen transzendental zu seinem bedingten materiellen Leben.

Schon wenn wir unseren eigenen Körper betrachten, können wir feststellen, dass das Lebewesen an sich immer transzendental zur Gefangenschaft im Körper ist. Jede Bewegung des Körpers wird durch die Wechselwirkungen der drei Erscheinungsweisen hervorgerufen. Wir können jeden Augenblick beobachten, wie sich in unserem Körper viele Veränderungen vollziehen, doch wir, die Seele, stehen über diesen Veränderungen. Niemand hat die Kraft, die Bewegungen der Natur zu erschaffen, zu vernichten oder zu verändern. Das Lebewesen ist also im materiellen Körper gefangen und unterliegt drei Zuständen der Bedingtheit – Wachbewusstsein, Schlaf und Bewusstlosigkeit. Unser Geist, der Verstand, bleibt jedoch in jedem dieser drei Zustände aktiv; im Schlaf oder Traum hält das Lebewesen manchmal etwas für Wirklichkeit, was es im Wachzustand als unwirklich erkennt. Daran wird deutlich, dass das Lebewesen unter bestimmten Umständen etwas als wirklich ansieht, was es unter anderen Umständen wiederum als unwirklich ansieht. Diese Phänomene werden von den empirischen Philosophen, den *sāṅkhya-yogīs*, studiert. Um zu den richtigen Schlussfolgerungen zu gelangen, nehmen die *sāṅkhya-yogīs* große Enthaltungen und Bußen auf sich. So bemühen sie sich, die Sinne zu beherrschen und Entsagung zu üben.

Die verschiedenen Wege, das endgültige Ziel des Lebens zu erkennen, gleichen Flüssen, und Kṛṣṇa ist wie der Ozean. Gleich den Flüssen, die dem Ozean entgegenfließen, streben alle Versuche, Wissen zu erlangen, zu Kṛṣṇa. Wenn man sich durch viele Leben hindurch bemüht hat und schließlich zu Kṛṣṇa kommt, erreicht man die vollkommene Stufe. Kṛṣṇa Selbst sagt in der *Bhagavad-gītā*: *Kleśo 'dhikataras teṣām avyaktāsakta-cetasām* – „Alle bemühen sich auf dem Pfad der Erkenntnis, um zu Mir zu kommen, doch diejenigen, die Vorgängen ohne *bhakti* folgen, stoßen bei ihren Bemühungen nur auf Schwierigkeiten." Ohne *bhakti* kann man Kṛṣṇa nicht verstehen.

In der *Bhagavad-gītā* wird zwischen drei Pfaden unterschieden: *karma-yoga, jñāna-yoga und bhakti-yoga.* Denjenigen Menschen, die zu sehr an fruchtbringenden Tätigkeiten (Karma) haften, wird empfohlen, Tätigkeiten auszuführen, durch die sie zu *bhakti* gelangen. Genau das gleiche wird denjenigen empfohlen, die sich der empirischen Philosophie verschrieben haben. *Karma-yoga* ist daher von gewöhnlichem Karma verschieden, genau wie *jñāna-yoga* von gewöhnlichem *jñāna* verschieden ist. Letzten Endes jedoch kann man Kṛṣṇa nur durch das Ausführen von hingebungsvollem Dienst verstehen, wie Kṛṣṇa Selbst in der *Bhagavad-gītā* sagt: *bhaktyā mām abhijānāti.* Die *gopīs* hatten die Vollkommenheit des hingebungsvollen Dienstes erreicht, denn es interessierte sie kein anderes Wissen mehr als das Wissen über Kṛṣṇa. In diesem Zusammenhang heißt es in den Veden: *kasminn u bhagavo vijñāte sarvam idaṁ vijñātaṁ bhavatīti* – „Einfach indem man Kṛṣṇa kennt, erlangt man automatisch alles andere Wissen."

Weiter hieß es in Kṛṣṇas Brief: „Transzendentales Wissen über das Absolute ist nicht mehr notwendig für euch, denn ihr habt Mich schon von Anbeginn eures Lebens geliebt." Das Wissen über die Absolute Wahrheit ist für diejenigen wichtig, die sich Befreiung vom materiellen Dasein wünschen. Doch jemand, der Liebe zu Kṛṣṇa erlangt hat, befindet sich bereits auf der Ebene der Befreiung. In der *Bhagavad-gītā* heißt es, dass jeder, der sich im unverfälschten hingebungsvollen Dienst beschäftigt, auf der transzendentalen Ebene der Befreiung verankert ist. Die *gopīs* litten nicht aufgrund irgendwelcher Einflüsse der materiellen Existenz, sondern aufgrund ihrer Trennung von Kṛṣṇa. Deshalb schrieb Kṛṣṇa: „Meine lieben *gopīs,* Ich habe euch absichtlich verlassen, um eure unübertreffliche Liebe zu Mir zu steigern. Ich habe dies getan, damit ihr ständig in Meditation über Mich versunken seid."

Die *gopīs* befinden sich auf der vollkommenen Stufe der Meditation. Yogis fühlen sich im Allgemeinen mehr zur Meditation hingezogen als zum hingebungsvollen Dienst für den Herrn, doch leider wissen sie nicht, dass die Vollkommenheit des Yoga-Systems die Stufe der Hingabe ist. Dies wird auch in der *Bhagavad-gītā* bestätigt, wo es heißt, dass die ununterbrochene Meditation über Kṛṣṇa, wie die Meditation der *gopīs,* die höchste Form des Yoga sei. Kṛṣṇa kannte die Natur der Frauen sehr gut. Wenn eine Frau von ihrem Geliebten getrennt ist, denkt sie in Meditation mehr an ihn, als wenn ihr Geliebter gegenwärtig ist. Kṛṣṇa wollte durch das Beispiel, das die *gopīs* mit ihrem Verhalten gaben, allen Menschen zeigen, dass derjenige, der wie die *gopīs* ununterbrochen in Trance versunken ist, Seine Lotosfüße mit Sicherheit erreicht.

Śrī Caitanya lehrte die Menschheit den Vorgang der *vipralambha-sevā*, der darin besteht, der Höchsten Persönlichkeit Gottes in einem Gefühl der Trennung zu dienen. Auch die Sechs Gosvāmīs lehrten nach dem Beispiel der *gopīs* die Verehrung Kṛṣṇas in einem Gefühl der Trennung. In den von Śrīnivāsa Ācārya an die Sechs Gosvāmīs verfassten Gebeten wird dies genau erklärt. Śrīnivāsa Ācārya sagt, dass die Gosvāmīs ständig in der Stimmung der *gopīs* im Ozean transzendentaler Ekstase versunken gewesen seien. Als die Gosvāmīs in Vṛndāvana lebten, waren sie in einer Stimmung, in der sie ständig nach Kṛṣṇa suchten und riefen: „Wo bist Du, Kṛṣṇa? O *gopīs*, wo seid ihr? Und wo bist Du, Śrīmatī Rādhārāṇī?" Sie sagten niemals: „Jetzt haben wir Rādhā und Kṛṣṇa gesehen und unsere Mission ist nun erfüllt." Nein, ihre Mission blieb immer unerfüllt, sie trafen nie auf Rādhā und Kṛṣṇa.

Kṛṣṇa erinnerte die *gopīs* daran, dass zur Zeit des *rāsa*-Tanzes die *gopīs*, die nicht bei Ihm sein konnten, durch den bloßen Gedanken an Ihn ihren Körper aufgaben. Sich mit Trennungsgefühlen ins Kṛṣṇa-Bewusstsein zu vertiefen ist daher der schnellste Weg, die Lotosfüße Kṛṣṇas zu erreichen. Durch Kṛṣṇas persönliche Erklärung wurden die *gopīs* von der Macht der Trennungsgefühle überzeugt. Sie erfuhren tatsächlich die übernatürliche Methode der Verehrung Kṛṣṇas, und sie waren sehr erleichtert, als sie verstanden, dass Kṛṣṇa nicht von ihnen getrennt, sondern immer bei ihnen war.

Deshalb empfingen die *gopīs* Uddhava mit Freuden und sagten: „Wir haben gehört, dass König Kaṁsa, der der Yadu-Dynastie ständig Schwierigkeiten bereitete, nun endlich getötet worden sei. Das ist eine gute Nachricht, und wir hoffen, dass die Angehörigen der Yadu-Dynastie sehr glücklich sind, mit Kṛṣṇa zusammen zu sein, der alle Wünsche Seiner Geweihten erfüllt. Lieber Uddhava, bitte sage uns, ob Kṛṣṇa noch manchmal an uns denkt, während Er Sich unter all den vornehmen Gesellschaftsmädchen von Mathurā aufhält. Wir sind uns natürlich bewusst, dass die Damen und Mädchen von Mathurā keine einfachen Dorffrauen sind. Sie sind alle sehr gebildet und zudem von unvergleichlicher Schönheit. Ihre scheuen lächelnden Blicke und ihre anderen weiblichen Reize müssen Kṛṣṇa sehr gefallen. Wir wissen nur zu gut, dass Kṛṣṇa eine Vorliebe für schöne Frauen hat, und deshalb scheint es, dass Ihn die Frauen von Mathurā gefangen haben. Lieber Uddhava, bitte verrate uns, ob Sich Kṛṣṇa, umgeben von anderen Frauen, noch manchmal an uns erinnert."

Eine andere *gopī* fragte: „Erinnert Er Sich noch an jene Mondnacht inmitten der *kumada*-Blumen, als Vṛndāvana so unsagbar schön wurde? Kṛṣṇa tanzte mit uns und die Luft war von dem Klingeln von Fußglöckchen erfüllt. Wir tauschten vertrauliche Worte aus. Erinnert Er Sich noch an jene Nacht? Wir erinnern uns noch gut daran und diese Erinnerung schmerzt uns tief. Die Trennung von Kṛṣṇa bewegt uns sehr, als brenne Feuer in unserem Körper. Hat Er Sich vorgenommen, nach Vṛndāvana zurückzukehren, um dieses Feuer zu löschen, genau wie eine Wolke am Himmel aufzieht, um mit ihrem niederströmenden Regen einen Waldbrand zu löschen?"

Eine weitere *gopī* sagte: „Kṛṣṇa hat Seinen Feind getötet und mit diesem Sieg Kaṁsas Königreich gewonnen. Vielleicht hat Er inzwischen schon eine Königstochter geheiratet und lebt vergnügt im Kreis Seiner Verwandten und Freunde. Weshalb sollte Er also noch in unser Dorf Vṛndāvana kommen?"

Eine andere *gopī* sagte: „Kṛṣṇa ist die Höchste Persönlichkeit Gottes, der Gemahl der Glücksgöttin, und Er ist in Sich Selbst zufrieden. Warum sollte Er Sich also für uns, die Mädchen aus dem Wald von Vṛndāvana, oder für die Frauen aus der Stadt Mathurā interessieren. Er ist die erhabene Überseele und ist nicht auf Frauen angewiesen – weder in Vṛndāvana noch in Mathurā."

Wieder eine andere *gopī* sagte: „Es ist unvernünftig, wenn wir weiterhin hoffen, dass Kṛṣṇa jemals nach Vṛndāvana zurückkehrt. Wir sollten stattdessen versuchen, in unserer Enttäuschung glücklich zu sein. Selbst die berühmte Prostituierte Piṅgalā sagte einmal, Enttäuschung sei die höchste Freude. Doch obwohl wir dies alles wissen, fällt es uns sehr schwer, die Hoffnung aufzugeben, Kṛṣṇa komme eines Tages wieder zu uns zurück. Wer könnte jemals ein vertrauliches Gespräch mit Kṛṣṇa vergessen, an dessen Brust sich ständig die Glücksgöttin aufhält, obgleich Kṛṣṇas Zufriedenheit nicht von ihr abhängig ist? Mein lieber Uddhava, Vṛndāvana ist das Land der Flüsse, Wälder und Kühe. Hier ist der Klang der Flöte zu hören, und hier in dieser Atmosphäre erfreute Sich Kṛṣṇa mit Seinem älteren Bruder, Śrī Balarāma, in unserer Gemeinschaft. Daher erinnert uns das Land von Vṛndāvana ständig an Kṛṣṇa und Balarāma. Auf dem Land von Vṛndāvana sind immer noch Seine Fußabdrücke zu sehen, die der Wohnort der Glücksgöttin sind, und wegen dieser Spuren können wir Kṛṣṇa nicht vergessen.

Die *gopīs* erklärten weiter, dass in Vṛndāvana immer noch Glück und Reichtum vorherrschten. Im Hinblick auf materielle Bedürfnisse existierten weder Not noch Mangel in Vṛndāvana, doch trotz dieses Wohlstandes konnten sie Kṛṣṇa und Balarāma nicht vergessen.

„Wir denken ständig an die vielen zauberhaften Merkmale unseres schönen Kṛṣṇa, Seine Art zu gehen, Sein Lächeln und Seine scherzenden Worte. Kṛṣṇa hat uns hoffnungslos erobert und wir können Ihn unmöglich vergessen. Kein Moment vergeht, wo wir Kṛṣṇa nicht anflehen: ‚Lieber Herr, lieber Gemahl der Glücksgöttin, lieber Herr von Vṛndāvana und Erlöser Deiner leidenden Geweihten! Wir sind in einen Ozean des Leids gefallen und darin versunken. Bitte komm deshalb nach Vṛndāvana zurück und rette uns aus dieser bedauernswerten Lage.'"

Uddhava studierte eingehend den transzendentalen außerordentlichen Zustand der *gopīs* in ihrer Trennung von Kṛṣṇa, und so hielt er es für das Beste, ihnen immer wieder von den transzendentalen Spielen Kṛṣṇas zu erzählen, die sie mit Ihm genossen hatten. Die Materialisten brennen ständig im lodernden Feuer der materiellen Leiden. Die *gopīs* brannten auch – jedoch in einem transzendentalen Feuer, das durch die Trennung von Kṛṣṇa entfacht worden war. Das lodernde Feuer, in dem sich die *gopīs* befanden, ist verschieden von dem Feuer der materiellen Welt, denn die *gopīs* sehnten sich ständig nach Kṛṣṇa, wohingegen sich die Materialisten ständig nach dem Genuss materieller Annehmlichkeiten sehnen.

Śrīla Viśvanātha Cakravartī Ṭhākura erklärt, dass Kṛṣṇa einst Seine Hirtenfreunde innerhalb einer Sekunde vor einem lodernden Waldbrand rettete, während diese ihre Augen geschlossen hielten. So gab auch Uddhava den *gopīs* den Rat, einfach die Augen zu schließen und über die Spiele Kṛṣṇas zu meditieren, die sie seit dem Beginn ihrer Gemeinschaft mit Ihm miterlebt hatten, um so aus dem Feuer der

Trennung gerettet zu werden. Von außen konnten sich die *gopīs* Kṛṣṇas Spiele vergegenwärtigen, indem sie Uddhavas Erzählungen zuhörten, und innerlich, indem sie sich an diese Spiele erinnerten. Aus Uddhavas Erklärungen konnten sie verstehen, dass Kṛṣṇa nicht von ihnen getrennt war. So wie sie ständig an Kṛṣṇa dachten, dachte auch Kṛṣṇa in Mathurā ständig an sie.

Uddhavas Botschaft und seine Unterweisungen retteten die *gopīs* vor dem unmittelbaren Tod und die *gopīs* ihrerseits wussten diese Segnung Uddhavas zu schätzen. Uddhava handelte praktisch als unterweisender spiritueller Meister der *gopīs* und dafür verehrten sie ihn so wie Kṛṣṇa. In den maßgeblichen Schriften wird empfohlen, den spirituellen Meister in gleicher Weise wie die Höchste Persönlichkeit Gottes zu verehren, denn er ist der vertraulichste Diener des Herrn, und von großen Autoritäten wird bestätigt, dass der spirituelle Meister die äußere Manifestation Kṛṣṇas ist. Die *gopīs* wurden durch die Erkenntnis, dass Kṛṣṇa immer bei ihnen war, von ihrem transzendentalen Brennen erlöst. Im Innern, in ihrem Herzen, erinnerten sich die *gopīs* an die Zeit, wo sie mit Kṛṣṇa zusammen gewesen waren, und von außen gab ihnen Uddhava erleuchtende Unterweisungen und half ihnen so, die Gemeinschaft Kṛṣṇas zu erhalten.

Der Herr, die Höchste Persönlichkeit Gottes, wird in den vedischen Schriften als *adhokṣaja* beschrieben, was bedeutet, dass Er für materielle Sinne nicht wahrnehmbar ist. Doch obwohl Er Sich jenseits der materiellen Sinneswahrnehmung befindet, weilt Er im Herzen eines jeden Lebewesens, und gleichzeitig ist Kṛṣṇa auch durch Seinen alldurchdringenden Aspekt als Brahman allgegenwärtig. Wie im *Śrīmad-Bhāgavatam* dargelegt wird, kann man alle drei Aspekte der Absoluten Wahrheit erkennen – nämlich Bhagavān, die Höchste Persönlichkeit Gottes, Paramātmā, die lokalisierte Überseele, und das alldurchdringende Brahman –, indem man einfach das Verhalten der *gopīs* bei ihrer Begegnung mit Uddhava studiert.

Śrīnivāsa Ācārya erklärt, dass die Sechs Gosvāmīs ständig in Gedanken an die Tätigkeiten der *gopīs* vertieft waren. Auch Śrī Caitanya Mahāprabhu empfahl die Art und Weise, wie die *gopīs* die Höchste Persönlichkeit Gottes verehrten, und Er bezeichnete die Stufe der *gopīs* als die höchste Vollkommenheit. Und Śrīla Śukadeva Gosvāmī versichert, dass jeder, der von der richtigen Quelle über die Beziehung der *gopīs* zu Kṛṣṇa hört und die von den früheren *ācāryas* dargelegten Unterweisungen befolt, die in diesem Zusammenhang gegeben werden, zur höchsten Stufe des hingebungsvollen Dienstes erhoben werde und die Lust nach materiellem Genuss aufgeben könne.

Die *gopīs* wurden alle durch Uddhavas Unterweisungen getröstet, und sie baten ihn, noch einige Tage länger in Vṛndāvana zu bleiben. Uddhava nahm ihre Bitte an, doch er blieb nicht nur für ein paar Tage, sondern für einige Monate bei ihnen. Er ließ sie ständig an die transzendentale Botschaft Kṛṣṇas und Seine Spiele denken, und die *gopīs* hatten das Gefühl, direkt mit Kṛṣṇa zusammen zu sein. Während sich Uddhava in Vṛndāvana aufhielt, bereitete es allen Einwohnern große Freude, in seiner Gemeinschaft zu sein. Die Tage, die sie damit zubrachten, über Kṛṣṇas Taten zu sprechen, schienen wie Augenblicke vorbeizufliegen. Vṛndāvanas natürliche Szenerie – die Gegenwart des Flusses Yamunā, die prächtigen Obstgärten, in denen Bäume mit den verschiedensten Früchten wuchsen, der Govardhana-Hügel, die Höhlen und die blühenden Blumen –, all dies inspirierte Uddhava dazu, die transzendentalen Spiele Kṛṣṇas zu erzählen. Die Einwohner von Vṛndāvana genossen die Gemeinschaft mit Uddhava genauso, wie sie einst die Gemeinschaft mit Kṛṣṇa genossen hatten.

Uddhava war von der Gemütshaltung der *gopīs* tief beeindruckt, denn sie alle hingen bedingungslos an Kṛṣṇa, und ihre Sehnsucht nach Kṛṣṇa war für Uddhava eine Quelle großer Inspiration. Er pflegte, ihnen seine achtungsvollen Ehrerbietungen darzubringen, und er verfasste Lieder, die ihre transzendentalen Eigenschaften priesen: „Von allen Wesen, die die menschliche Form des Lebens angenommen haben, haben die *gopīs* in einzigartiger Vollkommenheit die Bestimmung des Lebens erfüllt; ihre Gedanken weilen ständig bei den Lotosfüßen Śrī Kṛṣṇas. Auch die großen Weisen und wir selbst versuchen, in Meditation ständig an die Lotosfüße Kṛṣṇas zu denken. Doch die *gopīs*, die den Herrn voller Liebe in ihr Herz geschlossen haben, befinden sich automatisch auf dieser Ebene, ohne auf irgendeinen Yoga-Vorgang angewiesen zu sein. Daraus geht hervor, dass jemand, der die Stufe der *gopīs* erreicht hat, weder als Brahmā noch in einer *brāhmaṇa*-Familie geboren werden muss und dass er nicht einmal die brahmanische Einweihung benötigt."

Śrī Uddhava bestätigte so Śrī Kṛṣṇas Aussage in der *Bhagavad-gītā*, dass jeder, der mit dem richtigen Vorsatz bei Ihm Zuflucht suche, das höchste Ziel des Lebens erreichen werde, sei er ein *śūdra*, eine Frau oder ein Mitglied einer Familie von niedrigerer Herkunft. Die *gopīs* geben der ganzen Welt das vollkommene Beispiel der Hingabe. Wenn man ihrem Vorbild folgt, indem man ständig an Kṛṣṇa denkt, kann man die höchste Stufe des spirituellen Lebens erreichen. Die *gopīs* stammten nicht aus vornehmen Familien, im Gegenteil, sie waren die Töchter von Kuhhirten, dennoch entwickelten sie die höchste Liebe zu Kṛṣṇa, der die Überseele, die Höchste Persönlichkeit Gottes und das Höchste Brahman ist. Um Selbstverwirklichung und Gotteserkenntnis zu erlangen, ist es also nicht notwendig, in einer hohen Familie geboren worden zu sein. Die einzige Notwendigkeit ist die Entwicklung ekstatischer Liebe zu Gott. Um die Vollkommenheit im Kṛṣṇa-Bewusstsein zu erlangen, bedarf es nämlich keiner anderen Qualifizierung, als ständig in Kṛṣṇas liebevollem Dienst beschäftigt zu sein. Kṛṣṇa ist der höchste Nektar, das Behältnis aller Freude. Wenn man sich dem Kṛṣṇa-Bewusstsein zuwendet, ist es genauso, als trinke man Nektar: Die Wirkung stellt sich ein, ob man davon weiß oder nicht. Das aktive Prinzip des Kṛṣṇa-Bewusstseins wird überall wirken, gleichgültig, wo und unter welchen Umständen man geboren worden ist. Kṛṣṇa wird jedem, der sich dem Kṛṣṇa-Bewusstsein zuwendet, Seine Segnungen erteilen, und darüber besteht kein Zweifel.

Uddhava sprach weiter: „So erlangten die *gopīs*, obwohl sie aus Kuhhirtenfamilien stammten, die höchste Segnung, die nicht einmal von der Glücksgöttin selbst erreicht wird, ganz zu schweigen von den Bewohnern der himmlischen Planeten, obwohl sie lotosgleiche Körper besitzen. Das Glück der *gopīs* war so groß, dass Kṛṣṇa sie persönlich während des *rāsa-līlās* umarmte und sie küsste – von Angesicht zu Angesicht. Dies ist selbstverständlich für keine Frau der drei Welten möglich, nur die *gopīs* haben Zugang dazu.

„Daher wünsche ich mir, als eine der Pflanzen in Vṛndāvana geboren zu werden, die so ein großes Glück haben, dass die *gopīs* sie mit ihren Füßen treten. Die *gopīs* haben in besonders liebender Haltung Kṛṣṇa, Mukunda Selbst, der Befreiung gewährt und von großen Weisen und Heiligen gesucht wird, verehrt. Seinetwillen ließen sie alles hinter sich – ihre Familien, Kinder, Freunde, ihr Zuhause und alle weltlichen Verbindungen."

Uddhava wusste die hohe Stufe der *gopīs* zu würdigen und wünschte sich, vor ihnen niederzufallen und sich den Staub ihrer Lotosfüße auf sein Haupt zu streuen. Er wagte jedoch nicht, die *gopīs* um den Staub ihrer Füße zu bitten, denn er befürchtete, dass ihnen dies unangenehm sein könnte. Vielmehr beschloss er, seinen Kopf ohne das Wissen der *gopīs* mit dem Staub ihrer Füße zu bedecken, und daher wünschte sich Uddhava, ein unbedeutender Grashalm im Land von Vṛndāvana zu werden.

Die *gopīs* fühlten sich so sehr zu Kṛṣṇa hingezogen, dass sie beim Erklingen Seiner Flöte augenblicklich ihr Zuhause, ihre Familien und Kinder verließen und sogar ihre Ehre und weibliche Schüchternheit vergaßen, um sofort zu Kṛṣṇa zu eilen. Sie achteten nicht einmal darauf, ob sie auf dem Fußweg oder quer durch das Dickicht liefen. Unbemerkt wurden dabei die kleinen Gräser und Kräuter von Vṛndāvana mit dem Staub ihrer Füße gesegnet. Weil Uddhava es nicht wagte, sich den Staub von den Füßen der *gopīs* in diesem Leben auf den Kopf zu streuen, sehnte er sich danach, einmal als Grashalm in Vṛndāvana geboren zu werden. Dann, so hoffte er, würde er den Staub von den Füßen der *gopīs* erlangen können.

Uddhava bewunderte das außerordentliche Glück der *gopīs*, die von allen materiellen Sorgen und Ängsten befreit wurden, indem sie Kṛṣṇas Lotosfüße auf ihre schönen hohen Brüste setzten. Diese Lotosfüße werden nicht nur von der Glücksgöttin, sondern auch von solch erhabenen Halbgöttern wie Brahmā und Śiva verehrt, und viele große Yogis meditieren ständig in ihrem Herzen über sie. Deshalb betete Uddhava dafür, fortwährend die Ehre zu erfahren, mit dem Staub der Lotosfüße der *gopīs* gesegnet zu werden. Die Gesänge der *gopīs* über die transzendentalen Spiele Śrī Kṛṣṇas werden überall in den drei Welten verehrt.

Nachdem Uddhava einige Tage in Vṛndāvana verbracht hatte, erwachte in ihm der Wunsch, wieder zu Kṛṣṇa zurückzukehren, und so bat er Nanda Mahārāja und Yaśodā um die Erlaubnis, sie zu verlassen. Anschließend traf er sich noch einmal mit den *gopīs*, und nachdem er auch sie um Erlaubnis gebeten hatte, bestieg er seine Kutsche, um nach Mathurā zu fahren.

Gerade als Uddhava abfahren wollte, erschienen die Bewohner von Vṛndāvana, allen voran Mahārāja Nanda und Yaśodā, um sich von ihm zu verabschieden, und sie überreichten ihm verschiedene Geschenke, wie man sie nur in Vṛndāvana findet. Als sie vor Uddhava standen, traten ihnen aus ihrer tiefgründigen Zuneigung Tränen in die Augen. Sie alle baten Uddhava um seine Segnungen, damit sie in jedem Augenblick in der Lage sein würden, sich an die glorreichen Taten Śrī Kṛṣṇas zu erinnern, ihren Geist auf die Lotosfüße Kṛṣṇas zu konzentrieren, mit ihren Worten Kṛṣṇa zu lobpreisen und mit ihrem Körper in der fortwährenden Erinnerung an Śrī Kṛṣṇa Ihre Ehrerbietungen darzubringen. In diesem Gebet der Einwohner von Vṛndāvana wird die Essenz der höchsten Form der Selbstverwirklichung beschrieben. Die Vorgehensweise ist äußerst einfach: Man richtet den Geist immerwährend auf Kṛṣṇas Lotosfüße, man spricht ausnahmslos über Kṛṣṇa, ohne auf irgendein anderes Thema abzuschweifen, und man beschäftigt den Körper ununterbrochen in Kṛṣṇas Dienst. Insbesondere in der menschlichen Form sollte man sein gesamtes Leben, seine Kräfte, seine Worte und jegliche Intelligenz in den Dienst des Herrn stellen. Ausschließlich auf diese Art und Weise ist es den Menschen möglich, zur höchsten Ebene der Vollkommenheit erhoben zu werden. Dieser Umstand wird von allen Autoritäten bestätigt.

Die Bewohner von Vṛndāvana sagten: „Es kümmert uns nicht, wo wir durch den Willen der höchsten Autorität und gemäß den Folgen unserer Tätigkeiten künftig geboren werden. Es ist nicht wichtig, wo wir geboren werden, solange wir einfach nur im Kṛṣṇa-Bewusstsein beschäftigt sein dürfen, und dies ist unsere einzige Bitte." Ein reiner Gottgeweihter wünscht sich nie, auf die himmlischen Planeten zu gelangen, ja nicht einmal auf Vaikuṇṭha oder Goloka Vṛndāvana, denn er hat kein Verlangen nach eigener Befriedigung. In den Augen eines reinen Gottgeweihten gibt es keinen Unterschied zwischen Himmel und Hölle. Ohne Kṛṣṇa ist der Himmel die Hölle und mit Kṛṣṇa ist die Hölle der Himmel.

Nachdem Uddhava von Kṛṣṇas reinen Geweihten in Vṛndāvana gebührend Anerkennung und Verehrung erhalten hatte, kehrte er nach Mathurā zu seinem Herrn, Kṛṣṇa, zurück. Bei seiner Ankunft brachte er Śrī Kṛṣṇa und Balarāma als Erstes seine achtungsvollen Ehrerbietungen dar, indem er sich vor Ihnen verbeugte, und erzählte Ihnen dann, in welch wundervolle Hingabe die Bewohner von Vṛndāvana versunken seien. Anschließend überreichte er Vasudeva, Kṛṣṇas Vater, und Ugrasena, Kṛṣṇas Großvater, die Geschenke der Bewohner von Vṛndāvana.

Hiermit enden die Bhaktivedanta-Erläuterungen zum 47. Kapitel des Kṛṣṇa-Buches mit dem Titel „Kṛṣṇas Botschaft an die gopīs*".*

KAPITEL 48

Kṛṣṇa erfreut Seine Geweihten

Kṛṣṇa hörte Uddhava tagelang zu, wie dieser Ihm in allen Einzelheiten von seinem Besuch in Vṛndāvana erzählte und Ihm insbesondere schilderte, wie es Seinem Vater, Seiner Mutter, den *gopīs* und den Kuhhirtenjungen ging. Śrī Kṛṣṇa war sehr froh, dass es Uddhava gelungen war, sie mit seinen Unterweisungen und der Botschaft, die er ihnen überbracht hatte, zu trösten.

Alsdann beschloss Śrī Kṛṣṇa, Kubjā besuchen zu gehen, die Ihn als buckliges Mädchen mit der Sandelholzpaste erfreut hatte, als Er in Mathurā einzog. Wie in der *Bhagavad-gītā* erklärt wird, ist Kṛṣṇa stets darum bemüht, Seine Geweihten zu erfreuen, während die Gottgeweihten sich wiederum bemühen, Kṛṣṇa zu erfreuen. So wie die Gottgeweihten ständig in ihrem Herzen an Kṛṣṇa denken, denkt auch Kṛṣṇa im Innern stets an Seine Geweihten. Als Kubjā in ein bezauberndes

Gesellschaftsmädchen verwandelt wurde, wünschte sie, dass Kṛṣṇa sie zu Hause besuchen komme, damit sie Ihn auf ihre Art empfangen und verehren könne. Gewöhnlich wollen Gesellschaftsmädchen ihre Besucher befriedigen, indem sie ihnen ihren Körper zum Genuss anbieten. Kubjā jedoch war ihrerseits voller Begierde, ihre Sinne in Kṛṣṇas Gemeinschaft zu befriedigen. Als Kṛṣṇa Sich entschloss, Kubjās Haus zu besuchen, hatte Er zweifellos kein Verlangen nach Sinnenbefriedigung. Kubjā hatte Kṛṣṇas Sinne bereits zufriedengestellt, als sie Ihm die Sandelholzpaste schenkte. Unter dem Vorwand, ihre Sinnenlust zu stillen, beschloss Kṛṣṇa, zu ihr zu gehen; in Wirklichkeit aber kam Er nicht der Sinnenbefriedigung wegen, sondern um das Mädchen zu einer reinen Gottgeweihten zu machen. Kṛṣṇa wird stets von Tausenden von Glücksgöttinnen verehrt, und deshalb braucht Er um Seiner eigenen Befriedigung willen nicht zu einem Gesellschaftsmädchen zu gehen. Nur weil Er allen Lebewesen gütig gesinnt ist, beschloss Er, sie aufzusuchen. Man sagt, der Mond scheine auch in den Hof eines unehrlichen Menschen. Ebenso verweigert Kṛṣṇa niemandem Seine transzendentale Barmherzigkeit, ob der Betreffende Ihm nun aus Lust, Zorn, Furcht oder in reiner Liebe dient. Wenn jemand Kṛṣṇa dienen möchte und zur gleichen Zeit immer noch die Befriedigung seiner lustvollen Wünsche sucht, dann wird Kṛṣṇa, wie es im *Caitanya-caritāmṛta* beschrieben wird, es so einrichten, dass der Gottgeweihte seine aus Lust entstandenen Wünsche vergisst, völlig gereinigt wird und sich gänzlich im Dienst des Herrn beschäftigt.

Um Sein Versprechen zu erfüllen, begab Sich Kṛṣṇa zusammen mit Uddhava zum Hause Kubjās, die sehr darauf erpicht war, Kṛṣṇa zur Befriedigung ihrer lüsternen Verlangen zu gewinnen. Als Er dort ankam, sah Er, dass das ganze Haus so eingerichtet war, dass es die lustvollen Wünsche eines Mannes erregen sollte. Daraus kann man schließen, dass an den Wänden viele Aktgemälde hingen. Außerdem gab es mit Perlenschnüren bestickte Baldachine und Fähnchen sowie bequeme Betten und gepolsterte Stühle. Die Räume waren mit Blumengirlanden verziert und mit dem Duft von Räucherstäbchen erfüllt, überall war parfümiertes Wasser versprengt worden, und die Räume wurden von eleganten Lampen erleuchtet.

Als Kubjā sah, dass Śrī Kṛṣṇa zu ihr gekommen war, um ihr den versprochenen Besuch abzustatten, erhob sie sich sogleich aus ihrem

Sessel, um Ihn herzlich zu empfangen. Umgeben von ihren vielen Freundinnen, begann sie, sich besonders ehrerbietig mit Ihm zu unterhalten. Nachdem Kubjā Ihm einen bequemen Sitzplatz angeboten hatte, verehrte sie Śrī Kṛṣṇa, wie es ihrer Stellung entsprach. Uddhava wurde von Kubjā und ihren Freundinnen in gleicher Weise empfangen, doch da er nicht auf derselben Höhe wie Kṛṣṇa sitzen wollte, setzte er sich einfach auf den Boden.

Wie es bei solchen Anlässen üblich ist, begab Sich Kṛṣṇa in das Schlafgemach Kubjās, ohne viel Zeit verschwenden. Unterdessen nahm Kubjā ein Bad und rieb ihren Körper mit Sandelholzpaste ein. Sie zog ihre schönsten Kleider an und schmückte sich mit kostbaren Edelsteinen, Geschmeide und Blumengirlanden. Sie kaute Betelnüsse und andere anregende Substanzen und sprühte sich mit Duftölen ein, und dann erschien sie vor Kṛṣṇa. Ihr lächelnder Blick und ihre unruhigen Augen waren voll von weiblicher Scheu, als sie anmutig vor Śrī Kṛṣṇa stand, der auch als Mādhava, der Gemahl der Glücksgöttin, bekannt ist. Als Kṛṣṇa sah, dass Kubjā zögerte, zu Ihm zu kommen, ergriff Er sie bei ihrer Hand, die mit vielen Armreifen geschmückt war, und zog sie mit großer Zuneigung zu Sich heran, so dass sie neben Ihm zu sitzen kam. Einfach weil Kubjā dem Höchsten Herrn, Kṛṣṇa, einmal Sandelholzpaste gegeben hatte, wurde sie von allen sündhaften Reaktionen befreit und erhielt nun die Möglichkeit, Seine Gegenwart zu genießen. Sie nahm Kṛṣṇas Lotosfüße und setzte sie auf ihre Brüste, die im lodernden Feuer der Lust brannten, doch als sie den Duft von Kṛṣṇas Lotosfüßen einatmete, wurde sie sofort von allen lustvollen Wünschen befreit. Auf diese Weise wurde es ihr vergönnt, Kṛṣṇa in die Arme zu schließen, und so ging ihr langgehegter Wunsch, Ihn als Besucher in ihrem Haus zu empfangen, in Erfüllung.

In der *Bhagavad-gītā* wird erklärt, dass man nicht im transzendentalen hingebungsvollen Dienst des Herrn tätig sein könne, solange man nicht von allen materiellen, sündhaften Reaktionen befreit sei. Nur weil Kubjā Kṛṣṇa einmal Sandelholzpaste geschenkt hatte, wurde sie so hoch belohnt. Sie wusste nicht, wie sie Kṛṣṇa auf andere Weise verehren konnte, weshalb sie Ihn durch ihren Beruf zufriedenstellen wollte. In der *Bhagavad-gītā* heißt es, dass man den Herrn sogar durch seinen Beruf verehren könne, wenn dies ernsthaft und zu Seiner Freude getan werde. Kubjā sagte darauf zu Kṛṣṇa: „Mein lieber Freund, bitte bleib zumindest noch ein paar Tage bei mir. Bitte lass es Dir bei mir gefallen, Mein lotosäugiger Freund. Du kannst mich unmöglich jetzt gleich wieder verlassen. Ich bitte Dich, erfülle mir diesen Wunsch.

In den vedischen Schriften heißt es, dass die Höchste Persönlichkeit Gottes unzählige Energien besitze. Nach der Aussage maßgeblicher Persönlichkeiten repräsentiert Kubjā die *bhū-śakti*-Energie Kṛṣṇas, genau wie Śrīmatī Rādhārāṇī Seine *cit-śakti*-Energie repräsentiert. Obwohl Kubjā Kṛṣṇa inständig bat, noch einige Tage bei ihr zu bleiben, machte Er ihr mit höflichen Worten klar, dass Ihm dies nicht möglich sei. Kṛṣṇa besucht die materielle Welt nur gelegentlich, wohingegen Seine Verbindung mit der spirituellen Welt ewig ist. Auf den Vaikuṇṭha-Planeten oder auf dem Planeten Goloka Vṛndāvana ist Kṛṣṇa immer gegenwärtig. Die Bezeichnung für Seine Anwesenheit in der spirituellen Welt lautet *aprakaṭa-līlā*.

Nachdem Kṛṣṇa Kubjā mit süßen Worten zufriedengestellt hatte, kehrte Er zusammen mit Uddhava nach Hause zurück. Im *Śrīmad-Bhāgavatam* wird warnend darauf hingewiesen, dass es nicht leicht sei, Kṛṣṇa zu verehren, denn Er ist die Höchste Persönlichkeit Gottes, das Oberhaupt aller *Viṣṇu-tattvas*. Kṛṣṇa zu verehren oder sich in Seiner Gemeinschaft aufzuhalten, ist deshalb nichts Leichtes. Diese Warnung gilt ganz besonders für diejenigen Gottgeweihten, die sich zu Kṛṣṇa in ehelicher Liebe hingezogen fühlen; sie sollten sich niemals wünschen, ihre Sinne durch die direkte Gemeinschaft mit Kṛṣṇa zu befriedigen. Tätigkeiten zum Zweck der Sinnenbefriedigung sind materiell. In der spirituellen Welt gibt es Symptome wie Küssen und Umarmen, doch damit wird nicht auf Sinnenbefriedigung abgezielt, wie dies in der materiellen Welt der Fall ist. Diese Warnung gilt ganz besonders für die *sahajiyās*, die der Meinung sind, Kṛṣṇa wäre ein gewöhnlicher Mensch, weshalb sie auf abartige Weise mit Ihm zusammen Sexualität genießen wollen. In einer spirituellen Beziehung ist Sinnenbefriedigung völlig unbedeutend. Jeder, der eine Beziehung pervertierter Sinnenbefriedigung mit Kṛṣṇa aufnehmen will, muss als sehr unintelligent bezeichnet werden. Seine Haltung bedarf einer grundlegenden Wandlung.

Nach einiger Zeit beschloss Kṛṣṇa auch, Sein Versprechen, das Er Akrūra gegeben hatte, zu erfüllen und ihn besuchen zu gehen. Akrūras Beziehung zu Kṛṣṇa war die eines Dieners, und deshalb wollte Kṛṣṇa von ihm einige Dienste entgegennehmen. So begab Er Sich zusammen mit Śrī Balarāma und Uddhava auf den Weg. Als sie bei Akrūras Haus anlangten, kam ihnen Akrūra entgegen, umarmte Uddhava und brachte Śrī Kṛṣṇa und Śrī Balarāma seine respektvollen Ehrerbietungen dar, indem er sich vor Ihnen verneigte. Nachdem Kṛṣṇa, Balarāma und Uddhava seine Ehrerbietungen erwidert hatten, bot Akrūra ihnen bequeme Sitzplätze an. Als seine Gäste saßen, wusch Akrūra ihre Füße und sprengte sich das Wasser über den Kopf. Darauf brachte er ihnen Kleidung, Blumen und Sandelholzpaste dar, wie es die Tradition bei der Verehrung hochgestellter Gäste vorschreibt. Nachdem Akrūra all seine Gäste zufriedengestellt hatte, verneigte er sich noch einmal vor Kṛṣṇa und berührte mit seinem Kopf den Boden. Dann nahm er Kṛṣṇas Lotosfüße auf den Schoß und begann, sie sanft zu massieren. Als Akrūra so in Kṛṣṇas und Balarāmas Gegenwart vollkommene Glückseligkeit erfuhr, füllten sich seine Augen mit Tränen der Liebe zu Kṛṣṇa, und er brachte folgende Gebete dar:

„Lieber Śrī Kṛṣṇa, lieber Śrī Balarāma in Deiner Güte hast Du Kaṁsa und seine Helfer getötet. Du hast damit die ganze Familie der Yadu-Dynastie aus größter Not befreit. Sie werden sich immer daran erinnern, wie Du die ruhmvolle Yadu-Dynastie erlöst hast. Lieber Śrī Kṛṣṇa, lieber Śrī Balarāma, Ihr seid die ursprüngliche Persönlichkeit, von der alles ausgegangen ist. Ihr seid die ursprüngliche Ursache aller Ursachen. Ihr besitzt unvorstellbare Energien und Ihr seid alldurchdringend. Außer Euch gibt es keine andere Ursache oder Wirkung, weder im Grobstofflichen noch im Feinstofflichen. Lieber Kṛṣṇa, Du bist das Höchste Brahman, das durch das Studium der Veden erkannt wird. Durch Deine unvorstellbare Energie bist Du nun tatsächlich vor uns sichtbar geworden. Du erschaffst die kosmische Manifestation durch Deine Macht und begibst Dich dann Selbst in sie hinein. Genau wie die fünf materiellen Elemente, Erde, Feuer, Wasser, Luft und Äther, überall gegenwärtig sind und sich in den verschiedenen Arten von Körpern manifestieren, so begibst Du Dich allein in diese Vielzahl von Körpern, die Du durch Deine eigene Energie erschaffen hast, und manifestierst Dich unabhängig in jedem Körper als individuelle Seele und als Überseele." Es wird in der *Bhagavad-gītā* bestätigt, dass der materielle Körper durch Kṛṣṇas niedere Energie erschaffen wird, die Lebewesen, das heißt die individuellen Seelen, Seine winzigen Bestandteile sind, und die Überseele Seine lokalisierte Repräsentation darstellt. Somit machen der materielle Körper, die individuelle Seele und die Überseele zusammen zwar das individuelle Lebewesen aus, doch ursprünglich sind diese drei Faktoren alles verschiedene Energien des einen Höchsten Herrn.

Akrūra sprach weiter: „Du erschaffst, erhältst und vernichtest die ganze materielle Manifestation durch die Wechselwirkung der drei materiellen Erscheinungsweisen, Tugend, Leidenschaft und Unwissenheit. Du wirst niemals in das Wirken dieser materiellen Erscheinungsweisen verwickelt, weil Dein absolutes Wissen niemals wie das Wissen des individuellen Lebewesens bedeckt wird."

Der Höchste Herr geht in den materiellen Kosmos ein und bewirkt im Laufe der Zeit Schöpfung, Erhaltung und Vernichtung, wohingegen das winzige Lebewesen in die materiellen Elemente eingeht und einen materiellen Körper bekommt, der ihm speziell zugeordnet ist. Der Unterschied zwischen dem Lebewesen und dem Herrn besteht darin, dass das Lebewesen ein winziges Teilchen des Höchsten Herrn ist und leicht von den Wirkungen der materiellen Erscheinungsweisen überwältigt werden kann, wohingegen Kṛṣṇa, der als Parabrahman, als das Höchste Brahman, ständig in vollkommenem Wissen verankert ist, niemals von solchen Einflüssen berührt wird. Aus diesem Grund lautet ein Name Kṛṣṇas Acyuta, was so viel bedeutet wie „derjenige, der niemals zu Fall kommt". Kṛṣṇas Bewusstsein Seiner spirituellen Identität wird niemals durch materielle Einflüsse verdeckt, wohingegen die winzigen Teilchen, die Lebewesen, durch materielle Einflüsse dafür anfällig sind, ihre spirituelle Identität zu vergessen. Die individuellen Lebewesen sind auf ewig winzige Teile Gottes, winzige Funken des ursprünglichen Feuers, Kṛṣṇas. Da zwar Funken, jedoch nicht lodernde Brände, die Neigung haben zu erlöschen, können die Lebewesen, im Gegensatz zu Kṛṣṇa, von materiellen Handlungen vereinnahmt werden.

Akrūra fuhr fort: „Die weniger intelligenten Menschen glauben irrtümlicherweise, Deine transzendentale Gestalt bestehe ebenfalls aus materieller Energie. Doch diese Vorstellung trifft in keiner Weise auf Dich zu. Du bist völlig spirituell, und es besteht kein Unterschied zwischen Dir Selbst und Deinem Körper. Daher kann man bei Dir weder von einem bedingten noch von einem befreiten Zustand sprechen, denn Du bist unter allen Umständen ewig frei. In der *Bhagavad-gītā* heißt es: ‚Nur die Dummköpfe und Schurken halten Dich für einen gewöhnlichen Menschen.' Dich, o Herr, als einen von uns anzusehen, die wir von der materiellen Natur bedingt sind, ist ein Fehler, der auf unvollkommenes Wissen zurückzuführen ist. Wenn die Menschen vom ursprünglichen Wissen der Veden abweichen, versuchen sie, die gewöhnlichen Lebewesen mit Dir, o Herr, gleichzusetzen. Du bist in Deiner ursprünglichen Gestalt auf der Erde erschienen, um das wahre Wissen wieder zu verkünden, dass die Lebewesen niemals eins mit dem Höchsten Gott sind und dass sie Ihm auch niemals gleichkommen. Lieber Herr, Du bist ewig in reiner Tugend, *śuddha-sattva*, verankert. Dein Erscheinen ist notwendig, damit das wirkliche vedische Wissen wieder eingeführt wird; es steht im Gegensatz zur atheistischen Philosophie, die behauptet, Gott und die Lebewesen wären ein und dasselbe. Mein lieber Herr, Śrī Kṛṣṇa, diesmal bist Du im Hause Vasudevas als dessen Sohn erschienen und wirst von Deiner vollständigen Erweiterung, Śrī Balarāma, begleitet. Deine Mission ist es, alle atheistischen Königsfamilien und ihre gewaltigen Streitheere zu vernichten. Du bist erschienen, um die Welt von ihrer Last zu befreien, und um diese Mission zu erfüllen, hast Du der Yadu-Dynastie großen Ruhm zuteilwerden lassen, indem Du als eines ihrer Mitglieder erschienen bist.

Mein lieber Herr, heute hast Du mein Haus durch Deine Gegenwart geläutert, und ich bin zum glücklichsten Menschen der Welt geworden. Der Herr, die Höchste Persönlichkeit Gottes, dem es gebührt, von allen Halbgöttern, den Pitās, den Königen, Kaisern und anderen Lebewesen verehrt zu werden, und der die Überseele von allem ist, ist nun in mein Haus gekommen. Das Wasser von Seinen Lotosfüßen reinigt die drei Welten, und nun hat Er mich in Seiner Güte persönlich besucht. Wer in den drei Welten unter den Menschen mit tatsächlichem Wissen würde nicht bei Deinen Lotosfüßen Zuflucht suchen und sich Dir ergeben? Wie könnte jemand, der weiß, dass niemand so liebevoll sein kann, wie Du es Deinen Geweihten gegenüber bist, so töricht sein, es abzulehnen, Dein Geweihter zu werden? Überall in den vedischen Schriften wird erklärt, dass Du der beste Freund eines jeden Lebewesens seist. Dies wird in der *Bhagavad-gītā* bestätigt: *suhṛdaṁ sarva-bhūtānām*. Du, die Höchste Persönlichkeit Gottes, kannst alle Wünsche Deiner Geweihten erfüllen. Du bist der wirkliche Freund eines jeden, und obwohl Du Dich Selbst Deinen Geweihten gibst, verlierst Du niemals Deine ursprüngliche Macht, deren Umfang sich niemals verringert und sich niemals vergrößert.

Mein lieber Herr, es ist sogar für die großen Yoga-Mystiker und Halbgötter sehr schwierig, Dein Wirken zu ermessen oder sich Dir zu nähern, dennoch hast Du Dich gütigerweise dazu herabgelassen, mein Haus zu besuchen. Dies ist zweifellos der glücklichste Augenblick auf meiner Reise durch das materielle Dasein. Nur durch Deine Gnade kann ich jetzt endlich verstehen, dass mein Zuhause, meine Frau, meine Kinder und meine weltlichen Besitztümer nichts als Stricke sind, die mich an die materielle Existenz fesseln. Bitte durchtrenne diesen Knoten und rette mich aus der Verstrickung in falsche Gesellschaft, Freundschaft und Liebe."

Śrī Kṛṣṇa freute Sich sehr über Akrūras Gebete. Sein Lächeln fesselte Akrūra immer mehr. So antwortete ihm der Herr auf seine untergebene Bezeugung der Hingabe mit den folgenden lieblichen Worten: „Mein lieber Akrūra, trotz deiner Ergebenheit betrachte Ich dich als höherstehend, denn du befindest dich auf der Ebene Meines Vaters und Meines Lehrers, und du bist Mein wohlwollendster Freund. Deshalb bist du Meiner Verehrung würdig, und weil du Mein Onkel bist, unterstehe Ich deiner Obhut. Ich möchte, dass du Mich beschützt und für Mich sorgst, denn Ich bin eines deiner Kinder. Selbst wenn man von deiner elterlichen Stellung absieht, gebührt es einem erhabenen Gottgeweihten wie dir, stets von jedem verehrt zu werden. Jeder, der mit Glück gesegnet werden möchte, muss Persönlichkeiten wie dir seine achtungsvollen Ehrerbietungen darbringen, denn du befindest dich auf einer viel höheren Stufe als die Halbgötter. Die Menschen verehren die Halbgötter, wenn sie nach Sinnenbefriedigung trachten, und die Halbgötter lassen ihren Geweihten Segnungen zukommen, wenn sie von ihnen verehrt worden sind. Aber ein Gottgeweihter wie du, Akrūra, ist immer bereit, den Menschen die größte Segnung zu gewähren. Ein Heiliger, ein Gottgeweihter, hat die Freiheit, jedem Segnungen zu erteilen, wohingegen die Halbgötter nur dann eine Segnung erteilen können, wenn sie zuvor verehrt worden sind. Den Nutzen von einem Pilgerort kann man nur dann erfahren, wenn man ihn besucht. Wenn man einen Halbgott verehrt, muss man lange warten, bis einem der Wunsch erfüllt wird. Doch Heilige wie du, Mein lieber Akrūra, können sofort alle Wünsche eines Gottgeweihten erfüllen. Mein lieber Akrūra, du bist immer Unser Freund und Gönner. Du bist immer bereit, für Unser Wohlergehen zu handeln. Deshalb bitte Ich dich, nach

Hastināpura zu gehen und dich dort zu erkundigen, wie die Lage der Pāṇḍavas aussieht."

Kṛṣṇa war sehr daran gelegen, etwas über das Schicksal der Söhne Pāṇḍus zu erfahren, denn diese hatten schon sehr früh ihren Vater verloren. Da Kṛṣṇa zu Seinen Geweihten sehr gütig ist, verlangte Ihn danach, in Erfahrung zu bringen, wie es ihnen ging. So beauftragte Er Akrūra, sich nach Hastināpura zu begeben und sich dort nach dem Stand der Dinge zu erkundigen. Kṛṣṇa sagte weiter: „Ich habe gehört, dass die jungen Söhne König Pāṇḍus – Yudhiṣṭhira, Bhīma, Arjuna, Nakula und Sahadeva – zusammen mit ihrer verwitweten Mutter der Obhut Dhṛtarāṣṭras anvertraut wurden, der über ihr Wohlergehen wachen soll. Doch leider musste Ich auch hören, dass Dhṛtarāṣṭra nicht nur von Geburt an blind ist, sondern dass er auch eine blinde Zuneigung zu seinem grausamen Sohn Duryodhana hat. Die fünf Pāṇḍavas sind zwar die Söhne König Pāṇḍus, doch Dhṛtarāṣṭra, sein Bruder, ist ihnen wegen Duryodhanas Plänen und Ambitionen nicht wohlgesinnt. Begib dich gütigerweise nach Hastināpura und finde heraus, wie sich Dhṛtarāṣṭra gegenüber den Pāṇḍavas verhält. Wenn Ich dann deinen Bericht erhalten habe, werde Ich Mir überlegen, wie Ich den Pāṇḍavas Meine Gunst erweisen kann." Mit diesen Worten trug die Höchste Persönlichkeit Gottes, Kṛṣṇa, Akrūra auf, nach Hastināpura zu fahren. Danach kehrte Er mit Balarāma und Uddhava nach Hause zurück.

Hiermit enden die Bhaktivedanta-Erläuterungen zum 48. Kapitel des Kṛṣṇa-Buches mit dem Titel „Kṛṣṇa erfreut Seine Geweihten".

KAPITEL 49

Der heimtückische Dhṛtarāṣṭra

Auf die Bitte der Höchsten Persönlichkeit Gottes, Śrī Kṛṣṇa, hin reiste Akrūra also nach Hastināpura. Man sagt, dass Hastināpura dort gelegen habe, wo sich heute Neu-Delhi befindet, und der Stadtteil von Neu-Delhi, der noch heute Indraprastha heißt, gilt im Allgemeinen als die ehemalige Hauptstadt der Pāṇḍavas. *Hasti* bedeutet Elefant, und wie der Name Hastināpura schon sagt, gab es damals in der Hauptstadt der Pāṇḍavas viele Elefanten. Elefanten zu halten ist eine sehr kostspielige Angelegenheit, und daher muss ein Königreich, das viele Elefanten besitzt, sehr reich sein. Wie Akrūra bei seiner Ankunft bemerkte, war Hastināpura voller Elefanten, Pferde, Kutschen und anderer Schätze. Die Könige von Hastināpura galten als die Herrscher über die ganze Welt. Ihr Ruhm war überall im Königreich verbreitet und sie regierten mit Hilfe der Beratung gelehrter *brāhmaṇas*.

Nachdem sich Akrūra die wohlhabende Stadt angesehen hatte, besuchte er König Dhṛtarāṣṭra, und bei ihm traf er auch Großvater Bhīṣma. Dann besuchte er Vidura und daraufhin Akrūras Cousine Kuntī, und so hatte er auch Begegnungen mit dem König von Bāhlīka und dessen Sohn Somadatta, mit Droṇācārya, Kṛpācārya, Karṇa und mit Suyodhana (Suyodhana ist ein anderer Name für Duryodhana). Er besuchte Aśvatthāmā, den Sohn Droṇācāryas, sowie die fünf Pāṇḍava-Brüder und andere Freunde und Verwandte, die in der Stadt lebten. Alle, die Akrūra, auch bekannt als der Sohn von Gāndinī, trafen, waren sehr erfreut, ihn bei sich empfangen zu dürfen und erkundigten sich nach dem Wohlergehen ihrer Angehörigen. Jedes Mal wurde ihm zum Empfang ein bequemer Sitzplatz angeboten, worauf er sich eingehend nach dem Wohlergehen und dem Tun seiner Verwandten erkundigte.

Dass Śrī Kṛṣṇa gerade Akrūra ausgewählt hatte, um die Mission in Hastināpura zu erfüllen, weist darauf hin, dass dieser im Abklären diplomatischer Fragen viel Geschick gehabt haben musste. Dhṛtarāṣṭra hatte nach dem Tod König Pāṇḍus trotz der Gegenwart der eigentlichen Thronerben, nämlich der Söhne Pāṇḍus, unrechtmäßig den Thron besetzt. Akrūra erkannte deutlich, dass der heimtückische Dhṛtarāṣṭra nur auf die Vorteile seiner eigenen Söhne bedacht war. Tatsächlich hatte Dhṛtarāṣṭra bereits das Königreich an sich gerissen, und nun intrigierte er, um sich der fünf Pāṇḍava-Brüder endgültig zu entledigen. Akrūra wusste auch, dass die Söhne Dhṛtarāṣṭras, die von Duryodhana angeführt wurden, allesamt betrügerische und schurkische Regierungsleute waren. Dhṛtarāṣṭra hielt sich nicht an die guten Anweisungen Bhīṣmas und Viduras, sondern ließ sich von den üblen Ratschlägen Karṇas, Śakunis und anderer Leute des gleichen Schlages führen. Akrūra beschloss, für einige Monate in Hastināpura zu bleiben, um einen genauen Einblick in die politische Lage zu erhalten.

Nach und nach erfuhr Akrūra von Kuntī und Vidura, dass die Söhne Dhṛtarāṣṭras die fünf Pāṇḍava-Brüder sehr ungerecht behandelten, da er auf ihre außerordentliche Begabung in der Kriegskunst und auf ihre großen körperlichen Kräfte neidisch war. Die Pāṇḍavas handelten wie kühne Helden; sie zeigten alle guten Eigenschaften der *kṣatriyas* und waren verantwortungsbewusste Prinzen, die immer an das Wohl der Bürger dachten. Akrūra vernahm auch, dass die grausamen Söhne Dhṛtarāṣṭras versucht hatten, die Pāṇḍavas zu vergiften.

Akrūra war ein Vetter Kuntīs, und nun, wo sie sich wiedersahen, fragte sie ihn nach ihren Verwandten auf der väterlichen Seite. Als in ihr die Erinnerung an ihren Geburtsort wach wurde, kamen ihr die Tränen. Sie fragte Akrūra, ob sich ihr Vater, ihre Mutter wie auch ihre Brüder und Schwestern und die anderen Freunde daheim immer noch an sie erinnerten; ganz besonders erkundigte sie sich nach Kṛṣṇa und Balarāma, ihren beiden ruhmreichen Neffen: „Erinnert Sich Kṛṣṇa, die Höchste Persönlichkeit Gottes, der Seinen Geweihten sehr zugetan ist, noch an meine Söhne? Denkt auch Balarāma manchmal an uns?" Im Innern fühlte sich Kuntī wie eine Rehmutter in der Gesellschaft von Tigern und in Wirklichkeit war es auch so. Nach dem Tode ihres Gatten, König Pāṇḍu, musste sie allein für ihre fünf Kinder sorgen, und die Söhne Dhṛtarāṣṭras hatten ständig versucht, sie zu töten. Sie lebte tatsächlich wie ein armes, unschuldiges Tier inmitten von Tigern. Doch als Gottgeweihte dachte sie immerzu an Kṛṣṇa und hoffte, Kṛṣṇa werde eines Tages kommen und sie aus ihrer gefährlichen Lage erretten. Daher fragte sie Akrūra, ob Kṛṣṇa beabsichtige, nach Hastināpura zu kommen, um den vaterlosen Pāṇḍavas zu raten, wie sie vor den Machenschaften Dhṛtarāṣṭras und seiner Söhne sicher sein könnten. Während Kuntī so mit Akrūra über diese Angelegenheiten sprach, überkam sie ein Gefühl der Hilflosigkeit, und sie rief: „O mein Kṛṣṇa, mein lieber Kṛṣṇa! Du bist der höchste Mystiker, die Überseele des Universums. Du bist der wirkliche wohlmeinende Freund und Gönner des ganzen Universums. Mein lieber Govinda, zurzeit bist Du sehr weit von mir entfernt, doch ich bete darum, mich Deinen Lotosfüßen hinzugeben. Im Augenblick mache ich mir um meine fünf vaterlosen Söhne große Sorgen. Ich weiß sehr wohl, dass es außer Deinen Lotosfüßen keine Zuflucht und keinen Schutz gibt. Deine Lotosfüße können alle leidenden Seelen erlösen, denn Du bist die Höchste Persönlichkeit Gottes. Nur durch Deine Barmherzigkeit kann man der Gewalt der sich wiederholenden Geburten und Tode entkommen und in sicherem Schutz verbleiben. Mein lieber Kṛṣṇa, Du bist der höchste Reine, die Überseele und der Meister aller Yogis. Was kann ich sonst noch sagen? Ich kann Dir einfach nur meine achtungsvollen Ehrerbietungen darbringen. Bitte nimm mich als Deine Geweihte an, die Dir völlig ergeben ist."

Obwohl Kṛṣṇa nicht persönlich vor Kuntī stand, brachte sie Ihm ihre Gebete dar, als würde sie Ihn direkt von Angesicht zu Angesicht sehen.

Dies ist jedem möglich, der in die Fußstapfen Kuntīs tritt. Kṛṣṇa braucht nicht überall persönlich gegenwärtig zu sein, denn im Grunde ist Er bereits durch Seine spirituelle Energie überall gegenwärtig, und man braucht sich Ihm nur aufrichtig hinzugeben.

Als Kuntī nun Kṛṣṇa voller Inbrunst ihre Gebete darbrachte, konnte sie sich nicht mehr beherrschen und brach vor Akrūra in Tränen aus. Neben Akrūra war auch Vidura zugegen und beide empfanden großes Mitgefühl für die Mutter der Pāṇḍavas. Sie trösteten Kuntī daher, indem sie ihre fünf Söhne Yudhiṣṭhira, Arjuna, Bhīma, Nakula und Sahadeva rühmten und deren außerordentliche Stärke hervorhoben; sie baten Kuntī, sich keine Sorgen um ihre Kinder zu machen, da diese doch die Söhne von großen Halbgöttern, nämlich Yamarāja, Indra und Vāyu, seien.

Akrūra beschloss, nach Hause zurückzukehren und Ihm zu berichten, in welch beklagenswerten Umständen er Kuntī und ihre fünf Söhne angetroffen habe. Zuvor jedoch wollte er Dhṛtarāṣṭra, der seine eigenen Söhne so sehr bevorzugte und die Pāṇḍavas betrog, einen guten Rat erteilen. Als einmal viele Freunde und Verwandte Dhṛtarāṣṭras gegenwärtig waren, wandte sich Akrūra an den blinden König und sprach ihn mit dem Namen „Vaicitravīrya" an. Vaicitravīrya bedeutet „der Sohn Vicitravīryas". Vicitravīrya war der Name von Dhṛtarāṣṭras Vater, doch Dhṛtarāṣṭra war nicht von Vicitravīrya gezeugt worden, sondern von Vyāsadeva. Wenn nämlich in früheren Zeiten ein Mann nicht selbst ein Kind zeugen konnte, war es üblich, dass sein Bruder an seiner Stelle ein Kind zeugte *(devareṇa sutotpattiḥ)*. Im gegenwärtigen Zeitalter des Kali ist dieser Brauch verboten. Als Akrūra Dhṛtarāṣṭra mit dem Namen „Vaicitravīrya" ansprach, war dies also sarkastisch gemeint, weil er eigentlich gar nicht von seinem Vater gezeugt worden war, sondern von Vyāsadeva. Wenn eine Frau von dem Bruder ihres Gatten ein Kind gebar, betrachtete der Ehemann es als sein eigenes, was aber natürlich nichts daran änderte, dass das Kind nicht vom Ehemann stammte. Akrūras sarkastische Bemerkung sollte darauf hinweisen, dass Dhṛtarāṣṭra auf der Grundlage des Erbrechtes den Thron unrechtmäßig für sich beanspruchte. In Wirklichkeit war der älteste Sohn Pāṇḍus der rechtmäßige König, und deshalb hätte Dhṛtarāṣṭra in Anwesenheit der Pāṇḍavas den Thron nicht einnehmen dürfen.

Akrūra sagte also: „Mein lieber Sohn Vicitravīryas, obwohl du zu

Unrecht den Thron der Pāṇḍavas bestiegen hast, bist du nun einmal der König. Ich möchte dir deshalb den Rat geben, das Königreich nach moralischen und ethischen Prinzipien zu regieren. Wenn du auf mich hörst und versuchst, auf diese Weise deine Untertanen zufrieden zu stellen, werden dein Name und dein Ruhm unsterblich werden." Mit diesen Worten spielte Akrūra darauf an, dass Dhṛtarāṣṭra seine Neffen, die Pāṇḍavas, ungerecht behandelte, obwohl diese immerhin auch seine Untertanen waren. Er sagte: „Selbst wenn du sie nicht als die Throninhaber, sondern als deine Untertanen betrachtest, solltest du dich doch unparteiisch um ihr Wohlergehen kümmern, als wären sie deine eigenen Söhne. Solltest du dich jedoch nicht nach diesen Grundsätzen richten, sondern das Gegenteil tun, wirst du dich bei deinen Untertanen unbeliebt machen und in deinem nächsten Leben höllische Bedingungen zu erleiden haben. Ich hoffe daher, dass du deine Söhne und die Söhne Pāṇḍus gleich behandeln wirst." Akrūra wies darauf hin, dass es zwischen den beiden Parteien von Vettern sicherlich zum Kampf kommen werde, wenn Dhṛtarāṣṭra seine eigenen Söhne und die Pāṇḍavas nicht unparteiisch behandelte. Und weil die Pāṇḍavas im Recht waren, würden sie aus diesem Kampf siegreich hervorgehen, wohingegen seine Söhne umkommen würden. So lautete Akrūras Prophezeiung, die er Dhṛtarāṣṭra gegenüber aussprach.

Akrūra erteilte Dhṛtarāṣṭra weitere Ratschläge: „In der materiellen Welt kann niemand für immer mit jemand anderem zusammenbleiben. Durch Zufall nur finden wir uns in Familien, Gesellschaften, Gemeinschaften und Nationen zusammen, und weil jeder von uns letztlich seinen Körper aufgeben muss, sind wir gezwungen, uns wieder voneinander zu trennen. Man sollte daher nicht übermäßig stark an seinen Familienmitgliedern hängen." Dazu bewirkte Dhṛtarāṣṭras übertriebene Zuneigung zu seinen Söhnen, dass er viele Ungerechtigkeiten beging, und dies alles zeugte nicht von großer Intelligenz auf Seiten Dhṛtarāṣṭras. Akrūra gab Dhṛtarāṣṭra unumwunden zu verstehen, dass seine engstirnige Familienanhaftung nur auf seine tiefe Unwissenheit oder seine Blindheit bezüglich moralischer Prinzipien zurückzuführen sei. Obwohl es scheint, als wären wir in Familien, Gesellschaften und Nationen miteinander verbunden, hat jeder einzelne von uns sein eigenes, individuelles Schicksal. Jedes Lebewesen wird entsprechend seinen früheren Tätigkeiten unter bestimmten Umständen geboren, deshalb muss jeder individuell die Reaktionen seines Karmas genießen oder erleiden. Man kann sein Schicksal nicht verbessern, indem man einfach nur im Kreis seiner Familie oder in anderen Gemeinschaften lebt. Zuweilen geschieht es, dass ein Familienvater durch ungesetzliche Mittel zu Reichtum kommt und der Sohn dann dieses Geld an sich nimmt, obgleich der Vater es unter großen Anstrengungen erworben hat. Es ist wie mit einem kleinen Fisch im Ozean, der den Körper eines großen, alten Fisches frisst. Letzten Endes kann man also nicht auf illegale Weise Reichtum zur Zufriedenstellung von Familie, Gesellschaft, Gemeinschaft oder Nation anhäufen. Dieses Prinzip wird durch die Tatsache veranschaulicht, dass viele große Königreiche der Vergangenheit nicht mehr bestehen, weil ihr Wohlstand von den Nachkommen verschwendet wurde. Wer dieses tiefgründige Gesetz der fruchtbringenden Tätigkeiten nicht kennt und daher die moralischen und ethischen Prinzipien missachtet, erntet letzten Endes nur die sündhaften Reaktionen seiner Tätigkeiten. Sein schändlich erworbener Besitz wird ihm von jemand anderem weggenommen werden und er selbst gerät in die dunkelsten Bereiche des höllischen Daseins. Man sollte daher nicht mehr Besitz anhäufen, als einem vom Schicksal zugeteilt ist, andernfalls wird man seinem wahren Interesse gegenüber blind. Statt dem Interesse seines Selbst gerecht zu werden, bewirken die eigenen Tätigkeiten dann genau das Gegenteil, und man kommt elendiglich zu Fall.

Akrūra fuhr fort: „Mein lieber Dhṛtarāṣṭra, ich bitte dich, auf meinen Rat zu hören und der Wirklichkeit dieses materiellen Daseins gegenüber nicht so blind zu sein. Das materielle, bedingte Leben ist sowohl in Leid als auch in Glück als Traum anzusehen. Man sollte versuchen, seinen Geist und seine Sinne zu beherrschen und ein friedvolles, ausgeglichenes Leben zu führen, um im Kṛṣṇa-Bewusstsein spirituellen Fortschritt zu erreichen." Im *Caitanya-caritāmṛta* wird gesagt, dass außer den Gottgeweihten, die im Kṛṣṇa-Bewusstsein verankert sind, jeder ständig verstört und voller Ängste sei. Selbst diejenigen, die nach Befreiung streben oder in die unpersönliche Brahman-Ausstrahlung eingehen wollen und die Yogis, die versuchen, die Vollendung mystischer Kräfte zu erlangen, können keinen inneren Frieden finden. Die reinen Gottgeweihten dagegen stellen keine Forderungen an Kṛṣṇa, denn sie sind vollkommen damit zufrieden, Ihm zu dienen. Wahrer

Frieden und geistige Ausgeglichenheit können nur auf der Stufe des vollkommenen Kṛṣṇa-Bewusstseins erlangt werden.

Nachdem Dhṛtarāṣṭra diese moralischen Anweisungen von Akrūra vernommen hatte, erwiderte er: „Lieber Akrūra, es ist sehr großzügig von dir, mir solch wohlgemeinte Ratschläge zu erteilen, doch leider kann ich sie nicht annehmen. Ein Mensch, der zum Sterben verurteilt ist, kann aus der wohltuenden Wirkung von Nektar keinen Nutzen mehr ziehen, selbst wenn man ihm solchen Nektar verabreicht. Es ist mir bewusst, dass deine Anweisungen höchst wertvoll sind, aber unglücklicherweise bleiben sie nicht in meinem flatterhaften Geist haften, genau wie die leuchtenden Blitze am Himmel nicht bei einer bestimmten Wolke verharren. Das einzige, was ich verstehen kann, ist, dass niemand die Erfüllung des höchsten Willens aufhalten kann. Ich verstehe, dass die Höchste Persönlichkeit Gottes, Kṛṣṇa, in der Yadu-Dynastie erschienen ist, um die beschwerliche Last, die die Erde zu tragen hat, zu verringern."

Dhṛtarāṣṭra machte Akrūra somit deutlich, dass er völliges Vertrauen in Kṛṣṇa, die Höchste Persönlichkeit Gottes, habe. Doch gleichzeitig hing er auch sehr stark an seinen Familienangehörigen. Er wusste nicht, dass Kṛṣṇa schon in sehr naher Zukunft alle Seine Angehörigen vernichten sollte und dass er, Dhṛtarāṣṭra, dann in seiner hilflosen Lage bei Kṛṣṇas Lotosfüßen Zuflucht suchen sollte. Wenn Kṛṣṇa einem Gottgeweihten besondere Barmherzigkeit erweisen will, nimmt Er ihm gewöhnlich alle Objekte seiner materiellen Anhaftung fort. Auf diese Weise versetzt Er den Geweihten in materieller Hinsicht in eine hilflose Situation, so dass ihm keine andere Möglichkeit bleibt, als sich Kṛṣṇas Lotosfüßen hinzugeben. Und genau in dieser Lage sollte sich Dhṛtarāṣṭra nach dem Ende der Schlacht von Kurukṣetra dann auch befinden.

Dhṛtarāṣṭra sah sich zwei widerstreitenden Tatsachen gegenübergestellt. Auf der einen Seite wusste er, dass Kṛṣṇa erschienen war, um die Welt von aller unnötigen Last zu befreien. Seine Söhne stellten eine solche unnötige Last dar, und daher ahnte er, dass auch sie getötet werden würden. Doch gleichzeitig war er nicht in der Lage, seine parteiische Anhaftung an seine Söhne aufzugeben. Wie er so über diese Gegensätzlichkeiten nachdachte, erwies er der Höchsten Persönlichkeit Gottes seine achtungsvollen Ehrerbietungen und sprach: „Die vielen

Widersprüche im materiellen Dasein sind sehr schwer zu verstehen. Man kann sie nur als die unbegreifliche Manifestation des Plans des Höchsten sehen, der durch Seine unfassbare Energie die gesamte materielle Welt erschafft, in sie eingeht und dadurch die drei Erscheinungsweisen der materiellen Natur in Bewegung setzt. Wenn alles erschaffen ist, geht Er in alle Lebewesen und in die kleinsten Atome ein. Niemand kann die unermesslichen Pläne des Höchsten Herrn verstehen."

Als Akrūra diese Worte hörte, war ihm klar, dass Dhṛtarāṣṭra nicht beabsichtigte, sein ungerechtes Verhalten gegenüber den Pāṇḍavas zu ändern, sondern dass er weiterhin seine eigenen Söhne bevorteilen würde. Akrūra verabschiedete sich unverzüglich von seinen Freunden in Hastināpura und kehrte in seine Heimatstadt im Königreich der Yadus zurück. Nach seiner Ankunft in Mathurā berichtete er Śrī Kṛṣṇa und Balarāma ausführlich, wie die Verhältnisse in Hastināpura tatsächlich lagen und welche Absichten Dhṛtarāṣṭra verfolgte. Akrūra war von Kṛṣṇa nach Hastināpura geschickt worden, um die dortige Lage auszukundschaften, und durch die Gnade des Herrn konnte er seine Aufgabe erfolgreich ausführen.

Hiermit enden die Bhaktivedanta-Erläuterungen zum 49. Kapitel des Kṛṣṇa-Buches mit dem Titel „Der heimtückische Dhṛtarāṣṭra".

KAPITEL 50

Kṛṣṇa errichtet die Festung Dvārakā

Mit Kaṁsas Tod waren seine beiden Frauen Witwen geworden. In der vedischen Kultur ist eine Frau niemals unabhängig – in keiner der drei Stufen ihres Lebens. In der Kindheit sollte sie in der Obhut ihres Vaters leben, als junge Frau sollte sie unter dem Schutz ihres Ehemannes stehen, und wenn ihr Ehemann gestorben ist, sollte sie entweder unter dem Schutz ihrer erwachsenen Söhne stehen oder, wenn sie keine erwachsenen Söhne hat, zu ihrem Vater zurückkehren und als Witwe unter seinem Schutz leben. Kaṁsa scheint keine erwachsenen Söhne gehabt zu haben. Daher kehrten seine Frauen, nachdem sie Witwen geworden waren, wieder in die Obhut ihres Vaters zurück. Kaṁsa hatte zwei Frauen namens Asti und Prāpti, und beide waren Töchter König Jarāsandhas, des Herrschers über Bihar (damals unter dem Namen „Magadha" bekannt). Zu Hause angekommen, schilderten die beiden Königinnen ihrem Vater ihre missliche Lage, in die sie durch Kaṁsas Tod geraten waren. Als der König von Magadha, Jarāsandha, hörte, in welch beklagenswerter Lage sich seine Töchter befanden und wie Kaṁsa ein jähes Ende gefunden hatte, fühlte er sich zutiefst gedemütigt. Jarāsandha entschied auf der Stelle, alle Mitglieder der Yadu-Dynastie von der Erdoberfläche verschwinden zu lassen. Kṛṣṇa hatte Kaṁsa getötet und nun sollte die ganze Yadu-Dynastie getötet werden.

Jarāsandha begann also, gewaltige Vorkehrungen zu treffen, um das Königreich von Mathurā anzugreifen. Er mobilisierte seine gefürchteten Legionen, die aus vielen Tausenden von Kampfwagen, Pferden, Elefanten und Fußsoldaten bestanden. Jarāsandha wollte König Kaṁsas Tod vernichtend rächen und so stellte er insgesamt 13 solche Streitheere auf. Dann führte er seine gigantische Armeenfront zum Angriff auf Mathurā, die Hauptstadt der Yadu-Könige, und ließ sie von allen Seiten belagern. Śrī Kṛṣṇa, der die Rolle eines gewöhnlichen Menschen spielte, sah die ungeheure Streitmacht Jarāsandhas, die einem Ozean glich, der jeden Augenblick den Strand zu überfluten droht. Dazu bemerkte Er, dass die Bewohner von Mathurā von Furcht ergriffen wurden, und so begann Er, über Seine Mission als Inkarnation nachzudenken. Wie konnte Er der gegenwärtigen Situation am besten begegnen? Da Er meinte, das Magadha-Königreich nicht erobern zu können, sei es nutzlos, den König von Magadha, nämlich Jarāsandha, umzubringen. Kṛṣṇas Mission war es, den zur Last gewordenen Teil der Bevölkerung zu vernichten, und deshalb nahm Er diese Gelegenheit wahr, als Ihm so viele Männer, Wagen, Elefanten und Pferde gegenüberstanden. Kṛṣṇa beabsichtigte nicht, das Königreich Magadha zu erobern, weshalb Er keinen Sinn darin sah, Jarāsandha, den König von Magadha, zu töten. Nun aber war die gesamte Streitmacht Jarāsandhas vor Ihm erschienen, und so beschloss Er, dessen Heer vernichtend zu schlagen, ihn selbst jedoch am Leben zu lassen, damit er in der Lage wäre, zurückzukehren und erneut aufzurüsten.

Während Śrī Kṛṣṇa so überlegte, kamen zwei stattliche Streitwagen aus dem Weltall herbei, die mit Wagenlenkern, Waffen, Flaggen und anderem Zubehör ausgerüstet waren. Als Kṛṣṇa die beiden Wagen vor Sich sah, sprach Er sogleich zu Seinem älteren Bruder Balarāma, der auch als Saṅkarṣaṇa bekannt ist: „Mein lieber älterer Bruder, Du bist der beste unter den Āryas, Du bist der Herr des Universums, und vor allem bist Du der Beschützer der Yadu-Dynastie. Die Abkömmlinge der Yadu-Dynastie schweben in Gefahr, weil sie von den Soldaten Jarāsandhas bedroht werden. Angst und Schrecken erfüllen ihr Herz. Bitte beschütze sie – Dein mit Waffen beladener Streitwagen steht ebenfalls schon bereit. Ich bitte Dich, ihn zu besteigen und alle Soldaten, die gesamte Streitmacht des Feindes, zu vernichten. Schließlich sind Wir auf die Erde herabgekommen, um solche unnötigen Streitmächte zu beseitigen und die frommen Gottgeweihten zu beschützen. Nun bietet sich Uns die Gelegenheit, Unserer Mission gerecht zu werden. Lass Uns nun zur Tat schreiten." Kṛṣṇa und Balarāma, die Nachkommen Daśārhas, beschlossen auf diese Weise, alle 13 Streitheere Jarāsandhas zu vernichten.

Nachdem Sie Ihre Militärkleidung anlegten, bestiegen Kṛṣṇa und Balarāma Ihre Streitwägen. Kṛṣṇa fuhr in dem Wagen, der von Dāruka gelenkt wurde. Mit einem kleinen Heer fuhren Sie aus der Stadt Mathurā hinaus, wobei sie ihre jeweiligen Muschelhörner ertönen ließen. Die Gegner waren militärisch weit überlegen, doch merkwürdigerweise erbebten sie bis ins Innerste ihres Herzens, als sie den Klang von Kṛṣṇas Muschelhorn vernahmen. Als Jarāsandha Kṛṣṇa und Balarāma erblickte, tat es ihm ein wenig leid um Sie, denn die beiden hätten dem Alter nach seine Enkel sein können. Dann wandte er sich an Kṛṣṇa und bezeichnete Ihn als *puruṣādhama*, was nichts anderes bedeutet als „der niedrigste der Menschen", obwohl Kṛṣṇa eigentlich in allen vedischen Schriften als Puruṣottama, „der höchste unter den Menschen", bezeichnet wird. Jarāsandha hatte bestimmt nicht die Absicht, Kṛṣṇa als Puruṣottama anzusprechen, doch große Gelehrte haben herausgefunden, was die ursprüngliche Bedeutung des Wortes *puruṣādhama* ist: „derjenige, neben dem alle anderen Persönlichkeiten niedrig erscheinen". Dies entspricht der Wahrheit, denn niemand kann dem Herrn, der Höchsten Persönlichkeit Gottes, gleichkommen oder Ihn übertreffen.

Jarāsandha fuhr fort: „Es wird eine große Schande für mich sein, mit kleinen Jungen wie Kṛṣṇa und Balarāma zu kämpfen." Weil Kṛṣṇa Kaṁsa getötet hatte, bezeichnete Jarāsandha Ihn auch als „Mörder der eigenen Verwandten". Dass Kaṁsa selbst viele seiner eigenen Neffen umgebracht hatte, kümmerte Jarāsandha nicht im Geringsten; dass aber Kṛṣṇa Seinen Onkel mütterlicherseits getötet hatte, nahm er zum Anlass, Ihn auf grobe Weise zu schmähen. Dies ist typisch für das

Verhalten der Dämonen. Dämonen versuchen niemals, ihre eigenen Fehler oder die ihrer Freunde zu erkennen, sondern bemühen sich ständig, Fehler an ihren Feinden zu finden. Jarāsandha hielt Kṛṣṇa außerdem vor, nicht einmal ein *kṣatriya* zu sein. Weil Kṛṣṇa nämlich von Mahārāja Nanda aufgezogen worden war, war Er kein *kṣatriya*, sondern ein *vaiśya. Vaiśyas* werden im Allgemeinen *guptas* genannt und manchmal wird das Wort *gupta* auch im Sinne von „versteckt" gebraucht. Beides traf auf Kṛṣṇa zu, denn Er war von Mahārāja Nanda sowohl versteckt als auch aufgezogen worden. Jarāsandha beschuldigte also Kṛṣṇa, drei Fehler zu haben: Seinen eigenen Onkel getötet zu haben, nicht einmal ein *kṣatriya* zu sein und in Seiner Kindheit versteckt worden zu sein. Aus diesen Gründen, so sagte Jarāsandha, müsse er sich schämen, mit Kṛṣṇa zu kämpfen.

Dann wandte er sich an Balarāma und rief Ihm zu: „Du, Balarāma! Wenn Du willst, kannst Du Seite an Seite mit Ihm kämpfen, und wenn Du dazu noch ein wenig Geduld hast und ein wenig wartest, dann wirst auch Du von meinen Pfeilen durchbohrt. Auf diese Weise kannst Du auf die himmlischen Planeten erhoben werden." In der *Bhagavad-gītā* wird in diesem Zusammenhang erklärt, dass ein *kṣatriya* aus einer von zwei Arten des Kampfes einen Vorteil ziehen könne: Wenn er siegt, kann er sich am Ergebnis seines Erfolges erfreuen, und wenn er im Kampf sein Leben lässt, wird er zum himmlischen Königreich erhoben.

Nachdem Kṛṣṇa Jarāsandhas Reden eine Zeitlang zugehört hatte, antwortete Er ihm: „Mein lieber König Jarāsandha, wahre Helden machen keine großen Worte, sondern zeigen ihre Stärke in der Tat. Weil du so viel redest, scheint dir dein Tod in dieser Schlacht gewiss zu sein. Wir sind es leid, dir länger zuzuhören, denn es ist nutzlos, den Worten von Menschen Gehör zu schenken, die vor dem Tode stehen oder die von Angst gequält werden." Daraufhin gab Jarāsandha das Zeichen zum Kampf und umzingelte Kṛṣṇa von allen Seiten mit seinen gewaltigen Heeren. Genauso wie die Sonne durch Wolken und Staub scheinbar verdeckt wird, wurde auch Kṛṣṇa, die höchste Sonne, von Jarāsandhas Heer verdeckt. Kṛṣṇas und Balarāmas Streitwagen waren jeweils mit Bildern von Garuḍa und Palmen verziert. Alle Frauen von Mathurā standen auf den Dächern ihrer Häuser und Paläste oder auf den Stadttoren, um den wunderbaren Kampf zu beobachten. Doch als Kṛṣṇas Wagen von Jarāsandhas Streitheer umzingelt wurde und sie ihn nicht mehr sehen konnten, überkam sie solche Angst, dass manche in Ohnmacht fielen. Kṛṣṇa sah, wie Ihn die militärische Übermacht Jarāsandhas zu erdrücken drohte. Seine kleine Schar Soldaten geriet bereits in schwere Bedrängnis und so nahm Er kurzentschlossen Seinen Bogen namens Śārṅga in die Hand.

Er zog Seine Pfeile aus dem Köcher, legte sie einen nach dem anderen an die Sehne und schoss sie dem Feind entgegen, und unter diesem unausweichlichen Geschosshagel fanden die feindlichen Elefanten, Pferde und Fußsoldaten ein schnelles Ende. Der unablässige Pfeilhagel war wie ein lodernder Feuersturm, der Jarāsandhas gesamte Streitmacht austilgte. Als Kṛṣṇa immer neue Pfeile abschoss, stürzten nach und nach alle Elefanten mit abgetrenntem Kopf zu Boden. Ebenso brachen alle Pferde mit durchtrenntem Hals zusammen und rissen ihre Streitwagen und die Banner mit sich, und die Wagenkämpfer und Wagenlenker fanden das gleiche Ende. Dazu wurde praktisch das gesamte Fußvolk umgemäht und lag mit abgetrennten Köpfen, Armen und Beinen auf dem Schlachtfeld. Auf diese Weise wurden viele Tausende von Elefanten, Pferden und Menschen getötet, deren Blut wie die Wellen eines Flusses floss. In diesem Blutstrom sahen die abgetrennten Arme der Krieger wie Schlangen aus und ihre Köpfe wie Schildkröten, die toten Elefanten glichen kleinen Inseln, und die toten Pferdeleiber glichen Haifischen. Durch den höchsten Willen war auf diese Weise ein riesiger Blutstrom mit allerlei Treibgut entstanden. Die Hände und Beine der Infanteriesoldaten trieben wie verschiedenartige Fische an der Oberfläche, die Köpfe der Soldaten glichen umhertreibendem Seetang und Moos, und die schwimmenden Bogen der Soldaten waren wie Wellen. Die Juwelen von den Körpern der Soldaten und Kommandanten glichen zahllosen Kieselsteinen, die vom Blutstrom mitgerissen wurden.

Śrī Balarāma, der auch als Saṅkarṣaṇa bekannt ist, kämpfte mit Seiner Keule derart heldenhaft, dass der Blutstrom, den Kṛṣṇa geschaffen hatte, überquoll. Die Feiglinge wurden von panischer Angst ergriffen, als sie diese fürchterliche, grausige Szene sahen, und die Helden begannen begeistert den Heldenmut der beiden Brüder zu preisen. Obgleich Jarāsandhas Streitmacht gewaltig wie ein Ozean war, verwandelten Śrī Kṛṣṇa und Balarāma das ganze Schlachtfeld in eine grauenvolle Szene, die nicht im Geringsten mit einem gewöhnlichen Kampf zu vergleichen war. Gewöhnliche Menschen können sich natürlich nicht vorstellen, wie dies alles möglich war, doch wenn man in diesen Taten die transzendentalen Spiele des Höchsten Persönlichen Gottes sieht, unter dessen Willen nichts unmöglich ist, vermag man in diese Beschreibungen einzudringen und sie in Wahrheit zu verstehen. Der Herr, die Höchste Persönlichkeit Gottes, erschafft, erhält und zerstört die kosmische Manifestation allein durch Seinen Willen. Daher ist es nichts Außerordentliches für Ihn, im Kampf mit Seinem Feind eine derartige Vernichtung zu verursachen. Aber weil Kṛṣṇa und Balarāma mit Jarāsandha wie gewöhnliche Menschen kämpften, bot dieser Kampf trotzdem einen höchst wunderbaren Anblick.

Alle Soldaten Jarāsandhas wurden auf dem Schlachtfeld getötet, und er selbst war der einzige, der am Leben geblieben war. Der Anblick seiner Streitmacht muss ihn bestimmt sehr deprimiert haben. Śrī Balarāma nahm ihn ohne zu zögern mit großer Kraft gefangen, genau wie ein Löwe einen anderen Löwen packt. Doch als Śrī Balarāma gerade daran war, Jarāsandha mit dem Seil von Varuṇa und auch mit gewöhnlichen Seilen zu fesseln, bat Ihn Śrī Kṛṣṇa, der einen größeren Plan vor Augen hatte, den König nicht in Gewahrsam zu nehmen, und so wurde Jarāsandha von Kṛṣṇa befreit. Als großer Kriegsheld war Jarāsandha zutiefst beschämt, und so entschloss er sich, abzudanken und auf alle Königswürden zu verzichten. Er wollte in den Wald gehen, um dort unter strengen Entsagungen und Bußen zu meditieren.

Doch als er mit seinen adligen Freunden nach Hause zurückkehrte, rieten ihm diese, nicht aufzugeben, sondern neue Kräfte zu sammeln, um in naher Zukunft noch einmal mit Kṛṣṇa zu kämpfen. Seine Fürstenfreunde überzeugten ihn davon, dass er, wäre es mit rechten Dingen zugegangen, unmöglich von den Yadu-Königen hätte besiegt werden können. Seine Niederlage sei nur auf eine zufällige unglückliche Fügung zurückzuführen. Auf diese Weise machten die Fürstenkönige Jarāsandha neuen Mut. Sie sagten, dass er ohne Zweifel heldenhaft gekämpft habe; er solle seine Niederlage also nicht allzu tragisch nehmen. Sie sei lediglich auf ein paar vergangene Missetaten zurückzuführen, denn schließlich gebe es an seiner Kampftechnik nichts auszusetzen.

So blieb Jarāsandha, dem König von Magadha, nichts anderes übrig, als die Herrschaft über sein Königreich wieder aufzunehmen, obwohl er alle Streitmächte verloren hatte und durch die Gefangennahme und die nachträgliche Freilassung gedemütigt worden war. Auf diese Weise besiegte Śrī Kṛṣṇa alle Soldaten von Jarāsandha, neben denen Kṛṣṇas Armee verschwindend klein erschienen war. Auf Kṛṣṇas Seite jedoch gab es nicht den geringsten Verlust zu beklagen, wohingegen Jarāsandhas Männer alle tot waren.

Die Bewohner des Himmels waren außer sich vor Freude und brachten Kṛṣṇa ihre Ehrerbietungen dar, indem sie Seinen Ruhm lobpriesen und Ihn mit Blumen überschütteten. Alle bewunderten Kṛṣṇas Sieg. Jarāsandha war in sein Königreich zurückgekehrt und die Stadt Mathurā war vor dem drohenden Angriff gerettet worden. Die Bürger von Mathurā luden verschiedene professionelle Sänger ein, wie *sūtas* und *māgadhas*, sowie Künstler, die wohlklingende, poetische Lieder verfassen konnten. In einer gemeinsamen Veranstaltung verherrlichten sie alle Śrī Kṛṣṇas Sieg mit Lobgesängen. Als der siegreiche Herr, Śrī Kṛṣṇa, die Stadt betrat, ertönten viele Büffelhörner, Muschelhörner und Kesselpauken, und verschiedene andere Musikinstrumente, wie *bherīs, tūryas, viṇās,* Flöten und *mṛdaṅgas,* stimmten ein, um Ihm einen herrlichen Empfang zu bereiten. Zu diesem Anlass hatte man die Stadt gründlich gereinigt und alle Straßen und Wege mit Wasser besprengt. Die Einwohner schmückten vor Freude ihre Häuser und Geschäfte mit Flaggen und Girlanden. Die *brāhmaṇas* versammelten sich auf zahlreichen Plätzen und chanteten vedische Mantras. Die Einwohner errichteten Durchgänge und Triumphbögen an Zufahrten zu Gassen und Straßen. Als dann Śrī Kṛṣṇa feierlich in die wundervoll geschmückte Stadt einzog, stellten die Mädchen und Frauen der Stadt verschiedenartige Blumenketten her, um das Siegesfest so glückverheißend wie möglich zu gestalten. Nach vedischer Sitte nahmen sie mit frischem grünen Gras vermischten Joghurt und verspritzten ihn in alle Richtungen, wodurch sie das Siegesfest sogar noch glückverheißender machten. Als Kṛṣṇa so durch die Straßen schritt, ließen die Frauen ihre liebevollen Blicke auf Ihm ruhen. Kṛṣṇa und Balarāma hatten Ihre Kriegsbeute, wie Schmuck und Edelsteine, die Sie sorgfältig vom Schlachtfeld aufgesammelt hatten, mitgebracht und überreichten alles nun König Ugrasena. Damit bezeugte Kṛṣṇa Seinem Großvater die gebührende Ehre, denn zu jener Zeit war Ugrasena der gekrönte König der Yadu-Dynastie.

Jarāsandha, der König von Magadha, beließ es jedoch nicht bei dem einen Angriff; insgesamt versuchte er 17 Mal, die Stadt Mathurā einzunehmen, wobei er jedes Mal eine gleich große Streitmacht aufbrachte. Doch immer wieder wurde er besiegt. Alle seine Soldaten wurden getötet, und jedes Mal musste er enttäuscht nach Hause zurückkehren. In jeder Schlacht nahmen ihn die Fürsten der Yadu-Dynastie auf die gleiche Weise gefangen, um ihn dann wieder mit Schimpf und Schande laufen zu lassen, und jedes Mal wagte es Jarāsandha, trotz der Schmach wieder nach Hause zurückzukehren.

Als Jarāsandha seinen achtzehnten Angriff unternahm, beschloss ein Yavana-König, der über ein Land südlich von Mathurā regierte und es auf den Reichtum der Yadu-Dynastie abgesehen hatte, die Stadt Mathurā ebenfalls anzugreifen. Es heißt, dass der König der Yavanas, der als Kālayavana bekannt war, von Nārada Muni zum Angriff verleitet worden sei. Diese Geschichte wird im *Viṣṇu Purāṇa* erzählt. Einst wurde Garga Muni, der Priester der Yadu-Dynastie, von seinem Schwager verhöhnt, und als die Könige der Yadu-Dynastie diese spöttischen Worte hörten, lachten sie über Garga Muni, was diesen sehr erzürnte. Er beschloss, jemanden zu erzeugen, der die Yadu-Dynastie in Schrecken versetzen würde. Mit dieser Absicht verehrte er Śiva, von dem er dann die Segnung erhielt, einen Sohn zu bekommen. Dieser Sohn war Kālayavana, der von Garga Muni mit der Frau eines Yavana-Königs gezeugt wurde. Dieser Kālayavana nun hatte Nārada die Frage gestellt, welche die mächtigsten Könige der Welt seien, worauf Nārada ihm zur Antwort gegeben hatte, dass niemand so mächtig sei wie die Yadus. Als Kālayavana dies von Nārada erfuhr, zog er sogleich zum Angriff auf die Stadt Mathurā los, und zwar zur selben Zeit, als Jarāsandha zum achtzehnten Mal versuchte, Mathurā zu erobern. Kālayavana war sehr begierig, einem Weltherrscher den Krieg zu erklären, der ihm ein ebenbürtiger Gegner sein würde, doch bis dahin hatte er keinen solchen finden können. Als ihm Nārada von Mathurā erzählte, beschloss er daher sogleich, diese Stadt anzugreifen, und an der Spitze von 30 Millionen Yavana-Soldaten machte er sich auf den Weg nach Mathurā.

Als Mathurā auf diese Weise belagert wurde, beriet Sich Śrī Kṛṣṇa mit Baladeva über die ernste Notlage der Yadu-Dynastie, die den Angriff von zwei so schrecklichen Feinden wie Jarāsandha und Kālayavana zu fürchten hatte. Die Gefahr rückte immer näher und es galt, keine Zeit zu verlieren. Kālayavana belagerte Mathurā bereits von allen Seiten, und für den nächsten Tag wurden Jarāsandhas Legionen erwartet, mit dem gleichen Umfang wie bei den vorangegangenen 17 Angriffen. Kṛṣṇa war überzeugt, dass Jarāsandha angesichts von Kālayavanas Offensive die Gelegenheit nutzen würde, um zum entscheidenden Schlag gegen die Stadt Mathurā auszuholen. Kṛṣṇa hielt es daher für klug, einige Vorsichtsmaßnahmen zu treffen, um einen Angriff auf Mathurā von zwei strategisch wichtigen Punkten aus zu verteidigen. Wenn Er und Balarāma nämlich gleichzeitig an derselben Stelle mit Kālayavana kämpfen würden, könnte Jarāsandha von einer anderen Seite her angreifen und an der ganzen Yadu-Familie furchtbare Rache nehmen. Jarāsandha war sehr mächtig, und da er bereits 17 Mal eine Niederlage hatte hinnehmen müssen, war zu befürchten, dass er, wenn sich ihm die Gelegenheit böte, aus Rachsucht an allen Mitgliedern der Yadu-Familie ein schreckliches Massaker vollziehen oder sie gefangen nehmen und in sein Königreich verschleppen würde. Kṛṣṇa beschloss deshalb, an einem Ort, den kein zweibeiniges Tier – weder Mensch noch Dämon – erreichen konnte, eine mächtige Festung zu errichten. Dort wollte Er Seine Verwandten unterbringen, so dass Er ungehindert mit den Feinden kämpfen konnte. Dvārakā gehörte früher offensichtlich ebenfalls zum Königreich von Mathurā. Im *Śrīmad-Bhāgavatam* wird gesagt, dass Kṛṣṇa mitten im Meer eine Festung errichtet habe. Heute noch sind in der Bucht von Dvārakā Überreste dieser Festung zu finden.

Als Erstes baute Kṛṣṇa im Meer eine gewaltige Mauer, die eine Fläche von 249 Quadratkilometern umgrenzte. Diese Mauer, die ein wundervolles Bauwerk war, wurde von Viśvakarmā entworfen und errichtet. Ein gewöhnlicher Architekt könnte unmöglich eine solche Festung im Meer bauen, doch Viśvakarmā, der als der Baumeister der Halbgötter gilt, kann solch ein wunderbares Kunstwerk jederzeit an jedem beliebigen Ort des Universums schaffen. Wenn durch den Willen der Höchsten Persönlichkeit Gottes riesige Planeten schwerelos im Weltall schweben können, ist die Errichtung einer Festung im Meer auf einer Fläche von 249 Quadratkilometern nichts Außergewöhnliches.

Im *Śrīmad-Bhāgavatam* finden sich Beschreibungen dieser neuen, uneinnehmbaren Stadt, die im Meer entstand. Es gab viele kunstvoll angelegte Parkanlagen und Gärten, in denen *kalpa-vṛkṣas*, Wunschbäume, wuchsen. Diese Wunschbäume sind keine gewöhnlichen Bäume, wie sie in der materiellen Welt zu finden sind; Wunschbäume gibt es nur in der spirituellen Welt. Doch für Kṛṣṇas höchsten Willen ist alles möglich, und als Kṛṣṇa im Meer die Stadt Dvārakā errichtete, ließ Er auch Wunschbäume wachsen. Darüber hinaus gab es in dieser Stadt viele Paläste und *gopuras*, mächtige Tore. Solche *gopuras*, die auch heute noch in einigen größeren Tempeln zu sehen sind, sind sehr hoch und zeugen von künstlerischer Meisterschaft. Auf solchen Toren wie auch in den Palästen befanden sich goldene *kalaśas*, Wassergefäße, die als sehr glückverheißend gelten.

Fast alle Paläste waren hoch wie Wolkenkratzer. In den Kellergemächern eines jeden Hauses befanden sich große Töpfe aus Gold und Silber, in denen Getreide gelagert wurde. In den einzelnen Wohnräumen standen viele goldene Wassertöpfe. Die Schlafgemächer bestanden aus zahllosen Edelsteinornamenten, und die Fußböden waren mit Mosaiken aus *marakata*-Juwelen ausgelegt. Die Bildgestalt Viṣṇus, die von den Angehörigen der Yadu-Dynastie verehrt wurde, fehlte in keinem Haus. Die Wohnbezirke waren so angelegt, dass jede Kaste – die *brāhmaṇas, kṣatriyas, vaiśyas* und *śūdras* – in einem eigenen Teil der Stadt lebte. Aus dieser Feststellung geht hervor, dass das System der *varṇas*, das in der *Bhagavad-gītā* erwähnt wird, schon zu jener Zeit existierte. Im Stadtzentrum stand eine eigens für König Ugrasena gebaute Residenz, die das prunkvollste aller Bauwerke war.

Als der Halbgott Indra sah, dass Kṛṣṇa nach Seinem eigenen Willen eine ganze Stadt erbaute, sandte er den vielgepriesenen *pārijāta*-Baum von den himmlischen Planeten, um ihn in der neuen Stadt einpflanzen zu lassen. Er sandte auch ein Versammlungshaus, das den Namen Sudharmā trug. Die Besonderheit dieses Gebäudes war, dass jeder, der darin an einer Zusammenkunft teilnahm, die Gebrechlichkeit des Alters überwand. Der Halbgott Varuṇa überbrachte ein Pferd, das bis auf seine schwarzen Ohren völlig weiß war und das mit der Geschwindigkeit des Geistes zu laufen vermochte. Kuvera, der Schatzmeister der Halbgötter, offenbarte die Kunst, wie man die acht vollkommenen Stufen materiellen Reichtums erlangt. Auf diese Weise brachten alle Halbgötter ein besonderes Geschenk dar, das ihrer jeweiligen Befähigung entsprach. Es gibt insgesamt 33 Millionen Halbgötter, und jeder von ihnen hat eine ganz bestimmte Aufgabe bei der Verwaltung des Universums zu erfüllen. Doch als Kṛṣṇa, die Höchste Persönlichkeit Gottes, die Stadt nach eigenen Wünschen erbaute, nutzte jeder dieser 33 Millionen Halbgötter die Gelegenheit, dem Herrn eine bestimmte Gabe darzubringen. Auf diese Weise wurde Dvāraka zu einer Stadt, die im ganzen Universum ihresgleichen sucht. Aus dieser Schilderung kann man schließen, dass es zweifellos unzählige Halbgötter gibt, dass aber keiner von ihnen von Kṛṣṇa unabhängig ist. Ebenso wird auch im *Caitanya-caritāmṛta* gesagt, dass Kṛṣṇa der höchste Meister sei und dass alle anderen Seine Diener seien. Somit nahmen also alle Halbgötter die Gelegenheit wahr, Kṛṣṇa zu dienen, während Er persönlich in diesem Universum gegenwärtig war. Diesem Beispiel sollte jeder folgen, besonders diejenigen, die sich im Kṛṣṇa-Bewusstsein befinden, denn sie sollten Kṛṣṇa mit ihren jeweiligen Fähigkeiten dienen.

Als der Bau der neuen Stadt genau nach Plan abgeschlossen war, brachte Kṛṣṇa alle Einwohner Mathurās dorthin und setzte Śrī Balarāma als Stadtvater von Dvārakā ein. Schließlich besprach Er Sich mit Balarāma und verließ dann, mit einer Girlande aus Lotosblumen bekränzt, jedoch unbewaffnet, die Stadt, um mit Kālayavana zusammenzutreffen, der Mathurā bereits umzingelt hatte.

Hiermit enden die Bhaktivedanta-Erläuterungen
zum 50. Kapitel des Kṛṣṇa-Buches mit dem Titel
„Kṛṣṇa errichtet die Festung Dvārakā".

KAPITEL 51

Die Erlösung Mucukundas

Kālayavana hatte Kṛṣṇa noch nie zuvor gesehen, und als Kṛṣṇa dann, in gelbe Gewänder gekleidet, aus der Stadt herauskam, fiel Kālayavana zuerst dessen außergewöhnliche Schönheit auf. Während der Herr durch die Reihen der Soldaten Kālayavanas schritt, glich Er dem Mond, der durch die am Himmel versammelten Wolken zieht. Kālayavana war so sehr vom Glück begünstigt, dass er das Kaustubha-Juwel und die Śrīvatsa-Linien sah, die ein besonderes Zeichen auf Kṛṣṇas Brust sind. Kālayavana sah Kṛṣṇa jedoch in Seiner Viṣṇu-Form, mit wohlgeformtem Körper, vier Armen und mit Augen, die den frisch aufgeblühten Blütenblättern einer Lotosblume glichen. Mit Seiner edlen Stirn, Seinem wunderschön lächelnden Antlitz, Seinen rastlosen Augenbrauen und den tanzenden Ohrringen strahlte Kṛṣṇa vollkommene Glückseligkeit aus. Nārada hatte Kālayavana bereits über Kṛṣṇa erzählt, und nun, wo Kālayavana Kṛṣṇa zum ersten Mal sah, bestätigten sich Nāradas Beschreibungen. Er bemerkte Kṛṣṇas besondere Zeichen und die Juwelen auf Seiner Brust, die schöne Girlande aus Lotosblumen, Seine lotosgleichen Augen und Seine übrigen wunderbaren Merkmale. Jede Einzelheit stimmte mit Nāradas Beschreibungen überein, und so kam Kālayavana zu der Überzeugung, dass diese leuchtende Erscheinung Vāsudeva sein musste. Kālayavana war sehr erstaunt, wie der Herr einfach zu Fuß, ohne Waffen und ohne Streitwagen, durch die Reihen seiner Soldaten schritt. Kālayavana war gekommen, um mit Kṛṣṇa zu kämpfen, dennoch respektierte er die Kampfregeln in dem Maße, dass er einen unbewaffneten Gegner nicht mit Waffen angriff. Er entschloss sich, mit bloßen Händen gegen Kṛṣṇa zu kämpfen, und auf diese Weise schickte er sich an, Kṛṣṇa herauszufordern.

Kṛṣṇa Seinerseits wandelte einfach weiter, ohne Kālayavana auch nur anzublicken. Daraufhin lief Kālayavana, der entschlossen war, Kṛṣṇa zu fangen, hinter Ihm her; doch so schnell er auch rannte, er kam nicht an Kṛṣṇa heran. Kṛṣṇa kann nicht einmal von den großen Yogis erreicht werden, die sich mit der Geschwindigkeit des Geistes fortbewegen. Er lässt Sich allein von denjenigen einfangen, die dem Pfad des hingebungsvollen Dienstes folgen, und darin hatte Kālayavana keine Erfahrung. Er wollte Kṛṣṇa fangen, und da ihm dies nicht gelang, folgte er Kṛṣṇa in einer gewissen Distanz, um Ihn zumindest nicht aus den Augen zu verlieren.

Kālayavana rannte immer schneller und dachte: „Nun bin ich Ihm schon ganz nah; gleich habe ich Ihn“, doch immer wieder sah er sich getäuscht. Kṛṣṇa führte ihn auf diese Weise weit weg vom Heer, bis Er schließlich auf einem Hügel in einer Höhle verschwand. Kālayavana dachte, Kṛṣṇa versuche, den Kampf zu vermeiden, und habe Sich deshalb in die Höhle geflüchtet, und so beschimpfte er Kṛṣṇa mit folgenden Worten: „He, Kṛṣṇa! Ich habe gehört, dass Du ein großer Held bist, der von der Yadu-Dynastie abstammt. Doch nun sehe ich, dass Du tatsächlich wie ein Feigling vor dem Kampf davonläufst. Ein solches Verhalten ist Deines guten Rufes und Deiner Familientradition nicht würdig.“ Obwohl Kālayavana Kṛṣṇa verfolgt hatte und so schnell gelaufen war, wie er konnte, war es ihm nicht gelungen, Kṛṣṇa zu fangen, denn er war nicht von allen Verunreinigungen des sündhaften Lebens befreit.

Jeder, der nicht die regulierenden Lebensprinzipien befolgt, die von den höheren Kasten (den *brāhmaṇas, kṣatriyas* und *vaiśyas*) oder sogar von der Arbeiterklasse (den *śūdras*) eingehalten werden, wird in der vedischen Kultur als *mleccha* oder *yavana* bezeichnet. Der vedische Gesellschaftsaufbau ist so eingerichtet, dass selbst Menschen, die als *śūdras* gelten, nach und nach zur Stufe von *brāhmaṇas* erhoben werden können, wenn sie sich dem Vorgang des kulturellen Fortschritts, dem sogenannten *saṁskāra* oder Reinigungsvorgang, unterziehen. Gemäß dem Urteil der vedischen Schriften wird niemand allein durch Geburt in einer bestimmten Familie ein *brāhmaṇa* oder ein *mleccha*; von Geburt her gilt jeder als *śūdra*. Man muss sich daher durch den Reinigungsvorgang zur Stufe des brahmanischen Lebens erheben. Wenn man sich diese Gelegenheit entgehen lässt und sich stattdessen noch mehr erniedrigt, wird man als *mleccha* bezeichnet. Kālayavana gehörte zur Klasse der *mlecchas* und *yavanas*, und als solcher war er durch sündhafte Tätigkeiten verunreinigt, weshalb er sich Kṛṣṇa nicht nähern konnte. Das Leben der *mlecchas* und *yavanas* beinhaltet alle sündhaften Tätigkeiten, denen sich die Menschen der höheren Klassen enthalten, nämlich unzulässige Sexualität, das Essen von Fleisch, Berauschung und die Teilnahme an Glücksspielen. Solange man durch diese sündhaften Tätigkeiten gefesselt wird, kann man in der Gotteserkenntnis keinen Fortschritt erlangen. Die *Bhagavad-gītā* bestätigt, dass nur jemand, der von allen sündhaften Reaktionen völlig befreit ist, hingebungsvollen Dienst, Kṛṣṇa-Bewusstsein, ausführen kann.

Als Kṛṣṇa die Höhle betrat, folgte Ihm Kālayavana, wobei er Kṛṣṇa mit groben Worten beschimpfte. Das erste, worauf der Dämon in der dunklen Höhle stieß, war eine Gestalt, die schlafend am Boden lag. Kālayavana, der sehr darauf brannte, mit Kṛṣṇa zu kämpfen, Ihn aber nirgends finden konnte, dachte deshalb, es wäre Kṛṣṇa, der vor ihm auf dem Höhlenboden schlief. Kālayavana war so eingebildet und stolz auf seine Stärke, dass er dachte, Kṛṣṇa scheue den Kampf mit ihm, und weil er den schlafenden Mann für Kṛṣṇa hielt, versetzte er ihm einen heftigen Tritt. Doch es war nicht Kṛṣṇa, sondern jemand, der schon seit langer Zeit in der Höhle geschlafen hatte, und als er nun von Kālayavana getreten wurde und aufwachte, öffnete er sogleich seine Augen und sah sich nach allen Seiten um. Dann fiel sein Blick auf Kālayavana, der in seiner Nähe stand. Der Schläfer war zu unpassender Zeit geweckt worden, weshalb er sehr zornig war. Als er Kālayavana voller

Zorn anblickte, schossen Feuerstrahlen aus seinen Augen hervor, und Kālayavana wurde auf der Stelle zu Asche verbrannt.

Als Mahārāja Parīkṣit die Geschichte hörte, wie Kālayavana zu Asche verbrannt wurde, wollte er Näheres über den schlafenden Mann erfahren und fragte deshalb Śukadeva Gosvāmī: „Wer war er? Warum schlief er dort? Wie war er zu solcher Kraft gelangt, dass allein sein Blick genügte, um Kālayavana auf der Stelle zu Asche zu verbrennen? Und wie kam es, dass er in einer Berghöhle lag?" Mahārāja Parīkṣit stellte viele Fragen und Śukadeva Gosvāmī beantwortete sie wie folgt:

„Lieber König, dieser Mann wurde in der berühmten Familie König Ikṣvākus, in der auch Śrī Rāmacandra erschien, geboren, und er war der Sohn des großen Königs Māndhātā. Er selbst war auch eine große Seele, und man kannte ihn überall unter dem Namen Mucukunda. König Mucukunda befolgte die vedischen Prinzipien der brahmanischen Kultur sehr strikt und er stand zu seinem Wort. Er war so mächtig, dass selbst Halbgötter wie Indra zu ihm kamen und ihn baten, ihnen gütigerweise bei den Kämpfen gegen die Dämonen zu helfen. So kämpfte er oft gegen die Dämonen, um die Halbgötter zu beschützen."

Der Oberbefehlshaber der Halbgötter namens Kārtikeya war sehr zufrieden mit König Mucukundas Hilfe, doch schließlich bat er den König, der so viele Beschwerlichkeiten in den Schlachten mit den Dämonen auf sich genommen hatte, sich vom Kampf zurückzuziehen und sich auszuruhen. Kārtikeya sprach zu König Mucukunda: „Mein lieber König, du hast alles für die Halbgötter geopfert. Du regiertest ein blühendes Königreich, das von keinem Feind jemals bedroht wurde; doch du hast dein Reich zurückgelassen, hast dich weder um deinen Reichtum noch um deinen Besitz gekümmert und hast nie an die Erfüllung deiner persönlichen Wünsche gedacht. In der langen Zeit deiner Abwesenheit, da du mit den Halbgöttern gegen Dämonen gekämpft hast, sind deine Königinnen, deine Kinder, deine Verwandten und deine Minister alle gestorben. Die Zeit macht vor keinem Lebewesen halt. Selbst wenn du nun nach Hause zurückkehrtest, würdest du dort niemanden mehr antreffen, der dich kennt. Der Einfluss der Zeit ist sehr stark. Die Zeit ist ein Repräsentant der Höchsten Persönlichkeit Gottes, und deshalb ist sie so mächtig und stärker als der Stärkste. Der Einfluss der Zeit bewirkt ohne Schwierigkeit auch die Veränderung des Feinstofflichen, und niemand kann den Vormarsch der Zeit aufhalten.

Genau wie der Tierbändiger die Tiere nach seinem Willen abrichtet, greift die Zeit nach ihrem Willen in den Lauf der Dinge ein. Niemand kann den Beschluss der erhabenen Zeit aufheben."

Mit diesen Worten erklärten sich die Halbgötter bereit, Mucukunda jegliche Segnung zu erfüllen, die er sich wünschte, mit Ausnahme der Segnung der Befreiung. Befreiung kann kein anderes Lebewesen außer der Höchsten Persönlichkeit Gottes, Viṣṇu, gewähren. Daher heißt Viṣṇu, oder Kṛṣṇa, auch Mukunda, „derjenige, der Befreiung gewähren kann".

König Mucukunda hatte viele Jahre lang nicht mehr geschlafen, denn er hatte während der ganzen Zeit voller Pflichtbewusstsein gekämpft. Er war sehr müde, und als die Halbgötter ihm eine Segnung anboten, dachte Mucukunda deshalb nur noch ans Schlafen. Er erwiderte: „Lieber Kārtikeya, bester unter den Halbgöttern, ich möchte mich nun schlafen legen, und so erbitte ich von dir folgende Segnung: Bitte gib mir die Macht, jeden, der es wagt, meinen Schlaf zu stören und mich zu früh zu wecken, durch meinen bloßen Blick zu Asche zu verbrennen. Bitte gewähre mir diese Segnung." Der Halbgott war einverstanden und gab ihm dazu auch die Segnung, dass er sich ungestört und vollständig ausruhen könne. Darauf hatte sich König Mucukunda in die Höhle dieses Berges begeben.

Es war also auf die Macht von Kārtikeyas Segnung zurückzuführen, dass Mucukunda, einfach nur durch seinen Blick, Kālayavana zu Asche verbrannt hatte. Nachdem Kālayavana auf diese Weise sein Ende gefunden hatte, trat Kṛṣṇa vor König Mucukunda. In Wirklichkeit hatte Sich Kṛṣṇa in die Höhle begeben, um König Mucukunda aufgrund seiner Entsagung zu erlösen, doch Er hatte Sich dem König nicht sogleich gezeigt, sondern es so eingerichtet, dass zuerst Kālayavana vor Mucukunda trat. Wenn Kṛṣṇa, die Höchste Persönlichkeit Gottes, eine Tat vollbringt, geht damit immer die Erfüllung vieler anderer Zwecke einher. Er wollte König Mucukunda aus seinem Schlaf in der Höhle erlösen, und zugleich wollte er Kālayavana töten, der die Stadt Mathurā angegriffen hatte. Auf diese Weise erfüllte Er alle Seine Absichten.

Als Śrī Kṛṣṇa vor König Mucukunda erschien, sah dieser, dass der Herr in ein gelbes Gewand gekleidet war, dass sich auf Seiner Brust das Śrīvatsa-Zeichen befand und dass um Seinen Hals das Kaustubha-Juwel hing. Kṛṣṇa zeigte Sich ihm als vierarmiger *viṣṇu-mūrti*; Er trug eine *vaijayantī*-Girlande, die vom Hals bis hinunter zu Seinen Knien reichte. Von Ihm ging ein helles Strahlen aus, ein bezauberndes Lächeln spielte auf Seinen Lippen, und Er trug kunstvolle Juwelenohrringe an Seinen Ohren. In dieser Erscheinung sah Kṛṣṇa schöner aus, als dass es sich ein Mensch vorstellen konnte, und dazu schenkte Er Mucukunda einen zuneigungsvollen Blick, der den König tief faszinierte. Obwohl Kṛṣṇa die Höchste Persönlichkeit Gottes war, der Älteste von allen, sah Er wie ein blühender Jüngling aus, und Seine Bewegungen glichen denen eines Hirsches im Wald. Dennoch war Kṛṣṇas Erscheinung äußerst mächtig, und diese Macht ist so unvergleichlich, dass sich jeder Mensch vor Ihm fürchten sollte.

Als König Mucukunda Kṛṣṇas herrliche Gestalt sah, fragte er sich, wer dies wohl sein mochte, und voller Demut sprach er zum Herrn: „Mein lieber Herr, darf ich fragen, aus welchem Grunde Du in diese Berghöhle gekommen bist? Wer bist Du? Ich sehe, dass Deine Füße zarten Lotosblumen gleichen. Wie konntest Du nur den Wald emporkommen, der voller Gestrüpp und Kiesel ist? All dies verwundert mich sehr. Bist Du vielleicht die Höchste Persönlichkeit Gottes, der Mächtigste der Mächtigen? Bist Du der Ursprung des Lichts und des Feuers? Bist Du vielleicht einer der großen Halbgötter, wie der Sonnengott, der Mondgott oder Indra, der König des Himmels? Oder bist Du die herrschende Gottheit irgendeines anderen Planeten?"

Mucukunda wusste, dass jedes höhere Planetensystem von einem bestimmten Halbgott beherrscht wird. Er war nicht so unwissend wie die Menschen von heute, die denken, es gäbe nur auf dem Planeten Erde Lebewesen und alle anderen Planeten wären unbewohnt. Die Frage Mucukundas, ob Kṛṣṇa die herrschende Gottheit eines anderen, ihm unbekannten Planeten sei, war also nicht unbegründet. Weil König Mucukunda ein reiner Geweihter des Herrn war, erkannte er sogleich, dass Śrī Kṛṣṇa, der ihm in einer solch herrlichen Gestalt erschienen war, nicht einer der Halbgötter sein konnte, die über die materiellen Planeten herrschen. Er musste die Höchste Persönlichkeit Gottes, Kṛṣṇa, sein, der Sich in unzählige Viṣṇu-Formen erweitert. Somit erkannte Mucukunda die Gestalt vor ihm als Puruṣottama, Śrī Viṣṇu. Dazu kam, dass die tiefe Finsternis in der Berghöhle durch die Anwesenheit des Herrn gewichen war, und daher konnte die wundervolle

Gestalt niemand anders sein als die Höchste Persönlichkeit Gottes. Mucukunda war sich nämlich darüber bewusst, dass überall dort, wo der Herr durch Seinen transzendentalen Namen, Seine Eigenschaften, Seine Gestalt und so weiter persönlich anwesend ist, die Dunkelheit der Unwissenheit nicht bestehen kann. Der Herr ist wie eine Fackel in der Dunkelheit; Er überflutet alles mit Licht.

König Mucukunda verlangte es sehr danach, Śrī Kṛṣṇas Identität kennenzulernen, und deshalb sagte er: „O Bester unter den Menschen, wenn Du mich für würdig erachtest, Deine Identität kennenzulernen, so sage mir bitte, wer Du bist. Wer sind Deine Eltern, welcher stellungsgemäßen Pflicht gehst Du nach, und welcher Familiendynastie gehörst Du an?“ König Mucukunda hielt es jedoch für angebracht, sich selbst dem Herrn vorzustellen, denn vorher war er nicht dazu berechtigt, sich nach der Identität des Herrn zu erkundigen. Es ist vedische Sitte, dass man eine höherstehende Person nicht nach Rang und Namen fragen darf, ohne sich nicht zuvor selbst vorgestellt zu haben. Deshalb sagte Mucukunda zu Śrī Kṛṣṇa: „O Herr, erlaube bitte, dass ich mich Dir zuerst vorstelle. Ich gehöre der berühmten Dynastie König Ikṣvākus an, doch ich persönlich bin nicht so bedeutend wie mein Vorvater. Mein Name ist Mucukunda, mein Vater hieß Māndhātā, und mein Großvater war der große König Yuvanāśva. Ich war von großer Müdigkeit befallen worden, weil ich schon seit Tausenden von Jahren nicht mehr geschlafen hatte; alle meine Glieder waren erschöpft und ich konnte mich kaum mehr bewegen. Um wieder zu Kräften zu kommen, legte ich mich zum Schlafen in diese abgelegene Höhle, doch nun bin ich von einem Eindringling gewaltsam geweckt worden, obwohl ich noch gar nicht aufwachen wollte. Wegen dieses Vergehens habe ich ihn mit meinem Blick zu Asche verbrannt. Jetzt ist es mir vergönnt, Dich in Deiner herrlichen, würdevollen Gestalt zu sehen. Ich glaube deshalb, dass es Dein Wille war, der den Tod dieses Feindes verursacht hat. O Herr, ich muss gestehen, dass die Strahlen Deines Körpers meinen Augen unerträglich sind und dass ich Dich deshalb nicht richtig sehen kann. Im Anblick Deiner leuchtenden Erscheinung wird mir klar, wie unbedeutend meine Macht und Kraft ist. O Herr, Du bist würdig, von allen Lebewesen verehrt zu werden.“

Als Śrī Kṛṣṇa sah, dass Mucukunda so begierig war zu erfahren, wer Er war, entgegnete Er lächelnd: „Mein lieber König, es ist so gut wie unmöglich, etwas über Meine Geburt, Mein Erscheinen, Mein Fortgehen und Meine Taten zu erzählen. Wie du vielleicht weißt, hat Meine Inkarnation Anantadeva unzählige Münder, und er hat seit unvordenklichen Zeiten versucht, Meinen Namen, Meinen Ruhm, Meine Eigenschaften, Meine Taten, Mein Erscheinen, Mein Fortgehen und Meine Inkarnationen vollständig zu beschreiben, und doch ist es ihm nicht gelungen, ein Ende zu finden. Deshalb ist es unmöglich, sich vorzustellen, wie viele Namen und Formen Ich besitze. Die materiellen Wissenschaftler mögen vielleicht in der Lage sein, die Anzahl der Atome zu berechnen, aus denen die Erde besteht, doch es wird ihnen niemals gelingen, Meine zahllosen Namen, Formen und Taten zu ermessen. Es gibt viele große Weise und Heilige, die versucht haben, eine Liste Meiner verschiedenen Formen und Taten zusammenzutragen, doch auch ihnen ist es nie gelungen, eine vollständige Liste aufzustellen. Weil du aber so begierig bist, etwas über Mich zu erfahren, will Ich dir sagen, dass Ich gegenwärtig auf diesem Planeten erschienen bin, um die dämonischen Prinzipien der Menschen zu beseitigen und die religiösen Prinzipien, die in den Veden vorgeschrieben sind, wieder einzuführen. Weil Mich Brahma, der höchste Halbgott in diesem Universum, gebeten hatte, zu diesem Zweck auf die Erde herabzusteigen, bin Ich nun in der Dynastie der Yadus als einer ihrer Abkömmlinge erschienen. Ich habe in der Yadu-Dynastie Vasudeva als Meinen Vater auserkoren, und deshalb kennen Mich die Menschen als Vāsudeva, den Sohn Vasudevas. Des Weiteren will Ich dir sagen, dass Ich Kaṁsa, der in einem seiner früheren Leben Kālanemi hieß, wie auch Pralambāsura und viele andere Dämonen getötet habe. Sie verhielten sich Mir gegenüber als Feinde und wurden allesamt von Mir vernichtet. Der Dämon, der vor dir gestanden hat, hatte sich ebenfalls als Feind aufgeführt, doch du hast ihn gütigerweise durch deinen Blick zu Asche verbrannt. Mein lieber König Mucukunda, du bist ein großer Geweihter von Mir, und nur um dir Meine grundlose Barmherzigkeit zu erweisen, bin Ich in dieser Höhle erschienen. Ich bin Meinen Geweihten sehr zugetan, und weil du bereits in deinem vorangegangenen Leben ein großer Gottgeweihter warst und um Meine grundlose Barmherzigkeit gebetet hast, bin Ich nun zu dir gekommen, um dir deinen Wunsch zu erfüllen. Nun siehst du Mich von Angesicht zu Angesicht, wie es dein Herz begehrte. Mein lieber König, du kannst Mich um jede Segnung bitten, die du dir wünschst, denn Ich bin bereit, dir alles zu gewähren. Es ist Mir ein ewiger Grundsatz, jedem, der sich in Meine Obhut begibt, durch Meine Gnade alle Wünsche zu erfüllen."

Als Śrī Kṛṣṇa König Mucukunda eine Bitte freistellte, wurde der König von Freude überwältigt, denn er erinnerte sich plötzlich an die Vorhersage Garga Munis, der vor langer Zeit prophezeit hatte, Śrī Kṛṣṇa werde im 28. Zeitalter von Vaivasvata Manu auf dem Erdplaneten erscheinen. Als ihm diese Prophezeiung einfiel, wurde ihm sofort klar, dass die Höchste Person, Nārāyaṇa, nun als Śrī Kṛṣṇa vor ihm gegenwärtig war. Auf der Stelle fiel er zu Seinen Lotosfüßen nieder und brachte Ihm seine Gebete dar.

„O Herr, o Höchste Persönlichkeit Gottes, ich weiß, dass alle Lebewesen auf diesem Planeten durch Deine äußere Energie verblendet und von der illusorischen Zufriedenheit der Sinnenbefriedigung bezaubert sind. Weil sie völlig in illusorische Tätigkeiten vertieft sind, widerstrebt es ihnen, Deine Lotosfüße zu verehren. Da sie nichts von dem Segen wissen, den man erfährt, wenn man sich Deinen Lotosfüßen ergibt, sind sie den verschiedensten leidvollen Bedingungen des materiellen Daseins ausgesetzt. Sie hängen törichterweise an sogenannter Gesellschaft, Freundschaft und Liebe, aus denen lediglich verschiedene Arten leidvoller Zustände entstehen. Von Deiner äußeren Energie getäuscht, hängt jeder, ob Mann oder Frau, am materiellen Dasein, und alle betrügen einander in einer großangelegten Gesellschaft von Betrügern und Betrogenen. Diese törichten Menschen wissen das Glück, dass sie die menschliche Lebensform erlangt haben, nicht zu schätzen und wollen Deine Lotosfüße nicht verehren. Unter dem Einfluss Deiner äußeren Energie haften sie am Glanz materieller Tätigkeiten. Sie haften an sogenannter Gesellschaft, Freundschaft und Liebe und gleichen in diesem Zustand unwissenden Tieren, die in ein dunkles Brunnenloch gefallen sind." Auf Feldern und Weiden gibt es manchmal Brunnen, die seit Jahren nicht mehr benutzt wurden und daher von Gras überwuchert worden sind. Oft fallen bedauernswerte Tiere, die nichts davon wissen, in solche Brunnenlöcher hinein und müssen dort sterben, wenn man sie nicht herauszieht. Verlockt von ein paar Grashalmen, fallen sie in den finsteren Brunnen und sterben eines elenden Todes. Ebenso ruinieren törichte Menschen, die die Bedeutung der menschlichen Lebensform nicht kennen, ihr Leben, indem sie der Befriedigung ihrer Sinne nachjagen, und sterben, ohne irgendetwas Sinnvolles erreicht zu haben.

„Lieber Herr", fuhr Mucukunda fort, „auch ich bilde keine Ausnahme für dieses universale Gesetz der materiellen Natur. Ich gehöre ebenfalls zu diesen törichten Menschen, die ihre Zeit für nichts verschwendet haben, und meine Lage ist besonders bedenklich, denn weil ich dem königlichen Stand angehörte, war ich hochmütiger als gewöhnliche Menschen. Ein gewöhnlicher Mensch sieht sich als der Besitzer und Beherrscher seines Körpers oder seiner Familie, und ich hatte die gleiche Geisteshaltung, nur in einem viel größeren Maßstab. Ich wollte Herr über die ganze Welt werden. Als mit meinen Plänen zur Sinnenbefriedigung mein Hochmut immer größer wurde, verstärkte sich auch meine körperliche Lebensauffassung. Meine Anhaftung an Haus, Frau und Kinder, Geld und Herrschaft über die Welt vertiefte sich immer mehr, und sie kannte schließlich keine Grenzen mehr. Daher kreisten alle meine Gedanken nur noch um die Angelegenheiten meines materiellen Lebens.

Daher, o Herr, habe ich bereits so viel meiner wertvollen Lebensdauer sinnlos verschwendet. Weil sich meine falschen Vorstellungen vom Leben immer mehr verdichteten, hielt ich meinen materiellen Körper, der doch nichts weiter ist als ein Sack aus Fleisch und Knochen, für das Ein und Alles. In meiner Eitelkeit bildete ich mir ein, ich wäre der König der Menschheit geworden. Mit dieser falschen, körperlichen Auffassung vom Leben reiste ich, mit meiner Streitmacht von Soldaten, Streitwagen, Elefanten und Reitern durch die ganze Welt. Unterstützt von vielen Generälen und stolz wegen meiner materiellen Macht, war ich nicht imstande, Dich, o Herr, zu erkennen, der Du stets als der beste Freund in meinem Herzen weilst. Ich wollte nichts von Dir wissen, und das war der grundlegende Fehler meiner sogenannten erhabenen materiellen Stellung. Ich glaube, dass sich, gleich mir, alle Menschen nicht im Geringsten um spirituelle Erkenntnis bemühen, sondern ständig voller Ängste sind und denken: ‚Was soll ich tun? Was kommt morgen auf mich zu?' Und weil wir von materiellen Wünschen straff gefesselt werden, fahren wir fort, ein wahnsinniges Leben zu führen.

Obwohl wir so sehr in materielle Gedanken vertieft sind, kommt die unausweichliche Zeit, die nur eine Deiner vielen Formen ist, stets gewissenhaft ihrer Pflicht nach, und sowie unsere Frist abgelaufen ist, beendest Du, o Herr, unsere materiellen Träume. In der Form des Zeitfaktors gebietest Du all unseren Tätigkeiten Einhalt, gleich der hungrigen Python, die ohne Nachsicht eine kleine Maus mit einem Bissen verschlingt. Durch die Macht der grausamen Zeit zerfällt der Köper eines Königs, der einst stets mit goldenem Geschmeide geschmückt war und der in einem Streitwagen umherfuhr, vor den elegante Pferde gespannt waren, oder der von einem mit goldenen Verzierungen geschmückten Elefanten getragen wurde. Dieser Körper, den man als König der gesamten Menschheit pries, verfällt und zersetzt sich unter dem Einfluss der unausweichlichen Zeit und wird entweder Fraß für Würmer und Insekten oder wird zu Asche verbrannt oder verwandelt sich in den Kot eines Tieres. Dieser bewunderte Körper mag im lebenden Zustand sehr schön erscheinen. Doch nach dem Tod wird selbst der Körper eines Königs von einem Tier gefressen und verwandelt sich so zu Kot, oder die Leiche wird verbrannt und verwandelt sich so zu Asche, oder er wird in ein Grab gelegt, so dass nach einiger Zeit Würmer und Insekten aus ihm hervorkriechen.

Lieber Herr, wir sind nicht nur zur Stunde des Todes der Herrschaft der unausweichlichen Zeit unterworfen, sondern auch in unterschiedlicher Form bereits während des ganzen Lebens. Ich mag zum Beispiel ein mächtiger König sein, doch wenn ich als Welteneroberer nach Hause zurückkehre, gerate ich dennoch unter die verschiedensten materiellen Umstände. Es ist zwar möglich, dass bei einer siegreichen Rückkehr alle unterworfenen Könige vor mich treten und mir ihre Ehrerbietungen erweisen, doch wenn ich mich dann ins Innere des Palastes zurückziehe, werde ich ein Spielzeug in den Händen der Königinnen und muss um der Sinnenbefriedigung willen Frauen zu Füßen fallen. Die materielle Existenz ist so verwickelt, dass man, bevor man aus dem materiellen Leben einen Genuss ziehen kann, so schwer arbeiten muss, dass einem kaum einmal die Möglichkeit bleibt, etwas zu genießen. Und wenn man einen jugendlichen Körper mit all den damit verbundenen materiellen Vorteilen erlangen will, muss man sich schwere Entsagungen und Bußen auferlegen, um sich auf die himmlischen Planeten zu erheben. Selbst wenn man das Glück hat, in einer reichen oder königlichen Familie geboren zu werden, muss man sich fortgesetzt um die Erhaltung des eigenen Lebensstandards bemühen und sich auf das nächste Leben vorbereiten, indem man die verschiedensten Opfer ausführt und Spenden verteilt. Selbst als König ist man ständig voller Sorgen, nicht nur der politischen Verwaltung wegen, sondern auch wegen des Wunsches, auf die himmlischen Planeten erhoben zu werden.

Es ist also sehr schwierig, der materiellen Verstrickung zu entkommen, doch wenn man irgendwie von Dir begünstigt wird, erhält man allein durch Deine Barmherzigkeit die Möglichkeit, einen reinen Gottgeweihten zu treffen. Dies bildet den Anfang für die Befreiung aus der Verstrickung des materiellen Lebens. Lieber Herr, nur durch die Gemeinschaft mit reinen Gottgeweihten ist es möglich, sich Dir zu nähern, der Du der Herr der materiellen und der spirituellen Welt bist. Du bist das höchste Ziel aller reinen Gottgeweihten, und wenn man sich in der Gemeinschaft dieser reinen Gottgeweihten befindet, kann man seine schlummernde Liebe zu Dir wiedererwecken. Deshalb ist Kṛṣṇa-Bewusstsein, das in der Gemeinschaft reiner Gottgeweihter kultiviert wird, die Kraft, die uns aus dieser materiellen Verstrickung befreit.

Lieber Herr, Du bist unsagbar barmherzig, denn obwohl ich unwillig war, die Gemeinschaft reiner Gottgeweihter aufzusuchen, hast Du mir Deine grenzenlose Barmherzigkeit erwiesen, nur weil ich einmal eine kurze Begegnung mit einem reinen Gottgeweihten wie Garga Muni gehabt habe. Allein durch Deine grundlose Barmherzigkeit habe ich allen materiellen Reichtum, mein Königreich und meine Familie verloren. Ich glaube nicht, dass ich ohne Deine grundlose Barmherzigkeit jemals von all diesen Verstrickungen hätte frei werden können. Könige und Fürsten akzeptieren manchmal das Leben eines Asketen, um die Zeit ihres königlichen Daseins zu vergessen, doch weil Du mir Deine besondere grundlose Barmherzigkeit gezeigt hast, habe ich mein Leben als König bereits hinter mir lassen können. Ich muss nicht ein Bettelmönch werden oder Entsagung üben.

Lieber Herr, ich bete deshalb, einfach nur im transzendentalen liebevollen Dienst zu Deinen Lotosfüßen beschäftigt sein zu dürfen. Dies ist der einzige Wunsch Deiner reinen Geweihten, die von aller materiellen Verunreinigung befreit sind. Du bist die Höchste Persönlichkeit Gottes, und Du kannst mir alles geben, was ich möchte, sogar Befreiung. Doch wer könnte so dumm sein, dass er Dich, nachdem er Dich erfreut hat, noch um etwas bittet, was zu weiterer Verstrickung in der materiellen Welt führt? Ich glaube nicht, dass ein vernünftiger Mensch Dich um solch eine Segnung bitten würde. Deshalb ergebe ich mich Deinen

Lotosfüßen, denn Du bist die Höchste Persönlichkeit Gottes, die Überseele im Herzen eines jeden sowie auch die unpersönliche Brahman-Ausstrahlung. Darüber hinaus bist Du auch die materielle Welt, denn diese materielle Welt ist lediglich die Manifestation Deiner äußeren Energie. Daher bist Du die höchste Zuflucht eines jeden, unabhängig davon, von welchem Gesichtspunkt aus man Dich betrachtet. Jeder, ob er sich auf der materiellen oder auf der spirituellen Ebene befindet, muss bei Deinen Lotosfüßen Zuflucht suchen. Daher gebe ich mich Dir hin, o Herr.

Während unvorstellbar vieler Leben habe ich mich unter dem Einfluss der dreifachen Leiden des materiellen Daseins befunden, und ich bin dessen nun müde geworden. Nachdem ich einfach nur von meinen Sinnen umhergetrieben worden bin, ohne dass ich jemals Zufriedenheit gefunden hätte, suche ich nun Zuflucht bei Deinen Lotosfüßen, die der Ursprung aller friedvollen Lebensumstände sind und die alles Wehklagen, das auf materieller Verunreinigung beruht, beseitigen. Lieber Herr, Du bist die Überseele eines jeden und Dein Wissen ist unbegrenzt. Ich bin nun von der Verunreinigung der materiellen Wünsche befreit worden. Ich möchte weder die materielle Welt genießen noch mit Deiner spirituellen Ausstrahlung verschmelzen, noch möchte ich über Deinen lokalisierten Paramātmā-Aspekt meditieren, denn ich weiß, dass ich völligen Frieden und Gleichmut erlangen werde, wenn ich einfach bei Dir Zuflucht suche."

Nachdem König Mucukunda sein Gebet beendet hatte, erwiderte Śrī Kṛṣṇa: „Mein lieber König, Ich freue Mich sehr über deine Worte. Du warst einstmals der Herrscher über alle Länder der Erde, und daher überrascht es mich, dass dein Geist nun von aller materiellen Verunreinigung völlig frei ist. Du bist nun in der Lage, hingebungsvollen Dienst auszuführen. Ich bin vor allem deswegen sehr zufrieden, weil du Mich nicht um irgendwelche materiellen Vorteile gebeten hast, als Ich dir anbot, jeden Deiner Wünsche zu erfüllen. Ich weiß, dass dein Geist nun fest auf Mich gerichtet ist und von keiner materiellen Eigenschaft mehr beeinträchtigt wird."

Es gibt drei materielle Erscheinungsweisen: Tugend, Leidenschaft und Unwissenheit. Wenn man sich unter dem gemischten Einfluss von Leidenschaft und Unwissenheit befindet, wird man aufgrund von Gier und lustvollen Wünschen dazu getrieben, in der materiellen Welt nach

Annehmlichkeiten zu streben. Wenn man sich jedoch in der materiellen Erscheinungsweise der Tugend befindet, versucht man, sich durch Bußen und Opfer zu läutern. Hat man dann die Stufe eines echten *brāhmaṇa* erreicht, trachtet man danach, in die Existenz des Herrn einzugehen. Doch wenn jemand nur noch den Lotosfüßen des Höchsten Herrn dienen will, so befindet er sich auf einer Stufe, die transzendental zu allen drei materiellen Erscheinungsweisen ist. Ein reiner Gottgeweihter im Kṛṣṇa-Bewusstsein ist daher immer frei von allen materiellen Erscheinungsweisen.

„Mein lieber König", fuhr Kṛṣṇa fort, „als Ich dir die Gelegenheit gab, dir irgendetwas zu wünschen, tat Ich dies nur, um zu prüfen, wie weit du im hingebungsvollen Dienst fortgeschritten bist. Jetzt weiß Ich, dass du auf der Stufe der reinen Gottgeweihten stehst, denn dein Geist wird weder durch materielle Wünsche noch durch Gier oder Lust aufgewühlt. Die Yogis hingegen, die versuchen, sich durch Sinnenbeherrschung zu erheben, oder die mit Hilfe der Atemübungen des *prāṇāyāma* über Mich meditieren, sind nicht so gründlich von allen materiellen Wünschen befreit. Es ist schon oft vorgekommen, dass solche Yogis schon bei der geringsten Verlockung wieder auf die materielle Ebene gefallen sind."

Ein anschauliches Beispiel für ein solches Zufallkommen ist Viśvāmitra Muni. Er war ein großer Yogi, der seit langer Zeit *prāṇāyāma*, die Kunst der Atemübung, praktiziert hatte, doch als er von Menakā, einem Gesellschaftsmädchen der himmlischen Planeten, besucht wurde, verlor er jegliche Beherrschung und zeugte mit ihr eine Tochter namens Śakuntalā. Im Gegensatz dazu wurde der reine Gottgeweihte Haridāsa Ṭhākura niemals in seiner Ruhe gestört, nicht einmal dann, als ihn eine Prostituierte zu verführen versuchte.

„Mein lieber König", fuhr Śrī Kṛṣṇa fort, „Ich gebe dir die besondere Segnung, dass du immer an Mich denken wirst. Auf diese Weise wirst du die materielle Welt leicht hinter dir lassen können, ohne von den materiellen Erscheinungsweisen verunreinigt zu werden." Der Herr bestätigt mit dieser Aussage, dass jemand, der in wahrem Kṛṣṇa-Bewusstsein verankert ist und sich unter der Führung des spirituellen Meisters im liebevollen Dienst des Herrn beschäftigt, niemals von den materiellen Erscheinungsweisen verunreinigt wird.

Der Herr fuhr fort: „Mein lieber König, weil du ein *kṣatriya* bist, hast du die Sünde begangen, Tiere zu schlachten – sowohl auf der Jagd als auch bei politischen Unternehmungen. Um davon gereinigt zu werden, musst du einfach *bhakti-yoga* praktizieren und deinen Geist ausschließlich auf Mich richten. So wirst du schon sehr bald von allen Reaktionen auf solche widerwärtigen Tätigkeiten befreit sein." Aus dieser Aussage geht hervor, dass es den *kṣatriyas* zwar erlaubt ist, während der Jagd Tiere zu töten, dass sie aber trotzdem nicht von den sich daraus ergebenden Reaktionen auf sündhafte Tätigkeiten befreit sind. Daher wird es jedem – ob man *kṣatriya, vaiśya* oder *brāhmaṇa* ist – empfohlen, am Ende seines Lebens *sannyāsa* anzunehmen, um sich völlig dem Dienst des Herrn zu widmen und somit von allen sündhaften Reaktionen seines Lebens frei zu werden. Darauf versicherte der Herr König Mucukunda: „In deinem nächsten Leben wirst du als erstklassiger Vaiṣṇava, der beste der *brāhmaṇas*, geboren werden, und in diesem Leben wirst du ausschließlich in Meinem transzendentalen Dienst tätig sein." Ein Vaiṣṇava ist ein *brāhmaṇa* ersten Ranges, denn jemand, der nicht die Eigenschaften eines echten *brāhmaṇa* erworben hat, kann kein Vaiṣṇava werden. Wenn man die Stufe eines Vaiṣṇavas erreicht, ist man nur noch für das Wohl aller Lebewesen tätig. Die höchste Wohltätigkeit für alle Lebewesen ist das Predigen von Kṛṣṇa-Bewusstsein. Śrī Kṛṣṇa weist mit Seiner Aussage darauf hin, dass diejenigen, die Seine besondere Gunst bekommen haben, vollkommenes Kṛṣṇa-Bewusstsein erlangen und im Verbreiten und Predigen der Vaiṣṇava-Philosophie beschäftigt werden.

Hiermit enden die Bhaktivedanta-Erläuterungen zum 51. Kapitel des Kṛṣṇa-Buches mit dem Titel „Die Erlösung Mucukundas".

KAPITEL 52

Kṛṣṇa, der Raṇacora

Als Mucukunda, der berühmte Nachkomme der Ikṣvāku-Dynastie, Śrī Kṛṣṇas Segnung empfangen hatte, umkreiste er den Herrn in der Höhle und begab sich dann ins Freie. Als er ans Tageslicht trat, sah er zu seinem Erstaunen, dass die Körper der Menschen auf Zwergengröße geschrumpft waren. Auch die Bäume waren viel kleiner geworden, und Mucukunda begriff sofort, dass er sich im Kali-yuga befand. Ohne sich weiter aufzuhalten, zog er daher in Richtung Norden, und auf diese Weise erreichte er schließlich den Berg Gandhamādana. Auf diesem Berg wuchsen viele Bäume, wie Sandelholzbäume und andere blütentragende Bäume, deren Wohlgeruch jeden, der in ihre Nähe kam, in eine freudige Stimmung versetzte. Mucukunda beschloss, in dieser Berggegend zu bleiben, um sich dort für den Rest seines Lebens strengen Entsagungen und Bußen zu unterziehen. Der Gandhamādana liegt, soviel man weiß, im nördlichsten Teil des Himalaya-Gebirges, wo sich auch das Reich Nara-Nārāyaṇas befindet. Dieser Ort existiert heute noch und ist unter dem Namen Badarikāśrama bekannt. Dort in Badarikāśrama widmete sich Mucukunda der Verehrung Śrī Kṛṣṇas, und so erdultete er alle Arten von Glück und Leid wie auch alle anderen Dualitäten der materiellen Welt. Śrī Kṛṣṇa Seinerseits begab Sich auf den Rückweg nach Mathurā, wo Er mit Kālayavanas Soldaten kämpfte, die Er alle, einen nach dem anderen, tötete. Danach sammelte Er von allen Gefallenen die Kriegsbeute zusammen und unter Seiner Aufsicht ließ Er die gesamte Beute auf Ochsenkarren laden und nach Dvārakā bringen.

Unterdessen griff Jarāsandha Mathurā aufs Neue an, diesmal jedoch mit mehr Soldaten als bei seinen vorangegangenen Versuchen. Es war ihm nämlich gelungen, 23 *akṣauhiṇīs* aufzustellen.

Śrī Kṛṣṇa wollte Mathurā auch vor dem achtzehnten Angriff der großen Streitmacht Jarāsandhas retten, doch weil Er weiteres Blutvergießen verhindern und überdies andere wichtige Angelegenheiten erledigen wollte, verließ Er das Schlachtfeld kampflos. Obwohl Kṛṣṇa natürlich keine Furcht kannte, tat Er so, als wäre Er ein gewöhnlicher Mensch, der sich vor dem ungeheuren Truppen- und Waffenaufgebot Jarāsandhas fürchtete. Ohne Waffe verließ Er das Schlachtfeld, und obgleich Seine Lotosfüße die Zartheit der Blütenblätter einer Lotosblume besitzen, legte Er eine sehr weite Strecke zu Fuß zurück.

Jarāsandha war der Überzeugung, dass Kṛṣṇa und Balarāma beim Anblick seiner gewaltigen Streitmacht diesmal von großer Angst ergriffen worden wären und nur deshalb das Schlachtfeld so fluchtartig verlassen hätten. Sogleich setzte Jarāsandha den beiden Brüdern mit allen Streitwagen, der gesamten Reiterei und allem Fußvolk nach, denn er hielt Kṛṣṇa und Balarāma für gewöhnliche Menschen und versuchte, Ihr Tun dementsprechend zu deuten. Kṛṣṇa wird aufgrund dieses Spiels auch Raṇacora genannt, was so viel bedeutet wie „derjenige, der das Schlachtfeld verlassen hat". In Indien, vor allem in Gujarat, gibt es viele Tempel Kṛṣṇas, die als Tempel Raṇacorajīs bezeichnet werden. Normalerweise wird ein König, der das Schlachtfeld kampflos verlässt, als Feigling verschrien, doch wenn Kṛṣṇa als eines Seiner transzendentalen Spiele das Schlachtfeld kampflos verlässt, wird Er von den Gottgeweihten dafür verehrt. Ein Dämon versucht immer, Kṛṣṇas transzendentale

Macht zu messen – Gottgeweihte hingegen versuchen niemals, Kṛṣṇas Macht und Reichtum zu ermessen, sondern ergeben sich dem Herrn einfach und verehren Ihn. Dem Beispiel der reinen Gottgeweihten folgend, können wir verstehen, dass Kṛṣṇa, der Raṇacorajī, das Schlachtfeld nicht aus Furcht verließ, sondern weil Er etwas anderes vorhatte. Wie sich später zeigen sollte, war es Seine Absicht, schnell wieder nach Dvārakā zurückzukehren, um dort einen vertraulichen Brief von Rukmiṇī, Seiner zukünftigen ersten Frau, in Empfang zu nehmen. Mit dem Verlassen des Schlachtfeldes entfaltete Kṛṣṇa eine Seiner sechs transzendentalen Füllen. Kṛṣṇa ist der Mächtigste, der Reichste, der Berühmteste, der Weiseste und der Schönste, und ebenso ist Er der Entsagungsvollste. Das *Śrīmad-Bhāgavatam* erklärt eindeutig, dass Kṛṣṇa das Schlachtfeld verließ, obwohl Ihm eine umfangreiche Streitmacht zur Verfügung stand. Auch allein, ohne Seine Streitheere, wäre Er imstande gewesen, die gesamte Armee Jarāsandhas zu schlagen, wie Er es bereits 17 Mal zuvor getan hatte. Mit dem Verlassen des Schlachtfeldes gab Er also ein Beispiel Seiner vollkommenen Entsagung.

Nachdem die beiden Brüder eine sehr weite Strecke zurückgelegt hatten, gaben Sie vor, müde zu werden. Um Ihre Müdigkeit zu vertreiben, bestiegen Sie einen Berg, dessen Gipfel viele Kilometer über dem Meeresspiegel lag. Dieser Berg hieß Pravarṣaṇa, weil es dort ständig regnete, denn der Gipfel war immer von Wolken umhüllt, die von Indra gesandt wurden. In seiner Überheblichkeit zweifelte Jarāsandha keinen Augenblick daran, dass Sich die beiden Brüder vor seiner Streitmacht fürchteten und Sich deshalb auf dem Gipfel des Berges versteckt hatten. Zuerst versuchte er, Sie zu finden, doch nach langer, erfolgloser Suche beschloss er, Sie festzuhalten und zu töten, indem er um den Gipfel herum ein Feuer legte. Mit dieser Absicht verteilte er um die Bergspitze herum Brennholz und setzte es in Brand. Als das Feuer immer weiter um sich griff, sprangen Kṛṣṇa und Balarāma vom Gipfel des Berges hinunter zur ebenen Erde – ein Sprung aus 142 Kilometern Höhe. Während der Gipfel in Flammen auf ging, entkamen Kṛṣṇa und Balarāma, ohne von Jarāsandha oder seinen Männern gesehen zu werden. Jarāsandha dachte, die beiden Brüder wären bei lebendigem Leibe verbrannt, weswegen er es nicht für nötig hielt, weiterzukämpfen. Weil er von seinem Erfolg überzeugt war, ließ er von Mathurā ab, um zu seiner Residenz im Königreich Magadha zurückzukehren. In der Zwischenzeit erreichten Kṛṣṇa und Balarāma die Stadt Dvārakā, die von allen Seiten vom Meer umgeben wurde.

Nach dieser Begebenheit heiratete Śrī Balarāma Revatī, die Tochter König Raivatas, des Herrschers über die Provinz Ānarta. Dies wird im 9. Canto des *Śrīmad-Bhāgavatam* geschildert. Nach Baladevas Heirat nahm Sich Kṛṣṇa Rukmiṇī zur Frau, die Tochter Bhīṣmakas, des Königs über die Provinz Vidarbha. So wie Kṛṣṇa die Höchste Persönlichkeit Gottes, Vāsudeva, ist, ist Rukmiṇī die höchste Glücksgöttin, Mahā-Lakṣmī. Laut der maßgeblichen Aussage des *Caitanya-caritāmṛta* erweitern Sich Kṛṣṇa und Śrī Rādhārāṇī gleichzeitig. Kṛṣṇa erweitert Sich in verschiedene *Viṣṇu-tattva*-Formen, und Śrīmatī Rādhārāṇī erweitert Sich durch Ihre innere Energie in zahlreiche *śakti-tattva*-Formen, das heißt in die verschiedenen Formen der Glücksgöttinnen.

Nach vedischer Tradition gibt es acht verschiedene Arten der Heirat. Die beste Art der Heirat ist es, wenn die Eltern der Braut und des Bräutigams gemeinsam den Tag bestimmen, an dem die Trauung stattfinden soll. Bei einer Heirat im königlichen Stil begibt sich der Bräutigam zum Haus der Braut, wo ihm in Anwesenheit von *brāhmaṇas*, Priestern und Verwandten seine Braut als Geschenk übergeben wird. Daneben gibt es noch andere Arten der Heirat, wie zum Beispiel die *gandharva-* und *rākṣasa*-Heiraten. Kṛṣṇa heiratete Rukmiṇī gemäß dem *rākṣasa*-System, wobei Er sie vor den Augen Seiner vielen Rivalen, wie Śiśupāla, Jarāsandha und Śalva, entführte. Als Rukmiṇī Śiśupāla übergeben werden sollte, raubte Kṛṣṇa sie aus der Festarena, genau wie Garuḍa den Halbgöttern einen Topf mit Nektar entriss. Rukmiṇī, die einzige Tochter König Bhīṣmakas, war von einzigartiger Schönheit. Man nannte sie auch Rucirānanā, „diejenige, deren Antlitz so schön ist wie eine aufblühende Lotosblume“.

Kṛṣṇas Geweihte sind stets begierig, von den transzendentalen Taten des Herrn zu hören. Wenn Kṛṣṇa mit Dämonen kämpft, Seine Braut entführt oder vom Schlachtfeld flieht, so sind dies alles transzendentale Taten, die sich auf der absoluten Ebene befinden, und deshalb haben die Gottgeweihten ein transzendentales Interesse, darüber zu hören. Der reine Gottgeweihte unterscheidet bei Kṛṣṇas Spielen nicht zwischen solchen, die es wert sind, gehört zu werden, und anderen, die man übergehen kann. Es gibt jedoch eine Gruppe von Pseudogottgeweihten, die allgemein als *prākṛta-sahajiyās* bekannt sind, und diese *sahajiyās* interessieren sich nur für Kṛṣṇas *rāsa-līlā* mit den *gopīs*, während sie mit den Beschreibungen von Kṛṣṇas Kämpfen mit Seinen Feinden nichts anfangen können. Sie wissen nicht, dass Seine Kämpfe und Seine vertraulichen Beziehungen zu den *gopīs* gleichermaßen transzendental sind, weil sie sich auf der absoluten Ebene befinden. Die reinen Gottgeweihten kosten all die transzendentalen Spiele Śrī Kṛṣṇas, die im *Śrīmad-Bhāgavatam* beschrieben werden, durch ergebenes Hören, und sie weisen keinen Tropfen dieses Nektars zurück.

Die folgende Geschichte beschreibt, wie es zu Kṛṣṇas Heirat mit Rukmiṇī kam. Der Herrscher von Vidarbha, Mahārāja Bhīṣmaka, war hochbefähigt und gottergeben. Er hatte fünf Söhne und nur eine Tochter. Sein erster Sohn hieß Rukmī, der zweite Rukmaratha, der dritte Rukmabāhu, der vierte und jüngste Rukmakeśa und der fünfte Rukmamālī. Ihre junge Schwester hieß Rukmiṇī. Sie war außerordentlich schön und keusch, und sie war auserkoren, von Śrī Kṛṣṇa geheiratet zu werden. Viele Heilige und Weise, wie Nārada Muni, pflegten den Palast König Bhīṣmakas zu besuchen, wobei sich natürlich auch Rukmiṇī die Gelegenheit bot, mit ihnen zu sprechen. Auf diese Weise hörte sie zum ersten Mal von Kṛṣṇa. Sie erfuhr, dass Kṛṣṇa alle sechs Füllen besaß, und allein dadurch, dass sie von Ihm hörte, erwachte in ihr der Wunsch, sich Seinen Lotosfüßen hinzugeben und Seine Frau zu werden. Auch Kṛṣṇa hatte von Rukmiṇī gehört. Sie war der Inbegriff aller transzendentalen Eigenschaften; dazu zählen Klugheit, glückverheißende Körpermerkmale, Großherzigkeit, vortreffliche Schönheit und Rechtschaffenheit. Kṛṣṇa entschied daher, dass sie geeignet war, Seine Frau zu werden. Ebenso waren die Angehörigen und Verwandten König Bhīṣmakas der Meinung, dass Rukmiṇī Kṛṣṇa zur Frau gegeben werden sollte. Aber ihr älterer Bruder Rukmī wollte sie gegen den Wunsch der übrigen Familienmitglieder mit Śiśupāla, einem erklärten Feind Kṛṣṇas, vermählen, und er bereitete alles zur Hochzeit vor. Als die schwarzäugige, liebliche Rukmiṇī von dieser Entscheidung hörte, wurde sie sehr traurig. Weil sie jedoch die Tochter eines Königs war, verstand sie etwas von Diplomatie und erkannte daher, dass es keinen Sinn hatte, sich vom Kummer besiegen zu lassen. Vielmehr musste augenblicklich etwas unternommen werden. Nach einiger Überlegung beschloss sie, Kṛṣṇa eine Botschaft zu senden, und um sicher zu sein, nicht verraten zu werden, wählte sie einen zuverlässigen *brāhmaṇa* als Boten aus, denn ein qualifizierter *brāhmaṇa* ist als Geweihter Viṣṇus immer wahrhaftig. Unverzüglich schickte sie also den *brāhmaṇa* nach Dvārakā.

Als der *brāhmaṇa* vor dem Stadttor von Dvārakā ankam, meldete er dem Torwächter seine Ankunft, worauf ihn dieser zu dem Palast führte, in dem Kṛṣṇa auf einem goldenen Thron saß. Weil der *brāhmaṇa* Rukmiṇīs Bote war, hatte er das Glück, die Höchste Persönlichkeit Gottes, Kṛṣṇa, der die ursprüngliche Ursache aller Ursachen ist, von Angesicht zu Angesicht zu sehen. Die *brāhmaṇas* sind die spirituellen Lehrer aller Gesellschaftsschichten, und um zu zeigen, wie man gemäß den vedischen Höflichkeitsregeln einem *brāhmaṇa* Achtung erweist, erhob Sich Śrī Kṛṣṇa sofort und bot dem *brāhmaṇa* Seinen Thron als Sitzplatz an. Als der *brāhmaṇa* dann auf dem goldenen Thron saß, brachte ihm Śrī Kṛṣṇa die gleiche Verehrung dar, wie sie Ihm Selbst von den Halbgöttern erwiesen wird. Auf diese Weise zeigte Śrī Kṛṣṇa, dass es von größerem Wert ist, Seinen Geweihten zu verehren als Ihn Selbst.

Anschließend nahm der *brāhmaṇa* ein Bad, speiste und ruhte sich schließlich auf einem Bett aus, das mit Tüchern aus weicher Seide bedeckt war. Während sich der *brāhmaṇa* ausruhte, näherte Sich ihm Śrī Kṛṣṇa sehr leise, legte Sich mit großer Achtung dessen Füße auf Seinen Schoß und begann, sie zu massieren. Währenddessen sagte Er zum *brāhmaṇa*: „Mein lieber *brāhmaṇa*, Ich hoffe, dass du die religiösen Prinzipien ohne Schwierigkeiten befolgen kannst und dass dein Geist stets friedvoll ist." Die verschiedenen Klassen von Menschen in der Gesellschaft gehen unterschiedlichen Pflichten nach. Wenn man sich daher nach dem Wohlergehen eines Menschen erkundigt, müssen sich die Fragen, die man ihm stellt, auf dessen stellungsgemäße Pflicht beziehen. Wenn man sich nach dem Wohlergehen eines *brāhmaṇa* erkundigt, sollten sich die Fragen also auf den Lebensbereich der *brāhmaṇas* beziehen, damit man ihn nicht belästigt. Innerer Friede bildet die Voraussetzung für Wahrhaftigkeit, Reinheit, Ausgeglichenheit, Selbstbeherrschung und Duldsamkeit, und wenn man Wissen erlangt und lernt, wie man dieses Wissen praktisch anwendet, gewinnt man festes Vertrauen in die Absolute Wahrheit. Der *brāhmaṇa* wusste, dass Kṛṣṇa die Höchste Persönlichkeit Gottes war, dennoch nahm er die ehrerbietigen Dienste des Herrn entgegen, um die in den Veden dargelegten Regeln für die Gesellschaft einzuhalten. Śrī Kṛṣṇa spielte die Rolle eines gewöhnlichen Menschen, und da Er zur *kṣatriya*-Klasse der Gesellschaft gehörte und Sich zudem noch im Alter eines Knaben befand, war es Seine Pflicht, einem solchen *brāhmaṇa* Achtung zu erweisen.

Śrī Kṛṣṇa fuhr fort: „O bester aller *brāhmaṇas*, du solltest immer zufrieden sein, denn wenn ein *brāhmaṇa* stets in sich selbst zufrieden ist, wird er niemals von seinen vorgeschriebenen Pflichten abweichen. Jeder, insbesondere ein *brāhmaṇa*, kann die höchste Erfüllung aller Wünsche erfahren, wenn er sich einfach an seine vorgeschriebenen Pflichten hält. Selbst wenn jemand so reich ist wie der Himmelskönig Indra, muss er, wenn er nicht zufrieden ist, unweigerlich von Planet zu Planet wandern. Ein solcher Mensch kann niemals und unter keinen Umständen glücklich werden, doch wenn ein Mensch innerlich zufrieden ist, kann er immer und überall glücklich leben, selbst wenn er all seinen Besitz verliert."

Diese Anweisungen Kṛṣṇas an den *brāhmaṇa* sind sehr wichtig. Sie besagen, dass ein echter *brāhmaṇa* unter keinen Umständen seine Ruhe verlieren darf. In unserem Zeitalter, dem Kali-yuga, haben die sogenannten *brāhmaṇas* die verabscheuenswerte Stellung von *śūdras* oder von solchen, die noch niedriger sind als *śūdras*, angenommen und wollen trotzdem als qualifizierte *brāhmaṇas* angesehen werden. Doch in Wirklichkeit hält sich ein qualifizierter *brāhmaṇa* immer an seine Pflichten und würde niemals den Pflichten eines Menschen nachkommen, der auf der Stufe eines *śūdra* oder sogar noch tiefer steht. In den maßgeblichen Schriften findet man die Anweisung, dass ein *brāhmaṇa* unter zwingenden Umständen, wenn es nicht anders geht, auch die Tätigkeit eines *kṣatriya* oder sogar eines *vaiśya* verrichten darf, doch niemals darf er die Tätigkeit eines *śūdra* annehmen. Śrī Kṛṣṇa erklärte, dass sich ein *brāhmaṇa*, der unbeirrt den für ihn bestimmten religiösen Prinzipien folgt, niemals durch widrige Lebensumstände stören lässt. Abschließend sagte Śrī Kṛṣṇa: „Ich bringe den *brāhmaṇas* und Vaiṣṇavas Meine achtungsvollen Ehrerbietungen dar, denn die *brāhmaṇas* sind stets in sich selbst zufrieden, und die Vaiṣṇavas gehen stets Tätigkeiten nach, die einzig und allein das wirkliche Wohl der Menschheit zum Ziele haben. Sie sind die besten Freunde der Menschheit, sie sind frei von Selbstsucht und innerlich stets friedvoll."

Śrī Kṛṣṇa wollte etwas über die Herrscher *(kṣatriyas)* im Königreich des *brāhmaṇa* erfahren, und so fragte Er, ob die Bürger alle glücklich seien. Die Befähigung eines Königs wird nach dem Befinden des Volkes beurteilt. Wenn die Bürger in jeder Beziehung glücklich sind, weiß man, dass der König aufrichtig ist und seine Pflichten zuverlässig erfüllt. Kṛṣṇa sagte, dass ein König, in dessen Königreich die Menschen glücklich leben würden, Ihm sehr lieb sei. Natürlich wusste Kṛṣṇa, dass der *brāhmaṇa* mit einer vertraulichen Botschaft zu Ihm gekommen war, und so sagte Er schließlich: „Wenn du nichts dagegen hast, so kannst du nun mit Meiner Erlaubnis darüber sprechen, was dich hierher zu Mir führt."

Sodann erzählte der *brāhmaṇa*, der sehr glücklich war, an den transzendentalen Spielen des Herrn teilnehmen zu können, die ganze Geschichte, die dazu geführt hatte, dass er nun zu Kṛṣṇa gekommen war. Er holte den Brief hervor, den Rukmiṇī an Kṛṣṇa geschrieben hatte, und sprach: „Dies sind die Worte der Prinzessin Rukmiṇī: ‚Mein lieber Kṛṣṇa, o Unfehlbarer und schönster der Schönen, jeder Mensch, der über Deine transzendentale Gestalt und Deine transzendentalen Spiele hört, vertieft sich durch seine Ohren augenblicklich in die Gegenwart Deines Namens, Deines Ruhmes und Deiner Eigenschaften. So fallen all seine materiellen Leiden von ihm, und er schließt Deine Gestalt in sein Herz. In seiner transzendentalen Liebe zu Dir sieht er Dich ständig in seinem Innern, wodurch sich all seine Wünsche erfüllen. Auch ich habe von Deinen transzendentalen Eigenschaften gehört. Vielleicht mag ich schamlos wirken, wenn ich meine Wünsche so offen ausspreche, doch ich muss Dir gestehen, dass Du mich bezaubert und mein Herz gestohlen hast. Du magst meine Charakterfestigkeit bezweifeln, denn wie nur könnte ein unverheiratetes junges Mädchen sich Dir ohne Scham nähern? Doch Du, mein lieber Mukunda, bist der höchste Löwe unter den Menschen, die höchste Person aller Personen. Jedes Mädchen, auch wenn es sich noch unter dem Schutz seiner Eltern befindet, und jede Frau, sei sie auch die keuscheste der Keuschen, würde sich wünschen, Dich zu heiraten, weil Du sie mit Deinem einzigartigen Charakter, Deinem Wissen, Deinem Reichtum und Deiner Stellung betörst. Ich weiß, dass Du, der Gemahl der Glücksgöttin, Deinen Geweihten sehr zugetan bist, weshalb ich mich entschlossen habe, Deine ewige Dienerin zu werden. Deinen Lotosfüßen weihe ich mein Leben und meine Seele, denn ich habe Dich, o Herr, als meinen Ehemann auserwählt, und so bitte ich Dich, mich als Deine Frau anzunehmen. Du bist der Mächtigste, o

Lotosäugiger, und nun gehöre ich Dir. Doch wenn das, was dem Löwen zum Genuss bestimmt ist, vom Schakal gestohlen wird, so führt dies zu Gespött. Daher bitte ich Dich, Dich meiner anzunehmen, bevor ich von Śiśupāla und anderen Fürsten seines Schlages gestohlen werde. Mein lieber Herr, vielleicht habe ich in meinem vorherigen Leben Werke zum Wohl der Allgemeinheit getan, wie zum Beispiel Brunnen gegraben und Bäume gepflanzt, oder vielleicht habe ich fromme Taten ausgeführt, wie das Darbringen von rituellen Zeremonien und Opfern, oder ich habe dem spirituellen Meister, den *brāhmaṇas* und den Vaiṣṇavas gedient. Vielleicht habe ich durch diese Taten die Höchste Persönlichkeit Gottes, Nārāyaṇa, erfreuen können. Wenn dem so ist, dann wünsche ich mir, dass Du, Śrī Kṛṣṇa, Bruder Balarāmas, hierherkommst und mich bei der Hand ergreifst, so dass ich nicht von Leuten wie Śiśupāla berührt werde.'"

Rukmiṇīs Heirat mit Śiśupāla war bereits beschlossen worden; deshalb schlug Rukmiṇī Śrī Kṛṣṇa vor, sie zu entführen, damit dies verhindert werden konnte. Eine Heirat, bei der die Braut mit Gewalt entführt wird, bezeichnet man als *rākṣasa*-Heirat, und dies kommt manchmal bei den *kṣatriyas* vor, das heißt bei der verwaltenden Klasse von Menschen, die ein kriegerisches Temperament haben. Weil Rukmiṇīs Heirat bereits für den nächsten Tag vorgesehen war, bat sie Kṛṣṇa, unerkannt zur Feier zu kommen, um sie zu entführen und mit Śiśupāla und seinen Verbündeten, wie dem König von Magadha, zu kämpfen. Da sie wusste, dass niemand Kṛṣṇa besiegen konnte und dass Er mit Sicherheit siegreich aus dem Kampf hervorgehen würde, nannte sie Ihn Ajita, „den unüberwindlichen Herrn".

Rukmiṇī schrieb Kṛṣṇa auch, Er brauche Sich nicht zu sorgen, dass der Kampf mitunter im Innern des Palastes stattfindet und daher viele ihrer Familienangehörigen und die anderen anwesenden Frauen verwundet oder getötet werden könnten. Gleich einem König, der diplomatische Wege und Mittel ersinnt, um sein Ziel zu erreichen, so wusste auch Rukmiṇī, die Tochter eines Königs, geschickt Mittel und Wege zu finden, um ein unnötiges und unerwünschtes Töten zu vermeiden. Sie erklärte, es sei ein alter Brauch in ihrer Familie, vor einer Hochzeit den Tempel, in der die Göttin Durgā, die Bildgestalt ihrer Familie, verehrt werde, zu besuchen. (Die *kṣatriya*-Könige waren damals meistens echte Vaiṣṇavas, die Śrī Viṣṇu entweder als Lakṣmī-Nārāyaṇa oder als

Rādhā-Kṛṣṇa verehrten. Zur gleichen Zeit pflegten sie aber auch die Göttin Durgā zu verehren, um materiellen Wohlstand zu erlangen. Sie begingen jedoch niemals den Fehler, die Halbgötter für den Höchsten Herrn zu halten oder sie mit dem *Viṣṇu-tattva* auf eine Stufe zu stellen, wie es weniger intelligente Menschen tun.) Um ein unnötiges Blutvergießen unter ihren Verwandten zu vermeiden, teilte Rukmiṇī Kṛṣṇa mit, die beste Gelegenheit, sie zu entführen, sei gegeben, wenn sie vom Palast zum Tempel gehe oder wenn sie wieder nach Hause zurückkehre.

Sie verriet Kṛṣṇa auch, warum sie sich so sehr danach sehne, gerade Ihn zu heiraten, obwohl sie bereits Śiśupāla versprochen war, der als Sohn eines großen Königs ihrer ebenfalls würdig war. Rukmiṇī erklärte, dass ihrer Meinung nach niemand in der Lage sei, Kṛṣṇa zu übertreffen – nicht einmal Śiva, der als Mahādeva, der größte aller Halbgötter, bezeichnet werde. Selbst Śiva bemüht sich, Śrī Kṛṣṇa zu erfreuen, damit er davon befreit werde, sich in der materiellen Welt mit der Erscheinungsweise der Unwissenheit abgeben zu müssen. Obwohl Śiva der größte aller *mahātmās* ist, fängt er mit seinem Kopf das reinigende Wasser des Ganges auf, das durch ein Loch, welches von Śrī Viṣṇus Zehe stammt, in dieses materielle Universum hineinströmt. Śiva ist für die materielle Erscheinungsweise der Unwissenheit zuständig, und um trotzdem auf der transzendentalen Ebene verankert zu bleiben, meditiert er ständig über Śrī Viṣṇu oder Kṛṣṇa und versucht stets, sich mit Gangeswasser zu reinigen. Rukmiṇī wusste daher sehr wohl, dass es durchaus nichts Geringes war, die Gunst Śrī Kṛṣṇas zu gewinnen. Wenn sich zu diesem Zweck selbst Śiva läutern musste, würde dies erst recht für sie schwierig sein, da sie nur die Tochter eines *kṣatriya*-Königs war. Daher beschloss sie, ihr ganzes Leben strengen Entsagungen und Bußen zu widmen, wie dem Fasten und der Entsagung körperlicher Annehmlichkeiten. Wenn es ihr in diesem Leben trotz aller Bemühungen nicht gelingen sollte, Kṛṣṇas Gunst zu gewinnen, war sie bereit, infolge der Entsagungen zu sterben und Leben für Leben mit ähnlichen Entbehrungen fortzufahren. In der *Bhagavad-gītā* wird gesagt, dass die reinen Geweihten des Herrn den hingebungsvollen Dienst mit großer Entschlossenheit ausführen, und diese Entschlossenheit, wie sie auch Rukmiṇī zeigte, ist der einzige Preis, um Kṛṣṇas Gunst zu erlangen. Man sollte fest entschlossen Kṛṣṇa-Bewusstsein praktizieren – dies ist der Weg zum endgültigen Erfolg.

Nachdem der *brāhmaṇa* Rukmiṇīdevīs Botschaft vorgelesen hatte, sagte er: „Lieber Kṛṣṇa, Anführer der Yadu-Dynastie, ich habe Dir nun Rukmiṇīs vertrauliche Botschaft überbracht, alles weitere hängt von Deinem Willen ab. Wenn Du darüber nachgedacht hast, kannst Du tun, was Du für richtig hältst, aber wenn Du etwas unternehmen willst, so musst Du sehr schnell handeln, denn die Zeit drängt."

Hiermit enden die Bhaktivedanta-Erläuterungen zum 52. Kapitel des Kṛṣṇa-Buches mit dem Titel „Kṛṣṇa, der Raṇacora".

KAPITEL 53

Kṛṣṇa entführt Rukmiṇī

Als Kṛṣṇa die Botschaft Rukmiṇīs vernommen hatte, war Er sehr erfreut. Er schüttelte dem *brāhmaṇa* die Hand und sagte: „Mein lieber *brāhmaṇa*, es freut Mich sehr zu erfahren, wie sehr sich Rukmiṇī wünscht, Mich zu heiraten, denn auch Ich sehne Mich danach, ihre Hand zu bekommen. Meine Gedanken weilen ständig bei der Tochter Bhīṣmakas, und manchmal kann Ich nachts nicht schlafen, weil Ich an sie denken muss. Dass nun Rukmiṇīs älterer Bruder ihre Heirat mit Śiśupāla in die Wege geleitet hat, liegt offensichtlich daran, dass er schon seit jeher einen Groll gegen Mich hegt. Deshalb bin Ich entschlossen, all diesen Fürsten eine gehörige Lektion zu erteilen. Genau wie man aus gewöhnlichem Holz das lichtspendende Feuer herausziehen kann, so werde Ich mit diesen dämonischen Fürsten kämpfen und aus ihrer Mitte Rukmiṇī wie ein Feuer hervorbringen."

Weil Kṛṣṇa erfahren hatte, dass Rukmiṇīs Heirat schon am nächsten Tag stattfinden sollte, war Er sehr bestrebt, schnellstens aufzubrechen. Er wies Seinen Wagenlenker Dāruka an, die Pferde vor den Wagen zu spannen und alles für die Fahrt zum Königreich von Vidarbha vorzubereiten. Auf diesen Befehl hin brachte Dāruka die vier Pferde herbei, die Kṛṣṇa besonders bevorzugte. Diese Pferde werden im *Padma Purāṇa* namentlich aufgeführt und beschrieben. Das erste hieß Śaibya und war von grünlicher Farbe, das zweite, Sugrīva, war grau wie Eis, das dritte, Meghapuṣpa, hatte die Farbe einer frischen Wolke, und das letzte, Balāhaka, war aschfarben. Als der Wagen mit vorgespannten Pferden bereitstand, half Kṛṣṇa dem *brāhmaṇa* beim Einsteigen und bot ihm den Sitz an Seiner Seite an. Sie ließen Dvārakā schnell hinter sich, und noch in derselben Nacht erreichten sie das Gebiet von Vidarbha. Das Königreich Dvārakā befindet sich im Westen Indiens, und Vidarbha liegt im nördlichen Teil. Die Entfernung zwischen den beiden Ländern beträgt nicht weniger als 1 600 Kilometer, doch die Pferde waren so schnell, dass sie ihr Ziel, die Stadt Kuṇḍina in Vidarbha, innerhalb einer Nacht, das heißt in höchstens zwölf Stunden, erreichten.

König Bhīṣmaka war nicht sehr angetan von dem Gedanken, seine Tochter Śiśupāla zur Frau zu geben, doch aus seiner überstarken Zuneigung zu seinem ältesten Sohn, der die Heirat vereinbart hatte, fühlte er sich verpflichtet, zuzustimmen. Weil es seine Pflicht war, ließ der König die ganze Stadt für das Hochzeitsfest herrichten, wobei er sich alle Mühe gab, das Fest zu einem großen Erfolg werden zu lassen. Überall in den Straßen wurde Wasser versprengt, und die ganze Stadt wurde überaus sorgfältig gereinigt. Weil Indien in den Tropen liegt, hat es ein sehr trockenes Klima. Daher sammelt sich auf den Straßen ständig Staub an, so dass sie mindestens einmal täglich mit Wasser besprengt werden müssen, und in Großstädten wie Kalkutta sogar zweimal täglich. Die Straßen von Kuṇḍina wurden mit farbenprächtigen Fähnchen und Girlanden geschmückt, und an bestimmten Straßenkreuzungen errichtete man Torbögen. So zeigte sich die ganze Stadt von ihrer schönsten Seite. Der Anblick der Stadt wurde durch ihre Bewohner noch verschönert, denn sie alle trugen frisch gewaschene Kleider und hatten sich mit Sandelholzpaste, Perlenketten und Blumengirlanden geschmückt. Überall brannten Räucherstäbchen, und Düfte wie *aguru* erfüllten die Luft. Die Priester und *brāhmaṇas* wurden ausgiebig gespeist und erhielten, wie es bei solchen Festen der Brauch war, viele Kostbarkeiten und Kühe als Geschenk, woraufhin sie begannen, vedische Hymnen zu chanten. Rukmiṇī, die Tochter des Königs, war unvergleichlich hübsch. Sie war wohlgepflegt und hatte wunderschöne Zähne. Um ihr Handgelenk war das glückverheißende heilige Band geschlungen, dazu trug sie die verschiedensten Schmuckstücke aus Juwelen, und ihr ganzer Körper war in einen langen Sari aus Seide gehüllt. Gelehrte Priester chanteten schutzbringende Mantras aus dem *Sāma Veda*, dem *Ṛg Veda* und dem *Yajur Veda*. Als sie Opfergaben im Feuer darbrachten, um dem Einfluss von verschiedenen Gestirnkonstellationen entgegenzuwirken, chanteten sie Mantras aus dem *Atharva Veda*.

König Bhīṣmaka wusste sehr wohl, wie man sich bei solchen Zeremonien den *brāhmaṇas* und Priestern gegenüber zu verhalten hat. So ehrte er die *brāhmaṇas* besonders, indem er ihnen große Mengen von Gold und Silber sowie mit Zuckersirup vermischtes Getreide und mit Stoffen und Verzierungen geschmückte Kühen schenkte. Damaghoṣa, Śiśupālas Vater, führte alle möglichen Rituale aus, um seinem Sohn eine möglichst glückliche Zukunft zu sichern. Śiśupālas Vater hieß Damaghoṣa, weil er für seine besondere Fähigkeit berühmt war, undisziplinierte Bürger niederzuzwingen. *Dama* bedeutet „bezwingen", und *ghoṣa* bedeutet „berühmt". Damaghoṣa war also dafür berühmt, die Bürger unter strenger Aufsicht zu halten. Deshalb hatte Damaghoṣa geplant, sollte Kṛṣṇa versuchen, die Heiratszeremonie zu stören, mit seiner Streitmacht einzugreifen, um Ihn auf diese Weise niederzuringen. Nachdem er die verschiedenen glückbringenden Zeremonien durchgeführt hatte, sammelte er seine Legionen um sich und nahm überdies viele mit goldenen Ketten geschmückte Elefanten und zahlreiche Streitwagen und Pferde mit, die ähnlichen Prunk aufwiesen. Es schien so, als ob sich Damaghoṣa zusammen mit seinem Sohn und anderen Freunden nicht so sehr auf den Weg nach Kuṇḍina machte, um Śiśupāla zu verheiraten, sondern vielmehr um an einer Schlacht teilzunehmen.

Als König Bhīṣmaka erfuhr, dass Damaghoṣa und sein Gefolge sich Kuṇḍina näherten, verließ er die Stadt, um sie willkommen zu heißen. Vor dem Stadttor lagen viele Gärten, die für den Aufenthalt der Gäste gedacht waren. Nach vedischem Brauch ist es üblich, dass der Brautvater die Gefolgschaft des Bräutigams empfängt und sie für zwei bis drei Tage, bis zum Ende der Hochzeitszeremonie, in einer gebührlichen Unterkunft bewirtet. Die Gefolgschaft, die von Damaghoṣa angeführt wurde, bestand aus Tausenden von Leuten, unter denen sich auch so berühmte Könige und Persönlichkeiten wie Jarāsandha, Dantavakra, Vidūratha und Pauṇḍraka befanden. Es war ein offenes Geheimnis, dass Rukmiṇī eigentlich mit Kṛṣṇa hätte verheiratet werden sollen, dass aber Rukmī, ihr ältester Bruder, ihre Heirat mit Śiśupāla beschlossen hatte. Es wurde auch gemunkelt, Rukmiṇī habe heimlich einen Boten zu Kṛṣṇa gesandt, und deshalb vermuteten die Soldaten, dass Kṛṣṇa die Hochzeit vielleicht verhindern und Rukmiṇī entführen würde. Die Soldaten hatten zwar nicht gerade das beste Gefühl dabei, doch sie alle waren bereit, Kṛṣṇa einen harten Kampf zu liefern, um so zu verhindern, dass Er das Mädchen entführt. Inzwischen hatte Śrī Balarāma erfahren, dass Kṛṣṇa, nur von einem *brāhmaṇa* begleitet, nach Kuṇḍina gefahren war, und dass Śiśupāla dort mit einer gewaltigen Anzahl von Soldaten eingetroffen sei. Balarāma befürchtete, dass sie Kṛṣṇa angreifen könnten, und aus großer Zuneigung zu Seinem Bruder zog Er deshalb starke Truppen zusammen, die sich aus Streitwagen, Fußvolk, Infanterie und Elefanten zusammensetzten, und begab Sich damit vor die Stadt Kuṇḍina.

Rukmiṇī wartete unterdessen sehnsüchtig in ihrem Palast auf Kṛṣṇas Ankunft, doch weder Er noch der *brāhmaṇa*, dem sie die Botschaft anvertraut hatte, trafen ein. Rukmiṇī wurde zutiefst beunruhigt, und sie begann, über ihre unglückliche Lage nachzudenken: „Es trennt mich jetzt nur noch eine Nacht vom Hochzeitstag, aber bisher sind weder der *brāhmaṇa* noch Śyāmasundara erschienen. Ich kann mir dies nicht erklären." Sie hatte schon fast alle Hoffnung verloren und dachte, sie hätte vielleicht Kṛṣṇas Unmut erweckt, und er könnte dadurch ihren freimütigen Antrag zurückgewiesen haben. Als Folge davon sei der *brāhmaṇa* vielleicht so enttäuscht gewesen, dass er gar nicht erst zurückkehren wollte. Doch obwohl Rukmiṇī über die möglichen Gründe für das Fernbleiben Kṛṣṇas und des *brāhmaṇa* rätselte, erwartete sie dennoch jeden Augenblick ihre Ankunft.

Rukmiṇī befürchtete des Weiteren, dass Halbgötter wie Brahmā, Śiva und die Göttin Durgā ihr möglicherweise die Gnade versagt hatten, denn es wird gesagt, dass die Halbgötter zornig werden, wenn man sie nicht richtig verehrt. Als Indra zum Beispiel einst merkte, dass die Einwohner von Vṛndāvana auf Kṛṣṇas Einspruch hin den Indra-*yajña*, das

Opfer, das zu seinen Ehren ausgeführt werden sollte, abbrachen und für immer darauf verzichten wollten, wurde er sehr zornig und wollte sie bestrafen. Rukmiṇī, die dies wusste, dachte deshalb, Śiva oder Brahmā wären böse auf sie geworden, weil sie sich nie viel um deren Verehrung gekümmert hatte, und deshalb würden sie nun versuchen, ihren Plan zu durchkreuzen. Dazu befürchtete sie auch, dass sich die Göttin Durgā, die Frau Śivas, der Seite ihres Mannes angeschlossen hatte. Śiva wird auch als Rudra bezeichnet und seine Frau als Rudrāṇī, was darauf hinweist, dass sie dazu neigen, andere in solche Verzweiflung zu stürzen, dass diese für immer weinen. Ebenso bezeichnete Rukmiṇī die Göttin Durgā in Gedanken als Girijā, „die Tochter des Himalaya". Das Gebirge des Himalayas ist sehr kalt und harsch, und Rukmiṇī stellte sich die Göttin Durgā als ebenso hartherzig und kalt vor. Auf diese Weise dachte Rukmiṇī in ihrer Sehnsucht nach Kṛṣṇa vorwurfsvoll an die verschiedenen Halbgötter, denn sie war trotz allem immer noch ein Kind. Die *gopīs* verehrten einst die Göttin Kātyāyanī, um Kṛṣṇa als ihren Ehemann zu bekommen. In ähnlicher Weise dachte auch Rukmiṇī an die verschiedenen Halbgötter – nicht um von ihnen eine materielle Segnung zu erhalten, sondern in Beziehung zu Kṛṣṇa. Zu den Halbgöttern um Kṛṣṇas Gunst zu beten ist durchaus nichts Unstatthaftes, und Rukmiṇī war ihrerseits völlig in Gedanken an Kṛṣṇa vertieft.

Obwohl Rukmiṇī sich mit dem Gedanken zu beruhigen versuchte, dass es für Govindas Ankunft noch nicht zu spät sei, hatte sie das Gefühl, als wären all ihre Hoffnungen vergeblich. Ohne sich irgendjemandem mitzuteilen, vergoss sie einfach Tränen, und als der Tränenstrom immer heftiger wurde, schloss sie hilflos die Augen. Während Rukmiṇī tief in solche Gedanken versunken war, zeigten sich an mehreren Stellen ihres Körpers glückverheißende Symptome. An ihrem linken Augenlid, in ihrem linken Arm und in ihrem linken Schenkel machte sich ein Zittern bemerkbar. Ein Zittern an diesen Stellen des Körpers weist darauf hin, dass etwas Erfreuliches zu erwarten ist. Gerade in diesem Moment erblickte die verzweifelte Rukmiṇī den *brāhmaṇa*, den sie als Boten ausgesandt hatte. Weil Kṛṣṇa, die Überseele aller Lebewesen, gewusst hatte, dass sich Rukmiṇī so große Sorgen machte, hatte Er den *brāhmaṇa* in den Palast geschickt, um sie von Seiner Ankunft zu unterrichten. Als Rukmiṇī den *brāhmaṇa* sah, wusste sie das glückverheißende Zittern an ihrem Körper zu deuten und war unsagbar erleichtert und froh. Sie lächelte und fragte ihn, ob Kṛṣṇa bereits angekommen sei, und der *brāhmaṇa* antwortete, der Sohn der Yadu-Dynastie, Śrī Kṛṣṇa, sei nun tatsächlich eingetroffen. Um sie weiter zu ermutigen, verriet er auch, dass Kṛṣṇa versprochen habe, sie unter allen Umständen zu Sich zu holen. Rukmiṇī war so froh über die Botschaft des *brāhmaṇa,* dass sie ihm alles schenken wollte, was sie besaß, doch als sie nichts finden konnte, was seiner würdig war, brachte sie ihm einfach ihre achtungsvollen Ehrerbietungen dar. Das Darbringen von achtungsvollen Ehrerbietungen bedeutet, dass man sich der geehrten Person aus Dankbarkeit verpflichtet fühlt. Auf diese Weise wollte Rukmiṇī dem *brāhmaṇa* zeigen, dass sie ihm ewig dankbar sein werde. Jeder, der die Gunst der Glücksgöttin erlangt, wie dieser *brāhmaṇa,* kann sich zweifellos stets materiellen Reichtums erfreuen.

Als König Bhīṣmaka hörte, dass Kṛṣṇa und Balarāma angekommen seien, lud er Sie ein, der Hochzeitszeremonie seiner Tochter beizuwohnen. Auch sorgte er sogleich dafür, dass Sie und Ihre Soldaten in einem angemessenen Gartenhaus eine Unterkunft erhielten, und dann bot er Kṛṣṇa und Balarāma nach vedischer Sitte Honig und frische Gewänder an. Neben Kṛṣṇa, Balarāma und Königen wie Jarāsandha bot er seine Gastfreundlichkeit auch noch vielen anderen Königen und Fürsten an, denen er allen entsprechend ihrer Stärke, ihrem Alter und ihrem materiellen Reichtum einen Empfang bereitete. Die Einwohner von Kuṇḍina, die es in ihrer Neugier kaum hatten erwarten können, Kṛṣṇa und Balarāma zu sehen, drängten sich um die beiden und tranken den Nektar Ihrer Schönheit. Mit tränenerfüllten Augen erwiesen sie Kṛṣṇa und Balarāma schweigend ihre Ehrerbietungen. Sie waren bezaubert von Śrī Kṛṣṇas Gegenwart und sahen in Ihm den einzigen geeigneten Gemahl für Rukmiṇī. Sie wünschten sich so sehr, Kṛṣṇa und Rukmiṇī vereint zu sehen, dass sie begannen, zur Persönlichkeit Gottes zu beten: „Lieber Herr, wenn wir jemals irgendwelche frommen Werke getan haben, die Dich erfreuten, dann sei bitte so gütig und nimm Rukmiṇī zur Frau.“ Rukmiṇī war offensichtlich eine sehr beliebte Prinzessin, denn alle Bürger wünschten ihr nur das Beste und richteten deshalb ihre Gebete an den Herrn. Inzwischen begab sich Rukmiṇī, zauberhaft gekleidet und von vielen Leibwächtern bewacht, aus dem Palast, um den Tempel Ambikās, der Göttin Durgā, zu besuchen.

Die Bildgestaltenverehrung im Tempel wird schon seit Beginn der vedischen Kultur durchgeführt. Es gibt jedoch eine Gruppe von Menschen, die in der *Bhagavad-gītā* als *veda-vāda-rata* bezeichnet werden: Sie glauben nur an die vedischen rituellen Zeremonien, jedoch nicht an die Verehrung im Tempel. Solche Toren sollten zur Kenntnis nehmen, dass bereits vor 5 000 Jahren, als Kṛṣṇa Rukmiṇī heiratete, die Verehrung im Tempel üblich war. In der *Bhagavad-gītā* erklärt der Herr: *yānti deva-vratā devān* – „Die Verehrer der Halbgötter gelangen in die Reiche der Halbgötter." Zu jener Zeit gab es viele Halbgottverehrer, aber auch viele, die direkt die Höchste Persönlichkeit Gottes verehrten. Die Halbgötter, die hauptsächlich verehrt wurden, waren Brahmā, Śiva, Gaṇeśa, der Sonnengott und die Göttin Durgā. Śiva und die Göttin Durgā wurden sogar von den königlichen Familien verehrt, wohingegen die untergeordneten Halbgötter nur von den unintelligenten Menschen niederer Herkunft verehrt wurden. Die *brāhmaṇas* und Vaiṣṇavas jedoch verehrten einzig und allein Śrī Viṣṇu, die Höchste Persönlichkeit Gottes. In der *Bhagavad-gītā* wird die Verehrung der Halbgötter zwar verurteilt, jedoch nicht verboten. Es wird deutlich gesagt, dass nur die weniger intelligenten Menschen die verschiedenen Halbgötter um materieller Segnungen willen verehren. Auf der anderen Seite besuchte sogar Rukmiṇī, obwohl sie die Glücksgöttin persönlich war, den Tempel Durgās, weil dort die Bildgestalt der Familie verehrt wurde. Im *Śrīmad-Bhāgavatam* wird dazu erklärt, dass Rukmiṇī auf ihrem Weg zum Tempel in ihrem Innern unablässig an die Lotosfüße Śrī Kṛṣṇas dachte. Als Rukmiṇī daher in den Tempel ging, tat sie dies nicht mit der gleichen Absicht wie ein gewöhnlicher Mensch, der nur dort hingeht, um sich materiellen Gewinn zu erbitten; ihr einziges Ziel war Kṛṣṇa.

Als Rukmiṇī zum Tempel ging, war sie sehr schweigsam und ernst. An ihrer Seite gingen ihre Mutter und ihre Freundinnen, und in der Mitte befand sich die Frau eines *brāhmaṇa*. Dazu wurde Rukmiṇī von königlichen Leibwächtern begleitet. (Dieser Brauch, dass die Braut vor der Heirat in den Tempel eines Halbgottes geht, wird in Indien auch heute noch eingehalten.) Während der Prozession ertönten die verschiedensten Instrumente: Muschelhörner, Trommeln, wie zum Beispiel *paṇavas*, und Blasinstrumente verschiedenster Größen, wie zum Beispiel *tūryas* und *bherīs*. Die Klänge dieses Konzerts waren nicht nur glückverheißend, sondern auch sehr wohlklingend für das Ohr. Tausende von ehrwürdigen *brāhmaṇa*-Frauen waren anwesend, die sich mit ausgesuchtem Geschmeide geschmückt hatten. Sie reichten Rukmiṇī Blumengirlanden, Sandelholzpaste und eine Vielzahl farbenprächtiger Gewänder, um ihr so bei der Verehrung Śivas und der Göttin Durgā behilflich zu sein. Einige dieser Frauen schauten bereits auf ein langes Leben zurück und waren deshalb sehr erfahren im Chanten von Gebeten zu Durgā und Śiva. Gefolgt von Rukmiṇī und den anderen, trugen sie den Bildgestalten Gebete vor.

Anschließend richtete Rukmiṇī ihre Gebete an die Bildgestalt: „Meine liebe Göttin Durgā, ich bringe dir wie auch deinen Kindern meine achtungsvollen Ehrerbietungen dar." Die Göttin Durgā hat vier berühmte Kinder: zwei Töchter – die Glücksgöttin Lakṣmī und Sarasvatī, die Göttin der Gelehrsamkeit – und zwei Söhne – Gaṇeśa und Kārtikeya –, die alle als Halbgötter und -göttinnen gelten. Weil die Göttin Durgā immer zusammen mit ihren berühmten Kindern verehrt wird, erwies auch Rukmiṇī der Bildgestalt auf diese Weise ihre achtungsvollen Ehrerbietungen; ihre Gebete jedoch waren besonders. Gewöhnliche Menschen beten zur Göttin Durgā, um Reichtum, Ruhm, Gewinn, Stärke und viele andere solche materiellen Vorteile zu erhalten, Rukmiṇī jedoch flehte Durgā an, ihr gnädig zu sein und sie zu segnen, weil sie Kṛṣṇa zum Gemahl haben wollte. Da sie sich niemand anderen als Kṛṣṇa wünschte, war nichts Falsches daran, dass sie einen Halbgott verehrte. Während Rukmiṇī ihr Gebet vortrug, brachte sie der Bildgestalt eine Vielzahl von Opfergaben dar, vor allem Wasser, Ghee-Lampen in verschiedener Form, Räucherstäbchen, Gewänder, Girlanden, verschiedene Speisen, die in Butterfett zubereitet worden waren, wie *purīs* und *kachoris*, und dazu auch Früchte, Zuckerrohr, Betelnüsse und Gewürze. Mit großer Hingabe brachte Rukmiṇī der Bildgestalt dies alles dar, wobei sie unter der Anleitung der alten *brāhmaṇa*-Frauen genau die vorgeschriebenen Regeln befolgte. Nach dieser Zeremonie boten die Frauen Rukmiṇī die Reste der Speisen als *prasāda* an, und Rukmiṇī nahm sie ehrfürchtig zu sich. Darauf brachte sie den *brāhmaṇa*-Frauen und der Göttin Durgā ihre respektvollen Ehrerbietungen dar. Nachdem die Verehrung der Bildgestalten nun beendet war, nahm sie eine ihrer Freundinnen an ihre Hand, die von einem Ring mit Juwelen geschmückt war, und verließ zusammen mit den anderen den Tempel.

Unterdessen hatten sich alle Fürsten und Besucher, die nach Kuṇḍina gekommen waren, um der Hochzeitszeremonie beizuwohnen, vor dem Tempel versammelt, um Rukmiṇī zu sehen. Besonders die Fürsten waren begierig, Rukmiṇī zu sehen, denn eigentlich hoffte jeder von ihnen, sie zur Frau zu bekommen. Als sie Rukmiṇī tatsächlich erblickten, waren sie wie gebannt vor Erstaunen und meinten, sie müsse speziell vom Schöpfer geschaffen worden sein, um alle großen Helden und Fürsten zu verwirren. Ihr Körper war wohlgestaltet, und ihre Taille war schlank. Ihre hohen Hüften wurden von einem juwelenbesetzten Medaillon geziert, sie hatte rosa Lippen, und ihr liebliches Antlitz wurde durch ihre leicht offenen Haare und durch verschiedenartige Ohrringe noch verschönert. Die Ausstrahlung und die Schönheit Rukmiṇīs waren wie das Gemälde eines Künstlers, der die ideale Schönheit, wie sie von den größten Poeten beschrieben wird, darstellt. Rukmiṇīs Brüste wurden als „etwas erhoben" beschrieben, was darauf hinweist, dass sie noch ein junges Mädchen war, nicht älter als 13 oder 14 Jahre. Ihre Schönheit war ausschließlich dafür bestimmt, die Aufmerksamkeit Kṛṣṇas auf sich zu ziehen. Obwohl alle Prinzen sie wegen ihrer Schönheit anstarrten, war sie nicht im Geringsten eitel. Ihre Augen huschten hin und her, und wenn sie mit der Einfachheit eines unschuldigen Mädchens lächelte, erschienen ihre Zähne wie Jasminknospen. In der Erwartung, dass Kṛṣṇa jeden Augenblick erscheinen würde, schritt sie langsam dem Palast entgegen. Ihre Schritte waren wie die eines erhabenen Schwanes und die Glöckchen an ihren Fußgelenken klingelten sanft.

So kam es, dass die versammelten ritterlichen Fürsten beim Anblick von Rukmiṇīs Schönheit so überwältigt wurden und fast das Bewusstsein verloren, dass sie von ihren Pferden und Elefanten fielen. Voller Lust begehrten sie, entgegen jeder Hoffnung, nach Rukmiṇīs Hand, und sie verglichen dabei ihre eigene Schönheit mit der Rukmiṇīs. Śrīmatī Rukmiṇī jedoch beachtete keinen von ihnen. Im Innersten ihres Herzens wartete sie nur darauf, dass Kṛṣṇa kommen und sie entführen würde. Dann, als sie die Schmuckstücke eines Fingers ihrer linken Hand zurechtrückte, warf sie zufällig einen Blick auf die Prinzen – und sah plötzlich Kṛṣṇa mitten unter ihnen. Obwohl Rukmiṇī Kṛṣṇa niemals gesehen hatte, war sie immer in Gedanken bei Ihm gewesen, und so war es nicht schwierig für sie, Ihn unter den vielen Fürsten zu erkennen. Ohne Sich um die anwesenden Könige und Prinzen zu kümmern, ergriff Kṛṣṇa sofort die Gelegenheit und hob Rukmiṇī in Seinen Streitwagen, der durch eine Flagge mit dem Bild Garuḍas gekennzeichnet war. Sodann fuhr Er gemächlich, ohne jede Furcht, mit Rukmiṇī davon, wie ein Löwe, der aus einer Meute von Schakalen ein Reh fortträgt. Währenddessen erschien Balarāma mit den Soldaten der Yadu-Dynastie auf dem Schauplatz.

Jarāsandha, der schon viele Male zuvor eine Niederlage von Kṛṣṇa hatte hinnehmen müssen, brüllte mit sich überschlagender Stimme: „Das darf doch nicht wahr sein! Kṛṣṇa entführt Rukmiṇī vor unseren Augen, und keiner unternimmt etwas! Was nützt uns unser Heldenmut und unsere Waffenkraft, o ihr Prinzen, wenn wir einfach nur tatenlos zuschauen? Wir verlieren unser Ansehen, wenn wir es erlauben, dass ein Schakal die Beute des Löwen wegstiehlt."

Hiermit enden die Bhaktivedanta-Erläuterungen zum 53. Kapitel des Kṛṣṇa-Buches mit dem Titel „Kṛṣṇa entführt Rukmiṇī".

KAPITEL 54

Kṛṣṇa besiegt alle Prinzen und bringt Rukmiṇī nach Dvārakā

Jarāsandha und all die anderen Könige und Prinzen bebten vor Zorn, als sie sahen, wie Kṛṣṇa Rukmiṇī entführte. Sie waren, überwältigt von Rukmiṇīs Schönheit, von ihren Pferden und Elefanten gefallen, doch nun erhoben sie sich wieder und suchten ihre Waffen zusammen. Sie ergriffen Pfeil und Bogen, und dann jagten sie auf ihren Wagen, Pferden und Elefanten Kṛṣṇa nach. Um sie aufzuhalten, machten die Soldaten der Yadu-Dynastie kehrt und stellten sich ihnen entgegen. Darauf entbrannte zwischen den beiden feindlichen Heeren ein unerbittlicher Kampf. Die Fürsten, die sich Kṛṣṇa widersetzten, wurden von Jarāsandha angeführt, und sie alle waren kampferprobte Krieger. Sie schossen ihre Pfeile auf die Soldaten der Yadu-Dynastie ab, genau wie eine Wolke, die eine Bergflanke mit Regengüssen überschüttet. Weil sich die Wolken über einer Bergflanke anstauen und sich deswegen nur noch langsam bewegen, sind die Regengüsse dort viel heftiger als irgendwo anders.

Die feindlichen Prinzen, die fest entschlossen waren, Kṛṣṇa zu besiegen und Rukmiṇī wieder Seiner Gewalt zu entreißen, kämpften mit aller Verbissenheit. Als Rukmiṇī, die neben Kṛṣṇa saß, sah, wie die Pfeile der Feinde auf die Köpfe der Yadu-Soldaten herabhagelten, blickte sie angstvoll Kṛṣṇa an, um Ihm zu zeigen, wie dankbar sie Ihm war, dass Er Sich allein um ihretwillen in solche Gefahr begeben hatte. Ihre Augen bewegten sich unruhig hin und her, und das Ganze schien ihr sehr leid zu tun Kṛṣṇa jedoch wusste genau, was in ihr vorging, und ermutigte sie, indem Er sagte: „Meine liebe Rukmiṇī, sorge dich nicht. Sei sicher, dass die Soldaten der Yadu-Dynastie alle Feinde ohne Weiteres töten werden."

Während Śrī Kṛṣṇa so zu Rukmiṇī sprach, beschlossen die Generäle der Yadus, die von Śrī Balarāma, der auch Saṅkarṣaṇa genannt wird, sowie von Gada angeführt wurden, sich die Dreistigkeit ihrer Feinde nicht länger bieten zu lassen, und begannen, deren Pferde, Elefanten und Streitwagen mit gezielten Pfeilen zu beschießen. Je dramatischer die Schlacht wurde, desto mehr Prinzen und Soldaten des feindlichen Lagers stürzten von ihren Pferden, Elefanten und Streitwagen, und schon nach kurzer Zeit war das Schlachtfeld mit Millionen von abgetrennten Köpfen übersät, die alle noch mit Helmen und Ohrringen versehen waren. Auch viele abgeschossene Hände lagen verstreut auf dem Boden, hielten jedoch immer noch ihre Bogen, Pfeile und Keulen fest. Unzählige abgetrennte Arme und Beine sowie tote Pferde türmten sich. Auf ähnliche Weise stürzten Fußsoldaten und Kamele, Elefanten und Esel allesamt enthauptet zu Boden.

Als die Feinde, die unter der Führung Jarāsandhas kämpften, erkannten, dass sie allmählich von Kṛṣṇas Soldaten besiegt wurden, hielten sie es für unklug, allein für Śiśupāla den Verlust ihrer Truppen in Kauf zu nehmen. Śiśupāla hätte selbst kämpfen sollen, um Rukmiṇī Kṛṣṇas Händen zu entreißen, doch weil die Soldaten sahen, dass Śiśupāla nicht imstande war, es mit Kṛṣṇa aufzunehmen, waren sie nicht gewillt, ihre Heere nutzlos aufzuopfern, sie stellten daher den Kampf ein und suchten das Weite.

Einige der Fürsten und Prinzen kehrten zurück und begaben sich der Form halber zu Śiśupāla, den sie dann auch antrafen, wie er völlig niedergeschlagen vor sich hinstarrte, genau wie ein Mann, der seine Frau verloren hat. Sein Gesicht war eingefallen, er war aller Kräfte beraubt, und alle Farbe war aus seinem Körper gewichen. Daher versuchten sie, Śiśupāla aufzumuntern: „Lieber Śiśupāla, sei doch nicht so entmutigt. Du gehörst dem Königsstand an und bist der hervorragendste unter den Kämpfern. Für eine Persönlichkeit wie dich gibt es weder Freud noch Leid, denn du weißt, dass keiner dieser Zustände ewig ist. Lass dich nicht wegen dieses einen zeitweiligen Rückschlages aus der Ruhe bringen, und fasse wieder Mut. Schließlich liegt die letzte Entscheidung nicht bei uns. Gleich Puppen, die in den Händen eines Zauberkünstlers tanzen, tanzen wir nach dem Willen des Höchsten, und nach Seinem Willen leiden oder genießen wir. Deshalb sollten wir unter allen Umständen ausgeglichen bleiben."

Da die Prinzen besiegt worden waren, blieb Ihnen nichts anderes übrig, als Śiśupāla mit solchen schmeichelnden Worten zu besänftigen. Anfangs hatten sie große Hoffnungen in ihr heroisches Vorgehen gesetzt. Aber jetzt musste sich Śiśupāla, anstatt Rukmiṇī zu heiraten, mit den schmeichelnden Worten seiner Freunde begnügen, und voller Enttäuschung musste er den Heimweg antreten. Auch die anderen Könige, die ihn begleitet hatten, kehrten enttäuscht nach Hause zurück.

Obwohl die Prinzen anfangs voller Hoffnung auf den Erfolg ihres heldenhaften Handelns waren, konnten Sie nach ihrer Niederlage nur noch versuchen, Śiśupāla mit schmeichelnden Worten aufzumuntern. Statt Rukmiṇī zu heiraten, musste sich Śiśupāla so mit den umgarnenden Worten seiner Freunde begnügen und kehrte enttäuscht nach Hause zurück. Die Könige, die ihm zu Hilfe gekommen waren, erlebten ebenso eine Enttäuschung und gingen in ihre jeweiligen Königreiche zurück.

Die katastrophale Niederlage war allein durch den gehässigen Charakter Rukmīs, des älteren Bruders von Rukmiṇī, verursacht worden. Rukmī hatte geplant, seine Schwester mit Śiśupāla zu verheiraten, doch nun, da Kṛṣṇa sie gewaltsam entführt hatte, sah er all seine Pläne durchkreuzt. Nachdem Śiśupāla, sein Freund und verhinderter Schwager, nach Hause zurückgekehrt war, tobte Rukmī vor Wut und war entschlossen, sich persönlich an Kṛṣṇa zu rächen. Er rief sogleich seine Soldaten zusammen – Truppen, die aus mehreren Tausend Elefanten, Pferden, Streitwagen und Fußsoldaten bestanden – und nahm an der

Spitze dieses Heeres die Verfolgung Kṛṣṇas auf, der Sich auf dem Weg nach Dvārakā befand. Noch bevor Rukmī aufgebrochen war, hatte er sich in seinem Größenwahn vor all den zurückgekehrten Königen aufgespielt und versprochen: „Ihr konntet Śiśupāla nicht helfen, als seine Heirat mit meiner Schwester Rukmiṇī vereitelt wurde, aber ich kann es nicht zulassen, dass Kṛṣṇa sie entführt. Ich werde Ihm eine Lehre erteilen. Nun kümmere ich mich um diesen Kṛṣṇa." Rukmī gebärdete sich wie ein großer Feldherr und gelobte vor allen versammelten Prinzen: „Ohne Kṛṣṇa getötet und meine Schwester aus Seiner Gewalt befreit zu haben, werde ich nicht wieder in meine Hauptstadt, Kuṇḍina, zurückkehren. Diesen Schwur lege ich vor euch allen ab, und ihr werdet sehen, dass ich ihn wahr mache." Mit diesen großtönenden Worten schwang er sich auf seinen Streitwagen und befahl dem Wagenlenker, Kṛṣṇa zu verfolgen. „Ich möchte sofort mit Ihm kämpfen", rief er. „Dieser Kuhhirtenjunge ist wegen Seiner hinterlistigen Art, mit den *kṣatriyas* zu kämpfen, stolz geworden, aber heute werde ich Ihm eine gründliche Lehre erteilen. Weil Er die Frechheit besaß, meine Schwester zu entführen, werde ich Ihm heute mit meinen spitzen Pfeilen Anstand beibringen." Auf diese Weise wagte es der törichte Rukmī, der nichts vom Ausmaß der Macht der Höchsten Persönlichkeit Gottes wusste, dreiste Drohungen gegen Kṛṣṇa auszusprechen.

Schon nach kurzer Zeit kam Kṛṣṇa in Rukmīs Sicht, und in seiner Dummheit rief er Kṛṣṇa wiederholt folgende Worte zu: „Lauf nicht davon! Halt an und kämpfe mit mir!" Dann spannte er seinen Bogen und schoss drei scharfe Pfeile auf Kṛṣṇas Körper ab, worauf er Ihn als den schändlichsten Abkömmling der Yadu-Dynastie bezeichnete und Ihn erneut aufforderte, für einen Augenblick stehenzubleiben, so dass er Ihm endlich die verdiente Lektion erteilen könne. „Du trägst meine Schwester fort, genau wie eine Krähe geklärte Butter stiehlt, die für eine Opferzeremonie bestimmt ist. Du verlässt Dich stolz auf Deine Streitmacht, aber Selbst kannst Du nicht kämpfen, wie es sich nach den vorgeschriebenen Prinzipien gehört. Du hast es gewagt, meine Schwester zu entführen, doch nun werde ich Dich von Deinem Stolz befreien. Du kannst meine Schwester nur so lange Dein eigen nennen, bis ich Dich mit meinen Pfeilen ein für alle Mal auf dem Boden festgenagelt habe."

Als Śrī Kṛṣṇa diese wahnwitzigen Worte vernommen hatte, schoss Er sogleich einen Pfeil ab, der die Sehne von Rukmīs Bogen zertrennte und es ihm unmöglich machte, einen weiteren Pfeil zu gebrauchen. Rukmī jedoch ergriff sofort einen neuen Bogen und schoss fünf Pfeile auf Kṛṣṇa ab. Zum zweiten Mal angegriffen, zerschoss Kṛṣṇa erneut die Bogensehne Seines Gegners. Daraufhin griff Rukmī zu seinem dritten Bogen, doch wieder zerschoss Kṛṣṇa ihm die Sehne. Um Rukmī eine Lehre zu erteilen, schoss Kṛṣṇa sechs Pfeile auf ihn ab und sandte sogleich acht weitere hinterher. Vier dieser Pfeile töteten die vier Pferde vor Rukmīs Wagen, ein weiterer durchbohrte den Wagenlenker, und die anderen drei Pfeile trennten den oberen Teil von Rukmīs Streitwagen einschließlich der Flagge ab.

Da Rukmī inzwischen die Pfeile ausgegangen waren, behalf er sich mit Schwertern, Schilden, Dreizacken, Lanzen und anderen Waffen, die im Kampf von Mann zu Mann verwendet werden, doch all seine Waffen wurden wie zuvor von Kṛṣṇas Pfeilen zerschossen. Als Rukmīs Versuche immer wieder fehlschlugen, zog er schließlich sein Schwert und rannte blitzschnell auf Kṛṣṇa zu, genau wie eine Fliege geradewegs ins Feuer fliegt. Doch sowie Rukmī Kṛṣṇa erreichte, schoss ihm Kṛṣṇa seine Waffe in Stücke und ergriff Seinerseits Sein scharfes Schwert, um zum entscheidenden Stoß auszuholen. Doch Rukmīs Schwester, Rukmiṇī, erkannte, dass Kṛṣṇa ihrem Bruder nicht noch einmal vergeben würde und warf sich vor Seinen Lotosfüßen nieder. Sie zitterte vor Furcht, und mit einer mitleiderregenden Stimme flehte sie Ihren Gemahl um Gnade an.

Rukmiṇī wandte sich an Kṛṣṇa zuerst mit dem Namen Yogeśvara. Yogeśvara bedeutet „derjenige, der unermessliche Füllen und Energien besitzt". Kṛṣṇa besitzt unermessliche Füllen und Energien, wohingegen Rukmiṇīs Bruder nur über eine begrenzte Streitmacht verfügte. Kṛṣṇa ist unermesslich und unbegrenzt, wohingegen Rukmī bei jedem Schritt seines Lebens völlig begrenzt war. Deshalb konnte man Rukmī vor der unbeschränkten Macht Kṛṣṇas nicht einmal mit einem unbedeutenden Insekt vergleichen. Rukmiṇī nannte Kṛṣṇa auch „Gott aller Götter". Es gibt viele mächtige Halbgötter, wie zum Beispiel Brahmā, Śiva, Indra, Candra und Varuṇa, doch Kṛṣṇa ist der Herr über sie alle, wohingegen Rukmiṇīs Bruder ein gewöhnlicher Mensch war, und nicht nur das, er war der niedrigste aller Menschen, weil er kein Wissen über Kṛṣṇa besaß. Mit anderen Worten, jemand, der nichts von der wirklichen Stellung Kṛṣṇas weiß, ist der Niedrigste der Menschheit. Dann sprach

Rukmiṇī Kṛṣṇa als Mahābhuja an, was bedeutet „jemand mit unbegrenzter Stärke". Rukmiṇī nannte Kṛṣṇa auch Jagatpati, „der Herr der gesamten kosmischen Manifestation". Ihr Bruder dagegen war nur ein unscheinbarer Prinz.

Auf diese Weise verglich Rukmiṇī die Stellung ihres Bruders mit der Stellung Kṛṣṇas und bat ihren Gemahl sehr gefühlvoll, ihren Bruder nicht zu töten, sondern ihm zu verzeihen, da jetzt doch das glückliche Ereignis ihrer Hochzeit bevorstehe. Dadurch zeigte sie ihre Natur als Frau. Sie war glücklich, dass sie Kṛṣṇa als Gemahl bekommen hatte, genau in dem Augenblick, wo sie mit einem anderen hätte verheiratet werden sollen. Doch sie wollte nicht, dass dafür ihr älterer Bruder sterben musste, denn schließlich liebte er seine junge Schwester und wollte sie einfach nur jemandem zur Frau geben, der seiner Ansicht nach ein besserer Mann für sie war. Während Rukmiṇī um Gnade für ihren Bruder flehte, zitterte sie am ganzen Körper; in ihrer Angst wich ihr die Farbe aus dem Gesicht, und ihre Stimme erstickte, und weil sie so heftig zitterte, löste sich der Schmuck von ihrem Körper und fiel zu Boden. Śrī Kṛṣṇa verspürte sogleich Mitleid und willigte ein, den törichten Rukmī nicht zu töten. Jedoch wollte Er ihn auch nicht ungestraft lassen; daher fesselte Er Rukmī mit einem Tuch und schnitt ihm den Schnurrbart, den Bart und die Haare ab, wobei Er hier und dort kleine Büschel stehen ließ.

Während Kṛṣṇa Rukmī auf diese Weise bestrafte, brachen die Soldaten der Yadu-Dynastie, die von Balarāma persönlich befehligt wurden, die Macht von Rukmīs Heer, genau wie ein Elefant in einem Gewässer die zarten Stängel der Lotosblumen zertritt. Mit anderen Worten, wie ein Elefant beim Baden viele Lotosblumen umknickt und zerstört, so mähte das Heer der Yadus Rukmīs Soldaten nieder und brachte ihnen eine vernichtende Niederlage bei.

Als die Generäle der Yadu-Dynastie zu Kṛṣṇa zurückkehrten, waren sie recht erstaunt, Rukmī so zugerichtet zu sehen. Śrī Balarāma zeigte ganz besonders viel Mitgefühl für Seine neue Schwägerin, und ihr zuliebe löste Er persönlich Rukmīs Fesseln. Um sie noch mehr zu erfreuen, sprach Balarāma, als älterer Bruder Kṛṣṇas, einige Worte des Tadels: „Kṛṣṇa, das hättest Du wirklich nicht tun dürfen. So etwas lässt sich nicht mit Unserer Familientradition vereinbaren! Wenn man jemandem Schnurrbart, Bart und die Haare abschneidet, so ist dies praktisch genau so, als würde man ihn töten. Was auch immer Rukmī getan hat, er ist nun Unser Schwager, ein Verwandter Unserer Familie, und daher hättest Du ihn nicht so zurichten dürfen."

Danach sagte Balarāma zu Rukmiṇī, um sie zu beschwichtigen: „Du solltest nicht traurig darüber sein, dass dein Bruder nun etwas seltsam aussieht; jeder genießt oder erleidet die Folgen seines Handelns." Śrī Balarāma wollte Rukmiṇī damit erklären, dass sie nicht betrübt sein solle, nur weil ihr Bruder die Folgen seiner früheren Handlungen erleide. Es sei nicht nötig, einem solchen Bruder zu sehr zugetan zu sein.

Dann wandte Sich Śrī Balarāma wieder an Kṛṣṇa und sagte: „Lieber Kṛṣṇa, auch wenn ein Verwandter eine solche Missetat verübt, dass er eigentlich verdient, getötet zu werden, sollte man ihm vergeben, denn wenn dieser Verwandte sich seines Fehlers bewusst wird, ist diese Einsicht an sich schon wie der Tod. Deshalb ist es nicht notwendig, ihn zu töten."

Daraufhin wandte Balarāma Sich wieder an Rukmiṇī und erklärte ihr, dass die vorgeschriebene Pflicht eines *kṣatriya* in der menschlichen Zivilisation besage, dass nach den Regeln einer Schlacht selbst der eigene Bruder zum Feind werden könne, den es ohne zu zögern zu töten gelte. Śrī Balarāma wollte also Rukmiṇī darauf hinweisen, dass es durchaus richtig gewesen war, dass Rukmī und Kṛṣṇa keine Barmherzigkeit gezeigt hatten, als sie miteinander kämpften, obwohl sie Schwäger waren. Śrī Balarāma erklärte Rukmiṇī weiter, dass die *kṣatriyas* typische Beispiele für die materialistische Lebensweise seien, denn immer wenn es um materiellen Gewinn gehe, steige in ihnen unerbittlicher Stolz hoch. Wenn daher zwei feindliche *kṣatriyas* um ein Königreich oder um Land, Reichtum, Frauen, Ansehen oder Macht kämpften, versuche jeder, den anderen möglichst vernichtend zu schlagen. Balarāma erklärte Rukmiṇī, dass ihre Zuneigung gegenüber ihrem Bruder Rukmī, der sich mit so vielen Leuten verfeindet hatte, einer falschen Haltung entspringe, wie sie sonst nur bei gewöhnlichen materialistischen Menschen zu finden sei. Im Hinblick auf Rukmīs Verhalten gegenüber seinen Freunden sei sein Charakter alles andere als verehrenswert, und dennoch empfinde Rukmiṇī so viel Zuneigung für ihn, als wäre sie eine gewöhnliche Frau. Obwohl er es nicht wert sei, ihr Bruder zu sein, sei Rukmiṇī nachsichtig mit ihm.

Balarāma fuhr fort: „Die Unterscheidung, dass man gegenüber

einigen Menschen unvoreingenommen ist und andere wiederum als Freunde oder Feinde betrachtet, entsteht, wenn man sich in der körperlichen Auffassung des Lebens befindet. Solche verblendeten Menschen verlieren die richtige Sicht und fallen der illusionierenden Energie des Höchsten Herrn zum Opfer. Die spirituelle Seele ist in jeder materiellen Verkörperung von gleicher Reinheit, doch diejenigen, die nicht genügend Intelligenz besitzen, sehen nur körperliche Unterschiede, wie die Unterschiede zwischen Mensch und Tier, Arm und Reich, Gebildeten und Ungebildeten usw. – also Unterscheidungen, die die wahre Identität der reinen spirituellen Seele bedecken. Derartige Unterscheidungen, die lediglich auf der körperlichen Ebene wahrgenommen werden, sind wie das Unterteilen von Feuern entsprechend den unterschiedlichen Brennstoffen, die sie verzehren. Das Brennmaterial mag zwar von verschiedener Form und Größe sein, doch das Feuer, das von ihm ausgeht, weist keine solchen Unterschiede auf. In ähnlicher Weise gibt es auch am Himmel keine Unterschiede in Bezug auf Größe und Form."

So schlichtete Balarāma die Situation durch Seine moralischen und ethischen Unterweisungen an Kṛṣṇa und Rukmiṇī. Balarāma sagte weiter zu Rukmiṇī: „Der Körper, den wir haben, ist ein Teil der materiellen Manifestation und besteht aus den materiellen Elementen, Lebensumständen und den Wechselwirkungen der Erscheinungsweisen der Natur. Weil das Lebewesen, die spirituelle Seele, in Berührung mit ihnen ist, wandert es aufgrund seiner Anhaftung an illusorischen Genuss von Körper zu Körper, und diese Wanderung bezeichnet man als materielle Existenz. Die Berührung des Lebewesens mit der materiellen Welt führt weder zu Vermischung (Integration) noch zu Auflösung (Desintegration). Meine liebe keusche Schwägerin, zweifellos ist die spirituelle Seele die Ursache des materiellen Körpers, ebenso wie die Sonne die Ursache des Sonnenlichtes, der Sehkraft und der Formen in der materiellen Manifestation ist."

Das Beispiel vom Sonnenschein und der materiellen Manifestation erklärt sehr anschaulich die Verbindung des Lebewesens mit der materiellen Welt. Die Sonne geht am Morgen auf, und im Laufe des Tages nehmen Wärme und Licht allmählich zu. Die Sonne ist die Ursache des Entstehens materieller Formen und Gestalten, denn nur aufgrund der Sonne findet die Integration und Desintegration der materiellen Elemente statt. Doch sowie die Sonne untergegangen ist, hat die ganze

Manifestation, die sie beleuchtet hat, keine Verbindung mehr mit der Sonne, da sie ihren Standort gewechselt hat. Wenn die Sonne von Osten nach Westen wandert, bleiben die Folgen ihres Einflusses, den sie im Osten ausgeübt hat, zwar weiterhin bestehen, doch der Sonnenschein selbst kann dann nur noch im Westen gesehen werden. Ebenso akzeptiert oder erzeugt das Lebewesen verschiedene Körper und verschiedene körperliche Beziehungen entsprechend dem Lebensumstand, in dem es sich befindet, doch wenn es seinen gegenwärtigen Körper aufgibt und einen neuen Körper annimmt, hat es nichts mehr mit dem früheren Körper zu tun. Ebenso hat das Lebewesen auch nichts mit dem nächsten Körper zu tun, den es annimmt. Das Lebewesen selbst wird niemals von der körperlichen Verunreinigung berührt. Balarāma fuhr fort: „Das Erscheinen und Verschwinden des Körpers hat nichts mit dem Lebewesen zu tun, ebenso wie das Zunehmen und Abnehmen des Mondes auf den Mond selbst keinen Einfluss hat." Bei zunehmendem Mond denken wir irrtümlicherweise, der Mond vergrößerte sich, und bei abnehmendem Mond glauben wir, der Mond verkleinerte sich allmählich. In Wirklichkeit aber ist der Mond immer der gleiche und bleibt, wie er ist; er hat nichts mit dem scheinbaren Zunehmen und Abnehmen zu tun, das wir mit unseren Augen beobachten.

Śrī Balarāma fuhr fort: „Das Bewusstsein eines Lebewesens im materiellen Dasein kann man mit Schlaf und Traum vergleichen. Wenn ein Mensch schläft, träumt er von vielen Dingen, die nicht wirklich geschehen, und in seinen Träumen erfährt er verschiedene Arten von Glück und Leid. Ebenso leidet ein Mensch, der sich im Traumzustand des materiellen Bewusstseins befindet, unter den Folgen, die damit einhergehen, wenn man im materiellen Dasein einen Körper annimmt bzw. aufgibt. Das Gegenteil dieses materiellen Bewusstseins ist Kṛṣṇa-Bewusstsein. Mit anderen Worten, wenn ein Mensch die Ebene des Kṛṣṇa-Bewusstseins erreicht, wird er von dieser falschen Auffassung des Lebens frei."

Mit diesen Worten unterwies Śrī Balarāma Rukmiṇī in spirituellem Wissen, und Er wandte Sich noch einmal besonders an Seine Schwägerin und sagte: „Liebliche, lächelnde Rukmiṇī, sei nicht traurig aufgrund nichtiger Dinge, die ihre Ursache in Unwissenheit haben. Nur aufgrund falscher Vorstellungen wird man unglücklich, doch dieses Gefühl der Traurigkeit wird augenblicklich beseitigt, wenn man über die

Philosophie des wirklichen Lebens spricht. Deshalb solltest du deine Freude nur auf dieser Ebene suchen."

Nachdem Rukmiṇī Śrī Balarāmas erleuchtende Unterweisungen vernommen hatte, war sie beruhigt und glücklich und gewann ihre Fassung wieder, die stark erschüttert worden war, als sie sah, welche Schmach und Demütigung ihr Bruder Rukmī hinnehmen musste. Rukmī seinerseits hatte weder sein Gelübde halten können, noch war es ihm gelungen, seine Pläne in die Tat umzusetzen. Er war mit seinem Heer von zu Hause aufgebrochen, um Kṛṣṇa zu bezwingen und seine Schwester zu befreien, stattdessen hatte er all seine Soldaten und seine gesamte Streitmacht verloren. Er persönlich hatte seine ganze Ehre verloren, und in dieser Lage sah er sehr hoffnungslos aus, doch durch die Gnade des Herrn durfte er bis an sein vorbestimmtes Ende weiterleben. Da Rukmī ein *kṣatriya* war, hatte er seinen Schwur nicht vergessen, dass er erst dann wieder in seine Hauptstadt Kuṇḍina zurückkehren würde, wenn er Kṛṣṇa getötet und seine Schwester befreit habe – was ihm beides nicht gelungen war. Deshalb beschloss er in zorniger Verbitterung, nicht mehr nach Kuṇḍina zurückzukehren. Er baute sich im Dorf Bhojakaṭa eine kleine Hütte, wo er den Rest seines Lebens verbrachte.

Nachdem Kṛṣṇa alle Widersacher bezwungen und Rukmiṇī gewaltsam entführt hatte, brachte Er sie in Seine Hauptstadt, Dvārakā, und heiratete sie dort entsprechend den vedischen Prinzipien. Nach Seiner Heirat wurde Kṛṣṇa in Dvārakā zum König der Yadus gekrönt. Die Heirat mit Rukmiṇī versetzte alle Einwohner Dvārakās in überschwängliche Freude, und so wurden in allen Häusern große Feste gefeiert. Sie legten sich ihren schönsten Schmuck und ihre besten Gewänder an und gingen zu Kṛṣṇa und Rukmiṇī, dem jungen Brautpaar, um ihnen je nach ihren Möglichkeiten Geschenke zu überreichen. Alle Häuser in Yadupurī (Dvārakā) waren mit Fähnchen, Girlanden und Blumen geschmückt, und jedes dieser Häuser hatte ein besonderes Tor, das eigens zu diesem Anlass angefertigt worden war. Zu beiden Seiten dieser Tore befanden sich große Krüge mit Wasser. Die ganze Stadt war von dem Duft der erlesensten Räucherstäbchen erfüllt, und in der Nacht wurde sie von vielen Tausenden von Lichtern hell erleuchtet, die jedes einzelne Gebäude zierten.

Aufgrund von Kṛṣṇas und Rukmiṇīs Heirat schien ganz Dvārakā in ein Freudenfest einzutauchen. Überall in der Stadt waren prunkvoll verzierte Bananenstauden und Betelnussbäume zu sehen, die für solch glückverheißende Zeremonien typisch sind. Bei Kṛṣṇas Heirat befanden sich auch viele Elefanten in der Stadt, auf denen die Könige befreundeter Königreiche herbeigereist waren. Elefanten haben die Angewohnheit, aus ihrem spielerischen, leichtsinnigen Wesen heraus alle Pflanzen und kleinen Bäume in ihrer Reichweite auszureißen und sie um sich zu werfen. So verstreuten sie auch hier die Bananenstauden und Betelnussbäume auf den Straßen, doch trotz solcher übermütigen Streiche sah die Stadt mit den überall herumliegenden Bäumen prachtvoll aus.

Die freundlich gesinnten Könige der Kurus und Pāṇḍavas wurden durch Bhīṣma, Dhṛtarāṣṭra, die fünf Pāṇḍava-Brüder, König Drupada, König Santardana und Rukmiṇīs Vater, Bhīṣmaka, vertreten. Anfänglich hatte es zwischen Bhīṣmakas und Kṛṣṇas Familie eine gewisse Unstimmigkeit gegeben, da Rukmiṇī von Kṛṣṇa entführt worden war. Doch nachdem Balarāma mit König Bhīṣmaka gesprochen hatte und dieser von vielen Heiligen überzeugt worden war, ließ sich der König von Vidarbha schließlich dazu bewegen, an Kṛṣṇas und Rukmiṇīs Hochzeitszeremonie teilzunehmen. Obwohl Rukmiṇīs Entführung im Königreich Vidarbha kein erfreuliches Ereignis gewesen war, stellten Entführungen für *kṣatriyas* nichts Ungewöhnliches dar. Im Grunde wurde in der damaligen Zeit bei den meisten Hochzeiten die Braut entführt. Auf jeden Fall hatte sich König Bhīṣmaka schon immer gewünscht, seine liebliche Tochter Kṛṣṇa zur Frau zu geben. Auf irgendeine Weise waren die Ereignisse seinem Wunsch entgegengekommen, und so wohnte er der Hochzeitszeremonie mit großer Freude bei, obgleich sein ältester Sohn im Kampf gedemütigt worden war. Im *Padma Purāṇa* wird erwähnt, dass auch Nanda Mahārāja und die Kuhhirtenjungen aus Vṛndāvana bei der Heirat zugegen waren. Viele Könige und Fürsten aus den Königreichen namens Kuru, Sṛñjaya, Kekaya, Vidarbha und Kuntī kamen zu diesem Ereignis nach Dvārakā und hielten ein sehr fröhliches Treffen ab.

Die Geschichte, wie Kṛṣṇa Rukmiṇī entführte, wurde in Gedichtform gefasst und überall von Balladensängern vorgetragen. Alle anwesenden Könige, vor allem ihre Töchter, waren voller Staunen und empfanden große Glückseligkeit, als sie von den heldenhaften Taten Śrī Kṛṣṇas hörten. So waren alle Einwohner Dvārakās glücklich, dass sich Kṛṣṇa und Rukmiṇī gefunden hatten. Mit anderen Worten, die Glücksgöttin war nun vereint mit dem Höchsten Herrn, dem Erhalter aller Lebewesen, weshalb alle Menschen von großer Freude erfüllt waren.

Hiermit enden die Bhaktivedanta-Erläuterungen zum 54. Kapitel des Kṛṣṇa-Buches mit dem Titel „Kṛṣṇa besiegt alle Prinzen und bringt Rukmiṇī nach Dvārakā".

KAPITEL 55

Pradyumna, der Sohn von Kṛṣṇa und Rukmiṇī

Der Liebesgott, der direkt ein Teil Śrī Vāsudevas ist, war einst durch Śivas Zorn zu Asche verbrannt worden, und es wird gesagt, dass er danach als Sohn Kṛṣṇas und Rukmiṇīs wiedergeboren worden sei. Der eigentliche Name des Liebesgottes lautet Kāmadeva, und er ist ein Halbgott der himmlischen Planeten, der mit der besonderen Fähigkeit ausgestattet ist, lustvolle Verlangen zu wecken. Kṛṣṇa, die Höchste Persönlichkeit Gottes, besitzt unzählige Emanationen, die sich in die verschiedensten Kategorien aufteilen, doch Kṛṣṇas Vierer-Erweiterung als Vāsudeva, Saṅkarṣaṇa, Pradyumna und Aniruddha gehört direkt zur Viṣṇu-Kategorie. Kāma, der Halbgott der Liebe, der später aus Rukmiṇīs Schoß erschien, erhielt zwar auch den Namen Pradyumna, doch er kann nicht der Pradyumna der Viṣṇu-Kategorie sein. Er gehört vielmehr zur Kategorie des *jīva-tattva*, doch weil er sich in der

Kategorie der Halbgötter als besonders mächtig offenbarte, war er ein Bestandteil der außergewöhnlichen Macht Pradyumnas. Das ist die Erklärung der Gosvāmīs. Deshalb war der Liebesgott, als er durch Śivas Zorn zu Asche verbrannt wurde, in Vāsudevas Körper eingegangen, und damit er wieder einen Körper erhalten konnte, wurde er von Śrī Kṛṣṇa Selbst gezeugt. Auf diese Weise ging er direkt von Kṛṣṇas Körper in den Schoß Rukmiṇīs ein und wurde als Kṛṣṇas Sohn geboren, der unter dem Namen Pradyumna Berühmtheit erlangte. Da er direkt von Śrī Kṛṣṇa gezeugt worden war, glichen seine Eigenschaften denen des Herrn.

Zu jener Zeit lebte auch ein Dämon namens Śambara, dem es bestimmt war, von besagtem Pradyumna getötet zu werden. Der Dämon Śambara wusste von seinem Schicksa. Als er erfuhr, dass Pradyumna auf die Welt gekommen war, nahm er deshalb die Gestalt einer Frau an und raubte das Kind aus dem Elternhaus, als es noch nicht einmal zehn Tage alt war. Gleich nach dem geglückten Raub warf der Dämon das kleine Kind in hohem Bogen ins Meer. Doch es ist eine Tatsache: „Wen Kṛṣṇa beschützt, den kann niemand töten, und wem es bestimmt ist, von Kṛṣṇa getötet zu werden, den kann niemand beschützen." Als Pradyumna ins Meer geschleudert wurde, kam sogleich ein großer Fisch und verschlang ihn. Dieser Fisch wurde im Netz eines Fischers gefangen und später dem Dämon Śambara verkauft. In der Küche des Dämons arbeitete eine Magd namens Māyāvatī, und diese Magd war einst Rati, die Gattin des Liebesgottes, gewesen. Als der Fisch zu Śambara gebracht wurde, gab er ihn an seinen Koch weiter, der daraus ein schmackhaftes Gericht zubereiten sollte. Die Dämonen und Rākṣasas sind es gewohnt, Fleisch, Fisch und andere nichtvegetarische Nahrung zu essen. Ebenso pflegten auch Dämonen wie Rāvaṇa, Kaṁsa und Hiraṇyakaśipu ohne Unterscheidung Fleisch zu essen, obwohl sie die Söhne von *brāhmaṇas* und *kṣatriyas* waren. Auch heute findet man in Indien Menschen, die Fleisch und Fisch essen, und sie werden allgemein als Dämonen und Rākṣasas bezeichnet.

Als nun der Koch den Fisch aufschnitt, fand er in dessen Bauch ein bezauberndes Kind, und sogleich übergab er es der Obhut Māyāvatīs, die ihm in der Küche half. Diese war maßlos erstaunt und fragte sich, wie ein solch bezauberndes Kind in den Bauch eines Fisches kommen konnte. Als Māyāvatī so über das Kind rätselte, erschien der große

Weise Nārada vor ihr und erzählte ihr über die Geburt Pradyumnas. Dazu verriet er auch, wie das kleine Kind von Śambara gestohlen und später ins Meer geworfen wurde und so fort; auf diese Weise erfuhr Māyāvatī, die früher Rati, die Frau des Liebesgottes, gewesen war, alles über Pradyumna. Māyāvatī wusste, dass sie einst die Gemahlin des Liebesgottes gewesen war. Seitdem ihr Gemahl durch Śivas Zorn verbrannt worden war, hatte sie ständig darauf gewartet, dass er eines Tages wieder in einem neuen Körper zurückkommen würde. Māyāvatīs Aufgabe als Küchenmagd war es, Reis und *dāl* zu kochen, doch als ihr das hübsche Kind gegeben wurde und als sie dazu noch erfuhr, dass es der Liebesgott, ihr Gemahl, war, nahm sie sich natürlich sogleich des Kindes an und badete es regelmäßig. Wie durch ein Wunder wuchs das Kind außerordentlich schnell heran und verwandelte sich in kurzer Zeit in einen überaus schönen Jüngling. Seine Augen glichen den Blütenblättern einer Lotosblume, seine Arme reichten ihm bis an die Knie, und jede Frau, die ihn erblickte, wurde von seiner körperlichen Schönheit gefangen.

Als Māyāvatī sah, dass ihr ehemaliger Gatte, der Liebesgott, der nun als Pradyumna erschienen war, sich in einen wunderschönen Jüngling verwandelt hatte, wurde auch sie allmählich von seiner Schönheit betört und empfand ein lustvolles Verlangen nach ihm. Sie lächelte ihn auf weiblich verführerische Art an und gab ihm so ihren Wunsch nach einer geschlechtlichen Vereinigung zu verstehen. Pradyumna fragte sie deshalb: „Wie ist es nur möglich, dass du mir anfänglich wie eine Mutter zugetan warst und nun alle Merkmale einer lustvollen Frau zeigst? Wie kommt es zu diesem Wandel?" Darauf antwortete Rati: „Lieber Herr, du bist der Sohn Śrī Kṛṣṇas. Als du noch nicht einmal zehn Tage alt warst, wurdest du von dem Dämon Śambara geraubt und ins Meer geworfen, wo dich ein Fisch verschlang. Auf diese Weise bist du in meine Obhut gelangt, doch eigentlich war ich in deinem vorherigen Leben als Liebesgott deine Ehefrau. Deshalb ist nichts Unrechtes daran, wenn ich eheliche Liebe zu dir verspüre. Śambara wollte dich töten und er verfügt über vielerlei mystische Kräfte. Versuche deshalb, ihn sogleich mit deiner göttlichen Macht umzubringen, bevor er erneut versucht, dich umzubringen. Seit du von Śambara geraubt wurdest, trauert deine Mutter Rukmiṇīdevī wie ein *kurarī*-Vogelweibchen, das seine Jungen verloren hat. Sie liebt dich über alles, und seitdem du ihr weggenommen wurdest, lebt sie wie eine Kuh, die über den Verlust ihres Kalbes trauert."

Māyāvatī besaß mystisches Wissen und übernatürliche Kräfte. Übernatürliche Kräfte werden im Allgemeinen als *māyā* bezeichnet, und mit *mahā-māyā*, einer anderen mystischen Kraft, kann man ihnen entgegenwirken. Weil Māyāvatī diese besondere mystische Kraft der *mahā-māyā* beherrschte, verlieh sie diese an Pradyumna, damit er den Dämon Śambara und dessen mystische Kräfte würde bezwingen können. Gestärkt mit den mystischen Kräften seiner Frau, trat Pradyumna unverzüglich vor Śambara und forderte ihn zum Kampf heraus, indem er ihn beschimpfte, um ihn wütend zu machen und zum Kampf zu provozieren. Als der Dämon Śambara Pradyumnas Worte hörte, fühlte er sich wie eine Schlange, die mit dem Fuß getreten wird. Eine Schlange kann es nicht ertragen, von einem anderen Tier oder einem Menschen getreten zu werden, und sie beißt jeden, der dies wagt.

Śambara empfand die Worte Pradyumnas wie Fußtritte. Sogleich ergriff er seine Keule, lief auf Pradyumna zu und begann, mit unbändiger Wut auf ihn einzuschlagen – jeder Schlag einem Blitz ähnlich, der in einen Berg einschlägt. Dabei brüllte der Dämon wie eine donnernde Wolke. Pradyumna wehrte die Schläge mit seiner Keule ab und konnte dem Dämon schließlich einen schweren Hieb versetzen. So entbrannte zwischen Pradyumna und Śambara ein unerbittlicher Kampf.

Śambarāsura jedoch hatte von einem anderen Dämon namens Maya die Kunst der mystischen Kräfte erlernt, und so konnte er sich in die Lüfte erheben und vom Weltraum aus kämpfen. Nachdem Śambarāsura also hoch in den Himmel gestiegen war, feuerte er von dort aus die verschiedenartigsten Atomwaffen auf Pradyumnas Körper ab. Pradyumna jedoch setzte eine andere mystische Kraft namens *mahāvidyā* ein, mit der er Śambarāsuras mystische Kräfte bekämpfen konnte. Diese *mahāvidyā*-Kraft hat nichts mit der dämonischen schwarzen Magie zu tun, sondern gründet in der Erscheinungsweise der Tugend. Da Śambara erkannte, dass er es mit einem mächtigen Gegner zu tun hatte, brachte er die verschiedensten mystischen Dämonenkräfte, wie die der Guhyakas, der Gandharvas, der Piśācas, der Schlangen und der Rākṣasas, zur Anwendung. Doch obwohl der Dämon all seine mystischen Kräfte entfaltete und sogar übernatürliche Mächte zu Hilfe zog, gelang es Pradyumna stets, diesen Angriffen durch seine überlegene

Macht der *mahāvidyā* zu begegnen. Als Śambarāsura schließlich völlig geschlagen war, zog Pradyumna sein scharfes Schwert und schlug ihm ohne zu zögern den Kopf ab, der mit einem Helm und kostbaren Juwelen geschmückt war. Als Pradyumna auf diese Weise den Dämon tötete, ließen die Halbgötter von den höheren Planetensystemen einen Blumenregen auf ihn niedergehen.

Pradyumnas Frau Māyāvatī beherrschte die Kunst des Fliegens, und so kehrten sie durch die Lüfte nach Dvārakā zurück, in die Hauptstadt von Pradyumnas Vater. Als sie Śrī Kṛṣṇas Palast erreichten, schwebten sie hernieder, genau wie eine Wolke mit Blitzen niedergeht. Pradyumna und Māyāvatī erblickten im inneren Bereich des Palastes, der *antaḥpura* („Privatgemächer") genannt wird, viele Frauen, und so landeten die beiden mitten unter ihnen. Als die Frauen Pradyumna erblickten, der, in gelbe Gewänder gekleidet, mit langen Armen, lockigem Haar, schönen rötlichen Augen, einem lächelnden Gesicht und Schmuck aus Juwelen und Geschmeide, vor ihnen stand, erkannten sie nicht, dass es jemand anderes als Kṛṣṇa war. Sie alle fühlten sich durch das unverhoffte Erscheinen Kṛṣṇas sehr schüchtern und wollten sich schnell in einem anderen Teil des Palastes verstecken.

Als die Frauen indessen bemerkten, dass Pradyumna nicht alle Merkmale Kṛṣṇas besaß, kamen sie aus Neugier zurück, um ihn und seine Frau Māyāvatī näher zu betrachten. Weil er so außergewöhnlich schön war, rätselten sie alle, wer er wohl sein mochte. Unter den Frauen befand sich auch Rukmiṇīdevī, die mit ihren lotosähnlichen Augen ebenso schön war wie er. Als sie Pradyumna sah, musste sie natürlicherweise an ihren Sohn denken, und aus mütterlicher Zuneigung begann Milch aus ihren Brüsten zu fließen. Sie fragte sich verwundert: „Wer ist nur dieser blühende Jüngling? Seine Schönheit findet nicht ihresgleichen. Wer ist die glückliche junge Frau, die seine Mutter werden durfte? Und wer ist die junge Frau, die ihn begleitet? Wie haben sie sich getroffen? Wenn ich mich an meinen eigenen Sohn erinnere, der mir als kleines Kind geraubt wurde, so bin ich sicher, dass er, wenn er noch irgendwo lebt, inzwischen wie dieser Jüngling hier aussehen muss." Einfach nur aufgrund ihres Gefühls ahnte Rukmiṇī, dass Pradyumna ihr eigener verlorener Sohn war. Sie bemerkte auch die vollkommene Ähnlichkeit zwischen Pradyumna und Kṛṣṇa und fragte sich daher völlig verwundert, wie es möglich war, dass er Kṛṣṇas Körpermerkmale aufwies. Insgeheim dachte sie schließlich, der Jüngling müsse ihr eigener erwachsener Sohn sein, denn sie verspürte große Zuneigung zu ihm, und ihr linker Arm zitterte, was ein glückverheißendes Zeichen ist.

Genau in diesem Augenblick erschien Śrī Kṛṣṇa gemeinsam mit Seinem Vater Vasudeva und Seiner Mutter Devakī. Kṛṣṇa, die Höchste Persönlichkeit Gottes, wusste natürlich alles, doch in diesem Fall schwieg Er. Dafür erschien durch Seinen Willen der große Weise Nārada und offenbarte alles, was geschehen war. Wie der kleine Pradyumna aus der Wiege geraubt wurde, wie er aufwuchs und wie er schließlich seine Frau Māyāvatī fand, die früher unter dem Namen Rati die Frau des Liebesgottes gewesen war. Als die Anwesenden alles über Pradyumnas rätselhaftes Verschwinden und sein Heranwachsen erfahren hatten, waren sie von Staunen überwältigt. Sie hatten ihren totgeglaubten Sohn wiederbekommen, als sie praktisch schon die Hoffnung aufgegeben hatten, dass er jemals wieder zurückkehren würde. Sowie sie erfuhren, dass es Pradyumna war, der vor ihnen stand, hießen sie ihn mit großer Freude willkommen. Alle Mitglieder der Familie – Devakī, Vasudeva, Śrī Kṛṣṇa, Balarāma, Rukmiṇī und alle anderen Frauen der Familie – umarmten Pradyumna und seine Frau Māyāvatī. Als sich die Nachricht von Pradyumnas Rückkehr in ganz Dvārakā verbreitete, kamen die erstaunten Bürger eilig herbei, um den verlorenen Pradyumna zu sehen. „Der totgeglaubte Sohn ist zurückgekehrt!“, riefen sie. „Was könnte es Schöneres geben?“

Laut Śrīla Śukadeva Gosvāmī hielten sämtliche Damen des Palastes, die alle Stiefmütter Pradyumnas waren, ihn zuerst für Kṛṣṇa und zeigten große Schüchternheit, weil sich in ihnen das Verlangen nach ehelicher Liebe regte. Dies erklärt sich dadurch, dass Pradyumna genau das gleiche Aussehen wie Kṛṣṇa besaß und dass er überdies der Liebesgott in Person war. Es ist deshalb nicht weiter verwunderlich, dass die Mutter Pradyumnas sowie auch die anderen Frauen im Palast diesem Irrtum unterlagen; tatsächlich ähnelte Pradyumnas äußere Erscheinung so sehr der Erscheinung Kṛṣṇas, dass ihn sogar seine Mutter für Kṛṣṇa hielt.

Hiermit enden die Bhaktivedanta-Erläuterungen zum 55. Kapitel des Kṛṣṇa-Buches mit dem Titel „Pradyumna, der Sohn von Kṛṣṇa und Rukmiṇī“.

KAPITEL 56

Die Geschichte vom Syamantaka-Juwel

Es lebte einst in der Provinz von Dvārakā-dhāma ein König mit Namen Satrājit. Er war ein großer Geweihter des Sonnengottes, der ihm als Segnung das berühmte Syamantaka-Juwel schenkte. Wegen dieses Syamantaka-Juwels kam es zwischen König Satrājit und der Yadu-Dynastie zu Unstimmigkeiten, die später jedoch von Satrājit geklärt wurden, indem er Kṛṣṇa von sich aus das Juwel zusammen mit der Hand seiner Tochter Satyabhāmā anbot. Im Zusammenhang mit der Geschichte des Syamantaka-Juwels heiratete Kṛṣṇa neben Satyabhāmā auch noch Jāmbavatī, die Tochter Jāmbavāns. Diese beiden Heiraten hatten noch vor Pradyumnas Erscheinen stattgefunden, von dem im letzten Kapitel berichtet wurde. Im Folgenden wird nun geschildert, wie König Satrājit die Yadu-Dynastie beleidigte und wie er wieder zur Vernunft kam und Kṛṣṇa seine Tochter sowie das Juwel übergab.

Da König Satrājit ein großer Geweihter des Sonnengottes war, entwickelte sich nach und nach eine freundschaftliche Beziehung zwischen ihm und dem Sonnengott. Dieser war schließlich mit Satrājit so zufrieden, dass er ihm das einzigartige Syamantaka-Juwel schenkte. Wenn Satrājit diesen Edelstein in ein Medaillon gefasst um den Hals trug, sah er aus wie ein zweiter Sonnengott. Geschmückt mit diesem Juwel, betrat er die Stadt Dvārakā, worauf die Leute glaubten, der Sonnengott wäre in ihre Stadt gekommen, um Kṛṣṇa zu besuchen. Sie wussten, dass Kṛṣṇa als die Höchste Persönlichkeit Gottes manchmal von den Halbgöttern besucht wurde; deshalb wurde König Satrājit, als er die Stadt Dvārakā besuchte, von allen Einwohnern außer Kṛṣṇa für den Sonnengott gehalten. Obwohl König Satrājit jedem bekannt war, konnte ihn wegen der gleißenden Ausstrahlung des Syamantaka-Juwels niemand erkennen.

Als König Satrājit also nach Dvārakā kam, gingen einige der angesehensten Bürger, die ihn für den Sonnengott hielten, sofort zu Kṛṣṇa und berichteten Ihm, dass der Sonnengott gekommen sei, um Ihn zu besuchen. Kṛṣṇa spielte gerade Schach, als einer dieser angesehenen Bürger vor Ihn trat und sprach: „O Herr, Śrī Nārāyaṇa, Du bist die Höchste Persönlichkeit Gottes. In Deiner vollständigen Teilerweiterung als Nārāyaṇa, Viṣṇu, hast Du vier Hände, in denen Du verschiedene Symbole hältst – Muschelhorn, Feuerrad, Keule und Lotosblume. Du bist der eigentliche Besitzer aller Dinge, doch obwohl Du die Höchste Persönlichkeit Gottes, Nārāyaṇa, bist, bist Du in Vṛndāvana als der Sohn Yaśodāmātās erschienen. Manchmal fesselte Dich Deine Mutter mit Stricken, weshalb Du auch als Dāmodara gepriesen wirst."

Dass Kṛṣṇa die Höchste Persönlichkeit Gottes, Nārāyaṇa, ist, wie es von allen Bürgern von Dvārakā anerkannt wurde, wurde später auch von Śaṅkarācārya, dem großen philosophischen Führer der Māyāvādīs, bestätigt. Obwohl er den unpersönlichen Aspekt des Herrn beschrieb, leugnete er niemals Seine persönliche Gestalt. Was Śaṅkara tatsächlich sagen wollte, war, dass alles, was in der materiellen Welt Form hat, Schöpfung, Erhaltung und Vernichtung unterliegt, dass jedoch Nārāyaṇa, die Höchste Persönlichkeit Gottes, keine materielle Form hat, die diesen Begrenzungen unterworfen ist. Um die weniger intelligenten Menschen, die Kṛṣṇa für einen gewöhnlichen Sterblichen halten, zu belehren, sagte Śaṅkarācārya, Gott sei unpersönlich. Diese „Unpersönlichkeit" bedeutet, dass Er keine Person der materiellen, bedingten

Welt ist – Er ist eine transzendentale Persönlichkeit, deren Körper nicht materiell ist.

Die Bürger von Dvārakā bezeichneten Śrī Kṛṣṇa nicht nur als Dāmodara, sondern auch als Govinda, was darauf hinweist, dass Kṛṣṇa den Kühen und Kälbern sehr zugetan ist, und um auf die enge Beziehung hinzuweisen, die zwischen ihnen und dem Herrn bestand, nannten sie Ihn auch Yadunandana, denn Er war als Sohn Vasudevas in der Yadu-Dynastie geboren worden. Schließlich priesen sie Kṛṣṇa auch als den Herrn des gesamten Universums. So wandten sie sich auf verschiedene Weise an Kṛṣṇa und waren stolz, Bürger von Dvārakā zu sein, die Kṛṣṇa täglich sehen durften.

Als Satrājit Dvārakā besuchte, verspürten die Bürger großen Stolz bei dem Gedanken, dass die Halbgötter persönlich herbeikamen, um Kṛṣṇa zu besuchen, obwohl Er in Dvārakā wie ein gewöhnlicher Mensch lebte. Sie berichteten Kṛṣṇa also, der Sonnengott mit seiner gleißenden körperlichen Ausstrahlung sei zu Besuch gekommen. Die Bürger sagten weiter, dass es eigentlich nichts Besonderes sei, wenn der Sonnengott nach Dvārakā komme, denn jeder im Universum, der nach der Höchsten Persönlichkeit Gottes suche, wisse ja, dass Er in der Yadu-Dynastie erschienen sei und als ein Mitglied dieser Familie in Dvārakā lebe. Mit diesen Worten brachten die Bürger ihre Freude zum Ausdruck, doch Kṛṣṇa, die alldurchdringende Persönlichkeit Gottes, lächelte nur, als Er diese Nachricht hörte. Erfreut über die Bürger Dvārakās, erklärte Er ihnen, dass die Person, die sie Ihm als Sonnengott beschrieben, in Wirklichkeit König Satrājit sei, der in die Stadt Dvārakā gekommen sei, nur um seinen Reichtum in Form des kostbaren Juwels, das er vom Sonnengott bekommen hatte, zur Schau zu stellen.

Satrājit jedoch dachte nicht daran, Kṛṣṇa zu besuchen; vielmehr war er von dem Juwel so betört, dass er es in einem Tempel von *brāhmaṇas* verehren ließ, die er eigens zu diesem Zweck anstellte. Dies ist ein typisches Beispiel eines unintelligenten Menschen, der etwas Materielles verehrt. In der *Bhagavad-gītā* wird erklärt, dass weniger intelligente Menschen, die von ihren fruchtbringenden Tätigkeiten sofortige Ergebnisse erwarten, die Halbgötter verehren, die ebenfalls Geschöpfe dieses Universums sind. Der Ausdruck „Materialist" bezeichnet jemanden, der in der materiellen Welt nach Sinnenbefriedigung sucht. Obwohl Kṛṣṇa König Satrājit später um das Juwel bat, wollte dieser es nicht herausgeben, sondern ließ es für die eigene Verehrung in einen Tempel bringen. Wer hätte dieses Juwel nicht verehrt? Das Syamantaka-Juwel war so mächtig, dass es täglich eine große Menge Gold hervorbrachte. Die Maßeinheit für Gold war damals *bhāra*. Nach vedischen Maßen entspricht ein *bhāra* etwa 9,5 Kilo, und ein *mānā* entspricht ungefähr 37 Kilo. Dieses Juwel erzeugte täglich ungefähr 77 Kilo Gold. Außerdem erfahren wir aus den vedischen Schriften, dass Hungersnöte niemals dort ausbrechen können, wo das Juwel verehrt wird, und dass das Juwel jegliches Elend, wie Seuchen, stets fernhält.

Śrī Kṛṣṇa wollte die Welt lehren, dass das dem Herrscher des Landes das Beste von allem dargebracht werden sollte. Damals war Kṛṣṇas Großvater, König Ugrasena, das Oberhaupt vieler Dynastien; deshalb bat Kṛṣṇa Satrājit darum, König Ugrasena das Juwel zu schenken, und wies darauf hin, dass das Beste dem König angeboten werden sollte. Doch Satrājit war als Verehrer der Halbgötter zu materialistisch geworden, als dass er Kṛṣṇas Bitte nachgekommen wäre, und er hielt es für weiser, das Juwel zu verehren und so täglich 70 Kilo Gold zu erhalten. Materialistische Menschen, die jeden Tag so viel Gold bekommen können, wollen nichts vom Kṛṣṇa-Bewusstsein wissen. Um einem solchen Materialisten Seine besondere Gunst zu erweisen, nimmt ihm Kṛṣṇa manchmal all seinen materiellen Reichtum weg und macht ihn zu einem großen Gottgeweihten. Doch Satrājit sträubte sich dagegen, Kṛṣṇas Anweisungen zu gehorchen, und gab das Juwel nicht her.

Kurze Zeit danach nahm Satrājits jüngerer Bruder, Prasena, der sich mit dem Reichtum seiner Familie brüsten wollte, das Juwel, hängte es sich um den Hals und ritt voller Stolz auf einem Pferd in den Wald. Als Satrājits Bruder auf diese Weise quer durch den Wald spazieren ritt, wurde er plötzlich von einem riesigen Löwen angefallen, der Pferd und Reiter tötete und das Juwel in seine Höhle trug. Dieser Vorfall kam Jāmbavān, dem König der Bären, zu Ohren, der daraufhin den Löwen in dessen Höhle tötete und das Juwel an sich nahm. Jāmbavān war schon seit dem Erscheinen des Herrn als Śrī Rāmacandra ein großer Gottgeweihter, und so konnte er mit dem Stein nicht viel anfangen, sondern gab ihn seinem kleinen Sohn zum Spielen.

Als Prasena mit dem Juwel im Wald verschollen blieb und nicht zurückkehrte, wurde Satrājit in der Stadt sehr aufgebracht. Er ahnte nicht, dass sein jüngerer Bruder von einem Löwen getötet worden war, der dann seinerseits von Jāmbavān getötet wurde. Stattdessen glaubte er, Kṛṣṇa habe Prasena das Juwel mit Gewalt abgenommen und seinen Bruder dann umgebracht, denn Kṛṣṇa habe das Juwel ja schon immer begehrt, bis jetzt aber noch nicht bekommen können. Dieser Verdacht entwickelte sich zu einem Gerücht, das Satrājit in jedem Winkel Dvārakās verbreitete.

Das Gerücht, Kṛṣṇa habe Prasena getötet und das Juwel an Sich genommen, verbreitete sich wie ein Lauffeuer. Weil es Kṛṣṇa nicht gefiel, auf diese Weise verleumdet zu werden, beschloss Er, zusammen mit ein paar Einwohnern Dvārakās Selbst in den Wald zu gehen, um das Syamantaka-Juwel wiederzufinden. Begleitet von ein paar wichtigen Bürgern Dvārakās, begab Sich Kṛṣṇa auf die Suche nach Prasena, Satrājits jüngerem Bruder, und bald schon stieß Er auf dessen Leichnam, der von dem Löwen zerrissen worden war. Wenig später fand Kṛṣṇa auch den Löwen, der von Jāmbavān, der im Allgemeinen auch als Ṛkṣa bekannt ist, getötet worden war. Man konnte sehen, dass Jāmbavān den Löwen ohne eine Waffe, mit bloßen Händen, getötet hatte. Schließlich stießen Kṛṣṇa und Seine Begleiter im Wald auf einen großen unterirdischen Gang, von dem es hieß, dass er zu Ṛkṣas Behausung führe. Da Kṛṣṇa wusste, dass sich die Bürger Dvārakās fürchten würden, den Tunnel zu betreten, bat Er sie, draußen auf Ihn zu warten, worauf Er allein in das dunkle Innere vordrang, um Ṛkṣa, Jāmbavān, zu finden. Am anderen Ende des Tunnels angekommen, sah Kṛṣṇa, dass Ṛkṣas Sohn mit dem unvergleichlich kostbaren Syamantaka-Juwel spielte, und so trat Er vor das Kind, um ihm das Juwel fortzunehmen. Die Amme, die Ṛksas Kind behütete, erschrak entsetzlich, als Kṛṣṇa so plötzlich vor ihr auftauchte, denn sie befürchtete, dass Er das wertvolle Juwel an Sich nehmen wollte. Aus Furcht begann sie laut zu schreien.

Auf die Schreie der Amme hin stürzte Jāmbavān wutentbrannt herbei. Eigentlich war er ein großer Gottgeweihter, doch blind vor Zorn konnte er seinen Meister nicht erkennen, sondern hielt Ihn für einen gewöhnlichen Menschen. Dies erinnert an einen Vers in der *Bhagavad-gītā*, in dem der Herr Arjuna die Anweisung gibt, frei von Zorn, Gier und Lust zu werden, um so auf die spirituelle Ebene zu gelangen. Lust, Zorn und Gier entstehen im Herzen eines Lebewesens gleichzeitig und behindern jeglichen Fortschritt auf dem spirituellen Pfad.

Weil Jāmbavān seinen Meister nicht erkannte, forderte er Ihn heraus, und so entbrannte zwischen ihnen ein fürchterlicher Zweikampf, in dem sie sich wie zwei feindliche Geier aufeinander stürzten. Wenn Geier einen Kadaver finden, kommt es zwischen ihnen sogleich zu einem erbitterten Kampf. Kṛṣṇa und Jāmbavān fochten zunächst mit Waffen, dann bekämpften sie sich mit Steinen und danach mit großen Bäumen. Dann stürzten sie sich mit bloßen Händen aufeinander, bis sie schließlich mit Fausthieben, so hart wie Blitze, aufeinander einschlugen. Jeder war entschlossen, den anderen zu besiegen, doch der Kampf zog sich über 28 Tage und Nächte hin.

Obwohl Jāmbavān das stärkste Lebewesen seiner Zeit war, erlahmten ihm schließlich die Glieder, und seine Kräfte verließen ihn, da er unablässig von Krsnas Fäusten geschlagen wurde. Der erschöpfte und schweißüberströmte Jāmbavān fragte sich voll Verwunderung, wer wohl sein Gegner sein mochte, der ihn so erbittert bekämpfte. Jāmbavān war sich über seine übermenschlichen Körperkräfte bewusst, und als ihm unter Kṛṣṇas Faustschlägen allmählich die Kräfte schwanden, erkannte er, dass Kṛṣṇa kein anderer war als sein verehrter Herr, die Höchste Persönlichkeit Gottes. Dieser Punkt ist für die Gottgeweihten von besonderer Bedeutung. Anfänglich konnte Jāmbavān Kṛṣṇa nicht erkennen, da seine Sicht von materieller Anhaftung verdeckt war. Er hing nämlich überaus stark an seinem Sohn und dem wertvollen Syamantaka-Juwel, weshalb er auch nicht gewillt war, dieses Juwel Kṛṣṇa zu überlassen. Er ging sogar so weit, dass er auf Kṛṣṇa zornig wurde, weil er dachte, Kṛṣṇa wäre gekommen, um ihm das Juwel zu stehlen. Das ist der Zustand materieller Bedingtheit: Fähigkeiten wie außergewöhnliche Körperkraft können einem nicht helfen, Kṛṣṇa zu verstehen.

Kṛṣṇa wollte aus Freude am Kämpfen einen Scheinkampf mit Seinem Geweihten austragen. Wie wir aus dem *Śrīmad-Bhāgavatam* erfahren, besitzt die Höchste Persönlichkeit Gottes alle Neigungen und Fähigkeiten eines Menschen. Manchmal möchte Er daher, wie aus einer sportlichen Neigung heraus, auch kämpfen, um Seine Körperkraft zu zeigen, und wenn Er den Wunsch dazu hat, wählt Er Sich einen geeigneten Gottgeweihten als Gegner aus, der Ihn im Kampf erfreuen darf. In diesem Falle hatte Er Jāmbavān für Sein Kampfspiel auserwählt. Obwohl Jāmbavān in Wirklichkeit ein Gottgeweihter war, wusste er nicht, dass Kṛṣṇa sein Gegner war, während er Ihm mit seiner Körperkraft diente. Doch als Kṛṣṇa mit Seinem Kämpfen zufrieden war, erkannte Jāmbavān augenblicklich, dass sein Gegner niemand anders sein konnte als der Höchste Herr Selbst. Dies bedeutet, dass er Kṛṣṇa dank seines Dienstes verstehen konnte. Mit anderen Worten, manchmal wird Kṛṣṇa auch durch Kämpfen zufriedengestellt.

Jāmbavān sagte deshalb zum Herrn: „O Herr, ich erkenne jetzt, wer Du bist. Du bist die Höchste Persönlichkeit Gottes, Śrī Viṣṇu, der Ursprung aller Kraft, allen Reichtums, allen Ruhms, aller Schönheit, allen Wissens und aller Entsagung.“ Dies wird im *Vedānta-sūtra* bestätigt, wo erklärt wird, dass der Höchste Herr der Ursprung aller Dinge ist. Jāmbavān erkannte Śrī Kṛṣṇa als die Höchste Persönlichkeit, Śrī Viṣṇu: „Lieber Herr, Du bist der Schöpfer aller untergeordneten Schöpfer innerhalb des Universums.“ Diese Aussage ist sehr lehrreich für den gewöhnlichen Menschen, der dazu neigt, die Taten eines Menschen mit überdurchschnittlicher Intelligenz zu bewundern. Die Menschen sind sehr beeindruckt von den Erfindungen eines großen Wissenschaftlers, aber wie die Aussage Jāmbavāns bestätigt, ist derjenige, der als Wissenschaftler wundervolle Dinge schafft, seinerseits von Kṛṣṇa erschaffen worden; und Kṛṣṇa ist nicht nur der Schöpfer eines einzigen Wissenschaftlers, sondern von Millionen und Abermillionen überall im Universum. Jāmbavān sagte weiter: „Du bist nicht nur der Schöpfer der Schöpfer, sondern auch der Schöpfer der materiellen Elemente, die von den sogenannten Schöpfern verwendet werden.“ Die Wissenschaftler arbeiten mit den materiellen Elementen und den Gesetzen der materiellen Natur und schaffen auf diese Weise etwas Wunderbares, doch im Grunde sind diese Gesetze und Elemente, genau wie alles andere, Schöpfungen Kṛṣṇas. Diese Sicht muss man entwickeln, wenn man tatsächlich wissenschaftlich sein will. Unintelligente Menschen fragen sich niemals, wer das Gehirn des Wissenschaftlers erschaffen hat; es genügt ihnen, die Produkte und Erfindungen der Wissenschaftler zu bestaunen.

„Lieber Herr“, fuhr Jāmbavān fort, „der Zeitfaktor, der die materiellen Elemente verbindet, ist ebenfalls Dein Repräsentant. Du Selbst bist der höchste Zeitfaktor, durch den die gesamte Schöpfung hervorgebracht, erhalten und schließlich vernichtet wird. Nicht bloß die materiellen Elemente und die Zeit, sondern auch die Menschen, die sich die Elemente und die Vorteile der Schöpfung zunutze machen, sind

Bestandteile von Dir. Das Lebewesen kann daher kein unabhängiger Schöpfer sein. Wenn man all diese Faktoren mit dem richtigen Verständnis analysiert, wird man unweigerlich zum Schluss kommen, dass Du der höchste Beherrschende und der Herr über alles bist. Lieber Herr, deshalb habe ich erkannt, dass Du derselbe Höchste Herr bist, den ich als Śrī Rāmacandra verehre. Mein Meister, Śrī Rāmacandra, wollte einmal eine Brücke über den Ozean bauen, und ich sah mit eigenen Augen, wie der gewaltige Ozean durch Seinen bloßen Blick aufgewühlt wurde. Als so der gesamte Ozean in Aufruhr geriet, erschraken alle Wasserlebewesen, sogar die Wale, Alligatoren und *timiṅgila*-Fische. Durch Rāmacandras Blick wurde der Ozean gezwungen, sich zu teilen und ihm so den Weg nach Laṅka freizugeben. (Diese Insel wird heute Śrī Laṅkā genannt). Der Bau dieser Brücke, die sich vom Kap Komorin über den Ozean bis nach Śrī Laṅkā erstreckte, im Auftrag Śrī Rāmacandras ist auch heute noch bekannt. Nach dem Bau dieser Brücke wurde das gesamte Königreich Rāvaṇas in Brand gesetzt, und dabei kam es zu einem Kampf mit Rāvaṇa, in dem jedes einzelne seiner Glieder von Deinen scharfen Pfeilen durchbohrt und zerfetzt wurde, und sein Kopf rollte über das Antlitz der Erde. Nun verstehe ich, dass Du kein anderer sein kannst als mein Meister, Śrī Rāmacandra. Niemand sonst besitzt solch unermessliche Kraft; niemand außer Dir hätte mich auf diese Weise besiegen können."

Jāmbavāns Gebete und Lobpreisungen erfreuten Śrī Kṛṣṇa sehr, und um dessen Schmerzen zu lindern, strich Er mit Seinen lotosgleichen Handflächen über Jāmbavāns Körper. Sofort fühlte sich Jāmbavān von den Strapazen des langen Kampfes befreit. Darauf sprach Kṛṣṇa ihn als „König Jāmbavān" an, denn im Grunde war Jāmbavān der König des Waldes, und nicht der Löwe, den er mit der bloßen Hand, ohne irgendwelche Waffen, getötet hatte. Dann erklärte Kṛṣṇa Jāmbavān, dass Er gekommen sei, um ihn um das Syamantaka-Juwel zu bitten, denn nachdem dieses verschwunden sei, hätten unintelligente Menschen Seinen Namen in Verruf gebracht. Kṛṣṇa sagte ihm ganz offen, dass Er den Edelstein brauche, um all diese Verleumdungen aus der Welt schaffen zu können. Jāmbavān sah dies auch sogleich ein, und um den Herrn zufriedenzustellen, übergab er Ihm sofort das Syamantaka-Juwel, und nicht nur das, er stellte Kṛṣṇa auch seine Tochter Jāmbavatī vor, die gerade im heiratsfähigen Alter war, und gab sie Ihm zur Frau.

Die ganze Begebenheit, wie Śrī Kṛṣṇa Jāmbavatī heiratete und das Syamantaka-Juwel wiedererlangte, hatte sich in Jāmbavāns Berghöhle abgespielt, und mittlerweile waren 28 Tage vergangen. Die Bürger Dvārakās hatten zwölf Tage lang vor dem Höhleneingang gewartet, und danach waren sie sich einig gewesen, dass etwas Furchtbares geschehen sein musste. Ohne zu wissen, was in Wirklichkeit vor sich ging, waren sie, zutiefst niedergeschlagen und ermattet, nach Dvārakā zurückgekehrt.

Die gesamte Familie Kṛṣṇas, insbesondere Seine Mutter Devakī, Sein Vater Vasudeva und Seine erste Frau Rukmiṇī sowie alle anderen Freunde, Verwandten und Palastbewohner waren bestürzt, als die Bürger ohne Kṛṣṇa in die Stadt zurückkehrten. In ihrer natürlichen Zuneigung zu Kṛṣṇa begannen sie verzweifelt, Satrājit zu verwünschen, denn er war an Kṛṣṇas Verschwinden schuld. Sie gingen in den Tempel der Göttin Candrabhāgā, um sie zu verehren und Kṛṣṇas Rückkehr zu erflehen. Die Göttin war mit den Gebeten der Bürger von Dvārakā zufrieden und gab ihnen sogleich ihren Segen. Genau in diesem Augenblick erschien Kṛṣṇa zusammen mit Seiner neuen Frau Jāmbavatī in Dvārakā. Die Bewohner der ganzen Stadt und Kṛṣṇas Verwandte brachen allesamt in Jubel aus. Ihr Glück kannte keine Grenzen, genau wie es der Fall ist, wenn man einen geliebten Menschen, den man bereits tot glaubte, wiedersieht. Ebenso hatten die Bürger Dvārakās, die glaubten, Kṛṣṇa wäre im Kampf in große Bedrängnis geraten, im Laufe der Zeit fast alle Hoffnung aufgegeben, dass Kṛṣṇa jemals wieder zurückkehren würde. Doch als sie sahen, dass Kṛṣṇa tatsächlich zurückgekehrt war, und nicht einmal allein, sondern mit einer neuen Gemahlin, Jāmbavatī, veranstalteten sie sogleich eine Hochzeitsfeier.

König Ugrasena berief daraufhin eine Versammlung aller bedeutenden Könige und Fürsten ein. Auch Satrājit befand sich unter den geladenen Gästen, und Kṛṣṇa schilderte der ganzen Versammlung, wie Er das Syamantaka-Juwel aus Jāmbavāns Höhle zurückgeholt hatte. Er wollte König Satrājit das Juwel zurückgeben. Satrājit jedoch war zutiefst beschämt, weil er Kṛṣṇa zu Unrecht verleumdet hatte. Schweigend und mit gesenktem Haupt nahm er das Juwel entgegen und verließ wortlos die Versammlung, um nach Hause zurückzukehren. Zu Hause angekommen, überlegte er, wie er seine Schandtat wiedergutmachen könne. Ihm war klar, dass er gegen Kṛṣṇa ein schweres Vergehen begangen hatte und dass er sich irgendetwas einfallen lassen musste, um Kṛṣṇa wieder zu erfreuen und Seine Gunst zu erlangen.

Es war König Satrājit also sehr daran gelegen, sich aus seiner unangenehmen Lage zu befreien, in die er sich törichterweise selbst gebracht hatte, da er sich von einem materiellen Gegenstand wie dem Syamantaka-Juwel hatte betören lassen. Der König war sehr getroffen, dass er ein Vergehen gegen Kṛṣṇa begangen hatte, und er wünschte sich aufrichtig, es wiedergutzumachen. Deshalb gab ihm Kṛṣṇa von innen her die nötige Intelligenz, so dass Satrājit zum Schluss kam, Kṛṣṇa nicht nur das Juwel zu übergeben, sondern auch seine bildhübsche Tochter Satyabhāmā. Dies war für ihn die einzige Möglichkeit, das Problem zu lösen, und so ließ er die Hochzeitszeremonie vorbereiten, bei der er dann der Höchsten Persönlichkeit Gottes sowohl das Juwel als auch seine Tochter schenkte. Satyabhāmā war so schön und tugendhaft, dass Satrājit bereits eine Unzahl von Prinzen, die um ihre Hand angehalten hatten, zurückgewiesen hatte, und so hatte er fortwährend darauf gehofft, einen Schwiegersohn zu finden, der seiner Tochter würdig war. Durch Kṛṣṇas Gnade beschloss er nun, Kṛṣṇa seine Tochter als Braut zu übergeben.

Weil Śrī Kṛṣṇa mit Satrājit sehr zufrieden war, teilte Er ihm mit, dass Er für das Syamantaka-Juwel keine Verwendung habe. „Es ist besser, das Juwel im Tempel zu lassen, wo du es bereits zuvor aufbewahrt hast“, sagte Er. „So wird jeder von uns seinen Nutzen aus diesem Juwel ziehen, denn in seiner Gegenwart wird es hier in Dvārakā weder Hungersnöte noch anderes Unheil, wie Seuchen, übermäßige Hitze oder Kälte, geben.“

Hiermit enden die Bhaktivedanta-Erläuterungen zum 56. Kapitel des Kṛṣṇa-Buches mit dem Titel „Die Geschichte vom Syamantaka-Juwel“.

KAPITEL 57

Satrājit und Śatadhanvā werden getötet

Seitdem Akrūra Hastināpura verlassen hatte, um zu Kṛṣṇa zurückzukehren und Ihm von der Situation der Pāṇḍavas zu berichten, hatte sich die Lage weiter zugespitzt. Die Pāṇḍavas waren in einem Haus untergebracht worden, das aus Schellack bestand und das später in Brand gesetzt wurde, worauf jeder glaubte, die Pāṇḍavas wären zusammen mit ihrer Mutter Kuntī in den Flammen umgekommen. Diese Nachricht erreichte auch Kṛṣṇa und Balarāma, worauf Sie nach einer gemeinsamen Beratung beschlossen, persönlich nach Hastināpura zu gehen, um Ihren Verwandten Ihre Anteilnahme auszudrücken. Kṛṣṇa und Balarāma wussten selbstverständlich, dass die Pāṇḍavas nicht in den Flammen umgekommen sein konnten, trotzdem wollten Sie nach Hastināpura gehen, um all den Trauernden in dieser schweren Stunde beizustehen. Als Sie in Hastināpura ankamen, suchten Sie als Erstes Bhīṣmadeva auf, denn er war das Oberhaupt der Kuru-Dynastie. Dann besuchten Sie Vidura, Gāndhārī und Droṇa. Es gab andere Mitglieder der Kuru-Dynastie, die alles andere als traurig waren, denn sie hatten sich schon seit langer Zeit den Tod der Pāṇḍavas und deren Mutter gewünscht. Einige Familienmitglieder jedoch, ganz besonders Bhīṣmadeva, bedauerten aufrichtig das Unglück, und Kṛṣṇa und Balarāma brachten gleiche Empfindungen zum Ausdruck, ohne etwas davon zu verraten, wie es sich in Wirklichkeit verhielt.

Nachdem Kṛṣṇa und Balarāma Dvārakā verlassen hatten, fand dort eine Verschwörung statt, deren Ziel darin bestand, Satrājit das Syamantaka-Juwel zu rauben. Der Kopf der Verschwörung war Śatadhanvā, der wie viele andere die schöne Satyabhāmā, Satrājits Tochter, hatte heiraten wollen. Satrājit hatte seine Tochter bereits mehreren Bewerbern versprochen, doch später hatte er seine Entscheidung geändert und Satyabhāmā zusammen mit dem Syamantaka-Juwel Kṛṣṇa übergeben. Im Grunde gab er das Juwel nur widerwillig fort, und Kṛṣṇa, der seine Gedanken kannte, hatte deshalb nur seine Tochter angenommen und ihm das Juwel zurückgegeben. Satrājit war sehr erfreut, als er das Juwel behalten durfte, und trug es von da an immer bei sich. Nun aber, in Kṛṣṇas und Balarāmas Abwesenheit, bildete sich eine Gruppe von Verschwörern, die Satrājit das Juwel rauben wollten. Sogar Akrūra und Kṛtavarmā, zwei Geweihte Śrī Kṛṣṇas, nahmen an der Verschwörung teil. Ihre Absicht war es jedoch, das Syamantaka-Juwel Kṛṣṇa zurückzubringen, denn sie wussten, dass Kṛṣṇa Sich das Juwel wünschte und dass es Satrājit seinerseits verfehlt hatte, Kṛṣṇa das Juwel in der richtigen Haltung anzubieten. Die anderen jedoch nahmen an der Verschwörung teil, weil sie enttäuscht waren, dass sie Satyabhāmā nicht zur Frau bekommen hatten. Einige von diesen Männern stifteten Śatadhanvā an, Satrājit umzubringen und ihm das Juwel abzunehmen.

An dieser Stelle wird oft die Frage gestellt, wie es möglich war, dass ein so großer Gottgeweihter wie Akrūra an der Verschwörung teilnahm. Und warum beteiligte sich auch Kṛtavarmā, der ebenfalls ein Geweihter des Herrn war, an solchen Machenschaften? Die Antwort hierauf geben uns große Autoritäten wie Jīva Gosvāmī und andere; sie erklären, dass Akrūra zwar ein großer Gottgeweihter war, dass aber die Verwünschung der Einwohner von Vṛndāvana auf ihm lastete, da er Kṛṣṇa aus ihrer Mitte genommen hatte. Weil Akrūra auf diese Weise ihr Herz verwundet hatte, war er gezwungen, an einer Verschwörung teilzunehmen, die von verabscheuenswerten Menschen angezettelt wurde. Ähnlich verhielt es sich mit Kṛtavarmā: Auch er war ein Gottgeweihter, doch aufgrund seines engen Umganges mit Kaṁsa war auch er in sündhafte Reaktionen verwickelt worden, weshalb er sich ebenfalls an der Verschwörung beteiligte.

Angespornt von den anderen Verschwörern, drang Śatadhanvā eines Nachts in Satrājits Haus ein und ermordete diesen im Schlaf. Śatadhanvā war ein sündiger Mensch von abscheulichem Charakter; aufgrund seiner vielen Sünden waren seine Tage bereits gezählt, aber dennoch schreckte er nicht davor zurück, Satrājit auf solch niederträchtige Weise zu ermorden. Als er in den Palast eindrang, um Satrājit umzubringen, begannen alle anwesenden Frauen laut zu schreien, doch ohne sich um ihr Wehgeschrei und Klagen zu kümmern, metzelte er sein Opfer mit einer gnadenlosen Gelassenheit nieder, die der eines Metzgers gleichkam, der im Schlachthof ein Tier umbringt. Weil Kṛṣṇa Dvārakā verlassen hatte, befand sich Seine Frau Satyabhāmā in jener Nacht im Hause ihres Vaters, Satrājit, und beim Anblick des grauenhaften Schauspiels rief sie verzweifelt aus: „Lieber Vater! Mein lieber Vater! Gnadenlos bist du getötet worden!" Der tote Körper Satrājits wurde am folgenden Tag nicht sogleich zum Ort der Leichenverbrennung gebracht, denn Satyabhāmā wollte zuerst nach Hastināpura zu Kṛṣṇa gehen. Daher wurde der Leichnam in Öl gelegt, so dass Kṛṣṇa ihn bei Seiner Rückkehr mit eigenen Augen würde sehen können, um dann gebührende Schritte gegen Śatadhanvā zu unternehmen. So machte sich Satyabhāmā unverzüglich auf den Weg nach Hastināpura, um Kṛṣṇa die Nachricht vom gewaltsamen Tod ihres Vaters zu überbringen.

Als Kṛṣṇa nach Satyabhāmās Ankunft in Hastināpura von dem Meuchelmord hörte, begann Er über den Tod Seines Schwiegervaters wie ein gewöhnlicher Mensch zu wehklagen. Seine große Trauer mag sehr seltsam erscheinen, denn Śrī Kṛṣṇa hat nichts mit Aktion und Reaktion zu tun. Doch weil Er die Rolle eines gewöhnlichen Menschen spielte, brachte Er der schmerzerfüllten Satyabhāmā gegenüber Sein aufrichtiges Mitgefühl zum Ausdruck. Tränen traten in Seine Augen, als Er von dem Tod Seines Schwiegervaters erfuhr, und Er klagte: „Ach, welch großes Unglück ist über uns hereingebrochen!" Auf der Stelle kehrte Kṛṣṇa zusammen mit Balarāma und Satyabhāmā nach Dvārakā zurück und überlegte Sich Mittel und Wege, um Śatadhanvā zu töten und ihm das Juwel wieder abzunehmen. Obwohl Śatadhanvā ein unverfrorener Mörder und Verbrecher war, fürchtete er sich dennoch sehr vor Kṛṣṇa, und deshalb packte ihn panische Angst, als er hörte, dass Kṛṣṇa wieder zurückgekommen war.

Weil Śatadhanvā verstand, dass Kṛṣṇa gekommen war, um ihn zu töten, rannte er sogleich zu Kṛtavarmā und bat ihn um Schutz. Doch Kṛtavarmā entgegnete: „Ich würde es niemals wagen, ein Vergehen gegen Śrī Kṛṣṇa und Śrī Balarāma zu begehen, denn Sie sind keine gewöhnlichen Menschen. Sie sind die Höchste Persönlichkeit Gottes. Wie könnte jemand dem Tod entgehen, der sich eines Vergehens gegen Kṛṣṇa und Balarāma schuldig gemacht hat? Niemand vermag Ihrem Zorn zu entkommen.“ Kṛtavarmā wies auch darauf hin, dass sich selbst der mächtige Kaṁsa, dem viele andere Dämonen zur Seite standen, nicht vor Kṛṣṇas Zorn retten konnte, ganz zu schweigen von Jarāsandha, der 17 Mal von Kṛṣṇa besiegt wurde und jedes Mal vernichtend geschlagen vom Kampf zurückkehren musste.

Als Śatadhanvā sah, dass ihm Kṛtavarmā jeglichen Beistand versagte, ging er zu Akrūra und flehte ihn um Hilfe an. Doch auch Akrūra entgegnete: „Kṛṣṇa und Balarāma sind die Höchste Persönlichkeit Gottes Selbst. Jeder, der Ihre grenzenlose Stärke kennt, würde es niemals wagen, einen Frevel gegen Sie zu begehen oder sogar mit Ihnen zu kämpfen.“ Und Akrūra fügte hinzu: „Kṛṣṇa und Balarāma sind so mächtig, dass Sie durch Ihren bloßen Willen die gesamte kosmische Manifestation erschaffen, erhalten und vernichten. Leider können Menschen, die durch die illusionierende Energie verblendet sind, Kṛṣṇas Stärke nicht erkennen, obwohl der gesamte Kosmos völlig unter Seiner Kontrolle steht.“ Als beeindruckendes Beispiel führte Akrūra an, dass Kṛṣṇa schon im Alter von sieben Jahren den Govardhana-Hügel in die Luft hob und ihn sieben Tage lang ununterbrochen emporhielt, so wie ein Kind einen kleinen Schirm trägt. Akrūra sagte unumwunden, dass er Kṛṣṇa, der Überseele in allem Erschaffenen und der ursprünglichen Ursache aller Ursachen, stets seine achtungsvollen Ehrerbietungen erweise. Als Śatadhanvā sah, dass er auch seine letzte Hoffnung, von Akrūra beschützt zu werden, fallenlassen konnte, händigte er Akrūra das Syamantaka-Juwel aus und schwang sich auf sein Pferd, das außerordentlich schnell war und die Fähigkeit besaß, ohne zu ermüden über

640 Kilometer durchzugaloppieren, und auf dem Rücken dieses Pferdes verließ er fluchtartig die Stadt.

Sowie Kṛṣṇa und Balarāma über Śatadhanvās Flucht unterrichtet wurden, bestiegen Sie Ihren Wagen, dessen Flagge das Bild Garuḍas trug, und setzten ihm nach. Kṛṣṇa war besonders deswegen auf Śatadhanvā zornig und wollte ihn töten, weil dieser Satrājit, eine hochgestellte Persönlichkeit, ermordet hatte. Dazu war Satrājit Kṛṣṇas Schwiegervater, und die Anweisung der *śāstras* besagt in diesem Zusammenhang, dass ein *guru-druha*, jemand, der sich gegen eine höhergestellte Persönlichkeit auflehnt, entsprechend der Größe seines Vergehens bestraft werden müsse. Deshalb war Kṛṣṇa entschlossen, den Mörder Seines Schwiegervaters unter keinen Umständen entkommen zu lassen.

Śatadhanvās Pferd verließen schließlich die Kräfte, und es brach in der Nähe eines Gartenhauses in Mithilā zusammen. Da ihm das verendete Pferd auch nicht mehr helfen konnte, lief Śatadhanvā zu Fuß mit großer Schnelligkeit weiter. Kṛṣṇa und Balarāma, die Śatadhanvā einen ehrlichen Kampf bieten wollten, sprangen ebenfalls vom Streitwagen und verfolgten ihn zu Fuß. Im Laufen schleuderte Kṛṣṇa Sein Feuerrad los, das Śatadhanvā den Kopf abtrennte. Daraufhin durchsuchte Kṛṣṇa die Kleidung des Mörders nach dem Syamantaka-Juwel, doch Er konnte es nirgends finden. So kehrte Er zu Balarāma zurück und sagte: „Wir haben diesen Mann umsonst getötet, denn er trägt das Juwel nicht bei sich." Balarāma jedoch hatte eine Vermutung: „Vielleicht wird es von jemand anderem in Dvārakā aufbewahrt. Es ist also das Beste, Du kehrst zurück und versuchst, es dort zu finden." Śrī Balarāma Selbst wollte einige Tage in Mithilā bleiben, denn der König von Mithilā war ein guter Freund von Ihm. Deshalb kehrte Kṛṣṇa allein nach Dvārakā zurück, und Balarāma begab Sich in die Stadt Mithilā.

Als der König von Mithilā sah, dass Balarāma in seine Stadt kam, war er hocherfreut und empfing den Herrn mit Ehrerbietung und Gastfreundlichkeit. Er überreichte Balarāmajī auch viele kostbare Geschenke, um Sein Wohlwollen zu gewinnen. Mehrere Jahre lang blieb Śrī Balarāma Ehrengast des Königs von Mithilā, Janaka Mahārāja. Während dieser Zeit nahm Duryodhana, der älteste Sohn Dhṛtarāṣṭras, die Gelegenheit wahr, Balarāma zu besuchen und von Ihm die Kunst des Kampfes mit der Keule zu erlernen.

Nachdem Kṛṣṇa Śatadhanvā getötet hatte, kehrte Er wieder nach Dvārakā zurück, und um Seine Frau Satyabhāmā zu erfreuen, berichtete Er ihr, dass der Mörder ihres Vaters nun tot sei. Kṛṣṇa sagte aber auch, dass Er das Juwel bei ihm nicht hatte finden können. Danach führte Er gemeinsam mit Satyabhāmā, in Übereinstimmung mit den religiösen Prinzipien, verschiedene Zeremonien durch, um Seinen toten Schwiegervater zu ehren. Zu dieser Zeremonie versammelten sich alle Freunde und Verwandten der Familie.

Akrūra und Kṛtavarmā waren maßgeblich an der Verschwörung gegen Satrājit beteiligt, denn sie hatten Śatadhanvā dazu angestiftet, Satrājit zu töten. Als sie nun hörten, dass Śatadhanvā von Kṛṣṇas Hand gestorben war und dass Kṛṣṇa wieder nach Dvārakā zurückgekehrt war, verließen sie eilends die Stadt. In Akrūras Abwesenheit fürchteten die Bürger, sie würden nun von Seuchen und Naturkatastrophen heimgesucht werden. Doch dies war nur eine Art Aberglaube, denn dort, wo Kṛṣṇa anwesend ist, kann es unmöglich Seuchen, Hungersnöte oder Naturkatastrophen geben. In Akrūras Abwesenheit jedoch traten dennoch einige Störungen in Dvārakā auf. Der Aberglaube entstand aus folgendem Grund: Das Gebiet der Provinz Kāśī (Vārāṇasī) wurde einmal von einer verheerenden Dürre heimgesucht, bei der so gut wie kein Regen mehr vom Himmel fiel. Auf Geheiß eines Astrologen hin verheiratete der König von Kāśī schließlich seine Tochter Gāndinī mit Śvaphalka, Akrūras Vater, und nach dieser Heirat fiel wieder genügend Regen in der Provinz. Da Śvaphalka übernatürliche Kräfte besaß, hieß es schon bald, dass sein Sohn Akrūra über solche Kräfte verfüge. Auf diese Weise entstand unter den Leuten der Glaube, dass es überall dort, wo sich Akrūra oder sein Vater aufhielt, keine Naturkatastrophen wie Hungersnöte oder Dürren geben könne. Ein Königreich kann nur dann als glücklich bezeichnet werden, wenn es in ihm weder Hungersnöte, Seuchen noch übermäßige Hitze oder Kälte gibt und wenn die Bürger körperlich, geistig und spirituell glücklich sind. Sobald in diesen Zeiten irgendwelche Störungen in Dvārakā auftraten, sahen die Menschen die Ursache darin, dass eine glücksspendende Persönlichkeit fortgegangen war. Und so ging das Gerücht um, dass sich unheilvolle Dinge ereignen würden, nur weil Akrūra die Stadt verlassen hatte. Einige der älteren Einwohner der Stadt sagten auch, dass sie unglückverheißende Zeichen wahrnehmen würden, die dem Umstand zuzuschreiben seien, dass sich das Syamantaka-Juwel nicht mehr in Dvārakā befand. Als Śrī Kṛṣṇa die Gerüchte, die man sich erzählte, zu Ohren kamen, beschloss Er, Akrūra aus dem Königreich von Kāśī zurückzurufen.

Als Akrūra dann nach Dvārakā zurückkehrte, empfing ihn Kṛṣṇa, wie es einer höherstehenden Persönlichkeit gebührte, denn Akrūra war Kṛṣṇas Onkel. Da Kṛṣṇa als Überseele im Herzen eines jeden weilt, weiß Er, was in jedem Menschen vor sich geht. Daher war Ihm auch alles bekannt, was im Zusammenhang mit der Verschwörung Akrūras und Śatadhanvās geschehen war, und Er wandte Sich lächelnd an Akrūra, indem Er ihn zuerst als den höchsten unter den Großmütigen bezeichnete.

„Mein lieber Onkel", sagte Kṛṣṇa, „es ist Mir bereits bekannt, dass Śatadhanvā das Syamantaka-Juwel dir übergab. Zurzeit gibt es niemanden, der direkten Anspruch auf das Syamantaka-Juwel erheben könnte, denn König Satrājit hat keine männlichen Nachkommen, und seiner Tochter Satyabhāmā ist nicht sonderlich an dem Juwel gelegen. Doch ihr zukünftiger Sohn wird als Satrājits Enkel, wenn er die Bedingungen für das Antreten des Erbes erfüllt hat, der rechtmäßige Eigentümer des Juwels sein." Mit dieser Feststellung offenbarte Śrī Kṛṣṇa, dass Satyabhāmā bereits in Erwartung eines Sohnes war, der der wirkliche Erbe des Juwels sei und der sich als solcher das Juwel mit Sicherheit von Akrūra holen werde.

Kṛṣṇa fuhr fort: „Das Juwel ist so mächtig, dass kein gewöhnlicher Mensch imstande ist, es bei sich zu behalten. Da ich weiß, wie fromm du bist, habe Ich nichts dagegen einzuwenden, dass sich das Juwel in deinen Händen befindet. Die einzige Schwierigkeit, die Ich sehe, besteht darin, dass es Mir Mein älterer Bruder, Śrī Balarāma, nicht glauben wird, wenn Ich Ihm sage, dass sich das Juwel in deinem Besitz befindet. Deshalb bitte Ich dich, o Großherziger, Mir das Juwel nur einmal vor all Meinen Verwandten zu zeigen, sodass sie beruhigt sein mögen und die verschiedenen Gerüchte zurückweisen können. Du kannst nicht leugnen, dass sich das Juwel in deinem Besitz befindet, denn wir können sehen, dass sich dein Reichtum vergrößert hat und dass du Opfer auf einem Altar aus gediegenem Gold darbringst." Die besondere Eigenschaft des Juwels war jedem bekannt. Überall, wo es sich befand, erzeugte es für seinen Besitzer täglich mehr als zwei *mānās* reinen Goldes. Akrūra bekam Gold in diesen Mengen und verteilte es freigiebig bei Opferzeremonien. Śrī Kṛṣṇa führte Akrūras Großzügigkeit beim Verteilen von Gold als Beweis an, der dafür sprach, dass er das Syamantaka-Juwel besaß.

Als Śrī Kṛṣṇa Akrūra mit solch freundschaftlichen und wohlwollenden Worten die Tatsachen vor Augen hielt, erkannte dieser, dass vor Kṛṣṇas Wissen nichts verborgen bleiben konnte. Auf der Stelle brachte er das kostbare Juwel herbei, das mit einem Tuch bedeckt war, aber trotzdem hell wie die Sonne leuchtete, und überreichte es Kṛṣṇa. Śrī Kṛṣṇa nahm das Syamantaka-Juwel in die Hand und zeigte es all Seinen anwesenden Verwandten und Freunden. Dann gab Er es vor den Augen aller Anwesenden Akrūra zurück, so dass jeder sehen konnte, dass der Edelstein tatsächlich von Akrūra in der Stadt Dvārakā aufbewahrt wurde.

Die Geschichte vom Syamantaka-Juwel ist von großer Bedeutung. Laut dem *Śrīmad-Bhāgavatam* wird jeder, der die Geschichte vom Syamantaka-Juwel hört, sie weitererzählt oder sich einfach an sie erinnert, von allen Verleumdungen und Folgen unfrommer Tätigkeiten frei und erreicht somit die höchste Vollkommenheit des Friedens.

Hiermit enden die Bhaktivedanta-Erläuterungen zum 57. Kapitel des Kṛṣṇa-Buches mit dem Titel „Satrājit und Śatadhanvā werden getötet".

KAPITEL 58

Kṛṣṇa heiratet fünf Prinzessinnen

Wie im letzten Kapitel erwähnt, ging ein aufsehenerregendes Gerücht um, demzufolge die fünf Pāṇḍava-Brüder zusammen mit ihrer Mutter Kuntī in ihrem Haus aus Schellack, das auf einen Plan der Söhne Dhṛtarāṣṭras hin in Brand gesteckt worden war, ums Leben kamen. Als die fünf Brüder jedoch nach einiger Zeit bei Draupadīs Hochzeitsfeier gesehen wurden, verbreitete sich ein neues Gerücht, das besagte, die Pāṇḍavas und ihre Mutter seien doch nicht tot, was sich als wahr erwies. Bald kehrten die Pāṇḍavas in ihre Hauptstadt zurück, wo die Leute sie mit eigenen Augen sehen konnten. Als diese Neuigkeit Kṛṣṇa und Balarāma erreichte, wollte Kṛṣṇa sie persönlich sehen und beschloss, Sich nach Hastināpura zu begeben.

Diesmal war Śrī Kṛṣṇas Besuch in der Stadt Hastināpura der prunkvolle Besuch eines Fürsten von königlichem Stand, und unter Seiner

Gefolgschaft befanden sich Yuyudhāna, der Oberbefehlshaber Seiner Heere, und viele andere Soldaten. Kṛṣṇa war nicht offiziell eingeladen worden, die Stadt zu besuchen, doch aus Zuneigung zu den Pāṇḍavas, die Seine großen Geweihten waren, stattete Er ihnen trotzdem einen Besuch ab. Śrī Kṛṣṇa hatte Seinen Besuch vorher nicht angekündigt, und als die Pāṇḍavas voller Überraschung Śrī Kṛṣṇa erblickten, erhoben sie sich sogleich von ihren Sitzen. Kṛṣṇa wird auch Mukunda genannt, denn wenn man mit Ihm fortgesetzt in Berührung kommt oder Ihn in vollkommenem Kṛṣṇa-Bewusstsein sieht, wird man augenblicklich von allen materiellen Ängsten befreit, und darüber hinaus wird man auch mit aller spirituellen Glückseligkeit gesegnet.

Als die Pāṇḍavas Kṛṣṇa empfingen, blühte in ihnen neue Lebenskraft auf, als wären sie aus einer Bewusstlosigkeit erwacht oder vom Tode zurückgekehrt. Wenn ein Mensch bewusstlos ist, sind seine Sinne und Gliedmaßen inaktiv, doch wenn er wieder zu sich kommt, nehmen seine Sinne ihre Tätigkeit wieder auf. In ähnlicher Weise empfingen die Pāṇḍavas Kṛṣṇa, als hätten sie gerade ihr Bewusstsein wiedergewonnen, und frischer Mut kehrte in sie zurück. Śrī Kṛṣṇa umarmte jeden einzelnen der Brüder, und durch die Berührung mit der Höchsten Persönlichkeit Gottes wurden sie augenblicklich von allen Folgen materieller Verunreinigung befreit, weshalb sie alle vor spiritueller Glückseligkeit lächelten. Als sie auf diese Weise Kṛṣṇas Antlitz betrachteten, fühlten sie sich alle vollkommen zufrieden. Obwohl Śrī Kṛṣṇa die Höchste Persönlichkeit Gottes ist, spielte Er die Rolle eines gewöhnlichen Menschen und berührte daher Yudhiṣṭhiras und Bhīmas Füße, da sie Seine älteren Vettern waren. Arjuna umarmte Kṛṣṇa als gleichaltrigen Freund, wohingegen die beiden jüngeren Brüder, Nakula und Sahadeva, voller Respekt Kṛṣṇas Lotosfüße berührten. Nachdem sie sich auf diese Weise den gesellschaftlichen Höflichkeitsregeln entsprechend begrüßt hatten, wurde Kṛṣṇa ein erhöhter Sitz angeboten, und als Er bequem saß, trat die frischvermählte Draupadī in ihrer jugendlichen Schönheit und natürlichen weiblichen Anmut vor Śrī Kṛṣṇa und hieß Ihn ehrerbietig willkommen. Auch die Yādavas, die Kṛṣṇas Gefolgschaft bildeten, wurden mit allen Ehren empfangen, wobei insbesondere Sātyaki (Yuyudhāna) ein Ehrenplatz zugewiesen wurde. Als alle Gäste ihre Sitze eingenommen hatten, nahmen die fünf Brüder neben Śrī Kṛṣṇa Platz.

Nach diesem Treffen mit den fünf Brüdern stattete Śrī Kṛṣṇa Śrīmatī Kuntīdevī, der Mutter der fünf Pāṇḍava-Brüder, persönlich einen Besuch ab, und da sie Seine Tante, die Schwester Seines Vaters, war, erwies ihr Kṛṣṇa Seine Ehrerbietungen und berührte ihre Füße. Tränen traten in Kuntīdevīs Augen und sie umarmte Śrī Kṛṣṇa voller Liebe. Danach erkundigte sie sich nach dem Wohlbefinden ihrer väterlichen Familie, das heißt ihres Bruders Vasudeva, seiner Frauen und aller anderen Verwandten. Kṛṣṇa Seinerseits befragte Seine Tante über das Wohlergehen der Pāṇḍava-Familie. Obwohl Kuntīdevī mit Kṛṣṇa eng verwandt war, erkannte sie bei ihrem Treffen sofort, dass Er die Höchste Persönlichkeit Gottes war. Sie erinnerte sich, welch gefahrvollen Situationen sie in ihrem Leben begegnet war und wie sie zusammen mit ihren Söhnen, den Pāṇḍavas, durch Kṛṣṇas Gnade gerettet worden waren. Sie wusste genau, dass ohne Kṛṣṇas Gnade niemand in der Lage gewesen wäre, sie und ihre Familie aus dem Haus, für dessen Brand die Söhne Dhṛtarāṣṭras Verantwortung trugen, zu retten. Mit stockender Stimme erzählte sie Kṛṣṇa über ihr Leben und das Leben ihrer Söhne.

Śrīmatī Kuntī sagte: „Lieber Kṛṣṇa, ich erinnere mich noch an den Tag, an dem mein Bruder Akrūra, von Dir geschickt, hier in Hastināpura erschien, um unsere Lage zu erkunden. Dies gibt uns zu verstehen, dass Du immer spontan an uns denkst. Als Du Akrūra zu uns schicktest, wusste ich, dass uns keine Gefahr drohte. Mit Akrūra kehrte Freude und Glück in unser Leben ein, denn er war von Dir gesandt, und seit jener Zeit habe ich die Gewissheit, dass wir niemals schutzlos sind. Wir mögen zwar von unseren Verwandten, den Kurus, in alle möglichen Gefahren gebracht werden, doch ich bin zuversichtlich, dass Du stets an uns denken und für unsere vollkommene Sicherheit sorgen wirst. Wenn selbst gewöhnliche Gottgeweihten, die ständig an Dich denken, vor allen Arten materieller Gefahr sicher sind, wie könnte es dann für uns einen Grund geben, irgendetwas zu befürchten, da Du es bist, der ständig an uns denkt. Aus diesem Grunde, lieber Kṛṣṇa, kann es für uns kein Unglück geben; durch Deine Gnade befinden wir uns stets in einer glücklichen Lage. Doch obwohl Du uns diese besondere Gunst erwiesen hast, sollte niemand denken, Du wärest voreingenommen und würdest die einen bevorzugen und die anderen vernachlässigen. Du machst keine solchen Unterschiede. Niemand ist Dein Günstling, und niemand ist Dein Feind.

Als die Höchste Persönlichkeit Gottes bist Du jedem gleichgesinnt, und jeder kann Deinen besonderen Schutz bekommen. Doch obwohl Du jedem gleichgesinnt bist, liebst Du ganz besonders Deine Geweihten, die ständig an Dich denken. Die Gottgeweihten sind durch das Band der Liebe mit Dir verbunden, wie könnten sie Dich auch nur für einen Augenblick vergessen? Du bist im Herzen eines jeden gegenwärtig, doch weil sich die Gottgeweihten immer an Dich erinnern, offenbarst Du Dich ihnen dementsprechend. Es ist wie mit einer Mutter, die zwar für all ihre Kinder die gleiche Liebe empfindet, sich aber besonders um dasjenige kümmert, das völlig von ihr abhängig ist. Ich bin überzeugt, lieber Kṛṣṇa, dass Du, weil Du im Herzen eines jeden weilst, für Deine makellosen Geweihten stets glückliche Umstände schaffst."

Alsdann lobpries auch König Yudhiṣṭhira Kṛṣṇa als den Höchsten Herrn und universalen Freund eines jeden, doch weil Sich Kṛṣṇa, die Höchste Persönlichkeit Gottes, ganz besonders der Pāṇḍavas annahm, sagte König Yudhiṣṭhira: „Mein lieber Kṛṣṇa, welch fromme Werke haben wir nur in unserem früheren Leben vollbracht, dass Du nun so gütig und gnädig zu uns bist? Wir wissen sehr wohl, dass selbst die großen Mystiker, die sich durch andauernde Meditation bemühen, Dich zu erreichen, diese Gnade nur schwerlich erlangen, ja dass es ihnen kaum einmal gelingt, Deine persönliche Aufmerksamkeit auf sich zu ziehen. Ich kann daher nicht begreifen, warum Du so gütig zu uns bist, denn wir sind keine Yogis, ganz im Gegenteil, wir sind an die unreine, materielle Bedingtheit angehaftet. Wir sind Haushälter, die sich mit Politik und anderen weltlichen Angelegenheiten befassen. Wie könnte ich also verstehen, dass Du so gütig zu uns bist?"

Auf Mahārāja Yudhiṣṭhiras Bitte hin erklärte Sich Kṛṣṇa bereit, während der vier Monate der Regenzeit in Hastināpura zu bleiben. Für die Dauer der vier Monate langen Regenzeit, Cāturmāsya, verweilen die für gewöhnlich umherziehenden Prediger und *brāhmaṇa*-Pilger in irgendeinem Haus und leben dort nach strengen regulierenden Prinzipien. Obwohl Śrī Kṛṣṇa transzendental zu den regulierenden Prinzipien ist, willigte Er aus Zuneigung zu den Pāṇḍavas ein, in Hastināpura zu bleiben. Diese große Gunst gab den Bewohnern Hastināpuras die Gelegenheit, Kṛṣṇa des Öfteren zu sehen, und so tauchten sie einfach dadurch, dass sie Śrī Kṛṣṇa von Angesicht zu Angesicht sahen, in transzendentale Glückseligkeit ein.

Während dieser Zeit wollten Kṛṣṇa und Arjuna einmal im Wald auf die Jagd gehen, und so bestiegen sie Arjunas Wagen, auf dem sich immer eine Fahne mit dem Bild Hanumāns befindet. Aus diesem Grund wird Arjuna auch Kapidhvaja genannt. (*Kapi* bezieht sich auf Hanumān, und *dhvaja* bedeutet „Flagge".) Arjuna war mit seinem Bogen und seinen absolut treffsicheren Pfeilen bewaffnet und bereitete sich darauf vor, in den Wald zu gehen. Er hatte sich schützende Kleidung angezogen, denn er musste für künftige Schlachten üben, bei denen er viele Gegner töten sollte. Aus diesem Grunde begab er sich in den Teil des Waldes, in dem viele Tiger, Hirsche und verschiedene andere Tiere lebten. Kṛṣṇa begleitete Arjuna natürlich nicht, um Sich im Töten von Tieren zu üben, Er braucht Sich in nichts zu üben, denn Er ist bereits in Sich Selbst vollkommen. Er begleitete Arjuna nur deshalb, weil Er sehen wollte, wie dieser sich bewährte, denn in der Zukunft sollte Arjuna viele Feinde töten müssen. Im Wald angelangt, erlegte Arjuna mit seinen Pfeilen Tiger, Wildeber, Büffel, *gavayas* (eine freilebende Waldtierart), Nashörner, Hirsche, Hasen, Stachelschweine und viele andere Tiere. Einige der erlegten Tiere, die sich für Opferdarbringungen eigneten, wurden von Dienern fortgetragen und zu König Yudhiṣṭhira gebracht. Die wilden Tiere, wie Tiger und Nashörner, wurden nur getötet, damit sie im Wald kein Unheil mehr anrichten konnten. Da in den Wäldern viele Weise und Heilige lebten, war es die Pflicht der *kṣatriya*-Könige, auch dort für friedliche Lebensverhältnisse zu sorgen.

Nach einiger Zeit fühlte sich Arjuna müde und durstig vom vielen Jagen und ging deshalb zusammen mit Kṛṣṇa zum Ufer der Yamunā. Die beiden Kṛṣṇas (nämlich Kṛṣṇa und Arjuna, denn Arjuna wird manchmal auch Kṛṣṇa genannt, genau wie Draupadī) wuschen sich am Ufer der Yamunā ihre Hände und Füße, spülten sich den Mund aus und tranken vom klaren Wasser des Flusses. Während sie ausruhten und Wasser tranken, sahen sie ein wunderschönes Mädchen im heiratsfähigen Alter, das allein am Ufer der Yamunā entlangging. Kṛṣṇa bat Seinen Freund Arjuna, zu ihr zu gehen und sie zu fragen, wer sie sei. Auf Kṛṣṇas Anweisung hin ging Arjuna sogleich zu dem Mädchen, das von außergewöhnlicher Schönheit war. Sie hatte einen anmutigen Körper, strahlendweiße Zähne und lächelte bezaubernd. Arjuna fragte sie: „Schönes Mädchen, das du so schön anzusehen bist mit deinen hohen Brüsten. Darf ich dich fragen, wer du bist? Es überrascht uns, dich hier allein umherspazieren zu sehen. Mit welcher Absicht bist du hierhergekommen? Wir können nur vermuten, dass du nach einem geeigneten Gemahl Ausschau hältst. Wenn es dir nichts ausmacht, verrate mir bitte deine Absichten. Ich werde versuchen, deine Wünsche zu erfüllen."

Das bildhübsche Mädchen, das niemand anders war als der Fluss Yamunā in Person, antwortete: „Werter Herr, ich bin die Tochter des Sonnengottes, und ich bin dabei, mir Buße und Entsagung aufzuerlegen, um Śrī Viṣṇu zum Gemahl zu bekommen. Ich betrachte Ihn als den Höchsten Herrn und Er ist für mich der geeignete Gemahl. Dies ist mein Wunsch, den ich dir verrate, weil du mich danach gefragt hast."

„Verehrter Herr", fuhr das Mädchen fort, „ich weiß, dass du der Held Arjuna bist, deshalb möchte ich dir des Weiteren anvertrauen, dass ich niemanden außer Śrī Viṣṇu als meinen Mann annehmen werde, denn Er ist der einzige Beschützer aller Lebewesen und derjenige, der allen bedingten Seelen Befreiung gewähren kann. Ich wäre dir sehr dankbar, wenn du zu Śrī Viṣṇu beten würdest, Gefallen an mir zu fnden." Das Mädchen Yamunā wusste sehr wohl, dass Arjuna ein großer Geweihter Śrī Kṛṣṇas war und dass ihm Kṛṣṇa deshalb niemals eine Bitte abschlagen würde. Sich direkt an Kṛṣṇa zu wenden kann manchmal erfolglos sein, doch wenn man sich Kṛṣṇa durch Seinen Geweihten nähert, dann ist der Erfolg gewiss. Das Mädchen sagte weiter zu Arjuna: „Mein Name ist Kālindī, und ich lebe im Wasser der Yamunā. Mein Vater war so gütig, mir im Wasser der Yamunā ein besonderes Haus zu errichten, und ich habe gelobt, so lange im Wasser zu bleiben, bis ich Śrī Kṛṣṇa gefunden habe." Nach ihren Ausführungen ging Arjuna zu Kṛṣṇa zurück und berichtete Ihm gewissenhaft von der Botschaft des Mädchens, obwohl der Herr als Überseele im Herzen eines jeden bereits alles wusste. Ohne weitere Worte zu verlieren, nahm Kṛṣṇa Kālindī sofort als Seine Frau an und bat sie, im Wagen Platz zu nehmen, worauf sie alle zu Mahārāja Yudhiṣṭhira fuhren.

Kurze Zeit nach diesem Ereignis wurde Kṛṣṇa von Mahārāja Yudhiṣṭhira gebeten mitzuhelfen, ein prächtiges und würdevolles Gebäude zu errichten, das von dem berühmten Architekten Viśvakarmā, dem Baumeister des himmlischen Königreiches, entworfen werden sollte. Kṛṣṇa rief sofort Viśvakarmā zu Sich und ließ ihn eine prachtvolle Stadt erbauen, die ganz Mahārāja Yudhiṣṭhiras Wünschen entsprach. Nachdem der Stadtbau zu Ende gekommen war, bat Mahārāja Yudhiṣṭhira

Kṛṣṇa, noch einige Tage länger bei ihnen zu bleiben, um sie durch Seine Gemeinschaft zu erfreuen. Śrī Kṛṣṇa nahm Mahārāja Yudhiṣṭhiras Einladung an und verbrachte noch viele weitere Tage in der Stadt. Während dieser Zeit führte Kṛṣṇa ein weiteres Seiner transzendentalen Spiele durch, indem Er den Khāṇḍava-Wald, der Indra gehörte, dem Feuergott Agni übergab. Im Khāṇḍava-Wald wuchsen die verschiedensten Arten von Heilkräutern, die Agni verzehren wollte, um sich zu verjüngen. Agni hatte jedoch nicht gewagt, sich des Khāṇḍava-Waldes direkt zu bemächtigen, sondern hatte um Kṛṣṇas Hilfe gebeten. Er wusste, dass Kṛṣṇa sehr mit ihm zufrieden war, da er Ihm früher einmal das Sudarśana-Feuerrad geschenkt hatte. Um Agni zufriedenzustellen, fuhren Kṛṣṇa und Arjuna in den Khāṇḍava-Wald, wobei Kṛṣṇa Arjunas Wagenlenker war. Nachdem Agni den Wald verschlungen hatte, war er sehr zufriedengestellt. Diesmal schenkte er Arjuna einen außergewöhnlichen Bogen namens Gāṇḍīva, und dazu gab er ihm auch vier weiße Pferde, einen Streitwagen und einen Köcher mit zwei unbezwingbaren Wunderpfeilen, die als Amulette angesehen wurden und so mächtig waren, dass es keinen Krieger gab, der ihnen etwas entgegensetzen konnte. Als der Khāṇḍava-Wald vom Feuergott verzehrt wurde, rettete Arjuna einen Dämon namens Maya aus dem lodernden Flammenmeer. Deshalb wurde der ehemalige Dämon ein guter Freund Arjunas, und um seinen Freund zu erfreuen, baute er in der von Viśvakarmā errichteten Stadt ein eindrucksvolles Versammlungshaus, das an einigen Stellen so verwirrend gebaut war, dass Duryodhana, der es einmal besuchte, Wasser für festen Boden und festen Boden für Wasser hielt. Als der Prunk der Pāṇḍavas zu diesem Zwischenfall führte, konnte Duryodhana diese Demütigung nicht ertragen, und er wurde zum erklärten Feind der Pāṇḍavas.

Nach ein paar Tagen begab Sich Kṛṣṇa mit Mahārāja Yudhiṣṭhiras Erlaubnis zurück nach Dvārakā. Sātyaki, der Anführer der Yadus, die in Hastināpura mit Kṛṣṇa gelebt hatten, und Kālindī folgten Kṛṣṇa ebenfalls zurück in Sein Reich. Nach Seiner Heimkehr ließ Kṛṣṇa viele Astrologen zu Sich kommen, um von ihnen zu erfahren, welcher der geeignete Zeitpunkt sei, um Kālindī zu heiraten. Daraufhin kam es zu einer großen, prunkvollen Hochzeitsfeier, die den Verwandten beider Seiten viel Freude bereitete, und sie alle nahmen frohgemut an dem großen Ereignis teil.

In Avantīpura (dem heutigen Ujjain) lebten zu jener Zeit zwei Könige namens Vinda und Anuvinda. Beide Könige standen unter der Herrschaft Duryodhanas. Sie hatten eine Schwester namens Mitravindā, die viele Tugenden besaß und ein gebildetes und vornehmes Mädchen war. Sie war die Tochter einer Tante Kṛṣṇas. Es war beschlossen worden, dass sich Mitravindā aus einer Versammlung von Prinzen ihren Gemahl wählen solle, sie aber wünschte sich einzig und allein Kṛṣṇa. Als nun der Tag gekommen war, wo sie sich entschließen musste, war Kṛṣṇa ebenfalls gegenwärtig, und plötzlich, vor den Augen aller versammelten adeligen Prinzen, trat Kṛṣṇa gewaltsam vor, bemächtigte Sich Mitravindās und trug sie einfach davon. Unfähig, Kṛṣṇa aufzuhalten, blieb den fassungslosen Prinzen nichts anderes übrig, als dazustehen und sich betreten anzuschauen.

Daraufhin heiratete Kṛṣṇa auch die Tochter Nagnajits, des Königs von Kośala. Dieser war sehr fromm und befolgte die in den Veden vorgeschriebenen Rituale. Seine Tochter hieß Satyā und war berühmt für ihre Schönheit. Sie wurde manchmal auch Nāgnajitī genannt, weil sie die Tochter des Königs Nagnajits war. König Nagnajit hielt in seinen Stallungen sieben besonders starke und ungestüme Stiere, und um die Hand seiner Tochter zu bekommen, musste man zuerst diese Stiere bezwingen. Jedoch keinem der Fürsten und Prinzen der damaligen Zeit war es gelungen, diese Prüfung zu bestehen, denn wenn diese gewaltigen Stiere auch nur den Geruch eines Prinzen witterten, konnten sie sich nicht mehr beherrschen. Viele Prinzen reisten in dieses Königreich, um es mit diesen Stieren aufzunehmen, doch obwohl sie ihr Bestes versucht hatten, waren sie alle besiegt worden. Die Kunde davon hatte sich rasch im ganzen Land verbreitet, und als schließlich auch Kṛṣṇa erfuhr, dass das Mädchen Satyā nur unter der Bedingung zu erlangen sei, dass man diese sieben Stiere besiege, machte Er Sich auf den Weg zum Königreich Kośala. In Begleitung vieler Soldaten traf Er im Landesteil Ayodhyā ein und stattete König Nagnajit einen Staatsbesuch ab.

Der König von Kośala war höchst erfreut, als er erfuhr, dass Kṛṣṇa gekommen war, um die Hand seiner Tochter zu erringen, und mit großem Respekt bereitete er Kṛṣṇa in seinem Königreich einen prunkvollen Empfang. Als er Kṛṣṇa persönlich willkommen hieß, wies er Ihm einen Sitzplatz zu, der Seiner würdig war, und verehrte Ihn daraufhin mit den verschiedensten Geschenken. Dies alles geschah auf sehr vornehme Weise. Kṛṣṇa Seinerseits brachte dem König Seine achtungsvollen Ehrerbietungen dar, weil Er in ihm bereits Seinen zukünftigen Schwiegervater sah.

Als Satyā, die Tochter Königs Nagnajits, hörte, dass Kṛṣṇa persönlich gekommen war, um sie als Gemahlin heimzuführen, war sie überglücklich: Der Gemahl der Glücksgöttin wollte sie aus Seiner unermesslichen Güte heraus zur Frau nehmen. Lange Zeit schon hatte sie den Wunsch gehabt, Kṛṣṇas Frau zu werden, und um ihren ersehnten Gemahl zu erlangen, hatte sie alle Grundsätze der Entsagung befolgt. Sie dachte daher: „Wenn ich nach bestem Vermögen fromme Werke vollbracht habe und wenn es seit jeher tatsächlich mein aufrichtiger Wunsch gewesen ist, Kṛṣṇa zum Gemahl zu bekommen, dann könnte es Kṛṣṇa nun vielleicht gefallen, meine langgehegte Sehnsucht zu erfüllen." Sie begann, Kṛṣṇa in Gedanken Gebete darzubringen: „Ich weiß nicht, wie es möglich ist, dass die Höchste Persönlichkeit Gottes, der Herr und Meister eines jeden, durch mich erfreut werden konnte. Selbst die Glücksgöttin, die stets neben der Höchsten Persönlichkeit Gottes weilt, sowie auch Śiva, Brahmā und viele andere Halbgötter von den verschiedenen Planeten bringen dem Herrn ständig ihre achtungsvollen Ehrerbietungen dar. Manchmal kommt der Herr auch in verschiedenen Inkarnationen auf die Erde, um den Wunsch Seiner Geweihten zu erfüllen. Er ist so erhaben und groß, dass ich nicht weiß, wie ich Ihn erfreuen soll." Sie kam zum Schluss, dass es allein die grundlose Barmherzigkeit des Höchsten Herrn ist, wenn Er durch Seine Geweihten erfreut wird; wie sonst sollte es möglich sein, Ihn zu erfreuen? Śrī Caitanya drückte das gleiche in Seinen *Śikṣāṣṭaka*-Gebeten aus: „O mein Herr, ich bin Dein ewiger Diener, doch irgendwie bin ich in das materielle Dasein gefallen. Bitte rette mich und gewähre mir als Staubkörnchen einen Platz an Deinen Lotosfüßen. Wenn es Dir beliebt, dann schenke Deinem ewigen Diener diese Gunst." Der Herr kann nur durch Demut und die Bereitschaft, Ihm zu dienen, erfreut werden. Je mehr wir dem Herrn unter der Führung des spirituellen Meisters dienen, desto mehr Fortschritt auf dem Pfad, der zu Ihm führt, ist uns gewiss. Jedoch können wir für unseren Dienst von Kṛṣṇa keine Gnade oder Barmherzigkeit fordern; es liegt ganz bei Ihm, ob Er unseren Dienst annimmt oder nicht. Für uns jedoch ist das einzige Mittel, Kṛṣṇa zu erfreuen, unsere dienende Haltung, und nichts anderes.

König Nagnajit war ein frommer König, und als Kṛṣṇa zu Besuch in seinem Palast weilte, verehrte er Ihn nach bestem Wissen und Können. So wandte er sich an den Herrn und sprach: „Mein lieber Herr, Du bist der Besitzer der gesamten kosmischen Manifestation, und Du bist Nārāyaṇa, der Ruheort aller Lebewesen. Du bist in Dir Selbst zufrieden und erfreust Dich Deiner eigenen Füllen. Wie könnte es also in meiner Kraft liegen, Dir irgendetwas anzubieten? Wie könnte ich Dich durch meine Gaben zufriedenstellen? Es ist nicht möglich, denn ich bin ein unbedeutendes Lebewesen. Im Grunde besitze ich nicht die geringste Fähigkeit, Dir irgendwie zu dienen.

Kṛṣṇa ist die Überseele aller Lebewesen, und daher wusste Er, was in Satyā, vorging. Dazu schätzte Er auch die respektvolle Verehrung von Seiten des Königs, der Ihm einen Ehrenplatz, Speisen, Gemächer und vieles andere angeboten hatte. Es freute Ihn sehr, dass sowohl das Mädchen als auch sein Vater sich wünschten, Ihn als engen Verwandten zu sehen. Er lächelte und sagte mit ernster Stimme: „Verehrter König Nagnajit, du weißt sehr wohl, dass ein echter Fürst, der seiner Stellung würdig ist, niemanden, nicht einmal die größte Persönlichkeit, jemals um etwas bittet. Diejenigen, die die Veden kennen und befolgen, untersagen es nämlich den *kṣatriya*-Königen streng, andere Personen um irgendetwas zu bitten. Wenn ein *kṣatriya* gegen diese Regel verstößt, dann wird seine Tat von allen großen Weisen verurteilt. Doch trotz dieser strengen Vorschrift bitte Ich dich um die Hand deiner lieblichen Tochter, um aus Dankbarkeit für den großartigen Empfang, den du Mir bereitet hast, unsere gemeinsame Beziehung zu verstärken. Vielleicht freut es dich auch zu wissen, dass es Unsere Familientradition nicht vorsieht, irgendetwas als Gegengeschenk für deine Tochter zu geben. Es ist Uns nicht möglich, den Preis für die Hand deiner Tochter zu bezahlen, was auch immer du fordern magst." Mit anderen Worten, Kṛṣṇa wollte Satyā zur Frau bekommen, ohne zuerst die Bedingung, die sieben Stiere zu besiegen, erfüllen zu müssen.

Nachdem er Śrī Kṛṣṇa zugehört hatte, entgegnete König Nagnajit: „Lieber Herr, Du bist das Behältnis aller Freude, allen Reichtums und aller guten Eigenschaften, und die Glücksgöttin, Lakṣmījī, weilt ständig an Deiner Brust. Wer könnte unter diesen Umständen ein besserer Ehemann für meine Tochter sein als Du? Meine Tochter und ich haben immer um dieses Glück gebetet. O Oberhaupt der Yadu-Dynastie, bitte habe Verständnis dafür, dass ich seit jeher an das Gelübde gebunden bin, meine Tochter nur mit einem Prinzen zu verheiraten, der die Prüfung, die ich einst festlegte, besteht. Diese Prüfung bestimmte ich nur, um die Tapferkeit und Macht meines zukünftigen Schwiegersohnes zu sehen. Du bist Śrī Kṛṣṇa, das Vorbild aller Helden, und daher bin ich sicher, dass es Dir mit Leichtigkeit gelingen wird, die sieben Stiere zu bändigen. Bis jetzt sind sie noch niemals bezwungen worden; jeder, der es gewagt hat, gegen sie anzutreten, musste mit gebrochenen Knochen heimkehren."

„O Kṛṣṇa", sagte König Nagnajit zum Schluss, „wenn Du in Deiner Güte diese sieben unbezähmbaren Stiere bändigst, dann wirst Du ganz gewiss zum langersehnten Gatten meiner Tochter erkoren." Als Kṛṣṇa diese Worte hörte, verstand Er, dass der König sein Gelübde nicht brechen wollte. Um den Wunsch des Königs zu erfüllen, zog Kṛṣṇa Seinen Gürtel straffer und schickte Sich an, mit den Stieren zu kämpfen. Dazu teilte Er Sich augenblicklich in sieben Kṛṣṇas, von denen Sich jeder eines Stieres bemächtigte, indem Er ihn an den Nüstern ergriff und ihn auf diese Weise bändigte, als wäre der Stier ein Spielzeugtier.

Dass Sich Kṛṣṇa siebenfach erweiterte, ist sehr bedeutsam. Satyā wusste, dass Kṛṣṇa bereits viele andere Frauen geheiratet hatte, dennoch hatte sich ihre Liebe zu Kṛṣṇa nicht schwächen lassen. Um sie daher zu ermutigen, erweiterte Sich Kṛṣṇa siebenfach. Daraus geht hervor, dass Kṛṣṇa Einer ist, gleichzeitig jedoch unzählige Erweiterungen besitzt. So heiratete Er zum Beispiel viele Tausende von Frauen, was jedoch nicht bedeutete, dass sie alle warten mussten, wenn Er mit einer anderen Gemahlin zusammen war. Kṛṣṇa konnte nämlich gleichzeitig mit jeder einzelnen Frau zusammen sein.

Als Kṛṣṇa die sieben Stierc bei den Nüstern packte und sie so in Seinc Gewalt brachte, waren ihr Stolz und ihre Stärke gebrochen, und ihre Berühmtheit, die sie im Laufe der Zeit erlangt hatten, gehörte der Vergangenheit an. Kṛṣṇa zog die nunmehr gezähmten Stiere heftig hin und her, genauso wie ein Kind mit einem Stier aus Holz spielt. Diese einzigartige Tat versetzte König Nagnajit in grenzenloses Erstaunen, und voll Freude führte er sogleich seine Tochter Satyā herbei, um sie Kṛṣṇa zu übergeben, der sie auch sogleich zur Frau nahm. Anschließend wurde in aller Pracht die Hochzeitszeremonie gefeiert. Auch Nagnajits Frauen freuten sich sehr darüber, dass ihre Tochter Kṛṣṇa zum Gemahl bekommen hatte, und weil der König und die Königinnen mit der glückverheißenden Hochzeit so zufrieden waren, wurde das Ereignis in der ganzen Stadt mit allem Aufwand gefeiert. Muschelhörner und Kesselpauken ertönten und überall wurde gesungen und musiziert. Die weisen *brāhmaṇas* überschütteten das frischvermählte Paar mit Segenswünschen und die Einwohner der Stadt hatten sich in ihrer Freude farbenprächtige Gewänder und glänzenden Schmuck angezogen. König Nagnajit war überglücklich, und er ließ es sich nicht nehmen, seiner Tochter und seinem Schwiegersohn eine fürstliche Mitgift zu geben.

Als Erstes gab er ihnen 10 000 Kühe und 3 000 gutgekleidete junge Dienerinnen, die von Kopf bis Fuß geschmückt waren. Es ist auch heute noch Brauch in Indien, eine Mitgift dieser Art zu geben, ganz besonders bei den *kṣatriya*-Prinzen. Wenn ein *kṣatriya*-Prinz heiratet, werden der Braut mindestens ein Dutzend gleichaltrige Dienerinnen mitgegeben. Nachdem der König die Kühe und die Dienerinnen übergeben hatte, bereicherte er die Mitgift um 9 000 Elefanten und hundertmal mehr Streitwagen als Elefanten, das heißt insgesamt 900 000 Streitwagen. Dazu gab er hundertmal mehr Pferde als Wagen, also 90 Millionen Pferde, und hundertmal mehr Diener als Pferde. Diese Diener und Dienerinnen wurden von den Fürsten mit allem versorgt, was sie benötigten, als wären sie ihre eigenen Kinder oder Familienangehörigen. Nachdem der König von Kośala die besagte Mitgift gegeben hatte, ließ er seine Tochter und seinen berühmten Schwiegersohn auf einem Wagen Platz nehmen. Dann gestattete er ihnen, beschützt von einer Abteilung gutbewaffneter Soldaten, nach Hause zu fahren. Als er ihnen nachschaute, wie sie eilends ihrer neuen Heimat entgegenreisten, wurde das Herz des Königs von aufwallender Zuneigung zu ihnen überwältigt.

Bevor Satyā und Kṛṣṇa vermählt wurden, hatten bereits viele Könige und Prinzen der Yadu-Dynastie sowie auch anderer Dynastien im Kampf mit König Nagnajits Stieren versucht, Satyās Hand zu erringen. Als die enttäuschten Prinzen der anderen Dynastien erfuhren, dass Kṛṣṇa die sieben Stiere bezwungen und Satyās Hand erlangt hatte, platzten sie fast vor Neid. Daher umzingelten sie Kṛṣṇa auf Seiner Fahrt nach Dvārakā und ließen Pfeile auf die ganze Hochzeitsgefolgschaft hageln. Als die verbitterten und zurückgewiesenen Prinzen zum Angriff schritten und ihre Pfeile wie unaufhaltsame Regengüsse herabprasseln ließen, bekamen sie es mit Arjuna, Kṛṣṇas bestem Freund, zu tun, denn er nahm ihre Herausforderung an, um seinem Freund Kṛṣṇa am Tag Seiner Hochzeit eine Freude zu bereiten. Sofort ergriff Arjuna seinen Bogen namens Gāṇḍīva und ritt allein auf die Feinde zu, und es fiel ihm nicht schwer, sie alle zu vertreiben. Genau wie ein Löwe einfach nur hinter den kleineren Tieren herzulaufen braucht, um sie zu verjagen, schlug Arjuna die Prinzen in die Flucht, ohne auch nur einen von ihnen zu töten. Noch am gleichen Tag zog Śrī Kṛṣṇa, das Oberhaupt der Yadu-Dynastie, zusammen mit Seiner Braut und Seiner reichen Mitgift prunkvoll in Dvārakā ein, wo Er Sich zusammen mit Seiner Frau eines ungestörten Lebens erfreute.

Kṛṣṇa hatte neben Kuntīdevī väterlicherseits noch eine andere Tante, die Śrutakīrti hieß und in der Kekaya-Provinz lebte. Sie war verheiratet und hatte eine Tochter namens Bhadrā, die sich ebenfalls danach sehnte, Kṛṣṇa zu heiraten. So kam es, dass ihr Bruder sie ohne jegliche Bedingung Kṛṣṇa zur Heirat anbot, und Kṛṣṇa nahm sie ebenfalls in den Kreis Seiner Frauen auf. Danach heiratete Kṛṣṇa eine Tochter des Königs von Madras, die Lakṣmaṇā hieß und alle guten Eigenschaften besaß. Auch diese Hochzeit kam auf abenteuerliche Weise zustande, denn Kṛṣṇa raubte Seine Braut, genau wie Garuḍa einmal den Händen der Halbgötter den Nektartopf entriss. Kṛṣṇa entführte Lakṣmaṇā vor den Augen vieler Könige und Prinzen, die sich zu ihrer *svayaṁvara* eingefunden hatten. Die *Svayaṁvara* ist eine Zeremonie, bei der sich die Braut ihren Gemahl aus einer Versammlung von adeligen Bewerbern wählen kann.

Die fünf Mädchen, deren Heirat mit Kṛṣṇa in diesem Kapitel geschildert wurde, waren nicht die einzigen Frauen Kṛṣṇas. Neben ihnen hatte Er noch Tausende anderer Frauen, die Er annahm, nachdem Er den Dämon Bhaumāsura getötet hatte. All diese Mädchen wurden im Palast Bhaumāsuras gefangen gehalten, aber Kṛṣṇa befreite sie und heiratete sie.

Hiermit enden die Bhaktivedanta-Erläuterungen zum 58. Kapitel des Kṛṣṇa-Buches mit dem Titel „Kṛṣṇa heiratet fünf Prinzessinnen".

KAPITEL 59

Die Erlösung des Dämons Bhaumāsura

Die Geschichte von Bhaumāsura – wie er 16 000 Prinzessinnen aus den Palästen der verschiedensten Könige entführte und wie er schließlich von Śrī Kṛṣṇa, dem Höchsten Herrn von wunderbarem Wesen, getötet wurde – wird ausführlich von Śukadeva Gosvāmī im *Śrīmad-Bhāgavatam* erzählt. Gewöhnlich sind die Dämonen Feinde der Halbgötter. Dieser Dämon namens Bhaumāsura war so mächtig geworden, dass er gewaltsam den Baldachin vom Thron des Halbgottes Varuṇa sowie auch die Ohrringe Aditis, der Mutter der Halbgötter, raubte. Er eroberte den Teil des himmlischen Berges Meru, der auch als das Maṇi-parvata bekannt ist, und besetzte ihn. Aus diesem Grunde kam Indra, der König der himmlischen Planeten, nach Dvārakā, um sich bei Śrī Kṛṣṇa über Bhaumāsura zu beklagen.

Nachdem Sich Śrī Kṛṣṇa Indras Klagen angehört hatte, beschloss Er, unverzüglich Bhaumāsuras Reich aufzusuchen, und zusammen mit Seiner Frau Satyabhāmā setzte Er Sich auf den Rücken Garuḍas, der sie nach Prāgjyotiṣa-pura, der Hauptstadt von Bhaumāsuras Reich, flog. Es war fast unmöglich, in die Stadt Prāgjyotiṣa-pura einzudringen, da sie außerordentlich gut befestigt war. Zuerst einmal wurde die Stadt gegen alle vier Himmelsrichtungen von vier gewaltigen Festungen beschützt und umfangreiche Heere bewachten sie auf allen Seiten. Als nächste Schutzvorrichtung war die ganze Stadt von einem Wasserkanal umgeben und danach von elektrisch geladenen Zäunen. Die nächste Barriere war eine mit *anila*, einer gasähnlichen Substanz, durchdrungene Zone. Dahinter schließlich befand sich ein Netzwerk aus Stacheldraht, das von einem Dämon namens Mura errichtet worden war. Die Stadt schien also, selbst gemessen an den Errungenschaften der heutigen Wissenschaft, hervorragend geschützt zu sein.

Als Kṛṣṇa vor der Stadt anlangte, zertrümmerte Er mit Seiner Keule all die Festungen, und unter Seinem unablässig niederprasselnden Pfeilhagel verstreuten sich Bhaumāsuras Kampftruppen in alle Richtungen. Daraufhin durchbrach Kṛṣṇa mit Seinem berühmten Sudarśana-*cakra* die elektrischen Drahtzäune, vernichtete die Wasserkanäle wie auch die darauffolgende Gaszone und walzte schließlich auch die Stacheldrahtverhaue des Dämons Mura nieder. Dann blies Kṛṣṇa in Sein Muschelhorn. Mit diesem durchdringenden Dröhnen zerstörte Er nicht nur den Mut der feindlichen Soldaten, sondern auch jede ihrer Kampfmaschinen, und mit Seiner unbesiegbaren Keule zerstörte Er die Stadtmauern.

Das Dröhnen von Kṛṣṇas Muschelhorn erschallte wie der Donner zur Zeit der Zerstörung der gesamten kosmischen Manifestation. Der Klang des Muschelhorns schreckte auch den Dämon Mura aus dem Schlaf, der sogleich ins Freie stürzte, um zu sehen, was passiert war. Der Dämon besaß fünf Köpfe und hatte lange Zeit im Wasser gelebt; sein Körper leuchtete wie die Sonne bei der Vernichtung der kosmischen Manifestation, und ungestümer Zorn brannte in ihm wie ein loderndes Feuer. Die Ausstrahlung seines Körpers war so gleißend, dass ihn niemand mit offenen Augen ansehen konnte. Wutschnaubend, als wollte er die drei Welten verschlingen, griff der Dämon sogleich nach seinem Dreizack und stürzte sich auf die Höchste Persönlichkeit Gottes, genau wie sich manchmal eine große Schlange auf Garuḍa stürzen will.

Zuerst griff der Dämon den gefiederten Träger Kṛṣṇas, Garuḍa, an, indem er seinen Dreizack in der Luft herumwirbelte und nach ihm warf, und mit seinen fünf Mäulern stieß er Laute aus, die wie das Brüllen eines Löwen klangen. Dieses Gebrüll durchdrang die gesamte Atmosphäre, so dass es sich über die ganze Welt ausbreitete und sogar in den Weltraum drang – hinauf und hinunter und in alle zehn Richtungen. Muras Schreie hallten durch das ganze Universum.

Als der Dreizack, den der Dämon Mura losgeschleudert hatte, auf Garuḍa zuflog, schoss Śrī Kṛṣṇa mit einer blitzschnellen Handbewegung sogleich zwei Pfeile auf den Dreizack ab und zersprengte ihn in der Luft in Stücke, gleichzeitig durchbohrte Er dem Dämon mit vielen weiteren Pfeilen die Mäuler. Als sich Mura so von der Höchsten Persönlichkeit Gottes überrumpelt sah, wurde seine Wut nur noch größer, und er wollte Kṛṣṇa mit seiner Keule die entscheidenden Schläge versetzen. Śrī Kṛṣṇa jedoch begegnete diesem Angriff mit Seiner eigenen Keule und zerschmetterte Muras Keule, bevor diese Ihn treffen konnte. Hierauf schickte sich der Dämon, der nunmehr ohne Waffen dastand, an, Kṛṣṇa mit seinen muskulösen Armen zu packen, doch der Herr trennte ihm mit Seinem Sudarśana-*cakra* die fünf Köpfe vom Rumpf, so dass der Dämon tot ins Meer stürzte, genau wie ein Berggipfel, getroffen von Indras Blitzschlägen, ins Meer abstürzt.

Der Dämon Mura hatte sieben Söhne: Tāmra, Antarikṣa, Śravaṇa, Vibhāvasu, Vasu, Nabhasvān und Aruṇa. Als ihr Vater auf diese Weise sein Ende fand, stieg ein Gefühl der Selbstherrlichkeit und Rachsucht in ihnen hoch, und voller Zorn entschlossen sie sich zum Kampf gegen Kṛṣṇa. Sie rüsteten sich mit all den Waffen aus, die sie für ihren beabsichtigten Vergeltungsschlag für nötig hielten, und ernannten Pīṭha, einen weiteren Dämon, zu ihrem Befehlshaber. Als Bhaumāsura ihnen das Zeichen gab, bliesen sie alle zum Angriff gegen Kṛṣṇa.

Als sie Śrī Kṛṣṇa gegenüberstanden, schleuderten sie die verschiedensten Waffen auf Ihn, wie Schwerter, Keulen, Lanzen, Pfeile und Dreizacke. Aber sie wussten nicht, dass die Kraft der Höchsten Persönlichkeit Gottes unbegrenzt und unüberwindlich ist. Mit Seinen Pfeilen zertrümmerte Kṛṣṇa alle feindlichen Waffen in so kleine Stücke, dass sie wie Staubkörner zu Boden niedergingen. Dann schleuderte Kṛṣṇa Seine Waffen los, und unter diesem Angriff brachen Bhaumāsuras Oberbefehlshaber Pīṭha und seine Soldaten zusammen und lagen mit zerfetzter Rüstung und abgetrennten Köpfen, Armen und Beinen auf dem Schlachtfeld. Sie alle wurden zu Yamarāja, dem Herrn des Todes, geschickt.

Bhaumāsura, auch Narakāsura genannt, war der Sohn der personifizierten Erde. Als er sah, dass all seine Soldaten und Befehlshaber von der Höchsten Persönlichkeit Gottes getötet worden waren und auf dem Schlachtfeld lagen, packte ihn eine unbeschreibliche Wut auf den Herrn. Sofort mobilisierte Bhaumāsura seine Riesenherde von Elefanten, die alle an der Meeresküste geboren und aufgezogen worden waren. Als er mit diesen Elefanten, die noch zusätzlich durch viele Rauschmittel aufgepeitscht waren, aus der Stadt stürmte, nahmen sie alle hoch am Himmel den wunderbaren Anblick von Śrī Kṛṣṇa und Seiner Frau wahr. Sie erschienen wie eine schwärzliche Wolke, die langsam an der Sonne vorüberzieht und mit elektrischem Leuchten strahlt. Sogleich feuerte der Dämon die Śataghnī-Waffe, die auf einen Schlag Hunderte von Kriegern vernichten kann, auf die Höchste Persönlichkeit Gottes ab, und gleichzeitig schleuderten auch diejenigen, die ihn begleiteten, ihre Waffen los. Śrī Kṛṣṇa jedoch stoppte all diese feindlichen Waffen, indem Er sie mit Seinen gefiederten Pfeilen treffsicher in Stücke sprengte, und im weiteren Verlauf der Schlacht fielen auf Bhaumāsuras Seite immer mehr Soldaten und Befehlshaber mit abgetrennten Armen, Beinen und Köpfen auf den Boden, und mit ihnen fielen auch ihre Pferde und Elefanten. Auf diese Weise wurde Bhaumāsuras Heer immer kleiner, denn alle Waffen, die Bhaumāsura seinerseits losschleuderte, wurden von den Pfeilen des Herrn zerschmettert.

Der Herr kämpfte vom Rücken Garuḍas aus, und Garuḍa half Ihm, indem er mit seinen Schwingen auf die Elefanten und Pferde einschlug und ihre Köpfe mit seinen Krallen und seinem scharfen Schnabel aufriss. Garuḍas Angriffe peinigten die Elefanten so sehr, dass sie alle bald die Flucht ergriffen. Schließlich blieb nur noch Bhaumāsura auf dem Schlachtfeld zurück, aber er kämpfte verbissen weiter. Als er bemerkte, dass der Träger Kṛṣṇas, Garuḍa, seine Soldaten und Elefanten in alle Richtungen zerstreute, versetzte er ihm voller Wut Schläge, deren Wucht die eines Blitzschlages übertrafen. Zum Glück war Garuḍa kein gewöhnlicher Vogel, und so empfand er die Schläge Bhaumāsuras nicht stärker als ein Elefant, der von einer Blumengirlande geschlagen wird.

Langsam musste Bhaumāsura einsehen, dass er Kṛṣṇa gar nichts anhaben konnte, denn all seine Versuche, Kṛṣṇa zu töten, hatten sich als Fehlschläge erwiesen. Dennoch raffte er sich ein letztes Mal auf und wollte einen Dreizack in die Hand nehmen, um Kṛṣṇa zu durchbohren. Aber Kṛṣṇa war schneller, denn bevor Bhaumāsura den Dreizack werfen konnte, wurde er vom scharfen Sudarśana-*cakra* enthauptet, und sein mit glänzenden Ohrringen und einem Helm geschmückter Kopf rollte über das Schlachtfeld. Als Bhaumāsura von Śrī Kṛṣṇas Hand fiel, stimmten die Verwandten des Dämons allesamt aus Enttäuschung in lautes Wehgeschrei ein, während die Heiligen die heldenhaften Taten des Herrn lobpriesen. Auch die Bewohner der himmlischen Planeten nutzten diese Gelegenheit und ließen Blumen auf den Herrn niederregnen.

Zu diesem Zeitpunkt erschien die Erde in Person vor Śrī Kṛṣṇa und überreichte Ihm zum Gruß eine Vaijayantī-Blumengirlande. Dann gab sie die strahlenden Ohrringe Aditis, die aus Juwelen und Gold gefertigt waren, sowie auch den Baldachin Varuṇas zurück, und dazu überreichte sie Kṛṣṇa ein wertvolles Juwel als Geschenk. Hierauf brachte die Erde Kṛṣṇa, der Höchsten Persönlichkeit, dem Herrn der Welt, der stets von den erhabenen Halbgöttern verehrt wird, ihre Gebete dar. Ehrerbietig fiel sie vor Ihm nieder und sprach in tiefer Ekstase und Hingabe die folgenden Gebete:

„Ich erweise Dir, o Herr, meine achtungsvollen Ehrerbietungen, der Du stets vier verschiedene Symbole trägst, nämlich Muschelhorn, Feuerrad, Lotos und Keule. Du bist der Herr aller Halbgötter. Bitte nimm meine achtungsvollen Ehrerbietungen entgegen. Lieber Herr, Du bist die Überseele, und um die Sehnsucht Deiner Geweihten zu erfüllen, erscheinst Du in den verschiedensten transzendentalen Inkarnationen auf der Erde; jede dieser Formen entspricht vollkommen dem Wunsch Deiner Geweihten, die Dich verehren wollen. Bitte nimm gütigerweise meine achtungsvollen Ehrerbietungen entgegen.

Lieber Herr, aus Deinem Nabel wächst eine Lotosblume, und Du bist immer mit einer Girlande aus Lotosblumen geschmückt. Deine Augen gleichen ewiglich den Blütenblättern einer Lotosblume und daher sind sie für die Augen anderer ein allglückseliger Anblick. Deine sanften und weichen Lotosfüße werden immerzu von Deinen reinen Geweihten verehrt und spenden ihren lotosgleichen Herzen Frieden. Ich bringe Dir deshalb wiederholt meine achtungsvollen Ehrerbietungen dar.

Du besitzt Schönheit, Stärke, Ruhm, Reichtum, Wissen und Entsagung in vollem Ausmaß, Du bist derjenige, in dem sich all diese sechs Füllen vereinigen. Obwohl Du alldurchdringend bist, bist Du als der Sohn Vasudevas erschienen. Bitte nimm daher meine achtungsvollen Ehrerbietungen entgegen. Du bist die ursprüngliche Höchste Persönlichkeit Gottes und die höchste Ursache aller Ursachen. Du allein, o Herr, bist das Behältnis allen Wissens. Ich erweise Dir meine achtungsvollen Ehrerbietungen. Du Selbst bist ungeboren, aber dennoch bist Du der Vater der gesamten kosmischen Manifestation. Du bist die Quelle und die Ruhestätte unzähliger verschiedener Energien. Du bewirkst die Manifestation der kosmischen Erscheinungswelt, von der Du sowohl die Ursache als auch die Wirkung bist. Bitte nimm daher meine achtungsvollen Ehrerbietungen entgegen.

Lieber Herr, die drei Gottheiten Brahmā, Viṣṇu und Śiva sind nicht unabhängig von Dir. Wenn es notwendig wird, dass die kosmische Manifestation entsteht, erschaffst Du Brahmā, Deine Verkörperung der Erscheinungsweise der Leidenschaft, und wenn Du sie erhalten willst, erweiterst Du Dich in Śrī Viṣṇu, den Quell aller Tugend. Und wenn die Zeit der Auflösung der Schöpfung anbricht, erscheinst Du als Śiva, der Herr der Erscheinungsweise der Unwissenheit. Doch obwohl Du die drei Erscheinungsweisen der materiellen Natur erschaffst, gibst Du Deine transzendentale Stellung niemals auf. Du wirst niemals, wie die gewöhnlichen Lebewesen, in die Erscheinungsweisen der materiellen Natur verstrickt.

Im Grunde, o Herr, bist Du Selbst die materielle Natur. Du bist der Vater des Universums, und Du bist ewige Zeit, die die Verbindung der Naturelemente und die Manifestation der materiellen Schöpfung bewirkt hat. Aber trotzdem bist Du immer transzendental zu all diesen materiellen Geschehnissen. O Herr, o Höchste Persönlichkeit Gottes, ich weiß, dass Erde, Wasser, Feuer, Luft, Äther und die fünf Sinnesobjekte, der Geist, die Sinne und ihre jeweiligen Gottheiten sowie auch das falsche Ego und die gesamte materielle Energie – mit anderen Worten, alles Beseelte und Unbeseelte in der Erscheinungswelt – in Dir gründen. Weil alles von Dir erschaffen wurde, kann niemals etwas von Dir getrennt sein. Doch weil Du andererseits völlig transzendental bist, kann nichts Materielles mit Deiner Persönlichkeit identisch sein. Deshalb ist alles gleichzeitig eins mit und verschieden von Dir. Die Philosophen, die versuchen, alles getrennt von Dir zu sehen, begehen zweifellos einen großen Fehler.

Mein lieber Herr, bitte wisse, dass dieser Knabe hier, Bhagadatta, der Sohn meines Sohnes Bhaumāsura ist. Der entsetzliche Anblick, der durch den Tod seines Vaters entstanden ist, hat ihn in großen Schrecken versetzt, und nun ist er zutiefst erschüttert und verstört. Ich habe ihn vor Dich gebracht, damit er sich Deinen Lotosfüßen ergibt. Ich bitte Dich, o Herr, dem Knaben Zuflucht zu gewähren und ihn mit Deinen Lotosfüßen zu segnen. Ich habe ihn vor Dich gebracht, damit er von allen Reaktionen auf die Sünden seines Vaters frei werden kann."

Nachdem Śrī Kṛṣṇa die Gebete der Mutter Erde vernommen hatte, versicherte Er ihr sofort, dass sie keine Nöte und Gefahren mehr zu befürchten habe. Und zu Bhagadatta sagte Er: „Fürchte dich nicht." Dann betrat Śrī Kṛṣṇa Bhaumāsuras Palast, der mit allen erdenklichen Arten des Reichtums ausgestattet war. Als Kṛṣṇa ins Innere des Palastes drang, fand Er die 16 100 jungen Prinzessinnen, die von dem Dämon entführt und gefangen gehalten worden waren. Als die Prinzessinnen Kṛṣṇa, die Höchste Persönlichkeit Gottes, zu Gesicht bekamen, waren sie sogleich von Seiner Schönheit gefesselt und beteten um Seine grundlose Barmherzigkeit. Ohne zu zögern, beschlossen sie in Gedanken, Kṛṣṇa als ihren Gemahl anzunehmen, und jede von ihnen betete zur Vorsehung, dass Kṛṣṇa sie heiraten möge. Aufrichtig und ernsthaft brachten sie ihr Herz den Lotosfüßen Kṛṣṇas dar und ihre Hingabe war rein und unbefleckt. Als Überseele im Herzen eines jeden erkannte Kṛṣṇa ihren reinen Wunsch, und so war Er bereit, sie alle als Gemahlinnen anzunehmen. Er ließ deshalb für alle Prinzessinnen passende Gewänder und Schmuck bringen, die ihrer würdig waren, und jede Prinzessin durfte in einer Sänfte Platz nehmen, in der sie bis in die Stadt Dvārakā getragen wurde. Darüber hinaus fand Kṛṣṇa im Palast auch unermesslichen Reichtum vor, einen Schatz an Streitwagen, Pferde, Juwelen und so weiter. Dazu gehörten auch 50 weiße Elefanten, die alle vier Stoßzähne hatten, und als die ganze Beute geborgen war, wurde sie nach Dvārakā gebracht.

Nach diesem Ereignis begaben sich Śrī Kṛṣṇa und Satyabhāmā nach Amarāvatī, der Hauptstadt der himmlischen Planeten, und suchten sogleich den Palast König Indras auf, wo sie von Indra und seiner Frau

Śacīdevī willkommen geheißen wurden. Dann überreichte Kṛṣṇa dem Himmelskönig die Ohrringe Aditis.

Als Kṛṣṇa und Satyabhāmā im Begriff waren, die Hauptstadt Indras zu verlassen, erinnerte sich Satyabhāmā daran, dass Kṛṣṇa einmal versprochen hatte, ihr einen *pārijāta*-Baum zu schenken. Und da sie sich nun schon einmal im himmlischen Königreich befand, entwurzelte sie einen *pārijāta*-Baum, um ihn auf dem Rücken Garuḍas mit nach Hause zu nehmen. Weil Nārada einmal Kṛṣṇas erster Frau, Śrī Rukmiṇīdevī, eine *pārijāta*-Blume geschenkt hatte, waren in Satyabhāmā Gefühle der Unterlegenheit wach geworden, weshalb sie sich von Kṛṣṇa ebenfalls eine solche Blume gewünscht hatte. Kṛṣṇa kannte natürlich die weibliche Rivalität unter Seinen Frauen, und deshalb hatte Er Satyabhāmā lächelnd gefragt: „Warum bittest du Mich nur um eine Blume? Ich würde dir gerne einen ganzen Baum von *pārijāta*-Blumen schenken."

Kṛṣṇa hatte Seine Frau Satyabhāmā absichtlich mitgenommen, damit sie die *pārijāta* eigenhändig pflücken konnte. Doch die Bewohner dieses Himmelsplaneten, allen voran Indra, gerieten in großen Zorn, als sie sahen, dass Satyabhāmā ohne ihre Erlaubnis einen *pārijāta*-Baum entwurzelte, der auf der Erde nirgendwo zu finden ist. Aber weil Kṛṣṇa Seine Lieblingsfrau Satyabhāmā erfreuen wollte, zeigte Er Sich unnachgiebig und ging nicht auf die Halbgötter ein, so dass es zwischen ihnen zu einem Kampf kam, aus dem Kṛṣṇa, wie nicht anders zu erwarten war, siegreich hervorging. Im Triumph brachte Er den *pārijāta*-Baum, den sich Seine Frau ausgesucht hatte, auf die Erde nach Dvārakā, wo er im Palastgarten von Satyabhāmā eingepflanzt wurde. Dieser außergewöhnliche Baum verlieh der gesamten Gartenanlage in Satyabhāmās Palast eine zusätzliche, einzigartige Schönheit, und weil mit dem *pārijāta*-Baum auch der Duft seiner Blumen auf die Erde gekommen war, waren auch die himmlischen Drohnen auf die Erde nachgefolgt, auf der Suche nach ihrem Duft und ihrem Honig.

König Indras Verhalten gegenüber Kṛṣṇa wurde von großen Weisen wie Śukadeva Gosvāmī scharf verurteilt. Aus Seiner grundlosen Barmherzigkeit war Kṛṣṇa ins himmlische Königreich Amarāvatī gekommen, um König Indra die Ohrringe Seiner Mutter zu bringen, die von Bhaumāsura geraubt worden waren, und Indra hatte sie mit Freuden angenommen. Doch als Kṛṣṇa einen *pārijāta*-Baum des himmlischen Königreiches mit nach Dvārakā nehmen wollte, kämpfte derselbe Indra sofort mit Ihm. Dies zeigt, dass Indra nur aus eigenem Interesse handelte. Gerade noch hatte er Kṛṣṇa Gebete dargebracht und mit geneigtem Haupt dessen Lotosfüße berührt, doch sowie er das erlangt hatte, was er wollte, wandelte er sich und zeigte ein völlig anderes Gesicht. Dies ist ein typisches Beispiel für die Verhaltensweise der Materialisten. Materialistische Menschen sind immer nur auf ihren eigenen Vorteil bedacht. Wenn es ihnen zum eigenen Vorteil gereicht, sind sie bereit, jedem alle Achtung zu erweisen, doch ihre Freundschaften und ihre guten Beziehungen hören dort auf, wo ihr persönlicher Nutzen aufhört. Diese Selbstsucht ist nicht nur bei den reicheren Leuten auf unserem Planeten zu finden, sondern selbst bei Persönlichkeiten wie Indra und anderen Halbgöttern. Zu viel Besitz macht einen Menschen selbstisch, und wer selbstisch ist, ist nicht bereit, sich dem Kṛṣṇa-Bewusstsein zuzuwenden, und wird daher von großen Gottgeweihten wie Śukadeva Gosvāmī verurteilt. Mit anderen Worten, der Besitz von zu viel weltlichem Reichtum ist ein Hindernis für den Fortschritt im Kṛṣṇa-Bewusstsein.

Nach Seinem Sieg über Indra leitete Kṛṣṇa Seine Heirat mit den 16 100 Mädchen ein, die Er aus Bhaumāsuras Palast befreit hatte. Er erweiterte Sich in 16 100 Formen und heiratete alle Prinzessinnen gleichzeitig in ein und derselben glückverheißenden Stunde – eine jede in einem anderen Palast. Damit bestätigte Kṛṣṇa die Wahrheit, dass Er, und niemand sonst, die Höchste Persönlichkeit Gottes ist. Für Kṛṣṇa, die Höchste Persönlichkeit Gottes, gibt es nichts Unmögliches; Er ist allmächtig, allgegenwärtig und unvergänglich, und daher bedeutete diese Tat für Ihn nichts Außergewöhnliches. Jeder der Paläste, in denen die mehr als 16 000 Königinnen wohnten, war reich mit prächtigen Gärten, Möbeln und anderen Annehmlichkeiten ausgestattet, wie sie in dieser Welt ihresgleichen suchen. An dieser Geschichte aus dem *Śrīmad-Bhāgavatam* ist nichts übertrieben. Kṛṣṇas Königinnen waren Erweiterungen der Glücksgöttin Lakṣmījī. Kṛṣṇa lebte mit jeder Seiner Frauen in einem eigenen Palast, und Er verhielt Sich ihnen gegenüber, wie ein gewöhnlicher Mann sich seiner Gemahlin gegenüber verhält.

Wir sollten uns immer daran erinnern, dass Kṛṣṇa, die Höchste Persönlichkeit Gottes, die Rolle eines Menschen auf vollkommene Weise spielte. Obwohl Er Seine außergewöhnlichen Füllen offenbarte, indem Er gleichzeitig mehr als 16 000 Prinzessinnen in über 16 000 Palästen heiratete, verhielt Er Sich ihnen gegenüber wie ein gewöhnlicher Mann. Er befolgte strikt die Vorschriften, die für das Zusammenleben von Mann und Frau in einer gewöhnlichen Ehe notwendig sind. Deshalb ist es sehr schwierig, die Eigentümlichkeiten des Höchsten Brahmans, der Persönlichkeit Gottes, zu verstehen. Selbst Brahmā und die anderen Halbgötter sind außerstande, die transzendentalen Spiele des Herrn zu ergründen. Wie groß war deshalb das Glück der Frauen Kṛṣṇas, der Höchsten Persönlichkeit Gottes, dass sie denjenigen zum Gemahl bekamen, dessen Persönlichkeit sogar für Brahmā und die anderen Halbgötter unergründlich ist.

In ihrer ehelichen Beziehung pflegten Kṛṣṇa und Seine Königinnen miteinander zu lachen, zu sprechen, zu scherzen, sich zu umarmen und so fort. Und ihre innige Beziehung vergrößerte sich immer mehr. Auf diese Weise genossen sowohl Kṛṣṇa als auch die Königinnen in ihrem Eheleben transzendentales Glück. Obwohl jeder Königin Tausende von Dienerinnen zur Verfügung standen, waren sie alle persönlich darauf bedacht, Kṛṣṇa mit größter Sorgfalt zu dienen. Jede von ihnen pflegte Kṛṣṇa persönlich zu empfangen, wenn Er den Palast betrat. Sie führten Ihn zu einem bequemen Diwan, brachten Ihm zur Verehrung alle Arten von Gegenständen dar, wuschen Seine Lotosfüße mit Gangeswasser, reichten Ihm Betelnüsse und massierten Seine Beine. Auf diese Weise sorgten sie dafür, dass Er Sich nach all der Erschöpfung infolge Seiner Abwesenheit von zu Hause entspannen konnte. Sie fächelten Ihm sorgfältig Luft zu, reichten Ihm kostbare, duftende Blumenöle, legten Ihm Blumengirlanden um, kämmten und schmückten Sein Haar, baten Ihn, Sich zur Ruhe zu legen, badeten Ihn persönlich und servierten Ihm wohlschmeckende Speisen. All diese Dienste wurden von jeder Königin selbst verrichtet, sie ließen diese Dienste nie von ihren Dienerinnen besorgen. Kṛṣṇa und Seine Königinnen gaben also auf der Erde das Beispiel eines vollkommenen Haushälterlebens.

Hiermit enden die Bhaktivedanta-Erläuterungen
zum 59. Kapitel des Kṛṣṇa-Buches mit dem Titel
„Die Erlösung des Dämons Bhaumāsura“.

KAPITEL 60

Gespräche zwischen Kṛṣṇa und Rukmiṇī

Śrī Kṛṣṇa, die Höchste Persönlichkeit Gottes, die Quelle des Wissens aller Lebewesen, von Brahmā bis hinunter zur unbedeutenden Ameise, saß eines schönen Tages in Rukmiṇīs Schlafgemach, während Rukmiṇī Ihm gemeinsam mit ihren Dienerinnen Dienste darbrachte. Kṛṣṇa saß auf Rukmiṇīs Bett, und die Dienerinnen fächelten Ihm mit *cāmaras** Luft zu.

Śrī Kṛṣṇas Verhalten gegenüber Rukmiṇī als vollkommener Ehemann offenbart die höchste Vollkommenheit der Persönlichkeit Gottes. Es gibt viele Philosophen, die Auffassungen von der Absoluten Wahrheit vertreten, gemäß denen Gott gewisse Dinge nicht tun kann. Sie sagen, die Höchste Absolute Wahrheit, Gott, könnte nicht in einer

* Ein *cāmara* ist ein Fliegenwedel, der aus den Schwanzhaaren eines Yaks besteht.

menschlichen Form erscheinen. Doch in Wirklichkeit ist es anders; man kann Gott nicht auf die Ebene unserer unvollkommenen Sinneswahrnehmung herunterziehen, denn Er ist die allmächtige und allgegenwärtige Persönlichkeit Gottes. Er kann durch Seinen absoluten Willen die gesamte kosmische Manifestation erschaffen, erhalten und vernichten. Ebenso kann Er auf die Erde herabsteigen und die Form eines gewöhnlichen Menschen annehmen, um die höchste Mission zu erfüllen. Wie in der *Bhagavad-gītā* erklärt wird, erscheint Er immer dann, wenn die Ausführung der vorgeschriebenen Pflichten des Menschen gestört ist. Er erscheint kraft Seiner inneren Energie, und nicht unter dem Zwang eines äußeren Einflusses. Das Ziel Seines Erscheinens besteht darin, Richtlinien und Gesetze für das Handeln des Menschen festzulegen und gleichzeitig diejenigen Elemente, die das Fortschreiten der menschlichen Zivilisation beeinträchtigen, zu vernichten. Und genau dieses Grundprinzip Seiner transzendentalen Spiele war die Ursache, warum Er, die Höchste Persönlichkeit Gottes, in Seiner ewigen Gestalt als Śrī Kṛṣṇa in der Yadu-Dynastie erschien.

Der Palast Rukmiṇīs war wunderbar eingerichtet. Von der Decke hingen viele Baldachine, deren Ränder mit Perlenschnüren verziert waren, und das gesamte Gebäude wurde von der Ausstrahlung kostbarer Juwelen erhellt. In den zahlreichen Gartenanlagen wuchsen *mallikā* und *cāmelis*, die als die wohlriechendsten Blumen in Indien gelten, und die Schönheit des Palastes wurde durch diese Blütenpracht noch vergrößert. Kleine Schwärme von Bienen summten um diese Blütenbäume, angelockt von ihrem einzigartigen Duft, und nachts glitzerte der milde Mondschein durch die gitterartigen Ornamente in den Fenstern. Dazu trug der sanfte Wind auch den Duft der vielen *pārijāta*-Bäume mit sich, die in voller Blüte standen. Im Innern des Palastes brannten viele Räucherstäbchen, und der duftende Rauch zog durch die Fensterläden ins Freie. Das Bett in Rukmiṇīs Schlafgemach war mit weißen Bettlaken überzogen, und das Bett selbst war so weich und weiß, dass es an Milchschaum erinnerte. So hatte es Sich Śrī Kṛṣṇa gemütlich gemacht und erfreute Sich der Dienste, die Ihm Rukmiṇī zusammen mit einigen Dienerinnen darbrachte.

Mit großem Eifer ergriff Rukmiṇī jede Gelegenheit, ihrem Gemahl, der Höchsten Persönlichkeit Gottes, zu dienen. Weil sie deshalb dem Herrn persönlich Luft zufächeln wollte, nahm sie einer Dienerin den *cāmara* ab, dessen Stiel aus purem Gold bestand und mit den verschiedensten Juwelen verziert war. Als Rukmiṇī den *cāmara* in ihrer Hand hielt, funkelte er noch farbenprächtiger, denn an ihren Fingern steckten Ringe, die ebenfalls mit den kostbarsten Juwelen besetzt waren. Ihre Fußgelenke waren mit juwelenbesetzten Glöckchen, die unter den Falten ihres Saris ein leichtes Klingeln ertönen ließen. Rukmiṇīs Brüste waren mit *kuṅkuma* und Safran eingerieben, und durch diese rötliche Farbe, die durch das Oberteil ihres Saris schimmerte, wurde ihre Schönheit noch unterstrichen. Ihre runden Hüften wurden von einem juwelenbestickten Spitzengürtel verziert, und um den Hals trug sie ein Medaillon, das einen hellen Glanz ausstrahlte. Weil sie darüber hinaus völlig in Kṛṣṇas Dienst beschäftigt war, gab es nichts in den drei Welten, was man mit ihrer Schönheit hätte vergleichen können, obwohl sie damals bereits alt genug war, um erwachsene Söhne zu haben. Beim Anblick ihres unvergleichlich hübschen Antlitzes schien es, als würden sich ihre Locken, ihre Ohrringe, ihre goldene Halskette und ihr Lächeln vereinen, um einen wahren Regen von Nektar zu verschenken und den letzten Beweis zu erbringen, dass Rukmiṇī niemand anders war als die ursprüngliche Glücksgöttin, die ewig den Lotosfüßen Nārāyaṇas dient.

Die Spiele Kṛṣṇas und Rukmiṇīs in Dvārakā werden von den großen Autoritäten als Manifestationen der Spiele Nārāyaṇas und Lakṣmīs anerkannt, die alle mit unbeschreiblichem Reichtum verbunden sind. Die Spiele Rādhās und Kṛṣṇas in Vṛndāvana sind einfach und ländlich, sie unterscheiden sich von dem vornehmen und städtischen Charakter der Spiele in Dvārakā.

Rukmiṇī wies die vorzüglichsten Eigenschaften auf, und deshalb war Kṛṣṇa mit ihr sehr zufrieden. Als Nārada Muni einmal Rukmiṇī eine *pārijāta*-Blume schenkte, war Satyabhāmā auf diese Gemahlin Kṛṣṇas eifersüchtig geworden und hatte sich sofort gewünscht, dass Kṛṣṇa ihr ebenfalls eine solche Blume bringen würde. Sie hatte sich erst dann zufriedengegeben, als Kṛṣṇa ihr einen ganzen *pārijāta*-Baum versprach, und dieses Versprechen hatte Kṛṣṇa auch tatsächlich gehalten, indem Er einen solchen Baum vom himmlischen Königreich auf die Erde brachte. Jetzt, wo Satyabhāmā einen ganzen *pārijāta*-Baum geschenkt bekommen hatte, erwartete Kṛṣṇa, dass Rukmiṇī ihrerseits einen Wunsch an Ihn richten würde. Aber Rukmiṇī erwähnte die Begebenheit mit keinem Wort, denn sie war von ruhigem und ernstem

Wesen, und ihr bloßer Dienst stellte sie völlig zufrieden. Kṛṣṇa jedoch wollte sie ein wenig verärgert sehen und überlegte deshalb, wie er sie aus dem Gleichgewicht bringen könne. Obwohl Kṛṣṇa mit mehr als 16 100 Frauen verheiratet war, empfand Er jeder einzelnen gegenüber innige Zuneigung; manchmal schuf Er zwischen Sich und Seiner Frau eine besondere Situation, in der Seine Frau Ihn in der Aufregung ihrer Liebe tadelte, und dies bereitete Kṛṣṇa große Freude. Weil Kṛṣṇa in Rukmiṇī keinen Fehler entdecken konnte, da sie sehr aufrichtig war und sich unablässig in Seinem Dienst beschäftigte, begann Krsna lächelnd und voller Liebe zu ihr zu sprechen, nur um ihren liebenden Zorn heraufzubeschwören. Doch Er nannte sie nicht bei ihrem Namen, sondern sprach sie als Prinzessin an, da sie die Tochter Bhīṣmakas, eines mächtigen Königs, war. „Meine liebe Prinzessin", sagte Er, „etwas wundert Mich sehr. Viele große Persönlichkeiten des königlichen Standes wollten dich heiraten. Obwohl nicht alle Könige waren, besaßen sie doch Macht und Reichtum wie Könige und waren wohlgesittet, gelehrt und bei den Königen berühmt. Sie hatten wohlgeformte Körper, wiesen viele gute Eigenschaften auf und waren großmütig und stark. In keiner Beziehung ließen sie etwas zu wünschen übrig. Man kann also wirklich nicht sagen, dass sie deiner unwürdig gewesen wären, und überdies hätten dein Vater und dein Bruder nichts gegen eine solche Heirat eingewendet. Ganz im Gegenteil, sie hatten bereits ihr Ehrenwort gegeben, dass du Śiśupāla gehören würdest. Deine Eltern hatten dieser Heirat selbst zugestimmt. Dieser große Fürst namens Śiśupāla begehrte dich von ganzem Herzen und war verrückt nach deiner Schönheit, weswegen Ich davon überzeugt bin, dass er immer wie ein treuer Diener bei dir geblieben wäre, wenn er deine Hand bekommen hätte.

Im Vergleich zu Śiśupāla und seinen persönlichen Eigenschaften bin Ich ein Nichts. Aber das hast du gewiss schon selbst bemerkt. Es wundert Mich daher, dass du es ablehntest, Śiśupāla zu heiraten, und stattdessen Mich vorzogst, der Ich viel niedriger bin als er. Ich halte Mich für völlig unwürdig, Dein Gemahl zu sein, denn du bist so schön, tugendhaft, ernst und vornehm. Darf Ich deshalb nach dem Grund fragen, der dich dazu verleitete, Mich als Gemahl anzunehmen? Jetzt kann Ich dich natürlich Meine Frau nennen, dennoch will Ich es nicht versäumen, dass du die Wahrheit über Mich erfährst: Ich bin niedriger als all die Prinzen und Könige, die dich heiraten wollten.

Zuerst musst du wissen, dass Ich solche Angst vor Jarāsandha hatte, dass Ich es nicht wagte, auf dem Festland zu leben, weshalb Ich unser Haus im Meer gebaut habe. Eigentlich verrate Ich dieses Geheimnis niemandem, doch du musst wissen, dass Ich nicht sehr heldenhaft bin; Ich bin ein Feigling, und Ich fürchte Mich vor Meinen Feinden. Aber Ich lebe immer noch nicht in Sicherheit, denn alle bedeutenden Könige sind Mir feindlich gesinnt. Ich Selbst bin an ihrer Feindlichkeit schuld, denn Ich habe so viele Streitigkeiten mit ihnen angezettelt. Des Weiteren kann man Mir vorwerfen, dass Ich auf dem Thron von Dvārakā sitze, obwohl Ich kein direktes Anrecht auf ihn habe. Ich erhielt zwar ein Königreich, indem Ich Meinen eigenen Onkel, Kaṁsa, tötete, doch die Krone gebührte von Rechts wegen Meinem Großvater; im Grunde besitze Ich also kein Königreich. Außerdem habe Ich kein festes Lebensziel. Die Leute können Mich nicht verstehen, und sie fragen sich, was aus Mir werden soll. Jeder weiß, dass Ich ein Kuhhirtenjunge in Vṛndāvana war, und daher erwartete man von Mir, dass Ich den Fußstapfen Meines Pflegevaters Nanda Mahārāja folgen würde und dass Ich Śrīmatī Rādhārāṇī und Ihren Freundinnen im Dorf Vṛndāvana treu bleiben würde. Doch stattdessen verließ Ich sie plötzlich. Ich wollte nämlich ein berühmter Fürst werden, auch wenn es Mir bis jetzt noch nicht gelungen ist; Ich habe weder ein Königreich erlangt, noch bin Ich ein berühmter Fürst geworden. Die Leute sind verwirrt, denn sie wissen nicht, wohin Mein Lebenswandel führen soll. Sie wissen nicht einmal, ob Ich nun ein Kuhhirtenjunge oder ein Prinz bin, und sie wissen auch nicht, ob Ich der Sohn Nanda Mahārājas bin oder der Sohn Vasudevas. Da Ich kein festes Lebensziel habe, nennen Mich manche Menschen einen Vagabunden. Ich frage Mich deshalb, wie du einen solchen Vagabunden als Ehemann wählen konntest.

Abgesehen davon bin Ich auch nicht besonders vornehm, nicht einmal, was gesellschaftliche Anstandsregeln betrifft. So sollte man sich mit einer Frau zufriedengeben, doch wie du weißt, habe Ich mehr als 16 000 Frauen geheiratet, und es gelingt Mir nicht, allen ein tadelloser Ehemann zu sein. Mein Verhalten ihnen gegenüber ist nicht gerade das vorbildlichste, und Ich weiß sehr wohl, dass du dir darüber bewusst bist. Manchmal verschulde Ich eine Situation, die Meine Gemahlinnen unglücklich macht. Da Ich in einem Bauerndorf aufgewachsen bin, bin Ich mit den gesellschaftlichen Regeln des Stadtlebens nicht besonders vertraut. Dazu kommt, dass Ich die Kunst nicht beherrsche, wie man seine Frau durch gewählte Worte und gutes Benehmen erfreut. Die Wirklichkeit schließlich hat gezeigt, dass jede Frau, die Mir folgt oder sich zu Mir hingezogen fühlt, zuletzt nur noch dasitzen und für den Rest ihres Lebens weinen kann. In Vṛndāvana fühlten sich viele *gopīs* zu Mir hingezogen, und nun, da Ich sie verlassen habe, besteht ihr Leben in der Trennung von Mir nur noch aus Tränen. Akrūra und Uddhava haben Mir erzählt, dass alle Meine Kuhhirtenfreunde, die *gopīs*, Rādhārāṇī und Mein Pflegevater Nanda Mahārāja seit Meiner Abreise nicht mehr aufgehört haben zu weinen. Ich habe Vṛndāvana für immer verlassen und lebe nun mit den Königinnen von Dvārakā zusammen, ahne jedoch zu wissen, wie man sich im Kreis solch vornehmer Damen, wie ihr es seid, richtig verhält. Es wird dir also schon längst aufgefallen sein, dass Ich keine Charakterfestigkeit besitze. Ich bin kein sehr verlässlicher Ehemann. Wer sich zu Mir hingezogen fühlt, erntet nichts als ein Leben voll Kummer.

Meine liebe, schöne Prinzessin, du musst auch wissen, dass Ich seit jeher mittellos bin. Gleich nach Meiner Geburt wurde Ich, ohne auch nur einen Heller zu besitzen, zum Hause Nanda Mahārājas getragen, wo Ich als Kuhhirtenjunge aufgezogen wurde. Obwohl Mein Pflegevater viele Hunderttausend Kühe besaß, gehörte nicht eine einzige davon Mir. Ich war nur dazu bestimmt, auf sie achtzugeben und sie auf die Weidegründe zu führen, doch sie waren niemals Mein Eigentum. Auch hier in Dvārakā besitze Ich nichts, sondern bin mittellos wie zuvor. Aber warum sollte Ich Mich darüber beklagen? Ich habe in der Vergangenheit nichts besessen, warum sollte Ich also klagen, dass Ich jetzt nichts besitze? Dir ist bestimmt auch schon aufgefallen, dass Meine Geweihten nicht sehr reich sind; sie sind ebenfalls arm an weltlichen Gütern. Diejenigen, die reich sind und sich weltlichen Wohlstands erfreuen, wollen vom Kṛṣṇa-Bewusstsein, der Hingabe zu Mir, nichts wissen. Wenn ein Mensch jedoch seinen Besitz verliert – sei es durch Gewalt oder durch die Macht der Umstände –, wird er sich, wenn er die richtige Gelegenheit bekommt, eher für Mich interessieren. Diejenigen, die sich auf ihre materiellen Reichtümer etwas einbilden, werden die Gelegenheit nicht wahrnehmen, ihr Bewusstsein auf Mich zu richten, selbst wenn sie mit Meinen Geweihten zusammenkommen. Mit anderen Worten, es ist möglich, dass die Menschen, die in ärmlichen Verhältnissen leben, manchmal ein wenig Interesse für Mich aufbringen, doch sobald jemand etwas Reichtum erlangt, verliert er alles Interesse an Mir. Deshalb komme Ich nicht umhin zu glauben, dass deine Wahl, Mich zu heiraten, nicht sehr intelligent war. So intelligent du bist und so gut deine Bildung ist, die dir dein Vater und dein Bruder zukommen ließen, du hast in der Wahl deines Lebensgefährten einen großen Fehler begangen.

Doch es ist nicht so schlimm, der Fehler kann noch berichtigt werden – besser spät als nie. Es steht dir hiermit frei, einen Gemahl auszuwählen, der deiner würdig ist, jemand, der dir an Begabung, Reichtum, Herkunft, Schönheit, Bildung – in jeder Hinsicht – wirklich ebenbürtig ist. Alle Fehler, die dir unterlaufen sind, sollen vergessen sein. Nun kannst du dir einen Lebensweg wählen, der dir persönlich auch etwas bringt. Für gewöhnlich heiratet man niemanden, der von höherem oder niedrigerem Stand ist als man selbst. Liebe Tochter des Königs von Vidarbha, Ich kann Mich des Verdachtes nicht erwehren, dass du dir deine Entscheidung nicht reiflich genug überlegt hast und dass du nur deshalb die unvernünftige Wahl getroffen hast, Mich zu heiraten. Dir war fälschlicherweise zu Ohren gekommen, wie erhaben und unvergleichlich Ich wäre, doch in Wirklichkeit war Ich nicht mehr als ein Bettler. Ohne Mich jemals gesehen zu haben oder auch nur Meine wirkliche Stellung zu kennen, hast du Mich zu deinem Ehemann gewählt. Diese Entscheidung war zweifellos überstürzt. Deshalb rate Ich dir: Tu das Richtige – lieber spät als nie. Du kannst dir jetzt einen der großen *kṣatriya*-Fürsten zum Ehemann nehmen und Mich von dir stoßen."

Kṛṣṇa überraschte Rukmiṇī, die zu dieser Zeit bereits viele erwachsene Kinder hatte, mit dem Vorschlag, sich von Ihm scheiden zu lassen, was jedoch völlig undenkbar war, da man in der vedischen Kultur so etwas wie Scheidung gar nicht kannte. Und überhaupt wäre es für Rukmiṇī in ihrem Alter, wo sie bereits verheiratete Söhne hatte, völlig unmöglich gewesen, auch nur im Entferntesten an so etwas zu denken. Jeder einzelne Vorschlag Kṛṣṇas erschien Rukmiṇī verrückt, und sie war zutiefst bestürzt, dass Kṛṣṇa so etwas sagen konnte. Sie war von so unschuldigem Wesen, dass sie sich bei dem Gedanken an eine Trennung von Kṛṣṇa immer mehr ängstigte.

Kṛṣṇa fuhr fort: „Außerdem musst du dich auf dein nächstes Leben vorbereiten. Ich rate dir deshalb, jemanden zu wählen, der dir sowohl in diesem als auch im nächsten Leben helfen kann, denn Ich bin völlig außerstande, etwas für dich zu tun. Meine liebe, schöne Prinzessin, du weißt sicherlich, dass alle Könige und Prinzen von Rang, wie Śiśupāla, Śālva, Jarāsandha, Dantavakra und selbst dein älterer Bruder Rukmī, Meine Feinde sind; sie können Mich nicht ausstehen, ja sie hassen Mich aus dem Innersten ihres Herzens. Diesen Fürsten war ihr weltlicher Reichtum zu Kopf gestiegen, weshalb sie sich nicht im Geringsten um jemanden kümmerten, der vor sie hintrat. Wenn Ich Mich also bereit erklärt habe, dich zu entführen, wie es dein Wunsch war, so machte Ich das nur, um diesen Prinzen eine Lehre zu erteilen; ansonsten aber empfinde Ich keine Liebe zu dir, obwohl du Mich bereits vor der Heirat liebtest.

Wie Ich dir bereits erklärt habe, liegt Mir nicht viel an einer Familie oder an einem Eheleben. Das ist nun einmal Meine Natur. Ich habe nicht viel Sinn für Familie, Frau, Kinder, Wohlstand und ein Leben in vier Wänden. In dieser Beziehung bin Ich genau wie Meine Geweihten, denn auch sie können nichts mit weltlichen Gütern anfangen. Mein eigentliches Interesse gilt der Selbstverwirklichung – *das* bereitet Mir Freude, und nicht das Familienleben.“ Nach diesem Satz hielt Kṛṣṇa plötzlich inne.

Die große Autorität Śukadeva Gosvāmī erklärt, dass Kṛṣṇa praktisch die ganze Zeit mit Rukmiṇī zusammen gewesen sei und dass sie daher ein wenig stolz darauf geworden sei, so vom Glück begünstigt zu sein, dass Kṛṣṇa sie nicht einmal für einen Moment verließ. Kṛṣṇa jedoch mag es nicht, wenn Seine Geweihten stolz werden, und sobald sich bei einem Gottgeweihten solche Anzeichen bemerkbar machen, beseitigt Er diesen Stolz auf irgendeine Weise. In diesem Fall sprach Kṛṣṇa harte Worte, die Rukmiṇī tief trafen, wodurch Er sie zur Erkenntnis brachte, dass sie sich zwar eines besonderen Vorrechtes erfreute, dass Kṛṣṇa sie aber dessen ungeachtet in jedem Augenblick verlassen konnte.

Rukmiṇī war sich bewusst, dass ihr Gemahl kein gewöhnlicher Mensch war. Er war die Höchste Persönlichkeit Gottes, der Meister der drei Welten. Als Rukmiṇī Krsna so sprechen hörte, befürchtete sie, dass Kṛṣṇa sie verlassen könnte, denn Krsna hatte noch niemals zuvor solch harte Worte gesprochen. Besorgnis überfiel sie aus Furcht vor einer Trennung, und ihr Herz begann zu beben. Sie entgegnete kein Wort, sondern weinte einfach, als wäre sie in einen Ozean des Schmerzes versunken. Schweigend kratzte sie mit ihren Zehennägeln über den Boden, wo sie sich rötlich glänzend widerspiegelten. Aus ihren Augen strömten Tränen, die ihre schwarze Augentusche auflösten und sich mit dem *kuṅkuma* und dem Safran auf ihren Brüsten vermischten. Sie brachte kein Wort hervor, da ihre Kehle wie zugeschnürt war, und sie hielt den Kopf gesenkt und stand starr wie ein Stock. In ihrer quälenden Furcht und Verzweiflung wurde es ihr schwarz vor den Augen, und ihre Kräfte verließen sie, weshalb ihr Körper unvermittelt so viel an Gewicht verlor, dass ihr die Armreife an den Handgelenken über die Hände rutschten und zu Boden fielen. Der *cāmara*-Wedel, mit dem sie Kṛṣṇa Luft zugefächelt hatte, entglitt ihrer Hand; ihre Gedanken und ihre Erinnerung schalteten sich aus, und schließlich verlor sie das Bewusstsein. Ihr kunstvoll gekämmtes Haar löste sich und fiel ihr wallend über die Schultern, und sie stürzte wie eine vom Orkan gefällte Bananenstaude zu Boden.

Śrī Kṛṣṇa bemerkte sofort, dass Rukmiṇī Seine Worte nicht als Scherz aufgefasst, sondern bitterernst genommen hatte, und aus Furcht vor einer unmittelbaren Trennung war sie in Ohnmacht gefallen. Śrī Kṛṣṇa empfindet von Natur aus große Zuneigung zu Seinen Geweihten. Als Er Rukmiṇī in diesem Zustand sah, erweichte sich sofort Sein Herz, und Er hatte Erbarmen mit ihr. Die Beziehung zwischen Rukmiṇī und Kṛṣṇa war wie die Beziehung zwischen Lakṣmī und Nārāyaṇa, deshalb zeigte Kṛṣṇa Sich Rukmiṇī in Seiner vierarmigen Manifestation als Nārāyaṇa. Er stieg vom Bett und zog Rukmiṇī an den Händen hoch, um sie aufzurichten. Er liebkoste ihr Gesicht mit Seinen kühlenden Händen und glättete ihr wirres Haar. Dann trocknete Śrī Kṛṣṇa mit Seiner Hand die feuchten Brüste Rukmiṇījīs, und da Er die Tiefe ihrer Liebe sah, umarmte Er sie und drückte sie an Seine Brust.

Die Höchste Persönlichkeit Gottes versteht es meisterhaft, jemandem etwas logisch und verständlich darzustellen, und so wollte Er alles, was Er kurz zuvor gesagt hatte, widerrufen. Er ist die einzige Zuflucht aller Gottgeweihten, und daher weiß Er vollkommen, wie Er Seine reinen Geweihten erfreuen kann. Da Rukmiṇī Seine scherzenden Worte falsch verstanden hatte, wollte Er ihre Verwirrung beseitigen und sprach wie folgt:

„Meine liebe Tochter des Königs von Vidarbha, liebe Rukmiṇī, bitte verstehe Mich nicht falsch. Tu Mir bitte nicht solches Unrecht an. Ich weiß, wie aufrichtig und ernsthaft du an Mir hängst; schließlich bist du Meine ewige Gefährtin. Die Worte, die dich so schwer getroffen haben, waren nicht ernst gemeint. Ich wollte dich nur ein wenig ärgern, und Ich erwartete, dass du auf diese Scherze eingehen würdest. Leider aber hast du sie ernst genommen, und das tut Mir sehr leid. Ich erwartete, dass deine roten Lippen vor Zorn zittern würden, wenn du Meine Worte vernähmest, und dass Ich viele gezielte tadelnde Worte zu hören bekäme. O Vollkommenheit der Liebe, niemals aber war Ich darauf gefasst, dass du so reagieren würdest. Vielmehr glaubte Ich, du würdest rachsüchtig deine funkelnden Augen auf Mich richten, so dass es Mir vergönnt gewesen wäre, dein liebliches Gesicht in einem solchen Ausdruck des Zorns zu sehen.

Meine liebe, schöne Gemahlin, du weißt, dass wir Haushälter sind. Wir werden stets von unseren Pflichten als Haushälter in Anspruch genommen und sehnen uns daher nach jenen Augenblicken, wo wir ein paar scherzende Worte miteinander austauschen können; hierin liegt unser größtes Vergnügen im Haushälterleben." Haushälter arbeiten Tag und Nacht sehr schwer, doch alle Erschöpfung von der Mühe des Tages schwindet, sobald sich Mann und Frau wiedersehen und das Leben auf vielerlei Weise genießen. Śrī Kṛṣṇa spielte die Rolle eines gewöhnlichen Haushälters, der sich daran erfreut, mit Seiner Frau scherzende Worte auszutauschen. Er bat also Rukmiṇī wiederholt, Seine Worte nicht so ernst zu nehmen.

Auf diese Weise beruhigte Śrī Kṛṣṇa Rukmiṇī mit süßen Worten, und es wurde ihr klar, dass Kṛṣṇas Worte nicht ernst gemeint waren, sondern dass Er einfach nur mit ihr hatte scherzen wollen. Nachdem Kṛṣṇa das Missverständnis aufgeklärt hatte, war Rukmiṇī sehr erleichtert, und alle Furcht vor einer Trennung wich von ihr. Sie gewann ihr natürliches Lächeln zurück, und überglücklich blickte sie Kṛṣṇa an und sagte: „Mein lieber, lotosäugiger Herr, es ist vollkommen richtig, wenn Du sagst, dass wir ein ungleiches Paar sind. Ich kann unmöglich jemals Deine Ebene erreichen, denn Du bist die unbegrenzte Höchste Persönlichkeit Gottes, das Behältnis aller Eigenschaften. Wie könnte ich also Deiner würdig sein? Wie könnte ich mich mit Dir vergleichen, der Du der Meister aller Größe und der Gebieter der drei Erscheinungsweisen bist und selbst von großen Halbgöttern wie Brahmā und Śiva verehrt wirst? Ich hingegen bin nur eine Schöpfung der drei Erscheinungsweisen der materiellen Natur. Die drei Erscheinungsweisen der materiellen Natur sind Hindernisse für den Fortschritt auf dem Pfad des hingebungsvollen Dienstes. Wann und unter welchen Umständen könnte ich Dir jemals eine würdige Gemahlin sein? Mein lieber Gemahl, Du sagtest ganz richtig, Du habest Zuflucht auf dem Wasser des Meeres gesucht, als hättest Du vor den Königen Angst. Aber wer ist der König der materiellen Welt? Sicherlich keiner der Nachkommen der sogenannten Königsfamilien. Die Könige der materiellen Welt sind die drei Erscheinungsweisen der materiellen Natur. Sie sind in Wirklichkeit die Beherrscher der materiellen Welt. Du befindest Dich im Herzen eines jeden, doch Du wirst nicht im Geringsten von den drei Erscheinungsweisen der materiellen Natur berührt. Darüber besteht kein Zweifel.

Du hast gesagt, Du stündest den weltlichen Königen ständig in Feindschaft gegenüber – doch wer sind diese weltlichen Könige? Diese Könige, so denke ich, sind die Sinne. Sie sind überaus mächtig und beherrschen jeden. Daher bist Du zweifelsohne der Feind der materiellen Sinne. Du stehst niemals unter der Herrschaft der Sinne, sondern vielmehr bist Du Hṛṣīkeśa, der Herr der Sinne.

Des Weiteren sagtest Du, lieber Herr, Du besäßest keine königliche Macht, und das trifft ebenfalls zu. Du verfügst über keine Macht über die materielle Welt. Selbst Deine Diener, die sich zu Deinen Lotosfüßen hingezogen fühlen, haben die Neigung aufgegeben, die materielle Welt zu beherrschen, weil sie erkannt haben, dass jede materielle Position dunkelste Unwissenheit bedeutet, die den Fortschritt der spirituellen Erleuchtung behindert. Wenn schon Deine Diener nicht über die Materie herrschen wollen, dann musst Du erst recht von dieser Neigung frei sein. Mein lieber Herr, wenn Du sagst, dass Du Dich nicht wie ein gewöhnlicher Mensch verhältst, der sich ein bestimmtes Lebensziel gesteckt hat, so entspricht das der Wahrheit. Sogar Deine großen Geweihten und Diener, die als große Weise und Heilige berühmt sind, verhalten sich in solcher Weise, dass niemand erahnen kann, was das Ziel ihres Lebens ist. In den Augen der meisten Menschen gelten sie deshalb als Menschenhasser und als Verrückte. Ihr Lebensziel bleibt dem Durchschnittsmenschen immer ein Geheimnis, und diejenigen, die die niedrigsten der Menschen sind, haben deshalb nicht die geringste Möglichkeit, Dich oder Deine Diener zu verstehen. Unreine Menschen können sich nicht einmal eine Vorstellung von den Spielen machen, die zwischen Dir und Deinen Geweihten vor sich gehen. O Unbegrenzter, wenn schon das Tun und Streben Deiner Geweihten den gewöhnlichen Menschen ein Rätsel ist, wie könnten sie dann Dich und Deine Taten verstehen? Alle Energien und Füllen sind in Deinem Dienst beschäftigt und ruhen dennoch gleichzeitig in Dir.

Du hast Dich als mittellos bezeichnet, doch dieser Zustand bedeutet nicht Armut. Weil es außer Dir nichts gibt, hast Du es nicht nötig, irgendetwas zu besitzen – Du Selbst bist bereits alles. Du brauchst Dir nicht, wie andere, zusätzlich etwas anzueignen. In Dir heben sich alle Widersprüche auf, denn Du bist absolut. Du besitzt nichts, und trotzdem kann niemand reicher sein als Du. In der materiellen Welt kann niemand reich sein, ohne etwas zu besitzen, aber weil Du, o Herr, absolut bist, stellt es für Dich keinen Widerspruch dar, nichts zu besitzen und dennoch der Reichste zu sein. In den Veden wird gesagt, dass Du, obwohl Du keine materiellen Hände und Beine hast, alles entgegennehmest, was Dir Deine Geweihten in Hingabe opfern. Du besitzt keine materiellen Augen und Ohren, dennoch kannst Du alles ohne Einschränkung sehen und hören. Obwohl Du nichts besitzt, kommen die großen Halbgötter, die von anderen Gebete und Verehrungen entgegennehmen, zu Dir und verehren Dich, um Deine Gnade zu erflehen. Wie könnte man Dich also zu den Armen zählen?

Lieber Herr, Du hast auch erwähnt, dass die Reichen unter den Menschen Dich nicht verehren. Dies entspricht ebenfalls der Wahrheit, denn Menschen, die wegen ihres materiellen Reichtums hochmütig geworden sind, wollen ihr Eigentum für Sinnenbefriedigung verwenden. Wenn ein armer Mann reich wird, schmiedet er sogleich Pläne für Sinnenbefriedigung, denn er weiß nicht, wie er sein schwerverdientes Geld am besten verwendet. Unter dem Einfluss der äußeren Energie glaubt er, sein Geld wäre in der Sinnenbefriedigung am besten investiert, und so unterlässt er es, Dir transzendentalen Dienst darzubringen. Mein lieber Herr, Du hast gesagt, dass Menschen, die nichts besitzen, Dir sehr lieb seien; tatsächlich entsagen Deine Geweihten allem und wollen einfach nur Dich haben. Daher bist Du den großen Weisen wie Nārada Muni sehr zugetan, obwohl sie nicht den geringsten materiellen Besitz ihr Eigen nennen. Solche Persönlichkeiten denken an nichts anderes als an Dich, o Herr.

Lieber Herr, Du hast gesagt, dass eine Ehe nur dann glücklich sein könne, wenn sich die Ehepartner in nichts nachstehen, weder in Schönheit noch in Reichtum, Stärke, Einfluss, in gesellschaftlicher Stellung oder in Entsagung. Aber all dies wird einem nur durch Deine Barmherzigkeit zuteil. Du bist die höchste und absolute Quelle aller Vollkommenheiten, und deshalb hat man alle guten Lebensvoraussetzungen, die man bekommen hat, Dir zu verdanken. Im *Vedānta-sūtra* heißt es: *janmādy asya yataḥ* – Du bist die höchste Quelle, von der alles ausgeht, und Du bist das Behältnis aller Freude. Daher wünschen sich die Menschen, die über wirkliches Wissen verfügen, nichts anderes, als Dich zu erreichen. Um Deiner Gunst willen geben sie alles auf, selbst die transzendentale Verwirklichung des Brahmans. Du bist das höchste, endgültige Lebensziel. Die Interessen aller Lebewesen ruhen in Dir. Diejenigen, die tatsächlich aufrichtige Ziele verfolgen, wünschen sich nur, Dich zu erreichen, und geben alles auf, um ihr Leben zu diesem Erfolg zu führen. Daher verdienen sie es, in Deine Gemeinschaft aufgenommen zu werden. In der Gesellschaft der Diener und Bedienten im Kṛṣṇa-Bewusstsein ist man nicht den Gegensätzen von Freud und Leid ausgesetzt, die für die materialistische Gesellschaft, in der alles auf der geschlechtlichen Anziehung gründet, typisch sind. Deswegen sollte jeder, ob Mann oder Frau, danach streben, in Deine Gemeinschaft der Diener und Bedienten aufgenommen zu werden. Du bist die Höchste Persönlichkeit Gottes, niemand kann Dich übertreffen, und niemand kommt Dir jemals gleich. Ein Gesellschaftssystem ist dann vollkommen, wenn Du in seinem Zentrum stehst, das heißt, wenn Du als der Höchste derjenige bist, dem gedient wird, während alle anderen Deine Diener sind. In einer solch vollkommen eingerichteten Gesellschaft kann jeder ewig glücklich und zufrieden sein.

O Herr, Du hast gesagt, dass nur die Bettler Deine Herrlichkeit lobpreisen, und das stimmt auch. Wer aber sind diese Bettler? Diese vermeintlichen Bettler sind in Wirklichkeit fortgeschrittene Gottgeweihte, befreite Persönlichkeiten und Weise und solche, die in den Lebensstand der Entsagung getreten sind. Sie alle sind große Seelen, Gottgeweihte, die ihr ganzes Leben Deiner Verherrlichung geweiht haben. Solch erhabene, großherzige Seelen vergeben selbst den größten Sündern, und sie folgen dem Pfad des spirituellen Fortschritts, wobei sie demütig alle Schwierigkeiten der materiellen Welt erdulden. Mein lieber Gemahl, denke nicht, ich hätte mich aus Unerfahrenheit für Dich entschieden, nein, in Wirklichkeit tat ich nur, was diese großen Seelen tun, und ihrem Beispiel folgend, entschloss ich mich, mein Leben Deinen Lotosfüßen hinzugeben.

Du hast gesagt, Du seiest mittellos, und auch das ist wahr, denn Du verschenkst Dich ganz an diese großen Seelen und Gottgeweihten. Da ich dies sehr wohl weiß, wies ich selbst solch hohe Persönlichkeiten wie Brahmā und König Indra zurück. O Herr, die unbezwingbare Zeit wirkt allein unter Deiner Führung. Der Zeitfaktor ist so erhaben und mächtig, dass er innerhalb von Augenblicken in jedem beliebigen Teil der Schöpfung eine Vernichtung auslösen kann. Angesichts dieser Tatsachen maß ich Jarāsandha, Śiśupāla und ähnlichen Fürsten, die mich heiraten wollten, nicht mehr Bedeutung bei als gewöhnlichen Insekten.

Lieber allmächtiger Sohn Vasudevas, Du hast gesagt, Du habest Dich aus Furcht vor den machtvollen Prinzen auf das Wasser des Meeres geflüchtet; dies ist sehr unpassend, denn es widerspricht dem, was ich mit eigenen Augen gesehen habe. Als sich all diese Prinzen, die Du angeblich fürchtest, versammelt hatten, hast Du mich aus ihrer Mitte geraubt, und am Tag meiner Hochzeit hast Du sie alle in die Flucht geschlagen, indem Du einfach die Sehne Deines Bogens sirren ließest. So hast Du mir gütigerweise bei Deinen Lotosfüßen Zuflucht gewährt. Ich habe noch lebhaft in Erinnerung, wie Du mich entführtest – gleich einem Löwen, der sich gewaltsam seiner Beute bemächtigt und dabei mit seinem bloßen Blick alle kleineren Tiere verjagt.

Mein lieber lotosäugiger Herr, eines kann ich allerdings nicht verstehen. Du hast gesagt, dass die Frauen und auch andere, die bei Deinen Lotosfüßen Zuflucht gesucht haben, ihre Tage nur noch in Kummer verbrächten. Doch die Geschichte zeigt uns deutlich, dass große Könige wie Aṅga, Pṛthu, Bharata, Yayāti und Gaya, die Weltherrscher waren und keine Rivalen zu befürchten hatten, die Gunst Deiner Lotosfüße erlangen wollten und deshalb ihrer hohen Stellung entsagten und in den Wald gingen, um dort Bußen und Entsagungen auf sich zu nehmen. Wie hätten diese großen Könige jedoch, für die Deine Lotosfüße das Ein und Alles bedeuteten, ein solches Leben annehmen können, wenn dies nur Kummer und Leid mit sich bringen würde?

Mein lieber Herr, Du botest mir an, dass ich mich immer noch von Dir trennen könne, um mir einen anderen Prinzen zum Gemahl zu wählen. Aber ich weiß genau, o Herr, dass Du das Behältnis aller guten Eigenschaften bist. Große Heilige wie Nārada Muni preisen ständig Deine transzendentale Größe, und wer einfach bei solchen Heiligen Zuflucht sucht, wird augenblicklich von aller materiellen Verunreinigung befreit. Auf diese Weise kommt man direkt mit Deinem Dienst in Berührung, und deshalb ist die Glücksgöttin bereit, einem all ihre Segnungen zu gewähren. Welche Frau also, die einmal die Möglichkeit bekommen hat, aus autorisierten Quellen über Deinen Ruhm zu hören und irgendwie den nektargleichen Duft Deiner Lotosfüße zu genießen, wäre so töricht, einen Mann der materiellen Welt heiraten zu wollen, der ständig Tod, Krankheit, Alter und Wiedergeburt zu fürchten hat? Aus diesen Gründen habe ich mich für Deine Lotosfüße entschieden – nicht blindlings, sondern bewusst und nach reiflicher Überlegung. Mein lieber Herr, Du bist der Meister der drei Welten. Du kannst die Wünsche all Deiner Geweihten erfüllen, sowohl in diesem wie auch im nächsten Leben, denn Du bist die höchste Seele eines jeden. Deshalb habe ich Dich als meinen Gemahl gewählt, und ich halte Dich für die einzig geeignete Persönlichkeit. Du kannst mich in jede Lebensform stoßen, die mir als Reaktion auf meine fruchtbringenden Tätigkeiten zusteht, und es macht mir nicht das Geringste aus. Mein einziges Verlangen ist es, immer bei Deinen Lotosfüßen sein zu dürfen, denn Du kannst Deine Geweihten aus dem illusionären Dasein befreien, und Du bist immer geneigt, Dich an diese Geweihten zu verschenken.

Mein lieber Herr, Du hast mir empfohlen, jemanden aus der Reihe dieser Könige und Prinzen, wie Śiśupāla, Jarāsandha oder Dantavakra, zum Mann zu nehmen; doch was ist schon ihre Stellung in dieser Welt? Sie sind ständig gezwungen, schwer zu arbeiten, um ihre Familie zu unterhalten, genau wie Ochsen, die sich Tag und Nacht abmühen, um die Ölpresse in Gang zu halten. Deshalb werden sie mit Lasteseln verglichen. Sie sind so unehrenhaft wie Hunde, und sie sind neidisch wie Katzen. Dazu haben sie sich wie Sklaven an ihre Frauen verkauft. Unglückselige Frauen, die niemals Deinen Ruhm vernommen haben, mögen sich vielleicht für solche Männer entscheiden. Doch eine Frau, die über Dich gehört hat, der Du nicht nur in dieser Welt, sondern auch in den Reihen der großen Halbgötter wie Brahmā und Śiva gepriesen wirst, wird niemanden außer Dir als ihren Gemahl annehmen. Ein Mann dieser Welt ist nichts als ein toter Körper. Der Körper ist in Wirklichkeit nur die äußere Hülle des Lebewesens, und diese Hülle ist nichts anderes als ein Sack aus Haut, der mit Schnurrbart und Bart sowie mit Haaren und Fingernägeln verziert ist. In diesem verzierten Sack befinden sich Knochen, Muskelbündel und Blutströme, die alle ständig mit Kot, Urin, Schleim, Galle und übler Luft vermischt sind, Substanzen, an denen sich alle möglichen Insekten und Bakterien gütlich tun. Eine törichte Frau betrachtet einen solchen toten Körper als Ehemann, und aufgrund dieses groben Irrtums hängt sie an diesem Körper und sieht in ihm ihren geliebten und unersetzlichen Lebensgefährten. Dies ist nur möglich, weil eine solche Frau niemals den Duft der ewigen Glückseligkeit Deiner Lotosfüße genossen hat.

Mein lieber lotosäugiger Gemahl, Du bist vollkommen in Dir Selbst zufrieden. Es berührt Dich nicht im Geringsten, ob ich schön und tugendvoll bin; warum solltest Du auch darum bekümmert sein? Deshalb ist es nur natürlich, dass Du nicht an mich angehaftet bist. Du hängst niemals an einer Frau, ganz gleich, wie hoch ihre Stellung und wie einzigartig ihre Schönheit auch sein mag. Doch in jedem Fall, ob Du Dich mir überaus verbunden fühlst oder nicht, bete ich darum, dass sich meine Hingabe und meine Aufmerksamkeit immer auf Deine Lotosfüße richten mögen. Hinter der materiellen Erscheinungsweise der Leidenschaft stehst Du als Schöpfer, und wenn Du mir deshalb einen leidenschaftlichen Blick zuwirfst, so bedeutet dies für mich die größte Segnung des Lebens. Solche glücklichen Augenblicke sind das einzige, wonach ich mich sehne.

Als Kṛṣṇa Rukmiṇīs Erwiderung gehört hatte, mit der sie jedes einzelne Wort erläuterte, das Er gebraucht hatte, um ihren liebevollen Zorn zu wecken, sprach Er zu ihr: „Meine liebe, tugendhafte Frau, Meine liebe Prinzessin, eine solche Erklärung habe Ich von dir erwartet. Nur deswegen habe Ich diese scherzenden Worte gesprochen, mit denen Ich dir alles andere als die Wahrheit gestanden habe. Nun habe Ich erreicht, was Ich wollte. Die wunderbaren Erklärungen, die Du zu jedem Meiner Worte abgegeben hast, entsprechen ganz der Wahrheit und Ich schätze sie sehr. O schönste Rukmiṇī, Du bist Meine liebste Gemahlin. Es freut Mich sehr zu erkennen, wieviel Liebe du für Mich empfindest. Ganz egal, welche Ziele und Wünsche du haben magst und worum du Mich bittest – sei gewiss, dass Ich dir immer zu Diensten stehen werde. Du hast ebenfalls recht gehabt, als du sagtest, dass Meine Geweihten, Meine liebsten Freunde und Diener, stets von materieller Verunreinigung frei seien, obgleich sie Mich nicht um solche Befreiung bitten wollten. Meine Geweihten wünschen sich niemals etwas von Mir, außer in Meinem Dienst beschäftigt sein zu dürfen. Und weil sie völlig von Mir abhängig sind, ist selbst dann, wenn sie Mich einmal um etwas bitten, nichts Materielles damit verbunden. Deshalb führen ihre Wünsche und Bitten nicht zu materieller Fesselung, sondern zur Befreiung aus der materiellen Welt.

Meine liebe Gemahlin, die du makellos und fromm bist, Ich habe anhand deiner Tugend und Keuschheit deine Liebe zu deinem Gemahl geprüft, und du hast die Prüfung glänzend bestanden. Ich wollte dich absichtlich mit vielen Worten, die deinen Gefühlen widersprechen mussten, in Verwirrung bringen, und Ich bin erstaunt zu sehen, dass deine Hingabe zu Mir nicht das Geringste von ihrer ursprünglichen Stärke verloren hat. Meine liebe Gemahlin, Ich bin es, der alle Arten von Segnungen, sogar bis hin zur Befreiung aus der materiellen Welt, gewähren kann, und nur Ich habe die Macht, das materielle Dasein eines Lebewesens zu beenden und es zurück nach Hause, zurück zu Gott, zu holen. Ein Mensch, der unreine Hingabe zu Mir hat, verehrt Mich um eines materiellen Zieles willen, und so bleibt er in der Welt des materiellen Glücks, das in geschlechtlicher Freude seinen Höhepunkt findet. Wer strenge Bußen und Opfer auf sich nimmt, um materielles Glück zu erlangen, steht zweifellos unter dem illusionierenden Einfluss Meiner äußeren Energie. Wie töricht sind doch die Menschen, die Mir nur dienen, um materielle Vorteile und Sinnenbefriedigung zu erlangen. Materielle Freude, die auf Sexualität gründet, ist selbst den abscheulichsten Lebensformen, wie den Schweinen und Hunden, zugänglich. Man sollte sich nicht an Mich wenden, um solches Glück zu erbitten, denn das kann man selbst im höllischsten Lebenszustand noch bekommen. Für diejenigen, die nur nach materiellem Genuss und nicht nach Mir streben, ist es deshalb besser, wenn sie ihr Leben weiterhin in dieser höllischen Lage fristen."

Die materielle Verunreinigung ist so stark, dass jeder bereit ist, Tag und Nacht schwer zu arbeiten, um materielles Glück zu erlangen. Alle Wichtigtuerei um Religiosität, Entsagung, Bußen, Humanität, Politik, Philanthropie, Wissenschaft usw. ist nur auf irgendwelche materiellen

Vorteile ausgerichtet. Um so schnell wie möglich solche materiellen Vorteile zu erlangen, verehren materialistische Menschen im Allgemeinen verschiedene Halbgötter, und getrieben von materiellen Absichten, versuchen sie sich manchmal auch im hingebungsvollen Dienst. Dabei kann es geschehen, dass der Herr einem Menschen, der Ihm aufrichtig dient und gleichzeitig noch materielle Wünsche aufrechterhält, die Quellen seines materiellen Glücks fortnimmt. Wenn sich der Gottgeweihte dann nicht mehr auf materielles Glück setzen kann, beschäftigt er sich völlig im reinen hingebungsvollen Dienst.

Śrī Kṛṣṇa fuhr fort: „Meine liebe Rukmiṇī, beste aller Königinnen, es ist offensichtlich, dass Du keine materiellen Wünsche hast. Dein einziges Verlangen ist es, Mir zu dienen, und lange schon beschäftigst du dich mit unverfälschter Hingabe in Meinem Dienst. Solcher hingebungsvoller Dienst, der beispielhaft und ungetrübt ist, verschafft den Gottgeweihten nicht nur Befreiung aus der materiellen Welt, sondern er erhebt ihn auch in die spirituelle Welt, wo er ewig in Meinem Dienst tätig sein kann. Menschen, die zu sehr an materiellem Glück hängen, haben nicht die Möglichkeit, solchen Dienst darzubringen. Frauen mit unreinem Herzen, die voller materieller Wünsche sind, ersinnen mannigfache Wege, wie sie ihre Sinne befriedigen können, während sie sich nach außen hin als große Gottgeweihte ausgeben.

Meine liebe, verehrte Gemahlin, obwohl Ich Tausende von Frauen habe, glaube Ich nicht, dass es unter ihnen eine gibt, die Mich mehr liebt als du. Der sichtbare Beweis für deine Einzigartigkeit ist, dass du Mich zwar vor unserer Heirat noch nie gesehen hattest, du hattest nur über Mich reden hören, und dennoch besaßest du bereits unerschütterliches Vertrauen in Mich. Als du unter vielen talentierten, reichen und schönen Männern des königlichen Standes wählen konntest, hast du es trotzdem vorgezogen, Mich zu heiraten. Du hast alle Prinzen abgewiesen, die um deine Hand anhielten, und du hast Mir einen vertraulichen Brief geschickt, indem du Mich mit freundlichen Worten batest, dich zu entführen. Als Ich dich dann entführte, empörte sich dein älterer Bruder Rukmī heftig darüber und griff Mich an. Bei diesem Kampf besiegte Ich ihn gnadenlos und verunstaltete ihn. Später dann, bei Aniruddhas Hochzeit, kam es während einer Partie Schach zu einem Wortgefecht, das zu einer Auseinandersetzung zwischen Rukmī und Meinem älteren Bruder Balarāma führte, und am Ende hat Balarāma deinen Bruder sogar getötet. Es überraschte Mich damals sehr, dass du nicht mit einem Wort dagegen protestiertest. Weil dich der bloße Gedanke, es könnte zu einer Trennung kommen, mit großer Angst erfüllte, hast du alles stillschweigend hingenommen. Durch dein Schweigen, meine liebe Gemahlin, hast du Mich für alle Zeiten gewonnen; Ich unterstehe ewiglich deinem Willen. Damals hattest du einen Boten zu Mir gesandt, der Mich bat, dich zu entführen, und als du warten musstest, weil Ich nicht sogleich eintraf, fühltest du dich in dieser Welt verloren und leer. So sagtest du dir, dass dein schöner Körper nicht dazu gemacht worden sei, von jemand anderem berührt zu werden. Weil du dachtest, Ich würde nicht mehr kommen, entschlossest du dich, dir das Leben zu nehmen, um diesem Körper sofort ein Ende zu bereiten. Liebe Rukmiṇī, eine solch erhabene und beispiellose Liebe, wie du sie für Mich empfindest, wird immer in Meiner Seele bleiben. Mir wird es hingegen niemals möglich sein, dir deine reine Hingabe zu Mir zu vergelten."

Kṛṣṇa, die Höchste Persönlichkeit Gottes, hat es nicht nötig, irgendjemandes Gemahl, Sohn oder Vater zu sein, denn Ihm gehört alles, und jeder untersteht Seiner Herrschaft. Er braucht keine fremde Hilfe, um glücklich zu sein. Er ist *ātmārāma*, in Sich Selbst zufrieden. Er findet alle Freude in Sich Selbst, ohne auf jemand anderen angewiesen zu sein. Wenn Śrī Kṛṣṇa erscheint, um die Rolle eines gewöhnlichen Menschen zu spielen, tritt Er auf vollkommene Weise als Ehemann, Sohn, Freund oder Feind auf. Als Er die Rolle des vollkommenen Gemahls der Königinnen von Dvārakā, insbesondere Rukmiṇījīs, spielte, erfreute Er Sich der höchsten Vollkommenheit der ehelichen Liebe.

In der vedischen Kultur ist die Polygamie erlaubt, doch dabei darf keine der Frauen schlecht behandelt werden. Mit anderen Worten, man darf nur dann mehrere Frauen annehmen, wenn man imstande ist, sie als vorbildlicher Haushälter alle gleichermaßen zufriedenzustellen; andernfalls ist Polygamie nicht erlaubt. Śrī Kṛṣṇa ist der Lehrer der Welt; obwohl Er keine Frau benötigte, erweiterte Er Sich in so viele Formen, wie Er Frauen hatte, und lebte mit ihnen als vorbildlicher Haushälter zusammen, wobei Er die regulierenden Prinzipien, die Regeln und Bestimmungen der vedischen Schriften wie auch die Gesetze und Sitten der Gesellschaft genau befolgte. Für jede der insgesamt 16 108 Frauen unterhielt Er einen eigenen Palast, eine eigene Dienerschaft und eigene, ganz persönliche Verhältnisse. So zeigte Sich der Herr, obwohl Er einer ist, als 16 108 vollkommene Ehemänner.

Hiermit enden die Bhaktivedanta-Erläuterungen zum 60. Kapitel des Kṛṣṇa-Buches mit dem Titel „Gespräche zwischen Kṛṣṇa und Rukmiṇī".

KAPITEL 61

Die Nachkommen der Familie Kṛṣṇas

Kṛṣṇa hatte 16 108 Frauen, und mit jeder von ihnen zeugte Er zehn Söhne, die Ihm alle an Kraft, Schönheit, Weisheit, Ruhm, Reichtum und Entsagung ebenbürtig waren. „Wie der Vater, so der Sohn." Jede der Frauen Kṛṣṇas, die ausnahmslos Prinzessinnen waren, sah, dass Kṛṣṇa Sich stets in ihrem Palast aufhielt und niemals fortging, und deshalb glaubte jede, Kṛṣṇa sei ihr liebevoller und ergebener Ehemann, der kaum ohne sie leben könnte. In Wirklichkeit jedoch hing Kṛṣṇa an keiner von ihnen. Obwohl jede dachte, sie wäre Kṛṣṇas einzige Frau und Kṛṣṇa müsste außerordentliche Liebe für sie empfinden, waren sie für Śrī Kṛṣṇa, der *ātmārāma*, in Sich Selbst zufrieden, ist, weder Anlass zu Liebe noch zu Abneigung; Er war allen Frauen gleichgesinnt und behandelte sie wie ein vollkommener Ehemann, nur um sie zu erfreuen. Kṛṣṇa persönlich brauchte keine Frauen, aber die Königinnen waren aufgrund ihrer Natur als Frauen nicht in der Lage, Kṛṣṇa und Seine erhabene Stellung in Wahrheit zu verstehen.

Alle mit Kṛṣṇa verheirateten Prinzessinnen waren von außerordentlicher Schönheit, und jede von ihnen fühlte sich ihrerseits zu Kṛṣṇas Schönheit hingezogen, zu Seinen Augen, die den Blütenblättern eines Lotos glichen, zu Seinem bezaubernden Gesicht, zu Seinen langen Armen und Seinen schönen Ohren, zu Seinem anmutigen Lächeln, zu Seinen Scherzen und zu Seinen süßen Worten. Bezaubert von diesen Eigenschaften Kṛṣṇas, kleideten sie sich stets sehr anziehend, denn sie wollten durch ihre weibliche Schönheit Kṛṣṇas Zuneigung wecken. Sie brachten ihre weiblichen Reize zur Geltung, indem sie lächelten und ihre Augenbrauen bewegten, und so schossen sie ihre scharfen Pfeile ehelicher Liebe auf Kṛṣṇa ab, um in Ihm lustvolle Verlangen nach ihnen zu wecken. Trotz allem aber gelang es ihnen nicht, Kṛṣṇas Geist oder Sein Geschlechtsverlangen zu erregen. Mit anderen Worten, Kṛṣṇa hatte mit keiner Seiner vielen Frauen geschlechtliche Beziehungen, außer um Kinder zu zeugen.

Die Königinnen von Dvārakā waren so sehr vom Glück gesegnet, dass sie den Höchsten Herrn, Śrī Kṛṣṇa, zum Gemahl und persönlichen Gefährten bekamen, Ihn, dem sich nicht einmal so hochstehende Halbgötter wie Brahmā nähern können. Kṛṣṇa und die Königinnen lebten als Ehepaar zusammen, und als perfekter Gemahl behandelte Kṛṣṇa sie auf eine solche Weise, dass mit jedem Augenblick die transzendentale Glückseligkeit in ihrem gegenseitigen Lächeln, ihren Gesprächen und ihrem Beisammensein zunahm. Jede der Frauen hatte Tausende und Abertausende von Dienerinnen, dennoch pflegten sie Kṛṣṇa persönlich zu empfangen. Sie boten Ihm einen bequemen Sitzplatz an, verehrten Ihn mit allen crforderlichen Gegenständen, wuschen Ihm die Lotosfüße, brachten Ihm Betelnüsse, massierten Seine Beine, um sie von Ermüdung zu befreien, fächelten Ihm Kühlung zu, brachten Ihm verschiedene Arten von wohlriechenden Sandelholzpasten, Ölen und Essenzen dar, legten Ihm eine Blumengirlande um den Hals, kämmten Sein Haar, baten Ihn, Sich hinzulegen, und waren Ihm beim Baden behilflich. So brachten sie Kṛṣṇa ständig die vielseitigsten Dienste dar, vor allem wenn Er speiste. Es gab keinen Augenblick, wo sie sich nicht im Dienst des Herrn beschäftigten.

Wie bereits erwähnt, hatte jede der 16 108 Frauen Śrī Kṛṣṇas zehn

Söhne, und das Folgende ist eine Liste der Söhne der ersten acht Königinnen. Rukmiṇīs zehn Söhne hießen: Pradyumna, Cārudeṣṇa, Sudeṣṇa, Cārudeha, Sucāru, Cārugupta, Bhadracāru, Cārucandra, Vicāru und Cāru. Sie alle kamen an guten Eigenschaften ihrem göttlichen Vater, Śrī Kṛṣṇa, gleich. Die Namen von Satyabhāmās Söhnen lauten: Bhānu, Subhānu, Svarbhānu, Prabhānu, Bhānumān, Candrabhānu, Bṛhadbhānu, Atibhānu, Śrībhānu und Pratibhānu. Die zehn Söhne der nächsten Königin, Jāmbavatī, wurden von Sāmba angeführt und hießen: Sāmba, Sumitra, Purujit, Śatajit, Sahasrajit, Vijaya, Citraketu, Vasumān, Draviḍa und Kratu. Śrī Kṛṣṇa war den Söhnen Jāmbavatīs besonders zugeneigt. Die zehn Söhne Kṛṣṇas mit Satyā, der Tochter König Nagnajits, hießen: Vīra, Candra, Aśvasena, Citragu, Vegavān, Vṛṣa, Āma, Śaṅku, Vasu und Kunti. Unter diesen Söhnen ragte vor allem Kunti hervor. Die nächste Königin, Kālindī, bekam folgende Söhne: Śruta, Kavi, Vṛṣa, Vīra, Subāhu, Bhadra, Śānti, Darśa, Pūrnamāsa und Somaka, der der jüngste war. Die zehn Söhne, die Kṛṣṇa mit Lakṣmaṇā, der Tochter des Königs über die Provinz von Madras, hatte, waren: Praghoṣa, Gātravān, Siṁha, Bala, Prabala, Ūrdhvaga, Mahāśakti, Saha, Oja und Aparājita. Die zehn Söhne Seiner nächsten Frau, Mitravindā, hießen: Vṛka, Harṣa, Anila, Gṛdhra, Vardhana, Unnāda, Mahāṁsa, Pāvana, Vahni und Kṣudhi. Die Söhne Bhadrās hießen: Saṅgrāmajit, Bṛhatsena, Śūra, Praharaṇa, Arijit, Jaya, Subhadra, Vāma, Ayu und Satyaka. Neben diesen acht Hauptköniginnen hatte Kṛṣṇa noch 16 100 andere Frauen, und jede von ihnen brachte zehn Söhne zur Welt.

Pradyumna, Rukmiṇīs ältester Sohn, war schon von Geburt an mit Māyāvatī verheiratet, und später heiratete er auch Rukmavatī, die Tochter seines Onkels Rukmī. Von Rukmavatī bekam Pradyumna einen Sohn namens Aniruddha. Kṛṣṇas Familie, die von Kṛṣṇa und Seinen Frauen sowie von Seinen Söhnen, Enkeln und Urenkeln gebildet wurde, zählte insgesamt fast eine Milliarde Angehörige.

Rukmī, der älteste Bruder Rukmiṇīs, der ersten Frau Kṛṣṇas, war im Kampf mit Kṛṣṇa übel zugerichtet worden; er hatte dabei seine ganze Ehre verloren, und sein Leben war nur deshalb verschont geblieben, weil seine Schwester Kṛṣṇa darum anflehte. Seit jener Zeit hegte Rukmī einen abgrundtiefen Groll gegen Kṛṣṇa und war Ihm stets feindlich gesinnt. Dennoch wurde seine Tochter mit Kṛṣṇas Sohn verheiratet und seine Enkelin mit Kṛṣṇas Enkel Aniruddha. Als Mahārāja Parīkṣit dies hörte, war er erstaunt und sagte deshalb zu Śukadeva Gosvāmī: „Es überrascht mich, dass Rukmī und Kṛṣṇa, die doch so erbitterte Feinde waren, durch Eheschließungen zwischen ihren Nachkommen enge Verwandte werden konnten." Mahārāja Parīkṣit war gespannt, das Geheimnis hinter diesem Umstand zu erfahren, und so stellte er Śukadeva Gosvāmī einige Fragen. Da Śukadeva Gosvāmī ein vollkommener Yogi war, blieb vor seinem Wissen nichts verborgen, denn ein vollkommener Yogi wie er besitzt die Fähigkeit, Vergangenheit, Gegenwart und Zukunft in allen Einzelheiten zu sehen; deshalb konnte man vor solchen Yogis und Mystikern nichts geheim halten. Als Śukadeva Gosvāmī Mahārāja Parīkṣits Fragen vernommen hatte, gab er ihm folgende Antwort.

Kṛṣṇas ältester Sohn Pradyumna, der von Rukmiṇī geboren wurde, war der Liebesgott in Person. Er war so unvergleichlich schön und anziehend, dass die Tochter Rukmīs, Rukmavatī, als sie ihre *svayaṁvara*-Wahl treffen sollte, ihren Blick nicht mehr von Pradyumna wenden konnte. Deshalb entschloss sie sich vor den Augen aller anderen Könige und Prinzen, die sich ebenfalls bewarben, für Pradyumna und legte ihm zum Zeichen ihres Entscheides eine Blumengirlande um den Hals. Darauf brach ein heftiger Kampf aus, doch die Prinzen konnten Pradyumna nichts anhaben, und so war Rukmī verpflichtet, ihm die Hand seiner lieblichen Tochter zu geben. In Rukmīs Herz brannte immer noch unvermindert der alte Hass gegen Kṛṣṇa, denn er fühlte sich durch die Entführung seiner Schwester Rukmiṇī zutiefst gedemütigt. Doch als seine Tochter Pradyumna zum Gemahl wählte, wollte er sich dieser Hochzeit nicht widersetzen, um seiner Schwester Rukmiṇī einen Gefallen zu erweisen. Auf diese Weise wurde Pradyumna gleichermaßen der Schwiegersohn wie der Neffe Rukmīs. Neben den bereits aufgeführten zehn Söhnen hatte Rukmiṇī auch eine hübsche Tochter mit großen Augen, die später mit Kṛtavarmās Sohn Balī vermählt wurde.

Obwohl Rukmī ein Erzfeind Kṛṣṇas war, empfand er auf der anderen Seite sehr viel Zuneigung zu seiner Schwester Rukmiṇī und wollte sie deshalb in jeder Beziehung erfreuen. Als daher Rukmiṇīs Enkel Aniruddha verheiratet werden sollte, gab Rukmī ihm seine Enkelin Rocanā zur Frau. Solche Heiraten zwischen Vetter und Cousine ersten Grades waren nach den Regeln der vedischen Kultur nicht gerade empfehlenswert, doch um Rukmiṇī zu erfreuen, gab Rukmī sowohl seine Tochter als auch seine Enkelin einem Sohn bzw. einem Enkel Kṛṣṇas zur Frau. Als die Vorbereitungen für Aniruddhas und Rocanās Heirat zu einem glücklichen Ende gekommen waren, verließ Aniruddha Dvārakā mit einer großen Hochzeitsgefolgschaft und machte sich auf den Weg nach Bhojakaṭa, der Stadt, die Rukmī nach der Entführung seiner Schwester gegründet hatte. Unter der Hochzeitsgefolgschaft, die von Aniruddhas Großvater, Śrī Kṛṣṇa, angeführt wurde, befanden sich Śrī Balarāma, Kṛṣṇas erste Frau Rukmiṇī, Sein Sohn Pradyumna, Jāmbavatīs Sohn Sāmba und viele andere Verwandte und Familienmitglieder. So erreichten sie Bhojakaṭa und die Heiratszeremonie wurde ohne Zwischenfälle vollzogen.

Der König von Kaliṅga, ein Freund Rukmīs, gab Rukmī den übelgesinnten Rat, mit Balarāma um Geld Schach zu spielen und Ihn dann zu schlagen. Mit Geldeinsatz Schach zu spielen war unter den *kṣatriya*-Königen nichts Außergewöhnliches, und wenn jemand einen *kṣatriya* zum Schachspiel herausforderte, durfte der *kṣatriya* diese Herausforderung nicht zurückweisen. Śrī Balarāmajī nun war kein erfahrener Schachspieler, und das war dem König von Kaliṅga bekannt. Daher riet er Rukmī, sich an Kṛṣṇas Familienangehörigen zu rächen, indem er Balarāma zum Schachspiel herausforderte. Obwohl Schach nicht gerade Seine Stärke war, war Śrī Balarāmajī stets zu solchen Spielen und Wettkämpfen aufgelegt, und so nahm Er die Herausforderung Rukmīs an und setzte Sich mit ihm ans Schachbrett. Gewettet wurde um Goldmünzen, und Balarāma forderte Seinen Gegner zuerst mit 100 Münzen, dann mit 1 000 und schließlich mit 10 000 Münzen heraus. Doch jedes Mal verlor Balarāma und Rukmī kassierte die Goldmünzen.

Śrī Balarāmas Niederlagen boten dem König von Kaliṅga eine Gelegenheit, Kṛṣṇa und Balarāma zu schmähen, und so machte er viele spöttische Scherze, wobei er selbst lachte und Balarāma absichtlich seine Zähne zeigte. Weil Balarāma der Verlierer der Partie war, konnte Er solche sarkastischen Worte nicht gut ertragen. Balarāma wurde allmählich zornig, und als Rukmī Ihn erneut herausforderte, erhöhte Er den Einsatz auf 100 000 Goldmünzen. Zum Glück siegte diesmal Balarāma. Doch obwohl Balarāmajī gewonnen hatte, behauptete Rukmī in seiner Arglist, Balarāma wäre der Verlierer und er selbst hätte gewonnen. Als Balarāma diese Lüge vernahm, wallte in Ihm unvermittelt heftiger Zorn auf, der einer Flutwelle im Ozean glich, wie sie in einer Vollmondnacht ans Ufer brandet. Śrī Balarāmas Augen sind bereits von Natur aus rötlich, doch als Er zornig und aufgebracht wurde, nahmen sie an Röte noch zu. Diesmal sprach Er die Herausforderung aus und bot einen Einsatz von 100 Millionen Goldmünzen.

Wieder war Balarāma nach den Regeln des Schachspiels der Sieger, und wieder behauptete Rukmī auf niederträchtige Weise, er selbst hätte gewonnen. Rukmī wandte sich dabei an die anwesende Prominenz und berief sich insbesondere auf das Wort des Königs von Kaliṅga. Während des Streits sprach eine Stimme aus dem Himmel unterbrochen, die verkündete, dass bei ehrlicher Betrachtung Balarāma als wirklicher Gewinner der Partie um den Sieg betrogen werde und dass Rukmīs Behauptungen absolut falsch seien.

Trotz dieser göttlichen Stimme bestand Rukmī weiter darauf, dass Balarāma verloren habe, und in seinem Starrsinn schien ihm der Tod über dem Haupt zu schweben. Die niederträchtigen Ratschläge, die ihm sein Freund gab, machten Rukmī so selbstherrlich, dass er der Orakelstimme keine Bedeutung beimaß und es sogar wagte, Balarāmajī zu schmähen: „Mein lieber Balarāmajī", sagte er, „Ihr beiden Brüder seid Kuhhirtenjungen und nichts anderes. Es mag sein, dass Ihr Euch aufs Kühehüten versteht, doch wie solltet ihr zur Kunst des Schachspiels oder des Bogenkampfs auf dem Schlachtfeld fähig sein? Diese Künste sind nur dem königlichen Stand bekannt." Als Śrī Balarāma Rukmīs beißenden Spott und das schallende Gelächter der anwesenden Fürsten und Prinzen vernahm, wurde Er wild wie brennender Zunder. Ohne ein weiteres Wort zu verlieren, griff Er zu Seiner Keule und ließ sie auf Rukmīs Kopf niedersausen. Dieser eine Schlag streckte Rukmī auf der Stelle zu Boden, womit sein Schicksal besiegelt war. So wurde Rukmī an diesem glückverheißenden Tag der Heirat Aniruddhas von Balarāma getötet. Vorfälle solcher Art sind unter den *kṣatriyas* durchaus nichts Seltenes.

Weil der König von Kaliṅga befürchtete, dass ihm das gleiche blühen könnte, wollte er sich diskret entfernen. Doch er war kaum ein paar Schritte weit gekommen, so hatte ihn Balarāma schon gepackt, und weil der König Kṛṣṇa und Balarāma verspottet und dabei ständig seine Zähne gezeigt hatte, schlug ihm Balarāma mit Seiner Keule alle Zähne ein. Auch die anderen, die sich auf die Seite des Königs von Kaliṅga und

Rukmīs gestellt hatten, entkamen nicht, und Balarāma prügelte sie mit Seiner Keule, so dass Er ihnen Arme und Beine brach. Die Fürsten versuchten gar nicht erst, sich zu rächen, sondern hielten es für das klügste, den Ort des blutigen Geschehens eilends zu verlassen.

Während der ganzen Auseinandersetzung zwischen Balarāma und Rukmī hatte Śrī Kṛṣṇa kein einziges Wort gesagt, denn Er wusste, dass Rukmiṇī betroffen gewesen wäre, wenn Er Balarāma unterstützt hätte, und dass auf der anderen Seite Balarāma unglücklich gewesen wäre, wenn Er das Töten von Rukmī verurteilt hätte. Obwohl Sein Schwager Rukmī am Hochzeitstag Seines Enkels getötet wurde, sagte Śrī Kṛṣṇa nichts dazu, um so Seine zuneigungsvolle Beziehung zu Balarāma wie auch zu Rukmiṇī nicht zu stören. Zu guter Letzt wurden die Braut und der Bräutigam feierlich zu ihrer Kutsche geleitet, in der sie, begleitet von der Familie des Bräutigams, die Heimreise antraten. Die ganze Zeit wurde die Hochzeitsgefolgschaft von Śrī Kṛṣṇa, dem Vernichter des Dämons Madhu, beschützt. So verließen sie Rukmīs Königreich Bhojakaṭa und kehrten frohen Mutes nach Dvārakā zurück.

Hiermit enden die Bhaktivedanta-Erläuterungen zum 61. Kapitel des Kṛṣṇa-Buches mit dem Titel „Die Nachkommen der Familie Kṛṣṇas“.

KAPITEL 62

Die Begegnung Ūṣās mit Aniruddha

Die Begegnung Ūṣās mit Aniruddha, die die Ursache für einen schweren Kampf zwischen Śrī Kṛṣṇa und Śiva war, ist sehr geheimnisvoll und fesselnd. Mahārāja Parīkṣit war begierig, darüber zu hören, und so erzählte Śukadeva Gosvāmī die ganze Geschichte: „Mein lieber König", sagte er, „sicherlich hast du schon einmal von König Bali gehört. König Bali war derjenige große Gottgeweihte, der alles, was er besaß, nämlich die ganze Welt, Śrī Vāmana gab, der Inkarnation Viṣṇus als Zwerg-*brāhmaṇa.* König Bali hatte hundert Söhne, und der älteste von ihnen war Bāṇāsura."

Der berühmte Held Bāṇāsura war ein großer Geweihter Śivas, und er zögerte niemals, ihm zu dienen. Wegen seiner Hingabe erlangte Bāṇāsura eine hohe Stellung in der Gesellschaft und wurde in jeder Hinsicht geehrt. Er war sehr intelligent und dazu freigebig, und all seine Taten sind rühmenswert, denn er brach niemals sein Versprechen oder sein Ehrenwort; er war sehr wahrheitsliebend und hielt sich strikt an seine Gelübde. Zu jener Zeit herrschte er über die Stadt Śoṇitapura. Durch Śivas Gnade besaß Bāṇāsura tausend Arme, und seine Macht wurde so groß, dass selbst Halbgötter wie König Indra ihm ergeben dienen.

Als Śiva vor langer Zeit einmal seinen berühmten Tanz *tāṇḍava-nṛtya* vollführte, für den er auch als Naṭarāja bekannt ist, begleitete Bāṇāsura diesen Tanz, indem er mit seinen tausend Händen rhythmisch auf vielen Trommeln spielte. Ein berühmter Name Śivas lautet Āśutoṣa, „derjenige, der schnell zufrieden ist", und er ist seinen Geweihten sehr zugetan. Er ist der Meister aller Lebewesen in der materiellen Welt, und er beschützt alle, die bei ihm Zuflucht suchen. So war Śiva auch mit Bāṇāsura sehr zufrieden gewesen, und er sagte zu ihm: „Du kannst von mir haben, was immer du begehrst, denn du hast mich sehr zufriedengestellt." Bāṇāsura entgegnete: „Mein lieber Herr, wenn es dir gefällt, dann bleibe bitte in meiner Stadt und beschütze mich vor meinen Feinden.

Eines Tages kam Bāṇāsura zu Śiva, um ihm seine Achtung zu erweisen. Während er Śiva seine Ehrerbietungen darbrachte und dabei mit dem Helm, der wie die Sonne glänzte, dessen Lotosfüße berührte, sagte er: „O Herr, jeder, der unerfüllte Wünsche hat, kann sich diese Wünsche erfüllen, wenn er Zuflucht bei deinen Lotosfüßen sucht, die wie Wunschbäume sind – man kann von ihnen alles bekommen, was man begehrt. O Herr, du hast mir tausend Arme gegeben, doch ich weiß nicht, wozu ich sie verwenden soll. Sie sind bloß eine Last, es gibt keinen Kampf, in dem ich sie richtig einsetzen kann, denn ich kann niemanden finden, der imstande wäre, mit mir zu kämpfen, außer dir, o Herr, dem ursprünglichen Vater der materiellen Welt. Manchmal verspüre ich ein starkes Verlangen danach, mit meinen Armen zu kämpfen, und dann suche ich nach einem ebenbürtigen Krieger. Doch leider flieht jeder vor mir, denn sie alle kennen meine außergewöhnliche Stärke. Da es mir nicht gelingt, einen Gegner zu finden, befriedige ich das Verlangen meiner Arme dadurch, dass ich auf Berge einschlage. Auf diese Weise habe ich schon viele Berge zerschmettert."

Śiva erkannte, dass seine Segnung für Bāṇāsura eine Störung geworden war, und so sprach er zu ihm: „O Elender! Es gelüstet dich danach, zu kämpfen, und weil du keinen Gegner hast, bist du sehr bekümmert.

Du denkst zwar, es gäbe niemanden außer mir auf der Welt, der sich mit dir messen könne, doch ich sage dir, dass du zu gegebener Zeit einen solchen Gegner finden wirst. Dann sind deine Tage gezählt, und deine Siegesfahnen, die so lange wehten, werden eingezogen werden. Dann wirst du erleben, wie dein Hochmut zu einem jähen Ende kommt."

Nachdem Bāṇāsura Śivas Worte vernommen hatte, stieg ihm seine Macht erst recht zu Kopf, und die Vorstellung, eines Tages einen Gegner zu treffen, der ihn bezwingen würde, ließ in ihm ein erregtes Hochgefühl aufsteigen. Freudig kehrte er nach Hause zurück und wartete gespannt auf den Tag, an dem sein ebenbürtiger Gegner kommen würde, um seine Stärke niederzuringen. Ein solch törichter Dämon war er. Wenn törichte, dämonische Menschen durch materielle Güter übermäßig mächtig werden, wollen sie ihren Reichtum zur Schau stellen, und solche wahnsinnigen Menschen fühlen Befriedigung, wenn sie allen Reichtum verlieren. Weil diese Leute den Nutzen des Kṛṣṇa-Bewusstseins nicht kennen, wissen sie nicht, welches die richtigen Ziele sind, für die sie ihre Mittel einsetzen sollten. Im Grunde gibt es nur zwei Arten von Menschen: diejenigen, die Kṛṣṇa-bewusst sind, und diejenigen, die nicht Kṛṣṇa-bewusst sind. Die nicht Kṛṣṇa-bewussten Menschen verehren gewöhnlich die Halbgötter, wohingegen die Kṛṣṇa-bewussten Menschen der Höchsten Persönlichkeit Gottes hingegeben sind und alles im Dienst des Herrn verwenden. Diejenigen dagegen, die nicht Kṛṣṇa-bewusst sind, verwenden alles für Sinnenbefriedigung, und Bāṇāsura ist ein typisches Beispiel dafür. Er war sehr begierig, seine außergewöhnliche Kampfkraft zu seiner eigenen Befriedigung zu gebrauchen, und weil er keinen Gegner finden konnte, schlug er mit seinen mächtigen Armen gegen die Berge und zerstörte sie. Arjuna besaß ebenfalls eine außergewöhnliche Kampfkraft, doch im Gegensatz zu Bāṇāsura verwendete er sie ausschließlich in Kṛṣṇas Dienst.

Bāṇāsura hatte eine wunderhübsche Tochter namens Ūṣā. Als Ūṣā ins heiratsfähige Alter kam, träumte sie eines Nachts, als sie neben ihren vielen Freundinnen im Schlaf lag, Aniruddha sei an ihrer Seite und erfreue sich an einer ehelichen Beziehung, und das, obwohl sie ihn niemals zuvor gesehen oder von ihm gehört hatte. Sie erwachte aus ihrem Traum, wobei sie laut ausrief: „Mein Geliebter, wo bist du?" Aber als sie sich der Gegenwart ihrer Freundinnen bewusst wurde, geriet sie ein wenig in Verlegenheit. Eine von Ūṣās Freundinnen war Citralekhā, die Tochter des ersten Ministers in Bāṇāsuras Regierung. Die beiden Mädchen waren enge Freundinnen, und so fragte Citralekhā Ūṣā aus großer Neugier: „Meine liebe, schöne Prinzessin, bis jetzt bist du noch nicht verheiratet, und du bist auch noch niemals einem Jüngling begegnet; daher wundert es mich, wie du so etwas rufen konntest. Nach wem sehnst du dich? Wer ist dein Auserwählter?“

Ūṣā antwortete: „Meine liebe Freundin, ich sah im Traum einen anmutigen Jüngling, der sehr, sehr schön war. Seine Hautfarbe ist schwärzlich, seine Augen gleichen den Blütenblättern einer Lotosblume, und er trägt gelbe Gewänder. Seine Arme sind sehr lang, und sein ganzes Äußeres ist so wunderbar, dass sich jedes junge Mädchen zu ihm hingezogen fühlen würde. Es macht mich sehr stolz, sagen zu können, dass dieser wunderschöne Jüngling mich küsste, und voller Zufriedenheit genoss ich den Nektar seiner Küsse. Doch leider ist er gerade danach verschwunden, so dass ich in den Strudel der Enttäuschung geworfen wurde. Meine liebe Freundin, mich verlangt es sehr danach, diesen wunderbaren Jüngling, den ersehnten Herrn meines Herzens, wiederzusehen.

Nachdem Citralekhā Ūṣās Worte gehört hatte, sprach sie sogleich: „Ich kann deinen Kummer verstehen, und ich versichere dir, wenn es diesen Jüngling irgendwo in den drei Welten, auf den oberen, mittleren oder niederen Planetensystemen, gibt, werde ich ihn finden, um dich glücklich zu machen. Wenn du dich an sein Aussehen im Traum erinnern kannst, werde ich dir den inneren Frieden zurückbringen können. Jetzt werde ich verschiedene Bilder malen, und wenn eines davon dem Jüngling, den du heiraten möchtest, gleicht, so lass es mich wissen. Wo er auch sein mag, ich kenne die Kunst, ihn hierherzubringen. Sowie du ihn wiedererkennst, werde ich für alles Weitere sorgen.

Noch während Citralekhā sprach, begann sie Bilder zu malen, die die Halbgötter der höheren Planetensysteme darstellten. Dann malte sie Bilder von den Gandharvas, Siddhas, Cāraṇas, Pannagas, Daityas, Vidyādharas und Yakṣas sowie auch von vielen Menschen. (Die Aussagen des *Śrīmad-Bhāgavatam* und anderer vedischer Schriften beweisen eindeutig, dass es auf jedem einzelnen Planeten Lebewesen in vielfältigen Lebensformen gibt. Deshalb ist es unsinnig zu behaupten, es existierten keine anderen Lebensformen als die auf der Erde.) So zeichnete Citralekhā viele Bilder. Von den Menschen zeichnete sie schließlich auch die Angehörigen der Vṛṣṇi-Dynastie, darunter Vasudeva, Kṛṣṇas Vater, Kṛṣṇas Großvater namens Śūrasena, Śrī Balarāmajī, Śrī Kṛṣṇa und viele andere. Als Ūṣā das Bild Pradyumnas sah, errötete sie ein wenig, doch als sie dann das Bild Aniruddhas erblickte, regten sich in ihr solche Gefühle, dass sie den Kopf senkte und verlegen lächelte. Dies war der Jüngling ihrer Sehnsucht, der ihr das Herz gestohlen hatte.

Citralekhā war eine große mystische *yoginī*, und nachdem Ūṣā das Bild erkannte, wusste sie sofort, dass es sich um Aniruddha, einen Enkel Kṛṣṇas, handelte, obwohl keine von beiden diesen abgebildeten Jüngling je gesehen hatte oder auch nur seinen Namen kannte. Noch in derselben Nacht reiste Citralekhā durch den Weltraum und erreichte nach kurzer Zeit die Stadt Dvārakā, die unter dem sicheren Schutz Kṛṣṇas stand. Sie betrat den Palast und fand Aniruddha in seinem Schlafgemach, wo er auf einem prunkvollen Bett schlief. Durch ihre mystische Kraft brachte sie Aniruddha, ohne ihn zu wecken, unverzüglich nach Śoṇitapura, damit Ūṣā ihren ersehnten Gemahl sehen konnte. Ūṣā blühte vor Glück auf, als sie Aniruddha sah, denn nun war ihre Gemeinschaft kein bloßer Traum mehr.

Der Palast, in dem Ūṣā und Citralekhā lebten, war so gut befestigt, dass es keinem Mann möglich war, einzudringen oder auch nur einen Blick hineinzuwerfen. In diesem Palast lebte Ūṣā zusammen mit Aniruddha und Tag für Tag nahm Ūṣās Liebe zu Aniruddha um das Vierfache zu. Sie erfreute Aniruddha mit ihrer kostbaren Gewandung und mit Blumen, Girlanden, Duftölen und Räucherstäbchen. Um Aniruddha den Aufenthalt so angenehm wie möglich zu gestalten, hatte Ūṣā neben seinem Polsterdiwan viele Köstlichkeiten bereitgestellt – erfrischende Getränke wie Milch und eisgekühlte Fruchtsäfte und wohlschmeckende Zubereitungen zum Kauen oder Schlucken. Darüber hinaus erfreute sie ihn mit süßen Worten und zuvorkommenden Diensten. Aniruddha wurde von Ūṣā verehrt, als wäre er die Höchste Persönlichkeit Gottes. Durch ihren vorzüglichen Dienst ließ sie Aniruddha alles andere vergessen, und es gelang ihr, seine Aufmerksamkeit und Liebe ohne Abweichung auf sich zu ziehen. Da Aniruddha in solch einer Atmosphäre Liebe empfing und bedient wurde, wusste er gar nicht mehr, wie viele Tage er von zu Hause fort war.

Nach einiger Zeit zeigten sich an Ūṣās Körper gewisse Veränderungen, die erkennen ließen, dass sie eine Liebesbeziehung unterhielt.

Diese Veränderungen waren so eindeutig, dass Ūṣās Geheimnis niemandem mehr verborgen bleiben konnte. Usā war in Aniruddhas Gemeinschaft immer ausgelassen, und sie vergaß in ihrem Glück, wo die Grenzen waren. Der Hofmeister und der Wächter des Palastes konnten ohne Mühe erkennen, dass Ūṣā ein Verhältnis mit einem Mann hatte, und ohne weitere Entwicklungen abzuwarten, benachrichtigten sie ihren Meister, Bāṇāsura. Wenn ein unverheiratetes Mädchen mit einem Mann ein Liebesverhältnis hat, bedeutet dies nach vedischer Kultur die größte Schande für die Familie, weshalb es die Wächter ihrem Meister schonend beibringen wollten, dass bei Ūṣā Anzeichen zu bemerken wären, die darauf hinwiesen, dass sie eine entehrende Beziehung unterhielt. Die Diener, die gerufen wurden, versicherten ihrem Herrn, dass sie sich bei der Bewachung des Palastes nicht die kleinste Nachlässigkeit erlaubt hätten, denn sie seien Tag und Nacht auf der Hut. Sie seien so vorsichtig, dass ein Mann nicht einmal sehen könne, was im Palast vor sich ginge, und so sei es ihnen unerklärlich, wie Ūṣā berührt werden konnte. Weil sie alle ratlos waren, hatten sie sich zu ihrem Herrn begeben, um ihm die ganze Angelegenheit zu schildern.

Bāṇāsura war bestürzt, als er erfuhr, dass seine Tochter ihre Jungfräulichkeit verloren hatte. Diese Neuigkeit ging ihm schwer zu Herzen, und unverzüglich eilte er zum Palast, wo Ūṣā wohnte, und dort ertappte er Ūṣā und Aniruddha dabei, wie sie gerade beisammensaßen und sich unterhielten. Dieser Anblick war von beeindruckender Schönheit, da Aniruddha der Sohn Pradyumnas, des Liebesgottes in Person, war. Obwohl Bāṇāsura bemerkte, dass Ūṣā und Aniruddha ein wunderbares Paar ergaben, billigte er diese Beziehung nicht im Geringsten, denn sie schändete seine Familienehre. Er wusste zwar nicht, wer der Jüngling war, aber er musste zugeben, dass Ūṣā niemanden innerhalb der drei Welten hätte wählen können, der schöner gewesen wäre. Aniruddhas Körpertönung war dunkel und strahlend, er trug gelbe Gewänder und hatte Augen wie die Blütenblätter eines Lotos. Seine Arme waren sehr lang und sein Haupt zierten elegante, bläuliche Locken. Die hellen Strahlen von seinen funkelnden Ohrringen und sein schönes Lächeln waren ohne Zweifel betörend. Trotz allem war Bāṇāsura außer sich vor Zorn.

Als Bāṇāsura also in das Gemach hereinstürzte und Aniruddha erblickte, vergnügte sich dieser gerade mit Ūṣā. Aniruddha war prächtig gekleidet und Ūṣā hatte ihn mit vielen schönen Blumen bekränzt. Rotes *kuṅkuma*-Pulver, das die Frauen auf ihren Brüsten tragen, haftete auf Aniruddhas Blumengirlande, was verriet, dass Ūṣā ihn umarmt hatte. Bāṇāsura konnte es nicht fassen, dass Aniruddha trotz seiner Gegenwart gelassen vor Ūṣā sitzen blieb. Doch Aniruddha war sich sehr wohl bewusst, dass sein zukünftiger Schwiegervater alles andere als erfreut war und dass dieser bereits den ganzen Palast mit Soldaten besetzt hatte, die nur darauf warteten, ihn anzugreifen.

Weil Aniruddha keine andere Waffe finden konnte, ergriff er eine mächtige Eisenstange und stellte sich vor Bāṇāsura und seine Soldaten. Er sah so entschlossen aus, dass kein Zweifel darüber bestand, dass er alle Soldaten niederstrecken würde, wenn sie es wagen sollten, ihn anzugreifen. Als Bāṇāsura und seine Soldaten dem jungen Aniruddha gegenüberstanden, erschien er ihnen wie der Herr des Todes, der seinen unbezwingbaren Stab in der Hand hält. Auf Bāṇāsuras Befehl hin versuchten die Soldaten von allen Seiten, ihn zu ergreifen und gefangen zu nehmen, doch als sie es wagten, Aniruddha nahezukommen, verteidigte sich dieser mit seiner Eisenstange und zerschlug ihnen die Köpfe, Beine und Arme, so dass einer nach dem anderen zu Boden stürzte. Aniruddha glich dem Anführer eines Wildschweinrudels, der sich auf bellende Hunde stürzt und sie einen nach dem anderen tötet. Auf diese Weise gelang es Aniruddha, aus dem Palast zu entkommen.

Bāṇāsura kannte jedoch viele Kampfkünste, und durch eine Segnung Śivas wusste er auch, wie man Feinde mit einer *nāgapāśa*, einer Schlange, die als Schlinge dient, fangen kann. Mit dieser Falle gelang es Bāṇāsura, Aniruddha zu fangen, gerade als er den Palast verlassen wollte. Als Ūṣā erfuhr, dass Aniruddha in die Gewalt ihres Vaters geraten war, wurde sie von Kummer und Bestürzung überwältigt. Ihre Augen füllten sich mit Tränen, und da sie sich nicht mehr zu beherrschen vermochte, begann sie laut zu weinen.

Hiermit enden die Bhaktivedanta-Erläuterungen zum 62. Kapitel des Kṛṣṇa-Buches mit dem Titel „Die Begegnung Ūṣās mit Aniruddha".

KAPITEL 63

Śrī Kṛṣṇa kämpft mit Bāṇāsura

Als die vier Monate der Regenzeit verstrichen waren und Aniruddha immer noch nicht nach Hause zurückgekehrt war, gerieten die Mitglieder der Yadu-Dynastie in große Sorge. Sie konnten sich nicht erklären, wo Aniruddha geblieben war. Glücklicherweise erschien eines Tages der große Weise Nārada und verriet ihnen alles, was geschehen war – wie Aniruddha aus dem Palast verschwand und nach Śoṇitapura, der Hauptstadt von Bāṇāsuras Königreich, gebracht wurde, bis hin zu Aniruddhas Sieg über Bāṇāsuras Soldaten und seiner Gefangennahme durch Bāṇāsuras *nāgapāśa*-Falle. Auf diese Weise erzählte Nārada Muni die ganze Geschichte, ohne irgendetwas auszulassen. Daraufhin trafen die Angehörigen der Yadu-Dynastie, die alle große Zuneigung zu Kṛṣṇa empfanden, Vorbereitungen, um die Stadt Śoṇitapura anzugreifen. Pradyumna, Sātyaki, Gada, Sāmba, Sāraṇa, Nanda, Upananda und Bhadra sowie alle anderen Oberhäupter der Familie, von denen kaum einer fehlte, schlossen sich zusammen und stellten eine Schlachtreihe von zwölf *akṣauhiṇī*-Kampfeinheiten auf. Dann zogen sie alle nach Śoṇitapura und umzingelten die Stadt mit Soldaten, Elefanten, Pferden und Streitwagen.

Als Bāṇāsura gemeldet wurde, dass die Soldaten der Yadu-Dynastie seine Stadt bestürmten und schon einige Mauern, Tore und umliegende Parkanlagen zerstört hatten, wurde er sehr zornig und befahl seinen Soldaten, die dem Yadu-Heer zahlenmäßig ebenbürtig waren, auszurücken und dem Feind entgegenzutreten. Weil Śiva Bāṇāsura so wohlgesinnt war, erschien er zusammen mit seinen heldenhaften Söhnen Kārtikeya und Gaṇapati persönlich auf dem Schauplatz und führte Bāṇāsuras Streitmächte als Oberbefehlshaber an. Śiva saß auf dem Rücken seines Lieblingsstieres Nandīśvara, und von dort aus führte er die Schlacht gegen Śrī Kṛṣṇa und Balarāma an. Wir können uns kaum vorstellen, wie erbittert diese Schlacht war – Śiva und seine kühnen Söhne auf der einen Seite und Śrī Kṛṣṇa, die Höchste Persönlichkeit Gottes, mit Seinem älteren Bruder Śrī Balarāmajī auf der anderen. Die Schlacht nahm so gewaltige Ausmaße an, dass denjenigen, die sie sahen, vor Entsetzen die Haare zu Berge standen. Śiva kämpfte direkt mit Śrī Kṛṣṇa; Pradyumna kämpfte mit Kārtikeya, und Śrī Balarāma kämpfte mit Bāṇāsuras Heerführer Kumbhāṇḍa, der von Kūpakarṇa Beistand erhielt. Sāmba, der Sohn Kṛṣṇas, nahm den Kampf gegen Bāṇāsuras Sohn auf, und Bāṇāsura selbst kämpfte mit Sātyaki, dem Oberbefehlshaber der Yadu-Dynastie. Auf diese Weise tobte eine wilde Schlacht.

Die Nachricht von der Schlacht verbreitete sich durch das ganze Universum. Halbgötter wie Brahmā, große Heilige und Weise, Siddhas, Cāraṇas und Gandharvas verließen die höheren Planetensysteme und schwebten in ihren Flugzeugen über dem Schlachtfeld, da sie alle äußerst begierig waren, dem Kampf zwischen Śiva und Śrī Kṛṣṇa und ihren Streitmächten zuzusehen. Ein anderer Name Śivas lautet Bhūtanātha, denn er wird stets, wie auch in dieser Schlacht, von verschiedenen Arten mächtiger Geister und Bewohner der Hölle unterstützt, wie von den Bhūtas, Pretas, Pramathas, Guhyakas, Ḍākinīs, Piśācas, Kuṣmāṇḍas, Vetālas, Vināyakas und Brahma-rākṣasas. (Von allen Geistern sind die Brahma-rākṣasas die mächtigsten. Es sind *brāhmaṇas*, die nach dem Tod den Körper von Geistern annehmen mussten.)

Die Höchste Persönlichkeit Gottes, Śrī Kṛṣṇa, vertrieb all diese Geister vom Schlachtfeld, indem Er sie einfach mit den Pfeilen Seines berühmten Bogens namens Śārṅga-dhanur angriff. Śiva griff daraufhin zu seinen wirksamsten Waffen und feuerte sie auf die Höchste Persönlichkeit Gottes ab, doch Śrī Kṛṣṇa wehrte sie alle mühelos mit den entsprechenden Waffen ab. So begegnete Er der *brahmāstra*, einer Waffe, die mit der Atombombe vergleichbar ist, mit einer anderen *brahmāstra* und einer Windwaffe mit einer Bergwaffe. Das heißt, als Śiva eine Waffe abschoss, die einen heftigen Wirbelsturm auf dem Schlachtfeld hervorrief, setzte Śrī Kṛṣṇa ihr genau das entgegengesetzte Element entgegen, nämlich eine Bergwaffe, die den Wirbelsturm augenblicklich abblockte. Und als Śiva mit seiner nächsten Waffe ein vernichtendes Feuer entfachte, machte Kṛṣṇa es mit Regengüssen unschädlich.

Als Śiva zuletzt seine persönliche Waffe, die Pāśupata-astra, losfeuerte, vernichtete Kṛṣṇa sie auf der Stelle mit Seiner Nārāyaṇa-astra. Dieser Verlust erschütterte Śiva, und Kṛṣṇa nahm sogleich die Gelegenheit wahr, um Seine Gähnwaffe abzuschießen. Diese Waffe macht die Gegner so müde, dass sie anfangen zu gähnen und den Kampf einstellen. Śiva wurde tatsächlich so müde, dass er sich weigerte, weiterzukämpfen. Daher konnte Kṛṣṇa nun Seine Aufmerksamkeit auf Bāṇāsura richten, und so machte Er Sich daran, die Soldaten von Bāṇāsuras Eskorte mit Schwertern und Keulen zu töten. An einer anderen Stelle kämpfte Śrī Kṛṣṇas Sohn Pradyumna erbittert mit Kārtikeya, dem Oberbefehlshaber der Halbgötter. Kārtikeya war bereits stark verletzt, und er blutete aus vielen Wunden. Deshalb sah auch er sich gezwungen, das Schlachtfeld zu verlassen, und ritt auf dem Rücken seines Pfaus davon. Ebenso erfolgreich kämpfte Śrī Balarāma, und Seine Opfer waren Kumbhāṇḍa, Bāṇāsuras General, und Kūpakarṇa. Im Laufe der Schlacht waren er und Kumbhāṇḍa unter Balarāmas Keulenschlägen zusammengebrochen, wobei der General tödlich verwundet war. Nunmehr führerlos, verstreuten sich Bāṇāsuras Soldaten in alle Richtungen.

Als Bāṇāsura erkannte, dass seine Soldaten und Befehlshaber geschlagen waren, steigerte sich seine Wut nur noch mehr. Er hielt es für klug, zu diesem Zeitpunkt vom Kampf mit Sātyaki, dem General Kṛṣṇas, abzulassen und stattdessen direkt Śrī Kṛṣṇa anzugreifen. Nun hatte er endlich Gelegenheit, von seinen tausend Armen Gebrauch zu machen. Er stürzte auf Kṛṣṇa zu und schoss von seinen 500 Bogen gleichzeitig 2 000 Pfeile ab. Ein solcher Narr kann niemals verstehen, wie groß Kṛṣṇas Stärke ist. Kṛṣṇa wehrte diesen Angriff völlig mühelos ab und schoss Seinerseits jeden von Bāṇāsuras Bögen entzwei, und um seine Schnelligkeit zu schwächen, streckte Er Bāṇāsuras Pferde nieder, worauf auch sein Streitwagen in Stücke brach. Nach dieser Tat blies Kṛṣṇa in Sein Muschelhorn Pāñcajanya.

Bāṇāsura hatte stets eine Halbgöttin namens Koṭarā verehrt und zwischen ihnen bestand eine Beziehung wie zwischen Mutter und Sohn. Mutter Koṭarā war sehr aufgebracht, als sie sah, dass Bāṇāsura in Lebensgefahr schwebte. So erschien sie plötzlich auf dem Schlachtfeld und trat nackt und mit wirrem Haar vor Kṛṣṇa. Śrī Kṛṣṇa war der Anblick dieser nackten Frau zuwider, und um sie nicht sehen zu müssen, wandte Er Sein Gesicht ab. Bāṇāsura nutzte sofort diese Gelegenheit und verließ das Schlachtfeld, um Kṛṣṇas Angriff zu entgehen. Alle seine Bogensehnen waren durchtrennt worden, und kein einziger Streitwagen oder Wagenlenker stand ihm mehr zur Verfügung; es blieb ihm also nichts anderes übrig, als in die Stadt zurückzukehren. Alles hatte er in der Schlacht verloren.

Schließlich konnten sich auch die letzten der Gesellen Śivas, die Kobolde und die geisterhaften Bhūtas, Pretas und *kṣatriyas*, nicht mehr Kṛṣṇas Pfeilen erwehren, und so verließen sie das Schlachtfeld. Da unternahm Śiva einen letzten Versuch und setzte seine tödlichste Waffe, den Śiva-jvara, ein, die durch ungeheure Hitze alles vernichtet. Es heißt, dass die Sonne am Ende der Schöpfung zwölfmal so heiß wird wie gewöhnlich, und diese Hitze, die zwölfmal stärker ist als die der Sonne, bezeichnet man als Śiva-jvara. Der Śiva-jvara in Person, der von Śiva losgelassen wurde, hatte drei Köpfe und drei Beine, und als er auf Kṛṣṇa zukam, schien alles um ihn herum in Feuer aufzugehen. Er war so mächtig, dass mit jedem seiner Schritte gewaltige Feuerwogen in alle Richtungen davonschossen, und Kṛṣṇa bemerkte, dass er geradewegs auf Ihn zukam.

So wie es eine Śiva-jvara-Waffe gibt, gibt es auch eine Nārāyaṇa-jvara-Waffe, die sich durch extreme Kälte auszeichnet. Extreme Hitze kann noch irgendwie ertragen werden, doch bei extremer Kälte kommt alles zum Erliegen. Dies wird zum Zeitpunkt des Todes erfahren, denn in dieser Situation steigt die Körpertemperatur zunächst auf 42 Grad an, doch dann bricht der ganze Organismus zusammen, und der Körper wird im Nu so kalt wie Eis. Um der sengenden Hitze des Śiva-jvara entgegenzuwirken, gibt es keine andere Waffe als den Nārāyaṇa-jvara.

Als Śrī Kṛṣṇa sah, dass Śiva den Śiva-jvara losgelassen hatte, blieb Ihm deshalb keine andere Wahl, als den Nārāyaṇa-jvara einzusetzen. Śrī Kṛṣṇa ist der ursprüngliche Nārāyaṇa, und als solcher ist Er der Gebieter der Nārāyaṇa-jvara-Waffe. Sowie der Nārāyaṇa-jvara zum Einsatz kam, begann ein heftiger Kampf zwischen den beiden *jvaras*. Wenn äußerste Hitze auf äußerste Kälte trifft, ist es die natürliche Folge, dass sich die Hitze allmählich verringert, und dies war auch im Kampf zwischen dem Śiva-jvara und dem Nārāyaṇa-jvara der Fall. Der Śiva-jvara musste erkennen, dass seine Hitze allmählich nachließ, und so rief er Śiva um Hilfe an, doch Śiva war nicht in der Lage, ihm in der Gegenwart des Nārāyaṇa-jvara zu helfen. Nun, da der Śiva-jvara von Śiva keine Hilfe erhoffen konnte, erkannte er, dass es für ihn keinen anderen Ausweg gab, als sich Nārāyaṇa, Śrī Kṛṣṇa Selbst, zu ergeben. Wenn nicht einmal Śiva, der größte Halbgott, mächtig genug war, um ihm zu helfen, was hätte er dann von den untergeordneten Halbgöttern erwarten können? So kam der Śiva-jvara schließlich zum Entschluss, sich Kṛṣṇa zu ergeben. Er verneigte sich vor Kṛṣṇa und brachte Ihm ein Gebet dar, um den Herrn zu erfreuen und Ihn um Schutz zu bitten.

Dieser Kampf zwischen Śivas und Kṛṣṇas gewaltigsten Waffen bestätigt, dass jemand, der von Kṛṣṇa beschützt wird, von niemandem getötet werden kann und dass jemand, der nicht unter Kṛṣṇas Schutz steht, von niemandem gerettet werden kann. Śiva wird auch Mahādeva, der größte der Halbgötter, genannt, obwohl manchmal auch Brahmā als der größte Halbgott bezeichnet wird, weil er die Macht hat zu erschaffen, Śiva hingegen hat die Macht, Brahmas Schöpfungen zu vernichten. Auf jeden Fall sind weder Brahmā noch Śiva in der Lage, mehr als eine Funktion auszuüben. Brahmā erschafft und Śiva vernichtet, aber keiner von ihnen kann die Schöpfung erhalten. Śrī Viṣṇu dagegen erhält nicht nur, sondern erschafft und vernichtet auch. Im Grunde genommen wird die Schöpfung nämlich nicht von Brahmā bewirkt, denn er selbst wird von Śrī Viṣṇu erschaffen. Śiva seinerseits geht von Brahmā aus, das heißt, er wird von ihm geboren. Daher erkannte der Śiva-jvara, dass ihm niemand außer Kṛṣṇa, Nārāyaṇa, helfen konnte. Deshalb tat er das einzig Richtige; er suchte Zuflucht bei Śrī Kṛṣṇa und Ihm mit gefalteten Händen Gebete dar:

„Lieber Herr, ich bringe Dir meine achtungsvollen Ehrerbietungen dar, denn Du besitzt unbegrenzte Kräfte. Niemand kann Deine Kräfte übertreffen, und deshalb bist Du der Herr eines jeden. Im Allgemeinen halten die Menschen Śiva für die mächtigste Persönlichkeit in der materiellen Welt, doch Śiva ist nicht allmächtig. Die Wahrheit ist, dass Du der Allmächtige bist. Du bist das ursprüngliche Bewusstsein und das ursprüngliche Wissen. Ohne Wissen und Bewusstsein kann nichts Macht entfalten. Einem materiellen Objekt mag noch so große Macht innewohnen, doch ohne die Berührung mit Bewusstsein kann es keine Funktion erfüllen. Eine materielle Maschine mag noch so kompliziert und gigantisch sein, aber ohne von jemandem, der Wissen und Bewusstsein besitzt, betrieben zu werden, ist diese materielle Maschine tot und nutzlos. O Herr, Du bist das vollkommene Wissen, und in Deiner Persönlichkeit gibt es nicht die geringste Spur von materieller Verunreinigung. Śiva und Brahmā sind zweifellos mächtige Halbgötter, da sie die Macht besitzen, die gesamte Schöpfung zu vernichten bzw. zu erschaffen, doch in Wirklichkeit sind weder Brahmā noch Śiva die Ursache der kosmischen Manifestation. Du bist die Absolute Wahrheit, das Höchste Brahman und die ursprüngliche Ursache. Deshalb ist es falsch, zu sagen, dass die unpersönliche Brahman-Ausstrahlung die ursprüngliche Ursache der kosmischen Manifestation wäre, vielmehr ist es so, dass dieses unpersönliche Brahman von Deiner Persönlichkeit ausgeht. Die *Bhagavad-gītā* bestätigt ebenfalls, dass Śrī Kṛṣṇa die Ursache des unpersönlichen Brahmans ist. Die Brahman-Ausstrahlung wird mit dem Sonnenlicht verglichen, das von der Sonne ausgeht. Deshalb kann das unpersönliche Brahman nicht die endgültige Ursache sein. Die endgültige Ursache aller Dinge ist die höchste, ewige Gestalt Kṛṣṇas. Alle materiellen Aktionen und Reaktionen finden im unpersönlichen Brahman statt, doch im persönlichen Brahman, in der ewigen Gestalt Kṛṣṇas, gibt es weder Aktion noch Reaktion.

Der Śiva-jvara fuhr fort: „Mein lieber Herr, Dein Körper ist daher von vollkommenem Frieden und von vollkommener Glückseligkeit erfüllt und ist somit frei von aller materiellen Verunreinigung." Im materiellen Körper finden Aktionen und Reaktionen der drei Erscheinungsweisen der materiellen Natur statt. Hinzu kommt als wichtigster Faktor die Zeit, die allen anderen Elementen übergeordnet ist, da die gesamte materielle Manifestation aufgrund der Wirkung der Zeit in Erscheinung tritt. Auf diese Weise entsteht die materielle Erscheinungswelt, und diese Erscheinungen der materiellen Natur ziehen sofort fruchtbringende Handlungen nach sich. Als Ergebnis dieser fruchtbringenden Handlungen nimmt das Lebewesen eine bestimmte Lebensform an und entwickelt damit auch eine besondere Wesensart; auf diese Weise wird das Lebewesen von einem feinstofflichen und einem grobstofflichen Körper bedeckt, der aus der Lebensluft, dem Ego, den zehn Sinnesorganen, dem Geist und den fünf grobstofflichen Elementen besteht. Diese Faktoren bilden eine bestimmte Art von Körper, der dann die ursprüngliche Ursache verschiedener anderer Körper wird, die die Seele im Kreislauf von Geburt und Tod durchläuft. All diese Phänomene entstehen aus der Wechselwirkung Deiner materiellen Energie. Du bist die Ursache dieser äußeren Energie, und Du wirst daher von den Aktionen und Reaktionen der verschiedenen Elemente nicht berührt. Du befindest Dich jenseits des Diktats der materiellen Energie, weshalb Du den höchsten Frieden darstellst. Dich zu erreichen, ist der höchste Aspekt der Freiheit von materieller Verunreinigung. Daher gebe ich jede andere Zuflucht auf und suche allein bei Deinen Lotosfüßen Schutz.

Mein lieber Herr, Dein Erscheinen als Vasudevas Sohn in der Rolle eines Menschen ist eines Deiner transzendentalen Spiele, die Du in Deiner absoluten Freiheit durchführst. Um die Gottgeweihten zu segnen und die Nichtgottgeweihten zu vernichten, erscheinst Du in mannigfachen Inkarnationen. All diese Inkarnationen steigen in die materielle Welt hinab, so wie Du es in der *Bhagavad-gītā* versprochen hast, wo Du sagst, dass Du immer dann erscheinest, wenn die Menschen vom Pfad des spirituellen Fortschritts abweichen. Wenn durch falsche Prinzipien Störungen auftreten, erscheinst Du, o Herr, kraft Deiner inneren Energie. Deine Aufgabe besteht in erster Linie darin, die Halbgötter und die spirituell interessierten Menschen zu beschützen und zu versorgen sowie die Gültigkeit der Gesetze und der Ordnung in der materiellen Welt aufrechtzuerhalten. Im Rahmen deiner Mission, solch eine Ordnung aufrechtzuerhalten, werden die Schurken und Dämonen so bestraft, wie sie es verdienen. Dies ist nicht das erste Mal, dass Du in die materielle Welt hinabgestiegen bist, ja Du warst bereits viele, viele Male zuvor erschienen.

Mein lieber Herr, bitte gestatte mir, darauf hinzuweisen, dass ich durch Deinen Nārāyaṇa-jvara sehr hart bestraft worden bin. Er hat zweifellos eine kühlende Wirkung, doch zugleich ist er sehr gefährlich und für uns alle unerträglich. Mein lieber Herr, das Lebewesen, das einen materiellen Körper angenommen hat, steht unter dem Bann materieller Wünsche, so dass es das Kṛṣṇa Bewusstsein vergisst, und weil es nichts von der endgültigen Zuflucht Deiner Lotosfüße weiß, ist es den drei leidvollen Bedingungen der materiellen Natur unterworfen. Weil man sich Dir nicht hingibt, muss man endlos weiterleiden.

Als Śrī Kṛṣṇa die Worte des Śiva-jvara vernommen hatte, antwortete Er: „O Dreiköpfiger, deine Worte haben Mich sehr erfreut. Sei getrost, dass dir der Nārāyaṇa-jvara kein Leid mehr zufügen wird. Es ist nicht nur so, dass du dich nicht mehr fürchten musst – jeder, der sich künftig an diesen Kampf zwischen dir und dem Nārāyaṇa-jvara erinnert, wird ebenfalls von allen Arten der Furcht frei sein.“ Nach dieser Antwort brachte der Śiva-jvara den Lotosfüßen der Höchsten Persönlichkeit Gottes seine achtungsvollen Ehrerbietungen dar und entfernte sich dann.

In der Zwischenzeit war es Bāṇāsura irgendwie gelungen, sich von seiner Niederlage zu erholen, und er nahm mit neuer Kraft den Kampf wieder auf. Diesmal hatte sich Bāṇāsura mit den vielseitigsten Waffen ausgerüstet, und rasend vor Wut stürmte er auf Śrī Kṛṣṇa zu, der auf Seinem Streitwagen saß. Mit seinen tausend Armen ließ der zornige Bāṇāsura ein ganzes Arsenal von Waffen auf Śrī Kṛṣṇa niederregnen. Als Śrī Kṛṣṇa sah, wie all diese Waffen auf Ihn zugeschossen kamen, so dicht wie die Wasserstrahlen aus einem Sieb, griff Er zu Seinem Feuerrad, dem scharfen Sudarśana-*cakra*, und schnitt dem Dämon einen Arm nach dem anderen ab, genau wie ein Gärtner mit einer Schere die Zwei ge eines Baumes stutzt. Als Śiva sah, dass sein Geweihter Bāṇāsura trotz seiner Gegenwart nicht gerettet werden konnte, kam er wieder zur Vernunft und trat persönlich vor Śrī Kṛṣṇa, um Ihn durch das folgende Gebet zu besänftigen.

Śiva sagte: „O mein Herr, alle vedischen Hymnen haben das Ziel, Dich zu verehren. Wer Dich nicht kennt, hält das unpersönliche *brahmajyoti* für die endgültige Höchste Absolute Wahrheit, ohne zu wissen, dass Du Dich hinter Deiner spirituellen Ausstrahlung in Deinem ewigen Reich aufhältst. Deshalb wirst Du, o Herr, Parabrahman genannt. Ebendiese Worte, *paraṁ brahman*, werden in der *Bhagavad-gītā* verwendet, um Deine Identität zu beschreiben. Die Heiligen, die ihre Herzen völlig von aller materiellen Verschmutzung gereinigt haben, können Deine transzendentale Gestalt wahrnehmen, obwohl Du alldurchdringend wie der Himmel bist und von keinem materiellen Objekt berührt wirst. Nur Deine Geweihten können Dich sehen, und niemand sonst. Nach der Auffassung, die die Unpersönlichkeitsphilosophen von der Form Deiner höchsten Existenz haben, ist der Himmel Dein Nabel, das Feuer Dein Mund und das Wasser Dein Samen. Die himmlischen Planeten sind Dein Kopf, die Himmelsrichtungen sind Deine Ohren, die Erde (Urvī) stellt Deine Lotosfüße dar, der Mond ist Dein Geist, und die Sonne ist Dein Auge. Ich hingegen stelle Dein Ego dar. Der Ozean stellt Deinen Bauch dar und der Himmelskönig Indra Deine Arme. Die Bäume und Pflanzen sind die Haare auf Deinem Körper, die Wolken sind das Haar auf Deinem Haupt, und Brahmā ist Deine Intelligenz. All die großen Stammväter, die Prajāpatis, sind Deine symbolischen Repräsentanten, und Religion ist Dein Herz. Auf diese Weise wird der unpersönliche Aspekt Deines absoluten Körpers wahrgenommen, doch Du Selbst bist letztlich die Höchste Person. Der unpersönliche Aspekt Deines erhabenen Körpers ist nur eine kleine Erweiterung Deiner Energie. Du wirst mit dem ursprünglichen Feuer verglichen, und all Deine Erweiterungen sind wie Licht und Wärme, die von diesem Feuer ausgehen."

Śiva fuhr fort: „Mein lieber Herr, da Du Dich universal manifestierst, sind die verschiedenen Teile des Universums bestimmte Teile Deines Körpers; durch Deine unermessliche Energie ist es Dir möglich, Dich gleichzeitig lokalisiert und universal zu manifestieren. In diesem Zusammenhang wird in der *Brahma-saṁhitā* erklärt, dass Du, obwohl Du immer in Deinem Reich Goloka Vṛndāvana weilst, trotzdem überall gegenwärtig bist. Und in der *Bhagavad-gītā* heißt es, dass Du erscheinst, um die Gottgeweihten zu beschützen, wodurch dein Erscheinen für das gesamte Universum glückverheißend ist. Die Halbgötter sind nur durch Deine Gnade in der Lage, die verschiedenen Angelegenheiten im Universum zu regeln. Dies bedeutet, dass auch die sieben höheren Planetensysteme nur durch Deine Gnade erhalten werden. Am Ende der Schöpfung gehen alle Manifestationen Deiner Energien in Dich ein, ganz gleich, ob sie die Form von Halbgöttern, Menschen oder Tieren haben. Dann ruhen alle unmittelbaren und mittelbaren Ursachen der kosmischen Manifestation in Dir und verlieren alle unterschiedlichen Daseinsmerkmale. Im absoluten Sinne kann man zwischen Dir und allem, was sich auf gleicher Ebene mit Dir befindet oder Dir untergeordnet ist, keine Unterscheidungen treffen, denn Du bist gleichzeitig sowohl der Ursprung der kosmischen Manifestation als auch ihre Bestandteile. Du bist das höchste Ganze, der Eine ohne einen Zweiten. In der manifestierten Erscheinungswelt gibt es drei verschiedene Zustände der Existenz. Die Stufe des Bewusstseins, die Stufe des Halbbewusstseins, das heißt des Träumens, und die Stufe der Bewusstlosigkeit. Doch Du, o Herr, bist transzendental zu all diesen materiellen Daseinsstufen. Daher befindest Du Dich in einer vierten Dimension, und Dein Erscheinen und Fortgehen sind von nichts anderem abhängig als von Dir Selbst. Du bist die höchste Ursache von allem, doch für Dich gibt es keine Ursache. Du allein verursachst Dein Erscheinen und Fortgehen. Trotz Deiner transzendentalen Stellung, o Herr, bist Du kraft Deiner persönlichen Manifestation in verschiedenen Inkarnationen als Fisch, Schildkröte, Eber, Nṛsiṁha, Keśava usw. erschienen, um vor aller Welt Deine sechs Füllen zu entfalten und Deine transzendentalen Eigenschaften zu offenbaren. Darüber hinaus bist Du durch Deine abgesonderten Manifestationen in Form der verschiedenen Lebewesen erschienen. Durch Deine innere Energie erscheinst Du als die verschiedenen Inkarnationen Viṣṇus, und durch Deine äußere Energie erscheinst Du als die Erscheinungswelt.

Wenn der Himmel bewölkt ist, meint der gewöhnliche Mensch, die Sonne wäre verdeckt; aber in Wirklichkeit ist es die Sonne, die mit ihren Strahlen die Wolken erzeugt hat, die selbst bei bewölktem Himmel niemals die Sonne verdecken können. Ebenso behaupten die weniger intelligenten Menschen, es gäbe keinen Gott; doch diejenigen Menschen, die mit tatsächlichem Wissen erleuchtet sind, können angesichts der Manifestation der verschiedenen Lebewesen und ihrer Tätigkeiten in allem Deine Gegenwart wahrnehmen, in jedem Atom und in den Manifestationen Deiner äußeren und marginalen Energie. Das Wirken Deiner unbegrenzten Energien kann nur von den im höchsten Maße fortgeschrittenen Gottgeweihten wahrgenommen werden, aber diejenigen, die unter dem Bann Deiner äußeren Energie stehen, identifizieren sich mit der materiellen Welt und entwickeln Anhaftung an Gesellschaft, Freundschaft und Liebe. Auf diese Weise rennen sie in die Arme der dreifachen Leiden des materiellen Daseins und geraten unter den Einfluss der Dualität von Glück und Leid. Sie treiben im Ozean der Anhaftungen und versinken darin, um dann wieder herausgerissen zu werden.

Mein lieber Herr, nur durch Deine Barmherzigkeit und Gnade erhält das Lebewesen die menschliche Form des Lebens, die ihm die Möglichkeit bietet, dem leidvollen Zustand der materiellen Existenz zu entkommen. Wenn man aber als Mensch seine Sinne nicht zu beherrschen vermag, wird man von den Wellen der Sinnenbefriedigung verschlungen, und so ist es einem nicht mehr möglich, bei Deinen Lotosfüßen Zuflucht zu suchen und sich in Deinem hingebungsvollen Dienst zu beschäftigen. Das Leben eines solchen Menschen ist sehr elend, und jeder, der ein derartiges Leben in Dunkelheit führt, betrügt zweifellos sich selbst und somit auch andere. Aus diesem Grunde ist die menschliche Zivilisation ohne Kṛṣṇa-Bewusstsein eine Zivilisation von Betrügern und Betrogenen.

O Herr, Du bist die Überseele aller Lebewesen, das höchste Ziel aller Liebe, und Du bist der höchste Beherrschende aller Dinge. Unter der Macht der Illusion fürchtet sich der Mensch vor dem Tod, aber weil er ausschließlich dem materiellen Genuss ergeben ist, nimmt er freiwillig das leidvolle materielle Dasein auf sich und rennt dem Irrlicht der Sinnenbefriedigung nach. Ein solcher Mensch ist zweifellos der größte Narr, denn er trinkt Gift und weist den Nektar zurück. Mein lieber Herr, alle Halbgötter, einschließlich meiner selbst und Brahmās, sowie alle großen Heiligen und Weisen, deren Herz von materieller Anhaftung gereinigt ist, haben durch Deine Gnade rückhaltlos bei Deinen Lotosfüßen Zuflucht gesucht. Wir alle haben uns Deinen Lotosfüßen ergeben, weil wir Dich als den Höchsten Herrn erkannt haben; Du bist unser Ein und Alles, das einzige Ziel unserer Liebe. Du bist die ursprüngliche Ursache der kosmischen Manifestation. Du bist ihr höchster Erhalter, und ebenso bist Du die Ursache ihrer Auflösung. Du bist jedem gleichgesinnt, o höchster Freund, der Du allen Lebewesen Frieden spendest. Du bist für jeden von uns das höchste Ziel aller Verehrung. Mein lieber Herr, bitte beschäftige uns immer in Deinem transzendentalen hingebungsvollen Dienst, so dass wir von der materiellen Verstrickung frei werden können.

Zum Schluss, o Herr, erlaube mir, Dir zu sagen, dass mir Bāṇāsura sehr lieb ist. Er erwies mir wertvolle Dienste, und deshalb möchte ich ihn immer glücklich sehen. Da ich mit Bāṇāsura zufrieden war, versprach ich ihm Sicherheit vor allen Gefahren. O Herr, erhöre daher meine Bitte und finde Gefallen an ihm, so wie Du an seinen Vorfahren, König Prahlāda und Bali Mahārāja, Gefallen gefunden hast."

Als Śrī Kṛṣṇa diese Gebete Śivas gehört hatte, antwortete Er: „Mein lieber Herr, Śiva, Ich stimme deinen Worten zu, und ebenso werde Ich Bāṇāsura verschonen, wie es dein Wunsch ist. Ich weiß, dass Bāṇāsura der Sohn Bali Mahārājas ist, weshalb Ich ihn nicht töten kann, denn sonst würde Ich Mein Versprechen, das Ich König Prahlāda gegeben habe, brechen. Vor langer Zeit gab Ich ihm nämlich die Segnung, niemals einen *asura*, der in seiner Familie erscheinen würde, zu töten. Deshalb habe Ich Bāṇāsura nicht getötet, sondern ihm einfach nur die Arme abgetrennt, um seinem Hochmut ein Ende zu bereiten. Seine gewaltigen Legionen lasteten schwer auf der Erde, und um die Erde von dieser Bürde zu befreien, habe Ich alle seine Soldaten getötet. Nun besitzt Bāṇāsura noch vier Arme, und er wird unsterblich bleiben, ohne jemals von materiellen Leiden oder Freuden berührt zu werden. Ich weiß, dass er einer deiner größten Geweihten ist, und so versichere Ich dir, dass er künftig nichts mehr zu befürchten hat."

Als Bāṇāsura auf diese Weise von Śrī Kṛṣṇa gesegnet wurde, trat er vor den Herrn und verneigte sich vor Ihm, indem er mit dem Haupt die Erde berührte. Bāṇāsura sorgte augenblicklich dafür, dass Aniruddha sowie auch seine Tochter Ūṣā in einer prächtigen Kutsche herbeigebracht wurden, und führte sie vor Śrī Kṛṣṇa, der das junge Paar, das inzwischen durch Śivas Segen materiell sehr reich geworden war, in Seine Obhut nahm. Darauf schickte Śrī Kṛṣṇa eine *akṣauhiṇī*-Einheit von Soldaten voraus und begab Sich zusammen mit den anderen ebenfalls auf den Rückweg nach Dvārakā. Die Kunde, dass Śrī Kṛṣṇa zusammen mit Ūṣā und Aniruddha Seine siegreiche Heimkehr angetreten hatte, erreichte schnell die Bewohner Dvārakās, und so schmückten sie jeden Winkel der Stadt mit Fahnen, Girlanden und Blumenketten. Alle großen Straßen und Kreuzungen wurden sorgfältig gereinigt und mit Sandelholzwasser besprengt, so dass sich überallhin der Duft von Sandelholz verbreitete. Alle Bürger versammelten sich zusammen mit ihren Freunden und Verwandten, und als Śrī Kṛṣṇa Dvārakā erreichte, bereitete Ihm diese gewaltige jubelnde Menschenmenge einen triumphalen Empfang. Fanfaren ertönten, und gleichzeitig wurden unzählige Muschelhörner geblasen und Trommeln geschlagen, um den Herrn zu begrüßen. So hielt Kṛṣṇa, die Höchste Persönlichkeit Gottes, Einzug in Seine Hauptstadt, Dvārakā.

Śukadeva Gosvāmī versicherte König Parīkṣit, dass die Erzählung von der Schlacht zwischen Śiva und Kṛṣṇa in keiner Weise unheilvoll sei wie die Schilderungen gewöhnlicher Kriege; vielmehr werde jeder, der sich morgens an die Beschreibung dieser Schlacht erinnere und sich über Śrī Kṛṣṇas Sieg freue, in seinem Lebenskampf niemals eine Niederlage erleiden.

Bāṇāsuras Kampf mit Kṛṣṇa und seine spätere Rettung durch die Gnade Śivas bestätigen die Aussage der *Bhagavad-gītā*, dass die Verehrer der Halbgötter ohne die Einwilligung Kṛṣṇas, des Höchsten Herrn, keine Segnung empfangen könnten. Bāṇāsura war ein großer Geweihter Śivas, doch wie wir gesehen haben, war Śiva nicht in der Lage, Bāṇāsura zu beschützen, als Kṛṣṇa ihn mit dem Tod bedrohte. Vielmehr musste Śiva sich persönlich an Kṛṣṇa wenden und Ihn bitten, seinen Geweihten zu verschonen, und erst dann konnte Bāṇāsura – mit Kṛṣṇas Einwilligung – gerettet werden. Das ist Śrī Kṛṣṇas Stellung. Wörtlich heißt es in diesem Zusammenhang in der *Bhagavad-gītā*: *mayaiva vihitān hi tān*. Dies bedeutet, dass kein Halbgott ohne die Einwilligung des Höchsten Herrn seinem Verehrer eine Segnung gewähren kann.

Hiermit enden die Bhaktivedanta-Erläuterungen
zum 63. Kapitel des Kṛṣṇa-Buches mit dem Titel
„Śrī Kṛṣṇa kämpft mit Bāṇāsura".

KAPITEL 64

Die Geschichte von König Nṛga

Eine Tages unternahmen einige Familienangehörige Śrī Kṛṣṇas, wie Sāmba, Pradyumna, Cāru, Bhānu und Gada, die allesamt Prinzen der Yadu-Dynastie waren, einen ausgedehnten Ausflug durch die Wälder in der Umgebung Dvārakās. Im Laufe der Zeit wurden sie alle sehr durstig, und so begaben sie sich im Wald auf die Suche nach Trinkwasser. Als sie schließlich an einen Brunnen kamen, mussten sie feststellen, dass er kein Wasser enthielt; stattdessen befand sich auf dem Grund dieses Brunnens ein seltsames Lebewesen. Es war eine große Eidechse, und der Anblick dieser Kreatur versetzte die Prinzen in großes Erstaunen. Sie erkannten, dass die Eidechse gefangen war und sich nicht aus eigener Kraft befreien konnte, und daher versuchten sie aus Mitleid, die große Eidechse aus dem Brunnen zu befreien. Aber all ihre Versuche blieben erfolglos.

Als die Prinzen heimkehrten, erzählten sie Śrī Kṛṣṇa von ihrem Erlebnis. Śrī Kṛṣṇa ist der Freund aller Lebewesen, weshalb Er Sich auf Bitten Seiner Söhne hin persönlich zu dem Brunnen begab und die große Eidechse mit Leichtigkeit herausholte, indem Er einfach Seine linke Hand ausstreckte. Kaum war die Eidechse von Kṛṣṇas Hand berührt worden, löste sich ihr Tierkörper auf, und sie verwandelte sich in einen prächtigen Halbgott, einen Bewohner der himmlischen Planeten. Der Körper des Halbgottes strahlte wie geschmolzenes Gold, feine Gewänder schmückten ihn, und er trug kostbares Geschmeide um den Hals.

Es war Śrī Kṛṣṇa kein Geheimnis, weshalb dieser Halbgott den Körper einer Eidechse hatte annehmen müssen, doch damit es alle anderen auch erfahren konnten, fragte Er ihn: „Mein lieber gesegneter Halbgott, Ich sehe nun, dass dein Körper schön und strahlend ist. Wer bist du? Es scheint, dass du einer der vortrefflichsten Halbgötter von den himmlischen Planeten sein musst. Möge dir das Glück stets wohlgesinnt sein! Ich glaube nicht, dass diese Lage, in der du dich befunden hast, deiner würdig ist. Sicherlich bist du infolge deiner früheren Handlungen in die Lebensform dieser Eidechse versetzt worden. Aber lass uns von dir selbst hören, wie du in diese Lage geraten bist. Wenn du glaubst, dein Geheimnis verraten zu dürfen, dann sage uns bitte, wer du bist."

Die große Eidechse war früher ein König mit Namen Nṛga gewesen, und als die Höchste Persönlichkeit Gottes nun König Nṛga fragte, wer er sei, verneigte sich dieser vor dem Herrn und berührte mit seinem Helm, der wie das Sonnenlicht glänzte, den Boden. Auf diese Weise brachte er dem Höchsten Herrn zuerst seine achtungsvollen Ehrerbietungen dar und sagte dann: „Mein lieber Herr, ich bin König Nṛga, der Sohn König Ikṣvākus. Wenn Du jemals wohltätigen Menschen Deine Beachtung geschenkt hast, musst Du bestimmt schon meinen Namen gehört haben. O mein Herr, Du bist der höchste Zeuge. Du bist Dir jeder auch noch so unbedeutenden Handlung der Lebewesen in Vergangenheit, Gegenwart und Zukunft bewusst. Nichts kann Deinem ewigen Wissen verborgen bleiben, und deshalb kennst Du auch meine Vergangenheit, aber weil Du mich darum gebeten hast, werde ich nun die ganze Geschichte meines Lebens erzählen."

König Nṛga holte weit aus und erzählte, wie er aufgrund seiner *karma-kāṇḍa*-Tätigkeiten zu Fall gekommen war. Er habe in seiner natürlichen Freigebigkeit seit jeher unzählige Spenden verteilt, und so beschrieb er die Gesamtzahl der Kühe, die er verschenkt hatte, als so groß wie die Zahl der Staubkörner auf der Erde, der Sterne am Himmel und der Regentropfen während der Regenzeit. Die Regeln der vedischen Zeremonien geben einem Menschen, der Spenden verteilen will, die Anweisung, den *brāhmaṇas* Kühe zu schenken. Aus König Nṛgas Worten geht hervor, dass er dieses Prinzip mit aller Ernsthaftigkeit einhielt; als Folge einer kleinen Nachlässigkeit jedoch wurde er gezwungen, als Eidechse geboren zu werden. Der Herr empfiehlt deshalb in der *Bhagavad-gītā*, dass jemand, der eine Neigung zur Mildtätigkeit habe und den daraus hervorgehenden Segen erlangen möchte, seine Gaben zur Freude Kṛṣṇas opfern solle. Spenden zu verschenken, gilt als fromme Handlung, und als Ergebnis solch frommer Handlungen kann man auf die höheren Planetensysteme erhoben werden; doch dass man einen himmlischen Planeten erreicht hat, bedeutet nicht, dass man niemals wieder herunterfällt. Das Beispiel König Nṛgas zeigt besonders deutlich, dass selbst die frömmsten fruchtbringenden Handlungen uns nicht zu ewigem, glückseligem Leben verhelfen können. Wie in der *Bhagavad-gītā* erklärt wird, sind Tätigkeiten – fromme wie unfromme – immer die Ursache von Bindung an die materielle Welt, wenn diese nicht als *yajña* zur Freude der Höchsten Persönlichkeit Gottes ausgeführt werden.

König Nṛga wies darauf hin, dass die Kühe, die er fortgab, keine alltäglichen Kühe waren. Jede von ihnen war noch jung und hatte erst einmal ein Kalb zur Welt gebracht. Alle Kühe gaben reichlich Milch und waren sehr friedlich und gesund. Sie waren alle mit ehrlich verdientem Geld erworben worden, dazu waren ihre Hörner vergoldet und ihre Hufe mit Silber überzogen, und sie trugen seidene Decken, die mit Perlen und Kettchen bestickt waren. König Nṛga fügte hinzu, dass diese kostbar geschmückten Kühe nicht irgendwelchen Unwürdigen gegeben worden waren, sondern nur den besten *brāhmaṇas*, denen er ebenfalls erlesene Kleider und goldenes Geschmeide geschenkt hatte. Diese *brāhmaṇas* wiesen die vorbildlichsten Eigenschaften auf; keiner von ihnen war reich, und ihren Familien hatte es daher stets an den Lebensnotwendigkeiten gemangelt. Ein wirklicher *brāhmaṇa* hortet niemals wie die *kṣatriyas* und *vaiśyas* Geld, um ein luxuriöses Leben zu führen, sondern bleibt immer freiwillig in Armut, da er weiß, dass Geld den Menschen zu einem materialistischen Leben verführt. So zu leben, ist das

Gelübde eines jeden echten *brāhmaṇa*, und alle *brāhmaṇas*, die von König Nṛga Spenden bekamen, hielten sich strikt an ihr erhabenes Gelübde. Sie waren im vedischen Wissen wohlbewandert; sie hatten ihr Leben der Ausführung der vorgeschriebenen Entsagungen und Bußen geweiht und besaßen einen großmütigen Charakter. Somit erfüllten sie alle Voraussetzungen, um als befähigte *brāhmaṇas* anerkannt zu werden. Sie waren jedem gleichermaßen wohlgesinnt, und überdies waren sie jung und wiesen alle Eigenschaften der echten *brāhmaṇas* auf. Neben den Kühen wurden ihnen auch Land, Gold, Häuser, Pferde und Elefanten gegeben. Denjenigen, die noch nicht verheiratet waren, wurden Frauen, Dienerinnen, Getreide, Silber, Gebrauchsgegenstände, Gewänder, Edelsteine, Möbel, Kutschen und vieles mehr geschenkt. Diese Wohltätigkeit wurde auf vorbildliche Art als Opfer gemäß den Regeln für vedische Zeremonien durchgeführt. Der König erzählte weiter, dass er nicht nur Gaben an die *brāhmaṇas* verteilt habe, sondern auch andere fromme Werke getan habe, wie Brunnen gegraben, Bäume an den Straßenrändern gepflanzt und an den Hauptstraßen Teiche angelegt.

„Trotz alledem", fuhr der König fort, „geschah es eines Tages unglücklicherweise, dass sich eine der Kühe, die ich den *brāhmaṇas* gegeben hatte, wieder unter meine Kühe mischte. Ohne davon zu wissen, schenkte ich sie später einem anderen *brāhmaṇa*; doch als dieser die Kuh gerade wegführen wollte, kam ihr vorheriger Besitzer und forderte sie als sein Eigentum, indem er sagte; ‚Diese Kuh wurde mir vor kurzem geschenkt. Wie kommst du dazu, sie einfach wegzunehmen?' So entbrannte zwischen den beiden *brāhmaṇas* ein Wortgefecht, und es ging hin und her, bis sie schließlich zu mir kamen und mich beschuldigten, ich hätte eine Kuh zurückgenommen, die ich bereits als Spende fortgegeben hatte." Jemandem etwas zu schenken und es dann wieder an sich zu nehmen, gilt als große Sünde, besonders wenn man sich auf diese Weise einem *brāhmaṇa* gegenüber verhält. Als nun die beiden *brāhmaṇas* dem König gegenüber die gleiche Anschuldigung erhoben, war dieser sehr betroffen und wusste nicht recht, was er tun sollte. Schließlich machte er den *brāhmaṇas* in aller Demut den Vorschlag, jedem 100 000 Kühe im Austausch gegen die eine Kuh zu geben, die der Anlass ihres Streites war. Er bat sie, ihn als ihr Diener zu betrachten, und er räumte ein, dass ihm bedauerlicherweise ein Fehler unterlaufen sein müsse. König Nṛga wollte diesen Fehler unter allen Umständen wiedergutmachen, und so flehte er die *brāhmaṇas* inständig an, sein Angebot anzunehmen und ihn in ihrer Barmherzigkeit davon zu verschonen, für dieses Vergehen in die Hölle gestürzt zu werden. Das Eigentum eines *brāhmaṇa* wird als *brahma-sva* bezeichnet, und nach dem Gesetz Manus darf es sich nicht einmal die Regierung aneignen. Jeder der *brāhmaṇas* beharrte indessen darauf, dass die Kuh ihm gehöre und ihm unter keinen Umständen wieder weggenommen werden dürfe. Keiner war bereit, sie gegen 100 000 Kühe zu tauschen. So wiesen sie den Vorschlag des Königs zurück und verließen den Palast voller Zorn, in dem Gefühl, dass sie um ihren rechtmäßigen Besitz gebracht worden waren.

Als dann später für den König die Zeit kam, den Körper aufzugeben, und er vor Yamarāja, den Herrn des Todes, geführt wurde, fragte ihn Yamarāja, ob er erst die Folgen seiner frommen Handlungen genießen oder die Folgen seiner unfrommen Handlungen erleiden wolle. Yamarāja wies König Nṛga darauf hin, dass ihn aufgrund seiner vielen frommen Werke und seiner Mildtätigkeit ein so unvorstellbares Ausmaß an Genuss erwarte, dass Yamarāja nicht vermochte, deren Grenzen zu ermessen. In anderen Worten, sein materielles Glück werde nahezu endlos sein, doch trotz dieses Hinweises war König Nṛga unschlüssig. Zuletzt entschied er sich, erst die Folgen seiner unfrommen Handlungen zu erleiden und danach die Ergebnisse seiner frommen Werke zu genießen, und so verwandelte Yamarāja ihn auf der Stelle in eine Eidechse.

Lange Zeit hatte König Nṛga als große Eidechse in dem Brunnen gelebt, und nun erzählte er Śrī Kṛṣṇa: „Obwohl ich in diese gefallene Lebenslage versetzt wurde, dachte ich nur an Dich, mein Herr, und mein Erinnerungsvermögen hat mich nie verlassen." Aus König Nṛgas Geschichte geht hervor, dass Menschen, die den Prinzipien fruchtbringender Tätigkeiten folgen, um materielle Gewinne zu erlangen, nicht sehr intelligent sind. Als Yamarāja, der Herr des Todes, König Nṛga sein Schicksal selbst wählen ließ, hätte dieser erst die Ergebnisse seiner frommen Handlungen bekommen können. Stattdessen hielt er es für klüger, erst die Folgen seiner unfrommen Handlungen zu empfangen, um dann die Folgen seiner frommen Handlungen ungestört zu genießen. Trotz allem hatte er also kein Kṛṣṇa-Bewusstsein entwickelt. Wer Kṛṣṇa-bewusst ist, entwickelt Liebe zu Gott, zu Kṛṣṇa, und nicht zu frommen oder unfrommen Handlungen, deshalb ist ein Kṛṣṇa-bewusster Mensch auch nicht den Folgen solcher Handlungen ausgesetzt. Wie in der *Brahma-saṁhitā* gesagt wird, ist ein Gottgeweihter durch die Gnade des Herrn nicht mehr den Reaktionen seiner fruchtbringenden Tätigkeiten unterworfen.

Als Folge seiner frommen Tätigkeiten war in König Nṛga irgendwie der Wunsch entstanden, den Herrn zu sehen. „Mein lieber Herr", fuhr König Nṛga fort, „ich hatte das starke Verlangen, Dich eines Tages persönlich sehen zu dürfen. Ich glaube, dass insbesondere dieser starke Wunsch und meine Neigung zu rituellen Zeremonien und zu Wohltätigkeit die Ursache waren, dass ich mich an mein früheres Leben zu erinnern vermochte, obwohl ich eine Eidechse geworden war.* Mein lieber Herr, Du bist die Überseele im Herzen eines jeden Lebewesens. Es gibt viele große mystische Yogis, die die Augen haben, Dich durch die Veden und Upaniṣaden zu sehen. Um die hohe Stufe zu erreichen, auf der sie begreifen, dass sie Dir in Qualität gleich sind, meditieren sie ohne Unterlass über Dich, der Du in ihren Herzen weilst. Obwohl es möglich ist, dass solche vortrefflichen Heiligen Dich stets in ihrem Herzen wahrnehmen, können sie Dich nicht von Angesicht zu Angesicht sehen; deshalb überrascht es mich sehr, dass ich Dich persönlich sehen darf. Ich erinnere mich sehr gut, dass ich früher, besonders aufgrund meiner Stellung als König, mit so vielen weltlichen Dingen beschäftigt war. Obgleich ich inmitten von Überfluss und Prunk lebte und so sehr den Freuden und Leiden des materiellen Daseins ausgesetzt war, wird mir nun das große Glück zuteil, Dich persönlich sehen zu dürfen, was meines Wissens nur jemand tun kann, der vom materiellen Dasein befreit ist."

Als sich König Nṛga entschloss, die Folgen seiner unfrommen Tätigkeiten zu empfangen, wurde ihm aufgrund seines Fehlers bei der Ausführung frommer Tätigkeiten der Körper einer Eidechse gegeben, und daher hatte er sich um die Möglichkeit gebracht, direkt auf eine höhere Lebensstufe wie die eines mächtigen Halbgottes zu gelangen. Zusammen mit seinen frommen Handlungen hatte er jedoch auch die

* Jemanden, der sich an sein vorheriges Leben erinnern kann, bezeichnet man als *jātismara*. Auch in heutiger Zeit gibt es Fälle, in denen Kinder sich an viele Einzelheiten früherer Leben erinnern können.

Erinnerung an Kṛṣṇa bewahrt, und deshalb wurde er schon bald von seinem Reptilienkörper befreit und erhielt den Körper eines Halbgottes. Wenn diejenigen, die materiellen Reichtum begehren, den Höchsten Herrn verehren, bekommen sie die Körper mächtiger Halbgötter. Manchmal erhalten diese Halbgötter die Gelegenheit, die Höchste Persönlichkeit Gottes von Angesicht zu Angesicht zu sehen, aber das bedeutet noch nicht, dass sie imstande sind, in das spirituelle Königreich, auf einen der Vaikuṇṭha-Planeten, zu gelangen. Nur wenn diese Halbgötter sich weiterhin bemühen, Geweihte des Herrn zu werden, werden sie die nächste Gelegenheit, die sich ihnen bietet, zu nutzen wissen und Vaikuṇṭha erreichen.

König Nṛga, der nun den Körper eines Halbgottes erlangt hatte, sich aber weiterhin an alles erinnern konnte, sagte: „Mein lieber Herr, Du bist der Höchste Herr, und Du wirst von allen Halbgöttern verehrt. Du gehörst nicht zu den gewöhnlichen Lebewesen, sondern Du bist die Höchste Person, Puruṣottama. Du bist die Quelle allen Glücks für alle Lebewesen; daher wirst Du auch Govinda genannt. Du bist der Herr aller Lebewesen, sowohl derer, die bereits einen materiellen Körper angenommen haben, als auch derer, die noch keinen materiellen Körper angenommen haben.* O mein Herr, Du bist unfehlbar. Du bist der Höchste, das reinste aller Lebewesen. Du weilst im Herzen eines jeden. Du bist Nārāyaṇa, die Zuflucht aller Lebewesen. Weil Du Dich im Herzen aller Lebewesen befindest, bist Du der höchste Kontrollierende ihrer Sinnestätigkeiten; deshalb wirst Du auch Hṛṣīkeśa genannt.

O Höchster Herr, Śrī Kṛṣṇa, weil Du mir den Körper eines Halbgottes gabst, werde ich mich zu einem der himmlischen Planeten begeben müssen. Doch zuvor möchte ich die Gelegenheit wahrnehmen und Dich um Deine Barmherzigkeit bitten. Gewähre mir bitte die Segnung, dass ich niemals Deine Lotosfüße vergessen werde, ganz gleich, in welche Lebensform und auf welchen Planeten ich versetzt werde. Du bist alldurchdringend und überall als Ursache und Wirkung gegenwärtig.

* Zu den Lebewesen, die noch keinen materiellen Körper angenommen haben, gehören diejenigen, die in der materiellen Welt als böse Geister umherirren oder in den Bereich der feinstofflichen Lebewesen eingegangen sind. Daneben gibt es auch die Lebewesen, die im spirituellen Königreich, den Vaikuṇṭhalokas, leben, aber ihr Körper besteht nicht aus materiellen Elementen.

Du bist die Ursache aller Ursachen, und Deine Macht und Deine Energien sind unbegrenzt. Du bist die Absolute Wahrheit, die Höchste Persönlichkeit Gottes und das Höchste Brahman. Ich bringe Dir deshalb stets von neuem meine achtungsvollen Ehrerbietungen dar. Lieber Herr, Dein Körper ist voll von transzendentaler Glückseligkeit und transzendentalem Wissen, und Du bist ewig. Du bist Yogeśvara, der Meister aller mystischen Kräfte. Bitte gewähre mir Deine Barmherzigkeit und lass mich eines der unbedeutenden Staubkörnchen an Deinen Lotosfüßen sein."

Bevor sich König Nṛga zu den himmlischen Planeten begab, umkreiste er den Herrn und verneigte sich vor Ihm, wobei er mit seinem Helm Kṛṣṇas Lotosfüße berührte. Danach bestieg er mit der Erlaubnis des Herrn das Flugzeug, das direkt von den höheren Planeten gekommen war und bereits auf ihn wartete. Nachdem sich König Nṛga entfernt hatte, brachte Śrī Kṛṣṇa zum Ausdruck, dass Er die Hingabe des Königs für die *brāhmaṇas* sowie dessen Bereitschaft, wohltätig zu sein und vedische Zeremonien durchzuführen, sehr schätze. Deshalb wird es jemandem, der nicht unmittelbar ein Geweihter des Herrn werden kann, empfohlen, den vedischen Lebensprinzipien zu folgen. Dies wird ihn letztlich befähigen, den Herrn zu sehen, indem er entweder direkt ins spirituelle Königreich erhoben wird oder vorerst ins himmlische Königreich gelangt, von wo aus eine gute Möglichkeit besteht, die spirituelle Welt zu erreichen.

Śrī Kṛṣṇa wollte Seine hier anwesenden Verwandten, die alle dem *kṣatriya*-Stand angehörten, anhand des Beispiels von König Nṛga belehren und sagte zu ihnen: „Selbst wenn ein *kṣatriya*-König so mächtig ist wie Feuer, darf er sich unter keinen Umständen das Eigentum eines *brāhmaṇa* aneignen und es für seine eigenen Zwecke benutzen. Wie erst sollte es dann den gewöhnlichen Königen, die sich für die mächtigsten Wesen in der materiellen Welt halten, erlaubt sein, einem *brāhmaṇa* das Eigentum wegzunehmen? Ich halte es für nicht so gefährlich, Gift zu trinken, wie sich am Eigentum eines *brāhmaṇa* zu vergreifen, denn bei gewöhnlichem Gift kann man durch die geeignete Behandlung gerettet werden, doch wenn man das giftige Vergehen begeht, einem *brāhmaṇa* den Besitz wegzunehmen, kann dies durch kein Mittel wiedergutgemacht werden. König Nṛga ist das beste Beispiel dafür. Er war sehr mächtig und fromm, doch weil er den geringfügigen Fehler beging, sich unabsichtlich die Kuh eines *brāhmaṇa* anzueignen, wurde er dazu verdammt, das abscheuliche Leben einer Eidechse zu führen. Gewöhnliches Gift kann nur denen schaden, die es trinken, und gewöhnliches Feuer kann mit Wasser gelöscht werden, doch das durch die spirituelle Kraft eines enttäuschten *brāhmaṇa* entzündete *araṇi*-Feuer* kann die ganze Familie desjenigen, der einen solchen *brāhmaṇa* erzürnt, zu Asche verbrennen.

Wenn jemand das Eigentum eines *brāhmaṇa* auch nur berührt, stürzt er dadurch drei Generationen seiner Familie ins Verderben, und wenn jemand einem *brāhmaṇa* etwas mit Gewalt wegnimmt, werden zehn Generationen seiner Familie vor ihm und zehn Generationen nach ihm ins Verderben gestürzt. Wenn jemand aber ein reiner Vaiṣṇava, ein Geweihter des Herrn, wird, führt dies zur Befreiung von zehn vorangegangenen und zehn nachfolgenden Generationen seiner Familie."

Śrī Kṛṣṇa fuhr fort: „Wenn ein törichter König, dem Reichtum, Ansehen und Macht zu Kopf gestiegen sind, versucht, sich das Eigentum eines *brāhmaṇa* anzueignen, dann bedeutet dies nichts anderes, als dass er sich den Pfad zur Hölle ebnet. Er kann sich nicht vorstellen, wie sehr er für solch unüberlegte Handlungen leiden muss. Wenn jemand einem großmütigen *brāhmaṇa*, der für eine kinderreiche Familie zu sorgen hat, etwas fortnimmt, dann erwartet ihn für dieses Verbrechen die Hölle Kumbhīpāka – und nicht nur er selbst, sondern auch seine Familienangehörigen werden in dieser Hölle elendiglich ihr Dasein fristen müssen. Jemand, der den Besitz eines *brāhmaṇa* an sich nimmt, ganz gleich, ob man sich dadurch etwas zurückholt oder etwas wegnimmt, das ursprünglich von jemand anderem stammt, ist dazu verurteilt, für mindestens 60 000 Jahre ein solches Dasein zu führen wie ein elendes Insekt im Kot. Deshalb lege Ich euch nahe, Meine Söhne und Verwandten: Nehmt niemals, nicht einmal versehentlich, das Eigentum eines *brāhmaṇa* an euch, denn durch eine solche Handlung würdet ihr eure ganze Familie ins Verderben stürzen. Wenn sich jemand auch nur wünscht, solches Eigentum zu besitzen, verkürzt sich sein Leben, erst

* Früher pflegten die *brāhmaṇas* ihre Opferfeuer nicht mit Streichhölzern oder einem anderen Feuer zu entzünden, sondern durch mächtige Mantras, die man als *araṇi* bezeichnet.

recht, wenn er versucht, es an sich zu reißen. Er wird von seinen Feinden besiegt und seiner königlichen Ehren beraubt werden, und wenn er seinen Körper aufgibt, wird er eine Schlange werden, denn dies sind Lebewesen, die anderen nur Leid zufügen. Meine lieben Söhne und Anverwandten, selbst wenn ein *brāhmaṇa* zornig auf euch wird, euch beschimpft oder verflucht, rate Ich euch, von jeglicher Rache abzusehen und stattdessen zu lächeln, duldsam zu sein und ihm eure Achtung zu erweisen. Wie ihr wisst, bringe auch Ich den *brāhmaṇas* mit großem Respekt drei Mal am Tag Meine Ehrerbietungen dar. Ihr solltet daher Meiner Anweisung und Meinem Beispiel folgen. Ich werde niemandem vergeben, der dies unterlässt, sondern Ich werde ihn dafür bestrafen. Die Geschichte von König Nṛga soll euch ein warnendes Beispiel sein, dass selbst jemand, der das Eigentum eines *brāhmaṇa* versehentlich an sich nimmt, in elendste Lebensumstände versetzt wird.

Auf diese Weise unterwies Śrī Kṛṣṇa, der stets darum bemüht ist, die bedingten Lebewesen zu läutern, nicht nur Seine Familienangehörigen und die Einwohner Dvārakās, sondern darüber hinaus auch alle Menschen zu allen Zeiten. Nach diesen Worten kehrte der Herr in Seinen Palast zurück.

Hiermit enden die Bhaktivedanta-Erläuterungen
zum 64. Kapitel des Kṛṣṇa-Buches mit dem Titel
„Die Geschichte von König Nṛga“.

KAPITEL 65

Śrī Balarāma besucht Vṛndāvana

Śrī Balarāma bekam große Sehnsucht danach, Seinen Vater und Seine Mutter in Vṛndāvana wiederzusehen. Deshalb bestieg Er eines Tages Seinen Wagen und machte Sich frohen Mutes auf den Weg nach Vṛndāvana. Schon seit Langem hatten sich die Einwohner von Vṛndāvana danach gesehnt, Kṛṣṇa und Balarāma wiederzusehen. Die Kuhhirtenjungen und die *gopīs* waren in der Zwischenzeit beträchtlich gewachsen, doch als Balarāma in Vṛndāvana ankam, umarmten sie Ihn alle, und Er umarmte sie ebenfalls. Dann ging Er zu Mahārāja Nanda und Yaśodā und erwies ihnen Seine achtungsvollen Ehrerbietungen, und sie sprachen ihren Segen über Balarāma aus und nannten Ihn Jagadīśvara, den Herrn des Universums, der jeden erhält. Mutter Yaśodā und Nanda Mahārāja sprachen Ihn mit diesem Namen an, weil ihnen Kṛṣṇa und Balarāma, obwohl Sie alle Lebewesen erhalten, durch Ihre Abwesenheit so viel Kummer bereitet hatten. Mit solchen Gefühlen umarmten sie Balarāma, setzten Ihn auf ihren Schoß und begannen wieder endlos zu weinen, wobei sie Balarāma mit ihren Tränen benetzten. Danach erwies Śrī Balarāma den älteren Kuhhirten Seine Ehrerbietungen und nahm die Ehrerbietungen der jüngeren Kuhhirten entgegen. So tauschte Balarāma mit jedem, je nach Alter und der jeweiligen Beziehung, Gefühle der Freundschaft aus. Seinen gleichaltrigen Freunden schüttelte Er die Hand und umarmte herzhaft lachend jeden von ihnen.

Nachdem Ihn die Kuhhirten, die Kuhhirtenjungen, die *gopīs*, König Nanda und Mutter Yaśodā begrüßt hatten, setzte Sich Śrī Balarāma voller Zufriedenheit nieder, worauf sie Ihn alle umringten. Zunächst erkundigte Sich Balarāma nach ihrem Befinden, und dann überschütteten Ihn die Einwohner Vṛndāvanas mit vielen Fragen, da sie Ihn schon lange Zeit nicht mehr gesehen hatten. Die Bewohner Vṛndāvanas, die einfach von den Lotosaugen Kṛṣṇas gefangen waren, hatten alles für Ihn geopfert, und wegen ihrer großen Liebe zu Kṛṣṇa begehrten sie niemals danach, die himmlischen Planeten zu erreichen, in die Brahman-Ausstrahlung einzugehen oder mit der Absoluten Wahrheit eins zu werden. Ebenso wünschten sie sich nicht einmal ein Leben voller Reichtum, sondern waren zufrieden mit ihrem einfachen Leben, das sie im Dorf Vṛndāvana als Kuhhirten führten. Da ihre Gedanken stets bei Kṛṣṇa weilten, begehrten sie nichts zu ihrem eigenen Nutzen. Sie liebten Kṛṣṇa über alles, und als sie Balarāmajī nach Neuigkeiten über Kṛṣṇa befragten, zitterte ihre Stimme unter dem Gefühl der Trennungvon Ihm.

Die ersten Fragen stellten Nanda Mahārāja und Yaśodāmayī: „Lieber Balarāma, wie geht es all unseren Freunden, Vasudeva und den anderen Familienangehörigen? Nun seid Ihr beiden, Du und Kṛṣṇa, erwachsene, verheiratete Männer mit Kindern. Erinnert Ihr Euch im Glück Eures Familienlebens zuweilen noch an Eure armen Eltern, Nanda Mahārāja und Yaśodādevī? Es ist eine erfreuliche Nachricht, dass der sündhafte König Kaṁsa von Euch getötet worden ist und dass unsere Freunde, wie Vasudeva und die anderen, denen Kaṁsa so viel Leid zugefügt hatte, nun von diesem Schrecken befreit worden sind. Es freut uns auch zu hören, dass Ihr Jarāsandha und Kālayavana, der nun tot ist, besiegt habt und dass Ihr nun in einer sicheren Festung, der Stadt Dvārakā, lebt.“

Als schließlich auch die *gopīs* kamen, warf Śrī Balarāma ihnen liebevolle Blicke zu. Die *gopīs*, die wegen der Trennung von Kṛṣṇa und Balarāma so lange gelitten hatten, waren nun überglücklich und erkundigten sich nach Seinem und Kṛṣṇas Wohlergehen. Insbesondere wollten sie wissen, wie es Kṛṣṇa im Kreis der vornehmen Frauen von Dvārakā Purī ging. „Denkt Er noch manchmal an Seinen Vater Nanda, Seine Mutter Yaśodā und all Seine anderen Freunde, mit denen Er so vertraulichen Umgang pflegte, als Er in Vṛndāvana weilte? Beabsichtigt Kṛṣṇa vielleicht, wieder hierherzukommen, um Seine Mutter, Yaśodā, zu besuchen, und erinnert Er Sich manchmal noch an uns bedauernswerte *gopīs*, die nun Seiner Gemeinschaft beraubt sind? Im Kreis Seiner vornehmen Frauen in Dvārakā hat uns Kṛṣṇa vielleicht vergessen, doch wir denken immer noch an Ihn und pflücken Blumen, um sie dann auf Girlanden aufzuziehen. Aber Er kommt nicht, und so bleibt uns nichts anderes übrig, als immerzu zu weinen. Wenn Er doch nur hierher kommen und die Blumengirlanden, die wir für Ihn gemacht haben, annehmen würde! Lieber Balarāma, Nachkomme Daśārhas, Du weißt, dass wir für Kṛṣṇas Freundschaft alles aufgeben würden. Selbst in größter Not kann niemand seine Familienbindungen aufgeben. Doch obwohl es für andere unmöglich sein mag, haben wir es getan, wir gaben unsere Väter, Mütter, Schwestern und Verwandten auf. Doch dann hat uns Kṛṣṇa plötzlich verlassen und ist, ohne auch nur einen Gedanken an unsere Entsagung zu verlieren, fortgegangen. Ohne ernsthafte Überlegung brach Er einfach unsere innige Beziehung ab und fuhr in ein fremdes Land. Doch Er war so listig und schlau, dass Er uns sehr schöne Worte vorgesprochen hat. Er sagte: ‚Meine lieben *gopīs*, bitte seid nicht traurig. Die Dienste, die ihr Mir dargebracht habt, werde Ich euch niemals vergelten können!' Wir sind doch schließlich Frauen – wie hätten wir Ihm misstrauen können? Nun aber wissen wir, dass Er uns mit Seinen süßen Worten nur betrügen wollte."

Eine andere *gopī*, die über Kṛṣṇas Fortbleiben von Vṛndāvana klagte, sprach: „Lieber Balarāmajī, wir sind natürlich nur Dorfmädchen, weshalb Kṛṣṇa uns auf diese Weise irreführen konnte, doch wie steht es mit den Damen in Dvārakā? Glaube nicht, dass sie so töricht wären wie wir. Uns konnte Kṛṣṇa etwas vorgaukeln, doch die Damen in der Stadt Dvārakā sind sehr schlau und intelligent. Es würde mich wundern, wenn auch sie sich von Kṛṣṇa täuschen ließen und Seinen Worten Glauben schenkten."

Dann ergriff eine andere *gopī* das Wort: „Meine liebe Freundin“, sagte sie, „Kṛṣṇa weiß Seine Worte sehr geschickt zu wählen. Niemand kann sich mit Ihm in dieser Kunst messen. Seine Sprache ist farbenprächtig, und Er kann so honigsüß reden, dass jede Frau auf Ihn hereinfallen würde. Außerdem beherrscht Er auf vollkommene Weise die Kunst, verführerisch zu lächeln. Alle Frauen, die Sein Lächeln sehen, werden wie verrückt nach Ihm und wollen sich Ihm bedenkenlos hingeben.“

Eine andere *gopī* schaltete sich ein und sagte: „Meine lieben Freundinnen, was hat es für einen Nutzen, über Kṛṣṇa zu sprechen? Wenn ihr unbedingt eure Zeit mit Reden verbringen wollt, so lasst uns über etwas anderes sprechen als über Ihn. Wenn der grausame Kṛṣṇa Seine Zeit ohne uns zubringen kann, warum sollten dann nicht auch wir unsere Zeit ohne Kṛṣṇa verbringen können? Natürlich verlebt Kṛṣṇa Seine Tage auch ohne uns sehr fröhlich, doch der Unterschied ist, dass wir ohne Ihn kaum jemals wieder glückliche Tage erleben werden.“

Als die *gopīs* auf diese Weise miteinander sprachen, steigerten sich ihre Gefühle für Kṛṣṇa, und erneut kosteten sie Kṛṣṇas Lächeln, Kṛṣṇas liebevolle Worte, Kṛṣṇas anziehendes Aussehen, Kṛṣṇas unvergleichliche Wesensart und Seine Umarmungen. Aufgrund ihrer starken ekstatischen Gefühle kam es ihnen vor, als sei Kṛṣṇa persönlich anwesend und tanze vor ihnen. Als sie so in süßen Erinnerungen versanken, konnten sie ihre Tränen nicht mehr zurückhalten und begannen, ungehemmt zu weinen.

Śrī Balarāma konnte natürlich die ekstatischen Gefühle der *gopīs* verstehen, und deshalb wollte Er sie beruhigen. Er war ein Meister in der Wahl Seiner Worte, und so wandte Er Sich mit großer Achtung an die *gopīs* und erzählte ihnen die Ereignisse im Zusammenhang mit Kṛṣṇa so einfühlsam, dass sie sich bald beruhigten. Um den *gopīs* auch weiterhin Zufriedenheit zu schenken, verweilte Balarāma zwei ganze Monate in Vṛndāvana, nämlich während der Monate Caitra (März/April) und Vaiśākha (April/Mai). In dieser Zeit blieb Er ständig mit den *gopīs* zusammen, und Er verbrachte jede Nacht mit ihnen im Wald von Vṛndāvana, um ihre Sehnsucht nach ehelicher Liebe zufriedenzustellen. So erfreute Sich Balarāma während dieser zwei Monate ebenfalls des *rāsa*-Tanzes mit den *gopīs*. Da es Frühling war, wehten am Ufer der Yamunā sanfte Winde, die den Duft verschiedener Blumen mit sich trugen, vor allem den der *kaumudī*-Blume. Der Mond erleuchtete den Himmel und tauchte das Ufer der Yamunā in sein helles Licht, und in dieser stimmungsvollen Szenerie erfreute Sich Śrī Balarāma der Gemeinschaft mit den *gopīs*.

Der Halbgott Varuṇa sandte seine Tochter Vāruṇī in Form flüssigen Honigs, der aus den Astlöchern der Bäume tropfte. Der ganze Wald duftete nach diesem flüssigen Honig, und das süße Aroma betörte Balarāmajī. So kam es, dass Balarāmajī und die *gopīs* dem Vāruṇī-Honig nicht mehr widerstehen konnten, und gemeinsam tranken sie von ihm. Während sie diesen natürlichen Trank genossen, chanteten die *gopīs* über die Herrlichkeit Balarāmas. Balarāma war in einer sehr freudigen Stimmung, als sei Er vom Vāruṇī-Trank berauscht, und fröhlich rollten Seine Augen hin und her. Er war mit langen Girlanden aus Waldblumen geschmückt, und die transzendentale Glückseligkeit ließ Sein Zusammensein mit den *gopīs* wie ein großes Freudenfest erscheinen. Śrī Balarāma lächelte bezaubernd, und die Schweißperlen, die Sein Antlitz schmückten, glichen zartem Morgentau.

In dieser fröhlichen Stimmung wollte Balarāma die Gemeinschaft der *gopīs* im Wasser der Yamunā genießen. Er rief daher die Yamunā, sie solle zu Ihm kommen, doch die Yamunā folgte dem Befehl Balarāmajīs nicht, da sie ihn für berauscht hielt. Śrī Balarāma wurde sehr ungehalten, als die Yamunā Seinen Befehl missachtete, und daher wollte Er auf der Stelle das Land um den Fluss herum mit Seiner Pflugschar aufreißen. Śrī Balarāma hat zwei Waffen, einen Pflug und eine Keule, und je nach Notwendigkeit macht Er Gebrauch von ihnen. Diesmal griff Er zu Seinem Pflug, denn Er wollte die Yamunā für ihren Ungehorsam bestrafen und sie zwingen, zu Ihm zu kommen. „Du erbärmlicher Fluss!“, rief Er. „Du hast Meinen Befehl missachtet. Nun werde Ich dir eine Lehre erteilen! Freiwillig bist du nicht zu Mir gekommen – nun gut, dann werde Ich dich mit Hilfe Meines Pfluges hierher zwingen. Ich werde dich in Hunderte verstreuter Rinnsale zerteilen!“

Als die Yamunā auf diese Weise von Balarāmas Macht bedroht wurde, bekam sie es mit der Angst zu tun, und sie erschien sogleich persönlich vor Balarāma. Sie fiel zu Seinen Lotosfüßen nieder und betete: „Lieber Balarāma, Du bist die mächtigste Persönlichkeit, und Du bereitest allen große Freude. Leider vergaß ich Deine ruhmreiche, erhabene Stellung, doch nun bin ich wieder zur Vernunft gekommen, und mir wird bewusst, dass allein durch Deine Teilerweiterung Śeṣa alle Planetensysteme auf dem Haupt trägst. Du bist die Stütze des ganzen Universums. Liebe Höchste Persönlichkeit Gottes, Du besitzt die Vollkommenheit der sechs Füllen. Weil ich Deine Allmacht vergaß, habe ich irrigerweise Deinen Befehl missachtet, und so bin ich zu einer großen Frevlerin geworden. Wisse, mein lieber Herr, dass ich dennoch eine Dir hingegebene Seele bin. Du bist Deinen Geweihten sehr zugetan. Deshalb vergib mir gütigerweise meine Unverschämtheit und meine Fehler. Bitte gewähre mir Deine grundlose Barmherzigkeit und lass nun ab von mir."

Weil sich die Yamunā so unterwürfig zeigte, wurde ihr verziehen, und nun, wo sie in Seine Nähe gekommen war, erfreute Sich Śrī Balarāma sogleich des Vergnügens, gemeinsam mit den *gopīs* in der Yamunā schwimmen zu gehen. So tummelte Er Sich im Wasser genau wie ein Elefant im Kreis seiner Elefantenkühe. Lange Zeit später, als Sich Śrī Balarāma zu Seiner vollsten Zufriedenheit erfreut hatte, stieg Er wieder aus dem Wasser, worauf Ihm sogleich eine Glücksgöttin ein prächtiges blaues Gewand und eine kostbare Halskette aus Gold darbot. Nachdem Śrī Balarāma in der Yamunā gebadet und Sich mit blauen Gewändern und goldenem Geschmeide geschmückt hatte, bot Er auf diese Weise für alle ein Bild anziehendster Schönheit. Śrī Balarāmas Körpertönung ist weiß, und als Er Sich vollständig angezogen hatte, sah Er aus wie König Indras weißer Elefant auf den himmlischen Planeten. Noch heute hat der Fluss Yamunā viele Nebenarme, weil Er von Śrī Balarāmas Pflugschar zerfurcht wurde. Und all diese Nebenflüsse der Yamunā preisen noch immer die Allmacht Śrī Balarāmas.

Śrī Balarāma und die *gopīs* erfreuten sich zwei Monate lang jede Nacht gemeinsamer transzendentaler Spiele, und die Zeit verging so schnell, dass ihnen all ihre Nächte wie eine einzige Nacht vorkamen. In der Gegenwart Balarāmas wurden alle *gopīs* und die anderen Bewohner von Vṛndāvana so glücklich, wie sie es zu der Zeit gewesen waren, als beide Brüder, Śrī Kṛṣṇa und Śrī Balarāma, bei ihnen weilten.

Hiermit enden die Bhaktivedanta-Erläuterungen zum 65. Kapitel des Kṛṣṇa-Buches mit dem Titel „Śrī Balarāma besucht Vṛndāvana".

KAPITEL 66

Pauṇḍraka und der König von Kāśī werden erlöst

Schurken und Dummköpfe, die sich einbilden, Gott zu sein, hat es schon immer gegeben, und deshalb ist die Geschichte von König Pauṇḍraka besonders lehrreich. Selbst als die Höchste Persönlichkeit Gottes, Kṛṣṇa, persönlich auf Erden zugegen war, gab es einen solchen Narren. Sein Name war Pauṇḍraka, und er verkündete tatsächlich, er selbst wäre Gott. Während Sich Śrī Balarāma in Vṛndāvana aufhielt, schickte dieser Pauṇḍraka, der König der Provinz Kārūṣa, in seiner Torheit und Selbstherrlichkeit einen Boten zu Śrī Kṛṣṇa. Obwohl Śrī Kṛṣṇa als die Höchste Persönlichkeit Gottes anerkannt ist, ließ König Pauṇḍraka durch diesen Boten eine direkte Herausforderung an Kṛṣṇa überbringen, die verlautete, er selbst, Pauṇḍraka, und nicht Kṛṣṇa, wäre Vāsudeva. Heutzutage gibt es viele törichte Anhänger solcher Scharlatane, und ebenso gab es damals viele törichte Menschen, die Pauṇḍraka für die Höchste Persönlichkeit Gottes hielten. Da Pauṇḍraka unfähig war, seine Stellung richtig einzuschätzen, hielt er sich für Śrī Vāsudeva, und so verkündete der Bote vor Kṛṣṇa, König Pauṇḍraka, die Höchste Persönlichkeit Gottes, wäre in seiner grundlosen Barmherzigkeit auf die Erde herabgestiegen, um alle Notleidenden zu erlösen.

Im Kreis vieler anderer Dummköpfe war Pauṇḍraka tatsächlich zu dem Schluss gekommen, er wäre Vāsudeva, die Höchste Persönlichkeit Gottes. Solche Schlussfolgerungen sind natürlich kindisch. Wenn Kinder miteinander spielen, bestimmen sie manchmal ein Kind aus ihrer Mitte zum König, und das so gewählte Kind glaubt dann mitunter, es wäre nun wirklich König geworden. Ebenso wählen viele Dummköpfe in ihrer Unwissenheit einen anderen Dummkopf als Gott, worauf dieser sich dann einbildet, tatsächlich Gott zu sein – als ob Gott durch kindisches Spiel oder durch die Wahl von Menschen geschaffen werden könnte. Unter dieser skrupellosen Anmaßung, selbst der Höchste Herr zu sein, schickte Pauṇḍraka einen Boten nach Dvārakā, um Kṛṣṇa herauszufordern. Als der Bote in Kṛṣṇas königlicher Versammlung eintraf, verlas er dort die Botschaft, die ihm sein Meister, Pauṇḍraka, mitgegeben hatte. Diese Botschaft hatte folgenden Wortlaut:

„Ich allein bin die Höchste Persönlichkeit Gottes, Vāsudeva. Es gibt keinen Menschen, der sich mit mir vergleichen kann. Ich bin als König Pauṇḍraka erschienen, da ich in meiner grundlosen Barmherzigkeit mit den leidenden bedingten Seelen Erbarmen habe. Du hingegen hast unberechtigt und unautorisiert die Stellung Vāsudevas eingenommen, doch Du solltest Dich davor hüten, diese Irrlehre auch noch zu verkünden. Gib Deine Stellung auf, o Nachkomme der Yadu-Dynastie, und lege alle Symbole Vāsudevas ab, die Du Dir zu Unrecht angeeignet hast. Gib dies alles auf, und komme dann zu mir und ergib Dich mir. Solltest Du aber in Deiner maßlosen Unverschämtheit meine Worte nicht beachten, fordere ich Dich hiermit zum Kampf heraus. Ich lade Dich zu einer Schlacht ein, in der die endgültige Entscheidung fallen wird."

Als die Mitglieder der königlichen Versammlung, unter denen sich auch König Ugrasena befand, die Botschaft Pauṇḍrakas vernahmen, brachen sie alle in schallendes Gelächter aus und konnten sich kaum mehr erholen. Nachdem Kṛṣṇa das schallende Gelächter der Versammlungsmitglieder genossen hatte, entgegnete Er dem Boten: „O Botschafter Pauṇḍrakas, du kannst deinem Meister Folgendes ausrichten: ‚Du bist ein einfältiger Schurke. Ich nenne dich unverblümt einen Schurken und lehne es ab, deinen Anordnungen zu folgen. Ich werde niemals die Zeichen Vāsudevas aufgeben, vor allem nicht Mein Feuerrad. Mit diesem Feuerrad werde Ich nicht nur dich, sondern auch deine ganze Anhängerschaft töten. Ich werde dich samt deinen törichten Gefährten vernichten, die nichts weiter sind als eine Gesellschaft von Betrügern und Betrogenen. Wenn dies geschehen ist, verblendeter König, wirst du dein Gesicht aus Schmach verbergen müssen, und wenn Mein Feuerrad dir den Kopf vom Körper trennt, werden ihn aasfressende Vögel wie Geier, Falken und Adler umringen. Dann wirst du, statt das Ziel Meiner Hingabe zu werden, wie du es verlangst, der Gnade dieser niederen Vögel ausgeliefert sein. Man wird deinen Körper den Hunden vorwerfen, die ihn mit großem Vergnügen fressen werden.'"

Der Bote überbrachte Śrī Kṛṣṇas Worte seinem Herrn, Pauṇḍraka, der sich all diese Demütigungen gelassen anhörte. Śrī Kṛṣṇa zog indessen unverzüglich auf Seinem Streitwagen los, um den Schurken Pauṇḍraka, den König von Kārūṣa, zu bestrafen. Weil dieser gerade bei seinem Freund, dem König von Kāśī, wohnte, umzingelte Śrī Kṛṣṇa mit Seinem Heer die Stadt Kāśī.

Als König Pauṇḍraka, ein mächtiger Krieger, von Kṛṣṇas Angriff hörte, trat er sogleich mit einem Heer von zwei *akṣauhiṇī*-Divisionen aus der Stadt, und der König von Kāśī, unterstützte ihn mit drei weiteren *akṣauhiṇīs*. Als sich die beiden Könige Śrī Kṛṣṇa entgegenstellten, sah Kṛṣṇa Pauṇḍraka zum ersten Mal von Angesicht zu Angesicht. Kṛṣṇa sah, dass sich Pauṇḍraka mit den Symbolen Vāsudevas – Muschelhorn, Feuerrad, Lotosblume und Keule – ausgestattet hatte. Dazu trug er eine Imitation des Śārṅga-Bogens, und auf seiner Brust war das nachgemachte Śrīvatsa-Zeichen zu sehen. Um seinen Hals hing eine Nachahmung des Kaustubha-Juwels, und er trug eine Blumengirlande, die genau wie die Blumengirlande Śrī Vāsudevas aussah. Außerdem hatte sich Pauṇḍraka in gelbe seidene Gewänder gekleidet, und die Fahne auf seinem Streitwagen, ebenfalls eine Nachbildung der Fahne Kṛṣṇas, zeigte das Bild Garuḍas. Auf dem Kopf trug er einen überaus kostbaren Helm, und die Ohrringe, die Schwertfischen ähnelten, glitzerten hell. Trotz alledem war es jedoch offensichtlich, dass seine ganze Aufmachung nichts anderes als eine Verkleidung war. Jeder, der ihn sah, konnte leicht erkennen, dass er sich wie ein Schauspieler auf der Bühne ein Kostüm angezogen hatte und so die Rolle Vāsudevas spielte. Als Śrī Kṛṣṇa sah, wie Pauṇḍraka Seine Kleidung und Sein Auftreten imitierte, konnte Er Sein Lachen nicht zurückhalten, und so lachte Er mit großem Vergnügen.

Die Soldaten auf Pauṇḍrakas Seite begannen, ihre Wurfgeschosse auf Kṛṣṇa niederregnen zu lassen. Ihre Dreizacke, Keulen, Lanzen, Spieße, Schwerter, Dolche und Pfeile kamen in Wellen auf Kṛṣṇa zugeflogen, doch Kṛṣṇa wehrte sie alle ab. Er vernichtete nicht nur die Waffen, sondern auch die Soldaten, die sie losgeschleudert hatten. Es schien, als sei das Feuer der Zerstörung ausgebrochen, das zur Zeit der Vernichtung des Universums alles auflöst. Die Elefanten, Streitwagen, Pferde und Fußsoldaten der Gegenseite wurden durch Kṛṣṇas Waffen immer mehr auseinandergetrieben. Überall stürzten die Leichen von Soldaten und Tieren sowie zerschmetterte Streitwagen zu Boden, und das ganze Schlachtfeld wurde mit gefallenen Pferden, Elefanten, Männern, Eseln und Kamelen übersät. Doch obwohl das verwüstete Schlachtfeld wie der Tanzplatz Śivas zur Zeit der Vernichtung der Welt aussah, wurden die Krieger auf Kṛṣṇas Seite durch diesen Anblick sehr ermutigt und kämpften mit noch größerer Kraft.

Alsdann rief Kṛṣṇa Pauṇḍraka zu: „Pauṇḍraka, du hast Mich aufgefordert, die Zeichen Viṣṇus, vor allem Mein Feuerrad, abzulegen. Nun sollst du sie bekommen. Doch sei vorsichtig, Pauṇḍraka, denn du hast den Fehler begangen, Mich zu imitieren und zu behaupten, du wärest Vāsudeva. Daher ist niemand ein größerer Dummkopf als du." Aus diesen Worten Kṛṣṇas geht deutlich hervor, dass jeder Betrüger, der sich für Gott ausgibt, der größte Narr der Menschheit ist. Kṛṣṇa fuhr fort: „Nun, Pauṇḍraka, werde Ich dich zwingen, dein Spiel aufzugeben. Du hast von Mir verlangt, dass Ich Mich dir unterwerfe. Jetzt ist die Stunde der Wahrheit gekommen. Ergreife die Gelegenheit, und kämpfe mit Mir! Wenn du Mich besiegst, werde Ich Mich dir gewiss ergeben." Nachdem Kṛṣṇa Pauṇḍraka mit diesen scharfen Worten getadelt hatte, griff Er erneut zum Bogen und zertrümmerte mit einem einzigen Pfeil Pauṇḍrakas Streitwagen. Dann trennte Er mit Seinem Feuerrad Pauṇḍrakas Kopf vom Rumpf, genau wie auch Indra mit seinem Donnerkeil den Gipfel eines Berges abmäht. Gleich darauf brach auch der König von Kāśī unter Kṛṣṇas Pfeilen zusammen, und Kṛṣṇa warf dessen Kopf in die Stadt Kāśī, damit ihn auch seine Verwandten und

Angehörigen sehen konnten. Kṛṣṇa tat dies so wie ein Wirbelsturm, der ein Lotosblatt umherweht. Nachdem Śrī Kṛṣṇa Pauṇḍraka und dessen Verbündeten Kāśirāja auf dem Schlachtfeld getötet hatte, kehrte Er in Seine Hauptstadt Dvārakā zurück.

Bei Kṛṣṇas Rückkehr in die Stadt Dvārakā hoben die Siddhas auf den himmlischen Planeten an, Seinen Ruhm zu verherrlichen. Pauṇḍraka seinerseits erlangte *sārūpya*, eine der fünf Arten der Befreiung, und wurde somit auf die Vaikuṇṭha-Planeten erhoben, weil er trotz allem in einem gewissen Sinne ständig an Śrī Vāsudeva gedacht hatte, als er sich als die Höchste Persönlichkeit Gottes ausgab. Auf den Vaikuṇṭha-Planeten besitzen die Gottgeweihten die gleichen körperlichen Merkmale wie Viṣṇu, wie zum Beispiel vier Hände, in denen sie die vier Symbole halten. Pauṇḍraka meditierte tatsächlich über die Form Viṣṇus, doch weil er sich einbildete, selbst Śrī Viṣṇu zu sein, machte er sich eines großen Vergehens schuldig. Indem er aber dann von Kṛṣṇa getötet wurde, verschwanden die Folgen dieses Vergehens, und so wurde ihm die *sārūpya*-Befreiung zuteil, das heißt, er erlangte die gleiche Gestalt wie der Herr.

Als der Kopf des Königs von Kāśī durch das Stadttor geworfen wurde, liefen die Bürger sofort zusammen und fragten sich erstaunt, was es wohl mit dieser merkwürdigen Kugel auf sich habe. Doch als sie bemerkten, dass diese merkwürdige Kugel Ohrringe trug, erkannten sie, dass es der Kopf eines Menschen war. Sie stellten die verschiedensten Mutmaßungen an, wem dieser Kopf gehören könnte. Einige dachten, es wäre Kṛṣṇas Kopf, denn weil Kṛṣṇa Kāśirājas Feind sei, so vermuteten sie, habe der König Kṛṣṇas Kopf in die Stadt geworfen, damit sich die Bürger über den Tod des Feindes freuen könnten. Schließlich stellte sich jedoch heraus, dass es nicht Kṛṣṇas Kopf war, sondern vielmehr der Kopf Kāśirājas. Als man sich dessen sicher war, kamen die Königinnen herbeigelaufen und begannen, den Tod ihres Gatten zu beklagen: „O lieber Herr", schluchzten sie, „durch deinen Tod sind auch wir wie Tote geworden."

Der König von Kāśī hatte einen Sohn mit Namen Sudakṣiṇa. Nachdem Sudakṣiṇa die Bestattungszeremonien für seinen Vater der Sitte entsprechend vollzogen hatte, legte er das Gelübde ab, Kṛṣṇa, den Feind seines Vaters, zu töten und so die Schuld gegenüber seinem Vater zu begleichen. Er nahm daher unter der Anleitung eines erfahrenen

Priesters die Verehrung Mahādevas, Śivas, auf. (Śiva ist auch als Viśvanātha bekannt und ist der Schutzherr des Königreichs von Kāśī. Noch heute steht der Tempel Viśvanāthas in Vārāṇasī, und täglich versammeln sich dort viele Tausende von Pilgern.) Śiva war über die Verehrung Sudakṣiṇas sehr erfreut, und daher wollte er seinem Geweihten eine Segnung zuteilwerden lassen. Weil Sudakṣiṇa die Absicht hatte, Kṛṣṇa zu töten, bat er Śiva um eine besondere Kraft, durch die ihm dies gelingen würde. Śiva riet ihm, unter der Anleitung von *brāhmaṇas* die rituelle Zeremonie zur Beseitigung eines Feindes durchzuführen. Diese Zeremonie wird ebenfalls in einigen der Tantra-Schriften erwähnt. Śiva erklärte Sudakṣiṇa weiter, dass bei richtiger Durchführung dieser schwarzen Magie der böse Geist namens Dakṣiṇāgni erscheinen werde, der dann jeden Befehl, den man ihm erteilt, auszuführe. Allerdings dürfe man ihm nicht befehlen, einen qualifizierten *brāhmaṇa* zu töten. Wenn man sich an diese Bedingung halte, werde Dakṣiṇāgni, begleitet von Śivas geisterhaften Gefährten, den Wunsch Sudakṣiṇas, dessen Feind zu töten, in Erfüllung gehen lassen.

Diese Worte Śivas ermutigten Sudakṣiṇa, und er war überzeugt, dass es ihm gelingen werde, Kṛṣṇa zu töten. Entschlossen in seinem Gelübde der Entsagung, begann er mit Hilfe von Priestern, die schwarze Kunst des Chantens gewisser Mantras auszuführen. Bald darauf erschien aus dem Feuer eine gigantische dämonische Gestalt, deren Haare und Bart von der Farbe rotglühenden Kupfers waren. Als dieser furchterregende Dämon im Feuer aufstieg, sprühten blitzende Funken aus seinen Augen, und die Bewegungen seiner Augenbrauen ließen ihn noch schrecklicher erscheinen. Er entblößte seine langen, scharfen Zähne und leckte sich mit langer Zunge die Lippen. Er war nackt und trug einen Dreizack, der wie Feuer loderte. Als er auf diese Weise aus dem Opferfeuer erschienen war, blieb er stehen und schwang den Dreizack wild durch die Luft. Sudakṣiṇa ergriff die Gelegenheit und stachelte den Feuerdämon mit seiner Bitte an, worauf dieser loszog und sich mit Hunderten von Geistern der Hauptstadt Dvārakā näherte, und es schien, als wolle er das ganze Weltall in Brand setzen. Der Erdboden erzitterte unter seinen stampfenden Schritten, und als er schließlich in Dvārakā eindrang, gerieten alle Einwohner in größte Panik, wie Tiere bei einem Waldbrand.

Zu dieser Zeit befand Sich Kṛṣṇa in Seiner königlichen Beratungshalle und spielte Schach. In ihrer Angst liefen die Bürger zu Ihm und flehten Ihn an: „Lieber Herr der drei Welten, ein großer Feuerdämon ist in die Stadt eingedrungen und will alles in Brand setzen! Bitte rette uns!" So baten die Einwohner von Dvārakā den Herrn um Schutz vor dem Feuerdämon, der in Dvārakā erschienen war, um die ganze Stadt zu verwüsten.

Als Śrī Kṛṣṇa, der insbesondere Seine Geweihten beschützt, sah, dass die Bewohner Dvārakās wegen der Anwesenheit des großen Feuerdämons voller Entsetzen waren, lächelte Er und versicherte ihnen: „Habt keine Angst, Ich werde euch alle beschützen." Die Höchste Persönlichkeit Gottes, Kṛṣṇa, ist alldurchdringend. Er weilt im Herzen eines jeden Lebewesens, und Er befindet Sich zugleich auch außerhalb in der Form der kosmischen Manifestation. Er wusste daher, dass der Feuerdämon eine Schöpfung Śivas war, und um den Dämon zu vernichten, rief Er Sein Sudarśana-*cakra* herbei und befahl ihm, alle notwendigen Schritte zu unternehmen. Das Sudarśana-*cakra* erschien mit der Ausstrahlung von Millionen von Sonnen und seine Hitze war so mächtig wie das Feuer bei der Vernichtung der kosmischen Manifestation. Das Sudarśana-*cakra* erleuchtete mit seiner Ausstrahlung das gesamte Universum – die Erdoberfläche sowie den Weltraum. Dann begann das Sudarśana-*cakra*, den Feuerdämon Śivas zu quälen. Auf diese Weise wurde der Feuerdämon durch das Sudarśana-*cakra* Śrī Kṛṣṇas aufgehalten. Weil er sah, dass sein Versuch, die Stadt Dvārakā zu verwüsten, vereitelt wurde, kehrte er zurück.

Da es dem Feuerdämon nicht gelungen war, Dvārakā in Flammen aufgehen zu lassen, kehrte er nach Vārāṇasī, dem Königreich Kāśirājas, zurück. Seine Rückkehr bewirkte, dass alle Priester, die geholfen hatten, die Mantras der schwarzen Magie zu chanten, sowie ihr Auftraggeber Sudakṣiṇa durch seine gleißende Ausstrahlung zu Asche verbrannt wurden. Bei dem Chanten von Mantras der schwarzen Magie, wie es in den Tantra-Schriften gelehrt wird, ist es ein Gesetz, dass das Mantra – da es irgendjemanden töten muss – seinen Urheber tötet, wenn es ihm nicht gelingt, den Feind zu töten. Sudakṣiṇa war der Urheber, und die Priester waren ihm dabei behilflich gewesen, infolgedessen wurden sie alle zu Asche verbrannt. Das ist das Schicksal der Dämonen. Sie schaffen etwas, um Gott zu töten, doch die gleiche Waffe vernichtet sie selbst.

Das Sudarśana-*cakra* folgte dem Feuerdämon auf den Fersen und drang ebenfalls in Vārāṇasī ein. Diese Stadt war lange Zeit sehr wohlhabend und einflussreich gewesen, und selbst heute noch ist diese Stadt sehr wohlhabend und berühmt und gilt als eine der wichtigsten Städte Indiens. Damals gab es dort viele große Paläste, Versammlungshäuser, Marktplätze und Tore. Bei den Palästen und Toren standen große Monumente, an jeder Straßenkreuzung konnte man erhöhte Rednerpodeste finden, und es gab eine Schatzkammer, viele Elefanten- und Pferdeherden, Streitwagen, Kornspeicher und mehrere Plätze zur Nahrungsmittelverteilung. Die Stadt Vārāṇasī besaß diese materiellen Güter schon seit Langem, doch weil der König von Kāśī und sein Sohn Sudakṣiṇa Kṛṣṇas Feinde waren, zerstörte das *viṣṇu-cakra* Sudarśana (das Feuerrad Śrī Kṛṣṇas) die ganze Stadt, indem es all diese bedeutenden Plätze in Schutt und Asche legte. Die Verwüstung war größer als nach einem Bombenangriff unserer Tage. Nachdem das Sudarśana-*cakra* seine Pflicht erfüllt hatte, kehrte es zu seinem Meister, Śrī Kṛṣṇa, nach Dvārakā zurück.

Die Beschreibung der Verwüstung Vārāṇasīs durch Kṛṣṇas Feuerrad, das Sudarśana-*cakra*, ist transzendental und glückverheißend. Jeder, der diese Geschichte weitererzählt oder sie mit Vertrauen und Aufmerksamkeit anhört, wird von allen Reaktionen auf seine sündhaften Handlungen befreit werden. Śukadeva Gosvāmī versicherte dies, als er die Geschichte Mahārāja Parīkṣit erzählte.

Hiermit enden die Bhaktivedanta-Erläuterungen zum 66. Kapitel des Kṛṣṇa-Buches mit dem Titel „Pauṇḍraka und der König von Kāśī werden erlöst“.

KAPITEL 67

Die Befreiung des Gorillas Dvivida

Während Śukadeva Gosvāmī über die transzendentalen Spiele und Eigenschaften Śrī Kṛṣṇas sprach, nahm Mahārāja Parīkṣits Begeisterung immer mehr zu, und er bat darum, mehr zu hören. Als Nächstes erzählte Śukadeva Gosvāmī die Geschichte des Gorillas Dvivida, der von Śrī Balarāma getötet wurde.

Dieser Gorilla war ein enger Freund Bhaumāsuras, oder Narakāsuras, der von Kṛṣṇa getötet wurde, nachdem er mehr als 16 000 Prinzessinnen aus allen Teilen der Welt entführt hatte. Dvivida war der Minister König Sugrīvas. Sein Bruder, Mainda, war ebenfalls ein sehr mächtiger Gorillakönig. Als dem Gorilla Dvivida zu Ohren kam, dass sein Freund Bhaumāsura von Śrī Kṛṣṇa getötet worden war, beschloss er, das gesamte Land mit Verwüstungen heimzusuchen, um den Tod Bhaumāsuras zu rächen. Als Erstes setzte er Dörfer, Städte, Fabriken und Bergwerke in Brand und legte dann auch Feuer in den Siedlungen der *vaiśyas*, die Milchwirtschaft betrieben und die Kühe beschützten. Zuweilen riss er auch einen gewaltigen Berg aus der Erde und schmetterte ihn in Stücke. Auf diese Weise richtete er überall im Land, insbesondere in der Provinz Kathwar, großen Schaden an. In der Provinz Kathwar lag auch die Stadt Dvārakā, und weil Śrī Kṛṣṇa in dieser Stadt lebte, machte Dvivida sie ganz besonders zum Ziel seiner Angriffe.

Dvivida war so kräftig wie 10 000 Elefanten. Manchmal ging er an den Meeresstrand und erzeugte dort mit seinen riesigen Händen so hohe Wellen, dass die umliegenden Städte und Dörfer überflutet wurden. Oft ging er auch zu den Einsiedeleien der großen Weisen und Heiligen und richtete dort großen Schaden an, indem er ihre schönen Gärten und Obstpflanzungen zerstörte. Manchmal suchte Dvivida sogar die heiligen Opferstätten heim und ließ dort Urin und Kot ab, wodurch er die ganze Atmosphäre entweihte. Er entführte auch Männer und Frauen aus ihren Häusern und brachte sie in Berghöhlen, deren Eingänge er mit großen Felsblöcken verschloss – wie das *bhṛṅgī*-Insekt, das Fliegen und andere Insekten fängt und sie in die Baumlöcher bringt, in denen es lebt. So verstieß Dvivida ständig gegen das Gesetz und die Ordnung des Landes. Doch er tat nicht nur das, sondern er entehrte manchmal sogar die Frauen adliger Familien, indem er sie vergewaltigte.

Während er auf diese Weise im ganzen Land Schrecken verbreitete, drang zuweilen aus den Raivataka-Bergen süße Musik an sein Ohr, und so besah er sich eines Tages diese Berggegend ein wenig näher. Auf diesem Streifzug erblickte er plötzlich Śrī Balarāma, der Sich inmitten vieler lieblicher junger Mädchen mit Singen und Tanzen vergnügte. Dvivida war von der körperlichen Erscheinung Śrī Balarāmas gefangen, dessen Schönheit durch eine Girlande aus Lotosblumen noch vergrößert wurde. Auch all die Mädchen, die kostbar gekleidet und mit Blumen bekränzt waren, entfalteten eine graziöse Schönheit. Es schien, als sei Śrī Balarāma vom *vāruṇī*-Trank völlig berauscht, und Seine Augen rollten hin und her. Er glich dem König der Elefanten, der sich mit vielen Elefantenkühen vergnügt.

Der Gorilla Dvivida war darin erfahren, in den Bäumen zu klettern und von Ast zu Ast zu springen. Manchmal riss er an den Ästen und stieß dabei ein typisches Geräusch aus – *kilakilā* –, sodass Śrī Balarāma in Seiner friedlichen Stimmung beträchtlich gestört wurde. Manchmal sprang Dvivida unvermittelt vor die Mädchen und schnitt allerlei Grimassen. Junge Frauen neigen von Natur aus dazu, über alles zu kichern und zu scherzen, und so nahmen sie auch den Gorilla nicht ernst, als er plötzlich vor ihnen erschien, sondern lachten ihn nur aus. Dvivida wurde schließlich so unverschämt, dass er den Mädchen, trotz Balarāmas Gegenwart, seinen Unterleib zeigte, und manchmal trat er unversehens ganz dicht an sie heran, fletschte seine Zähne und bewegte dabei wild die Augenbrauen hin und her. Er zeigte gegenüber den Mädchen keinerlei Achtung, selbst Balarāmas Gegenwart beeindruckte ihn nicht.

Śrī Balarāmas Name deutet an, dass Er nicht nur sehr kräftig ist, sondern dass es Ihm auch große Freude bereitet, von Seiner außergewöhnlichen Kraft Gebrauch zu machen. Er nahm daher einen Stein vom Boden auf und warf ihn nach Dvivida. Der Gorilla wich dem Stein jedoch geschickt aus. Um Balarāma zu beleidigen, griff er nach dem irdenen Topf, in dem der *vāruṇī* aufbewahrt wurde, und nachdem er sich völlig betrunken hatte, machte er sich daran, mit seiner begrenzten Kraft Balarāma und den Mädchen, die bei Ihm waren, die kostbaren Kleider vom Körper zu reißen. Er war so eingebildet, dass er glaubte, Balarāma könnte nichts gegen ihn unternehmen, und so beleidigte er Balarāmajī und Seine Gefährtinnen weiter.

Als Śrī Balarāma sah, wie widerwärtig sich der Gorilla benahm, und hörte, dass er bereits im ganzen Land Verwüstungen angerichtet hatte, wurde Er sehr zornig und beschloss, ihn zu töten. Er ergriff sogleich Seine Keule, und der Gorilla erkannte, dass es Balarāma nun ernst meinte. Um sich zu verteidigen, ging der Gorilla sogleich selbst zum Angriff über, riss eine gewaltige Eiche aus dem Boden und ließ sie auf Śrī Balarāma niedersausen; doch Śrī Balarāma, ungerührt wie ein Berg, packte den großen Baum im Flug und holte gleichzeitig mit Seiner Keule namens Sunanda aus und versetzte dem Gorilla damit heftige Schläge. Dvividas Kopf wurde übel zugerichtet, und Ströme von Blut quollen hervor, doch der Blutstrom vergrößerte seine Schönheit nur noch, wie ein Lavastrom, der über eine Bergflanke hinunterfließt. Dem Gorilla schienen die Keulenschläge Balarāmas nicht das Geringste auszumachen. Im Gegenteil, er entwurzelte sogleich eine zweite Eiche, streifte rasch alle Blätter ab und schlug mit ihr wieder nach Balarāmas Kopf, doch Balarāma zerschmetterte den Baum mit Seiner Keule in viele kleine Stücke. Dvivida war außer sich vor Wut, riss erneut einen Baum aus und schlug nach Śrī Balarāma, und erneut zertrümmerte Śrī Balarāma den Baum in tausend Stücke. Und so setzte sich der Kampf fort: Der Gorilla griff mit einem Baum an, Śrī Balarāma zertrümmerte ihn mit Seiner Keule, dann der nächste Baum, und wieder dasselbe – bis zu guter Letzt im Wald kein einziger Baum mehr stand. Weil Dvivida keine Bäume mehr zur Verfügung standen, machte er sich über die Hügel her und schleuderte riesige Felsbrocken, so dicht wie Regen, auf Balarāmas Körper herab, doch Śrī Balarāma, der ebenfalls zum Kämpfen aufgelegt war, zerschmetterte in elegantem Stil all diese Felsbrocken zu kleinen Steinchen. Als dem Gorilla schließlich alle Bäume und Felsbrocken ausgegangen waren, stand er Śrī Balarāma direkt gegenüber und schwang seine Riesenfäuste durch die Luft. Dann griff er an und boxte mit aller Gewalt gegen Śrī Balarāmas Brust. Dies nun war zu viel, und Śrī Balarāma geriet in großen Zorn. Aber weil Ihn der Gorilla mit den bloßen Fäusten angriff, wollte Er nicht von Seinen Waffen, der Keule oder der Pflugschar, Gebrauch machen. So schlug Er einfach mit Seiner Faust gegen das Schlüsselbein des Gorillas und damit war sein Schicksal besiegelt. Dvivida spie sofort Blut und fiel leblos zu Boden. Als der Gorilla niederstürzte, schienen die Hügel und Wälder zu erzittern.

Nach diesem schrecklichen Ereignis überschütteten die Siddhas von den höheren Planetensystemen Śrī Balarāma mit Blumen, und dazu erklangen Gesänge, die die Allmacht Śrī Balarāmas priesen. Sie alle chanteten: „Gepriesen sei Śrī Balarāma! Wir bringen Deinen Lotosfüßen unsere achtungsvollen Ehrerbietungen dar. Dadurch, dass Du den großen Dämon Dvivida getötet hast, hast Du für die ganze Welt eine Ära des Glücks eingeleitet." Diese jubelnden Siegesgesänge drangen aus dem Weltraum auf die Erde herunter. Nachdem Balarāma auf diese Weise den großen Dämon Dvivida getötet hatte und mit einem Blumenregen und ruhmreichen Siegesgesängen verehrt worden war, kehrte Er in Seine Hauptstadt, Dvārakā, zurück.

Hiermit enden die Bhaktivedanta-Erläuterungen
zum 67. Kapitel des Kṛṣṇa-Buches mit dem Titel
„Die Befreiung des Gorillas Dvivida".

KAPITEL 68

Die Heirat Sāmbas

Duryodhana, der Sohn Dhṛtarāṣṭras, hatte eine Tochter im heiratsfähigen Alter mit Namen Lakṣmaṇā. Sie besaß vortreffliche Eigenschaften, und deshalb wollten viele Prinzen sie heiraten. In solchen Fällen war es üblich, eine *svayaṁvara*-Zeremonie abzuhalten, so dass sich das Mädchen selbst ihren zukünftigen Mann aussuchen konnte. Als der Tag von Lakṣmaṇās *svayaṁvara*-Zeremonie gekommen war und sie sich gerade anschickte, ihren Gemahl zu wählen, erschien Sāmba, ein Sohn Kṛṣṇas und Jāmbavatīs, einer der Hauptfrauen des Herrn. Sāmba hatte seinen Namen deshalb erhalten, weil er ein sehr ungezogenes Kind war und sich immer in der Nähe seiner Mutter aufhielt. Sāmba bedeutet nämlich so viel wie „Muttersöhnchen" (*ambā* bedeutet „Mutter" und *sa* „zusammen mit"). Sāmba hatte seinen Namen also bekommen, weil er so sehr an seiner Mutter hing, und aus demselben Grund war er auch als

Jāmbavatīsuta bekannt. Wie bereits an einer früheren Stelle gesagt wurde, besaßen alle Söhne Kṛṣṇas die gleichen Eigenschaften wie ihr berühmter Vater. Sāmba begehrte also die Tochter Duryodhanas, Lakṣmaṇā, obwohl diese sich nicht zu ihm hingezogen fühlte. Daher entführte Sāmba sie mit Gewalt aus der *svayaṁvara*-Versammlung.

Weil Sāmba Lakṣmaṇā gewaltsam geraubt hatte, waren sich alle Familienangehörigen der Kuru-Dynastie – darunter Dhṛtarāṣṭra, Bhīṣma, Vidura, und Arjuna – darin einig, dass es für ihre Familientradition eine große Beleidigung darstelle, dass der Jüngling Sāmba es gewagt hatte, ihre Tochter zu entführen. Sie alle wussten, dass Lakṣmaṇā nicht geneigt gewesen war, Sāmba zum Gemahl zu wählen, und dass sie nicht einmal die Möglichkeit bekommen hatte, ihren Gemahl selbst auszusuchen. Stattdessen war sie mit Gewalt von diesem Jüngling davongetragen worden. Sie erklärten einstimmig, dass Sāmba, der durch seine Unverschämtheit die Familientradition der Kurus verletzt habe, bestraft werden müsse. Aus diesem Grund fassten sie auf den Rat der Familienältesten hin den Entschluss, den Jungen gefangen zu nehmen, jedoch nicht zu töten. Ihnen war klar, dass das Mädchen nun mit niemand anderem mehr als mit Sāmba verheiratet werden konnte, da sie bereits von ihm berührt worden war. (Nach den Regeln der vedischen Kultur kann ein Mädchen, das schon einmal mit einem Mann Umgang gehabt hat, mit keinem anderen als mit diesem verheiratet werden. Abgesehen davon wäre auch niemand bereit gewesen, ein solches Mädchen zu heiraten.) Die Familienältesten, wie Bhīṣma, wollten Sāmba gefangen nehmen, und so taten sich alle Angehörigen der Kuru-Dynastie, besonders die großen Kämpfer, zusammen, um ihm eine Lehre zu erteilen; Karṇa wurde zum Befehlshaber für dieses kleine Gefecht ernannt.

Während sich die Kurus berieten, wie Sāmba am besten zu fangen sei, waren sie sich durchaus bewusst, dass Sāmbas Gefangennahme die Yadus sehr erzürnen würde. Es war sehr wohl möglich, dass sie die Herausforderung annehmen und mit ihnen kämpfen würden. Doch die Kurus sagten sich: „Wenn die Yadus hierherkommen, um mit uns zu kämpfen, was könnten sie uns schon anhaben? Die Mitglieder der Yadu-Dynastie können den Mitgliedern der Kuru-Dynastie nicht gleichkommen, denn die Könige der Kuru-Dynastie sind die großen Herrscher, wohingegen die Könige der Yadu-Dynastie ihre Ländereien nur durch unsere Gunst haben." Die Kurus dachten: „Wenn sie hierherkommen und uns herausfordern, weil wir ihren Sohn gefangen haben, werden wir den Kampf trotzdem annehmen. Wir werden ihnen eine Lehre erteilen, so dass sie automatisch unterworfen werden, genau wie die Sinne beim mystischen Yoga-Vorgang des *prāṇāyāma**."

Nach eingehender Beratung mit den beteiligten Kriegern erteilten die Ältesten der Kuru-Dynastie, wie Bhīṣma und Dhṛtarāṣṭra, die Erlaubnis zum Kampf, und so machten sich sechs große Krieger zur Verfolgung Sāmbas bereit, nämlich Karṇa, Śala, Bhūri, Yajñaketu und Duryodhana, der Vater des Mädchens. Sie alle waren *mahā-rathīs* und wurden von dem berühmten Bhīṣmadeva angeführt. Es gibt verschiedene Grade von Kriegern – *mahā-rathīs, eka-rathīs* und *rathīs* –, die sich entsprechend ihrer Stärke im Kampf voneinander unterscheiden. Die *mahā-rathīs* waren so stark, dass sie es allein mit vielen Tausend Männern aufnehmen konnten. Sāmba wurde von sechs solchen *mahā-rathīs* verfolgt, die ihn gefangen nehmen wollten. Sāmba war allerdings auch ein *mahā-rathī*, doch er war allein und musste gegen fünf andere *mahā-rathis* kämpfen. Trotzdem ließ er sich nicht beirren, als er sah, dass ihn diese großen Krieger der Kuru-Dynastie verfolgten, um ihn gefangen zu nehmen.

Sāmba wandte sich, ganz auf sich allein gestellt, seinen Gegnern zu und griff zu seinem mächtigen Bogen. Er war furchtlos wie ein Löwe beim Anblick anderer Tiere, und so hörte er sich die Herausforderung des gegnerischen Anführers Karṇa an: „Warum läufst du davon? Bleib stehen, und wir werden dir eine Lehre erteilen!" Wenn ein *kṣatriya* von einem anderen *kṣatriya* zum Kampf herausgefordert wird, darf er nicht fliehen; er muss kämpfen. Daher nahm Sāmba die Herausforderung an und stellte sich seinen berühmten Gegnern allein zum Kampf, und sofort prasselte ein Pfeilhagel auf ihn nieder. Als Sāmba, der ruhmreiche Sohn der Yadu-Dynastie, der als Sohn Kṛṣṇas unvorstellbare Kräfte besaß, sah, wie unritterlich die Krieger der Kuru-Dynastie mit ihren Pfeilen kämpften, wurde er zornig wie ein Löwe, der sich nicht im Geringsten fürchtet, wenn er von Wölfen und Schakalen angegriffen wird.

* Durch das mechanische System des mystischen Yoga können die Lebenslüfte im Körper unter Kontrolle gebracht und die Sinne beherrscht werden, indem man sie davon abhält, sich mit etwas anderem als mit der Meditation über Śrī Viṣṇu zu beschäftigen.

Sāmba, der sein großes Geschick im Kampf offenbarte, schoss auf jeden der sechs Wagenlenker einen Pfeil ab und tötete sie alle, dann schoss er auf jeden der Streitwagen vier Pfeile ab und tötete dadurch die vier vorgespannten Pferde. Ein Pfeil wurde gebraucht, um den Fahrer zu töten, und einen Pfeil schoss er auf Karṇa sowie auf die anderen berühmten Krieger. Als Sāmba mit solcher Gewandtheit allein gegen die sechs großen Helden kämpfte, konnten diese nicht umhin, die unbegreifliche Kraft des Jünglings zu bewundern. Selbst inmitten des Kampfes gaben sie offen zu, dass Sāmba ein hervorragender Kämpfer sei. Doch der Kampf wurde im *kṣatriya*-Geist ausgetragen, und so taten sie sich alle zusammen, obwohl dies regelwidrig war, und zwangen Sāmba gemeinsam, von seinem Streitwagen herunterzuspringen, den sie dann zertrümmerten. Vier der sechs Krieger töteten Sāmbas vier Pferde, ein Pfeil traf seinen Wagenlenker, und einem gelang es schließlich, Sāmbas Bogensehne zu zerschneiden, so dass er nicht mehr weiterkämpfen konnte. Auf diese Weise war zuerst ein erbitterter und mühevoller Kampf nötig gewesen, bevor es ihnen letzten Endes gelang, Sāmba, der nun seinen Streitwagen verloren hatte, gefangen zu nehmen. Nachdem die Krieger der Kuru-Dynastie diesen grandiosen Sieg über Sāmba errungen hatten, nahmen sie ihm Lakṣmaṇā, ihre Tochter, weg, und daraufhin zogen sie in großem Triumph in die Stadt Hastināpura ein.

Sofort unterrichtete der große Weise Nārada die Yadu-Dynastie über Sāmbas Gefangennahme und erzählte ihnen alles, was geschehen war. Die Mitglieder der Yadu-Dynastie wurden sehr zornig, als sie hörten, dass die Kurus Sāmba gefangen genommen hatten, und dies auf unritterliche Weise, weil Sāmba allein gegen eine Überzahl von sechs Kriegern hatte kämpfen müssen. Sofort berieten sie sich mit dem Oberhaupt der Yadu-Dynastie, König Ugrasena, und mit seiner Erlaubnis bereiteten sie sich vor, die Hauptstadt der Kuru-Dynastie anzugreifen.

Śrī Balarāma wusste sehr wohl, dass die Menschen im Kali-yuga schon bei der geringsten Spannung bereit sind, miteinander zu kämpfen. Obwohl auch die beiden großen Dynastien der Kurus und Yadus bereits vom Kali-yuga beeinflusst wurden, missfiel Balarāma die Vorstellung, dass sie sich den Krieg erklären wollten. „Anstatt dass wir mit ihnen kämpfen“, dachte Er in Seiner Weisheit „werde Ich Mich zu ihnen begeben und die Lage erkunden; vielleicht gelingt es Mir, den Kampf durch eine gemeinsame Aussprache zu verhindern.“ Balarāma dachte, dass es Ihm möglich sein würde, die Schlacht zu verhindern, wenn sich die Kurus dazu bewegen ließen, Sāmba und seine Braut Lakṣmaṇā freizugeben. Er ließ daher sogleich ein schönes Pferdegespann vorfahren, um mit mehreren erfahrenen Priestern und *brāhmaṇas* sowie einigen älteren Familienmitgliedern der Yadu-Dynastie nach Hastināpura zu fahren. Er war überzeugt, dass die Angehörigen der Kuru-Dynastie der Heirat Sāmbas und Lakṣmaṇas zustimmen würden, so dass ein Krieg gegen die Yadus vermieden werden konnte. Als Śrī Balarāma in Begleitung der *brāhmaṇas* und Familienältesten auf Seinem Wagen nach Hastināpura fuhr, sah Er aus wie der Mond, der am klaren Himmel inmitten vieler glänzender Sterne leuchtet. Als Śrī Balarāma das Gebiet von Hastināpura erreichte, fuhr Er nicht in die Stadt hinein, sondern schlug Sein Lager bei einem kleinen Gartenhaus auf, das sich in den Parkanlagen außerhalb Hastināpuras befand. Dann bat Er Uddhava, die Anführer der Kuru-Dynastie aufzusuchen und sie zu fragen, ob sie mit den Yadus kämpfen wollten oder zu einer friedlichen Übereinkunft bereit seien. In Hastināpura traf Uddhava alle wichtigen Oberhäupter der Kuru-Dynastie, wie Bhīṣmadeva, Dhṛtarāṣṭra, Droṇācārya, Bali, Duryodhana und Bāhlīka, und nachdem er ihnen gebührende Achtung erwiesen hatte, teilte er ihnen mit, dass Śrī Balarāma bereits in den Parkanlagen vor der Stadt angekommen sei.

Die Anführer der Kuru-Dynastie, insbesondere Dhṛtarāṣṭra und Duryodhana, freuten sich sehr, als sie diese Neuigkeit hörten, denn sie wussten, dass Śrī Balarāma ein großer Freund und Gönner ihrer Familie war. Ihre Freude kannte keine Grenzen, und so hießen sie Uddhava herzlich willkommen. Um Śrī Balarāma würdig zu empfangen, stellten sie die verschiedensten glückverheißenden Gaben zusammen und begaben sich durch das Stadttor, wo sie Śrī Balarāma trafen. Jeder begrüßte Śrī Balarāma entsprechend seiner Stellung, indem sie Ihm prächtige Kühe überreichten und *argha*-Gaben* darbrachten. Weil sie alle Śrī Balarāmas erhabene Stellung als die Höchste Persönlichkeit Gottes kannten, verneigten sie sich vor Ihm mit großer Achtung. Auch tauschten sie Begrüßungsworte aus und fragten einander nach dem Wohlergehen. Als diese Formalitäten beendet waren, ergriff Śrī Balarāma

* *Argha* ist eine Mischung aus *ārati*-Wasser und einer Zusammenstellung mehrerer Gegenstände, wie z. B. Honig, Butter, Blumen und Sandelholzpaste.

mit ernstem und geduldigem Ton das Wort und gab ihnen mit Seinen Darlegungen Folgendes zu bedenken: „Meine lieben Freunde, diesmal bin Ich als Bote im Auftrag des allmächtigen Königs Ugrasena zu euch gekommen. Bitte hört daher seiner Anweisung mit sorgfältiger Aufmerksamkeit zu und leistet dieser Anweisung Folge, ohne einen Augenblick zu verlieren. König Ugrasena weiß sehr wohl, dass ihr Krieger der Kuru-Dynastie mit dem frommen Sāmba, der allein war, unritterlich gekämpft habt und dass ihr ihn nur unter großen Schwierigkeiten und mit List gefangen nahmt. Wir alle hörten davon, doch wir sind darüber nicht sehr erzürnt, da uns eine enge Verwandtschaft mit euch verbindet. Ich halte es nicht für richtig, dass unsere gute Beziehung unter diesem Vorfall leiden soll. Wir sollten unsere Freundschaft aufrechterhalten und nicht unnötig miteinander kämpfen. Lasst also bitte Sāmba auf der Stelle frei und bringt ihn zusammen mit seiner Braut Lakṣmaṇā zu Mir."

Als Śrī Balarāma Seine Worte in solch befehlendem Ton und voller Heldenmut, Erhabenheit und Unerschrockenheit vortrug, waren die Oberhäupter der Kuru Dynastie alles andere als erfreut, ja sie waren entrüstet und gerieten außer sich vor Zorn. „Was hören wir da!", riefen sie. „Erstaunliche Worte sind das, doch sie passen genau zum Zeitalter des Kali. Wie sonst könnte Balarāma so schmähend sprechen? Die Worte und der Tonfall Balarāmas sind eine einzige Beleidigung. Unter dem Einfluss dieses Zeitalters scheint es, dass die Schuhe, die ihren Platz an den Füßen haben, die Stellung des Helmes auf dem Kopf einnehmen wollen. Wir sind mit der Yadu-Dynastie durch Heirat verwandt, und so bot sich den Yadus die Gelegenheit, in unsere Gemeinschaft zu kommen, am selben Tisch zu essen und bei uns zu schlafen; nun aber nutzen sie diese Vorrechte aus. Bevor wir ihnen einen Teil unseres Königreiches als Herrschaftsgebiet übergeben haben, besaßen sie so gut wie nichts – und nun versuchen sie, uns zu befehlen. Wir haben es der Yadu-Dynastie erlaubt, die königlichen Insignien zu gebrauchen, wie den Wedel, den Fächer, das Muschelhorn, den weißen Baldachin, die Krone, den Thron, den erhöhten Sitzplatz, die Bettstatt und alles, was sonst noch zum königlichen Stand gehört. Eigentlich hätten sie diese königlichen Würdezeichen in unserer Gegenwart gar nicht verwenden dürfen, doch weil zwischen uns so enge familiäre Beziehungen bestanden, haben wir sie nicht daran gehindert. Nun aber erdreisten sie sich, uns zu befehlen, was wir tun sollen. Nun gehen sie zu weit in ihrer Unverschämtheit! Sie können sich solche Dinge nicht mehr anmaßen. Wir werden nicht länger mit ansehen, dass sie all diese königlichen Würdezeichen tragen. Es ist das Beste, ihnen diese Dinge fortzunehmen, denn es ist unklug, eine Schlange mit Milch zu füttern, da solche Barmherzigkeit ihr Gift nur noch verstärkt. Die Yadu-Dynastie versucht nun, sich gegen uns, die wir sie gut ernährt haben, aufzulehnen. Ihr ganzer Wohlstand beruht einzig und allein auf unseren Gaben und unserer Gnade, dennoch sind sie so undankbar und schamlos, dass sie versuchen, uns Befehle zu erteilen. Wie bedauerlich dies alles ist! Niemand auf der Welt kann irgendetwas genießen, solange nicht Mitglieder der Kuru-Dynastie, wie Bhīṣma, Droṇācārya und Arjuna, ihre Erlaubnis dazu gegeben haben. Das Lamm lebt nur so lange, wie es der Löwe erlaubt! Ebenso kann ohne unsere Zustimmung niemand auch nur das Geringste genießen, nicht einmal die Halbgötter im Himmel, samt ihrem Oberhaupt Indra, von gewöhnlichen Sterblichen ganz zu schweigen! „Die Mitglieder der Kuru-Dynastie waren durch ihren Reichtum, ihr Königreich, ihre adelige Herkunft, ihre Familientradition, ihre großen Krieger, ihre Familienmitglieder und ihr weitausgedehntes Imperium sehr hochmütig geworden. Sie hielten sich nicht einmal mehr an die grundlegenden Verhaltensregeln einer zivilisierten Gesellschaft und beleidigten die Yadu-Dynastie sogar in Śrī Balarāmas Gegenwart. Nachdem sie solch unverfrorene Reden geführt hatten, drehten sie sich um und kehrten in ihre Stadt zurück.

Obwohl Śrī Balarāma all diese Beleidigungen zugelassen und ihr ungehöriges Verhalten wortlos zur Kenntnis genommen hatte, konnte man doch an Seinem Äußeren erkennen, dass unbeugsamer Zorn in Ihm loderte und dass Er bereits über eine fürchterliche Vergeltung nachsann. Er sah so erregt aus, dass kaum jemand es wagte, Ihn auch nur anzuschauen. Er lachte laut auf und sagte: „Es ist tatsächlich wahr. Wenn sich ein Mensch zu viel auf seine Familie, seinen Reichtum, seine Schönheit und seinen materiellen Fortschritt einbildet, will er nicht mehr in Frieden leben, sondern fängt mit jedem Streit an. Es ist sinnlos, einem solchen Menschen zu erklären, wie man sich gut benimmt und ein friedliches Leben führt; vielmehr sollte man Mittel und Wege finden, ihn zu bestrafen." Im Allgemeinen werden die Menschen durch materiellen Reichtum zu Tieren, und einem Tier gute Ratschläge zu geben ist sinnlos. Das einzige, was hilft, ist das *Argumentum ad baculum*, das heißt, das einzige Mittel, unter Tieren Ordnung zu halten, ist ein Stock. Balarāma fuhr fort: „Seht nur, wie unverschämt die Angehörigen der Kuru-Dynastie sind! Ich bin hierhergekommen, um ein friedliches Abkommen zu schließen, obwohl alle anderen Mitglieder der Yadu-Dynastie, selbst Śrī Kṛṣṇa, sehr zornig sind. Sie wollten schon das Königreich der Kurus angreifen, doch Ich besänftigte sie und nahm die Mühe auf Mich, persönlich herzukommen, um die ganze Angelegenheit friedlich beizulegen. Doch schaut, wie diese Schurken sich verhalten! Es ist offensichtlich, dass sie eine friedliche Lösung gar nicht wollen, sondern dass sie in Wirklichkeit nichts anderes als den Krieg suchen. Hochmütig haben sie Mich wiederholt beleidigt, indem sie die Yadu-Dynastie grob beschimpften.

Selbst Indra, der König des Himmels, gehorcht dem Befehl der Yadu-Dynastie, und ihr glaubt, König Ugrasena, das Oberhaupt der Bhojas, Vṛṣṇis, Andhakas und Yādavas, wäre bloß ein kleiner Fürst mit einem kleinen Heer! Welch wunderbare Ansichten! Ihr wisst König Ugrasena nicht zu achten, obwohl sein Befehl selbst von König Indra befolgt wird. Habt ihr vergessen, wie erhaben die Stellung der Yadus ist? Sie haben sich gewaltsam des Versammlungshauses und des *pārijāta*-Baumes von den himmlischen Planeten bemächtigt, und trotzdem habt ihr die Vermessenheit, immer noch zu denken, sie könnten euch keine Befehle erteilen. Ihr glaubt doch nicht etwa im Ernst, Śrī Kṛṣṇa, die Höchste Persönlichkeit Gottes, wäre unwürdig, auf dem erhöhten Königsthron zu sitzen und jedem Befehle zu erteilen? Nun gut! Wenn ihr dies tatsächlich glaubt, habt ihr eine gründliche Lektion verdient! Ihr habt gesagt, es wäre falsch, dass die Yadu-Dynastie die königlichen Insignien verwende, wie den Wedel, den Fächer, den weißen Baldachin, den Königsthron und andere Würdezeichen des Königsstandes. Wollt ihr damit sagen, dass selbst Śrī Kṛṣṇa, der Herr der gesamten Schöpfung und der Gemahl der Glücksgöttin, diese Würdezeichen nicht verwenden dürfte? Der Staub von den Lotosfüßen Śrī Kṛṣṇas wird von allen großen Halbgöttern verehrt. Und weil der Ganges, der durch das ganze Universum fließt, von Seinen Lotosfüßen ausgeht, haben sich seine Ufer in vielbesuchte Pilgerstätten verwandelt. Die führenden Halbgötter aller Planeten beschäftigen sich in Seinem Dienst und schätzen sich sehr glücklich, den Staub von Seinen Lotosfüßen auf ihre Helme reiben zu dürfen. Große Halbgötter, wie Brahmā und Śiva, sowie die Glücksgöttin, ja sogar Ich Selbst, sind lediglich Teilerweiterungen Seiner spirituellen Persönlichkeit – und ihr glaubt immer noch, Er wäre es nicht wert, die königlichen Würdezeichen zu verwenden oder auf dem Königsthron zu sitzen? Ach, wie bedauerlich es ist, dass diese Dummköpfe uns, die Mitglieder der Yadu-Dynastie, mit Schuhen vergleichen und sich selbst mit Helmen. Nun ist es klar, dass die Anführer der Kuru-Dynastie durch ihren weltlichen Besitz und durch ihren Reichtum verrückt geworden sind. Alles, was sie vorbrachten, war voll verrückter Anmaßungen. Ich muss sie auf der Stelle zur Rechenschaft ziehen und sie wieder zur Vernunft bringen. Wenn Ich nichts gegen sie unternehme, wäre dies ein großer Fehler Meinerseits. Ich werde daher noch heute jegliche Spur der Kuru-Dynastie vom Erdboden verschwinden lassen. Jawohl, Ich werde sie kurzerhand ausrotten!"

Als Śrī Balarāma dies sagte, sah Er so zornig aus, als wollte Er im nächsten Augenblick die gesamte kosmische Manifestation zu Asche verbrennen. Er richtete Sich auf, ergriff Seine Pflugschar und schlug mit ihr auf den Boden. Dadurch löste sich ganz Hastināpura vom Festland, und Śrī Balarāma machte Sich daran, die Stadt in Richtung Ganges zu ziehen. Dabei liefen schwere Erschütterungen wie bei einem Erdbeben durch Hastināpura, und die ganze Stadt drohte in sich zusammenzubrechen.

Als die Angehörigen der Kuru-Dynastie sahen, dass ihre Stadt nahe daran war, in die Fluten des Ganges zu stürzen, und als sie die Angstschreie der Bürger vernahmen, kamen sie zur Vernunft und verstanden, was geschah. Ohne auch nur eine Sekunde zu verlieren, brachten sie daher ihre Tochter Lakṣmaṇā und Sāmba, ihren Entführer, herbei, und auf diese Weise begaben sie sich, angeführt von Sāmba, dem Lakṣmaṇā folgte, zu Śrī Balarāma. Mit gefalteten Händen erschienen die Mitglieder der Kuru-Dynastie vor Śrī Balarāma, um Ihn, die Höchste Persönlichkeit Gottes, um Vergebung zu bitten. Diesmal waren sie vernünftiger und sagten: „O Śrī Balarāma, Du bist der Quell aller Freude. Du bist der Erhalter und die Stütze des gesamten Kosmos. Aber leider waren wir uns Deiner unvorstellbaren Kräfte nicht bewusst. Lieber Herr, betrachte uns bitte als die größten Narren. Unsere Intelligenz war verwirrt. Wir sind daher zu Dir gekommen, um Dich um Verzeihung zu bitten. Bitte vergib uns. Du bist der ursprüngliche Schöpfer, Erhalter und Vernichter der gesamten kosmischen Manifestation, und trotzdem befindest Du Dich stets in einer transzendentalen Stellung. O allmächtiger Herr, die großen Weisen sprechen über nichts anderes als über Dich. Du bist der ursprüngliche Puppenspieler, und alles Existierende in der Welt ist wie Dein Spielzeug. O unbegrenzter Herr, hinter allem stehst Du. Du trägst alle Planetensysteme auf Deinem Kopf, als wäre es ein Kinderspiel. Wenn die Zeit der Vernichtung kommt, nimmst Du die ganze materielle Manifestation in Dich auf, und dann gibt es nur noch Dich allein, der Du als Mahā-viṣṇu auf dem Ozean der Ursachen ruhst. Lieber Herr, Du bist in Deinem transzendentalen Körper auf der Erde erschienen, um die kosmische Ordnung aufrechtzuerhalten. Du bist jenseits von Zorn, Neid und Feindschaft. Alles, was Du tust, selbst in Form von Bestrafungen, ist für die ganze Schöpfung glückverheißend. Wir bringen Dir unsere achtungsvollen Ehrerbietungen dar, denn Du bist die unvergängliche Höchste Persönlichkeit Gottes, das Behältnis aller Füllen und Kräfte. O Schöpfer unzähliger Universen, wir fallen vor Dir zu Boden und bringen Dir immer wieder unsere achtungsvollen Ehrerbietungen dar. Wir sind Dir nun völlig ergeben. Sei uns daher bitte barmherzig gesinnt, o Herr, und gewähre uns Deinen Schutz." Als die berühmten Mitglieder der Kuru-Dynastie, angefangen mit Großvater Bhīṣmadeva bis hin zu Arjuna und Duryodhana, auf diese Weise ihre ehrfürchtigen Gebete dargebracht hatten, zeigte die Höchste Persönlichkeit Gottes, Śrī Balarāma, sogleich Sanftmut und versicherte ihnen, dass sie nichts mehr zu befürchten hätten.

Unter den *kṣatriya*-Königen war es ein weitverbreiteter Brauch, dass es vor einer Hochzeit zwischen der Gruppe der Braut und der des Bräutigams zu einem Kampf kam. Als Sāmba Lakṣmaṇā entführte, waren die Ältesten der Kuru-Dynastie sehr erfreut zu sehen, dass er ein würdiger Mann für ihre Tochter war, doch weil sie sich von seiner Kraft überzeugen wollten, kämpften sie mit ihm und nahmen ihn, ohne jede Rücksicht auf die Kampfregeln, gefangen. Als die Yadus dann beschlossen, Sāmba aus der Gewalt der Kurus zu befreien, kam Śrī Balarāma persönlich, um die Angelegenheit zu regeln, und da Er ein mächtiger *kṣatriya*-König war, befahl Er den Kurus, Sāmba unverzüglich freizulassen. Als die Kauravas diesen Befehl vernahmen, fühlten sie sich scheinbar beleidigt, und so forderten sie Śrī Balarāmas Macht heraus. Im Grunde jedoch wollten sie nur sehen, wie Er Seine unergründliche

Stärke offenbaren würde. Deshalb gaben sie nun Sāmba voller Freude ihre Tochter zur Braut, und so fand die ganze Angelegenheit ein glückliches Ende. Duryodhana, der seiner Tochter Lakṣmaṇā sehr zugeneigt war, veranstaltete für sie eine pompöse Hochzeitsfeier. Als Mitgift übergab er ihr zuerst 1 200 Elefanten, von denen jeder mindestens 60 Jahre alt war, dazu gab er 10 000 prächtige Pferde, 6 000 Streitwagen, die wie die Sonne glänzten, und 1 000 Dienerinnen, die mit goldenem Geschmeide geschmückt waren. Śrī Balarāma, das berühmteste Mitglied der Yadu-Dynastie, war Sāmbas Trauzeuge und nahm mit Freuden die Mitgift entgegen. Balarāma war mit dem großen und feierlichen Empfang, den Ihm die Kurus bereitet hatten, sehr zufrieden, und in Begleitung des frischvermählten Paares begab Er Sich auf den Rückweg in Seine Hauptstadt Dvārakā.

Im Triumph erreichte Śrī Balarāma Dvārakā, wo Er mit vielen Bürgern zusammentraf, die alle Seine Geweihten und Freunde waren. Als sie sich alle um Ihn versammelt hatten, erzählte Er ihnen die ganze Geschichte von Sāmbas Heirat, und sie waren sehr erstaunt, als sie hörten, wie Balarāma die Stadt Hastināpura hatte erbeben lassen.

Śukadeva Gosvāmī bestätigt, dass der Fluss, der damals durch die Stadt Hastināpura, dem heutigen Neu-Delhi, floss, als der Ganges bekannt war, obwohl er heute Yamunā heißt. In diesem Zusammenhang weisen große Autoritäten, wie Jīva Gosvāmī, darauf hin, dass es sich bei dem Ganges und der Yamunā um denselben Fluss handelt, der lediglich verschiedenen Läufen folgt. Der Teil des Ganges, der durch Hastināpura in das Gebiet von Vṛndāvana fließt, wird als Yamunā bezeichnet, da er durch die transzendentalen Spiele Śrī Kṛṣṇas geheiligt ist. Der Teil von Hastināpura, der zu Yamunā hin abfällt, wird während der Regenzeit überflutet, und dies erinnert jeden an Śrī Balarāmas Drohung, die Stadt in den Ganges zu stürzen.

Hiermit enden die Bhaktivedanta-Erläuterungen zum 68. Kapitel des Kṛṣṇa-Buches mit dem Titel „Die Heirat Sāmbas“.

KAPITEL 69

Der große Weise Nārada besucht Śrī Kṛṣṇas Paläste

Als der große Weise Nārada hörte, wie Śrī Kṛṣṇa nach Seinem Sieg über den Dämon Narakāsura (der manchmal auch Bhaumāsura genannt wird) 16 000 Frauen geheiratet hatte, war er sehr erstaunt. Kṛṣṇa hatte Sich in 16 000 Formen erweitert und all diese Frauen gleichzeitig in verschiedenen Palästen geheiratet. Weil Nārada wissen wollte, wie Kṛṣṇa mit so vielen Frauen zugleich zusammenzuleben vermochte, wollte er diese Spiele mit eigenen Augen sehen, und so machte er sich auf, die Paläste Kṛṣṇas zu besuchen. In Dvārakā angekommen, sah er unzählige Parks und Gartenanlagen, in denen Blumen der verschiedensten Farben blühten, und auch Obstgärten voller Bäume, deren Äste sich unter dem Gewicht der vielen Früchte zu Boden neigten. Farbenprächtige Vögel zwitscherten, und Pfauen jubilierten zu jedermanns Freude. Die Teiche waren mit blauen und roten Lotosblumen übersät, und dazwischen gab es Stellen, wo verschiedene Arten von Lilien blühten. Neben dieser Blumenpracht wurden die Seen auch von Schwänen und Kranichen bevölkert, deren Stimmen weithin zu hören waren. In der Stadt bot sich der Anblick von rund 900 000 großen, aus feinstem Marmor erbauten Palästen, deren Portale und Türen aus Silber bestanden. Die Säulen der Häuser und Paläste waren mit Juwelen, wie dem Stein der Weisen, Saphiren und Smaragden, versehen, und die Fußböden reflektierten ungetrübten Glanz. Auch die Straßen, Gassen, Kreuzungen und Marktplätze waren alle reich geschmückt worden. Wohnhäuser, Versammlungshäuser und Tempel wechselten sich ab, und jedes einzelne dieser Bauwerke war für sich eine architektonische Meisterleistung. All dies machte Dvārakā zu einer strahlenden Stadt. Die Alleen, Kreuzungen, Gassen und Straßen wie auch die Schwellen der Wohnhäuser waren sehr sauber. Alle Straßen wurden von Sträuchern gesäumt, und auf beiden Seiten waren in regelmäßigen Abständen Bäume gepflanzt, die den Fußgängern Schatten spendeten, so dass sie nicht von der heißen Sonne gepeinigt wurden.

In dieser herrlichen Stadt Dvārakā besaß Śrī Kṛṣṇa, die Höchste Persönlichkeit Gottes, viele Paläste. Große Könige und Fürsten aus der ganzen Welt pflegten Śrī Kṛṣṇa in diesen Palästen zu besuchen, um ihm ihre Verehrung darzubringen. Die Baupläne waren von Viśvakarmā, dem Architekten der Halbgötter, persönlich entworfen worden, und in der Errichtung dieser Paläste hatten all seine Talente und seine ganze Genialität ihren Höhepunkt gefunden. Die Zahl dieser Paläste belief sich auf mehr als 16 000, und in jedem wohnte eine andere von Śrī Kṛṣṇas Königinnen. Als der große Weise Nārada eines dieser Bauwerke betrat, sah er, dass die Säulen aus Korallen bestanden und die Decken mit Juwelen verziert waren. An den Wänden und den Säulenbogen funkelten kunstvolle Ornamente, die sich aus den verschiedenartigsten Saphiren zusammensetzten. Im ganzen Palast befanden sich von Viśvakarmā entworfene Baldachine, die mit Perlenketten reich bestickt waren. Die Sessel und anderen Möbelstücke waren aus Elfenbein geschnitzt und mit Gold und Diamanten verziert, und juwelenbesetzte Kristall-Leuchter vertrieben alle Dunkelheit aus den Räumen. Dazu brannte so viel Räucherwerk und wohlriechendes Harz, dass Rauch aus den Fenstern drang. Die Pfauen, die auf den Treppenstufen saßen, verwechselten die Duftwolken mit Regenwolken und begannen freudig zu tanzen. Die vielen Dienerinnen im Palast trugen alle goldene Halsketten, Armreife und kostbare Saris, und die männlichen Diener trugen Umhänge, Turbane und mit Juwelen verzierte Ohrringe. So kamen sie alle anmutig und elegant ihren Pflichten im Palast nach.

Als Nārada Śrī Kṛṣṇa erblickte, war Er gerade bei Rukmiṇīdevī, der Herrin jenes Palastes. Rukmiṇī hielt den Griff eines *cāmara*-Wedels in der Hand, und sie wurde von vielen Tausenden von Dienerinnen umgeben, die im gleichen Alter wie sie waren und ihr an Schönheit und Begabung in nichts nachstanden. Obwohl ihr so viele Dienerinnen zu Verfügung standen, ließ sie es sich nicht nehmen, Śrī Kṛṣṇa persönlich Kühlung zuzufächeln. Kṛṣṇa ist die Höchste Persönlichkeit Gottes und wird selbst von Nārada verehrt, doch als Er Nārada kommen sah, erhob Er Sich sogleich von Rukmiṇīs Bettstatt, um den großen Weisen gebührend zu empfangen. Śrī Kṛṣṇa ist der Lehrer der ganzen Welt, und um jedem zu zeigen, wie man einem Heiligen wie Nārada Muni Ehre erweist, verneigte Sich Kṛṣṇa vor ihm, wobei Er mit Seinem Helm den Boden berührte. Śrī Kṛṣṇa verneigte Sich nicht nur, sondern berührte auch Nāradas Füße und bat ihn mit gefalteten Händen, auf Seinem Sitz Platz zu nehmen. Śrī Kṛṣṇa ist die Höchste Persönlichkeit, die von allen Gottgeweihten verehrt wird. Er ist der spirituelle Meister für alle, dem jede Verehrung gebührt. Das Wasser des Ganges, das von Seinen Lotosfüßen ausgeht, heiligt alle drei Welten. Alle weisen *brāhmaṇas* verehren Ihn, und daher wird Er auch *brahmaṇya-deva* genannt.

Brahmaṇya bezieht sich auf jemanden, der alle brahmanischen Eigenschaften besitzt: Wahrhaftigkeit, Selbstbeherrschung, Reinheit, Beherrschung der Sinne, Einfachheit, vollkommenes Wissen durch praktische Anwendung und Beschäftigung im hingebungsvollen Dienst. Śrī Kṛṣṇa besitzt all diese Eigenschaften, und Er wird von denjenigen verehrt, die ebenfalls diese Eigenschaften besitzen. Es gibt Tausende und Abertausende von Namen Śrī Kṛṣṇas – Viṣṇu-sahasra-nāma –, und sie alle beziehen sich auf Seine transzendentalen Eigenschaften.

Śrī Kṛṣṇa spielte in Dvārakā die Rolle eines vollkommenen Menschen. Daher hatte der Weise Nārada nichts dagegen, als Kṛṣṇa ihm die Füße wusch und Sich das Wasser über den Kopf sprengte, denn er wusste sehr wohl, dass der Herr dies tat, um jeden zu lehren, wie man einem Heiligen Respekt erweist. Die Höchste Persönlichkeit Gottes, Kṛṣṇa, der ursprüngliche Nārāyaṇa und der ewige Freund aller Lebewesen, verehrte somit den Weisen Nārada gemäß den regulierenden Prinzipien der Veden. Er hieß den Weisen mit nektargleichen Worten willkommen und sprach ihn als *bhagavān* an; *bhagavān* bedeutet „jemand, der in sich selbst zufrieden ist, da er alles Wissen, alle Entsagung, alle Macht, allen Ruhm, alle Schönheit und viele andere ähnliche Füllen besitzt". Śrī Kṛṣṇa fragte Nārada insbesondere: „Womit kann Ich dir dienen?"

Nārada erwiderte: „Mein lieber Herr, es erstaunt mich nicht, wie Du Dich in Deiner Gnade verhältst, denn Du bist die Höchste Persönlichkeit Gottes, der Herr aller Lebewesen. Du bist der höchste Freund eines jeden, doch zugleich bestrafst Du die Schurken und die Neidischen. Ich weiß, dass Du, o Herr, auf die Erde herabgestiegen bist, um das ganze Universum in rechter Weise zu erhalten. Dein Erscheinen wird durch keine äußere Ursache erzwungen; vielmehr finden Dein Erscheinen und Dein Fortgehen gemäß Deinem freien Willen statt. Ich schätze mich deshalb sehr glücklich, dass ich heute Deine Lotosfüße sehen durfte. Jeder, der Anhaftung an Deine Lotosfüße gewinnt, wird zur höchsten Stufe der Unberührtheit erhoben und befindet sich nicht mehr unter dem Einfluss der materiellen Erscheinungsweisen der Natur. O Herr, Du bist unendlich, Deine Füllen kennen keine Grenzen. Große Halbgötter, wie Brahmā und Śiva, sind stets bemüht, Dich in ihr Herz zu schließen und über Dich zu meditieren. Die bedingten Seelen, die in den dunklen Brunnen des materiellen Daseins versetzt worden sind, können dieser ewigen Gefangenschaft nur entkommen, wenn sie sich Deinen Lotosfüßen zuwenden. Du bist daher die einzige Zuflucht für die bedingten Seelen. Mein lieber Herr, Du hast mich in Deiner Güte gefragt, was Du für mich tun kannst. Als Antwort darauf habe ich nur eine Bitte: Lass mich niemals Deine Lotosfüße vergessen. Es ist mir gleichgültig, wo ich mich befinde, ich bete nur, dass es mir gestattet sein möge, mich ständig an Deine Lotosfüße zu erinnern."

Indem der Weise Nārada diese Segnung vom Herrn erbat, zeigte er so das ideale Gebet für alle reinen Gottgeweihten. Ein reiner Gottgeweihter bittet den Herrn niemals um eine materielle oder spirituelle Segnung; seine einzige Bitte lautet, dass er unter keinen Umständen die Lotosfüße des Herrn vergessen werde. Einen reinen Gottgeweihten kümmert es nicht, ob er in den Himmel oder in die Hölle geschickt wird; er ist überall zufrieden, vorausgesetzt, dass er sich fortwährend an die Lotosfüße des Herrn erinnern kann. In Seinen *Śikṣāṣṭaka*-Gebeten lehrte Śrī Caitanya denselben Vorgang des Betens: „Das einzige, was Ich Mir wünsche, ist hingebungsvoller Dienst – Geburt für Geburt.“ Ein reiner Gottgeweihter hegt nicht einmal das Verlangen, den Kreislauf von Geburt und Tod zu beenden. Einem reinen Gottgeweihten macht es nichts aus, wieder in einer der vielen Lebensformen geboren zu werden. Sein einziges Bestreben ist es, unter keinen Umständen die Lotosfüße des Herrn zu vergessen.

Als Nāradajī den Palast Rukmiṇīs verlassen hatte, wollte er weiter sehen, wie die innere Energie Śrī Kṛṣṇas, *yogamāyā*, wirkt, und so betrat er den Palast einer anderen Königin. Dort traf er Śrī Kṛṣṇa an, der gerade mit Seiner geliebten Frau und Uddhava Schach spielte. Der Herr erhob Sich sogleich und bot Nārada Muni Seinen Platz an. Darauf ließ Er Nārada wieder eine so aufwendige Verehrung zuteilkommen, wie Er es im Palast Rukmiṇīs getan hatte. Śrī Kṛṣṇa jedoch tat so, als wüsste Er nichts davon, und sagte zu Nārada: „Mein lieber Weiser, wenn du, o Heiligkeit, hierherkommst, bist du in dir selbst vollkommen. Wir sind Haushälter, denen ständig irgendetwas fehlt, doch du benötigst niemals Hilfe, da du in dir selbst zufrieden bist. Wie soll es unter diesen Umständen in Unserem Vermögen liegen, dir einen gebührenden Empfang zu bereiten oder etwas für dich zu tun. Nichtsdestoweniger ist es Unsere Pflicht, dir, soweit es uns möglich ist, etwas anzubieten, da du, o Heiligkeit, ein *brāhmaṇa* bist. Ich bitte dich daher, so freundlich zu sein, Mir einen Befehl zu erteilen. Was kann Ich für dich tun?“

Nārada wusste über die transzendentalen Spiele des Herrn genau Bescheid; ohne seinerseits ein weiteres Wort hinzuzufügen, verließ er den Palast, maßlos erstaunt über die Taten und die Allmacht des Herrn. So betrat er einen weiteren Palast, und diesmal sah er Kṛṣṇa, wie Er als zuneigungsvoller Vater Seine kleinen Kinder liebkoste. Im nächsten Palast sah er, wie Sich Śrī Kṛṣṇa gerade für Sein Bad vorbereitete. Nach und nach besuchte der Heilige Nārada jeden der 16 000 Paläste der Königinnen Śrī Kṛṣṇas, und in jedem dieser Paläste sah er den Herrn bei einer anderen Tätigkeit.

In einem Palast sah er, wie Kṛṣṇa gerade in einem Opferfeuer Gaben darbrachte und die rituellen Zeremonien durchführte, die für Haushälter von den Veden vorgeschrieben sind. In einem anderen Palast traf er Kṛṣṇa beim Durchführen des *pañca-yajña*-Opfers. Dieser *yajña*, der auch *pañca-sūnā* genannt wird, ist für jeden Haushälter unerlässlich.

Wissentlich oder unwissentlich begeht jeder, besonders der Haushälter, fünf Arten von sündhaften Tätigkeiten. Wenn wir Wasser aus einem Krug trinken, töten wir viele im Wasser lebende Bakterien. Auch wenn wir Getreide zermahlen, Speisen essen, den Boden aufwischen oder ein Feuer entzünden, töten wir viele Bakterien, und wenn wir auf der Straße gehen, töten wir viele Ameisen und andere Insekten. Ob wir uns darüber bewusst sind oder nicht, bei all unseren Tätigkeiten töten wir andere Wesen. Daher ist es die Pflicht eines jeden Haushälters, das *pañca-sūnā*-Opfer durchzuführen, um sich so von den Reaktionen auf diese Sünden zu befreien.

In einem anderen Palast sah Nārada, wie Śrī Kṛṣṇa nach der Durchführung eines *yajña* gerade die *brāhmaṇas* speiste. Er sah, wie Kṛṣṇa schweigend das Gāyatrī-Mantra chantete und wie Er Sich gerade im Kampf mit Schwert und Schild übte. Dann wieder ritt Kṛṣṇa auf Pferden oder Elefanten, fuhr auf einem Streitwagen oder ging spazieren. In einem Palast ruhte Er Sich gerade auf einem Bett aus, und in einem anderen saß Er auf Seinem Thron, während Ihn verschiedene Geweihte mit Gebeten priesen. In einem der Paläste beriet Sich Kṛṣṇa mit Uddhava und anderen Ministern über wichtige Geschäfte, während Er Sich in einem anderen Palast, umringt von vielen bezaubernden Gesellschaftsmädchen, in einem Schwimmbecken vergnügte. Dann sah Nārada, wie Kṛṣṇa den *brāhmaṇas* reichgeschmückte Kühe spendete, und in einem anderen Palast war Kṛṣṇa gerade dabei, Sich Geschichten aus den Purāṇas, den Geschichtsbüchern, und dem *Mahābhārata* anzuhören. Diese Schriften ergänzen die Veden und haben die Aufgabe, gewöhnlichen Menschen vedisches Wissen zu vermitteln, indem sie von wichtigen Ereignissen in der Geschichte des Universums berichten. In einem Palast vergnügte Sich Śrī Kṛṣṇa mit einer Seiner Gemahlinnen, indem Er scherzende Worte mit ihr wechselte, und in einem anderen Palast war Er dabei, mit Seiner Frau religiöse Zeremonien zu vollziehen. Da es für Haushälter notwendig ist, die finanziellen Mittel zu vermehren, um die vielen Ausgaben zu decken, beschäftigte Sich Kṛṣṇa in einem der Paläste auch mit wirtschaftlichem Fortschritt. In einem anderen Palast sah Nārada, wie Sich Kṛṣṇa gemäß den regulierenden Prinzipien der *śāstras* des Familienlebens erfreute.

In wieder einem anderen Palast saß Kṛṣṇa in tiefer Meditation, als konzentriere Er Seinen Geist auf die Höchste Persönlichkeit Gottes, die

Um allen Menschen zu zeigen, wie wichtig es ist, einen spirituellen Meister anzunehmen, ließen Sich Kṛṣṇa und Balarāma von Sāndīpani Muni unterweisen, obwohl Sie Selbst die Quelle allen Wissens sind.

Als der Dämon Mura Kṛṣṇas Muschelhorn hörte, erwachte er aus seinem Schlaf und startete wutentbrannt einen Angriff.

Nach dem Sieg über Bhaumāsura befreite Śrī Kṛṣṇa alle Prinzessinnen, die dieser Dämon in seinem Palast gefangen hielt.

Balarāma besuchte Vṛndāvana, und zwei Monate lang verbrachte Er dort jede Nacht mit den *gopīs* im Wald.

Beim Rājasūya-Opfer zu Ehren Kṛṣṇas waren alle großen Halbgötter anwesend, und König Yudhiṣṭhira wusch Śrī Kṛṣṇas Lotosfüße.

Śrī Kṛṣṇa schleuderte Sein Feuerrad, das so scharf wie eine Rasierklinge war, und trennte kurzerhand Śiśupālas Kopf vom Rumpf.

Nach dem Sieg über Śālva zog Kṛṣṇa in die reich geschmückte Stadt Dvārakā ein.

Als Śālva tot am Boden lag, griff ein weiterer dämonischer König namens Dantavakra Kṛṣṇa an, um den Tod seines Freundes Śālva zu rächen.

Balarāma tötete Romaharṣaṇa Sūta, indem Er ihm mit einem *kuśa*-Halm, einem ganz gewöhnlichen Grashalm, einen Schlag versetzte.

Als der Dämon Balvala am Himmel erschien, zerrte ihn Balarāma bei der ersten Gelegenheit mit Seinem Pflug zu Sich herunter.

Śrī Kṛṣṇa ließ den armen Sudāmā Vipra auf Seinem Bett Platz nehmen, bot ihm Früchte und Getränke an und wusch ihm persönlich die Füße.

Brahmā, Viṣṇu und Śiva lenken alle Vorgänge im materiellen Universum, doch sie unterstehen der Herrschaft der Höchsten Persönlichkeit Gottes, Śrī Kṛṣṇa.

In ihrer fröhlichen Ausgelassenheit bespritzten Kṛṣṇas Frauen Ihn manchmal mit Wasser, was ihnen Kṛṣṇa auf die gleiche Weise vergalt.

Sich jenseits der materiellen Universen befindet. Meditation, wie sie in den maßgeblichen Schriften empfohlen wird, ist dazu bestimmt, den Geist auf die Höchste Persönlichkeit Gottes, Viṣṇu, zu richten. Śrī Kṛṣṇa ist zwar Selbst der ursprüngliche Viṣṇu, doch weil Er die Rolle eines Menschen spielte, lehrte Er uns durch Sein persönliches Beispiel unmissverständlich, was wirkliche Meditation bedeutet. In einem anderen Palast war Śrī Kṛṣṇa gerade dabei, ältere, höhergestellte Persönlichkeiten zu erfreuen, indem Er ihnen schenkte, was sie benötigten. Nāradajī sah auch, wie Śrī Kṛṣṇa gerade über Kampfstrategien sprach, während Er in einem anderen Palast mit Seinen Feinden Frieden schloss. In einem weiteren Palast sprach Śrī Kṛṣṇa mit Seinem älteren Bruder, Śrī Balarāma, über die höchste Wohlfahrtsarbeit für die Menschheit. Dann wieder sah Nārada, wie Śrī Kṛṣṇa Seine Söhne und Töchter mit geeigneten Partnern verheiratete, und die Hochzeitszeremonien wurden immer mit großem Prunk durchgeführt. In einem Palast verabschiedete Sich Kṛṣṇa von Seinen Töchtern, während Er in einem anderen gerade eine Schwiegertochter empfing. Die Bewohner der Stadt waren jedes Mal von Neuem erstaunt, solch prunkvolle Feste zu erleben.

In einem weiteren Palast sah Nārada, wie der Herr Opfer darbrachte, um die Halbgötter zufriedenzustellen, die lediglich Seine qualitativen Erweiterungen sind. Dann wieder war Er zum Wohl der Allgemeinheit tätig, indem Er tiefe Brunnen für die Wasserversorgung baute, Rasthäuser und Gärten für fremde Gäste anlegte und große Klöster und Tempel für die Heiligen gründete. Dies sind einige der Pflichten, die den Haushältern von den Veden vorgeschrieben werden, damit ihre materiellen Wünsche in Erfüllung gehen. Ein anderes Mal war Kṛṣṇa gerade dabei, als *kṣatriya*-König im Wald zu jagen und auf prächtigen *Sindhī*-Pferden zu reiten. Nach den Regeln der vedischen Kultur war es den *kṣatriyas* gestattet, aus besonderen Gründen bestimmte Tiere zu töten, entweder um den Frieden im Wald aufrechtzuerhalten oder um die Tiere im Opferfeuer darzubringen. *Kṣatriyas* dürfen sich in der Kunst des Tötens üben, weil sie in der Lage sein müssen, ihre Feinde erbarmungslos zu töten, um für Frieden in der Gesellschaft zu sorgen. Ein anderes Mal sah Nārada, wie Śrī Kṛṣṇa, die Höchste Persönlichkeit Gottes, Seine üblichen Kleider ablegte und Sich verkleidete, um wie ein Spion die Absichten gewisser Bürger in der Stadt und Bewohner innerhalb des Palastes zu erkunden.

So wurde der Heilige Nārada Zeuge all dieser Taten des Herrn, der, obwohl Er die Überseele aller Lebewesen ist, die Rolle eines gewöhnlichen Menschen spielte, um die Spiele Seiner inneren Energie zu offenbaren. Nārada lächelte innerlich und sagte zu Kṛṣṇa: „O Herr aller mystischen Kräfte, der Du das Objekt der Meditation großer Mystiker bist, das Ausmaß Deiner mystischen Kraft ist unfassbar, selbst für Mystiker wie Brahmā und Śiva. Doch weil ich ständig im transzendentalen liebevollen Dienst Deiner Lotosfüße beschäftigt bin, warst Du in Deiner Barmherzigkeit so gütig, mir das Wirken Deiner inneren Energie zu offenbaren. Lieber Herr, Du bist für alle verehrenswert, und die Halbgötter und die herrschenden Gottheiten aller 14 Planetensysteme sind sich Deines transzendentalen Ruhms voll bewusst. Bitte gewähre mir Deine Segnung, damit ich in der Lage bin, durch alle Universen zu reisen und den Ruhm Deiner transzendentalen Spiele zu besingen."

Auf diese Worte Nāradas entgegnete die Höchste Persönlichkeit Gottes, Śrī Kṛṣṇa: „Mein lieber Nārada, o Weiser unter den Halbgöttern, du weißt, dass Ich nicht nur der höchste Lehrer aller religiösen Prinzipien bin und diese auf vollkommene Weise befolge, Ich bin auch der höchste Wächter, der für deren Einhaltung sorgt. Ich befolge diese religiösen Prinzipien selbst, um dadurch die gesamte Welt zu lehren, richtig zu handeln. Mein lieber Sohn, es ist Mein Wunsch, dass du durch solche Manifestationen Meiner inneren Energie nicht verwirrt wirst."

Die Höchste Persönlichkeit Gottes ging diesen sogenannten Haushältertätigkeiten nach, um den Menschen zu zeigen, wie man sein Haushälterleben läutern kann, selbst wenn man sich noch tief in der Gefangenschaft des materiellen Daseins befindet. Im Allgemeinen wird man durch ein Leben als Haushälter gezwungen, das materielle Dasein fortzusetzen; doch weil der Herr zu den Haushältern sehr gütig ist, lehrte Er, wie man das gewöhnliche Haushälterleben heiligen kann. Weil Kṛṣṇa in einem Kṛṣṇa-bewussten Haushälterleben den Mittelpunkt aller Tätigkeiten bildet, ist ein solches Leben transzendental zu allen vedischen Anweisungen und wird automatisch von allen Sünden gereinigt.

Nārada sah also einen einzigen Kṛṣṇa, der durch Seine vollständigen Erweiterungen in 16 000 Palästen wohnte, das heißt, kraft Seiner unbegreiflichen Energie befand Er Sich gleichzeitig im Palast einer jeden

Königin. Śrī Kṛṣṇa verfügt über unbegrenzte Macht, und Nāradas Staunen kannte keine Grenzen, als Er immer wieder neue Offenbarungen der inneren Energie Śrī Kṛṣṇas sah. Śrī Kṛṣṇa verhielt Sich, als interessiere auch Er Sich sehr für die vier Prinzipien des kultivierten Lebens, nämlich Religiosität, wirtschaftliche Entwicklung, Befriedigung der Sinne und Befreiung. Diese vier Prinzipien des materiellen Daseins sind für den spirituellen Fortschritt der menschlichen Zivilisation erforderlich. Deshalb führte Śrī Kṛṣṇa, obwohl Er es eigentlich nicht nötig hatte, ein vorbildliches Haushälterleben, damit die Menschen in ihrem eigenen Interesse Seinem Beispiel folgen können. Śrī Kṛṣṇa stellte den Weisen Nārada in jeder Hinsicht zufrieden, und mit der ekstatischen Erinnerung an die Aktivitäten des Herrn in Dvārakā verabschiedete sich Nārada und zog weiter.

Als Śukadeva Gosvāmī König Parīkṣit von den Spielen Śrī Kṛṣṇas in Dvārakā erzählte, erklärte er ihm auch, wie Śrī Kṛṣṇa, die Höchste Persönlichkeit Gottes, durch Seine innere Energie in das materielle Universum herabsteigt und persönlich die Prinzipien vorlebt, durch die man, wenn man sie befolgt, das endgültige Ziel des Lebens erreichen kann. Die mehr als 16 000 Königinnen in Dvārakā stellten allesamt ihre weibliche Anmut in den transzendentalen Dienst des Herrn, indem sie Ihm zulächelten und Ihm dienten, und dem Herrn Seinerseits gefiel es, Sich in ihrer Gemeinschaft genau wie ein vollkommener Ehemann zu verhalten. Man muss sich vollkommen darüber bewusst sein, dass solche transzendentalen Spiele von niemandem außer Śrī Kṛṣṇa ausgeführt werden können. Śrī Kṛṣṇa ist die ursprüngliche Ursache der Schöpfung, Erhaltung und Vernichtung der gesamten kosmischen Manifestation. Jeder, der den Beschreibungen der Spiele Śrī Kṛṣṇas in Dvārakā aufmerksam zuhört, und jeder, der einen Prediger der Bewegung für Kṛṣṇa-Bewusstsein unterstützt, wird es sehr leicht finden, den Pfad der Befreiung zu beschreiten und den Nektar der Lotosfüße Śrī Kṛṣṇas zu kosten. Und so wird er in Seinem hingebungsvollen Dienst beschäftigt werden.

Hiermit enden die Bhaktivedanta-Erläuterungen zum 69. Kapitel des Kṛṣṇa Buches mit dem Titel „Der große Weise Nārada besucht Śrī Kṛṣṇas Paläste".

KAPITEL 70

Śrī Kṛṣṇas Alltag

Die vedischen Mantras erklären, dass die Höchste Persönlichkeit Gottes nicht dazu verpflichtet ist, irgendetwas zu tun. *Na tasya kāryaṁ karaṇaṁ ca vidyate.* Wenn der Höchste Herr also nichts zu tun braucht, wie kann man dann im Zusammenhang mit dem Höchsten Herrn von Tätigkeiten sprechen? Wie aus dem letzten Kapitel deutlich hervorgegangen ist, kann niemand so handeln wie Śrī Kṛṣṇa. Deshalb sollten wir uns die folgende Tatsache immer vor Augen halten: Man soll sich Kṛṣṇas Tätigkeiten zum Vorbild nehmen, aber man kann sie nicht nachahmen. So kann man zum Beispiel dem Vorbild von Kṛṣṇas Haushälterleben folgen, doch wer könnte Kṛṣṇa imitieren und sich wie Er in viele Formen erweitern? Wir sollten deshalb stets daran denken, dass Śrī Kṛṣṇa, obwohl Er die Rolle eines Menschen spielt, nichtsdestoweniger gleichzeitig immer Seine Stellung als die Höchste Persönlichkeit Gottes beibehält. Wir können dem Beispiel Śrī Kṛṣṇas folgen, das Er gegeben hat, als Er Sich jeder Seiner Gemahlinnen gegenüber wie ein gewöhnlicher Mensch verhielt, doch Sein gleichzeitiges Zusammensein mit mehr als 16 000 Frauen können wir nicht nachahmen. Die Schlussfolgerung lautet: Wenn wir vorbildliche Haushälter werden wollen, müssen wir dem Beispiel Śrī Kṛṣṇas folgen, das Er in Seinem täglichen Leben gab; auf keiner Stufe unseres Lebens jedoch können wir Ihn nachahmen.

Śrī Kṛṣṇa ruhte des Nachts gewöhnlich bei jeder Seiner 16 000 Frauen, doch Er stand immer frühmorgens, drei Stunden vor Sonnenaufgang, auf. Die Natur hat es so eingerichtet, dass das Krähen der Hähne die *brāhma-muhūrta*-Stunde anzeigt. Wecker sind deshalb nicht nötig – sobald die Hähne frühmorgens krähen, weiß man, dass es Zeit zum Aufstehen ist. Sowie Kṛṣṇa das Krähen vernahm, pflegte Er Sich aus dem Bett zu erheben, was Seinen Frauen jedoch nicht sehr behagte. Kṛṣṇas Frauen hingen so sehr an Ihm, dass sie lieber liegenbleiben und Ihn weiter umarmt halten wollten; doch sobald die Hähne krähten, wurden sie sehr betrübt und verwünschten das Krähen.

Im Garten eines jeden Palastes wuchsen *pārijāta*-Blumen. Die *pārijāta* ist nicht irgendeine gezüchtete Blume, denn wie wir bereits gehört haben, holte Kṛṣṇa die *pārijāta*-Bäume aus dem himmlischen Königreich, um sie dann in all Seinen Palastgärten einzupflanzen. Früh am Morgen verbreitete ein sanfter Wind den Duft der *pārijāta*-Blumen und trug ihn auch in das Schlafgemach, wo Kṛṣṇa gerade aufgestanden war. Angeregt durch diesen Duft, erschienen alsbald die ersten Honigbienen und summten durch die Luft, und auch das liebliche Zwitschern der Vögel erwachte. Gemeinsam klang dieser morgendliche Chor wie das Singen von Sängern, die Kṛṣṇa Gebete darbringen. Śrīmatī Rukmiṇīdevī, die erste Königin Śrī Kṛṣṇas, wusste zwar, dass die *brāhma-muhūrta* die glückverheißendste Zeit des ganzen Tages ist, dennoch wurde sie jedes Mal unzufrieden und betrübt, wenn die *brāhma-muhūrta* anbrach, denn dies bedeutete immer, dass Kṛṣṇa sofort aufstand und Rukmiṇīs Seite trotz ihres Bedauerns verließ. Ein vorbildlicher Haushälter sollte von Śrī Kṛṣṇa lernen, früh aufzustehen, wie bequem auch immer er, umarmt von seiner Frau, im Bett ruhen mag.

Nach dem Aufstehen wusch Sich Śrī Kṛṣṇa Mund, Hände und Füße und setzte Sich dann sogleich nieder, um über Sich Selbst zu meditieren. Das bedeutet jedoch nicht, dass auch wir über uns selbst meditieren sollen. Nein, wir müssen über Kṛṣṇa, Rādhā-Kṛṣṇa, meditieren – das ist wirkliche Meditation. Da Kṛṣṇa natürlich Selbst Kṛṣṇa ist, lehrte Er uns, als Er über Sich Selbst meditierte, dass man die *brāhma-muhūrta* zur Meditation über Rādhā-Kṛṣṇa nutzen soll. Wenn Kṛṣṇa also auf diese Weise meditierte, fühlte Er Sich sehr zufrieden, und ebenso werden auch wir transzendentale Freude und Zufriedenheit erfahren, wenn wir die *brāhma-muhūrta* dazu nutzen, über Rādhā und Kṛṣṇa zu meditieren. Wenn wir immer daran denken, wie sich Śrī Rukmiṇīdevī und Kṛṣṇa als vorbildliche Eheleute verhielten, um die gesamte Menschheit zu lehren, früh am Morgen aufzustehen und sich sofort im Kṛṣṇa-Bewusstsein zu betätigen. Es besteht kein Unterschied zwischen der Meditation über die ewige Form Rādhā-Kṛṣṇas und dem Chanten des Hare-Kṛṣṇa-Mahā-Mantra. Als Kṛṣṇa meditieren wollte, blieb Ihm nichts anderes übrig, als über Sich Selbst zu meditieren. Das Objekt der Meditation kann das Brahman, der Paramātmā oder die Höchste Persönlichkeit Gottes sein, und Kṛṣṇa Selbst ist alle drei zusammen: Er ist die Höchste Persönlichkeit Gottes, Bhagavān; der lokalisierte Paramātmā ist Seine vollständige Teilerweiterung, und das alldurchdringende Brahman ist die persönliche Ausstrahlung Seines transzendentalen Körpers. Kṛṣṇa ist deshalb immer Einer, und für Ihn gibt es keine Unterschiede. Das unterscheidet Ihn von einem gewöhnlichen Lebewesen, denn für ein gewöhnliches Lebewesen bestehen viele Unterschiede: Es ist verschieden von seinem Körper, und dieser bestimmte Körper, den es besitzt, unterscheidet sich seinerseits von den vielen Körperformen der anderen Lebewesen. Ein Mensch unterscheidet sich von den anderen Menschen und den Tieren, und selbst am eigenen Körper gibt es viele Körperteile mit den unterschiedlichsten Funktionen. Die Arme beispielsweise können niemals die Aufgabe der Füße erfüllen, und mit den Füßen wiederum kann man niemals das tun, was man mit den Händen tun kann. Die Ohren können hören, wohingegen die Augen dies nicht können, und die Augen können sehen, während dies den Ohren ihrerseits unmöglich ist. All diese Unterschiede bezeichnet man auf Sanskrit ais *svajātīya vijātīya*.

Die Begrenztheit, die einem durch den Körper auferlegt wird – wie zum Beispiel die Unfähigkeit, mit einem Körperteil die Funktion eines anderen auszuführen –, besteht für die Höchste Persönlichkeit Gottes nicht. Zwischen Kṛṣṇas Körper und Ihm Selbst gibt es keinen

Unterschied. Er ist völlig spirituell und daher besteht zwischen Seinem Körper und Seiner Seele kein Unterschied. Ebenso ist Er nicht verschieden von Seinen millionenfachen Inkarnationen und vollständigen Erweiterungen. Baladeva ist die erste Erweiterung Kṛṣṇas, und von Baladeva gehen Saṅkarṣaṇa, Vāsudeva, Pradyumna und Aniruddha aus. Saṅkarṣaṇa erweitert Sich in Nārāyaṇa, von dem eine zweite Vierer-Erweiterung in Form von Saṅkarṣaṇa, Vāsudeva, Pradyumna und Aniruddha ausgeht. So gibt es unzählige andere Erweiterungen Kṛṣṇas, aber sie alle sind eins. Viele Erweiterungen gehen von Kṛṣṇa aus, wie Śrī Nṛsiṁha (die Halb-Mensch-halb-Löwen-Inkarnation), Śrī Varāha (die Eber-Inkarnation), Śrī Matsya (die Fisch-Inkarnation) und Śrī Kūrma (die Schildkröten-Inkarnation); aber zwischen Kṛṣṇas ursprünglicher, zweiarmiger Gestalt, die der eines Menschen gleicht, und all diesen gigantischen Tierinkarnationen besteht kein Unterschied. Ebenso gibt es bei Ihm auch keinen Unterschied zwischen den Fähigkeiten eines Körperteils und denen eines anderen. Er kann Seine Arme als Beine gebrauchen; Seine Augen vermögen zu hören wie Seine Ohren; Seine Nase kann die Funktion jedes anderen Körperteils erfüllen, und so fort. Wenn Kṛṣṇa riecht, isst oder hört, ist es dasselbe. Wir, die begrenzten Lebewesen, müssen für all diese Funktionen jeweils einen ganz bestimmten Körperteil benutzen, aber Kṛṣṇa unterliegt nicht solchen Dualitäten. In der *Brahma-saṁhitā* heißt es: *aṅgāni yasya sakalendriya-vṛttimanti* – „Jeder Teil von Kṛṣṇas Körper kann die Funktionen der anderen Körperteile erfüllen." So gelangt man durch das analytische Studium Kṛṣṇas und Seiner Person zu der Schlussfolgerung, dass Er das vollkommene Ganze ist. Wenn Kṛṣṇa meditiert, meditiert Er deshalb über Sich Selbst. Wenn ein gewöhnlicher Mensch über Sich Selbst meditiert, was auf Sanskrit als *so 'ham* bezeichnet wird, so ist dies bloß eine klägliche Imitation. Kṛṣṇa kann über Sich Selbst meditieren, denn Er ist das vollkommene Ganze; wir aber können Ihn nicht nachahmen und über uns selbst meditieren. Unser Körper ist eine äußerliche Bezeichnung, die unserem Selbst, der Seele, auferlegt wird. Kṛṣṇas Körper ist dagegen nicht äußerlich: Kṛṣṇas Körper ist ebenfalls Kṛṣṇa. Es gibt nichts in Kṛṣṇa, das sich von Ihm unterscheidet; mit anderen Worten, was immer in Kṛṣṇa ist, ist ebenfalls Kṛṣṇa. Er ist deshalb das höchste, unzerstörbare, vollständige Dasein, die Absolute Wahrheit.

Kṛṣṇas Dasein ist kein relatives Dasein. Alles außer Kṛṣṇa ist relative

Wahrheit, doch Kṛṣṇa ist die Höchste Absolute Wahrheit. Kṛṣṇas Existenz ist von nichts und niemandem abhängig außer von Kṛṣṇa Selbst. Unsere Existenz jedoch ist den verschiedensten Arten von Relativität unterworfen. Zum Beispiel können wir nur dann etwas sehen, wenn Sonne, Mond oder Elektrizität uns Licht spenden, und daher ist unser Sehvermögen relativ, so wie auch das Sonnenlicht, das Mondlicht und das künstliche Licht relativ sind; denn wir bezeichnen es nur als leuchtend, weil wir es auf diese Weise wahrnehmen. Aber Abhängigkeit und Relativität treffen nicht auf Kṛṣṇa zu. Seine Handlungen hängen nicht von irgendjemandes Zustimmung ab, noch ist Er auf irgendjemandes Hilfe angewiesen. Er befindet Sich jenseits des von Zeit und Raum begrenzten Daseins. Er kann nicht von der Illusion *māyās,* deren Wirkungskraft ebenfalls begrenzt ist, bedeckt werden, eben weil Er transzendental zu Zeit und Raum ist. In den vedischen Schriften finden wir die Feststellung, dass die Höchste Persönlichkeit Gottes mannigfaltige Energien besitzt. Da all diese Energien Emanationen Seinerselbst sind, besteht kein Unterschied zwischen Ihm und Seinen Energien. Gewisse Philosophen behaupten jedoch, Kṛṣṇa nehme einen materiellen Körper an, wenn Er in der materiellen Welt erscheine. Wenn man diese Behauptung tatsächlich für wahr hält, sollte man zumindest auch die Schlussfolgerung ziehen, dass dieser Körper Kṛṣṇas trotzdem nicht materiell handelt, weil die materielle Energie ja nicht verschieden von Ihm ist. In der *Bhagavad-gītā* wird deshalb gesagt, dass Kṛṣṇa kraft Seiner inneren Energie, *ātma-māyā*, erscheint.

Kṛṣṇa wird das Höchste Brahman genannt, weil Er die Ursache der Schöpfung, die Ursache der Erhaltung und die Ursache der Vernichtung ist. Brahma, Viṣṇu und Śiva sind die zuständigen Erweiterungen für diese materiellen Erscheinungsformen. All diese materiellen Erscheinungsformen können zwar auf die bedingten Seelen einwirken, doch in Bezug auf Kṛṣṇa gibt es keine solchen Einwirkungen und Auswirkungen, da diese Erscheinungsformen gleichzeitig eins mit Ihm und verschieden von Ihm sind. Kṛṣṇa Selbst ist nichts anderes als *sac-cid-ānanda-vigraha*, die ewige Gestalt der Glückseligkeit und des Wissens, und wegen Seiner unermesslichen Größe wird Er das Höchste Brahman genannt. Wenn Er über das Brahman, den Paramātmā oder Bhagavān meditiert, meditiert Er ausschließlich über Sich Selbst, und über nichts anderes, was sich jenseits Seinerselbst befinden würde. Diese Meditation kann von keinem gewöhnlichen Lebewesen nachgeahmt werden.

Nach Seiner Meditation pflegte der Herr jeweils in klarem, geweihtem Wasser sein frühmorgendliches Bad zu nehmen. Danach zog Er frische Kleidung an, hüllte Sich in einen Überwurf und widmete Sich dann den täglichen religiösen Pflichten, von denen die ersten darin bestanden, in einem Opferfeuer Gaben darzubringen und still für Sich das Gāyatrī-Mantra zu chanten. Um das vollkommene Beispiel zu geben, kam Śrī Kṛṣṇa allen religiösen Pflichten, die einem Haushälter vorgeschrieben sind, ohne Abweichung nach. Wenn die Sonne über dem Horizont sichtbar wurde, brachte der Herr dem Sonnengott bestimmte Gebete dar. Der Sonnengott und die anderen Halbgötter, die in den vedischen Schriften erwähnt werden, gelten als verschiedene Teile von Śrī Kṛṣṇas Körper, und es ist die Pflicht des Haushälters, die Halbgötter und großen Weisen wie auch die Vorfahren zu ehren.

Wie in der *Bhagavad-gītā* gesagt wird, gibt es für den Herrn keine Pflichten, die Er in dieser Welt auszuführen hätte, und dennoch verhält Er Sich wie ein gewöhnlicher Mensch, der ein vorbildliches Leben in der materiellen Welt führt. So pflegte der Herr in Übereinstimmung mit den vedischen Prinzipien den Halbgöttern Ehre zu erweisen. Das regulierende Prinzip, nach dem man die Halbgötter und Vorfahren verehrt, bezeichnet man als *tarpaṇa*, was „erfreuend" bedeutet. Die Vorfahren haben vielleicht auf einem anderen Planeten Geburt nehmen müssen, aber wenn man die *tarpaṇa*-Zeremonie durchführt, werden sie sehr erfreut, wo auch immer sie sich befinden. Es ist die Pflicht des Haushälters, seine Familienmitglieder glücklich zu machen, und wenn er den *tarpaṇa*-Vorgang befolgt, kann er auch seine Vorfahren erfreuen. Als vollkommener und beispielhafter Haushälter hielt Sich auch Śrī Kṛṣṇa an diesen *tarpaṇa*-Vorgang und brachte den älteren, höherstehenden Angehörigen Seiner Familie achtungsvolle Ehrerbietungen dar.

Seine nächste Pflicht bestand darin, den *brāhmaṇas* Kühe zu spenden. So pflegte Śrī Kṛṣṇa, jeden Tag mehrere Gruppen von Kühen mit je 13 084 Tieren fortzugeben. Jede einzelne Kuh war mit einer Seidendecke und einer Perlenkette geschmückt; ihre Hörner waren vergoldet, und ihre Hufe waren mit Silber überzogen. Da sie noch ihre erstgeborenen Kälber bei sich hatten, gaben sie Milch im Überfluss, und sie waren sehr zahm und friedlich. Zusammen mit den Kühen wurden den *brāhmaṇas* prächtige Seidengewänder gegeben, und jeder erhielt außerdem ein Hirschfell und eine reichliche Menge Sesamsamen. Der Herr wird als *go-brāhmaṇa-hitāya ca* bezeichnet, was bedeutet, dass Er es als Seine erste Pflicht ansieht, Sich um das Wohl der Kühe und der *brāhmaṇas* zu kümmern. So pflegte Er den *brāhmaṇas* reichgeschmückte Kühe und viele andere Gaben zu schenken. Er berührte auch glücksbringende Dinge, wie Milch, Honig, Ghee (Butterfett), Gold, Juwelen und Feuer, wobei Er allen Lebewesen Wohlergehen wünschte. Obgleich der Herr durch die vollkommene Form Seines transzendentalen Körpers bereits von Natur aus von unvergleichlicher Schönheit ist, schmückte Er Sich mit gelben Gewändern und einer Halskette aus Kaustubha-Juwelen. Er legte Sich auch Blumengirlanden um, betupfte Seinen Körper mit Sandelholzpaste und verwendete noch andere Schönheitsmittel und Schmuckstücke. Es heißt, dass die Schmuckstücke an Schönheit zunahmen, wenn sie auf den transzendentalen Körper des Herrn gelegt wurden. Nachdem Sich Śrī Kṛṣṇa auf diese Weise geschmückt hatte, wandte Er Seinen Blick den Marmorstatuen zu, die eine Kuh mit ihrem Kalb darstellten, und danach besuchte Er verschiedene Tempel Gottes oder Tempel von Halbgöttern wie Śiva. Täglich kamen viele *brāhmaṇas* vorbei, um den Höchsten Herrn noch vor dem Frühstück zu sehen; sie waren bestrebt, Ihn zu sehen, und Er hieß sie alle willkommen.

Seine nächste Pflicht war es, alle Menschen der verschiedenen Kasten, sowohl die in der Stadt als auch die im Palast, zu erfreuen. Er machte sie glücklich, indem Er ihre verschiedenen Wünsche erfüllte, und wenn Er sie dann glücklich sah, bereitete dies auch Ihm große Freude. Bei dieser Gelegenheit verteilte Er all die Blumengirlanden und Betelnüsse sowie auch die Sandelholzpasten und anderen duftenden Substanzen, dic man Ihm dargebracht hatte, und zwar zuerst an die *brāhmaṇas* und die Familienältesten, darauf an die Königinnen, dann an die Minister, und wenn noch etwas übrig war, nahm Er es für Seinen persönlichen Gebrauch. Wenn der Herr schließlich all diese täglichen Pflichten und Tätigkeiten beendet hatte, fuhr Sein Wagenlenker Dāruka mit einem wunderbaren Pferdegespann vor und trat mit gefalteten Händen vor den Herrn, um Ihm anzudeuten, dass Sein Wagen bereitstehe, und so verließ der Herr den Palast. Begleitet von Uddhava und Sātyaki, bestieg Er Seinen Wagen und fuhr los, genau wie der Sonnengott, der im Morgengrauen auf seinem Wagen erscheint und die Erde mit seinen Strahlen erhellt. Immer wenn der Herr im Begriff war, Seine Paläste zu verlassen, begegnete Er den weiblichen Blicken Seiner Königinnen, und Er antwortete ihnen zum Abschied mit einem Lächeln, das ihre Herzen so sehr an Ihn fesselte, dass sie ein sehnsüchtiges Gefühl der Trennung von Ihm erfuhren.

Der Herr begab Sich daraufhin zu Seinem Versammlungshaus, das den Namen Sudharmā trug. Wie wir bereits gehört haben, war dieses Bauwerk aus dem himmlischen Königreich auf die Erde gebracht und in Dvārakā aufgestellt worden. Das Besondere an diesem Versammlungshaus war, dass jeder, der es betrat, von den sechs materiellen Qualen, nämlich Hunger, Durst, Klagen, Täuschung, Alter und Tod, frei wurde. Dies sind die Plagen des materiellen Daseins, doch solange man sich in dem besagten Versammlungshaus aufhielt, war man vor diesen sechs materiellen Plagen sicher. Nachdem der Herr in allen 16 000 Palästen Abschied genommen hatte, wurde Er wieder eins, und so betrat Er in Begleitung anderer Mitglieder der Yadu-Dynastie das Versammlungshaus Sudharmā. Wenn Kṛṣṇa dann auf Seinem erhöhten Königsthron saß, ging ein transzendentaler Schein leuchtender Strahlen von Ihm aus, und im Kreis aller großen Helden der Yadu-Dynastie glich Er dem Vollmond, der von unzähligen Sternen umgeben wird. Sobald Sich der Herr auf Seinen Thron gesetzt hatte, traten verschiedene Künstler vor, wie Hofnarren, Tänzer, Musiker und Ballett-Tänzerinnen, und begannen mit ihren jeweiligen Vorführungen, um den Herrn zu erfreuen und Sein Wohlwollen zu erwecken. Zur Erheiterung der Stimmung traten am Morgen zuerst die Hofnarren auf, um ihre Sprüche zum Besten zu geben, und brachten dadurch den Herrn und Seinen Hofstaat zum Schmunzeln. Dann führten die Schauspieler ihre Stücke auf, und daneben tanzten die Ballett-Tänzerinnen in kunstvollen Bewegungen. All diese Darbietungen wurden von den Rhythmen der *mṛdaṅga*-Trommeln und den melodischen Klängen der *vīṇā* und der verschiedensten Flöten und Glöckchen begleitet. In dieses Konzert stimmten auch die *murajas*, eine andere Art von Trommeln, und gewöhnlich auch das glückverheißende Schallen von Muschelhörnern ein. Die *sūtas* und *māgadhas*, professionelle Sänger, führten ihre Künste vor, und dazu tanzten andere in vollkommener Anmut. Auf diese Weise brachten sie, die sie alle Gottgeweihte waren, der Höchsten Persönlichkeit Gottes ihre Verehrung und ihre Gebete dar. Zuweilen chanteten die gelehrten *brāhmaṇas*, die in der Versammlung zugegen waren, vedische Hymnen und erläuterten sie der Zuhörerschaft nach bestem Wissen; zuweilen trug auch jemand von ihnen historische Begebenheiten aus dem Leben berühmter Könige längst vergangener Zeiten vor, und mit großer Freude hörten ihnen der Herr und Sein Gefolge zu.

Eines Tages fand sich ein Mann am Tor des Versammlungshauses ein, der allen Anwesenden unbekannt war, doch mit der Erlaubnis des Herrn wurde ihm Einlass gewährt. Der Torwächter bekam die Anweisung, den Fremden vor den Herrn zu bringen, und sowie der Fremde vor der Versammlung erschien, brachte er dem Herrn mit gefalteten Händen seine achtungsvollen Ehrerbietungen dar. Hier an dieser Stelle muss man sich an die Geschichte mit König Jarāsandha erinnern. Als Jarāsandha auf seinen Feldzügen zahlreiche Königreiche unterwarf, hatten sich viele Könige geweigert, ihr Haupt vor ihm zu neigen, worauf er angeordnet hatte, sie alle, 20 000 an der Zahl, gefangen zu nehmen und einzukerkern. Der Mann nun, den der Torwächter vor Kṛṣṇa geführt hatte, war ein Abgesandter dieser gefangenen Könige. Nachdem er den Regeln gemäß vorgestellt worden war, überbrachte er folgende Botschaft der Könige:

„O Herr, Du bist die ewige Gestalt transzendentaler Glückseligkeit und transzendentalen Wissens. Deshalb entziehst Du Dich der Reichweite intellektueller Spekulation wie auch den Beschreibungsversuchen aller Arten von materialistischen Menschen in dieser Welt. Ein kleiner Teil Deiner Herrlichkeit wird denjenigen offenbart, die sich völlig Deinen Lotosfüßen ergeben haben, und allein durch Deine Gnade werden diese Persönlichkeiten von allen materiellen Sorgen frei. O mein Herr, wir gehören nicht zu diesen ergebenen Seelen; wir befinden uns immer noch unter dem Einfluss der Dualität und der Illusion des materiellen Daseins. Doch nun sind wir gekommen, um bei Deinen Lotosfüßen Zuflucht zu suchen, denn wir fürchten uns vor dem Kreislauf der Geburten und Tode. O Herr, wir glauben, es gibt viele Lebewesen, die wie wir stets in fruchtbringende Tätigkeiten und in deren Reaktionen verstrickt sind. Sie denken nie daran, Deinen Anweisungen zu folgen und sich dem hingebungsvollen Dienst zu widmen, obwohl dies dem Herzen Freude bereitet und das größte Glück für den Menschen darstellt. Vielmehr sind sie sogar gegen den Pfad des Kṛṣṇa-bewussten Lebens. Sie wandern, gezwungen von der illusionierenden Energie des materiellen Daseins, ständig durch die drei Welten.

O Herr, wer könnte Deine Gnade und Dein machtvolles Wirken ermessen? Immer und überall bist Du als die unüberwindliche Kraft der ewigen Zeit gegenwärtig, die den Materialisten die Erfüllung ihrer unersättlichen Wünsche vereitelt, weshalb die Materialisten immer wieder verwirrt und ratlos Enttäuschungen hinnehmen müssen. Wir bringen Dir deshalb in Deiner Form als ewige Zeit unsere ehrfürchtigen Ehrerbietungen dar. Verehrter Herr, Du bist der Besitzer aller Welten, und nun bist Du zusammen mit Deiner vollständigen Erweiterung Śrī Balarāma erschienen. Es heißt, dass Du in dieser Inkarnation erscheinst, um die Gläubigen zu beschützen und die Schurken zu vernichten. Wie kann es unter diesen Umständen einem Schurken wie Jarāsandha möglich sein, sich Deiner Autorität zu widersetzen und uns in eine solch erbärmliche Lage zu zwingen? Diese Tatsache verwirrt uns – wir können nicht begreifen, wie es möglich ist. Mitunter ist Jarāsandha infolge der Reaktion auf unsere vergangenen Missetaten dazu ermächtigt worden, uns zu peinigen; doch die offenbarten Schriften sagen uns, dass jeder, der sich Deinen Lotosfüßen ergibt, augenblicklich vor den sündhaften Reaktionen auf seine früheren Missetaten sicher ist. Deshalb suchen wir von ganzem Herzen bei Dir Zuflucht und haben die Hoffnung, dass Du, o Herr, uns vollen Schutz gewähren wirst. Wir sind nun zur wahren Erkenntnis unseres Lebens gekommen. Unsere Stellung als Könige ist nur der Lohn unserer einstigen frommen Werke, ebenso wie es eine Folge unserer einstigen Sünden ist, dass wir nun in Jarāsandhas Gefängnis leiden müssen. Wir haben erkannt, dass die Ergebnisse sowohl von frommen als auch von unfrommen Tätigkeiten zeitweilig sind und dass wir im bedingten Leben niemals glücklich werden können. Der materielle Körper wurde uns von den Erscheinungsweisen der materiellen Natur gegeben, und dieser Körper verursacht uns viele Ängste und Sorgen. Das materielle Leben bedeutet nichts anderes, als die Last des toten materiellen Körpers mit sich zu tragen. Unsere fruchtbringenden Tätigkeiten haben uns dazu erniedrigt, die Lasttiere unserer Körper zu sein, und unter dem Zwang des bedingten Lebens haben wir das freudvolle Leben im Kṛṣṇa-Bewusstsein aufgegeben. Nun erkennen wir, dass wir die größten Narren sind. In unserer Unwissenheit haben wir uns in das Netz materieller Reaktionen verstrickt. Deshalb suchen wir nun bei Deinen Lotosfüßen Zuflucht, die alle Folgen fruchtbringender Tätigkeiten sofort auslöschen und uns von der Verunreinigung durch materielle Leiden und Freuden befreien können.

Lieber Herr, nun, da wir als ergebene Seelen bei Deinen Lotosfüßen Zuflucht gesucht haben, bitten wir Dich, uns aus dem Netz der fruchtbringenden Tätigkeiten zu befreien, das uns in der Gestalt Jarāsandhas gefangen hält. Lieber Herr, wie Du weißt, besitzt Jarāsandha die Kraft von 10 000 Elefanten, und deshalb konnte er uns gefangen nehmen wie eine Herde von Schafen, die beim Anblick eines Löwen erstarrt. Lieber Herr, Du hast bereits 18 Mal mit Jarāsandha gekämpft, wobei Du ihn 17 Mal besiegtest, da Du ihn an außergewöhnlicher Macht noch übertrafst. Bei der achtzehnten Begegnung jedoch hast Du Dich wie ein gewöhnlicher Mensch verhalten, so dass es schien, als wärest Du besiegt worden. Lieber Herr, wir sind uns selbstverständlich darüber bewusst, dass Jarāsandha Dich niemals besiegen kann, denn Deine Macht, Deine Stärke, Dein Reichtum und Deine Autorität sind unbegrenzt. Niemand kann Dich übertreffen und niemand kommt Dir gleich. Jarāsandhas offenkundiger Sieg über dich bei eurem achtzehnten Zusammentreffen ist nur darauf zurückzuführen, dass Du einen weiteren Aspekt Deiner Rolle als Mensch offenbaren wolltest. Leider aber konnte der törichte Jarāsandha Deine Taktik nicht begreifen, und seit jenem Tag sind ihm seine materielle Macht und Sein Ansehen zu Kopf gestiegen. In Seinem Hochmut hat er uns nun gefangengenommen und eingekerkert, da er genau weiß, dass wir Deine Geweihten sind und Deiner Herrschaft unterstehen.

Der Bote endete mit folgenden Worten: „Ich habe Dir die furchtbare Lage der Könige geschildert, und Du, o Herr, magst nun entscheiden und tun, was immer Dir beliebt. Als Sendbote und Vertreter der gefangenen Könige habe ich Dir unser Anliegen vorgetragen und ihre Gebete dargebracht. Alle Könige sehnen sich sehr danach, Dich zu sehen, damit sie sich persönlich Deinen Lotosfüßen ergeben können. Lieber Herr, bitte sei ihnen gnädig und tue, was das Beste für sie ist.“

Während der Bote den Herrn gerade um Barmherzigkeit für die gefangenen Könige bat, erschien der große Weise Nārada im Versammlungshaus. Weil Nārada ein großer Heiliger ist, strahlte sein Haar wie Gold, genauso dass es aussah, als beehre der Sonnengott persönlich die

Versammlung mit seiner Anwesenheit. Śrī Kṛṣṇa wird sogar von Brahmā und Śiva verehrt, doch als Er den Weisen Nārada nahen sah, erhob Er Sich zusammen mit Seinen Ministern und Sekretären, um ihn zu begrüßen und ihm Seine achtungsvollen Ehrerbietungen zu erweisen, indem Er Sich vor ihm verneigte. Nachdem sich der große Weise Nārada auf einem bequemen Sitz niedergelassen hatte, verehrte ihn Śrī Kṛṣṇa mit allem, was zum Empfang eines Heiligen gehört. Während Er auf diese Weise für Nāradajīs Zufriedenstellung sorgte, sprach Er mit Seiner wohlklingenden natürlichen Stimme folgende Worte: „O großer Weiser unter den Halbgöttern, Ich glaube, dass nun überall auf den drei Welten Ordnung herrscht. Du besitzt die vollkommene Befähigung, durch den ganzen Weltraum zu reisen und die oberen, mittleren und unteren Planetensysteme dieses Universums zu besuchen. Es ist für uns ein großes Glück, dich, o Heiligkeit, treffen zu können, denn du kannst uns ohne Schwierigkeiten alle Fragen über die Geschehnisse innerhalb der drei Welten beantworten. Es gibt nichts in der kosmischen Manifestation des Höchsten Herrn, was deinem Wissen verborgen bliebe. Du weißt alles, weshalb Ich dich Folgendes fragen möchte: Wie geht es den Pāṇḍavas, und wie sehen König Yudhiṣṭhiras gegenwärtige Pläne aus? Sage Mir gütigerweise, was sie zu tun gedenken."

Der große Weise Nārada antwortete: „Lieber Herr, Du hast davon gesprochen, dass die kosmische Manifestation vom Höchsten Herrn geschaffen wurde, doch ich weiß, dass Du Selbst dieser alldurchdringende Schöpfer bist. Deine Energien sind so umfangreich und unfassbar, dass selbst so mächtige Persönlichkeiten wie Brahmā, der Herr dieses Universums, Deine unvorstellbare Macht nicht ermessen können. Lieber Herr, durch diese unvorstellbare Macht befindest Du Dich als Überseele im Herzen eines jeden, genau wie auch das Feuer in jedem vorhanden ist, aber nicht direkt gesehen werden kann. Im bedingten Dasein unterstehen alle Lebewesen dem Diktat der drei Erscheinungsweisen der materiellen Natur, und daher sind sie mit ihren materiellen Augen nicht imstande, Deine Allgegenwart wahrzunehmen. Durch Deine Gnade jedoch habe ich Deine unergründlichen Energien viele Male wirken sehen; wenn Du mich nun nach Neuigkeiten über die Paṇḍavas fragst, obwohl sie Dir schon längst bekannt sind, versetzt mich Deine Frage nicht in Erstaunen.

Lieber Herr, durch Deine unergründlichen Energien schaffst Du die kosmische Manifestation, erhältst sie und löst sie am Ende wieder auf. Ebenso ist es nur durch Deine unergründliche Energie möglich, dass die materielle Welt, die nichts anderes ist als ein Schattenbild der spirituellen Welt, Wirklichkeit zu sein scheint. Niemand hat einen Einblick in Deine Pläne für die Zukunft. Deine transzendentale Stellung bleibt immer unbegreiflich – ausnahmslos für jeden. Ich meinerseits kann nicht anders als Dir immer wieder meine achtungsvollen Ehrerbietungen darbringen. Bedingt durch die körperliche Auffassung des Lebens, wird jeder von materiellen Wünschen getrieben, und so entwickelt jeder im Kreislauf von Geburt und Tod immer wieder neue materielle Körper. Wenn man in eine solche Lebensauffassung vertieft ist, weiß man nicht, wie man der Gefangenschaft des materiellen Körpers entkommen kann. Aus Deiner grundlosen Barmherzigkeit, o mein Herr, bist Du zu uns herabgekommen, um Deine transzendentalen Spiele zu offenbaren, die ruhmreich sind und uns erleuchten. Ich kann daher nicht anders als Dir meine achtungsvollen Ehrerbietungen darbringen.

Mein lieber Herr, Du bist das Höchste, das Parabrahman, und Deine Spiele als gewöhnlicher Mensch sind nur ein Mittel zum Zweck, genau wie bei einem Bühnenstück, wo ein Schauspieler verschiedene Rollen spielt, die sich von seiner wirklichen Identität unterscheiden. In diesem Sinne hast Du mich in Deiner Rolle als wohlmeinender Freund Deiner Vettern, der Pāṇḍavas, gefragt, wie es ihnen gehe. Deshalb werde ich Dir nun ihre Pläne mitteilen. Höre mich bitte an.

Als Erstes darf ich Dir berichten, dass König Yudhiṣṭhira alle nur erdenklichen materiellen Reichtümer besitzt, die man auf dem höchsten Planetensystem, Brahmaloka, erhalten kann. Es gibt kein materielles Gut, nach dem er noch trachten könnte, und dennoch möchte er das Rājasūya-Opfer durchführen, und zwar nur, weil er sich Deine Gemeinschaft wünscht und Dich erfreuen möchte. König Yudhiṣṭhira ist so reich, dass er hier auf der Erde alle Reichtümer besitzt, die es sonst nur auf Brahmaloka gibt. Er ist vollkommen zufrieden, und es mangelt ihm an nichts. Trotz dieses allumfassenden Reichtums möchte er nun Dich verehren, um Deine grundlose Barmherzigkeit zu erlangen, und ich bitte Dich, ihm diesen Wunsch zu erfüllen. Mein lieber Herr, bei dieser großen Opferzeremonie, die König Yudhiṣṭhira vollziehen will, werden alle Halbgötter und alle berühmten Könige der Welt zugegen sein.

Mein lieber Herr, Du bist das Höchste Brahman, die Persönlichkeit

Gottes. Jeder, der Dir durch die vorgeschriebenen Vorgänge des Hörens, Chantens und Sich-Erinnerns in Hingabe dient, wird von der Verunreinigung durch die materiellen Erscheinungsweisen geläutert, ganz zu schweigen von denen, die die Möglichkeit haben, Dich direkt zu sehen und zu berühren. Mein lieber Herr, Du bist der Inbegriff von allem, was glückverheißend ist. Dein transzendentaler Name und Dein transzendentaler Ruhm sind überall im Universum bekannt, sowohl auf den höheren und mittleren als auch auf den niederen Planetensystemen. Das transzendentale Wasser, das Deine Lotosfüße wäscht, wird auf dem höheren Planetensystem als Mandākinī und auf dem niederen Planetensystem als Bhogavatī bezeichnet, und auf dem irdischen Planetensystem ist es als Ganges bekannt. Dieses heilige, transzendentale Wasser fließt durch das ganze Universum und reinigt alles, was mit ihm in Berührung kommt."

Gerade bevor Nārada im Sudharmā-Versammlungshaus eingetroffen war, hatten Śrī Kṛṣṇa und Seine Minister und Sekretäre überlegt, wie Jarāsandhas Königreich am besten anzugreifen sei. Und da Kṛṣṇas Berater diesen Plan ernsthaft in Betracht zogen, waren sie von Nāradas Vorschlag, dass Śrī Kṛṣṇa nach Hastināpura gehen und Mahārāja Yudhiṣṭhiras Rājasūya-Opfer beiwohnen solle, nicht sonderlich begeistert. Śrī Kṛṣṇa, der sogar Brahmā beherrscht, kannte die Gedanken Seiner Gefährten, und um sie zu beruhigen, sagte Er lächelnd zu Uddhava: „Mein lieber Uddhava, du bist schon seit jeher Mein wohlmeinender, vertrauter Freund. Ich möchte Mich deshalb immer zuerst mit dir besprechen, bevor Ich eine Entscheidung fälle, denn Ich weiß, dass dein Rat immer richtig ist. Ich bin davon überzeugt, dass du diese Lage richtig einschätzt, und so frage Ich dich nach deiner Meinung. Was soll Ich tun? Ich vertraue dir, und Ich werde tun, wozu du Mir rätst." Uddhava war sich bewusst, dass Śrī Kṛṣṇa, obwohl Er Sich wie ein gewöhnlicher Mensch verhielt, alles in der Vergangenheit, Gegenwart und Zukunft kannte. Doch weil es dem Herrn gefiel, ihn um Rat zu fragen, wollte es sich Uddhava nicht nehmen lassen, dem Herrn einen Dienst darzubringen, und so begann er zu sprechen.

Hiermit enden die Bhaktivedanta-Erläuterungen zum 70. Kapitel des Kṛṣṇa-Buches mit dem Titel „Śrī Kṛṣṇas Alltag".

KAPITEL 71

Śrī Kṛṣṇa in der Stadt Indraprastha

In der Gegenwart des großen Weisen Nārada und der anderen Gefährten Śrī Kṛṣṇas überdachte Uddhava die Lage und sprach dann: „Mein lieber Herr, als Erstes möchte ich feststellen, dass Dich der große Weise Nārada gebeten hat, nach Hastināpura zu gehen, um Deinen Vetter, König Yudhiṣṭhira, der gerade Vorbereitungen für das große Rājasūya-Opfer trifft, zufriedenzustellen. Ich bin daher der Meinung, dass Du, o Herr, Dich unverzüglich dorthin begeben solltest, um den König in seinem großen Vorhaben zu unterstützen. Obwohl es zweifellos angebracht wäre, als Erstes Nārada Munis Vorschlag nachzukommen, ist es ebenfalls Deine Pflicht, o Herr, die Dir ergebenen Seelen zu beschützen. Wenn wir diese Lage nun im Zusammenhang betrachten, wird klar, wie wir beiden Erfordernissen gleichzeitig gerecht werden können. Solange wir nämlich nicht alle Könige besiegt haben, kann niemand das Rājasūya-Opfer durchführen. Mit anderen Worten, König Yudhiṣṭhira kann dieses große Opfer nicht vollziehen, ohne zuvor den kriegslustigen Jarāsandha bezwungen zu haben, denn das Rājasūya kann nur von jemandem durchgeführt werden, der alle Königreiche in allen Himmelsrichtungen unterworfen hat. Um daher beide Vorhaben verwirklichen zu können, müssen wir zuerst Jarāsandha töten. Ich bin zur Schlussfolgerung gekommen, dass es all unseren Absichten dienlich ist, wenn es uns zuerst irgendwie gelingt, diesen Jarāsandha zu besiegen. Danach können wir nämlich die Könige aus der Gefangenschaft Jarāsandhas in die Freiheit führen, und mit großer Genugtuung werden wir sehen, dass sich nach der Befreiung dieser unschuldigen Könige Dein transzendentaler Ruhm noch mehr verbreiten wird.

Allerdings ist König Jarāsandha kein gewöhnlicher Mensch. Er ist schon vielen großen Kriegern zum Verhängnis geworden, da seine Körperkraft der von 10 000 Elefanten gleichkommt. Wenn jemand diesen König bezwingen kann, so niemand anders als Bhīmasena, denn er besitzt ebenfalls die Stärke von 10 000 Elefanten. Es wäre das Beste, wenn Bhīmasena allein mit ihm kämpfte, denn dadurch ließe sich der unnötige Tod vieler Soldaten vermeiden. In der Tat wäre es sehr schwierig, Jarāsandha zu bezwingen, wenn er seine *akṣauhiṇīs* von Soldaten hinter sich hat. Deshalb ist es in diesem Fall vorzuziehen, eine andere Taktik anzuwenden. Wie wir wissen, ist König Jarāsandha den *brāhmaṇas* sehr ergeben. Er ist ihnen gegenüber sehr freigebig und schlägt einem *brāhmaṇa* niemals eine Bitte ab. Daher denke ich, dass Bhīmasena, als *brāhmaṇa* verkleidet, zu Jarāsandha gehen und ihn um einen Gefallen bitten sollte, um dann persönlich mit ihm zu kämpfen. Und damit Bhīmasena der Sieg sicher ist, solltest Du, o Herr, ihn begleiten. Wenn der Kampf in Deiner Anwesenheit stattfindet, bin ich davon überzeugt, dass Bhīmasena den Sieg erringen wird. Allein schon durch Deine Gegenwart wird alles Unmögliche möglich, genauso wie es nur auf Deinen Einfluss zurückzuführen ist, dass Brahmā in der Lage ist, das Universum zu erschaffen, und Śiva es wieder zerstören kann.

In Wirklichkeit bist Du es, der die gesamte kosmische Manifestation erschafft und zerstört. Brahmā und Śiva sind nur die oberflächlich sichtbaren Ursachen, denn eigentlich werden Schöpfung und

Zerstörung von der unsichtbaren Zeit, die Deine unpersönliche Repräsentation ist, bewirkt. Alles wird vom Zeitfaktor beherrscht. Wenn bereits Dein unsichtbarer Zeitfaktor durch Brahmā und Śiva solch wunderbare Dinge vollbringen kann, warum sollte es dann Deine persönliche Gegenwart Bhīmasena nicht ermöglichen, Jarāsandha zu bezwingen? Mein lieber Herr, wenn Jarāsandha getötet worden ist, werden die Frauen der gefangenen Könige über die Befreiung ihrer Männer durch Deine Barmherzigkeit so glücklich sein, dass sie alle beginnen werden, Deinen Ruhm zu besingen. Sie werden ebenso glücklich sein wie die *gopīs,* als sie aus Śaṅkhacūḍas Gewalt gerettet wurden. Alle großen Weisen, Gajendra (der König der Elefanten), die Glücksgöttin Sītā und selbst Dein Vater und Deine Mutter wurden durch Deine grundlose Barmherzigkeit befreit. Auch wir wurden von Dir befreit und besingen daher stets den transzendentalen Ruhm Deiner Taten.

Ich glaube, wenn wir als Erstes darangehen, Jarāsandha zu töten, werden dadurch bereits viele andere Probleme gelöst. Und was das in Hastināpura vorbereitete Rājasūya-Opfer betrifft, so wird es nach vollbrachter Tat stattfinden, sei es wegen der frommen Tätigkeiten der gefangenen Könige oder wegen der unfrommen Tätigkeiten Jarāsandhas.

O Herr, aus diesen Erwägungen geht hervor, dass Du Dich persönlich zur Darbringung des Opfers nach Hastināpura begeben solltest, so dass die dämonischen Könige, wie Jarāsandha und Śiśupāla, bezwungen und die frommen Könige befreit werden können und dass sogleich auch das große Rājasūya-Opfer stattfinden kann. Wenn ich all diese Punkte betrachte, gelange ich zum Schluss, dass es das Beste wäre, wenn Du, o Herr, sofort nach Hastināpura aufbrechen würdest."

Uddhavas Rat wurde von allen Anwesenden begrüßt, und jeder fand, dass es aus jeglicher Sicht vorteilhaft wäre, wenn Sich Śrī Kṛṣṇa unverzüglichnach Hastināpura begebe. Der Weise Nārada, die Familienältesten der Yadu-Dynastie und auch die Höchste Persönlichkeit Gottes Selbst stimmten allesamt Uddhavas Vorschlag zu. Śrī Kṛṣṇa ersuchte Seinen Vater Vasudeva und Seinen Großvater Ugrasena um die Erlaubnis zur Abreise, woraufhin Er Seinen Dienern Dāruka und Jaitra befahl, sofort die Reise nach Hastināpura vorzubereiten. Als alles zur Abreise bereit war, verabschiedete Er Sich besonders von Śrī Balarāma und von Ugrasena, dem König der Yadus. Nachdem Er Seinen Königinnen mitsamt ihren Kindern das Zeichen zum Aufbruch gegeben und ihr

Gepäck vorausgeschickt hatte, bestieg Er Seinen Wagen, der eine Fahne mit dem Bild Garuḍas trug.

Bevor Śrī Kṛṣṇa den Zug aufbrechen ließ, erfreute Er den großen Weisen Nārada, indem Er ihm viele Gegenstände der Verehrung darbrachte. Nāradajī wollte sich Śrī Kṛṣṇa zu Füßen werfen; aber weil der Herr die Rolle eines Menschen spielte, erwies er Ihm nur im Geist seine Ehrerbietungen, und so schloss er die transzendentale Gestalt des Herrn in sein Herz und verließ schwebend das Versammlungshaus. Gewöhnlich berührt der Weise Nārada niemals direkt die Erdoberfläche, sondern bewegt sich durch die Luft und den Weltraum. Nachdem Nārada die Versammlung verlassen hatte, wandte Sich Śrī Kṛṣṇa wieder dem Boten zu und sagte ihm, die gefangenen Könige brauchten sich keine Sorgen mehr zu machen, da Er, Kṛṣṇa, schon sehr bald veranlassen werde, dass Jarāsandha, der König von Magadha, sein Ende finde. Somit wünschte der Herr dem Boten und den Königen alles Gute, und darauf kehrte der Bote mit dieser Zusicherung Śrī Kṛṣṇas zu den gefangenen Königen zurück und überbrachte ihnen die Freudennachricht vom bevorstehenden Besuch des Herrn. Die Könige freuten sich sehr über die Nachricht und sahen voller Ungeduld der Ankunft des Herrn entgegen.

Śrī Kṛṣṇas Wagen setzte sich in Richtung Hastināpura in Bewegung und verließ Dvārakā, begleitet von vielen anderen Wagen, Elefanten, Reitern, Fußvolk und sonstigem Königsgefolge. Dabei ertönten Signalhörner, Trommeln, Trompeten, Muschelhörner und Posaunen, die zusammen laut und glückverheißend in alle Richtungen schallten. Die 16 000 Königinnen, allen voran Śrī Kṛṣṇas Hauptfrau, die Glücksgöttin Rukmiṇī, folgten zusammen mit ihren Söhnen gleich hinter dem Herrn. Sie trugen reiche Gewänder sowie Geschmeide und Girlanden aus duftenden Blumen, und sie hatten sich Sandelholzpaste aufgetragen. In Sänften, die mit Seidentüchern ausgelegt und mit Fähnchen und goldenem Zierrat geschmückt waren, folgten sie ihrem erhabenen Gemahl, Śrī Kṛṣṇa. Die Fußsoldaten, die Schilde, Schwerter und Lanzen trugen, bildeten die Leibgarde der Königinnen. Am Schluss des Zuges folgten die Frauen und Kinder aller anderen Mitreisenden sowie auch viele Gesellschaftsmädchen. Eine Reihe von Lasttieren, wie Ochsen, Büffel, Maultiere und Esel, trugen ihre vielen Zelte, Bettlager und Teppiche, und auch die Frauen am Schluss des Zuges saßen in eigenen Sänften und ritten so auf dem Rücken von Kamelen. Überall erklangen die Rufe der Leute, die in diesem gewaltigen Zug mitreisten. Es war ein märchenhafter Anblick: verschiedenfarbige Fahnen, Baldachine und *cāmara*-Wedel sowie eine bunte Vielfalt von Waffen, Gewändern, Geschmeide, Helmen und militärischem Zubehör. Die ganze Karawane, die im Sonnenschein funkelte, glich einem wogenden Meer voller Haifische.

So zog Śrī Kṛṣṇa mit Seinem Gefolge gen Hastināpura (dem heutigen Neu-Delhi), wobei Er durch die Königreiche Ānarta (Gujarat) und Sauvīra (Surat) und durch die große Wüste von Rajasthan zog und dann nach Kurukṣetra kam. Zwischen diesen Königreichen lagen viele Berge, Flüsse, Städte, Dörfer, Weideflächen und Bergbaugebiete, die der Zug im Verlauf seines Marsches alle hinter sich ließ. Auf Seinem Weg nach Hastināpura überquerte der Herr auch zwei große Flüsse, die Dṛṣadvatī und die Sarasvatī. Alsdann kam Er durch die Länder Pañcāla und Matsya und erreichte schließlich Hastināpura, auch Indraprastha genannt.

Ein Besuch der Höchsten Persönlichkeit Gottes, Kṛṣṇa, ist überhaupt kein gewöhnliches Ereignis. Als König Yudhiṣṭhira daher hörte, dass Śrī Kṛṣṇa bereits vor den Toren seiner Hauptstadt Hastināpura angekommen sei, geriet er in höchste Freude, und in seiner Ekstase sträubten sich ihm die Haare auf seinem Körper. Er eilte sogleich aus der Stadt, um den Herrn gebührend zu empfangen. Auf seine Anweisung hin erklang ein Konzert vieler Instrumente und Gesänge, und die gelehrten *brāhmaṇas* der Stadt begannen, mit lauter Stimme vedische Hymnen zu chanten. Śrī Kṛṣṇa wird auch Hṛṣīkeśa, der Herr der Sinne, genannt, und König Yudhiṣṭhira ging Ihm zur Begrüßung entgegen, genau wie die Sinne dem Bewusstsein des Lebens begegnen. König Yudhiṣṭhira war Kṛṣṇas älterer Vetter, weshalb er von Natur aus starke Zuneigung zum Herrn empfand, und sowie er Ihn sah, füllte sich sein Herz mit Liebe und Zuneigung. Er hatte Ihn schon lange Zeit nicht mehr gesehen, und daher betrachtete er sich als den glücklichsten Menschen, als der Herr nun vor ihm stand. Wieder und wieder umarmte der König Śrī Kṛṣṇa voller Zuneigung.

Die ewige Gestalt Śrī Kṛṣṇas ist der immerwährende Aufenthaltsort der Glücksgöttin. Sowie König Yudhiṣṭhira den Herrn in die Arme schloss, wurde er von aller durch das materielle Dasein entstandenen

Verunreinigung frei. Transzendentale Glückseligkeit wallte in ihm auf, und er tauchte in einen Ozean der Freude; seine Augen füllten sich mit Tränen, und sein Körper zitterte in Ekstase. Er vergaß völlig, dass er in der materiellen Welt lebte. Danach trat Bhīmasena, der zweitälteste der Pāṇḍava-Brüder, vor. Weil er in Śrī Kṛṣṇa ebenfalls seinen Vetter mütterlicherseits sah, lächelte er und umarmte Ihn, und auch ihn ergriff große Ekstase, die so groß war, dass er eine Zeit lang das materielle Dasein vergaß. Daraufhin umarmte Śrī Kṛṣṇa Seinerseits die anderen drei Pāṇḍavas, Arjuna, Nakula und Sahadeva, und Tränen strömten unaufhaltsam aus den Augen der drei Brüder. Arjuna umarmte Kṛṣṇa immer wieder von Neuem, da sie enge Freunde waren, und die beiden jüngsten Pāṇḍava-Brüder fielen zu Śrī Kṛṣṇas Lotosfüßen nieder, um Ihm ihre Verehrung zu bezeigen. Daraufhin erwies Śrī Kṛṣṇa den anwesenden *brāhmaṇas* und den älteren Mitgliedern der Kuru-Dynastie, wie Bhīṣma, Droṇa und Dhṛtarāṣṭra, Seine Ehrerbietungen. Auch mit den Königen, die aus verschiedensten Ländern, wie Kuru, Sṛñjaya oder Kekaya, hergekommen waren, tauschte Śrī Kṛṣṇa Begrüßungen und Ehrerbietungen aus. Die Vortragskünstler, wie die *sūtas*, *māgadhas* und *vandīs*, sowie die *brāhmaṇas* brachten dem Herrn ihre ehrfürchtigen Gebete dar. Zur Freude des Herrn ließen auch verschiedene Künstler, wie die Gandharvas, gemeinsam mit den Hofnarren ihre *paṇava*-Trommeln, Muschelhörner, Kesselpauken, *vīṇās, mṛdaṅgas* und Hörner ertönen und führten dabei ihre Tanzkünste vor. Auf diese Weise betrat die allberühmte Höchste Persönlichkeit Gottes, Śrī Kṛṣṇa, Hastināpura, die Stadt des allumfassenden Reichtums. Während Śrī Kṛṣṇas Einzug in diese beeindruckende Stadt sprachen alle über den Ruhm des Herrn und priesen die transzendentale Herrlichkeit Seines Namens, Seiner Eigenschaften, Seiner Gestalt und so fort.

Die Straßen, Promenadenwege und Gassen Hastināpuras waren mit Duftwasser besprengt worden, das berauschte Elefanten mit ihren Rüsseln versprüht hatten. Überall schmückten farbenfrohe Girlanden und Fähnchen die Häuser und Straßen. An den wichtigen Straßenkreuzungen waren goldverzierte Torbogen errichtet worden, und zu beiden Seiten dieser Bogen standen goldene Wasseramphoren. All diese wunderbaren Ausschmückungen zeugten vom Reichtum der Stadt. Um an dem feierlichen Empfang für Śrī Kṛṣṇa teilzunehmen, hatten sich alle Einwohner in farbenprächtige neue Gewänder gekleidet und sich mit

Schmuck, Blumengirlanden und Duftölen versehen, und so versammelten sie sich überall in der Stadt. Jedes Haus wurde von Tausenden und Abertausenden von Lampen erleuchtet, die in den Nischen der Hausvorsprünge, an den Mauern und auf den Sockeln und Kapitellen der Säulen angebracht worden waren. Von Weitem betrachtet, erinnerte das Leuchten dieser Lampen an den Anblick einer Stadt während des Dīpāvalī-Festes (eines besonderen Festes am Neujahrstag des Hindu-Kalenders). Im Innern der Häuser brannte wohlriechendes Räucherwerk, dessen Rauch aus den Fenstern drang und eine angenehme, friedliche Stimmung erzeugte. Auf jedem Dach flatterten Fahnen, und die goldenen Wassertöpfe auf den Dächern funkelten prächtig.

Śrī Kṛṣṇa hielt Einzug in die Stadt der Pāṇḍavas, und Er erfreute Sich an der feierlichen Stimmung, während Er gemächlich vorwärtsschritt. Als die Mädchen in den Häusern hörten, dass Śrī Kṛṣṇa, der einzig Sehenswerte, durch die Straßen zog, wurden sie sehr begierig, diese allberühmte Persönlichkeit zu sehen. Ihr Haar öffnete sich, und ihre straffen Saris lockerten sich, weil sie es so eilig hatten, Ihn zu sehen. Sie ließen ihre Haushaltspflichten liegen, und diejenigen, die neben ihrem Ehemann lagen, sprangen sofort auf und liefen hinaus, um Śrī Kṛṣṇa zu sehen. Der Zug der Elefanten, Pferde, Wagen und Soldaten wurde von einer riesigen Menschenmenge gesäumt, einige der Mädchen, die in dem Gedränge nicht alles sehen konnten, stiegen auf die Dächer der Häuser, und mit großer Freude schauten sie von dort aus zu, wie der Herr, Śrī Kṛṣṇa, mit Seinen Tausenden von Königinnen vorbeizog. Immer wieder ließen sie Blumen auf die gefeierten Ankömmlinge niedergehen, umarmten Śrī Kṛṣṇa in Gedanken und bereiteten Ihm den herzlichsten Empfang. Als sie Śrī Kṛṣṇa inmitten Seiner Königinnen sahen, der aussah wie der von vielen Sternen umringte Vollmond, begannen sie zueinander zu sprechen.

Ein Mädchen sagte zu einem anderen: „Meine liebe Freundin, es ist kaum vorstellbar, welch fromme Werke diese Königinnen vollbracht haben müssen, dass sie sich jetzt ständig an Kṛṣṇas lächelndem Antlitz und Seinen liebevollen Blicken erfreuen dürfen." Während Śrī Kṛṣṇa durch die Straßen schritt, traten von Zeit zu Zeit einige der Bürger vor Ihn, die alle reich, ehrenwert und frei von Sünde waren, und überreichten Ihm glücksbringende Gaben, um Ihn in Hastināpura willkommen zu heißen. So verehrten sie Ihn als demütige Diener.

Als Śrī Kṛṣṇa den Palast betrat, wurden allein durch Seinen Anblick alle Frauen des Königshofes von Zuneigung ergriffen. Sie eilten Ihm sofort entgegen, um Ihn zu empfangen. Mit glänzenden Augen drückten sie Ihm ihre Liebe und Zuneigung aus, und lächelnd nahm Śrī Kṛṣṇa ihre Gefühle und ihre Begrüßung entgegen. Als Kuntī, die Mutter der Pāṇḍavas, ihren Neffen Śrī Kṛṣṇa, die Höchste Persönlichkeit Gottes, sah, wurde sie von großer Zuneigung überwältigt. Sie erhob sich sofort aus ihrem Bett, als sie von Kṛṣṇas Ankunft hörte, und ging nun, begleitet von ihrer Schwiegertochter Draupadī, Kṛṣṇa entgegen, um Ihn in mütterlicher Liebe zu umarmen. Als Mahārāja Yudhiṣṭhira Kṛṣṇa in den Palast begleitete, war er in seiner übergroßen Freude so verwirrt, dass er sogar vergaß, was zu diesem Zeitpunkt gerade zu tun gewesen wäre, um Kṛṣṇa gebührend zu empfangen und zu ehren. Mit Wohlgefallen erwies Śrī Kṛṣṇa Kuntī und den älteren Damen des Palastes Seine Ehrerbietungen. Seine jüngere Schwester Subhadrā war ebenfalls zum Empfang gekommen und stand neben Draupadī, und sie beide brachten den Lotosfüßen des Herrn ihre achtungsvollen Ehrerbietungen dar. Auf ein Zeichen ihrer Schwiegermutter hin trug Draupadī Gewänder, Schmuck und Blumengirlanden herbei, die den Königinnen Rukmiṇī, Satyabhāmā, Bhadrā, Jāmbavatī, Kālindī, Mitravindā, Lakṣmaṇā und der ergebenen Satyā zum Empfang überreicht wurden. Diese Hauptköniginnen Śrī Kṛṣṇas wurden als erste begrüßt, und danach wurde auch den übrigen Königinnen ein gebührender Empfang bereitet. König Yudhiṣṭhira sorgte dafür, dass Kṛṣṇa Sich ausruhen konnte und dass alle anderen, die mit Ihm angekommen waren – Seine Königinnen, Soldaten, Minister und Sekretäre –, gastlich untergebracht wurden. Er richtete es so ein, dass die Gäste der Pāṇḍavas während ihres Aufenthaltes jeden Tag eine neue Art des Empfangs erfahren konnten.

Während dieser Zeit geschah es auch, dass Śrī Kṛṣṇa, mit Arjuna an der Seite, dem Feuergott Agni zu dessen großer Freude die Erlaubnis gab, den Khāṇḍava-Wald zu verschlingen. Bei diesem Waldbrand rettete der Herr dem Dämon Mayāsura, der in dem Wald sein Versteck hatte, das Leben. Da sich Mayāsura Śrī Kṛṣṇa und den Pāṇḍavas verpflichtet fühlte, baute er in Hastināpura ein wundervolles Versammlungshaus. Um König Yudhiṣṭhira zu erfreuen, blieb Śrī Kṛṣṇa mehrere Monate in Hastināpura. Während dieser Zeit erkundete Śrī Kṛṣṇa gern die

Umgebung; gewöhnlich unternahmen Er und Arjuna Ausflüge im Wagen, wobei ihnen stets viele Krieger und Soldaten folgten.

Hiermit enden die Bhaktivedanta-Erläuterungen zum 71. Kapitel des Kṛṣṇa-Buches mit dem Titel „Śrī Kṛṣṇa in der Stadt Indraprastha."

KAPITEL 72

Die Befreiung König Jarāsandhas

In einer großen Versammlung von ehrenwerten Bürgern, Freunden, Verwandten, *brāhmaṇas*, Weisen, *kṣatriyas* und *vaiśyas* wandte sich König Yudhiṣṭhira vor allen Anwesenden, einschließlich seiner Brüder, direkt an Śrī Kṛṣṇa und sagte: „Mein lieber Śrī Kṛṣṇa, der Herrscher der Welt hat die Pflicht, das als Rājasūya-yajña bekannte Opfer durchzuführen, das als der König aller Opfer gilt. Durch die Darbringung dieses Opfers möchte ich alle Halbgötter erfreuen, die Deine bevollmächtigten Vertreter in der materiellen Welt sind. Ich möchte Dich bitten, mir bei diesem großen Vorhaben gütigerweise zu helfen, damit es zu einem Erfolg wird. Wir Pāṇḍavas begehren unsererseits überhaupt nichts von den Halbgöttern; wir persönlich sind völlig damit zufrieden, Deine Geweihten zu sein. Du sagst in der *Bhagavad-gītā*: ‚Menschen, die durch materielle Begierden verwirrt sind, verehren die Halbgötter.' Dies jedoch ist nicht meine Absicht. Ich möchte das Rājasūya-Opfer abhalten und die Halbgötter dazu einladen, um zu zeigen, dass sie unabhängig von Dir keine Macht besitzen – sie alle sind Deine Diener, und Du bist die Höchste Persönlichkeit Gottes. Narren mit einem spärlichen Maß an Wissen halten Dich, o Herr, für einen gewöhnlichen Menschen. Manchmal versuchen sie, Fehler in Dir zu finden, und manchmal schmähen sie Dich sogar. Dies ist der Grund, warum ich das Rājasūya-yajña durchführen will. Ich möchte dazu alle Halbgötter einladen, angefangen mit Brahmā, Śiva und anderen hohen Herrschern der himmlischen Planeten. In dieser großen Versammlung von Halbgöttern aus allen Teilen des Universums will ich deutlich zum Ausdruck bringen, dass Du die Höchste Persönlichkeit Gottes bist und dass jeder Dein Diener ist.

Mein lieber Herr, wer ständig ins Kṛṣṇa-Bewusstsein vertieft ist und an Deine Lotosfüße oder an Deine Schuhe denkt, wird mit Sicherheit von aller durch das materielle Leben entstandenen Verunreinigung frei. Diejenigen, die sich in völligem Kṛṣṇa-Bewusstsein Deinem Dienst widmen und über Dich allein meditieren und Dir Gebete darbringen, sind geläuterte Seelen. Weil sie ständig im Kṛṣṇa-Bewusstsein, dem hingebungsvollen Dienst, beschäftigt sind, erlangen sie Befreiung vom Kreislauf wiederholter Geburten und Tode. Selbst wenn sie nicht einmal danach begehren, vom materiellen Dasein befreit zu werden, sondern materielle Güter genießen wollen, erlangen Sie die Erfüllung ihrer Wünsche auch durch ihre Beschäftigung im Kṛṣṇa-Bewusstsein. Wir unsererseits sind Deinen Lotosfüßen völlig ergeben, und durch Deine Gnade ist uns das Glück zuteil geworden, Dich persönlich zu sehen. Aus diesem Grund ist es nur natürlich, dass wir keine Verlangen nach materiellen Gütern hegen. Der Schlussfolgerung der vedischen Weisheit zufolge bist Du die Höchste Persönlichkeit Gottes. Diese Tatsache will ich verkünden, und ich will der Welt zeigen, welch ein Unterschied darin besteht, Dich als die Höchste Persönlichkeit Gottes oder einfach nur als eine gewöhnliche mächtige historische Persönlichkeit zu betrachten. Ich will der Welt zeigen, dass man die höchste Vollkommenheit des Lebens erreichen kann, wenn man einfach bei Deinen Lotosfüßen Zuflucht sucht. So wie man alle Äste, Zweige, Blätter und Blüten eines Baumes nähren kann, wenn man einfach die Wurzeln begießt, so findet das Leben eines Menschen, der sich dem Kṛṣṇa-Bewusstsein zuwendet, materiell wie auch spirituell seine Erfüllung.

Das bedeutet jedoch nicht, dass Du jemanden, der Kṛṣṇa-bewusst ist, bevorzugst und jemanden, der nicht Kṛṣṇa-bewusst ist, benachteiligst. Wie Du Selbst erklärt hast, bist Du allen gleichgesinnt. Es ist gar nicht möglich, dass Du voreingenommen bist und einige bevorzugst und andere vernachlässigst, denn Du weilst als Überseele im Herzen aller Lebewesen und lässt ihnen gemäß ihren fruchtbringenden Tätigkeiten entsprechende Ergebnisse zukommen. Du gibst jedem Lebewesen die Gelegenheit, die materielle Welt so zu genießen, wie es sein Wunsch ist. Als Überseele befindest Du Dich zusammen mit dem Lebewesen im Körper und gibst ihm die Ergebnisse seiner Tätigkeiten wie auch die Möglichkeiten, sich durch die Entwicklung von Kṛṣṇa-Bewusstsein Deinem hingebungsvollen Dienst zuzuwenden. Du erklärst offen, dass man sich Dir ergeben und alle anderen Arten von Beschäftigungen hinter sich lassen soll und dass Du Dich einer solch ergebenen Seele annehmen und sie von den Folgen aller Sünden befreien wirst. Dennoch hängt das Lebewesen weiterhin an materiellen Handlungen und leidet oder genießt infolge ihrer Auswirkungen ohne Dein Eingreifen. Du bist wie der Wunschbaum auf den himmlischen Planeten, der einem jede Segnung gewährt, die man sich wünscht. Jedem steht es frei, die höchste Vollkommenheit zu erlangen, doch wenn sich jemand dies nicht wünscht, wer könnte Dich dann der Voreingenommenheit anklagen, wenn Du ihm nur Segnungen von geringerem Wert zukommen lässt?“

Auf diese Erklärung König Yudhiṣṭhiras hin erwiderte Śrī Kṛṣṇa: „Mein lieber König Yudhiṣṭhira, o Töter der Feinde, o vorbildliche Gerechtigkeit in Person, dein Entschluss, das Rājasūya-Opfer durchzuführen, findet Meine volle Zustimmung. Durch diese große Opferzeremonie wird Dein Name für alle Zeit einen hohen Rang in der Geschichte der Menschheit einnehmen. Mein lieber König, Ich darf dir sagen, dass es der Wunsch aller großen Weisen und Halbgötter sowie all deiner Vorväter, Verwandten und Freunde, einschließlich Meinerselbst, ist, dass Du diese Opferzeremonie durchführst, und Ich glaube, dass sie jedem Lebewesen zugutekommen wird. Doch weil es der Notwendigkeit der Gegenwart entspricht, bitte Ich dich, zuerst alle anderen Könige der Welt zu unterwerfen und alle erforderlichen Bestandteile für die

Durchführung dieses großen Opfers zusammenzutragen. Mein lieber König, deine vier Brüder sind direkte Repräsentanten von bedeutenden Halbgöttern wie Vāyu, Indra und anderen.* Deine Brüder sind daher große Helden, und du selbst bist der frömmste König mit der größten Selbstbeherrschung, weshalb du als Dharmarāja bekannt bist. Ihr alle seid in Meinem hingebungsvollen Dienst so fortgeschritten, dass Ich automatisch von euch bezwungen worden bin."

Śrī Kṛṣṇa verriet König Yudhiṣṭhira, dass Er durch die Liebe desjenigen erobert werden könne, der seine Sinne bezwungen habe. Jemand, der seine Sinne nicht bezwungen hat, kann auch die Höchste Persönlichkeit Gottes nicht bezwingen. Das ist das Geheimnis des hingebungsvollen Dienstes. Die Sinne zu bezwingen, bedeutet, sie unablässig im Dienst des Herrn zu beschäftigen. Und die besondere Eigenschaft der Pāṇḍavas war es, dass sie ihre Sinne ständig in den Dienst des Herrn stellten. Wer seine Sinne auf diese Weise gebraucht, wird gereinigt, und erst mit gereinigten Sinnen kann man dem Herrn wirklich dienen. Dann kann der Herr von dem Gottgeweihten durch transzendentalen liebevollen Dienst erobert werden.

Śrī Kṛṣṇa fuhr fort: „Es gibt niemanden in den drei Welten des Universums, nicht einmal unter den mächtigen Halbgöttern, der Meine Geweihten in einer der sechs Füllen, nämlich Reichtum, Stärke, Ruhm, Schönheit, Wissen und Entsagung, übertreffen kann. Wenn du daher die weltlichen Könige unterwerfen willst, gibt es für sie keine Aussicht auf Sieg.

Als König Yudhiṣṭhira diese ermutigenden Worte Śrī Kṛṣṇas hörte, erstrahlte sein Gesicht vor transzendentaler Freude wie eine erblühende Blume, und er trug seinen jüngeren Brüdern auf, in alle Himmelsrichtungen auszuziehen und alle Könige der Welt zu besiegen. Śrī Kṛṣṇa ermächtigte die Pāṇḍavas, damit sie Seine große Mission zu erfüllen vermochten, die darin bestand, alle gottlosen Elemente auf der Welt zu vernichten und Seine gläubigen Geweihten zu beschützen. In Seiner vierarmigen Gestalt als Viṣṇu trägt der Herr deshalb vier verschiedene Symbole. Auf der einen Seite trägt Er eine Lotosblume und ein Muschelhorn und auf der anderen Seite eine Keule und ein Feuerrad. Die

* Es heißt, dass Bhīma von dem Halbgott Vāyu gezeugt wurde, Arjuna von Indra und König Yudhiṣṭhira von Yamarāja.

Keule und das Feuerrad sind für die Nichtgottgeweihten bestimmt, doch weil der Herr der Höchste Absolute ist, haben all Seine Waffen letzten Endes die gleiche Wirkung. Mit der Keule und dem Feuerrad bestraft Er die Schurken, damit sie zur Vernunft kommen und erkennen, dass sie nicht das Ein und Alles sind, denn über ihnen steht der Höchste Herr. Dadurch, dass Er in Sein Muschelhorn bläst und mit Seiner Lotosblume Segnungen erteilt, versichert er den Gottgeweihten stets, dass sie niemals bezwungen werden können, nicht einmal in der größten Not. Durch Śrī Kṛṣṇas Worte bestärkt, wies König Yudhiṣṭhira seinen jüngsten Bruder Sahadeva an, zusammen mit den Soldaten des Sṛñjaya-Geschlechts die südlichen Länder zu unterwerfen. Nakula gab er den Auftrag, begleitet von den Soldaten aus Matsyadeśa, die Könige im Westen zu besiegen. Arjuna sollte mit den Soldaten aus Kekayadeśa die Könige in den nördlichen Ländern besiegen und Bhīmasena zusammen mit den Soldaten aus Madradeśa (Madras) die Könige des Ostens.

Hierzu sei bemerkt, dass König Yudhiṣṭhira, der seine Brüder in alle Richtungen auf Eroberungszüge aussandte, nicht beabsichtigte, den Königen den Krieg zu erklären. Eigentlich zogen die vier Brüder nur aus, um den Königen mitzuteilen, dass König Yudhiṣṭhira beabsichtige, das Rājasūya-Opfer durchzuführen. Damit wurden sie aufgefordert, die für das Opfer notwendigen Abgaben zu entrichten. Wenn ein König den Tribut zahlte, bedeutete dies, dass er sich Kaiser Yudhiṣṭhiras Herrschaft unterwarf. Wenn dies ein König jedoch ablehnte, kam es unweigerlich zum Kampf. Auf diese Weise gelang es den Pāṇḍava-Brüdern durch ihre Macht und ihr Ansehen, alle Könige zu unterwerfen und genügend Abgaben und Geschenke zu beschaffen, die sie allesamt König Yudhiṣṭhira, ihrem Bruder, überbrachten.

König Yudhiṣṭhira war indessen sehr besorgt, als ihm mitgeteilt wurde, König Jarāsandha von Magadha sei nicht gewillt, seine Oberhoheit anzuerkennen. Als Śrī Kṛṣṇa König Yudhiṣṭhiras Besorgnis sah, erklärte Er ihm Uddhavas Plan, wie König Jarāsandha zu bezwingen sei. Wenig später begaben sich Bhīmasena, Arjuna und Śrī Kṛṣṇa, als *brāhmaṇas* verkleidet, auf den Weg nach Girivraja, der Hauptstadt Jarāsandhas. Dies entsprach dem Plan, den Uddhava ersonnen hatte, kurz bevor Śrī Kṛṣṇa nach Hastināpura aufgebrochen war. Nun wurde er in die Tat umgesetzt.

König Jarāsandha war ein äußerst pflichtbewusster Haushälter und hatte hohe Achtung vor den *brāhmaṇas*. Er war ein großer Krieger und *kṣatriya*-König, doch er missachtete niemals die Anweisungen der Veden, denen zufolge die *brāhmaṇas* als die spirituellen Meister aller anderen Gesellschaftsschichten gelten. Śrī Kṛṣṇa, Arjuna und Bhīmasena, die eigentlich *kṣatriyas* waren, hatten sich daher als *brāhmaṇas* verkleidet und begaben sich zu König Jarāsandha, und zwar gerade zu dem Zeitpunkt, als er Spenden an die *brāhmaṇas* verteilte.

In Seiner Verkleidung als *brāhmaṇa* sagte Śrī Kṛṣṇa zum König: „Aller Ruhm sei Eurer Majestät! Wir drei sind Gäste in Eurem Königspalast, und wir sind von weit her gekommen, um Eure Wohltätigkeit zu erbitten. Es ist unsere Hoffnung, dass Ihr uns in Eurer Güte jeglichen Wunsch erfüllen werdet. Eure guten Eigenschaften sind uns allen wohlbekannt. Ein duldsamer Mensch ist stets bereit, alles hinzunehmen, selbst wenn dies manchmal mit Leid verbunden ist. Wie ein Verbrecher bereit ist, die größten Abscheulichkeiten zu begehen, so ist ein wohltätiger Mensch wie Ihr bereit, alles zu geben, worum man ihn bittet. Für eine so große Persönlichkeit, wie Ihr es seid, gibt es keine Unterschiede zwischen Verwandten und Fremden. Ein berühmter Mensch lebt für immer, selbst nach seinem Tod, wer jedoch die Möglichkeiten und Fähigkeiten besitzt, Taten zu vollbringen, die seinen Namen und Ruhm verewigen, dies aber trotz allem unterlässt, wird in den Augen von großen Persönlichkeiten der Verachtung würdig. Das Fehlverhalten eines solchen Menschen kann nicht genug verurteilt werden, und die Tatsache, dass er eine gute Tat abgeschlagen hat, wird für den Rest seines Lebens Grund zur Klage sein. Eure Majestät kennen bestimmt die berühmten Namen solch wohltätiger Persönlichkeiten wie Hariścandra, Rantideva und Mudgala, die sich nur von Körnern ernährten, die sie auf den Reisfeldern zusammensuchten. Auch habt Ihr bestimmt schon von Mahārāja Śibi gehört, der das Leben einer Taube rettete, indem er Fleisch von seinem eigenen Körper gab. All diese großen Persönlichkeiten gelangten zu unsterblichem Ruhm, einfach weil sie ihren vergänglichen Körper opferten." So überzeugte Śrī Kṛṣṇa in Seiner Verkleidung als *brāhmaṇa* König Jarāsandha davon, dass Ruhm unvergänglich, der Körper aber vergänglich ist. Und wenn jemand unvergänglichen Ruhm erlangt, indem er seinen vergänglichen Körper opfert, wird er zu einer hochgeehrten historischen Persönlichkeit.

Während Śrī Kṛṣṇa in Begleitung von Arjuna und Bhīmasena zu Jarāsandha sprach, bemerkte dieser, dass sie alle nicht wie wirkliche *brāhmaṇas* aussahen. Ihre Körper wiesen Merkmale auf, an denen Jarāsandha erkennen konnte, dass sie *kṣatriyas* waren. Ihre Schultern zeigten Eindrücke, die vom Tragen eines Bogens herrührten, sie hatten einen wohlgeformten Körper, und ihre Stimmen waren tief und befehlend. Diese Merkmale sagten Jarāsandha eindeutig, dass seine Gäste keine *brāhmaṇas*, sondern *kṣatriyas* waren. Auch kam es ihm so vor, als habe er sie schon einmal gesehen. Doch obwohl es sich bei diesen drei Männern offensichtlich um *kṣatriyas* handelte, waren sie an seine Türe gekommen, um wie *brāhmaṇas* um Almosen zu betteln. Er beschloss also, ihnen ihre Wünsche zu erfüllen, obwohl sie *kṣatriyas* waren, denn er überlegte sich, dass ihre Würde und ihre Stellung dadurch, dass sie wie Bettler vor ihn traten, bereits erniedrigt worden waren. „Aus diesem Grund", so sagte er sich, „bin ich bereit, ihnen alles zu geben. Selbst meinen eigenen Körper werde ich ihnen ohne Zögern überlassen, wenn sie mich darum bitten." In diesem Zusammenhang kam ihm Bali Mahārāja in den Sinn. Śrī Viṣṇu, der die Kleidung eines *brāhmana* trug, war vor Bali als Bettler erschienen und hatte ihm in der Folge seinen ganzen Reichtum und sein Königreich fortgenommen. Dies hatte Er für Indra getan, der nach seiner Niederlage im Kampf mit Bali Mahārāja seines Königreichs beraubt worden war. Obwohl Bali Mahārāja auf diese Weise betrogen wurde, wird er auch heute noch in allen drei Welten als großer Gottgeweihter ruhmpriesen, der es über sich brachte, alles ausnahmslos als Almosen fortzugeben. Bali Mahārāja hatte damals geahnt, dass der *brāhmaṇa* möglicherweise Śrī Viṣṇu persönlich war und nur die Absicht hegte, ihm das Königreich mit all seinen Opulenzen wegzunehmen, um es Indra wieder zurückzugeben. Śukrācārya, Balis spiritueller Meister und Familienpriester, warnte ihn wiederholt, doch Bali zögerte nicht, dem *brāhmaṇa* alles zu geben, was dieser verlangte, und so gab Ihm Bali Mahārāja schließlich seinen ganzen Besitz. „Ich bin fest entschlossen", sagte sich Jarāsandha, „unsterblichen Ruhm zu erlangen, und wenn ich dies durch das Opfer meines vergänglichen Körpers erreichen kann, so werde ich es tun. Das Leben eines *kṣatriya*, der nicht für das Wohl der *brāhmaṇas* handelt, ist zweifellos dem Verderben bestimmt."

Im Grunde war König Jarāsandha in seinen Spenden an *brāhmaṇas* sehr freigebig, und daher sagte er zu Śrī Kṛṣṇa, Bhīma und Arjuna: „Ihr könnt von mir haben, was ihr wollt. Wenn ihr es wünscht, könnt ihr sogar meinen Kopf bekommen. Ich bin bereit, ihn euch zu geben.

Da sprach Śrī Kṛṣṇa zu Jarāsandha: „Mein lieber König, bitte nimm zur Kenntnis, dass wir in Wirklichkeit keine *brāhmaṇas* sind und dass wir auch nicht gekommen sind, um Essen oder Getreide zu erbitten. Wir sind *kṣatriyas*, und wir sind gekommen, um dich zu einem Zweikampf herauszufordern. Wir hoffen, dass du diese Herausforderung annimmst. Wisse, dass hier der zweite Sohn König Pāṇḍus, Bhīmasena, und der dritte Sohn Pāṇḍus, Arjuna, vor dir stehen. Von Mir Selbst darf Ich dir sagen, dass Ich dein alter Feind Kṛṣṇa, der Vetter der Pāṇḍavas, bin.

Als Śrī Kṛṣṇa ihre wahre Identität enthüllte, brach König Jarāsandha in lautes Gelächter aus und rief zornentbrannt mit weithin hallender Stimme: „Ihr Narren! Wenn ihr mit mir kämpfen wollt, so werde ich euch euren Wunsch ohne Weiteres erfüllen. Aber von Dir, Kṛṣṇa, weiß ich, dass Du ein Feigling bist. Ich lehne es ab, mit Dir zu kämpfen, denn Du bist jedes Mal ganz verstört, wenn Du mir im Kampf gegenüberstehst. Aus Furcht vor mir bist Du aus Deiner Stadt Mathurā geflohen und verbirgst Dich nun sogar auf dem Meer. Deshalb muss ich es ablehnen, mit Dir zu kämpfen. Ich weiß, dass Arjuna jünger als ich ist und sich nicht mit mir messen kann. Ich weigere mich deshalb auch, mit ihm zu kämpfen, denn er ist mir in keiner Beziehung ein ebenbürtiger Gegner. Aber hier, Bhīmasena, ihn halte ich für einen Gegner, der eines Kampfes mit mir würdig ist." Mit diesen Worten überreichte König Jarāsandha Bhīmasena sogleich eine gewichtige Keule, ergriff selbst eine andere, und so begaben sie sich alle zum Kampf hinaus vor die Mauern der Stadt.

Bhīmasena und König Jarāsandha gingen aufeinander los, indem sie beide voller Kampflust mit ihren Keulen, die gewaltig wie Blitze waren, mit aller Wucht aufeinander einschlugen. Beide waren meisterhafte Keulenkämpfer, und ihre Schlagtechnik war so eindrucksvoll, dass sie zwei Schauspielern glichen, die auf einer Bühne tanzen. Als Jarāsandhas und Bhīmasenas Keulen laut aufeinanderprallten, krachte es wie beim Zusammenstoß der mächtigen Stoßzähne zweier kämpfender Elefanten oder wie bei einem Donnerschlag, der inmitten eines Gewitters von aufzuckenden Blitzen begleitet wird. Wenn zwei Elefanten auf einem Zuckerrohrfeld miteinander kämpfen, reißt sich jeder ein Zuckerrohr aus, umklammert es fest mit seinem Rüssel und schlägt den anderen damit. So versetzen sie ihrem Gegner schwere Schläge gegen die Schultern, die Arme, das Schlüsselbein, die Brust und gegen die Hüften, Schenkel und Beine und zerschmettern dabei die Keulen. So zerbrachen alle Keulen, die Jarāsandha und Bhīmasena gebrauchten, weshalb die beiden Gegner dazu übergingen, mit ihren starken Fäusten weiterzukämpfen. Jarāsandha und Bhīmasena waren beide rasend vor Wut, und so ließen sie ihre Fäuste aufeinander prasseln. Ihre Fausthiebe klangen wie das Gegeneinanderschlagen von Eisenstangen oder das Krachen des Donners und die beiden Krieger sahen aus wie zwei kämpfende Elefantenbullen. Und doch gelang es keinem, den anderen zu besiegen, denn beide waren vortreffliche Kämpfer, die sich sowohl in Bezug auf Stärke als auch auf Kampfgeschick auf Augenhöhe begegneten. Weder bei Jarāsandha noch bei Bhīmasena machten sich Anzeichen von Erschöpfung oder gar von einer Niederlage bemerkbar, obwohl sie sich unaufhörlich mit ihren Fäusten bekämpften. Wenn der Tag zu Ende ging, stellten sie den Kampf ein und verbrachten die Nacht als Freunde in Jarāsandhas Palast, doch am nächsten Tag wurde der Kampf jeweils mit unverminderter Härte wiederaufgenommen. Auf diese Weise vergingen 27 Tage ohne Entscheidung.

Am 28. Tag sagte Bhīmasena zu Kṛṣṇa: „Mein lieber Kṛṣṇa, ich muss offen gestehen, dass ich Jarāsandha nicht besiegen kann." Śrī Kṛṣṇa jedoch kannte das Geheimnis von Jarāsandhas Geburt. Jarāsandha war von zwei verschiedenen Müttern in zwei Hälften zur Welt gebracht worden, und als sein Vater gesehen hatte, dass mit dem Kind nichts anzufangen war, hatte er die beiden Hälften in den Wald geworfen. Dort waren sie später von einer Hexe namens Jarā gefunden worden, die in den dunklen Künsten sehr bewandert war. Ihr gelang es, die beiden Körperhälften des Kindes von oben nach unten zusammenzufügen. Da Śrī Kṛṣṇa dies alles wusste, war Ihm auch bekannt, wie Jarāsandha getötet werden konnte. Er wollte Bhīmasena zu verstehen geben, dass Jarāsandha, der durch das Zusammenfügen zweier Körperhälften zum Leben erweckt worden war, getötet werden könne, wenn man die beiden Hälften wieder voneinander trenne. So übertrug Śrī Kṛṣṇa Seine Kraft in Bhīmasenas Körper und verriet ihm, wie er Jarāsandha töten konnte. Kṛṣṇa brach kurzerhand einen Zweig von einem Baum und riss ihn der Länge nach auseinander, um Bhīmasena zu zeigen, wie er es anfangen musste. Śrī Kṛṣṇa, die Höchste Persönlichkeit Gottes, ist allmächtig, und wenn Er jemanden töten will, kann niemand diese Person retten. Umgekehrt, wenn Er jemanden beschützen will, kann niemand diese Person töten.

Als nun Bhīmasena durch Kṛṣṇas Hinweise Bescheid wusste, packte er Jarāsandha unvermittelt bei den Beinen und warf ihn zu Boden. Dann drückte er das eine Bein Jarāsandhas nieder, ergriff mit beiden Händen das andere Bein und zerriss ihn vom After bis zum Kopf. Genau wie ein Elefant die Astgabel eines Baumes auseinanderreißt, so halbierte Bhīmasena den Körper Jarāsandhas. Die Zuschauer, die am nächsten standen, sahen Jarāsandhas Körper nun in zwei Hälften vor sich liegen – jede Hälfte mit einem Bein, einem Schenkel, einem Hoden, einer halben Wirbelsäule, einem Schlüsselbein, einem Arm, einem Auge, einem Ohr und einem halben Gesicht.

Als sich die Kunde vom Tod Jarāsandhas verbreitete, begannen die Bewohner Magadhas laut zu wehklagen, während Śrī Kṛṣṇa und Arjuna Bhīmasena umarmten und ihn beglückwünschten. Obwohl Jarāsandha nun tot war, erhoben weder Kṛṣṇa noch die beiden Pāṇḍava-Brüder Anspruch auf seinen Thron. Sie hatten Jarāsandha nur getötet, weil sie es nicht zulassen wollten, dass er weiter die Wiederherstellung des Weltfriedens behinderte. Ein Dämon erzeugt dauernd Probleme, wohingegen ein Halbgott sich immer um Frieden auf der Welt bemüht. Kṛṣṇas Mission besteht darin, die Rechtschaffenen zu beschützen und die Dämonen, die den Frieden zerstören, zu töten. Śrī Kṛṣṇa ließ sogleich den Sohn Jarāsandhas namens Sahadeva herbeiholen und bat ihn, nach Ausführung der entsprechenden rituellen Zeremonien den Thron seines Vaters zu besteigen und friedlich über das Königreich zu herrschen. Śrī Kṛṣṇa ist der Herr der gesamten kosmischen Schöpfung, und Er möchte, dass jeder in Frieden lebt und Kṛṣṇa-Bewusstsein ausübt. Deshalb befreite Er nach Sahadevas Krönung alle Könige und Fürsten, die von Jarāsandha zu Unrecht gefangen gehalten worden waren.

Hiermit enden die Bhaktivedanta-Erläuterungen zum 72. Kapitel des Kṛṣṇa-Buches mit dem Titel „Die Befreiung König Jarāsandhas“.

KAPITEL 73

Śrī Kṛṣṇas Rückkehr nach Hastināpura

Die Könige und Fürsten, die Śrī Kṛṣṇa nach Jarāsandhas Tod befreite, waren Herrscher über verschiedene Teile der Welt gewesen. Die Zahl all dieser Könige und Fürsten, die von Jarāsandhas militärischer Macht unterworfen worden waren, belief sich insgesamt auf 20 800. Für lange Zeit waren sie in einer Berghöhle, die zu einer Festung ausgebaut worden war, gefangen gehalten worden. Als sie schließlich durch Śrī Kṛṣṇas Gnade befreit wurden, sahen sie alle sehr unglücklich aus, ihre Kleidung war dürftig, und aufgrund der mangelnden Pflege und Versorgung waren ihre Wangen eingefallen. Der beständige Hunger hatte sie sehr geschwächt, und aus ihren Gesichtern waren alle Schönheit und Ausstrahlung gewichen. Durch die lange Gefangenschaft waren sie körperlich völlig ermattet und krank.

Doch weil sie solches Elend erleiden mussten, hatte sich ihnen die

Gelegenheit geboten, an Kṛṣṇa zu denken. Sie erkannten Ihn umgehend als die Höchste Persönlichkeit Gottes, Viṣṇu. Es war ihnen vergönnt, Śrī Kṛṣṇas transzendentalen Körper vor sich zu sehen, dessen Tönung der Farbe einer Wolke glich, die sich frisch am Himmel gebildet hat. Er war in prachtvolle Gewänder aus gelber Seide gekleidet, und Er erschien mit vier Armen wie Viṣṇu, der die vier Symbole – Keule, Muschelhorn, Feuerrad und Lotosblume – trägt. Seine Brust zeichneten goldene Linien, und Seine Brustwarzen glichen dem Zentrum einer Lotosblume. Seine Augen sahen länglich aus wie die Blütenblätter einer Lotosblume, und Sein lächelndes Antlitz war der Inbegriff ewigen Friedens und Reichtums. Er trug haifischförmige Ohrringe, die hell funkelten, und Sein Helm war mit kostbaren Juwelen besetzt. Die Perlenhalskette des Herrn und die Reife und Schmuckbänder, die sich auf Seinen Hand- und Fußgelenken befanden, erstrahlten alle in transzendentaler Schönheit. Das Kaustubha-Juwel auf der Brust des Herrn funkelte hell, und Er trug eine wunderschöne Blumengirlande. Als die Könige und Prinzen, die so viel Leid hatten durchstehen müssen, Śrī Kṛṣṇa sahen, der in Seiner vollkommenen transzendentalen Schönheit vor ihnen erschienen war, betrachteten sie Ihn zu ihrer vollsten Zufriedenheit. Es war, als tränken sie durch ihre Augen Nektar und leckten mit ihren Zungen Seinen Körper, als atmeten sie den Duft Seines Körpers ein und schlössen Ihn in die Arme. Allein dadurch, dass sie vor der Höchsten Persönlichkeit Gottes standen, wurden sie von allen Reaktionen auf sündhafte Handlungen reingewaschen, und deshalb ergaben sie sich rückhaltlos den Lotosfüßen des Herrn. In der *Bhagavad-gītā* wird erklärt, dass man sich den Lotosfüßen des Herrn nicht völlig hingeben kann, wenn man nicht von allen sündhaften Reaktionen befreit ist. All die Fürsten, die Śrī Kṛṣṇa zu Gesicht bekamen, vergaßen sofort ihre vergangenen Leiden, und mit gefalteten Händen brachten sie Śrī Kṛṣṇa voller Hingabe Gebete dar.

„Lieber Herr, o Höchste Persönlichkeit Gottes, Meister aller Halbgötter, Du kannst Deine Geweihten auf der Stelle von allem Leid befreien, da sie Dir völlig ergeben sind. O Śrī Kṛṣṇa, o unvergänglicher Gott, der Du voll transzendentaler Glückseligkeit und transzendentalen Wissens bist, Du bist ewig, und wir bringen Deinen Lotosfüßen unsere achtungsvollen Ehrerbietungen dar. Nur durch Deine grundlose Barmherzigkeit wurden wir aus Jarāsandhas Gewalt befreit, und nun bitten wir Dich, uns aus der Gewalt des materiellen Daseins, Deiner illusionierenden Energie, zu befreien. Bitte bereite dem Kreislauf unserer fortgesetzten Geburten und Tode ein Ende. Wir haben das leidvolle materielle Dasein zur Genüge erfahren, und da wir nun seine Bitterkeit gekostet haben, suchen wir bei Deinen Lotosfüßen Zuflucht. Bitte gewähre uns daher Deinen Schutz. Lieber Herr, o Töter des Dämons Madhu, wir sind uns jetzt darüber im Klaren, dass uns Jarāsandha letztlich kein Unrecht zufügte, als er uns einsperrte. Im Grunde haben wir durch Deine grundlose Barmherzigkeit unsere Königreiche verloren, denn wir waren sehr stolz geworden, uns Herrscher und Könige nennen zu können. Jeder König und jeder Herrscher, der aufgrund seines Ansehens und seiner Macht eingebildet ist, bekommt niemals die Möglichkeit, seine wesenseigene Stellung und sein ewiges Leben zu erkennen. Solch törichte Könige und Herrscher werden unmäßig stolz auf ihre Stellung, weil sie unter dem Einfluss Deiner illusionierenden Energie stehen; sie gleichen den Narren, die eine Fata Morgana in der Wüste für eine wirkliche Oase halten. Törichte Menschen glauben, ihre materiellen Güter könnten sie beschützen, und diejenigen, die der Sinnenbefriedigung verfallen sind, bilden sich irrtümlich ein, die materielle Welt wäre ein Ort, an dem sie ewig genießen könnten. O Herr, o Höchste Persönlichkeit Gottes, wir müssen gestehen, dass wir alle, bevor wir in Gefangenschaft gerieten, unserer materiellen Reichtümer wegen selbstherrlich waren. Wir waren wie berauscht. Weil wir uns gegenseitig beneideten und weil einer den anderen niederzwingen wollte, kämpften wir miteinander um die Vorherrschaft, und das sogar auf Kosten des Lebens vieler Bürger."

Das ist die Krankheit der politischen Macht. Sobald ein König zu materiellem Reichtum kommt, will er andere Nationen durch militärische Aggression unterwerfen und beherrschen. Ebenso streben Geschäftsleute nach dem Monopol über einen bestimmten Wirtschaftszweig, um so die Konkurrenz beherrschen zu können. Getrieben durch materielles Geltungsbewusstsein und verblendet durch materielle Reichtümer, verursacht die menschliche Gesellschaft, statt sich um Kṛṣṇa-Bewusstsein zu bemühen, nur Unheil und macht ein friedliches Leben unmöglich. Dabei vergessen die Menschen den eigentlichen Sinn des Lebens, nämlich die Gunst Śrī Viṣṇus, der Höchsten Persönlichkeit Gottes, zu erlangen.

Die Könige fuhren fort: „O Herr, einfach nur um unsere politischen Launen zu befriedigen, haben wir auf skrupellose Weise den Tod so vieler Bürger verursacht und sie dazu angestachelt, sich unnötig töten zu lassen. Wir dachten niemals daran, dass Du, o Herr, immer in Form des grausamen Todes vor uns gegenwärtig bist. Wir waren in unserer Torheit so verblendet, dass wir andere in den Tod führten, dabei aber vergaßen, dass uns selbst der Tod bevorsteht. Doch, o Herr, vor der Kraft der Zeit, die Dein Repräsentant ist, gibt es kein Entrinnen. Der Zeitfaktor ist so mächtig, dass niemand seinem Einfluss entkommen kann. So wurden auch wir jetzt von den Folgen unserer Schandtaten eingeholt, und aller Reichtümer beraubt, stehen wir vor Dir wie Straßenbettler. Wir sind hingegen überzeugt, dass unsere Lage auf Deine reine, grundlose Barmherzigkeit zurückzuführen ist, denn jetzt erkennen wir, wie unberechtigt unser Stolz war und wie schnell uns materieller Reichtum genommen werden kann, wenn dies Dein Wille ist. Allein durch Deine grundlose Barmherzigkeit ist es uns nun vergönnt, an Deine Lotosfüße zu denken, und dies ist der größte Gewinn, den man sich vorstellen kann. Lieber Herr, wie jeder weiß, ist der Körper nichts anderes als eine Brutstätte von Krankheiten. Wir sind nun alt geworden und können nicht mehr auf unsere Körperkraft stolz sein, ja, stattdessen sehen wir, dass wir von Tag zu Tag schwächer werden. Wir haben deshalb unser Interesse an der Sinnenbefriedigung und an der falschen Freude, die man durch den materiellen Körper erhält, verloren. Durch Deine Gnade haben wir nun begriffen, dass das Streben nach materiellem Glück genau wie die Suche nach Wasser in einer Fata Morgana ist. Wir trachten nicht einmal mehr nach den Ergebnissen unserer frommen Tätigkeiten, wie zum Beispiel unserer Opferzeremonien, durch die wir auf die himmlischen Planeten erhoben werden wollten. Das Erreichen der himmlischen Planeten mit ihrem hohen materiellen Lebensstandard mag zwar sehr verlockend aussehen, doch wir können nun verstehen, dass in Wahrheit in der materiellen Welt kein Glück zu finden ist. Wir beten zu Dir, o Herr, uns gütigerweise wissen zu lassen, wie wir uns im transzendentalen Dienst Deiner Lotosfüße beschäftigen können, so dass wir nie mehr unsere ewige Beziehung zu Dir vergessen. Wir wünschen uns nicht, aus der Verstrickung des materiellen Daseins befreit zu werden. Es kümmert uns nicht, in welchen Lebensformen wir durch Deinen Willen geboren werden. Das einzige, worum wir beten, ist, dass wir niemals und unter keinen Umständen Deine Lotosfüße vergessen. O Herr, wir ergeben uns Deinen Lotosfüßen und bringen Dir unsere achtungsvollen Ehrerbietungen dar, denn Du bist der Höchste Herr, die Persönlichkeit Gottes, Kṛṣṇa, der Sohn Vasudevas. Du weilst als Überseele im Herzen aller Lebewesen, und Du bist Śrī Hari, der alle leidvollen Lebensumstände des materiellen Daseins beseitigen kann. Lieber Herr, Dein Name ist Govinda, der Quell aller Freude, weil jeder der sich damit beschäftigt, Deine Sinne zufriedenzustellen, gleichzeitig auch seine eigenen Sinne zufrieden stellt. Lieber Herr, Du besitzt ewigen Ruhm, weil Du allen Leiden Deiner Geweihten ein Ende bereiten kannst. Nimm uns daher gütigerweise als Deine Dir ergebenen Diener an."

Nachdem Śrī Kṛṣṇa, der ewige Beschützer der ergebenen Seelen und der Ozean der Barmherzigkeit für Seine Geweihten, die Gebete der aus Jarāsandhas Gefängnis befreiten Könige vernommen hatte, antwortete Er mit Seiner lieblichen transzendentalen Stimme, die ernst und bedeutungsvoll klang. „Meine lieben Könige", sagte Er, „Ich gewähre euch Meine Segnungen. Von heute an werdet ihr ohne Fehl in Meinem hingebungsvollen Dienst verankert sein. Gemäß eurem Wunsch gewähre Ich euch diese Segnung. Wie ihr wisst, weile Ich als die Überseele in eurem Herzen, und weil ihr nun euren Blick auf Mich gerichtet habt, werde Ich, der Meister eines jeden, euch immer gute Ratschläge geben, auf dass ihr Mich niemals vergesst und so auf dem Pfad zurück nach Hause, zurück zu Gott, allmählich fortschreitet. Meine lieben Könige, euer Entschluss, jeden Wunsch nach materiellem Genuss aufzugeben und euch stattdessen Meinem hingebungsvollen Dienst zuzuwenden, ist zweifellos ein Zeichen dafür, dass ihr vom Glück sehr begünstigt seid. Von nun an werdet ihr mit einem Leben der Glückseligkeit gesegnet sein. Alles, was ihr in euren Gebeten über Mich gesagt habt, entspricht der Wahrheit und findet Meine Zustimmung. Es ist eine Tatsache, dass materielle Reichtümer jemanden, der nicht völlig Kṛṣṇa-bewusst ist, zu Fall bringen, so dass er der illusionierenden Energie zum Opfer fällt. In der Vergangenheit hat es viele rebellische Könige gegeben, wie Haihaya, Nahuṣa, Vena, Rāvaṇa und Narakāsura. Einige von ihnen waren Halbgötter, und einige waren Dämonen, doch weil sie alle eine falsche Auffassung über ihre Stellung hatten, verloren sie ihre Macht und konnten nicht mehr König ihres jeweiligen Reiches sein. So gingen sie in der Grausamkeit des verachtenswerten bedingten Lebens verloren.

Ihr alle, die ihr der Gewalt des bedingten Lebens ausgeliefert seid, müsst verstehen, dass alles Materielle einen Anfang hat, wächst, eine Zeitlang bestehen bleibt, sich erweitert, zerfällt und schließlich verschwindet. Alle materiellen Körper sind diesen sechs Stadien der Bedingtheit unterworfen, und alle relativen Errungenschaften, die man sich mit dem Körper aneignet, werden ebenfalls ohne Ausnahme ihre Vernichtung finden. Daher sollte niemand an vergänglichen Dingen hängen. Das Lebewesen, das sich in einem materiellen Körper befindet, sollte in dieser Welt sehr vorsichtig sein. Die vollkommenste Weise, in der materiellen Welt zu leben, besteht darin, sich einfach Meinem transzendentalen liebevollen Dienst zu widmen und gewissenhaft die Pflichten zu erfüllen, die einem gemäß seiner jeweiligen Stellung vorgeschrieben sind. Ihr gehört eurerseits *kṣatriya*-Familien an. Deshalb solltet ihr ein rechtschaffenes Leben führen und all die Pflichten erfüllen, die dem königlichen Stand auferlegt sind, und ihr solltet dafür sorgen, dass eure Bürger in jeder Hinsicht glücklich sind. Haltet euch auf vorbildliche Weise an die Regeln des *kṣatriya*-Lebens. Zeugt nicht aus bloßer Sinnenbefriedigung Kinder, und handelt immer zum Wohl der Menschheit. Jeder wird in der materiellen Welt in Fortführung seines vorherigen Lebens geboren und unterliegt deshalb den strengen Gesetzen der Natur, wie Geburt und Tod, Glück und Leid, Gewinn und Verlust. Man sollte sich jedoch nicht von Dualität verwirren lassen, sondern immer fest in Meinem hingebungsvollen Dienst verankert sein und die Sicht haben, dass alles, was einem begegnet, von Mir gegeben wird. Auf diese Weise sollte man unter allen Umständen innerlich ausgeglichen und zufrieden sein. Auf diese Weise kann man ein glückliches und friedvolles Leben führen, selbst in dieser materiellen Bedingtheit. Mit anderen Worten, man sollte dem materiellen Körper gegenüber und dem, was er erzeugt, gleichgültig sein und sich niemals von ihm beeinflussen lassen. Man sollte in den Tätigkeiten, die für den Nutzen der spirituellen Seele bestimmt sind, vollkommene Zufriedenheit finden und sich im Dienst der Überseele beschäftigen. Man sollte seine Gedanken nur mit Mir beschäftigen, man sollte einfach Mein Geweihter werden, einfach Mich verehren und Mir allein achtungsvolle Ehrerbietungen darbringen. Auf diese Weise kann man sehr leicht den Ozean der Unwissenheit überqueren und am Ende zu Mir zurückkehren. Weiht also euer ganzes Leben Meinem Dienst."

Nachdem Śrī Kṛṣṇa den Königen und Fürsten diese Unterweisungen erteilt hatte, wies Er sogleich viele Diener und Dienerinnen an, sich um ihr Wohl zu kümmern. Dann trug Er Sahadeva, dem Sohn Jarāsandhas, auf, die Könige mit allen Notwendigkeiten zu versorgen und ihnen alle Achtung und Ehre zu erweisen. Sahadeva kam Śrī Kṛṣṇas Befehl ohne zu zögern nach und erwies den Königen alle Ehre und überreichte ihnen Schmuck, Gewänder, Blumengirlanden und viele andere Gaben. Als die Könige gebadet und sich neu gekleidet hatten, boten sie alle einen sehr glücklichen und edlen Anblick. Dann wurde ihnen eine Vielfalt von wohlschmeckenden Speisen angeboten. So sorgte Śrī Kṛṣṇa in jeder Hinsicht für ihr Wohlergehen, wie es ihrer Stellung als Könige entsprach. Da sie von Śrī Kṛṣṇa so barmherzig behandelt wurden, waren sie überglücklich, und ihre Gesichter erstrahlten hell wie die Sterne am Ende der Regenzeit. Alle waren prächtig gekleidet und geschmückt und trugen glitzernde Ohrringe. So wurde ein jeder von ihnen zu einem mit Gold und Juwelen verzierten Wagen geleitet, und die vorgespannten Pferde trugen ebenfalls kunstvollen Schmuck. Nachdem Sich Śrī Kṛṣṇa davon überzeugt hatte, dass sie alle wohlversorgt waren, forderte Er sie mit freundlichen Worten auf, in ihre Königreiche zurückzukehren. Mit diesem großmütigen Verhalten, das in der Weltgeschichte einzigartig dasteht, erfreute Śrī Kṛṣṇa all die Könige, die sich in Jarāsandhas Gewalt befunden hatten, und die Könige ihrerseits begannen voller Zufriedenheit, Seinen heiligen Namen zu chanten, über Seine heilige Gestalt zu meditieren und Seine transzendentalen Spiele als die Höchste Persönlichkeit Gottes zu lobpreisen. In diese hingebungsvollen Tätigkeiten vertieft, kehrten sie alle in ihre Königreiche zurück, wo sie von den Bürgern mit großer Freude empfangen wurden, und als die Bürger dazu noch erfuhren, wie großmütig Sich Śrī Kṛṣṇa verhalten hatte, kannte ihre Glückseligkeit keine Grenzen. Von da an regelten die Könige die Angelegenheiten in ihren Ländern genauso, wie es Kṛṣṇa angeordnet hatte, und sie alle verbrachten zusammen mit ihren Untertanen glückliche Zeiten. Dies ist ein lebendiges Beispiel für eine Kṛṣṇa-bewusste Gesellschaft. Wenn die Menschen der Welt die ganze Gesellschaft, entsprechend den materiellen Eigenschaften jedes einzelnen, in jeweils vier Klassen unterteilen, die zum einen dem materiellen und zum anderen dem spirituellen Fortschritt dienen, und wenn sie Kṛṣṇa gemäß Seinen Anweisungen in der *Bhagavad-gītā*, ins Zentrum dieser Einstufungen stellen, wird die ganze Menschheit zweifellos glücklich werden. Das ist die Lehre, die wir aus dieser Begebenheit ziehen müssen.

Nachdem Śrī Kṛṣṇa Jarāsandha von Bhīmasena hatte töten lassen und nachdem Er von Sahadeva, dem Sohn Jarāsandhas gebührend verehrt worden war, kehrte Er zusammen mit Bhīmasena und Arjuna nach Hastināpura zurück. Als sie die Grenzen Hastināpuras erreichten, bliesen sie in ihr Muschelhorn, und die Bürger, die bei diesem Klang sogleich wussten, wer gekommen war, brachen in großen Jubel aus – mit Ausnahme von Kṛṣṇas Feinden, die beim Erschallen dieser Muschelhörner beklommen schwiegen. Die Bürger von Indraprastha aber verspürten in ihrem Herzen eine überwältigende Freude, einfach nur, weil sie Kṛṣṇas Muschelhorn hörten, denn dies bedeutete für sie, dass Jarāsandha tot war. Nun stand der Durchführung von König Yudhiṣṭhiras Rājasūya-Opfer nichts mehr im Wege. Bhīmasena, Arjuna und Kṛṣṇa, die Höchste Persönlichkeit Gottes, traten vor König Yudhiṣṭhira und brachten ihm ihre Ehrerbietungen dar, und der König hörte ihnen aufmerksam zu, als sie ihm den Tod Jarāsandhas und die Befreiung der Könige schilderten. Ebenso ließ er sich in jeder Einzelheit erzählen, welche Taktik Kṛṣṇa ersonnen hatte, um Jarāsandha zu töten. Der König fühlte sich bereits spontan zu Kṛṣṇa hingezogen, doch nachdem er all diese Schilderungen vernommen hatte, fesselte ihn noch größere Liebe an Ihn. Tränen der Ekstase rollten aus seinen Augen, und er war so bewegt, dass ihm fast die Stimme versagte.

Hiermit enden die Bhaktivedanta-Erläuterungen zum 73. Kapitel des Kṛṣṇa-Buches mit dem Titel „Śrī Kṛṣṇas Rückkehr nach Hastināpura“.

KAPITEL 74

Die Erlösung Śiśupālas

Nachdem König Yudhiṣṭhira die Einzelheiten über die Auseinandersetzung mit Jarāsandha vernommen hatte, war er überglücklich, und so sprach er: „Mein lieber Kṛṣṇa, o ewige Gestalt der Glückseligkeit und des Wissens, all die erhabenen Persönlichkeiten, die für die Geschehnisse in der materiellen Welt verantwortlich sind, wie Brahmā, Śiva und Indra, sind stets begierig, Befehle von Dir zu erhalten und sie ausführen zu dürfen, und jedes Mal, wenn sie das Glück haben, solche Anordnungen zu empfangen, nehmen sie diese sogleich an und bewahren sie in ihrem Gedächtnis. O Kṛṣṇa, Du bist unbegrenzt, und obwohl wir uns manchmal für große Könige und Herrscher der Welt halten und uns auf unsere armselige Stellung viel einbilden, haben wir im Herzen eine erbärmliche Haltung. Eigentlich verdienen wir es, von Dir bestraft zu werden, doch das Verwunderliche ist, dass Du uns gegenüber stattdessen so gütig und barmherzig bist und sogar unsere Befehle entgegennimmst und sie mit aller Sorgfalt ausführst. Wir sind alle sehr verwundert, wenn wir hören, dass Du, o Herr, die Rolle eines gewöhnlichen Menschen spielen kannst, doch wir wissen, dass Du wie ein Schauspieler agierst. Deine wirkliche Stellung ist immer erhaben wie die der Sonne, die sowohl beim Aufgehen als auch beim Untergehen immer dieselbe Temperatur aufweist. Wir mögen zwar zwischen Sonnenaufgang und Sonnenuntergang Temperaturunterschiede wahrnehmen, doch die Temperatur der Sonne wandelt sich niemals. Du befindest Dich immer in transzendentaler Ausgeglichenheit, weshalb Dich materielle Angelegenheiten weder stören noch erfreuen. Du bist das Höchste Brahman, die Persönlichkeit Gottes, und für Dich gibt es keine Relativität. Lieber Mādhava, Du bist unbesiegbar. Materielle Unterscheidungen, wie ‚Dies bin ich, und das bist du', ‚Dies ist mein, und das ist dein' sind in Dir nicht zu finden. Solche Unterscheidungen treten im Leben eines jeden auf, selbst bei Tieren; nur die reinen Gottgeweihten sind von diesen falschen Unterscheidungen frei. Wenn schon Deine Geweihten diese falschen Unterscheidungen überwunden haben, wie könnten sie dann bei Dir zu finden sein?"

Nachdem König Yudhiṣṭhira diese Worte zu Kṛṣṇas Wohlgefallen gesprochen hatte, begann er, das Rājasūya-Opfer vorzubereiten. Er lud alle qualifizierten *brāhmaṇas* und Weisen ein, daran teilzunehmen, und wies ihnen verschiedene Aufgaben als Priester zu, für die sie in der Opferarena verantwortlich waren. Die erfahrensten *brāhmaṇas* und Weisen wurden eingeladen, und zwar Kṛṣṇa-dvaipāyana Vyāsadeva, Bharadvāja, Sumantu, Gautama, Asita, Vasiṣṭha, Cyavana, Kaṇva, Maitreya, Kavaṣa, Trita, Viśvāmitra, Vāmadeva, Sumati, Jaimini, Kratu, Paila, Parāśara, Garga, Vaiśampāyana, Atharvā, Kaśyapa, Dhaumya, Paraśurāma, Śukrācārya, Āsuri, Vītihotra, Madhucchandā, Vīrasena und Akṛtavraṇa. Neben diesen *brāhmaṇas* und Weisen lud der König auch die ehrwürdigen Ältesten der Dynastie ein, wie Droṇācārya, Bhīṣma, der als Großvater der Kurus bezeichnet wird, Kṛpācārya und Dhṛtarāṣṭra. Er lud die Söhne Dhṛtarāṣṭras ein, die von Duryodhana angeführt wurden, und auch den großen Gottgeweihten Vidura. Ebenso wurden Könige aus den verschiedensten Teilen der Welt zusammen mit ihren Ministern und Sekretären eingeladen, und selbst die Bürger des Staates – wie gelehrte *brāhmaṇas*, tapfere *kṣatriyas*, wohlhabende *vaiśyas* und wackere *śūdras* – kamen, um der Zeremonie beizuwohnen.

Die *brāhmaṇa*-Priester und die Weisen, die für die Opferzeremonie verantwortlich waren, errichteten die Opferarena, wobei sie wie üblich einen goldenen Pflug verwendeten, und in Übereinstimmung mit den vedischen Riten weihten sie König Yudhiṣṭhira zum Ausführenden des großen Opfers. Als lange Zeit davor Varuṇa einmal ein ähnliches Opfer vollzogen hatte, waren alle dabei verwendeten Gegenstände aus Gold gefertigt, und ebenso bestanden auch bei König Yudhiṣṭhiras Rājasūya-Opfer alle Gegenstände aus purem Gold.

Um an der großen Opferzeremonie König Yudhiṣṭhiras teilzunehmen, kamen auf dessen Einladung hin alle großen Halbgötter – wie Brahmā, Śiva und der Himmelskönig Indra – in Begleitung ihrer Gefolgschaft, und dazu erschienen auch die herrschenden Gottheiten der höheren Planetensysteme wie Gandharvaloka, Siddhaloka, Janaloka, Tapoloka, Nāgaloka, Yakṣaloka, Rākṣasaloka, Pakṣiloka und Cāraṇaloka sowie viele berühmte Könige mit ihren Königinnen, um auf diese Weise ebenfalls König Yudhiṣṭhiras Einladung Folge zu leisten. Alle ehrwürdigen Weisen, Könige und Halbgötter, die sich dort versammelten, waren sich darin einig, dass König Yudhiṣṭhira wahrhaft geeignet war, die Verantwortung für das Rājasūya-Opfer zu tragen; es gab niemanden, der dem widersprochen hätte. Sie alle kannten die Stellung Mahārāja Yudhiṣṭhiras. Weil er ein großer Geweihter Śrī Kṛṣṇas war, gab es keine Aufgabe, die für ihn zu gewaltig gewesen wäre. Die gelehrten *brāhmaṇas* und Priester achteten mit aller Sorgfalt darauf, dass Mahārāja Yudhiṣṭhira die Opferzeremonie genauso durchführte, wie es in vergangenen Zeiten einmal der Halbgott Varuṇa getan hatte. Immer wenn eine Opferzeremonie durchgeführt wurde, war es in der vedischen Kultur Brauch, dass den Teilnehmern an diesem Opfer der Saft der *soma*-Pflanze gereicht wurde. Der Saft der *soma*-Pflanze ist ein lebensspendender Trank. An dem Tag, an dem der *soma*-Saft gewonnen wurde, empfing König Yudhiṣṭhira mit großem Respekt den Priester, der besonders damit betraut war, auf alle etwaigen Fehler bei der Ausführung der Opfervorgänge aufmerksam zu machen. Die vedischen Mantras müssen nämlich korrekt ausgesprochen und mit der richtigen Betonung gechantet werden. Wenn den Priestern beim Chanten irgendein Fehler unterlief, wurden sie sofort vom Überwacher, einem sachverständigen Priester, berichtigt, so dass die einwandfreie Durchführung der Rituale gewährleistet war. Wenn ein Opfer nicht perfekt durchgeführt wird, kann es nicht zum gewünschten Ergebnis führen. Da es im gegenwärtigen Zeitalter, dem Kali-yuga, keine solch gelehrten *brāhmaṇas* und Priester mehr gibt, sind alle Opfer dieser Art untersagt. Das einzige Opfer, das in den *śāstras* empfohlen wird, ist das Chanten des Hare-Kṛṣṇa-Mantra.

Eine weitere wichtige Zeremonie im Ablauf eines solchen Opfers besteht darin, der erhabensten Persönlichkeit unter den Anwesenden als Erstes eine Verehrung darzubringen. Nachdem alle Vorbereitungen für Yudhiṣṭhiras Opfer getroffen worden waren, begann man daher zu überlegen, wer im Rahmen dieses großen Opfers zuerst verehrt werden sollte. Diese besondere Verehrung wird *agra-pūjā* genannt; *agra* bedeutet „zuerst" und *pūjā* „Verehrung". Die *agra-pūjā* ist vergleichbar mit der Wahl eines Präsidenten. Da alle Teilnehmer an dieser Opferzeremonie erhabene Persönlichkeiten waren, gab es die verschiedensten Vorschläge und Gegenvorschläge von Kandidaten, die für würdig befunden wurden, die *agra-pūjā* entgegenzunehmen.

Als es zu keiner Entscheidung kam, ergriff Sahadeva das Wort und schlug Śrī Kṛṣṇa vor. Er sagte: „Śrī Kṛṣṇa, der beste unter den Angehörigen der Yadu-Dynastie und der Beschützer Seiner Geweihten, ist die erhabenste Persönlichkeit in unserer Versammlung. Deshalb bin ich der Ansicht, dass es nichts dagegen einzuwenden gibt, wenn wir zuerst Ihn verehren und verherrlichen. Obwohl hier in der Versammlung große Halbgötter, wie Brahmā, Śiva Indra und viele andere vortreffliche Persönlichkeiten, zugegen sind, gibt es niemanden, der Kṛṣṇa überragt oder ihm in irgendeiner Beziehung gleichkommt – weder in Bezug auf Zeit, Raum, Reichtum, Kraft, Ruhm, Weisheit, Entsagung oder in irgendeiner anderen Weise. Alles, was als Reichtum angesehen wird, ist vollständig in Kṛṣṇa gegenwärtig. So, wie die individuelle Seele die Grundlage für die Entwicklung des materiellen Körpers ist, so ist Kṛṣṇa Seinerseits die Überseele der gesamten kosmischen Manifestation. Alle rituellen Vorgänge der Veden, wie die Durchführung von Opferzeremonien, das Darbringen von Opfergaben im Feuer, das Chanten der vedischen Hymnen und die Ausübung von mystischem Yoga, haben das eine Ziel, Kṛṣṇa zu erkennen. Ob man dem Pfad der fruchtbringenden Tätigkeiten oder dem der philosophischen Spekulation folgt – das endgültige Ziel ist Kṛṣṇa. Mit anderen Worten, alle autorisierten Methoden der Selbstverwirklichung führen letztlich dazu, Kṛṣṇa zu verstehen. Verehrte Damen und Herren, es ist überflüssig, noch mehr über Śrī Kṛṣṇa zu sagen, denn jeder von euch ehrenwerten Persönlichkeiten kennt Ihn, Śrī Kṛṣṇa, das Höchste Brahman, für den es keine materiellen Unterschiede gibt wie den Unterschied zwischen Körper und Seele, zwischen Energie und Energieursprung oder einem Körperteil und einem anderen. Wie jeder ein winziger Teil Kṛṣṇas ist, besteht qualitativ gesehen kein Unterschied zwischen Kṛṣṇa und den Lebewesen. Alles ist eine Erweiterung von Kṛṣṇas Energien, der materiellen oder der spirituellen Energie. Kṛṣṇas Energien sind wie die Wärme und das Licht des Feuers. Es besteht kein qualitativer Unterschied zwischen der Wärme, dem Licht und dem Feuer selbst.

Kṛṣṇa besitzt auch die Macht, mit jedem Teil Seines Körpers zu tun, was Ihm beliebt. Wir können eine bestimmte Tätigkeit nur mit einem ganz bestimmten Körperteil verrichten, doch Er kann alles ausnahmslos mit jedem beliebigen Teil Seines Körpers tun. Und weil Sein transzendentaler Körper ewig voller Wissen und Glückseligkeit ist, unterliegt er nicht den sechs materiellen Wandlungen – Geburt, Dasein, Wachstum, fruchtbringendes Handeln, Verfall und Vergehen. Er wird niemals von irgendeiner äußeren Energie beeinflusst; Er ist die höchste Ursache der Schöpfung, Erhaltung und Vernichtung alles Existierenden. Nur durch Kṛṣṇas Gnade können die Lebewesen der Ausübung religiöser Handlungen, wirtschaftlicher Entwicklung, Sinnenbefriedigung und letzten Endes dem Streben nach Befreiung von der materiellen Gefangenschaft nachgehen. Es ist allein auf Kṛṣṇas Barmherzigkeit zurückzuführen, dass diese vier Prinzipien des Fortschritts im Leben ausgeführt werden können. Deshalb gebührt Ihm die erste Verehrung in dieser großen Opferzeremonie, und niemand sollte dem widersprechen. Ebenso wie man die Äste, Zweige, Blätter und Blüten eines Baumes mit Wasser versorgt, wenn man bloß die Wurzel begießt, und ebenso wie alle Körperteile automatisch versorgt werden, wenn man dem Magen Nahrung zuführt, so werden wir alle, die zu diesem Treffen gekommen sind – die großen Halbgötter nicht ausgenommen –, zufriedenstellen, wenn wir Kṛṣṇa als Ersten verehren. Für jeden, der Spenden darbringen möchte, ist es das Beste, diese einzig und allein Kṛṣṇa zu geben, der die Überseele eines jeden ist, unabhängig vom Körper und von der Persönlichkeit des Lebewesens. Kṛṣṇa weilt als Überseele eines jeden ist, unabhängig vom Körper und von der Persönlichkeit des Lebewesens. Kṛṣṇa weilt als Überseele in jedem Lebewesen, und wenn wir Ihn zufriedenstellen können, werden auch alle anderen Lebewesen zufriedengestellt."

Sahadeva hatte das große Glück, die Herrlichkeit Kṛṣṇas zu kennen, und nachdem er sie kurz beschrieben hatte, schwieg er. Kaum hatte er geendet, applaudierten alle Teilnehmer dieser großen Versammlung, und überall ertönten laute Beifallsrufe: „Alles, was du gesagt hast, ist völlig richtig! Alles, was du gesagt hast, ist völlig richtig!" König Yudhiṣṭhira, der die Zustimmung aller Anwesenden, insbesondere der *brāhmaṇas* und der Weisen, vernahm, machte sich daran, Śrī Kṛṣṇa entsprechend den in den Veden vorgeschriebenen Prinzipien und Anweisungen zu verehren. Gemeinsam mit seinen Brüdern, Frauen, Kindern und anderen Anverwandten und den Ministern wusch König Yudhiṣṭhira als Erstes Śrī Kṛṣṇas Lotosfüße und versprengte das Wasser über ihre Köpfe. Darauf überreichten sie Śrī Kṛṣṇa die verschiedenartigen Gewänder aus gelber Seide und häuften Berge von Juwelen und anderem Schmuck zu Seiner Verfügung vor Ihm auf.

Als König Yudhiṣṭhira Kṛṣṇa, sein einziges Ziel der Zuneigung, verehrte, wurde er von so großer Ekstase ergriffen, dass ihm Tränen aus den Augen strömten. Obwohl er Śrī Kṛṣṇa sehen wollte, konnten seine Augen Kṛṣṇa nicht gut wahrnehmen. Als König Yudhiṣṭhira Śrī Kṛṣṇa auf diese Weise verehrte, standen alle Anwesenden mit gefalteten Händen auf und begannen ihre Jubelrufe: „Jaya! Jaya! Namaḥ! Namaḥ!" Während sie alle gemeinsam Kṛṣṇa ihre achtungsvollen Ehrerbietungen darbrachten, regnete es Blumen vom Himmel.

Mitten unter den Versammelten befand sich auch König Śiśupāla. Er war aus vielen Gründen Kṛṣṇas Erzfeind, vor allem deshalb, weil Kṛṣṇa seine versprochene Braut, Rukmiṇī, kurz vor ihrer beabsichtigten Vermählung geraubt hatte. Er konnte es daher nicht ertragen, dass Kṛṣṇa so viel Ehre erwiesen wurde und dass alle Anwesenden Seine Eigenschaften verherrlichten. Statt sich also zu freuen, über den Ruhm des Herrn zu hören, ärgerte er sich sehr. Als sich jeder erhob, um Kṛṣṇa seine Ehrerbietung zu erweisen, blieb Śiśupāla als einziger sitzen. Dann aber konnte er den Anblick von Kṛṣṇas Verehrung nicht mehr länger aushalten. Wutschnaubend sprang er plötzlich auf, streckte seine Hand in die

Luft und begann, heftig und furchtlos eine Rede gegen Kṛṣṇa zu halten. Dabei sprach er so laut, dass Kṛṣṇa ihn deutlich hören konnte.

„Meine Damen und Herren!", rief Śiśupāla, „ich verstehe nun die Aussage der Veden, dass die Zeit letztlich die alles beherrschende Kraft ist. Trotz all unserer Gegenanstrengungen führt die Zeit ungehindert ihren Plan aus. So kann man zum Beispiel alles versuchen, um das Leben zu verlängern, doch wenn die Stunde des Todes kommt, gibt es kein Entrinnen. Hier nun muss ich sehen, dass der Einfluss der Zeit so stark ist, dass sich sogar diese Versammlung von unerschütterlichen Persönlichkeiten von den Worten eines Knaben hat irreführen lassen, der törichtes Zeug über Kṛṣṇa redete. Unter den hier Versammelten befinden sich zwar viele gelehrte Weise und hochbetagte, respektable Persönlichkeiten, doch sie alle haben den Worten eines dummen Jungen Gehör geschenkt. Das zeigt, dass durch den Einfluss der Zeit sogar die Intelligenz solch ehrwürdiger Persönlichkeiten wie der hier Versammelten der Täuschung unterliegen kann. Ich teile zwar durchaus die Meinung der ehrenwerten Anwesenden, dass sie in der Lage sind, die Persönlichkeit zu finden, die als erste verehrt werden soll, doch ich kann unmöglich den Worten eines Knaben wie Sahadeva zustimmen, der Kṛṣṇa so überschwänglich lobpries und behauptete, Kṛṣṇa stehe es zu, die erste Ehrung bei der Opferzeremonie zu empfangen. Ich sehe unter den Versammelten viele Persönlichkeiten, die sich große Entsagung auferlegt haben, die hochgelehrt sind oder viele Bußen auf sich genommen haben. Durch ihr Wissen und ihre Führung können sie viele Menschen, die unter den Qualen des materiellen Daseins leiden, befreien. Es sind viele große *ṛṣis* zugegen, deren Wissen keine Grenzen kennt, sowie viele selbstverwirklichte Transzendentalisten und *brāhmaṇas.* Meiner Meinung nach hätte jedem von ihnen die erste Verehrung zugesprochen werden können, werden sie doch von allen großen Halbgöttern, Königen und Kaisern verehrt. Es ist mir dagegen völlig unverständlich, wie ihr zum Spott all dieser großen Persönlichkeiten einen Kuhhirtenjungen wie Kṛṣṇa wählen konntet. Ich sage euch, Kṛṣṇa ist nicht besser als eine Krähe – wie kann Er Sich dazu eignen, bei dieser großen Opferzeremonie die erste Verehrung zu empfangen? Es lässt sich nicht einmal feststellen, zu welcher Kaste dieser Kṛṣṇa gehört und welches Seine vorgeschriebenen Pflichten sind." Tatsächlich gehört Kṛṣṇa keiner Kaste an, und für Ihn gibt es auch keine vorgegebenen Pflichten.

Alles, was getan werden muss, wird für Ihn von Seinen verschiedenen Energien ausgeführt.

Śiśupāla fuhr fort: „Kṛṣṇa gehört nicht einmal einer hohen Familie an. Er ist so unabhängig, dass niemand weiß, nach welchen religiösen Prinzipien Er lebt. Es hat ganz den Anschein, dass Er Sich außerhalb aller religiösen Prinzipien bewegt. Er handelt stets unabhängig und kümmert Sich nicht um vedische Anweisungen und regulierende Prinzipien. Deshalb hat Er keine guten Eigenschaften." Indirekt lobpries Śiśupāla Kṛṣṇa, als er sagte, die vedischen Anweisungen hätten für Kṛṣṇa keine Gültigkeit. Dies stimmt natürlich, denn Kṛṣṇa ist die Höchste Persönlichkeit Gottes. Wenn gesagt wird, Kṛṣṇa habe keine guten Eigenschaften *(guṇaiḥ hīnaḥ)*, dann bedeutet dies, dass Er keine materiellen Eigenschaften besitzt. Weil Er die Höchste Persönlichkeit Gottes ist, handelt Er völlig unabhängig, ohne Sich um Förmlichkeiten, gesellschaftliche Pflichten oder religiöse Prinzipien kümmern zu müssen.

Śiśupāla sprach weiter: „Wie kann Kṛṣṇa unter diesen Umständen würdig sein, die erste Verehrung entgegenzunehmen? Kṛṣṇa ist so töricht, dass Er die Stadt Mathurā verließ, in der höchst ehrbare Bürger leben, die der vedischen Kultur folgen, um Sich stattdessen aufs Meer zurückzuziehen, wo von den Veden nicht einmal gesprochen wird. Statt offen unter uns zu leben, hat Er Sich eine Festung im Meer gebaut und lebt dort in einer Umgebung, in der niemals vedisches Wissen erörtert wird. Und jedes Mal, wenn Er aus Seiner Festung hervorkommt, plagt Er die Bürger wie ein Räuber, ein Verbrecher, ein Schurke.

Śiśupāla war ganz außer sich, weil Kṛṣṇa in dieser Versammlung von erhabenen Persönlichkeiten dazu auserwählt worden war, als Erster verehrt zu werden. Seine Worte waren so unverschämt und leichtsinnig, dass es schien, als habe ihn bereits alles Glück verlassen. Unglückselig wie er war, fuhr er fort, Kṛṣṇa zu beschimpfen, und der Herr hörte geduldig zu, ohne ihm Einhalt zu gebieten. Er schwieg und blieb gelassen wie ein Löwe, der nicht auf das Geheul einer Meute von Schakalen achtet. Kṛṣṇa antwortete auf keinen einzigen der Vorwürfe Śiśupālas, doch alle Mitglieder der Versammlung, außer einigen wenigen, die auf Śiśupālas Seite standen, empörten sich sehr, denn es ist die Pflicht jedes ehrbaren Menschen, keine Schmähung gegen Gott oder Seinen Geweihten zu dulden. Einige, die sich für außerstande hielten, etwas gegen

Śiśupāla zu unternehmen, verließen aus Protest die Versammlung, wobei sie sich mit den Händen die Ohren zuhielten, um keine weiteren Beleidigungen mitanhören zu müssen. So verließen viele die Versammlung und verdammten Śiśupālas Frevel. Es ist eine vedische Anweisung, dass man einen Ort, an dem die Höchste Persönlichkeit Gottes geschmäht wird, augenblicklich verlassen muss. Unterlässt man dies, wird man aller Ergebnisse seiner frommen Werke beraubt und sinkt zu niederen Lebensbedingungen ab.

Die anwesenden Könige – Mitglieder der Kuru-, Matsya-, Kekaya- und Sṛñjaya-Dynastie – konnten sich vor Zorn nicht mehr halten und griffen sogleich zu ihren Schwertern und Schilden, um Śiśupāla zu töten. Aber Śiśupāla war so verblendet, dass ihn diese Bedrohung nicht im Geringsten beunruhigte, ganz zu schweigen davon, dass er sich um das Für und Wider seiner törichten Reden gekümmert hätte. Er ging sogar so weit, dass er beim Anblick der zornigen Könige, die bereit waren, ihn zu töten, ebenfalls Schwert und Schild in die Hand nahm und, statt endlich zu schweigen, sich ihnen zum Kampf stellte. Als Śrī Kṛṣṇa sah, dass die Könige im Begriff waren, an der Stätte des geweihten Rājasūya-yajña gegeneinander zu kämpfen, beschwichtigte Er sie und entschloss Sich in Seiner grundlosen Barmherzigkeit, Śiśupāla persönlich zu töten. Als Śiśupāla nun auch die Könige, die ihn angreifen wollten, beschimpfte, schleuderte Śrī Kṛṣṇa Sein Feuerrad los, das scharf wie eine Rasierklinge war, und trennte kurzerhand Śiśupālas Kopf vom Rumpf.

Als Śiśupāla auf diese Weise getötet wurde, ging ein tosender Aufschrei durch die Menge. Die wenigen Könige, die auf Śiśupālas Seite standen, nutzten diesen Moment, um die Versammlung eilends zu verlassen, da sie um ihr Leben fürchteten. Daraufhin ging die vom Glück begünstigte Seele Śiśupālas vor den Augen aller Anwesenden sofort in Śrī Kṛṣṇas Körper ein – wie ein glühender Meteorit, der auf die Oberfläche der Erde stürzt. Das Eingehen von Śiśupālas Seele in Kṛṣṇas transzendentalen Körper erinnert uns an die Geschichte von Jaya und Vijaya, die aufgrund des Fluches der vier Kumāras von den Vaikuṇṭha-Planeten in die materielle Welt hinabfielen. Es war Jaya und Vijaya bestimmt, drei Mal hintereinander als Todfeinde des Herrn geboren zu werden, erst dann sollte es ihnen wieder erlaubt sein, in die Vaikuṇṭha-Welt zurückzukehren und dem Herrn als Seine Gefährten zu dienen.

Obwohl Śiśupāla als Kṛṣṇas Feind aufgetreten war, hatte es niemals einen Augenblick gegeben, wo er nicht im Kṛṣṇa-Bewusstsein vertieft war. Da er ständig an Kṛṣṇa gedacht hatte, erlangte er zuerst Erlösung in Form von *sayujyā mukti*, was bedeutet, dass er in die Existenz des Höchsten einging, und wurde später zu seiner ursprünglichen Stellung als persönlicher Diener des Herrn erhoben. Dies wird in der *Bhagavad-gītā* bestätigt. Wer zum Zeitpunkt des Todes in Gedanken an den Höchsten Herrn vertieft ist, wird gleich nach dem Verlassen des materiellen Körpers in das Königreich Gottes erhoben.

Nach Śiśupālas Erlösung überreichte König Yudhiṣṭhira allen Teilnehmern der Opferversammlung Geschenke, und er belohnte insbesondere die Priester sowie die gelehrten Weisen in reichlichem Maße für ihre Bemühungen bei der Ausführung des Opfers. Nachdem er all diesen üblichen Pflichten nachgekommen war, nahm er zum Abschluss des Opfers ein Bad, das *avabhṛtha*-Bad genannt wird und ebenfalls zum festen Ablauf der Opferzeremonie gehört.

So ermöglichte es Śrī Kṛṣṇa, dass König Yudhiṣṭhiras Rājasūya-yajña zu einem Erfolg wurde. Anschließend verbrachte Er auf Bitten Seiner Vettern und anderen Verwandten noch einige weitere Monate in Hastināpura. König Yudhiṣṭhira und seine Brüder hätten es am liebsten gesehen, wenn Śrī Kṛṣṇa Hastināpura nie mehr verlassen hätte. Trotzdem gelang es Kṛṣṇa, vom König die Erlaubnis zur Rückkehr zu bekommen, und so begab Er Sich zusammen mit Seinen Königinnen und Ministern auf den Weg nach Dvārakā.

Die Geschichte von Jaya und Vijaya, die beide von den Vaikuṇṭha-Planeten in die materielle Welt herabfielen, wird im 7. Canto des *Śrīmad-Bhāgavatam* erzählt, und die Begebenheit von Śiśupālas Tod steht in direkter Beziehung dazu. Die wichtigste Lehre jedoch, die wir aus dieser Begebenheit ziehen können, ist die, dass Kṛṣṇa, die Höchste Persönlichkeit Gottes, aufgrund Seiner absoluten Stellung jedem Befreiung gewähren kann – ob man nun als Sein Feind oder als Sein Freund handelt. Es ist also ein Irrtum zu glauben, der Herr hätte zu manchen Lebewesen eine freundschaftliche und zu anderen eine feindschaftliche Beziehung. Sein feindschaftliches oder freundschaftliches Verhalten befindet sich stets auf der absoluten Ebene, auf der es keine materiellen Unterscheidungen gibt.

Nachdem König Yudhiṣṭhira zum Schluss der Opferzeremonie sein

Bad genommen hatte und wieder bei den gelehrten Weisen und *brāhmaṇas* stand, erschien er mit solcher Schönheit, dass er dem König des Himmels glich. Er beschenkte alle Halbgötter, die an dem *yajña* teilgenommen hatten, mit reichen Gaben, und als die Halbgötter, die äußerst zufrieden waren, sich entfernten, lobten sie die Taten des Königs und verherrlichten Śrī Kṛṣṇa.

Als Śukadeva Gosvāmī erzählte, wie Kṛṣṇa Śiśupāla tötete und wie Mahārāja Yudhiṣṭhiras Rājasūya-yajña erfolgreich durchgeführt wurde, wies er darauf hin, dass es nach der glücklichen Beendigung des *yajña* nur eine Person gab, die nicht zufrieden war, nämlich Duryodhana. Duryodhana war von Natur aus sehr neidisch, denn er führte ein äußerst sündhaftes Leben; er war in der Kuru-Dynastie als die Verkörperung der chronischen Krankheit erschienen, die die gesamte Familie zerstören sollte.

Śukadeva Gosvāmī versicherte Mahārāja Parīkṣit, dass die Erzählungen von Śrī Kṛṣṇas Spielen, wie das Töten von Śiśupāla und Jarāsandha und die Freilassung der gefangenen Könige, völlig transzendentale Klangschwingungen seien und dass jeder, der sie von autorisierten Personen höre, augenblicklich von allen sündhaften Reaktionen seines Lebens befreit werde.

Hiermit enden die Bhaktivedanta-Erläuterungen zum 74. Kapitel des Kṛṣṇa-Buches mit dem Titel „Die Erlösung Śiśupālas“.

KAPITEL 75

Warum sich Duryodhana am Ende des Rājasūya-Opfers gedemütigt fühlte

König Yudhiṣṭhira war als *ajāta-śatru* bekannt, „jemand, der keine Feinde hat". Daher waren alle Menschen und alle Halbgötter sowie alle Könige, Weisen und Heiligen sehr glücklich, dass sie der erfolgreichen Durchführung von König Yudhiṣṭhiras Rājasūya-yajña hatten beiwohnen dürfen. Mahārāja Parīkṣit wunderte es, dass Duryodhana als einziger unzufrieden war, und so bat er Śukadeva Gosvāmī, diesen Umstand zu erklären.

Śukadeva Gosvāmī antwortete ihm: „Mein lieber König Parīkṣit, dein Großvater König Yudhiṣṭhira war eine große Seele. Aufgrund seines gewinnenden Wesens wurde jeder gern sein Freund, und deshalb war er als *ajāta-śatru* bekannt, das heißt als jemand, der sich niemals einen Feind schuf. Als er die Durchführung des Rājasūya-Opfers plante, übertrug er jedem Angehörigen der Kuru-Dynastie die Verantwortung für einen bestimmten Teil der Organisation. Bhīmasena zum Beispiel war für die Küchenangelegenheiten zuständig, Duryodhana für die Finanzen, Sahadeva für den Empfang, Nakula für die Vorräte, und Arjuna war damit beauftragt, sich um das Wohl der älteren Gäste zu kümmern. Am erstaunlichsten war, dass Kṛṣṇa, die Persönlichkeit Gottes, die Aufgabe übernahm, allen neu ankommenden Gästen die Füße zu waschen. Die Königin, die Glücksgöttin Draupadī, war für die Verteilung der Speisen zuständig, und weil Karṇa für Seine Mildtätigkeit berühmt war, wurde ihm die Verantwortung für die Spendenverteilung zugesprochen. Ebenso wurden auch Sātyaki, Vikarṇa, Hārdikya, Vidura, Santardana und Bhūriśravā, der Sohn Bāhlīkas, mit verschiedenen Aufgaben betraut, die das Rājasūya-Opfer mit sich brachte. Sie alle waren König Yudhiṣṭhira so zugetan, dass sie keinen anderen Wunsch hatten, als ihn zu erfreuen.

Nachdem Śiśupāla durch die Gnade Śrī Kṛṣṇas den Tod gefunden hatte und in die spirituelle Existenz eingegangen war und nachdem zum Schluss des Rājasūya-yajña alle Freunde, Gäste und Gönner umfänglich geehrt und beschenkt worden waren, ging König Yudhiṣṭhira zum Ganges, um dort ein Bad zu nehmen. Die Stadt Hastināpura liegt heute am Ufer der Yamunā, aber weil das *Śrīmad-Bhāgavatam* an dieser Stelle sagt, dass König Yudhiṣṭhira zum Ganges gegangen sei, um ein Bad zu nehmen, können wir daraus die Schlussfolgerung ziehen, dass zur Zeit der Pāṇḍavas auch die Yamunā als Ganges bezeichnet wurde. Während der König das *avabhṛtya*-Bad nahm, erklangen vielerlei Musikinstrumente wie *mṛdaṅgas*, Muschelhörner, *paṇava*-Trommeln, Kesselpauken und Hörner. Dazu klingelten die Fußglöckchen tanzender Mädchen, und viele Gruppen von professionellen Musikanten und Sängern sangen zum Klang der *vīṇās*, Flöten, Gongs und Zimbeln. So schallte weithin ein gewaltiges Konzert. Die königlichen Gäste, die aus Sṛñjaya, Kāmbhoja, Kuru, Kekaya, Kośala und vielen anderen Ländern gekommen waren, hatten sich mit ihren verschiedenen Flaggen eingefunden und führten Eskorten von prachtvoll geschmückten Elefanten sowie von Streitwagen, Pferden und Kämpfern mit sich. Sie alle bildeten eine eindrucksvolle Prozession, an deren Spitze König Yudhiṣṭhira schritt. Es wurde ein Opfer durchgeführt und die vorsitzenden Priester sowie die Nebenpriester und die versammelten *brāhmaṇas* chanteten alle laut vedische Hymnen. Die Halbgötter, die Bewohner Pitṛlokas und Gandharvalokas sowie auch viele Weise ließen Blumen vom Himmel regnen. Die Männer und Frauen von Hastināpura, bzw. Indraprastha, die zu dieser Feier ihren Körper mit Duftstoffen und Blumenölen eingerieben hatten, waren in farbenfrohe Gewänder gekleidet und mit Geschmeide, Juwelen und Girlanden geschmückt. Ihnen allen bereitete diese Zeremonie große Freude, und vergnügt bewarfen sie einander mit Flüssigkeiten wie Wasser, Öl, Milch, Butter und Joghurt, und einige rieben sich sogar gegenseitig diese Substanzen auf den Körper. Auf diese Weise herrschte eine sehr ausgelassene Stimmung. Die Prostituierten nahmen ebenfalls daran teil und rieben diese Flüssigkeiten fröhlich auf die Körper der Männer, die es auf die gleiche Weise erwiderten. Alle Flüssigkeiten waren mit Kurkuma und Safran vermischt, weshalb ihre Farbe leuchtend gelb war.

Am Himmel schwebten deutlich sichtbar Flugzeuge, in denen die Frauen vieler Halbgötter herbeigekommen waren, um dem wundervollen Fest zuzuschauen. Ebenso erschienen die Königinnen und die anderen Frauen der Königsfamilie auf ihren Sänften; sie waren prachtvoll geschmückt und wurden von Leibwächtern umgeben. Sowie Śrī Kṛṣṇa, der Vetter der Pāṇḍavas mütterlicherseits, und Sein enger Freund Arjuna die Königinnen erblickten, bewarfen sie sie mit den Flüssigkeiten. Die Königinnen wurden ein wenig verlegen, doch gleichzeitig lächelten sie bezaubernd, und dieses Lächeln ließ ihre Gesichter hell erstrahlen. Die Saris, die sie trugen, waren schnell durchnässt und ließen verschiedene Teile ihrer wohlgeformten Körper, insbesondere die Brüste und die Hüften, teilweise durchschimmern. Auch die Königinnen holten sich Eimer voll dieser Flüssigkeiten, und fingen ihrerseits an, mit Wasserspritzen ihre Schwäger zu besprühen. Während sie sich an diesen fröhlichen Spielen erfreuten, löste sich ihr Haar, und die Blumen, die ihren Körper schmückten, fielen zu Boden. Als sich Śrī Kṛṣṇa, Arjuna und die Königinnen so ausgelassen vergnügten, wurden die Menschen, die nicht rein im Herzen waren, von lustvollen Begierden erregt. Mit anderen Worten, solche Spiele zwischen Männern und Frauen, die vollkommen rein sind, sind die Quelle von Freude, doch materiell verunreinigte Menschen werden dabei von Lust ergriffen.

Zusammen mit Draupadī und seinen anderen Königinnen wohnte König Yudhiṣṭhira dem Fest in einer prachtvollen Kutsche bei, vor die majestätische Pferde gespannt waren. Die Königinnen waren so herrlich anzuschauen, dass es schien, als wäre das große Rājasūya-Opfer in Person zusammen mit allen personifizierten Opferriten zugegen.

An das Rājasūya-Opfer schloss sich die vorgeschriebene vedische Zeremonie namens *patnī-saṁyāja* an, die zusammen mit der eigenen Ehefrau durchgeführt wird. Auch dieses Opfer wurde von den Priestern König Yudhiṣṭhiras regelkonform durchgeführt. Als Königin Draupadī und König Yudhiṣṭhira ihr *avabhṛtya*-Bad nahmen, ließen sowohl die Bewohner von Hastināpura als auch die Halbgötter vor Freude Trommeln ertönen und spielten auf Trompeten, während es Blumen vom Himmel regnete. Als der König und die Königin ihr Bad im Ganges beendet hatten, stiegen alle anderen Bürger der verschiedenen *varṇas* oder Kasten – die *brāhmaṇas, kṣatriyas, vaiśyas* und *śūdras* – in den Ganges, um ebenfalls ein Bad zu nehmen. Im Ganges zu baden, wird in den vedischen Schriften empfohlen, denn dadurch wird man von allen sündhaften Reaktionen befreit. Dies ist in Indien auch heute noch üblich, vor allem zu besonders glückverheißenden Zeitpunkten. Bei solchen Gelegenheiten baden Millionen von Menschen im Ganges.

Nachdem König Yudhiṣṭhira sein Bad genommen hatte, zog er sich ein neues Seidengewand und einen Umhang an und schmückte sich mit kostbaren Juwelen. Doch er kleidete und schmückte nicht nur sich selbst, sondern er schenkte auch den Priestern und allen anderen, die an dem *yajña* teilgenommen hatten, neue Gewänder und Schmuckstücke. Auf diese Weise wurden sie alle von König Yudhiṣṭhira verehrt. Er war immer bemüht, all seine Freunde, Familienangehörigen, Verwandten, Gönner und die anderen Anwesenden zu verehren, und weil er ein großer Geweihter Śrī Nārāyaṇas, das heißt ein Vaiṣṇava, war, wusste er, wie man jeden zuvorkommend behandelt. Das Bestreben der Māyāvādī-Philosophen, jeden als Gott zu sehen, ist ein künstlicher Versuch, ein Einswerden zu erreichen. Ein Vaiṣṇava, ein Geweihter Śrī Nārāyaṇas, sieht jedes Lebewesen als Teil des Höchsten Herrn, und deshalb befindet sich sein Verhalten gegenüber anderen Lebewesen auf der absoluten Ebene. Genau wie man für einen Teil seines Körpers nicht weniger sorgt als für einen anderen, da sie alle Teile des gleichen Körpers sind, so trifft der Vaiṣṇava keine Unterscheidung zwischen einem Menschen und einem Tier, denn er sieht in beiden die Seele und auch die Überseele.

Als alle nach dem Bad erfrischt waren und sich mit seidenen Gewändern, Juwelenohrringen, Blumengirlanden, Turbanen, langen

Umhängen und Perlenhalsketten geschmückt hatten, sahen sie aus wie die Halbgötter des Himmels. Dies traf ganz besonders auf die Frauen zu, von denen jede erlesenste Kleider trug, die auf Hüfthöhe von einem goldenen Gürtel gehalten wurden. Sie alle lächelten, und dies verlieh ihnen zusammen mit dem *tilaka*-Zeichen und den Locken, die ihnen vereinzelt ins Gesicht fielen, ein bezauberndes Aussehen.

Alle, die an dem Rājasūya-Opfer teilgenommen hatten – die hochgebildeten Priester, die *brāhmaṇas*, die bei der Durchführung des Opfers geholfen hatten, die Bürger aller *varṇas*, die Könige, die Halbgötter, die Weisen und Heiligen und die Bewohner Pitṛlokas –, waren mit König Yudhiṣṭhira sehr zufrieden und kehrten schließlich voller Frohsinn nach Hause zurück. Dabei sprachen sie ununterbrochen über die Taten König Yudhiṣṭhiras und wurden es niemals müde, seine Größe zu preisen, genau wie man immer wieder Nektar trinken kann, ohne jemals satt zu werden. Als alle geladenen Gäste wieder die Heimreise antraten, hielt Mahārāja Yudhiṣṭhira seine engsten Freunde, unter ihnen auch Śrī Kṛṣṇa, zurück, indem er ihnen einfach nicht erlaubte, fortzugehen. Da Śrī Kṛṣṇa dem König die Bitte nicht abschlagen konnte, schickte Er die Helden der Yadu-Dynastie, wie Sāmba und andere, nach Dvārakā zurück, während Er persönlich in Hastināpura blieb, um den König zu erfreuen.

In der materiellen Welt hat jeder bestimmte unerfüllte Wünsche, aber man kann sich seine Wünsche niemals zur vollen Zufriedenheit erfüllen. König Yudhiṣṭhira jedoch war dank seiner bedingungslosen Hingabe für Kṛṣṇa in der Lage, durch die Darbringung des Rājasūya-Opfers all seine Wünsche erfolgreich zu erfüllen. Aus der Schilderung des Rājasūya-Opfers geht hervor, dass eine solche Zeremonie ein riesiger Ozean reicher Wünsche ist. Keinem gewöhnlichen Menschen ist es möglich, solch einen Ozean zu überqueren. Durch Śrī Kṛṣṇas Gnade jedoch gelang dies Mahārāja Yudhiṣṭhira mit Leichtigkeit, und so wurde er frei von allen Sorgen.

Als Duryodhana sehen musste, welcher Ruhm Mahārāja Yudhiṣṭhira nach der Durchführung des Rājasūya-yajña zuteilwurde und wie er dadurch in jeder Hinsicht vollkommene Zufriedenheit erlangt hatte, loderte in ihm das Feuer des Neides auf, denn sein Herz war ständig voller Gift. Er beneidete die Pāṇḍavas schon allein wegen ihres Herrscherpalastes, den der Dämon Maya für sie erbaut hatte. Dieser Palast, ein architektonisches Meisterwerk, war einzigartig in seiner verwirrenden und kunstreichen Gestaltung, und er hätte sowohl für große Herrscher und Könige als auch für Dämonenfürsten eine würdige Residenz dargestellt. In diesem großen Palast nun lebten die Pāṇḍavas zusammen mit ihren Familienmitgliedern und ihrer Gemahlin, Königin Draupadī, die ihnen glücklich und zufrieden diente. Und weil sich in jenen Tagen auch Śrī Kṛṣṇa dort aufhielt, wurde der Palast durch die Anwesenheit Seiner vielen Tausend Königinnen noch verschönt. Wenn die Königinnen mit ihren vollen Brüsten und schlanken Taillen durch den Palast schritten und die Fußglöckchen bei jeder ihrer Bewegungen lieblich klingelten, erschien der Palast herrlicher als die himmlischen Königreiche. Die Perlenhalsketten auf ihren Brüsten, die teilweise mit Safranpulver betupft waren, hatten sich rötlich gefärbt, und ihr wallendes Haar, von dem sich schöne Ohrringe abhoben, verlieh ihnen ein noch zauberhafteres Aussehen. Als Duryodhana diesen mit Schönheit gesegneten Palast von Mahārāja Yudhiṣṭhira sah, wurde er sehr neidisch, und sein Neid und seine Lust wurden weiter geschürt, als er die Schönheit Draupadīs sah, denn er empfand schon seit dem Tag ihrer Heirat mit den Pāṇḍavas eine ganz besondere Anziehung zu ihr. Duryodhana hatte nämlich ebenfalls an der Versammlung teilgenommen, wo Draupadī ihren Bräutigam auswählen sollte, und er war, wie alle anderen Prinzen, von Draupadīs Schönheit fasziniert gewesen, doch es war ihm nicht gelungen, ihre Gunst zu erlangen.

Eines Tages saß König Yudhiṣṭhira auf seinem goldenen Thron in dem vom Dämon Maya errichteten Palast, seine vier Brüder und andere Verwandte sowie sein großer Gönner Kṛṣṇa, die Höchste Persönlichkeit Gottes, waren ebenfalls zugegen, und es schien, als wäre sein materieller Reichtum nicht geringer als der Brahmās. Als der König so in der Gemeinschaft seiner Freunde auf dem Thron saß und den Vortragskünstlern zuhörte, die in Form wundervoller Gesänge Gebete darbrachten, besuchte Duryodhana mit seinen jüngeren Brüdern den Palast. Duryodhana trug einen glänzenden Helm und hielt ein Schwert in der Hand. Er war stets boshaft und reizbar, und deshalb genügte schon eine Kleinigkeit seitens der Torwächter, dass er aufbrauste und ihnen wüste Worte an den Kopf warf. Durch die Kunst des Dämons Maya war nämlich der Palast an mehreren Stellen so angelegt, dass jemand, der die Tücken des Bauwerkes nicht kannte, Wasser für Land und Land für Wasser halten musste. Duryodhana ließ sich durch dieses Blendwerk täuschen, und als er versuchte, über das Wasser zu gehen, das er für festen Boden hielt, war er ins Leere getreten. Als er so aus eigener Dummheit ins Wasser fiel, lachten die Königinnen über sein Missgeschick. König Yudhiṣṭhira konnte verstehen, wie Duryodhana zumute sein musste, und versuchte deshalb, die Königinnen vom Lachen abzuhalten, doch Śrī Kṛṣṇa gab ihm zu verstehen, dass er ihnen den Spaß nicht verderben solle. Es war nämlich Kṛṣṇas Wunsch, dass Duryodhana auf diese Weise bloßgestellt wurde und dass alle über seine Unbeholfenheit lachen konnten. Als alle über Duryodhana lachten, fühlte dieser sich tödlich gekränkt, und seine Haare auf dem Körper sträubten sich ihm vor Wut. Gedemütigt machte er sogleich kehrt und verließ gesenkten Hauptes den Palast, ohne auch nur ein Wort der Empörung zu äußern. Als Duryodhana in einer solchen Stimmung den Palast verließ, tat allen der Vorfall leid, und auch König Yudhiṣṭhira wurde sehr bekümmert. Trotz alledem schwieg Kṛṣṇa; Er sprach Sich weder für noch gegen die Geschehnisse aus. Es schien, als sei Duryodhana durch den höchsten Willen Śrī Kṛṣṇas in Illusion versetzt worden, und dies bildete den Anfang der Feindschaft zwischen den beiden Teilen der Kuru-Dynastie. So war dieser Zwischenfall offensichtlich ein Teil von Kṛṣṇas Plan in Seiner Mission, die Last auf der Welt zu vermindern." So lautete die Erklärung Śukadeva Gosvāmīs auf die Frage von König Parīkṣit, warum Duryodhana nach der Beendigung des großen Rājasūya-Opfers nicht zufrieden war.

Hiermit enden die Bhaktivedanta-Erläuterungen zum 75. Kapitel des Kṛṣṇa-Buches mit dem Titel „Warum sich Duryodhana am Ende des Rājasūya-Opfers gedemütigt fühlte".

KAPITEL 76

Die Schlacht zwischen Śālva und Angehörigen der Yadu-Dynastie

Als Śukadeva Gosvāmī von den verschiedenen Taten berichtete, die Śrī Kṛṣṇa in Seiner Rolle als gewöhnlicher Mensch vollbrachte, erzählte er auch die Geschichte von der Schlacht zwischen der Yadu-Dynastie und einem Dämon namens Śālva, dem es gelungen war, in den Besitz eines wundervollen Flugzeuges zu gelangen, das den Namen Saubha trug. König Śālva war ein guter Freund Śiśupālas gewesen, und als sich dieser zur Zeremonie seiner Heirat mit Rukmiṇī begeben hatte, war Śālva ebenfalls ein Mitglied der Eskorte des Bräutigams gewesen. Als es dann zum Kampf mit der Yadu-Dynastie gekommen war, waren Śālva und die anderen Könige von den Soldaten der Yadu-Dynastie besiegt worden, und damals hatte Śālva, trotz seiner Niederlage, vor allen Königen geschworen, dass er nicht ruhen werde, bis alle Angehörigen der Yadu-Dynastie vom Erdboden getilgt seien. Seit dieser Niederlage nagte in Śālva eine unauslöschliche Feindschaft gegenüber Śrī Kṛṣṇa, denn töricht wie er war, hatte er versprochen, Kṛṣṇa zu töten.

Gewöhnlich nehmen solch verblendete Dämonen zur Verwirklichung ihrer hochgesteckten Pläne Zuflucht bei einem Halbgott wie Śiva, und so wandte sich auch Śālva an Śiva, um zusätzliche Kräfte zu erlangen. In der Folge unterzog er sich einer harten Form der Entsagung und aß täglich nichts anderes als eine Handvoll Asche. Śiva, der Gemahl Pārvatīs, ist gewöhnlich sehr barmherzig, und deshalb ist er auch sehr schnell zufrieden, wenn sich jemand schwere Entsagungen auferlegt, um seine Gunst zu erlangen. Nachdem Śālva ein Jahr lang schwere Entsagungen auf sich genommen hatte, war Śiva mit ihm zufrieden und forderte ihn auf, seinen Wunsch zu äußern.

Śālva bat Śiva um ein Luftfahrzeug, das so gewaltig sein sollte, dass es von keinem Halbgott, Dämon, Menschen, Gandharva oder Nāga, nicht einmal von einem Rākṣasa, zerstört werden könnte. Zudem wünschte er sich, dass es ihn an jeden gewünschten Ort bringen können solle; insbesondere solle es auch für die Yadu-Dynastie eine Gefahr darstellen und sie in Furcht versetzen. Śiva willigte sogleich ein, ihm diese Segnung zu gewähren, und daraufhin konstruierte Śālva mit Hilfe des Dämons Maya ein metallenes Fluggefährt, das so stabil und furchterregend war, dass niemand es zerstören konnte. Es war eine riesige Maschine – fast so groß wie eine Stadt –, und es konnte so hoch und so schnell fliegen, dass es praktisch unmöglich war, es zu sehen, geschweige denn, es anzugreifen. Es schien, als wäre es fast völlig von Dunkelheit umgeben, dennoch konnte der Pilot es nach Belieben überall hinsteuern. Als Śālva dieses wundervolle Luftfahrzeug bekommen hatte, flog er damit sogleich nach Dvārakā, denn er hatte sich dieses Flugzeug vor allem gewünscht, um die Stadt der Yadus anzugreifen, gegen die er einen nie versiegenden Hass hegte.

Śālva griff Dvārakā nicht nur aus der Luft an, sondern ließ die Stadt auch von einem Riesenheer von Fußsoldaten umstellen. Diese Soldaten überfielen sogleich die schönsten Stellen der Stadt und zerstörten Badeanlagen, Stadttore und Teile der hohen Stadtmauern sowie viele Paläste und Hochhäuser und die Orte, wo die Bürger zur Erholung zusammenkamen. Während die Infanterie auf diese Weise ihren Angriff durchführte, wurde sie von Śālva unterstützt, der aus seinem Flugzeug große Felsbrocken, Baumstämme, Blitze, Giftschlangen und viele andere gefährliche Gegenstände auf die Stadt niederwarf. Es gelang ihm auch, einen Orkan zu erzeugen, der so stark war, dass ganz Dvārakā in Dunkelheit gehüllt wurde, weil der Staub den Himmel verfinsterte. Śālvas Luftgefährt stürzte Dvārakā in Nöte, die so groß waren, dass sie denen glichen, die der Erde vor langer Zeit einmal vom Dämon Tripurāsura zugefügt worden waren. Die Einwohner von Dvārakā Purī wurden so heftig bedrängt, dass sie nicht einen Augenblick mehr zur Ruhe kamen.

Da versammelten sich die großen Helden von Dvārakā, die von solch berühmten Befehlshabern wie Pradyumna angeführt wurden, und bliesen zum Gegenangriff. Angesichts der großen Not der Bürger mobilisierte Pradyumna unverzüglich ein Heer von Soldaten und bestieg persönlich einen Streitwagen, währenddessen er die Stadtbewohner ermutigte und ihnen versprach, sie zu beschützen. Unter seiner Führung stürmten viele Krieger, wie Sātyaki, Cārudeṣṇa und Sāmba, die alle jüngere Brüder Pradyumnas waren, und auch Akrūra, Kṛtavarmā, Bhānuvinda, Gada, Śuka und Sārana, aus der Stadt, um mit Śālva zu kämpfen. Sie waren alle *mahā-rathīs*, große Krieger; jeder von ihnen war fähig, es mit vielen Tausend Männern aufzunehmen. Sie hatten sich mit allen notwendigen Waffen ausgerüstet, und viele Tausend Wagenlenker, Elefanten, Pferde und Fußsoldaten standen ihnen zur Seite. So entbrannte ein wilder Kampf, genauso wie er in früheren Zeiten zwischen den Halbgöttern und den Dämonen stattgefunden hatte. Die Schlacht war so erbarmungslos, dass jedem, der sie sah, die Haare des Körpers zu Berge standen.

Pradyumna wirkte unverzüglich der mystischen Zauberkraft entgegen, die von dem Luftgefährt Śālvas, des Königs von Saubha, ausging. Durch die magische Macht seines Flugzeugs hatte Śālva eine Finsternis, so dicht wie die Nacht, erzeugt, doch plötzlich erschien Pradyumna wie die aufgehende Sonne, und wie beim Sonnenaufgang augenblicklich die Dunkelheit der Nacht weicht, so wurde durch Pradyumnas Erscheinen die Wirkung der mystischen Kraft Śālvas aufgehoben. Jeder von Pradyumnas Pfeilen hatte am Ende eine goldene Feder und der Schaft trug eine scharfe Eisenspitze. Mit 25 solchen Pfeilen fügte er dem Oberbefehlshaber Śālvas schwere Verwundungen zu. Dann schoss er 100 Pfeile auf Śālva ab, durchbohrte viele Soldaten mit jeweils einem Pfeil und tötete die Wagenlenker, indem er auf jeden zehn Pfeile abschoss.

Die Reittiere, wie die Pferde und die Elefanten, wurden mit je drei gezielten Pfeilen außer Gefecht gesetzt. Als Pradyumna vor aller Augen sein meisterhaftes Geschick offenbarte, begannen die großen Krieger beider Seiten, seine heldenhaften Taten zu lobpreisen.

Aber da war immer noch das mysteriöse Luftfahrzeug, mit dem Śālva seine Angriffe führte. Es war so mysteriös, dass man manchmal meinte, es flögen mehrere Flugzeuge am Himmel und dann überhaupt keines. Manchmal war es sichtbar und ein anderes Mal wieder unsichtbar. Die Krieger der Yadu-Dynastie waren sehr verwirrt, da sie das sonderbare Luftgefährt immer wieder an einer anderen Stelle auftauchen sahen. Manchmal stand es am Boden, dann flog es am Himmel, dann wieder verharrte es kurz auf dem Gipfel eines Berges, um gleich darauf wieder auf der Oberfläche des Wassers zu erscheinen. Das wundersame Gefährt bewegte sich am Himmel wie ein Glühwürmchen im Wind – es blieb keine Sekunde lang am gleichen Ort. Doch trotz aller geheimnisvollen Manöver des Luftfahrzeugs stürzten die Offiziere und Soldaten der Yadu-Dynastie sofort auf Śālva zu, sobald sie ihn mit seinem Flugzeug und seinen Soldaten erblickten. Die Pfeile der Yadus waren strahlend wie die Sonne und gefährlich wie Schlangenzungen. Bald schon gerieten die Soldaten auf Śālvas Seite unter dem fortwährenden Pfeilhagel, den die Helden der Yadu-Dynastie auf sie abschossen, in arge Bedrängnis, und Śālva selbst verlor unter dem Ansturm ihrer Pfeile das Bewusstsein.

Aber auch die Soldaten und Krieger, die auf Śālvas Seite kämpften, waren sehr mächtig, und sie ließen ihrerseits einen Pfeilhagel auf die Helden der Yadu-Dynastie niedergehen, doch diese waren so stark und entschlossen, dass sie nicht von ihren Stellungen wichen. Die Helden der Yadu-Dynastie kämpften mit der Entschlossenheit, entweder den Sieg zu erringen oder zu fallen. Sie waren zuversichtlich, dass sie, wenn sie auf dem Schlachtfeld sterben sollten, die himmlischen Planeten erreichen würden und dass sie im Falle eines Sieges bereits in dieser Welt in den Genuss der verschiedensten Annehmlichkeiten kommen würden. Śālvas Oberbefehlshaber hieß Dyumān, und er besaß außergewöhnliche Kräfte. Obwohl ihn Pradyumnas 25 Pfeile schwer verletzt hatten, attackierte er auf einmal Pradyumna mit seiner monströsen Keule und versetzte ihm völlig unerwartet einen solch gewaltigen Schlag, dass Pradyumna das Bewusstsein verlor. Sofort erhob sich ein lautes Wehklagen: „Er ist tot! Er ist tot!" Der Keulenschlag hatte nämlich Pradyumnas Brust mit solcher Wucht getroffen, dass es so schien, als ob seine Brust zerschmettert worden wäre.

Pradyumnas Streitwagen wurde vom Sohn Dārukas gelenkt. Nach vedischen Kampfregeln müssen der Wagenlenker und der Kämpfer auf dem Wagen während des Kampfes zusammenarbeiten. Es war also die Pflicht des Wagenlenkers, den Kämpfer während bedrohlicher und prekärer Phasen der Schlacht zu schützen, und deshalb fuhr der Sohn Dārukas Pradyumna vom Schlachtfeld. Zwei Stunden später kam Pradyumna an einem ruhigen Ort wieder zu Bewusstsein, doch als er bemerkte, dass er sich nicht mehr auf dem Schlachtfeld befand, verwünschte er seinen Wagenlenker und rief:

„Oh, welch verdammenswerte Tat hast du begangen! Warum hast du mich vom Schlachtfeld gebracht? Lieber Wagenlenker, noch nie ist ein Krieger unserer Familie vom Schlachtfeld weggeführt worden. Ja, nicht einmal einer von ihnen hat jemals das Schlachtfeld während des Kampfes verlassen. Durch deine Handlung hast du große Schande auf mich geladen. Man wird von mir sagen, ich sei mitten im Kampf vom Schlachtfeld geflohen. Mein lieber Wagenlenker, ich muss dir Vorwürfe machen – du bist ein Feigling und ein weichlicher Versager. Sage mir, wie kann ich jemals wieder meinem Onkel Balarāma und meinem Vater Kṛṣṇa unter die Augen treten, und wie soll ich ihnen mein Verhalten erklären? Jeder wird über mich reden und behaupten, ich sei aus dem Kampf geflohen, und wenn man mich selbst danach fragt, was soll ich dann zur Antwort geben? Meine Schwägerinnen werden sich mit beißendem Spott über mich lustig machen: ‚Mein lieber Held, wie konntest du nur zu einem solchen Feigling werden? Was ist passiert, dass du deine Mannhaftigkeit verloren hast? Und wie kommt es, dass du dich in den Augen deiner Gegner so erniedrigt hast?' Mein lieber Wagenlenker, ich betrachte es als ein großes Vergehen, dass du mich vom Schlachtfeld weggebracht hast."

Darauf erwiderte Pradyumnas Wagenlenker: „Mein lieber Herr und Meister, möge dir ein langes Leben zuteilwerden. Meines Wissens tat ich nichts Falsches, denn es ist die Pflicht des Wagenlenkers, dem Kämpfer auf dem Wagen zu helfen, wenn er in große Gefahr gerät. Mein lieber Herr, du bist ein vollkommener Meister auf dem Schlachtfeld, und sowohl der Wagenlenker als auch der Kämpfer haben die Pflicht, bei

Gefahr einander zu beschützen. Ich war mir über die Gesetze des Kämpfens völlig bewusst, und ich tat nichts anderes als meine Pflicht. Der Feind hatte dir nämlich mit seiner Keule ganz plötzlich einen so heftigen Schlag versetzt, dass du bewusstlos wurdest. Umgeben von deinen Feinden, schwebtest du in Lebensgefahr, und deshalb war ich dazu verpflichtet, zu tun, was ich tat."

Hiermit enden die Bhaktivedanta-Erläuterungen
zum 76. Kapitel des Kṛṣṇa-Buches mit dem Titel
„Die Schlacht zwischen Śālva und Angehörigen der Yadu-Dynastie".

KAPITEL 77

Die Erlösung Śālvas

Nach diesem Gespräch mit seinem Wagenlenker, dem Sohn Dārukas, begriff Pradyumna, was wirklich geschehen war. Er erfrischte sich deshalb, indem er sich den Mund ausspülte und die Hände wusch, bewaffnete sich mit Bogen und Pfeilen und bat seinen Wagenlenker, ihn dorthin zu fahren, wo Śālvas Oberbefehlshaber kämpfte. Während Pradyumnas kurzer Abwesenheit vom Schlachtfeld hatte Dyumān, Śālvas Oberbefehlshaber, die Stellungen der Yadus eingenommen. Als Pradyumna jedoch auf das Schlachtfeld zurückkehrte, stoppte er diesen sogleich und schoss lächelnd acht gezielte Pfeile auf Dyumān. Mit vier Pfeilen streckte er seine vier Pferde nieder, mit einem Pfeil tötete er den Wagenlenker, und mit einem anderen Pfeil schoss er Dyumāns Bogen entzwei, mit einem weiteren Pfeil schoss er Dyumāns Fahne in Stücke, und mit dem letzten trennte er ihm den Kopf vom Rumpf.

An den anderen Fronten kämpften Helden wie Gada, Sātyaki und Sāmba und töteten dabei viele von Śālvas Soldaten. Auch die Soldaten, die Śālva an Bord des Luftgefährts unterstützten, mussten ihr Leben lassen und stürzten in den Ozean. Beide Seiten bekämpften einander mit aller Härte, und so wurde die Schlacht immer wilder und gefahrvoller. 27 Tage lang wurde ununterbrochen gefochten.

Während in Dvārakā diese Schlacht tobte, befand Sich Kṛṣṇa bei König Yudhiṣṭhira und den anderen Pāṇḍavas in Indraprastha. Der Kampf mit Śālva fand nämlich nach König Yudhiṣṭhiras Rājasūya-yajña statt, in dessen Verlauf Śiśupāla den Tod gefunden hatte. Als Śrī Kṛṣṇa erfuhr, dass Dvārakā in großer Gefahr schwebte, bat Er die Familienältesten der Pāṇḍavas, vor allem Seine Tante Kuntīdevī, um die Erlaubnis, sie verlassen zu dürfen, und begab Sich daraufhin unverzüglich auf den Weg nach Dvārakā.

Śrī Kṛṣṇa vermutete bereits, dass es Śiśupālas Anhänger sein mussten, die Dvārakā angriffen, während Er und Balarāma Sich entschieden hatten, nach Śiśupālas Tod noch in Hastināpura zu bleiben. Bei Seiner Ankunft in Dvārakā sah Śrī Kṛṣṇa, dass die Stadt tatsächlich in großer Bedrängnis war. Er postierte Balarāmajī an einer strategisch wichtigen Stelle, um die Stadt zu beschützen, und Er Selbst wandte Sich an Seinen Wagenlenker Dāruka und sagte: „Dāruka, bitte bringe Mich schnell zu Śālva. Śālva, musst du wissen, ist sehr mächtig und geheimnisvoll, aber du brauchst ihn dennoch nicht im Geringsten zu fürchten.“ Sowie Dāruka diese Anweisungen erhalten hatte, ließ er Kṛṣṇa im Streitwagen Platz nehmen und fuhr mit großer Geschwindigkeit auf Śālva zu.

Śrī Kṛṣṇas Streitwagen trug eine Fahne mit dem Bild Garuḍas, und als die Soldaten und Krieger der Yadu-Dynastie diese Fahne sahen, wussten sie, dass Sich Śrī Kṛṣṇa persönlich auf dem Schlachtfeld befand. Zu diesem Zeitpunkt waren bereits fast alle Soldaten Śālvas getötet, doch Śālva, der bemerkt hatte, dass Kṛṣṇa gekommen war, feuerte ein riesiges, mächtiges Geschoss ab, das mit donnerndem Getöse wie ein großer Meteor durch die Luft flog. Es strahlte so gleißend, dass der ganze Himmel erhellt wurde, doch sowie Śrī Kṛṣṇa erschien, schoss Er die Riesenwaffe mit seinen eigenen Pfeilen in viele Tausend Stücke.

Śrī Kṛṣṇa traf Śālva mit 16 Pfeilen und überschüttete dann sein Luftfahrzeug mit einer wahren Flut von Pfeilen, so wie die Sonne an einem klaren Tag den gesamten Himmel mit zahllosen Lichtpartikeln überflutet. Śālva seinerseits antwortete mit einem gewaltigen Schuss gegen Kṛṣṇas linke Seite, wo Er Seinen Bogen namens Śārṅga trug, der Ihm unter der ungeheuren Wucht aus der Hand glitt. Dass Śrī Kṛṣṇa Seinen Bogen fallen ließ, war etwas ganz Außergewöhnliches. Die großen Persönlichkeiten und Halbgötter, die den Kampf zwischen Śālva und Kṛṣṇa beobachteten, waren zutiefst bestürzt und riefen: „O weh! O weh!"

Śālva sah sich schon als Sieger, und er brüllte Śrī Kṛṣṇa mit donnernder Stimme an: „Kṛṣṇa, Du Schurke! Gewaltsam hast Du Rukmiṇī entführt, und dies sogar vor unseren Augen. Du hast meinen Freund Śiśupāla auf hinterhältige Weise gedemütigt, als Du es wagtest, Rukmiṇī Selbst zu heiraten. Und als mein Freund während der großen Versammlung von König Yudhiṣṭhiras Rājasūya-yajña auch nur für einen kurzen Moment unaufmerksam war, hast Du dies sogleich ausgenutzt, um ihn zu töten. Jeder denkt, Du wärest ein großer Kämpfer und könntest von niemandem besiegt werden. Doch nun musst Du Deine Stärke beweisen. Ich glaube, wenn Du noch länger vor mir stehenbleibst, werden Dich meine spitzen Pfeile an einen Ort befördern, von dem Du nicht mehr zurückkehrst."

Darauf entgegnete Śrī Kṛṣṇa: „Śālva, du Narr, rede nicht solchen Unsinn. Du scheinst nicht zu wissen, dass der Tod bereits über deinem Haupt schwebt. Wirkliche Helden reden nicht viel. Sie beweisen ihre Kraft mit kühnen Taten." Mit diesen Worten ergriff Śrī Kṛṣṇa voller Zorn Seine Keule und schlug sie Śālva mit solcher Wucht gegen das Schlüsselbein, dass dieser Blut spuckte. Ein Zittern durchlief Śālvas Körper, als wäre er kurz vor dem Erfrieren. Bevor Kṛṣṇa jedoch noch einmal zuschlagen konnte, machte sich Śālva durch seine mystische Kraft unsichtbar.

Einige Augenblicke später trat ein geheimnisvoller Unbekannter vor Śrī Kṛṣṇa. Laut weinend verneigte er sich vor den Lotosfüßen des Herrn und sagte: „Weil Du der liebste Sohn Deines Vaters Vasudeva bist, hat mich Deine Mutter Devakī gesandt, um Dir die Unglücksnachricht mitzuteilen, dass Dein Vater von Śālva gefangen genommen und gewaltsam verschleppt worden sei. Śālva habe ihn abgeführt wie ein Schlächter, der gnadenlos ein Tier zur Schlachtbank treibt." Als Śrī Kṛṣṇa diese Nachricht von dem Unbekannten vernahm, war Er zuerst völlig entsetzt, wie es auch ein gewöhnlicher Mensch gewesen wäre. Sein Gesicht zeigte

Zeichen von großem Schmerz, und Er begann bitterlich zu weinen: „Wie konnte das nur geschehen? Mein Bruder Śrī Balarāma ist doch in der Stadt, und es gibt niemanden, der Balarāmajī zu bezwingen vermag. Ihm obliegt der Schutz Dvārakās, und Ich weiß, dass Er stets wachsam ist. Wie also konnte Śālva in Dvārakā eindringen und Meinen Vater ohne Weiteres entführen? Ganz gleich, wer Śālva auch sein mag, seine Kraft ist begrenzt, wie hätte er also in der Lage sein können, Balarāmajīs Stärke zu bezwingen und Meinen Vater festzunehmen, wie es dieser Mann hier schildert? Doch ach, das Schicksal ist sehr mächtig!"

Während Śrī Kṛṣṇa diese Gedanken durch den Kopf gingen, führte Śālva einen Gefangenen vor Ihn, der genauso aussah wie Sein Vater Vasudeva. All dies waren jedoch nur Trugbilder, die Śālva mit Hilfe seiner mystischen Kraft schuf.

Śālva rief Kṛṣṇa zu: „Kṛṣṇa, Du Schurke! Schau her, hier ist Dein Vater, der Dich gezeugt hat und durch dessen Gnade Du noch heute am Leben bist. Sieh nun, wie ich ihn töte. Wenn Du auch nur ein wenig Kraft hast, dann rette ihn doch." Mit diesen Worten schlug der mystische Zauberer Śālva dem falschen Vasudeva den Kopf ab. Dann packte er ohne zu zögern den toten Körper und sprang an Bord seines Flugzeuges. Śrī Kṛṣṇa ist die in Sich Selbst zufriedene Höchste Persönlichkeit Gottes, doch weil Er die Rolle eines gewöhnlichen Menschen spielte, war Er zunächst sehr traurig, als habe Er tatsächlich Seinen Vater verloren, aber im nächsten Augenblick schon erkannte Er, dass die Gefangennahme und die Hinrichtung Seines Vaters bloß Vorspiegelungen der magischen Kräfte waren, die Śālva vom Dämon Maya erlernt hatte. Als Kṛṣṇa wieder in Seinem richtigen Bewusstsein war, sah Er, dass weder der Bote noch der Kopf Seines Vaters existent waren, dass aber Śālva entflohen war und in Seinem Luftgefährt am Himmel flog. Da legte Sich Kṛṣṇa einen Plan zurecht, um Śālva zu vernichten.

Kṛṣṇas Reaktion in dieser Auseinandersetzung mit Śālva ist unter den großen Autoritäten und Heiligen ein viel diskutiertes Thema – wie nämlich konnte Kṛṣṇa, die Höchste Persönlichkeit Gottes, die Quelle aller Macht und allen Wissens, auf solche Weise verwirrt werden? Wehklagen, Kummer und Verwirrung sind Merkmale bedingter Seelen. Wie könnte Kṛṣṇa als die Höchste Person, die alles Wissen, alle Macht und allen Reichtum besitzt, davon berührt werden? In Wirklichkeit ist es völlig unmöglich, dass Śrī Kṛṣṇa durch die mystischen

Vorspiegelungen Śālvas getäuscht werden konnte. So handelte es sich auch hier um eines der transzendentalen Spiele, in denen Sich Śrī Kṛṣṇa wie ein gewöhnlicher Mensch verhielt. Die großen Heiligen und Weisen, die den Lotosfüßen Śrī Kṛṣṇas in Hingabe dienen und dadurch die höchste Vollkommenheit der Selbstverwirklichung erlangt haben, befinden sich jenseits aller Verwirrung und Illusion, die der körperlichen Auffassung des Lebens entspringen. Wie hätte also Śrī Kṛṣṇa, der für diese Heiligen und Weisen das endgültige Ziel des Lebens ist, von Śālvas mystischen Tricks verwirrt werden können? Die Schlussfolgerung lautet somit, dass Śrī Kṛṣṇas Verwirrung nichts anderes als ein weiterer Aspekt Seiner Vollkommenheit als Höchste Persönlichkeit war.

Śālva glaubte, Kṛṣṇa wäre durch seine magischen Vorspiegelungen verwirrt worden, und deshalb fühlte er sich ermutigt und griff den Herrn mit noch mehr Kraft und Einsatz an, indem er Ihn mit einem Regen von Pfeilen überschüttete. Aber Śālvas Kampfeseifer glich der Leidenschaft von Motten, die sich geradewegs in ein Feuer stürzen. Śrī Kṛṣṇa entgegnete Śālvas Angriff und schoss ihm Seinerseits zahllose Pfeile mit solch unfassbarer Kraft entgegen, dass Śālvas Rüstung zerfetzt wurde, sein Bogen und sein juwelenbesetzter Helm in Tausend Stücke zersprangen und Śālva selbst schwer verletzt wurde. Mit einem gewaltigen Schlag Seiner Keule zerschmetterte Kṛṣṇa daraufhin auch Śālvas wundersames Luftfahrzeug, das in vielen Trümmern ins Meer abstürzte. Śālva jedoch war so gewandt, dass es ihm gelang, an Land zu springen, ehe das Flugzeug auf dem Wasser aufschlug, und sogleich rannte er erneut auf Śrī Kṛṣṇa zu. Als Śālva auf diese Weise mit seiner Keule in der Hand Kṛṣṇa entgegenraste, schlug ihm Śrī Kṛṣṇa die Hand ab, die samt der Keule zu Boden fiel. Mit dem Entschluss, Śālva nun zu töten, hob der Herr Sein wunderbares Feuerrad, das leuchtete wie die gleißende Sonne zur Zeit der Vernichtung der materiellen Schöpfung. Als Sich Śrī Kṛṣṇa mit Seinem Feuerrad aufrichtete, um Śālva zu vernichten, sah Er aus wie ein Berg, über dem die rote Sonne aufgeht. Im gleichen Augenblick schon war Śālva enthauptet, und sein Kopf stürzte zusammen mit den Ohrringen und dem Helm zu Boden. So fand Śālva genau das gleiche Ende wie einst Vṛtrāsura, der von Indra, dem König des Himmels, getötet wurde.

Als Śālva tot aufs Schlachtfeld stürzte, brachen seine Soldaten und Anhänger in lautes Wehklagen und Jammern aus. Währenddessen ließen die Halbgötter von den himmlischen Planeten Blumen auf Kṛṣṇa herabregnen und verkündeten Seinen Sieg, indem sie Trommeln schlugen und Hörner bliesen. Aber genau in dem Moment erschienen neue Freunde Śiśupālas, allen voran Dantavakra, auf dem Schlachtfeld, und sie alle brannten darauf, mit Kṛṣṇa zu kämpfen, um den Tod Śiśupālas und anderer zu rächen. So kam Dantavakra mit einer ungeheuren Wut auf Śrī Kṛṣṇa zugestürmt.

Hiermit enden die Bhaktivedanta-Erläuterungen zum 77. Kapitel des Kṛṣṇa-Buches mit dem Titel „Die Erlösung Śālvas".

KAPITEL 78

Dantavakra, Vidūratha und Romaharṣaṇa werden getötet

Nach dem Tod von Śiśupāla, Śālva und Pauṇḍraka wollte ein weiterer törichter Dämon, nämlich König Dantavakra, Kṛṣṇa töten, um sich für seinen Freund Śālva zu rächen. Er war so außer sich, dass er einfach Hals über Kopf auf das Schlachtfeld stürmte, ohne sich entsprechend gerüstet und bewaffnet zu haben, ja er hatte nicht einmal einen Streitwagen. Seine einzige Waffe war seine große Wut, die rotglühend in seinen Adern kochte; er hatte nichts anderes als eine Keule, die er in den Händen schwang, doch er war so machtvoll, dass jeder spüren konnte wie bei seinen Schritten die Erde bebte. Als Śrī Kṛṣṇa ihn so heldenmütig heranstürmen sah, stieg Er sogleich vom Wagen, denn es war eine Kampfregel, dass nur Gegner mit gleichen Voraussetzungen miteinander kämpfen dürfen. Weil Dantavakra nur mit einer Keule bewaffnet und dazu allein war, stellte Sich Śrī Kṛṣṇa auf ihn ein und nahm ebenfalls nur eine Keule in die Hand. Sowie Kṛṣṇa Dantavakra entgegentrat, wurde dieser in seinem kühnen Lauf aufgehalten genau wie die großen, wilden Wogen des Ozeans, die an der Küste gebrochen werden.

Dantavakra, der König von Kārūṣa, stellte sich entschlossen mit seiner Keule in der Hand vor Śrī Kṛṣṇa auf und rief Ihm zu: „Welch eine Freude, welch ein Glück, Kṛṣṇa, dass wir uns von Angesicht zu Angesicht gegenüberstehen! Mein lieber Kṛṣṇa, Du bist trotz allem mein ewiger Vetter, und deshalb sollte ich Dich nicht auf diese Weise töten, doch leider hast Du einen großen Fehler begangen, als Du meinen Freund Śālva ermordetest. Überdies gibst Du Dich nicht damit zufrieden, meinen Freund getötet zu haben, sondern wie ich ganz genau weiß, willst Du auch mich umbringen. Weil Du solche Pläne hast, muss ich Dich töten, indem ich Dich jetzt mit meiner Keule in Fetzen schlage. Obwohl Du mein Verwandter bist, Kṛṣṇa, bist Du ein Narr. Du bist unser ärgster Feind, weshalb ich Dich heute töten muss, genau wie man ein Geschwür am Körper durch eine Operation entfernt. Ich bin meinen Freunden immer sehr zu Dank verpflichtet, und so stehe ich tief in der Schuld meines lieben Freundes Śālva. Diese Schuld kann ich nur mit Deinem Tod begleichen."

So wie ein Elefantenwärter versucht, den Elefanten mit Stockhieben zu bändigen, versuchte Dantavakra, Kṛṣṇa durch heftige Worte einzuschüchtern. Nachdem er seine Schmähungen ausgesprochen hatte, schlug er Kṛṣṇa mit der Keule auf den Kopf und brüllte wie ein Löwe. Obgleich Kṛṣṇa von Dantavakras Keule sehr hart getroffen wurde, wich Er keinen Fingerbreit, noch spürte Er irgendeinen Schmerz. Stattdessen schwang Er geschickt Seine Keule namens Kaumodakī und versetzte Dantavakras Brust einen solch durchdringenden Schlag, dass diesem das Herz entzweigerissen wurde. Dantavakra spie Blut, sein Haar wirbelte durcheinander, und er streckte zuckend seine Arme und Beine von sich, und alles, was nach wenigen Minuten von Dantavakra noch übrigblieb, war eine reglose Leiche auf dem Boden. Nach Dantavakras Tod kam, genau wie bei Śiśupālas Tod, vor den Augen aller Anwesenden ein kleines, leuchtendes spirituelles Teilchen aus dem Körper des Dämons hervor und ging auf wundervolle Weise in Śrī Kṛṣṇas Körper ein.

Dantavakra hatte einen Bruder namens Vidūratha, und als dieser von Dantavakras Tod erfuhr, schien ihn der Schmerz fast zu zerreißen.

Vor Schmerz und Wut ging Vidūrathas Atem schwer, und um den Tod seines Bruders zu rächen, erschien er vor Śrī Kṛṣṇa. Mit Schwert und Schild bewaffnet, war er fest entschlossen, Kṛṣṇa auf der Stelle zu töten. Als Śrī Kṛṣṇa erkannte, dass Vidūratha nur eine Gelegenheit abpasste, Ihn mit einem Schwerthieb zu töten, griff Er nach Seinem Sudarśana-*cakra*, das so scharf war wie eine Rasierklinge, und ohne ein Wort zu verlieren, trennte Er Vidūratha damit den Kopf samt Helm und Ohrringen vom Rumpf.

Nachdem Śrī Kṛṣṇa auf diese Weise Śālva und sein wundersames Flugzeug vernichtet und danach Dantavakra und Vidūratha getötet hatte, kehrte Er schließlich in Seine Stadt Dvārakā zurück. Es wäre niemandem außer Kṛṣṇa möglich gewesen, diese großen Helden zu töten, und daher begannen alle Halbgötter des Himmels und die Menschen auf der Erde Seinen Ruhm zu preisen. Die großen Weisen und Asketen, die Bewohner der Planeten der Siddhas und Gandharvas, die Vidyādharas, die Vāsukis und Mahānāgas, die anmutigen Engel, die Bewohner von Pitṛloka, die Yakṣas, die Kinnaras und die Cāraṇas – sie alle überschütteten den Herrn mit Blumen und besangen voller Jubel Seinen Sieg. Die Bewohner Dvārakās schmückten die ganze Stadt und verliehen ihr eine festliche Aufmachung. Daraufhin fand eine große Feier statt, und als Śrī Kṛṣṇa durch die Stadt zog, folgten Ihm alle Angehörigen der Vṛṣṇi-Dynastie und die Helden der Yadu-Dynastie voller Ehrfurcht.

Dies sind einige der transzendentalen Spiele Śrī Kṛṣṇas, des Meisters aller mystischen Kräfte und des Herrn aller kosmischen Manifestationen. Narren, die nicht besser sind als Tiere, denken manchmal, dass Kṛṣṇa besiegt werden könnte, doch in Wirklichkeit ist Er die Höchste Persönlichkeit Gottes, und niemand kann Ihn jemals besiegen. Er allein ist Gott, und alle anderen führen untergeben Seine Befehle aus.

Eines Tages erfuhr Śrī Balarāma, dass sich die beiden feindlichen Gruppen der Kuru-Dynastie auf eine Schlacht vorbereiteten, eine Seite wurde von Duryodhana angeführt und die andere von den Pāṇḍavas. Er war nicht sehr angetan von dem Gedanken und versuchte, als Vermittler zu handeln, um die Schlacht zu verhindern. Er empfand es als unmöglich, und weil Er nicht aktiv für eine der beiden Seiten Partei ergreifen wollte, verließ Er Dvārakā mit der Begründung, verschiedene heilige Pilgerstätten besuchen zu wollen. Als Erstes erreichte Er die Pilgerstätte, die als Prabhāsakṣetra bekannt ist. Dort nahm Er ein Bad, stellte die ansässigen *brāhmaṇas* zufrieden und brachte den Halbgöttern, den Pitās, den großen Weisen und auch den Einheimischen gemäß den vedischen Ritualen verschiedene Opfergaben dar. Das ist die vedische Art, heilige Orte zu besuchen. Daraufhin beschloss Er, in Begleitung von ehrwürdigen *brāhmaṇas* heilige Orte am Ufer des Flusses Sarasvatī aufzusuchen. Im Laufe Seiner Reise besuchte Er Orte wie Pṛthūdaka, Bindusara, Tritakūpa, Sudarśana-tīrtha, Viśāla-tīrtha, Brahma-tīrtha und Cakra-tīrtha, und außerdem besuchte Er auch alle heiligen Stätten am Ufer der ostwärts strömenden Sarasvatī. Danach reiste Er schließlich auch zu den bedeutendsten heiligen Orten an den Ufern der Yamunā und des Ganges. Auf diese Weise gelangte Er letztlich an den heiligen Ort, der als Naimiṣāraṇya bekannt ist.

Naimiṣāraṇya, ein Ort, den es in Indien heute noch gibt, war in jenen Zeiten ein Versammlungsort für große Weise und Heilige, die das Ziel hatten, spirituelles Leben und Selbstverwirklichung zu verstehen. Als Śrī Balarāma nach Naimiṣāraṇya kam, war gerade eine große Versammlung von Transzendentalisten dabei, ein umfangreiches Opfer durchzuführen. Zeremonien dieser Art waren gewöhnlich so angelegt, dass sie Tausende von Jahren dauern würden. Bei Śrī Balarāmas Ankunft erhoben sich sogleich alle Versammelten – die großen Weisen, Asketen, *brāhmaṇas* und Gelehrten – von ihren Sitzen und hießen Ihn mit aller Ehre und Achtung willkommen. Einige brachten Ihm ihre respektvollen Ehrerbietungen dar, während die älteren Weisen und *brāhmaṇas* Ihn segneten, nachdem sie aufgestanden waren. Nach dieser Begrüßung wurde Śrī Balarāma ein Sitz angeboten, der Seiner Persönlichkeit würdig war, und daraufhin bezeigte Ihm jeder seine Verehrung. In Balarāmas Gegenwart hatten sich alle Teilnehmer der Versammlung erhoben, denn sie wussten, dass Er die Höchste Persönlichkeit Gottes ist. Bildung oder Gelehrtheit bedeutet, die Höchste Persönlichkeit Gottes zu verstehen. Obwohl Śrī Balarāma auf der Erde als *kṣatriya* erschienen war, erhoben sich daher die *brāhmaṇas* und Weisen, denn sie wussten, wer Balarāma war.

Nachdem Śrī Balarāma auf diese Weise empfangen und zu einem Ehrenplatz geleitet worden war, musste Er leider sehen, dass der Schüler

Vyāsadevas*, Romaharṣaṇa, immer noch auf dem *vyāsāsana* saß. Romaharṣaṇa hatte sich weder von seinem Sitz erhoben, noch hatte er Śrī Balarāma Achtung erwiesen. Weil er auf dem *vyāsāsana* saß, hielt er sich, töricht wie er war, für bedeutender als der Herr, und deshalb stieg er nicht von seinem erhöhten Sitz, um sich vor Ihm zu verneigen. Sri Balarāma erinnerte Sich sodann an Romaharṣaṇas Abstammung. Er kam aus einer *sūta*-Familie, das heißt. aus einer Mischehe zwischen einer *brāhmaṇa*-Frau und einem *kṣatriya*-Mann. Schon allein aus diesem Grund hätte Romaharṣaṇa nicht auf seinem *vyāsāsana* sitzen bleiben dürfen, selbst wenn er Balarāma nur als *kṣatriya* ansah. Śrī Balarāma sagte Sich, dass Romaharṣaṇa wegen seiner Herkunft den erhöhten Sitz nicht hätte einnehmen dürfen, da viele gelehrte *brāhmaṇas* und Weise zugegen waren; darüber hinaus hatte es Romaharṣaṇa nicht nur vernachlässigt, von seinem Ehrensitz herunterzukommen, sondern er war nicht einmal aufgestanden, um Balarāmajī Achtung zu erweisen, als Er in der Versammlung erschien. Śrī Balarāma gefiel Romaharṣaṇas Dreistigkeit nicht. Er wurde sehr zornig auf ihn und verkündete von seinem Sitzplatz: „Dieser Mann, Romaharṣaṇa, ist so dreist, denn er hat einen höheren Sitzplatz eingenommen als alle anderen ehrwürdigen *brāhmaṇas* hier, obwohl er in einer niederen *pratiloma*-Familie geboren wurde."

Wer auf dem *vyāsāsana* sitzt, braucht im Allgemeinen nicht aufzustehen, um einen Neuankömmling zu empfangen, doch in diesem Fall war der Sachverhalt ein anderer, denn Śrī Baladeva ist kein gewöhnlicher Mensch. Romaharṣaṇa Sūta hätte daher, obwohl er von allen *brāhmaṇas* dazu auserkoren worden war, auf dem *vyāsāsana* zu sitzen, dem Beispiel der anderen großen Weisen und *brāhmaṇas* folgen sollen, denn er hätte sich ebenfalls darüber bewusst sein müssen, dass Śrī Balarāma die Höchste Persönlichkeit Gottes ist. Ihm gebührt immer Achtung, selbst in einem Fall, in dem man einem gewöhnlichen Menschen gegenüber keine Achtung erweisen müsste. Kṛṣṇas und Balarāmas Erscheinen hatte vor allem den Zweck, die religiösen Prinzipien wiedereinzuführen. Wie in der *Bhagavad-gītā* erklärt wird, ist es das höchste religiöse Prinzip, sich der Höchsten Persönlichkeit Gottes hinzugeben. Und auch das *Śrīmad-Bhāgavatam* bestätigt, dass es die höchste

* Vyāsadeva: die literarische Inkarnation Gottes.

Vollkommenheit der Religiosität ist, im hingebungsvollen Dienst des Herrn tätig zu sein.

Als Śrī Balarāma sah, dass Romaharṣaṇa trotz seines Studiums aller Veden dieses höchste Prinzip der Religiosität nicht verstanden hatte, konnte Er es nicht unterstützen, dass Romaharṣaṇa diese Ehrenstellung einnahm. Romaharṣaṇa Sūta hatte die Möglichkeit bekommen, ein vollkommener *brāhmaṇa* zu werden, doch aufgrund seines falschen Verhaltens gegenüber der Höchsten Persönlichkeit Gottes wurde man sofort wieder an seine niedrige Herkunft erinnert. Romaharṣaṇa Sūta war zwar die Stellung eines *brāhmaṇa* verliehen worden, doch er selbst stammte nicht aus einer *brāhmaṇa*-Familie, sondern aus einer *pratiloma*-Familie. Nach den Veden gibt es zweierlei Arten von Mischehen: *anuloma* und *pratiloma*. Wenn sich ein Mann mit einer Frau aus einer niedrigeren Kaste verbindet, wird ihr Nachwuchs als *anuloma* bezeichnet. Geht ein Mann eine Verbindung mit einer Frau von höherer Herkunft ein, nennt man den Nachwuchs *pratiloma*. Romaharṣaṇa Sūta gehörte zu einer *pratiloma*-Familie, da er von einem *kṣatriya*-Vater und einer *brāhmaṇa*-Mutter abstammte. Und weil Romaharṣaṇas transzendentale Verwirklichung nicht vollkommen war, erinnerte sich Śrī Balarāma sogleich an dessen *pratiloma*-Herkunft. Das Prinzip ist, dass jedem Menschen die Möglichkeit gegeben werden kann, ein *brāhmaṇa* zu werden, aber wenn er sich aus Mangel an tatsächlicher Verwirklichung nicht so verhält, wie es seiner Stellung als *brāhmaṇa* angemessen ist, oder wenn er diese Stellung missbraucht, dann hat seine Erhebung zur brahmanischen Stufe keine Gültigkeit.

Śrī Balarāma sah also, dass es Romaharṣaṇa Sūta an wirklicher Erkenntnis fehlte, und deshalb beschloss Er, ihn für seinen Hochmut zu bestrafen: „Dieser Mann verdient die Todesstrafe", sagte Er Sich, „denn obwohl er das große Glück hatte, ein Schüler Śrī Vyāsadevas zu sein, und obwohl er unter der Anweisung dieser erhabenen Persönlichkeit alle vedischen Schriften studiert hat, zeigte er vor der Höchsten Persönlichkeit Gottes keine Demut." Wie in der *Bhagavad-gītā* erklärt wird, muss jemand, der ein wirklicher *brāhmaṇa* ist und umfangreiches Wissen besitzt, zugleich auch sehr zuvorkommend sein. Romaharṣaṇa Sūta jedoch hatte es trotz seiner großen Bildung und seiner Erhebung auf die Stufe eines *brāhmaṇa* verpasst, diese Eigenschaft zu entwickeln. Dies zeigt uns, dass jemand, der sich auf materielle Errungenschaften etwas einbildet, unmöglich das freundliche und zuvorkommende Wesen eines *brāhmaṇa* entwickeln kann. Die Gelehrtheit eines solchen Menschen gleicht einem kostbaren Juwel auf dem Kopf einer Schlange. Trotz des kostbaren Juwels bleibt die Schlange immer noch eine Schlange und ist als solche ebenso gefährlich wie alle anderen gewöhnlichen Schlangen. Wenn jemand nicht bescheiden und demütig wird, sind all seine Studien der Veden und Purāṇas und sein umfangreiches Wissen aus den *śāstras* nur ein äußeres Gewand, genau wie das Kostüm eines Schauspielers auf der Bühne. Śrī Balarāma überlegte Sich deshalb: „Ich bin erschienen, um die Heuchler zu bestrafen, die in ihrem Innern unrein sind, sich aber nach außen hin für sehr gelehrt und religiös ausgeben. Es ist besser, wenn Ich solche Menschen töte, damit sie davon abgehalten werden, weitere sündhafte Tätigkeiten zu begehen."

Śrī Balarāma hatte es zwar vermieden, in der Schlacht von Kurukṣetra mitzukämpfen, dennoch blieb es aufgrund Seiner besonderen Stellung als Inkarnation Seine vornehmste Pflicht, die religiösen Prinzipien wiederherzustellen. Aus diesen Überlegungen heraus tötete Er Romaharṣaṇa Sūta, indem Er ihm mit einem *kuśa*-Halm, einem ganz gewöhnlichen Grashalm, einen Schlag versetzte. Man mag sich nun fragen, wie es Balarāma möglich sein konnte, Romaharṣaṇa nur durch den Schlag mit einem *kuśa*-Halm zu töten. Die Antwort gibt das *Śrīmad-Bhāgavatam*, indem es das Wort *prabhu* (Meister) gebraucht. Die Stellung des Höchsten Herrn ist stets transzendental, und weil Er allmächtig ist, kann Er nach Belieben handeln, ohne materiellen Gesetzen und Pflichten untergeordnet zu sein. So war es Ihm auch möglich, Romaharṣaṇa mit einem bloßen *kuśa*-Grashalm zu töten.

Als Romaharṣaṇa Sūta so plötzlich den Tod fand, waren alle Anwesenden tief getroffen, und es erhoben sich Schreie und Wehklagen. Obwohl die *brāhmaṇas* und die Weisen wussten, dass Śrī Balarāma die Höchste Persönlichkeit Gottes ist, zögerten sie nicht, gegen die Tat des Herrn zu protestieren, und in aller Demut gaben sie Folgendes zu bedenken: „Lieber Herr, wir sind der Ansicht, dass Deine Tat nicht mit den religiösen Prinzipien übereinstimmt. Lieber Śrī Yadunandana, bitte erlaube uns, Dir mitzuteilen, dass wir *brāhmaṇas* Romaharṣaṇa Sūta für die Dauer unserer großen Opferzeremonie auf diese hohe Stellung erhoben haben. Er kam durch unsere Wahl auf den *vyāsāsana*, und wenn man auf dem *vyāsāsana* sitzt, ist es unangemessen, aufzustehen, um jemanden zu begrüßen. Außerdem haben wir Romaharṣaṇa Sūta ein sorgloses Leben zugesprochen. Daher gleicht die Tat, die Du, o Herr, begangen hast, ohne diese Hintergründe zu kennen, in unseren Augen der Ermordung eines *brāhmaṇas*. Lieber Herr, Befreier aller gefallenen Seelen, wir wissen natürlich, dass Du alle vedischen Prinzipien kennst. Du bist der Herr aller mystischen Kräfte, weswegen die vedischen Anweisungen im Allgemeinen keine Gültigkeit für Dich haben. Dennoch raten wir Dir voller Respekt, uns allen Deine grundlose Barmherzigkeit zu erweisen und gütigerweise den Tod Romaharṣaṇa Sūtas wiedergutzumachen. Wir wollen Dir jedoch nicht vorschreiben, was Du tun sollst, um seinen Tod zu sühnen. Wir bitten Dich nur, eine beliebige Buße auf Dich zu nehmen, so dass andere Deinem Beispiel folgen können. Was immer nämlich eine große Persönlichkeit tut, dem folgt der gewöhnliche Mensch."

Der Herr erwiderte: „Ja, Ich muss Meine Handlung sühnen, die für Mich zwar angemessen war, für andere jedoch ein großes Vergehen bedeuten würde. Ich betrachte es deshalb als Meine Pflicht, Mir eine geeignete Buße aufzuerlegen, wie sie von den autorisierten Schriften vorgeschrieben wird. Zugleich bin Ich bereit, Romaharṣaṇa Sūta wieder zum Leben zu erwecken und ihm ein langes Leben, ausreichende Kraft und die ganze Macht seiner Sinne zu verleihen. Nicht nur das – wenn ihr wollt, werde Ich ihm bereitwillig auch alles andere geben, worum ihr Mich bittet. Es wird Mir eine Freude sein, ihm all diese Segnungen zu erteilen, wenn dies euer Wunsch ist.

Diese Worte Balarāmas bestätigen eindeutig, dass der Herr, die Höchste Persönlichkeit Gottes, völlige Freiheit hat, zu handeln, wie es Ihm beliebt. Man könnte denken, es wäre nicht richtig gewesen, Romaharṣaṇa Sūta zu töten, doch Śrī Balarāma besaß die Kraft, diese Tat augenblicklich rückgängig zu machen, und zwar auf eine Weise, dass sich der Nutzen für alle vergrößerte. Man sollte daher nicht versuchen, die Taten des Höchsten Herrn nachzuahmen, vielmehr sollte man einfach Seinen Anweisungen folgen. Alle versammelten großen Weisen und Gelehrten erkannten, dass Śrī Balarāma imstande war, Seine Tat zum Vorteil aller wiedergutzumachen, obwohl sie selbst meinten, diese Tat sei unangebracht gewesen. Weil sie den Herrn von Seiner Mission, Romaharṣaṇa Sūta zu töten, nicht abbringen wollten, beteten sie alle zu Ihm: „Lieber Herr, dass Du die *kuśa*-Waffe eingesetzt hast, um

Romaharṣaṇa Sūta zu töten, ist eine außergewöhnliche Tat, und ihre Wirkung soll bestehen bleiben, wie sie ist. Weil es Dein Wunsch war, ihn zu töten, sollte er nicht wieder zum Leben erweckt werden. Gleichzeitig aber bitten wir Dich, o Herr, Dich daran zu erinnern, dass wir, die Weisen und *brāhmaṇas* von Naimiṣāraṇya, ihm freiwillig ein langes Leben versprochen haben; eine solche Segnung sollte nicht einfach aufgehoben werden.“ Somit widersprachen sich die Bitten der gelehrten *brāhmaṇas*, denn einerseits wollten sie ihre Segnung, dass Romaharṣaṇa Sūta bis zum Ende der großen Opferzeremonie leben würde, nicht aufheben, andererseits aber wollten sie auch nicht, dass Balarāma seinen Tod rückgängig machte.

Śrī Balarāma, die Höchste Persönlichkeit Gottes, löste das Problem auf eine Weise, die Seiner erhabenen Stellung würdig war. Er sagte: „Da der Sohn vom Körper des Vaters erzeugt wird, ist der Sohn nach den Lehren der Veden ein Vertreter des Vaters. Deshalb sage Ich, dass Ugraśravā Sūta, der Sohn Romaharṣaṇa Sūtas, die Stellung seines Vaters einnehmen soll, um seinerseits die Gespräche über die Purāṇas weiterzuführen. Und weil ihr Romaharṣaṇa ein langes Leben wünschtet, soll diese Segnung auf den Sohn übertragen werden. Ugraśravā soll mit allem gesegnet werden, was ihr seinem Vater verspracht – ein langes, ungestörtes Leben in einem guten, gesunden Körper sowie die volle Kraft seiner Sinne.“

Dann ersuchte Śrī Balarāma die Weisen und *brāhmaṇas*, Ihn neben der Segnung, die Er Ugraśravā erteilte, noch um eine weitere Gunst zu bitten – Er sei bereit, sie ihnen sofort zu erfüllen. Auf diese Weise spielte der Herr die Rolle eines gewöhnlichen *kṣatriya* und sagte den Weisen, dass Er nicht wisse, auf welche Weise Er den Tod Romaharṣaṇas sühnen könne, dass Er aber mit Freude ausführen werde, was auch immer sie Ihm vorschlügen.

Die *brāhmaṇas* erkannten die Absicht des Herrn, und deshalb schlugen sie Ihm vor, Seine Tat in einer Weise zu sühnen, dass es ihnen allen zugutekommen würde. Sie sagten: „O lieber Herr, es gibt einen sehr mächtigen Dämon mit Namen Balvala. Er ist der Sohn Ilvala. Alle 14 Tage, an den Vollmond- und Neumondtagen, sucht er diese heilige Opferstätte heim und stört uns bei der Ausführung unserer Opferpflichten. O Nachkomme der Familie Daśārhas, wir alle bitten Dich, diesen Dämon zu vernichten. Wenn Du ihn in Deiner Güte tötest, so ist dies für uns eine angemessene Wiedergutmachung. Der Dämon kommt von Zeit zu Zeit hierher und überschüttet uns mit großen Mengen unreiner und widerlicher Substanzen, wie Eiter, Blut, Kot, Urin und Wein. Er entweiht diesen heiligen Ort, indem er solchen ekelerregenden Unrat auf uns herabkippt. Wenn Du Balvala getötet hast, kannst Du Deine Reise zu den heiligen Pilgerorten für zwölf Monate fortsetzen. Auf diese Weise wirst Du von allen Verunreinigungen befreit werden. Das ist unser Vorschlag."

Hiermit enden die Bhaktivedanta-Erläuterungen zum 78. Kapitel des Kṛṣṇa-Buches mit dem Titel „Dantavakra, Vidūratha und Romaharṣaṇa werden getötet".

KAPITEL 79

Die Befreiung Balvalas und Śrī Balarāmas Reise zu den heiligen Orten

Śrī Balarāma bereitete Sich auf die Begegnung mit dem Dämon Balvala vor. Als der Zeitpunkt kam, an dem der Dämon den heiligen Ort zu überfallen pflegte, setzte ein gewaltiger Hagelsturm ein; der ganze Himmel wurde von Staub überdeckt und ein abscheulicher Gestank erfüllte die Luft. Gleich darauf überschüttete der Dämon Balvala die Opferstätte mit Strömen von Kot, Urin und anderen unreinen Substanzen. Dann erschien der Dämon selbst mit einem gewaltigen Dreizack in der Hand. Er war von riesiger Gestalt, und sein schwarzer Körper glich einem Berg von Kohlen. Sein Haar, sein Bart und sein Schnurrbart waren rötlich wie Kupfer, und dieser wilde Bart verlieh seinem Maul ein bedrohliches, schauderhaftes Aussehen. Als Śrī Balarāma dieses Monster erblickte, schritt Er sogleich zum Angriff. Als Erstes überlegte Er, wie Er diesem ungeheuerlichen Dämon am besten den

Garaus machen könne, und so rief Er Seine Pflugschar und Seine Keule herbei, die sofort vor Ihm erschienen. Der Dämon Balvala bewegte sich durch die Luft, doch schon bei der ersten Gelegenheit zerrte ihn Balarāma mit Seinem Pflug zu Sich herunter und schmetterte ihm zornig die Keule auf den Kopf. Durch diesen Schlag Balarāmas wurde die Stirn des Dämons zertrümmert, ein Blutschwall schoss hervor, und mit einem grässlichen Gebrüll stürzte der Dämon auf den Boden. Als Balvala, der für die frommen *brāhmaṇas* eine solch unerträgliche Störung gewesen war, auf diese Weise zu Boden geschmettert wurde, glich er einem Berg mit einem rostigroten Gipfel, der vom Blitz getroffen niederstürzt.

Die Bewohner Naimiṣāraṇyas, die gelehrten Weisen und *brāhmaṇas*, waren höchst erfreut, als sie dies sahen, und brachten Śrī Balarāma ihre verehrenden Gebete dar. Sie erteilten dem Herrn von ganzem Herzen ihre Segnungen, und sie alle waren sich darin einig, dass alles, was Balarāma beginne, niemals misslingen könne. Anschließend vollzogen die Weisen und die *brāhmaṇas* für Śrī Balarāma eine Badezeremonie, so wie die Halbgötter König Indra baden, wenn er einen Sieg über die Dämonen errungen hat. Sie verehrten Śrī Balarāma und überreichten Ihm erlesene neue Gewänder, Geschmeide und die Siegesgirlande aus Lotosblumen. Diese Girlande ist der Inbegriff aller Schönheit und unvergänglich – sie ist niemals verwelkt.

Nach diesen Zwischenfällen bat Śrī Balarāma die *brāhmaṇas* von Naimiṣāraṇya um die Erlaubnis, weiterreisen zu dürfen, und so begab Er Sich in Begleitung einiger anderer *brāhmaṇas* zum Ufer des Flusses Kauśikī. Nachdem Er an diesem heiligen Ort gebadet hatte, begab Er Sich zum Fluss Sarayū und besuchte dessen Quelle. Von dort reiste Er weiter am Ufer der Sarayū entlang und erreichte bald Prayāga, wo der Ganges, die Yamunā und die Sarasvatī zusammenfließen. Auch an diesem Pilgerort nahm Er Sein Bad, führte Verehrungszeremonien in den Tempeln der Halbgötter durch und brachte, wie es in den vedischen Schriften empfohlen wird, den Vorfahren und Weisen Opfergaben dar. Als eine Seiner weiteren Stationen erreichte Er den *āśrama* des Weisen Pulaha und ging von dort zu den Flüssen Gaṇḍakī und Gomatī. Als Nächstes nahm Er ein Bad im Fluss Vipāśā und begab Sich dann zum Fluss Śoṇa, der heute noch einer der größten Flüsse in Bihar ist. Auch dort nahm Er ein Bad und vollzog vedische Rituale. Im

Verlauf Seiner weiteren Reise kam Er auch zu der Pilgerstätte Gayā, an der ein berühmter Viṣṇu-Tempel steht. Dem Rat Seines Vaters Vasudeva folgend, brachte Er in diesem Tempel den Vorfahren Opfergaben dar. Von dort aus zog Er in das Gangesdelta, wo der heilige Fluss in den Golf von Bengalen mündet. Dieser heilige Ort wird Gaṅgāsāgara genannt, und noch heute findet dort alljährlich Ende Januar eine große Versammlung von Heiligen und frommen Menschen statt, genau wie dies bei den Festlichkeiten der Māgha-melā der Fall ist, die jährlich in Prayāga stattfinden.

Nachdem Śrī Balarāma Seine Bäder und die rituellen Zeremonien in Gaṅgāsāgara beendet hatte, pilgerte Er zu dem Berg, der als Mahendra Parvata bekannt ist. Dort traf Er Paraśurāma, eine Inkarnation Śrī Kṛṣṇas, und brachte ihm Seine respektvollen Ehrerbietungen dar, indem Er Sich vor ihm verneigte. Sodann wandte Sich Śrī Balarāma allmählich Südindien zu und kam an das Ufer der Godāvarī. Nachdem Er in der Godāvarī ein Bad genommen und die erforderlichen Rituale ausgeführt hatte, reiste Er weiter zu den Flüssen Veṇā, Pampā und Bhīmarathī. Am Ufer der Bhīmarathī steht eine Bildgestalt, die den Namen Svāmī Kārtikeya trägt. Nachdem Śrī Balarāma Kārtikeya besucht hatte, setzte Er Seine Reise fort und erreichte nach einiger Zeit Śailapura, einen Pilgerort in der Provinz Mahārāṣṭra. Śailapura ist eines der größten Gebiete in Mahārāṣṭra. Von dort aus reiste Er in Richtung Draviḍadeśa weiter. Das südliche Indien ist in fünf Teile gegliedert und wird als Pañca-draviḍa bezeichnet. Nordindien ist ebenfalls in fünf Teile gegliedert, die das Pañca-gauḍa bilden. Alle bedeutenden *ācāryas* der neueren Zeit, nämlich Śaṅkarācārya, Rāmānujācārya, Madhvācārya, Viṣṇu Svāmī und Nimbārka, stammen aus den Draviḍa-Ländern. Śrī Caitanya dagegen erschien in Bengalen, das zu den fünf Gauḍa-deśas gehört.

Die wichtigste Pilgerstätte in Draviḍa, Südindien, ist Veṅkaṭācala, die allgemein als Bālajī bekannt ist. Nach Seinem Besuch in Veṅkaṭācala reiste Śrī Balarāma nach Viṣṇukāñcī und besuchte auf dem Weg dorthin auch Śivakāñcī. Von dort aus begab Er Sich zum Ufer des Flusses Kāverī. Bei seiner Reise nach Viṣṇukāñcī besuchte Er Śivakāñcī. Śrī Balarāma nahm Sein Bad im Fluss Kāverī. Seine Reise führte Ihn allmählich weiter nach Raṅgakṣetra. In Raṅgakṣetra steht der größte Viṣṇu-Tempel der Welt, und dort wird die transzendentale Bildgestalt Śrī Viṣṇus als Raṅganātha verehrt. In Vṛndāvana befindet sich ein ähnlicher Tempel

Raṅganāthas. Auch wenn er nicht so groß wie der in Raṅgakṣetra ist, ist er der größte in Vṛndāvana.

Nach Seinem Aufenthalt in Raṅgakṣetra zog Er weiter nach Madurai, das allgemein als das Mathurā Südindiens bezeichnet wird. Die nächste wichtige Station auf Seiner Reise war Setubandha. Setubandha ist der Ort, von dem aus Śrī Rāmacandra einstmals die Steinbrücke von Indien nach Laṅkā (Ceylon) baute. An diesem besonders heiligen Ort schenkte Śrī Balarāma den ansässigen *brāhmaṇa*-Priestern 10 000 Kühe. Es ist ein vedischer Brauch, dass ein reicher Mann, wenn er einen Pilgerort besucht, den Priestern des Ortes Geschenke wie Häuser, Kühe, Schmuck und Gewänder überreicht. Die Tradition, Pilgerorte zu besuchen und die ansässigen *brāhmaṇa*-Priester mit allen Lebensnotwendigkeiten zu versehen, hat im gegenwärtigen Kali-Zeitalter sehr an Wertschätzung verloren. Weil der reichere Teil der Bevölkerung die Prinzipien der vedischen Kultur missachtet, fühlen sich diese Menschen nicht mehr zu den Pilgerorten hingezogen, und auch die *brāhmaṇa*-Priester, die von solchen Besuchern abhängig sind, vernachlässigen immer mehr ihre Pflichten gegenüber den Pilgern. Die *brāhmaṇa*-Priester an den Pilgerorten werden *paṇḍā* oder *paṇḍita* genannt, was darauf hindeutet, dass dort früher sehr gelehrte *brāhmaṇas* lebten, die den Besuchern in allen Einzelheiten behilflich waren, damit sie den tatsächlichen Nutzen ihrer Pilgerfahrt erfahren konnten. Auf diese Weise erhielten sowohl die Besucher als auch die Priester einen Nutzen, da sie sich gegenseitig halfen.

Aus den Beschreibungen des *Śrīmad-Bhāgavatam* geht deutlich hervor, dass Śrī Balarāma, als Er die vielen Pilgerstätten besuchte, streng dem vedischen System folgte. Nachdem Śrī Balarāma in Setubandha zahlreiche Kühe verschenkt hatte, führte Er Seine Pilgerreise weiter und erreichte die Flüsse Kṛtamālā und Tāmraparṇī. Diese beiden Flüsse gelten als heilig, und deshalb nahm Balarāma in beiden von ihnen ein Bad. Alsdann wandte Er Sich dem Berg Malaya zu, der sehr hoch ist und einer der sieben Gipfel des Malaya-Gebirges sein soll. Dort besuchte Śrī Balarāma den großen Weisen Agastya, der in diesem Gebirge lebte, und erwies ihm Seine Achtung, indem Er Sich vor ihm verneigte. Nachdem Śrī Balarāma den Segen des Weisen empfangen hatte, reiste Er mit dessen Erlaubnis weiter, dem Indischen Ozean entgegen.

An der Spitze des Südkaps der indischen Halbinsel (heute bekannt als Kap Komorin) steht ein großer Tempel der Göttin Durgā, die dort als Kanyākumāri verehrt wird. Der Tempel Kanyākumārīs war einstmals auch von Śrī Rāmacandra besucht worden, woraus zu schließen ist, dass er schon seit Millionen von Jahren besteht. Von dort fuhr Balarāma zu der Pilgerstadt Phālguna-tīrtha, die an der Küste des Indischen Ozeans, auch südlicher Ozean genannt, liegt. Phālguna-tīrtha ist berühmt, weil Śrī Viṣṇu dort in Seiner Inkarnation als liegender Ananta residiert. Von Phālguna-tīrtha aus zog Balarāma weiter, um die als Pañcāpsarasa bekannte Pilgerstätte aufzusuchen. Dort nahm Er gemäß den vorgeschriebenen Prinzipien ein Bad und vollzog die rituellen Zeremonien. Auch dieser Ort ist ein berühmtes Heiligtum Śrī Viṣṇus, und deshalb gab Śrī Balarāma den *brāhmaṇa*-Priestern dieses Ortes 10 000 Kühe als Spende.

Vom Kap Komorin wandte Sich Śrī Balarāma Kerala zu. Dieses Land gibt es auch heute noch in Südindien und es trägt den Namen Süd-Kerala. Nach Seinem Besuch in Kerala kam Balarāma nach Gokarṇa-tīrtha, wo Śiva ohne Unterbrechung verehrt wird. Dann besuchte Balarāma den Tempel Āryādevīs, der ringsum von Wasser umgeben ist. Von dieser Insel begab Er Sich zu einem Ort, der als Śūrpāraka bekannt ist. Anschließend badete Er in den Flüssen Tāpī, Payoṣṇī und Nirvindhyā und kam dann in den berühmten Wald Daṇḍakāraṇya, wo Śrī Rāmacandra während Seiner Verbannung lebte. Schließlich gelangte Balarāma zur Narmadā, dem größten Fluss Zentralindiens. Am Ufer der heiligen Narmadā liegt ein Pilgerort namens Māhiṣmatī-purī. Nachdem Er dort gemäß den vorgeschriebenen Prinzipien ein Bad genommen hatte, kehrte Er nach Prabhāsa-tīrtha, dem Ausgangspunkt Seiner Reise, zurück.

Als Śrī Balarāma nach Prabhāsa-tīrtha zurückkehrte, erfuhr Er von den ansässigen *brāhmaṇas*, dass inzwischen die meisten *kṣatriyas* in der Schlacht von Kurukṣetra umgekommen waren. Balarāma war erleichtert, als Er hörte, dass die Last der Erde verringert worden war. Śrī Kṛṣṇa und Balarāma waren auf der Erde erschienen, um die Last der Streitmächte zu vermindern, die von den machtgierigen *kṣatriya*-Königen aufgestellt worden waren. Dies ist ein Beispiel für die materialistische Lebensweise. Weil sich die Menschen nicht mit den baren Lebensnotwendigkeiten zufriedengeben, entwickeln sie in ihrer Gier künstliche Bedürfnisse, aber ihren widerrechtlichen Begierden wird durch die Naturgesetze, das heißt durch die Gesetze Gottes, die in Form von Hungersnöten, Krieg, Seuchen und ähnlichen Katastrophen sichtbar werden, Einhalt geboten. Śrī Balarāma erfuhr auch, dass sich die Kurus immer noch bekämpften, obwohl bereits fast alle *kṣatriyas* gefallen waren. Deshalb begab Er Sich zum Schlachtfeld, und zwar gerade an dem Tag, an dem sich Bhīmasena und Duryodhana in einem Zweikampf die Stirn boten. Als der wohlmeinende Freund beider wollte Balarāma den Streit schlichten, doch sie ließen nicht voneinander ab.

Als Śrī Balarāma auf dem Schauplatz erschien, brachten Ihm König Yudhiṣṭhira und seine jüngeren Brüder, Nakula, Sahadeva und Arjuna, wie auch Śrī Kṛṣṇa sogleich ihre achtungsvollen Ehrerbietungen dar, doch keiner von ihnen sprach ein Wort. Der Grund für ihr Schweigen war, dass Balarāmajī eine gewisse Zuneigung für Duryodhana empfand und dass Duryodhana von Ihm die Kunst des Kämpfens mit der Keule erlernt hatte. Als Duryodhana und Bhīmasena nun miteinander kämpften, befürchteten König Yudhiṣṭhira und die anderen, Balarāma sei vielleicht gekommen, um zugunsten Duryodhanas zu sprechen, und so schwiegen sie. Sowohl Duryodhana als auch Bhīmasena kämpften leidenschaftlich mit ihrer Keule, und umgeben von zahlreichen Zuschauern, versuchten beide mit großartigem Können, den anderen zu treffen, und während der Kampf auf diese Weise hin und her tobte, sah es aus, als tanzten sie. Doch obwohl die Begegnung wie ein Tanz wirkte, war es offensichtlich, dass beide von äußerstem Zorn getrieben wurden.

Śrī Balarāma wollte den Kampf beenden und sagte: „Mein lieber König Duryodhana, Mein lieber Bhīmasena, Ich weiß, dass ihr beide hervorragende Kämpfer seid und auf der ganzen Welt den Ruhm großer Helden genießt. Trotzdem glaube Ich dass Bhīmasena Duryodhana an Körperkraft überlegen ist, wohingegen Duryodhana Bhīmasena in der Kunst, mit der Keule zu kämpfen, übertrifft. Angesichts dieser Tatsache glaube Ich, dass keiner von euch den anderen besiegen wird. Ich bitte euch daher, nicht eure Zeit zu verschwenden. Ich möchte, dass ihr diesen unnötigen Kampf einstellt."

Balarāma wollte mit Seinen wohlgemeinten Ratschlägen nur das Beste für Bhīmasena und Duryodhana, doch diese waren von solch erbittertem Zorn erfüllt, dass sie nur an ihre langgehegte Feindschaft denken konnten. Da sie nur daran dachten, den Feind zu töten, schenkten sie Balarāmas Worten kein Gehör. Schon beim bloßen Gedanken an die schweren Schmähungen und die Untaten, die sie einander zugefügt hatten, wurden sie wie verrückt vor Zorn. Da Śrī Balarāma das Schicksal, das sie erwartete, kannte, war Ihm nicht sonderlich daran gelegen, Sich weiter damit zu befassen. Anstatt noch länger auf dem Schlachtfeld zu bleiben, beschloss Er, nach Dvārakā zurückzukehren.

Bei Seiner Rückkehr nach Dvārakā wurde Er von Seinen Freunden und Verwandten, allen voran König Ugrasena, und von anderen älteren Persönlichkeiten mit großem Jubel empfangen. Sie alle kamen Balarāma entgegen, um Ihn willkommen zu heißen. Danach begab Sich Balarāma erneut zu dem heiligen Pilgerort Naimiṣāraṇya, wo sich alle Weisen, Heiligen und *brāhmaṇas* ehrerbietig erhoben, um Ihn zu empfangen. Sie verstanden, dass Sich Śrī Balarāma, obwohl Er ein *kṣatriya* war, vom Kriegshandwerk zurückgezogen hatte. Die *brāhmaṇas* und die Weisen, die immer für Frieden und Ruhe waren, freuten sich darüber sehr. Sie umarmten Balarāma voller Zuneigung und bewegten Ihn dazu, an dem heiligen Ort von Naimiṣāraṇya verschiedene Arten von Opfern durchzuführen. Im Grunde brauchte Śrī Balarāma natürlich keine Opfer durchzuführen, wie es für gewöhnliche Menschen empfohlen wird; Er ist die Höchste Persönlichkeit Gottes, und deshalb ist Er Selbst der Genießer all dieser Opfer. Mit anderen Worten, als Er ein solch beispielhaftes Verhalten zeigte und verschiedene Opfer vollzog, tat Er dies nur, um die gewöhnlichen Menschen zu lehren, wie man die Anweisungen der Veden befolgen soll.

Śrī Balarāma, die Höchste Persönlichkeit Gottes, unterwies die Weisen und Heiligen in Naimiṣāraṇya über die Beziehung der individuellen Lebewesen zur kosmischen Manifestation. Er erklärte, wie man das Universum in seiner Gesamtheit verstehen kann und welche Haltung man dem Kosmos gegenüber einnehmen soll, um das höchste Ziel der Vollkommenheit zu erreichen. Dieses Verständnis besteht nämlich darin, dass die gesamte kosmische Manifestation in der Höchsten Persönlichkeit Gottes ruht und dass die Höchste Persönlichkeit Gottes in Ihrem Aspekt als Paramātmā alles durchdringt und selbst im winzigsten Atom gegenwärtig ist.

Schließlich nahm Śrī Balarāma das *avabhṛtya*-Bad, dem man sich nach Beendigung einer Opferzeremonie unterzieht. Danach kleidete Er Sich in neue Seidengewänder und schmückte Sich inmitten Seiner Freunde und Verwandten mit herrlichen Juwelen. Dabei glich Er dem strahlenden Vollmond, der von den Sternen umgeben wird. Śrī Balarāma ist die Persönlichkeit Gottes, Ananta. Deshalb befindet Er Sich jenseits des Begriffsvermögens von Geist, Intelligenz und Körper. Er erschien wie ein Mensch und verhielt Sich auch wie ein solcher, aus Gründen, die nur Er Selbst kennt. Wir können Seine Taten nur als die transzendentalen Spiele des Herrn erklären. Niemand kann das Ausmaß Seiner unbegrenzten offenbarten Spiele ermessen, denn Er ist allmächtig. Śrī Balarāma ist der ursprüngliche Viṣṇu, deshalb wird jeder, der sich morgens und abends an diese Spiele Śrī Balarāmas erinnert, zweifelsohne ein großer Geweihter der Höchsten Persönlichkeit Gottes werden, und sein Leben wird in jeder Hinsicht erfolgreich sein.

Hiermit enden die Bhaktivedanta-Erläuterungen
zum 79. Kapitel des Kṛṣṇa-Buches mit dem Titel
„Die Befreiung Balvalas und Śrī Balarāmas Reise zu den heiligen Orten".

KAPITEL 80

Der brāhmaṇa Sudāmā besucht Śrī Kṛṣṇa

König Parīkṣit hörte die Erzählungen über die Spiele Śrī Kṛṣṇas und Śrī Balarāmas aus dem Mund Śukadeva Gosvāmīs. Über diese Spiele zu hören bereitet transzendentale Freude, und so sagte Mahārāja Parīkṣit zu Śukadeva Gosvāmī: „Mein lieber Herr, die Höchste Persönlichkeit Gottes gewährt gleichzeitig Befreiung wie auch Liebe zu Gott. Jeder, der ein Geweihter des Herrn wird, erlangt automatisch Befreiung, ohne dafür eine gesonderte Anstrengung unternehmen zu müssen. Der Herr ist unbegrenzt, und deshalb sind auch Seine transzendentalen Spiele und Taten in Bezug auf Schöpfung, Erhaltung und Vernichtung der kosmischen Manifestation unbegrenzt. Daher möchte ich auch von Seinen anderen Spielen hören, von denen du mir noch nicht erzählt hast. Mein lieber Meister, die bedingten Seelen in der materiellen Welt werden bei ihren Versuchen, aus der Befriedigung ihrer Sinne Freude zu gewinnen, ständig enttäuscht. Solche Wünsche nach materiellem Genuss durchbohren ständig die Herzen der bedingten Seelen. Indes erfahre ich nun tatsächlich, dass man durch das Hören über die transzendentalen Spiele Śrī Kṛṣṇas davor bewahrt werden kann, von materiellem Trachten nach Sinnenbefriedigung beeinflusst zu werden. Meiner Meinung nach kann kein intelligentes Wesen die Methode ablehnen, immer wieder über die transzendentalen Spiele des Herrn zu hören, denn einfach durch dieses Hören kann man ständig in transzendentale Freude vertieft sein. Auf diese Weise wird man sich nicht mehr zu materieller Sinnenbefriedigung hingezogen fühlen."

In seiner Erklärung gebrauchte Mahārāja Parīkṣit zwei sehr wichtige Worte, nämlich *viṣaṇṇaḥ* und *viśeṣajñaḥ*. *Viṣaṇṇaḥ* bedeutet „verdrießlich". Die Materialisten erfinden ständig neue Mittel und Wege, um völlige Zufriedenheit zu erlangen, doch in Wirklichkeit sind sie trotzdem immer verdrießlich. An dieser Stelle könnte man einwenden, dass manchmal auch Transzendentalisten verdrießlich sind, deswegen jedoch gebrauchte Parīkṣit Mahārāja auch das Wort *viśeṣajñaḥ*. Es gibt nämlich zwei Arten von Transzendentalisten – die Unpersönlichkeitsvertreter und die Persönlichkeitsvertreter. *Viśeṣajñaḥ* bezieht sich auf die Vertreter der Persönlichkeitslehre, die sich zu spiritueller Vielfalt hingezogen fühlen. Diese Gottgeweihten erfahren große Freude, wenn sie die Schilderungen der persönlichen Taten des Höchsten Herrn hören, wohingegen die Unpersönlichkeitsphilosophen, die mehr dem unpersönlichen Aspekt des Herrn zugetan sind, sich nur oberflächlich zu den persönlichen Spielen des Herrn hingezogen fühlen. Obwohl die Unpersönlichkeitsphilosophen mit den Spielen des Herrn in Kontakt kommen, erfahren sie nicht den vollen Nutzen und bleiben deswegen ebenso missmutig wie die Materialisten, wenn sie ihren fruchtbringenden Tätigkeiten nachgehen.

König Parīkṣit fuhr fort: „Die Fähigkeit zu sprechen kann nur dann vervollkommnet werden, wenn sie dafür verwendet wird, die transzendentalen Eigenschaften des Herrn zu beschreiben. Die Fähigkeit, mit den Händen zu arbeiten, kann man nur dann zur Vollkommenheit bringen, wenn man die Hände im Dienst des Herrn gebraucht. Ebenso kann der Geist nur dann friedvoll sein, wenn er ständig in völligem Kṛṣṇa-Bewusstsein an Kṛṣṇa denkt. Das bedeutet jedoch nicht, dass man sehr scharfsinnig sein muss, man muss bloß verstehen, dass Kṛṣṇa, die Absolute Wahrheit, durch Seinen lokalisierten Aspekt als Paramātmā alldurchdringend ist. Um die Funktionen des Geistes – Denken, Fühlen und Wollen – zu vervollkommnen, genügt es, einfach nur daran zu denken, dass Kṛṣṇa als Paramātmā überall, selbst in den Atomen, gegenwärtig ist. Der vollkommene Gottgeweihte erfährt die materielle Welt nicht durch die Sicht der materiellen Augen, sondern er nimmt überall die Anwesenheit Seines verehrenswerten Herrn in Form des Paramātmā wahr."

Mahārāja Parīkṣit sagte weiter, dass die Tätigkeit des Ohrs die Vollkommenheit erreiche, wenn man das Ohr dazu gebrauche, über die transzendentalen Taten des Herrn zu hören. Er erklärte auch, dass die Funktion des Kopfes vollkommen genutzt sei, wenn man ihn vor dem Herrn und Seinem Repräsentanten verneige. Dass der Herr im Herzen aller Lebewesen gegenwärtig ist, ist eine Tatsache, weshalb der wirklich fortgeschrittene Gottgeweihte jedem Lebewesen seine Achtung erweist, da er den Körper als Tempel des Herrn betrachtet. Es ist jedoch nicht allen Menschen möglich, sofort auf diese Lebensstufe zu gelangen, denn sie ist dem Gottgeweihten ersten Ranges vorbehalten. Der Gottgeweihte zweiten Ranges ist imstande, die Vaiṣṇavas, die Geweihten des Herrn, als Vertreter Kṛṣṇas zu erkennen, und der Gottgeweihte, der noch am Anfang steht – der Neuling oder drittrangige Gottgeweihte –, kann sich nur vor der Bildgestalt Gottes im Tempel und vor dem spirituellen Meister, der direkten Manifestation der Höchsten Persönlichkeit Gottes, verneigen. Aber auf allen drei Stufen – der unerfahrenen, mittleren und vollkommenen Stufe – kann man die Tätigkeit des Kopfes zur Vollkommenheit bringen, wenn man sich vor dem Herrn und Seinem Repräsentanten verneigt. Ebenso kann man die Tätigkeit Seiner Augen auf die vollkommene Stufe bringen, wenn man sie auf den Herrn und Seinen Repräsentanten richtet. Jeder kann die Tätigkeiten seiner verschiedenen Körperteile zur höchsten Stufe der Vollkommenheit führen, wenn er sie einfach in den Dienst des Herrn und Seines Repräsentanten stellt. Auch wenn man nicht fähig ist, mehr zu tun, sollte man sich zumindest vor dem Herrn und Seinem Repräsentanten verneigen und von dem *caraṇāmṛta*, dem Wasser, mit dem die Lotosfüße des Herrn oder Seines Geweihten gewaschen wurden, trinken.

Als Śukadeva Gosvāmī diese Worte Mahārāja Parīkṣits, die von einem tiefen Verständnis der Vaiṣṇava-Philosophie zeugten, hörte, wurde er von ekstatischer Liebe zu Kṛṣṇa ergriffen. Śukadeva Gosvāmī hatte bereits viele Taten des Herrn beschrieben, und als ihn Mahārāja Parīkṣit bat, weiterzuerzählen, fuhr er fort, das *Śrīmad-Bhāgavatam* voller Freude vorzutragen.

Es lebte einst ein *brāhmaṇa*, der ein guter Freund Śrī Kṛṣṇas war. Als vollkommener *brāhmaṇa* war er im transzendentalen Wissen wohlbewandert, und aufgrund seiner fortgeschrittenen Erkenntnis fühlte er sich in keiner Weise zu materiellen Genüssen hingezogen. Er war daher sehr friedvoll und beherrschte seine Sinne vollkommen. Das bedeutet, dass der *brāhmaṇa* ein vollkommener Gottgeweihter war; denn ohne ein vollkommener Gottgeweihter zu sein, kann man die höchste Stufe des Wissens nicht erreichen. In der *Bhagavad-gītā* wird erklärt, dass sich jemand, der die Vollkommenheit des Wissens erlangt hat, der Höchsten Persönlichkeit Gottes ergibt. Mit anderen Worten, wer sein Leben dem Dienst der Höchsten Persönlichkeit Gottes hingegeben hat, hat die Stufe des vollkommenen Wissens erreicht. Das Ergebnis vollkommenen Wissens besteht darin, dass man seine Anhaftung an die materialistische Lebensweise aufgibt. Diese Loslösung bedeutet völlige Beherrschung der Sinne, die stets zu materiellem Genuss drängen. Auf dieser Stufe der Reinigung werden die Sinne des Gottgeweihten im Dienst des Herrn beschäftigt. Dies umfasst den ganzen Bereich des hingebungsvollen Dienstes.

Obwohl Śrī Kṛṣṇas *brāhmaṇa*-Freund ein Haushälter war, bemühte er sich nicht darum, Reichtum für ein bequemes Leben zu horten. Er war mit dem zufrieden, was er gemäß seinem Schicksal von selbst erhielt. Das ist ein Zeichen vollkommenen Wissens. Wer über vollkommenes Wissen verfügt, weiß, dass man nicht glücklicher werden kann, als es einem vorherbestimmt ist. In der materiellen Welt ist es jedem beschieden, ein gewisses Maß an Leid zu ertragen und ein gewisses Maß an Freude zu genießen. Glück und Leid sind bereits für jedes Lebewesen vorbestimmt, und niemand kann sein Glück im materialistischen Leben steigern oder vermindern. Aus diesem Grunde unternahm der *brāhmaṇa* keine Anstrengungen für mehr materielles Glück, sondern nutzte seine Zeit, um auf dem Pfad des Kṛṣṇa-Bewusstseins Fortschritte zu erzielen. Nach außen hin schien er sehr arm zu sein, denn er selbst hatte keine guten Kleider und vermochte auch seiner Frau kein sonderlich vornehmes Kleid zu kaufen. Materiell gesehen waren sie so arm, dass sie nicht einmal genug zu essen hatten, und deshalb waren beide sehr mager. Die Frau des *brāhmaṇa* kümmerte sich nicht viel um ihr eigenes Wohlergehen, doch sie sorgte sich um ihren Mann, der ein solch frommer *brāhmaṇa* war. Sie selbst zitterte aufgrund ihrer empfindlichen Gesundheit. Eines Tages wandte sie sich an ihren Mann, obwohl sie ihm eigentlich keine Vorschriften machen wollte, und sprach:

„Mein lieber Herr, ich weiß, dass Śrī Kṛṣṇa, der Gemahl der Glücksgöttin, dein persönlicher Freund ist. Darüber hinaus bist du Sein Geweihter, und Er ist immer bereit, Seinen Geweihten zu helfen. Selbst wenn du glaubst, dass du Ihm nicht den geringsten hingebungsvollen Dienst darbringst, so bist du Ihm dennoch ergeben, und der Herr ist der Beschützer der Ihm ergebenen Seelen. Nicht nur das, ich weiß auch, dass Śrī Kṛṣṇa die vorbildlichste Persönlichkeit der vedischen Kultur ist. Er ist immer ein Freund der brahmanischen Kultur, und als solcher zeigt Er große Zuneigung zu den qualifizierten *brāhmaṇas*. Und du bist so sehr vom Glück begünstigt, dass du diese Höchste Persönlichkeit Gottes deinen Freund nennen darfst. Śrī Kṛṣṇa ist die einzige Zuflucht für Persönlichkeiten wie dich, der du Ihm völlig ergeben bist. Du bist ein Heiliger und ein Weiser, der vollkommene Meister deiner Sinne, und deshalb stellt Śrī Kṛṣṇa für dich die einzige Zuflucht dar. Weil dem so ist, bitte ich dich, Śrī Kṛṣṇa einmal besuchen zu gehen. Ich bin sicher, dass Er für deine Armut sofort großes Verständnis zeigen wird. Denke auch daran, dass du ein Haushälter bist; ohne Geld wirst du in große Schwierigkeiten und Nöte geraten. Sowie Er sieht, in welcher Lage du dich befindest, wird Er dir sicher so viel schenken, dass du ein sorgenfreies Leben führen kannst. Śrī Kṛṣṇa ist nun der König der Bhoja-, Vṛṣṇi- und Andhaka-Dynastie, und wie ich gehört habe, verlässt Er Seine Hauptstadt Dvārakā nie. Er lebt dort, ohne dass Ihn irgendeine Pflicht anderswo hinruft. Er ist so gütig und großzügig, dass Er jedem, der sich Ihm ergeben hat, sofort alles gibt – sogar Sich Selbst. Und da Er bereit ist, Seinen Geweihten sogar Sich Selbst zu schenken, ist es nichts Außergewöhnliches, wenn Er etwas materiellen Reichtum verschenkt. Natürlich gewährt Er einem Geweihten, der nicht sehr gefestigt ist, nicht viel materiellen Wohlstand, bei dir hingegen weiß Er sehr wohl, wie tief du im hingebungsvollen Dienst verankert bist. Deshalb wird Er nicht zögern, dich mit einigen materiellen Gaben zu segnen, damit du zumindest den grundlegenden Lebensnotwendigkeiten gerecht werden kannst."

Auf diese Weise bat die Frau des *brāhmaṇa* ihren Mann immer wieder mit großer Demut und Ergebenheit, Śrī Kṛṣṇa besuchen zu gehen. Der *brāhmaṇa* hielt es zwar nicht für notwendig, den Herrn, Śrī Kṛṣṇa, um eine materielle Segnung zu bitten, aber schließlich wurde er durch das wiederholte Bitten seiner Frau trotzdem umgestimmt, und er dachte bei sich: „Wenn ich nach Dvārakā gehe, werde ich den Herrn persönlich sehen können. Dies wäre für mich ein großes Glück, selbst wenn ich Ihn gar nicht um etwas Materielles bitte." Als er sich auf diese Weise entschlossen hatte, Kṛṣṇa zu besuchen, fragte er seine Frau, ob sie etwas im Hause habe, das er Kṛṣṇa anbieten könne, da es sich gehöre, einem Freund ein Geschenk mitzubringen. Die Frau ging sogleich zu den befreundeten Nachbarinnen und sammelte von ihnen vier Handvoll Reisflocken, den sie in ein taschentuchgroßes Stück Stoff knüpfte und ihrem Mann als Geschenk für Kṛṣṇa mitgab. Der *brāhmaṇa* nahm den Beutel und machte sich unverzüglich auf den Weg nach Dvārakā, um seinen Herrn zu sehen. Während seiner Wanderung war er völlig in den Gedanken vertieft, dass er Śrī Kṛṣṇa bald sehen würde. Er dachte im Herzen an nichts anderes als an Kṛṣṇa.

Natürlich war es nicht leicht, in die Paläste der Yadu-Könige zu gelangen, doch den *brāhmaṇas* war es erlaubt, sie zu besuchen. Als Kṛṣṇas Freund, der *brāhmaṇa* Sudāmā, dort ankam, musste er zusammen mit anderen *brāhmaṇas* drei Wachbefestigungen passieren. Bei jeder dieser Befestigungen gab es riesige Tore, durch die er ebenfalls hindurchschreiten musste. Als er dies alles hinter sich gelassen hatte, sah er unvermittelt 16 000 gewaltige Paläste – die Residenzen der Königinnen Śrī Kṛṣṇas. Der *brāhmaṇa* ging auf ein besonders prächtig ausgestattetes Gebäude zu, und als er den herrlichen Palast betrat, war es ihm, als schwimme er in einem Ozean transzendentaler Freude, in dem er immer wieder unterging und auftauchte.

Zu diesem Zeitpunkt saß Śrī Kṛṣṇa gerade auf Königin Rukmiṇīs Bettstatt. Schon von Weitem hatte Er den *brāhmaṇa* kommen sehen und ihn als Seinen Freund erkannt. Er erhob Sich sofort und ging Seinem Freund entgegen, um ihn zu begrüßen, und als Er den *brāhmaṇa* erreichte, schloss Er ihn in Seine Arme. Śrī Kṛṣṇa ist der Quell aller transzendentalen Freude, und dennoch freute Er Sich sehr, als Er den armen *brāhmaṇa* umarmte, denn dieser war Sein geliebter Freund. Śrī Kṛṣṇa ließ den *brāhmaṇa* alsdann auf Seiner Bettstatt Platz nehmen und bot ihm die verschiedensten Früchte und Getränke an, wie es sich beim Empfang eines ehrwürdigen Gastes gehört. Śrī Kṛṣṇa verkörpert die höchste Stufe der Reinheit, doch weil Er die Rolle eines gewöhnlichen Menschen spielte, wusch Er sogleich dem *brāhmaṇa* die Füße und sprengte Sich das Wasser zur eigenen Läuterung über das Haupt. Dann salbte Er den *brāhmaṇa* mit Sandelholz, *aguru*, Safran und vielen anderen duftenden Substanzen. Er zündete verschiedene Arten von Räucherstäbchen an, und Er brachte dem *brāhmaṇa*, wie es Brauch ist, mit brennenden Lampen eine *ārati* dar. Als der *brāhmaṇa* nach diesem würdigen Empfang gegessen und getrunken hatte, sagte Śrī Kṛṣṇa: „Mein teurer Freund, Ich darf Mich sehr glücklich schätzen, dass du gekommen bist."

Aufgrund seiner Armut war der *brāhmaṇa* nur dürftig gekleidet. Seine Kleider waren zerrissen und schmutzig, und dazu war sein Körper sehr mager. Er schien auch nicht besonders sauber zu sein, und an seinem abgezehrten Körper zeichneten sich deutlich die Knochen ab. Die Glücksgöttin Rukmiṇīdevī begann persönlich, ihm mit dem *cāmara* Luft zuzufächeln, doch als die anderen Frauen im Palast diesen Empfang sahen, erstaunte es sie sehr, dass Śrī Kṛṣṇa gerade diesen *brāhmaṇa* so herzlich begrüßte. Sie fragten sich, aus welchem Grund Śrī Kṛṣṇa persönlich einen *brāhmaṇa* empfing, der arm, ungepflegt und nur dürftig gekleidet war; zugleich verstanden sie aber auch, dass dieser *brāhmaṇa* kein gewöhnliches Lebewesen sein konnte. Sie wussten, dass er viele fromme Werke vollbracht haben musste, denn warum sonst würde Sich Śrī Kṛṣṇa, der Gemahl der Glücksgöttin, so sehr um ihn bemühen? Noch mehr erstaunte es sie, dass der *brāhmaṇa* auf Śrī Kṛṣṇas Bettstatt sitzen durfte. Vor allem aber staunten sie, als Śrī Kṛṣṇa ihn genau wie Seinen älteren Bruder Balarāmajī umarmte; Śrī Kṛṣṇa pflegte nämlich sonst nur Rukmiṇī und Balarāma zu umarmen, und niemand anderen.

Nachdem Śrī Kṛṣṇa den *brāhmaṇa* herzlich empfangen und ihm Seine gepolsterte Bettstatt als Sitz angeboten hatte, nahmen er und Kṛṣṇa einander bei der Hand und sprachen über die gemeinsame Zeit, die sie miteinander verbracht hatten, als sie beide unter dem Schutz der *gurukula* (eines Internats) gelebt hatten. Śrī Kṛṣṇa sagte: „Mein lieber *brāhmaṇa*-Freund, du bist eine überaus intelligente Persönlichkeit, und du kennst dich in den Prinzipien des religiösen Lebens sehr gut aus. Ich nehme an, dass du nach abgeschlossener Ausbildung im Hause unseres Lehrers, nachdem du ihn gebührend belohnt hattest, nach Hause zurückgekehrt bist und eine geeignete Frau geheiratet hast. Wie Ich sehr wohl weiß, fühltest du dich von Anfang an nicht im Geringsten zum materiellen Leben hingezogen, und du begehrtest auch niemals materiellen Reichtum, weshalb du nun in Geldnot bist. In der materiellen Welt sind Menschen, die nicht an materiellen Gütern hängen, sehr selten. Solche Menschen, die frei von Anhaftung sind, haben nicht das geringste Verlangen, Wohlstand und Reichtum für ihre eigene Sinnenbefriedigung zu erlangen. Und wenn sie manchmal trotzdem Geld erwerben, dann tun sie das nur, um ein beispielhaftes Leben als Haushälter zu führen und zu zeigen, wie man durch die richtige Verteilung seines Reichtums ein vorbildlicher Haushälter und zugleich ein großer Gottgeweihter sein kann. Von solchen idealen Haushältern kann man sagen, dass sie Meinem Beispiel auf vollkommene Weise folgen. Mein lieber Freund, Ich hoffe, dass du dich noch an die Tage unserer Schulzeit erinnerst, als wir beide im *āśrama* unseres Lehrers lebten. Alles Wissen, das wir in unserem Leben bekommen haben, haben wir uns im Grunde während dieser gemeinsamen Schulzeit angeeignet.

Wenn jemand unter der Anleitung eines fähigen Lehrers während seiner Schulzeit eine gute Ausbildung genießt, wird sein Leben später ein Erfolg. Er ist in der Lage, den Ozean der Unwissenheit ohne Schwierigkeit zu überqueren, und er befindet sich nicht mehr unter dem Einfluss der illusionierenden Energie. Lieber Freund, jeder sollte seinen Vater als seinen ersten Lehrer betrachten, denn durch die Gnade des Vaters bekommt man seinen Körper. Der Vater gilt deshalb als der natürliche spirituelle Meister. Unser nächster Lehrer ist der spirituelle Meister, der uns in das transzendentale Wissen einweiht, und er muss in gleichem Maße verehrt werden wie Ich Selbst. Der spirituelle Meister braucht nicht nur eine einzige Person zu sein. Der spirituelle Meister, der den Schüler im spirituellen Bereich unterweist, wird *śikṣā-guru* genannt, und den spirituellen Meister, der den Schüler einweiht, nennt man *dīkṣā-guru*. Sie sind beide Meine Repräsentanten. Es kann viele spirituelle Meister geben, die einem Unterweisungen erteilen, doch es gibt immer nur einen einweihenden spirituellen Meister.

Wer sich an diese spirituellen Meister wendet und mit Hilfe des Wissens, das er von ihnen empfängt, den Ozean des materiellen Daseins überquert, hat die menschliche Form des Lebens richtig genutzt. Er besitzt das verwirklichte Wissen, dass das höchste Ziel des Lebens, das man nur in der menschlichen Form erreichen kann, darin besteht, die spirituelle Vollkommenheit zu erlangen und nach Hause, zu Gott, zurückzukehren.

Mein lieber Freund, Ich bin der Paramātmā, die Überseele im Herzen eines jeden, und es ist Meine direkte Anweisung, dass die menschliche Gesellschaft den Prinzipien des *varṇa* und *āśrama* folgen muss. Wie Ich in der *Bhagavad-gītā* erklärt habe, sollte die menschliche Gesellschaft entsprechend den Eigenschaften und Tätigkeiten der Menschen in vier *varṇas* eingeteilt werden. Ebenso sollte man sich auch sein Leben in vier Abschnitte einteilen. Den ersten Abschnitt seines Lebens sollte man dazu nutzen, ein echter Schüler zu werden, wobei man ausreichend Wissen empfangen und das Gelübde des *brahmacarya* einhalten sollte, so dass man sein Leben vollständig dem Dienst des spirituellen Meisters widmen kann, ohne der Befriedigung der Sinne nachzugehen. Ein *brahmacārī* muss ein Leben der Entsagung und der Buße führen. Der Haushälter darf ein Leben regulierter Sinnenbefriedigung führen, aber niemand sollte während des dritten Lebensabschnittes Haushälter bleiben. Im dritten Lebensabschnitt muss man wieder zu Entsagungen und Bußen zurückkehren, wie man sie früher als *brahmacārī* auf sich genommen hat, und sich so von der Anhaftung an das Haushälterleben lösen. Wenn man sich in der Folge von allen Anhaftungen an die materialistische Lebensweise befreit hat, kann man in den *sannyāsa*-Stand eintreten.

Als Überseele weile Ich im Herzen aller Lebewesen und beobachte ihre Handlungen in jedem Lebensstadium. Wenn Ich sehe, dass jemand aufrichtig und ernsthaft die Pflichten erfüllt, die ihm sein spiritueller Meister aufgetragen hat, und sein Leben dem Dienst des spirituellen Meisters weiht, wird ein solcher Mensch Mir sehr lieb, ganz gleich, auf welcher Stufe er sich befindet. Was nun das Leben auf der *brahmacarya*-Stufe betrifft, so ist es sehr zu begrüßen, wenn man unter der Anleitung eines spirituellen Meisters ein *brahmacārī* bleiben kann. Wenn man jedoch während des *brahmacārī*-Lebens den Wunsch nach geschlechtlicher Betätigung verspürt, sollte man das Haus seines Guru verlassen, ihn zuvor aber ganz nach dessen Wünschen zufriedenstellen. Nach vedischem Prinzip macht man dem spirituellen Meister ein Geschenk, die *guru-dakṣiṇā*, dann sollte der Schüler in den Lebensstand des Haushälters treten, indem er gemäß den religiösen Riten heiratet."

Diese Unterweisungen, die Śrī Kṛṣṇa während des Gespräches mit Seinem Freund, dem gelehrten *brāhmaṇa*, gab, eignen sich sehr gut als Anleitung für die Menschheit. Eine Zivilisation, die das System des *varṇa* und *āśrama* nicht fördert, ist nichts anderes als eine aufpolierte Tierbevölkerung. Geschlechtsverkehr zwischen unverheirateten Männern und Frauen ist in der menschlichen Gesellschaft nicht zulässig. Ein Mann sollte entweder strikt den Prinzipien des *brahmacārī*-Lebens folgen oder mit Erlaubnis des spirituellen Meisters heiraten. Unverheiratet zu sein und unzulässiger Sexualität nachzugehen, ist das Leben eines Tiers. Für Tiere gibt es keine Heirat.

Die heutige Gesellschaft strebt nicht danach, der Bestimmung des menschlichen Lebens gerecht zu werden. Die Bestimmung des menschlichen Lebens besteht darin, nach Hause, zu Gott, zurückzukehren. Um dieses Ziel zu erreichen, muss man dem System des *varṇa* und *āśrama* folgen. Wenn dieses System strikt und bewusst befolgt wird, führt es zur Erfüllung der Bestimmung des Lebens; wenn sich die Menschen jedoch indirekt ein solches System schaffen, ohne sich an die Führung einer höheren Autorität zu halten, richtet dies in der Menschheit nur Schaden an, und für eine solche Zivilisation gibt es weder Frieden noch Wohlstand.

Kṛṣṇa fuhr fort: „Lieber Freund, Ich bin überzeugt, dass du dich noch gut an unsere Schulzeit erinnerst, während der wir gemeinsam so viele Dinge erlebten. Sicherlich weißt du noch, wie wir einmal auf Anweisung der Frau unseres Gurus in den Wald gingen, um Brennholz zu sammeln. Als wir dann das dürre Holz zusammensuchten, gerieten wir tief in den Wald hinein und verliefen uns zufällig. Auf einmal zog ein Sandsturm auf, dem dunkle Wolken, Blitze und krachende Donnerschläge folgten. Bald darauf ging die Sonne unter, und wir irrten mitten im finsteren Dschungel umher. Dann setzte ein strömender Regen ein, so dass der Boden mit Wasser überflutet wurde, und wir waren nicht mehr imstande, den Weg zum *āśrama* unseres Gurus zurückzufinden. Erinnerst du dich noch an diesen furchtbaren Regen? Doch eigentlich war es kein Regen, sondern mehr eine Art Sintflut. Wir litten sehr unter dem Sandsturm und dem heftigen Regen, und wohin wir uns auch wendeten, wir fanden uns nicht zurecht. Wir fassten uns in der Not bei der Hand und versuchten, irgendwie zurückzufinden. Auf diese Weise verbrachten wir die ganze Nacht im Dschungel. Als am nächsten Morgen in der Frühe unser *gurudeva* unsere Abwesenheit bemerkte, sandte er seine anderen Schüler aus, um uns zu suchen. Er ging sogar persönlich mit ihnen, und als sie uns schließlich im Dschungel fanden, sahen sie, dass wir völlig erschöpft waren.

Unser *gurudeva* sagte damals voller Mitleid: ‚Meine lieben Jungen, es ist bewundernswert, dass ihr so viele Schwierigkeiten für mich durchgestanden habt. Gewöhnlich neigt jeder dazu, zuallererst an seinen eigenen Körper zu denken, doch eure Tugend und euer Vertrauen gegenüber eurem Guru ist so groß, dass ihr viele Beschwerlichkeiten für mich in Kauf genommen habt, ohne euch um euer körperliches Wohl zu kümmern. Es freut mich sehr zu sehen, dass redliche Schüler wie ihr bereit sind, jedwede Unannehmlichkeit zur Zufriedenstellung des spirituellen Meisters auf sich zu nehmen. Nur so kann ein Schüler seine Schuld gegenüber dem spirituellen Meister abtragen. Es ist die Pflicht des Schülers, sein Leben dem Dienst für den spirituellen Meister zu widmen. Meine lieben Schüler, die ihr die besten der Zweimalgeborenen seid, ich freue mich sehr über euch, und meine Segnung wird euch immer begleiten. Mögen all eure Wünsche und Bestrebungen ihre Erfüllung finden, und möge euer Verständnis der Veden, das ihr von mir erworben habt, immer in eurem Gedächtnis bleiben, so dass ihr euch zu jeder Zeit an die Lehren der Veden erinnern und ihre Anweisungen mühelos zitieren könnt. Dadurch werdet ihr weder in diesem noch im nächsten Leben Enttäuschungen erfahren.‘“

Kṛṣṇa fuhr fort: „Lieber Freund, wie du dich bestimmt noch erinnerst, erlebten wir viele solcher Begebenheiten, als wir im *āśrama* unseres spirituellen Meisters lebten. Wir können jetzt verstehen, dass ohne die Segnung des spirituellen Meisters niemand glücklich sein kann. Durch die Barmherzigkeit des spirituellen Meisters und durch seine Segnungen kann man Frieden und Wohlstand erlangen und befähigt werden, die Mission des menschlichen Lebens zu erfüllen.“

Als der weise *brāhmaṇa* Kṛṣṇas Worte vernommen hatte, erwiderte er: „Lieber Kṛṣṇa, Du bist der Höchste Herr und der höchste spirituelle Meister eines jeden, und weil ich das Glück hatte, mit Dir im Hause unseres Gurus zu leben, glaube ich, dass ich nichts mehr mit den in den Veden vorgeschriebenen Pflichten zu tun habe. Lieber Herr, die verschiedenen Hymnen, die rituellen Zeremonien, die religiösen Tätigkeiten und alle anderen Notwendigkeiten, die das menschliche Leben zur Vollkommenheit führen, wie wirtschaftliche Entwicklung, Sinnenbefriedigung und Befreiung, entspringen alle dem einen Ursprung, nämlich Deiner Höchsten Persönlichkeit. Alle verschiedenen Lebenssysteme haben letztlich das Ziel, Deine Person zu erkennen, mit anderen Worten, sie alle stellen verschiedene Teile Deiner transzendentalen Gestalt dar. Trotzdem hast Du die Rolle eines Schülers gespielt und mit uns zusammen im Hause unseres Gurus gelebt. Das bedeutet, dass Du Deine Spiele einzig zu Deiner Freude vollführst, denn sonst gäbe es keinen Grund, warum Du die Rolle eines Menschen zu spielen brauchtest."

Hiermit enden die Bhaktivedanta-Erläuterungen
zum 80. *Kapitel des Kṛṣṇa-Buches mit dem Titel*
„*Der* brāhmaṇa *Sudāmā besucht Śrī Kṛṣṇa*".

KAPITEL 81

Śrī Kṛṣṇas Segnung für den brāhmaṇa Sudāmā

Śrī Kṛṣṇa, die Höchste Persönlichkeit Gottes, die Überseele aller Lebewesen, kennt das Herz eines jeden genau. Er ist besonders Seinen *brāhmaṇa*-Geweihten zugetan, weshalb Er auch als *brahmaṇya-deva* bezeichnet wird, was bedeutet, dass Er von den *brāhmaṇas* verehrt wird. Daraus geht hervor, dass ein Gottgeweihter, der der Höchsten Persönlichkeit Gottes völlig ergeben ist, bereits die Stufe eines *brāhmaṇa* erreicht hat. Ohne ein *brāhmaṇa* zu werden, kann man sich dem Höchsten Brahman, Śrī Kṛṣṇa, nicht nähern. Kṛṣṇa liegt besonders viel daran, die Schwierigkeiten Seiner Geweihten zu beseitigen, und Er ist die einzige Zuflucht der reinen Gottgeweihten. Śrī Kṛṣṇa verbrachte viele Stunden damit, mit Sudāmā Vipra über ihre früheren gemeinsamen Erlebnisse zu sprechen. Nur um Sein Vergnügen in der Gemeinschaft Seines alten Freundes zu vergrößern, lächelte Er und fragte

Sudāmā: „Lieber Freund was hast du Mir mitgebracht? Hat dir deine Frau nicht irgendeine Köstlichkeit für Mich mitgegeben?“ Während Śrī Kṛṣṇa Seinen Freund dies fragte, blickte Er ihn an und lächelte liebevoll: „Lieber Freund“, fügte Er hinzu, „du musst Mir doch ein Geschenk von zu Hause mitgebracht haben.“

Śrī Kṛṣṇa wusste, dass Sudāmā sich schämte, Ihm die armseligen Reisflocken zu geben, die in Wirklichkeit tatsächlich ungeeignet gewesen wären, dem Herrn dargebracht zu werden. Da der Herr Sudāmā Vipras Gedanken kannte, versicherte Er ihm: „Lieber Freund, es mangelt Mir zweifellos an nichts, doch wenn Mir Mein Geweihter aus Liebe eine Opferung darbringt, nehme Ich es, selbst wenn es etwas ganz Unbedeutendes ist, mit großer Freude an. Wenn Mir andererseits jemand, der kein Gottgeweihter ist, etwas darbringt, nehme Ich diese Gabe nicht gern an, und sei sie auch noch so kostbar, denn im Grunde nehme Ich nur das an, was Mir mit Liebe und Hingabe geopfert wird; etwas anderes nehme Ich nicht an, ganz gleich, wie wertvoll es sein mag. Wenn Mir Mein reiner Geweihter solch unbedeutende Dinge wie eine kleine Blume, ein Blatt oder ein wenig Wasser anbietet, diese Opferung jedoch mit hingebungsvoller Liebe durchtränkt, nehme Ich sie nicht nur erfreut an, sondern esse sie auch mit großem Behagen.“

Śrī Kṛṣṇa versicherte Sudāmā Vipra somit, dass es für Ihn eine große Freude sein würde, diese Reisflocken entgegenzunehmen, doch aus Verlegenheit zögerte Sudāmā immer noch, dem Herrn das Geschenk zu geben. Er sagte sich: „Wie kann ich es wagen, Kṛṣṇa etwas so Unbedeutendes anzubieten?“, und so senkte er einfach nur den Kopf.

Śrī Kṛṣṇa, die Überseele, weiß alles, was im Herzen der Lebewesen vor sich geht, und kennt daher die Entschlüsse und Wünsche eines jeden. Deshalb war Ihm auch der Grund für Sudāmā Vipras Kommen bekannt. Er wusste, dass Sudāmā, durch äußere Armut getrieben, Ihn auf Bitten seiner Frau hin aufgesucht hatte. Weil Er in Sudāmā Seinen geliebten Schulfreund sah, wusste Er auch, dass Sudāmās freundschaftliche Liebe zu Ihm niemals durch ein materielles Verlangen befleckt wurde. Kṛṣṇa dachte: „Sudāmā ist nicht gekommen, um Mich um etwas zu bitten, sondern einfach nur, um seine Frau zu erfreuen, die ihn inständig darum gebeten hat, hierherzukommen.“ Śrī Kṛṣṇa beschloss deshalb, Sudāmā Vipra mehr materiellen Reichtum zu geben, als sich selbst der König des Himmels zu erträumen wagt.

Dann griff Śrī Kṛṣṇa nach dem kleinen Reisbündel, das an der Schulter des armen *brāhmaṇa* hing und in einer Falte seines Übertuchs verborgen war. Dabei sagte Er: „Was ist das? Mein lieber Freund, du hast Mir ja wunderbare, köstliche Reisflocken gebracht!" Er ermutigte Sudāmā Vipra: „Ich glaube, dass diese Menge Reis nicht nur Mich, sondern auch die gesamte Schöpfung sättigen wird." Aus dieser Bemerkung geht hervor, dass Śrī Kṛṣṇa, die ursprüngliche Quelle von allem, die Wurzel der gesamten Schöpfung darstellt. So wie es dem ganzen Baum nützt, wenn man seine Wurzeln begießt, da das Wasser in alle Äste und Blätter des Baumes verteilt wird, so ist auch eine Opferung für Kṛṣṇa, das heißt jede Handlung, die für Kṛṣṇa getan wird, als die höchste Wohltätigkeit für jeden anzusehen, denn der Nutzen einer solchen Opferung verteilt sich auf die ganze Schöpfung. Wenn man Liebe zu Kṛṣṇa hat, bezieht sich diese Liebe auch auf alle Lebewesen.

Während Śrī Kṛṣṇa mit Sudāmā Vipra sprach, aß Er ein paar Reisflocken aus dem Bündel; als Er versuchte, einen zweiten Bissen zu nehmen, ergriff Rukmiṇīdevī, die Glücksgöttin, Seine Hand und sagte: „Mein lieber Herr, diese wenigen Reiskörner genügen schon, um denjenigen, der sie Dir darbrachte, in diesem Leben sehr reich zu machen und ihm auch für sein nächstes Leben Reichtum zu sichern. Mein Herr, Du bist so gütig zu Deinem Geweihten, dass schon diese wenigen Reisflocken Dich überaus erfreuen, und Deine Freude sichert dem Gottgeweihten sowohl in diesem als auch im nächsten Leben großen Reichtum." Mit anderen Worten, wenn ein Gottgeweihter Śrī Kṛṣṇa mit Liebe und Hingabe etwas zu essen opfert und wenn Kṛṣṇa Sich darüber freut und es von ihm annimmt, so fühlt sich Rukmiṇīdevī, die Glücksgöttin, diesem Gottgeweihten gegenüber so sehr verpflichtet, dass sie persönlich in sein Haus kommt, um es in das reichste Haus der Welt zu verwandeln. Wenn jemand Nārāyaṇa reichlich speist, wird damit auch die Glücksgöttin Lakṣmī ein Gast in seinem Haus, und Wohlstand kehrt bei ihm ein. Der gelehrte *brāhmaṇa* Sudāmā verbrachte die Nacht in Śrī Kṛṣṇas Palast, und während seines Aufenthaltes fühlte er sich wie im Königreich von Vaikuṇṭha. In Wirklichkeit befand er sich auch in Vaikuṇṭha, denn jeder Ort, an dem Śrī Kṛṣṇa, der ursprüngliche Nārāyaṇa, und Rukmiṇīdevī, die Glücksgöttin, weilen, ist nicht verschieden von Vaikuṇṭhaloka, der spirituellen Welt.

Während der Weise *brāhmaṇa* Sudāmā in Dvārakā weilte, schien es, als würde ihm Śrī Kṛṣṇa kein sichtbares Geschenk geben; dennoch bat Sudāmā den Herrn um nichts. Am nächsten Morgen begab er sich wieder auf den Weg nach Hause, wobei er ständig an den Empfang dachte, den Kṛṣṇa ihm bereitet hatte, und auf diese Weise versank er in tiefe transzendentale Glückseligkeit. Während seines ganzen Heimweges kreisten seine Gedanken nur um Śrī Kṛṣṇa, und er war überglücklich, den Herrn gesehen zu haben.

Der *brāhmaṇa* dachte sich: „Was gibt es Freudvolleres, als Śrī Kṛṣṇa, der den *brāhmaṇas* so ergeben ist, zu begegnen! Wie sehr Er die brahmanische Kultur liebt! Er Selbst ist das Höchste Brahman, dennoch erwidert Er die Gefühle der *brāhmaṇas.* Er achtet sie so sehr, dass Er einen armen *brāhmaṇa* wie mich an Seine Brust drückt, obwohl Er sonst niemanden außer der Glücksgöttin umarmt. Wer bin ich, ein armer sündiger *brāhmaṇa*, im Vergleich mit dem Höchsten Herrn, Śrī Kṛṣṇa, der die einzige Zuflucht der Glücksgöttin ist? Trotzdem schloss Er mich, weil Er mich als *brāhmaṇa* betrachtet, mit herzlicher Freude in Seine transzendentalen Arme. Śrī Kṛṣṇa war so gütig, dass Er mir erlaubte, mich auf das Bett zu setzen, auf dem sonst nur die Glücksgöttin ruht. Er behandelte mich wie Seinen eigenen Bruder. Wie könnte ich jemals ermessen, wie ich Ihm zu Dank verpflichtet bin? Als ich müde war, fächelte mir Śrīmatī Rukmiṇīdevī, die Glücksgöttin, persönlich Kühlung zu, wozu sie selbst den *cāmara*-Wedel in die Hand nahm. Sie dachte nie an ihre würdevolle Stellung als erste Königin Śrī Kṛṣṇas. Der Herr, die Höchste Persönlichkeit Gottes, erwies mir Dienste, weil Er die *brāhmaṇas* so sehr schätzt, und indem Er mir die Beine massierte und mir eigenhändig zu essen brachte, verehrte Er mich geradezu! Jeder im Universum, ob er danach trachtet, die himmlischen Planeten zu erreichen, oder Befreiung, materielle Güter oder die Vollkommenheit der mystischen Yoga-Kräfte begehrt, verehrt die Lotosfüße Śrī Kṛṣṇas. Trotzdem war der Herr so gütig zu mir, dass Er mir nicht einmal eine kleine Münze gab, denn Er weiß ganz genau, dass ich ein armer Mann bin, der im Fall, dass er zu etwas Geld käme, sofort hochmütig und verrückt nach materiellem Reichtum werden könnte und in der Folge Ihn, den Höchsten Herrn, völlig vergessen würde."

Diese Feststellung des *brāhmaṇa* Sudāmā ist berechtigt. Wenn ein gewöhnlicher Mensch, der in Armut lebt und den Herrn um materiellen

Reichtum bittet, dann tatsächlich auf irgendeine Weise Reichtum erlangt, vergisst er sofort seine Verpflichtung gegenüber dem Herrn. Deshalb gewährt der Herr Seinem Geweihten keinen Reichtum, es sei denn, er wurde eingehend getestet. Tatsächlich ist es sogar so, dass es einem Anfänger-Gottgeweihten, der dem Herrn aufrichtig dient, gleichzeitig aber auch materiellen Reichtum begehrt, vom Herrn Selbst nicht erlaubt wird, diesen Reichtum zu erlangen.

In solche Gedanken vertieft, näherte sich der *brāhmaṇa* allmählich seinem Zuhause. Doch wie groß war seine Verwunderung, als er dort ankam und sah, dass sich alles in wunderbarer Weise verändert hatte. Dort, wo früher einmal seine Hütte gewesen war, standen nun riesige Paläste aus kostbaren Edelsteinen und Juwelen, die wie Sonne, Mond und Feuer strahlten. Dazu erstreckten sich vor ihm in regelmäßigen Abständen wunderbar angelegte Parks, in denen voller Anmut und Schönheit viele Männer und Frauen spazierten. In diesen Parks gab es herrliche Teiche mit Lotosblumen und Lilien, und farbenprächtige Vögel fanden sich in Schwärmen zusammen. Als der *brāhmaṇa* die wundersame Veränderung seines Geburtshauses sah, fragte er sich: „Wie ist dieses Wunder zu erklären, das ich hier sehe? Gehört dies alles etwa mir, oder gehört es jemand anderem? Wenn dies tatsächlich derselbe Ort ist, an dem ich früher lebte, wie kommt es dann, dass sich alles auf so wundervolle Weise verändert hat."

Während der *brāhmaṇa* auf diese Weise hin und her rätselte, trat eine Gruppe dieser anmutigen Männer und Frauen, die Halbgöttern glichen, auf ihn zu, um ihn zu begrüßen. Sie wurden von Musikern und Sängern begleitet, die glückverheißende Lieder sangen. Als die Frau des *brāhmaṇa* erfuhr, dass ihr Mann zurückgekommen war, kam sie hocherfreut aus dem Palast herbeigeeilt. Sie sah so lieblich aus, dass es schien, als wäre die Glücksgöttin persönlich gekommen, um Sudāmā zu empfangen. Als sie ihren Gemahl erblickte, strömten ihr Freudentränen aus den Augen, und die Stimme versagte ihr, so dass sie nicht einmal ein Wort der Begrüßung hervorbrachte. So schloss sie, überwältigt von ihren Gefühlen, einfach nur die Augen, verneigte sich voller Liebe und Zuneigung vor ihrem Gemahl und umarmte ihn in Gedanken. Eine Halskette und anderer Schmuck hoben ihre Schönheit hervor. Inmitten ihrer Dienerinnen sah sie aus, als wäre sie die Frau eines Halbgottes, die soeben ihrem Flugzeug entstiegen ist. Der *brāhmaṇa* war über den bezaubernden Anblick seiner Frau sehr erstaunt, und erfüllt von Zuneigung, ging er wortlos mit ihr in den Palast.

Als der *brāhmaṇa* dann sein persönliches Gemach im Palast betrat, befand er sich nicht etwa in einer schlichten Wohnung, sondern geradezu in einer Residenz, die des Himmelskönigs würdig gewesen wäre. Der Palast wurde von vielen juwelengeschmückten Säulen umgeben. Die Diwane und Betten bestanden aus Elfenbein und wiesen Gold- und Juwelenverzierungen auf, und die Polster waren so weiß wie der Schaum auf der Milch und so weich und fein wie Lotosblüten. Überall hingen *cāmara*-Wedel mit goldenen Griffen. Aus Gold bestanden auch die vielen Thronsessel, auf denen lotosweiche Sitzkissen lagen. Überall in den verschiedenen Gemächern hingen Baldachine aus Samt und Seide, die kunstvoll mit Perlenketten bestickt waren. Das Gebäude selbst bestand aus feinstem weißen Marmor, in den Verzierungen aus Smaragden eingelassen waren. Die Frauen im Palast trugen juwelenverzierte Lampen, deren Flammenschein sich in den Juwelen brach und ein brillant strahlendes Licht verbreitete. Als sich der *brāhmaṇa* in solchem Reichtum wiederfand und es ihm nicht gelang, den Grund dieser plötzlichen Verwandlung zu deuten, verfiel er in tiefes Nachdenken und überlegte, wie dies alles hatte geschehen können.

Er dachte bei sich: „Von Anfang an lebte ich in äußerster Armut. Was kann also die Ursache für diesen gewaltigen und plötzlichen Wandel sein? Ich kann keine andere Ursache finden als den allbarmherzigen Blick meines Freundes, Śrī Kṛṣṇas, des Oberhauptes der Yadu-Dynastie. Zweifelsohne ist all das, was ich hier sehe, eine Gabe der grundlosen Barmherzigkeit Śrī Kṛṣṇas. Der Herr ist in Sich Selbst zufrieden; Er ist der Gemahl der Glücksgöttin, und Er besitzt alle sechs Füllen in Vollkommenheit. Er kennt die Gedanken Seiner Geweihten und erfüllt ihnen jeden Wunsch in unvorstellbarem Ausmaß. Deshalb sind all diese wundersamen Geschehnisse auf meinen Freund, Śrī Kṛṣṇa, zurückzuführen. Mein bezaubernder Freund mit der dunklen Körpertönung ist großzügiger als die Wolke, die den riesigen Ozean mit Wasser auffüllen kann. Weil die Wolken den Bauern während des Tages nicht mit Regen stören wollen, lassen sie es des Nachts großzügig regnen, nur um den Bauern zu erfreuen. Dennoch denkt der Bauer, wenn er am Morgen aufwacht, es hätte nicht genug geregnet. Ebenso erfüllt der Herr die Wünsche aller Lebewesen je nach ihrer Position; doch wer nicht

Kṛṣṇa-bewusst ist, betrachtet die Gaben des Herrn immer als ungenügend. Wenn der Herr dagegen von Seinem Geweihten etwas Geringes mit Liebe und Hingabe geschenkt bekommt, betrachtet Er dies als etwas sehr Großes und Wertvolles. Das beste Beispiel dafür bin ich selbst: Ich brachte Ihm nur einige Reisflocken, und Er gab mir dafür mehr Reichtum, als der König des Himmels sein Eigen nennt."

Der Herr benötigt das, was Sein Geweihter Ihm darbringt, im Grunde nicht, denn Er ist in Sich Selbst zufrieden. Wenn der Geweihte dem Herrn etwas opfert, wirkt sich das zu seinem eigenen Vorteil aus, denn alles, was er dem Herrn gibt, bekommt er millionenfach zurück. Man verliert also nichts, wenn man dem Herrn etwas gibt, sondern gewinnt millionenfach.

Der *brāhmaṇa* Sudāmā fühlte sich Kṛṣṇa sehr zu Dank verpflichtet und dachte: „Ich bete darum, immer Śrī Kṛṣṇas Freundschaft zu besitzen, immer in Seinem Dienst beschäftigt zu sein und mich Ihm in Liebe und Zuneigung völlig hingeben zu können – Leben für Leben. Ich begehre keinen Reichtum. Mein einziger Wunsch ist es, niemals Seinen Dienst zu vergessen und mich immer in der Gemeinschaft Seiner reinen Geweihten aufhalten zu können. Mögen mein Geist und meine Tätigkeiten immer Seinem Dienst geweiht sein. Die ungeborene Höchste Persönlichkeit Gottes, Śrī Kṛṣṇa, weiß, dass schon viele große Persönlichkeiten durch übermäßigen Reichtum von ihrer hohen Stellung stürzten. Deshalb erlaubt es der Herr manchmal nicht, dass Sein Geweihter Reichtum bekommt, selbst wenn dieser Ihn darum bittet. Der Herr kümmert Sich achtsam um Seine Geweihten. Einem Gottgeweihten, der im hingebungsvollen Dienst noch keine fortgeschrittene Reife erlangt hat, gewährt Er keinen materiellen Reichtum. Denn wenn dieser Gottgeweihte über großen Reichtum verfügen könnte, bestünde das Risiko, dass er zu Fall kommt, weil er sich immer noch in der materiellen Welt befindet. Dies ist ebenfalls ein Zeichen der grundlosen Barmherzigkeit des Herrn gegenüber Seinem Geweihten. Kṛṣṇas erstes Anliegen ist es, Seine Geweihten vor einem Fall zu bewahren. Er ist wie ein wohlmeinender Vater, der Seinem unreifen Sohn nicht viel Geld in die Hand gibt. Aber wenn dieser Sohn dann erwachsen ist und mit Geld umzugehen weiß, wird er ihm sein ganzes Vermögen anvertrauen."

Der gelehrte *brāhmaṇa* beschloss, allen Reichtum, den er vom Herrn bekommen hatte, nicht für ausschweifende Sinnenbefriedigung zu verwenden, sondern im Dienst des Herrn einzusetzen. Er nahm den unverhofften Reichtum zwar an, doch er tat dies in einer entsagungsvollen Haltung, immer noch frei vom Wunsch nach Sinnenbefriedigung. So lebte er friedlich mit seiner Frau zusammen, indem er alle Möglichkeiten, die ihm der Reichtum bot, als *prasāda* des Herrn entgegennahm. So kostete er beispielsweise viele Speisen, indem er sie zuerst dem Herrn opferte und dann als *prasāda* zu sich nahm. Auch wenn die Gnade des Herrn uns materielle Füllen, wie Reichtum, Ruhm, Macht, Wissen und Schönheit, gewährt, ist es unsere Pflicht, daran zu denken, dass dies alles vom Herrn verliehene Geschenke sind und deshalb in Seinem Dienst verwendet werden müssen; niemals dürfen sie für unsere eigene Sinnenbefriedigung missbraucht werden. Der gelehrte *brāhmaṇa* blieb stets in dieser Stellung verankert, wodurch sich seine Liebe und Zuneigung zu Śrī Kṛṣṇa von Tag zu Tag steigerte. Dies hatte durch den großen Reichtum nicht nachgelassen. Materieller Reichtum kann, je nachdem, wie man ihn einsetzt, zu Entartung oder zur Erhebung führen. Wenn der Reichtum zur Befriedigung der Sinne missbraucht wird, führt er zur Entartung, wenn er jedoch im Dienst des Herrn verwendet wird, führt er zur Erhebung.

Aus Śrī Kṛṣṇas Verhalten gegenüber Sudāmā Vipra geht deutlich hervor, dass Sich die Höchste Persönlichkeit Gottes sehr über jemanden freut, der die brahmanischen Eigenschaften aufweist. Ein qualifizierter *brāhmaṇa* wie Sudāmā Vipra ist natürlicherweise ein Geweihter Śrī Kṛṣṇas. Deshalb heißt es: *brāhmaṇo vaiṣṇavaḥ* – ein *brāhmaṇa* ist ein Vaiṣṇava. Und manchmal heißt es auch: *brāhmaṇaḥ paṇḍitaḥ*. *Paṇḍita* bedeutet so viel wie „hochgelehrter Mensch". Ein *brāhmaṇa* darf nicht dumm oder ungebildet sein. Somit gibt es zwei Arten von *brāhmaṇas*, nämlich die Vaiṣṇavas und die *paṇḍitas*. Diejenigen, die nur gelehrt sind, sind *paṇḍitas*, aber noch keine Gottgeweihten oder Vaiṣṇavas. Mit solchen *paṇḍitas* ist Śrī Kṛṣṇa nicht sonderlich zufrieden. Nur ein gelehrter *brāhmaṇa* zu sein, reicht nicht aus, das Wohlgefallen der Höchsten Persönlichkeit Gottes zu erwecken. Ein *brāhmaṇa* sollte nicht nur die Anforderungen der Schriften, wie der *Śrīmad Bhagavad-gītā* und des *Śrīmad-Bhāgavatam*, vollkommen erfüllen, sondern er muss gleichzeitig auch ein Geweihter Śrī Kṛṣṇas sein. Das beste Beispiel für einen solchen *brāhmaṇa* ist Sudāmā Vipra. Er war ein qualifizierter *brāhmaṇa*, der keinerlei Anhaftung an irgendeine Form materiellen Sinnengenusses besaß, und zugleich war er ein großer Geweihter des Herrn. Śrī Kṛṣṇa, der Genießer aller Opfer und Bußen, ist einem *brāhmaṇa* wie Sudāmā Vipra sehr zugetan, und Sein Verhalten gegenüber Sudāmā offenbart uns unmissverständlich, wie sehr Er einen solchen *brāhmaṇa* schätzt. Deshalb stellt es die höchste Stufe menschlicher Vollkommenheit dar, ein *brāhmaṇa*-Vaiṣṇava wie Sudāmā Vipra zu werden.

Sudāmā Vipra erkannte, dass Śrī Kṛṣṇa, obwohl Er unbezwingbar ist, Sich dennoch von Seinen reinen Geweihten erobern lässt. Ihm wurde bewusst, wie gütig Śrī Kṛṣṇa zu Ihm war. Er befand sich ununterbrochen in *samādhi*, da er ständig an Kṛṣṇa dachte. Da er sich auf diese Weise immer in Śrī Kṛṣṇas Gemeinschaft befand, wurde jeder Schatten materieller Verunreinigung, der sich noch in seinem Herzen befand, völlig vertrieben. Schon nach kurzer Zeit wurde er in das spirituelle Königreich erhoben, das Ziel aller Heiligen auf der Stufe der Vollkommenheit.

Śukadeva Gosvāmī erklärt, dass alle, die diese Geschichte von Sudāmā Vipra und Śrī Kṛṣṇa hören, erkennen werden, wie sehr Śrī Kṛṣṇa *brāhmaṇa*-Gottgeweihten wie Sudāmā zugetan ist. Jeder, der diese Geschichte hört, wird deshalb allmählich die gleichen Eigenschaften wie Sudāmā Vipra entwickeln und in der Folge das spirituelle Königreich Śrī Kṛṣṇas erreichen.

Hiermit enden die Bhaktivedanta-Erläuterungen zum 81. Kapitel des Kṛṣṇa-Buches mit dem Titel „Śrī Kṛṣṇas Segnung für den brāhmaṇa *Sudāmā*“.

KAPITEL 82

Kṛṣṇas und Balarāmas Wiedersehen mit den Bewohnern von Vṛndāvana

Eines Tages, während Śrī Kṛṣṇa und Balarāma Sich friedlich in Ihrer großen Stadt Dvārakā aufhielten, fand das seltene Ereignis einer totalen Sonnenfinsternis statt, wie sie sich auch am Ende von jedem *kalpa*, einem Tag Brahmās, ereignet. Am Ende eines jeden *kalpa* wird die Sonne von einer riesigen Wolke verdeckt, und unaufhörliche Regenfälle überfluten alle niederen Planetensysteme bis hinauf nach Svargaloka. Anhand astronomischer Berechnungen hatte man die große Sonnenfinsternis ankündigen können, worauf alle, sowohl die Männer als auch die Frauen, beschlossen, an einem heiligen Ort in Kurukṣetra, der als Samanta-pañcaka bekannt ist, zusammenzukommen.

Der Pilgerort Samanta-pañcaka ist berühmt, weil Śrī Paraśurāma dort große Opfer darbrachte, nachdem Er 21 Mal alle *kṣatriyas* der Welt besiegt hatte. Das Blut dieser getöteten *kṣatriyas* vereinigte sich zu einem gewaltigen Strom, worauf Paraśurāma bei Samanta-pañcaka fünf große Seen aushob und sie mit diesem Blut füllte. Śrī Paraśurāma gehört zum *viṣṇu-tattva*, und wie in der Īśopaniṣad erklärt wird, kann das *viṣṇu-tattva* niemals von irgendwelchen Sünden verunreinigt werden. Aber trotz Seiner unbestreitbaren Macht und Reinheit wollte Śrī Paraśurāma ein vorbildliches Verhalten zeigen, und so führte Er bei Samanta-pañcaka große Opferzeremonien durch, um für Sein scheinbar sündhaftes Töten der *kṣatriyas* Buße zu tun. Durch Sein Beispiel verdeutlichte Paraśurāma, dass die Kunst des Tötens, obwohl manchmal nötig, niemals etwas Gutes ist. Weil Sich sogar Paraśurāma wegen der sündhaften Tat, die das Töten der *kṣatriyas* darstellte, für schuldbeladen hielt, um wie viel schuldbeladener müssen dann erst wir sein, wenn wir solch abscheuliche, unzulässige Handlungen begehen? Das Töten von Lebewesen ist seit unvordenklichen Zeiten überall auf der Welt verboten.

Alle bedeutenden Persönlichkeiten aus allen Teilen Bhārata-varṣas nahmen die Gelegenheit der Sonnenfinsternis wahr, um den heiligen Pilgerort zu besuchen. Einige der Persönlichkeiten werden im Folgenden aufgezählt. Unter den Älteren befanden sich Akrūra, Vasudeva und Ugrasena, und unter den Jüngeren Gada, Pradyumna, Sāmba und viele andere Angehörige der Yadu-Dynastie, die in der Absicht gekommen waren, ihre Sünden zu sühnen, die sie im Laufe der Zeit bei der Erfüllung ihrer Pflichten auf sich geladen hatten. Weil fast alle Angehörigen der Yadu-Dynastie nach Kurukṣetra zogen, blieben einige bedeutende Persönlichkeiten, wie Aniruddha, der Sohn Pradyumnas, und Kṛtavarmā, der Oberbefehlshaber der Yadus, gemeinsam mit Sucandra, Śuka und Sāraṇa in Dvārakā zurück, um die Stadt zu beschützen.

Alle Angehörigen der Yadu-Dynastie waren bereits von Natur aus von außergewöhnlicher Schönheit, doch als sie, mit goldenen Halsketten und Blumengirlanden geschmückt, in kostbare Gewänder gekleidet und ausgerüstet mit ihren persönlichen Waffen, in Kurukṣetra eintrafen, schien ihre natürliche Schönheit und Würde hundertmal größer zu sein. Sie kamen auf prächtig verzierten Wagen, die den Flugzeugen der Halbgötter glichen und von stattlichen Pferden gezogen wurden, deren Bewegungen denen von Meereswellen glichen. Einige Yadus ritten auch auf mächtigen und majestätischen Elefanten, die wie am Himmel vorbeiziehende Wolken einherschritten, und die Frauen wurden von Männern, die so schön wie Vidyādharas waren, auf königlichen Sänften getragen. Die ganze Versammlung glich dem Anblick einer Zusammenkunft von Halbgöttern auf den himmlischen Planeten.

Nachdem die Mitglieder der Yadu-Dynastie in Kurukṣetra eingetroffen waren, nahmen sie unter Beachtung der Prinzipien der Selbstbeherrschung ein zeremonielles Bad, wie dies in den *śāstras* vorgeschrieben wird, und sie fasteten für die ganze Dauer der Sonnenfinsternis, um die Reaktionen auf all ihre Sünden zu tilgen. Da es vedischer Brauch ist, während einer Sonnenfinsternis so viele Spenden wie möglich zu verteilen, schenkten die Yadus den *brāhmaṇas* Hunderte von Kühen, die reichlich mit schönen Decken und Gehängen geschmückt waren und als Besonderheit an den Fußgelenken goldene Glöckchen und um ihren Hals Blumengirlanden trugen.

Sodann nahmen alle Angehörigen der Yadu-Dynastie noch einmal ein Bad in den von *Paraśurāma* geschaffenen Seen und speisten anschließend die *brāhmaṇas* mit vorzüglich gekochten Speisen, die alle in Butter zubereitet waren. In der vedischen Küche unterscheidet man zwischen zwei Arten von Speisen; die einen bezeichnet man als Rohkost und die anderen als Gekochtes. „Rohkost" bezieht sich nicht auf rohes Gemüse oder rohes Getreide, sondern auf alles, was in Wasser gekocht wurde. Als Gekochtes gelten dagegen Speisen, die mit Ghee (Butterfett) hergestellt werden. *Capātīs, dāl*, Reis und gewöhnliches Gemüse bezeichnet man also, ebenso wie Früchte und Salate, als Rohkost, wohingegen *purīs, kacorīs, samosās, gulābjamūn* und ähnliche Speisen zum Gekochten zählen. Alle *brāhmaṇas*, die von den Angehörigen der Yadu-Dynastie zu dieser Festlichkeit eingeladen worden waren, erhielten also reichliche Mengen gekochter Speisen.

Die Zeremonien, die die Angehörigen der Yadu-Dynastie vollzogen, glichen äußerlich den Riten der *karmīs*. Wenn ein *karmī* Riten oder Zeremonien vollzieht, tut er dies zum Zwecke der Sinnenbefriedigung, das heißt, er verspricht sich davon eine gute Stellung, eine gute Frau, ein gutes Haus, gute Kinder oder viel Reichtum. Der Beweggrund der Yadus war dagegen völlig anders. Sie wollten Kṛṣṇa ihre ewige Hingabe in festem Vertrauen darbringen. Alle Angehörigen der Yadu-Dynastie waren große Gottgeweihte. Als solche hatten sie nun nach vielen Leben voller frommer Tätigkeiten die Gelegenheit bekommen, mit Śrī Kṛṣṇa zusammen sein zu dürfen. Bei all ihren Tätigkeiten – während sie sich anschickten, an dem Pilgerort von Kurukṣetra ihr Bad zu nehmen, während sie die bei einer Sonnenfinsternis vorgeschriebenen Prinzipien befolgten und während sie Speisen an die *brāhmaṇas* verteilten – waren sie nur auf Hingabe zu Kṛṣṇa bedacht. Ihre ganze Verehrung galt ihrem höchstvollkommenen Herrn, Śrī Kṛṣṇa, und niemandem sonst.

Wenn ein Gastgeber die *brāhmaṇas* gespeist hat, dann ist es Brauch, dass er die *brāhmaṇas* darum bittet, selbst *prasāda* zu sich nehmen zu dürfen, und so nahmen auch die Angehörigen der Yadu-Dynastie mit der Erlaubnis der *brāhmaṇas* ihr Mahl ein. Alsdann suchten sie sich Ruheplätze unter den großen, schattigen Bäumen, und nachdem sie sich genügend ausgeruht hatten, schickten sie sich an, Besucher, wie Verwandte und Freunde sowie auch viele Könige und Herrscher unterworfener Länder, zu begrüßen. Unter ihnen befanden sich die Herrscher der Provinzen Matsya, Uśinara, Kośala, Vidarbha, Kuru, Sṛñjaya, Kāmbhoja, Kekaya, Madras, Kuntī, Ānarta und Kerala und noch vieler anderer Provinzen und Länder. Einige dieser Herrscher gehörten zu den Gegnern, andere zu den Freunden der Yadus. Doch von allen waren die Besucher aus Vṛndāvana am wichtigsten. Die Bewohner von Vṛndāvana, deren Anführer Nanda Mahārāja war, hatten, getrennt von Kṛṣṇa und Balarāma, in großer Sehnsucht gelebt. Nun nutzten sie das Ereignis der Sonnenfinsternis, um ihr Ein und Alles, das Höchste in ihrem Leben, Kṛṣṇa und Balarāma, wiederzusehen.

Die Bewohner von Vṛndāvana waren der Yadu-Dynastie wohlgesinnt, viele waren sogar eng befreundet, und so war ihre Begegnung nach einer solch langen Zeit der Trennung ein ergreifender Augenblick. Die grenzenlose Freude, die alle Yadus und die Bewohner von Vṛndāvana empfanden, als sie sich begrüßten und die ersten Worte austauschten, glich einem einzigartigen Schauspiel. Nun, da sie sich nach langer Trennung wiedersahen, waren sie alle von Jubel erfüllt, ihre Herzen schlugen erregt, und ihre Gesichter glichen frisch erblühten Lotosblumen. Tränen strömten ihnen aus den Augen, ihre Körperhaare sträubten sich, und in ihrer tiefen Ekstase waren sie für einige Zeit unfähig, weiterzusprechen. So versanken sie in einem Meer der Glückseligkeit.

Wie die Männer, so begrüßten sich auch die Frauen mit überschwänglicher Freude. Sie umarmten sich, bewegt von inniger Freundschaft, und ihr Lächeln und ihre Blicke, die sie austauschten, zeugten ebenfalls von tiefer Zuneigung. Der Safran und das *kuṅkuma*-Pulver ihrer Brüste vermischten sich, als sie einander umarmten. Sie alle verspürten himmlische Glückseligkeit, und diese vom Herzen kommenden Umarmungen ließen Ströme von Tränen über ihre Wangen fließen. Die Jüngeren brachten den Älteren ihre Ehrerbietungen dar, und jeder erkundigte sich nach dem Wohlergehen der anderen. Im Grunde jedoch drehte sich ihr Gespräch nur um Kṛṣṇa. Alle Nachbarn und Verwandten waren auf irgendeine Weise mit Śrī Kṛṣṇas Spielen in dieser Welt verbunden, weshalb Kṛṣṇa der Mittelpunkt all ihrer Tätigkeiten war. Alles, was sie taten – sei es in gesellschaftlicher, politischer oder religiöser Hinsicht oder in ihrem Alltag –, war völlig transzendental.

Wirklicher Fortschritt im menschlichen Leben beruht auf Wissen und Entsagung. Wie im 1. Canto des *Śrīmad-Bhāgavatam* erklärt wird, bringt der hingebungsvolle Dienst zu Kṛṣṇa automatisch auch vollkommenes Wissen und Entsagung mit sich. Die Familienmitglieder der Yadu-Dynastie und die Kuhhirten aus Vṛndāvana richteten ihre Gedanken ständig auf Kṛṣṇa. Das ist das Zeichen vollkommenen Wissens, und da sie in Gedanken stets bei Kṛṣṇa weilten, waren sie von allen materiellen Tätigkeiten frei. Wie Śrīla Rūpa Gosvāmī erklärt, wird diese Lebensstufe *yukta-vairāgya* genannt. Wissen und Entsagung haben daher nichts mit trockenem Spekulieren und der Entsagung aller Tätigkeiten zu tun. Vielmehr muss man all seine Worte und Tätigkeiten in Beziehung zu Kṛṣṇa bringen.

Bei der Begegnung in Kurukṣetra trafen sich auch Kuntīdevī und Vasudeva, die Geschwister waren, nach langer Zeit der Trennung wieder, und zwar gemeinsam mit ihren Schwiegersöhnen, Schwiegertöchtern, Kindern und anderen Familienmitgliedern. Während sie miteinander ins Gespräch kamen, vergaßen sie schnell ihre vergangenen Leiden. Kuntīdevī wandte sich insbesondere an ihren Bruder Vasudeva und sagte: „Mein lieber Bruder, mich verfolgt das Unglück, denn nicht ein einziger meiner Wünsche ist jemals in Erfüllung gegangen. Wie sonst wäre es möglich gewesen, dass du, mein heiliger Bruder, der du in jeder Hinsicht vollkommen bist, nicht danach fragtest, wie es mir ging, als ich von so großem Leid heimgesucht wurde." Kuntīdevī erinnerte sich ganz offensichtlich an die leidvolle Zeit, als sie durch die hinterhältigen Pläne Dhṛtarāṣṭras und Duryodhanas mit ihren Söhnen in der Verbannung leben musste: „Mein lieber Bruder", fuhr sie fort, „ich weiß, dass selbst die engsten Verwandten jemanden vergessen, wenn sich das Schicksal gegen ihn wendet. Wenn man sich in einer solch unglücklichen Lage befindet, vergessen einen sogar die eigenen Eltern und die eigenen Kinder. Deshalb, mein lieber Bruder, mache ich dir keine Vorwürfe."

Vasudeva entgegnete seiner Schwester: „Liebe Schwester, sei nicht traurig, und tadle mich nicht auf diese Weise. Wir sollten uns immer vor Augen halten, dass wir nur Spielzeuge in den Händen des Schicksals sind. Jeder steht unter der Macht der Höchsten Persönlichkeit Gottes. Ganz allein unter Seiner Aufsicht finden alle fruchtbringenden Tätigkeiten und ihre Reaktionen statt. Liebe Schwester, du weißt, dass König Kaṁsa uns alle grausam verfolgte und dass diese Verfolgungen uns in alle Richtungen verstreut haben. Wir haben immer in großer Angst gelebt, und erst vor ein paar Tagen konnten wir dank Gottes Gnade wieder in unsere gewohnte Umgebung zurückkehren."

Nach dieser Unterhaltung empfingen Vasudeva und Ugrasena die Könige, die gekommen waren, um sie zu treffen, und hießen sie herzlich willkommen. Als die Besucher sahen, dass auch Śrī Kṛṣṇa gekommen war, wurden sie alle von transzendentaler Freude und von innerem Frieden erfüllt. Einige der bedeutendsten Besucher waren Bhīṣmadeva, Droṇācārya, Dhṛtarāṣṭra, Duryodhana, Gāndhārī mit ihren Söhnen, König Yudhiṣṭhira mit seiner Frau, die anderen Pāṇḍavas und Kuntī, Sṛñjaya, Vidura, Kṛpācārya, Kuntibhoja, Virāṭa, Bhīṣmaka, König Nagnajit, Purujit, Drupada, Śalya, Dhṛṣṭaketu, der König von Kāśī, Damaghoṣa, Viśālākṣa, der König von Mithilā, der König von Madras (in jenen Tagen Madra genannt), der König von Kekaya, Yudhāmanyu, Suśarmā, Bāhlīka mit seinen Söhnen und viele andere Herrscher, die König Yudhiṣṭhira untertan waren.

Als die Besucher Śrī Kṛṣṇa mit Seinen vielen Tausend Königinnen sahen, erfüllte sie dieser Anblick von Schönheit und transzendentaler Vollkommenheit mit tiefster Zufriedenheit, und sie alle begaben sich persönlich zu Balarāma und Kṛṣṇa. Nachdem sie von den beiden mit gebührender Ehre begrüßt wurden, begannen sie, die Angehörigen der Yadu-Dynastie, insbesondere Kṛṣṇa und Balarāma, zu lobpreisen. Ugrasena, der König der Bhojas, galt als das Oberhaupt der Yadus, und deshalb wandten sich die Besucher insbesondere an ihn: „Eure Majestät, Ugrasena, König der Bhojas, die Yadus sind tatsächlich die einzigen auf dieser Welt, die in jeder Hinsicht vollkommen sind. Aller Ruhm sei mit dir! Aller Ruhm sei mit dir! Die Besonderheit eurer Vollkommenheit besteht darin, dass ihr ständig Śrī Kṛṣṇa seht, nach dem viele mystische Yogis suchen, indem sie sich für unzählige Jahre Entsagungen und Bußen unterziehen. Ihr alle seid in jedem Augenblick unmittelbar mit Śrī Kṛṣṇa zusammen.

Alle vedischen Hymnen preisen Kṛṣṇa, die Höchste Persönlichkeit Gottes. Das Wasser des Ganges gilt als heilig, weil es das Wasser ist, das dazu diente, Śrī Kṛṣṇas Lotosfüße zu waschen. Die vedischen Schriften sind nichts anderes als Śrī Kṛṣṇas Anweisungen. Das Ziel des Studiums der Veden ist es, Kṛṣṇa zu erkennen, daher haben Śrī Kṛṣṇas Worte und die Erzählungen von Seinen Spielen stets eine läuternde Wirkung. Unter dem Einfluss von Zeit und Umständen waren alle Reichtümer dieser Welt fast vollständig verschwunden, doch seit Kṛṣṇa auf diesem Planeten erschienen ist und ihn mit Seinen Lotosfüßen berührt hat, sind alle glückverheißenden Zeichen wieder zurückgekehrt. Dank Seiner Anwesenheit gehen nach und nach all unsere Wünsche und Sehnsüchte in Erfüllung. O Majestät, o König der Bhoja-Dynastie, du bist durch Heiraten und durch Blutsverwandtschaft mit der Yadu-Dynastie verbunden. Infolgedessen bist du ständig mit Śrī Kṛṣṇa zusammen und kannst Ihn ohne Weiteres jederzeit sehen oder berühren. Śrī Kṛṣṇa bewegt Sich unter euch, spricht mit euch, sitzt bei euch, ruht bei euch und isst mit euch. Die Yadus scheinen zwar weltlichen Tätigkeiten nachzugehen, die, wie man sagt, königliche Straßen zur Hölle sind, aber weil Śrī Kṛṣṇa, die ursprüngliche Persönlichkeit Gottes aller Viṣṇu-Erweiterungen, der Allwissende, Allgegenwärtige und Allmächtige, unter euch weilt, seid ihr von aller materiellen Verunreinigung befreit und auf der transzendentalen Ebene der Befreiung und der Brahman-Existenz verankert."

Als Nanda Mahārāja und dic anderen Einwohner von Vṛndavana erfahren hatten, dass Sich Kṛṣṇa anlässlich der Sonnenfinsternis nach Kurukṣetra begeben werde und dass auch alle Mitglieder der Yadu-Dynastie dort sein würden, hatten sie alle beschlossen, ebenfalls nach Kurukṣetra zu fahren. König Nanda hatte mit seinen Kuhhirten alles nötige Reisegepäck auf Ochsenwagen geladen, und darin hatten sich die Bewohner Vṛndāvanas allesamt auf den Weg nach Kurukṣetra begeben, um ihre geliebten Söhne Kṛṣṇa und Balarāma wiederzusehen. Als die Kuhhirten aus Vṛndāvana in Kurukṣetra eintrafen, waren die Yadus bei ihrem Anblick hocherfreut, sie alle erhoben sich sogleich, um die

Einwohner Vṛndāvanas willkommen zu heißen, und es schien, als seien sie zu neuem Leben erwacht. Alle Yadus und die Einwohner Vṛndāvanas hatten sich sehr nach einer Begegnung gesehnt, und als sie sich nun endlich wieder trafen, fielen sie einander voller Glückseligkeit in die Arme, und für längere Zeit umarmten sie sich immer wieder.

Als Vasudeva Nanda Mahārāja erblickte, sprang Vasudeva auf und lief auf ihn zu, um ihn liebevoll zu umarmen. Dann erzählte Vasudeva alles, was er erlebt hatte - wie ihn König Kaṁsa gefangen genommen hatte und all seine neugeborenen Söhne tötete, wie er Kṛṣṇa sogleich nach der Geburt zum Haus Nanda Mahārājas brachte und wie sowohl Kṛṣṇa als auch Balarāma daraufhin von Nanda Mahārāja und seiner Frau, Königin Yaśodā, aufgezogen wurden, als wären Sie ihre eigenen Kinder. Auch Balarāma und Kṛṣṇa umarmten König Nanda und Mutter Yaśodā, und Sie brachten ihren Lotosfüßen Ehrerbietungen dar, indem Sie Sich vor ihnen verneigten. Überwältigt von der Zuneigung, die Sie als Söhne für Nanda und Yaśodā empfanden, versagte Ihnen die Stimme, und für Augenblicke waren Sie ganz stumm. König Nanda und Mutter Yaśodā, die so sehr vom Glück begünstigt waren, nahmen ihre Söhne auf den Schoß und umarmten sie innig. Die Trennung von Kṛṣṇa und Balarāma hatte ihnen lange Zeit tiefen Schmerz bereitet, doch nun, da sie die beiden wiedersahen und umarmten, war all ihr Leid vergessen.

Dann traten Kṛṣṇas Mutter Devakī und Balarāmas Mutter Rohiṇī auf Mutter Yaśodā zu und umarmten sie: „Liebe Königin Yaśodādevī", sagten sie, „du und Nanda Mahārāja seid uns stets gute Freunde gewesen, und sobald wir an euch denken, werden wir von der Erinnerung an eure Freundschaft zutiefst bewegt. Wir stehen so tief in eurer Schuld, dass diese Schuld nicht einmal dann getilgt wäre, wenn wir euch für eure wohlmeinenden Segnungen den Reichtum des Himmelskönigs gäben. Wir werden niemals vergessen, was ihr in eurer Güte für uns getan habt. Kṛṣṇa und Balarāma wurden gleich nach Ihrer Geburt, noch bevor Sie Ihre wirklichen Eltern zu Gesicht bekamen, eurer Obhut anvertraut, und ihr habt Sie wie eure eigenen Kinder aufgezogen und Sie umhegt wie Vögel ihre Jungen im Nest. Ihr habt Sie ernährt, versorgt und geliebt und viele glücksbringende Zeremonien zu Ihrem Wohl durchgeführt.

Im Grunde sind Sie gar nicht unsere Söhne, sondern gehören euch.

Nanda Mahārāja und du, ihr seid die eigentlichen Eltern Kṛṣṇas und Balarāmas. Solange Sie in eurer Obhut lebten, gab es für Sie nicht die geringste Schwierigkeit. Unter eurem Schutz gab es für Sie niemals Anlass zur Furcht. Die überaus liebevolle Fürsorge, die ihr Ihnen habt zukommen lassen, entspricht ganz eurer erhabenen Stellung. Wirklich hochherzige Persönlichkeiten unterscheiden nicht zwischen ihren eigenen Söhnen und den Söhnen anderer, und es kann keine hochherzigeren Persönlichkeiten geben als Nanda Mahārāja und dich."

Die *gopīs* von Vṛndāvana hatten ihrerseits von Anbeginn ihres Lebens nichts anderes gekannt als Kṛṣṇa. Kṛṣṇa und Balarāma waren ihr Ein und Alles. Die *gopīs* hingen so sehr an Kṛṣṇa, dass es für sie sogar unerträglich war, Ihn für den einen Augenblick nicht zu sehen, wenn ihre Augenlider blinzelten und sie am Sehen gehindert wurden. Sie verwünschten Brahmā, den Schöpfer des Körpers, dass er so dumm gewesen war, Augenlider zu erschaffen, die blinzeln mussten und sie davon abhielten, Kṛṣṇa zu sehen. Als die *gopīs*, die mit Nanda Mahārāja und Mutter Yaśodā gekommen waren, Kṛṣṇa nun nach jahrelanger Trennung wiedersahen, wurden sie von höchster Ekstase überwältigt. Man kann sich nicht einmal annähernd vorstellen, wie sehr sich die *gopīs* danach gesehnt hatten, Kṛṣṇa wiederzusehen. Als sie Ihn nun erblickten, nahmen sie Ihn durch die Augen in ihre Herzen auf und umarmten Ihn zu ihrer vollsten Zufriedenheit. Obwohl sie Kṛṣṇa nur in Gedanken umarmten, wurden sie dadurch in solch ekstatische Freude getaucht, dass sie alles um sich herum vergaßen. Die Glückseligkeit, die die *gopīs* erfuhren, als sie Kṛṣṇa einfach nur im Geist umarmten, kann nicht einmal von den großen Yogis erreicht werden, die ununterbrochen über die Höchste Persönlichkeit Gottes meditieren. Kṛṣṇa verstand, in welch tiefer Ekstase sich die *gopīs* befanden, und weil Er im Herzen eines jeden gegenwärtig ist, erwiderte Er ihre Umarmungen im Innern ihres Herzens.

Kṛṣṇa saß bei Mutter Yaśodā und Seinen anderen Müttern, Devakī und Rohiṇī, doch als diese sich angeregt unterhielten, nahm Er die Gelegenheit wahr und begab Sich an einen abgelegenen Ort, um Sich dort mit den *gopīs* zu treffen. Er lächelte, als Er Sich den *gopīs* näherte, und nachdem Er sie umarmt und Sich nach ihrem Wohlergehen erkundigt hatte, ermunterte Er sie, indem Er sagte: „Meine lieben Freundinnen, ihr wisst, dass Balarāma und Ich Vṛndāvana nur verließen, um unsere

Verwandten und Familienangehörigen zu erfreuen. Somit wurden Wir lange davon in Anspruch genommen, mit Unseren Feinden zu kämpfen, weshalb Wir gezwungen waren, euch zu vergessen, die ihr alle mit so viel Liebe und Zuneigung an Mir hängt. Ich bin Mir bewusst, dass Ich damit euch gegenüber sehr undankbar gewesen bin, doch Ich weiß, dass ihr Mir treu geblieben seid. Darf Ich euch fragen, ob ihr immer an Uns gedacht habt, obwohl Wir euch verlassen mussten? Oder, Meine lieben *gopīs*, missfällt es euch nun, an Mich zu denken, weil ihr Mich für undankbar haltet? Nehmt ihr Mir Mein schlechtes Betragen tatsächlich sehr übel?

Ihr solltet wissen, dass es schließlich nicht Meine Absicht war, euch zu verlassen. Unsere Trennung war eine Fügung der Vorsehung, die ohnehin die höchste Kontrolle ausübt und tut, was ihr beliebt. Sie führt gewisse Menschen zusammen und trennt sie dann wieder, ganz wie es ihr gefällt. Manchmal können wir an einem bewölkten Tag, an dem starker Wind weht, beobachten, dass Wolken, winzige Staubkörner oder abgerissene Baumwollbäusche ineinander geweht werden, sich aber bei nachlassendem Wind voneinander trennen und in die verschiedensten Richtungen getragen werden. Auf diese Weise ist der Höchste Herr der Schöpfer alles Bestehenden, und alle Dinge, die wir sehen, sind nichts anderes als verschiedene Manifestationen Seiner Energie. Durch Seinen höchsten Willen werden wir manchmal vereint und manchmal voneinander getrennt. Dies zeigt uns, dass wir letzten Endes völlig von Seinem Willen abhängig sind.

Zum Glück habt ihr liebevolle Zuneigung zu Mir entwickelt, denn dies ist der einzige Weg, um auf die transzendentale Ebene zu gelangen, auf der man in Meiner Gemeinschaft leben kann. Jedes Lebewesen, das solche reine hingebungsvolle Zuneigung zu Mir entwickelt, kehrt ohne Zweifel nach Hause, zu Gott, zurück. Mit anderen Worten, reiner hingebungsvoller Dienst und Zuneigung zu Mir führen zur höchsten Befreiung.

Meine lieben *gopī*-Freundinnen, wisset, dass es allein Meine Energien sind, die überall wirken. Nehmt zum Beispiel einen irdenen Krug. Er ist nichts weiter als eine Zusammensetzung von Erde, Wasser, Feuer, Luft und Äther. Er besteht immer aus den gleichen Elementen, sowohl am Anfang als auch während seines Bestehens und auch nach seiner Vernichtung. Bei der Herstellung des Tonkruges werden unterschiedliche Elemente wie Erde, Wasser, Feuer, Luft und Äther kombiniert, die immer gleich bleiben, und selbst wenn er zerbrochen und zu Staub verfallen ist, bleiben seine Bestandteile in verschiedenen Formen der materiellen Energie existent. Ebenso sind alle Aspekte der Schöpfung, der Erhaltung und der Vernichtung der kosmischen Manifestation nichts anderes als bestimmte Manifestationen Meiner Energie. Und da Meine Energie nicht von Mir getrennt ist, kann man daraus schließen, dass Ich in allem gegenwärtig bin.

Ebenso ist der Körper des Lebewesens nichts weiter als eine Zusammensetzung aus diesen fünf Elementen, und das Lebewesen, das sich in dieser materiellen Bedingtheit befindet, ist ebenfalls ein Teil von Mir. Das Lebewesen unterliegt der Gefangenschaft der materiellen Bedingtheit, denn es hat die falsche Vorstellung, selbst der höchste Genießer zu sein. Diese falsche Ich-Vorstellung des Lebewesens ist die Ursache, dass es in die Bedingtheit der materiellen Existenz gefallen ist. Als die Höchste Absolute Wahrheit bin Ich transzendental zu den Lebewesen und ihrer materiellen Verkörperung. Diese beiden Energien, nämlich die materielle und die spirituelle, wirken unter Meiner höchsten Aufsicht. Meine lieben *gopīs*, Ich bitte euch, alles in philosophischer Haltung hinzunehmen, anstatt bekümmert zu sein. Dann werdet ihr verstehen, dass ihr immer bei Mir seid und dass unsere Trennung keinen Grund zur Klage darstellt."

Diese wichtige Unterweisung, die Śrī Kṛṣṇa den *gopīs* gab, kann von allen Gottgeweihten, die sich im Kṛṣṇa-Bewusstsein beschäftigen, genutzt werden. Die ganze Kṛṣṇa-bewusste Philosophie beruht auf dem unvorstellbaren gleichzeitigen Eins- und Verschiedensein des Herrn mit allem, was existiert. In der *Bhagavad-gītā* sagt Kṛṣṇa, dass Er in Seinem unpersönlichen Aspekt überall gegenwärtig sei. Alles ist in Ihm, aber zugleich ist Er nicht überall persönlich gegenwärtig. Die kosmische Manifestation ist nichts weiter als eine Entfaltung von Kṛṣṇas Energie, und weil die Energie vom Energieursprung nicht verschieden ist, ist nichts von Kṛṣṇa verschieden. Wenn es uns an diesem absoluten Bewusstsein, dem Kṛṣṇa-Bewusstsein, fehlt, sind wir von Kṛṣṇa getrennt, wenn wir jedoch so glücklich sind, Kṛṣṇa-Bewusstsein entwickelt zu haben, sind wir niemals von Kṛṣṇa getrennt. Der Vorgang des hingebungsvollen Dienstes besteht in der Wiedererweckung des Kṛṣṇa-Bewusstseins, und wenn der Gottgeweihte in der glücklichen

Lage ist, zu verstehen, dass die materielle Energie nicht von Kṛṣṇa getrennt ist, weiß er die materielle Energie und ihre Erzeugnisse im Dienst des Herrn zu verwenden. Aber wenn das Lebewesen, das eigentlich ein Bestandteil Kṛṣṇas ist, sein Kṛṣṇa-Bewusstsein vergisst, beansprucht es irrtümlicherweise die Stellung des Genießers in der materiellen Welt, und weil es sich dadurch nur noch mehr in das Netz der materiellen Energie verwickelt, wird es durch diese Energie, *māyā*, gezwungen, weiterhin in der materiellen Existenz gefangen zu bleiben. Dies wird in der *Bhagavad-gītā* bestätigt. Obwohl es die materielle Energie ist, die dem Lebewesen alle Tätigkeiten aufzwingt, denkt der Mensch irrtümlicherweise, er selbst wäre das Ein und Alles und der höchste Genießer.

Wenn sich der Gottgeweihte vollkommen darüber bewusst ist, dass die *arcā-vigraha*, die transzendentale Bildgestalt Śrī Kṛṣṇas im Tempel, dieselbe *sac-cid-ānanda-vigraha* ist wie Kṛṣṇa Selbst, wird sein Dienst für die transzendentale Bildgestalt im Tempel zum direkten Dienst für die Höchste Persönlichkeit Gottes. Genau wie die Bildgestalt, so sind auch der Tempel, die Tempeleinrichtung und die Speisen, die der Bildgestalt geopfert werden, nicht von Kṛṣṇa getrennt. Man muss den Regeln und Vorschriften der *ācāryas* folgen, denn dank dieser höheren Führung ist es möglich, Kṛṣṇa bereits in diesem Leben vollständig zu erkennen.

Nachdem die *gopīs* von Kṛṣṇa in der Philosophie des gleichzeitigen Eins- und Verschiedenseins unterwiesen worden waren, blieben sie immer im Kṛṣṇa-Bewusstsein gefestigt und wurden so von aller materiellen Verunreinigung befreit. Das Bewusstsein eines Lebewesens, das sich irrtümlicherweise für den Genießer der materiellen Welt hält, wird *jīva-kośa* genannt, was so viel wie „Gefangensein durch das falsche Ego“ bedeutet. Nicht nur die *gopīs*, sondern jeder, der diesen Anweisungen Kṛṣṇas folgt, wird sogleich aus der *jīva-kośa*-Gefangenschaft befreit. Ein Mensch im Kṛṣṇa-Bewusstsein ist stets frei von falscher Selbstsucht; er verwendet alles in Kṛṣṇas Dienst und ist niemals von Kṛṣṇa getrennt.

Die *gopīs* beteten daher zu Kṛṣṇa: „Lieber Kṛṣṇa, aus Deinem Nabel wuchs die ursprüngliche Lotosblume, der Geburtsort Brahmās, des Schöpfers. Niemand kann Deine Herrlichkeiten und Deine Füllen ermessen, die deshalb sogar für die tiefsinnigsten Menschen, die Meister der Yoga-Kräfte, immer ein Geheimnis bleiben. Die bedingte Seele, die in den dunklen Brunnen des materiellen Daseins gefallen ist, kann jedoch sehr leicht bei Śrī Kṛṣṇas Lotosfüßen Zuflucht suchen. Tut sie das, ist ihre Befreiung sicher."

Die *gopīs* fügten hinzu: „Lieber Kṛṣṇa, wir sind ständig mit unseren Familienpflichten beschäftigt. Deshalb bitten wir Dich, dass Du wie die aufgehende Sonne in unserem Herzen bleibst. Das wäre für uns die allergrößte Segnung." Die *gopīs* sind ewig befreite Seelen, denn sie sind völlig Kṛṣṇa-bewusst. Sie gaben nur vor, in Vṛndāvana von Haushaltspflichten gebunden zu sein. Durch ihre Trennung von Kṛṣṇa hätte Er sie darum bitten können, mit Ihm in Seine Hauptstadt, Dvārakā, zurückzukehren. Doch war den *gopīs* als Bewohnerinnen Vṛndāvanas nichts daran gelegen, dem Herrn nach Dvārakā zu folgen. Sie wollten weiterhin in Vṛndāvana beschäftigt bleiben und Seine Anwesenheit dort in jedem Augenblick ihres Lebens erfahren. So luden sie Kṛṣṇa sofort ein, zurück nach Vṛndāvana zu kommen. Diese transzendentalen Gefühle, die das Leben der *gopīs* charakterisieren, bilden die Grundlage der Lehren Śrī Caitanyas. Das Ratha-yātrā-Fest, an dem Śrī Caitanya teilnahm, ist der emotionale Vorgang, um Kṛṣṇa nach Vṛndāvana zurückzubringen. Śrīmatī Rādhārāṇī lehnte es ab, mit Kṛṣṇa nach Dvārakā zu gehen, um dort mit Ihm zusammen in einer Umgebung königlichen Reichtums zu leben, denn Sie wollte Sich Seiner Gemeinschaft in der ursprünglichen Atmosphäre Vṛndāvanas erfreuen. Weil Śrī Kṛṣṇa so tief mit den *gopīs* verbunden ist, verlässt Er Vṛndāvana niemals, und so bleiben die *gopīs* und die anderen Bewohner Vṛndāvanas immer auf der Ebene der vollkommenen Zufriedenheit des Kṛṣṇa-Bewusstseins.

Hiermit enden die Bhaktivedanta-Erläuterungen zum 82. *Kapitel des Kṛṣṇa-Buches mit dem Titel „Kṛṣṇas und Balarāmas Wiedersehen mit den Bewohnern von Vṛndāvana".*

KAPITEL 83

Draupadī begegnet den Königinnen Kṛṣṇas

Unter den vielen Besuchern, die gekommen waren, um Kṛṣṇa zu sehen, befanden sich auch die Pāṇḍavas, die von König Yudhiṣṭhira angeführt wurden. Nachdem Śrī Kṛṣṇa mit den *gopīs* gesprochen und ihnen die größte Segnung erteilt hatte, ging Er zu König Yudhiṣṭhira und den anderen Verwandten, die alle Seinetwillen gekommen waren, und begrüßte sie. Als Erstes fragte Er sie, ob sie in ihren jeweiligen Lebensumständen glücklich seien. Im Grunde kann für jemanden, der Śrī Kṛṣṇas Lotosfüße sieht, von Unglück keine Rede sein. Als Śrī Kṛṣṇa Mahārāja Yudhiṣṭhira aus Höflichkeit dennoch nach seinem Wohlergehen fragte, freute sich der König sehr über die Begrüßung und antwortete: „Lieber Śrī Kṛṣṇa, große Persönlichkeiten und Gottgeweihte in völligem Kṛṣṇa-Bewusstsein denken ständig an Deine Lotosfüße und erfreuen sich der größten Zufriedenheit, da sie den Nektar der transzendentalen Glückseligkeit kosten. Dann lassen sie den Nektar, den sie immerzu trinken, manchmal über andere strömen, und dieser Nektar, der in Form von Schilderungen Deiner transzendentalen Taten von den Lippen eines Gottgeweihten ausgeht, ist so mächtig, dass jemand, der das Glück hat, ihn zu kosten, sogleich aus dem Kreislauf von Geburt und Tod befreit wird. Wir sind nur deshalb in das materielle Dasein geraten, weil wir Deine Persönlichkeit vergaßen; doch zum Glück lichtet sich die Dunkelheit des Vergessens, sobald man die Ehre bekommt, von Deiner Herrlichkeit zu hören. Lieber Herr, wie könnte es also für jemanden, der fortwährend von Deinen ruhmvollen Taten hört, jemals Unglück geben?

Weil wir Dir völlig ergeben sind und keine andere Zuflucht kennen als Deine Lotosfüße, sind wir uns unseres Glücks stets gewiss. Lieber Herr, Du bist der Ozean des unbegrenzten Wissens und der transzendentalen Glückseligkeit. Die Reaktionen mentaler Spekulation in den drei zeitweiligen Phasen des materiellen Lebens, nämlich Wachzustand, Schlaf und Tiefschlaf, kann es im Kṛṣṇa-Bewusstsein nicht geben. Alle Reaktionen dieser Art werden durch das Handeln von Kṛṣṇa-Bewusstsein außer Kraft gesetzt. Du bist das endgültige Ziel aller befreiten Seelen. Allein aus Deinem Willen heraus bist Du durch Deine innere Energie, *yogamāyā*, auf die Erde herabgestiegen, und um die vedischen Prinzipien des Lebens wieder einzuführen, bist Du wie ein gewöhnlicher Mensch erschienen. Weil Du die Höchste Person bist, wird niemand, der sich Dir völlig ergeben hat, jemals von Unglück berührt."

Während Śrī Kṛṣṇa damit beschäftigt war, die zahlreichen Besucher zu begrüßen, die Ihm ihrerseits die verschiedensten Gebete darbrachten, nahmen die Frauen der Kuru- und Yadu-Dynastien die Gelegenheit wahr, zusammenzukommen und über Śrī Kṛṣṇas transzendentale Spiele zu sprechen. Draupadī begann das Gespräch, indem sie eine Frage an Kṛṣṇas Frauen richtete: „Meine liebe Rukmiṇī, Bhadrā, Jāmbavatī, Satyā, Satyabhāmā, Kālindī, Śaibyā [Mitravindā], Lakṣmaṇā, Rohiṇī und all ihr anderen Frauen Śrī Kṛṣṇas! Bitte erzählt uns doch, wie Śrī Kṛṣṇa, die Höchste Persönlichkeit Gottes, euch zur Frau nahm und wie Er euch in Hochzeitszeremonien, die denen gewöhnlicher Menschen glichen, heiratete?"

Auf diese Frage antwortete Rukmiṇīdevī, die führende Königin: „Meine liebe Draupadī, es war bereits so gut wie entschieden, dass ich gemäß dem Wunsch von Fürsten wie Jarāsandha und anderen mit König Śiśupāla verheiratet werden sollte. Wie es bei solchen Anlässen üblich ist, hatten sich alle Fürsten, die der Hochzeit beiwohnten, mit Kampfrüstungen und Waffen versehen, um gegen jeden Rivalen zu kämpfen, der es wagen sollte, die Heirat zu verhindern. Doch die Höchste Persönlichkeit Gottes entführte mich aus ihrer Mitte, genau wie ein Löwe ein Lamm aus einer Schafherde raubt. Für Śrī Kṛṣṇa war dies jedoch keine außergewöhnliche Tat, denn jeder, selbst wenn er in dieser Welt ein großer Held oder König sein will, ist den Lotosfüßen des Herrn untertan. Alle Könige berühren mit ihren Helmen Śrī Kṛṣṇas Lotosfüße. Meine liebe Draupadī, es ist mein ewiger Wunsch, Leben für Leben in Kṛṣṇas Dienst beschäftigt sein zu dürfen, denn Kṛṣṇa ist der Quell aller Freude und aller Schönheit. Das ist mein einziger Wunsch, das einzige Bestreben meines Lebens.

Danach erzählte Satyabhāmā ihre Geschichte: „Meine liebe Draupadī, mein Vater war über den Tod seines Bruders Prasena zutiefst bestürzt, und so beschuldigte er Śrī Kṛṣṇa völlig zu Unrecht, seinen Bruder getötet und das Syamantaka-Juwel gestohlen zu haben, das in Wirklichkeit Jāmbavān an sich genommen hatte. Um Seinen makellosen Charakter zu beweisen, kämpfte Śrī Kṛṣṇa mit Jāmbavān und holte das Syamantaka-Juwel zurück, das Er dann meinem Vater überreichte. Mein Vater war tief beschämt, und es tat ihm sehr leid, dass er Kṛṣṇa als Mörder seines Bruders verdächtigt hatte. Nachdem er das Juwel also zurückbekommen hatte, wollte er seinen Fehler voller Reue wiedergutmachen. Obwohl er meine Hand bereits anderen versprochen hatte, übergab er mich mitsamt dem Juwel Kṛṣṇas Lotosfüßen, und so wurde ich von Kṛṣṇa als Dienerin und Frau angenommen.“

Als Nächstes antwortete Jāmbavatī auf Draupadīs Frage: „Meine liebe Draupadī, als Śrī Kṛṣṇa meinen Vater Jāmbavān, den König der *ṛkṣas*, angriff, wusste mein Vater nicht, dass sein früherer Herr und Meister, Śrī Rāmacandra, der Gemahl Sītās, vor ihm erschienen war. Ohne zu wissen, wer Śrī Kṛṣṇa war, kämpfte er ohne Unterbrechung 27 Tage lang mit Ihm. Als ihn schließlich Müdigkeit und Erschöpfung überkam, wurde ihm klar, dass sein Gegner, Śrī Kṛṣṇa, Śrī Rāmacandra sein musste, da niemand außer Rāmacandra die Kraft besaß, ihn zu besiegen. So kam er wieder zur Vernunft, und sofort händigte er Kṛṣṇa nicht nur das Syamantaka-Juwel aus, sondern bot mich Ihm auch als

Braut an, um Ihn besonders zu erfreuen. So wurde ich mit Kṛṣṇa vermählt und mein Wunsch, Leben für Leben Seine Dienerin sein zu dürfen, ging in Erfüllung."

Daraufhin sagte Kālindī: „Meine liebe Draupadī, ich nahm große Entsagungen und Bußen auf mich, um Śrī Kṛṣṇa zum Gemahl zu bekommen. Als Kṛṣṇa darauf aufmerksam wurde, kam Er in Seiner Güte zusammen mit Seinem Freund Arjuna zu mir und nahm mich zur Frau. So führte mich Kṛṣṇa vom Ufer der Yamunā weg, und seitdem beschäftige ich mich damit, Sein Haus zu putzen. Trotzdem behandelt mich der Herr als Seine Frau."

Die nächste, die sprach, war Mitravindā: „Meine liebe Draupadī, als meine *svayaṁvara*-Zeremonie* durchgeführt wurde, versammelten sich viele Fürsten. Auch Śrī Kṛṣṇa war damals zugegen, und Er nahm mich als Seine Dienerin an, indem Er alle anderen Fürsten dort besiegte. Darauf brachte Er mich unverzüglich nach Dvārakā, so wie ein Löwe seine Beute vor einer Hundemeute wegträgt. Als mich Kṛṣṇa auf diese Weise entführte, wollten meine Brüder mit Ihm kämpfen, doch sie wurden in der Folge alle besiegt. Auf diese Weise erfüllte sich mein Wunsch, Leben für Leben Kṛṣṇas Dienerin sein zu dürfen.

Darauf sprach Satyā: „Meine liebe Draupadī, mein Vater lud zu meiner *svayaṁvara* eine Versammlung von vielen Bewerbern ein. Um deren Stärke und Heldenhaftigkeit zu erproben, stellte mein Vater die Bedingung auf, dass sie, ehe sie mich heiraten dürften, mit sieben wilden Stieren kämpfen mussten, die alle lange, spitze Hörner hatten. Viele Helden, die mich zur Braut haben wollten, versuchten, die Stiere zu bezwingen, doch leider wurden sie alle schwer verwundet und mussten unterlegen und kampfunfähig nach Hause zurückkehren. Als dann aber Śrī Kṛṣṇa kam und mit den Stieren kämpfte, waren sie für Ihn wie Spielzeugtiere. Er packte sie, zog ihnen einen Strick durch die Nüstern und unterwarf sie auf diese Weise mit einer Leichtigkeit, mit der Kinder kleine Ziegen bändigen. Mein Vater freute sich sehr über Śrī Kṛṣṇas Sieg, und er veranstaltete eine prunkvolle Vermählung, wobei er mir als Mitgift viele Truppen, Streitwagen und Elefanten wie auch Hunderte von Dienerinnen mitgab. Als mich Śrī Kṛṣṇa zurück nach Dvārakā, Seiner Hauptstadt, führte, wurde Er von vielen Fürsten überfallen, doch Er

* Versammlung, bei der sich die Braut persönlich ihren Gemahl aussucht.

besiegte sie alle, und so wurde mir die besondere Gunst zuteil, Seinen Lotosfüßen dienen zu dürfen."

Nach Satyā war Bhadrā an der Reihe, und sie sagte: „Meine liebe Draupadī, Śrī Kṛṣṇa ist der Sohn meines Onkels mütterlicherseits. Zu meinem Glück gewann ich Zuneigung zu Seinen Lotosfüßen. Als mein Vater meine Gefühle bemerkte, leitete er persönlich meine Heirat in die Wege und bat Śrī Kṛṣṇa, mich zur Frau zu nehmen. Als Mitgift gab er Ihm eine *akṣauhiṇī* bewaffneter Soldaten, viele Dienerinnen und andere Gaben, die eines Königs würdig sind. Ich weiß nicht, ob ich Leben für Leben in Kṛṣṇas Obhut verbringen darf, doch ich bete zum Herrn, dass ich, wo auch immer ich geboren werde, niemals meine Beziehung zu Seinen Lotosfüßen vergessen werde."

Danach sprach Lakṣmaṇā: „Meine liebe Königin, oft hörte ich, wie der große Weise Nārada die transzendentalen Spiele Śrī Kṛṣṇas lobpries. Als ich von Nārada hörte, dass sich die Glücksgöttin Lakṣmī zu Seinen Lotosfüßen hingezogen fühle, erwachte auch in mir große Sehnsucht nach ihnen. Seit dieser Zeit musste ich ununterbrochen an Kṛṣṇa denken, und so steigerte sich meine Zuneigung zu Ihm immer mehr. Meine liebe Königin, als mein Vater, der mich sehr liebt, erkannte, dass ich mich so sehr zu Kṛṣṇa hingezogen fühlte, ersann er einen Plan, der dem deines Vaters sehr ähnlich war. Während meiner *svayaṁvara* mussten die Bewerber mit ihren Pfeilen die Augen eines Fisches durchbohren, doch während bei dem Wettkampf deiner *svayaṁvara*-Zeremonie der Fisch für alle deutlich sichtbar an der Decke hing, war es bei meiner Zeremonie so, dass der Fisch verhüllt wurde und nur durch das Spiegelbild in einem Wasserbecken ausgemacht werden konnte. Das war die Besonderheit meiner *svayaṁvara*.

Die Kunde von dem Wettkampf ging um die ganze Welt, und als die verschiedenen Fürsten und Könige davon hörten, kamen sie von überall her in die Hauptstadt meines Vaters. Sie waren schwer bewaffnet und wurden von ihren Kampfberatern begleitet. Jeder von ihnen begehrte mich zur Frau, und so ergriff einer nach dem anderen den Bogen und die Pfeile, mit deren Hilfe man den Fisch durchbohren musste. Vielen gelang es nicht einmal, die Bogensehne an den beiden Enden des Bogens zu befestigen, und ohne auch nur versucht zu haben, den Fisch zu durchbohren, legten sie den Bogen beiseite und zogen sich zurück. Andere konnten zwar mit großer Mühe die Sehne von einem Ende des

Bogens zum anderen spannen, doch weil sie nicht in der Lage waren, die Sehne am zweiten Ende festzuknoten, wurden sie von dem plötzlich zurückschnellenden Bogen zu Boden geschlagen. Meine liebe Königin, du wirst erstaunt sein zu hören, dass bei meiner *svayaṁvara*-Versammlung viele berühmte Könige und Helden zugegen waren. Darunter befanden sich Jarāsandha, Ambaṣṭha, Śiśupāla, Bhīmasena, Duryodhana und Karṇa, die natürlich stark genug waren, um den Bogen zu spannen, doch es gelang auch ihnen nicht, den Fisch zu durchbohren, denn weil er verhüllt war, konnten sie ihn im Spiegelbild nicht erkennen. Arjuna, der gefeierte Held der Pāṇḍavas, war zwar imstande, das Spiegelbild im Wasser richtig zu deuten, aber obgleich er, nachdem er mit aller Sorgfalt gezielt hatte, einen Pfeil auf den Fisch abschoss, traf er ihn nicht an der richtigen Stelle. Doch immerhin wurde der Fisch von seinem Pfeil gestreift, und somit bewies Arjuna, dass er allen anderen Prinzen überlegen war.

Die Prinzen, die versucht hatten, das Ziel zu treffen, waren bitter enttäuscht, weil ihre Bemühungen fehlgeschlagen waren, und einige der Brautwerber verließen sogar die Versammlung, ohne auch nur einen Versuch zu unternehmen. Als zuletzt jedoch Śrī Kṛṣṇa den Bogen ergriff, spannte Er die Sehne ohne Mühe, genau wie wenn ein Kind mit einem Spielzeug umgeht. Er legte den Pfeil an, und nachdem Er nur einmal kurz auf das Spiegelbild des Fisches geschaut hatte, schoss Er den Pfeil ab, worauf der Fisch getroffen von der Decke fiel. Dieser Sieg Kṛṣṇas ereignete sich mittags, genau zu dem Zeitpunkt namens *abhijit*, der von den Astrologen als sehr glückverheißend bezeichnet wird. Überall auf der Welt ertönte der Ruf „Jaya! Jaya!", und vom Himmel drang gleichzeitig das Dröhnen der Trommeln, die von den Himmelsbewohnern geschlagen wurden, und die großen Halbgötter, deren Freude keine Grenzen kannte, ließen einen Regen von Blumen auf die Erde niedergehen.

Genau zu dem Zeitpunkt betrat ich die Kampfarena. Bei jedem meiner Schritte ertönte das liebliche Klingeln meiner Fußglöckchen; ich trug feinste neue Gewänder aus Seide, und Blumen schmückten mein Haar. Śrī Kṛṣṇas Sieg hatte mich in ekstatische Freude versetzt, so dass ich glücklich lächelte. In den Händen trug ich eine goldene Halskette, die im Licht funkelte, weil sie mit vielen Juwelen besetzt war. Lockiges Haar umrahmte mein Gesicht, das durch den Widerschein meiner vielen Ringe in hellem Glanz erstrahlte. Ich ließ einen flüchtigen Blick über alle anwesenden Fürsten und Könige streifen, und als ich meinen Herrn erreichte, legte ich Ihm behutsam die Goldkette um den Hals. Wie ich dir bereits erzählt habe, fühlte ich mich von Anfang an zu Kṛṣṇa hingezogen, und deshalb empfand ich es als großen Triumph, dem Herrn diese Kette um den Hals zu hängen. Kaum hatte ich das getan, erschallte ein Konzert von *mṛdaṅgas, paṭaha-* und *ānaka-*Trommeln, Muschelhörnern, Trommeln, Kesselpauken und den verschiedensten anderen Instrumenten. Während die Musiker spielten, begannen meisterhafte Tänzer und Tänzerinnen, ihre Kunst vorzuführen, und dabei wurden sie von den süßen Liedern der Sänger begleitet.

Meine liebe Draupadī, als ich Śrī Kṛṣṇa als meinen verehrenswerten Gemahl und Er mich als Seine Dienerin annahm, erhob sich unter den versammelten Königen ein Geschrei von Enttäuschung und Entrüstung, denn sie alle waren erregt von lüsternen Wünschen. Mein Gemahl jedoch kümmerte Sich nicht um sie, sondern hob mich sofort in Seiner vierarmigen Nārāyaṇa-Gestalt auf Seinen Streitwagen, der von vier prächtigen Pferden gezogen wurde. Und weil Er darauf gefasst war, dass Ihm die anderen Bewerber Widerstand leisten würden, bewaffnete Er Sich und nahm Seinen Bogen namens Śārṅga in die Hand, worauf unser berühmter Wagenlenker, Daruka, sofort in Richtung Dvārakā losfuhr. So entführte mich Kṛṣṇa vor den Augen aller Anwesenden geschwind wie ein Löwe, der ein Reh aus einem Rudel fortreißt. Einige der Fürsten und Könige wollten uns jedoch aufhalten und stellten sich uns mit Waffen in den Weg, genau wie Hunde, die versuchen, einen Löwen aufzuhalten. Dann aber sahen sie sich dem Pfeilhagel von Kṛṣṇas Śārṅga-Bogen ausgesetzt, und einige von ihnen verloren ihre linke Hand, andere ihre Beine und wieder andere ihren Kopf und ihr Leben, so dass die Restlichen die Flucht ergriffen.

Dann zog die Höchste Persönlichkeit Gottes wie die strahlende Sonne in Dvārakā ein, der berühmtesten Stadt im Universum. Zu diesem Anlass war Dvārakā üppig geschmückt worden. Die Fahnen, Girlanden, Blumengehänge und Tore waren so zahlreich, dass der Sonnenschein nicht mehr in die Stadt eindringen konnte. Ich habe dir bereits gesagt, wie sehr mein Vater mir zugetan war. Als er sah, dass mein Wunsch, Kṛṣṇa zum Gemahl zu bekommen, in Erfüllung gegangen war, schenkte er also in seiner Freude allen Freunden und Verwandten vielerlei

Gaben, wie kostbare Gewänder, Schmuck, Betten und Sitzteppiche. Śrī Kṛṣṇa ist stets in Sich Selbst zufrieden, dennoch überreichte Ihm mein Vater spontan eine riesengroße Mitgift, die aus Schatztruhen, Soldaten, Elefanten, Wagen, Pferden und vielen seltenen und wertvollen Waffen bestand. Es bereitete ihm grenzenlose Freude, den Herrn diese Geschenke zu übergeben. Meine liebe Königin, damals sagte ich mir, dass ich in meinem vorangegangenen Leben außergewöhnliche Werke getan haben musste, so dass es mir nun in meinem jetzigen Leben erlaubt wurde, eine der Dienerinnen im Haus der Höchsten Persönlichkeit Gottes zu sein."

Als die acht Hauptköniginnen ihre Schilderungen beendet hatten, berichtete Rohiṇī als Vertreterin der übrigen 16 000 Königinnen, wie sie Kṛṣṇas Frauen geworden waren.

„Meine liebe Königin, als Bhaumāsura auf der ganzen Welt Eroberungszüge unternahm, raubte er überall die schönsten Prinzessinnen, die er finden konnte, und sperrte sie in seinem Palast ein. Als Śrī Kṛṣṇa von unserer Gefangenschaft erfuhr, kämpfte Er mit Bhaumāsura und befreite uns. Kṛṣṇa tötete Bhaumāsura mitsamt seinen Soldaten, und obwohl Er in Wirklichkeit nicht eine einzige Frau benötigte, ganz zu schweigen von 16 000 gefangenen Prinzessinnen, willigte Er infolge unserer Bitten ein, uns alle zu heiraten. Meine liebe Königin, unser einziges Verdienst besteht darin, dass wir ständig an Śrī Kṛṣṇas Lotosfüße dachten. Dies ist der Weg, wie man sich aus der Gefangenschaft des Kreislaufes von Geburt und Tod befreien kann. Liebe Königin Draupadī, bitte glaube nicht, dass wir nach Königsehren, einem Königreich oder einem Leben in himmlischem Genuss streben. Uns liegt nichts an solchen materiellen Bezeichnungen und Gütern, und ebenso streben wir nicht nach den Vollkommenheiten des Yoga oder nach der erhabenen Stellung Brahmās. Wir interessieren uns auch nicht für die verschiedenen Arten von Befreiung – *sārūpya, sālokya, sārṣṭi, samīpya* oder *sāyujya.* Wir fühlen uns zu keinem dieser Reichtümer hingezogen. Unser einziger Wunsch ist es, Leben für Leben die Staubteilchen von Kṛṣṇas Lotosfüßen auf unserem Kopf tragen zu dürfen. Selbst die Glücksgöttin wünschte sich, diesen Staub zusammen mit dem duftenden Safran auf ihren Brüsten tragen zu dürfen. Wir sehnen uns nach nichts anderem als nach diesem Staub, der an Kṛṣṇas Lotosfüßen haften bleibt, wenn Er als Kuhhirtenjunge durch das Land von Vṛndāvana zieht. Insbesondere die *gopīs*, aber auch die Kuhhirten und die Eingeborenenmädchen, wünschen sich stets, Grashalme oder Stroh auf den Straßen Vṛndāvanas zu werden, um so von Kṛṣṇas Lotosfüßen berührt zu werden. Meine liebe Königin, wir wünschen uns, Geburt für Geburt ein solches Leben führen zu dürfen, und kennen kein anderes Verlangen."

Hiermit enden die Bhaktivedanta-Erläuterungen zum 83. Kapitel des Kṛṣṇa-Buches mit dem Titel „Draupadī begegnet den Königinnen Kṛṣṇas".

KAPITEL 84

Vasudevas Opferzeremonien

Unter den Frauen, die während der Sonnenfinsternis in Kurukṣetra zugegen waren, befanden sich Kuntī, Gāndhārī, Draupadī, Subhadrā und die Frauen vieler anderer Könige, sowie auch die *gopīs* von Vṛndāvana. Als Kṛṣṇas Königinnen erzählten, wie sie vom Herrn geheiratet worden waren, gerieten die Frauen der Kuru-Dynastie in grenzenloses Erstaunen. Sie bewunderten die Liebe und die Zuneigung, mit der die Königinnen an Kṛṣṇa hingen, und als sie hörten, wie stark und rückhaltlos die Liebe der Königinnen für Kṛṣṇa war, traten ihnen unwillkürlich Tränen in die Augen.

Während die Frauen so in ihre Gespräche vertieft waren und die Männer in die ihrigen, trafen praktisch alle bedeutenden Weisen und Asketen von überall her ein, um Kṛṣṇa und Balarāma zu sehen. Die berühmtesten unter ihnen waren Kṛṣṇa-dvaipāyana Vyāsa, der große

Weise Nārada, Cyavana, Devala, Asita, Viśvāmitra, Śatānanda, Bharadvāja, Gautama und Śrī Paraśurāma mit seinen Schülern; des Weiteren Vasiṣṭha, Gālava, Bhṛgu, Pulastya, Kaśyapa, Atri, Mārkaṇḍeya, Bṛhaspati, Dvita, Trita, Ekata und die vier Kumāras, die Söhne Brahmās, nämlich Sanaka, Sanandana, Sanātana und Sanat-kumāra, und schließlich Aṅgirā und Agastya sowie Yājñavalkya und Vāmadeva.

Bei der Ankunft der Weisen und Asketen erhoben sich alle Könige, auch Mahārāja Yudhiṣṭhira, die anderen Pāṇḍavas sowie Śrī Kṛṣṇa und Balarāma, sofort von ihren Sitzen und brachten diesen im ganzen Universum verehrten Persönlichkeiten ihre Ehrerbietungen dar, indem sie sich vor ihnen verneigten. Danach wurde den Weisen ein gebührender Empfang bereitet, indem man ihnen Sitzplätze anbot und Wasser herbeibrachte, um ihnen die Füße zu waschen. Ebenso reichte man ihnen wohlschmeckende Früchte, Blumengirlanden, Räucherstäbchen und Sandelholzpaste. Daraufhin verehrten die Könige, allen voran Kṛṣṇa und Balarāma, die Weisen gemäß den vedischen Regeln und Vorschriften. Als die Weisen ihre bequemen Sitze eingenommen hatten, wandte Sich Śrī Kṛṣṇa, der zum Schutz der Religion auf die Erde gekommen war, im Namen aller Könige an die Versammelten. Sobald Er zu sprechen begann, verstummten alle, denn sie waren gespannt, Seine Begrüßungsrede an die Weisen zu hören und zu verstehen.

Śrī Kṛṣṇa sprach: „Gepriesen seien die versammelten Weisen und Asketen! Wir alle spüren, dass unser Leben heute von Erfolg gekrönt wurde. Heute haben wir das ersehnte Ziel des Lebens erreicht, denn wir sehen direkt all die erhabenen und befreiten Weisen, die zu sehen sich selbst die großen Halbgötter der himmlischen Gefilde wünschen. Anfänger im hingebungsvollen Dienst, die nur der Bildgestalt im Tempel Ehrerbietungen darbringen, aber nicht erkennen können, dass der Herr im Herzen eines jeden weilt, und diejenigen, die lediglich die verschiedenen Halbgötter verehren, um sich ihre lustvollen Wünsche zu erfüllen, sind außerstande, die Bedeutsamkeit dieser Weisen zu verstehen. Sie können den Nutzen nicht erfahren, der einem zuteilwird, wenn man diese Weisen empfängt, wenn man sie mit eigenen Augen sieht, wenn man ihre Lotosfüße berührt, wenn man sich nach ihrem Wohlergehen erkundigt und wenn man sie mit aller Sorgfalt verehrt."

Anfänger im hingebungsvollen Dienst und Anhänger weltlicher Religionen sind nicht in der Lage, die Bedeutung der großen *mahātmās* zu verstehen. Sie gehen nur der Form halber zum Tempel, um der Bildgestalt ihre Ehrerbietungen darzubringen. Derjenige jedoch, der auf die Ebene des transzendentalen Bewusstseins gelangt, erkennt die Wichtigkeit der *mahātmās* und der Gottgeweihten, und auf dieser Stufe versucht er, sie zu erfreuen. Das war der Grund, weshalb Śrī Kṛṣṇa sagte, dass die Anfänger die Bedeutung der großen Weisen, Gottgeweihten und Asketen nicht verstehen könnten.

Śrī Kṛṣṇa fuhr fort: „Man kann sich nicht dadurch läutern, dass man einfach nur zu den heiligen Pilgerorten reist, um dort ein Bad zu nehmen oder die Formen der Halbgötter in den Tempeln zu betrachten. Hat man jedoch das Glück, einem *mahātmā*, einem großen Gottgeweihten, der ein Repräsentant der Persönlichkeit Gottes ist, zu begegnen, wird man sogleich gereinigt. Zu dieser eigenen Läuterung geben die Schriften die Anweisung, das Feuer, die Sonne, den Mond, die Erde, das Wasser, die Luft, den Äther und den Verstand zu verehren. Wenn man all diese Elemente und die über sie gebietenden Halbgötter verehrt, kann man allmählich vom Einfluss des Neides befreit werden; doch alle Sünden eines neidischen Menschen können mit einem Mal getilgt werden, wenn dieser einfach einer großen Seele dient.

O ihr verehrten Weisen und ehrwürdigen Könige, Ich sage euch, wer den materiellen Körper, der aus drei Elementen – Schleim, Galle und Luft – besteht, für das eigentliche Selbst hält; wer seine Familie und seine Verwandten als sein Eigen betrachtet; wer materielle Dinge als verehrungswürdig ansieht und wer einen heiligen Pilgerort besucht, nur um dort ein Bad zu nehmen, ohne jedoch die großen Persönlichkeiten, Weisen und *mahātmās* aufzusuchen – eine solche Person ist selbst in der Form eines Menschen nichts anderes als ein Tier, genau wie ein Esel.

Als die höchste Autorität, Śrī Kṛṣṇa, mit großem Nachdruck diese Worte sprach, verharrten alle Weisen und Asketen in tiefem Schweigen. Sie staunten sehr, den Herrn so direkt und prägnant über die absolute Philosophie des Lebens sprechen zu hören. Solange man nicht wirklich im Wissen fortgeschritten ist, glaubt man irrtümlicherweise, der Körper wäre das eigene Selbst, die Familienmitglieder wären mit einem verwandt und das Geburtsland wäre verehrenswert. Aus dieser Lebensvorstellung ist die neuzeitliche Ideologie des Nationalismus hervorgegangen. Śrī Kṛṣṇa aber verurteilte derartige Auffassungen, und Er verurteilte auch die Menschen, die sich die Mühe machen, zu den heiligen Pilgerstätten zu gehen, nur um ein Bad zu nehmen und dann wieder zurückzukehren, ohne die großen Gottgeweihten und *mahātmās*, die dort leben, besucht zu haben. Solche Menschen werden mit dem einfältigsten Tier, dem Esel, verglichen. Alle, die Kṛṣṇa zugehört hatten, dachten über Seine Worte nach und kamen zu dem Schluss, dass Śrī Kṛṣṇa tatsächlich die Höchste Persönlichkeit Gottes ist, die die Rolle eines gewöhnlichen Sterblichen spielte, der gezwungen war, als Folge seiner früheren Handlungen einen bestimmten Körper anzunehmen. Kṛṣṇa spielte diese Rolle nur, um die Allgemeinheit zu lehren, wie man leben sollte, um die Bestimmung des menschlichen Lebens auf vollkommene Weise zu erfüllen.

Nachdem die Weisen zu dem Schluss gekommen waren, dass Kṛṣṇa die Höchste Persönlichkeit Gottes ist, richteten sie folgende Worte an Ihn: „Lieber Herr, wir, die wir Anführer der Menschheit sind, sollten in der richtigen Philosophie des Lebens gefestigt sein, und doch werden wir immer wieder durch den Einfluss Deiner äußeren Energie verwirrt. Wir werden in tiefstes Erstaunen versetzt, wenn wir Dein Verhalten sehen, das dem eines gewöhnlichen Menschen gleicht und Deine wahre Identität als Höchste Persönlichkeit Gottes verbirgt. Deshalb sind wir der Ansicht, dass Deine Spiele von unendlich wunderbarer Natur sind.

Lieber Herr, kraft Deiner Energie erschaffst, erhältst und vernichtest Du die gesamte kosmische Manifestation der verschiedenen Namen und Formen, genau wie die Erde zahllose unterschiedliche Steine und Bäume und viele andere Dinge mit den verschiedensten Namen und Formen hervorbringt und dennoch dieselbe bleibt. Doch obwohl Du durch Deine Energien eine unendliche Vielzahl von Manifestationen hervorbringst, wirst Du von diesen Vorgängen nicht berührt. Lieber Herr, wir sind verwirrt und erstaunt angesichts Deiner wunderbaren Taten. Obwohl Du, der Höchste Herr und die Überseele aller Lebewesen, transzendental zur gesamten materiellen Manifestation bist, erscheinst Du durch Deine innere Energie auf der Erde, um Deine Geweihten zu beschützen und die Gottlosen zu vernichten. Mit Deinem Erscheinen erneuerst Du die Prinzipien der ewigen Religion, die die Menschheit aufgrund ihrer langen Verbindung mit der materiellen Energie vergessen hat. Lieber Herr, Du bist der Schöpfer der gesellschaftlichen Einteilungen und der spirituellen Lebensstufen der

Menschen, die sich nach Eigenschaften und Tätigkeiten richten, und wenn diese Einrichtung von gewissenlosen Menschen missbraucht wird, erscheinst Du und stellst die Ordnung wieder her.

Lieber Herr, das vedische Wissen ist die Repräsentation Deines reinen Herzens. Der Vorgang der Entsagung, das Studium der Veden und die Stufen der Meditation führen zu unterschiedlichen Erkenntnissen Deiner Person in Deinen manifestierten und unmanifestierten Aspekten. Die gesamte Erscheinungswelt ist eine Manifestation Deiner unpersönlichen Energie, doch Du in Deinem ursprünglichen Aspekt als Persönlichkeit Gottes manifestierst Dich nicht in ihr. Du bist die Höchste Seele, das Höchste Brahman, und einzig die Befolger der brahmanischen Kultur können die Wahrheit über Deine transzendentale Gestalt verstehen. Daher hast Du den *brāhmaṇas* gegenüber immer hohe Achtung, und daher bist Du das höchste Vorbild für alle anderen Befolger der brahmanischen Kultur. Aus diesem Grund wirst Du auch *brāhmaṇya-deva* genannt. Lieber Herr, in Dir findet alles Glück die höchste Vollkommenheit, und Du bist die letztliche Zuflucht aller Heiligen; deshalb sind wir davon überzeugt, dass wir durch die Begegnung mit Dir die Vollkommenheit unseres Lebens, unserer Bildung, unserer Entsagung und unserer Aneignung transzendentalen Wissens erlangt haben. In der Tat bist Du das höchste Ziel aller transzendentalen Werte und Errungenschaften.

Lieber Herr, Dein unbegrenztes Wissen kennt kein Ende. Deine Gestalt ist transzendental und existiert ewig in vollkommener Glückseligkeit und vollkommenem Wissen. Du bist die Höchste Persönlichkeit Gottes, das Höchste Brahman und die Höchste Seele. Durch Deine innere Energie, *yogamāyā*, verbirgst Du gegenwärtig für eine gewisse Zeit Deine unbegrenzten Kräfte, trotzdem erkennen wir Deine hohe Stellung und erweisen Dir deshalb unsere achtungsvollen Ehrerbietungen. Lieber Herr, Du erfreust Dich Deiner Spiele in der Rolle eines gewöhnlichen Menschen und verbirgst dabei Dein wirkliches Wesen, das voll transzendentaler Füllen ist. Deshalb kann keiner der hier anwesenden Könige – selbst nicht die Mitglieder der Yadu-Dynastie, die sich ständig in Deiner Gemeinschaft befinden, mit Dir essen und bei Dir sitzen – erkennen, dass Du die ursprüngliche Ursache aller Ursachen, die Seele in allem und die ursprüngliche Ursache der gesamten Schöpfung bist.

Wenn ein Mensch des nachts träumt, hält er die halluzinatorischen Traumbilder für Realität und glaubt, der imaginäre Traumkörper wäre sein wirklicher Körper. Für die Dauer des Traumes vergisst er, dass er im Wachzustand einen anderen, einen wirklichen Körper besitzt, der sich vom nichtexistenten Traumkörper unterscheidet. In ähnlicher Weise hält die verwirrte bedingte Seele auch im Wachzustand Sinnengenuss für wirkliches Glück.

Die Befriedigung der Sinne des materiellen Körpers führt zur Bedeckung der spirituellen Seele, wodurch ihr Bewusstsein materiell verunreinigt wird. Und genau dieses materielle Bewusstsein ist es, das es einem unmöglich werden lässt, die Höchste Persönlichkeit Gottes, Kṛṣṇa, zu verstehen. Alle großen mystischen Yogis sind bestrebt, ihr Kṛṣṇa-Bewusstsein durch die fortgeschrittene Ausübung des Yoga-Vorgangs wiederzuerwecken, nur um auf diese Weise Deine Lotosfüße zu begreifen. Sie meditieren über Deine transzendentale Gestalt, um dadurch alle angesammelten sündhaften Reaktionen auszulöschen. Man sagt, das Gangeswasser könne eine große Anzahl von Sünden tilgen, es ist jedoch nur ruhmvoll, weil es von Deinen Lotosfüßen kommt. Das Wasser des Ganges ist der Schweiß, der von Deinen Lotosfüßen ausgeht, o Herr, und wir können uns sehr glücklich schätzen, heute die Gelegenheit zu haben, Deine Lotosfüße direkt wahrnehmen zu können. Lieber Herr, wir alle sind Dir ergebene Seelen, Geweihte Deiner göttlichen Persönlichkeit. Bitte sei deshalb so gütig und erweise uns Deine grundlose Barmherzigkeit. Wir wissen sehr wohl, dass all diejenigen, die durch unablässige Betätigung in Deinem hingebungsvollen Dienst befreit worden sind, nicht mehr der Verunreinigung durch die Erscheinungsweisen der materiellen Natur unterworfen sind. Damit erfüllen sie die Voraussetzung, in das Königreich Gottes in der spirituellen Welt erhoben zu werden."

Nachdem die Weisen Śrī Kṛṣṇa ihre Gebete dargebracht hatten, wollten sie König Dhṛtarāṣṭra und König Yudhiṣṭhira um die Erlaubnis bitten, zu ihren *āśramas* zurückkehren zu dürfen. Doch da wandte sich Vasudeva, der Vater Śrī Kṛṣṇas, der berühmteste aller frommen Menschen, an die Weisen und erwies ihnen mit großer Demut seine Achtung, indem er ihnen zu Füßen fiel. Vasudeva sagte: „Verehrte, erhabene Weise, ihr werdet noch mehr geehrt als die Halbgötter; deshalb bringe ich euch meine achtungsvollen Ehrerbietungen dar. Ich bitte euch, mir einen einzigen Wunsch zu erfüllen, wenn es euch so beliebt. Es wäre für mich eine große Segnung, wenn ihr so gütig wäret, mir zu erklären, welches die höchste fruchtbringende Tätigkeit ist, durch die man die Reaktionen auf alle anderen Tätigkeiten beseitigen kann."

Da der große Weise Nārada alle anderen anwesenden Weisen anführte, ergriff er das Wort: „Meine lieben Weisen, Vasudeva wurde der Vater der Höchsten Persönlichkeit Gottes, weil er Kṛṣṇa als seinen Sohn annahm; trotzdem ist es nicht verwunderlich, dass er sich nun aus seiner Tugend und Einfachheit heraus an uns wendet, um uns zu fragen, was das Beste für ihn sei. Vertraulichkeit führt zu Geringschätzung, so sagt man oft. Weil Vasudeva Kṛṣṇa zum Sohn hat, begegnet er Ihm nicht voller Respekt und Ehrfurcht. Manchmal sieht man, dass Menschen, die am Gangesufer leben, den Ganges für nicht so wichtig erachten und deshalb einen weiten Weg zurücklegen, um an einem entfernten Pilgerort zu baden. Es gibt für Vasudeva keinen Grund, uns um Unterweisungen zu bitten, wenn Śrī Kṛṣṇa persönlich gegenwärtig ist, denn mit Seinem Wissen kann sich unter keinen Umständen irgendwer messen. Sein Wissen wird von den Vorgängen der Schöpfung, Erhaltung und Vernichtung nicht berührt; außer Ihm Selbst gibt es nichts, was auf Sein Wissen Einfluss ausüben kann. Sein Wissen unterliegt niemals der Wechselwirkung der materiellen Erscheinungsweisen und verändert sich nicht im Laufe der Zeit. Seine transzendentale Gestalt ist voller Wissen, das niemals durch Unwissenheit, Stolz, Anhaftung, Neid oder Sinnengenuss gestört wird. Sein Wissen unterliegt niemals den Gesetzen des Karmas, die sich auf fromme und sündhafte Handlungen beziehen; ebenso wird es niemals von den drei Erscheinungsweisen der materiellen Energie beeinflusst. Niemand ist größer als Er, und niemand kommt Ihm gleich, denn Er ist die höchste Autorität, die Persönlichkeit Gottes.

Der gewöhnliche Mensch, der materieller Bedingtheit unterworfen ist, mag denken, die von den materiellen Sinnen, dem Geist und der Intelligenz bedeckte bedingte Seele käme Kṛṣṇa gleich. Tatsächlich aber ist Kṛṣṇa wie die Sonne, die nie wirklich von Wolken, Schnee, Nebel oder anderen Planeten wie bei einer Sonnenfinsternis bedeckt wird, auch wenn es manchmal den Anschein hat. Wenn die Sicht unintelligenter Menschen von solchen Einflüssen verdeckt wird, halten sie die Sonne für unsichtbar. Ebenso können auch Menschen, die unter dem Einfluss der Sinne stehen, die ihrerseits dem materiellen Genuss verfallen sind, kein klares Verständnis von der Höchsten Persönlichkeit Gottes haben.“

In der Gegenwart Kṛṣṇas und Balarāmas und vieler anderer Könige wandten sich nun die Weisen an Vasudeva und trugen ihre Unterweisungen vor, wie er es gewünscht hatte. Sie sprachen: „Um die Reaktionen fruchtbringender Handlungen sowie die Wünsche, durch die man zu fruchtbringenden Tätigkeiten getrieben wird, zu überwinden, muss man mit Glauben und Hingabe die vorgeschriebenen Opfer vollziehen, die zur Verehrung Śrī Viṣṇus bestimmt sind. Śrī Viṣṇu ist der Genießer der Ergebnisse aller Opferhandlungen. Die großen Persönlichkeiten und Weisen, die alles klar durch die Augen der offenbarten Schriften sehen und die Sicht aller drei Phasen der Zeit haben – Vergangenheit, Gegenwart und Zukunft –, empfehlen einmütig, dass man Śrī Viṣṇu erfreuen müsse, um den Staub der materiellen Verunreinigung im Herzen fortzuwaschen und den Pfad der Befreiung zu ebnen, wodurch man transzendentale Glückseligkeit erlangt. Die Verehrung Śrī Viṣṇus, der Höchsten Persönlichkeit Gottes, der auch als Puruṣottama, die ursprüngliche Person, bekannt ist, wird jedem Haushälter – ob er nun zu einer der höheren Kasten der *brāhmaṇas, kṣatriyas* oder *vaiśyas* gehört – als der einzige glückverheißende Pfad empfohlen.

Alle bedingten Seelen in der materiellen Welt hegen den tief verwurzelten Wunsch, über die Reichtümer der materiellen Natur zu herrschen. Jeder hat den Wunsch, sich materielle Güter anzuhäufen, das Leben im größtmöglichen Ausmaß zu genießen, Frau, Haus und Kinder zu haben, ein glückliches Leben zu führen und schließlich im nächsten Leben auf die himmlischen Planeten erhoben zu werden. Doch diese Wünsche sind die Ursache des Gefangenseins in der materiellen Welt. Um aus dieser Gefangenschaft befreit zu werden, muss man seinen ehrlich verdienten Besitz zur Zufriedenheit Śrī Viṣṇus opfern.

Der einzige Weg, alle materiellen Wünsche zu bezwingen, besteht darin, sich dem hingebungsvollen Dienst für Śrī Viṣṇu zu widmen. Auf diese Weise sollte ein selbstbeherrschter Mensch, selbst wenn er als Haushälter lebt, die drei Arten materieller Wünsche aufgeben, nämlich den Wunsch, materielle Güter zu besitzen, den Wunsch, sich an Frau und Kindern zu erfreuen, und den Wunsch, auf die höheren Planeten erhoben zu werden. Letzten Endes sollte er dann sein Haushälterleben aufgeben und in den Lebensstand der Entsagung treten, um sich so völlig im hingebungsvollen Dienst des Herrn zu beschäftigen. Selbst wenn man in einer der höheren Klassen, nämlich als *brāhmaṇa, kṣatriya* oder *vaiśya*, geboren wurde, so steht man zweifellos in der Schuld der Halbgötter, der Weisen, der Vorfahren und der anderen Lebewesen; um diese Schuld zu begleichen, muss man Opfer darbringen, die vedischen Schriften studieren und in einem religiösen Haushälterleben Kinder zeugen. Wenn man in den Lebensstand der Entsagung tritt, ohne diese Schuld beglichen zu haben, wird man mit Sicherheit wieder von seiner Stufe herunterfallen. Heute hast du bereits deine Schuld gegenüber den Vorfahren und den Weisen getilgt. Wenn du nun bestimmte Opferzeremonien durchführst, kannst du dich auch von deiner Schuld gegenüber den Halbgöttern befreien und dann völlige Zuflucht bei der Höchsten Persönlichkeit Gottes suchen. Lieber Vasudeva, du hast in deinen früheren Leben bestimmt schon viele fromme Werke getan. Wie sonst hättest du der Vater Kṛṣṇas und Balarāmas, der Höchsten Persönlichkeit Gottes, werden können.

Nach diesen Worten brachte der heilige Vasudeva den Lotosfüßen der Weisen seine Ehrerbietungen dar, und nachdem er sie auf diese Weise erfreut hatte, bat er sie, die *yajñas* zu vollziehen. Als die Weisen somit als Opferpriester ausgewählt worden waren, baten sie Vasudeva, alle Dinge zu besorgen, die für die *yajñas* an dieser Pilgerstätte benötigt wurden. So wurde Vasudeva dazu bewegt, die Ausführung der *yajñas* einzuleiten. Danach nahmen alle Mitglieder der Yadu-Dynastie ein Bad, kleideten und schmückten sich prächtig und legten sich Girlanden aus Lotosblumen um den Hals. Vasudevas Frauen, die erlesenste Kleider, Schmuckstücke und goldene Halsketten trugen, brachten daraufhin alle erforderlichen Weihegaben zur Opferstätte.

Als alles bereit war, ertönten *mṛdaṅgas*, Muschelhörner, Kesselpauken und andere Musikinstrumente, und dazu traten Tänzer und Tänzerinnen auf. Die *sūtas* und *māgadhas*, professionelle Sänger, sangen Gebete vor, und auch die Gandharvas und ihre Frauen sangen mit ihren lieblichen Stimmen viele glückverheißende Lieder. Vasudeva schminkte seine Augen mit schwarzem Lidstrich, rieb sich mit Butter ein und nahm dann mit seinen 18 Frauen, die von Devakī angeführt wurden, vor den Priestern Platz, um sich durch die *abhiṣeka*-Zeremonie läutern zu lassen. Während diese Zeremonie genau nach den Anweisungen der Schriften vollzogen wurde, glich Vasudeva dem Mond, der von den Sternen umgeben wurde. Weil Vasudeva die Einweihung für dieses Opfer erhalten sollte, hatte er sich nur mit einer Hirschhaut gekleidet, doch seine Frauen trugen alle kostbare Saris, dazu Armreife, Halsketten, Fußglöckchen, Ohrringe und anderen Schmuck. Vasudeva sah inmitten seiner Frauen so schön aus wie der König des Himmels, wenn er solche Opferzeremonien durchführt.

Als Śrī Kṛṣṇa und Śrī Balarāma in Begleitung Ihrer Frauen, Söhne und Verwandten an der großen Opferstätte Platz nahmen, war sogleich zu verspüren, dass die Höchste Persönlichkeit Gottes mit all Ihren winzigen Bestandteilen, den Lebewesen, und Ihren mannigfachen Energien gegenwärtig war. Wir haben aus den *śāstras* gehört, dass Śrī Kṛṣṇa zahllose Energien und Bestandteile besitzt; damals jedoch, an jener Opferstätte, konnten alle Anwesenden direkt wahrnehmen, wie der Herr, die Höchste Persönlichkeit Gottes, ewig mit Seinen verschiedenen Energien existiert. Bei diesem Ereignis erschien Śrī Kṛṣṇa als Nārāyaṇa und Śrī Balarāma als Saṅkarṣaṇa, der Ursprung aller Lebewesen. Vasudeva stellte Śrī Viṣṇu zufrieden, indem er verschiedene Opfer wie den *Jyotiṣṭoma* und *Darśa-pūrnamāsa* durchführte. Einige dieser *yajñas* werden als *prākṛta* und andere als *sauryasatra* oder *vaikṛta* bezeichnet. Anschließend wurden auch die Agnihotra-Opferzeremonien durchgeführt, und dabei wurden alle erforderlichen Opfergegenstände genauso dargebracht, wie es vorgeschrieben ist. Auf diese Weise wurde Śrī Viṣṇu zufriedengestellt. Das höchste Ziel aller Opferdarbringungen besteht darin, Śrī Viṣṇu zu erfreuen. Doch im gegenwärtigen Zeitalter, dem Kali-yuga, ist es äußerst schwierig, die für solche Opferzeremonien notwendigen Utensilien zu bekommen. Die Menschen haben weder die Mittel, um die erforderlichen Opfergaben zu beschaffen, noch verfügen sie über das notwendige Wissen, ja sie haben nicht einmal die Neigung, solche Opfer durchzuführen. Daher wird für das Kali-yuga, in dem die Menschen äußerst bemitleidenswert sind und von Ängsten und Leiden verschiedenster Art geplagt werden, nur ein Opfer, und zwar der *saṅkīrtana-yajña*, empfohlen. Die Verehrung Śrī Caitanyas durch den *saṅkīrtana-yajña* ist der einzige empfohlene Vorgang für das gegenwärtige Zeitalter.

Nach Beendigung der Opferdarbringungen gab Vasudeva den Priestern viele Reichtümer und Gewänder, Schmuck, Kühe, Ländereien und

Dienerinnen. Danach nahmen Vasudevas Frauen ihr *avabhṛtha*-Bad und führten den Teil der Opferpflichten durch, die als *patnīsaṁyāja* bezeichnet werden. Als diese Zeremonie mit der Darbringung aller notwendigen Gegenstände zu ihrem Ende kam, badeten sie alle gemeinsam in den Seen, die von Paraśurāma geschaffen wurden und als Rāmahrada bekannt sind. Nach dem Bad ließen Vasudeva und seine Frauen die Gewänder und Schmuckstücke, die sie getragen hatten, an die Untergebenen verteilen, die während des Opfers gesungen, getanzt oder andere Dienste geleistet hatten. Hier sei angemerkt, dass mit der Durchführung von Opfern unbedingt eine umfangreiche Verteilung von Gaben einhergehen muss. Zu Beginn werden den Priestern und *brāhmaṇas* Spenden dargeboten, und nach dem Opfer werden den Untergebenen, die geholfen haben, die getragenen Gewänder und Schmuckstücke geschenkt.

Nachdem die Sänger und Vortragskünstler beschenkt worden waren, gaben Vasudeva und seine Frauen, die alle neue Gewänder und Schmuckstücke trugen, jedem reichlich zu essen – von den *brāhmaṇas* bis hinunter zu den Hunden. Danach versammelten sich alle Freunde, Familienangehörigen, Frauen und Kinder Vasudevas und auch alle Könige und Mitglieder der Vidarbha-, Kośala-, Kuru-, Kāśī-, Kekaya- und Sṛñjaya-Dynastie. Die Priester, die Halbgötter, die Menschen im Allgemeinen, die Vorfahren, die Geister und die Cāraṇas wurden daraufhin alle mit großzügigen Geschenken und achtungsvollen Verehrungen bedacht. Schließlich baten die Versammelten Śrī Kṛṣṇa, den Gemahl der Glücksgöttin, um die Erlaubnis, sich verabschieden zu dürfen, und während sie die Vollkommenheit der von Vasudeva dargebrachten Opfer priesen, begaben sie sich auf den Heimweg,

Als König Dhṛtarāṣṭra, Vidura, Yudhiṣṭhira, Bhīma, Arjuna, Bhīṣmadeva, Droṇācārya, Kuntī, Nakula, Sahadeva, Nārada, Vyasadeva und viele andere Verwandte im Begriff waren aufzubrechen, wurden sie vom Gefühl der bevorstehenden Trennung überwältigt und umarmten deshalb voller Herzlichkeit jedes einzelne Mitglied der Yadu-Dynastie. Mit ihnen brachen auch viele andere Besucher auf, die der Opferzeremonie beigewohnt hatten. Nachdem sich all diese Besucher entfernt hatten, überreichten Kṛṣṇa und Balarāma zusammen mit König Ugrasena den Einwohnern von Vṛndāvana, die von Mahārāja Nanda und den Kuhhirten angeführt wurden, viele Geschenke, um sie zu erfreuen und zu verehren. Und weil die Einwohner von Vṛndāvana und die Mitglieder der Yadu-Dynastie eine so enge Freundschaft verband, verweilten sie noch geraume Zeit gemeinsam in Kurukṣetra.

Nach der erfolgreichen Durchführung dieser Opferzeremonien fühlte sich Vasudeva von solcher Zufriedenheit erfüllt, dass seine Glückseligkeit keine Grenzen kannte. Vor den Augen all seiner Familienmitglieder fasste er Nanda Mahārāja bei den Händen und sprach zu ihm: „Mein lieber Bruder, die Höchste Persönlichkeit Gottes hat ein starkes Band geschaffen, das Band der Liebe und Zuneigung, und ich glaube, dass es selbst den großen Weisen und Heiligen schwerfällt, dieses Band der Liebe zu durchtrennen. Lieber Bruder, du hast soviel Liebe für mich unter Beweis gestellt, wie ich sie dir in keiner Weise erwidern konnte. Ich habe daher das Gefühl, sehr undankbar zu sein. Du hast dich genauso verhalten, wie man es nur von heiligen Persönlichkeiten erwarten kann. Wie werde ich mich dir jemals erkenntlich zeigen können? Ich habe nichts, womit ich mich für deine zuvorkommende Freundschaft erkenntlich zeigen könnte. Nichtsdestoweniger bin ich zuversichtlich, dass das Band der Liebe, das uns miteinander verbindet, niemals zerreißen wird. Unsere Freundschaft muss für immer bestehen bleiben, obwohl ich unfähig bin, sie dir zu vergelten. Ich kann nur hoffen, dass du mir diese Unfähigkeit verzeihst.

Lieber Bruder, früher, als ich im Kerker saß, konnte ich dir nie als Freund dienen, und heute, wo ich mich eines großen Reichtums erfreue, hat mich dieser Reichtum blind gemacht. So kann ich dich nicht einmal heute hinreichend zufriedenstellen. Lieber Bruder, du bist so zuvorkommend und freundlich, dass du allen anderen Ehre erweist, ohne jemals für dich selbst Ehre zu erwarten. Ein Mensch, der glückverheißende Fortschritte im Leben erreichen will, darf nicht zu viel materiellen Wohlstand besitzen, der ihn nur blind und hochmütig werden lässt, sondern er sollte sich um seine Freunde und Verwandten kümmern."

Als Vasudeva so zu Nanda Mahārāja sprach, bewegten ihn tiefe Gefühle der Dankbarkeit für König Nandas Freundschaft und die Wohltaten, die dieser ihm erwiesen hatte. Seine Augen füllten sich mit Tränen, und er begann zu weinen. Weil Nanda Mahārāja seinem Freund Vasudeva eine Freude bereiten wollte und weil er Kṛṣṇa und Balarāma so sehr liebte, verbrachte er drei Monate in ihrer Gemeinschaft. Als der Zeitpunkt des Abschieds nahte, wollten die Mitglieder der Yadu-Dynastie die Bewohner von Vṛndāvana zu ihrer vollsten Zufriedenheit erfreuen, und so gaben sie Nanda Mahārāja und seinen Gefährten fürstliche Geschenke wie Gewänder und Schmuckstücke. So wurden alle vollkommen zufriedengestellt. Vasudeva, Ugrasena, Śrī Kṛṣṇa, Śrī Balarāma, Uddhava und alle anderen Mitglieder der Yadu-Dynastie überreichten Nanda Mahārāja und seinen Gefährten ihre persönlichen Gaben, und mit diesen Abschiedsgeschenken gesegnet, begab sich Nanda Mahārāja zusammen mit den anderen auf den Rückweg nach Vrajabhūmi, Vṛndāvana. Ihre Gedanken blieben jedoch bei Kṛṣṇa und Balarāma, und so kehrten sie alle gedankenverloren nach Vṛndāvana zurück.

Als die Mitglieder der Vṛṣṇi-Dynastie ihren scheidenden Freunden und Besuchern nachschauten, erkannten sie, dass die Regenzeit nahte, und so beschlossen sie, ebenfalls die Heimreise anzutreten. Sie waren vollkommen zufrieden, denn sie betrachteten Kṛṣṇa als ihr Ein und Alles. Als sie nach Dvārakā zurückkehrten, sprachen sie voller Freude über Vasudevas Opferzeremonie, über das Wiedersehen mit ihren Freunden und Gönnern und über die vielen anderen Ereignisse, die sich bei ihrem Besuch der Pilgerorte ereignet hatten.

Hiermit enden die Bhaktivedanta-Erläuterungen
zum 84. Kapitel des Kṛṣṇa-Buches mit dem Titel
„Vasudevas Opferzeremonien".

KAPITEL 85

Śrī Kṛṣṇa unterweist Vasudeva im spirituellen Wissen und bringt Devakī ihre sechs toten Söhne zurück

Es ist ein vedischer Brauch, dass die jüngeren Mitglieder der Familie jeden Morgen den Älteren ihre Achtung erweisen. Insbesondere die Kinder und die Schüler sind angehalten, am Morgen den Eltern bzw. dem spirituellen Meister ihre Ehrerbietungen darzubringen. Auch Śrī Kṛṣṇa und Balarāma pflegten entsprechend diesem vedischen Prinzip ihren Eltern Vasudeva und Devakī ihre Ehrerbietungen zu erweisen.

Als Sie eines Tages, nachdem sie alle wieder von den Opferzeremonien in Kurukṣetra zurückgekehrt waren, Ihrem Vater Vasudeva Ihre Ehrerbietungen darbrachten, ergriff dieser die Gelegenheit und pries die Erhabenheit seiner beiden Söhne. Vasudeva hatte bereits die Möglichkeit bekommen, den großen Weisen, die sich an der Opferstätte versammelt hatten, zuzuhören und so Kṛṣṇas und Balarāmas hohe Stellung zu verstehen. Doch er hatte dies nicht nur von den Weisen gehört, sondern er hatte es bei vielen Gelegenheiten bereits selbst erfahren, dass Kṛṣṇa und Balarāma keine gewöhnlichen Menschen, sondern höchst außergewöhnliche Persönlichkeiten waren. Deshalb hatte er auch den Worten der Weisen Glauben geschenkt, als diese sagten, dass seine Söhne, Kṛṣṇa und Balarāma, die Höchste Persönlichkeit Gottes seien.

Mit festem Glauben an seine Söhne sagte er zu Ihnen: „Mein lieber Kṛṣṇa, Du bist die Höchste Persönlichkeit Gottes, *sac-cid-ānanda-vigraha*. Und Du, mein lieber Balarāma, bist Saṅkarṣaṇa, der Meister aller mystischen Kräfte. Heute nun verstehe ich daher, dass Ihr ewig seid. Ihr beide seid transzendental zur materiellen Manifestation und ihrer Ursache, der Höchsten Person, Mahā-viṣṇu. O mein Herr, Du bist der ursprüngliche Beherrscher aller Dinge, Du bist der Ruheort der kosmischen Manifestation, Du bist der Schöpfer und sogleich die zur Schöpfung notwendigen Bestandteile. Du bist der Meister der kosmischen Manifestation, die im Grunde nur für Deine Spiele geschaffen wurde.

Du bist ebenfalls die verschiedenen Phasen des materiellen Kosmos, die sich von seinem Anfang bis zu seinem Ende unter den verschiedenen Formeln der Zeit manifestieren, denn Du bist sowohl die Ursache als auch die Wirkung dieser Manifestation. Die beiden Aspekte der materiellen Welt, nämlich der Herrscher und das Beherrschte, bist ebenfalls Du, der Du als der höchste transzendentale Kontrollierende über diesen Aspekten stehst. Daher entziehst Du Dich der Wahrnehmung unserer Sinne. Du bist die Höchste Seele, die ungeboren und unwandelbar ist. Du wirst nicht von den sechsfachen Wandlungen betroffen, die im materiellen Körper stattfinden. Die wunderbaren Variationen der materiellen Welt wurden ebenfalls von Dir geschaffen, und als Überseele bist Du in sie alle eingegangen, bis hinunter zum einzelnen Atom. Du bist die Lebenskraft all dieser Manifestationen und deren höchste Erkenntnis. Du bist der Erhalter alles Bestehenden.

Die Lebenskraft, die als das Lebensprinzip in allem wirkt, und die Schaffenskraft, die von ihr ausgeht, wirken nicht selbständig, sondern sind von Dir, der Höchsten Person hinter diesen Kräften, abhängig. Ohne Deinen Willen können sie nicht arbeiten. Die materielle Energie hat kein Bewusstsein. Sie kann nicht unabhängig wirken, ohne von Dir in Bewegung gesetzt worden zu sein. Weil die materielle Natur von Dir abhängig ist, können die Lebewesen lediglich versuchen zu handeln, doch sie sind unfähig, ohne Dein Einverständnis und Deinen

Willen irgendetwas zu unternehmen oder das gewünschte Ergebnis ihrer Bemühungen zu erlangen.

O mein Herr, die ursprüngliche Energie ist nichts weiter als eine Deiner Emanationen. Der Schein des Mondes, die Hitze des Feuers, die Strahlen der Sonne, das Leuchten der Sterne und der elektrische Blitz, die alle als sehr mächtig erschaffen wurden, sowie das Gewicht der Berge und die Energie und der Duft der Erde – dies alles sind verschiedene Manifestationen Deines Selbst. Der reine Geschmack des Wassers, das Wasser selbst und die Kraft, die alles Leben erhält, sind ebenfalls Aspekte Deiner Größe, o Herr.

Lieber Herr, die Kraft der Sinne, die Fähigkeit des Geistes, zu denken, zu fühlen und zu wollen, sowie auch die Stärke, die Bewegungen und das Wachstum des Körpers scheinen von den sich bewegenden Lüften im Körper bewirkt zu werden, doch letzten Endes sind sie nichts anderes als Manifestationen Deiner Energie. Auch die Weite des Weltalls ruht in Dir. Die Schwingung des Himmels (sein Donner), der höchste Klang *(oṁkāra)* und die Formulierung bestimmter Wörter zur Unterscheidung verschiedener Objekte sind allesamt symbolische Repräsentationen Deines Selbst. Die Sinne, die Beherrscher der Sinne (die Halbgötter) sowie der Wissenserwerb, der die Aufgabe der Sinne ist, und der Gegenstand des Wissens – das bist alles Du. Du bist ebenfalls die Entscheidungskraft der Intelligenz und das scharfe Gedächtnis eines Lebewesens. Du bist das egoistische Prinzip der Unwissenheit, das der Ursprung der materiellen Welt ist. Du bist das egoistische Prinzip der Leidenschaft, das den Ursprung der Sinne darstellt. Und Du bist das egoistische Prinzip der Tugend, das der Ursprung der über diese materielle Welt wachenden Halbgötter ist. Du bist auch die illusionierende Energie, *māyā*, die die fortwährende Wanderung der bedingten Seele von Körper zu Körper verursacht.

Meine liebe Höchste Persönlichkeit Gottes, Du bist die ursprüngliche Ursache aller Ursachen, ebenso wie die Erde die ursprüngliche Ursache vieler Arten von Bäumen, Pflanzen und ähnlicher Vielfalt ist. Und wie in all diesen Manifestationen die Erde gegenwärtig ist, so bist Du überall in der materiellen Manifestation als die Überseele gegenwärtig. Du bist die höchste Ursache aller Ursachen, das ewige Prinzip. In Tat und Wahrheit ist alles Bestehende nichts anderes als eine Manifestation Deiner einen Energie. Die drei Erscheinungsweisen der materiellen

Natur – *sattva, rajas* und *tamas* – und das Ergebnis ihrer Wechselwirkung sind durch Deine *yogamāyā* mit Dir verbunden. Man glaubt zwar, sie wären unabhängig, doch dem ist nicht so, denn in Wirklichkeit ruht die gesamte materielle Energie auf Dir, der Überseele. Weil Du die höchste Ursache aller Dinge bist, haben die Wechselwirkungen der materiellen Manifestation – Geburt, Wachstum, Dasein, Wandel, Zerfall und Vernichtung – auf Dich keinen Einfluss. Deine höchste Energie, *yogamāyā*, wirkt in den verschiedenartigsten Manifestationen, und weil diese yogamāyā Deine Energie ist, bist Du in allem gegenwärtig."

Im 9. Kapitel der *Bhagavad-gītā* wird diese Tatsache vom Herrn sehr anschaulich erklärt: „Von Mir, in Meiner unmanifestierten Form, wird das gesamte Universum durchdrungen. Alles ruht in Mir, doch Ich bin nicht dort." Das gleiche wird hier von Vasudeva zum Ausdruck gebracht. Wenn man sagt, Kṛṣṇa sei nicht in allem, bedeutet dies, dass Er über allem steht, obwohl Seine Energie überall wirkt. Mit Hilfe des folgenden einfachen Beispiels kann dies sehr leicht verstanden werden: In einem großen Betrieb ist die Energie oder die Organisation des Direktors bis in den letzten Winkel wirksam; dies bedeutet jedoch nicht, dass er überall persönlich gegenwärtig ist, obwohl die Beschäftigten in jeder einzelnen Abteilung die Anwesenheit des Eigentümers erfahren. Wenn sich der Besitzer einmal persönlich in einer Abteilung aufhält, so ist dies nur eine Formalität, denn seine Energie wirkt ohnehin bereits überall. Ebenso kann die Allgegenwart der Höchsten Persönlichkeit Gottes im Wirken Ihrer Energien wahrgenommen werden. Daher wird die Philosophie, dass alles auf unvorstellbare Weise gleichzeitig eins mit und verschieden vom Höchsten Herrn ist, überall bestätigt. Mit anderen Worten, der Herr ist Einer, doch Seine Energien sind von unendlicher Vielfalt.

Vasudeva fuhr fort: „Die materielle Welt ist wie ein großer Strom, dessen Wellen die drei materiellen Erscheinungsweisen – Tugend, Leidenschaft und Unwissenheit – sind. Der materielle Körper, seine Sinne, die Fähigkeit des Denkens, Fühlens und Wollens sowie die Zustände von Leid, Glück, Anhaftung und Lust sind verschiedene Produkte dieser drei Erscheinungsweisen. Die törichten Menschen, die Deine transzendentale Persönlichkeit jenseits dieser materiellen Wechselwirkungen nicht zu erkennen vermögen, bleiben im Netz der fruchtbringenden Tätigkeiten verstrickt und sind somit dem fortgesetzten

Kreislauf von Geburt und Tod unterworfen, ohne eine Aussicht auf Befreiung."

Das gleiche wird vom Herrn auf andere Weise im 4. Kapitel der *Bhagavad-gītā* bestätigt, wo es heißt, dass jeder, der das Erscheinen und die Taten des Höchsten Herrn, Śrī Kṛṣṇa, versteht, aus der Gewalt der materiellen Natur befreit werde und nach Hause, zu Gott, zurückkehre. Kṛṣṇas transzendentaler Name, Seine Gestalt, Seine Taten und Seine Eigenschaften sind also keine Schöpfungen der materiellen Natur.

„Mein lieber Herr", fuhr Vasudeva fort, „wenn die bedingte Seele trotz ihrer vielen Mängel auf irgendeine Weise mit dem hingebungsvollen Dienst in Berührung kommt, erlangt sie die zivilisierte menschliche Lebensform, die ein entwickeltes Bewusstsein aufweist, und wird dadurch befähigt, weitere Fortschritte im hingebungsvollen Dienst zu erzielen. Weil die meisten Menschen jedoch von der äußeren Energie verblendet sind, nutzen sie diesen Vorteil des menschlichen Körpers nicht. So lassen sie sich die Möglichkeit entgehen, ewige Freiheit zu erlangen, und bringen sich törichterweise um den ganzen Fortschritt, den sie im Laufe von Tausenden von Leben gemacht haben.

In der körperlichen Lebensauffassung hängt man aufgrund seiner falschen Ichbezogenheit an den Abkömmlingen seines Körpers. Auf diese Weise gerät jeder im bedingten Leben in die Gefangenschaft falscher Beziehungen und falscher Zuneigung. Die ganze Welt bewegt sich unter dem Einfluss dieser falschen Auffassungen und ist den Leiden der materiellen Gefangenschaft ausgesetzt. Ich weiß, dass keiner von Euch beiden mein Sohn ist. Ihr seid der Ursprung, das Oberhaupt und der zeugende Vater von allem, die Persönlichkeit Gottes, der Puruṣa mit dem *pradhāna*. Aber Ihr seid nun auf der Erde erschienen, um die *kṣatriya*-Könige, die unnötigerweise riesige Streitkräfte aufgebaut haben, zu vernichten und dadurch die Welt von ihrer Last zu befreien. Dies habt Ihr mir bereits in der Vergangenheit offenbart. Mein lieber Herr, Du bist die Zuflucht aller ergebenen Seelen und der höchste Gönner der Bescheidenen und Demütigen. Ich suche deshalb Zuflucht bei Deinen Lotosfüßen, die allein Befreiung aus der Verstrickung ins materielle Dasein gewähren können.

Lange Zeit habe ich meinen Körper für mein Selbst gehalten. Obwohl Du die Höchste Persönlichkeit Gottes bist, habe ich gemeint, Du wärest mein Sohn. Damals, als Du in Kaṁsas Kerker das erste Mal vor mir erschienen bist, hast Du mich darüber unterrichtet, dass Du die Höchste Persönlichkeit Gottes bist und dass Du sowohl zum Schutz der religiösen Prinzipien als auch zur Vernichtung der Gottlosen herabgestiegen bist. Obgleich es für Dich keine Geburt gibt, erscheinst Du in jedem Zeitalter, um diese Mission zu erfüllen. Mein lieber Herr, so wie am Himmel viele Formen erscheinen und verschwinden, so erscheinst auch Du in vielen ewigen Formen und verschwindest wieder. Wer könnte jemals Deine transzendentalen Spiele und das Mysterium Deines Erscheinens und Fortgehens verstehen? Wir sollten unsererseits einzig und allein ohne Unterlass Deine erhabene Größe preisen."

Während Vasudeva auf diese Weise zu seinen göttlichen Söhnen sprach, lächelten diese. Weil Kṛṣṇa und Balarāma Ihren Geweihten sehr zugetan sind, nahmen Sie Vasudevas Lobpreisungen mit einem freundlichen Lächeln entgegen. Darauf antwortete Kṛṣṇa, um alles, was Vasudeva gesagt hatte, zu bestätigen: „Mein lieber Vater, Wir sind trotz allem, was du gesagt hast, deine Söhne. Was du über Uns gesagt hast, zeugt zweifellos von einem hohen philosophischen Verständnis des spirituellen Wissens. Ich stimme ausnahmslos allem zu."

Vasudeva befand sich auf der Stufe der höchsten Vollkommenheit des Lebens, da er Śrī Kṛṣṇa und Balarāma als seine Söhne ansah, doch weil die an dem heiligen Pilgerort von Kurukṣetra versammelten Weisen den Herrn als die höchste Ursache aller Dinge bezeichnet hatten, wiederholte Vasudeva aus Liebe zu Kṛṣṇa und Balarāma einfach ihre Worte. Śrī Kṛṣṇa wollte Seine Beziehung zu Vasudeva als Sohn und Vater nicht beeinträchtigt sehen; deshalb erklärte Er schon zu Beginn Seiner Antwort, dass Er der ewige Sohn Vasudevas sei und Vasudeva Sein ewiger Vater. Als Nächstes erklärte Śrī Kṛṣṇa Seinem Vater die spirituelle Identität aller Lebewesen: „Mein lieber Vater, alles und jeder, auch Ich Selbst und Mein älterer Bruder Balarāma, sowie die Einwohner von Dvārakā und die gesamte kosmische Manifestation, sind genauso wie du es beschrieben hast, aber zugleich sind wir alle auch qualitativ eins."

Śrī Kṛṣṇa wollte, dass Vasudeva alles mit den Augen eines *mahābhāgavata*, eines Gottgeweihten ersten Ranges, sehen würde. Ein Gottgeweihter ersten Ranges sieht, dass alle Lebewesen ewige Teile des Höchsten Herrn sind und dass Sich der Höchste Herr im Herzen eines jeden befindet. In Wirklichkeit besitzen alle Lebewesen eine spirituelle Identität, doch im materiellen Dasein geraten sie unter den Einfluss der

Erscheinungsweisen der materiellen Natur und werden von der körperlichen Lebensauffassung bedeckt. Auf diese Weise vergessen sie, dass die spirituelle Seele von gleicher Natur ist wie die Höchste Persönlichkeit Gottes. Aufgrund der verschiedenartigen materiellen Bedeckungen glauben sie irrtümlicherweise, dass es zwischen den Individuen Unterschiede gäbe. Mit anderen Worten, die Unterschiede zwischen den Körpern machen uns glauben, auch zwischen den spirituellen Seelen gäbe es Unterschiede.

Śrī Kṛṣṇa führte daraufhin ein anschauliches Beispiel mit den fünf grobstofflichen materiellen Elementen an – Äther, Luft, Feuer, Wasser und Erde. Diese materiellen Elemente sind überall auf unserer Welt vorhanden, sei es in einem irdenen Krug, einem Berg, einem Baum oder einem Ohrring. Diese fünf Elemente befinden sich in unterschiedlichen Mengen und Proportionen in allen Dingen. Ein Berg zum Beispiel ist ein riesiges Gebilde aus der Verbindung dieser fünf Elemente, und ein kleiner Krug wurde aus den gleichen Elementen geschaffen, nur in kleinerer Menge. Obwohl alle materiellen Manifestationen also von unterschiedlicher Form und Größe sein mögen, bestehen sie aus den gleichen Bestandteilen. In ähnlicher Weise sind die Lebewesen – von Śrī Kṛṣṇa über die Millionen von Viṣṇu-Erweiterungen bis hin zu den Lebewesen in verschiedenen Körpern, von Brahmā bis hinunter zur kleinen Ameise – alle von gleicher spiritueller Eigenschaft. Einige sind quantitativ groß und andere sind klein, doch qualitativ sind alle von gleicher Natur. In den Upaniṣaden wird deshalb bestätigt, dass Śrī Kṛṣṇa, der Höchste Herr, das Oberhaupt aller Lebewesen ist, sie erhält und mit allen Lebensnotwendigkeiten versorgt. Jeder, der diese Philosophie kennt, besitzt vollkommenes Wissen. Der vedische Aphorismus *tat tvam asi* – „Du bist das gleiche" – bedeutet deshalb nicht, dass jeder Gott ist, sondern vielmehr, dass jeder qualitativ von gleicher Natur wie Gott ist.

Nachdem Vasudeva gehört hatte, wie Kṛṣṇa die gesamte Philosophie des spirituellen Lebens in einer kurzen Zusammenfassung wiedergab, freute er sich sehr über seinen Sohn. In seiner Glückseligkeit vermochte er kein Wort hervorzubringen und verharrte deshalb in Schweigen. Die ganze Zeit über hatte Devakī, die Mutter Kṛṣṇas, still neben ihrem Mann gesessen. Ihr war bekannt, dass Kṛṣṇa und Balarāma Ihrem Lehrer gegenüber so gütig gewesen waren und ihm seinen toten Sohn aus der Gewalt Yamarājas, des Herrn des Todes, zurückbrachten. Seitdem sie von dieser Begebenheit gehört hatte, muss sie ständig an ihre eigenen Söhne denken, die von Kaṁsa getötet worden waren. Bei dieser Erinnerung wurde sie von schmerzlicher Trauer überwältigt.

Voller Mitleid mit ihren toten Söhnen, wandte sich Devakī schließlich an Kṛṣṇa und Balarāma und sagte zu Ihnen: „Mein lieber Balarāma, schon Dein Name weist darauf hin, dass Du jedem alle Freude und alle Kraft gewährst. Deine grenzenlose Kraft befindet sich jenseits der Reichweite unserer Gedanken und Worte, und Du, mein lieber Kṛṣṇa, bist der Meister aller mystischen Yogis. Ich weiß auch, dass Du der Herr der *Prajāpatis* bist, einschließlich Brahmās und seiner Helfer, und dass Du die ursprüngliche Persönlichkeit Gottes, Nārāyaṇa, bist. Ich weiß sehr wohl, dass Du auf die Erde gekommen bist, um alle gottlosen Menschen zu vernichten, die im Laufe der Zeit auf Irrwege geraten sind. Sie verloren die Herrschaft über ihren Geist und über ihre Sinne und sind von der Stufe der Tugend gefallen. Sie missachteten bewusst die Anweisungen der offenbarten Schriften, indem sie ein Leben des Überflusses und der Schamlosigkeit führten. Du bist auf die Erde herabgestiegen, um solche verkommenen Könige zu töten und dadurch die Erde von ihrer schweren Last zu befreien. Mein lieber Kṛṣṇa, ich weiß, dass Mahā-viṣṇu, der im Ozean der Ursachen der kosmischen Manifestation liegt und der Ursprung der gesamten Schöpfung ist, nichts anderes als eine Erweiterung Deiner vollständigen Teilerweiterung ist. Mit anderen Worten, die Schöpfung, Erhaltung und Vernichtung der kosmischen Manifestation wird allein von einer Deiner vollständigen Teilerweiterungen bewirkt. Ich suche deshalb vorbehaltlos bei Dir Zuflucht. Ich habe gehört, dass Dein Lehrer, Sāndīpani Muni, dem Du zur Belohnung eine Freude bereiten wolltest, Dich bat, seinen toten Sohn ins Leben zurückzubringen und dass Du den Sohn Deines Lehrers daraufhin zusammen mit Balarāma unverzüglich aus Yamarājas Reich holtest, obwohl der Junge bereits seit langer Zeit tot war. Diese Tat zeigt mir deutlich, dass Du der höchste Meister aller mystischen Yogis bist. Ich bitte Dich deshalb, mir meinen Wunsch auf dieselbe Weise zu erfüllen. Ich bitte Dich, mir gütigerweise all meine Söhne zurückzubringen, die von Kaṁsa getötet wurden. Wenn Du sie mir wiedergibst, wird mein Herz Zufriedenheit finden, es wäre für mich schon eine große Freude, wenn ich sie nur einmal sehen könnte."

Als Kṛṣṇa und Balarāma den Wunsch Ihrer Mutter vernommen hatten, riefen Sie sogleich *yogamāyā*, um ihre Hilfe in Anspruch zu nehmen, und begaben Sich nach Sutala, einem der niederen Planetensysteme. Einstmals war der Höchste Herr in Seiner Inkarnation als Vāmana von Bali Mahārāja, dem König der Dämonen, erfreut worden, da dieser Ihm alles schenkte, was er besaß. Daraufhin hatte Bali Mahārāja ganz Sutala als Residenz und Königreich bekommen. Als dieser große Gottgeweihte, Bali Mahārāja, nun sah, dass Kṛṣṇa und Balarāma auf Seinen Planeten gekommen waren, versank er in einem Ozean der Freude. Sowie er Kṛṣṇa und Balarāma vor sich erblickte, erhob er sich zusammen mit seiner Familie von den Sitzen, und sie verneigten sich vor den Lotosfüßen des Herrn. Bali Mahārāja bot Śrī Kṛṣṇa und Balarāma die besten Sitze an, die er besaß, und als die beiden göttlichen Persönlichkeiten Sich gesetzt hatten, wusch er Ihnen die Lotosfüße. Anschließend sprengte er sich und seinen Familienmitgliedern das Wasser über die Köpfe. Das Wasser, mit dem Kṛṣṇas und Balarāmas Lotosfüße gewaschen werden, ist selbst für die größten Halbgötter wie Brahmā läuternd.

Alsdann brachte Bali Mahārāja wertvolle Gewänder, Schmuck, Sandelholzpaste, Betelnüsse, brennende Lampen und viele nektargleiche Speisen herbei und verehrte Śrī Kṛṣṇa und Balarāma gemeinsam mit den Mitgliedern seiner Familie nach allen Regeln der Schriften. Auch seinen Reichtum und seinen Körper brachte er Ihren Lotosfüßen dar. König Bali empfand solch transzendentale Freude, dass er mehrmals die Lotosfüße von Śrī Kṛṣṇa und Balarāma ergriff und sie an seine Brust drückte. Manchmal setzte er sie auch auf sein Haupt, und auf diese Weise kannte seine transzendentale Glückseligkeit keine Grenzen. Tränen der Liebe und Zuneigung strömten aus seinen Augen, seine Haare auf dem Körper sträubten sich, und mit stockender Stimme brachte er seine Gebete dar.

„O mein Herr, Śrī Balarāma, o ursprünglicher Anantadeva, Du bist so groß, dass Anantadeva Śeṣa und viele andere transzendentale Formen ursprünglich aus Dir hervorgegangen sind. Und Du, Śrī Kṛṣṇa, bist die ursprüngliche Persönlichkeit Gottes, mit einer ewigen Gestalt, die von unbegrenzter Glückseligkeit und vollkommenem Wissen durchdrungen ist. Ihr seid die Schöpfer der ganzen Welt. Ihr seid die Begründer und die ursprünglichen Verkünder der Pfade des *jñāna-yoga* und des *bhakti-yoga*. Ihr seid das Höchste Brahman, die ursprüngliche Persönlichkeit Gottes, und deshalb bringe ich Euch meine achtungsvollen Ehrerbietungen dar. Lieber Kṛṣṇa, lieber Balarāma, meine verehrten Meister, es ist sehr schwer für die Lebewesen, die Möglichkeit zu bekommen, Euch zu sehen. Doch wenn Ihr Euren Geweihten Eure Barmherzigkeit gewährt, können diese Euch ohne Weiteres sehen. Es ist also einzig und allein Eure grundlose Barmherzigkeit, dass Ihr Euch bereitgefunden habt, hierherzukommen und für uns sichtbar zu werden, denn wir stehen gewöhnlich unter dem Einfluss von Unwissenheit und Leidenschaft.

Mein lieber Herr, wir gehören zu den *daityas*, den Dämonen, und diese dämonischen Lebewesen, wie die Gandharvas, Siddhas, Vidyādharas, Cāraṇas, Yakṣas, Rākṣasas und Piśācas sowie die Geister und Kobolde, sind von Natur aus unfähig, Dich zu verehren oder Deine Geweihten zu werden. Statt Gottgeweihte zu werden, werden sie nur zu Hindernissen auf dem Pfad der Hingabe. Du hingegen bist die Höchste Persönlichkeit Gottes, die alle Veden repräsentiert und Sich in der Erscheinungsweise der makellosen Tugend befindet. Deine Stellung ist immer transzendental. Aus diesem Grund haben einige von uns, obwohl sie in der Erscheinungsweise der Leidenschaft und Unwissenheit geboren wurden, bei Deinen Lotosfüßen Zuflucht gesucht und sind Gottgeweihte geworden. Einige von uns sind tatsächlich reine Gottgeweihte, und andere haben bei Deinen Lotosfüßen Zuflucht gesucht, weil sie hoffen, für ihre Hingabe irgendetwas zu bekommen.

Nur durch Deine grundlose Barmherzigkeit dürfen wir Dämonen jetzt persönlich mit Dir zusammen sein. Nicht einmal die großen Halbgötter dürfen sich dieses Glücks erfreuen. Niemand weiß, wie Du durch Deine *yogamāyā*-Energie wirkst. Selbst die Halbgötter vermögen das Ausmaß der Tätigkeiten Deiner inneren Energie nicht zu ermessen; wie also könnte dies uns möglich sein? Ich bringe Dir daher meine demütigen Gebete dar. Sei bitte gütig zu mir, der ich Dir völlig ergeben bin, und begünstige mich mit Deiner grundlosen Barmherzigkeit, so dass ich mich Leben für Leben ausschließlich an Deine Lotosfüße erinnern kann. Es ist mein einziger Wunsch, allein zu leben wie die *paramahaṁsas*, die voll inneren Friedens überall umherziehen und sich ganz von Deinen Lotosfüßen abhängig gemacht haben. Und wenn ich trotzdem einmal mit jemandem zusammen sein muss, dann möge dies einer

Deiner reinen Geweihten sein und niemand anders, denn sie wollen immer nur das Beste für alle Lebewesen.

Mein lieber Herr, Du bist der höchste Meister und Lenker der ganzen Welt. Bitte beschäftige mich in Deinem Dienst, damit ich von allen materiellen Verunreinigungen frei werden kann. Durch Deine Kraft ist dies tatsächlich möglich, denn sobald sich jemand in Deinem liebevollen Dienst beschäftigt, o Herr, ist er von allen Regeln und Prinzipien befreit, die in den Veden vorgeschrieben werden."

Das Wort *paramahaṁsa*, das Bali Mahārāja gebrauchte, bedeutet „der höchste Schwan". Es heißt, dass ein Schwan in der Lage sei, aus einer Mischung von Milch und Wasser nur die Milch herauszuziehen und das Wasser zurückzulassen. Wer auf ähnliche Weise in der Lage ist, aus der materiellen Welt den spirituellen Aspekt herauszuholen und allein zu leben, während er sich einzig vom höchsten spirituellen Wesen abhängig macht und nicht von der materiellen Welt, wird *paramahaṁsa* genannt. Wenn man die Stufe des *paramahaṁsa* erreicht hat, ist man nicht mehr an die Regeln und Vorschriften der Veden gebunden. Ein *paramahaṁsa* hält sich nur in der Gemeinschaft reiner Gottgeweihter auf und meidet diejenigen, die zu sehr am materiellen Leben hängen. Die Materialisten nämlich wissen den Wert eines *paramahaṁsa* nicht zu schätzen, wohingegen diejenigen, die sehr vom Glück begünstigt sind – die in spiritueller Hinsicht fortgeschritten sind –, bei den *paramahaṁsas* Zuflucht suchen und dadurch ihr menschliches Leben zum Erfolg führen.

Nachdem Śrī Kṛṣṇa die Gebete Bali Mahārājas angehört hatte, sprach Er: „Mein lieber König der Dämonen, im Zeitalter des Svāyambhuva Manu zeugte der Prajāpati namens Marīci mit seiner Frau Ūrṇā sechs Söhne, von denen jeder ein Halbgott war. Als nun eines Tages Brahmā von der Schönheit seiner Tochter betört wurde und ihr, getrieben von lüsterner Begierde, folgte, empörten sich diese sechs Halbgötter mit Abscheu über Brahmās Verhalten. Weil diese Kritik jedoch ein großes Vergehen gegen Brahmā darstellte, wurden diese Halbgötter dazu verflucht, als die Söhne des Dämons Hiraṇyakaśipu geboren zu werden. Diese Söhne Hiraṇyakaśipus wurden später in Mutter Devakīs Schoß versetzt, und jeder von ihnen wurde gleich nach seiner Geburt von Kaṁsa getötet. Mein lieber König der Dämonen, Mutter Devakī sehnt sich sehr danach, ihre sechs toten Söhne wiederzusehen, denn deren früher Tod durch die Hand Kaṁsas bereitet ihr großen Schmerz. Ich weiß, dass sie alle bei dir leben, und Ich habe beschlossen, sie mit Mir zu nehmen, um Meine Mutter Devakī zu beruhigen. Nachdem diese sechs bedingten Seelen Meine Mutter gesehen haben, werden sie Befreiung erlangen und zu ihrer Freude auf ihren Heimatplaneten erhoben werden, um dort wieder ihre frühere Stellung als Halbgötter einzunehmen. Ihre Namen sind Smara, Udgītha, Pariṣvaṅga, Pataṅga, Kṣudrabhṛt und Ghṛṇī."

Als Kṛṣṇa dem König der Dämonen dies mitgeteilt hatte, schwieg Er, und Bali Mahārāja verstand, was der Herr wünschte. Er brachte Kṛṣṇa die Verehrung dar, die Ihm gebührte. Danach nahmen Kṛṣṇa und Balarāma die sechs bedingten Seelen mit Sich und kehrten nach Dvārakā zurück, um sie dort als kleine Kinder ihrer Mutter Devakī zu übergeben. Mutter Devakī wurde in ihrer Freude von solch ekstatischen mütterlichen Gefühlen ergriffen, dass Milch aus ihren Brüsten floss. In tiefer Glückseligkeit stillte sie ihre Kinder, hob sie immer wieder auf ihren Schoß und genoss den Duft ihrer niedlichen Köpfe, wobei sie dachte: „Kṛṣṇa hat mir meine verlorenen Kinder zurückgebracht!" So blieb sie eine Zeitlang unter dem überwältigenden Einfluss der Energie Viṣṇus, und voll mütterlicher Zärtlichkeit erfreute sie sich der Gemeinschaft ihrer verlorenen Kinder. Die Milch aus Devakīs Brust war transzendentaler Nektar, denn Śrī Kṛṣṇa hatte einst die gleiche Milch getrunken. Als die Kinder an Devakījīs Brust, die Śrī Kṛṣṇas Körper berührt hatte, tranken, erlangten sie auf der Stelle Selbstverwirklichung und brachten Śrī Kṛṣṇa, Seinem Bruder Balarāma, ihrem Vater Vasudeva und ihrer Mutter Devakī ihre Ehrerbietungen dar. Unmittelbar danach wurde jeder von ihnen auf seinen himmlischen Planeten erhoben.

Als Devakī wieder allein war, war sie zutiefst verwundert bei dem Gedanken, dass ihre toten Kinder zurückgekommen und nun wieder fort waren, um auf ihre Planeten zurückzukehren. Sie konnte sich mit diesen Geschehnissen nur abfinden, indem sie in ihnen Śrī Kṛṣṇas Spiele sah, denn in Seinen Spielen können sich die unglaublichsten Dinge ereignen, da Śrī Kṛṣṇas Energien unbegreiflich sind. Ohne die unfassbaren und unbegrenzten Energien des Herrn anzuerkennen, kann man nicht verstehen, dass Kṛṣṇa die Höchste Seele ist. Durch Seine unbegrenzten Energien vollführt Er auch Seine unbegrenzten Spiele, und niemand kann sie in ihrer ganzen Fülle beschreiben oder kennen. Sūta Gosvāmī, der den Weisen von Naimiṣāraṇya, an deren Spitze Śaunaka Ṛṣi saß, das *Śrīmad-Bhāgavatam* vortrug, äußerte sich an dieser Stelle wie folgt:

„Ihr großen Weisen, bitte erkennt, dass die transzendentalen Spiele Śrī Kṛṣṇas ewig sind. Sie sind keine gewöhnlichen Erzählungen von historischen Begebenheiten, nein, vielmehr sind solche Erzählungen mit der Höchsten Persönlichkeit Gottes Selbst identisch. Deshalb wird jeder, der die Erzählungen von den Spielen des Herrn hört, sogleich von der Verunreinigung des materiellen Daseins befreit. Wenn diese Erzählungen in die Ohren der reinen Gottgeweihten dringen, ist dies für sie reiner Nektar." Genau solche Erzählungen wurden von Śukadeva Gosvāmī, dem erhabenen Sohn Vyāsadevas, vorgetragen, und jeder, der sie hört, wie auch jeder, der sie weitererzählt, damit andere sie hören können, wird Kṛṣṇa-bewusst. Und nur diejenigen, die Kṛṣṇa-bewusst sind, können nach Hause, in das Königreich Gottes, zurückkehren.

Hiermit enden die Bhaktivedanta-Erläuterungen zum 85. Kapitel des Kṛṣṇa-Buches mit dem Titel „Śrī Kṛṣṇa unterweist Vasudeva im spirituellen Wissen und bringt Devakī ihre sechs toten Söhne zurück".

KAPITEL 86

Die Entführung Subhadrās und Śrī Kṛṣṇas Besuch bei Śrutadeva und Bahulāśva

Nachdem König Parīkṣit gehört hatte, wie Śrī Kṛṣṇa Devakīs sechs tote Söhne zurückgebracht hatte, wurde er noch begieriger, über Kṛṣṇa und Seine transzendentalen Spiele zu hören, weshalb er Śukadeva Gosvāmī fragte, wie seine Großmutter Subhadrā auf Anraten Śrī Kṛṣṇas hin von seinem Großvater Arjuna entführt wurde. König Parīkṣit brannte darauf zu erfahren, was es mit dieser Entführung auf sich hatte und wie es in der Folge zur Heirat zwischen seinem Großvater und seiner Großmutter gekommen war.

So erzählte Śukadeva Gosvāmī die folgende Geschichte: „Es begab sich einst, dass König Parīkṣits Großvater Arjuna, der große Held, mehrere heilige Pilgerorte besuchte, und während er so durch die Lande zog, kam er auch nach Prabhāsakṣetra. Dort erfuhr er, dass Śrī Balarāma dabei war, für Subhadrā, die Tochter von Vasudeva, Arjunas

Onkel mütterlicherseits, eine Heirat in die Wege zu leiten. Obwohl ihr Vater, Vasudeva, und ihr Bruder, Kṛṣṇa, nicht einverstanden waren, hatte Balarāma die Absicht, Subhadrā mit Duryodhana zu verheiraten. Jedoch begehrte auch Arjuna Subhadrās Hand. Als Arjuna nun an Subhadrā und ihre Schönheit dachte, wurde in ihm der Wunsch, sie zu heiraten, immer stärker, und so legte er sich einen bestimmten Plan zurecht und verkleidete sich als Vaiṣṇava-*sannyāsī* mit einem *tridaṇḍa* in der Hand.

Der Māyāvādī-*sannyāsī* trägt einen *ekadaṇḍa*, einen einfachen Stab, wohingegen der Vaiṣṇava-*sannyāsī* einen *tridaṇḍa* trägt, der aus drei Stäben oder *daṇḍas* zusammengebunden ist. Diese drei Stäbe des *tridaṇḍa* bedeuten, dass der Vaiṣṇava-*sannyāsī* gelobt, der Höchsten Persönlichkeit Gottes mit Körper, Geist und Worten zu dienen. Das System des *tridaṇḍa-sannyāsa* gibt es schon seit langer Zeit, und die Vaiṣṇava-*sannyāsīs* werden demgemäß *tridaṇḍīs* und manchmal auch *tridaṇḍi-svāmīs* oder *tridaṇḍi-gosvāmīs* genannt.

Die Aufgabe der *sannyāsīs* besteht gewöhnlich darin, durch das Land zu ziehen und zu predigen, doch während der vier Monate langen Regenzeit Indiens (Juli bis Oktober) unterbrechen sie ihre Reisen und verweilen für diese Zeit im Schutz eines bestimmten Ortes. Die Zeit, während der die *sannyāsīs* nicht reisen, wird Cāturmāsya-vrata genannt. Die Einwohner des Ortes, in dem sich ein *sannyāsī* während dieser vier Monate aufhält, nutzen seine Anwesenheit für ihren eigenen spirituellen Fortschritt.

Arjuna blieb also in der Verkleidung eines *tridaṇḍi-sannyāsī* für diese vier Monate der Regenzeit in der Stadt Dvārakā und überlegte sich währenddessen, wie er Subhadrā zur Frau bekommen konnte. Weder die Bewohner von Dvārakā noch Balarāma bemerkten, dass der vermeintliche *sannyāsī* Arjuna war, und so begegneten sie ihm mit großer Achtung und erwiesen ihm ahnungslos ihre Ehrerbietungen.

Eines Tages lud Balarāma diesen *sannyāsī* zu einem Gastmahl in Seinem Hause ein. Balarāmajī bot ihm voller Achtung die verschiedensten Köstlichkeiten an, und der vorgebliche *sannyāsī* ließ sich nicht zweimal bitten und tat sich an all diesen Speisen gütlich. Während des ganzen Essens jedoch blickte Arjuna ständig nur zur hübschen Subhadrā hinüber, die die großen Helden und Könige bezauberte. Arjunas Augen erstrahlten vor Liebe zur ihr, und je länger er sie anschaute, desto mehr leuchteten seine Augen. Er fasste insgeheim den Entschluss, Subhadrā auf irgendeine Weise zur Frau zu bekommen, und all seine Gedanken drehten sich nur noch um diesen brennenden Wunsch.

Arjuna, der Großvater Mahārāja Parīkṣits, war ebenfalls von außergewöhnlicher Schönheit, und seine körperliche Erscheinung übte eine starke Anziehung auf Subhadrā aus. So beschloss auch sie ihrerseits, niemanden außer Arjuna zum Gemahl zu nehmen. Weil sie ein Mädchen von unbeschwerter Natur war, erwiderte sie Arjunas Blicke, indem sie einfach mit einem vergnügten Lächeln zu ihm hinüberschaute. Dadurch flammte Arjunas Liebe nur noch stärker auf, und weil er verstand, dass Subhadrā ihm ihr Herz geschenkt hatte, beschloss er, sie zu heiraten, koste es, was es wolle. Von da an konnte er 24 Stunden am Tag an nichts anderes mehr denken als daran, wie er Subhadrā zur Frau bekommen konnte. Dieser Gedanke drängte ihn so stark, dass er keinen Augenblick mehr Ruhe fand.

Einst fuhr Subhadrā auf einem Wagen aus dem Palast, um die Tempel der Halbgötter zu besuchen. Diese Gelegenheit ließ sich Arjuna nicht nehmen, und mit Vasudevas und Devakīs Erlaubnis entführte er Subhadrā, indem er auf ihren Wagen sprang, kampfbereit seinen Bogen in die Hand nahm und mit den Pfeilen alle Soldaten, die ihn aufhalten sollten, abwehrte. Als Subhadrā so von Arjuna geraubt wurde, brachen ihre Verwandten und Familienmitglieder in lautes Wehgeschrei aus, doch Arjuna führte sie unbeirrt davon, genau wie ein Löwe, der sich seine Beute holt und dann verschwindet. Als Balarāma berichtet wurde, dass der vermeintliche *sannyāsī* niemand anders als Arjuna gewesen war, der sich einfach nur verkleidet hatte, um Subhadrā zu entführen, wurde Er sehr zornig. Gleich den Wogen des Meeres an einem Vollmondtag geriet Balarāmas Gemüt in Aufruhr.

Doch Śrī Kṛṣṇa stand auf Arjunas Seite; deshalb versuchte Er zusammen mit anderen Familienmitgliedern, Balarāma zu besänftigen, indem Er Ihm zu Füßen fiel und Ihn anflehte, Arjuna zu verzeihen. Schließlich konnte Kṛṣṇa Śrī Balarāma davon überzeugen, dass Subhadrā Arjuna liebte, und so war Balarāma erfreut, als Er erfuhr, dass es ihr Wunsch gewesen war, Arjuna zum Gemahl zu bekommen. Auf diese Weise wurde die ganze Angelegenheit friedlich beigelegt. Weil Balarāma dem neuvermählten Paar eine Freude bereiten wollte, ließ Er ihnen eine riesige Mitgift zukommen, die aus großen

Reichtümern, einschließlich Elefanten, Streitwagen, Pferden, Dienern und Dienerinnen bestand.

Mahārāja Parīkṣit verlangte es sehr danach, noch mehr über Kṛṣṇa zu hören, und so erzählte Śukadeva Gosvāmī, nachdem er berichtet hatte, wie Arjuna Subhadrā entführte, eine weitere Geschichte.

Es lebte einst ein Haushälter-*brāhmaṇa* in Mithilā, der Hauptstadt des Königreiches Videha. Dieser *brāhmaṇa* – er hieß Śrutadeva – war ein großer Geweihter Śrī Kṛṣṇas. Weil er völlig Kṛṣṇa-bewusst war und sich ständig in Kṛṣṇas Dienst beschäftigte, führte er ein friedvolles Leben und war frei von aller materiellen Anhaftung. Dazu war er sehr gelehrt, und er wünschte sich nichts anderes, als vollkommen im Kṛṣṇa-Bewusstsein verankert zu sein. Obwohl er im Haushälterstand lebte, unternahm er niemals große Anstrengungen, um seinen Lebensunterhalt zu verdienen; er war mit dem zufrieden, was er ohne zusätzliche Mühen bekam, und so bestritt er irgendwie sein Leben. Jeden Tag besorgte er gerade das, was zum Leben unbedingt notwendig war, und nichts mehr. Das war seine Bestimmung. Der *brāhmaṇa* wünschte sich nichts anderes, als er unbedingt brauchte, und so folgte er in allem Frieden den regulierenden Prinzipien, wie sie den *brāhmaṇas* von den offenbarten Schriften vorgeschrieben werden.

Glücklicherweise war der König von Mithilā ein ebenso erhabener Gottgeweihter wie dieser *brāhmaṇa*. Der Name dieses berühmten Königs lautete Bahulāśva. Er stand überall in dem hohen Ansehen, ein vortrefflicher König zu sein, und er war völlig frei von dem Wunsch, sein Königreich zugunsten seines materiellen Genusses auszudehnen. Der *brāhmaṇa* und König Bahulāśva lebten auf diese Weise in Mithilā als reine Geweihte Śrī Kṛṣṇas.

Da Śrī Kṛṣṇa König Bahulāśva und dem *brāhmaṇa* Śrutadeva überaus wohlgesinnt war, bat Er eines Tages Seinen Wagenlenker Dāruka, Ihn in die Hauptstadt Mithilā zu fahren. Śrī Kṛṣṇa wurde von den großen Weisen Nārada, Vāmadeva, Atri, Vyāsadeva, Paraśurāma, Asita, Aruṇi, Śukadeva, Bṛhaspati, Kaṇva, Maitreya, Cyavana und anderen begleitet. Śrī Kṛṣṇa und die Weisen kamen auf ihrer Fahrt durch viele Dörfer und Städte, und überall empfingen die Bürger sie mit großer Achtung und verehrten sie mit den verschiedensten Gaben. Für die herbeigeströmten Bürger eines Ortes und für alle versammelten Weisen sah Kṛṣṇa aus wie die Sonne, die von ihren Planeten umgeben wird. Auf ihrer Reise fuhren Kṛṣṇa und die Weisen durch die Königreiche Ānarta, Dhanva, Kurujāṅgala, Kaṅka, Matsya, Pāñcāla, Kunti, Madhu, Kekaya, Kośala und Arṇa, und so bekamen alle Bewohner dieser Länder, Männer wie Frauen, die Gelegenheit, Kṛṣṇa von Angesicht zu Angesicht zu sehen. So genossen sie alle mit weit offenen Herzen, die mit Liebe und Zuneigung zum Herrn erfüllt waren, himmlisches Glück, und als sie Kṛṣṇas Antlitz sahen, war ihnen, als würden sie durch ihre Augen Nektar trinken. Der Anblick Kṛṣṇas ließ all ihre aus Unwissenheit entstandenen falschen Lebensauffassungen verschwinden. Als Kṛṣṇa durch diese Länder fuhr und die Menschen herbeikamen, um Ihn zu sehen, segnete der Herr sie einfach durch Seinen Blick, wodurch sie alles Glück erfuhren und von jeglicher Art der Unwissenheit befreit wurden. An einigen Orten gesellten sich sogar die Halbgötter zu den Menschen, und ihre Lobpreisungen reinigten die ganze Umgebung von allen unheilvollen Dingen. So erreichte Śrī Kṛṣṇa allmählich das Königreich Videha.

Als die Bewohner des Königreichs die Nachricht von Kṛṣṇas Ankunft vernahmen, freuten sie sich grenzenlos und eilten mit Geschenken in den Händen herbei, um Ihn zu begrüßen. Als sie Śrī Kṛṣṇa sahen, erblühten ihre Herzen in transzendentaler Glückseligkeit wie Lotosblumen, die sich beim Sonnenaufgang öffnen. Ihnen waren zwar die Namen all dieser großen Weisen bekannt, doch sie hatten sie noch nie selbst gesehen. Nun war es ihnen durch Śrī Kṛṣṇas Barmherzigkeit vergönnt, sowohl die großen Weisen als auch Ihn Selbst, den Höchsten Herrn, zu sehen.

König Bahulāśva und der *brāhmaṇa* Śrutadeva, die beide sehr wohl wussten, dass der Herr nur gekommen war, um sie mit Seiner Barmherzigkeit zu segnen, fielen sofort vor Seinen Lotosfüßen nieder und erwiesen Ihm ihre Ehrerbietungen. Mit gefalteten Händen luden dann sowohl der König als auch der *brāhmaṇa* Śrī Kṛṣṇa und die Weisen zu sich nach Hause ein. Um sie beide zu erfreuen, manifestierte Sich Śrī Kṛṣṇa in zwei Erweiterungen und besuchte gleichzeitig den König und den *brāhmaṇa*. Aber keiner der beiden wusste, dass der Herr Sich auch im Hause des anderen befand – jeder dachte, der Herr wäre nur in sein Haus gekommen. Dass Kṛṣṇa und Seine Begleiter in beiden Häusern zugleich anwesend waren, obwohl sich weder der *brāhmaṇa* noch der König dessen bewusst waren, ist eine der Füllen der Höchsten

Persönlichkeit Gottes, und sie wird in den offenbarten Schriften als *vaibhava-prakāśa* bezeichnet. Śrī Kṛṣṇa hatte, als Er 16 000 Frauen heiratete, 16 000 Erweiterungen manifestiert, von denen jede genauso mächtig war wie Er Selbst. Und als Brahmā in Vṛndāvana Kṛṣṇas Kälber und Kuhhirtenjungen stahl, erweiterte Sich Kṛṣṇa Selbst in viele neue Kälber und Kuhhirtenjungen.

Bahulāśva, der König von Videha, war sehr intelligent und besaß einen edlen Charakter. Es erstaunte ihn sehr, dass so viele große Weise und sogar die Höchste Persönlichkeit Gottes Selbst in Seinem Palast zugegen waren. Er wusste sehr wohl, dass bedingte Seelen, die sich mit weltlichen Angelegenheiten beschäftigen, niemals hundertprozentig rein sein können, wohingegen die Höchste Persönlichkeit Gottes und ihre reinen Geweihten immer transzendental zur weltlichen Verunreinigung sind. Er konnte deshalb nur staunen, als er sah, dass die Höchste Persönlichkeit Gottes, Kṛṣṇa, mit all den großen Weisen in Seinen Palast gekommen war, und er dankte Śrī Kṛṣṇa für Seine grundlose Barmherzigkeit.

Da er sich seinen Gästen gegenüber sehr verpflichtet fühlte und sie nach bestem Vermögen empfangen wollte, ließ er bequeme Stühle und Kissen bringen, auf denen sich Kṛṣṇa und die Weisen voller Behagen niederließen. König Bahulāśva war innerlich sehr aufgeregt, doch nicht irgendwelcher Probleme wegen, sondern wegen der tiefen Ekstase, die von seiner Liebe und Hingabe herrührte. Die Liebe und die Zuneigung zum Herrn und Seinen Gefährten durchdrang sein Herz, und seine Augen füllten sich mit Tränen der Ekstase. Er übernahm es persönlich, seinen göttlichen Gästen die Füße zu waschen, und sprengte dann sich und seinen Familienmitgliedern das Wasser über den Kopf. Danach überreichte er seinen Gästen farbenprächtige Blumengirlanden, Sandelholzpaste, Räucherstäbchen, neue Gewänder, Schmuck, Lampen, Kühe und Stiere. So verehrte er den Herrn und jeden der Weisen auf eine Art, die seiner königlichen Stellung entsprach. Als schließlich alle reichlich gespeist hatten und bequem saßen, ging Bahulāśva zu Śrī Kṛṣṇa und berührte Seine Lotosfüße. Er nahm sie auf seinen Schoß, und während er sie massierte, begann er mit wohlklingender Stimme die Herrlichkeit des Herrn zu lobpreisen.

„Mein lieber Herr, Du bist die Überseele aller Lebewesen, und als der Zeuge, der im Herzen weilt, bist Du Dir über die Tätigkeiten eines jeden bewusst. Deshalb denken wir aus unserer Pflicht heraus ständig an Deine Lotosfüße, damit wir immer in Sicherheit bleiben können und niemals von Deinem ewigen hingebungsvollen Dienst abweichen. Weil wir uns unablässig an Deine Lotosfüße erinnern, warst Du so gütig, persönlich hierherzukommen, um mich mit Deiner grundlosen Barmherzigkeit zu segnen. Wir haben gehört, o Herr, dass Du des Öfteren gesagt habest, Deine reinen Geweihten seien Dir noch lieber als Śrī Balarāma oder Deine ständige Dienerin, die Glücksgöttin. Du liebst Deine Geweihten mehr als Brahmā, Deinen ersten Sohn, und deshalb bin ich sicher, dass Du mich heute besucht hast, nur um Deine göttlichen Worte zu erfüllen. Es ist unvorstellbar für mich, wie gewisse Leute selbst dann noch gottlos und dämonisch sein können, wenn sie um Deine grundlose Barmherzigkeit und Deine Zuneigung wissen, mit der Du Deine Geweihten segnest, die unablässig im Kṛṣṇa-Bewusstsein tätig sind. Wie nur können Menschen, die solche Dinge wissen, Deine Lotosfüße vergessen?

Mein lieber Herr, wir wissen, dass Deine Güte und Deine Großmut grenzenlos sind; wenn deshalb jemand alles aufgibt, um sich ausschließlich im Kṛṣṇa-Bewusstsein zu beschäftigen, dann bist Du aufgrund dieses rückhaltlosen Dienstes manchmal sogar bereit, diesem Gottgeweihten Dich Selbst zu geben. Du bist in der Yadu-Dynastie erschienen, um Deine Mission zu erfüllen, die bedingten Seelen, die im Sündenpfuhl des materiellen Daseins verkommen, zu Dir zurückzuholen; diese Deine Erscheinung ist bereits auf der ganzen Welt berühmt. Mein lieber Herr, Du bist der Ozean grenzenloser Barmherzigkeit, Liebe und Zuneigung. O Kṛṣṇa, Deine herrliche Gestalt als Śyāmasundara bezaubert das Herz eines jeden. Dein Wissen ist unbegrenzt, und um alle Menschen zu lehren, wie man hingebungsvollen Dienst ausführt, hast Du Deine Inkarnation Nara-Nārāyaṇa geschickt, die sich noch heute in Badarīnārāyaṇa große Entsagungen und Bußen auferlegt. Bitte sei daher so gütig und nimm meine demütigen Ehrerbietungen entgegen, die ich Deinen Lotosfüßen erweise. Mein lieber Herr, ich bitte Dich und Deine Begleiter, die großen Weisen und *brāhmaṇas*, wenigstens für einige Tage in meinem Haus zu verweilen, so dass unsere Familie, die von dem berühmten König Nimi abstammt, durch den Staub Deiner Lotosfüße geheiligt wird.“ Śrī Kṛṣṇa konnte Seinem Geweihten diese Bitte nicht abschlagen, und so blieb Er mit den Weisen einige Tage bei ihm, um die Stadt Mithilā und all ihre Einwohner zu heiligen.

Unterdessen hatte der *brāhmaṇa* Śrutadeva Śrī Kṛṣṇa und dessen Gefährten zur gleichen Zeit in seinem Hause empfangen, und dabei war er von transzendentaler Freude ergriffen worden. Nachdem er seine Gäste gebeten hatte, sich niederzusetzen, begann er zu tanzen und dabei flatterte sein *cādar* umher. Weil Śrutadeva alles andere als reich war, konnte er Kṛṣṇa und den Weisen, seinen namhaften Gästen, nur ärmliche Sitzgelegenheiten wie Kissen, hölzerne Pritschen und Strohmatten anbieten; aber nichtsdestoweniger bemühte er sich nach bestem Vermögen, ihnen einen angemessenen Empfang zu bereiten. Er verherrlichte den Herrn und die Weisen mit erlesenen Worten, und zusammen mit seiner Frau wusch er all seinen Gästen die Füße. Danach nahm er das Wasser und besprengte damit seine Familienangehörigen. Obwohl der *brāhmaṇa* sehr arm zu sein schien, war er nun von größtem Glück gesegnet worden. Während er Śrī Kṛṣṇa und Seine Gefährten willkommen hieß, versank er in einem Ozean transzendentaler Freude. Nachdem er sie empfangen hatte, brachte er ihnen Früchte, Räucherstäbchen, Duftwasser, wohlriechenden Ton, *tulasī*-Blätter, *kuśa*-Stroh und Lotosblumen – einfach alles, was ihm seine Mittel erlaubten. Dies waren zwar keine teuren Dinge, und sie ließen sich sehr leicht beschaffen, doch weil sie mit Liebe und Hingabe dargebracht wurden, nahmen Śrī Kṛṣṇa und Seine Gefährten sie mit Freude entgegen. Die Frau des *brāhmaṇa* kochte ganz einfache Gerichte, wie Reis und *dāl,* und diese Speisen nahmen Kṛṣṇa und die Weisen ebenfalls dankbar entgegen, da sie mit Liebe und Hingabe dargebracht wurden. Während Śrī Kṛṣṇa und Seine Gefährten auf diese Weise speisten, dachte der *brāhmaṇa* Śrutadeva bei sich: „Ich bin in den tiefen, dunklen Brunnen des Haushälterlebens gefallen, und ich bin der unglückseligste aller Menschen. Wie ist es möglich, dass Śrī Kṛṣṇa, die Höchste Persönlichkeit Gottes, und Seine Begleiter, die großen Weisen, deren bloße Gegenwart jeden Ort so heilig macht wie eine Pilgerstätte, sich dazu herabgelassen haben, in meine Hütte zu kommen?“ Während dem *brāhmaṇa* solche Gedanken durch den Kopf gingen, beendeten seine Gäste ihr Mahl und lehnten sich behaglich zurück. Sogleich traten Śrutadeva, seine Frau, seine Kinder und andere Verwandte vor ihre ehrwürdigen Gäste, um ihnen weitere Dienste darzubringen. Der *brāhmaṇa* berührte Kṛṣṇas Lotosfüße und sprach die folgenden Worte:

„Mein lieber Herr", sagte er, „Du bist die Höchste Person, Puruṣottama, und somit stehst Du in transzendentaler Stellung zur manifestierten und unmanifestierten materiellen Schöpfung. Die Tätigkeiten der materiellen Welt und der bedingten Seelen haben nichts mit Deiner Stellung gemein. Ich bin mir bewusst, dass Du mich nicht nur heute mit Deiner Anwesenheit beehrt hast, vielmehr bist Du seit Anbeginn der Schöpfung als Paramātmā mit allen Lebewesen zusammen." Diese Worte des *brāhmaṇa* sind sehr lehrreich. Es ist eine Tatsache, dass der Höchste Herr, die Persönlichkeit Gottes, in Seinem Paramātmā-Aspekt als Mahā-viṣṇu, Garbhodakaśāyī Viṣṇu und Kṣīrodakaśāyī Viṣṇu in die Schöpfung der materiellen Welt eingegangen ist und aufgrund Seiner großen Freundschaft in jedem Körper neben der bedingten Seele weilt. Deshalb ist jedes Lebewesen schon seit Anbeginn mit dem Herrn zusammen, doch weil es ein falsches Bewusstsein vom Leben hat, vermag es dies nicht zu erkennen. Wenn dieses Bewusstsein jedoch in Kṛṣṇa-Bewusstsein umgewandelt wird, kann man sogleich erkennen, wie Kṛṣṇa versucht, der bedingten Seele zu helfen, der materiellen Verstrickung zu entkommen.

Śrutadeva fuhr fort: „Mein lieber Herr, Du bist in einem schlafähnlichen Zustand in die materielle Welt eingegangen. Wenn die bedingte Seele schläft, so schafft sie im Traum falsche, das heißt. zeitweilige Welten und beschäftigt sich dabei in ihrem Geist mit so vielen illusorischen Dingen: Manchmal wird sie König, ein anderes Mal wird sie ermordet, und dann wieder besucht sie eine unbekannte Stadt – doch all diese Dinge existieren nur vorübergehend. In ähnlicher Weise begibst Du Dich, o Herr, scheinbar ebenfalls wie im Schlaf in die materielle Welt, um eine zeitweilige Manifestation zu schaffen – allerdings nicht Deiner eigenen Bedürfnisse wegen, sondern für die bedingte Seele, die Dich, o Herr, als Genießer nachahmen möchte. Der Genuss der bedingten Seele in der materiellen Welt ist zeitweilig und illusorisch, doch die bedingte Seele ist allein nicht in der Lage, die zeitweiligen Umstände für ihren illusorischen Genuss zu schaffen. Um dem Lebewesen zu helfen, seine Wünsche zu erfüllen, obwohl diese nur zeitweilig und illusorisch sind, gehst Du in diese zeitweilige Manifestation ein. Somit bist Du von dem Zeitpunkt an, zu dem die bedingte Seele in die materielle Welt kommt, ihr ständiger Begleiter. Deshalb kann sich die bedingte Seele allmählich von der Verunreinigung des materiellen Daseins befreien, wenn sie einem reinen Gottgeweihten begegnet und sich dem hingebungsvollen Dienst zuwendet, der damit beginnt, dass man von Deinen transzendentalen Spielen hört, Deine transzendentalen Taten lobpreist, Deine ewige Form im Tempel verehrt, Dir Gebete darbringt und Gespräche führt, um Deine transzendentale Stellung zu verstehen. Während das Herz eines solchen Gottgeweihten von allem materiellen Staub gereinigt wird, wirst Du allmählich darin sichtbar. Obwohl Du die bedingte Seele ständig begleitest, offenbarst Du Dich ihr erst dann, wenn sie sich durch hingebungsvollen Dienst reinigt. Diejenigen jedoch, die sich in fruchtbringenden Tätigkeiten verlieren – ob diese nun entsprechend der Anweisung der Veden oder einfach nur aufgrund von Gewohnheit ausgeführt werden – und sich nicht dem Pfad des hingebungsvollen Dienstes zuwenden, werden von den äußeren Freuden verlockt, die der körperlichen Lebensauffassung entspringen. Solchen Menschen offenbarst Du Dich nicht, vielmehr bleibst Du für sie in sehr weiter Ferne. Wer sich jedoch Deinem hingebungsvollen Dienst widmet und sein Herz durch das unablässige Chanten Deines Heiligen Namens gereinigt hat, erreicht sehr leicht die Ebene, wo er sieht, dass Du sein ewiger Begleiter bist.

Es heißt, dass Du, o Herr, dem Gottgeweihten vom Herzen her Anweisungen gibst, wie er schnell nach Hause, zurück zu Dir, gelangen kann. Diese direkte Führung offenbart dem Gottgeweihten Deine Anwesenheit in seinem Herzen. Nur ein Gottgeweihter vermag unmittelbar Deine Anwesenheit in seinem Herzen wahrzunehmen; ein Mensch jedoch, der in die körperliche Lebensauffassung vertieft ist und nichts anderes als die Befriedigung seiner Sinne kennt, kann Dich nicht wahrnehmen, denn für ihn bist Du immer durch den Schleier *yogamāyās* verhüllt. Deshalb erkennt er auch nicht, dass Du ihm sehr nahe bist, das heißt, dass Du in seinem Herzen weilst, und letzten Endes erkennt er Dich nur in Form des allesverschlingenden Todes. Der Unterschied zwischen einem solchen Nichtgottgeweihten und einem Gottgeweihten ist genauso wie der Unterschied zwischen einem Katzenjungen und einer Maus, die von einer Katze im Maul getragen werden. Das Maul der Katze bedeutet für die Maus den Tod, wohingegen das Katzenjunge im Maul der Katze deren mütterliche Zuneigung verspürt. Ebenso bist

Du sowohl für den Gottgeweihten wie auch für den Nichtgottgeweihten gegenwärtig, aber der letztere erfährt Dich nur als endgültigen, grausamen Tod, wohingegen Du für den Gottgeweihten der höchste Lehrer und Philosoph bist. Der Atheist also erkennt die Gegenwart Gottes in Form des Todes, wohingegen der Gottgeweihte sich ständig darüber bewusst ist, dass Sich Gott in seinem Herzen befindet. Er lässt sich deshalb von Ihm lenken und führt so ein vollkommen transzendentales Leben, ohne von der verunreinigenden Wirkung der materiellen Welt in Mitleidenschaft gezogen zu werden.

Du bist der höchste Herrscher, und unter Deiner Führung bewegt sich die ganze materielle Natur. Die Atheisten beobachten die Bewegungen der materiellen Natur, aber sie sind nicht fähig, Dich als ihre ursprüngliche Grundlage zu erkennen. Ein Gottgeweihter dagegen sieht Deine Hand direkt hinter jeder Bewegung der materiellen Natur, denn der Schleier *yogamāyās* kann die Sicht Deiner Geweihten nicht bedecken, wie dies bei den Nichtgottgeweihten der Fall ist. Die Nichtgottgeweihten sind deshalb außerstande, Dich von Angesicht zu Angesicht zu sehen, genau wie auch ein Mensch, dessen Sicht von einer Wolke bedeckt ist, die Sonne nicht sehen kann, während ein anderer, der über der Wolkendecke fliegt, das Sonnenlicht so hell sieht, wie es ist. Ich bringe Dir meine achtungsvollen Ehrerbietungen dar. O Herr, der Du aus Dir Selbst strahlst, ich bin Dein ewiger Diener. Bitte befiehl mir deshalb – was kann ich für Dich tun? Solange Du der bedingten Seele nicht sichtbar bist, ist sie dem schmerzvollen Einfluss der materiellen Verunreinigung in Form der dreifachen Leiden unterworfen; doch wenn die bedingte Seele ihr Kṛṣṇa-Bewusstsein wiedererweckt und Du ihr in der Folge sichtbar wirst, überwindet sie damit sogleich alle Leiden des materiellen Daseins."

Kṛṣṇa, die Höchste Persönlichkeit Gottes, ist Seinen Geweihten von Natur aus sehr zugetan. Daher war Er sehr erfreut, als Er Śrutadevas Gebete hörte, die von reiner Hingabe zeugten, und Er nahm ihn bei den Händen und sagte: „Mein lieber Śrutadeva, all diese großen Weisen, *brāhmaṇas* und Heiligen haben dir eine außergewöhnliche Gunst erwiesen, indem sie persönlich gekommen sind, um dich zu besuchen. Betrachte dies als ein großes Glück für dich. Sie sind so gütig, Mich auf Meiner Reise zu begleiten, und jeden Ort, den sie besuchen, läutern sie allein schon durch die Berührung mit dem Staub ihrer Füße, so dass dieser Ort so rein wird wie die transzendentale Welt. Die Menschen pflegen zu den Tempeln Gottes zu gehen und die heiligen Pilgerorte zu besuchen, und wenn sie dies für längere Zeit immer wieder getan haben und sich für viele Tage an diesen Orten aufgehalten und sich mit den Riten der Verehrung beschäftigt haben, werden sie allmählich gereinigt. Der Einfluss großer Weiser und Heiliger indessen ist so mächtig, dass man sogleich gereinigt wird, allein wenn man sie nur sieht.

Darüber hinaus ist es so, dass die reinigende Wirkung einer Pilgerreise oder der Verehrung eines Halbgottes ebenfalls nur der Gnade heiliger Persönlichkeiten zu verdanken ist. Aus diesem Grund wird ein Pilgerort dank der Heiligen und Weisen, die dort wohnen, zu einer heiligen Stätte. Mein lieber Śrutadeva, wenn jemand als *brāhmaṇa* geboren wird, zählt er bereits zu den besten der Menschen. Und wenn ein solcher *brāhmaṇa* in sich selbst zufrieden ist und sich Entsagung auferlegt, die Veden studiert und sich in Meinem hingebungsvollen Dienst beschäftigt, wie es der Pflicht der *brāhmaṇas* entspricht – mit anderen Worten, wenn er ein Vaiṣṇava wird –, wie groß ist dann seine Vortrefflichkeit! Meine Erweiterung als vierarmiger Nārāyaṇa ist Mir nicht so lieb wie ein *brāhmaṇa*-Vaiṣṇava. *Brāhmaṇa* bedeutet ‚jemand, der mit dem vedischen Wissen vertraut ist'. Ein *brāhmaṇa* ist der Inbegriff vollkommenen Wissens, ebenso wie Ich die Gesamtsumme aller Halbgötter bin. Menschen mit geringer Intelligenz verstehen Mich nicht, ebenso wenig wie sie die Bedeutung der *brāhmaṇa*-Vaiṣṇavas verstehen. Sie stehen unter dem Einfluss der drei Erscheinungsweisen der materiellen Natur und wagen es daher sogar, Mich und Meine reinen Geweihten zu schmähen. Ein *brāhmaṇa*-Vaiṣṇava, das heißt ein Gottgeweihter, der bereits die brahmanische Ebene erreicht hat, kann Mich in seinem Herzen erkennen und gelangt daher zu dem eindeutigen Schluss, dass die gesamte kosmische Manifestation mit ihren verschiedenen Aspekten von den Energien des Herrn geschaffen wurde. Er hat somit ein klares Verständnis von der materiellen Natur und der gesamten materiellen Energie, und ein solcher Gottgeweihter sieht in jeder Bewegung Mich allein, und nichts anderes.

Mein lieber Śrutadeva, du kannst deshalb all diese großen Heiligen, *brāhmaṇas* und Weisen als Meine echten Vertreter betrachten. Wenn du sie voller Vertrauen verehrst, dann verehrst du damit Mich auf eine noch gewissenhaftere Weise. Tatsächlich sehe Ich es lieber, wenn man

Meine Geweihten verehrt, als wenn man Mich direkt verehrt. Wenn jemand versucht, Mich direkt zu verehren, und dabei Meine Geweihten übergeht, nehme Ich eine solche Verehrung nicht an, auch wenn sie noch so prunkvoll ist."

Auf diese Weise folgten der *brāhmaṇa* Śrutadeva und der König von Mithilā den Anweisungen des Herrn und verehrten Ihn zusammen mit Seiner Gefolgschaft, den großen Weisen und den heiligen *brāhmaṇas*, indem sie sowohl Kṛṣṇa als auch den Weisen die gleiche spirituelle Bedeutung zumaßen. Der *brāhmaṇa* und der König erreichten beide letztlich das höchste Ziel und gelangten in die spirituelle Welt. Der Gottgeweihte kennt niemanden außer Kṛṣṇa, und Kṛṣṇa ist Seinerseits dem Gottgeweihten sehr zugeneigt. Śrī Kṛṣṇa verweilte noch einige Zeit in Mithilā und hielt Sich sowohl im Hause des *brāhmaṇa* Śrutadeva als auch im Palast König Bahulāśvas auf, und nachdem Er beide in reichlichem Maße mit transzendentalen Unterweisungen gesegnet hatte, kehrte Er wieder in Seine Hauptstadt Dvārakā zurück.

Aus dieser Begebenheit können wir die folgenden Lehren ziehen: Der Herr behandelte König Bahulāśva und den *brāhmaṇa* Śrutadeva völlig gleich, da beide reine Gottgeweihte waren. Dies ist die essentielle Eigenschaft, durch die man die Anerkennung der Höchsten Persönlichkeit Gottes finden kann. Weil es eine Erscheinung des gegenwärtigen Zeitalters ist, dass Menschen sich zu Unrecht etwas auf ihre Geburt in einer *kṣatriya-* oder *brāhmaṇa*-Familie einbilden, können wir heute häufig beobachten, wie Menschen, die nicht die geringste Qualifikation aufweisen, behaupten, *brāhmaṇas, kṣatriyas* oder *vaiśyas* zu sein, einfach nur weil sie in einer solchen Familie geboren wurden. In den Schriften heißt es jedoch: *kalau śūdra-sambhavaḥ* – „Im Zeitalter des Kali wird jeder als ein *śūdra* geboren." Dies liegt daran, dass heute die Reinigungsvorgänge, die als *saṁskāras* bezeichnet werden, nicht mehr durchgeführt werden. Diese Reinigungsvorgänge beginnen zum Zeitpunkt der Zeugung und setzen sich fort bis zum Zeitpunkt des Todes. Niemand kann einfach nur aufgrund des Geburtsrechts einer bestimmten Kaste zugeordnet werden, vor allem nicht den höheren Kasten der *brāhmaṇas, kṣatriyas* und *vaiśyas*. Jeder, der zum Zeitpunkt der Zeugung nicht durch den Vorgang der *garbhādhāna-saṁskāra* gereinigt worden ist, zählt automatisch zu den *śūdras*, denn nur die *śūdras* unterziehen sich nicht diesem Reinigungsvorgang. Geschlechtsverkehr ohne den Reinigungsvorgang des Kṛṣṇa-Bewusstseins ist nichts anderes als eine Art der Zeugung, wie wir sie auch bei den *śūdras* und den Tieren finden. Das Kṛṣṇa-Bewusstsein ist daher der beste Vorgang zur Reinigung. Dieser Vorgang erlaubt es jedem, die Ebene eines Vaiṣṇavas zu erreichen, auf der man alle Eigenschaften eines *brāhmaṇa* besitzt. Die Ausbildung der Vaiṣṇavas führt dazu, dass sie von allen vier Arten sündhafter Tätigkeiten frei werden, die darin bestehen, dass man unzulässige sexuelle Beziehungen unterhält, Rauschmittel einnimmt, sich an Glücksspielen beteiligt und Fleisch, Fisch oder Eier isst. Niemand kann sich auf die brahmanische Ebene erheben, ohne zumindest diese Grundvoraussetzungen zu erfüllen, und ohne ein qualifizierter *brāhmaṇa* zu sein, kann man kein reiner Gottgeweihter werden.

Hiermit enden die Bhaktivedanta-Erläuterungen zum 86. *Kapitel des Kṛṣṇa-Buches mit dem Titel „Die Entführung Subhadrās und Śrī Kṛṣṇas Besuch bei Śrutadeva und Bahulāśva“.*

KAPITEL 87

Die Gebete der Veden in Person

König Parīkṣit stellte Śukadeva Gosvāmī als Nächstes eine Frage über ein Thema, das für das Verstehen der spirituellen Philosophie von großer Bedeutung ist. Diese Frage lautete: „Das vedische Wissen behandelt hauptsächlich die drei Erscheinungsweisen der materiellen Natur – wie kann es dann also die Transzendenz erfassen, die jenseits der Reichweite der materiellen Erscheinungsweisen liegt? Der Geist ist materiell, und Worte sind materielle Klangschwingungen – wie also kann sich das vedische Wissen, das mit materiellen Klangschwingungen die Gedanken des materiellen Geistes ausdrückt, mit dem Thema der Transzendenz befassen? Um ein Objekt zu beschreiben, muss man seinen Ursprung, seine Eigenschaften und sein Wirken beschreiben. Dies ist nur möglich, indem man materielle Worte gebraucht, die die Gedanken des materiellen Geistes ausdrücken. Das Brahman, die Absolute

Wahrheit, hat zwar keine materiellen Eigenschaften, aber unser Ausdrucksvermögen geht nicht über den Bereich der materiellen Eigenschaften hinaus. Wie kann das Brahman, die Absolute Wahrheit, dann mit unseren Worten beschrieben werden? Ich begreife nicht, wie es möglich sein soll, die Transzendenz durch solche Ausdrücke materieller Klangschwingungen zu verstehen."

König Parīkṣit stellte seine Fragen mit der Absicht, dass Śukadeva Gosvāmī erklären möge, ob die Veden die Absolute Wahrheit letztlich als unpersönlich oder als persönlich beschreiben. Wenn man im spirituellen Verständnis fortschreitet, erkennt man die drei Aspekte der Absoluten Wahrheit: das unpersönliche Brahman, den Paramātmā im Herzen eines Jeden und schließlich die Höchste Persönlichkeit Gottes, Kṛṣṇa.

Die Veden behandeln drei verschiedene Bereiche von Tätigkeiten: *karma-kāṇḍa*, das heißt Tätigkeiten nach den Anweisungen der Veden, durch die man allmählich so weit geläutert wird, dass man seine wesenseigene Stellung erkennt; *jñāna-kāṇḍa*, das heißt der Weg, sich der Absoluten Wahrheit durch philosophische Spekulation zu nähern, und *upāsanā-kāṇḍa*, die Verehrung der Höchsten Persönlichkeit Gottes und manchmal auch der Halbgötter. Die Verehrung der Halbgötter, wie sie in den Veden beschrieben wird, erfordert es, dass man die Beziehung der Halbgötter zur Persönlichkeit Gottes versteht. Die Höchste Persönlichkeit Gottes hat viele Teile; die einen bezeichnet man als *svāṁśa*, Seine persönlichen Erweiterungen, und die anderen als *vibhinnāṁśa,* die Lebewesen. All diese Erweiterungen, sowohl die *svāṁśas* als auch die *vibhinnāṁśas*, haben ihren Ursprung in der Persönlichkeit Gottes. Die *svāṁśa*-Erweiterungen werden *viṣṇu-tattva* genannt und die *vibhinnāṁśa*-Erweiterungen *jīva-tattva.* Die Halbgötter gehören zum *jīva-tattva.* Die bedingten Seelen werden im Allgemeinen um der Sinnenbefriedigung willen in die Tätigkeiten der materiellen Welt versetzt. Wie es in der *Bhagavad-gītā* heißt, wird deshalb zur Einschränkung derer, die zu stark nach bestimmten Arten der Sinnenbefriedigung trachten, manchmal die Verehrung von Halbgöttern empfohlen. So empfehlen die vedischen Schriften zum Beispiel denjenigen, die unbedingt Fleisch essen wollen, die Verehrung der Göttin Kālī. Wenn sie die Göttin Kālī entsprechend den Regeln des *karma-kāṇḍa* verehren und ihr eine Ziege (und kein anderes Tier) opfern, dann erst ist es ihnen erlaubt, Fleisch zu essen. Der Zweck dieser Anweisung ist nicht etwa, das Fleischessen zu fördern, sondern sie soll einfach denjenigen, die sich nicht einschränken wollen, eine Möglichkeit geben, unter ganz bestimmten Bedingungen Fleisch zu essen. Deshalb ist die Verehrung der Halbgötter nicht dasselbe wie die Verehrung der Absoluten Wahrheit, aber sie erlaubt es einem auf indirekte Weise allmählich auf die Ebene zu kommen, auf der man die Höchste Persönlichkeit Gottes anerkennt. Dieser indirekte Weg wird in der *Bhagavad-gītā* als *avidhi* bezeichnet, das heißt als „nicht autorisiert". Weil die Verehrung der Halbgötter also nicht autorisiert ist, betonen die Unpersönlichkeitsphilosophen die Meditation über den unpersönlichen Aspekt der Absoluten Wahrheit. Mit seiner Frage wollte König Parīkṣit also erfahren, was das endgültige Ziel des vedischen Wissens ist. Die Konzentration auf den unpersönlichen Aspekt der Absoluten Wahrheit oder die Konzentration auf den persönlichen Aspekt. Diese Frage ist wichtig, denn schließlich entziehen sich sowohl der unpersönliche als auch der persönliche Aspekt des Höchsten Herrn unserem materiellen Vorstellungsvermögen. Der unpersönliche Aspekt des Absoluten, die Brahman-Ausstrahlung, ist nichts anderes als die Ausstrahlung von Śrī Kṛṣṇas transzendentalem Körper. Diese Ausstrahlung erstreckt sich über die gesamte Schöpfung, und den Teil der Ausstrahlung, der von der materiellen Wolke verhüllt wird, bezeichnet man als den erschaffenen Kosmos der drei materiellen Erscheinungsweisen – *sattva, rajas* und *tamas.* Wie also soll es möglich sein, dass diejenigen, die sich unter dieser Wolke, das heißt in der materiellen Welt, befinden, die Absolute Wahrheit durch philosophische Spekulation erkennen können?

Als Antwort auf König Parīkṣits Frage erwiderte Śukadeva Gosvāmī, dass die Höchste Persönlichkeit Gottes die Sinne, den Geist und die Lebenskraft des Lebewesens zum Zwecke der Sinnenbefriedigung und der Wanderung von einem Körper zum anderen sowie auch als Möglichkeit zur Befreiung von der materiellen Bedingtheit geschaffen habe. Mit anderen Worten, die Sinne, der Geist und die Lebenskraft können entweder zur Befriedigung der Sinne und zur Wanderung von Körper zu Körper gebraucht werden oder aber zum Erlangen von Befreiung. Die vedischen Anweisungen sollen der bedingten Seele die Möglichkeit zu einer durch Prinzipien geregelten Sinnenbefriedigung geben und ihr dadurch zugleich helfen, zu höheren Lebensbedingungen zu gelangen.

Wenn ihr Bewusstsein dann schließlich gereinigt worden ist, erlangt sie ihre ursprüngliche Stellung und kehrt nach Hause, zu Gott, zurück.

Das Lebewesen ist intelligent. Deshalb muss man seine Intelligenz so gebrauchen, dass sie über den Geist und die Sinne herrscht. Wenn der Geist und die Sinne durch den richtigen Gebrauch der Intelligenz geläutert sind, ist die bedingte Seele befreit. Wird die Intelligenz jedoch nicht richtig verwendet, das heißt nicht dazu, Sinne und Geist zu beherrschen, wandert die bedingte Seele aufgrund ihres Wunsches nach Sinnenbefriedigung weiter von Körper zu Körper. Ein anderer Punkt, den Śukadeva Gosvāmī in seiner Antwort deutlich hervorhob, ist die Tatsache, dass der Herr den Geist, die Sinne und die Intelligenz der individuellen Lebenskraft geschaffen hat; er hat jedoch nicht gesagt, dass die Lebewesen an sich jemals erschaffen wurden. Wie die leuchtenden Teilchen der Sonnenstrahlen immer zusammen mit der Sonne existieren, so existieren auch die Lebewesen ewig als Bestandteile der Höchsten Persönlichkeit Gottes. Aber genau wie Sonnenstrahlen manchmal von einer Wolke bedeckt werden, die durch die Sonne entsteht, so werden die bedingten Seelen, wenngleich sie ewig als Bestandteile des Höchsten Herrn existieren, manchmal von der Wolke der materiellen Lebensauffassung bedeckt und in die Dunkelheit der Unwissenheit versetzt. Alle vedischen Anweisungen sind dazu bestimmt, diese Dunkelheit zu vertreiben. Wenn die Sinne und der Geist des bedingten Lebewesens schließlich völlig gereinigt sind, erreicht es seine ursprüngliche Stellung, das Kṛṣṇa-Bewusstsein, und das ist Befreiung.

Der erste Aphorismus, oder *sūtra*, im *Vedānta-sūtra* stellt die Frage nach der Absoluten Wahrheit: *athāto brahma-jijñāsā* – „Was ist die Natur der Absoluten Wahrheit?" Das darauffolgende *sūtra* antwortet, dass die Absolute Wahrheit der Ursprung alles Existierenden sei. Alles, was wir wahrnehmen, auch im materiellen, bedingten Leben, ist nichts weiter als eine von Ihr ausgehende Erweiterung. Die Absolute Wahrheit schuf den Geist, die Sinne und die Intelligenz, woraus man schließen kann, dass die Absolute Wahrheit Selbst nicht ohne Geist, Intelligenz und Sinne ist. Mit anderen Worten, sie ist nicht unpersönlich. Schon allein das Wort „schuf" deutet darauf hin, dass die Absolute Wahrheit eine transzendentale Intelligenz besitzt. Wenn beispielsweise ein Mann ein Kind zeugt, hat das Kind Sinne, weil auch der Vater Sinne hat, und es hat Hände und Beine, weil auch der Vater

Hände und Beine hat. Deshalb heißt es manchmal auch, dass der Mensch nach dem Ebenbild Gottes geschaffen wurde. Die Absolute Wahrheit ist daher die Höchste Persönlichkeit, die transzendentale Sinne, einen transzendentalen Geist und transzendentale Intelligenz besitzt. Wenn der Geist, die Intelligenz und die Sinne des Lebewesens von der materiellen Verunreinigung frei geworden sind, kann es verstehen, dass die Absolute Wahrheit in Ihrem ursprünglichen Aspekt eine Person ist.

Die vedischen Anweisungen erheben die bedingte Seele allmählich von der Erscheinungsweise der Unwissenheit zur Erscheinungsweise der Leidenschaft und von dort zur Erscheinungsweise der Tugend, und diese Erscheinungsweise erhellt die Sicht der bedingten Seele mit genügend Licht, um die Dinge so sehen zu können, wie sie sind. Dies kann durch ein Beispiel verdeutlicht werden. Aus der Erde wächst ein Baum; vom Baum erhält man Brennholz und mit Brennholz kann man ein Feuer entfachen. Beim Anzünden entsteht zuerst Rauch, dann Hitze und schließlich Feuer. Das Feuer kann für viele Zwecke verwendet werden und daher ist Feuer das erstrebte Ziel. Ebenso ist auf der grobstofflichen Stufe des materiellen Lebens die Erscheinungsweise der Unwissenheit vorherrschend. Mit der allmählichen Entwicklung vom barbarischen Dasein zum zivilisierten Leben weicht diese Unwissenheit und mit dem Erreichen einer zivilisierten Lebensweise wird die Erscheinungsweise der Leidenschaft vorherrschend. Auf der Stufe des barbarischen Lebens, in der Erscheinungsweise der Unwissenheit, werden die Sinne auf sehr grobe Weise befriedigt. In der Erscheinungsweise der Leidenschaft, also auf der zivilisierten Stufe des Lebens, nimmt die Sinnenbefriedigung eine verfeinerte Form an. Wenn man jedoch die Erscheinungsweise der Tugend erreicht, kann man verstehen, dass sich die Sinne und der Geist nur deshalb mit materiellen Tätigkeiten beschäftigen, weil sie von einem widernatürlichen Bewusstsein bedeckt sind. Wenn dieses verzerrte, widernatürliche Bewusstsein allmählich in Kṛṣṇa-Bewusstsein umgewandelt wird, öffnet sich der Pfad zur Befreiung. Mit anderen Worten, es ist nicht unmöglich, sich mit Hilfe der Sinne und des Geistes der Absoluten Wahrheit zu nähern. Die richtige Schlussfolgerung lautet somit, dass die Sinne, der Geist und die Intelligenz, solange sie sich auf der grobstofflichen Stufe der Verunreinigung befinden, das Wesen der Absoluten Wahrheit nicht erkennen können;

wenn die Sinne, der Geist und die Intelligenz jedoch gereinigt sind, sind sie sehr wohl in der Lage zu verstehen, was die absolute Wahrheit ist. Dieser Reinigungsvorgang ist der hingebungsvolle Dienst, das Kṛṣṇa-Bewusstsein.

In der *Bhagavad-gītā* wird unmissverständlich gesagt, dass es das Ziel des vedischen Wissens ist, Kṛṣṇa zu erkennen, und Kṛṣṇa wiederum ist nur durch hingebungsvollen Dienst zu erkennen, der damit beginnt, dass man sich Kṛṣṇa hingibt. Die *Bhagavad-gītā* gibt die Anweisung, dass man ohne Unterlass an Kṛṣṇa denken müsse und dass man Ihm liebevollen Dienst darbringen, Ihn verehren und sich vor Ihm verneigen müsse. Nur durch diesen Vorgang kann man in das Königreich Gottes gelangen, und darüber besteht kein Zweifel.

Das Lebewesen, das in der Erscheinungsweise der Tugend durch den Vorgang des hingebungsvollen Dienstes erleuchtet wird, ist vom Einfluss der Erscheinungsweisen der Unwissenheit und Leidenschaft befreit. Bei der Antwort auf Mahārāja Parīkṣits Frage gebrauchte Śukadeva Gosvāmī das Wort *ātmane*, was die Stufe bezeichnet, auf der man all die brahmanischen Eigenschaften erlangt hat, die zum Studium der Upaniṣaden erforderlich sind. Diese vedischen Texte beschreiben auf vielerlei Weise die transzendentalen Eigenschaften des Höchsten Herrn, der Absoluten Wahrheit, und eine dieser Bezeichnungen lautet *nirguṇa*. Dies bedeutet jedoch nicht, dass der Höchste Herr keine Eigenschaften hätte. Im Gegenteil, nur weil Er Eigenschaften hat, können auch die bedingten Lebewesen Eigenschaften haben. Der Sinn des Studiums der Upaniṣaden besteht darin, zur Erkenntnis zu gelangen, dass die Absolute Wahrheit transzendentale Eigenschaften hat, die sich völlig von den materiellen Eigenschaften der Unwissenheit, Leidenschaft und Tugend unterscheiden. Das ist die vedische Sichtweise. Große Weise wie die vier Kumāras, von denen Sanaka der führende ist, folgten diesen Prinzipien des vedischen Wissens und gelangten auf diese Weise allmählich von einer unpersönlichen Auffassung der Absoluten Wahrheit zur persönlichen Verehrung des Höchsten Herrn. Es wird uns daher empfohlen, dem Beispiel dieser großen Persönlichkeiten zu folgen. Śukadeva Gosvāmī gehört selbst zu diesen großen Persönlichkeiten, weshalb seine Antwort auf Mahārāja Parīkṣits Frage maßgeblich ist. Wer den Fußstapfen solch großer Persönlichkeiten folgt, erlangt auf dem Pfad der Befreiung mit Sicherheit sehr leicht Fortschritte und kehrt letzten

Endes nach Hause, zu Gott, zurück. Dies ist der Vorgang, wie man die Vollkommenheit des menschlichen Lebens erreicht.

Śukadeva Gosvāmī sagte weiter zu Parīkṣit Mahārāja: „Mein lieber König, in diesem Zusammenhang gibt es eine interessante Geschichte, die ich dir erzählen möchte. Diese Erzählung ist von großer Bedeutung, weil sie sich auf Nārāyaṇa, die Höchste Persönlichkeit Gottes, bezieht. Sie schildert ein Gespräch zwischen Nārāyaṇa Ṛṣi und dem großen Weisen Nārada. Nārāyaṇa Ṛṣi hält Sich noch heute in Badarīkāśrama auf und ist eine anerkannte Inkarnation Nārāyaṇas. Badarīkāśrama liegt im nördlichsten Teil des Himalayas und ist immer mit Schnee bedeckt. Auch heute noch gibt es fromme Inder, die diesen Ort während des Sommers besuchen, wenn es nicht so heftig schneit.

Als einst Nārada, der große Geweihte und Asket unter den Halbgöttern, verschiedene Planeten bereiste, wollte er auch den Asketen Nārāyaṇa in Badarīkāśrama besuchen, um Ihm seine Ehrerbietungen darzubringen. Nārāyaṇa Ṛṣi, die Inkarnation Gottes als großer Weiser, unterzieht Sich schon seit Anbeginn der Schöpfung schweren Bußen und Entsagungen, um die Bewohner von Bhārata-varṣa zu lehren, wie man die höchste Vollkommenheit des Lebens erreicht und zurück zu Gott geht. Seine Bußen und Entsagungen sind beispielhaft für alle Menschen. Einst hielt Sich Nārāyaṇa Ṛṣi, die Inkarnation Gottes, in dem Dorf namens Kalāpagrāma auf, und dort saß Er inmitten vieler Gottgeweihter. Natürlich handelte es sich dabei nicht um gewöhnliche Weise, und so kam es, dass unter ihnen auch der große Weise Nārada erschien. Nachdem er Nārāyaṇa Ṛṣi seine Ehrerbietungen erwiesen hatte, stellte er Ihm die gleiche Frage, die König Parīkṣit an Śukadeva Gosvāmī gerichtet hatte. Nārāyaṇa Ṛṣi beantwortete daraufhin Nāradas Frage, indem Er den Fußstapfen Seiner Vorgänger folgte, und Er erzählte, wie diese Frage vor langer Zeit einmal auf dem Planeten Janaloka erörtert wurde. Janaloka befindet sich oberhalb der Svargaloka-Planeten, zu denen Planeten wie der Mond und die Venus gehören. Auf diesen Planeten leben große Weise und Heilige, und auch sie sprachen einstmals über dasselbe Thema, nämlich das richtige Verständnis vom Brahman und seiner wirklichen Identität.

Der große Weise Nārāyaṇa sprach: „Mein lieber Nārada, Ich will dir nun von einer Begebenheit berichten, die sich vor langer, langer Zeit zutrug. Es hielten einst die Bewohner der himmlischen Planeten eine große Zusammenkunft ab, an der fast ausnahmslos alle bedeutenden *brahmacārīs* teilnahmen, so wie die vier Kumāras – Sanandana, Sanaka, Sanātana und Sanat-Kumāra. Gegenstand ihres Gesprächs war das Verständnis der Absoluten Wahrheit, dem Brahman. Du selbst warst bei dem Treffen nicht zugegen, da du dich damals auf die Insel Śvetadvīpa begeben hattest, um Meine Erweiterung Aniruddha zu besuchen. In jener Versammlung sprachen die großen Weisen und *brahmacārīs* in aller Ausführlichkeit über die gleiche Frage, die auch du Mir heute gestellt hast. Dieses Gespräch war äußerst interessant, und es bewegte sich auf einer solch hohen Ebene, dass selbst die Veden nicht imstande waren, die auftretenden komplizierten Fragen zu beantworten."

Nārāyaṇa Ṛṣi sagte also zu Nāradajī, dass dieselbe Frage, die er Ihm gestellt habe, bereits bei dieser Zusammenkunft auf Janaloka besprochen worden sei. Das ist der Weg, Wissen durch die *paramparā*, die Schülernachfolge, zu erlangen. Mahārāja Parīkṣit stellte Śukadeva Gosvāmī eine Frage; Śukadeva Gosvāmī bezog sich bei seiner Antwort auf Nārada, der seinerseits Nārāyaṇa Ṛṣi gefragt hatte, und Nārāyaṇa Ṛṣi schließlich berief Sich bei seiner Antwort auf noch höhere Autoritäten, die auf dem Planeten Janaloka residieren, wo dieses Thema von den großen Kumāras – Sanandana, Sanaka, Sanātana und Sanat-Kumāra erörtert worden war. Diese vier *brahmacārīs* sind anerkannte Gelehrte der Veden und der anderen *śāstras*. Ihr unbegrenzter, von Entsagungen und Bußen gestützter Wissensschatz wird in ihrem erhabenen und vorbildlichen Charakter offenbart. Sie sind sehr liebenswürdig und zuvorkommend, und für sie gibt es keinen Unterschied zwischen Freunden, Gönnern und Feinden. Weil Persönlichkeiten wie die Kumāras in der Transzendenz verankert sind, stehen sie über allen materiellen Betrachtungen und sind materiellen Dualitäten gegenüber stets gleichgültig. Bei der Diskussion, die die vier Brüder miteinander führten, wählten sie einen von ihnen, Sanandana, zum Sprecher, und die drei anderen Brüder wurden seine Zuhörer.

Sanandana sagte: „Nach der Auflösung der gesamten kosmischen Manifestation geht die Gesamtheit der Energie und die ganze Schöpfung in ihrer Kernform in den Körper Garbhodakaśāyī Viṣṇus ein. Dann schläft der Herr für eine unvorstellbar lange Zeit, und wenn wieder eine Schöpfung notwendig wird, versammeln sich die Veden in Person um Ihn und beginnen, Ihn zu lobpreisen, indem sie Seine wundervollen transzendentalen Spiele beschreiben. Dies ist mit dem Wecken eines Königs vergleichbar. Wenn der König morgens noch schläft, versammeln sich auserwählte Sänger in seinem Schlafgemach und beginnen, seine Heldentaten zu besingen, und während der König den Ruhm seiner Taten hört, erwacht er allmählich.

Die Sprecher des vedischen Wissens, die Veden in Person, tragen die folgenden Gesänge vor: ‚O unüberwindlicher Herr, Du bist die Höchste Persönlichkeit. Niemand kommt Dir gleich und niemand ist größer als Du. Deine ruhmreichen Taten suchen ihresgleichen. Sei gepriesen! Sei gepriesen über alles! Aufgrund Deiner transzendentalen Natur besitzt Du alle sechs Füllen in Vollkommenheit, und daher kannst Du alle bedingten Seelen aus der Gewalt *māyās* befreien. O Herr, wir flehen Dich inständig an, dies gütigerweise zu tun. Alle Lebewesen sind Deine Teile, und deshalb sind sie von Natur aus glückselig, ewig und voller Wissen; doch in ihrer eigenen Unvollkommenheit ahmen sie Dich nach und versuchen, selbst der höchste Genießer zu werden. Auf diese Weise widersetzen sie sich Deiner höchsten Herrschaft und werden zu Frevlern. Und genau wegen dieser Vergehen sind sie unter das Joch Deiner materiellen Energie geraten, worauf ihre transzendentalen Eigenschaften der Freude, der Glückseligkeit und des Wissens von den Wolken der drei materiellen Erscheinungsweisen bedeckt wurden. Die aus den drei materiellen Erscheinungsweisen geschaffene kosmische Manifestation ist wie ein Gefängnis für die bedingten Seelen. Die bedingten Seelen kämpfen verzweifelt darum, der materiellen Gefangenschaft zu entkommen, und entsprechend ihren jeweiligen Lebensbedingungen sind ihnen bestimmte Tätigkeiten zugeordnet worden. Aber da all ihre Tätigkeiten auf dem Wissen, das von Dir kommt, gründen, können bedingte Seelen nur fromme Werke ausführen, wenn Du sie durch Deine Barmherzigkeit dazu inspirierst. Deshalb kann niemand den Einfluss der materiellen Energie überwinden, ohne bei Deinen Lotosfüßen Zuflucht zu suchen. Wir, das personifizierte vedische Wissen, beschäftigen uns ständig in Deinem Dienst, um den bedingten Seelen zu helfen, Dich zu verstehen.'"

Dieses Gebet der Veden in Person verdeutlicht, dass die Veden dazu bestimmt sind, den bedingten Seelen zu helfen, Kṛṣṇa zu erkennen. Alle versammelten *śrutis*, oder Veden in Person, lobpriesen den Herrn immer wieder, indem sie „Jaya! Jaya!“ sangen. Dies deutet darauf hin, dass der Herr, der ruhmreichste von allen ist. Von all Seinen herrlichen Eigenschaften ist die wichtigste Seine grundlose Barmherzigkeit gegenüber den bedingten Seelen, indem Er sie aus der Gewalt *māyās* befreit und sie zu Sich zurückruft. Es gibt unzählige Lebewesen in den verschiedenartigsten Körpern, von denen sich einige bewegen und andere ortsgebunden sind. Das bedingte Dasein dieser Lebewesen hat seine Ursache allein darin, dass sie ihre ewige Beziehung zur Höchsten Persönlichkeit Gottes vergessen haben. Wenn das Lebewesen über die materielle Natur herrschen und Kṛṣṇa nachahmen will, wird es sogleich von der materiellen Energie gefangen und bekommt je nach Wunsch eine der 8 400 000 verschiedenen Körperformen. Obgleich das Lebewesen ständig von den dreifachen Leiden des materiellen Daseins gepeinigt wird, hält es sich in seiner Illusion fälschlicherweise für den Herrn über alles, was es wahrnimmt. Unter dem Bann der materiellen Energie, die die drei materiellen Erscheinungsweisen repräsentiert, befindet sich das Lebewesen in einer solchen Verstrickung, dass es nicht die geringste Möglichkeit hat, frei zu werden, wenn der Herr ihm nicht gnädig ist. Das Lebewesen kann den Einfluss der Erscheinungsweisen der materiellen Natur nicht durch eigene Anstrengung überwinden, doch weil die materielle Natur unter der Aufsicht des Höchsten Herrn wirkt, befindet Er Sich jenseits ihres Einflussbereiches. Außer Ihm befinden sich alle Lebewesen, von Brahmā bis hinunter zur Ameise, unter der Herrschaft der materiellen Natur.

Weil der Herr die sechs Füllen – Reichtum, Kraft, Ruhm, Schönheit, Wissen und Entsagung – in Vollkommenheit besitzt, steht Er als einziger nicht unter dem Bann der materiellen Natur. Solange das Lebewesen nicht Kṛṣṇa-bewusst ist, kann es sich Gott, der Höchsten Persönlichkeit, nicht nähern. Doch Er in Seiner Allmacht kann allen Lebewesen von innen her als Überseele Anweisungen geben, wie das Lebewesen allmählich zu Ihm kommen kann; sogar während es seinen gewöhnlichen Tätigkeiten nachgeht. Wie es der Herr in der *Bhagavad-gītā* empfiehlt: „Alles, was du tust, tue für Mich; alles, was du isst, opfere zuerst Mir; alles, was du als Spende fortgeben willst, solltest du zuerst Mir geben, und jede Art der Buße und Entsagung, die du praktizierst, solltest du für Mich auf dich nehmen.“ Auf diese Weise werden die *karmīs* dazu gebracht, allmählich ihr Kṛṣṇa-Bewusstsein zu entwickeln. Ebenso führt

Kṛṣṇa auch die Philosophen und gibt ihnen Anweisungen, wie sie sich Ihm nähern können, indem sie zwischen Brahman und *māyā* zu unterscheiden lernen. Diejenigen, die dann schließlich zu reifem Wissen kommen, geben sich Kṛṣṇa hin. Kṛṣṇa Selbst sagt in der *Bhagavad-gītā:* „Nach vielen, vielen Geburten kommt der Philosoph, der in Weisheit gründet, zu dem Punkt, an dem er sich Mir hingibt." Auch die Yogis werden dahin geführt, ihre Meditation darauf zu richten, wie Kṛṣṇa Sich in ihrem Herzen befindet. Wenn sie sich ununterbrochen an diesen Vorgang des Kṛṣṇa-Bewusstseins halten, können sie auch aus der Gewalt der materiellen Energie befreit werden. Die Gottgeweihten werden jedoch, da sie sich von Anfang an mit Liebe und Hingabe im hingebungsvollen Dienst beschäftigen, vom Herrn persönlich auf eine solche Weise geführt, dass sie sich Ihm ohne Schwierigkeiten und ohne Abweichung nähern können. Dies wird in der *Bhagavad-gītā* erklärt. Einzig und allein durch die Gnade des Herrn ist es möglich, die genaue Bedeutung von Brahman, Paramātmā und Bhagavān zu verstehen.

Die Worte der Veden in Person besagen eindeutig, dass es das einzige Ziel der vedischen Schriften sei, ein Verständnis von Kṛṣṇa zu vermitteln. Ebenso wird in der *Bhagavad-gītā* bestätigt, dass das Studium der Veden einzig und allein dahin führen müsse, Kṛṣṇa zu verstehen. Kṛṣṇa ist immer damit beschäftigt, zu genießen, sei es in der materiellen oder in der spirituellen Welt. Weil Er der höchste Genießer ist, besteht für Ihn kein Unterschied zwischen der materiellen Welt und der spirituellen Welt. Die materielle Welt setzt den gewöhnlichen Lebewesen Schranken, da diese stets von ihr beherrscht werden, doch weil Kṛṣṇa der Herr der materiellen Welt ist, gibt es für Ihn keine Hindernisse. Die Veden erklären daher an mehreren Stellen der Upaniṣaden: „Das Höchste Brahman ist ewig, voller Wissen und voller Glückseligkeit; doch die eine Höchste Persönlichkeit Gottes befindet Sich im Herzen eines jeden Lebewesens." Weil Kṛṣṇa, die Höchste Persönlichkeit Gottes, alldurchdringend ist, vermag Er nicht nur in die Herzen der Lebewesen einzugehen, sondern auch in die Atome. Als Überseele lenkt Er alle Tätigkeiten der Lebewesen. Er befindet Sich in ihren Herzen und ist der Zeuge all ihrer Tätigkeiten. Er erlaubt ihnen, nach ihren Wünschen zu handeln, und lässt ihnen dann die Ergebnisse ihrer Tätigkeiten zukommen. Er ist die Lebenskraft in allem, und trotzdem ist Er transzendental zu allen materiellen Eigenschaften. Er ist allmächtig;

Er stellt alles in meisterhafter Weise her, und durch Sein überlegenes, natürliches Wissen vermag Er jeden unter Seine Führung zu bringen. Somit ist Er der Meister eines jeden. Manchmal erscheint Er persönlich auf der Erde, aber gleichzeitig weilt Er auch überall in der Materie. Weil Er Sich wünschte, Sich in viele Formen zu erweitern, warf Er einen Blick über die materielle Natur, und so wurden unzählige Lebewesen manifestiert. Alles wurde durch Seine höhere Energie erschaffen, und alles in Seiner Schöpfung ist offensichtlich höchst vollkommen, ohne die geringste Spur eines Mangels. Diejenigen, die aus der materiellen Welt befreit werden möchten, müssen daher die Höchste Persönlichkeit Gottes, die ursprüngliche Ursache aller Ursachen, verehren. Er ist mit der Gesamtmasse der Erde zu vergleichen, aus der eine Vielzahl von Töpfen hergestellt wird: Die Töpfe werden aus Erde hergestellt, dann stehen sie auf der Erde, und wenn sie zerbrochen sind, gehen ihre Bestandteile wieder in die Erde ein, der eigentlichen Ursache aller möglichen Erscheinungsformen.

Die Unpersönlichkeitsanhänger betonen, wenn sie diesen Vergleich von Brahman und der Erde anstellen, insbesondere den vedischen Ausspruch: *sarvaṁ khalv idaṁ brahma* – „Alles ist Brahman." Die Unpersönlichkeitsanhänger übersehen jedoch die vielfältigen Manifestationen, die aus der höchsten Ursache, dem Brahman, hervorgehen. Sie sehen einfach nur, dass alles vom Brahman ausgeht, dass alles nach der Zerstörung wieder in das Brahman eingeht und dass der dazwischenliegende Zustand der Manifestation ebenfalls Brahman ist. Obwohl die Māyāvādīs glauben, der Kosmos wäre vor der Schöpfung im Brahman gewesen, er bliebe nach der Schöpfung im Brahman und ginge nach der Zerstörung wieder in das Brahman ein, haben sie nicht die geringste Ahnung, was das Brahman in Wirklichkeit ist. Die *Brahma-saṁhitā* jedoch beschreibt das Brahman eindeutig: „Die Lebewesen, der Raum, die Zeit und die materiellen Elemente, wie Feuer, Erde, Äther, Wasser und Geist, bilden die Gesamtheit der kosmischen Manifestation, die als Bhūḥ, Bhuvaḥ und Svaḥ bezeichnet wird und deren Ursprung Govinda ist. Sie erblüht durch die Kraft Govindas, geht nach der Vernichtung in Govinda ein und wird in Ihm bewahrt." Brahmā sagt deshalb: „Ich verehre Govinda, die ursprüngliche Persönlichkeit, die Ursache aller Ursachen."

Das Wort „Brahman" bedeutet „das Größte von allem" und „der

Erhalter alles Bestehenden". Die Unpersönlichkeitsanhänger fühlen sich zur Größe und Weite des Himmels hingezogen; doch weil sie nur ein geringes Maß an Wissen haben, fühlen sie sich nicht zu Kṛṣṇas Größe hingezogen. Indes können wir selbst in unserem alltäglichen Leben sehen, dass wir von der Größe einer Person angezogen werden, und nicht von der Größe eines Berges. In Wirklichkeit kann der Begriff Brahman nur auf Kṛṣṇa bezogen werden. Deshalb schlussfolgert Arjuna in der *Bhagavad-gītā*, dass Śrī Kṛṣṇa das Parabrahman, der höchste Ruheort alles Existierenden, sei.

Kṛṣṇa ist das Höchste Brahman, weil Er über grenzenloses Wissen, grenzenlose Energien, grenzenlose Stärke, grenzenlose Macht, grenzenlose Schönheit und grenzenlose Entsagung verfügt. Das ist der Grund, weshalb das Wort „Brahman" letztlich nur auf Kṛṣṇa bezogen werden kann. Arjuna bestätigt, dass Kṛṣṇa das Parabrahman ist, weil das unpersönliche Brahman die Ausstrahlung ist, die von Kṛṣṇas transzendentalem Körper ausgeht. Alles ruht auf dem Brahman, doch das Brahman seinerseits ruht auf Kṛṣṇa. Deshalb ist Kṛṣṇa das Höchste Brahman, das Parabrahman. Die materiellen Elemente gelten als die niederen Energien Kṛṣṇas, weil durch ihre Wechselwirkung die kosmische Manifestation stattfindet, auf Kṛṣṇa ruht und nach ihrer Zerstörung als feinstoffliche Energie wieder in Ihn eingeht. Kṛṣṇa ist deshalb die Ursache sowohl der Schöpfung als auch der Vernichtung.

Sarvaṁ khalv idaṁ brahma bedeutet, dass alles Kṛṣṇa sei – in dem Sinn, dass alles Seine Energie ist. Das ist die Sicht der *mahā-bhāgavatas*, die alles in Beziehung zu Kṛṣṇa sehen. Die Verfechter der Unpersönlichkeitslehre behaupten, Kṛṣṇa wäre zu vielen geworden und daher wäre alles Kṛṣṇa und die Verehrung von irgendetwas Beliebigem wäre ebenfalls eine Verehrung Kṛṣṇas. Diese falsche Behauptung wird von Kṛṣṇa Selbst in der *Bhagavad-gītā* widerlegt. Es heißt dort, dass alles zwar eine Umwandlung von Kṛṣṇas Energie sei, dass Er jedoch nicht überall persönlich gegenwärtig sei. Er ist gleichzeitig gegenwärtig und nicht gegenwärtig. Durch Seine Energie ist Er überall gegenwärtig, doch als Energieursprung ist Er nicht überall gegenwärtig. Diese gleichzeitige Gegenwart und Nichtgegenwart ist für unsere derzeitigen Sinne unfassbar. Doch in der *Īśopaniṣad* wird gleich am Anfang eine deutliche Erklärung gegeben, die besagt, dass der Höchste Herr so vollkommen sei, dass Sich Seine Persönlichkeit nicht im

Geringsten wandle, obwohl unbegrenzte Energien und deren Umwandlungen von Ihm ausgingen. Weil Kṛṣṇa die Ursache aller Ursachen ist, sollten daher die intelligenten Menschen bei Seinen Lotosfüßen Zuflucht suchen.

Kṛṣṇa gibt jedem den Rat, sich Ihm allein hinzugeben, und das ist letztlich die Aussage aller vedischen Anweisungen. Weil Kṛṣṇa die Ursache aller Ursachen ist, wird Er von allen Weisen und Heiligen durch das Befolgen der regulierenden Prinzipien verehrt. Was Meditation betrifft, so meditieren große Persönlichkeiten über die transzendentale Gestalt Kṛṣṇas im Herzen, und auf diese Weise ist ihr Geist stets auf Kṛṣṇa gerichtet. Wenn die Gottgeweihten ihren Geist auf Kṛṣṇa konzentriert haben, ist es völlig natürlich, dass sie in ihrer Faszination nur noch über Kṛṣṇa sprechen.

Über Kṛṣṇa zu sprechen oder zu singen wird *kīrtana* genannt. Auch Śrī Caitanya empfiehlt *kīrtanīyaḥ sadā hariḥ*, das heißt, ständig an Kṛṣṇa zu denken und über Ihn, und nichts anderes, zu sprechen. Dies ist die Definition des Kṛṣṇa-Bewusstseins. Kṛṣṇa-Bewusstsein ist so erhaben, dass jeder, der diesen Vorgang beginnt, zur höchsten Vollkommenheit des Lebens erhoben wird, einer Vollkommenheit, die den Gedanken der Befreiung weit übersteigt. In der *Bhagavad-gītā* rät Kṛṣṇa deshalb jedem, ständig an Ihn zu denken, sich in Seinem hingebungsvollen Dienst zu beschäftigen, Ihn zu verehren und Ihm Ehrerbietungen darzubringen. Auf diese Weise wird der Gottgeweihte völlig „Kṛṣṇaisiert", und weil er sich immer auf der Ebene des Kṛṣṇa-Bewusstseins befindet, geht er schließlich zurück zu Kṛṣṇa.

Obwohl in den Veden die Verehrung der Halbgötter, die Bestandteile Kṛṣṇas sind, empfohlen wird, muss man sich darüber im Klaren sein, dass diese Anweisungen nur für die weniger intelligenten Menschen bestimmt sind, die noch immer zu materiellem Sinnengenuss neigen. Ein Mensch dagegen, der die Bestimmung des menschlichen Lebens auf vollkommene Weise erfüllen will, sollte einfach Śrī Kṛṣṇa verehren. Dies wird alles vereinfachen, und darüber hinaus garantiert es einem den vollen Erfolg des menschlichen Lebens. Obgleich sowohl der Himmel als auch das Wasser und das Land Bestandteile der materiellen Welt sind, steht man natürlich viel sicherer auf dem Land als in der Luft oder auf dem Wasser. Ein intelligenter Mensch stellt sich deshalb nicht unter den Schutz der Halbgötter, obwohl sie Teile Kṛṣṇas sind. Er stützt sich vielmehr auf den festen Boden des Kṛṣṇa-Bewusstseins, und das gibt ihm einen soliden und sicheren Stand.

Die Unpersönlichkeitsanhänger geben manchmal das Beispiel, dass man sich auch auf einen Stein oder einen Holzklotz stellen könne und dabei immer noch auf dem Boden stehe, da der Stein oder der Holzklotz ja auf der Erdoberfläche liege. Doch ihnen sei erwidert, dass derjenige, der unmittelbar auf der Erde steht, auf einer viel sichereren Grundlage steht als derjenige auf einem Stein oder einem Holzklotz auf der Erde. Mit anderen Worten, beim *Paramātmā* oder beim unpersönlichen Brahman Zuflucht zu suchen gewährleistet nicht eine solche Sicherheit, wie wenn man direkt bei Kṛṣṇa im Kṛṣṇa-Bewusstsein Zuflucht sucht. Die Stellung der *jñānīs* und Yogis ist also nicht so sicher wie die Stellung der Geweihten Kṛṣṇas. Śrī Kṛṣṇa sagt deshalb in der *Bhagavad-gītā*, dass nur jemand, der seine Vernunft verloren habe, die Halbgötter verehre. Und über Menschen, die sich zum unpersönlichen Brahman hingezogen fühlen, sagt das *Śrīmad-Bhāgavatam:* „Mein lieber Herr, diejenigen, die sich einbilden, durch mentale Spekulation befreit worden zu sein, sind in Wirklichkeit nicht von der Verunreinigung der materiellen Natur befreit, da es ihnen nicht gelungen ist, bei Deinen Lotosfüßen Zuflucht zu finden. Obwohl sie zum transzendentalen Daseinszustand im unpersönlichen Brahman aufsteigen mögen, fallen sie mit Sicherheit wieder von dieser hohen Stufe herab, da sie Deine Lotosfüße verspotten.“ Śrī Kṛṣṇa erklärt also, dass die Verehrer der Halbgötter nicht sehr klug seien, da ihnen nur vergängliche und erschöpfliche Ergebnisse zuteilwerden. Deshalb sind ihre nutzlosen Anstrengungen nichts anderes als ein Beweis für ihre Torheit. Die Gottgeweihten hingegen, so versichert der Herr, brauchen sich nicht zu fürchten, jemals zu Fall zu kommen.

Die Veden in Person fuhren in ihrem Gebet fort: „Lieber Herr, in Anbetracht dieser Gesichtspunkte sollte man, da man ohnehin immer einen Höherstehenden verehren muss, Deine Lotosfüße verehren, schon allein aus einem Gefühl des Anstandes heraus, denn Du bist schließlich der Höchste Herrscher über Schöpfung, Erhaltung und Vernichtung. Du bist der Beherrscher der drei Welten Bhūḥ, Bhuvaḥ und Svaḥ; Du bist der Beherrscher der 14 höheren und niederen Welten, und Du bist auch der Beherrscher der drei materiellen Erscheinungsweisen. Die Halbgötter und die im spirituellen Wissen fortgeschrittenen

Menschen hören und chanten ständig über Deine transzendentalen Spiele, denn dieser Vorgang hat die besondere Kraft, alle angesammelten Reaktionen auf vergangene Sünden auszulöschen. Intelligente Menschen tauchen in den Ozean Deiner nektargleichen Taten und hören über sie mit großer Ausdauer. Auf diese Weise werden sie sofort von der Verunreinigung durch die materiellen Eigenschaften befreit, ohne sich harten Entsagungen und Bußen unterziehen zu müssen, um im spirituellen Leben Fortschritte zu erreichen. Das Chanten und Hören über Deine transzendentalen Spiele ist der einfachste Weg zur Selbstverwirklichung. Einfach durch das ergebene Hören der spirituellen Botschaft reinigt man sein Herz von allen unreinen Dingen, und so festigt sich das Kṛṣṇa-Bewusstsein im Herzen des Gottgeweihten." Auch die große Autorität Bhīṣmadeva hat erklärt, dass das Chanten und Hören über die Höchste Persönlichkeit Gottes der höchste religiöse Vorgang sei. Und die *Taittirīya Upaniṣad* beschreibt, dass die Verehrung der Höchsten Persönlichkeit Gottes die Essenz aller vedischen Rituale sei.

„O Herr", fuhren die Veden in Person fort, „ein Gottgeweihter, der sich durch den Vorgang des hingebungsvollen Dienstes erheben möchte, vor allem durch Hören und Chanten, entkommt schon sehr bald der Gewalt der Dualitäten des materiellen Daseins. Durch diesen einfachen Vorgang der Buße und Entsagung wird die Überseele im Herzen des Gottgeweihten sehr erfreut, und Sie führt den Gottgeweihten auf dem Weg zurück nach Hause, zurück zu Gott. In der *Bhagavad-gītā* wird erklärt, dass jemand, der all seine Tätigkeiten und Sinne in den Dienst des Herrn stelle, von Frieden erfüllt werde, da die Überseele mit ihm zufrieden sei. So wird der Gottgeweihte transzendental zu aller Dualität, wie Hitze und Kälte oder Ehre und Schmach. Befreit von allen Dualitäten, erfährt er transzendentale Glückseligkeit und leidet nicht mehr unter den für das materielle Dasein typischen Sorgen und Ängsten. Die *Bhagavad-gītā* bestätigt, dass sich ein Gottgeweihter, der ständig ins Kṛṣṇa-Bewusstsein vertieft ist, nicht um seine Erhaltung oder seinen Schutz zu sorgen braucht. Da er ständig ins Kṛṣṇa-Bewusstsein vertieft ist, erreicht er schließlich die höchste Vollkommenheit. Für die Zeit, die er sich noch in der materiellen Welt befindet, lebt er sehr friedvoll und glücklich, frei von allen Sorgen und Ängsten, und wenn er den Körper aufgibt, kehrt er nach Hause, zu Gott, zurück. Der Herr erklärt in der *Bhagavad-gītā*: „Mein höchstes Reich ist ein transzendentaler Ort, und wer ihn einmal erreicht hat, kehrt nie mehr in die materielle Welt zurück. Jeder, der auf der Stufe der Vollkommenheit steht, da er sich in jenem ewigen Reich in Meinem hingebungsvollen Dienst beschäftigt, hat die höchste Vollkommenheit des menschlichen Lebens erreicht und braucht nicht wieder in die leidvolle materielle Welt zurückzukehren."

Die Veden in Person fuhren fort: „Lieber Herr, es ist von unumgänglicher Wichtigkeit, dass sich die Lebewesen im Kṛṣṇa-Bewusstsein beschäftigen, Dir entsprechend den vorgeschriebenen Vorgängen wie Hören und Chanten hingebungsvollen Dienst darbringen und Deine Anordnungen ausführen. Wenn sich ein Mensch nicht im hingebungsvollen Dienst, dem Kṛṣṇa-Bewusstsein, beschäftigt, ist es sinnlos, dass er überhaupt Lebenszeichen von sich gibt. Gewöhnlich gilt ein Mensch als lebendig, solange er noch atmet; doch ein Mensch ohne Kṛṣṇa-Bewusstsein ist mit dem Blasebalg einer Schmiedewerkstatt zu vergleichen. Der Blasebalg ist ein großer Sack aus Tierhaut, der Luft ein- und auspumpt, und ein Mensch, der sich darauf beschränkt, einfach nur in einem Sack aus Haut und Knochen zu leben, ohne sich dem Kṛṣṇa-Bewusstsein, dem liebenden hingebungsvollen Dienst, zuzuwenden, ist nicht besser als ein Blasebalg. In ähnlicher Weise wird das lange Leben eines Nichtgottgeweihten mit dem eines Baumes verglichen, sein ungezügelter Appetit mit dem von Hunden und Schweinen und sein Genuss des Geschlechtslebens mit dem der Schweine und Ziegen."

Die Erschaffung der kosmischen Manifestation wurde möglich, weil die Höchste Persönlichkeit Gottes als Mahā-viṣṇu in die materielle Welt einging. Die gesamte materielle Energie wird durch den Blick Mahā-viṣṇus in Bewegung gesetzt, und erst dann beginnen die Wechselwirkungen der drei materiellen Erscheinungsweisen. Deshalb müssen wir zur Schlussfolgerung kommen, dass uns alle materiellen Gegebenheiten, die wir zu genießen versuchen, nur dank der Barmherzigkeit der Höchsten Persönlichkeit zur Verfügung stehen.

Im Körper gibt es fünf verschiedene Stufen des Daseins, die man als *anna-maya, prāṇa-maya, mano-maya, vijñāna-maya* und schließlich als *ānanda-maya* bezeichnet. Am Anfang des Lebens ist jedes Lebewesen nahrungsbewusst. Ein kleines Kind oder ein Tier ist nur dann zufrieden, wenn es etwas Gutes zu essen bekommt. Diese Bewusstseinsebene, auf der das Hauptziel darin besteht, gut zu essen, wird als *anna-maya* bezeichnet (*anna* bedeutet „Nahrung"). Als Nächstes folgt die

Stufe, auf der sich das Lebewesen des eigenen Lebens bewusst wird. Wenn man leben kann, ohne angegriffen oder zerstört zu werden, wähnt man sich glücklich. Diese Stufe nennt sich *prāṇa-maya* oder das „Bewusstsein, dass man existiert". Die nächste Stufe ist dadurch gekennzeichnet, dass man sich auf der verstandesmäßigen Ebene bewegt, und dieses Bewusstsein nennt man *mano-maya*. Die Angehörigen der materialistischen Zivilisation befinden sich hauptsächlich auf diesen drei Bewusstseinsebenen: *anna-maya, prāṇa-maya* und *mano-maya*. Das erste Anliegen zivilisierter Menschen ist wirtschaftliche Entwicklung; darauf folgt das Bestreben, sich gegen Vernichtung zu verteidigen, und die dritte Bewusstseinsstufe ist die des mentalen Spekulierens, das heißt der philosophischen Suche nach den Werten des Lebens.

Wenn man durch Fortschritte in der philosophischen Betrachtung die Ebene der Intelligenz erreicht, auf der man verstehen kann, dass man nicht der materielle Körper, sondern eine spirituelle Seele ist, befindet man sich auf der Stufe von *vijñāna-maya*. Dann kommt man durch allmähliche Fortschritte im spirituellen Leben zur Erkenntnis der Existenz des Höchsten Herrn, der Höchsten Seele. Wenn man dann seine Beziehung zu Ihm entwickelt und hingebungsvollen Dienst ausführt, wird diese Stufe Kṛṣṇa-Bewusstsein oder die *ānanda-maya*-Stufe genannt. *Ānanda-maya* ist das Leben der Glückseligkeit, des Wissens und der Ewigkeit. Im *Vedānta-sūtra* heißt es: *ānandamayo 'bhyāsāt*. Sowohl das Höchste Brahman als auch das untergeordnete Brahman, das heißt sowohl die Höchste Persönlichkeit Gottes als auch die Lebewesen, sind von Natur aus voller Glückseligkeit. Solange sich die Lebewesen auf den vier niederen Stufen des Daseins, *anna-maya, prāṇa-maya, mano-maya* und *vijñāna-maya*, befinden, sind sie immer noch durch das materielle Leben bedingt. Doch sobald man die Stufe der *ānanda-maya* erreicht, wird man zu einer befreiten Seele. Diese *ānanda-maya*-Stufe wird in der *Bhagavad-gītā* als *brahma-bhūta*-Stufe bezeichnet. Es heißt dort, dass es auf der *brahma-bhūta*-Stufe keine Sorge und kein Verlangen gebe. Diese Stufe beginnt, wenn man die Sicht erreicht hat, dass man allen Lebewesen gleichgesinnt ist, und diese Stufe entwickelt sich weiter zur Stufe des Kṛṣṇa-Bewusstseins, auf der man sich ständig danach sehnt, der Höchsten Persönlichkeit Gottes zu dienen. Dieser Wunsch nach Fortschritt im hingebungsvollen Dienst ist völlig verschieden vom Wunsch nach Sinnenbefriedigung im materiellen Dasein. Mit anderen Worten, Wünsche gibt es auch im spirituellen Leben, aber sie werden geläutert. In ähnlicher Weise sind unsere Sinne, wenn sie geläutert sind, von den materiellen Bewusstseinsebenen – *anna-maya, prāṇa-maya, mano-maya* und *vijñāna-maya* – befreit und betätigen sich auf der höchsten Ebene, der Stufe der *ānanda-maya*, des glückseligen Lebens im Kṛṣṇa-Bewusstsein. Die Māyāvādī-Philosophen glauben, *ānanda-maya* wäre der Zustand, bei dem man in den Höchsten eingegangen sei. Ihrer Auffassung nach bedeutet *ānanda-maya* das Einswerden der Überseele und der individuellen Seele. In Wirklichkeit jedoch bedeutet Einssein nicht, in den Höchsten einzugehen und seine individuelle Existenz zu verlieren. In das spirituelle Dasein einzugehen bedeutet, dass das Lebewesen erkennt, dass es qualitativ, das heißt in Bezug auf die Aspekte der Ewigkeit und des Wissens, mit dem Höchsten Herrn eins ist. Doch die wirkliche Stufe der *ānanda-maya*, der Glückseligkeit, wird erst dann erreicht, wenn man sich im hingebungsvollen Dienst beschäftigt. Dies wird in der *Bhagavad-gītā* mit den Worten *mad-bhaktiṁ labhate parām* bestätigt. Hier erklärt Śrī Kṛṣṇa, dass die *brahma-bhūta-* oder *ānanda-maya*-Stufe erst dann vollkommen sei, wenn zwischen dem Höchsten und den untergeordneten Lebewesen ein liebevoller Austausch stattfinde. Solange der Mensch nicht zu dieser *ānanda-maya*-Stufe kommt, ist sein Atmen wie das Atmen des Blasebalgs in der Schmiede, seine Lebensdauer ist wie die eines Baumes, und er selbst ist nicht besser als die niederen Tiere, wie die Kamele, Schweine und Hunde.

Das ewige Lebewesen kann niemals vernichtet werden, darüber besteht kein Zweifel. Doch wenn sich das Lebewesen in niederen Lebensformen befindet, muss es leidvolle Umstände erdulden, wohingegen es sich im hingebungsvollen Dienst für den Höchsten Herrn auf der freudvollen *ānanda-maya*-Stufe des Lebens befindet. Alle oben erwähnten Bewusstseinsebenen stehen in einer bestimmten Beziehung zur Höchsten Persönlichkeit Gottes. Obgleich sowohl die Höchste Persönlichkeit Gottes als auch die Lebewesen in ihrer ewigen Existenz unter keinen Umständen beeinträchtigt werden können, besteht zwischen ihnen trotzdem ein großer Unterschied: Die Höchste Persönlichkeit Gottes befindet sich immer auf der *ānanda-maya*-Ebene, wohingegen die untergeordneten Lebewesen als fragmentarische Teilchen des Höchsten Herrn wegen ihrer Winzigkeit dazu neigen, auf tiefere Daseinsebenen herabzufallen. Obwohl der Höchste Herr wie auch die Lebewesen auf allen Ebenen existieren, ist der Herr immer transzendental zu unseren Lebensauffassungen, unabhängig davon, ob wir materiell bedingt oder bereits befreit sind. Die gesamte kosmische Manifestation wird durch die Gnade des Höchsten Herrn geschaffen und besteht durch die Gnade des Höchsten Herrn, und wenn sie vernichtet wird, geht sie wieder ins Dasein des Höchsten Herrn ein. Somit ist der Höchste Herr das höchste Dasein und die Ursache aller Ursachen. Es ergibt sich daher die Schlussfolgerung, dass unser Leben, wenn wir kein Kṛṣṇa-Bewusstsein entwickeln, nichts weiter als ein Zeitverlust ist.

Diejenigen, die sehr materialistisch sind und die Natur der spirituellen Welt nicht verstehen können, sind auch unfähig, das Reich Śrī Kṛṣṇas zu erkennen. Für solche Menschen haben die großen Weisen einen Yoga-Vorgang empfohlen, bei dem man mit der Meditation über den Bauch, der *mūlādhāra-* oder *maṇipūraka*-Meditation, beginnt und sich dann allmählich zu höheren Stufen erhebt. *Mūlādhāra* und *maṇipūraka* sind die Sanskritbezeichnungen für die Eingeweide im Bauch. Die grobmaterialistischen Menschen glauben, dass wirtschaftlicher Fortschritt von größter Wichtigkeit sei, da sie unter dem Eindruck stehen, das Lebewesen existierte nur auf der Grundlage des Essens. Diese Materialisten übersehen dabei jedoch, dass all die Nahrung, die wir zu uns nehmen, uns sei es noch so viel, nur Leiden wie Verdauungsstörungen oder Übersäuerung hervorruft, wenn sie nicht verdaut wird. Um die Nahrung zu verdauen, benötigen wir die Hilfe einer höheren Energie, die in der *Bhagavad-gītā* als *vaiśvānara* beschrieben wird. Śrī Kṛṣṇa erklärt in der *Bhagavad-gītā,* dass Er in der Form der *vaiśvānara* für die Verdauung sorge. Die Höchste Persönlichkeit Gottes ist alldurchdringend; daher ist es nicht weiter verwunderlich, dass Er auch im Magen als *vaiśvānara* gegenwärtig ist.

Kṛṣṇa ist tatsächlich überall gegenwärtig. Der Vaiṣnava kennzeichnet deshalb seinen Körper mit Tempeln Viṣṇus. Er malt zuerst einen *tilaka*-Tempel auf den Bauch, dann einen auf die Brust, auf den Halsansatz zwischen den Schlüsselbeinen, auf die Stirn und schließlich auf die höchste Stelle des Köpfes, das *brahma-randhra.* Die Namen der 13 Tempel aus *tilaka,* die den Körper des Vaiṣṇava kennzeichnen, sind folgende: Auf der Stirn befindet sich der Tempel Śrī Keśavas, auf dem Bauch der Tempel Śrī Nārāyaṇas, auf der Brust der Tempel Śrī Mādhavas und beim Halsansatz zwischen den beiden Schlüsselbeinen der Tempel

Śrī Govindas. Auf der rechten Seite der Taille befindet sich der Tempel Śrī Viṣṇus, auf dem rechten Arm der Tempel Śrī Madhusūdhanas und auf der rechten Seite des Schlüsselbeines der Tempel Śrī Trivikramas. Auf der linken Seite der Taille befindet sich der Tempel Śrī Vāmanadevas, auf dem linken Arm der Tempel Śrīdharas, auf der linken Seite des Schlüsselbeines der Tempel Hṛṣīkeśas, auf dem Nacken der Tempel Padmanābhas und auf dem unteren Teil des Rückens der Tempel Dāmodaras. Auf der höchsten Stelle des Kopfs befindet sich der Tempel Vāsudevas. Dies ist der Vorgang, wie man über die Gegenwart des Herrn in den verschiedenen Teilen des Körpers meditiert. Doch für diejenigen, die keine Vaiṣṇavas sind, empfehlen die großen Weisen die Meditation über die körperliche Auffassung des Lebens – die Meditation über die Eingeweide, das Herz, den Hals, die Augenbrauen, die Stirn und dann die Schädeldecke. Einige Weise in der Nachfolge des großen Heiligen Aruṇa meditieren über das Herz, da im Herzen neben dem Lebewesen auch die Überseele weilt. Dies wird im 15. Kapitel der *Bhagavad-gītā* bestätigt, wo der Herr erklärt: „Ich weile im Herzen eines jeden."

Für den Vaiṣṇava ist der Schutz des Körpers Bestandteil des hingebungsvollen Dienstes, denn er benutzt den Körper für den Dienst des Herrn; doch im Gegensatz zu ihm halten die groben Materialisten den Körper für das Selbst. Sie verehren den Körper durch den Yoga-Vorgang der Meditation über einzelne Körperteile, wie *maṇipūraka, dahara* und *hṛdaya*, wobei sie langsam zum *brahma-randhra* auf der Schädeldecke gelangen. Wenn ein erstklassiger Yogi die Vollkommenheit in der Ausübung des besagten Yoga-Vorgangs erreicht hat, begibt er sich am Ende durch das *brahma-randhra* zu einem beliebigen Planeten in der materiellen oder spirituellen Welt. Auf welche Weise sich der Yogi auf einen anderen Planeten erhebt, wird ausführlich im 2. Canto des *Śrīmad-Bhāgavatam* beschrieben.

In diesem Zusammenhang empfiehlt Śukadeva Gosvāmī den Anfängern, den *virāṭa puruṣa,* das heißt die gigantische universale Form des Herrn, zu verehren. Demjenigen, der nicht glauben kann, dass der Herr mit gleichem Erfolg in der Form der transzendentalen Bildgestalt, der *arcā-vigraha*, verehrt werden kann, oder der nicht imstande ist, seinen Geist auf diese Form zu konzentrieren, wird geraten, die universale Form des Herrn zu verehren. Der untere Teil des Universums wird als die Füße und Beine der universalen Form des Herrn angesehen, der mittlere Teil gilt als Sein Nabel oder Bauch, die höheren Planetensysteme, wie Janaloka und Maharloka, sind das Herz des Herrn, und das höchste Planetensystem, Brahmaloka, wird als die höchste Stelle Seines Hauptes betrachtet. Es gibt viele verschiedene Vorgänge, die von den Weisen, entsprechend der Bewusstseinsebene des Verehrenden, empfohlen werden; doch das endgültige Ziel aller Meditations- und Yoga-Vorgänge ist die Heimkehr zurück zu Gott. Wie in der *Bhagavad-gītā* erklärt wird, braucht niemand, der den höchsten Planeten, das Reich Kṛṣṇas, oder auch nur einen der Vaikuṇṭha-Planeten erreicht, jemals wieder zum leidvollen Leben in der materiellen Welt zurückzukehren.

Die vedischen Schriften empfehlen uns deshalb, die Lotosfüße Śrī Viṣṇus zum Ziel all unserer Bemühungen zu machen. *Tad viṣṇoḥ paramaṁ padam*: Die Viṣṇu-Planeten, oder Viṣṇuloka, befinden sich jenseits aller materiellen Planeten. Diese Vaikuṇṭha-Planeten werden als *sanātana-dhāma* bezeichnet. Sie sind ewig, denn sie werden niemals vernichtet, nicht einmal bei der Vernichtung der materiellen Welt. Die Schlussfolgerung lautet, dass ein Mensch, der die Bestimmung seines Lebens, sich der Verehrung des Höchsten Herrn zuzuwenden, nicht erfüllt, und der nicht nach Hause zu Gott zurückkehrt, als jemand angesehen wird, dessen Atmen dem Pumpen eines Blasebalges gleicht; als jemand, der genau wie ein Baum lebt; der wie ein Kamel isst und der Geschlechtsverkehr hat, wie Hunde und Schweine auch, und der auf diese Weise, bei der Erfüllung des eigentlichen Sinns im menschlichen Leben, nur enttäuscht wird.

Das nächste Gebet, das die Veden in Person an den Herrn richteten, beschreibt, wie Er, die Höchste Persönlichkeit Gottes, in die verschiedenen Lebensformen eingeht. Im 14. Kapitel der *Bhagavad-gītā* wird gesagt, dass in jeder Lebensart und in jeder Lebensform die spirituelle Teilerweiterung des Höchsten Herrn anwesend sei. Der Herr erklärt Selbst in der *Gītā*, dass Er der samengebende Vater aller Lebensarten und -formen sei, und deshalb seien diese als Söhne des Herrn anzusehen. Die Tatsache, dass der Höchste Herr als Paramātmā in das Herz eines jeden Lebewesens eingeht, verwirrt die Unpersönlichkeitsanhänger bisweilen, so dass sie die Lebewesen mit dem Höchsten Herrn gleichsetzen. Sie glauben, weil der Höchste Herr zusammen mit der individuellen Seele in die verschiedenen Körper eingeht, bestünde zwischen dem Herrn und den individuellen Lebewesen kein Unterschied. Die Streitfrage, die sie aufwerfen, lautet: „Warum sollten die individuellen Seelen den Paramātmā, die Überseele, verehren?" Ihrer Auffassung nach befinden sich die Überseele und die individuelle Seele auf der gleichen Ebene; sie seien eins, und es bestehe kein Unterschied zwischen ihnen. Zwischen der Überseele und der individuellen Seele besteht in Wirklichkeit jedoch ein großer Unterschied, und dies wird im 15. Kapitel der *Bhagavad-gītā* erklärt, in dem der Herr sagt, dass Er dem Lebewesen übergeordnet sei, obwohl Er mit ihm im gleichen Körper weile. Er gibt der individuellen Seele von innen Anweisungen und Intelligenz. In der *Gītā* wird eindeutig erklärt, dass der Herr der individuellen Seele Intelligenz gebe und dass sowohl Erinnerung als auch Vergessen auf den Einfluss der Überseele zurückzuführen seien. Niemand kann unabhängig vom Einverständnis der Überseele handeln. Die individuelle Seele handelt deshalb entsprechend ihrem früheren Karma, an das sie vom Herrn erinnert wird. Die individuelle Seele neigt zum Vergessen, doch der Herr in ihrem Herzen erinnert sie daran, was sie in ihrem vorherigen Leben tun wollte. Die Intelligenz der individuellen Seele manifestiert sich wie das Feuer im Holz. Obwohl Feuer immer Feuer ist, richtet sich seine Größe nach der Größe des Holzes. In ähnlicher Weise verhält es sich mit der individuellen Seele: Obwohl sie immer qualitativ eins mit dem Höchsten Herrn ist, entfaltet sie sich entsprechend den Begrenzungen ihres jeweiligen Körpers. Der Höchste Herr, oder die Überseele, ist unbegrenzt. Er wird als *eka-rasa* bezeichnet. *Eka* bedeutet „eins" und *rasa* „Geschmack". Der Höchste Herr ist in Seiner transzendentalen Stellung stets voller Ewigkeit, Glückseligkeit und Wissen. Seine *eka-rasa*-Stellung wandelt sich nicht im Geringsten, wenn Er zum Zeugen und Ratgeber der individuellen Seele in jedem individuellen Körper wird.

Die individuelle Seele, von Brahmā bis hinunter zur Ameise, entfaltet ihre spirituelle Kraft je nach ihrem Körper. Die Halbgötter gehören zur gleichen Kategorie wie die individuellen Seelen in den Körpern von Menschen und niederen Tieren. Intelligente Menschen verehren deshalb nicht die Halbgötter, die nur winzige Vertreter Kṛṣṇas sind, die sich in bedingten Körpern manifestieren. Die individuelle Seele kann ihre Kräfte nur entsprechend der Größe und Beschaffenheit ihres Körpers entfalten, wohingegen die Höchste Persönlichkeit Gottes ihre vollkommenen Kräfte in jeder Form und Gestalt ohne Einschränkung manifestieren kann. Die These der Māyāvādī-Philosophen, nach der Gott und die individuelle Seele ein und dasselbe sind, ist unannehmbar, da die individuelle Seele ihre Kräfte nur gemäß der Entwicklung der verschiedenen Körper zu entfalten vermag. Die individuelle Seele im Körper eines Säuglings kann niemals die Kraft und Energie eines erwachsenen Mannes aufbringen. Die Höchste Persönlichkeit Gottes, Kṛṣṇa, jedoch konnte sogar als kleines Kind auf dem Schoß Seiner Mutter Seine Kraft und Energie entfalten, was sich zeigte, als Er Pūtanā und andere Dämonen, die Ihn angriffen, tötete. Aus diesem Grund wird die spirituelle Kraft der Höchsten Persönlichkeit Gottes als *eka-rasa*, „unveränderlich", bezeichnet. Die Höchste Persönlichkeit Gottes ist also das einzig verehrungswürdige Ziel, und diejenigen, die durch die Erscheinungsweisen der materiellen Natur nicht verunreinigt sind, sind sich dessen vollkommen bewusst. Mit anderen Worten, nur befreite Seelen können die Höchste Persönlichkeit Gottes verehren. Die unintelligenten Māyāvādīs wenden sich der Verehrung von Halbgöttern zu, da sie meinen, die Halbgötter befänden sich auf derselben Stufe wie die Höchste Persönlichkeit Gottes.

Die Veden in Person brachten dem Herrn weiter ihre Ehrerbietungen dar: „Lieber Herr", beteten sie, „diejenigen, die nach vielen Leben tatsächlich Weisheit erlangt haben, widmen sich in vollkommenem Wissen der Verehrung Deiner Lotosfüße." Dies wird auch in der *Bhagavad-gītā* bestätigt, in der der Herr sagt, dass sich ein *mahātmā*, eine große Seele, nach vielen, vielen Leben dem Herrn hingebe, da er erkannt habe, dass Vāsudeva, Kṛṣṇa, die Ursache aller Ursachen ist. Die Veden fuhren fort: „Wie wir bereits erklärt haben, werden uns der Geist, die Intelligenz und die Sinne von Gott gegeben. Wenn diese Werkzeuge tatsächlich geläutert worden sind, gibt es keine andere Möglichkeit, als sie im hingebungsvollen Dienst des Herrn zu beschäftigen. Die Lebewesen sind nur deshalb in den verschiedenen Lebensformen gefangen, weil sie ihren Geist, ihre Intelligenz und ihre Sinne für materielle Tätigkeiten missbrauchen. Die verschiedenen Körper werden dem Lebewesen als Ergebnis seiner Handlungen gegeben und sie werden nach dem Wunsch des Lebewesens von der materiellen Natur geschaffen. Weil das Lebewesen eine bestimmte Art von Körper begehrt und verdient, wird ihm dieser auf Anordnung des Höchsten Herrn von der materiellen Natur gegeben."

Im 3. Canto des *Śrīmad-Bhāgavatam* wird erklärt, dass das Lebewesen unter der Aufsicht höherer Autorität in den Samen eines männlichen Wesens gegeben werde, so dass es dort einen ganz bestimmten Körper entwickeln könne. Das Lebewesen gebraucht seine Sinne, seine Intelligenz, seinen Geist usw. auf eine Art und Weise, die es selbst wählt, und entwickelt so einen bestimmten Körper, der dann zu seinem Gefängnis wird. So wird das Lebewesen, je nach den Situationen und Umständen, in die verschiedensten Lebensformen versetzt, sei es in den Körper eines Halbgottes, eines Menschen oder eines Tieres.

In den vedischen Schriften wird erklärt, dass die Lebewesen, die in den verschiedenen Lebensformen gefangen sind, winzige Bestandteile des Höchsten Herrn seien. Die Māyāvādī-Philosophen halten das Lebewesen für den Paramātmā, der jedoch in Wirklichkeit das Lebewesen als Freund begleitet. Weil sich der Paramātmā, der lokalisierte Aspekt der Höchsten Persönlichkeit Gottes, und das individuelle Lebewesen gemeinsam im gleichen Körper befinden, tritt manchmal das Missverständnis auf, es gäbe zwischen ihnen keinen Unterschied. In Wirklichkeit jedoch besteht zwischen der individuellen Seele und der Überseele ein gewaltiger Unterschied, und dieser Unterschied wird im *Varāha Purāṇa* definiert. Der Höchste Herr hat zwei Arten von Erweiterungen, die von Ihm ausgehen: das Lebewesen, das *vibhinnāṁśa* genannt wird, und den Paramātmā, die vollständige Erweiterung des Höchsten Herrn, die *svāṁśa* genannt wird. Diese *svāṁśa*-Erweiterung des Höchsten Herrn ist genauso mächtig wie Er selbst. Es besteht nicht der geringste Unterschied zwischen der Macht des Höchsten Herrn und Seiner vollständigen Erweiterung als Paramātmā, wohingegen die *vibhinnāṁśa*-Teile nur über einen geringen Teil der Kräfte des Herrn verfügen. Das *Nārada-Pañcarātra* erklärt, dass die Lebewesen, die die marginale Energie des Herrn bilden, zweifellos qualitativ von gleicher spiritueller Natur seien wie der Herr selbst, dass sie aber, im Gegensatz zu Ihm, dazu anfällig seien, von den materiellen Erscheinungsweisen verunreinigt zu werden. Weil das winzige Lebewesen dazu neigt, dem Einfluss der materiellen Erscheinungsweisen zu erliegen, nennt man es *jīva*. Manchmal wird die Höchste Persönlichkeit Gottes auch Śiva, „der in jeder Hinsicht Glückverheißende", genannt. Der Unterschied zwischen Śiva und *jīva* liegt darin, dass die in jeder Hinsicht glückverheißende Höchste Persönlichkeit Gottes niemals von den materiellen Erscheinungsweisen berührt wird, wohingegen die winzigen Teile der Höchsten Persönlichkeit Gottes von den Erscheinungsweisen der materiellen Natur beeinflusst werden können.

Die Überseele im Körper des individuellen Lebewesens ist eine vollständige Teilerweiterung des Höchsten Herrn, und als solche ist Sie für das individuelle Lebewesen verehrungswürdig. Die großen Weisen sind deshalb zur Schlussfolgerung gekommen, dass der Vorgang der Meditation so beschaffen sein müsse, dass das individuelle Lebewesen seine Aufmerksamkeit auf die Lotosfüße der Überseele, der Gestalt Viṣṇus, richten könne. Das ist wirklicher *samādhi.* Das Lebewesen kann nicht durch eigene Kraft aus der materiellen Verstrickung befreit werden; es muss sich deshalb dem hingebungsvollen Dienst zu den Lotosfüßen des Herrn, der als Überseele in seinem Herzen weilt, zuwenden. Śrīdhara Svāmī, der große Kommentator des *Śrīmad-Bhāgavatam*, verfasste in diesem Zusammenhang einen wunderbaren Vers: „Mein lieber Herr, ich bin ewig Dein Teil; jedoch befinde ich mich in der Gefangenschaft der materiellen Energie, die ebenfalls von Dir ausgeht. Als Ursache aller Ursachen bist Du in Form der Überseele in meinen Körper eingegangen, und ich habe das Vorrecht, mich mit Dir zusammen des höchsten glückseligen Lebens voller Wissen zu erfreuen. Deshalb, mein lieber Herr, gib mir bitte den Befehl, Dir liebevollen Dienst darzubringen, so dass ich wieder in meine ursprüngliche Stellung der transzendentalen Glückseligkeit erhoben werden kann."

Die großen Persönlichkeiten verstehen, dass ein Lebewesen, das in der materiellen Welt gefangen ist, nicht durch eigene Kraft freikommen kann. Mit festem Vertrauen und unerschütterlicher Hingabe vertiefen sich solche großen Persönlichkeiten darin, dem Herrn in Liebe transzendentalen Dienst darzubringen. Dies ist die Schlussfolgerung der Veden in Person.

Die Veden in Person fuhren fort: „Lieber Herr, es ist sehr schwierig, vollkommenes Wissen über die Absolute Wahrheit zu erlangen. In Deiner Güte gegenüber den gefallenen Seelen erscheinst Du, o Herr, in mannigfachen Inkarnationen und vollbringst die verschiedensten Taten. Du erscheinst sogar als historische Persönlichkeit der materiellen Welt, und Deine Spiele werden in den vedischen Schriften ausführlich beschrieben. Diese Spiele sind so anziehend wie der Ozean transzendentaler Glückseligkeit. Die meisten Menschen haben die natürliche Neigung, Erzählungen zu lesen, in denen gewöhnliche *jīvas* gepriesen werden; wenn sie sich jedoch zu den vedischen Schriften hingezogen fühlen, die Deine ewigen Spiele beschreiben, tauchen sie wahrhaftig in den Ozean der transzendentalen Glückseligkeit ein. So wie ein erschöpfter Mensch erfrischt wird, wenn er in ein Gewässer taucht, wird eine bedingte Seele, die aller materiellen Tätigkeiten müde ist, neu belebt und vergisst alles Elend des materiellen Lebens, wenn sie einfach in den transzendentalen Ozean Deiner Spiele taucht. Und am Schluss geht sie in den Ozean der transzendentalen Glückseligkeit ein. Die intelligentesten Gottgeweihten widmen sich daher keiner anderen Methode der Selbstverwirklichung als dem hingebungsvollen Dienst und den neun verschiedenen Vorgängen des hingebungsvollen Lebens, vor allem Hören und Chanten. Wenn Deine Geweihten über Deine transzendentalen Spiele hören und chanten, ist ihnen sogar die transzendentale Glückseligkeit gleichgültig, die durch Befreiung oder das Eingehen in die Existenz des Höchsten erlangt wird. Solchen Gottgeweihten liegt also nicht einmal etwas an sogenannter Befreiung, und erst recht nicht an materiellen Tätigkeiten, durch die man auf die himmlischen Planeten erhoben wird, wo das Maß an Sinnenbefriedigung viel größer ist. Reine Gottgeweihte suchen nur die Gemeinschaft von *paramahaṁsas*, von großen, befreiten Gottgeweihten, damit sie fortwährend über Deine Herrlichkeit hören und chanten können. Zu diesem Zweck sind die reinen Gottgeweihten bereit, auf alle Annehmlichkeiten des Lebens, wie ein bequemes Familienleben und sogenannte Gesellschaft, Freundschaft und Liebe, zu verzichten. Diejenigen, die den Nektar der Hingabe gekostet haben, indem sie an der transzendentalen Klangschwingung des Chantens über Deine Herrlichkeit – Hare Kṛṣṇa, Hare Kṛṣṇa, Kṛṣṇa Kṛṣṇa, Hare Hare / Hare Rāma, Hare Rāma, Rāma Rāma, Hare Hare – Geschmack gefunden haben, interessieren sich nicht im Geringsten für irgendwelche andere spirituelle Glückseligkeit oder für materielle Annehmlichkeiten, die dem reinen Gottgeweihten weniger bedeuten als das Stroh auf der Straße."

Die Veden in Person fuhren fort: „Lieber Herr, wenn es jemandem gelingt, seinen Geist, seine Sinne und seine Intelligenz durch hingebungsvollen Dienst in völligem Kṛṣṇa-Bewusstsein zu läutern, dann wird der Geist zum Freund. Andernfalls ist der Geist stets ein Feind. Wenn der Geist im hingebungsvollen Dienst des Herrn beschäftigt ist, wird er zum guten Freund des Lebewesens, weil der Geist dann fähig ist, immer an den Höchsten Herrn zu denken. Du, o Herr, bist dem Lebewesen seit aller Ewigkeit sehr lieb, und wenn daher der Geist in Gedanken an Dich vertieft ist, erfährt man sogleich die große Zufriedenheit, nach der man sich Leben für Leben gesehnt hat. Wenn der Geist auf die Lotosfüße der Höchsten Persönlichkeit Gottes gerichtet ist, besteht kein Interesse mehr, sich irgendeiner anderen, niedrigeren Art der Verehrung oder Selbstverwirklichung zuzuwenden. Ein Lebewesen, das versucht, einen Halbgott zu verehren, oder das irgendeinem anderen Weg zur Selbstverwirklichung folgt, wird ein Opfer des Kreislaufs von Geburt und Tod, und niemand kann sich vorstellen, welche Erniedrigung es für das Lebewesen bedeutet, wenn es in einer abscheulichen Lebensform wie der der Katzen und Hunde geboren wird."

Śrī Narottama dāsa Ṭhākura sagt in einem seiner Lieder, dass Menschen, die sich nicht dem hingebungsvollen Dienst des Herrn zuwenden, sondern an philosophischer Spekulation und fruchtbringenden Tätigkeiten Gefallen finden, die giftigen Ergebnisse dieser Handlungen trinken müssten. Solche Menschen essen alle möglichen widerwärtigen Dinge wie Fleisch und finden Gefallen an Alkohol und anderen Rauschmitteln. Nach dem Tod sind sie gezwungen in niederen Lebensformen geboren zu werden. Materialistische Menschen verehren im Allgemeinen den vergänglichen materiellen Körper und vergessen darüber das Wohl der spirituellen Seele im Körper. Einige von ihnen suchen bei der materialistischen Wissenschaft Zuflucht, um so die Annehmlichkeiten für den Körper zu verbessern, und andere wenden sich der Verehrung der Halbgötter zu, um auf die himmlischen Planeten erhoben zu werden. Ihr einziges Ziel im Leben ist es, dem materiellen Körper Annehmlichkeiten zu verschaffen, aber sie vergessen die Bedürfnisse der spirituellen Seele. Solche Menschen werden in den vedischen Schriften als selbstmörderisch bezeichnet, weil die Anhaftung an den materiellen Körper und seine Freuden das Lebewesen dazu zwingen, durch den Kreislauf von Geburt und Tod zu wandern und als unumgängliche Folge davon die Qualen des materiellen Daseins zu erleiden. Die menschliche Form des Lebens bietet einem die Möglichkeit, seine wirkliche Identität zu verstehen. Deshalb wenden sich die intelligentesten

Menschen dem hingebungsvollen Dienst zu, um Geist, Sinne und Körper ohne Abweichung im Dienst des Herrn zu beschäftigen.

Die Veden in Person fuhren fort: „Lieber Herr, es gibt viele mystische Yogis, die sehr gelehrt sind und sich entschlossen darum bemühen, die höchste Vollkommenheit des Lebens zu erreichen. Sie beschäftigen sich in dem Yoga-Vorgang, bei dem die Lebensluft im Körper unter Kontrolle gebracht wird, während man den Geist auf die Gestalt Viṣṇus richtet und die Sinne strengster Entsagung unterzieht. Obwohl sie sich diesem Yoga-Vorgang widmen und sich die verschiedensten Entsagungen, Bußen und Opfer auferlegen, erreichen sie letzten Endes den gleichen Bestimmungsort wie diejenigen, die Dir feindlich gesinnt sind. Mit anderen Worten, sowohl die Yogis als auch die großen und weisen *jñānīs* erreichen schließlich die unpersönliche Brahman-Ausstrahlung, die automatisch von den Dämonen, Deinen erklärten Feinden, erreicht wird. Dämonen wie Kaṁsa, Śiśupāla, und Dantavakra gehen in die Brahman-Ausstrahlung ein, da sie ständig aus Feindschaft über die Höchste Persönlichkeit Gottes meditieren. Der entscheidende Punkt ist es, seinen Geist auf die Höchste Persönlichkeit Gottes zu richten. Frauen wie die *gopīs* jedoch hingen in Liebe an Kṛṣṇa, fasziniert von Seiner Schönheit, und ihre Meditation über Kṛṣṇa war durch sehnsüchtige Verlangen hervorgerufen worden. Sie wollten von Kṛṣṇas Armen umschlossen werden, die der wundervollen runden Form einer Schlange gleichen. Ebenso meditieren auch wir, die vedischen Hymnen, über Deine Lotosfüße. Frauen wie die *gopīs* meditieren über Dich aufgrund sehnsüchtiger Verlangen, und wir meditieren über Deine Lotosfüße, um nach Hause, zu Gott, zurückzukehren. Auch Deine Feinde richten ihren Geist auf Dich, da sie immer daran denken, wie sie Dich töten können, und die Yogis nehmen viele schwere Bußen und Entsagungen auf sich, um Deine unpersönliche Ausstrahlung zu erreichen. Obwohl all diese Personen auf unterschiedliche Weise über Dich meditieren, erreichen sie alle, entsprechend ihrer jeweiligen Sichtweise, die spirituelle Vollkommenheit, da Du, o Herr, allen Gottgeweihten gleichgesinnt bist."

In diesem Zusammenhang gibt es einen sehr schönen Vers von Śrīdhara Svāmī: „Mein lieber Herr, immer an Deine Lotosfüße zu denken ist sehr schwierig. Es ist dies nur den großen Gottgeweihten möglich, die bereits Liebe zu Dir entwickelt haben und Dir mit Liebe und

Hingabe dienen. Mein lieber Herr, ich wünsche mir, dass es auch für meinen Geist möglich sein wird, sich irgendwie auf Deine Lotosfüße zu richten, zumindest für einige Zeit."

Die Stufen der spirituellen Vollkommenheit, die die verschiedenen Transzendentalisten erreichen, werden in der *Bhagavad-gītā* beschrieben, in der der Herr sagt, dass Er Seinem Geweihten die erstrebte Vollkommenheit in dem Maße gewähre, wie dieser sich Ihm hingebe. Die Unpersönlichkeitsanhänger, die Yogis und die Feinde des Herrn gehen in Seine transzendentale Ausstrahlung ein, wohingegen die Persönlichkeitsanhänger, die den Fußstapfen der Einwohner Vṛndāvanas folgen oder sich strikt an den Pfad des hingebungsvollen Dienstes halten, in das persönliche Reich Kṛṣṇas, Goloka Vṛndāvana, oder auf die Vaikuṇṭha-Planeten erhoben werden. Sowohl die Unpersönlichkeitsanhänger als auch die Persönlichkeitsanhänger gelangen also in die spirituelle Welt, doch der Bestimmungsort der Unpersönlichkeitsanhänger ist die unpersönliche Brahman-Ausstrahlung, wohingegen die Verehrer der persönlichen Form des Herrn – gemäß ihrem Wunsch, dem Herrn in einem bestimmten *rasa* zu dienen – auf einem der Vaikuṇṭha-Planeten oder auf dem Vṛndāvana-Planeten aufgenommen werden.

Die personifizierten Veden sagten, dass diejenigen, die nach der Schöpfung der materiellen Welt geboren worden seien, die Existenz der Höchsten Persönlichkeit Gottes unmöglich verstehen könnten, indem sie einfach nur ihr materielles Wissen anstrengten. Ebenso wenig wie jemand, der in einer bestimmten Familie geboren wird, das Leben seines Urgroßvaters verstehen kann, der lange vor den auf ihn folgenden Generationen gelebt hat, können wir die Höchste Persönlichkeit Gottes, Nārāyaṇa, Śrī Kṛṣṇa, der ewig in der spirituellen Welt lebt, verstehen. Im 8. Kapitel der *Bhagavad-gītā* wird unmissverständlich erklärt, dass man sich Kṛṣṇa, der Höchsten Person, der ewig in Seinem spirituellen Königreich *(sanātana-dhāma)* weilt, nur durch hingebungsvollen Dienst nähern könne.

Brahmā ist das ersterschaffene Wesen in der materiellen Schöpfung. Vor Brahmā hatte es in der materiellen Welt keine Lebewesen gegeben; sie war leer und finster gewesen, bis Brahmā auf der Lotosblume, die aus Garbhodakaśāyī Viṣṇus Nabel hervorspross, geboren wurde. Garbhodakaśāyī Viṣṇu ist eine Erweiterung Kāraṇodakaśāyī Viṣṇus.

Kāraṇodakaśāyī Viṣṇu ist eine Erweiterung Saṅkarṣaṇas, und Saṅkarṣaṇa ist eine Erweiterung Balarāmas. Balarāma schließlich ist eine direkte Erweiterung Śrī Kṛṣṇas. Nach der Erschaffung Brahmās wurden die zwei Arten von Halbgöttern geboren: die Halbgötter wie die vier Kumāra-Brüder – Sanaka, Sanātana, Sananda und Sanat-kumāra –, die das Beispiel geben, der Welt zu entsagen; und die Halbgötter wie Marīci und seine Nachkommen, die dazu bestimmt sind, die materielle Welt zu genießen. Von diesen beiden Arten von Halbgöttern wurden allmählich alle anderen Lebewesen im Universum, einschließlich der Menschen, hervorgebracht. Deshalb sind alle Lebewesen in der materiellen Welt, einschließlich Brahmā, der anderen Halbgötter und der Rākṣasas, als jung anzusehen, und zwar in dem Sinne, dass sie alle erst vor kurzer Zeit geboren wurden. Ebenso wie jemand, der erst vor Kurzem in einer Familie geboren wurde, unmöglich seine entfernten Vorfahren kennen kann, so kann niemand in der materiellen Welt die Stellung des Herrn in der spirituellen Welt verstehen, denn die materielle Welt wurde erst vor kurzer Zeit geschaffen. Obwohl die Manifestationen der materiellen Welt, nämlich die Zeitelemente, die Lebewesen, die Veden und die grob- und feinstofflichen Elemente, lange existieren, wurden sie doch alle zu einem bestimmten Zeitpunkt einmal geschaffen. Daher muss jeder in dieser Schöpfung konzipierte Vorgang mit dem Zweck des Verstehens der ursprünglichen Quelle als jung gelten.

Deshalb sind die Vorgänge der Selbstverwirklichung bzw. Gotteserkenntnis in Form von fruchtbringenden Tätigkeiten, philosophischer Spekulation und mystischem Yoga Wege, die einen nicht wirklich zur höchsten Quelle aller Dinge führen. Wenn die Schöpfung vollständig vernichtet ist, wenn weder die Veden noch die materielle Zeit, noch die grob- und feinstofflichen Elemente bestehen und wenn alle Lebewesen in einem unmanifestierten Zustand in Nārāyaṇa ruhen, werden all diese künstlichen Vorgänge null und nichtig und haben keine Wirkung mehr. Hingebungsvoller Dienst dagegen wird in der ewigen spirituellen Welt ewig weitergeführt, und deshalb ist der einzige wirkliche Vorgang der Selbstverwirklichung, oder Gotteserkenntnis, der hingebungsvolle Dienst. Wenn man sich dem Vorgang des hingebungsvollen Dienstes zuwendet, wendet man sich dem wahren Vorgang der Gotteserkenntnis zu.

Deshalb heißt es in diesem Zusammenhang in Śrīla Śrīdhara Svāmīs

Vers, dass die höchste Quelle alles bestehenden, die Höchste Persönlichkeit Gottes, so groß und unbegrenzt sei, dass es dem Lebewesen nicht möglich sei, sie durch irgendwelche materiellen Errungenschaften zu verstehen. Aus diesem Grund sollte jeder zum Herrn beten, ewig in Seinem hingebungsvollen Dienst beschäftigt sein zu dürfen, so dass man durch Seine Gnade die höchste Quelle der Schöpfung verstehen kann. Die höchste Quelle der Schöpfung, der Höchste Herr, offenbart sich nur Seinem Geweihten. Im 4. Kapitel der *Bhagavad-gītā* sagt der Herr zu Arjuna: „Mein lieber Arjuna, weil du Mein Geweihter und Mein vertrauter Freund bist, will ich dir nun den Vorgang offenbaren, durch den du Mich verstehen kannst.“ Mit anderen Worten, wir können die höchste Quelle der Schöpfung, die Höchste Persönlichkeit Gottes, nicht kraft unserer eigenen Bemühung verstehen. Wir müssen Ihn durch hingebungsvollen Dienst erfreuen; dann wird Er sich uns offenbaren, und wir können Ihn bis zu einem gewissen Maß verstehen.

Es gibt verschiedene Arten von Philosophen, die versucht haben, die höchste Ursache durch mentale Spekulation zu erfassen. Man unterscheidet im Allgemeinen sechs Gruppen, die unter dem Begriff *ṣaḍ-darśana* zusammengefasst werden. All diese Philosophen sind Unpersönlichkeitsanhänger und werden als Māyāvādīs bezeichnet. Jeder von ihnen hat versucht, seine eigene Auffassung durchzusetzen, obwohl sie dann später Kompromisse schlossen und erklärten, alle Auffassungen führten zum gleichen Ziel und daher wäre jede Auffassung richtig. Doch wie aus den Gebeten der personifizierten Veden hervorgeht, ist keine ihrer Auffassungen richtig, denn der Vorgang, durch den sie sich ihr Wissen aneigneten, wurde in der zeitweiligen materiellen Welt geschaffen. Sie alle haben das Grundlegendste und Wichtigste nicht verstanden, nämlich dass die Höchste Persönlichkeit Gottes, die Absolute Wahrheit, nur durch hingebungsvollen Dienst verstanden werden kann.

Eine Gruppe von Philosophen, die Mīmāṁsakas, die von Weisen wie Jaimini vertreten werden, ist der Ansicht, jeder müsse fromme Tätigkeiten ausführen und seine vorgeschriebenen Pflichten erfüllen, weil dies zur höchsten Vollkommenheit führen werde. Doch dieser Auffassung wird im 9. Kapitel der *Bhagavad-gītā* widersprochen. Dort erklärt Śrī Kṛṣṇa, dass man durch fromme Tätigkeiten zwar auf die himmlischen Planeten gelangen könne, dass man aber, sobald der Lohn für die frommen Tätigkeiten aufgebraucht sei, den Genuss des höheren materiellen

Lebensstandards auf den himmlischen Planeten verlassen und wieder zu den niederen Planeten zurückkehren müsse, wo die Lebensdauer äußerst kurz und das Ausmaß materiellen Glücks viel kleiner ist. Wörtlich heißt es in der *Bhagavad-gītā* in diesem Zusammenhang: *kṣīṇe puṇye martya-lokaṁ viśanti*. Daher ist die Schlussfolgerung der Mīmāṁsaka-Philosophen, fromme Tätigkeiten führten einen zur Absoluten Wahrheit, nicht richtig. Obwohl ein reiner Gottgeweihter von Natur aus dazu neigt, frommen Tätigkeiten nachzugehen, kann niemand allein durch fromme Tätigkeiten die Gunst der Höchsten Persönlichkeit Gottes erlangen. Durch fromme Tätigkeiten kann man zwar von der durch Unwissenheit und Leidenschaft erzeugten Verunreinigung geläutert werden, doch dies erreicht ein Gottgeweihter automatisch, da er ständig in das Hören der transzendentalen Botschaft in Form der *Bhagavad-gītā*, des *Śrīmad-Bhāgavatam* und ähnlicher Schriften vertieft ist. Aus der *Bhagavad-gītā* erfahren wir, dass selbst ein Mensch, der das vorgeschriebene Maß frommer Tätigkeiten nicht erfüllt, dafür absolut im hingebungsvollen Dienst beschäftigt ist, als Gottgeweihter betrachtet werden muss, der sich auf den sicheren Pfad zur spirituellen Vollkommenheit befindet. Auch heißt es in der *Bhagavad-gītā*, dass jemand, der sich mit Liebe und Vertrauen im hingebungsvollen Dienst beschäftige, von innen her von der Höchsten Persönlichkeit Gottes gelenkt werde. Der Höchste Herr gibt dem Gottgeweihten als Paramātmā, als spiritueller Meister im Herzen, genaue Anweisungen, so dass er schließlich in das Reich Gottes zurückkehren kann. Die Schlussfolgerung der Mīmāṁsaka-Philosophen ist also nicht die Wahrheit, die den Menschen zum richtigen Verständnis führt.

Die Sāṅkhya-Philosophen, eine andere Gruppe von Philosophen, sind Metaphysiker und materialistische Wissenschaftler, die die kosmische Manifestation mit ihren erfundenen Methoden studieren und die höchste Autorität Gottes, als den Schöpfer der kosmischen Manifestation, nicht anerkennen. Stattdessen gelangen sie zu dem falschen Schluss, dass die Wechselwirkung der materiellen Elemente die ursprüngliche Ursache der Schöpfung sei. Die *Bhagavad-gītā* jedoch verwirft diese Theorie, indem sie unmissverständlich erklärt, dass alles im Kosmos unter der Führung der Höchsten Persönlichkeit Gottes stehe. Diese Tatsache wird auch in dem vedischen Aphorismus *sad vā saumyedam agra āsīt* bestätigt, der besagt, dass der Ursprung der

Schöpfung schon vor der kosmischen Manifestation existiert habe. Die materiellen Elemente können also nicht die Ursache der materiellen Schöpfung sein. Die materiellen Elemente werden zwar als unmittelbare Ursachen anerkannt, aber die ursprüngliche Ursache ist die Höchste Persönlichkeit Gottes. Deshalb erklärt die *Bhagavad-gītā*, dass die materielle Natur unter Kṛṣṇas Führung arbeite.

Die Schlussfolgerung der atheistischen Sāṅkhya-Philosophie lautet: Weil die Wirkungen – die Phänomene – der materiellen Welten zeitweilig und illusorisch sind, muss auch die Ursache selbst illusorisch sein. Die Sāṅkhya-Philosophen vertreten die Lehre vom Nichts; in Wirklichkeit jedoch ist die ursprüngliche Ursache die Höchste Persönlichkeit Gottes, und die kosmische Manifestation ist die zeitweilige Manifestation der materiellen Energie des Herrn. Wenn diese zeitweilige Manifestation vernichtet wird, bleibt ihre Ursache, die ewige spirituelle Welt, bestehen wie zuvor. Sie wird deshalb auch *sanātana-dhāma*, das ewige Reich, genannt. Die Schlussfolgerung der Sāṅkhya-Philosophen ist also falsch.

Des Weiteren gibt es eine Schule von Philosophen, deren Anführer Gautama und Kaṇāda sind. Sie sind nach eingehendem Studium der Ursache und der Wirkung der materiellen Elemente zum Schluss gekommen, dass Atomverbindungen die ursprüngliche Ursache der Schöpfung seien. Die heutigen materialistischen Wissenschaftler vertreten die gleichen Ansichten wie einst Gautama und Kaṇāda, die Begründer der Paramāṇuvāda genannten Theorie. Dieser Theorie kann jedoch nicht zugestimmt werden, da leblose Atome niemals die ursprüngliche Ursache alles Bestehenden sein können. Dies wird sowohl in der *Bhagavad-gītā* und im *Śrīmad-Bhāgavatam* als auch in den Veden bestätigt, in denen es unter anderem heißt: *eko nārāyaṇa āsīt* – „allein Nārāyaṇa existierte vor der Schöpfung". Das *Śrīmad-Bhāgavatam* und das *Vedānta-sūtra* erklären ebenfalls, dass die ursprüngliche Ursache eine fühlende Person sei, die sich sowohl indirekt als auch direkt aller Dinge innerhalb der Schöpfung bewusst sei. In der *Bhagavad-gītā* sagt Kṛṣṇa: *ahaṁ sarvasya prabhavaḥ* – „Ich bin die ursprüngliche Ursache aller Dinge", ebenso sagt Er: *mattaḥ sarvaṁ pravartate* – „Von Mir geht alles Bestehende aus." Selbst wenn die Atome also die Grundverbindungen der materiellen Manifestationen bilden, sind diese Atome doch von der Höchsten Persönlichkeit Gottes erzeugt worden. Deshalb muss die Philosophie Gautamas und Kaṇādas verworfen werden.

Des Weiteren gibt es die Unpersönlichkeitsanhänger, die von Aṣṭāvakra und später von Śaṅkarācārya angeführt wurden, und sie glauben, dass die unpersönliche Brahman-Ausstrahlung die Ursache von allem wäre. Nach ihrer Theorie ist die materielle Manifestation zeitweilig und unwirklich, wohingegen die unpersönliche Brahman-Ausstrahlung die Wirklichkeit darstelle. Doch auch diese Theorie ist falsch, denn wie der Herr selbst in der *Bhagavad-gītā* sagt, habe die Brahman-Ausstrahlung ihre Ursache in Seiner Persönlichkeit. In der *Brahma-saṁhitā* wird bestätigt, dass das leuchtende Brahman die Ausstrahlung von Kṛṣṇas Körper ist. Daher kann das unpersönliche Brahman nicht die ursprüngliche Ursache der kosmischen Manifestation sein. Die ursprüngliche Ursache ist die unendlich vollkommene und bewusste Persönlichkeit Gottes, Govinda.

Die gefährlichste Theorie der Unpersönlichkeitsanhänger besagt, dass Gott, wenn Er als Inkarnation erscheint, einen materiellen Körper annehme, der von den drei Erscheinungsweisen geschaffen sei. Diese Māyāvādī-Theorie wurde von Śrī Caitanya als übelste Blasphemie verurteilt. Er sagte, dass jeder, der den transzendentalen Körper der Persönlichkeit Gottes für eine Schöpfung der materiellen Natur halte, sich des größten Vergehens gegen die Lotosfüße Śrī Viṣṇus schuldig mache. Ebenso erklärt die *Bhagavad-gītā*, dass nur die Dummköpfe und Schurken Gott, die Höchste Person, verspotteten, wenn Er in einer menschlichen Gestalt erscheint. Das ist tatsächlich passiert, als Sich Śrī Kṛṣṇa, Śrī Rāma und Śrī Caitanya wie Menschen unter Menschen bewegten.

Die Veden in Person verurteilen die unpersönliche Auffassung als grobe Entstellung der Wahrheit. In der *Brahma-saṁhitā* wird der Körper der Höchsten Persönlichkeit Gottes als *ānanda-cin-maya-rasa* beschrieben. Die Höchste Persönlichkeit Gottes hat einen spirituellen, keinen materiellen Körper. Kṛṣṇa kann mit jedem Teil Seines Körpers nach Belieben alles genießen, und deshalb ist Er allmächtig. Die Teile eines materiellen Körpers können nur jeweils eine bestimmte Funktion erfüllen. Zum Beispiel können die Hände etwas festhalten, aber man kann mit ihnen nicht sehen oder hören. Weil der Körper der Höchsten Persönlichkeit Gottes *ānanda-cin-maya-rasa* und damit *sac-cid-ānanda-vigraha* ist, kann Er mit jedem Seiner Körperteile alles genießen und alles tun. Die Annahme, der spirituelle Körper des Herrn sei materiell, entspringt dem Bestreben, die Höchste Persönlichkeit Gottes mit der bedingten Seele gleichzusetzen. Die bedingte Seele hat einen materiellen Körper, und wenn deshalb Gott auch einen materiellen Körper hat, dann wäre es sehr leicht die unpersönliche Theorie zu verbreiten, die besagt, die Höchste Persönlichkeit Gottes und die Lebewesen wären in jeder Beziehung gleich.

Die Wahrheit jedoch sieht anders aus. Wenn der Herr, die Höchste Persönlichkeit Gottes, erscheint, entfaltet Er einen nichtmateriellen Körper, und daher gibt es keinen Unterschied zwischen Seinem Körper, wenn Er als kleines Kind auf Mutter Yaśodās Schoß sitzt und wenn Er als sogenannter Erwachsener mit Dämonen kämpft. Schon als Er als kleines Kind mit Dämonen wie Pūtanā, Tṛṇāvarta und Aghāsura kämpfte, offenbarte Sein Körper die gleiche Kraft, mit der Er in Seiner Jugend Dämonen wie Dantavakra, Śiśupāla und andere vernichtete. Wenn eine bedingte Seele im materiellen Leben ihren Körper wechselt, vergisst sie alles über ihren vorherigen Körper, doch wie wir aus der *Bhagavad-gītā* erfahren, vergaß Kṛṣṇa, da Er einen *sac-cid-ānanda*-Körper hat, nicht, dass Er vor Millionen von Jahren den Sonnengott in den Lehren der *Bhagavad-gītā* unterwiesen hatte. Weil der Herr sowohl zur materiellen als auch zur spirituellen Existenz transzendental ist, wird Er auch Puruṣottama genannt. Dass Er die Ursache aller Ursachen ist, bedeutet, dass Er die Ursache sowohl der materiellen als auch der spirituellen Welt ist. Die Höchste Persönlichkeit Gottes ist allmächtig und allwissend. Weil ein materieller Körper weder allmächtig noch allwissend sein kann, ist der Körper des Herrn ganz bestimmt nicht materiell. Die Māyāvādī-Theorie, nach der die Persönlichkeit Gottes in einem materiellen Körper in die materielle Welt kommt, kann somit unter keinen Umständen anerkannt werden.

Abschließend lässt sich sagen, dass alle Theorien der materialistischen Philosophen vom zeitweiligen, illusorischen Dasein hergeleitet werden und daher den Schlussfolgerungen in einem Traum gleichen. Zweifellos können uns solche Schlussfolgerungen nicht zur Absoluten Wahrheit führen. Wie der Herr selbst in der *Bhagavad-gītā* erklärt, kann die Absolute Wahrheit nur durch hingebungsvollen Dienst verstanden werden: *bhaktyā mām abhijānāti* – „Nur durch hingebungsvollen Dienst bin Ich zu verstehen.“ In diesem Zusammenhang hat Śrīla

Śrīdhara Svāmī einen wunderschönen Vers verfasst: „Mein lieber Herr, mögen andere sich mit falschen Argumenten und trockenen Spekulationen auseinandersetzen und über ihre großartigen philosophischen Thesen theoretisieren. Mögen sie in der Finsternis der Unwissenheit und Illusion umherirren und sich in dem falschen Glauben wiegen, hochbewanderte Gelehrte zu sein, obwohl sie nicht das geringste Wissen über die Höchste Persönlichkeit Gottes besitzen – ich meinerseits wünsche mir, einfach nur durch das Chanten der Heiligen Namen der Höchsten Persönlichkeit Gottes befreit zu werden. Die Höchste Persönlichkeit Gottes, die von unvergleichlicher Schönheit ist, besitzt viele Namen – Mādhava, Vāmana, Trinayana, Saṅkarṣaṇa, Śrīpati und Govinda. Indem ich einfach Deine transzendentalen Namen chante, o Madhupati, bitte ich darum, von der Verunreinigung des materiellen Daseins frei zu werden."

Die Veden in Person fuhren fort: „Lieber Herr, wenn ein Lebewesen durch Deine Gnade zum richtigen Verständnis Deiner erhabenen, transzendentalen Stellung gelangt, gibt es sich nicht mit den Theorien ab, die von den mentalen Spekulanten und den Pseudophilosophen erdacht wurden." Diese Feststellung bezieht sich auf die spekulativen Theorien Gautamas, Kaṇādas, Patañjalis und Kapilas *(nirīśvara).* Es gibt zwei Kapilas: Der eine Kapila, der Sohn Kardama Munis, ist eine Inkarnation Gottes, und der andere ist ein Atheist, der während des gegenwärtigen Zeitalters erschienen ist. Der atheistische Kapila wird irrtümlicherweise oft für die Höchste Persönlichkeit Gottes gehalten. Kapila, die Inkarnation Gottes, jedoch erschien als der Sohn Kardama Munis vor unvorstellbar langer Zeit während des Zeitalters Svāyambhuva Manus. Das gegenwärtige Zeitalter ist das Zeitalter Vaivasvata Manus.

Die Māyāvādī-Philosophie besagt, die manifestierte Welt, das heißt die materielle Welt, wäre falsch *(mithyā* und *māyā).* Das Predigen der Māyāvādīs beruht auf dem Grundsatz *brahma-satya jagat-mithyā:* „Nur das leuchtende Brahman ist Wirklichkeit und die kosmische Manifestation ist illusorisch oder falsch". Doch nach der Vaiṣṇava-Philosophie ist die kosmische Manifestation Wirklichkeit, weil sie von der Höchsten Persönlichkeit Gottes hervorgebracht wurde. In der *Bhagavad-gītā* erklärt der Herr, dass Er durch eine Seiner vollständigen Teilerweiterungen in die materielle Welt eingeht, wodurch die Schöpfung stattfindet.

Auch aus den Veden geht hervor, dass die zeitweilige *(asat)* kosmische Manifestation eine Emanation des höchsten *sat,* der höchsten Wirklichkeit, ist. Und im *Vedānta-sūtra* heißt es, dass alles aus dem Höchsten Brahman hervorgegangen sei. Deshalb betrachten die Vaiṣṇavas die kosmische Manifestation nicht als falsch. Weil die Höchste Persönlichkeit Gottes in dieser kosmischen Manifestation in Form Seiner Teilerweiterung erschienen ist und die Schöpfung verursachte, sieht der Vaiṣṇava-Philosoph alles in der materiellen Welt in Beziehung zum Höchsten Herrn.

Diese Auffassung von der materiellen Welt ist von Śrīla Rūpa Gosvāmī sehr schön erklärt worden, der sagte, dass jemand, der die materielle Welt als illusorisch und falsch zurückweise, ohne zu wissen, dass auch sie eine Manifestation des Höchsten Herrn ist, eine Entsagung ausführe, die keinen Wert habe. Die Vaiṣṇavas jedoch sind frei von Anhaftung an die materielle Welt, die im Allgemeinen als ein Objekt der Sinnenbefriedigung angesehen wird. Den Vaiṣṇavas ist nichts an Sinnenbefriedigung gelegen, und deshalb fühlen sie sich auch nicht zu materiellen Tätigkeiten hingezogen. Der Vaiṣṇava akzeptiert diese materielle Welt, entsprechend den regulierenden Prinzipien, die von den Veden vorgeschrieben werden, und betätigt sich ohne Anhaftung. Weil die Höchste Persönlichkeit Gottes die ursprüngliche Ursache alles Existierenden ist, sieht der Vaiṣṇava alles, selbst die Dinge in der materiellen Welt, in Beziehung zu Kṛṣṇa. Durch ein solch fortgeschrittenes Wissen wird alles spiritualisiert. Mit anderen Worten, alles in der materiellen Welt ist bereits spirituell, und nur weil es uns an Wissen mangelt, sehen wir etwas als materiell.

Die Veden in Person gaben in diesem Zusammenhang das Beispiel, dass jemand, der nach Gold suche, niemals goldene Ohrringe, goldene Armreife oder irgendetwas anderes aus Gold zurückweise, nur weil diese Dinge von anderer Form seien als das ursprüngliche Gold. Ebenso sind alle Lebewesen als Bestandteile des Höchsten Herrn qualitativ eins mit Ihm, doch gegenwärtig befinden sie sich – genau wie das zu verschiedenen Schmuckstücken verarbeitete Gold, das aus einer einzigen Mine stammt – in den verschiedenen Körpern der 8 400 000 Lebensformen. Ebenso wie jemand, der den Wert von Gold zu schätzen weiß, alle verschieden geformten goldenen Schmuckstücke annimmt, so betrachtet ein Vaiṣṇava alle Lebewesen als ewige Diener Gottes, da er sich voll darüber bewusst ist, dass sie alle qualitativ mit der Höchsten Persönlichkeit Gottes eins sind. So hat man als Vaiṣṇava unerschöpfliche Gelegenheiten, der Höchsten Persönlichkeit Gottes zu dienen, indem man diesen bedingten, irregeführten Lebewesen hilft, sie im Kṛṣṇa-Bewusstsein unterweist und sie zurück nach Hause, zurück zu Gott, führt. Heute jedoch ist es so, dass der Geist der Lebewesen unter dem Einfluss der drei materiellen Erscheinungsweisen völlig aufgewühlt ist, und deshalb wandern die Lebewesen – wie in einem Traum – von Körper zu Körper. Wenn sich ihr Bewusstsein jedoch zu Kṛṣṇa-Bewusstsein gewandelt hat, nehmen sie sogleich Kṛṣṇa fest in ihr Herz auf, und so öffnet sich ihnen der Pfad zur Befreiung.

In allen Veden wird erklärt, dass die Höchste Persönlichkeit Gottes und die Lebewesen die gleiche Eigenschaft besäßen – sie seien *cetana*, „spirituell". Dies wird im *Padma Purāṇa* bestätigt, in dem es heißt, dass es zwei Arten von spirituellen Wesen gebe, die *jīvas* und den Höchsten Herrn. Von Brahmā bis hinunter zur Ameise sind alle Lebewesen *jīvas*, wohingegen der Herr der vierarmige höchste Viṣṇu, oder Janārdana, ist. Das Wort *ātmā* kann sich streng genommen nur auf die Höchste Persönlichkeit Gottes beziehen, doch weil die Lebewesen Seine Bestandteile sind, werden auch sie manchmal als *ātmā* bezeichnet. Das Lebewesen wird daher *jīvātmā* und der Höchste Herr Paramātmā genannt. Da sich sowohl der Paramātmā als auch der *jīvātmā* in der materiellen Welt aufhalten, muss die materielle Welt einem anderen Zweck dienen als der Sinnenbefriedigung. Während die Auffassung, das Leben wäre zur Sinnenbefriedigung bestimmt, ein Trugschluss ist, ist die Auffassung, dass der *jīvātmā* dem Paramātmā dienen müsse, und dies auch in der materiellen Welt, alles andere als ein Trugschluss. Ein Kṛṣṇa-bewusster Mensch ist sich dessen immer bewusst, und deshalb hält er die materielle Welt nicht für falsch, sondern handelt auf der Ebene der Wirklichkeit, das heißt, er beschäftigt sich im transzendentalen Dienst. Der Gottgeweihte sieht deshalb in allen Dingen der materiellen Welt eine Gelegenheit, dem Herrn zu dienen. Er lehnt nichts als materiell ab, sondern stellt alles in den Dienst des Herrn. Auf diese Weise befindet sich der Gottgeweihte ständig auf der transzendentalen Ebene, und alles, was er verwendet, wird spirituell geläutert, weil er es im Dienst des Herrn verwendet.

Śrīdhara Svāmī verfasste hierzu einen schönen Vers: „Ich verehre den Herrn, die Höchste Persönlichkeit Gottes, der immer als Wirklichkeit manifestiert ist – selbst in der materiellen Welt, die von einigen als unwirklich angesehen wird." Die Auffassung, die materielle Welt sei Trug, ist auf mangelndes Wissen zurückzuführen; aber ein Mensch im Kṛṣṇa-Bewusstsein sieht die Höchste Persönlichkeit Gottes in allem. Das ist die Verwirklichung der wahren Bedeutung des vedischen Aphorismus: *sarvaṁ khalv idaṁ brahma* – „Alles ist Brahman".

Die Veden in Person fuhren fort: „Lieber Herr, die weniger intelligenten Menschen mögen sich anderen Vorgängen der Selbstverwirklichung widmen; doch in Wirklichkeit besteht nicht die geringste Möglichkeit, von der materiellen Verunreinigung frei zu werden oder dem Kreislauf von Geburt und Tod ein Ende zu bereiten, solange man nicht ein völlig reiner Gottgeweihter ist. Lieber Herr, alles ruht auf Deinen vielfachen Energien, und wie in den Veden erklärt wird *(eko bahūnāṁ yo vidadhāti kāmān),* wird ein jeder von Dir versorgt. Daher bist Du, o Herr, der Erhalter und Versorger aller Lebewesen – der Halbgötter, Menschen und Tiere. Jeder wird von Dir erhalten, der Du Dich im Herzen eines jeden befindest. Du bist somit die Wurzel der gesamten Schöpfung. Diejenigen, die in Deinem hingebungsvollen Dienst beschäftigt sind, ohne jemals abzuweichen, bringen Dir deshalb ewiglich ihre Verehrung dar und begießen wahrlich die Wurzel des Baumes des Universums. Durch hingebungsvollen Dienst stellt man also nicht nur die Höchste Persönlichkeit Gottes zufrieden, sondern auch alle anderen Lebewesen, da jedes von Ihm erhalten und versorgt wird. Der Gottgeweihte ist der wahre Philanthrop und Altruist, weil er das alldurchdringende Wesen der Höchsten Persönlichkeit Gottes versteht. Solche reinen Gottgeweihten, die sich vollkommen im Kṛṣṇa-Bewusstsein beschäftigen, überwinden mit Leichtigkeit den Kreislauf von Geburt und Tod und springen gleichsam über den Kopf des Todes hinweg."

Ein Gottgeweihter fürchtet sich zu keiner Zeit vor dem Tod oder dem Wechsel seines Körpers; sein Bewusstsein hat sich zu Kṛṣṇa-Bewusstsein gewandelt, und selbst wenn er nicht sogleich zu Gott zurückkehrt, sondern einen weiteren materiellen Körper annimmt, hat er nichts zu befürchten. Ein gutes Beispiel für einen solchen Gottgeweihten ist Bharata Mahārāja. Obwohl er nach seinem Tod den Körper eines Rehes annehmen musste, wurde er bereits im darauffolgenden Leben von aller materiellen Verunreinigung vollkommen befreit und in das Königreich Gottes erhoben. In der *Bhagavad-gītā* wird deshalb erklärt, dass ein Gottgeweihter niemals vergehe. Dem Gottgeweihten ist die Rückkehr zum spirituellen Königreich, die Heimkehr zu Gott, sicher. Selbst wenn ihm in seinem Leben ein Fehltritt unterläuft, erhebt ihn sein Festhalten am Kṛṣṇa-Bewusstsein höher und höher, bis er schließlich zu Gott zurückkehrt. Ein reiner Gottgeweihter läutert nicht nur sein eigenes Dasein, sondern auch das Dasein eines jeden, der sein Schüler wird, so dass dieser schließlich ohne Schwierigkeit das Königreich Gottes betreten kann. In anderen Worten, ein reiner Gottgeweihter überwindet also nicht nur selbst den Tod, sondern durch seine Gnade können auch all diejenigen, die ihm nachfolgen, mühelos dasselbe Ziel erreichen. Die Macht des hingebungsvollen Dienstes ist so groß, dass ein reiner Gottgeweihter eine andere Person zu „elektrisieren" vermag, wenn er seine transzendentale Anweisung gibt, wie der Ozean der Unwissenheit zu überqueren ist.

Die Anweisungen eines reinen Gottgeweihten an seinen Schüler sind zudem sehr einfach. Niemandem fällt es schwer, den Fußstapfen eines reinen Gottgeweihten zu folgen. Das Tor zur Befreiung öffnet sich jedem, der in die Fußstapfen von angesehenen Geweihten tritt, wie Brahmā, Śiva, den Kumāras, Manu, Kapila, König Prahlāda, König Janaka, Śukadeva Gosvāmī, Yamarāja und deren Nachfolger in der Schülernachfolge. Diejenigen hingegen, die keine Gottgeweihten sind, sondern sich unsicheren Methoden der Selbstverwirklichung widmen, wie denen von *jñāna,* Yoga und Karma, sind zweifellos immer noch verunreinigt. Obwohl solche verunreinigten Menschen den Anschein erwecken mögen, als wären sie auf dem Pfad der Selbstverwirklichung sehr weit fortgeschritten, können sie sich nicht einmal selbst befreien, ganz zu schweigen also von denen, die ihnen folgen. Solche Nichtgottgeweihte werden mit angeketteten Tieren verglichen, da sie nicht in der Lage sind, über die Äußerlichkeiten ihrer jeweiligen Glaubensrichtungen hinauszugehen. In der *Bhagavad-gītā* werden sie als *veda-vāda-rata* verurteilt. Sie begreifen nicht, dass sich die Veden nur mit Tätigkeiten unter dem Einfluss der materiellen Erscheinungsweisen der Natur – Tugend, Leidenschaft und Unwissenheit – befassen.

Aber wie Śrī Kṛṣṇa Arjuna den Rat gab, sollte man die in den Veden vorgeschriebenen Pflichten hinter sich lassen und sich dem Kṛṣṇa-Bewusstsein, dem hingebungsvollen Dienst, zuwenden. In der

Bhagavad-gītā heißt es an dieser Stelle: *nistrai-guṇyo bhavārjuna* – „Mein lieber Arjuna, erhebe dich über die vedischen Rituale." Diese transzendentale Stellung, die sich jenseits der Durchführung vedischer Rituale befindet, erreicht man im hingebungsvollen Dienst. In der *Bhagavad-gītā* sagt der Herr deutlich, dass diejenigen, die sich ungetrübt in Seinem hingebungsvollen Dienst beschäftigten, die Ebene des Brahmans erreicht hätten. Wahre Brahman-Verwirklichung bedeutet Kṛṣṇa-Bewusstsein und die Beschäftigung im hingebungsvollen Dienst. Deshalb sind die Gottgeweihten echte *brahmacārīs*, denn ihre Tätigkeiten befinden sich immer auf der Ebene des Kṛṣṇa-Bewusstseins, des hingebungsvollen Dienstes.

Die Bewegung für Kṛṣṇa-Bewusstsein wendet sich daher mit einem aufrichtigen und fundierten Appell eindringlich an alle Arten von Gläubigen, sich dieser Bewegung anzuschließen, durch die man Liebe zu Gott erlernen kann und somit alle Vorschriften und Richtlinien der Schriften hinter sich lässt. Ein Mensch, der nicht über die Stufe stereotyper religiöser Prinzipien hinausgelangen kann, wird mit einem Tier verglichen, das von seinem Meister an die Kette gelegt worden ist. Der Sinn aller Religion besteht darin, Gott zu verstehen und seine schlummernde Liebe zu Ihm zu erwecken. Wenn man jedoch nur an den religiösen Formeln und Ritualen festhält, aber keine Liebe zu Gott entwickelt, gilt man als angekettetes Tier. Mit anderen Worten, jemand, der nicht Kṛṣṇa-bewusst ist, kann von der Verunreinigung des materiellen Daseins nicht befreit werden.

In einem anderen Vers von Śrīla Śrīdhara Svāmī heißt es in diesem Zusammenhang: „Sollen andere sich strenge Entsagungen auferlegen; sollen andere sich von den Gipfeln der Berge zu Tode stürzen; sollen andere zu vielen heiligen Pilgerstätten reisen, um Befreiung zu erlangen, und sollen andere sich in das eingehende Studium der Philosophie und der vedischen Schriften versenken. Lass die Yogis sich ihrer Meditation widmen, und lass die verschiedenen Religionen sinnlos miteinander streiten, welche von ihnen die beste sei. Die Wahrheit ist, dass niemand den Ozean des materiellen Daseins zu überqueren vermag, ohne Kṛṣṇa-bewusst zu sein, ohne sich im hingebungsvollen Dienst zu beschäftigen und ohne die Barmherzigkeit der Höchsten Persönlichkeit Gottes zu erlangen." Ein intelligenter Mensch gibt daher alle schablonenhaften Vorstellungen auf und schließt sich der Bewegung für Kṛṣṇa-Bewusstsein an, um wirklich befreit zu werden.

Die Veden in Person fuhren mit ihren Gebeten fort, indem sie sagten: „Lieber Herr, Dein unpersönlicher Aspekt wird in den Veden wie folgt beschrieben: Du hast keine Hände, doch Du kannst alle Opfer, die Dir dargebracht werden, entgegennehmen. Du hast keine Beine, doch Du kannst schneller laufen als jeder andere. Du hast keine Augen, doch Du kannst alle Geschehnisse der Vergangenheit, Gegenwart und Zukunft sehen. Du hast keine Ohren, doch Du kannst alles hören, was gesagt wird. Obwohl Du keinen Geist hast, kennst Du alle Wesen und ihre vergangenen, gegenwärtigen und zukünftigen Handlungen. Und trotzdem weiß niemand, wer Du bist – Du kennst alle, doch niemand kennt Dich. Deshalb bist Du die älteste und die Höchste Persönlichkeit."

An einer anderen Stelle in den Veden heißt es: „Du brauchst nichts zu tun. Du bist so vollkommen in Deinem Wissen und Deiner Macht, dass sich allein durch Deinen Willen alles manifestiert. Niemand kommt Dir gleich, und niemand überragt Dich; vielmehr ist jeder Dein ewiger Diener." Diese Aussagen der Veden bekräftigen, dass der Absolute weder Beine, Arme, Augen noch Ohren oder einen Geist hat und dennoch durch Seine Energien handeln und die Bedürfnisse aller Lebewesen erfüllen kann. Wie in der *Bhagavad-gītā* erklärt wird, sind Seine Arme und Beine überall; Er ist alldurchdringend. Die Arme, Beine, Ohren und Augen der Lebewesen bewegen sich und handeln unter der Führung der Überseele, die im Herzen eines jeden Lebewesens weilt. Wenn die Überseele nicht gegenwärtig wäre, könnten sich die Arme und Beine nicht bewegen. Der Herr, die Höchste Persönlichkeit Gottes, ist so allumfassend, unabhängig und vollkommen, dass Er, obwohl Er keine Augen, Beine und Ohren besitzt, in der Ausführung Seiner Handlungen von niemandem abhängig ist. Im Gegenteil, alle anderen sind im Gebrauch ihrer verschiedenen Sinnesorgane von Ihm abhängig. Solange das Lebewesen nicht von der Überseele inspiriert und geführt wird, kann es nicht handeln.

Die Tatsache ist also, dass die Absolute Wahrheit in Ihrem höchsten Aspekt eine Person ist. Doch weil Sie, die Höchste Person, durch Ihre verschiedenen Energien wirkt, die den groben Materialisten nicht sichtbar sind, glauben diese, Sie wäre unpersönlich. Wenn man zum Beispiel das Gemälde einer Blume betrachtet, so kann man darin die

Kunstfertigkeit einer Person wahrnehmen, und man kann verstehen, dass die Komposition des Bildes, die Farbkombination und die vielen anderen Elemente die sorgfältige Aufmerksamkeit des Künstlers erfordert haben. Ein Gemälde, das blühende Blumen darstellt, weist also eindeutig auf das Schaffen eines Künstlers hin, aber weil der abgestumpfte Materialist nicht fähig ist, die Hand Gottes in solchen Kunstwerken, wie es die wirklichen Blumen in der Natur sind, zu erkennen, kommt er zu dem Schluss, die Absolute Wahrheit wäre unpersönlich. In Wirklichkeit ist der Absolute eine Person, aber das bedeutet nicht, dass Er von irgendetwas abhängig ist. Er braucht nicht zu Pinsel und Farbe zu greifen, um die Blumen zu malen; Seine Energien wirken so wunderbar, dass es scheint, als wären die Blumen ohne die Hilfe eines Künstlers entstanden. Die unpersönliche Auffassung von der Absoluten Wahrheit wird von Menschen mit geringer Intelligenz angenommen, weil diejenigen, die sich nicht im Dienst des Herrn beschäftigen, nicht verstehen können, wie der Höchste handelt; ja sie wissen nicht einmal, wie Er heißt. Nur dem Gottgeweihten mit einer liebevollen, dienenden Haltung wird die Wahrheit über die Taten und die persönlichen Aspekte des Höchsten offenbart.

Es wird in der *Bhagavad-gītā* deutlich gesagt: *bhoktāraṁ yajña tapasām* – „Der Höchste Herr ist der Genießer aller Arten von Opfern und der Ergebnisse aller Entsagung." Zudem erklärt der Herr: *sarva-loka-maheśvaram* – „Ich bin der Besitzer aller Planeten". Das ist die Stellung der Höchsten Persönlichkeit Gottes. Obwohl Er in Goloka Vṛndāvana weilt und Sich der Gemeinschaft Seiner ewigen Gefährten, der *gopīs* und Kuhhirtenjungen, erfreut, wirken Seine Energien unter Seiner Führung überall in der Schöpfung, ohne jemals Seine ewigen Spiele zu stören.

Nur durch hingebungsvollen Dienst kann man verstehen, wie Kṛṣṇa durch Seine unvorstellbaren Energien gleichzeitig unpersönlich und als Person wirkt. Er handelt wie der höchste Kaiser, unter dessen Oberherrschaft viele Tausend Könige und Fürsten tätig sind. Die Höchste Persönlichkeit Gottes ist der höchste unabhängige Herrscher, und alle Halbgötter – selbst Brahmā, Śiva, der Himmelskönig Indra, der König des Mondes und der König der Sonne – handeln unter Seiner Führung. Wie in den Veden bestätigt wird, bewirkt es die Furcht vor der Höchsten Persönlichkeit Gottes, dass die Sonne scheint, der Wind weht und das Feuer Wärme abgibt. Die materielle Natur bringt die verschiedensten Manifestationen hervor, sich bewegende und sich nicht bewegende; aber keine von ihnen kann unabhängig vom Höchsten Herrn, ohne Seine Führung, etwas tun oder etwas erschaffen. Sie alle handeln als Seine Tributpflichtigen, wie untergebene Könige, die dem Kaiser ihre jährlichen Abgaben entrichten.

Nach vedischer Vorschrift sollte sich jedes Lebewesen von den Überresten der Speisen ernähren, die der Persönlichkeit Gottes geopfert wurden. Die Anweisung für die Durchführung großer Opfer lautet, dass Nārāyaṇa als die höchste vorherrschende Gottheit des Opfers gegenwärtig sein sollte, und dass nach Beendigung des Opfers die Überreste der Speisen unter den Halbgöttern verteilt werden sollten. Dies wird *yajña-bhāga* genannt. Jeder Halbgott bekommt seinen bestimmten Anteil am *yajña-bhāga*, den er als *prasāda* annimmt. Hieraus wird deutlich, dass die Halbgötter in ihrer Macht nicht unabhängig sind. Sie werden unter der Aufsicht der Höchsten Persönlichkeit Gottes als Verwalter verschiedener Bereiche eingesetzt, und sie essen *prasāda*, das heißt die Speisereste der Opfer. Sie führen die Befehle des Höchsten Herrn genau nach Seinem Plan aus. Er selbst befindet sich im Hintergrund aller Dinge, und weil Seine Befehle von anderen ausgeführt werden, scheint es, als wäre Er unpersönlich. Mit unseren grobstofflichen, materialistischen Mitteln können wir uns nicht vorstellen, wie die Höchste Person über den unpersönlichen Vorgängen der materiellen Natur stehen kann. Deshalb erklärt der Herr in der *Bhagavad-gītā*, dass es nichts Höheres gebe als Ihn und dass das unpersönliche Brahman, als die Manifestation Seiner persönlichen Ausstrahlung, Ihm untergeordnet sei. In diesem Zusammenhang verfasste Śrīpāda Śrīla Śrīdhara Svāmī den folgenden Vers: „Ich erweise meine achtungsvollen Ehrerbietungen dem Herrn, der Höchsten Persönlichkeit Gottes, der keine materiellen Sinne hat, durch dessen Befehl und Willen aber alle materiellen Sinne tätig sind. Er ist die höchste Kraft aller materiellen Sinne und Sinnesorgane. Er ist allmächtig, und Er ist der Höchste Ausführende aller Dinge. Aus diesem Grunde gebührt es Ihm, von jedem verehrt zu werden. Dieser Höchsten Person bringe ich meine achtungsvollen Ehrerbietungen dar."

Kṛṣṇa erklärt in der *Bhagavad-gītā*, dass Er als Puruṣottama, die Höchste Persönlichkeit, bekannt sei, weil Er Sich in transzendentaler

Beziehung zu allen fühlenden und nicht fühlenden Wesen befinde (*puruṣa* bedeutet „Person" und *uttama* bedeutet „höchste" oder „transzendental"). An einer anderen Stelle sagt der Herr, dass sich jeder in Ihm befinde wie die Luft im alldurchdringenden Raum und dass jeder unter Seiner Führung handele.

Die Veden in Person fuhren fort: „Lieber Herr, Du bist jedem gleichgesinnt und keiner bestimmten Art von Lebewesen gegenüber voreingenommen. Sie genießen und leiden unter verschiedenen Lebensbedingungen aufgrund ihrer eigenen materiellen Wünsche. Als Deine Bestandteile sind sie wie die Funken eines Feuers. Genau wie die Funken über einem lodernden Feuer tanzen, so tanzen alle Lebewesen aufgrund Deiner Hilfe. Du versorgst sie mit allem, was sie sich wünschen, und doch bist Du nicht für ihre Freuden und Leiden verantwortlich. Es gibt die verschiedensten Arten von Lebewesen – Halbgötter, Menschen, Säugetiere, Bäume, Vögel, Reptilien, Bakterien, Würmer, Insekten und Wasserlebewesen –, und sie alle genießen und leiden in ihrem Leben, während Du ihre Grundlage bist."

Es gibt zwei Arten von Lebewesen: *nitya-muktas*, die ewig befreiten, und *nitya-baddhas*, die ewig bedingten. Die *nitya-mukta*s befinden sich im spirituellen Königreich, und die *nitya-baddhas* befinden sich in der materiellen Welt.

In der spirituellen Welt befinden sich sowohl die Lebewesen als auch der Herr in ihrem ursprünglichen Zustand, so wie leuchtende Funken in einem Feuer. Der Herr ist in der materiellen Welt in Seinem unpersönlichen Aspekt überall gegenwärtig, dennoch haben die Lebewesen, die sich in der materiellen Welt befinden, ihr Kṛṣṇa-Bewusstsein in stärkerem oder geringerem Maße vergessen, ebenso wie Funken manchmal aus dem lodernden Feuer fallen und ihren leuchtenden Zustand verlieren. Die Funken kommen in verschiedenste Zustände und behalten mehr oder weniger ihre ursprüngliche Leuchtkraft bei. Manche Funken fallen auf trockenes Gras und entzünden ein neues großes Feuer. Dieses Beispiel bezieht sich auf die reinen Gottgeweihten, die sich der leidenden und unschuldigen Lebewesen erbarmen. Der reine Gottgeweihte erleuchtet die Herzen der bedingten Lebewesen mit Kṛṣṇa-Bewusstsein, und so kommt das lodernde Feuer der spirituellen Welt selbst in der materiellen Welt zum Vorschein. Einige der Funken fallen auch ins Wasser, wo sie augenblicklich ihr ursprüngliches

Leuchten verlieren und erlöschen. Mit diesen Funken werden die Lebewesen verglichen, die unter den groben Materialisten geboren werden, so dass ihr ursprüngliches Kṛṣṇa-Bewusstsein vollständig erlischt. Andere Funken wiederum fallen auf den Boden, wo sie weder richtig brennen noch erlöschen. Auf diese Weise gibt es Lebewesen, denen es gänzlich an Kṛṣṇa-Bewusstsein mangelt, Lebewesen, die auf einer Zwischenstufe stehen, und solche, die sich vollständig im Kṛṣṇa-Bewusstsein befinden. Die Halbgötter auf den himmlischen Planeten, wie Brahmā, Indra, Candra, der Sonnengott, der Mondgott und viele andere Halbgötter, sind alle Kṛṣṇa-bewusst. Die menschliche Zivilisation steht auf einer Stufe zwischen den Tieren und den Halbgöttern, und somit gibt es einige Menschen, die mehr oder weniger Kṛṣṇa-bewusst sind, und andere, die das Kṛṣṇa-Bewusstsein völlig vergessen haben. Die Lebewesen dritten Ranges – die Tiere, Pflanzen, Wassertiere und Wasserpflanzen – haben ihr Kṛṣṇa-Bewusstsein völlig vergessen. Dieses in den Veden angeführte Beispiel von den Funken des lodernden Feuers ist sehr hilfreich, um die Lage der verschiedenen Arten von Lebewesen zu verstehen. Doch über allen Lebewesen steht die Höchste Persönlichkeit Gottes, Kṛṣṇa, oder Puruṣottama, der immer von allen materiellen Bedingungen frei ist.

Hier könnte man die Frage stellen, warum die Lebewesen durch Zufall in die verschiedenen Lebensbedingungen gefallen sind. Um diese Frage beantworten zu können, müssen wir zuerst verstehen, dass der Zufall für die Lebewesen keinen Einfluss haben kann; Zufall gibt es nur für unbelebte Dinge. Wie in den vedischen Schriften erklärt wird, besitzen die Lebewesen Wissen, und deshalb werden sie *cetana* genannt, was „in Wissen" bedeutet. Ihr Dasein unter bestimmten Lebensbedingungen ist deshalb nicht zufällig; es wurde vielmehr durch ihre eigene Wahl herbeigeführt, denn wie gesagt verfügen sie alle über Wissen. In der *Bhagavad-gītā* sagt der Herr: „Gib alles auf, und ergib dich einfach Mir." Dieser Vorgang, durch den man die Höchste Persönlichkeit Gottes erkennen kann, steht für alle offen, doch es bleibt immer der Wahl des Lebewesens überlassen, diesen Vorschlag anzunehmen oder abzulehnen. Im letzten Teil der *Bhagavad-gītā* sagt Śrī Kṛṣṇa ganz offen zu Arjuna: „Mein lieber Arjuna, Ich habe Dir nun alles erklärt. Jetzt hängt es von deiner Wahl ab, ob du es annimmst oder nicht." Ebenso ist auch die Tatsache, dass die Lebewesen in die materielle

Welt gekommen sind, auf ihre eigene Entscheidung zurückzuführen, die materielle Welt zu genießen. Es ist nicht etwa so, dass Kṛṣṇa sie in die materielle Welt geschickt hätte. Die materielle Welt wurde für den Genuss der Lebewesen geschaffen, die den ewigen Dienst des Herrn aufgeben wollten, um selbst die höchsten Genießer zu werden. Wenn sich ein Lebewesen Sinnenbefriedigung wünscht und den Dienst des Herrn vergessen will, so erklärt die Vaiṣṇava-Philosophie, dann wird ihm ein Platz in der materiellen Welt zugewiesen, wo es ganz nach Belieben handeln kann, um sich in der Folge Lebensbedingungen zu schaffen, unter denen es entweder genießt oder leidet. Wir müssen uns darüber bewusst sein, dass sowohl der Herr als auch die Lebewesen ewig bewusst sind. Geburt und Tod gibt es weder für den Herrn noch für die Lebewesen. Wenn die Schöpfung stattfindet, bedeutet dies nicht, dass die Lebewesen erschaffen werden. Der Herr erschafft die materielle Welt, um den bedingten Seelen eine Möglichkeit zu geben, auf die Ebene des Kṛṣṇa-Bewusstseins zu gelangen. Wenn eine bedingte Seele diese Gelegenheit nicht wahrnimmt, geht sie nach der Auflösung der materiellen Welt in den Körper Nārāyaṇas ein und bleibt dort in tiefem Schlaf, bis die nächste Schöpfung stattfindet.

In diesem Zusammenhang ist das Beispiel der Regenzeit sehr treffend. Der jahreszeitliche Regen kann als Vertreter der Schöpfungskraft angesehen werden, denn die nach dem Regen feucht gewordene Erde eignet sich sehr gut für den Anbau aller möglichen Nutzpflanzen. Wenn auf ähnliche Weise die Schöpfung stattfindet, indem der Herr über die materielle Natur blickt, erscheinen sofort die Lebewesen in ihren verschiedenen Lebensbedingungen, ebenso wie nach dem Regen die verschiedensten Pflanzen hervorsprießen. Der Regen ist immer der gleiche, doch die verschiedenen Pflanzen, die erscheinen, bilden eine große Vielfalt. Der Regen verteilt sich gleichmäßig über das gesamte Feld, doch entsprechend den Samen, die gesät wurden, sprießen Pflanzen der verschiedensten Arten und Größen aus der Erde hervor. Ebenso bilden die Samen unserer Wünsche eine große Vielfalt. Jedes Lebewesen hat eine bestimmte Art von Wünschen, solch ein Wunsch ist der Same, der das Lebewesen in einem bestimmten Körper heranwachsen lässt. Rūpa Gosvāmī erklärt dies in dem Ausdruck *pāpa-bīja*. *Pāpa* bedeutet „sündhaft". All unsere materiellen Wünsche müssen als *pāpa-bīja*,

Samen von Sünden, betrachtet werden. Die *Bhagavad-gītā* erklärt, dass unser sündhafte Wunsch darin bestehe, dass wir uns dem Höchsten Herrn nicht ergeben wollen. Der Herr versichert uns deshalb in der *Bhagavad-gītā*: „Ich werde dich vor den Auswirkungen aller sündhaften Wünsche beschützen." Diese sündhaften Wünsche zeigen sich in den verschiedenen Arten von Körpern; deshalb kann niemand den Höchsten Herrn beschuldigen, Er wäre voreingenommen, weil Er einem bestimmten Lebewesen diesen Körper gegeben hat und einem anderen Lebewesen jenen. Alle Körper der 8 400 000 Lebensformen werden den individuellen Lebewesen entsprechend der Ausrichtung ihres Geistes geschaffen. Die Höchste Persönlichkeit Gottes, Puruṣottama, gibt ihnen lediglich die Möglichkeit, so zu handeln, wie sie es sich gewünscht haben, und wenn die Lebewesen verschiedenen Handlungen nachgehen, dann nutzen sie einfach nur die vom Herrn gegebenen Möglichkeiten.

Die Lebewesen werden aus dem transzendentalen Körper des Herrn geboren. Die Beziehung zwischen dem Herrn und den Lebewesen wird in den vedischen Schriften erklärt, in denen es heißt, dass der Höchste Herr all Seine Kinder erhalte, indem Er ihnen gebe, was immer sie wollen. In der *Bhagavad-gītā* wird dies vom Herrn selbst bestätigt: „Ich bin der samengebende Vater aller Lebewesen." Es ist nicht schwierig zu verstehen, dass der Vater zwar für die Geburt der Kinder verantwortlich ist, dass die Kinder dann aber nach ihren eigenen Wünschen handeln. Daher ist der Vater später nicht für das Schicksal seiner Kinder verantwortlich. Jedes Kind kann das Eigentum und die Ratschläge seines Vaters nutzen, doch obgleich allen Kindern der gleiche Erbteil und das gleiche Maß an guten Ratschlägen zuteilwird, wählt sich jedes Kind, je nach seinen Wünschen, seinen eigenen Lebensweg und genießt bzw. leidet dementsprechend.

Ebenso sind die Anweisungen der *Bhagavad-gītā* für alle die gleichen: Jeder Mensch sollte sich dem Höchsten Herrn ergeben; dafür wird Sich der Herr seiner annehmen und ihn vor allen sündhaften Reaktionen beschützen. Jedes Lebewesen in der Schöpfung des Herrn bekommt auf gerechte Weise alles, was es zum Leben braucht. Alles, was es auf der Welt gibt, sei es auf dem Land, im Wasser oder in der Luft, steht allen Lebewesen gleichermaßen zur Verfügung. Weil die Lebewesen die Söhne des Höchsten Herrn sind, haben sie alle das Recht, sich der materiellen Möglichkeiten zu bedienen, die ihnen der Herr gegeben hat; doch unglückselige Lebewesen schaffen unerträgliche Lebensbedingungen, indem sie einander bekämpfen. Die Verantwortung für das Kämpfen und das Schaffen günstiger und ungünstiger Lebensbedingungen liegt bei den Lebewesen, und nicht bei der Höchsten Persönlichkeit Gottes. Wenn die Lebewesen aber die Anweisungen des Herrn in der *Bhagavad-gītā* nutzen und Kṛṣṇa-Bewusstsein entwickeln, wird ihr Leben erhaben, und sie können zu Gott zurückkehren.

Manche Menschen behaupten, Gott sei für die Zustände in der materiellen Welt verantwortlich, da Er diese Welt selbst erschaffen habe. Zweifellos ist Er indirekt für die Schöpfung und Erhaltung der materiellen Welt verantwortlich, jedoch ist Er auf keinen Fall für die jeweiligen Lebensbedingungen der Lebewesen verantwortlich zu machen. Die von Gott bewirkte Schöpfung der materiellen Welt wird oft mit der von einer Wolke bewirkten Schöpfung der sprießenden Vegetation verglichen. In der Regenzeit erzeugen die Wolken die verschiedensten Arten von Pflanzen. Während sie dabei ihr Wasser auf die Erdoberfläche niedergehen lassen, berühren sie selbst niemals den Boden. Ebenso erschafft der Herr die materielle Welt, indem Er einfach über die materielle Energie blickt. Diese Tatsache wird in den Veden bestätigt: „Er warf Seinen Blick über die materielle Natur und so fand die Schöpfung statt." Auch die *Bhagavad-gītā* bestätigt, dass der Herr nur durch Seinen transzendentalen Blick über die materielle Natur verschiedene Arten von Wesen erschafft – sowohl sich bewegende als auch sich nicht bewegende, sowohl lebende als auch tote.

Die Schöpfung der materiellen Welt kann daher als eines der Spiele des Herrn verstanden werden; man bezeichnet die Schöpfung deshalb als eines der Spiele des Herrn, weil Er die materielle Welt erschafft, wenn Er es wünscht. Dieser Wunsch des Höchsten Herrn ist ebenfalls Seine ganz besondere Barmherzigkeit, denn Er gibt den bedingten Seelen dadurch eine weitere Gelegenheit, ihr ursprüngliches Bewusstsein wiederzuentwickeln und zu Gott zurückzukehren. Deshalb kann niemand den Höchsten Herrn wegen der Schöpfung der materiellen Welt kritisieren.

Das Thema, von dem wir sprechen, vermittelt ein klares Verständnis des Unterschieds zwischen den Unpersönlichkeitsanhängern und den Persönlichkeitsanhängern. Die Philosophie der Unpersönlichkeit empfiehlt, in die Existenz des Höchsten einzugehen, und die Philosophie der Leere empfiehlt, alle materielle Vielfalt aufzulösen. Beide Philosophien werden als Māyāvāda bezeichnet. Zweifellos ist es richtig, dass die kosmische Manifestation ein Ende findet und leer wird, wenn die Lebewesen in den Körper Nārāyaṇas eingehen, um dort bis zur nächsten Schöpfung zu ruhen – und diesen Zustand kann man auch als unpersönlichen Zustand bezeichnen; doch wie dem auch sei, all diese Zustände sind niemals ewig. Die Auflösung der Vielfalt in der materiellen Welt und das Eingehen der Lebewesen in den Körper des Höchsten sind nicht von ewiger Dauer, denn die Schöpfung wird wieder aufs Neue stattfinden, und die Lebewesen, die in den Körper des Höchsten eingegangen sind, ohne ihr Kṛṣṇa-Bewusstsein entwickelt zu haben, werden bei der nächsten Schöpfung erneut in der materiellen Welt erscheinen. Die *Bhagavad-gītā* bestätigt die Tatsache, dass die materielle Welt immer wieder erschaffen und vernichtet wird. Dies wiederholt sich unaufhörlich, und die bedingten Seelen, die kein Kṛṣṇa-Bewusstsein besitzen, kehren immer wieder in die materielle Schöpfung zurück, sobald sie manifestiert wird. Wenn solche bedingten Seelen jedoch die Gelegenheit wahrnehmen, unter der direkten Führung des Herrn Kṛṣṇa-Bewusstsein zu entwickeln, werden sie in die spirituelle Welt erhoben, von wo sie nicht wieder in die materielle Schöpfung zurückzukehren brauchen. Deshalb gelten die Vertreter der Philosophie der Leere und die Unpersönlichkeitsanhänger als nicht sehr intelligente Menschen, weil sie nicht bei den Lotosfüßen des Herrn Zuflucht suchen. Und weil sie unintelligent sind, nehmen sie die verschiedensten Entsagungen auf sich, um entweder die Stufe des *nirvāṇa*, das heißt die Beendigung der materiellen Daseinszustände, oder den Zustand des Einsseins durch das Eingehen in den Körper des Herrn zu erreichen. Sie alle kommen jedoch wieder zu Fall, weil sie die Lotosfüße des Herrn missachten.

Im *Caitanya-caritāmṛta* schreibt Kṛṣṇadāsa Kavirāja Gosvāmī, dass Kṛṣṇa der einzige höchste Meister sei und dass alle Lebewesen Seine ewigen Diener seien. Dieses Urteil brachte der Verfasser des *Caitanya-caritāmṛta* zum Ausdruck, nachdem er alle vedischen Schriften studiert und von allen Autoritäten gehört hatte. Seine Erklärung wird hier von den Gebeten der Veden in Person bestätigt. Die Schlussfolgerung lautet daher, dass jeder unter der Führung des Höchsten Herrn dessen Diener ist und dass jeder den Höchsten Herrn fürchtet. Nur aus Furcht vor Ihm werden alle Tätigkeiten richtig ausgeführt. Jeder ist dem Höchsten

Herrn untergeordnet, aber der Herr ist den Lebewesen gegenüber nicht voreingenommen. Er ist wie der grenzenlose Himmel; genau wie Funken in einem Feuer tanzen, so sind die Lebewesen wie Vögel, die am grenzenlosen Himmel des Höchsten Herrn fliegen. Einige von ihnen fliegen in großer Höhe, andere etwas tiefer, und wieder andere noch tiefer. Die Vögel fliegen also je nach ihren Fähigkeiten in unterschiedlichen Höhen, doch der Himmel hat nichts mit ihren Flugfähigkeiten zu tun. Ebenso finden wir in der *Bhagavad-gītā* die Erklärung, dass der Herr den verschiedenen Lebewesen je nach dem Ausmaß ihrer Hingabe verschiedene Stellungen zuweist. Diese anteilsmäßige Belohnung der Lebewesen ist nicht auf die Parteilichkeit der Höchsten Persönlichkeit Gottes zurückzuführen. Obwohl sich die Lebewesen in unterschiedlichen Situationen, Lebensbereichen und Lebensformen alle stets unter der Aufsicht Gottes befinden, ist Er in keinem Fall für ihre jeweiligen Lebensumstände verantwortlich. Es ist also eine törichte und künstliche Vorstellung, zu glauben, man wäre der Höchsten Persönlichkeit Gottes ebenbürtig, und noch törichter ist es zu glauben, man hätte Gott noch nie gesehen. Jeder sieht Gott entsprechend seiner Kapazität: Der Theist sieht Gott als die Höchste Persönlichkeit, Kṛṣṇa, das höchste Ziel aller Liebe, und der Atheist sieht die Absolute Wahrheit in der Form des Todes.

Die Veden in Person beteten weiter: „Lieber Herr, aus allen vedischen Aussagen geht hervor, dass Du der Höchste Herrscher bist und dass alle Lebewesen beherrscht werden." Sowohl der Herr als auch die Lebewesen werden als *nitya*, ewig, bezeichnet und sind somit der Eigenschaft nach eins, doch der eine *nitya*, der Höchste Herr, ist der Herrscher, wohingegen die vielen anderen *nityas* beherrscht werden. Das beherrschte individuelle Lebewesen befindet sich im Körper, wo auch der Höchste Herrscher als Überseele gegenwärtig ist, doch die Überseele ist der individuellen Seele übergeordnet und beherrscht sie. Das ist das Urteil der Veden. Würde die individuelle Seele nicht von der Überseele kontrolliert, wie wäre dann die Aussage der Veden zu erklären, dass das Lebewesen von Körper zu Körper wandere und die Folgen seiner früheren Taten genieße und erleide? Manchmal wird es zu einer höheren Lebensebene erhoben und manchmal wird es auf eine niedere Lebensebene versetzt. Auf diese Weise befinden sich die bedingten Seelen nicht nur unter der Herrschaft des Höchsten Herrn, sondern auch unter der Herrschaft der materiellen Natur, durch die sie bedingt werden. Diese Tatsache, dass die Lebewesen vom Höchsten Herrn beherrscht werden, ist der eindeutige Beweis, dass die Überseele alldurchdringend ist, wohingegen die individuellen Lebewesen unter keinen Umständen alldurchdringend sein können. Wenn die individuellen Seelen tatsächlich alldurchdringend wären, wie könnte es dann möglich sein, dass sie untergeordnet sind und beherrscht werden. Die Theorie, dass die Überseele und die individuelle Seele gleich seien, ist ein widersprüchlicher Trugschluss, den kein vernünftiger Mensch annehmen kann. Stattdessen sollte man versuchen, die Unterschiede zwischen dem höchsten Ewigen und dem untergeordneten Ewigen zu verstehen.

Die Veden in Person kamen deshalb zu folgendem Schluss: „O Herr, Du bist der unbegrenzte Ewige *(dhruva)* und die Lebewesen sind die begrenzten Ewigen." Die Form des unbegrenzten Ewigen wird manchmal als die universale Form beschrieben, und in den vedischen Schriften wie den Upaniṣaden werden auch die begrenzten Ewigen ausführlich beschrieben. Es heißt dort, dass die ursprüngliche spirituelle Form des Lebewesens so groß sei wie der zehntausendste Teil einer Haarspitze. Es wird erklärt, dass das Spirituelle größer als das Größte und kleiner als das Kleinste sein könne. Die individuellen Lebewesen, die ewige Teile Gottes sind, sind kleiner als das Kleinste. Mit unseren materiellen Sinnen können wir weder den Höchsten wahrnehmen, der größer als das Größte ist, noch die individuelle Seele, die kleiner als das Kleinste ist. Aus den autorisierten Quellen der vedischen Schriften sollten wir beides verstehen lernen, Ihn, der größer ist als das Größte, und ihn, der kleiner ist als das Kleinste. Die vedischen Schriften erklären, dass die Überseele im Herz des Körpers jedes Lebewesens weile und die Größe eines Daumens habe. An dieser Stelle könnte man einwenden, wie es denn möglich sei, dass etwas Daumengroßes in das Herz einer Ameise passe. Die Erklärung ist, dass man sich die Daumengröße der Überseele im Verhältnis zum Körper des jeweiligen Lebewesens vorstellen muss. Unter keinen Umständen also können die Überseele und die individuelle Seele als identisch angesehen werden, obwohl beide sich im gleichen materiellen Körper aufhalten. Die Überseele befindet sich im Herzen, um die individuelle Seele zu lenken und zu beaufsichtigen. Obwohl beide *dhruva*, ewig, sind, steht das Lebewesen immer unter der Führung des Höchsten.

Manchmal bekommt man auch ein anderes Argument zu hören: Weil die Lebewesen aus der materiellen Natur geboren werden, seien sie alle gleich und unabhängig. Demgegenüber erklären die vedischen Schriften, dass die Höchste Persönlichkeit Gottes die materielle Natur mit den Lebewesen befruchte und dass diese erst dann in den verschiedenen Lebensformen erschienen. Somit ist das Erscheinen der Lebewesen nicht allein auf die materielle Natur zurückzuführen, ebenso wie ein Kind, das von der Mutter geboren wird, nicht von ihr allein hervorgebracht wurde. Das Kind wird vom Mann gezeugt, und erst dann kann es von der Frau geboren werden. Zum Beispiel können die einzelnen Teile des Körpers nicht mit dem ganzen Körper gleichgesetzt werden; vielmehr ist es der Körper, der die einzelnen Gliedmaßen beherrscht. Ebenso sind die individuellen Teile des höchsten Ganzen immer abhängig und werden immer vom Ursprung der individuellen Teile beherrscht. In der *Bhagavad-gītā* wird in diesem Zusammenhang das Wort *mamaivāṁśaḥ* verwendet, das bestätigt, dass die Lebewesen Teile Kṛṣṇas sind. Kein vernünftiger Mensch wird deshalb der Theorie zustimmen, dass die Überseele und die individuelle Seele zur gleichen Kategorie gehören. Sie sind zwar qualitativ gleich, aber quantitativ ist die Überseele immer absolut, und die individuelle Seele ist Ihr immer untergeordnet. Das ist die Schlussfolgerung der Veden.

In diesem Zusammenhang werden die bedeutenden Wörter *yan-maya* oder *cin-maya* verwendet. Nach der Grammatik des Sanskrit wird das Wort *mayaṭ* im Sinne von „Umwandlung" gebraucht, aber auch im Sinne von „genügendes Ausmaß". Gemäß der Interpretation der Māyāvādī-Philosophen deuten die Begriffe *yan-maya* und *cin-maya* darauf hin, dass das Lebewesen immer mit dem Höchsten gleich ist. Man muss jedoch berücksichtigen, ob der Wortzusatz *mayaṭ* im Sinne von „Überfluss" oder „Umwandlung" gebraucht wird. Das Lebewesen besitzt niemals etwas in dem gleichen Maße wie die Höchste Persönlichkeit Gottes, und daher kann das Affix *mayaṭ* unmöglich bedeuten, dass das Lebewesen in sich selbst genügend ist. Das individuelle Lebewesen besitzt niemals vollkommenes Wissen; wie sonst hätte es unter die Herrschaft *māyās*, der materiellen Energie, geraten können? Der Ausdruck „im Überfluss" kann daher nur im Verhältnis zur Größe des Lebewesens als zutreffende Bedeutung anerkannt werden. Die spirituelle Einheit des Höchsten Herrn und der Lebewesen darf auf keinen Fall als

Gleichartigkeit angesehen werden. Jedes Lebewesen ist individuell. Wären alle Lebewesen gleichartig und eins, so würde dies bedeuten, dass bei der Befreiung einer einzigen individuellen Seele auch alle anderen individuellen Seelen sofort Befreiung erlangen würden. Doch die Wirklichkeit sieht so aus, dass jede individuelle Seele in der materiellen Welt auf unterschiedliche Weise genießt und leidet.

Wie oben erwähnt, wird das Wort *mayaṭ* auch im Sinne von „Umwandlung" gebraucht, und manchmal bedeutet es auch „Nebenprodukt". Die Theorie der Unpersönlichkeitsanhänger besagt, das Brahman selbst hätte verschiedene Körper angenommen und dies wäre sein *līlā* oder Spiel. Es gibt jedoch Tausende und Abertausende von Lebensformen in den unterschiedlichsten Lebensbedingungen, wie Menschen, Halbgötter, Tiere und Vögel, und wenn sie alle vollständige Erweiterungen der Höchsten Absoluten Wahrheit wären, dann gäbe es die Frage nach Befreiung nicht, weil das Brahman ja bereits befreit wäre. Eine andere Theorie, die die Māyāvādīs aufgestellt haben, besagt, dass die verschiedenen Arten von Körpern in jeder Schöpfung manifestiert würden und dass am Ende des Zeitalters dieser Schöpfung die vielen Körper, das heißt die Erweiterungen des Brahmans, von selbst wieder eins würden, wodurch sich alle Manifestationen auflösten. Im nächsten Zeitalter dann, so besagt ihre Theorie, werde sich das Brahman aufs Neue in verschiedene Körperformen erweitern. Wäre diese Vorstellung zutreffend, so würde dies bedeuten, dass das Brahman einem Wandel unterworfen wäre. Doch dies ist nicht möglich. Aus dem *Vedānta-sūtra* erfahren wir nämlich, dass das Brahman von Natur aus voller Freude ist. Wie könnte es sich also in einen Körper umwandeln, der so vielen Leiden unterworfen ist? In Wirklichkeit sind die Lebewesen als Teilchen des Brahmans winzige Partikel, die somit leicht von der illusionierenden Energie bedeckt werden können. Wie bereits erklärt wurde, sind die winzigen Teile des Brahmans wie Funken, die voller Freude im Feuer tanzen; aber für sie besteht die Möglichkeit, aus dem Feuer zu fallen und zu Rauch zu werden, der im Grunde nur ein anderer Zustand des Feuers ist. Die materielle Welt ist wie der Rauch, und die spirituelle Welt ist wie das lodernde Feuer. Die unzähligen Lebewesen neigen dazu, unter den Einfluss der illusionierenden Energie zu geraten, und wenn dies geschieht, fallen sie von der spirituellen Welt in die materielle Welt; aber sie können auch wieder befreit werden, wenn sie sich durch die Entwicklung wirklichen Wissens von der Verunreinigung durch die materielle Welt vollständig reinwaschen.

Die *asuras* vertreten die Theorie, dass die Lebewesen aus der materiellen Natur, *prakṛti*, entstanden wären, nachdem diese vom *puruṣa* berührt wurde. Doch auch diese Theorie kann nicht anerkannt werden, weil sowohl die materielle Natur als auch die Höchste Persönlichkeit Gottes ewig existieren. Weder die materielle Natur noch die Höchste Persönlichkeit Gottes sind der Geburt unterworfen. Der Höchste Herr wird deshalb als *aja*, ungeboren, bezeichnet, und ebenso wird auch die materielle Natur als *ajā* bezeichnet. Beide Wörter, *aja* sowie *ajā*, bedeuten „ungeboren". Und weil sowohl die materielle Natur als auch der Höchste Herr ungeboren sind, ist es nicht möglich, dass sie die Lebewesen gezeugt haben. Aber es wird in der vedischen Literatur anerkannt, dass, ähnlich wie Luft in Verbindung mit Wasser unzählige Bläschen erzeugt, die Verbindung der materiellen Natur mit der Höchsten Person das Erscheinen des Lebewesens in der materiellen Welt verursacht. Genau wie die Luftblasen im Wasser in unterschiedlichen Größen erscheinen, so erscheinen die Lebewesen unter dem Einfluss der Erscheinungsweisen der materiellen Natur in verschiedenen Formen und Lebensumständen. Es ist daher nicht falsch, den Schluss zu ziehen, dass alle Lebewesen, die in der materiellen Welt in verschiedenen Formen erscheinen, beispielsweise als Menschen, Halbgötter, Tiere und Vögel, ihre jeweiligen Körper aufgrund ihrer Wünsche bekommen. Niemand ist in der Lage zu sagen, wann solche Wünsche in den Lebewesen erwacht sind, und daher heißt es *anādi-karma:* „Die Ursache des materiellen Daseins ist unauffindbar." Niemand weiß, wann das materielle Leben begann, was jedoch nichts an der Tatsache ändert, dass es einen Anfang hat, denn ursprünglich ist jedes Lebewesen ein spiritueller Funke. Genau wie die Funken, die zu Boden gefallen sind, einen Anfang haben, so haben auch die Lebewesen, die in die materielle Welt gefallen sind, einen Anfang, aber wann dies war, vermag niemand zu sagen. Selbst wenn zur Zeit der Vernichtung all diese bedingten Lebewesen in das spirituelle Dasein des Höchsten eingehen und dort in einem tiefschlafähnlichen Zustand verharren, bleiben ihre ursprünglichen Wünsche, über die materielle Welt zu herrschen, bestehen. Bei einer erneuten kosmischen Manifestation kommen die Lebewesen wieder hervor, um sich die gleichen Wünsche zu erfüllen, und so erscheinen sie in den verschiedenen Lebensformen.

Der Zustand der Lebewesen, wenn sie zur Zeit der Vernichtung in den Höchsten eingehen, wird mit Honig verglichen. In der Honigwabe bleiben die Geschmäcke der verschiedenen Blüten, aus denen der Honig gewonnen wurde, erhalten. Wenn man den Honig kostet, kann man zwar nicht genau ermitteln, welcher Honig von welcher Blüte stammt, doch der köstliche Geschmack des Honigs beweist, dass der Honig keine einheitliche Masse ist, sondern eine Mischung aus verschiedenen Geschmacksrichtungen. In diesem Zusammenhang gibt es auch noch ein anderes Beispiel: Obwohl die Flüsse letztlich ins Meer strömen, bedeutet dies nicht, dass sie ihre individuelle Identität verlieren. Obwohl sich das Wasser des Ganges und das Wasser der Yamunā mit dem des Meeres vermischt, bleiben sowohl der Ganges als auch die Yamunā weiterhin gesondert bestehen. Beim Eingehen der Lebewesen in das Brahman zur Zeit der Vernichtung werden auch die verschiedenen Arten von Körpern vernichtet. Die Lebewesen selbst bleiben jedoch mit ihren verschiedenen Arten von Wünschen als Individuen im Brahman, bis die nächste materielle Schöpfung stattfindet. So wie sich der salzige Geschmack des Meerwassers und der süße Geschmack des Gangeswassers voneinander unterscheiden und dieser Unterschied stets bestehen bleibt, so bleibt auch der Unterschied zwischen dem Höchsten Herrn und den Lebewesen ewig bestehen, selbst zur Zeit der Vernichtung, wenn es so aussieht, als würden sie miteinander verschmelzen. Hieraus ergibt sich, dass die Lebewesen, selbst wenn sie von allen Unreinheiten der materiellen Bedingtheit frei werden und ins spirituelle Königreich gelangen, ihre individuellen Arten des Geschmacks in der Beziehung zum Höchsten Herrn bewahren.

Die Veden in Person fuhren fort: „Lieber Herr, unsere Schlussfolgerung lautet deshalb, dass sich alle bedingten Lebewesen zu Deiner materiellen Energie hingezogen fühlen, weil sie sich selbst irrtümlich mit den Erzeugnissen der materiellen Natur identifizieren. So wandern sie von einem Körper zum nächsten, denn sie haben ihre ewige Beziehung zu Dir vergessen. Aus Unwissenheit identifizieren sich diese Lebewesen fälschlich mit den verschiedenen Lebensformen, in denen sie sich befinden, und wenn sie die menschliche Form des Lebens erreichen, glauben sie, einer bestimmten Gesellschaftsklasse, Nation, Rasse und sogenannten Religion anzugehören, weshalb sie ihre wirkliche Identität als Deine ewigen Diener völlig vergessen. Aufgrund dieser falschen Lebensauffassung sind sie dem Kreislauf wiederholter Geburten und Tode unterworfen. Wenn eines von Millionen solcher Lebewesen zu wahrer Intelligenz kommt, erlangt es durch die Gemeinschaft mit reinen Gottgeweihten ein Verständnis vom Kṛṣṇa-Bewusstsein und entkommt dem Einfluss der materiellen Fehlauffassung."

Im *Caitanya-caritāmṛta* erklärt Śrī Caitanya, dass die Lebewesen im Universum durch viele verschiedene Lebensarten wandern; doch wenn eines von ihnen zu ausreichender Intelligenz gelange, könne es sich durch die Barmherzigkeit des spirituellen Meisters und Kṛṣṇas, der Höchsten Persönlichkeit Gottes, dem Kṛṣṇa-Bewusstsein zuwenden und sein hingebungsvolles Leben beginnen. Es steht geschrieben: *hariṁ vinā na mṛtiṁ taranti* – „Ohne die Hilfe der Höchsten Persönlichkeit Gottes kann man der Gewalt der wiederholten Geburten und Tode nicht entkommen." Mit anderen Worten, nur der Höchste Herr, die Persönlichkeit Gottes, kann die bedingten Seelen aus dem Kreislauf der sich wiederholenden Geburten und Tode erlösen.

Die Veden in Person fuhren fort: „Der Einfluss der Zeit – Vergangenheit, Gegenwart und Zukunft – und die materiellen Leiden, wie sengende Hitze, klirrende Kälte, Geburt, Tod, Alter und Krankheit, sind allesamt nichts weiter als die Bewegung Deiner Augenbrauen. Alles geschieht unter Deiner Führung." In der *Bhagavad-gītā* wird gesagt, dass alle materiellen Aktivitäten unter der Führung der Höchsten Persönlichkeit Gottes, Kṛṣṇa, vonstattengehen. Die Veden fuhren fort: „Für Menschen, die sich dem Herrn nicht ergeben haben, stellen die Bedingungen des materiellen Daseins nur Widrigkeiten dar, aber für die ergebenen Seelen, die im Kṛṣṇa-Bewusstsein völlig verankert sind, können diese Umstände keine Quelle der Furcht sein." Als Śrī Nṛsiṁhadeva erschien, fürchtete sich Prahlāda Mahārāja nicht im Geringsten vor Ihm, wohingegen sein atheistischer Vater sogleich dem Tod in Person gegenüberstand und von Ihm getötet wurde. Während Śrī Nṛsiṁhadeva Atheisten wie Hiraṇyakaśipu als Tod erscheint, ist Er für Gottgeweihte wie Prahlāda stets der Quell aller Güte und aller Freude. Ein reiner Gottgeweihter fürchtet sich daher nicht vor Geburt, Tod, Alter und Krankheit.

Ein weiterer schöner Vers in diesem Zusammenhang von Śrīpāda

Śrīdhara Svāmī lautet: „Mein lieber Herr, ich bin ein Lebewesen, das ständig unter den Bedingungen des materiellen Daseins leidet. Ich bin vom alles niederwälzenden Rad des materiellen Daseins zermalmt worden, und weil ich während meines Aufenthaltes in der materiellen Welt so viele Sünden auf mich geladen habe, schmachte ich nun im lodernden Feuer materieller Reaktionen. Auf irgendeine Weise, mein lieber Herr, bin ich nun endlich dahin gelangt, Zuflucht bei Deinen Lotosfüßen zu suchen. Bitte nimm Dich meiner an und gewähre mir Schutz." Und in einem Gebet von Śrīla Narottama dāsa Ṭhākura heißt es: „Mein lieber Herr, o Sohn Nanda Mahārājas, Gefährte der Tochter Vṛṣabhānus, nun endlich, nachdem ich unter den materiellen Bedingungen des Lebens furchtbar gelitten habe, suche ich Zuflucht bei Deinen Lotosfüßen, und ich flehe Dich an, mir gnädig zu sein. Bitte stoße mich nicht von Dir; ich habe keine andere Zuflucht als Dich."

Die Schlussfolgerung lautet, dass jeder Vorgang zur Selbstverwirklichung und Gotteserkenntnis außer *bhakti-yoga,* dem hingebungsvollen Dienst, äußerst schwierig ist. In vollem Kṛṣṇa-Bewusstsein beim hingebungsvollen Dienst für den Herrn Zuflucht zu suchen ist deshalb, ganz besonders im gegenwärtigen Zeitalter, der einzige Weg, von der Verunreinigung durch das materielle, bedingte Leben frei zu werden. Diejenigen, die sich nicht im Kṛṣṇa-Bewusstsein betätigen, verschwenden nur ihre Zeit und können kein wirkliches spirituelles Leben vorweisen.

Śrī Rāmacandra sagte einmal: „Jedem, der sich Mir hingibt und endgültig beschließt, Mein ewiger Diener zu sein, schenke Ich immer Vertrauen und Sicherheit, denn das ist Meine natürliche Neigung." Ebenso sagt Śrī Kṛṣṇa in der *Bhagavad-gītā*: „Die Macht der materiellen Natur ist unüberwindlich; doch wer sich Mir ergibt, kann die Macht der materiellen Natur sehr leicht hinter sich lassen." Die Gottgeweihten sind nicht im Geringsten daran interessiert, sich mit den Nichtgottgeweihten zu streiten, um deren Theorien zu widerlegen. Statt ihre Zeit zu verschwenden, widmen sie sich in ungetrübtem Kṛṣṇa-Bewusstsein dem liebevollen transzendentalen Dienst des Herrn.

Die Veden in Person fuhren fort: „Lieber Herr, die großen mystischen Yogis mögen zwar vollständige Herrschaft über den Elefanten des Geistes und den Sturm der Sinne besitzen, doch wenn sie nicht bei einem echten spirituellen Meister Zuflucht suchen, fallen sie dem Einfluss der materiellen Natur zum Opfer und erlangen in ihren

Bemühungen um Selbstverwirklichung niemals Erfolg. Solche führerlosen Menschen werden mit Kaufleuten verglichen, die versuchen, auf einem Schiff ohne Kapitän über das Meer zu fahren. Durch eigene Anstrengungen kann also niemand der Gewalt der materiellen Natur entkommen. Man muss einen autorisierten spirituellen Meister annehmen und nach seiner Weisung handeln. Erst dann kann man die Unwissenheit der materiellen Bedingtheit überwinden.“ Śrīpāda Śrīdhara Svāmī verfasste in diesem Zusammenhang einen sehr schönen Vers in welchem er sagt: „O allbarmherziger spiritueller Meister, Vertreter der Höchsten Persönlichkeit Gottes, wann wird mein Geist deinen Lotosfüßen völlig hingegeben sein? Erst dann werde ich durch deine Gnade alle Hindernisse auf dem Pfad des spirituellen Lebens überwinden können und immer voller Glückseligkeit sein.“

Wahrer, ekstatischer *samādhi*, das heißt völlige Ausrichtung der Gedanken auf die Höchste Persönlichkeit Gottes, kann man dadurch erlangen, dass man sich ständig dem Dienst des Herrn widmet, und diese ständige Beschäftigung ist nur dann möglich, wenn man unter der Führung eines autorisierten spirituellen Meisters handelt. Die Veden geben deshalb die Anweisung, dass sich jeder, der die Wissenschaft des hingebungsvollen Dienstes erlernen will, sich einem echten spirituellen Meister unterwerfen muss. Einen echten spirituellen Meister kann man daran erkennen, dass er die Wissenschaft des hingebungsvollen Dienstes von der Schülernachfolge erhalten hat. Diese Schülernachfolge wird *śrotriyam* genannt. Das Hauptmerkmal desjenigen, der ein spiritueller Meister in der Schülernachfolge geworden ist, besteht darin, dass er hundertprozentig im *bhakti-yoga* verankert ist. Manchmal unterlassen es Menschen, einen spirituellen Meister anzunehmen, und versuchen stattdessen, durch den Vorgang des mystischen Yoga Selbstverwirklichung zu erlangen; doch es gibt viele Beispiele von Yogis, die auf diesem Weg zu Fall gekommen sind, sogar solch große Yogis wie Viśvāmitra. In der *Bhagavad-gītā* sagt Arjuna, dass es ebenso schwierig sei, den Geist zu beherrschen, wie einen Sturm aufzuhalten. Manchmal wird der Geist auch mit einem verrückt gewordenen Elefanten verglichen. Ohne den Anweisungen eines spirituellen Meisters zu folgen, kann man den Geist und die Sinne nicht beherrschen. Mit anderen Worten, wenn man mystischen Yoga praktiziert, aber keinen autorisierten spirituellen Meister annimmt, wird man mit Sicherheit scheitern. Auf diese Weise verliert man nur seine kostbare Zeit. Die Veden erklären, dass niemand über vollkommenes Wissen verfügen könne, ohne von einem *ācārya* geführt zu werden. *Ācāryavān puruṣo veda*: „Wer einen *ācārya* angenommen hat, weiß, was richtig und was falsch ist." Die Absolute Wahrheit kann nicht durch Diskussionen verstanden werden. Wer die vollkommene brahmanische Stufe erreicht hat, entwickelt auf natürliche Weise Entsagung. Er strebt nicht nach materiellem Gewinn, denn er ist durch spirituelles Wissen zur Erkenntnis gekommen, dass es auf der Welt an nichts mangelt. Die Höchste Persönlichkeit Gottes hat alles in reichlichem Maße zur Verfügung gestellt. Ein wirklicher *brāhmaṇa* bemüht sich deshalb nicht um materielle Vollkommenheit; vielmehr wendet er sich an einen echten spirituellen Meister, um von ihm Anweisungen entgegenzunehmen. Das Merkmal, durch das sich ein spiritueller Meister auszeichnet, wird als *brahma-niṣṭham* bezeichnet, was bedeutet, dass er alle anderen Tätigkeiten aufgegeben und sein Leben ausschließlich dem Dienst Kṛṣṇas, der Höchsten Persönlichkeit Gottes, geweiht hat. Wenn sich ein echter Schüler an einen echten spirituellen Meister wendet, betet er ergeben zu dem spirituellen Meister: „O Meister, bitte nimm mich als deinen Schüler an und unterweise mich, so dass ich alle anderen Vorgänge der Selbstverwirklichung aufgeben und mich einfach nur dem Kṛṣṇa-Bewusstsein, dem hingebungsvollen Dienst, widmen kann."

Der Gottgeweihte, der dem Herrn unter der Führung eines spirituellen Meisters transzendentalen liebevollen Dienst darbringt, denkt im Innern: „Mein lieber Herr, Du bist der Quell aller Freude, und nun bist Du gegenwärtig. Was ist im Vergleich dazu die vergängliche Freude wert, die man aus Gesellschaft, Freundschaft und Liebe gewinnt? Menschen, die nicht wissen, dass Du der höchste Quell aller Freude bist, bemühen sich törichterweise, Freude aus der Befriedigung der Sinne zu gewinnen, doch diese Art der Freude ist vergänglich und illusorisch." In diesem Sinne hat Vidyāpati, ein großer Vaiṣṇava-Gottgeweihter und Dichter, folgenden Vers verfasst: „Mein lieber Herr, zweifellos ist in Gesellschaft, Freundschaft und Liebe so etwas wie Freude zu finden, auch wenn sie nur materiell ist; doch solche Freude kann meinem Herzen, das wie eine Wüste ist, keine Zufriedenheit schenken." In der Wüste ist ein ganzes Meer von Wasser vonnöten. Was nützt es deshalb, wenn man nur einen Tropfen Wasser auf den Wüstensand gießt?

Ebenso lassen sich die zahllosen Wünsche, die sich in unserem materiell verunreinigten Herzen befinden, nicht durch eine materielle Gesellschaft, Freundschaft und Liebe zufriedenstellen. Wenn unser Herz jedoch Freude aus dem höchsten Quell der Freude empfängt, können wir wirkliche Zufriedenheit finden. Diese transzendentale Zufriedenheit kann man nur im hingebungsvollen Dienst, im unverfälschten Kṛṣṇa-Bewusstsein, erfahren.

Die Veden fuhren fort: „Lieber Herr, Du bist die ewige Persönlichkeit des Wissens und der Glückseligkeit, *sac-cid-ānanda-vigraha*, und weil die Lebewesen Deine Teile sind, sind sie sich in ihrem natürlichen Daseinszustand Deiner völlig bewusst. Jeder in der materiellen Welt, der solches Kṛṣṇa-Bewusstsein erlangt, hat kein Interesse mehr an der materialistischen Lebensweise. Ein Kṛṣṇa-bewusster Mensch verliert das Interesse an Familienleben, wo es einige Zugeständnisse für Sinnengenuss gibt. Mit anderen Worten, ihm ist überhaupt nichts mehr an Sinnenbefriedigung gelegen. Die Vollkommenheit des menschlichen Lebens gründet sich auf Wissen und Entsagung, doch es ist sehr schwer, die Stufe des Wissens und der Entsagung zu erreichen, solange man sich noch im Kreise seiner Familie befindet. Kṛṣṇa-bewusste Menschen suchen deshalb Zuflucht in der Gemeinschaft von Gottgeweihten und an heiligen Pilgerstätten. Sie sind sich der Beziehung zwischen der Überseele und den individuellen Lebewesen bewusst und werden niemals von der körperlichen Auffassung des Lebens beeinflusst. Weil sie Dich stets in vollkommenem Bewusstsein in ihrem Herzen tragen, sind sie so rein, dass jeder Ort den sie besuchen, in eine Pilgerstätte verwandelt wird. Das Wasser, mit dem ihre Füße gewaschen werden, hat die Kraft, viele sündige Menschen, die in der materiellen Welt umherirren, zu erlösen."

Als Prahlāda Mahārāja eines Tages von seinem atheistischen Vater gefragt wurde, was denn das Beste sei, was er gelernt habe, antwortete Prahlāda: „Für einen Materialisten, der sich mit zeitweiligen und relativen Wahrheiten befasst und deshalb ständig voller Sorgen ist, ist das Beste, den dunklen Brunnen des Familienlebens zu verlassen und in den Wald zu gehen, um dort beim Höchsten Herrn Zuflucht zu suchen." Die wirklich reinen Gottgeweihten werden als *mahātmās* bezeichnet, als große Weise und Persönlichkeiten, die vollkommenes Wissen besitzen. Sie denken ständig an den Höchsten Herrn und Seine

Lotosfüße und werden dadurch automatisch befreit. Die Gottgeweihten, die sich ständig auf dieser Ebene befinden, werden durch die unergründlichen Kräfte des Herrn „elektrisiert", und so werden sie selbst zur Ursache der Befreiung für ihre Anhänger und Geweihten. Eine Kṛṣṇa-bewusste Persönlichkeit ist mit spiritueller Kraft aufgeladen, und daher wird jeder, der mit einem solchen reinen Gottgeweihten in Berührung kommt oder bei ihm Zuflucht sucht, ebenfalls mit spiritueller Kraft aufgeladen. Ein solcher Gottgeweihter ist niemals stolz auf materielle Füllen. Im Allgemeinen bestehen materielle Füllen in guter Herkunft, Bildung, Schönheit und Reichtum, aber selbst wenn ein Gottgeweihter alle vier materiellen Füllen besitzt, lässt er sich niemals von Stolz verblenden, nur weil er solche Vorzüge besitzt. Die großen Geweihten des Herrn reisen durch die ganze Welt, von einer Pilgerstätte zur anderen, wobei sie vielen bedingten Seelen begegnen, die sie durch ihre Gemeinschaft und ihr transzendentales Wissen befreien. Sie leben gewöhnlich an Orten wie Vṛndāvana, Mathurā, Dvārakā, Jagannātha Purī und Navadvīpa, denn an diese Orte kommen nur Gottgeweihte. Auf diese Weise gewähren sie einander die Gunst ihrer Gemeinschaft. Damit alle Lebewesen aus der Gemeinschaft mit heiligen Persönlichkeiten den vollen Nutzen ziehen können, eröffnen große Gottgeweihte Tempel und *āśramas*, in denen Gottgeweihte zusammenkommen. Durch solchen Umgang können sie im Kṛṣṇa-Bewusstsein immer mehr Fortschritt erreichen. Solcher Fortschritt ist im gewöhnlichen Familienleben, in dem Kṛṣṇa-Bewusstsein fehlt, nicht möglich.

Die Veden in Person fuhren fort: „Lieber Herr, es gibt zwei Arten von Transzendentalisten: die Unpersönlichkeitsanhänger und die Persönlichkeitsanhänger. Die Unpersönlichkeitsanhänger sind der Ansicht, die materielle Welt sei Trug und nur die Absolute Wahrheit sei Wirklichkeit. Die Persönlichkeitsanhänger dagegen erklären, dass die materielle Welt, obwohl sie nur zeitweilig besteht, keine Täuschung, sondern Wirklichkeit sei. Die Transzendentalisten beider Richtungen führen vielerlei Argumente an, um die Richtigkeit ihrer Philosophie zu beweisen. Im Grunde ist die materielle Welt zugleich wirklich und unwirklich. Sie ist Wirklichkeit, weil alles eine Erweiterung der Höchsten Absoluten Wahrheit ist, und sie ist unwirklich, weil ihr Dasein zeitweilig ist, denn sie wird erschaffen und vernichtet. Weil sich die kosmische Manifestation ständig wandelt, befindet sie sich nie in einem bleibenden Zustand. Diejenigen, die behaupten, die materielle Welt sei falsch, sind berühmt für ihren Grundsatz: *brahma satya jagan mithyā.* Sie vertreten die Ansicht, dass in der materiellen Welt alles aus Materie bestehe. Zum Beispiel gebe es viele Dinge aus Ton wie irdene Wasserkrüge, Teller und Töpfe. Nach ihrer Vernichtung würden sie zwar vielleicht in andere materielle Dinge umgewandelt, doch unter allen Umständen werde ihre Existenz als Ton beibehalten. Wenn ein irdener Wassertopf zerbreche, werde er vielleicht in einen Topf oder in einen Teller umgewandelt, doch die Erde an sich bleibe immer die gleiche, unabhängig davon, ob sie zu einem Teller, einem Topf oder einem Wasserkrug geformt werde. Deshalb seien die Formen des Wasserkruges, des Topfes und des Tellers Trug, ihre Existenz als Erde hingegen Wirklichkeit. Das ist die Ansicht der Unpersönlichkeitsphilosophen. Ebenso sei die kosmische Manifestation zweifelsohne von der Absoluten Wahrheit geschaffen worden, doch weil ihr Dasein zeitweilig ist, sei sie falsch. Die Unpersönlichkeitsphilosophen glauben also, die Absolute Wahrheit sei die einzige Wahrheit, weil sie ewig besteht. Nach der Ansicht der anderen Transzendentalsten jedoch ist die materielle Welt, da sie von der Absoluten Wahrheit erzeugt wurde, ebenfalls wahr. Die Unpersönlichkeitsanhänger führen an, dass dies ein Trugschluss sei, denn manchmal könne man beobachten, dass Materie von der spirituellen Seele und dass die spirituelle Seele von der Materie erzeugt werde. Diese Philosophen unterstützen ihre Theorie mit folgendem Beispiel: Obwohl Kuhdung tote Materie sei, würden manchmal Skorpione aus dem Kuhdung erscheinen, und auf der anderen Seite könne man sehen, dass tote Materie, wie Nägel und Haare, aus dem lebenden Körper hervorgehe. Wenn deshalb ein Objekt aus einem anderen hervorgehe, bedeute dies nicht notwendigerweise, dass sie beide von gleicher Natur seien. Auf dieses Argument gestützt, sagen die Māyāvādī-Philosophen, dass die kosmische Manifestation, obwohl sie zweifellos von der Absoluten Wahrheit ausgegangen sei, nicht notwendigerweise selbst Wahrheit sein müsse. Deshalb kann ihrer Ansicht nach nur die Absolute Wahrheit, das Brahman, als Wirklichkeit anerkannt werden, wohingegen die kosmische Manifestation, obwohl sie ein Produkt der Absoluten Wahrheit sei, niemals Wirklichkeit sein könne.

Die *Bhagavad-gītā* jedoch entlarvt die Theorie der Māyāvādī-Philosophen, indem sie sagt, dass dies genau die Theorie der *asuras,* der Dämonen, sei. So erklärt der Herr in der *Bhagavad-gītā: asatyam apratiṣṭhaṁ te jagad āhur anīśvaram / aparaspara-sambhūtaṁ kim anyat kāma-haitukam* – „Die *asuras* vertreten die Ansicht, die ganze kosmische Schöpfung wäre unwirklich." Mit anderen Worten, die *asuras* glauben, dass die bloße Wechselwirkung von Materie die Ursache der Schöpfung wäre und dass es keinen Gott, das heißt keinen Kontrollierenden, gäbe. Doch die Wirklichkeit sieht anders aus. Aus dem 7. Kapitel der *Bhagavad-gītā* erfahren wir, dass die fünf grobstofflichen Elemente – Erde, Wasser, Feuer, Luft und Äther – und die feinstofflichen Elemente – Geist, Intelligenz und falsches Ego – die acht abgesonderten Energien des Höchsten Herrn sind. Jenseits dieser niederen, materiellen Energie gibt es die spirituelle Energie, die Lebewesen. Die Lebewesen gehören zur höheren Energie des Herrn. Die gesamte kosmische Manifestation ist eine Verbindung der niederen mit der höheren Energie. Der Ursprung beider ist die Höchste Persönlichkeit Gottes. Die Höchste Persönlichkeit Gottes besitzt viele verschiedene Arten von Energien, und dies wird in den Veden bestätigt: *parāsya śaktir vividhaiva śrūyate* – „Die transzendentalen Energien des Herrn sind von mannigfaltiger Art". Weil diese vielfältigen Energien vom Höchsten Herrn ausgegangen ist, kann sie nicht unwirklich sein. Der Herr existiert ewig, und auch Seine Energien existieren ewig. Ein Teil dieser Energie ist zeitweilig, das heißt, sie ist manchmal manifestiert und manchmal unmanifestiert, doch das bedeutet keinesfalls, dass diese Energie unwirklich ist. Dies kann an folgendem Beispiel veranschaulicht werden: Wenn ein Mensch zornig wird, tut er Dinge, die er gewöhnlich nicht täte; doch die Tatsache, dass sein Zorn vorübergehend aufkommt und dann wieder vergeht, bedeutet nicht, dass die Energie des Zornes unwirklich wäre. Die Behauptung der Māyāvādī-Philosophen, die materielle Welt wäre unwirklich, wird daher von den Vaiṣṇava-Philosophen nicht angenommen. Der Herr Selbst bestätigt, dass die Auffassung, es gäbe keine höchste Ursache der kosmischen Manifestation, es existierte kein Gott und alles Bestehende wäre nur eine Schöpfung der Wechselwirkung der Materie, die Auffassung der *asuras* ist.

Māyāvādī-Philosophen führen manchmal das Beispiel von der Schlange und dem Seil als Argument an: Abends, wenn es dunkel ist, könne es vorkommen, dass man ein aufgerolltes Seil für eine Schlange halte. Doch auch dieses Beispiel der Māyāvādīs, mit dem sie die Unwirklichkeit der materiellen Welt verdeutlichen wollen, ist nicht zutreffend, denn die Tatsache, dass man ein Seil für eine Schlange hält, bedeutet nicht, dass das Seil oder die Schlange unwirklich ist. Wenn man glaubt, etwas, das es überhaupt nicht gibt, wäre etwas wirklich Existierendes, dann spricht man von „unwirklich". Doch wenn man einfach nur etwas mit etwas anderem verwechselt, bedeutet dies nicht, dass diese Dinge unwirklich wären. Die Vaiṣṇavas gebrauchen in diesem Zusammenhang ein sehr treffendes Beispiel, indem sie die materielle Welt mit einem irdenen Topf vergleichen. Wenn wir vor uns einen irdenen Topf sehen, verschwindet er nicht sogleich, um sich in etwas anderes zu verwandeln. Der Topf ist selbstverständlich zeitweilig, aber man kann ihn zum Wassertragen benutzen, und so betrachten wir ihn weiterhin als Topf. Nur weil der irdene Topf zeitweilig und von der ursprünglichen Erde verschieden ist, können wir nicht sagen, er wäre unwirklich. Wir sollten vielmehr zu dem Schluss kommen, dass sowohl die gesamte Erde als auch der irdene Topf Wirklichkeit sind, denn das eine geht aus dem anderen hervor. Aus der *Bhagavad-gītā* erfahren wir, dass die materielle Energie nach der Auflösung der kosmischen Manifestation in die Höchste Persönlichkeit Gottes eingeht. Der Herr, die Höchste Persönlichkeit Gottes, existiert ewig mit Seinen mannigfachen Energien, und weil die kosmische Manifestation von Ihm ausgeht, können wir nicht sagen, sie wäre aus dem Nichts entstanden. Kṛṣṇa ist kein „Nichts". Immer, wenn wir von Kṛṣṇa sprechen, ist Er mit Seiner Gestalt, Seinen Eigenschaften, Seinem Namen, Seiner Umgebung und allem, was sonst noch zu Ihm gehört, gegenwärtig. Deshalb ist Kṛṣṇa nicht unpersönlich. Die ursprüngliche Ursache alles Bestehenden ist weder das Nichts noch etwas Unpersönliches, sondern die Höchste Person. Dämonen mögen behaupten, die materielle Schöpfung wäre *anīśvara*, das heißt ohne einen Kontrollierenden, ohne Gott, doch letzten Endes sind solche Behauptungen unhaltbar.

Das Beispiel der Māyāvādī-Philosophen, dass unbelebte Materie, wie Nägel und Haare, aus dem lebenden Körper komme, ist kein sehr stichhaltiges Argument. Nägel und Haare sind unzweifelhaft leblos, doch sie wachsen nicht aus dem lebendigen Wesen, sondern aus dem leblosen materiellen Körper. Ebenso wenig ist das Beispiel, dass der Skorpion aus dem Kuhdung komme, ein Beweis dafür, dass das

Lebewesen aus Materie entsteht. Der Skorpion, der aus dem Kuhdung herauskommt, ist zwar ein Lebewesen, doch das Lebewesen ist nicht aus dem Kuhdung entstanden. Nur der materielle Körper des Lebewesens, das heißt der Körper des Skorpions, wächst im Kuhdung heran. Wie in der *Bhagavad-gītā* erklärt wird, werden die spirituellen Funken, die Lebewesen, in die materielle Welt eingegeben und erscheinen dann in ihr. Der Körper des Lebewesens wird von der materiellen Natur gegeben, doch das Lebewesen selbst wird vom Höchsten Herrn bereitgestellt. Der Vater und die Mutter erzeugen den Körper, der notwendig ist, damit das Lebewesen in bestimmten Lebensumständen geboren werden kann. Auf diese Weise wandert das Lebewesen entsprechend seinen Wünschen von einem Körper zum anderen. Die Wünsche in der feinstofflichen Form von Intelligenz, Geist und falschem Ego begleiten das Lebewesen von Körper zu Körper, und so wird es durch höhere Fügung in den Schoß eines bestimmten materiellen Körpers versetzt und entwickelt in der Folge einen ähnlichen Körper. Die spirituelle Seele entsteht also nicht aus Materie, sondern sie nimmt unter höherer Führung einen bestimmten materiellen Körper an. Unsere Erfahrung zeigt uns die materielle Welt als eine Kombination von materieller und spiritueller Energie. Die spirituelle Energie bewegt die Materie. Die spirituelle Seele (das Lebewesen) und Materie sind verschiedene Energien des Höchsten Herrn. Weil beide Energien Produkte des höchsten Ewigen, der höchsten Wahrheit, sind, sind sie wirklich und nicht falsch. Weil das Lebewesen ein Teil des Höchsten ist, lebt es ewig, und deshalb kann für das Lebewesen von Geburt und Tod keine Rede sein. Was man als Geburt und Tod wahrnimmt, geschieht nur wegen des materiellen Körpers. Der vedische Aphorismus *sarvaṁ khalv idaṁ brahma* besagt, dass beide Energien vom Höchsten Brahman ausgegangen seien und dass deshalb alles innerhalb unserer Erfahrung vom Brahman nicht verschieden sei.

Es gibt viele Erklärungen für das Vorhandensein der materiellen Welt, doch die philosophische Schlussfolgerung der Vaiṣṇavas ist die beste. Das Beispiel des irdenen Topfes ist sehr treffend: Die Form des irdenen Topfes mag zeitweilig sein, dennoch dient der Topf einem bestimmten Zweck, nämlich dem Zweck als Wasserbehälter. Ebenso dient auch unser materieller Körper, obwohl er zeitweilig ist, einem bestimmten Zweck. Vom Beginn der Schöpfung an bekommt das Lebewesen die Möglichkeit, entsprechend seinen Wünschen, die es schon seit unvordenklichen Zeiten angesammelt hat, bestimmte materielle Körper zu entwickeln und zu durchlaufen. Der menschliche Körper bietet die besondere Möglichkeit, von einem hochentwickelten Bewusstsein Gebrauch zu machen.

Manchmal erheben die Māyāvādī-Philosophen auch folgenden Einwand: Wenn die materielle Welt Wahrheit ist, warum wird dann den Haushältern geraten, ihre Verbindung mit der materiellen Welt aufzugeben und *sannyāsa* anzunehmen? Aber für die Vaiṣṇava-Philosophen bedeutet *sannyāsa* nicht, dass man die materiellen Tätigkeiten aufgibt, nur weil man die Welt für unwirklich hält. Vielmehr besteht der Sinn des Vaiṣṇava-*sannyāsa* darin, alle Dinge ihrer eigentlichen Bestimmung gemäß zu benutzen. Śrīla Rūpa Gosvāmī hat für Transzendentalisten zwei Grundregeln formuliert, wie man sich in der materiellen Welt verhalten sollte. Wenn ein Vaiṣṇava die materialistische Lebensweise aufgibt und *sannyāsa* annimmt, tut er dies nicht, weil er die materielle Welt für unwirklich hält, sondern weil er sich ganz der Aufgabe widmen will, alles in den Dienst des Herrn zu stellen. Śrīla Rūpa Gosvāmīs Grundregeln lauten deshalb wie folgt: Man sollte nicht an der materiellen Welt hängen, denn materielle Anhaftung ist unsinnig. Die ganze materielle Welt, die gesamte kosmische Manifestation, ist das Eigentum Gottes, Kṛṣṇas. Deshalb sollte alles für Kṛṣṇa gebraucht werden und der Gottgeweihte sollte von materiellen Dingen losgelöst sein. Das ist der Sinn des Vaiṣṇava-*sannyāsa*. Ein Materialist hängt an der Welt, weil er Sinnenbefriedigung begehrt, doch ein Vaiṣṇava-*sannyāsa*, der die Kunst kennt, alles im Dienst des Herrn zu benutzen, nimmt nichts zur eigenen Sinnenbefriedigung. Śrīla Rūpa Gosvāmī kritisierte deshalb die Māyāvādi-*sannyāsīs* mit seiner zweiten Grundregel: „Da die Māyāvādīs nicht wissen, dass alles im Dienst des Herrn verwendet werden kann, halten sie die Welt für Trug und bilden sich ein, sie wären von der Unreinheit der materiellen Welt befreit.“ Doch weil alles eine Erweiterung der Energie des Herrn ist, sind die Erweiterungen ebenso Wirklichkeit wie der Höchste Herr Selbst.

Dass die kosmische Welt nur zeitweilig manifestiert ist, bedeutet keineswegs, dass sie selbst oder der Ursprung ihrer Manifestation unwirklich wäre. Da der Ursprung der kosmischen Manifestation Wirklichkeit ist, ist auch die Manifestation Wirklichkeit. Man muss nur den richtigen

Gebrauch kennen. Hier lässt sich noch einmal das Beispiel des irdenen Topfes anführen: Der irdene Topf wird aus Erde hergestellt und ist zeitweilig, doch bei richtiger Benutzung ist er keineswegs eine Täuschung. Die Vaiṣṇava-Philosophen wissen, wie man die zeitweilige Konstruktion der materiellen Welt benutzen muss, ebenso wie ein vernünftiger Mensch weiß, wie die zeitweilige Form eines irdenen Topfes zu benutzen ist. Wenn der Topf jedoch für einen falschen Zweck eingesetzt wird, ist er Täuschung. In ähnlicher Weise sind auch der menschliche Körper und die materielle Welt Illusion, wenn sie für die Befriedigung der Sinne missbraucht werden. Wenn aber der menschliche Körper und die materielle Schöpfung in den Dienst des Höchsten Herrn gestellt werden, sind diese Tätigkeiten keinesfalls illusorisch. In der *Bhagavad-gītā* wird deshalb bestätigt, dass ein Mensch, der seinen Körper und die materielle Welt auch nur in geringem Maße in den Dienst des Herrn stellt, vor der größten Gefahr des Lebens bewahrt wird. Wenn die höheren und niederen Energien, die beide vom Höchsten Herrn ausgehen, richtig verwendet werden, ist keine von ihnen illusorisch.

Fruchtbringende Tätigkeiten hingegen gründen hauptsächlich auf der Ebene der Sinnenbefriedigung. Deshalb beschäftigt sich jemand, der im Kṛṣṇa-Bewusstsein fortgeschritten ist, nicht mit fruchtbringenden Tätigkeiten. Das Ergebnis solcher Tätigkeiten kann einen Menschen zwar auf die höheren Planetensysteme erheben, doch wie in der *Bhagavad-gītā* erklärt wird, werden im himmlischen Königreich die Ergebnisse dieser frommen Tätigkeiten aufgebraucht, worauf die törichten Lebewesen wieder auf das niedere Planetensystem zurückfallen, um dort erneut zu versuchen, auf die höheren Planeten zu gelangen. Das einzige, was sie dabei ernten, sind die Strapazen des Umherwanderns. Sie gleichen hierin den vielen materiellen Wissenschaftlern unserer Tage, die ihre Zeit mit dem Versuch verschwenden, zum Mond zu fliegen, um dann wieder zurückzukehren. Diejenigen, die solchen Tätigkeiten nachgehen, werden von den personifizierten Veden als *andha-paramparā* oder blinde Anhänger der rituellen vedischen Zeremonien bezeichnet. Diese Zeremonien werden zwar in den Veden erwähnt, sind jedoch nicht für intelligente Menschen bestimmt. Nur diejenigen, die zu sehr an materiellem Genuss hängen, werden von der Vorstellung verlockt, auf das höhere Planetensystem erhoben zu werden, und deshalb widmen sie sich solchen rituellen Tätigkeiten. Aber ein intelligenter

Mensch, das heißt jemand, der Zuflucht bei einem spirituellen Meister gesucht hat, um die Dinge zu erkennen, wie sie wirklich sind, befasst sich nicht mit fruchtbringenden Tätigkeiten, sondern weiht sich dem transzendentalen liebevollen Dienst für den Herrn.

Menschen, die nicht Gottgeweihte sind, wenden sich aus materialistischen Gründen den vedischen Ritualen zu, wodurch sie jedoch nur verwirrt werden. In diesem Zusammenhang gibt es ein anschauliches Beispiel: Ein intelligenter Mensch, der eine Million Dollar in Banknoten besitzt, lässt sein Geld nicht ungenutzt, obwohl er sehr gut weiß, dass die Geldscheine an sich nichts weiter als Papier sind. Wenn man eine Million Dollar in Banknoten besitzt, hat man im Grunde nur ein großes Bündel Papier, doch wenn man das Geld für einen bestimmten Zweck einsetzt, hat es seinen Nutzen. Ebenso verhält es sich mit der materiellen Welt. Obwohl sie illusorisch sein mag, ebenso wie das Geld nur aus Papier besteht, hat sie einen großen Nutzen, wenn man sie richtig gebraucht. Weil die Banknoten vom Staat in Umlauf gebracht wurden, haben sie großen Wert, obwohl sie nur aus Papier bestehen. Ebenso mag die materielle Welt unwirklich oder zeitweilig sein; doch weil sie vom Höchsten Herrn ausgeht, hat auch sie ihren Wert. Die Vaiṣṇava-Philosophen erkennen den Wert der materiellen Welt und wissen, wie man sie richtig benutzt, wohingegen Māyāvādī-Philosophen mit dem Geld nichts anzufangen wissen und es zurückweisen, weil sie die Banknoten für gewöhnliches Papier halten. Śrīla Rūpa Gosvāmī erklärt deshalb, dass jemand, der die materielle Welt als unwirklich ablehnt, nur weil er ihren Nutzen im Dienst für die Höchste Persönlichkeit Gottes nicht erkennt, eine Art von Entsagung praktiziert, die wertlos ist. Wirkliche Entsagung bedeutet, dass man sich des wahren Wertes der materiellen Welt bewusst ist und sie im Dienst des Herrn verwendet und dass man nicht an die materielle Welt angehaftet ist, sondern ihr entsagt, indem man sie nicht zur Befriedigung der eigenen Sinne benutzt. Die materielle Welt ist eine Erweiterung der materiellen Energie des Herrn, und deshalb ist sie Wirklichkeit. Sie ist nicht unwirklich oder illusorisch, wie manchmal aus dem Beispiel mit der Schlange und dem Seil geschlossen wird.

Die Veden in Person fuhren fort: „Die kosmische Manifestation erscheint weniger intelligenten Menschen aufgrund der flackernden Natur ihres vorübergehenden Daseins als unwirklich.“ Die Māyāvādīs nehmen die flackernde Natur der kosmischen Manifestation als Beweis für ihre Theorie, die materielle Welt wäre unwirklich. Laut den Veden war die Welt vor der Schöpfung nicht existent und wird auch nach der Auflösung ihrer Manifestation nicht mehr existent sein. Die Philosophen der Lehre vom Nichts machen sich diese Aussage der Veden ebenfalls zunutze und interpretieren sie in dem Sinne, dass der Ursprung der materiellen Welt das Nichts wäre. Die vedischen Schriften sagen jedoch niemals, dass der Ursprung das Nichts wäre. Die Veden definieren den Ursprung der Schöpfung und Auflösung mit den Worten: *yato vā imāni bhūtāni jāyante* – „Er, aus dem die kosmische Manifestation hervorgegangen ist und in den nach der Vernichtung alles eingehen wird". Das gleiche wird im *Vedānta-sūtra* und im ersten Vers des *Śrīmad-Bhāgavatam* mit den Worten *janmādy asya yataḥ* erklärt, was bedeutet: „Er, von dem alle Dinge ausgehen". Alle diese vedischen Aussagen deuten darauf hin, dass die kosmische Manifestation ihre Ursache in der Absoluten Höchsten Persönlichkeit Gottes hat und dass sie, wenn sie vernichtet wird, wieder in den Höchsten eingeht. Das gleiche wird in der *Bhagavad-gītā* bestätigt: „Die kosmische Manifestation tritt ins Dasein, um daraufhin wieder zerstört zu werden, und nach der Zerstörung geht sie ins Dasein des Höchsten Herrn ein." Diese Aussage beweist eindeutig, dass die *bahir-aṅgā-māyā,* die äußere Energie, obwohl von flackernder Natur, eine Energie des Höchsten Herrn ist und als solche nicht unwirklich sein kann. Sie scheint nur unwirklich zu sein. Weil die materielle Natur vor der Schöpfung und nach der Vernichtung nicht existent ist, glauben die Māyāvādīs, sie wäre unwirklich. Doch die genaue Bedeutung dieser Aussage der Veden kann mit dem Beispiel des irdenen Topfes veranschaulicht werden: Obwohl die Existenz der einzelnen Nebenprodukte der Absoluten Wahrheit zeitweilig ist, ist die Energie des Höchsten Herrn ewig und unveränderlich. Der irdene Topf mag zerbrochen oder zu etwas anderem umgeformt werden, zum Beispiel zu einem Teller oder einer Schüssel, doch der Bestandteil bzw. das Ausgangsmaterial, Erde, bleibt immer dasselbe. Ebenso ist das Grundprinzip der kosmischen Manifestation immer dasselbe, nämlich das Brahman, die Absolute Wahrheit, und deshalb ist die Māyāvādī-Theorie, die Welt wäre unwirklich, nichts anderes als eine mentale Spekulation. Dass die kosmische Manifestation unbeständig und zeitweilig ist, bedeutet nicht, dass sie unwirklich ist. Die Definition für

„unwirklich" lautet: „das, was es niemals gab, sondern nur dem Namen nach existiert". So sind zum Beispiel Pferdeeier, Luftblumen und Kaninchenhörner Dinge, die nur dem Namen nach existieren. Pferde legen keine Eier; es gibt keine Blumen, die in der Luft wachsen, und es gibt auch keine Kaninchen mit Hörnern. Man könnte noch viele Dinge nennen, die nur dem Namen nach oder in der Phantasie existieren, doch die es im Grunde gar nicht gibt. Solche Dinge werden zu Recht als unwirklich bezeichnet. Die materielle Welt jedoch kann von den Vaiṣṇavas nicht als unwirklich angesehen werden, nur weil sie aufgrund ihrer zeitweiligen Natur Schöpfung und Vernichtung unterworfen ist.

Die Veden in Person sagten als Nächstes, dass die Überseele und die individuelle Seele, das heißt der Paramātmā und der *jīvātmā,* einander niemals gleich sein können, obwohl sie gemeinsam im gleichen Körper weilen wie zwei Vögel auf einem Baum. In den Veden wird erklärt, dass diese beiden Vögel, obwohl sie als Freunde nebeneinander sitzen, niemals identisch seien. Der eine Vogel, der Paramātmā, die Überseele, ist einfach nur der Zeuge, während der andere Vogel, der *jīvātmā*, von den Früchten des Baumes isst. Wenn die kosmische Manifestation ins Dasein tritt, erscheinen die *jīvātmās,* die individuellen Seelen, entsprechend ihren früheren fruchtbringenden Tätigkeiten in verschiedenen Lebensformen, und weil sie schon seit langer Zeit ihr wirkliches Dasein vergessen haben, identifizieren sie sich mit dem jeweiligen Körper, der ihnen durch die Gesetze der materiellen Natur gegeben wird. Wenn der *jīvātmā* einen materiellen Körper angenommen hat, wird er den drei Erscheinungsweisen der materiellen Natur unterworfen und handelt entsprechend ihrem Einfluss; so setzt sich sein Dasein in der materiellen Welt fort. Während die Seele in solche Unwissenheit eingehüllt ist, sind ihre natürlichen Füllen fast gänzlich verschwunden. Die Füllen der Überseele, der Höchsten Persönlichkeit Gottes, indes verringern sich niemals, selbst wenn Sie in der materiellen Welt erscheint. Sie behält stets alle Füllen und Vollkommenheiten in unverändertem Ausmaß und bleibt dabei trotzdem von allen Leiden der materiellen Welt unberührt. Die bedingte Seele ist von der materiellen Welt umhüllt, wohingegen die Überseele, die Höchste Persönlichkeit Gottes, die materielle Welt verlässt, ohne von ihr beeinflusst zu werden, ähnlich wie eine Schlange ihre Haut abwirft. Der Unterschied zwischen der Überseele und der bedingten individuellen Seele liegt darin, dass die Überseele, die Höchste Persönlichkeit Gottes, immer Ihre ursprünglichen Füllen behält, die man als *ṣaḍ-aiśvarya, aṣṭa-siddhi* und *aṣṭa-guṇa* bezeichnet.

Weil die Māyāvādī-Philosophen nur ein dürftiges Maß an Wissen besitzen, entgeht ihnen die Tatsache, dass Kṛṣṇa immer von Seinen sechs Füllen, Seinen acht transzendentalen Eigenschaften und Seinen acht Arten von Vollkommenheit erfüllt ist. Die sechs Füllen sind Reichtum, Macht, Schönheit, Ruhm, Wissen und Entsagung. Niemand ist in der Lage, Kṛṣṇa darin zu übertreffen. Die erste der acht transzendentalen Eigenschaften Kṛṣṇas ist, dass Er niemals von der Unreinheit des materiellen Daseins berührt wird. Diese Eigenschaft wird auch in der *Īśopaniṣad* erwähnt, und zwar mit den Worten *apāpa-viddham:* So wie die Sonne niemals durch Verunreinigung befleckt wird, so wird der Höchste Herr niemals durch irgendwelche sündhaften Tätigkeiten verunreinigt. Obwohl es manchmal so aussieht, als wären Kṛṣṇas Taten unfromm, wird Er dadurch niemals befleckt. Die zweite transzendentale Eigenschaft Kṛṣṇas ist, dass Er niemals stirbt. Im 4. Kapitel der *Bhagavad-gītā* teilt der Herr Arjuna mit, dass sie beide schon viele Male in der materiellen Welt erschienen seien, dass aber nur Er Sich ihrer Tätigkeiten bewusst sei, sowohl der vergangenen als auch der gegenwärtigen und der zukünftigen. Dies bedeutet, dass Kṛṣṇa niemals stirbt, denn Vergessen hat seine Ursache im Tod. Wenn wir sterben, wechseln wir unseren Körper, und dies bringt das Vergessen mit sich. Kṛṣṇa jedoch vergisst nie. Er kann Sich an alles erinnern, was jemals geschah. Wie sonst hätte Er Sich erinnern können, dass Er das Yoga-System der *Bhagavad-gītā* zuerst dem Sonnengott Vivasvān mitteilte. Kṛṣṇa stirbt also nie, und ebenso wird Er auch niemals alt. Obwohl Kṛṣṇa bereits Urgroßvater war, als Er Sich auf dem Schlachtfeld von Kurukṣetra befand, erschien Er nicht als alter Mann. Kṛṣṇa kann niemals von Sünden befleckt werden, Kṛṣṇa stirbt nie, Kṛṣṇa wird niemals alt, Kṛṣṇa braucht niemals zu klagen, Kṛṣṇa ist niemals hungrig und auch niemals durstig. Was auch immer Er wünscht, wird sogleich zum vollkommenen Gesetz, und Seine Entschlüsse können von niemandem geändert werden. Dies sind die acht transzendentalen Eigenschaften Kṛṣṇas. Darüber hinaus ist Kṛṣṇa auch als Yogeśvara bekannt. Er besitzt die vollkommene Fülle aller mystischen Kräfte, wie zum Beispiel der *aṇimā-siddhi,* der Macht, kleiner als das Kleinste zu werden. In der *Brahma-saṁhitā* wird erklärt, dass Kṛṣṇa sogar in jedes Atom eingegangen sei *(aṇḍāntarastha-paramāṇu cayāntara-stham).* Ebenso weilt Kṛṣṇa als Garbhodakaśāyī Viṣṇu im riesigen Universum und liegt als Mahā-viṣṇu im Ozean der Ursachen, und Sein Körper ist so unvorstellbar groß, dass bei Seinem Ausatmen Millionen und Abermillionen von Universen aus Ihm hervorgehen. Das wird *mahimā-siddhi* genannt. Kṛṣṇa besitzt auch die Vollkommenheit der *laghimā,* das heißt, Er kann leichter als das Leichteste werden. In der *Bhagavad-gītā* wird erklärt, dass die Planeten im Weltall schweben, weil Kṛṣṇa in das Universum und in die Atome eingegangen sei. Das ist die Erklärung für die Schwerelosigkeit. Kṛṣṇa besitzt auch die Vollkommenheit der *prāpti:* Er kann alles bekommen, was Er will. Ebenso besitzt Er die Vollkommenheit der *īśitā,* der Macht zu beherrschen. Deshalb heißt Er auch Parameśvara, der Höchste Herrscher. Darüber hinaus kann Kṛṣṇa auch jeden unter Seinen Einfluss bringen, und diese Macht wird als *vaśitā* bezeichnet.

Kṛṣṇa ist auf diese Weise der Besitzer sämtlicher Füllen, transzendentalen Eigenschaften und mystischen Kräfte. Kein gewöhnliches Lebewesen kann mit Ihm verglichen werden. Deshalb ist die Theorie der Māyāvādīs, wonach die Überseele und die individuelle Seele gleich sind, ein Irrtum. Die Schlussfolgerung lautet daher, dass Kṛṣṇa alle Verehrung gebührt und dass alle anderen Lebewesen Seine Diener sind. Diese Erkenntnis nennt man Selbstverwirklichung. Jedes Verständnis vom Selbst außerhalb der Beziehung zu Kṛṣṇa als ewiger Diener ist vom Einfluss *māyās* verursacht worden. Es heißt deshalb, Māyā gebrauche ihre letzte Schlinge, wenn sie dem Lebewesen befehle zu versuchen, der Höchsten Persönlichkeit Gottes ebenbürtig zu werden. Der Māyāvādī-Philosoph behauptet, Gott ebenbürtig zu sein, doch er kann keine Antwort auf die Frage geben, warum er der materiellen Verstrickung zum Opfer gefallen ist. Wenn er wirklich Gott ist, wie konnte er dann unter den Einfluss sündhafter Tätigkeiten geraten und dadurch dem leidbringenden Gesetz des Karmas unterworfen werden? Wenn man den Māyāvādīs diese Frage stellt, sind sie um eine gute Antwort verlegen. Die spekulative Behauptung, der Höchsten Persönlichkeit Gottes ebenbürtig zu sein, ist ein Symptom sündhaften Lebens. Solange man nicht vollständig von allen Sünden befreit ist, kann man sich dem Kṛṣṇa-Bewusstsein nicht zuwenden. Allein die Tatsache, dass die Māyāvādīs behaupten, sie wären mit dem Höchsten Herrn eins, zeigt, dass sie nicht von den Reaktionen auf ihre Sünden befreit sind. Solche Menschen beschreibt das *Śrīmad-Bhāgavatam* als *aviśuddha-buddhayaḥ,* was bedeutet, dass sie sich fälschlich für befreit halten, obwohl sie sich zugleich der Absoluten Wahrheit ebenbürtig wähnen. Daher wird Ihre Intelligenz nicht geläutert. Die Veden in Person sagten, dass die Yogis und *jñānīs* in ihrem Vorgang der Selbstverwirklichung niemals Erfolg hätten, wenn sie sich nicht von ihren sündhaften Wünschen befreiten.

„Lieber Herr", fuhren die Veden in Person fort, „wenn die heiligen Persönlichkeiten nicht darauf bedacht sind, alle Wurzeln sündhafter Wünsche völlig zu beseitigen, können sie die Überseele niemals wahrnehmen, obwohl Sie direkt neben der individuellen Seele weilt." *Samādhi* oder Meditation bedeutet, die Überseele im Innern zu erkennen. Wer jedoch nicht von allen sündhaften Reaktionen frei ist, kann die Überseele nicht sehen. Wenn jemand an seiner Halskette ein Juwelenmedaillon hängen hat, aber das Juwel vergisst, ist es fast so, als besäße er gar keines. Ebenso hat eine individuelle Seele, die meditiert, aber nicht die Gegenwart der Überseele im Innern wahrnimmt, umsonst meditiert." Menschen, die sich dem Pfad der Selbstverwirklichung zugewandt haben, müssen also sehr vorsichtig sein, nicht durch den Einfluss *māyās* verunreinigt zu werden. Śrīla Rūpa Gosvāmī sagte, dass ein Gottgeweihter von allen Arten materieller Wünsche völlig frei sein sollte. Ein Gottgeweihter sollte auch nicht von dem Gewinn durch Karma und *jñāna* verlockt werden. Man braucht einfach nur Kṛṣṇa zu verstehen und Seine Wünsche zu erfüllen. Das ist die Stufe reiner Hingabe. Mystische Yogis, die immer noch unreine Wünsche nach Sinnenbefriedigung hegen, werden bei ihren Bemühungen niemals Erfolg haben, und sie werden auch niemals die Überseele im individuellen Selbst erkennen. Die sogenannten Yogis und *jñānīs,* die ihre Zeit mit verschiedenen Arten der Sinnenbefriedigung verschwenden, indem sie sich entweder in mentalen Spekulationen ergehen oder ihre begrenzten mystischen Kräfte zur Schau stellen, werden deshalb nie aus dem bedingten Leben befreit, und sie werden weiterhin durch den Kreislauf wiederholter Geburten und Tode wandern. Für solche Menschen werden sowohl das gegenwärtige als auch das nächste Leben nichts anderes als eine Quelle des Leids sein. Solche sündhaften Menschen leiden bereits im gegenwärtigen Leben, und weil sie in ihrer Selbstverwirklichung nicht die Vollkommenheit erlangen, werden sie auch im nächsten Leben von Leiden geplagt werden. Trotz all ihrer Bemühungen, die

Vollkommenheit zu erlangen, werden solche Yogis, die von Wünschen nach Sinnenbefriedigung verunreinigt sind, im gegenwärtigen wie auch im nächsten Leben weiterleiden.

Śrīla Viśvanātha Cakravartī Ṭhākura sagt in diesem Zusammenhang, dass Menschen im Lebensstand der Entsagung *(sannyāsīs)*, die ihr Heim zur Selbstverwirklichung verlassen hätten, sich jedoch nicht im hingebungsvollen Dienst für den Herrn betätigen würden, sondern sich zu Wohltätigkeitsarbeit verleiten ließen, wie dem Errichten von Bildungsstätten, Krankenhäusern oder auch von Klöstern, Kirchen oder Tempeln für Halbgötter, dadurch nur Schwierigkeiten ernten würden, und zwar nicht nur in diesem Leben, sondern auch im nächsten. *Sannyāsīs*, die ihr Leben nicht dazu nutzen, Kṛṣṇa zu erkennen, vergeuden nur ihre Zeit und Energie mit Tätigkeiten, die in Wirklichkeit mit der Lebensstufe der Entsagung nichts zu tun haben. Doch die Bemühung eines Gottgeweihten, der seine Kräfte für Tätigkeiten wie die Errichtung eines Viṣṇu-Tempels einsetzt, ist nie umsonst. Solche Tätigkeiten werden *kṛṣṇārthe akhilaceṣṭā* genannt – „Tätigkeiten zur Freude Kṛṣṇas". Wenn ein Philanthrop eine Schule eröffnet und ein Gottgeweihter einen Tempel errichtet, so befinden sich diese Tätigkeiten nicht auf der gleichen Ebene. Obwohl es ein frommes Werk sein mag, wenn ein Philanthrop eine Schule gründet, fällt diese Tätigkeit immer noch unter das Gesetz des Karmas, wohingegen der Bau eines Tempels für Viṣṇu hingebungsvoller Dienst ist.

Hingebungsvoller Dienst ist niemals dem Gesetz des Karmas unterworfen. In der *Bhagavad-gītā* heißt es: *sa guṇān samatityaitān brahma-bhūyāya kalpate* – „Die Geweihten der Persönlichkeit Gottes transzendieren alle Reaktionen der drei Erscheinungsweisen der materiellen Natur und befinden sich auf der transzendentalen Brahman-Ebene." Die Gottgeweihten sind sowohl im gegenwärtigen als auch im nächsten Leben befreit. Was immer in der materiellen Welt für Yajña, das heißt Viṣṇu, oder Kṛṣṇa, getan wird, gilt als Tätigkeit auf der Stufe der Befreiung; doch solange man zu Acyuta, der Höchsten Persönlichkeit Gottes, keine Beziehung entwickelt hat, ist es unmöglich, den Reaktionen, die sich durch das Gesetz des Karmas ergeben, ein Ende zu bereiten. Das Leben im Kṛṣṇa-Bewusstsein ist das Leben der Befreiung. Ein Gottgeweihter ist also durch die Gnade des Herrn sowohl im gegenwärtigen als auch im nächsten Leben befreit, wohingegen die *karmīs*, *jñānīs* und Yogis niemals befreit werden – weder im gegenwärtigen noch im nächsten Leben.

Die Veden in Person fuhren fort: „Lieber Herr, jeder, der durch Deine Gnade die Herrlichkeit Deiner Lotosfüße erkannt hat, macht sich nichts aus materiellem Glück und Leid." Materielle Tätigkeiten sind unvermeidlich, solange wir uns in der materiellen Welt befinden, aber ein Gottgeweihter lenkt seine Aufmerksamkeit niemals auf solche Aktionen und Reaktionen, die lediglich Folgen frommer und sündiger Tätigkeiten sind. Ebenso ist ein Gottgeweihter auch nicht besonders betrübt oder erfreut, wenn er von den Leuten geschmäht bzw. gelobt wird. Manchmal wird ein Gottgeweihter für seine transzendentalen Tätigkeiten hoch gelobt, und ein anderes Mal wird er kritisiert, obgleich gar kein Grund dazu besteht. Ob ihn die Leute nun loben oder kritisieren, der reine Gottgeweihte bleibt immer gleichmütig. In Wirklichkeit befinden sich die Tätigkeiten eines Gottgeweihten auf der transzendentalen Ebene, und deshalb ist er nicht daran interessiert, ob ihn die Menschen, die materiellen Tätigkeiten nachgehen, loben oder kritisieren. Wenn sich der Gottgeweihte also in seiner transzendentalen Stellung halten kann, ist seine Befreiung sowohl im gegenwärtigen als auch im nächsten Leben garantiert, wie die Höchste Persönlichkeit Gottes Selbst bestätigt.

Die transzendentale Stellung des Gottgeweihten in der materiellen Welt wird dadurch aufrechterhalten, dass er in der Gemeinschaft reiner Gottgeweihter stets über die ruhmvollen Taten hört, die der Herr in verschiedenen Zeitaltern und in der Form der verschiedenen Inkarnationen vollbrachte. Die Bewegung für Kṛṣṇa-Bewusstsein beruht auf diesem Prinzip. Śrīla Narottama dāsa Ṭhākura sagt in einem seiner Lieder: „Mein lieber Herr, bitte beschäftige mich in Deinem transzendentalen liebevollen Dienst, wie es uns die vorangegangenen *ācāryas* aufgetragen haben, und lass mich bitte in der Gemeinschaft reiner Gottgeweihter bleiben. Das ist mein Wunsch – Leben für Leben." Mit anderen Worten, es kümmert einen Gottgeweihten wenig, ob er befreit ist oder nicht; er sehnt sich lediglich nach hingebungsvollem Dienst. Hingebungsvoller Dienst bedeutet, nichts unabhängig vom Einverständnis der *ācāryas* zu tun. Die Aktivitäten der Bewegung für Kṛṣṇa-Bewusstsein werden von den vorangegangenen *ācāryas* gelenkt, angeführt von Śrīla Rūpa Gosvāmī. In der Gemeinschaft von

Gottgeweihten, die diesen Prinzipien folgen, kann ein Gottgeweihter in vollkommener Weise seine transzendentale Stellung aufrechterhalten.

In der *Bhagavad-gītā* sagt der Herr, dass Ihm ein Gottgeweihter, der Ihn in Vollkommenheit kenne, sehr lieb sei. Es gibt vier Arten frommer Menschen, die sich dem hingebungsvollen Dienst zuwenden. Wenn ein Mensch fromm ist, dann wendet er sich in Zeiten der Not an den Herrn, damit dieser sein Leid vermindert. Ein frommer Mensch, der materieller Hilfe bedarf, bittet ebenfalls den Herrn, ihm zu helfen. Wenn sich ein frommer Mensch tatsächlich dafür interessiert, etwas über die Wissenschaft Gottes zu erfahren, dann wendet er sich ebenfalls an die Höchste Persönlichkeit Gottes, Kṛṣṇa. Und wenn ein frommer Mensch einfach nur danach strebt, die Wissenschaft Kṛṣṇas zu verstehen, dann wendet auch er sich dem Höchsten Herrn zu. Von diesen vier Arten frommer Menschen werden die letztgenannten von Kṛṣṇa persönlich in der *Bhagavad-gītā* gelobt. Wer versucht, Kṛṣṇa mit Wissen und Hingabe zu verstehen, indem er dem Beispiel der vorangegangenen *ācāryas*, die mit dem wissenschaftlichen Wissen über den Höchsten Herrn vertraut sind, folgt, ist rühmenswert. Ein solcher Gottgeweihter begreift, dass alle Lebenslagen, seien sie angenehm oder unangenehm, durch den höchsten Willen des Herrn entstehen. Und wenn er den Lotosfüßen des Höchsten Herrn völlig ergeben ist, macht es ihm nichts aus, ob seine Lebenslage angenehm oder unangenehm ist. Ein Gottgeweihter sieht selbst widrige Umstände als eine besondere Gnade der Persönlichkeit Gottes an. Im Grunde gibt es für einen Gottgeweihten so etwas wie widrige Umstände nicht. Er weiß, dass alles durch den Willen des Herrn auf ihn zukommt, und so sieht er jede Lebenslage als günstig an und führt unter allen Umständen begeistert seine Aufgabe im hingebungsvollen Dienst aus. Diese Haltung der Hingabe wird in der *Bhagavad-gītā* beschrieben, wo es heißt, dass ein Gottgeweihter sich durch widrige Lebensumstände nicht bekümmern lasse und dass er in angenehmen Lebensumständen nicht frohlocke. Auf den höheren Stufen des hingebungsvollen Dienstes kümmert sich der Gottgeweihte nicht einmal mehr um die Liste von Geboten und Verboten. Eine solche Stufe kann man nur erreichen, wenn man den Fußstapfen der *ācāryas* folgt. Weil ein reiner Gottgeweihter dem Beispiel der *ācāryas* folgt, sollte man verstehen, dass sich jede Handlung, die er im hingebungsvollen Dienst verrichtet, auf der transzendentalen Ebene befindet. Śrī Kṛṣṇa erklärt deshalb, dass der *ācārya* über alle Kritik erhaben sei. Ein neuer Gottgeweihter sollte niemals denken, er befände sich auf der gleichen Stufe wie der *ācārya.* Vielmehr sollte er wissen, dass die *ācāryas* auf der gleichen Stufe stehen wie die Höchste Persönlichkeit Gottes, und deshalb sollten die neuen Gottgeweihten weder Kṛṣṇa noch Seinen Repräsentanten kritisieren.

Die Veden in Person verehrten die Höchste Persönlichkeit Gottes somit auf vielfältige Weise. Den Höchsten Herrn durch Gebete zu verehren bedeutet, sich an Seine transzendentalen Eigenschaften, Spiele und Taten zu erinnern. Doch die Spiele und Eigenschaften des Herrn sind unbegrenzt, und deshalb ist es uns nicht möglich, an alle Eigenschaften des Herrn zu denken. Die Veden in Person verehrten den Herrn daher nach bestem Vermögen und schlossen mit folgenden Worten:

„Lieber Herr, obwohl Brahmā, der über den höchsten Planeten, Brahmaloka, herrschende Halbgott, und König Indra, der über die himmlischen Planeten herrschende Halbgott, sowie die herrschenden Halbgötter der Sonne, des Mondes und der anderen Planeten als Lenker der materiellen Welt sehr vertrauliche Stellungen einnehmen, besitzen sie nur geringes Wissen über Dich. Was wissen dann schon die gewöhnlichen Menschen und die intellektuellen Spekulanten über Dich? Es gibt niemanden, O Herr, der Deine unbegrenzten transzendentalen Eigenschaften aufzählen könnte. Niemand, auch nicht die intellektuellen Spekulanten und die Halbgötter auf den höheren Planetensystemen, vermag das Ausmaß Deiner Gestalt und Deiner Merkmale zu ergründen. Wir glauben, dass selbst Du, o Herr, Deine transzendentalen Eigenschaften nicht vollständig kennst. Das liegt daran, dass Du unbegrenzt bist. Obwohl es nicht sehr angebracht ist, zu sagen, Du würdest Dich Selbst nicht kennen, ist es nichtsdestoweniger hilfreich, wenn man versteht, dass Deine Eigenschaften und Deine Energien sowie Dein Wissen unbegrenzt sind und dass deshalb zwischen Deinem Wissen und der Erweiterung Deiner Energien ein unbegrenztes Wetteifern stattfindet."

Sowohl Gott als auch Sein Wissen sind unbegrenzt, und deshalb sagten die Veden in Person, dass Gott, sobald Er Sich einiger Seiner Energien bewusst werde, entdecke, dass Er immer noch mehr Energien habe. Auf diese Weise nehmen sowohl Seine Energien als auch Sein Wissen ständig zu. Da beides unbegrenzt ist, sind sowohl Seine Energien als auch Sein Wissen, mit dem Er die Energien erkennt, ohne Ende.

Gott ist selbstverständlich allwissend, doch die Veden in Person sagen, dass nicht einmal Gott Selbst das vollständige Ausmaß Seiner Energien kennt. Dies bedeutet nicht, dass Gott nicht allwissend ist. Wenn jemand eine gewisse Tatsache nicht kennt, bezeichnet man dies als Unwissenheit oder Mangel an Wissen. Dies trifft jedoch nicht auf Gott zu, denn Er kennt Sich vollkommen, dennoch nehmen Seine Energien und Taten ständig zu, und deshalb nimmt auch Sein Wissen zu, um sie zu verstehen. Beides nimmt unbegrenzt zu, und diese gegenseitige Steigerung hat kein Ende. In diesem Sinne kann man sagen, dass sogar Gott Selbst die Grenze Seiner Energien und Eigenschaften nicht kennt.

Jedes vernünftige und nüchtern denkende Lebewesen kann sich annähernd vorstellen, wie grenzenlos Gott und die Erweiterung Seiner Energien und Tätigkeiten sein müssen. In den vedischen Schriften wird beschrieben, dass unzählige Universen aus Mahā-viṣṇu hervorgehen, wenn Er in Seinem *yoga-nidrā* ausatmet, und dass unzählige Universen in Seinen Körper eingehen, wenn Er wieder einatmet. Wir müssen uns nur einmal ausmalen, dass diese Universen, die sich in der Sicht unseres begrenzten Wissens grenzenlos ausdehnen, so riesengroß sind, dass sich ihre grob- und feinstofflichen Bestandteile, das heißt die fünf Elemente der kosmischen Manifestation – Erde, Wasser, Feuer, Luft und Äther – sowie die gesamte materielle Energie und das falsche Ego nicht nur in ihrem Inneren befinden, sondern sie sogar in sieben Schichten einhüllen, von denen jede zehnmal so dick ist wie die vorherige. So ist jedes einzelne Universum sicher verschlossen, und es gibt unzählige Universen. Sie alle schweben in den unzähligen Poren des transzendentalen Körpers von Mahā-viṣṇu. Es heißt, dass ebenso wie die Atome und Staubteilchen neben den Vögeln in der Luft schweben und ihre Zahl unermesslich ist, auch unermesslich viele Universen in den Poren des transzendentalen Körpers des Herrn schweben. Aus diesem Grund erklären die Veden, dass Sich Gott jenseits der Reichweite unseres Wissens befindet: *Avāṅ-manasa-gocara* – „Die Weite und das Ausmaß Gottes zu verstehen entzieht sich dem Vermögen unserer mentalen Spekulation.“ Wer wahrhaft gelehrt und vernünftig ist, behauptet daher nicht, Gott zu sein, sondern versucht, Gott zu verstehen, indem er zwischen spiritueller und materieller Natur unterscheidet. Durch solch gründliche Unterscheidung kann man klar verstehen, dass die höchste Seele sowohl zur höheren als auch zur niederen Energie transzendental ist, obwohl Sie mit beiden direkt verbunden ist. In der *Bhagavad-gītā* erklärt Śrī Kṛṣṇa, dass alles auf Seiner Energie ruhe, dass Er aber dennoch von Seiner Energie verschieden oder getrennt sei.

Die Natur und die Lebewesen werden manchmal als *prakṛti* und *puruṣa* bezeichnet. Die kosmische Manifestation ist eine zusammenwirkende Verbindung von *prakṛti* und *puruṣa.* Die Natur ist die Ursache der Bestandteile, und die Lebewesen sind die bewirkende Ursache. Diese beiden Ursachen verbinden sich, und das Ergebnis ist die kosmische Manifestation. Wer das große Glück hat, zum richtigen Verständnis von der kosmischen Manifestation und von allem, was in ihr geschieht, zu gelangen, der weiß, dass die Höchste Persönlichkeit Gottes direkt und indirekt die Ursache davon ist. Deshalb erklärt die *Brahma-saṁhitā* zusammenfassend: *īśvaraḥ paramaḥ kṛṣṇaḥ sac-cid-ānanda-vigrahaḥ / anādir adir govindaḥ sarva-kāraṇa-kāraṇam.* Wenn man nach vielen Betrachtungen und Überlegungen die Vollkommenheit des Wissens erlangt, kommt man zu der Schlussfolgerung, dass Kṛṣṇa, Gott, die ursprüngliche Ursache aller Ursachen ist. Statt über die Größe Gottes Spekulationen anzustellen oder herumzuphilosophieren, sollte man die Schlussfolgerung der *Brahma-saṁhitā* annehmen: „Kṛṣṇa, Gott, ist *sarva-kāraṇa-kāraṇam,* die Ursache aller Ursachen." Das ist die Vollkommenheit von Wissen.

So trug Sanandana seinen Brüdern, die wie er Söhne Brahmās waren, als erster in der Schülernachfolge die Veda-stuti vor, die Gebete der Veden in Person zu Garbhodakaśāyī Viṣṇu. Zu Beginn der Schöpfung des Universums schuf Brahmā zuerst die vier Kumāras. Sie waren seine erstgeborenen Söhne, weshalb sie *pūrva-jāta* genannt werden. In der *Bhagavad-gītā* wird gesagt, dass das *paramparā*-System, die Nachfolge von spirituellen Meistern, mit Kṛṣṇa Selbst beginne. Auch hier in den Gebeten der Veden in Person sehen wir, dass das *paramparā*-System mit der Persönlichkeit Gottes, nämlich mit Nārāyaṇa Ṛṣi, beginnt. Wir müssen uns daran erinnern, dass diese Veda-stuti von dem Kumāra Sanandana erzählt wurde, und diese Erzählung wurde nun von Nārāyaṇa Ṛṣi in Bodi Āśrama wiedergegeben. Nārāyaṇa Ṛṣi ist die Inkarnation Kṛṣṇas, die uns den Pfad der Selbstverwirklichung zeigt, auf dem man sich harter Entsagung unterzieht. So wie im gegenwärtigen Zeitalter Śrī Caitanya in der Rolle eines reinen Gottgeweihten den Pfad des reinen hingebungsvollen Dienstes wies, war Nārāyaṇa

Ṛṣi eine Inkarnation Kṛṣṇas, die in der Vergangenheit erschienen ist, um Sich im Himalaya schwere Entsagungen aufzuerlegen. Von Ihm also hatte Śrī Nārada Muni viele Erklärungen gehört, die genau dem entsprachen, was einst von Kumāra Sanandana in Form der Veda-stuti vorgetragen wurde. Aus Nārāyaṇa Ṛṣis Erklärungen geht unmissverständlich hervor, dass Gott der eine Höchste ist und dass alle anderen Seine Diener sind.

Im *Caitanya-caritāmṛta* heißt es: *ekale īśvara kṛṣṇa* – „Kṛṣṇa ist der einzige Höchste Gott." *Āra saba bhṛtya* – „Alle anderen sind Seine Diener." *Yāre yaiche nācāya, se taiche kare nṛtya* – „Der Höchste Herr beschäftigt alle Lebewesen ganz nach Seinem Willen in den verschiedensten Tätigkeiten, und so entfalten sie ihre unterschiedlichen Fähigkeiten und Neigungen." Die *Veda-stuti* stellt somit die ursprüngliche Unterweisung bezüglich der Beziehung des Lebewesens zur Höchsten Persönlichkeit Gottes dar. Die höchste Verwirklichung besteht für das Lebewesen darin, die Stufe des hingebungsvollen Lebens zu erreichen. Aber niemand kann sich dem hingebungsvollen Leben, dem Kṛṣṇa-Bewusstsein, widmen, wenn er nicht frei von aller materiellen Verunreinigung ist. Nārāyaṇa Ṛṣi teilte Nārada Muni mit, dass die Essenz aller Veden und vedischen Schriften (der vier Veden, der Upaniṣaden, der Purāṇas und des *Vedānta-sūtra*) darin bestehe, dem Herrn transzendentalen liebevollen Dienst darzubringen. In diesem Zusammenhang gebrauchte Nārāyaṇa Ṛṣi ein ganz bestimmtes Wort – *rasa.* Im hingebungsvollen Dienst ist der *rasa* das Medium oder die Grundlage für die wechselseitigen Handlungen in einer Beziehung zwischen dem Herrn und dem Lebewesen. *Rasa* wird in den Veden auch wie folgt beschrieben: *raso vai saḥ* – „Der Höchste Herr ist das Behältnis aller Freude." Alle vedischen Schriften, wie zum Beispiel die Purāṇas, die Veden, die Upaniṣaden und das *Vedānta-sūtra,* lehren das Lebewesen, wie es die Stufe des *rasa* erreichen kann. Im *Śrīmad-Bhāgavatam* wird gesagt, dass die Darlegungen im *Mahā-Purāṇa* (das heißt im *Śrīmad-Bhāgavatam* selbst) die Essenz *(rasa)* aller vedischen Schriften darstellten. *Nigama-kalpa-taror galitaṁ phalam* – „Das *Bhāgavatam* ist die Essenz der reifen Frucht am Baum der vedischen Schriften."

Wie uns bekannt ist, gingen mit dem Atem Śrī Viṣṇus, der Höchsten Persönlichkeit Gottes, die vier Veden, nämlich der *Ṛg Veda*, *Yajur Veda*, *Sāma Veda* und *Atharva Veda,* und auch die Geschichtsbücher von Ihm aus, wie das *Mahābhārata* und alle Purāṇas, die als die Geschichtsbücher der Welt angesehen werden. Diese vedischen Geschichtsbücher, wie die Purāṇas und das *Mahābhārata,* werden als der fünfte Veda bezeichnet.

Die 28 Verse der Veda-stuti müssen als die Essenz des gesamten vedischen Wissens betrachtet werden. Die vier Kumāras und alle anderen anerkannten Weisen haben vollkommen verstanden, dass hingebungsvoller Dienst im Kṛṣṇa-Bewusstsein die Essenz aller vedischen Schriften darstellt, und dies verkünden sie auf vielen Planeten, indem sie durch den Weltraum reisen. Es wird gesagt, dass solche Weisen wie Nārada Muni fast nie über Land reisen, sondern immer durch den Weltraum.

Weise wie Nārada und die Kumāras ziehen durch das Universum, um die bedingten Seelen zu belehren, dass ihre Aufgabe in dieser Welt nicht in Sinnenbefriedigung besteht, sondern darin, ihre ursprüngliche Position im hingebungsvollen Dienst der Höchsten Persönlichkeit Gottes wieder einzunehmen. Wie wir bereits an mehreren Stellen gehört haben, sind die Lebewesen wie die Funken eines Feuers, und die Höchste Persönlichkeit Gottes ist wie das Feuer selbst. Wenn die Funken aus irgendeinem Grund aus dem Feuer springen, verlieren sie ihre natürliche Leuchtkraft. Auf diese Weise wird erklärt, dass die Lebewesen in die materielle Welt kommen wie die Funken, die aus einem großen Feuer fallen. Das Lebewesen möchte Kṛṣṇa nachahmen und versucht deshalb, über die materielle Natur zu herrschen, damit seine Sinne genießen können. Auf diese Weise vergisst es seine ursprüngliche Stellung, so dass seine Leuchtkraft, seine spirituelle Identität, erlischt. Wenn sich das Lebewesen jedoch dem Kṛṣṇa-Bewusstsein zuwendet, wird es wieder in seine ursprüngliche Stellung erhoben. Um diesen Vorgang des Kṛṣṇa-Bewusstseins zu verbreiten, reisen die Weisen und Heiligen, wie Nārada und die Kumāras, durch das ganze Universum, um den Menschen Unterweisungen zu geben und Schüler zu gewinnen. Ihr Ziel besteht darin, allen bedingten Seelen das nötige Wissen zu vermitteln, um ihr ursprüngliches Bewusstsein, das Kṛṣṇa-Bewusstsein, wiederzubeleben und auf diese Weise vom materiellen Leben und seinen leidvollen Bedingungen frei zu werden.

Śrī Nārada Muni ist ein *naiṣṭika-brahmacārī*. Es gibt vier Arten von *brahmacārīs,* von denen man die erste Kategorie *sāvitra* nennt. Mit *sāvitra* bezeichnet man einen *brahmacārī,* der nach seiner Einweihung und der Zeremonie der heiligen Schnur mindestens drei Tage im Zölibat leben muss. Die zweite Kategorie wird *prājāpatya* genannt und bezieht sich auf den *brahmacārī,* der nach der Einweihung mindestens ein Jahr streng das Zölibat einhält. Des Weiteren gibt es den *brāhma-brahmacārī,* der von der Einweihung bis zur Vollendung seines Studiums der vedischen Schriften im Zölibat lebt, und schließlich gibt es den *brahmacārī* auf der *naiṣṭika*-Stufe, der sein ganzes Leben lang unverheiratet bleibt. Die ersten drei Arten von *brahmacārīs* werden *upakurvāna* genannt, was bedeutet, dass sie heiraten können, wenn ihre Zeit als *brahmacārī* zu Ende ist. Der *naiṣṭika-brahmacārī* jedoch lehnt es völlig ab, jemals Umgang mit dem anderen Geschlecht zu haben. Deshalb sind die Kumāras und Nārada als *naiṣṭika-brahmacārīs* bekannt. Solche *brahmacārīs* werden *vīra-vrata* genannt, denn ihr Keuschheitsgelübde ist so heldenhaft wie die Gelübde der *kṣatriyas.* Der Lebensstand des *brahmacārī* ist vor allem deshalb von Vorteil, weil er das Erinnerungsvermögen und die Entschlossenheit stärkt. In diesem Zusammenhang wird besonders darauf hingewiesen, dass sich Nārada, da er ein *naiṣṭika-brahmacārī* war, an alles erinnern konnte, was er von seinem spirituellen Meister jemals gehört hatte, und es niemals vergaß. Jemand, der sich immer an alles erinnern kann, wird *śruti-dhara* genannt. Ein *śruti-dhara brahmacārī* ist in der Lage, alles, was er einmal gehört hat, wortwörtlich zu wiederholen, ohne sich mit Notizen oder Büchern behelfen zu müssen. Der große Weise Nārada besitzt diese Fähigkeit, und deshalb ist er entsprechend den Unterweisungen Nārāyaṇa Ṛṣis damit beschäftigt, die Philosophie des hingebungsvollen Dienstes im ganzen Universum zu verkünden. Weil sich solche Weise an alles erinnern können, sind sie sehr große Denker und selbstverwirklichte Seelen, die im Dienst des Herrn verankert sind.

Nachdem der große Weise Nārada die Anweisungen seines spirituellen Meisters Nārāyaṇa Ṛṣi gehört hatte, erreichte er die Stufe vollkommener Verwirklichung. Er gewann ungetrübte Einsicht in die Wahrheit, und er wurde so glücklich, dass er Nārāyaṇa Ṛṣi die in der Folge beschriebenen Gebete darbrachte. Nārada Muni sprach Nārāyaṇa Ṛṣi als Inkarnation Kṛṣṇas an und nannte Ihn den höchsten Gönner der bedingten Seelen. In der *Bhagavad-gītā* heißt es, dass Śrī Kṛṣṇa in jedem

Zeitalter erscheine, um die Gottgeweihten zu beschützen und die Nichtgottgeweihten zu vernichten. So wurde Nārāyaṇa Ṛṣi, der ebenfalls eine Inkarnation Kṛṣṇas ist, als der wohlmeinende Freund und Gönner aller bedingten Seelen angesprochen. Wie in der *Bhagavad-gītā* gesagt wird, sollte jeder wissen, dass es keinen großmütigeren Gönner als Kṛṣṇa gebe. Jeder sollte sich darüber bewusst sein, dass Kṛṣṇa der größte Gönner eines jeden ist und deshalb bei Ihm Zuflucht suchen. Dann wird man stets zuversichtlich und zufrieden sein, da man weiß, dass man jemanden hat, der einen vollkommen beschützen kann. Kṛṣṇa Selbst, Seine Inkarnationen und Seine vollständigen Erweiterungen sind die höchsten Gönner der bedingten Seelen, ja Kṛṣṇa ist sogar der Gönner der Dämonen, denn jeder Dämon, der nach Vṛndāvana kam, um Ihn zu töten, wurde mit der Erlösung gesegnet. Deshalb sind Kṛṣṇas wohlmeinende Taten absolut, denn ob Er einen Dämon vernichtet oder einen Gottgeweihten beschützt, das Ergebnis ist das gleiche. So wird zum Beispiel beschrieben, dass die Hexe Pūtanā die gleiche Stellung erlangte wie Kṛṣṇas Mutter. Deshalb darf man nicht vergessen, dass ein Dämon die höchste Segnung erlangt, so wie auch ein reiner Gottgeweihter den Nutzen hat, immer vom Herrn beschützt zu werden.

Nachdem Nārada Muni seinem spirituellen Meister Ehrerbietungen dargebracht hatte, begab er sich zum *āśrama* Vyāsadevas und erzählte die ganze Geschichte seinem Schüler. Nachdem Nārada Muni empfangen worden war, wie es ihm gebührte, und in Vyāsadevas *āśrama* Platz genommen hatte, wiederholte er vor seinem Schüler alles, was er von Nārāyaṇa Ṛṣi gehört hatte. Hiermit beantwortete Śukadeva Gosvāmī die Frage Mahārāja Parīkṣits nach der Essenz des vedischen Wissens und der endgültigen Schlussfolgerung der Veden. Es ist das höchste Ziel im Leben, die transzendentalen Segnungen der Höchsten Persönlichkeit Gottes zu erlangen und auf diese Weise im liebevollen Dienst des Herrn beschäftigt zu werden. Man sollte in die Fußstapfen Śukadeva Gosvāmīs und aller anderen Vaiṣṇavas in der Schülernachfolge treten und Śrī Kṛṣṇa, der Höchsten Persönlichkeit Gottes, Hari, achtungsvolle Ehrerbietungen darbringen. Die vier Zweige der Vaiṣṇava-Schülernachfolge, nämlich die Madhva-sampradāya, Rāmānuja-sampradāya, Viṣṇusvāmī-sampradāya und Nimbārka-sampradāya, erklären auf der Grundlage aller vedischen Schlussfolgerungen einstimmig, dass man sich der Höchsten Persönlichkeit Gottes hingeben müsse.

Die vedischen Schriften sind in zwei Teile gegliedert: die *śrutis* und die *smṛtis*. Die *śrutis* bestehen aus den vier Veden (*Ṛg, Sāma, Atharva* und *Yajur*) und den Upaniṣaden. Zu den *smṛtis* gehören die Purāṇas und die Itihāsas wie das *Mahābhārata*, das die *Bhagavad-gītā* enthält. Die Schlussfolgerung all dieser Schriften lautet, dass man wissen muss, dass Śrī Kṛṣṇa die Höchste Persönlichkeit Gottes ist. Er ist der Parama-puruṣa, die Höchste Persönlichkeit Gottes, unter dessen Oberaufsicht sich die materielle Natur bewegt und geschaffen, erhalten und vernichtet wird. Für die Schöpfung, Erhaltung und Vernichtung inkarniert der Höchste Herr in dreierlei Gestalt – Brahmā, Viṣṇu und Śiva –, nachdem er den materiellen Kosmos manifestiert hat. Sie alle sind für die drei Erscheinungsweisen der materiellen Natur zuständig, doch die endgültige Führung liegt in Śrī Viṣṇus Händen. Der Ablauf aller Geschehnisse in der materiellen Natur steht unter dem Einfluss der drei Erscheinungsweisen, und diese stehen unter der Führung Kṛṣṇas, der Höchsten Persönlichkeit Gottes. Dies wird in der *Bhagavad-gītā* mit dem Wort *mayādhyakṣeṇa* und in den Veden mit dem Ausdruck *sa aikṣata* bestätigt.

Die atheistischen Sāṅkhya-Philosophen werden natürlich behaupten, die materielle kosmische Manifestation habe ihren Ursprung in *prakṛti* und *puruṣa* – in der materiellen Natur und dem Lebewesen, oder, anders ausgedrückt, in der materiellen Ursache und der wirkenden Ursache. In Wahrheit aber ist Kṛṣṇa die Ursache aller Ursachen. Er ist die Ursache aller materiellen und wirkenden Ursachen. *Prakṛti* und *puruṣa* sind also nicht die höchsten Ursachen. Oberflächlich gesehen, scheint ein Kind aufgrund der Verbindung von Vater und Mutter geboren zu werden, doch der letztliche Ursprung des Vaters und der Mutter ist Kṛṣṇa. Er ist deshalb die ursprüngliche Ursache, die Ursache aller Ursachen, wie dies in der *Brahma-saṁhitā* bestätigt wird.

Sowohl der Höchste Herr als auch die Lebewesen gehen in die materielle Natur ein. Der Höchste Herr, Śrī Kṛṣṇa, manifestiert Sich durch eine Seiner vollständigen Erweiterungen als Kṣīrodakaśāyī Viṣṇu und als Mahā-viṣṇu, die gigantische Form Viṣṇus, die im Ozean der Ursachen liegt. Diese gigantische Gestalt Mahā-viṣṇus erweitert Sich in Garbhodakaśāyī Viṣṇu, der in jedes Universum eingeht. Von Ihm gehen Brahmā, Viṣṇu und Śiva aus. Viṣṇu geht in die Herzen aller Lebewesen und in alle materiellen Elemente ein, einschließlich der Atome.

Die *Brahma-saṁhitā* bestätigt dies folgendermaßen: *aṇḍāntarastha-paramāṇu-cayāntara-stham* – „Der Herr weilt im Universum wie auch in jedem einzelnen Atom."

Das Lebewesen hat einen kleinen materiellen Körper, der zu einer der verschiedenen Lebensformen und -arten gehört, und ebenso ist das ganze Universum nichts anderes als der materielle Körper der Höchsten Persönlichkeit Gottes. Dieser Körper wird in den *śāstras* als *virāṭa-rūpa* bezeichnet. Ebenso wie das individuelle Lebewesen seinen Körper aufrechterhält, so erhält die Höchste Persönlichkeit Gottes die gesamte Schöpfung und alles, was in ihr existiert. Sobald das individuelle Lebewesen seinen materiellen Körper verlässt, vergeht dieser, und ebenso vergeht die gesamte kosmische Manifestation, wenn Śrī Viṣṇu sie verlässt. Die Befreiung vom materiellen Dasein ist dem Lebewesen somit nur möglich, wenn es sich der Höchsten Persönlichkeit Gottes ergibt. Dies wird in der *Bhagavad-gītā* bestätigt: *mām eva ye prapadyante māyām etaṁ taranti te.*

Deshalb erlangt man Befreiung nur durch Hingabe zur Höchsten Persönlichkeit Gottes, und durch nichts anderes. Auf welche Weise das Lebewesen, das sich der Höchsten Persönlichkeit Gottes hingibt, von den Erscheinungsweisen der materiellen Natur befreit wird, verdeutlicht das Beispiel eines schlafenden Mannes: Ein schlafender Mann kann von jedem gesehen werden, doch in Wirklichkeit befindet er sich nicht in seinem Körper, denn während er schläft, vergisst er sein körperliches Dasein, obwohl andere seinen Körper immer noch sehen können. Ähnlich verhält es sich mit einem befreiten Menschen, der sich dem hingebungsvollen Dienst des Herrn widmet. Die Menschen sehen vielleicht, wie er sich mit den Familienpflichten der materiellen Welt befasst, doch weil sein Bewusstsein ganz auf Kṛṣṇa gerichtet ist, lebt er nicht in der materiellen Welt. Seine Tätigkeiten befinden sich auf einer anderen Ebene, genau wie sich die Tätigkeiten eines Schlafenden von denen seines Körpers unterscheiden. In der *Bhagavad-gītā* wird bestätigt, dass ein Gottgeweihter, der sein ganzes Leben dem transzendentalen liebevollen Dienst des Herrn geweiht hat, den Einfluss der drei Erscheinungsweisen der materiellen Natur bereits überwunden hat. Er befindet sich bereits auf der Brahman-Ebene und befindet sich im spirituellen Reich, auch wenn es den Anschein hat, als lebte er noch im Körper oder in der materiellen Welt.

In diesem Zusammenhang schreibt Śrīla Rūpa Gosvāmī in seinem *Bhakti-rasāmṛta-sindhu:* Wenn es jemandes einziger Wunsch ist, der Höchsten Persönlichkeit Gottes zu dienen, dann muss er, unabhängig von den Umständen, in denen er sich befindet, als *jīvan-mukta* angesehen werden, das heißt, er ist schon in seinem gegenwärtigen Körper befreit, obwohl er sich noch in der materiellen Welt befindet. Daraus geht also hervor, dass jemand, der sich vollkommen dem Kṛṣṇa-Bewusstsein geweiht hat, eine befreite Seele ist. Eine solche Persönlichkeit hat im Grunde nichts mehr mit der materiellen Welt oder dem materiellen Körper zu tun. Diejenigen, die nicht Kṛṣṇa-bewusst sind, werden entweder als *karmīs* oder als *jñānīs* bezeichnet; sie bewegen sich auf der körperlichen und mentalen Ebene und sind daher nicht befreit. Ihre Lage beschreibt man mit den Worten *kaivalya-nirasta-yoni.* Ein Mensch jedoch, der sich auf der transzendentalen Ebene befindet, wird vom Kreislauf der Geburten und Tode befreit. Dies wird im 4. Kapitel der *Bhagavad-gītā* bestätigt. Wenn man einfach nur das transzendentale Wesen Kṛṣṇas, der Höchsten Persönlichkeit Gottes, kennt, wird man von den Ketten der wiederholten Geburten und Tode frei und geht nach dem Verlassen des gegenwärtigen Körpers zurück nach Hause, zurück zu Gott. So lautet die Schlussfolgerung aller Veden. Wenn man die Gebete der Veden in Person verstanden hat, sollte man sich den Lotosfüßen Śrī Kṛṣṇas hingeben.

Hiermit enden die Bhaktivedanta-Erläuterungen zum 87. Kapitel des Kṛṣṇa-Buches mit dem Titel „Die Gebete der Veden in Person".

KAPITEL 88

Die Rettung Śivas

Als reiner Geweihter Kṛṣṇas war König Parīkṣit bereits befreit, doch weil er einige Unklarheiten beseitigen wollte, stellte er Śukadeva Gosvāmī eine Reihe von Fragen. Im vorangegangenen Kapitel hatte König Parīkṣit gefragt: „Was ist das endgültige Ziel der Veden?" Und Śukadeva Gosvāmī antwortete ihm, indem er die maßgeblichen Erklärungen der Schülernachfolge vortrug, die von Sanandana ausging und über Nārāyaṇa Ṛṣi, Nārada und Vyāsadeva bis zu Śukadeva selbst herabreichte. Die Schlussfolgerung lautete, dass hingebungsvoller Dienst, *bhakti*, das endgültige Ziel der Veden ist. Ein neuer Gottgeweihter könnte nun fragen: „Wenn es das höchste Lebensziel und die Schlussfolgerung der Veden ist, dass man sich auf die Ebene des hingebungsvollen Dienstes erhebt, wie kommt es dann, dass ein Geweihter Śrī Viṣṇus meist materiell nicht besonders wohlhabend ist, wohingegen ein Geweihter Śivas in der Regel ziemlich reich ist?" Um diesen Punkt zu klären, fragte Mahārāja Parīkṣit Śukadeva Gosvāmī: „Mein lieber Śukadeva Gosvāmī, für gewöhnlich kann man sehen, dass diejenigen, die Śiva verehren, seien es Menschen, Dämonen oder Halbgötter, materiell sehr wohlhabend sind, obwohl Śiva selbst in Armut lebt. Auf der anderen Seite scheinen die Geweihten Śrī Viṣṇus, des Herrn der Glücksgöttin, nie sehr reich zu sein, und manchmal sieht man sogar, dass sie überhaupt keinen Reichtum besitzen. Śiva lebt unter einem Baum oder im Schnee des Himalayas. Er baut sich nicht einmal ein Haus, dennoch sind die Verehrer Śivas sehr reich. Kṛṣṇa, Śrī Viṣṇu, dagegen lebt sowohl in Vaikuṇṭha als auch in der materiellen Welt in aller Pracht und trotzdem scheinen Seine Geweihten in Armut zu leben. Warum ist dies so?"

Mahārāja Parīkṣits Frage ist sehr intelligent. Die Geweihten Śivas und die Geweihten Viṣṇus sind sich stets uneinig. Selbst heute noch kritisieren sich in Indien diese beiden Arten von Geweihten, und vor allem in Südindien halten die Anhänger Rāmānujācāryas sowie die Anhänger Śaṅkarācāryas hin und wieder Versammlungen ab, bei denen sie die vedischen Schlussfolgerungen erörtern. Die Anhänger Rāmānujācāryas gehen in der Regel aus solchen Begegnungen siegreich hervor. Daher stellte Mahārāja Parīkṣit nun diese Frage an Śukadeva Gosvāmī, um zu erfahren, wie der ganze Sachverhalt zu verstehen sei. Die Tatsache, dass Śiva in Armut lebt, während seine Geweihten stets über großen Reichtum verfügen, und dass Śrī Kṛṣṇa, oder Śrī Viṣṇu, unvorstellbar reich ist, während Seine Geweihten in Armut leben, muss dem Außenstehenden widersprüchlich und verwunderlich erscheinen.

Um König Parīkṣits Frage nach diesen scheinbaren Widersprüchen zu beantworten, begann Śukadeva Gosvāmī sogleich mit seinen Erklärungen. Śiva ist der Herr über die materielle Energie. Die materielle Energie wird von der Göttin Durgā verkörpert, und sie ist die Gemahlin Śivas. Die Göttin Durgā befindet sich völlig unter Śivas Kontrolle, und deshalb ist Śiva der Herr der materiellen Energie. Die materielle Energie manifestiert sich in drei Erscheinungsweisen, nämlich Tugend, Leidenschaft und Unwissenheit, und somit ist Śiva der Herr über diese drei Erscheinungsweisen. Obgleich sich Śiva zum Wohl der bedingten Lebewesen mit den materiellen Erscheinungsweisen befasst, bleibt er ihr Lenker und wird nicht von ihnen beeinflusst. Mit anderen Worten, die bedingte Seele wird von den drei Erscheinungsweisen beherrscht, doch weil Śiva ihr Meister ist, gerät er niemals unter ihren Einfluss.

Aus den Erklärungen Śukadeva Gosvāmīs geht hervor, dass die Ergebnisse der Verehrung verschiedener Halbgötter nicht, wie es von einigen unintelligenten Menschen behauptet wird, die gleichen sind wie die der Verehrung Śrī Viṣṇus. Śukadeva Gosvāmī sagt ganz deutlich, dass man durch die Verehrung Śivas einen anderen Gewinn erhalte als durch die Verehrung Śrī Viṣṇus. Dies wird in der *Bhagavad-gītā* bestätigt: Wer die Halbgötter verehrt, bekommt seinen Wünschen entsprechend das, was die jeweiligen Halbgötter gewähren können. Ebenso erhalten diejenigen, die die materielle Energie oder die *pitās* verehren, ein dementsprechendes Ergebnis. Aber diejenigen, die sich im hingebungsvollen Dienst oder in der Verehrung des Höchsten Herrn, Viṣṇu, oder Kṛṣṇa, beschäftigen, gelangen auf die Vaikuṇṭha-Planeten oder nach Kṛṣṇaloka. Man kann dem transzendentalen Bereich, dem *paravyoma* oder spirituellen Himmel, nicht näherkommen, indem man Śiva, Brahmā oder irgendeinen anderen Halbgott verehrt.

Weil die materielle Welt ein Erzeugnis der drei Eigenschaften der materiellen Natur ist, sind all die vielfältigen Manifestationen aus diesen drei Eigenschaften entstanden. Mit Hilfe der materialistischen Wissenschaft hat die moderne Zivilisation viele Maschinen und Annehmlichkeiten geschaffen, doch auch diese Errungenschaften sind nichts anderes als verschiedene Erzeugnisse aus den Wechselwirkungen der materiellen Erscheinungsweisen. Obwohl die Geweihten Śivas oft viele materielle Güter bekommen, sollten wir doch bedenken, dass diese Geweihten nur Erzeugnisse ansammeln, die von den drei Erscheinungsweisen der materiellen Natur hervorgebracht wurden. Die drei Erscheinungsweisen unterteilen sich wiederum sechzehnfach, nämlich in die zehn Sinne (die fünf Arbeitssinne und die fünf wissenserwerbenden Sinne), den Geist und die fünf grobstofflichen Elemente (Erde, Wasser, Feuer, Luft und Äther). Diese 16 Elemente sind einfach nur Ausdehnungen der drei Erscheinungsweisen. Materielles Glück oder materieller Wohlstand bezieht sich auf die Möglichkeiten, die Sinne zu befriedigen, insbesondere die Genitalien, die Zunge und den Geist. Mit Hilfe unseres Geistes schaffen wir viele Annehmlichkeiten, die ausschließlich für den Genuss der Genitalien und der Zunge bestimmt sind. Der Reichtum eines Menschen in der materiellen Welt wird daran gemessen, inwieweit er von seinen Genitalien und seiner Zunge Gebrauch machen kann oder, mit anderen Worten, wie gut er es vermag, seinen Geschlechtstrieb auszuschöpfen und seinen verwöhnten Gaumen mit köstlichen Speisen zu befriedigen. Zum materiellen Fortschritt der Zivilisation gehört unbedingt, dass man alle möglichen genussbringenden Dinge erfindet, die einen auf der Grundlage dieser beiden Prinzipien glücklich machen sollen: Freuden für die Genitalien und Freuden für die Zunge. Dies war also Śukadeva Gosvāmīs Antwort auf König Parīkṣits Frage, weshalb die Verehrer Śivas so reich seien.

Die Geweihten Śivas sind nur in Bezug auf materielle Eigenschaften reich. Im Grunde ist solch sogenannter Fortschritt der Zivilisation nur die Ursache weiterer Verstrickung ins materielle Dasein. Es ist kein wirklicher Fortschritt, sondern Erniedrigung. Zusammenfassend kann man also sagen, dass Śiva der Meister der drei Erscheinungsweisen ist und dass deshalb seine Geweihten für die Befriedigung ihrer Sinne nur Güter bekommen, die durch die Wechselwirkung dieser Erscheinungsweisen geschaffen wurden. Śrī Kṛṣṇa jedoch gibt uns in der *Bhagavad-gītā* die Anweisung, das von den drei Erscheinungsweisen beeinflusste Dasein zu transzendieren. *Nistrai-guṇyo bhavārjuna*: Es ist die Bestimmung des menschlichen Lebens, dass man transzendental zu den drei Erscheinungsweisen wird. Solange man nicht *nistrai-guṇyaḥ* ist, kann man nicht von der materiellen Verstrickung freikommen. Mit anderen Worten, die Segnungen Śivas sind in Wirklichkeit für die bedingten Seelen nicht von Nutzen, obwohl sie materiell scheinbar zu großem Reichtum führen.

Śukadeva Gosvāmī fuhr fort: „Die Höchste Persönlichkeit Gottes, Hari, ist transzendental zu den drei Erscheinungsweisen der materiellen Natur." In der *Bhagavad-gītā* sagt der Herr, dass jeder, der sich ihm ergebe, dem Einfluss dieser drei Erscheinungsweisen der materiellen Natur entkomme. Und wenn schon die Geweihten Haris transzendental zum Einfluss der materiellen Erscheinungsweisen sind, dann ist auch Hari Selbst zweifellos transzendental zu den Erscheinungsweisen. Im *Śrīmad-Bhāgavatam* heißt es deshalb, dass Hari, das heißt. Kṛṣṇa, die ursprüngliche und Höchste Persönlichkeit sei. Es gibt zwei Arten von *prakṛtis* oder Energien, nämlich die innere und die äußere Energie, und Kṛṣṇa ist der Herr von beiden. Er ist *sarva-dṛk*, das heißt Er wacht über alle Tätigkeiten der inneren und der äußeren Energie, und Er ist auch der *upadraṣṭa*, der höchste Ratgeber. Weil Er der höchste Ratgeber ist, steht Er über allen Halbgöttern, die lediglich Seinen Befehlen folgen. Wenn man deshalb direkt den Anweisungen des Höchsten Herrn folgt, wie sie in der *Bhagavad-gītā* und dem *Śrīmad-Bhāgavatam* enthalten sind, wird man allmählich *nirguṇa*, das heißt transzendental zu den Wechselwirkungen der materiellen Erscheinungsweisen. *Nirguṇa* zu sein bedeutet, keine materiellen Reichtümer zu besitzen, denn materieller Reichtum bedeutet, wie bereits erklärt wurde, eine Verstärkung der Aktionen und Reaktionen der drei materiellen Erscheinungsweisen. Wenn wir jedoch die Höchste Persönlichkeit Gottes verehren, werden wir nicht wegen irgendwelcher materieller Reichtümer eingebildet, sondern wir erreichen spirituellen Fortschritt und erlangen Kṛṣṇa-bewusstes Wissen. *Nirguṇa* zu werden bedeutet, ewigen Frieden, Furchtlosigkeit, Religiosität, Wissen und Entsagung zu erreichen. All dies sind Merkmale der Befreiung von der Verunreinigung, die durch die materiellen Erscheinungsweisen verursacht wird.

Als Antwort auf Parīkṣit Mahārājas Frage sprach Śukadeva Gosvāmī daraufhin über eine historische Begebenheit, die mit Mahārāja Parīkṣits Großvater, König Yudhiṣṭhira, zusammenhing. Er sagte, dass König Yudhiṣṭhira, nachdem er das Aśvamedha-Opfer beendet hatte, an der großen Opferstätte in Gegenwart bedeutender Autoritäten Śrī Kṛṣṇa die gleiche Frage gestellt habe – wie es nämlich komme, dass die Geweihten Śivas materiell wohlhabend seien, die Geweihten Viṣṇus dagegen nicht. Śukadeva Gosvāmī bezeichnete dabei König Yudhiṣṭhira als „dein Großvater“, um Mahārāja Parīkṣit daran zu erinnern, dass er mit Kṛṣṇa verwandt war und dass seine Großväter eine enge Beziehung zur Höchsten Persönlichkeit Gottes hatten.

Kṛṣṇa ist bereits von Natur aus stets zufrieden, doch als Er Mahārāja Yudhiṣṭhiras Frage hörte, wurde er noch zufriedener, denn diese Frage und die Antworte darauf ist für die gesamte Kṛṣṇa-bewusste Gesellschaft von großer Bedeutung. Immer wenn Śrī Kṛṣṇa mit einem Gottgeweihten über etwas spricht, sind seine Worte nicht nur für den betreffenden Gottgeweihten bestimmt, sondern für alle Gottgeweihten und insbesondere für die gesamte Menschheit. Die Unterweisungen der Höchsten Persönlichkeit Gottes sind selbst für Brahmā, Śiva und die anderen Halbgötter von großem Wert, und jemand, der die Unterweisungen der Höchsten Persönlichkeit Gottes, die zum Wohl aller

Lebewesen in die materielle Welt herabsteigt, nicht nutzt, ist zweifellos sehr zu bedauern.

Śrī Kṛṣṇa beantwortete Mahārāja Yudhiṣṭhiras Frage wie folgt: „Wenn Ich einem Gottgeweihten sehr wohlgesinnt bin und ihm ganz besonders helfen möchte, nehme Ich ihm zuerst allen Reichtum fort." Wenn der Gotgeweihte dann bettelarm wird oder zumindest in verhältnismäßig große Armut gerät, verlieren seine Verwandten und Familienangehörigen das Interesse an ihm, und in den meisten Fällen geben sie ihre Beziehung zu ihm gänzlich auf. Auf diese Weise wird der Gottgeweihte doppelt unglücklich: Zuerst einmal wird er unglücklich, weil ihm von Kṛṣṇa aller Reichtum genommen wurde, und dann wird er noch unglücklicher, weil ihn die Verwandten seiner Armut wegen im Stich lassen. Wenn ein Gottgeweihter auf diese Weise in Not gerät, so müssen wir uns im Klaren sein, dass dies nicht auf seine sündhaften Tätigkeiten, die *karma-phala*, zurückzuführen ist; vielmehr wird die Armut des Gottgeweihten von der Persönlichkeit Gottes Selbst geschaffen. Ebenso ist es nicht auf die frommen Tätigkeiten des Gottgeweihten zurückzuführen, wenn er materiell reich wird. Ob ein Gottgeweihter ärmer oder reicher wird – immer geschieht es durch die Führung der Höchsten Persönlichkeit Gottes. Kṛṣṇa schafft solche Situationen für Seinen Geweihten, um ihn völlig von Sich abhängig zu machen und ihn von allen materiellen Pflichten zu befreien. Dann kann der Gottgeweihte seine Energien, seinen Geist und seinen Körper – alles – dem Dienst des Herrn widmen, und dies wird reiner hingebungsvoller Dienst genannt. Das *Nārada-pañcarātra* erklärt deshalb, dass der Gottgeweihte *sarvopādhi-vinirmuktam*, „von allen Bezeichnungen befreit", sei. Alles, was man für die Familie, die Gesellschaft, die Gemeinschaft, die Heimat oder die Menschheit tut, ist mit Bezeichnungen verbunden wie „Ich gehöre zu dieser Gesellschaft", „Ich gehöre zu dieser Lebensform". Solche Selbstidentifizierungen sind jedoch nichts anderes als äußerliche Bezeichnungen. Wenn sich ein Gottgeweihter durch die Gnade des Herrn von allen Bezeichnungen befreit, wird sein hingebungsvoller Dienst tatsächlich *naiṣkarmya*. Die *jñānīs* fühlen sich sehr zur Stufe des *naiṣkarmya* hingezogen, auf der die eigenen Handlungen keine materiellen Folgen erzeugen. Die Tätigkeiten eines Gottgeweihten werden von allen materiellen Reaktionen frei, weswegen sie nicht mehr zur Kategorie des *karma-phalam*, der fruchtbringenden Tätigkeiten, gehören. Wie von den Veden in Person bereits erklärt wurde, werden das Glück und Leid des Gottgeweihten von der Höchsten Persönlichkeit Gottes für ihn geschaffen, weshalb es dem Gottgeweihten gleichgültig ist, ob er sich in Glück oder Leid befindet. Er erfüllt einfach weiter seine Pflichten im hingebungsvollen Dienst. Obwohl seine Tätigkeiten scheinbar den Aktionen und Reaktionen fruchtbringender Tätigkeiten unterworfen sind, ist der Gottgeweihte in Wirklichkeit davon befreit.

Aber warum wird ein Gottgeweihter überhaupt von der Höchsten Persönlichkeit Gottes in Schwierigkeiten gebracht? Die Antwort lautet, dass man dieses Verhalten des Herrn mit dem eines Vaters vergleichen kann, der sich seinen Söhnen gegenüber manchmal streng zeigt. Der Gottgeweihte ist eine hingegebene Seele, und der Höchste Herr hat Sich seiner persönlich angenommen. Wenn der Gottgeweihte deshalb in bestimmte Lebensumstände versetzt wird – seien sie nun glücklich oder leidvoll –, muss man verstehen, dass hinter jeder Fügung der große Plan der Persönlichkeit Gottes steht. So ließ Śrī Kṛṣṇa zum Beispiel die Pāṇḍavas in solche Not geraten, dass selbst Großvater Bhīṣma nicht begriff, wie dies geschehen konnte. Er klagte, dass die Pāṇḍava-Familie all diese Nöte ertragen müsse, obwohl sie von König Yudhiṣṭhira, dem frömmsten König, und von den beiden mächtigen Kriegern Bhīma und Arjuna beschützt werde und obwohl die Pāṇḍavas darüber hinaus enge Freunde und Verwandte Śrī Kṛṣṇas seien. Später jedoch stellte sich heraus, dass dies alles ein Plan der Höchsten Persönlichkeit Gottes, Kṛṣṇa, gewesen war, nämlich als Teil Seiner großen Mission, die Gottlosen zu vernichten und die Gottgeweihten zu beschützen.

An dieser Stelle könnte eine weitere Frage aufkommen: Worin unterscheiden sich Gottgeweihte von gewöhnlichen Menschen? Beide geraten in unterschiedliche Arten von glücklichen bzw. unglücklichen Umständen – Gottgeweihte durch den Willen der Höchsten Persönlichkeit Gottes und gewöhnliche Menschen infolge ihrer früheren Tätigkeiten. In welchem Sinne befindet sich der Gottgeweihte in einer besseren Situation als der gewöhnliche *karmī*? Die Antwort lautet, dass sich die *karmīs* und die Gottgeweihten niemals auf der gleichen Ebene befinden. Ganz gleich in welcher Lebenslage sich der *karmī* befindet, er bleibt in jedem Fall dem Kreislauf von Geburt und Tod unterworfen, da der Same des Karmas, der fruchtbringenden Tätigkeiten, in ihm liegt und keimt, sobald sich die Gelegenheit bietet. Durch das Gesetz des Karmas ist der gewöhnliche Mensch fortgesetzt an wiederholte Geburten und Tode gefesselt, wohingegen das Glück und Leid eines Gottgeweihten, das nicht dem Gesetz des Karmas untersteht, Teil einer zeitweiligen Fügung der Höchsten Persönlichkeit Gottes ist, die den Gottgeweihten nicht fesselt. Solche zeitweiligen Fügungen lässt der Herr nur für einen ganz bestimmten Zweck geschehen. Wenn ein *karmī* segensreiche Werke vollbringt, wird er zu den himmlischen Planeten erhoben, und wenn er gottlos handelt, wird er in höllische Lebensumstände versetzt. Doch ob ein Gottgeweihter auf scheinbar fromme oder unfromme Weise handelt – er wird nicht erhoben und fällt auch nicht, sondern er gelangt in das spirituelle Königreich. Deshalb befinden sich das Glück und Leid eines Gottgeweihten und das eines *karmī* nicht auf der gleichen Ebene. Diese Tatsache wird auch in den Unterweisungen Yamarājas bestätigt, die er einst seinen Dienern im Zusammenhang mit der Befreiung Ajāmilas erteilte. Dabei trug Yamarāja seinen Schergen auf, nur Menschen zu ergreifen, die niemals den heiligen Namen des Herrn ausgesprochen und auch niemals an die Gestalt, die Eigenschaften und die Spiele des Herrn gedacht haben. Gleichzeitig gab Yamarāja seinen Dienern auch die Anweisung, niemals die Gottgeweihten zu bedrohen. Darüber hinaus befahl er ihnen, jedem Gottgeweihten, dem sie begegneten, ihre achtungsvollen Ehrerbietungen darzubringen. Es steht somit außer Frage, dass ein Gottgeweihter innerhalb der materiellen Welt erhoben wird oder herabfällt. Ebenso wie es einen gewaltigen Unterschied zwischen der Bestrafung durch die eigene Mutter und der durch einen Feind gibt, so ist auch die Notlage eines Gottgeweihten etwas völlig anderes als die eines gewöhnlichen *karmī.*

Eine weitere Frage, die man stellen könnte, lautet: Wenn der Höchste Herr allmächtig ist, warum sollte Er dann versuchen, Seinen Geweihten zu bessern, indem Er ihn in Schwierigkeiten versetzt? Die Antwort darauf lautet, dass es nicht ohne Absicht geschieht, wenn der Höchste Herr Seinen Geweihten in eine schwierige Situation bringt. Manchmal besteht der Grund darin, dass sich bei einem Gottgeweihten, der in eine Notlage gerät, die Gefühle der Anhaftung an Kṛṣṇa noch weiter steigern. Als Kṛṣṇa zum Beispiel einmal die Hauptstadt der Pāṇḍavas verlassen wollte und Kuntīdevī um die Erlaubnis bat, nach Hause zurückzukehren, sagte sie: „Mein lieber Kṛṣṇa, wenn wir uns in Not befinden, weilst Du stets bei uns; nun aber, wo wir zu Königswürden gelangt sind, verlässt Du uns. Deshalb würde ich lieber weiterhin in Not leben als Dich zu verlieren." Wenn ein Gottgeweihter in Not gerät, steigern sich Seine Bemühungen im hingebungsvollen Dienst. Deshalb versetzt der Herr Seinen Geweihten manchmal in Not, um ihm eine besondere Gunst zu erweisen. Außerdem heißt es, dass das Glück für diejenigen, die Bitterkeit gekostet haben, süßer schmeckt. Der Höchste Herr kommt in die materielle Welt herab, nur um Seine Geweihten aus Notlagen zu erretten; mit anderen Worten, der Herr müsste nicht erscheinen, wenn sich Seine Geweihten nicht in Not befänden. Die Vernichtung der Dämonen und Atheisten hingegen kann ohne Weiteres von Seinen vielfachen Energien erledigt werden; zum Beispiel werden viele *asuras* durch die äußere Energie, die Göttin Durgā, getötet. Der Herr braucht also nicht persönlich zu erscheinen, um die Dämonen zu töten. Er fühlt Sich jedoch verpflichtet zu kommen, wenn Sein Geweihter in Not ist. Śrī Nṛsiṁhadeva erschien nicht, um Hiraṇyakaśipu zu töten, sondern um Prahlāda zu retten und ihn zu segnen. Der Herr erschien also, weil sich Prahlāda Mahārāja in Not befand.

Wenn nach der finsteren Nacht schließlich am Morgen die Sonne aufgeht, ist dies sehr angenehm. Bei sengender Hitze empfindet man kaltes Wasser als sehr wohltuend, und in der eisigen Kälte des Winters freut man sich über warmes Wasser. Wenn ein Gottgeweihter auf diese Weise die quälenden Bedingungen der materiellen Welt erfahren hat und dann die spirituelle Glückseligkeit kostet, die ihm der Herr schenkt, wird sein Dasein noch glückseliger und freudvoller.

Der Herr fuhr fort: „Wenn Mein Geweihter aller materiellen Güter beraubt ist und wenn ihn seine Verwandten, Freunde und Familienangehörigen verlassen haben, sucht er rückhaltlos bei den Lotosfüßen des Herrn Zuflucht, da er niemanden sonst hat, der sich seiner annimmt." Śrīla Narottama dāsa Ṭhākura sagt deshalb in einem seiner Lieder: „Mein lieber Śrī Kṛṣṇa, o Sohn Nanda Mahārājas, nun bist Du zusammen mit Śrīmatī Rādhārāṇī, der Tochter König Vṛṣabhānus, vor mir erschienen. Ich gebe mich Dir hin. Bitte nimm Dich meiner an. Bitte stoße mich nicht von Dir. Ich habe keine andere Zuflucht als Dich."

Wenn ein Gottgeweihter in scheinbar beklagenswerte Umstände gerät und ohne Familie oder materiellen Reichtum dasteht, versucht er zunächst, seinen früheren materiellen Wohlstand wiederzuerlangen; doch obwohl er es immer wieder versucht, nimmt ihm Kṛṣṇa seinen

Besitz immer wieder weg. So wird der Gottgeweihte schließlich all seiner materiellen Bemühungen müde, und auf dieser Stufe der Enttäuschung, nachdem er in materieller Hinsicht versagt hat, kann er sich der Höchsten Persönlichkeit Gottes vollkommen hingeben. Solchen Menschen gibt der Herr von innen her den Rat, die Gemeinschaft von Gottgeweihten aufzusuchen. Wenn sie dann mit Gottgeweihten zusammen sind, entwickeln sie ganz von selbst die Neigung, dem Höchsten Herrn zu dienen, und bekommen sogleich von Ihm alle Möglichkeiten, im Kṛṣṇa-Bewusstsein Fortschritte zu erlangen. Die Nichtgottgeweihten dagegen sind sehr darauf bedacht, ihren materiellen Lebensstandard aufrechtzuerhalten. Für gewöhnlich kommen sie nicht zu dem Punkt, wo sie die Höchste Persönlichkeit Gottes verehren, sondern sie verehren Śiva und andere Halbgötter, um sich schnell materiellen Gewinn zu verschaffen. In der *Bhagavad-gītā* wird deshalb gesagt: *kāṅkṣantaḥ karmaṇaṁ siddhiṁ yajanta iha devatāḥ* – „Die *karmīs* verehren die verschiedenen Halbgötter, um in der materiellen Welt zu Erfolg zu gelangen.“ Śrī Kṛṣṇa sagt auch, dass diejenigen, die die Halbgötter verehren, keine reife Intelligenz besäßen. Deshalb begehen die Geweihten Kṛṣṇas aufgrund ihrer starken Zuneigung zu Ihm nicht den törichten Fehler, die Halbgötter zu verehren.

Śrī Kṛṣṇa sagte weiter zu König Yudhiṣṭhira: „Mein Geweihter lässt sich durch widrige Lebensumstände nicht beirren; er bleibt immer fest und stetig. Daher schenke Ich ihm Mich selbst, und Ich erweise ihm Meine Gunst, so dass er den höchsten Erfolg im Leben erreichen kann.“ Die Gnade, die die Höchste Persönlichkeit Gottes dem Gottgeweihten, der sich in dieser Prüfung bewährt hat, erweist, wird als *brahma* beschrieben, was darauf hinweist, dass die Größe dieser Gnade nur mit der Größe des alldurchdringenden Brahmans verglichen werden kann. *Brahma* bedeutet „grenzenlos groß“ und „sich grenzenlos ausdehnend“. Kṛṣṇas Barmherzigkeit wird auch als *paramam* beschrieben, denn sie kann mit nichts in der materiellen Welt verglichen werden, und manchmal wird sie auch als *sūkṣmam* bezeichnet, was „höchst vortrefflich“ bedeutet. Die Barmherzigkeit des Herrn gegenüber dem bewährten Gottgeweihten ist nämlich nicht nur groß und dehnt sich grenzenlos aus, sondern sie ist auch von der vortrefflichsten transzendentalen Liebe durchdrungen, die der Gottgeweihte und der Herr füreinander empfinden. Diese Barmherzigkeit wird weiter als *cinmātram*, „völlig spirituell“, bezeichnet. Das Wort *mātram* bezieht sich auf etwas absolut Spirituelles, das nicht von der geringsten Spur materieller Eigenschaften verunreinigt ist. Kṛṣṇas Barmherzigkeit wird auch als *sat* (ewig) und *anantakam* (unbegrenzt) bezeichnet. Warum sollte der Gottgeweihte, dem ein solch grenzenloser spiritueller Segen zuteilwird, noch die Halbgötter verehren? Ein Geweihter Kṛṣṇas verehrt weder Śiva noch Brahmā, noch irgendeinen anderen untergeordneten Halbgott. Er weiht sich ganz dem transzendentalen Dienst der Höchsten Persönlichkeit Gottes.

Śukadeva Gosvāmī fuhr fort: „Die Halbgötter, unter der Führung von Brahmā und Śiva, darunter Indra, Candra, Varuṇa und andere, neigen dazu, sehr schnell Wohlgefallen zu zeigen bzw. sehr schnell zornig zu werden, wenn ihre Geweihten sich gut verhalten bzw. Fehler begehen. Aber bei der Höchsten Persönlichkeit Gottes, Viṣṇu, ist dies nicht der Fall.“ Dies bedeutet, dass jedes Lebewesen in der materiellen Welt, einschließlich der Halbgötter, von den drei Erscheinungsweisen der materiellen Natur gelenkt wird, und deshalb herrschen in der materiellen Welt die Erscheinungsweisen der Leidenschaft und Unwissenheit vor. Die Geweihten, die um die Segnungen der Halbgötter bitten, sind auch von den materiellen Erscheinungsweisen verunreinigt, vor allem von Leidenschaft und Unwissenheit. Śrī Kṛṣṇa erklärt deshalb in der *Bhagavad-gītā*, dass es nicht besonders klug sei, die Halbgötter um Segnungen zu bitten, denn die Ergebnisse solcher Segnungen seien vergänglich. Es ist ein Leichtes, durch die Verehrung der Halbgötter zu materiellem Reichtum zu gelangen, doch die Folgen sind oftmals verhängnisvoll. Deshalb werden die Segnungen der Halbgötter nur von unintelligenten Menschen geschätzt. Diejenigen, die Segnungen von den Halbgöttern empfangen, werden mit der Zeit stolz auf ihren materiellen Reichtum und missachten ihre Gönner.

Śukadeva Gosvāmī erklärte König Parīkṣit: „Mein lieber König, Brahmā, Viṣṇu und Śiva, die drei führenden Persönlichkeiten der materiellen Schöpfung, können jeden segnen oder verdammen. Brahmā und Śiva sind sehr leicht zufriedenzustellen, aber sie werden auch sehr schnell zornig. Wenn sie zufrieden sind, erteilen sie ohne viel Überlegung ihre Segnungen, und wenn sie in Zorn geraten, verfluchen sie ihren Geweihten vorschnell. Śrī Viṣṇu dagegen ist sehr bedachtsam. Wenn ein Gottgeweihter etwas ohne Śrī Viṣṇu haben möchte, erwägt Śrī Viṣṇu zuerst, ob die Segnung für Seinen Geweihten wirklich gut ist.

Śrī Viṣṇu gewährt niemals eine Segnung, die sich letzten Endes für den Gottgeweihten als verhängnisvoll erweist. Er ist aufgrund Seines transzendentalen Wesens stets voller Barmherzigkeit, und deshalb überlegt Er vor der Erteilung einer Segnung, ob diese für Seinen Geweihten auch tatsächlich vorteilhaft ist. Weil der Herr, die Höchste Persönlichkeit Gottes, immer Barmherzigkeit zeigt, ist Sein Verhalten immer segensreich, selbst wenn Er einen Dämon tötet oder wenn Er auf einen Gottgeweihten scheinbar zornig wird. Kṛṣṇa wird deshalb als absolut gut bezeichnet. Alles, was Er tut, ist gut."

Im Zusammenhang mit den Segnungen der Halbgötter wie Śiva gibt es eine historische Begebenheit, von der die großen Weisen berichten. Es geschah einmal, dass Śiva, nachdem er dem Dämon Vṛkāsura, dem Sohn Śakunis, eine Segnung erteilt hatte, selbst in eine äußerst gefahrvolle Lage geriet. Vṛkāsura trachtete nach einer ganz bestimmten Segnung, weshalb er versuchte herauszufinden, welche der drei führenden Gottheiten er verehren müsste, damit sein Wunsch erfüllt wird. Eines Tages traf er den großen Weisen Nārada, und er fragte ihn, an wen er sich wenden solle, um so schnell wie möglich die Ergebnisse seiner Entsagung zu erhalten. Er fragte: „Welche der drei Gottheiten Brahmā, Viṣṇu und Śiva ist am schnellsten zufriedenzustellen?" Nārada durchschaute die Absicht des Dämons, und deshalb riet er ihm: „Das Beste ist, du verehrst Śiva; dann wirst du sehr schnell das ersehnte Ergebnis bekommen. Śiva ist sehr schnell zufrieden und wird auch sehr schnell zornig. Versuche also Śivas Wohlgefallen zu erringen." Nārada führte auch Beispiele von Dämonen wie Rāvaṇa und Bāṇāsura an, die zu großem Reichtum kamen, einfach weil sie mit ihren Gebeten Śiva zufriedenstellten. Weil der große Weise das Wesen des Dämons Vṛkāsura kannte, riet er ihm nicht, sich an Viṣṇu oder Brahmā zu wenden; denn Menschen wie Vṛkāsura, die sich in der materiellen Erscheinungsweise der Unwissenheit befinden, sind nicht in der Lage, sich der Verehrung Viṣṇus zu weihen.

Nachdem der Dämon Vṛkāsura Nāradas Unterweisung vernommen hatte, begab er sich nach Kedāranātha. Dieser Pilgerort, der in der Nähe von Kaschmir liegt, existiert noch heute. Er ist fast immer von Schnee bedeckt, doch einmal im Jahr, während des Monats Juli, ist es möglich, dort die Bildgestalt Śivas zu besuchen. Dann pilgern die Geweihten Śivas dorthin, um der Bildgestalt ihre Verehrung darzubringen.

Kedāranātha ist nur für die Geweihten Śivas bestimmt. Die vedischen Prinzipien schreiben vor, dass man Speisen, die man einer Bildgestalt opfern will, in einem Feuer darbringen muss. Deshalb ist bei allen Zeremonien ein Opferfeuer notwendig. Wenn man den Halbgöttern Speisen opfern will, so weisen die *śāstras* besonders nachdrücklich darauf hin, dass dieses Opfer durch das Feuer geschehen muss. So begab sich der Dämon Vṛkāsura nach Kedāranātha und entfachte dort ein Opferfeuer, um Śiva zu erfreuen.

Als das zu Śivas Verehrung bestimmte Feuer brannte, machte sich Vṛkāsura daran, sein eigenes Fleisch zu opfern, indem er es aus seinem Körper schnitt. So wollte er Śivas besonderes Wohlgefallen erwecken. Dies ist ein Beispiel für Verehrung in der Erscheinungsweise der Unwissenheit. In der *Bhagavad-gītā* werden verschiedene Arten von Opfern aufgeführt. Einige befinden sich in der Erscheinungsweise der Tugend, andere in Leidenschaft und wieder andere in der Erscheinungsweise der Unwissenheit. Es gibt verschiedene Arten der *tapasya* und der Verehrung, weil es auf der Welt so viele verschiedene Arten von Menschen gibt. Doch die reinste Form der *tapasya*, das Kṛṣṇa-Bewusstsein, ist der höchste Yoga und das höchste Opfer. Wie in der *Bhagavad-gītā* bestätigt wird, besteht der höchste Yoga darin, immer an Śrī Kṛṣṇa im Herzen zu denken, und diese höchste Form von *yajña* ist der *saṅkīrtana-yajña.*

In der *Bhagavad-gītā* wird gesagt, dass die Verehrer der Halbgötter ihre Intelligenz verloren hätten. Wie wir später in diesem Kapitel erfahren werden, wollte Vṛkāsura Śiva zufriedenstellen, um eine materielle Segnung dritten Ranges zu erhalten, die vergänglich und ohne wirklichen Nutzen war. Nur die *asuras* und die Menschen in der Erscheinungsweise der Unwissenheit sind bestrebt, von den Halbgöttern solche Segnungen zu bekommen. Im Gegensatz zu diesem Opfer in der Erscheinungsweise der Unwissenheit ist der *arcana-viddhi*-Vorgang der Verehrung Viṣṇus oder Kṛṣṇas sehr einfach. Śrī Kṛṣṇa sagt in der *Bhagavad-gītā*, dass Er von Seinem Geweihten schon eine kleine Frucht, eine Blume oder etwas Wasser annehme, was sich jeder, ob arm oder reich, ohne Weiteres beschaffen kann. Natürlich sollten Menschen, die wohlhabend sind, dem Herrn nicht nur ein wenig Wasser, eine kleine Frucht oder ein Blatt opfern. Wenn ein reicher Mann ein Opfer darbringen will, dann sollte dieses Opfer seiner Stellung entsprechen. Doch wenn ein Gottgeweihter in großer Armut lebt, wird der Herr von ihm auch die bescheidenste Gabe annehmen. Die Verehrung Śrī Viṣṇus, Kṛṣṇas, ist sehr einfach und kann von jedem auf dieser Welt durchgeführt werden. Die Verehrung in der Erscheinungsweise der Unwissenheit dagegen, wie sie von Vṛkāsura durchgeführt wurde, ist nicht nur überaus schwierig und leidvoll, sondern sie ist auch eine sinnlose Zeitverschwendung. Aus diesem Grund sagt die *Bhagavad-gītā*, dass die Verehrer der Halbgötter jeglicher Intelligenz beraubt seien. Ihr Vorgang der Verehrung ist äußerst schwierig, und die Ergebnisse, die sie dafür erhalten, sind unstet und vergänglich.

Obgleich Vṛkāsura sein Opfer sechs Tage lange fortsetzte, gelang es ihm nicht, Śiva persönlich zu Gesicht zu bekommen, was sein Ziel gewesen war. Er wollte aber Śiva unmittelbar vor sich sehen, um ihn um eine Segnung zu bitten. Hier sehen wir einen weiteren Unterschied zwischen den Dämonen und den Gottgeweihten. Ein Gottgeweihter hat volles Vertrauen darin, dass alles, was er der Bildgestalt mit Liebe und Hingabe darbringt, vom Herrn angenommen wird. Der Dämon dagegen möchte die von ihm verehrte Gottheit von Angesicht zu Angesicht sehen, damit er sich die gewünschte Segnung direkt geben lassen kann. Der Gottgeweihte verehrt Viṣṇu, Śrī Kṛṣṇa, nicht um einer Segnung willen, und deshalb wird ein Gottgeweihter als *akāma* oder „frei von allen Wünschen" bezeichnet, der Nichtgottgeweihte hingegen als *sarva-kāma*, „voll von den verschiedensten Wünschen". Am siebten Tag schließlich beschloss der Dämon, sich den Kopf abzuschlagen und ihn zu opfern, um Śiva zufriedenzustellen. Er nahm also ein Bad in einem nahegelegenen See, und ohne zuvor Körper und Haare abzutrocknen, schickte er sich an, sich zu enthaupten. Nach den vedischen Vorschriften muss ein Tier, dass man als Opfer darbringen will, zuerst gebadet werden, und es muss geopfert werden, während es noch nass ist. Als Śiva sah, wie sich der Dämon den Kopf abschlagen wollte, empfand er großes Mitleid. Mitleid ist ein Merkmal der Erscheinungsweise der Tugend. Śiva wird *triliṅga* genannt, „eine Mischung der drei materiellen Eigenschaften". Deshalb war es ein Zeichen seiner Tugend, dass er mit dem Dämon Mitleid hatte. Śivas Mitleid wurde nicht erregt, weil der Dämon sein eigenes Fleisch im Opferfeuer darbrachte, sondern weil er kurz davor stand, Selbstmord zu begehen. Solches Mitleid ist ganz natürlich, und es ist in jedem Lebewesen zu finden. Selbst ein gewöhnlicher Mensch sieht es als seine Pflicht an, einen Menschen zu retten, der sich gerade das Leben nehmen will, und er wird dies tun, ohne dass man ihn erst darum zu bitten braucht. Als daher Śiva schließlich aus dem Feuer erschien, um den Dämon am Selbstmord zu hindern, bedeutet dies nicht, dass der Dämon eine besondere Gunst erlangt hatte.

Der Dämon wurde durch die Berührung Śivas vor dem Selbstmord bewahrt; seine Wunden heilten sogleich, und sein Körper wurde wiederhergestellt, wie er zuvor gewesen war. Darauf sprach Śiva zu dem Dämon: „Mein lieber Vṛkāsura, du brauchst dir nicht den Kopf abzuschlagen. Du kannst mich bitten, worum du willst, und ich werde dir jeden Wunsch erfüllen. Es ist mir unverständlich, warum du dir den Kopf abschlagen wolltest, um mich zu erfreuen, denn ich bin schon zufrieden, wenn man mir nur ein wenig Wasser opfert." Tatsächlich ist es so, dass nach vedischem Brauch die Śiva-liṅga, die Form Śivas im Tempel, nur durch das Opfern von Gangeswasser verehrt wird, denn es heißt, dass Śiva sehr erfreut sei, wenn Gangeswasser auf sein Haupt gegossen werde. Deshalb opfern ihm seine Geweihten gewöhnlich Gangeswasser und die Blätter des *bilva*-Baumes, die ganz besonders als Opfer für Śiva und die Göttin Durgā gedacht sind. Auch die Früchte dieses Baumes werden Śiva dargebracht. Śiva erklärte Vṛkāsura, dass er schon mit einer sehr einfachen Art der Verehrung zufrieden sei; warum also wolle er sich den Kopf abschlagen, und warum füge er sich so großen Schmerz zu, nur um seinen Körper in Stücke zu schneiden und diese im Feuer zu opfern? Es bestehe keine Notwendigkeit, sich solch schweren Bußen zu unterziehen. So kam es, dass sich Śiva aus Mitleid und Zuneigung bereit erklärte, dem Dämon Vṛkāsura jede Segnung zu erteilen, die er sich wünschte.

Als Śiva dem Dämon jede beliebige Segnung anbot, sprach dieser einen furchtbaren und niederträchtigen Wunsch aus. Der Dämon Vṛkāsura war sehr sündhaft, und Menschen, die ständig Sünden begehen, wissen nicht, welche Segnungen man von der verehrten Gottheit erbitten soll. Deshalb bat er Śiva, mit der Kraft gesegnet zu werden, den Kopf eines jeden einfach dadurch, dass er ihn mit seiner Hand berühre, in Stücke zerspringen zu lassen, um den Betreffenden dadurch zu töten. Die Dämonen werden in der *Bhagavad-gītā* als *duṣkṛtina* oder Schurken bezeichnet. *Kṛtī* bedeutet „sehr lobenswert", doch wenn die Vorsilbe *duḥ* hinzugefügt wird, ergibt sich die Bedeutung „abscheulich".

Statt sich der Höchsten Persönlichkeit Gottes zu ergeben, verehren die *duṣkṛtis* Halbgötter, um abscheuliche materielle Segnungen zu erhalten. Obwohl die *duṣkṛtis* intelligent sind und gewisse Anerkennung verdienen, nutzen sie ihre Eigenschaften nur für abscheuliche Tätigkeiten. Beispielweise erfinden materielle Wissenschaftler manchmal eine tödliche Waffe. Die wissenschaftliche Forschung für solch eine Erfindung erfordert sicherlich viel Intelligenz, doch statt etwas zu erfinden, was dem Wohl der gesamten Menschheit dient, erfinden sie etwas, was den Tod, der ohnehin jedem gewiss ist, noch schneller herbeiführt. Statt anerkennenswerte Fähigkeiten zu zeigen, indem sie etwas entdecken, was den Menschen vor dem Tod rettet, erfinden sie Waffen, die das Sterben nur noch beschleunigen. Ähnliches tat Vṛkāsura: Statt Śiva um etwas zu bitten, was für alle Menschen segensreich gewesen wäre, zog er eine Segnung vor, die der Menschheit sehr gefährlich werden konnte. Da Śiva so mächtig ist, dass er jede Segnung gewähren kann, hätte der Dämon ihn um etwas bitten können, was der gesamten Menschheit zum Wohl gereicht hätte, aber aus Selbstsucht wünschte er sich, dass jeder, dessen Kopf er mit der Hand berührt, auf der Stelle sterben möge. Śiva erkannte nun die Beweggründe des Dämons und bereute es, dass er versprochen hatte, ihm jeden Wunsch zu erfüllen. Er konnte sein Versprechen nicht zurücknehmen, aber im Herzen tat es ihm sehr leid, dass er Vṛkāsura eine Segnung geben musste, die für die Menschheit so bedrohlich war. Die Geweihten der Persönlichkeit Gottes bitten Śrī Viṣṇu, oder Kṛṣṇa, niemals um eine Segnung, und wenn sie Ihn doch einmal um etwas bitten, ist es für die Menschheit in keiner Weise gefährlich. Darin zeigt sich der Unterschied zwischen den Dämonen und den Gottgeweihten, bzw. zwischen den Verehrern Śivas und den Verehrern Viṣṇus.

Als Śukadeva Gosvāmī die Geschichte von Vṛkāsura erzählte, nannte er Mahārāja Psrīkṣit „Bhārata", womit er an König Parīkṣits Geburt in einer Familie von Gottgeweihten erinnerte. Mahārāja Parīkṣit war einst von Kṛṣṇa gerettet worden, als er sich noch im Schoß seiner Mutter befunden hatte. Später hätte er Kṛṣṇa darum bitten können, ihn erneut vor dem Fluch eines *brāhmaṇa* zu retten, doch er tat es nicht. Der Dämon dagegen wollte jeden durch die Berührung mit seiner Hand töten und dadurch unsterblich werden. Śiva wusste dies, doch weil er ihm sein Versprechen gegeben hatte, erteilte er ihm die gewünschte Segnung.

Der Dämon jedoch, verrucht wie er war, beschloss sogleich, mit seiner neuen Kraft Śiva zu töten, um Gaurī* zu entführen und ihre Gemeinschaft zu genießen. Er wollte deshalb sofort seine Hand auf Śivas Kopf legen. So geriet Śiva, bedroht durch seine eigene Segnung, die er einem Dämon erteilt hatte, in äußerste Bedrängnis. Dies ist ein Beispiel dafür, wie ein materialistischer Halbgottverehrer die von seiner verehrten Gottheit erhaltene Macht missbraucht.

Ohne lange zu überlegen trat Vṛkāsura auf Śiva zu, um ihn am Kopf zu berühren. Großer Schrecken durchfuhr Śiva, und zitternd ergriff er sogleich die Flucht – von der Erde in den Himmel und dort von einem Planeten zum anderen, bis er schließlich hoch über den höchsten Planetensystemen die Grenzen des Universums erreichte. Obwohl Śiva von einem Ort zum anderen floh, konnte er den Dämon nicht abschütteln. Selbst die Halbgötter, die über die verschiedenen Planeten herrschen, wie Brahmā, Indra und Candra, sahen keine Möglichkeit, um Śiva aus der drohenden Gefahr zu retten. Überall, wo Śiva hinkam, verharrten sie in Schweigen.

Zuletzt wandte sich Śiva an Śrī Viṣṇu, der in unserem Universum auf dem Planeten namens Śvetadvīpa weilt. Śvetadvīpa ist ein Vaikuṇṭha-Planet in unserem Universum, der sich jedoch jenseits des Einflussbereichs der äußeren Energie befindet. Śrī Viṣṇu befindet sich in seinem alldurchdringenden Aspekt überall; aber dort, wo Er Sich persönlich aufhält, ist Vaikuṇṭha. In der *Bhagavad-gītā* heißt es, dass der Herr im Herzen aller Lebewesen weile. Er befindet Sich also auch im Herzen der niederen Lebewesen, was jedoch nicht bedeutet, dass Er ebenfalls von niederer Geburt ist. Jeder Ort, an dem Er Sich aufhält, wird in Vaikuṇṭha verwandelt. Der Planet Śvetadvīpa in unserem Universum ist deshalb ebenfalls Vaikuṇṭhaloka. Wie in den *śāstras* erklärt wird, befindet sich das Wohnen im Wald in der Erscheinungsweise der Tugend, das Wohnen in Großstädten, Städten und Dörfern in der Erscheinungsweise der Leidenschaft, und das Wohnen in einer Umgebung, in der die vier sündhaften Tätigkeiten, nämlich unzulässige Sexualität, Berauschung, Fleischessen und das Durchführen von Glücksspielen vorherrschen, in der Erscheinungsweise der Unwissenheit. Wer jedoch in einem Tempel Viṣṇus, des Höchsten Herrn, wohnt, lebt in Vaikuṇṭha.

* Anderer Name für Pārvatī, die Gemahlin Śivas.

Es ist nicht wichtig, wo der Tempel steht –, der Tempel selbst, wo auch immer er sich befindet, ist Vaikuṇṭha. Ebenso ist auch der Planet Śvetadvīpa Vaikuṇṭha, obwohl er sich in der materiellen Welt befindet.

Śiva gelangte also schließlich nach Śvetadvīpa, Vaikuṇṭha. Auf Śvetadvīpa leben große Heilige, die von der grausamen Natur der materiellen Welt völlig frei sind und die über dem Bereich der vier Prinzipien des materiellen Lebens – Religiosität, wirtschaftlicher Fortschritt, Sinnenbefriedigung und Befreiung – stehen. Jeder, der einmal auf diesen Planeten gelangt, kehrt nie wieder in die materielle Welt zurück. Śrī Nārāyaṇa ist dafür berühmt, dass Er Seine Geweihten sehr liebt; sobald er deshalb erkannte, dass Śiva in großer Gefahr schwebte, nahm Er die Gestalt eines *brahmacārī* an und ging Śiva persönlich entgegen, um ihn von Weitem zu begrüßen. Der Herr sah aus wie ein echter *brahmacārī*. Er trug einen Gurt um die Hüfte, eine heilige Schnur, eine Hirschhaut, einen *brahmacārī*-Stab und eine *raudra**-Perlenkette. Auf diese Weise erschien Śrī Nārāyaṇa vor Śiva als *brahmacārī*. Die leuchtende Ausstrahlung, die von Seinem Körper ausging, zog nicht nur Śiva an, sondern auch den Dämon Vṛkāsura.

Śrī Nārāyaṇa erwies Vṛkāsura sogleich Seine Ehrerbietungen, nur um dessen Aufmerksamkeit und Wohlwollen zu gewinnen. Auf diese Weise hielt Er den Dämon auf und sagte zu ihm: „Mein lieber Sohn Śakunis, du siehst sehr müde aus, als hättest du einen weiten Weg hinter dir. Was ist dein Anliegen? Warum bist du von so weit hergekommen? Ich sehe, dass du sehr erschöpft bist, und deshalb bitte ich dich: Ruhe dich doch ein wenig aus! Du solltest deinen Körper nicht unnötig überanstrengen. Jeder weiß, wie wertvoll der Körper ist, denn nur mit dem Körper kann man sich alle Wünsche des Geistes erfüllen. Wir sollten daher den Körper nicht unnötig plagen."

Der *brahmacārī* sprach Vṛkāsura als „Sohn Śakunis" an, um ihm so das Gefühl zu geben, er kenne seinen Vater Śakuni. Vṛkāsura betrachtete ihn tatsächlich als einen Bekannten seiner Familie und die freundlichen Worte des *brahmacārī* sprachen ihn sehr an. Ehe der Dämon einwenden konnte, er habe keine Zeit, sich auszuruhen, machte der Herr ihn auf die Wichtigkeit des Körpers aufmerksam, was den

* *Raudra*-Perlenketten sind nicht mit *tulasī*-Ketten zu verwechseln. Sie werden von den Geweihten Śivas benutzt.

Dämon überzeugte. Jeder Mensch, besonders wenn er ein Dämon ist, sieht den Körper als etwas überaus Wichtiges an, und so ließ sich auch Vṛkāsura überzeugen.

Um den Dämon weiter zu beschwichtigen, sagte der *brāhmacārī:* „Mein lieber Herr, wenn Du meinst, du dürfest mir den Grund verraten, weshalb du dir die Mühe gemacht hast, hierherzukommen, dann sage es Mir bitte. Vielleicht kann Ich dir helfen, so dass dein Wunsch sehr leicht in Erfüllung geht." Indirekt gab ihm der Herr damit zu verstehen, dass Er, als das Höchste Brahman, ohne Weiteres in der Lage war, das Unheil abzuwenden, das Śiva heraufbeschworen hatte.

Der Dämon wurde durch die lieblichen Worte Nārāyaṇas in der Gestalt des *brāhmacārī* besänftigt, und so vertraute er ihm schließlich alles an, was im Zusammenhang mit Śivas Segnung geschehen war. Der Herr sagte daraufhin: „Ich kann nicht glauben, dass Śiva dir wirklich eine solche Segnung gewährt hat. Soviel Ich weiß, befindet sich Śiva nicht in einer gesunden Geistesverfassung. Als er in einen Streit mit seinem Schwiegervater Dakṣa geriet, wurde er verflucht, ein *piśāca* (Geist) zu werden. So ist Śiva zum Oberhaupt der Geister und Kobolde geworden. Ich traue deshalb seinen Worten nicht. Doch wenn du, mein lieber König der Dämonen, den Worten Śivas immer noch glaubst, warum machst du dann nicht eine Probe, indem du dir die Hand auf den Kopf legst? Wenn sich herausstellt, dass die Segnung ein Betrug war, kannst du Śiva, diesen Lügner, auf der Stelle töten, so dass er es nicht noch einmal wagen kann, falsche Segnungen zu erteilen."

Auf diese Weise wurde der Dämon durch Nārāyaṇas betörende Worte und den Einfluss Seiner höheren, illusionierenden Energie verwirrt und vergaß tatsächlich die Macht Śivas und seiner Segnung. Er ließ sich also dazu verleiten, die Hand an Scinen Kopf zu führen, und sowie der Dämon dies tat, zersprang sein Kopf wie von einem Donnerkeil getroffen, und er war auf der Stelle tot. Als die Halbgötter des Himmels sahen, dass Vṛkāsura tot war, überschütteten sie Śrī Nārāyaṇa mit Blumen, priesen voller Dankbarkeit Seine Herrlichkeit und brachten Ihm ihre Ehrerbietungen dar, und auch die anderen Bewohner der himmlischen Planetensysteme – die *pītās*, die Gandharvas und die Bewohner Janalokas – ließen Blumen auf die Persönlichkeit Gottes herabregnen.

So rettete Śrī Viṣṇu in der Gestalt eines *brahmacārī* Śiva aus höchster Gefahr und wandte alles zum Guten. Śrī Nārāyaṇa erklärte Śiva dann, dass Vṛkāsura als Folge seiner sündhaften Handlungen getötet worden sei, insbesondere wegen seines frevelhaften Vergehens, als er versuchte seine eigene Macht gegen Śiva zu wenden, der sein Meister war. Des Weiteren sagte Śrī Nārāyaṇa zu Śiva: „Lieber Herr, wer sich ein Vergehen gegen große Seelen zuschulden kommen lässt, kann nicht weiter am Leben bleiben. Er wird durch seine eigenen Sünden vernichtet, und dies war ganz offensichtlich bei diesem Dämon der Fall, der ein solch schweres Vergehen gegen dich begangen hat."

Auf diese Weise wurde Śiva durch die Gnade der Höchsten Persönlichkeit Gottes, Nārāyaṇa, der transzendental zu allen materiellen Erscheinungsweisen ist, davor gerettet, von einem Dämon getötet zu werden. Jeder, der diese Geschichte mit Glauben und Hingabe hört, wird mit Sicherheit aus der Verstrickung des materiellen Daseins wie auch aus der Gewalt seiner Feinde befreit werden.

Hiermit enden die Bhaktivedanta-Erläuterungen zum 88. *Kapitel des Kṛṣṇa-Buches mit dem Titel „Die Rettung Śivas".*

KAPITEL 89

Die unvergleichliche Macht Śrī Kṛṣṇas

Vor langer, langer Zeit einmal fand am Ufer des Flusses Sarasvatī eine Zusammenkunft berühmter Weiser statt, die dort ein großes Opfer namens Satra durchführten. Bei solchen Versammlungen erörtern die Weisen für gewöhnlich vedisches Wissen und philosophische Fragen. Bei diesem Treffen nun erhob sich folgende Frage: Die drei führenden Gottheiten der materiellen Welt – Brahmā, Viṣṇu und Śiva – lenken alle Geschehnisse im Kosmos. Wer von ihnen aber ist der Höchste? Nachdem diese Frage lange diskutiert worden war, wurde der große Weise Bhṛgu, der Sohn Brahmās, beauftragt, alle drei herrschenden Gottheiten auf die Probe zu stellen und den versammelten Weisen dann zu berichten, wer von den dreien der Größte sei.

Mit diesem Auftrag begab sich der große Weise Bhṛgu als Erstes zur Residenz seines Vaters auf Brahmaloka. Die drei genannten Gottheiten sind die Beherrscher der drei materiellen Erscheinungsweisen, nämlich Unwissenheit, Leidenschaft und Tugend. Der Plan, für den sich die Weisen entschlossen hatten, sah vor, dass Bhṛgu Muni feststellen sollte, welche der drei herrschenden Gottheiten die Eigenschaft der Tugend in Vollkommenheit besitze. Als Bhṛgu Muni vor seinen Vater Brahmā trat, unterließ er es daher absichtlich, ihm Achtung zu erweisen, indem er ihm weder Ehrerbietungen noch Gebete darbrachte. Er wollte so prüfen, ob Brahmā die Eigenschaft der Tugend besitzt. Ein Sohn wie auch ein Schüler hat die Pflicht, wenn er sich seinem Vater oder seinem spirituellen Meister nähert, ihm Ehrerbietungen zu erweisen und Gebete zu sprechen. Bhṛgu Muni jedoch unterließ es absichtlich, Brahmā Ehre zu erweisen, weil er sehen wollte, wie Brahmā auf seine Nachlässigkeit reagieren würde. Brahmā wurde wegen der Unverschämtheit seines Sohnes sehr zornig, wie dies einige Merkmale an ihm deutlich erkennen ließen. Er dachte sogar schon daran, Bhṛgu zu verfluchen, doch weil dieser sein Sohn war, zügelte er seinen Zorn mit großer Intelligenz. Mit anderen Worten, obwohl in Brahmā die Erscheinungsweise der Leidenschaft vorherrschte, hatte er die Macht, über sie zu gebieten. Brahmās Zorn und das Zügeln seines Zornes werden mit Feuer und Wasser verglichen. Wasser wird bei Beginn der Schöpfung vom Feuer erzeugt, doch zugleich kann Feuer mit Wasser gelöscht werden. Ebenso wurde Brahmā aufgrund des Einflusses der Leidenschaft sehr zornig, doch er konnte seine Leidenschaft beherrschen, weil Bhṛgu Muni sein Sohn war.

Nachdem Bhṛgu Muni Brahmā geprüft hatte, begab er sich direkt zum Berg Kailāsa, auf dem Śiva lebt. Bhṛgu Muni war Śivas Bruder, weswegen sich Śiva sehr freute, als er ihn kommen sah, und stand auf, um ihn zu umarmen. Doch als Śiva auf Bhṛgu Muni zukam, wich dieser seiner Umarmung aus. „Mein lieber Bruder", sagte er, „du bist immer so schmutzig. Weil du deinen Körper mit Asche einreibst, bist du nicht sehr sauber. Bitte berühre mich nicht." Als Bhṛgu Muni es ablehnte, seinen Bruder zu umarmen, und sagte, Śiva sei schmutzig, wurde dieser sehr zornig auf ihn. Es heißt, dass ein Vergehen entweder mit dem Körper, in Gedanken oder durch Worte begangen werden kann. Bhṛgu Munis Vergehen gegen Brahmā war ein Vergehen in Gedanken gewesen. Sein zweites Vergehen, das er gegen Śiva beging, indem er ihm auf verletzende Weise unreine Angewohnheiten vorwarf, war ein Vergehen mit Worten. Weil in Śiva die Erscheinungsweise der Unwissenheit überwiegt, röteten sich ihm vor Zorn sofort die Augen, als er Bhṛgus beleidigende Worte vernahm. In zügelloser Wut hob er seinen Dreizack, um Bhṛgu Muni zu töten, doch gerade in dem Moment warf sich Śivas Frau Pārvatī dazwischen. Ihre Persönlichkeit, wie die Śivas, ist eine Mischung der drei Erscheinungsweisen, weshalb sie Triguṇamayī genannt wird. Hier nun rettete sie die Situation, indem sie in Śiva die Eigenschaft der Tugend weckte. Sie fiel ihrem Gemahl zu Füßen und brachte ihn mit sanften Worten davon ab, Bhṛgu Muni zu töten.

Nachdem Bhṛgu Muni vor Śivas Zorn gerettet worden war, begab er sich geradewegs auf den Planeten Śvetadvīpa, wo Śrī Viṣṇu auf einem Bett aus Blumen lag, während Seine Gemahlin, die Glücksgöttin, Ihm mit Hingabe die Lotosfüße massierte. Als Bhṛgu Muni dort ankam, beging er in voller Absicht die größte Sünde, indem er Śrī Viṣṇu durch eine körperliche Tat beleidigte. Das erste Vergehen hatte Bhṛgu Muni mit dem Geist begangen, das zweite mit Worten und das dritte mit dem Körper. So wurden die Vergehen jedes Mal größer: Ein Vergehen im Geist wird als einfaches Vergehen bezeichnet; wenn das gleiche Vergehen mit Worten begangen wird, ist es schon schwerwiegender, und wenn es körperlich verübt wird, ist es am schlimmsten. Somit beging Bhṛgu Muni das größte Vergehen, als er, in der Anwesenheit der Glücksgöttin, gegen die Brust des Herrn getreten hat. Śrī Viṣṇu jedoch, der allbarmherzig ist, wurde auf Bhṛgu Muni nicht zornig, denn Bhṛgu Muni war ein erhabener *brāhmaṇa*. Einem *brāhmaṇa* muss verziehen werden, selbst wenn er sich manchmal ein Vergehen zuschulden kommen lässt, und Śrī Viṣṇu gab das vollkommene Beispiel. Es heißt jedoch, dass die Glücksgöttin Lakṣmī den *brāhmaṇas* seit jenem Vorfall nicht mehr sehr wohlgesinnt sei, und weil Lakṣmī den *brāhmaṇas* ihre Segnungen vorenthält, sind sie gewöhnlich sehr arm. Als Bhṛgu Muni Śrī Viṣṇus Brust mit seinem Fuß trat, bedeutete dies zweifellos ein großes Vergehen; doch Śrī Viṣṇu ist so großmütig, dass Er es ihm nicht übelnahm. Die sogenannten *brāhmaṇas* des Kali-yuga sind manchmal sehr stolz darauf, dass ein großer *brāhmaṇa* wie Bhṛgu Muni die Brust Śrī Viṣṇus mit seinen Füßen berühren konnte; doch als Bhṛgu Muni Śrī Viṣṇus Brust mit dem Fuß trat, war es das größte Vergehen, auch wenn es ihm Śrī Viṣṇu in Seiner Großmut nicht übel nahm.

Statt zornig zu werden oder Bhṛgu Muni zu verfluchen, erhob Sich

Śrī Viṣṇu sogleich zusammen mit Seiner Frau, der Glücksgöttin, von Seiner Ruhestatt und brachte dem *brāhmaṇa* achtungsvolle Ehrerbietungen dar. Dann sprach Er zu Bhṛgu Muni: „Mein lieber *brāhmaṇa*, es ist für Mich das größte Glück, dass du hierhergekommen bist. Bitte nimm deshalb für einige Minuten auf diesem Kissen Platz. Mein lieber *brāhmaṇa*, es tut mir leid, dass Ich dich nicht gleich bei deiner Ankunft in Meinem Zuhause richtig empfangen konnte. Dieses Versäumnis ist ein großes Vergehen Meinerseits, und Ich bitte dich, Mir zu vergeben. Du bist so rein und erhaben, dass das Wasser, mit dem deine Füße gewaschen werden, selbst die Pilgerorte läutern kann. Ich bitte dich daher, auch diesen Vaikuṇṭha-Planeten zu läutern, auf dem Ich mit Meinen Gefährten lebe. Mein lieber Vater, o großer Weiser, Ich weiß, dass deine Füße sanft wie Lotosblumen sind, und dass Meine Brust dagegen hart wie ein Blitzschlag ist. Ich befürchte, es könnte dir Schmerz bereitet haben, als du Meine Brust mit deinen Füßen getreten hast. Erlaube Mir deshalb, deine Füße zu berühren, um deine Schmerzen zu lindern." Alsdann begann Śrī Viṣṇu, Bhṛgu Munis Füße zu massieren.

Der Herr sagte weiter zu Bhṛgu Muni: „Mein lieber Herr, Meine Brust ist nun durch die Berührung deiner Füße geheiligt worden, und so bin Ich Mir sicher, dass die Glücksgöttin Lakṣmī mit Freuden für immer an ihr bleiben wird." Ein anderer Name Lakṣmīs ist Cañcalā, was bedeutet, dass sie nie lange an einem Ort verweilt. Deshalb geschieht es, dass die Familie eines reichen Mannes nach einigen Generationen plötzlich arm wird und die Familie eines Armen unvermittelt zu Reichtum gelangt. Lakṣmī, die Glücksgöttin, ist in der materiellen Welt Cañcalā; doch auf den Vaikuṇṭha-Planeten weilt sie ewig bei den Lotosfüßen des Herrn. Weil Lakṣmī als Cañcalā bekannt ist, so deutete Nārāyaṇa an, wäre sie vielleicht nicht für immer an Seiner Brust geblieben, doch nun, wo Seine Brust von den Füßen Bhṛgu Munis berührt worden sei, sei sie geheiligt, und nun bestehe keine Möglichkeit mehr, dass die Glücksgöttin jemals fortgehen werde. Aber Bhṛgu Muni kannte seine eigene Stellung und die des Herrn sehr wohl, und deshalb war seine Verwunderung grenzenlos, als er das Verhalten der Höchsten Persönlichkeit Gottes sah. Vor Dankbarkeit gegenüber solcher Großmut versagte ihm die Stimme, und er war außerstande, dem Herrn etwas zu erwidern. Tränen strömten aus seinen Augen. Er konnte kein Wort hervorbringen, und so stand er einfach stumm vor dem Herrn.

Als Bhṛgu Muni auf diese Weise Brahmā, Śiva und Śrī Viṣṇu geprüft hatte, kehrte er zur Versammlung der großen Weisen am Ufer der Sarasvatī zurück und berichtete über seine Erlebnisse. Nachdem die Weisen ihn mit großer Aufmerksamkeit angehört hatten, gelangten sie zu dem Schluss, dass Śrī Viṣṇu mit Sicherheit der Größte sei. Im *Śrīmad-Bhāgavatam* werden diese großen Weisen als *brahma-vādinām* bezeichnet. *Brahma-vādinām* bezieht sich auf diejenigen, die zwar über die Absolute Wahrheit sprechen, aber noch nicht zu einer Schlussfolgerung gekommen sind. Für gewöhnlich wird das Wort *brahma-vādi* für die Unpersönlichkeitsphilosophen und für diejenigen, die sich dem Studium der Veden widmen, gebraucht. Man kann also davon ausgehen, dass all die versammelten Weisen ein ernsthaftes Studium der vedischen Schriften betrieben, dass sie aber noch nicht endgültig erkannt hatten, wer die Höchste Absolute Persönlichkeit Gottes ist. Aber nachdem die Weisen von Bhṛgu Munis Begegnungen mit den drei herrschenden Gottheiten – Śiva, Brahmā und Viṣṇu – gehört hatten, kamen sie zu dem Schluss, dass Śrī Viṣṇu die Höchste Wahrheit, die Persönlichkeit Gottes, sei. Das *Śrīmad-Bhāgavatam* beschreibt, dass die Weisen sehr gestaunt hätten, als sie hörten, wie Brahmā und Śiva sofort zornig geworden waren, während Śrī Viṣṇu, obwohl Er von Bhṛgu Muni getreten worden war, nicht die geringste Erregung gezeigt hatte. Hier passt das Beispiel, dass kleine Lampen schon beim geringsten Luftzug zu flackern beginnen, wohingegen die größte Lampe, die größte aller Lichtquellen, nämlich die Sonne, sich nicht einmal beim schwersten Sturm bewegt. Man kann die Größe einer Person an ihrer Fähigkeit erkennen, Provokationen zu erdulden. Die Weisen, die sich am Ufer der Sarasvatī versammelt hatten, kamen zu dem Schluss, dass jeder, der wahren Frieden und wahre Freiheit von aller Furcht ersehnt, bei den Lotosfüßen Śrī Viṣṇus Zuflucht suchen müsse. Wenn Brahmā und Śiva schon bei einer geringfügigen Provokation ihren Gleichmut verloren, wie können sie dann ihren Geweihten Frieden und Ausgeglichenheit gewähren? In Bezug auf Śrī Viṣṇu jedoch erklärt die *Bhagavad-gītā*, dass jeder der Viṣṇu, oder Śrī Kṛṣṇa, als den höchsten Freund anerkenne, die höchste Vollkommenheit eines friedvollen Lebens erreiche.

So gelangten die Weisen zu der Erkenntnis, dass man durch das Befolgen der Prinzipien des Vaiṣṇava-*dharma* wahrhaft vollkommen wird. Wenn man hingegen allen religiösen Prinzipien einer bestimmten

Glaubensrichtung nachkommt, ohne dabei Fortschritte in der Erkenntnis der Höchsten Persönlichkeit Gottes Viṣṇu zu verzeichnen, sind all diese Anstrengungen vergeblich. Das Befolgen von religiösen Prinzipien muss einen auf die Ebene des vollkommenen Wissens führen, und wenn man die Ebene vollkommenen Wissens erreicht hat, verliert man jedes Interesse an materiellen Angelegenheiten. Vollkommenes Wissen bedeutet, sowohl sich selbst als auch das höchste Selbst zu kennen. Die höchste Seele und die individuelle Seele sind qualitativ eins, doch quantitativ sind sie voneinander verschieden. Dieses analytische Verständnis ist vollkommenes Wissen. Einfach nur zu verstehen „Ich bin nicht Materie; ich bin von spiritueller Natur", ist noch kein vollkommenes Wissen. Das wahre religiöse Prinzip ist hingebungsvoller Dienst, *bhakti*. Dies wird in der *Bhagavad-gītā* bestätigt, wo Śrī Kṛṣṇa sagt: „Gib alle Arten von religiösen Prinzipien auf, und ergib dich einfach Mir." Daher lässt sich der Begriff *dharma* nur auf *vaiṣṇava-dharma* oder *bhāgavata-dharma* anwenden, durch dessen Befolgung man alle guten Eigenschaften und Errungenschaften des Lebens wie von selbst erhält.

Das höchste und vollkommene Wissen besteht darin, den Höchsten Herrn zu kennen. Der Herr kann durch keinen anderen religiösen Vorgang erkannt werden als durch hingebungsvollen Dienst. Somit ist vollkommenes Wissen das unmittelbare Ergebnis des hingebungsvollen Dienstes. Wenn man solches Wissen erlangt hat, verliert man all sein Interesse an der materiellen Welt. Dies geschieht jedoch nicht durch trockene philosophische Spekulation. Die Gottgeweihten verlieren ihr Interesse an der materiellen Welt nicht durch rein theoretische Erkenntnis, sondern durch praktische Erfahrung. Wenn der Gottgeweihte die Wirkung des Zusammenseins mit dem Höchsten Herrn erfährt, verabscheut er natürlicherweise den Umgang mit sogenannter Gesellschaft, Freundschaft und Liebe. Diese Loslösung ist nicht künstlich, sondern beruht vielmehr darauf, dass er durch den Genuss transzendentaler Freuden eine höhere Lebensebene erreicht hat. Das *Śrīmad-Bhāgavatam* erklärt weiter, dass man, nachdem man solches Wissen und solche Loslösung von materieller Sinnenbefriedigung erlangt habe, auch ohne gesonderte Bemühungen Fortschritt in der Entwicklung der acht Vollkommenheiten erlange, wie *aṇimā-siddhi, laghimā-siddhi* und *prāpti-siddhi*, die durch das Praktizieren von mystischen Yoga erreicht werden. Das vollkommene Beispiel ist Mahārāja Ambarīṣa. Er war kein mystischer Yogi, sondern ein großer Gottgeweihter; doch als der mächtige Yogi Durvāsā mit ihm einen Streit begann, wurde er von Mahārāja Ambarīṣas hingebungsvoller Haltung besiegt. Mit anderen Worten, ein Gottgeweihter braucht nicht mystischen Yoga zu praktizieren, um irgendwelche Kräfte zu bekommen. Solche Kräfte stehen ihm bereits durch die Gnade des Herrn zur Verfügung, ebenso wie ein kleines Kind, das seinem Vater gehorsam ist, die ganze Kraft des Vaters hinter sich hat.

Wenn jemand als Geweihter des Herrn berühmt wird, vergeht sein Ruhm niemals. Śrī Caitanya stellte einst in einem Gespräch mit Rāmānanda Rāya die Frage: „Was ist der größte Ruhm?" Rāmānanda Rāya erwiderte, dass der vollkommene Ruhm darin bestehe, als reiner Geweihter Śrī Kṛṣṇas bekannt zu sein. Hieraus kann man schließen, dass der *viṣṇu-dharma*, das heißt die Religion des hingebungsvollen Dienstes der Höchsten Persönlichkeit Gottes, für Menschen von nachdenklichem und philosophischem Wesen bestimmt ist. Wenn man diese Neigung zur Tiefsinnigkeit richtig verwendet, erreicht man die Stufe, auf der man seine Gedanken auf die Höchste Persönlichkeit Gottes richtet. Wenn man ständig an die Höchste Persönlichkeit Gottes denkt, wird man vom Einfluss der verunreinigenden Gemeinschaft mit der materiellen Welt frei, und so findet man Frieden. Die Welt befindet sich nur deshalb in einem Zustand der Unruhe, weil es der menschlichen Zivilisation an solchen friedvollen Gottgeweihten fehlt. Solange man kein Gottgeweihter ist, kann man nicht allen Lebewesen gleichgesinnt sein. Ein Gottgeweihter sieht die Tiere, die Menschen und alle anderen Lebewesen mit gleicher Sicht, denn er weiß, dass jedes Lebewesen ein ewiger Teil des Höchsten Herrn ist. In der *Īśopaniṣad* wird erklärt, dass jemand, der auf die Stufe gelangt sei, auf der er alle Lebewesen als gleich ansehe, niemanden verabscheue oder bevorzuge. Auch strebt der Gottgeweihte nicht nach mehr Besitz als er benötigt. Deshalb werden die Gottgeweihten *akiñcana* genannt, was bedeutet, dass sie in jeder Lebenslage zufrieden sind. Es heißt, dass ein Gottgeweihter immer Gleichmut bewahrt, ganz gleich, ob er sich im Himmel oder in der Hölle befindet. Ein Gottgeweihter ist an nichts interessiert, was nicht mit seinem Hingebungsvollen Dienst zu tun hat. Diese Art des Lebens ist die Stufe der höchsten Vollkommenheit, von der aus man in die spirituelle Welt, nach Hause, zu Gott, zurückkehren kann. Die

Geweihten der Höchsten Persönlichkeit Gottes fühlen sich insbesondere zur Tugend, der höchsten materiellen Erscheinungsweise, hingezogen, und ein qualifizierter *brāhmaṇa* ist der Inbegriff dieser Tugend. Deshalb hält sich der Gottgeweihte an die brahmanische Lebensstufe. Er befasst sich nicht gern mit den Erscheinungsweisen der Leidenschaft und Unwissenheit, obwohl auch diese Erscheinungsweisen vom Höchsten Herrn, Viṣṇu, ausgehen. Im *Śrīmad-Bhāgavatam* werden die Gottgeweihten als *nipuṇa-buddhayaḥ* bezeichnet, was bedeutet, dass sie die Intelligentesten unter den Menschen sind. Unbeeinflusst von Anhaftung und Hass, lebt der Gottgeweihte voller Frieden und wird nicht durch Leidenschaft oder Unwissenheit beirrt.

An dieser Stelle mag die Frage aufkommen, warum sich ein Gottgeweihter zur Erscheinungsweise der Tugend hingezogen fühlen sollte, wenn er doch transzendental zu allen materiellen Erscheinungsweisen ist. Die Antwort lautet, dass es entsprechend den verschiedenen Erscheinungsweisen verschiedene Arten von Menschen gibt. Diejenigen, die sich in der Erscheinungsweise der Unwissenheit befinden, bezeichnet man als Rākṣasas, diejenigen in der Erscheinungsweise der Leidenschaft als *asuras* und Menschen in der Erscheinungsweise der Tugend als *suras* oder Halbgötter. Diese drei Arten von Menschen werden alle unter der Aufsicht des Höchsten Herrn von der materiellen Natur geschaffen, doch diejenigen, die sich in der Erscheinungsweise der Tugend befinden, haben am ehesten die Möglichkeit, in die spirituelle Welt erhoben zu werden und nach Hause, zu Gott, zurückzukehren.

So wurden alle Weisen, die sich am Ufer des Flusses Sarasvatī versammelt hatten, um herauszufinden, wer die höchste herrschende Gottheit ist, von allen Zweifeln hinsichtlich der Verehrung Śrī Viṣṇus befreit. Sie alle beschäftigten sich von da an im hingebungsvollen Dienst, erreichten somit das Ziel ihrer Wünsche und kehrten zu Gott zurück.

Wer den ernsthaften Wunsch hat, von aller materiellen Verstrickung befreit zu werden, tut gut daran, ohne zu zögern Śukadeva Gosvāmīs Schlussfolgerung anzunehmen. Am Anfang des *Śrīmad-Bhāgavatam*, das von Śukadeva Gosvāmī gesprochen wurde, heißt es, dass das Hören des *Śrīmad-Bhāgavatam* auf dem Weg zur Befreiung außerordentlich hilfreich sei. Diese Tatsache wird wiederum von Sūta Gosvāmī bestätigt: Wenn jemand, der ziellos in der materiellen Welt umherirrt, bereit ist, den nektargleichen Worten Śukadeva Gosvāmīs zuzuhören, wird er mit Sicherheit zur richtigen Schlussfolgerung gelangen, die lautet, dass man einfach durch hingebungsvollen Dienst für die Höchste Persönlichkeit Gottes die ermüdende Wanderung von Körper zu Körper ein für alle Mal beenden könne. Mit anderen Worten, jemand der im liebenden hingebungsvollen Dienst Śrī Viṣṇus gefestigt ist, wird unzweifelhaft von seiner Reise durchs materielle Dasein erlöst werden, und der Vorgang ist sehr einfach: Man muss den nektargleichen Worten Gehör schenken, die von Śukadeva Gosvāmī in der Form des *Śrīmad-Bhāgavatam* gesprochen wurden.

Eine weitere wichtige Lehre, die wir aus dieser Begebenheit ziehen können, ist, dass man niemals denken sollte, die Halbgötter, selbst Brahmā oder Śiva, befänden sich auf der gleichen Ebene wie Śrī Viṣṇu. Tun wir dies, so werden wir, wie das *Padma Purāṇa* erklärt, auf der Stelle zu Atheisten. Im *Hari-vaṁśa,* einer anderen vedischen Schrift, wird gesagt, dass man ausschließlich die Höchste Persönlichkeit Gottes, Viṣṇu, verehren sollte, und dass das Hare-Kṛṣṇa-Mahā-Mantra oder ein anderes Mantra zur Verehrung Viṣṇus immer gechantet werden sollte. Im 2. Canto des *Śrīmad-Bhāgavatam* sagt Brahmā: „Śiva und ich erfüllen unter der Führung der Höchsten Persönlichkeit Gottes verschiedene Funktionen, die uns der Herr Selbst zugewiesen hat." Auch im *Caitanya-caritāmṛta* wird bestätigt, dass Kṛṣṇa der einzige Meister ist und dass all die anderen Lebewesen in den verschiedenen Lebensformen alle Kṛṣṇas Diener sind.

In der *Bhagavad-gītā* wird von Kṛṣṇa, dem Höchsten Herrn, bestätigt, dass es keine Wahrheit über Ihm gibt. Weil auch Śukadeva Gosvāmī auf die Tatsache aufmerksam machen wollte, dass von allen *viṣṇu-tattva*-Formen Kṛṣṇa zu hundert Prozent die Höchste Persönlichkeit Gottes ist, erzählte er von einer Begebenheit, die sich ereignete, als Śrī Kṛṣṇa persönlich auf Erden gegenwärtig war.

Es begab sich einst in Dvārakā, dass die Frau eines *brāhmaṇa* ein Kind zur Welt brachte. Bedauerlicherweise jedoch starb das Kind, gleich nachdem es bei der Geburt den Boden berührt hatte. Der *brāhmaṇa*-Vater nahm sofort das tote Kind und ging auf direktem Wege zum Palast des Königs. Er war sehr bestürzt und erschüttert, dass das Kind in Anwesenheit seiner jungen Eltern einen solch frühen Tod erleiden musste. Früher, das heißt bis zur Zeit von Śrī Kṛṣṇas Erscheinen am Ende des Dvāpara-yuga, als es noch verantwortungsbewusste

Könige gab, konnten dem Herrscher sogar für den frühzeitigen Tod eines Kindes, das in Anwesenheit seiner Eltern starb, Vorwürfe gemacht werden. Ähnlich verhielt es sich auch mit der Verantwortlichkeit des Königs während der Regierungszeit Rāmacandras. Wie wir im 1. Canto des *Śrīmad-Bhāgavatam* erklärt haben, war der König in solchem Maße für das Wohlergehen der Bürger verantwortlich, dass er sogar dafür sorgen musste, dass in seinem Königreich keine übermäßige Hitze oder Kälte herrschte. Sich selbst keiner Schuld bewusst, begab sich der *brāhmaṇa* unverzüglich mit dem toten Kind in seinen Armen zum Tor des Palastes und klagte den König mit folgenden Worten an:

„Der gegenwärtige König, Ugrasena, hasst die *brāhmaṇas!*" Das genaue Wort, das der *brāhmaṇa* gebrauchte, war *brahma-dviṣaḥ*. Jemand, der die Veden, einen qualifizierten *brāhmaṇa* oder die *brāhmaṇa*-Kaste im Allgemeinen hasst, wird als *brahma-dviṣ* bezeichnet. Dem König wurde also vorgeworfen, ein *brahma-dviṣ* zu sein. Auch wurde er angeklagt, *śaṭha-dhī,* nicht wirklich intelligent, zu sein, um für das Wohl seiner Bürger sorgen zu können; doch nach der Ansicht des *brāhmaṇa* verfügte König Ugrasena nicht über die geringste Intelligenz, obwohl er auf dem Königsthron saß. Deshalb bezeichnete er ihn auch als *lubdha,* gierig. Könige oder Staatsoberhäupter, die gierig und selbstsüchtig sind, sollten das hohe Amt der Königswürde bzw. des Präsidenten nicht einnehmen. Aber es ist nur natürlich, dass jemand, der die Stellung eines Staatsoberhauptes erlangt hat, selbstsüchtig wird, wenn er an materiellem Genuss hängt. Deshalb gebrauchte der *brāhmaṇa* auch das Wort *viṣayātmanaḥ*.

Der *brāhmaṇa* bezichtigte den König auch, ein *kṣatra-bandhu* zu sein, womit ein Mensch gemeint ist, der zwar in einer *kṣatriya*-Familie oder einem Königsgeschlecht geboren wurde, aber nicht die Eigenschaften einer solchen königlichen Persönlichkeit aufweist. Ein König muss die brahmanische Kultur beschützen und über das Wohl seiner Untertanen wachen; er darf niemals aus Anhaftung an materiellen Genuss gierig werden. Wenn sich jemand als *kṣatriya* oder Angehöriger des königlichen Standes ausgibt, ohne die erforderlichen Eigenschaften zu besitzen, wird er nicht als *kṣatriya*, sondern als *kṣatra-bandhu* bezeichnet. Ebenso wird ein Mensch, dessen Vater ein *brāhmaṇa* ist, aber der selbst keine brahmanischen Eigenschaften besitzt, als *brahma-bandhu* oder *dvija-bandhu* bezeichnet. Daraus geht hervor, dass man nicht allein seiner Herkunft wegen als *brāhmaṇa* oder *kṣatriya* gelten kann. Vielmehr muss man die für eine bestimmte Stellung notwendigen Voraussetzungen erfüllen; erst dann wird man als *brāhmaṇa* oder *kṣatriya* anerkannt.

Der *brāhmaṇa* warf dem König also vor, das Neugeborene sei wegen seiner Unfähigkeit gestorben. Der *brāhmaṇa* hielt den frühzeitigen Tod seines Kindes für höchst unnatürlich, und deshalb machte er den König dafür verantwortlich. In der vedischen Geschichte gibt es auch Beispiele, wie *kṣatriya*-Könige unverantwortlich handelten und wie dann ein Gremium von *brāhmaṇas*, das von der Monarchie getragen wurde, den betreffenden König absetzte. An all diesen Punkten wird deutlich, dass das Königsamt zur Zeit der vedischen Kultur ein hohes Maß an Verantwortung mit sich brachte.

Der *brāhmaṇa* sagte deshalb: „Niemand sollte einem König, dessen einziges Anliegen Gewalt ist, Ehrerbietungen oder Verehrung darbringen. Ein solcher König verbringt seine Zeit damit, entweder im Wald Tiere zu jagen und zu töten oder Untertanen für ihre Verbrechen hinzurichten. Er kennt keine Selbstbeherrschung und hat einen üblen Charakter. Wenn die Bürger einen solchen König verehren oder respektieren, werden sie niemals glücklich sein. Sie werden in Armut bleiben, ihr Leben wird voller Ängste und Sorgen sein, und deshalb werden sie stets unglücklich sein.“ Die heutige Politik hat das Königsamt abgeschafft, und dem Präsidenten wird keine Verantwortung für das Wohl der Bürger zugeschrieben. Im gegenwärtigen Zeitalter, dem Kali-yuga, ist es üblich, dass sich jemand auf irgendeine Weise eine Stimmenmehrheit verschafft und so in die hohe Stellung des Staatsoberhauptes gelangt, während das Leben der Bürger, wie zuvor, voller Ängste, Leid, Kummer und Unzufriedenheit bleibt.

Auch das zweite Kind des *brāhmaṇa* starb während der Geburt und ebenso das dritte. Der *brāhmaṇa* hatte insgesamt neun Kinder. Jedes von ihnen starb während der Geburt, und jedes Mal ging er zum Palasttor, um den König anzuklagen. Als der *brāhmaṇa* zum neunten Mal kam, um dem König von *Dvārakā* Vorwürfe zu machen, waren auch Arjuna und Kṛṣṇa zugegen. Als Arjuna hörte, wie ein *brāhmaṇa* den König beschuldigte, ihn nicht gebührend zu beschützen, wurde er neugierig und fragte: „Mein lieber *brāhmaṇa*, wie kommst du dazu zu sagen, es gäbe keine echten *kṣatriyas*, die die Bürger deines Landes beschützen? Gibt es nicht einmal jemanden, der vorgibt, ein *kṣatriya* zu sein, und der Bogen und Pfeile trägt, um zumindest so zu tun, als könnte er seine Untertanen beschützen? Oder denkst du, dass die Männer des königlichen Geschlechts in diesem Land allesamt ihre Zeit nur damit zubringen, zusammen mit den *brāhmaṇas* Opfer auszuführen, ohne jedoch Tapferkeit und Kraft zu besitzen?“ Mit diesen Worten wies Arjuna darauf hin, dass sich die *kṣatriyas* nicht unter dem Vorwand, vedische Rituale durchzuführen, gemütlich zurücklehnen, sondern vielmehr mit aller Ritterlichkeit die Bürger beschützen sollten. Da sich die *brāhmaṇas* mit spirituellen Tätigkeiten beschäftigen, wird von ihnen nicht erwartet, dass sie körperlicher Arbeit nachgehen. Sie müssen deshalb von den *kṣatriyas* beschützt werden, so dass sie bei ihren höheren Pflichten und Tätigkeiten nicht gestört werden.

Arjuna fuhr fort: „Wenn die *brāhmaṇas* wider Willen von ihren Frauen oder von ihren Kindern getrennt werden und die *kṣatriya*-Könige ihnen nicht helfen, dann sind solche *kṣatriyas* nicht höher einzuschätzen als Schauspieler.“ In einem Schauspiel auf der Bühne kann ein Darsteller zwar die Rolle eines Königs spielen, doch niemand erwartet von einem solchen unechten König wirkliche Vorteile. Ebenso ist ein König oder Staatsoberhaupt, der den Kopf des gesellschaftlichen Körpers nicht zu schützen vermag, nichts anderes als ein Schwindler. Solche Staatsoberhäupter bekleiden ihre hohen Ämter nur, um ihren eigenen Lebensunterhalt zu bestreiten. „Mein lieber Herr“, fuhr Arjuna fort, „ich verspreche dir, dass ich deine Kinder beschützen werde, und sollte mir dies nicht gelingen, werde ich mich in ein loderndes Feuer stürzen, damit die Unreinheit der Sünden, die über mich gekommen ist, getilgt wird.“

Als der *brāhmaṇa* diese Worte Arjunas vernahm, entgegnete er: „Mein lieber Arjuna, Śrī Balarāma lebt hier, doch er konnte meine Kinder nicht beschützen, und auch Śrī Kṛṣṇa weilt unter uns und konnte ihnen keinen Schutz bieten. Es sind auch noch viele andere Helden anwesend, wie Pradyumna und Aniruddha, die Pfeil und Bogen mit sich tragen, doch auch sie waren nicht imstande, meine Kinder zu beschützen.“ Der *brāhmaṇa* gab damit deutlich zu verstehen, dass Arjuna nicht etwas vollbringen könne, was für die Höchste Persönlichkeit Gottes unmöglich gewesen sei. Er hatte das Gefühl, Arjuna hatte etwas versprochen, was jenseits seiner Möglichkeiten lag. Der *brāhmaṇa* sagte:

„In meinen Augen gleicht dein Versprechen dem eines unerfahrenen Kindes. Ich kann deinem Versprechen keinen Glauben schenken."

Arjuna erkannte, dass der *brāhmaṇa* alles Vertrauen in die *kṣatriya*-Könige verloren hatte. Um ihm daher wieder Zuversicht zu geben, sprach Arjuna in solcher Weise zu ihm, dass es schien, als tadle er sogar seinen Freund Śrī Kṛṣṇa. In der Gegenwart von Kṛṣṇa persönlich und einigen anderen Zuhörern wandte sich Arjuna vor allem gegen Kṛṣṇa und sagte: „Mein lieber *brāhmaṇa*, ich bin weder Saṅkarṣaṇa noch Kṛṣṇa, noch einer von Kṛṣṇas Söhnen wie Pradyumna und Aniruddha. Mein Name ist Arjuna, und ich trage den bekannten Gāṇḍīva-Bogen. Zu Unrecht schmähst du mich, denn ich zog durch meine Kühnheit selbst Śivas Wohlgefallen auf mich. Damals, als wir beide im Wald auf der Jagd waren, kämpfte ich mit Śiva, der als Jäger vor mir erschienen war, und als ich ihn mit meiner Stärke erfreute, gab er mir die Waffe, die als Pāśupata bekannt ist. Zweifle also nicht an meiner Tapferkeit. Ich werde dir deine Söhne zurückbringen, selbst wenn ich mit dem Tod in Person kämpfen muss." Als der *brāhmaṇa* Arjunas kühne Worte hörte, ließ er sich irgendwie überzeugen, und so kehrte er nach Hause zurück.

Als die Frau des *brāhmaṇa* wieder ein Kind zur Welt bringen sollte, rief der *brāhmaṇa* nach Arjuna, indem er sagte: „Mein lieber Arjuna, bitte komm und rette mein Kind!" Als Arjuna dies hörte, machte er sich sogleich bereit, indem er geweihtes Wasser berührte und heilige Mantras sprach, um seinen Bogen und seine Pfeile vor Gefahr zu schützen. Er bewaffnete sich insbesondere mit dem Pfeil, den Śiva ihm geschenkt hatte. Auf dem Weg dachte er an Śiva und dessen große Gunst, und so erschien er mit seinem Bogen Gāṇḍīva und verschiedenen anderen Waffen vor dem Haus des *brāhmaṇa*.

Es scheint, als wäre Arjuna die ganze Zeit über in Dvārakā geblieben, weil er sein Versprechen, dass er dem *brāhmaṇa* gegeben hatte, erfüllen musste. Als die Geburt des Kindes bevorstand und Arjuna gerufen wurde, war es tiefe Nacht. Während Arjuna zum Haus des *brāhmaṇa* ging, um bei der Geburt zugegen zu sein, dachte er an Śiva und nicht an seinen Freund Kṛṣṇa. Er meinte, weil Kṛṣṇa nicht imstande gewesen sei, dem *brāhmaṇa* zu helfen, sei es klüger, bei Śiva Zuflucht zu suchen. Dies ist ein weiteres Beispiel für einen Menschen, der Zuflucht bei den Halbgöttern sucht. Es wird in der *Bhagavad-gītā* wie folgt erklärt: *kāmais tais tair hṛta-jñānāḥ prapadyante 'nya-devatāḥ* – „Ein

Mensch, der aufgrund von Gier und Lust seine Intelligenz verliert, vergisst die Höchste Persönlichkeit Gottes und sucht bei den Halbgöttern Zuflucht.“ Arjuna war natürlich kein gewöhnliches Lebewesen, doch weil er mit Kṛṣṇa freundlichen Umgang pflegte, glaubte er, Kṛṣṇa wäre nicht imstande, den *brāhmaṇa* zu beschützen, und es wäre besser, wenn er sich an Śiva wende. Wie sich später jedoch herausstellen sollte, hatte Arjuna nicht den geringsten Erfolg damit, dass er bei Śiva statt bei Kṛṣṇa Zuflucht suchte. Arjuna jedoch tat sein Bestes, indem er verschiedene Mantras chantete und mit Pfeilen schoss, um das Haus des *brāhmaṇa* von allen Seiten zu schützen.

Die Frau des *brāhmaṇa* gebar einen Sohn, der sogleich, wie es natürlich ist, zu schreien begann. Doch plötzlich, nach wenigen Augenblicken, verschwanden sowohl das Kind als auch Arjunas Pfeile in der Luft. Es war nämlich so, dass das Haus des *brāhmaṇa* in der Nähe von Kṛṣṇas Palast lag und dass Kṛṣṇa an allem, was geschah und sich scheinbar Seiner Autorität widersetzte, seinen Spaß hatte. Er war es auch, der Arjuna den Streich gespielt hatte, bei dem das Kind des *brāhmaṇa* und die Pfeile Arjunas – auch der Pfeil Śivas, auf den Arjuna so stolz war – verschwanden. *Anta-vat tu phalaṁ teṣāṁ tad bhavaty-alpa-medhasām:* „Weniger Intelligente suchen aus Verwirrung Zuflucht bei den Halbgöttern und sind mit den zeitweiligen Segnungen zufrieden, die diese ihnen gewähren.“

In der Gegenwart Śrī Kṛṣṇas und anderer begann der *brāhmaṇa* sogleich, Arjuna anzuklagen: „Ein jeder sehe meine Dummheit! Ich habe den Worten Arjunas vertraut, der ein Schwächling ist und sich auf nichts versteht außer auf falsche Versprechungen. Wie konnte ich nur so dumm sein, Arjuna zu glauben! Er versprach, mein Kind zu beschützen, obwohl selbst Pradyumna, Aniruddha, Śrī Balarāma und Śrī Kṛṣṇa dies nicht vermocht hatten. Wenn schon diese großen Persönlichkeiten nicht in der Lage waren, meine Kinder zu retten, wer könnte es denn tun? Verwünscht sei daher Arjuna wegen seines falschen Versprechens, verwünscht sei sein berühmter Bogen Gāṇḍīva und seine Unverschämtheit, mit der er behauptete, mächtiger als Śrī Balarāma, Śrī Kṛṣṇa, Pradyumna und Aniruddha zu sein. Wie kann jemand mein Kind retten, wenn es bereits auf einen anderen Planeten gebracht worden ist? Aus reiner Torheit nur dachte Arjuna, er könnte mein Kind von einem anderen Planeten zurückholen.“

Als Arjuna so von dem *brāhmaṇa* verflucht worden war, ermächtigte er sich mit einer mystischen Yoga-Kraft, die es ihm ermöglichte, zu jedem beliebigen Planeten zu reisen. Auf diese Weise wollte er versuchen, das Kind des *brāhmaṇa* zu finden. Wie aus dieser Aussage hervorgeht, beherrschte Arjuna die mystische Kraft, mit deren Hilfe die Yogis nach Belieben zu jedem Planeten reisen können. Als Erstes begab er sich zu dem Planeten Yamaloka, auf dem Yamarāja, der Herr des Todes, lebt. Er konnte jedoch das Kind trotz allen Suchens nicht finden. Daraufhin begab er sich sofort zum Planeten des Himmelskönigs Indra, doch als er das Kind auch dort nicht finden konnte, begab er sich zum Planeten des Feuergottes, danach zu den Planeten des Halbgottes Nirṛti, und von dort zum Mond. Er setzte seine Suche auf Vāyuloka und Varuṇaloka fort, und als auch dort das Kind nicht aufzufinden war, ging er hinab zum Planeten Rasātala, dem niedrigsten Planetensystem im Universum. Nachdem Arjuna all diese Planeten bereist hatte, begab er sich schließlich nach Brahmaloka, wohin nicht einmal die mystischen Yogis gehen können. Arjuna besaß diese Kraft dank Kṛṣṇas Gnade, und so ließ er alle himmlischen Planeten hinter sich und suchte Brahmaloka auf. Als er das Kind jedoch nirgends finden konnte, obwohl er alle nur denkbaren Planeten durchforscht hatte, wollte er sich ins Feuer stürzen, wie er es dem *brāhmaṇa* für den Fall versprochen hatte, dass es ihm nicht gelingen sollte, das Kind zurückzubringen. Śrī Kṛṣṇa jedoch war Arjuna sehr wohlgesinnt, denn Arjuna war sein vertrautester Freund, und so brachte er ihn davon ab, sich wegen dieser Schande ins Feuer zu stürzen. Kṛṣṇa gab ihm zu verstehen, dass es indirekt auch Ihm, Kṛṣṇa, schaden würde, wenn Sein Freund Arjuna eine solche Verzweiflungstat beginge. Śrī Kṛṣṇa konnte Arjuna davon abbringen, indem Er ihm versicherte, dass Er das Kind wieder auffinden werde. Er sagte zu Arjuna: „Begehe nicht törichterweise Selbstmord."

Nachdem Śrī Kṛṣṇa so zu Arjuna gesprochen hatte, rief Er Seinen transzendentalen Streitwagen herbei, bestieg ihn mit Arjuna und lenkte ihn nach Norden. Śrī Kṛṣṇa, die allmächtige Höchste Persönlichkeit Gottes, hätte das Kind natürlich ohne Weiteres zurückbringen können, doch wir müssen stets bedenken, dass Er die Rolle eines gewöhnlichen Menschen spielte. Ebenso wie ein Mensch eine Anstrengung unternehmen muss, um ein bestimmtes Ergebnis zu erzielen, begab Sich auch Śrī Kṛṣṇa wie ein gewöhnlicher Mensch bzw. wie Sein Freund Arjuna auf den Weg und verließ Dvārakā, um das Kind des *brāhmaṇa* zurückzuholen. Als Kṛṣṇa, einem Menschen ähnlich, unter den Menschen erschien und Seine transzendentalen Spiele entfaltete, zeigte Er deutlich, dass keine Persönlichkeit größer ist als Er. „Gott ist groß", das ist die Definition der Höchsten Persönlichkeit Gottes. So bewies Kṛṣṇa, dass es – zumindest während Seiner Gegenwart in der materiellen Welt – keine größere Persönlichkeit im Universum gab als Ihn.

Kṛṣṇa fuhr mit Arjuna nordwärts und ließ viele Planetensysteme hinter Sich. Im *Śrīmad-Bhāgavatam* werden diese Planetensysteme als *sapta-dvīpa* bezeichnet. *Dvīpa* bedeutet „Insel". Die Planeten werden in den vedischen Schriften manchmal als *dvīpas* bezeichnet. Der Planet zum Beispiel, auf dem wir leben, heißt Jambūdvīpa. Der Weltraum wird als großer Ozean aus Luft betrachtet, in dem sich viele Inseln befinden, nämlich die Planeten. Auf jedem dieser Planeten gibt es auch Ozeane. Einige bestehen aus Salzwasser, andere aus Milch, wieder andere aus Alkohol, Butterfett oder Öl. So sind auch die Gebirge der einzelnen Planeten und die Atmosphären, von denen die Planeten umgeben sind, von unterschiedlichster Art.

Kṛṣṇa ließ all diese Planeten hinter Sich und erreichte die Umhüllung des Universums. Diese Umhüllung wird im *Śrīmad-Bhāgavatam* als „große Dunkelheit" dargestellt. Die gesamte materielle Welt wird als Ort der Dunkelheit beschrieben. Der offene Weltraum wird zwar von den Strahlen der Sonne erhellt, doch in der Umhüllung ist es völlig dunkel, weil dort kein Sonnenlicht hingelangt. Als Kṛṣṇa auf die Umhüllung des Universums zufuhr, zögerten die vier Pferde, die Seinen Wagen zogen – Śaibya, Sugrīva, Meghpuṣpa und Balāhaka –, sich in die Dunkelheit zu begeben. Dass die Pferde scheuten, ist ebenfalls ein Teil der transzendentalen Spiele Śrī Kṛṣṇas, denn Seine Pferde sind nicht gewöhnliche Pferde. Wie hätten sie sonst durch das ganze Universum laufen und dann in die umhüllenden Schichten eindringen können? Ebenso wie Kṛṣṇa transzendental ist, sind auch Sein Streitwagen, Seine Pferde und alles andere, was mit Ihm verbunden ist, transzendental, das heißt jenseits der Erscheinungsweisen der materiellen Welt. Wir müssen uns stets vor Augen halten, dass Kṛṣṇa die Rolle eines gewöhnlichen Menschen spielte, und so spielten auch Kṛṣṇas Pferde, wie es Sein Wille war, die Rolle gewöhnlicher Pferde, als sie zögerten, in die Dunkelheit zu laufen.

Kṛṣṇa ist auch als Yogeśvara bekannt, wie dies zum Ende der *Bhagavad-gītā* bestätigt wird. *Yogeśvaro hariḥ*: Alle mystischen Kräfte befinden sich unter Seiner Kontrolle. Auch heute noch gibt es Menschen, die mystische Kräfte beherrschen, und manchmal vollbringen sie eindrucksvolle Wundertaten; Kṛṣṇa aber ist der Meister aller mystischen Kräfte. Deshalb schleuderte Er, als Er sah, dass Seine Pferde vor der Dunkelheit zurückschreckten, Sein Feuerrad, das Sudarśana-*cakra*, los, das den Raum tausendmal heller erleuchtete als das Sonnenlicht. Die Dunkelheit der Umhüllung des Universums ist ebenfalls eine Schöpfung Kṛṣṇas, und das Sudarśana-*cakra* ist Kṛṣṇas ständiger Begleiter. So durchdrang Kṛṣṇa die Finsternis, indem Er Sein Feuerrad vor Sich herfliegen ließ. Das *Śrīmad-Bhāgavatam* sagt an dieser Stelle, dass das Sudarśana-*cakra* die Dunkelheit durchdrang, genau wie ein Pfeil von Śrī Rāmacandras Śārṅga-Bogen das Heer Rāvaṇas durchdrang. *Su* bedeutet „sehr gut“, und *darśana* bedeutet „Sicht“. Dank der Gnade von Śrī Kṛṣṇas Feuerrad Sudarśana kann alles sehr gut gesehen werden, und nichts bleibt in Dunkelheit. Auf diese Weise also durchquerten Kṛṣṇa und Arjuna den weiten Bereich der Dunkelheit, die die materiellen Universen bedeckt.

Dann bemerkte Arjuna das strahlende Licht des *brahmajyoti*. Das *brahmajyoti* befindet sich außerhalb der Bedeckung der materiellen Universen, und da wir es mit unseren gegenwärtigen Augen nicht sehen können, wird es manchmal als *avyakta* bezeichnet. Diese spirituelle Ausstrahlung ist das letztliche Ziel derjenigen Unpersönlichkeitsanhänger, die man Vedāntisten nennt. Eine weitere Bezeichnung für das *brahmajyoti* lautet *ananta-pāram*, was darauf hinweist, dass es unbegrenzt und unergründlich ist. Als Kṛṣṇa und Arjuna den Bereich des *brahmajyoti* erreichten, musste Arjuna die Augen schließen, weil er das gleißende Licht nicht ertragen konnte. Auf welche Weise Kṛṣṇa und Arjuna das *brahmajyoti* erreichten, wird im *Hari-vaṁśa* geschildert. In diesem Teil der vedischen Schriften finden wir die folgenden Worte Kṛṣṇas an Arjuna: „Mein lieber Arjuna, die gleißenden Strahlen des transzendentalen Lichts, das du siehst, ist die Ausstrahlung Meines Körpers. O Oberhaupt der Nachkommen Bharatas, Ich Selbst bin das *brahmajyoti*.“ So wie der Sonnenplanet und das Sonnenlicht nicht voneinander zu trennen sind, sind auch Kṛṣṇa und die Strahlen Seines Körpers, das *brahmajyoti*, nicht voneinander zu trennen. Dies ist der Grund, warum Kṛṣṇa sagt,

Er Selbst sei das *brahmajyoti*. Dies wird im *Hari-vaṁśa* deutlich zum Ausdruck gebracht, wo Kṛṣṇa sagt: *ahaṁ saḥ*. Das *brahmajyoti* setzt sich aus winzigen Teilchen zusammen, den spirituellen Funken oder Lebewesen, die man auch als *cit-kaṇa* bezeichnet. Der vedische Ausspruch *so 'ham* („Ich bin das *brahmajyoti*") kann sich auch auf die Lebewesen beziehen, die sich ebenfalls als Teile des *brahmajyoti* bezeichnen können. Kṛṣṇa erklärt weiter im *Hari-vaṁśa:* „Das *brahmajyoti* ist eine Erweiterung Meiner spirituellen Energie."

Kṛṣṇa sagte zu Arjuna: „Das *brahmajyoti* liegt jenseits des Bereichs Meiner äußeren Energie, *māyā-śakti*." Wenn man sich in der materiellen Welt befindet, kann man die Brahman-Ausstrahlung nicht wahrnehmen. Mit anderen Worten ist diese Ausstrahlung in der materiellen Welt nicht manifestiert, sondern nur in der spirituellen Welt. Das ist die Erklärung des Begriffs *vyakta-avyakta* im *Hari-vaṁśa*. In der *Bhagavad-gītā* heißt es: *avyakto 'vyaktāt sanātanaḥ* – „Beide Energien sind ewig manifestiert."

Als Nächstes begaben sich Śrī Kṛṣṇa und Arjuna in ein riesiges spirituelles Gewässer. Dieses spirituelle Gewässer wird Kāraṇa-Ozean genannt, was bedeutet, dass dieser Ozean der Schöpfungsursprung der materiellen Welt ist. Dieser Ort ist auch bekannt als Virajā, weil er frei von dem Einfluss der drei Erscheinungsweisen der materiellen Natur ist. Im *Mṛtyuñjaya-tantra*, einer vedischen Schrift, findet sich eine ausführliche Beschreibung des Kāraṇa-Ozeans, des Virajā. Es heißt dort, dass das höchste Planetensystem in der materiellen Welt Satyaloka, oder Brahmaloka, sei und dass sich jenseits davon Rudraloka und Mahā-viṣṇuloka befänden. Im Zusammenhang mit Mahā-viṣṇuloka heißt es in der *Brahma-saṁhitā*: *yaḥ kāraṇārṇava-jale bhajati sma yoga-nidrām ananta-jagad-aṇḍa-sa-roma-kūpaḥ* – „Mahā-viṣṇu liegt auf dem Kāraṇa-Ozean. Wenn Er ausatmet, treten unzählige Universen ins Dasein, und wenn Er einatmet, gehen sie wieder in Ihn ein." Auf diese Weise wird die materielle Schöpfung hervorgebracht und wieder zurückgezogen. Als Kṛṣṇa und Arjuna in das Wasser des Kāraṇa-Ozeans fuhren, tobte ein heftiger Orkan transzendentaler Ausstrahlung, und das Wasser des Ozeans war sehr aufgewühlt. Durch Śrī Kṛṣṇas Gnade bekam Arjuna die einzigartige Gelegenheit, die Schönheit des Kāraṇa-Ozeans zu sehen.

Begleitet von Kṛṣṇa, erblickte Arjuna im Wasser einen gewaltigen

Palast, und er erblickte Tausende von Pfeilern und Säulen aus kostbaren Juwelen, die in einzigartiger Schönheit leuchteten und funkelten, so dass Arjuna bei ihrem Anblick wie gebannt war. Im Innern des Palastes sahen Kṛṣṇa und Arjuna die gigantische Gestalt Anantadevas, der auch als Śeṣa bekannt ist. Śrī Anantadeva, Śeṣa-Nāga, hatte die Gestalt einer großen Schlange mit Tausenden von Köpfen, von denen jeder mit funkelnden Juwelen geschmückt war, die ein strahlendes Licht verbreiteten. Anantadeva besaß auf jedem Seiner Köpfe zwei Augen, die sehr furchterregend aussahen; Sein Körper war weiß wie der Berggipfel von Kailāsa, der immer von Schnee bedeckt ist, und Sein Hals hatte, genau wie Seine Zungen eine blaue Tönung. Auf diese Weise bekam Arjuna die Gestalt Śeṣa-Nāgas zu Gesicht, und auf dem weichen, weißen Körper Śeṣa-Nāgas lag wohlgebettet Śrī Mahā-viṣṇu. Arjuna sah die alldurchdringende und mächtige Größe Mahā-viṣṇus, und er verstand, dass die Höchste Persönlichkeit Gottes in dieser Form als Puruṣottama bezeichnet wird. Sein Name lautet Puruṣottama, die höchste oder beste Persönlichkeit Gottes, weil aus Ihm eine weitere Gestalt Viṣṇus hervorgeht, die in der materiellen Welt als Garbhodakaśāyī Viṣṇu bezeichnet wird. Die Gestalt des Höchsten Herrn als Mahā-viṣṇu wird auch als Puruṣottama (Puruṣa-uttama) bezeichnet, da Er sich jenseits der materiellen Welt befindet. *Tama* bedeutet „Dunkelheit", und *ut* bedeutet „über" oder „transzendental". *Uttama* bedeutet also „über der Dunkelheit der materiellen Welt stehend". Arjuna sah auch, dass die Körpertönung Puruṣottamas, Mahā-viṣṇus, dunkel war wie eine frische Wolke in der Regenzeit. Er war in wunderschöne gelbe Gewänder gekleidet. Auf Seinem Antlitz lag ein bezauberndes Lächeln, und Seine Augen, die den Blütenblättern von Lotosblumen glichen, waren von lieblicher Schönheit. Mahā-viṣṇus Helm war mit kostbaren Juwelen reich verziert, und Seine prachtvollen Ohrringe unterstrichen die Schönheit Seines lockigen Haars. Mahā-viṣṇu hatte acht Arme, die sehr lang waren und Ihm bis an die Knie reichten; Seinen Hals schmückte das Kaustubha-Juwel, und auf Seiner Brust war das Śrīvatsa-Zeichen zu sehen, das den Aufenthaltsort der Glücksgöttin kennzeichnet. Dazu trug der Herr eine Girlande aus Lotosblumen, die Ihm bis an die Knie reichte. Diese lange Girlande wird Vaijayantī genannt.

In nächster Nähe des Herrn standen Seine persönlichen Gefährten, Nanda und Sunanda, und auch das Sudarśana-*cakra* in Person war anwesend. Wie in den Veden erklärt wird, besitzt der Herr unzählige Energien, und hier nun wurde Er von den personifizierten Formen dieser Energien umgeben. Die bedeutendsten waren: Puṣṭi, die Energie der Ernährung, Śrī, die Energie der Schönheit, Kīrti, die Energie des Ruhmes, und Ajā, die Energie der materiellen Schöpfung. All diese Energien sind den Verwaltern der materiellen Welt verliehen worden, nämlich Brahmā, Śiva und Viṣṇu sowie auch Indra (dem König der himmlischen Planeten), Candra, Varuṇa und dem Sonnengott. Mit anderen Worten, all diese Halbgötter, die vom Herrn mit bestimmten Energien ermächtigt worden sind, beschäftigen sich im transzendentalen liebevollen Dienst der Höchsten Persönlichkeit Gottes. Die Form Mahā-viṣṇus ist eine Erweiterung von Kṛṣṇas Körper. Dies bestätigt auch die *Brahma-saṁhitā*, wo erklärt wird, dass Mahā-viṣṇu ein Teil einer vollständigen Erweiterung Kṛṣṇas sei. All diese Erweiterungen sind von der Persönlichkeit Gottes nicht verschieden, aber weil Kṛṣṇa in der materiellen Welt erschienen ist, um Seine Spiele in der Rolle eines Menschen zu entfalten, brachten Er und Arjuna Mahā-viṣṇu sogleich ihre Ehrerbietungen dar, indem sie sich vor Ihm verneigten. Im *Śrīmad-Bhāgavatam* heißt es, dass Śrī Kṛṣṇa Mahā-viṣṇu Ehrerbietungen dargebracht habe. Dies bedeutet, dass Er Mahā-viṣṇu nur deshalb Ehrerbietungen darbrachte, weil Mahā-viṣṇu nicht von Ihm Selbst verschieden ist. Dass Kṛṣṇa Mahā-viṣṇu Ehrerbietungen darbrachte, hat jedoch nichts mit der Art der Verehrung zu tun, die als *ahaṅgrahopāsanā* bekannt ist und die den Menschen empfohlen wird, die versuchen, sich selbst durch das Opfer des Wissens in die spirituelle Welt zu erheben. Dies wird ebenfalls in der *Bhagavad-gītā* erklärt: *jñāna-yajñena cāpy anye yajanto mām upāsate.*

Für Kṛṣṇa bestand eigentlich keine Notwendigkeit, Mahā-viṣṇu Ehrerbietungen darzubringen, doch weil Er der höchste Lehrer ist, wollte Er Arjuna zeigen, wie man Mahā-viṣṇu Ehre erweisen muss. Arjuna jedoch wurde von großer Furcht erfüllt, als er diese gigantische Form der Gesamtheit alles Existierenden sah, die sich mit nichts in der materiellen Welt vergleichen lässt. Als Arjuna sah, wie Kṛṣṇa Mahā-viṣṇu Ehrerbietungen darbrachte, folgte er sogleich Seinem Beispiel und stand sodann mit gefalteten Händen vor dem Herrn. Mahā-viṣṇu war sehr erfreut, und mit wohlwollendem Lächeln sprach Er in Seiner gigantischen Gestalt die folgenden Worte:

„Mein lieber Kṛṣṇa und Mein lieber Arjuna, Ich habe mich sehr danach gesehnt, euch zu sehen, und deshalb entführte Ich die Kinder des *brāhmaṇa* und behielt sie hier. So hoffte Ich, dass ihr zu Meinem Palast kommen würdet. Ihr seid als Meine Inkarnationen in der materiellen Welt erschienen, um die Macht der Dämonen zu verringern, die auf der Welt lastete. Da ihr nun diese unerwünschten Dämonen alle getötet habt, bitte Ich euch, wieder zu Mir zurückzukehren. Ihr beide seid Inkarnationen des großen Weisen Nara-Nārāyaṇa. Obwohl ihr in euch selbst vollkommen seid, lehrt ihr die grundlegenden Prinzipien wahrer Religion, um die Gottgeweihten zu beschützen, die Dämonen zu vernichten und vor allem um die religiösen Prinzipien wieder einzuführen, sodass die Menschen der Welt eurem Beispiel folgen können, um so ein friedvolles und glückliches Leben zu erlangen."

Schließlich erwiesen Śrī Kṛṣṇa und Arjuna Mahā-viṣṇu noch einmal ihre Ehrerbietungen, nahmen die Kinder des *brāhmaṇa* mit sich und kehrten auf dem gleichen Wege, auf dem sie in die spirituelle Welt gekommen waren, nach Dvārakā zurück. Dort angekommen, begaben sich Kṛṣṇa und Arjuna zum *brāhmaṇa* und übergaben ihm seine Söhne, die mittlerweile alle groß geworden waren.

Arjuna jedoch erinnerte sich voller Verwunderung an seinen Besuch in der transzendentalen Welt, den er nur der Gnade Śrī Kṛṣṇas zu verdanken hatte. Und durch Kṛṣṇas Gnade konnte er auch verstehen, dass alles Wunderbare, was es in der materiellen Welt gibt, nichts anderes als eine Erweiterung des Herrn ist. Jeglicher Wohlstand, den ein Mensch in der materiellen Welt sein Eigen nennt, ist Kṛṣṇas Barmherzigkeit zu verdanken. Deshalb sollten wir immer im Kṛṣṇa-Bewusstsein verankert sein und Śrī Kṛṣṇa all unsere Dankbarkeit zeigen, denn alles, was wir besitzen, wurde von Ihm verliehen.

Arjunas wundervolles Erlebnis, das ihm durch Kṛṣṇas Gnade zukam, war eines der vielen Tausenden von Spielen, die Kṛṣṇa während Seines Aufenthaltes in der materiellen Welt offenbarte. Seine Spiele waren alle einzigartig und finden in der Weltgeschichte nicht ihresgleichen. Obwohl sie eindeutig bewiesen, dass Kṛṣṇa die Höchste Persönlichkeit Gottes ist, verhielt Er Sich während Seines Erscheinens auf der Erde wie ein gewöhnlicher Mensch, der vielen weltlichen Pflichten nachkommen muss. Er spielte die Rolle eines vorbildlichen Haushälters, und obwohl Er mehr als 16 000 Frauen, 16 000 Paläste und 160 000

Kinder hatte, brachte Er in dieser Rolle viele Opfer dar, um den königlichen Stand zu lehren, wie man in der materiellen Welt zum Wohl der Menschheit leben muss. Als die vollkommene, höchste Persönlichkeit erfüllte Er die Wünsche eines jeden, von den *brāhmaṇas*, den erhabensten Persönlichkeiten in der Gesellschaft, über die gewöhnlichen Lebewesen bis hin zu den niedrigsten der Menschen. So wie es König Indra obliegt, über der ganzen Welt Regen niedergehen zu lassen, um jedes Lebewesen zu erfreuen, so erfreut Śrī Kṛṣṇa Seinerseits jedes Lebewesen, indem Er überall Seine grundlose Barmherzigkeit verteilt. Seine Mission bestand darin, die Gottgeweihten zu beschützen und die dämonischen Könige zu vernichten, und so tötete Er Tausende und Abertausende von Dämonen. Einige tötete Er persönlich, und andere wurden von Arjuna getötet, den Er damit beauftragte. Gleichzeitig übertrug Er vielen frommen Königen, wie beispielsweise Yudhiṣṭhira, die Regelung des Weltgeschehens. Durch Seinen göttlichen Willen setzte Er die Regierung König Yudhiṣṭhiras ein und so herrschte überall Ruhe und Frieden.

Hiermit enden die Bhaktivedanta-Erläuterungen zum 89. Kapitel des Kṛṣṇa-Buches mit dem Titel „Die unvergleichliche Macht Śrī Kṛṣṇas“.

KAPITEL 90

Abschließende Darstellung der Spiele Śrī Kṛṣṇas

Nachdem Arjuna aus dem spirituellen Königreich zurückgekehrt war, das er in Begleitung Kṛṣṇas hatte besuchen dürfen, erfüllte Ihn tiefste Verwunderung. Er konnte nicht vergessen, wie er, obwohl er nur ein gewöhnliches Lebewesen war, durch Kṛṣṇas Gnade die Gelegenheit bekommen hatte, die spirituelle Welt zu sehen. Und nicht nur das, es war ihm sogar vergönnt gewesen, mit eigenen Augen den ursprünglichen Maha-viṣṇu, die Ursache der materiellen Schöpfung, zu sehen. Es heißt, dass Kṛṣṇa Vṛndāvana niemals verlasse *(vṛndāvanaṁ parityajya pādam ekaṁ na gacchati)*. Kṛṣṇa ist vollkommen in Mathurā, vollkommener in Dvārakā und am vollkommensten in Vṛndāvana. Kṛṣṇas Spiele in Dvārakā werden von Seiner Erweiterung Vāsudeva vollführt, dennoch besteht zwischen Seiner Vāsudeva-Erweiterung, die Er in Mathurā und Dvārakā offenbart, und der ursprünglichen Form Kṛṣṇas in Vṛndāvana kein Unterschied. Wie zu Beginn dieses Buches erklärt wurde, wird Kṛṣṇa, wenn Er erscheint, von all Seinen Inkarnationen, vollständigen Teilerweiterungen und Teilen Seiner vollständigen Teilerweiterungen begleitet. Einige Seiner Spiele werden daher nicht vom ursprünglichen Kṛṣṇa Selbst offenbart, sondern von Seinen Erweiterungen.

Warum Arjuna verwirrt war und sich fragte, wie es kam, dass Kṛṣṇa in die spirituelle Welt zu Kāraṇārṇavaśāyī Viṣṇu ging, wird in den Kommentaren von Śrīla Viśvanātha Cakravartī Ṭhākura ausführlich erörtert. Den Worten Mahā-viṣṇus ist zu entnehmen, dass Er Sich sehr danach sehnte, Kṛṣṇa zu sehen. Hieraus könnte sich die folgende Fragestellung ergeben: Mahā-viṣṇu hatte zweifellos nach Dvārakā gehen müssen, um die Söhne des *brāhmaṇa* zu entführen. Warum also sah Er Kṛṣṇa nicht in Dvārakā? Eine mögliche Antwort ist, dass Kṛṣṇa ohne Seine eigene Einwilligung nicht einmal von Mahā-viṣṇu, der im Ozean der Ursachen in der spirituellen Welt liegt, gesehen werden kann. So kam es, dass Mahā-viṣṇu nacheinander alle Söhne des *brāhmaṇa* gleich nach ihrer Geburt entführte, denn Er hoffte, dass Kṛṣṇa persönlich zum Ozean der Ursachen kommen würde, um sie zurückzuholen, und dass Er Kṛṣṇa auf diese Weise würde sehen können. Aber warum ist Mahā-viṣṇu dann persönlich nach Dvārakā gegangen, wenn Er Kṛṣṇa dort sowieso nicht sehen konnte? Warum schickte Er nicht einfach einen Seiner Gefährten, um die Söhne des *brāhmaṇa* zu entführen? Auf diese Frage lässt sich antworten, dass es sehr schwierig war, in Kṛṣṇas Gegenwart den Bewohnern Dvārakās Leid zuzufügen. Deshalb wäre es für keinen von Mahā-viṣṇus Gefährten möglich gewesen, die Söhne des *brāhmaṇa* zu rauben, und so musste Mahā-viṣṇu persönlich kommen, um sie zu holen.

In diesem Zusammenhang mag eine weitere Frage aufkommen: Wie kommt es, dass die Höchste Persönlichkeit Gottes, die als *brahmaṇya-deva*, der verehrenswerte Herr der *brāhmaṇas*, bekannt ist, bereit war, einem *brāhmaṇa* nacheinander alle zehn Söhne fortzunehmen und ihn dadurch in so großes Leid zu stürzen? Die Antwort lautet, dass sich Mahā-viṣṇu so sehr danach sehnte, Kṛṣṇa zu sehen, dass Er Sich nicht einmal scheute, einem *brāhmaṇa* Kummer zu bereiten. Obwohl es eigentlich unzulässig ist, einem *brāhmaṇa* Leid zuzufügen, war Śrī Viṣṇu bereit, alles zu tun, um Kṛṣṇa zu sehen – so sehr sehnte Er Sich nach Ihm. Er sah voraus, dass der *brāhmaṇa* jedes Mal, wenn er einen Sohn verlor, zum Palasttor gehen und dem König vorwerfen würde, dass er die *brāhmaṇas* nicht beschützen könne und deshalb ungeeignet sei, auf dem Königsthron zu sitzen. Es war also Mahā-viṣṇus Plan, dass der *brāhmaṇa* die *kṣatriyas* und Kṛṣṇa anklagen würde, so dass Kṛṣṇa verpflichtet wäre, zu Ihm zu kommen, um die Söhne des *brāhmaṇa* zurückzuholen.

Aus der obigen Aussage ergibt sich eine weitere Frage: Wenn Mahā-viṣṇu Kṛṣṇa nicht sehen kann, wieso war Kṛṣṇa dann am Ende verpflichtet, zu Mahā-viṣṇu zu gehen, um die Söhne des *brāhmaṇa* zurückzuholen? Die Antwort ist, dass Kṛṣṇa im Grunde nicht wegen der Söhne des *brāhmaṇa* zu Mahā-viṣṇu fuhr, sondern nur um Arjunas willen. Arjuna war nämlich entschlossen gewesen, sich in ein Feuer zu stürzen, um sich das Leben zu nehmen, doch weil Kṛṣṇas Freundschaft mit Arjuna so eng war, hatte ihn Kṛṣṇa um alles in der Welt beschützen wollen. Arjuna jedoch hätte seinen Entschluss nicht geändert, wenn die Söhne des *brāhmaṇa* nicht wieder erschienen wären. Deshalb hatte ihm Kṛṣṇa versprochen: „Ich werde die Söhne des *brāhmaṇa* zurückholen. Versuche nicht, dir das Leben zu nehmen."

Wenn Sich Śrī Kṛṣṇa nur zu Śrī Viṣṇu begeben hätte, um die Söhne des *brāhmaṇa* zurückzufordern, hätte Er nicht gewartet, bis auch der zehnte Sohn verschwunden war. Doch als schließlich auch der zehnte Sohn von Mahā-viṣṇu geholt wurde und Arjuna wegen seines Versprechens, das er nicht hatte halten können, ins Feuer gehen wollte, entschloss Sich Kṛṣṇa angesichts der ernsten Situation, mit Arjuna Mahā-viṣṇu aufzusuchen. Es heißt, dass Arjuna eine ermächtigte Inkarnation Nara-Nārāyaṇas ist. Er wird manchmal sogar Nara-Nārāyaṇa genannt. Die Nara-Nārāyaṇa-Inkarnation ist eine vollständige Erweiterung Śrī Viṣṇus. Daher muss Arjuna, als er mit Śrī Kṛṣṇa Mahā-viṣṇu besuchte, dies in seiner Eigenschaft als Nara-Nārāyaṇa getan haben, ähnlich wie Kṛṣṇa in Seinem Aspekt als Vāsudeva handelte, als Er Seine Spiele in Dvārakā offenbarte.

Nach seinem Besuch in der spirituellen Welt kam Arjuna zu dem Schluss, dass jegliche Art des Reichtums, den man in der materiellen oder spirituellen Welt besitzen könne, nichts anderes als ein Geschenk Kṛṣṇas sei. Śrī Kṛṣṇa manifestiert Sich in den verschiedensten Formen, die in *viṣṇu-tattva* und *jīva-tattva* unterteilt werden. Das *viṣṇu-tattva* wird auch als *svāṁśa* bezeichnet und das *jīva-tattva* als *vibhinnāṁśa.*

Deshalb kann Er Sich in Seinen transzendentalen Spielen ganz nach Wunsch sowohl als *svāṁśa-* als auch als *vibhinnāṁśa*-Erweiterung manifestieren und dennoch bleibt Er immer die ursprüngliche Höchste Persönlichkeit Gottes.

Die Beschreibung der transzendentalen Spiele Kṛṣṇas wird im 90. Kapitel des 10. Cantos des *Śrīmad-Bhāgavatam* abgeschlossen. Mit diesem Kapitel wollte Śukadeva Gosvāmī beschreiben, wie Kṛṣṇa glücklich und in aller Vollkommenheit in Dvārakā lebte. Kṛṣṇas Vollkommenheit der Stärke wurde bereits in Seinen vielen Spielen offenbart, und in der Folge soll beschrieben werden, wie das Leben in Dvārakā Kṛṣṇas Vollkommenheit des Reichtums und der Schönheit entfaltete. In der materiellen Welt, gelten Reichtum und Schönheit als die bedeutendsten aller Vollkommenheiten, wobei sie jedoch nur eine verzerrte Reflexion dieser Füllen in der spirituellen Welt sind. Während Kṛṣṇa daher als Höchste Persönlichkeit Gottes auf der Erde weilte, fanden Seine Vollkommenheiten des Reichtums und der Schönheit in allen drei Welten nicht ihresgleichen. Kṛṣṇa erfreute Sich der Gemeinschaft von 16 000 schönen Frauen, und was sehr bedeutsam ist – Er war ihr einziger Gemahl. Es wird besonders hervorgehoben, dass er der einzige Gemahl von 16 000 Königinnen war. Natürlich ist es bereits einige Male vorgekommen, dass ein mächtiger König Hunderte von Königinnen besaß, doch obwohl ein solcher König der einzige Ehemann so vieler Frauen war, konnte Er niemals mit ihnen allen zur gleichen Zeit zusammen sein. Śrī Kṛṣṇa jedoch erfreute Sich all Seiner 16 000 Frauen gleichzeitig.

Man könnte einwenden, auch Yogis seien fähig, ihren Körper zu vervielfachen. Die Erweiterungen der Yogis und die Śrī Kṛṣṇas sind jedoch keineswegs von gleicher Art. Kṛṣṇa wird auch Yogeśvara, der Meister aller Yogis, genannt. In den vedischen Schriften wird beschrieben, dass sich der Yogi Saubhari Muni in acht Formen erweitern konnte. Solche Erweiterungen sind jedoch mit den „Erweiterungen" beim Fernsehen zu vergleichen. Das Fernsehbild wird in millionenfachen Erweiterungen wiedergegeben, doch diese Erweiterungen können sich niemals unabhängig voneinander bewegen. Sie sind lediglich Abbilder des ursprünglichen Bildes und können sich deshalb auch nur so bewegen wie das ursprüngliche Bild. Kṛṣṇas Erweiterungen dagegen sind nicht materiell wie die beim Fernsehen oder wie die eines Yogi. Nārada sah daher bei seinen Besuchen in Kṛṣṇas Palästen, dass Kṛṣṇa in Seinen verschiedenen Erweiterungen in jedem einzelnen der Paläste etwas anderes tat.

Es wird auch beschrieben, dass Kṛṣṇa in Dvārakā als der Gemahl der Glücksgöttin lebte. Königin Rukmiṇī ist die Göttin des Glücks, und die anderen Königinnen sind ihre Erweiterungen. So lebte Kṛṣṇa, das Oberhaupt der Vṛṣṇi-Dynastie, in aller Pracht mit der Glücksgöttin zusammen. Die Königinnen Kṛṣṇas werden als ewig jugendlich und schön beschrieben. Obwohl Kṛṣṇa bereits Enkel und Urenkel hatte, sahen weder Er noch Seine Königinnen älter aus als 16 bis 24 Jahre. Die jungen Königinnen waren so schön, dass sie, wenn sie sich bewegten, den Blitzen glichen, die am Himmel aufleuchten. Sie trugen stets erlesensten Schmuck und feinste Gewänder und widmeten sich Vergnügungen wie Tanzen, Singen und dem Ballspielen auf den Dächern ihrer Paläste. Das Tennisspielen sowie das Tanzen der Mädchen in der materiellen Welt sind also eine verzerrte Widerspiegelung der ursprünglichen Spiele der ursprünglichen Persönlichkeit Gottes, Kṛṣṇa, und Seiner Frauen.

Auf den Alleen und Straßen Dvārakās bewegten sich ständig zahlreiche Elefanten, Pferde, Wagen und Fußsoldaten. Wenn Elefanten Arbeiten verrichten müssen, gibt man ihnen alkoholische Getränke, und es heißt, dass die Elefanten in Dvārakā so viel Alkohol bekamen, dass sie große Mengen davon auf den Straßen versprühten und trotzdem immer noch trunken durch die Stadt zogen. Die Fußsoldaten, die die Straßen entlangschritten, trugen prachtvollen Goldschmuck, und auf den Straßen der Stadt verkehrten goldene Pferdekutschen. Wohin das Auge auch blickte, sah man überall Parkanlagen und Gärten voller Bäume und Sträucher, die mit Früchten und Blüten beladen waren. Weil überall so viele herrliche Obst- und Blütenbäume standen, schlossen sich die lieblich zwitschernden Vögel und die summenden Hummeln zu einem wohlklingenden Konzert zusammen. So entfaltete die Stadt Dvārakā alle Herrlichkeiten in Vollkommenheit. Die Helden der Yadu-Dynastie betrachteten sich als die glücklichsten Bewohner der Stadt und tatsächlich kamen sie in den Genuss aller transzendentalen Vorzüge.

In dieser wundervollen Stadt Dvārakā befanden sich alle 16 000 Paläste der Königinnen Kṛṣṇas, und Śrī Kṛṣṇa, der höchste, ewige Genießer all dieser Reichtümer, hatte Sich in 16 000 Formen erweitert, um Sich in all den Palästen gleichzeitig den verschiedenen Familienangelegenheiten zu widmen. Zu jedem Palast gehörten prächtig gestaltete Gärten und Teiche. Das kristallklare Wasser der Teiche trug viele blühende Lotosblumen von verschiedener Farbe – blaue, gelbe, rote und weiße –, und ihr safranfarbener Blütenstaub wurde von den sanft wehenden Lüften überallhin getragen. In allen Teichen tummelten sich zierliche Schwäne, Enten und Kraniche, die von Zeit zu Zeit wohlklingende Laute von sich gaben. Hin und wieder begaben sich Kṛṣṇa und Seine Frauen in die Seen oder auch in die Flüsse und vergnügten sich beim Schwimmen in aller Fröhlichkeit. Dabei geschah es manchmal, dass die Frauen, die allesamt Glücksgöttinnen waren, Kṛṣṇa mitten im Wasser während des Schwimmens oder beim Baden umarmten, worauf das zinnoberrote *kuṅkuma*-Pulver, das die Schönheit ihrer Brüste hervorhob, die Brust des Herrn schmückte.

Die Unpersönlichkeitsphilosophen würden es niemals wagen, auch nur daran zu denken, dass es in der spirituellen Welt eine solche Vielfalt des Genießens gibt. Um den wirklichen, ewig glückseligen Genuss in der spirituellen Welt zu offenbaren, kam Śrī Kṛṣṇa auf diesen Planeten herab und zeigte, dass es in der spirituellen Welt an solchen Lebensfreuden durchaus nicht mangelt. Der Unterschied besteht nur darin, dass solche Freuden in der spirituellen Welt ewige, niemals endende Erlebnisse darstellen, wohingegen sie in der materiellen Welt bloß flüchtige verzerrte Spiegelungen sind. Wenn Sich Śrī Kṛṣṇa Seiner genussreichen Spiele erfreute, priesen Ihn die Gandharvas und die Musiker mit wohlklingenden Konzerten, die von Kesselpauken, *mṛdaṅgas* und anderen Trommeln sowie von Saiteninstrumenten und Bügelhörnern begleitet wurden, und so entfaltete sich die ganze Szene zu einem großen Freudenfest. In ihrer fröhlichen Ausgelassenheit bespritzten die Königinnen Kṛṣṇa manchmal mit einer Art von Wasserspritze, und Kṛṣṇa vergalt es Ihnen auf die gleiche Weise. Als sich Kṛṣṇa und die Königinnen mit solchen Spielen vergnügten, sah es aus, als ob sich der himmlische König Yakṣarāja* mit seinen vielen Frauen vergnügte. Als Kṛṣṇas Frauen auf diese Weise völlig durchnässt wurden, erhöhte sich die Schönheit ihrer Brüste und Schenkel um ein Tausendfaches, und ihr langes Haar öffnete

* Yakṣarāja ist auch als Kuvera bekannt und gilt als der Schatzmeister des himmlischen Königreichs.

sich und fiel nieder, um jene Körperteile zu zieren. Auch die prächtigen Blumen, die in ihrem Haar steckten, fielen herunter, und weil die Königinnen so taten, als ärgerten sie sich darüber, dass der Herr sie mit Wasser bespritzte, näherten sie sich Kṛṣṇa unter dem Vorwand, Ihm die Wasserspritze wegnehmen zu wollen. Diese Versuche führten dazu, dass der Herr die Königinnen, die Ihm nur allzu gern näherkamen, in die Arme schließen konnte. Während Śrī Kṛṣṇa Seine Frauen umarmte, spürten sie auf ihren Lippen ein deutliches Zeichen inniger Liebe, und dies erzeugte eine Stimmung spiritueller Glückseligkeit. Wenn die Blumengirlande des Herrn die Brüste der Königinnen berührte, wurden sie am ganzen Körper mit safrangelber Farbe bedeckt. Bei ihren himmlischen Spielen vergaßen sich die Königinnen völlig und ihr geöffnetes Haar glich den anmutigen Wellen eines Flusses. Wenn die Königinnen den Körper Kṛṣṇas mit Wasser bespritzten oder Kṛṣṇa die Körper der Königinnen, war es, als vergnüge sich ein Elefantenbulle mit vielen Elefantenkühen in einem See.

Hatten sich Kṛṣṇa und die Königinnen schließlich nach Herzenslust miteinander vergnügt, stiegen sie aus dem Wasser und ließen ihre nassen, kostbaren Gewänder zurück, die sich die Sänger und Tänzer nehmen durften. Diese Sänger und Tänzer hatten kein anderes Einkommen als die wertvollen Gewänder und Schmuckstücke, die ihnen bei solchen Anlässen von den Königinnen und Königen überlassen wurden. Zur damaligen Zeit bestand ein solch gutes Gesellschaftssystem, dass es niemandem in seiner gesellschaftlichen Stellung als *brāhmaṇa, kṣatriya, vaiśya* oder *śūdra* schwerfiel, seinen Lebensunterhalt zu verdienen. Es gab auch keinen Wettstreit zwischen den einzelnen Teilen der Gesellschaft. Ursprünglich war das Kastensystem so eingerichtet, dass eine Menschengruppe, die einer bestimmten Tätigkeit nachging, nicht mit einer anderen Menschengruppe, die andere Pflichten besaß, in Konkurrenz trat.

Auf diese Weise pflegte Sich Śrī Kṛṣṇa der Gemeinschaft Seiner 16 000 Frauen zu erfreuen. Manche Gottgeweihte, die die Höchste Persönlichkeit Gottes in der ehelichen Beziehung lieben wollen, erhalten die Stellung, in der sie Kṛṣṇas Gemahlinnen werden, und Kṛṣṇa Seinerseits bindet sie durch Sein gütiges Verhalten für immer an Sich. Kṛṣṇas Verhalten gegenüber Seinen Frauen, Seine Bewegungen, Seine Gespräche mit ihnen, Sein Lächeln, Seine Umarmungen und die anderen

Formen des Austausches, die wie die eines liebevollen Gatten waren, banden sie immer stark an Kṛṣṇa. Das ist die höchste Vollkommenheit des Lebens. Wenn jemand immer mit Kṛṣṇa verbunden ist, so muss er als befreit betrachtet werden, und sein Leben ist ein Erfolg. Wenn ein Gottgeweihter Kṛṣṇa mit seinem ganzen Herzen und seiner ganzen Seele liebt, so erwidert Kṛṣṇa diese Gefühle auf eine solche Weise, dass sich die Zuneigung des Gottgeweihten niemals von Ihm abwendet. Die Beziehung, die Kṛṣṇa und Seine Geweihten verbindet, ist so anziehend, dass die Gottgeweihten an nichts anderes mehr denken können als an Kṛṣṇa.

Für alle Königinnen war Kṛṣṇa das einzige Objekt der Verehrung. Sie weilten in Gedanken ständig bei Kṛṣṇa, der lotosäugigen und wunderschön schwärzlichen Persönlichkeit Gottes. Wenn sie an Kṛṣṇa dachten, verharrten sie manchmal in tiefem Schweigen, und manchmal, in der Ekstase der *bhāva* und *anubhāva*, sprachen sie wie im Wahnsinn. Manchmal sprachen sie sogar in Kṛṣṇas Gegenwart offen über die Spiele, an denen sie sich gemeinsam mit Ihm in einem See oder einem Fluss erfreut hatten. Einige dieser Gespräche werden im Folgenden wiedergegeben.

Die Königinnen sagten: „Lieber *kurarī*-Vogel, nun ist es bereits später Abend. Jeder schläft. Die ganze Welt ist nun ruhig und friedlich. Um diese Zeit schläft die Höchste Persönlichkeit Gottes, obwohl Sein Wissen jederzeit unbeeinträchtigt bleibt. Warum aber schläfst du nicht? Warum klagst du die ganze Nacht hindurch? Lieber Freund, fühlst du dich etwa auch zu den Lotosaugen der Höchsten Persönlichkeit Gottes hingezogen, genau wie wir, und zu Seinem lieblichen Lächeln und Seinen süßen Worten? Zehrt das Verhalten der Höchsten Persönlichkeit Gottes ebenso an deinem Herzen wie an unserem?

He, *cakravākī*, warum hältst du deine Augen geschlossen? Suchst du nach deinem Gatten, der vielleicht in die Fremde gezogen ist? Warum klagst du so mitleiderregend? O weh, du scheinst wirklich sehr traurig zu sein. Oder sollte es wahr sein, dass auch du eine ewige Dienerin der Höchsten Persönlichkeit Gottes werden möchtest? Wir glauben, du sehnst dich danach, eine Blumengirlande auf die Lotosfüße des Herrn zu legen, um sie danach auf deinem Haupt zu tragen.

O lieber Ozean, warum tost du Tag und Nacht? Willst du gar nicht schlafen gehen? Du leidest wohl unter Schlaflosigkeit, oder wenn wir uns nicht irren, dann hat dir unser liebster Śyāmasundara geschickt deinen Ernst und deine Ausdauer fortgenommen, die sonst deine natürlichen Eigenschaften sind. Stimmt es, dass du aus diesem Grunde ebenso an Schlaflosigkeit leidest wie wir? Ja, wir müssen zugeben, dass es kein Mittel gegen diese Krankheit gibt.

Unser lieber Mondgott, wir glauben, du bist von einer ernsthaften Schwindsucht befallen worden. Aus diesem Grund wirst du von Tag zu Tag dünner. O Herr, du bist bereits so schwach, dass deine blassen Strahlen nicht mehr die Kraft haben, die Dunkelheit der Nacht zu vertreiben. Oder bist auch du, genau wie wir, von den geheimnisvoll süßen Worten Śyāmasundaras, unseres Herrn, überwältigt worden? Bist du vielleicht aus Sehnsucht nach Ihm so fahl geworden?

O Wind aus dem Himalaya, was haben wir dir getan, dass du so darauf bedacht bist, uns zu quälen, indem du in uns das Verlangen weckst, mit Kṛṣṇa zusammen zu sein? Weißt du nicht, dass uns die Schwindeleien der Persönlichkeit Gottes bereits zutiefst verwundet haben? Unser lieber Himalaya-Wind, bitte wisse, dass wir bereits schwer geprüft sind. Du brauchst uns nicht noch mehr wehzutun.

Unsere liebe schöne Wolke, die Farbe deines herrlichen Körpers gleicht genau der Körpertönung unseres liebsten Śyāmasundara. Wir glauben daher, dass du unserem Herrn, dem Oberhaupt der Yadu-Dynastie, sehr lieb bist, und weil Er dich so lieb hat, bist du, genau wie wir, in Meditation über Ihn vertieft. Wir können es dir nachfühlen, dass dein Herz voller Sehnsucht nach Śyāmasundara ist. Dir scheint sehr daran gelegen zu sein, Ihn zu sehen, und wir können erkennen, dass dir einzig aus diesem Grunde Tränen aus den Augen rollen, und so geht es auch uns. Liebe schwarze Wolke, lass uns offen eingestehen: Eine vertrauliche Beziehung zu Śyāmasundara zu erlangen bedeutet, nichts als unnötige Sorgen auf sich zu nehmen. Sonst nämlich säßen wir gemütlich zu Hause."

Gewöhnlich lässt der Kuckuck am Ende der Nacht oder früh am Morgen seinen Ruf ertönen. Wenn die Königinnen am Ende der Nacht die Rufe des Kuckucks vernahmen, sagten sie: „Lieber Kuckuck, deine Stimme klingt gar lieblich. Sowie du deine süße Stimme erklingen lässt, erinnern wir uns an Śyāmasundara, denn deine Stimme klingt genau wie Seine. Wir müssen offen gestehen, dass deine Stimme von Nektar erfüllt ist. Sie ist so belebend, dass sie fähig ist, denen das Leben zurückzugeben, die aufgrund der Trennung von ihrem liebsten Freund schon fast tot sind. Wir sind dir deshalb sehr zu Dank verpflichtet. Bitte lass uns wissen, wie wir dich begrüßen können und was wir für dich tun können."

So sprachen die Königinnen weiter und wandten sich sogar ans Gebirge: „Lieber Berg, du bist sehr großmütig. Nur durch dein Gewicht wird die Erdoberfläche zusammengehalten, und weil du deinen Pflichten sehr gewissenhaft nachkommst, denkst du nicht daran, dich zu bewegen. Weil du so gewichtig bist, bewegst du dich niemals hin und her, ja du sprichst nicht einmal ein Wort. Vielmehr scheinst du stets tief in Gedanken versunken zu sein. Vielleicht sinnst du immer über etwas sehr Ernstes und Wichtiges nach; doch wir können uns gut denken, womit sich deine Gedanken beschäftigen. Sicherlich denkst du darüber nach, wie du die Lotosfüße Śyāmasundaras auf deine hohen Gipfel setzen kannst, ebenso wie auch wir Seine Lotosfüße auf unsere hohen Brüste setzen wollen.

Liebe ausgetrocknete Flüsse, wir wissen, dass jetzt der Sommer gekommen ist und dass deshalb eure Läufe ausgetrocknet sind und kein Wasser mit sich führen. Und weil euer Wasser verdunstet ist, schmücken euch auch keine blühenden Lotosblumen mehr. Ihr seht gegenwärtig sehr unscheinbar und dünn aus, daran können wir erkennen, dass es euch ähnlich ergeht wie uns. Wir haben alles verloren, weil wir von Śyāmasundara getrennt sind, und es ist uns nicht mehr vergönnt, Seine wohltuenden Worte zu hören. Unsere Herzen sind geschwächt, weshalb auch wir dünn und hager geworden sind. So sind wir zum Schluss gekommen, dass es euch nicht anders ergeht als uns. Ihr seid nur deshalb so dünn und schwach, weil ihr von eurem Gemahl, dem Ozean, kein Wasser mehr durch die Wolken bekommt." Das Beispiel, das die Königinnen anführten, ist sehr zutreffend. Wenn der Ozean aufhört, die Flüsse durch die Wolken mit Wasser zu versorgen, trocknen die Flüsse aus. Der Ozean gilt als der Gemahl des Flusses und muss ihn daher versorgen. Wenn eine Frau von ihrem Mann nicht mit den Lebensnotwendigkeiten versorgt wird, versiegt ihre Ausstrahlung, ebenso wie ein Fluss im Sommer austrocknet.

Eine Königin wandte sich mit folgenden Worten an einen Schwan: „Lieber Schwan, bitte komm her zu mir. Komm nur, du bist mir willkommen. Komm nur her. Setz dich doch bitte nieder und nimm ein wenig Milch zu dir. Lieber Schwan, kannst du mir sagen, ob du eine Botschaft von Śyāmasundara für mich hast? Ich glaube nämlich, dass du Sein Bote bist. Wenn du irgendwelche Nachrichten von Ihm besitzt, dann verrate sie mir bitte. Unser Śyāmasundara ist immer sehr eigenwillig. Er gerät niemals unter jemandes Herrschaft. Keiner von uns ist es gelungen, Ihn zu beherrschen, und so möchten wir dich fragen, wie es ihm geht. Ich muss dir sagen, dass Śyāmasundara sehr wankelmütig ist. Seine Freundschaft ist nie von Dauer; schon beim kleinsten Anlass zerbricht sie. Aber könntest du mir gütigerweise erklären, aus welchem Grund Er so herzlos zu mir ist? Früher versicherte Er mir, ich allein sei Seine liebste Frau. Erinnert Er Sich noch daran? Doch auf jeden Fall bist du mir willkommen. Bitte nimm doch Platz. Aber ich kann unmöglich deine Bitte erfüllen, zu Śyāmasundara zu gehen. Wenn ich Ihm so gleichgültig bin, warum sollte ich dann in Ihn vernarrt sein? Es tut mir sehr leid, aber ich muss dir sagen, dass du der Bote einer hartherzigen Seele geworden bist. Auch wenn du mich noch so sehr bittest, zu Ihm zu gehen, werde ich es nicht tun. Doch höre ich recht, du sagst, Er werde zu mir kommen? Will Er hierher kommen, um meine lang gehegte Sehnsucht nach Ihm zu stillen? Nun gut, du kannst Ihn hierher holen. Aber bringe nicht Seine Liebste, die Glücksgöttin, mit. Denkst du, Er könnte Sich nicht einmal für einen Augenblick lang von ihr trennen? Kann Er nicht allein, ohne Lakṣmī, hierher kommen? Seine Art, Sich zu benehmen, bekümmert mich sehr. Bedeutet dies etwa, dass Śyāmasundara ohne Lakṣmī nicht glücklich sein kann? Kann Er mit keiner anderen Gemahlin glücklich sein? Bedeutet dies, dass die Glücksgöttin einen Ozean der Liebe für Ihn empfindet und dass sich keine von uns mit ihr messen kann?“

Alle Frauen Śrī Kṛṣṇas waren völlig in Gedanken an Ihn vertieft. Kṛṣṇa ist auch als Yogeśvara, der Meister aller Yogis, bekannt, und alle Frauen Kṛṣṇas in Dvārakā trugen diesen Yogeśvara in ihrem Herzen. Statt zu versuchen, ein Meister aller mystischen Yoga-Kräfte zu werden, ist es besser, einfach den Höchsten Yogeśvara, Kṛṣṇa, in seinem Herzen zu tragen. Auf diese Weise wird das Leben vollkommen, und man kann sehr leicht in das Königreich Gottes gelangen. Man muss wissen, dass die Königinnen, die mit Kṛṣṇa in Dvārakā lebten, in ihren vorangegangenen Leben große Gottgeweihte gewesen waren, die sich gewünscht hatten, eine eheliche Liebesbeziehung zu Kṛṣṇa zu haben. Deshalb wurde ihnen die Gunst gewährt, Kṛṣṇas Frau zu werden und sich einer ständigen Liebesbeziehung zu Ihm zu erfreuen. Schließlich wurden sie alle auf die Vaikuṇṭha-Planeten erhoben.

Die Höchste Absolute Wahrheit, die Persönlichkeit Gottes, ist niemals unpersönlich. Alle vedischen Schriften preisen Ihre mannigfachen transzendentalen Taten und Spiele. Deshalb heißt es, dass in den Veden und im *Rāmāyaṇa* ausschließlich die Taten des Herrn geschildert werden. In allen vedischen Schriften wird Sein Ruhm besungen. Wenn Menschen, die ein weiches Herz besitzen, wie zum Beispiel Frauen, von den transzendentalen Spielen Śrī Kṛṣṇas hören, fühlen sie sich unvermittelt zu Ihm hingezogen. Deshalb fühlen sich auch empfindsame Frauen und Mädchen sehr leicht zur Bewegung für Kṛṣṇa-Bewusstsein hingezogen. Wer sich der Bewegung für Kṛṣṇa-Bewusstsein zuwendet und sich bemüht, immer auf der Ebene dieses Bewusstseins zu bleiben, erlangt ganz sicher die höchste Befreiung und kehrt zu Kṛṣṇa nach Goloka Vṛndāvana zurück. Wenn man allein schon durch das Entwickeln von Kṛṣṇa-Bewusstsein in die spirituelle Welt erhoben wird, dann können wir uns vorstellen, wie glücklich und gesegnet die Königinnen Śrī Kṛṣṇas gewesen sein müssen, die mit dem Herrn persönlich sprechen und Ihn von Angesicht zu Angesicht sehen konnten. Niemand kann das Glück der Frauen Śrī Kṛṣṇas auch nur annähernd beschreiben. Sie umsorgten Ihn persönlich, indem sie Ihm die verschiedensten transzendentalen Dienste darbrachten. Sie halfen Ihm beim Baden, brachten Ihm Speisen, erfreuten Ihn und dienten Ihm in jeder Hinsicht. Es gibt also niemanden, dessen Entsagungen sich mit dem Dienst der Königinnen von Dvārakā vergleichen ließen.

Śukadeva Gosvāmī erklärte Mahārāja Parīkṣit, dass es keine Methode der Selbstverwirklichung gebe, die sich mit den Entsagungen und Bußen der Königinnen von Dvārakā vergleichen ließe. Alle Arten der Selbstverwirklichung haben ein einziges Ziel: Kṛṣṇa. Obwohl deshalb die Beziehung zwischen den Königinnen und Kṛṣṇa so erscheinen mag wie die gewöhnliche Beziehung zwischen Mann und Frau, ist das Wichtigste, was man beachten muss, die enge Verbundenheit der Königinnen gegenüber Kṛṣṇa. Der Sinn aller Vorgänge der Entsagung und Buße besteht darin, sich von der materiellen Welt loszulösen und seine Zuneigung zu Kṛṣṇa, der Höchsten Persönlichkeit Gottes, zu vergrößern. Kṛṣṇa ist die Zuflucht aller, die auf dem Pfad der Selbstverwirklichung voranschreiten. Als das vollkommene Beispiel eines Haushälters lebte Kṛṣṇa mit Seinen Frauen zusammen und führte die vedischen Rituale durch, nur um den weniger intelligenten Menschen zu zeigen, dass der Höchste Herr niemals unpersönlich ist. Kṛṣṇa lebte in aller Pracht im Kreis Seiner Frauen und Seiner Kinder, genau wie eine gewöhnliche bedingte Seele, nur um die Seelen, die wirklich bedingt sind, zu lehren, dass sie Teil von Kṛṣṇas Familienumfeld werden müssen, wo Er im Mittelpunkt steht. Die Mitglieder der Yadu-Dynastie zum Beispiel lebten in Kṛṣṇas Familie, und Kṛṣṇa war der Mittelpunkt all ihrer Tätigkeiten.

Es ist wichtiger, seine Anhaftung an Kṛṣṇa zu vergrößern, als sich Entsagungen aufzuerlegen. Die Bewegung für Kṛṣṇa-Bewusstsein ist für ebendiesen Zweck bestimmt. Wir predigen auf der Grundlage des Prinzips, dass es nicht wichtig ist, ob man *sannyāsī* oder ein *gṛhastha* (Haushälter) ist. Wichtig ist nur, dass man seine Zuneigung zu Kṛṣṇa vergrößert und so das eigene Leben zum Erfolg führt. Wenn man dem Vorbild Śrī Kṛṣṇas folgt, kann man im Kreis der eigenen Familie oder innerhalb der Gesellschaft bzw. Nation leben, und zwar nicht zum ausschweifenden Sinnengenuss, sondern um ein verwirklichtes Verständnis von Kṛṣṇa zu erlangen, indem man seine Zuneigung zu Ihm vergrößert. Es gibt vier Prinzipien auf dem Weg des Aufstiegs vom bedingten Leben zum Leben der Befreiung: *dharma, artha, kāma* und *mokṣa* (Religion, wirtschaftliche Entwicklung, Sinnenbefriedigung und Befreiung). Wenn man ein Familienleben führt, kann man diese vier Prinzipien des Erfolgs gleichzeitig erlangen, indem man dem Beispiel von Śrī Kṛṣṇas Familienmitgliedern folgt und Kṛṣṇa zum Mittelpunkt aller Tätigkeiten macht.

Wie wir bereits wissen, hatte Kṛṣṇa 16 108 Frauen. Sie alle waren erhabene, befreite Seelen, und unter ihnen nahm Königin Rukmiṇī den ersten Rang ein. Nach Rukmiṇī gab es sieben weitere vorrangige Frauen, deren Söhne bereits mit Namen genannt worden sind. Neben den Söhnen, die Kṛṣṇa mit jeder Seiner acht Hauptfrauen hatte, hatte er ebenso zehn Söhne mit jeder der übrigen Königinnen. Insgesamt belief sich also die Zahl von Śrī Kṛṣṇas Söhnen auf 10 × 16 108. Es sollte uns nicht verwundern, dass Kṛṣṇa so viele Söhne hatte. Wir müssen stets bedenken, dass Kṛṣṇa die Höchste Persönlichkeit Gottes ist und unbegrenzte Energien besitzt. Er erklärt, dass alle Lebewesen Seine Söhne seien, wodurch der Umstand, dass er 161 080 Söhne hatte, die alle Seine eigenen waren, nicht verwunderlich erscheint.

Unter Kṛṣṇa Söhnen, die alle sehr kräftig und machtvoll waren, befanden sich 18 *mahā-rathas*. Die *mahā-rathas* konnten es allein mit Tausenden von Fußsoldaten, Streitwagen, berittenen Soldaten und Elefanten aufnehmen. Der Ruhm dieser 18 Söhne war weithin bekannt und wird in praktisch allen vedischen Schriften beschrieben. Ihre Namen sind: Pradyumna, Aniruddha, Dīptimān, Bhānu, Sāmba, Madhu, Bṛhadbhānu, Citrabhānu, Vṛka, Aruṇa, Puṣkara, Vedabāhu, Śrutadeva, Sunandana, Citrabāhu, Virūpa, Kavi and Nyagrodha. Von diesen 18 *mahā-ratha*-Söhnen Kṛṣṇas gilt Pradyumna als der vortrefflichste. Pradyumna war der älteste Sohn Rukmiṇīs und hatte alle Vorzüge Seines einzigartigen Vaters, Śrī Kṛṣṇa, geerbt. Er heiratete die Tochter Rukmīs, seines Onkels mütterlicherseits, und aus dieser Verbindung ging Aniruddha, der Sohn Pradyumnas, hervor. Aniruddha war so machtvoll, dass er gegen 10 000 Elefanten kämpfen konnte. Er heiratete die Enkelin Rukmīs, des Bruders Seiner Großmutter Rukmiṇī. Zwar waren sie so gewissermaßen Vetter und Cousine, jedoch nur entfernt miteinander verwandt; eine solche Heirat war zur damaligen Zeit nicht ungewöhnlich. Aniruddha hatte einen Sohn namens Vajra. Als die ganze Yadu-Dynastie durch den Fluch einiger *brāhmaṇas* vernichtet wurde, war Vajra der einzige Überlebende. Vajra hatte einen Sohn namens Pratibāhu, dessen Sohn Subāhu war; Subāhus Sohn hieß Śāntasena, und der Sohn Śāntasenas hieß Śatasena.

Śukadeva Gosvāmī berichtet, dass alle Angehörigen der Yadu-Dynastie viele Kinder hatten. Genau wie Kṛṣṇa zahlreiche Söhne, Enkel und Urenkel hatte, so hatte auch jeder der obengenannten Könige eine große Anzahl von Nachkommen und Verwandten. Die Könige der Yadus hatten nicht nur sehr viele Kinder, sondern sie waren auch außerordentlich reich und wohlhabend, und kein einziger von ihnen war schwach oder kurzlebig. Alle Mitglieder der Yadu-Dynastie waren treue Geweihte der brahmanischen Kultur. Es ist die Pflicht der *kṣatriya*-Könige, die brahmanische Kultur aufrechtzuerhalten und die qualifizierten *brāhmaṇas* zu beschützen. Alle Könige der Yadu-Dynastie erfüllten ihre Pflichten in bester Weise. Die Angehörigen der Yadu-Dynastie waren so zahlreich, dass es selbst dann noch schwierig wäre, sie alle zu beschreiben, wenn man eine Lebensdauer von vielen

Tausend Jahren hätte. Śrīla Śukadeva Gosvāmī sagte zu Mahārāja Parīkṣit, er habe aus verlässlichen Quellen erfahren, dass allein zur Schulung der Kinder der Yadu-Dynastie nicht weniger als 38,8 Millionen Lehrer oder *ācāryas* benötigt wurden. Wenn man bedenkt, dass schon so viele Lehrer vonnöten waren, um die Kinder der Yadus auszubilden, kann man sich ausmalen, wie gewaltig die Zahl aller Familienangehörigen gewesen sein muss. Was die Größe ihrer Streitkräfte anbelangt, so heißt es, dass allein König Ugrasenas persönliche Leibwache aus zehn Billiarden Soldaten bestand.

Bevor Śrī Kṛṣṇa in unserem Universum erschien, hatten mehrere Schlachten zwischen den Halbgöttern und den Dämonen stattgefunden. In den Kämpfen starben viele Dämonen, die später die Gelegenheit erhielten, in hochgestellten Königsfamilien auf der Erde geboren zu werden. Ihr hoher Rang als Herrscher machte sie stolz, und sie hatten nichts anderes im Sinn, als ihre Untertanen zu peinigen. Śrī Kṛṣṇa erschien am Ende des Dvāpara-yuga auf der Erde, um all diese dämonischen Könige zu töten. In der *Bhagavad-gītā* heißt es: *paritrāṇāya sādhūnāṁ vināśaya ca duṣkṛtam* – „Der Herr erscheint, um die Gottgeweihten zu beschützen und die Gottlosen zu vernichten." Einige der Halbgötter waren darum gebeten worden, auf der Erde zu erscheinen, um Śrī Kṛṣṇa bei seinen transzendentalen Spielen zu unterstützen. Als Śrī Kṛṣṇa erschien, wurde Er von Seinen ewigen Dienern begleitet, aber auch einige Halbgötter sollten ihm beiseite stehen, und so wurden sie alle in der Yadu-Dynastie geboren. Die Yadu-Dynastie hatte 101 Familienverbände, die in den verschiedenen Teilen des Landes lebten, und die Angehörigen dieser Familien ehrten Śrī Kṛṣṇa auf eine Weise, die Seiner göttlichen Stellung entsprach, denn sie alle waren mit Herz und Seele Seine Geweihten. Die Angehörigen der Yadu-Dynastie waren alle sehr mächtig, glücklich und wohlhabend, und sie kannten keine Sorgen. Weil sie bedingungsloses Vertrauen in Kṛṣṇa hatten und Ihm völlig ergeben waren, wurden sie niemals von anderen Königen besiegt. Ihre Liebe zu Kṛṣṇa war so stark, dass sie bei all ihren Tätigkeiten des Alltags – beim Sitzen, Schlafen, Gehen, Sprechen, Sichvergnügen, Sichwaschen und Baden – völlig in Gedanken an Kṛṣṇa vertieft waren und den körperlichen Notwendigkeiten keine Beachtung schenkten. Das ist das Merkmal eines reinen Geweihten Śrī Kṛṣṇas. Wie ein Mensch, der völlig von einem bestimmten Gedanken in Anspruch genommen wird, zuweilen alle körperlichen Belange vergisst, so sorgten die Yadus nur unbewusst für die Notwendigkeiten des Körpers. Ihre eigentliche Aufmerksamkeit richtete sich ständig auf Kṛṣṇa. Mechanisch führten sie ihre körperlichen Tätigkeiten aus, während ihr Geist ständig ins Kṛṣṇa-Bewusstsein versunken war.

Śrīla Śukadeva Gosvāmī beschloss das 90. Kapitel des 10. Cantos des *Śrīmad-Bhāgavatam*, indem er auf fünf herausragende Besonderheiten Śrī Kṛṣṇas hinwies. Die erste Besonderheit Śrī Kṛṣṇas wird wie folgt beschrieben: Bis zu Kṛṣṇas Erscheinen in der Familie der Yadus war der Fluss Ganges als das Reinste von allem bekannt gewesen. Selbst unreine Dinge konnten gereinigt werden, wenn sie einfach mit dem Wasser des Ganges in Berührung kamen. Diese außerordentliche Kraft des Gangeswassers ließ sich auf die Tatsache zurückführen, dass es von der Zehe Śrī Viṣṇus fließt. Als dann aber Śrī Kṛṣṇa, der höchste Viṣṇu, in der Familie der Yadu-Dynastie erschien und persönlich durch das Königreich der Yadus reiste, wurde durch den vertraulichen Umgang mit Ihm die ganze Familie der Yadus nicht nur sehr berühmt, sondern bekam auch eine noch größere reinigende Kraft, als sie dem Gangeswasser innewohnt.

Die nächste Besonderheit an Śrī Kṛṣṇas Erscheinen ist, dass die Gottgeweihten und die Dämonen letzten Endes das gleiche Ergebnis erhielten, obwohl es so aussah, als hätte Er die einen beschützt und die anderen vernichtet. Śrī Kṛṣṇa erteilt fünf Arten der Befreiung. Eine davon ist *sayujyā mukti*, die Befreiung, bei der man mit dem Höchsten eins wird, und diese Befreiung ließ Er Dämonen wie Kaṁsa zukommen, wohingegen Er den *gopīs* die Gunst gewährte, mit Ihm persönlich zusammen sein zu können. Die *gopīs* behielten ihre Individualität, um die Gemeinschaft mit Śrī Kṛṣṇa genießen zu können, und Kaṁsa wurde in das unpersönliche *brahmajyoti* aufgenommen. Mit anderen Worten, sowohl die Dämonen als auch die *gopīs* wurden spirituell befreit, doch weil die Dämonen Kṛṣṇas Feinde waren und die *gopīs* Seine Freundinnen, wurden die Dämonen getötet und die *gopīs* beschützt.

Die dritte Besonderheit an Śrī Kṛṣṇas Erscheinen ist die Tatsache, dass die Glücksgöttin, die von Halbgöttern wie Brahmā, Indra und Candra verehrt wird, Kṛṣṇa unablässig diente, obwohl Er die *gopīs* bevorzugte. Lakṣmījī, die Glücksgöttin, versuchte ihr Bestes, um die gleiche Ebene wie die *gopīs* zu erreichen, was ihr jedoch nicht gelang. Dessen ungeachtet blieb sie Kṛṣṇa ergeben, obwohl sie gewöhnlich nie für längere Zeit am gleichen Ort bleibt, selbst wenn sie von Halbgöttern wie Brahmā verehrt wird.

Die vierte Besonderheit bei Śrī Kṛṣṇas Erscheinen betrifft die Herrlichkeit Seines Namens. Gemäß den Erklärungen der vedischen Schriften bringt das tausendmalige Chanten der Namen Viṣṇus denselben Nutzen wie das dreimalige Chanten des Heiligen Namens von Rāma. Und es genügt, den Heiligen Namen Kṛṣṇas ein einziges Mal zu chanten, um dasselbe Ergebnis zu erlangen. Das bedeutet also, dass von allen Heiligen Namen der Höchsten Persönlichkeit Gottes – einschließlich der Namen Viṣṇu und Rāma – der Heilige Name „Kṛṣṇa" der mächtigste ist. Die vedischen Schriften betonen deshalb insbesondere das Chanten des Heiligen Namens von Kṛṣṇa: Hare Kṛṣṇa, Hare Kṛṣṇa, Kṛṣṇa Kṛṣṇa Hare Hare / Hare Rāma, Hare Rāma, Rāma Rāma, Hare Hare. Śrī Caitanya führte das Chanten der Heiligen Namen Kṛṣṇas im gegenwärtigen Zeitalter ein, wodurch Er es viel leichter machte, Befreiung zu erlangen, als in anderen Zeitaltern. Mit anderen Worten, Śrī Kṛṣṇa ist vortrefflicher als Seine Inkarnationen, obwohl sie alle im gleichen Maße die Höchste Persönlichkeit Gottes sind.

Die fünfte Besonderheit von Śrī Kṛṣṇas Erscheinen ist, dass Er durch eine einzige Aussage in der *Bhagavad-gītā* das erhabenste aller religiösen Prinzipien verkündete. Er sagte, dass man alle Prinzipien religiöser Rituale ganz einfach dadurch erfüllen könne, dass man sich Ihm ergebe. In den vedischen Schriften werden 20 Arten religiöser Prinzipien erwähnt, von denen jedes einzelne in einer anderen *śāstra* beschrieben wird. Doch Śrī Kṛṣṇa ist so gütig zu den gefallenen bedingten Seelen dieses Zeitalters, dass Er persönlich erschien, um jeden zu bitten, alle religiösen Rituale aufzugeben und sich ganz einfach Ihm zu ergeben. Im Zeitalter des Kali, so heißt es, sind drei Viertel der religiösen Prinzipien verlorengegangen, und auch das noch verbliebene Viertel wird kaum noch eingehalten. Doch durch die Barmherzigkeit Śrī Kṛṣṇas ist nicht nur diese Leere des Kali-yuga vollkommen aufgefüllt worden, sondern es ist auch der Vorgang der Religion so einfach geworden, dass es bereits völlig ausreicht, Śrī Kṛṣṇa transzendentalen liebevollen Dienst darzubringen. Dies gelingt, indem man Seine Heiligen Namen – Hare Kṛṣṇa, Hare Kṛṣṇa, Kṛṣṇa Kṛṣṇa, Hare Hare / Hare Rāma, Hare Rāma, Rāma Rāma, Hare Hare – chantet. Dadurch erhält man das höchste Ergebnis der Religion, nämlich auf den höchsten Planeten in der spirituellen

Welt, Goloka Vṛndāvana, erhoben zu werden. Angesichts dessen kann man sehr schnell begreifen, wie groß der Nutzen von Śrī Kṛṣṇas Erscheinen auf der Erde ist, und man kann sehr leicht verstehen, dass es für Kṛṣṇa nichts Außergewöhnliches war, als Er den Menschen der ganzen Welt durch Sein Erscheinen Erleichterung verschaffte.

Śrīla Śukadeva Gosvāmi beendet Seine Beschreibung der einzigartigen Erhabenheit Śrī Kṛṣṇas, indem er Ihn mit folgenden Worten preist: „O Śrī Kṛṣṇa, gepriesen seist Du. Du weilst im Herzen eines jeden als Paramātmā. Deshalb bist Du auch als Jananivāsa bekannt, als ‚derjenige, der Sich im Herzen eines jeden befindet'." Dies wird in der *Bhagavad-gītā* bestätigt: *īśvaraḥ sarva-bhūtānāṁ hṛd-deśe 'rjuna tiṣṭhati* – der Höchste Herr weilt in Seinem Aspekt als Paramātmā im Herzen eines jeden. Dies bedeutet jedoch nicht, dass Kṛṣṇa keine davon gesonderte Existenz als Höchste Persönlichkeit Gottes hat. Die Māyāvādī-Philosophen erkennen zwar den alldurchdringenden Aspekt des Parabrahmans an, doch wenn das Parabrahman, der Höchste Herr, Selbst erscheint, glauben sie, Sein Erscheinen unterstünde dem Diktat der materiellen Natur. Weil Kṛṣṇa als der Sohn Devakīs erschien, halten Ihn die Māyāvādīs für ein gewöhnliches Lebewesen, das in der materiellen Welt geboren wird. Śukadeva Gosvāmī warnt sie deshalb mit den Worten *devakī-janma-vāda,* was bedeutet, dass Kṛṣṇa, obwohl Er als der Sohn Devakīs berühmt ist, in Wirklichkeit die Überseele, die alldurchdringende Höchste Persönlichkeit Gottes, ist. Die Gottgeweihten jedoch verstehen die Worte *devakī-janma-vāda* noch auf eine andere Weise. Sie wissen, dass Kṛṣṇa eigentlich der Sohn Mutter Yaśodās war, denn obwohl Kṛṣṇa zuerst als Devakīs Sohn erschien, ließ Er Sich sogleich in die Obhut Mutter Yaśodās bringen. So erfreuten sich Mutter Yaśodā und Nanda Mahārāja voller Glückseligkeit der Kindheitsspiele Kṛṣṇas. Dies gab Vasudeva zu, als er Nanda Mahārāja und Mutter Yaśodā in Kurukṣetra traf. Er erklärte damals, dass Kṛṣṇa und Balarāma in Wirklichkeit die Söhne Mutter Yaśodās und Nanda Mahārājas seien. Vasudeva und Devakī waren nur Ihre offiziellen Eltern; Ihre wirklichen Eltern waren Nanda und Yaśodā. Deshalb bezeichnete Śukadeva Gosvāmī Śrī Kṛṣṇa als *devakī-janma-vāda.*

Danach lobpreist Śukadeva Gosvāmī den Herrn als denjenigen, der von der *yadu-vara-pariṣat,* der Versammlung der Yadu-Dynastie, geehrt wird, und er bezeichnet Ihn auch als den Vernichter vieler

Dämonen. Kṛṣṇa, die Höchste Persönlichkeit Gottes, hätte die Dämonen auch durch Seine vielfältigen materiellen Energien töten können, doch Er wollte sie lieber persönlich vernichten, um ihnen Erlösung zu gewähren. Kṛṣṇa hätte nicht persönlich in die materielle Welt herabzukommen brauchen, nur um Dämonen zu töten, denn schon allein durch Seinen Willen hätten Hunderte und Tausende von Dämonen auch ohne Sein persönliches Auftreten getötet werden können. Im Grunde erschien Er nur für Seine reinen Geweihten, zum Beispiel um als Kind mit Mutter Yaśodā und Nanda Mahārāja zu spielen oder um die Einwohner Dvārakās zu erfreuen. Als Śrī Kṛṣṇa die Dämonen tötete und die Gottgeweihten beschützte, führte Er das wahre religiöse Prinzip wieder ein: Liebe zu Gott. Durch das Befolgen der echten religiösen Prinzipien der Liebe zu Gott wurden selbst die Lebewesen, die man als *sthira-cara* bezeichnet, von aller materiellen Verunreinigung befreit und in das spirituelle Königreich erhoben. *Sthira* bezieht sich auf Bäume und Pflanzen (das heißt auf Lebewesen, die sich nicht bewegen können), und *cara* bezieht sich auf die Tiere (die Lebewesen, die sich bewegen können), vor allem auf die Kühe. Als Kṛṣṇa gegenwärtig war, erlöste Er alle Bäume, Affen und viele andere Tiere und Pflanzen, die Ihm begegneten und Ihm in Vṛndāvana und Dvārakā dienten.

Śrī Kṛṣṇa wird insbesondere dafür gepriesen, dass Er den *gopīs* und den Königinnen von Dvārakā Freude schenkte. Śukadeva Gosvāmī lobpries Śrī Kṛṣṇa für Sein bezauberndes Lächeln, mit dem Er nicht nur die *gopīs* von Vṛndāvana, sondern auch die Königinnen von Dvārakā in Seinen Bann schlug. Der genaue Ausdruck, der in diesem Zusammenhang gebraucht wird, lautet *vardhayan kāma-devam.* Kṛṣṇa entfachte in Vṛndāvana als Freund vieler *gopīs* und in Dvārakā als Gemahl vieler Königinnen dic begierigen Wünsche Seiner Geweihten, mit Ihm zu genießen. Um Gotteserkenntnis oder Selbstverwirklichung zu erlangen, muss man sich gewöhnlich für viele Tausende von Jahren schwere Entsagungen und Bußen auferlegen, und erst dann wird es möglich, Gott zu erkennen. Die *gopīs* und die Königinnen von Dvārakā indessen erlangten die höchste Art der Befreiung einfach durch Steigerung ihrer lustvollen Wünsche, sich mit Kṛṣṇa als Freund oder Gemahl zu vergnügen.

Śrī Kṛṣṇas Verhalten gegenüber den *gopīs* und den Königinnen ist einzigartig in der Geschichte der Selbstverwirklichung. Im Allgemeinen glauben die Menschen, zur Selbstverwirklichung müsste man sich in den Wald oder in die Berge begeben und dort schwere Entsagungen und Bußen auf sich nehmen. Doch die *gopīs* und die Königinnen erlangten einfach dadurch, dass sie in ehelicher Liebe an Kṛṣṇa hingen und sich Seiner Gemeinschaft in einem scheinbar sinnlichen Leben voller Pracht und Reichtum erfreuten, die höchste Art der Befreiung, die nicht einmal große Weise und Heilige erreichen können. Ebenso erhielten auch Dämonen wie Kaṁsa, Dantavakra und Śiśupāla, die Kṛṣṇa alle als Feind behandelten, die höchste Segnung, indem sie in die spirituelle Welt erhoben wurden.

Zu Beginn des *Śrīmad-Bhāgavatam* brachte Śrīla Vyāsadeva der Höchsten Wahrheit, Vāsudeva, Kṛṣṇa, seine achtungsvollen Ehrerbietungen dar. Danach lehrte er seinen Sohn Śukadeva Gosvāmī, das *Śrīmad-Bhāgavatam* zu predigen, und pries in diesem Zusammenhang den Herrn mit dem Wort *jayati*. Den Fußstapfen Śrīla Vyāsadevas, Śukadeva Gosvāmīs und aller *acāryas* der Schülernachfolge folgend, sollte die gesamte Weltbevölkerung Śrī Kṛṣṇa lobpreisen und sich zu ihrem eigenen Wohl der Bewegung für Kṛṣṇa-Bewusstsein anschließen. Der Vorgang ist einfach und wirksam: Man braucht nur das Mahā-Mantra zu chanten – Hare Kṛṣṇa, Hare Kṛṣṇa, Kṛṣṇa Kṛṣṇa, Hare Hare / Hare Rāma, Hare Rāma, Rāma Rāma, Hare Hare. Śrī Caitanya hat deshalb empfohlen, dass man den Höhen und Tiefen des materiellen Lebens gegenüber gleichgültig sein solle. Das materielle Leben ist zeitweilig, und die Höhen und Tiefen kommen und gehen. Wenn sie kommen, sollte man so duldsam wie ein Baum und so demütig und bescheiden wie ein Halm Stroh auf der Straße sein. Aber zweifellos muss man fortfahren, sich im Kṛṣṇa-Bewusstsein zu beschäftigen und das Mahā-Mantra zu chanten: Hare Kṛṣṇa, Hare Kṛṣṇa, Kṛṣṇa Kṛṣṇa, Hare Hare / Hare Rāma, Hare Rāma, Rāma Rāma, Hare Hare.

Kṛṣṇa, die Höchste Persönlichkeit Gottes, die Überseele aller Lebewesen, steigt aus Seiner grundlosen Barmherzigkeit in die materielle Welt herab und offenbart in Seinen verschiedenen Inkarnationen Seine vielfältigen transzendentalen Spiele. Das Hören über die anziehenden Spiele der verschiedenen Inkarnationen Śrī Kṛṣṇas stellt für die bedingte Seele eine Möglichkeit zur Befreiung dar, und die unvergleichlich faszinierenden und wunderbaren Taten, die Śrī Kṛṣṇa persönlich vollbrachte, sind sogar noch anziehender, denn Śrī Kṛṣṇa Selbst ist allanziehend.

Den heiligen Fußstapfen Śrīla Śukadeva Gosvāmīs folgend, haben wir versucht, das Kṛṣṇa-Buch vorzulegen, damit es von den bedingten Seelen des gegenwärtigen Zeitalters gelesen und gehört werden kann. Wenn man über die transzendentalen Spiele Śrī Kṛṣṇas hört, wird man mit garantierter Sicherheit Befreiung erlangen und nach Hause, zu Gott, zurückkehren. Śrīla Śukadeva Gosvāmī versichert, dass wir nach und nach alle Fesseln materieller Verunreinigung abstreifen, wenn wir über die transzendentalen Spiele des Herrn hören. Ganz gleich, wer oder was man auch sein mag – wenn man in die Gemeinschaft Śrī Kṛṣṇas im transzendentalen Königreich gelangen will, wo das Leben ewig und glückselig ist, dann höre man über Śrī Kṛṣṇas Spiele und chante das Mahā-Mantra: Hare Kṛṣṇa, Hare Kṛṣṇa, Kṛṣṇa Kṛṣṇa, Hare Hare / Hare Rāma, Hare Rāma, Rāma Rāma, Hare Hare.

Die transzendentalen Spiele Kṛṣṇas, der Höchsten Persönlichkeit Gottes, sind so mächtig, dass man einfach dadurch, dass man aus dem Kṛṣṇa-Buch hört, es liest oder sich an seinen Inhalt erinnert, mit Sicherheit in die spirituelle Welt erhoben wird, was für gewöhnlich nur sehr schwer zu erreichen ist. Die Schilderungen der Spiele Śrī Kṛṣṇas sind so anziehend, dass sie uns unwillkürlich dazu anregen, sie immer wieder zu studieren, und je mehr wir die Spiele des Herrn studieren, desto mehr werden wir Anhaftung an Ihn gewinnen. Und genau diese Anhaftung an Kṛṣṇa befähigt uns, in Sein Reich, Goloka Vṛndāvana, erhoben zu werden. Die materielle Welt zu überwinden, bedeutet, die strengen Gesetze der materiellen Natur zu überwinden; dies ist im vorangegangenen Kapitel erklärt worden. Die strengen Gesetze der materiellen Natur können den Fortschritt einer Seele, die sich zur spirituellen Natur hingezogen fühlt, nicht hemmen. Dies wird vom Herrn Selbst in der *Bhagavad-gītā* bestätigt, wo es heißt: Die strengen Gesetze der materiellen Natur sind zwar sehr schwer zu überwinden, doch wer sich dem Herrn ergibt, kann die Unwissenheit sehr leicht hinter sich lassen. In der spirituellen Welt hat die materielle Natur keinen Einfluss. Wie uns im 2. Canto des *Śrīmad-Bhāgavatam* erklärt wird, wird die spirituelle Welt dadurch charakterisiert, dass sie von der Herrschaftsmacht der Halbgötter und vom Einfluss der materiellen Natur niemals berührt wird.

Śrīla Śukadeva Gosvāmī hat deshalb Mahārāja Parīkṣit zu Beginn des 2. Cantos darauf hingewiesen, dass jede bedingte Seele über die transzendentalen Spiele des Herrn hören und chanten sollte. Śrīla Śukadeva Gosvāmī sagte des Weiteren zu König Parīkṣit, dass in früheren Zeiten viele Könige und Kaiser in den Dschungel gezogen seien und sich dort schweren Entsagungen und Bußen unterzogen hätten, um nach Hause, zu Gott, zurückzukehren. In Indien kommt es auch heute noch vor, dass fortgeschrittene Transzendentalisten ihr Familienleben aufgeben und nach Vṛndāvana ziehen, um dort allein zu leben und sich vollkommen dem Hören und Chanten über die heiligen Spiele des Herrn zu weihen. Dieser Vorgang wird im *Śrīmad-Bhāgavatam* empfohlen, und die Sechs Gosvāmīs von Vṛndāvana sind dieser Anweisung gefolgt; aber leider haben gegenwärtig viele *karmīs* und Pseudogottgeweihte den heiligen Ort Vṛndāvana überschwemmt, nur um den von Śukadeva Gosvāmī empfohlenen Vorgang nachzuahmen. Es gab eine Zeit, wo viele Könige und Kaiser in den Wald gingen, um sich diesem Vorgang zu widmen, doch Śrīla Bhaktisiddhānta Sarasvatī Ṭhākura Gosvāmī Mahārāja rät davon ab, das zurückgezogene Leben in Vṛndāvana verfrüht zu beginnen.

Wer sich verfrüht nach Vṛndāvana begibt, um dort gemäß den Anweisungen Śukadeva Gosvāmīs zu leben, wird *māyā* wieder zum Opfer fallen, obwohl er sich in Vṛndāvana befindet. Um sich gegen die Leute zu wenden, die sich auf solch unautorisierte Weise in Vṛndāvana niederlassen, hat Śrīla Bhaktisiddhānta Sarasvatī Ṭhākura ein Lied verfasst, in dem er sagt: „Mein lieber Geist, warum bist du so stolz darauf, ein Vaiṣṇava zu sein? Dass du in der Zurückgezogenheit den Heiligen Namen des Herrn chantest, beruht auf dem Wunsch nach billiger Bewunderung, weshalb dein Chanten nichts anderes als Heuchelei ist. Dieses Trachten nach nichtigem Ansehen ist mit dem Kot von Schweinen vergleichbar, denn solcher Ruhm ist eine weitere Form von *māyās* Einfluss." Es mag Menschen geben, die um billiger Bewunderung willen nach Vṛndāvana gehen, dort aber, statt ins Kṛṣṇa-Bewusstsein vertieft zu sein, immerzu nur an Geld und Frauen denken, die bloß vergängliche Quellen der Freude sind. Sie täten jedoch besser daran, ihr Geld und ihre Frauen im Dienst des Herrn zu beschäftigen, denn Sinnengenuss ist nicht für die bedingten Seelen bestimmt.

Der Meister der Sinne ist Hṛṣīkeśa, Śrī Kṛṣṇa. Deshalb sollten die

Sinne stets in Seinem Dienst beschäftigt sein. Für materiellen Ruhm wollten sich schon viele Dämonen, wie zum Beispiel Rāvaṇa, den Gesetzen der materiellen Natur widersetzen, doch sie alle sind gescheitert. Man sollte sich deshalb vor der dämonischen Tendenz hüten, sich einfach nur um des Ruhmes willen als Vaiṣṇava auszugeben, ohne dem Herrn Dienst darzubringen. Wenn man sich aber dem hingebungsvollen Dienst des Herrn weiht, folgt einem der Vaiṣṇava-Ruhm automatisch. Man braucht also nicht auf die Gottgeweihten neidisch zu sein, die den Ruhm des Herrn verbreiten. Wir selbst haben es erlebt, dass uns einige sogenannte *bābājīs* in Vṛndāvana sagten, es wäre nicht nötig zu predigen und man täte besser daran, in Vṛndāvana an einem abgeschiedenen Ort zu leben und den heiligen Namen zu chanten. Diese *bābājīs* wissen nicht, dass einem der gute Ruf eines Predigers ganz von selbst folgen wird, wenn man sich einfach dem Predigen widmet und den Ruhm der Höchsten Persönlichkeit Gottes verbreitet. Niemand sollte also sein rechtschaffenes Leben als Haushälter voreilig aufgeben, um dann in Vṛndāvana ein heuchlerisches Leben voller Ausschweifungen zu führen. Śrīla Śukadeva Gosvāmīs Empfehlung, das Zuhause zu verlassen und in den Wald zu gehen, um nach Kṛṣṇa zu suchen, gilt nicht für unreife Menschen. Mahārāja Parīkṣit war reif. Vom Anfang seines Lebens an und auch als Haushälter verehrte er die *mūrti* Śrī Kṛṣṇas. Weil er bereits in seiner Kindheit Śrī Kṛṣṇas transzendentale Bildgestalt verehrt hatte, blieb er auch als Haushälter frei von jeglicher Anhaftung. Als er dann von seinem bevorstehenden Tod erfuhr, gab er sogleich alle Verbindungen zum Haushälterleben auf und begab sich an das Ufer des Ganges, um in der Gemeinschaft von Gottgeweihten das *Śrīmad-Bhāgavatam* zu hören.

Hiermit enden die Bhaktivedanta-Erläuterungen zum 90. Kapitel des Kṛṣṇa-Buches mit dem Titel „Abschließende Darstellung der Spiele Śrī Kṛṣṇas".

Anhang

Der Autor

His Divine Grace A. C. Bhaktivedanta Swami Prabhupāda erschien in dieser Welt im Jahre 1896 in Kalkutta, wo er 1922 zum ersten Mal seinem spirituellen Meister Śrīla Bhaktisiddhānta Sarasvatī Gosvāmī begegnete. Bhaktisiddhānta Sarasvatī, ein bekannter, gottergebener Gelehrter und Gründer von 64 vedischen Instituten, die als Gauḍīya Maṭhas bekannt wurden, fand Gefallen an dem gebildeten jungen Mann und überzeugte ihn, sein Leben der Lehre vedischen Wissens zu widmen. Śrīla Prabhupāda wurde sein Schüler und empfing 1933 die formelle Einweihung.

Śrīla Bhaktisiddhānta Sarasvatī bat Śrīla Prabhupāda bereits bei ihrer ersten Begegnung, das vedische Wissen in englischer Sprache zu verbreiten. In den darauffolgenden Jahren verfasste Śrīla Prabhupāda einen Kommentar zur *Bhagavad-gītā* und unterstützte die Bewegung seines spirituellen Meisters in ihrer Mission. 1944 gründete er das *Back to Godhead,* ein vierzehntäglich erscheinendes Magazin in englischer Sprache, welches er eigenhändig verfasste, produzierte, finanzierte und verteilte. Dieses Magazin wird heute von seinen Schülern weitergeführt und in vielen Sprachen veröffentlicht.

Als Anerkennung für Śrīla Prabhupādas philosophische Gelehrtheit und Hingabe ehrte ihn die Gauḍīya-Vaiṣṇava-Gesellschaft 1947 mit dem Titel „Bhaktivedanta". Im Jahre 1950 zog sich Śrīla Prabhupāda schließlich aus dem Familienleben zurück. Vier Jahre später trat er in den *vānaprastha*-Stand (Leben in Zurückgezogenheit) ein, um seinen Studien und seiner Schreibtätigkeit mehr Zeit widmen zu können. Bald danach begab er sich zu dem heiligen Ort Vṛndāvana in der Nähe von Agra, wo er unter bescheidensten Verhältnissen im mittelalterlichen Rādhā-Dāmodara-Tempel lebte. Dort verbrachte er mehrere Jahre mit eingehenden Studien und dem Schreiben. 1959 trat er in den Lebensstand der Entsagung *(sannyāsa)* ein. Im Rādhā-Dāmodara-Tempel begann er mit der Arbeit an seinem Lebenswerk – einer vielbändigen, kommentierten Übersetzung des 18 000 Verse umfassenden *Śrīmad-Bhāgavatam (Bhāgavata Purāṇa)*. Dort entstand auch das Buch *Easy Journey to Other Planets.*

Nachdem er drei Bände des *Śrīmad-Bhāgavatam* veröffentlicht hatte, reiste er 1965 in die USA, um die Mission seines spirituellen Meisters zu erfüllen. In der Folge schrieb er mehr als 50 Bände autoritativer, kommentierter Übersetzungen und zusammenfassender Studien der wichtigsten philosophischen und religiösen Klassiker Indiens.

Als Śrīla Prabhupāda per Frachtschiff im Hafen von New York ankam, war er so gut wie mittellos. Erst im Juli 1966, nach fast einem Jahr voller Schwierigkeiten, gründete er die Internationale Gesellschaft für Krishna-Bewusstsein (ISKCON). Bis zu seinem Verscheiden am 14. November 1977 leitete er die Gesellschaft persönlich und konnte miterleben, wie sie sich zu einer weltweiten Bewegung mit über einhundert *āśramas,* Schulen, Tempeln und Farmgemeinschaften entwickelte.

1972 führte Śrīla Prabhupāda mit der Gründung einer *gurukula*-Schule in Dallas die vedische Pädagogik für das Grund- und Mittelstufenschulwesen in der westlichen Welt ein.

Auch in Indien veranlasste Śrīla Prabhupāda den Aufbau verschiedener internationaler, kultureller Zentren. In Māyāpur in Westbengalen bauen die Gottgeweihten nun eine spirituelle Stadt am Ganges, die um einen großen Tempel angelegt ist; ein ambitioniertes Projekt, dessen Fertigstellung noch mehrere Jahre in Anspruch nehmen wird. In Vṛndāvana im Norden Indiens gibt es den prächtigen und vielbesuchten Krishna-Balarama-Tempel sowie ein internationales Gästehaus, eine *gurukula*-Schule, Śrīla Prabhupādas Mausoleum und ein Museum. Auch in Mumbai, Delhi, Tirupati, Ahmedabad, Siliguri, Ujjain und vielen anderen indischen Orten gibt es Tempel, kulturelle Zentren und Farmgemeinschaften, die von Śrīla Prabhupāda geplant wurden.

Śrīla Prabhupādas wichtigster Beitrag sind jedoch seine Bücher. Von Gelehrten wegen ihrer Autorität, Tiefe und Klarheit geschätzt, werden sie als Lehrbücher in zahlreichen Universitäten und Seminaren benutzt. Seine Werke wurden bereits in über 80 Sprachen übersetzt. Die *Bhagavad-gītā wie sie ist* ist mittlerweile in 59 Sprachen erhältlich. Der von Śrīla Prabhupāda im Jahre 1972 gegründete Bhaktivedanta Book Trust (BBT) hat sich zum weltweit größten Verlag für religiöse und philosophische Literatur Indiens entwickelt.

Glossar

Ācārya – („jemand, der durch sein Beispiel lehrt") Bezeichnung für den autorisierten, echten spirituellen Meister.

Acyuta – („der Unfehlbare") ein Name Kṛṣṇas.

Adhokṣaja – („derjenige, der Sich jenseits materieller Sinneswahrnehmung befindet").

Aguru – ein Duftstoff.

Akṣauhiṇī – militärische Abteilung, bestehend aus 21 870 Streitwagen, 21 870 Elefanten, 109 650 Fußsoldaten und etwa 65 000 Infanteristen.

Ānanda – spirituelle Glückseligkeit.

Anantadeva – („der Herr, der unendlich ist") ein anderer Name Śeṣas.

Ārati – Tempelzeremonie zur Begrüßung des Herrn, während der Weihrauch, Lampen, Wasser, Tücher, Blumen, Wedel, Fächer und Muschelhorn zu musikalischer Begleitung *(kīrtana)* geopfert werden.

Arcanā – der hingebungsvolle Vorgang der Bildgestaltenverehrung im Tempel.

Arcā-vigraha – auch *mūrti;* Bildgestalt des Herrn (im Tempel), durch die der Herr es dem Geweihten ermöglicht, Ihm persönlich zu dienen.

Āśrama – 1. Bezeichnung für die (vier) Lebensabschnitte des spirituellen Fortschrittes (siehe *Brahmacarya; Gṛhastha; Vānaprastha; Sannyāsa*). 2. Wohnstätte eines Heiligen.

Aṣṭaṅga-yoga – der achtfache Pfad des mystischen Yoga, beginnend mit der Beherrschung der Sinne und des Geistes durch Sitz-, Atem- und Meditationsübungen.

Asura – Dämon; Feind der Halbgötter und der Gottgeweihten.

Ātmā – 1. das Selbst, die individuelle spirituelle Seele im Körper; in anderen Zusammenhängen: 2. Geist; 3. Körper.

Ātmārāma – („jemand, der im Selbst Freude findet") Eigenschaft Kṛṣṇas und der reinen, befreiten Gottgeweihten, deren Glückseligkeit nicht von äußeren Dingen abhängig ist.

Avatāra – („jemand, der herabsteigt") Inkarnation oder Erscheinung des Höchsten Herrn.

Bhagavad-gītā – der Höhepunkt des Epos *Mahābhārata;* enthält das Gespräch zwischen Kṛṣṇa, der Höchsten Persönlichkeit Gottes, und Arjuna vor 5 000 Jahren auf dem Schlachtfeld von Kurukṣetra; enthält die wichtigsten Unterweisungen über spirituelles Leben und Gottesverwirklichung.

Bhakti-yoga – Verbindung mit dem Höchsten Herrn durch hingebungsvollen Dienst.

Brahmā – das höchste Lebewesen im Universum; wird zu Beginn der Schöpfung auf der Lotosblüte geboren, die aus dem Nabel Garbhodakaśāyī Viṣṇus sprießt; erschafft auf Anordnung Viṣṇus die Körper aller Lebewesen im Universum; für die Erscheinungsweise der Leidenschaft zuständig.

Brahma-bhūta – Stufe der Befreiung aus der materiellen Verstrickung, auf der man von spiritueller Freude erfüllt ist – jenseits von Begehren und Klagen – und mit universaler Sicht sieht.

Brahmacarya – Leben als Studierender im Zölibat; der erste Abschnitt im vedischen *āśrama*-System des spirituellen Lebens.

Brahmajyoti – die alldurchdringende spirituelle Ausstrahlung, die vom transzendentalen Körper des Höchsten Herrn ausgeht; der spirituelle Himmel, in dem die Vaikuṇṭha-Planeten schweben; das Ziel der Unpersönlichkeitsphilosophen, das Brahman.

Brahma-muhūrta – glückverheißendste Zeit des Tages für spirituelle Tätigkeiten; beginnt 1 Stunde 35 Minuten vor Sonnenaufgang und dauert 48 Minuten.

Brahman – 1. siehe Paraṁ Brahman; 2. die Absolute Wahrheit, die spirituelle Natur; 3. siehe *Brahmajyoti;* der unpersönliche Aspekt der Absoluten Wahrheit; die erste Stufe der Erkenntnis des Absoluten (vgl. Paramātmā).

Brāhmaṇa – in den Veden bewanderte Weise und Gelehrte, die die Gesellschaft spirituell führen; die erste der vier *varṇa*-Unterteilungen der vedischen Gesellschaft.
Brahma-saṁhitā – von Brahmā nach seiner Erleuchtung verfasste Schrift zum Lobpreis Kṛṣṇas, Govindas.

Caitanya Mahāprabhu – Inkarnation Kṛṣṇas in der Rolle eines Gottgeweihten; vor etwa 500 Jahren in Bengalen, Indien, erschienen, um das Chanten der Heiligen Namen Kṛṣṇas als den Vorgang der Gotteserkenntnis im gegenwärtigen Zeitalter des Kali einzuführen.
Cāmara – Fliegenwedel aus den Schwanzhaaren eines Yaks.
Cāṇḍāla – wörtl. „jemand, der Hundefleisch isst" (Hundeesser); Angehöriger einer der niedrigsten Menschenklassen.
Cāturmāsya – die vier Monate der Regenzeit in Indien (etwa Juli bis Oktober), während derer Heilige an einem Ort verweilen und sich bestimmte Entsagungen und Bußen auferlegen.
Cintāmaṇi – Wunschstein oder spiritueller Edelstein.

Daṇḍavat – („wie ein Stock") Ehrerbietung, die man einem Höhergestellten darbringt, indem man sich flach zu Boden wirft.
Devakī – die Frau Vasudevas; Kṛṣṇas „leibliche" Mutter; Schwester Kaṁsas.
Dharma – 1. die ewige, tätigkeitsgemäße Pflicht des Lebewesens, der spirituellen Seele, die darin besteht, der Höchsten Persönlichkeit Gottes, Kṛṣṇa, zu dienen; 2. religiöse Grundsätze in der Gesellschaft (siehe *Varṇāśrama-dharma*).
Dhṛtarāṣṭra – der blinde Bruder Pāṇḍus und Viduras; nahm nach dem Tode Pāṇḍus die fünf Pāṇḍavas in seine Obhut; unterstützte seine Söhne bei dem Versuch, die Pāṇḍavas zu töten; verursachte so letztlich die Schlacht von Kurukṣetra.
Droṇācārya – Befehlshaber der Armee Duryodhanas; Lehrer Arjunas.
Duryodhana – ältester Sohn Dhṛtarāṣṭras von niederträchtigem Charakter; Vetter der Pāṇḍavas; mitschuldig an der Schlacht von Kurukṣetra und Anführer der Kurus in der Schlacht.

Dvārakā – befestigte Stadt, die Śrī Kṛṣṇa im Meer erbaute und in der Er mit 16 108 Frauen in ebensovielen Palästen als König lebte (etwa 600 Kilometer nördlich von Mumbai am Golf von Kachchh gelegen).

Ekādaśī – wörtl. „der elfte Tag“ (nach jeweils Voll- und Neumond); besonderer Tag zur vertiefenden Erinnerung an Kṛṣṇa, an dem man von Getreide und Hülsenfrüchten aller Art fastet.

Gandharvas – mit Flügeln ausgestattete Halbgötter, die für ihren Gesang berühmt sind.

Garbhodakaśāyī Viṣṇu – der zweite *puruṣa-avatāra;* Erweiterung Mahā-viṣṇus; liegt in jedem Universum auf Śeṣa im Garbhodaka-Meer.

Garga Muni (Gargācārya) – Priester der Yadu-Dynastie.

Garuḍa – Gottgeweihter in der Gestalt eines riesigen Adlers, von dem sich Viṣṇu tragen lässt, wenn Er in der materiellen Welt erscheint.

Gauḍīya-Vaiṣṇava-sampradāya – Linie der spirituellen Meister nach Caitanya Mahāprabhu.

Ghee – geklärte Butter, Butterfett.

Gopāla – („der Beschützer der Kühe“) ein Name Kṛṣṇas.

Gopīs – 1. die älteren Kuhhirtenfrauen. 2. Kuhhirtenmädchen von Vṛndāvana, Kṛṣṇas engste Freundinnen und reinste Geweihte, die sich auf der höchsten Stufe der vollkommenen, reinen Liebe und Hingabe zu Kṛṣṇa befinden.

Gṛhastha – vedischer Haushälter, der zweite Lebensabschnitt im *āśrama*-System des spirituellen Lebens.

Guṇa – Bezeichnung für die Erscheinungsweisen der materiellen Natur (Tugend *[sattva-guṇa]*, Leidenschaft *[rajo-guṇa]* und Unwissenheit *[tamo-guṇa]*).

Guru – spiritueller Meister.

Gurukula – Schul-*āśrama* des spirituellen Meisters.

Janmāṣṭamī – Feier zum Erscheinungstag Kṛṣṇas in der materiellen Welt.

Jīva-tattva – Kategorie der Lebewesen, der winzigen spirituellen Bestandteile des Höchsten Herrn.

Jñāna-yoga – Pfad der spirituellen Erkenntnis durch Studium der Schriften und philosophische Spekulation.

Kaiśora – Kṛṣṇas Alter vom elften bis zum fünfzehnten Lebensjahr.

Kali-yuga (Zeitalter des Kali) – das gegenwärtige Zeitalter, das durch Streit und Heuchelei gekennzeichnet ist; es ist das letzte in einem Zyklus von vier Zeitaltern und begann vor 5 000 Jahren. Siehe auch *Yugas.*

Karma – 1. materielle, fruchtbringende Tätigkeiten – gute oder schlechte –, auf die dementsprechende Reaktionen folgen. 2. das Gesetz von Aktion und Reaktion.

Karma-kāṇḍa – durch vedische Prinzipien regulierte fruchtbringende Tätigkeiten, um auf die himmlischen Planeten zu gelangen.

Karmī – jemand, der Karma-Tätigkeiten ausführt; ein Materialist.

Kaumāra – Kṛṣṇas Kindheitsalter bis zum Ende des fünften Lebensjahres.

Kaustubha – Edelstein an der Halskette Viṣṇus.

Kīrtana – das Chanten über die Herrlichkeit des Herrn durch 1. Singen vedischer Hymnen oder Mantras und 2. durch Sprechen oder Vortragen; einer der neun Vorgänge des hingebungsvollen Dienstes.

Kṣatriya – jmd., der unter der Anleitung der *brāhmaṇas* die Gesellschaft verwaltet und schützt; die zweite *varṇa*-Unterteilung der vedischen Gesellschaft.

Kṣīrodakasāyī Viṣṇu – der dritte *puruṣa-avatāra;* Erweiterung Garbhodakaśāyī Viṣṇus; liegt in jedem Universum auf Śeṣa im Meer der Milch auf Svetadvīpa; alldurchdringende Überseele und Erhalter des Universums.

Kuṅkuma – süßlich duftendes rotes Pulver.

Kurus – Dynastie des Mahārāja Kuru. Sowohl die Söhne Dhṛtarāṣṭras als auch die Pāṇḍus gehörten zu dieser Dynastie und waren im Allgemeinen als Kurus bekannt. Als es jedoch zur Auseinandersetzung zwischen den beiden Familien kam, bezeichnete man die Söhne Dhṛtarāṣṭras als Kurus oder Kauravas und die Söhne Pāṇḍus als Pāṇḍavas.

Lakṣmī – die Glücksgöttin, die Gefährtin Nārāyaṇas in Vaikuṇṭha.

Līlā – transzendentales Spiel, transzendentale Tat Śrī Kṛṣṇas oder Seiner persönlichen Erweiterungen.

Mādhava – („der Gemahl der Glücksgöttin") ein Name Kṛṣṇas.
Mādhurya-rasa – ewige Beziehung zu Kṛṣṇa in ehelicher Liebe.
Mahābhārata – („die Geschichte des Königreiches von Bhārata-varṣa [Indien]") mit mehr als 100 000 Doppelversen das längste Epos der Weltliteratur, beschreibt die Auseinandersetzungen zwischen den Kauravas und den Pāṇḍavas; enthält die *Bhagavad-gītā.*
Mahā-Mantra – das große Mantra zur Befreiung: Hare Kṛṣṇa, Hare Kṛṣṇa, Kṛṣṇa Kṛṣṇa, Hare Hare / Hare Rāma, Hare Rāma, Rāma Rāma, Hare Hare. Das Chanten dieses Mantra ist im gegenwärtigen Zeitalter des Kali der empfohlene, ideale Vorgang zur Selbstverwirklichung und Gotteserkenntnis.
Mantra – (*mana* – Geist und *traya* – befreien) Klang, der den Geist von seiner Unreinheit befreit, d. h. von seinen materiellen Anhaftungen.
Mathurā – Kṛṣṇas Erscheinungsort in der Nähe von Vṛndāvana, wohin Er zurückkehrte, nachdem Er Seine Spiele in Vṛndāvana beendet hatte.
Māyā – („das, was nicht ist") 1. *mahā-māyā:* Täuschung, Illusion, unter deren Einfluss das spirituelle Lebewesen sich mit dem materiellen Körper identifiziert und seine Beziehung zu Kṛṣṇa vergisst. 2. *yoga-māyā:* innere Energie Kṛṣṇas, durch die Sich Kṛṣṇa Seinem reinen Geweihten teilweise offenbart, aber Seine göttliche Größe verborgen hält, um eine enge, vertrauliche Beziehung zu ermöglichen.
Māyāvādīs – Anhänger atheistischer, monistischer Philosophie, die die Existenz eines Gottes als höchste Person zurückweisen und auch die Individualität des Lebewesens als Illusion bezeichnen. Nach ihrer Theorie ist Gott formlos und unpersönlich, weshalb sie ihre eigene individuelle Persönlichkeit aufgeben wollen, um mit dem Absoluten eins zu werden.
Mukti – Befreiung aus dem materiellen Dasein und (meist) Eingehen in das unpersönliche Brahman; Ziel der Unpersönlichkeitsphilosophen.
Mukunda – („derjenige, der Befreiung gewährt") ein Name Kṛṣṇas.

Mūrti – siehe *Arcā-vigraha.*

Naimiṣāraṇya – Wald in Uttar Pradesh. Sūta Gosvāmī trug dort einer Versammlung von Weisen unter der Führung Śaunaka Ṛṣis das *Śrīmad-Bhāgavatam* vor, wie er es gehört hatte, als Śukadeva Gosvāmī es Mahārāja Parīkṣit vortrug.

Nārāyaṇa – „Ruhestätte aller Lebewesen" (nach der Vernichtung des Universums); Name Kṛṣṇas in Seinem Vaikuṇṭha-Aspekt.

Nitya-baddhas – ewig bedingte Seelen, die ihre Beziehung zu Kṛṣṇa vergessen haben.

Nitya-siddhas – ewig Kṛṣṇa-bewusste Seelen.

Nityānanda – Inkarnation Balarāmas, die vor etwa 500 Jahren in Rāḍhadeśa, Indien, als der Gefährte Caitanya Mahāprabhus erschien.

Nṛsiṁha(deva) – (*nṛ* – Mensch; *siṁha* – Löwe) die Halb-Mensch-halb-Löwen-Inkarnation Gottes.

Pāṇḍavas – die fünf Söhne Mahārāja Pāṇḍus: Yudhiṣṭhira, Arjuna, Bhīma, Nakula und Sahadeva; siegten in der Schlacht von Kurukṣetra gegen die Kurus.

Pāṇḍu – Bruder Dhṛtarāṣṭras; Vater der fünf Pāṇḍavas.

Parakīya-rasa – die Beziehung zwischen Kṛṣṇa und den *gopīs,* die bereits verheiratet waren; spirituelle, außereheliche Liebesbeziehung; von allen möglichen *rasas* die höchstvollkommene Stufe der reinen Liebe zu Kṛṣṇa.

Paramahaṁsa – wörtl. „der höchste Schwan"; ein Gottgeweihter höchsten Ranges; die höchste Stufe des *sannyāsa*-Standes.

Param Brahman – („das höchste Brahman") Bezeichnung für die Höchste Persönlichkeit Gottes, Śrī Kṛṣṇa.

Paramātmā – wörtl. „die Höchste Seele"; Bezeichnung für den Höchsten Herrn, der als Überseele im Herzen eines jeden weilt.

Paramparā – eine Kette spiritueller Meister, die zueinander in der Beziehung Meister-Schüler stehen.

Parīkṣit Mahārāja – Enkel der Pāṇḍavas; Weltherrscher nach Yudhiṣṭhira Mahārāja; hörte von Śukadeva Gosvāmī das *Śrīmad-Bhāgavatam* sieben Tage lang bis zu seinem Tod und erreichte so die Vollkommenheit.

Pātāla – das untere Planetensystem.

Paunganda – Kṛṣṇas Alter vom sechsten bis zum Ende des zehnten Lebensjahres.

Prākṛta-sahajiyās – Pseudogottgeweihte, die eine weltliche Auffassung von den Spielen Kṛṣṇas haben.

Prakṛti – 1. *parā-prakṛti:* die spirituelle, höhere Energie. 2. *aparā-prakṛti:* die materielle, niedere Energie.

Prasāda – („Barmherzigkeit") 1. Barmherzigkeit des Höchsten Herrn. 2. Speise, die spiritualisiert ist, weil sie Kṛṣṇa geopfert wurde.

Purāṇas – insgesamt 18 verschiedene Aufzeichnungen historischer Ereignisse aus dem ganzen Universum; vedische Ergänzungsschriften.

Puruṣa-avatāras – vollständige Erweiterungen Kṛṣṇas, die für die Erschaffung und Erhaltung der materiellen Universen zuständig sind: Mahā-viṣṇu (Kāraṇodakaśāyī Viṣṇu), Garbhodakaśāyī Viṣṇu und Kṣīrodakaśāyī Viṣṇu.

Rādhārāṇī – die Haupt-*gopī;* die Verkörperung der inneren Freudenkraft Kṛṣṇas und damit Seine erste und höchste Geweihte.

Rāksasas – 1. dämonische Wesen, Bewohner des Planeten Rāksasaloka. 2. dämonische menschliche Wesen in der Erscheinungsweise der Unwissenheit mit dementsprechenden Eigenschaften und Angewohnheiten (lieben es, Fleisch zu essen; nehmen Berauschungsmittel zu sich; von böswilligem Charakter usw.).

Rasa – („Wohlgeschmack, liebevolle Haltung") Beziehung zwischen der reinen individuellen Seele und dem Höchsten Herrn. Es gibt fünf grundlegende *rasas: sānta-rasa* (neutrale Beziehung), *dāsya-rasa* (Beziehung als Diener), *sakhya-rasa* (freundschaftliche Beziehung, *vātsalya-rasa* (elterliche Beziehung) und *mādhurya-rasa* (eheliche Beziehung).

Rāsa-līlā – Kṛṣṇas transzendentaler *rāsa*-Tanz mit den *gopīs* im Wald von Vṛndāvana.

Ratha-yātrā – Wagenfest, bei dem die Bildgestalten Jagannāthas, Subhadrās und Balarāmas auf großen Wagen durch die Stadt gezogen werden.

Ṛṣi – Weiser.

Rudra – ein Name Śivas.

Sādhana-bhakti – hingebungsvoller Dienst nach Regeln und Vorschriften, um die natürliche Liebe zu Kṛṣṇa wiederzuerwecken.
Sahajiyās – siehe *Prākṛta-sahajiyā.*
Samādhi – völlige Vertiefung in Meditation über Kṛṣṇa (Kṛṣṇa-Bewusstsein).
Sampradāya – ununterbrochene Kette von spirituellen Meistern.
Sanātana dharma – („ewige Religion") die ewige wesensgemäße Stellung der individuellen Seele gegenüber dem Höchsten Herrn, nämlich Ihm zu dienen.
Saṅkarācārya – Inkarnation Śivas, der im Kali-yuga als *brāhmaṇa* erschien, um durch eine verdrehte Auslegung des *Vedānta-sūtra* Unpersönlichkeitsphilosophie zu lehren.
Saṅkarṣaṇa – eine der *viṣṇu-tattva*-Erweiterungen Kṛṣṇas.
Saṅkīrtana – das gemeinsame Chanten der Heiligen Namen des Herrn in der Öffentlichkeit; der vorgeschriebene Yoga-Vorgang für das gegenwärtige Zeitalter.
Sannyāsa – Leben in Entsagung; der vierte Abschnitt im vedischen *āśrama*-System des spirituellen Lebens.
Sarasvatī – 1. die Halbgöttin der Gelehrsamkeit und Gattin Brahmās. 2. heiliger Fluss in Indien.
Sari – Kleidungsstück der Frauen in Indien.
Śāstra – offenbarte Schrift.
Śiva – („der Glückspendende") der Halbgott, der für die Erscheinungsweise der Unwissenheit und die Zerstörung des Universums zuständig ist. vgl. *Śrīmad-Bhāgavatam* 1.12.23
Smārta-brāhmaṇa – Kasten-*brāhmaṇa,* der sich auf das Befolgen der Regeln und Vorschriften der Veden konzentriert, ohne deren Schlussfolgerung richtig zu verstehen.
Śrīmad-Bhāgavatam – (auch *Bhāgavata Purāṇa*) das wichtigste der 18 *Purāṇas,* der 18 000 Verse umfassende Kommentar Vyāsadevas zu seinem eigenen *Vedānta-sūtra;* wird als „die reife Frucht am Baum des vedischen Wissens" bezeichnet.
Śrīvatsa – besonderes Merkmal (drei goldene Haare) auf Kṛṣṇas Brust.
Sudarśana-cakra – Śrī Kṛṣṇas Feuerrad; eines der vier Symbole Viṣṇus (Feuerrad, Keule, Lotosblume, Muschelhorn).

Śūdra – Arbeiter, der den ersten drei *varṇas* dient; die vierte der *varṇa*-Unterteilungen der vedischen Gesellschaft.

Śukadeva Gosvāmī – der Sohn Vyāsadevas, der das *Śrīmad-Bhāgavatam* schon im Leib seiner Mutter von seinem Vater hörte und es später Mahārāja Parīkṣit vortrug.

Surabhi – Kühe der spirituellen Welt, Goloka Vṛndāvana, die eine unbegrenzte Menge Milch geben.

Śvetadvīpa – auch als Dhruvaloka bekannt; der spirituelle Planet Kṣīrodakaśāyī Viṣṇus im materiellen Universum.

Śyāmasundara – (*śyāma* – blauschwarz; *sundara* – schön) „von blauschwarzer Körpertönung und großer Schönheit" (Name Kṛṣṇas).

Tapasya – das freiwillige Aufsichnehmen von Entsagung, um ein materielles oder spirituelles Ziel zu erreichen.

Tilaka – heiliger Ton oder Lehm, mit dem der Gottgeweihte zwölf Stellen des Körpers mit dem Symbol des Viṣṇu-Tempels zeichnet.

Tulasī – reine Gottgeweihte in der Gestalt einer Pflanze, die Kṛṣṇa sehr lieb ist und deren Blätter und Blüten Seinen Lotosfüßen geopfert werden.

Vaiṣṇava – ein Geweihter Viṣṇus, Kṛṣṇas.

Vaikuṇṭha – (*vai* – ohne; *kuṇṭha* – Angst) „frei von aller Angst"; die spirituelle Welt.

Vaiśyas – die Bauern und Kaufleute; die dritte *varṇa*-Unterteilung der vedischen Gesellschaft.

Vānaprastha – das Leben in Zurückgezogenheit; der dritte Abschnitt im vedischen *āśrama*-System des spirituellen Lebens.

Varṇa – die insgesamt vier Unterteilungen der vedischen Gesellschaft entsprechend den Tätigkeiten und Eigenschaften der Menschen (siehe *Brāhmaṇa, Kṣatriya, Śūdra, Vaiśya*).

Varṇāśrama – das vedische Gesellschaftssystem der vier sozialen Schichten und vier Abschnitte des spirituellen Lebens.

Varuṇa – der für Gewässer und Wasserlebewesen zuständige Halbgott.

Vasudeva – Kṛṣṇas „leiblicher" Vater.

Vāsudeva – 1. „der Sohn Vasudevas" (ein Name Kṛṣṇas). 2. eine der *visnu-tattva*-Erweiterungen Kṛṣṇas.

Vedānta-sūtra – („das Ende des Wissens") Schrift in Aphorismenform, die das vedische Wissen in knapper Form zusammenfasst.

Veden – („Wissen") 1. die vier ursprünglichen Vedas: *Ṛg Veda, Sāma Veda, Atharva Veda, Yajur Veda.* 2. Sammelbegriff für alle vedischen Schriften.

Vidura – Inkarnation Yamarājas als der „*śūdra*-Bruder" Dhṛtarāṣṭras und Pāṇḍus. Großer Gottgeweihter, rettete Dhṛtarāṣṭra durch seine Belehrungen.

Vikarma – Handlungen gegen die Anweisungen der offenbarten Schriften oder des spirituellen Meisters.

Vīṇā – Saiteninstrument, das insbesondere von Nārada Muni gespielt wird, während er die Herrlichkeit des Herrn besingt.

Viṣṇu – wörtl. „der Alldurchdringende"; Erweiterung Kṛṣṇas mit vier oder mehr Armen in vielfältigen Aspekten.

Viṣṇu-tattva – Kategorie der Erweiterungen der ursprünglichen Persönlichkeit Gottes (Kṛṣṇa), die alle gleichermaßen Gott sind.

Vraja(bhūmi) – anderer Name für Vṛndāvana.

Vṛndāvana(-dhāma) – wörtl. „der Wald Vṛndās". 1. Goloka Vṛndāvana: Kṛṣṇas persönliches Reich in der spirituellen Welt. 2. Gokula Vṛndāvana in der materiellen Welt, wenn Kṛṣṇa erscheint; gelegen in Nordindien, etwa 145 Kilometer südöstlich von Neu-Delhi.

Vyāsadeva – Inkarnation Kṛṣṇas; legte das bis vor 5 000 Jahren mündlich überlieferte vedische Wissen schriftlich nieder. Hauptwerke: die vier Vedas, *Mahābhārata, Bhagavad-gītā,* Upaniṣaden, *Vedānta-sūtra* und *Śrīmad-Bhāgavatam.*

Vyāsāsana – erhöhter Ehrenplatz für die spirituellen Meister in der Nachfolge Vyāsadevas.

Yadus – Nachkommen König Yadus; Dynastie, in der Kṛṣṇa als der Sohn Vasudevas erschien.

Yajña – Opfer.

Yamunā – heiliger Fluss in Indien, der durch Vṛndāvana, Mathurā und Hastināpura (Neu-Delhi) fließt.

Yamarāja – der Halbgott des Todes.

Yauvana – wörtl. „Jüngling"; eine Bezeichnung für Kṛṣṇa, nachdem Er das fünfzehnte Lebensjahr vollendet hat.

Yoga – wörtl. „Verbindung"; Vorgang, sich mit Gott zu verbinden.
Yogamāyā – siehe *Māyā*.
Yogī – jemand, der sich im Yoga übt.
Yuga – Zeitabschnitt im Universum. Die Dauer des materiellen Universums ist begrenzt. Es manifestiert sich in periodisch wiederkehrenden *kalpas*. Ein *kalpa* entspricht einem Tag Brahmās oder 4 320 000 × 1 000 Jahren irdischer Zeitrechnung, denn ein Tag Brahmās dauert 1 000 Zyklen der vier *yugas* Satya, Tretā, Dvāpara und Kali.

Anleitung zur Aussprache des Sanskrit

Die in Indien geläufigste Schreibweise des Sanskrit wird Devanāgarī genannt. Das Devanāgarī-Alphabet besteht aus 48 Buchstaben, nämlich 13 Vokalen und 35 Konsonanten, und wurde nach präzisen linguistischen Prinzipien zusammengestellt. Die im vorliegenden Buch verwendete Schreibweise entspricht dem international anerkannten System der Sanskritumschrift.

Der kurze Vokal **a** wird wie das **a** in h**a**t ausgesprochen; das lange **ā** wie das **a** in h**a**ben und das kurze **i** wie das **i** in r**i**tten. Das lange **ī** wird wie das **i** in B**i**bel ausgesprochen, das kurze **u** wie das **u** in B**u**tter und das lange **ū** wie das **u** in H**u**t. Der Vokal **ṛ** wird wie das **ri** in **ri**nnen ausgesprochen. Der Vokal **e** wird wie das **e** in **e**wig ausgesprochen; **ai** wie in w**ei**se; **o** wie in h**o**ch und **au** wie in H**au**s. Der *anusvāra* (**ṁ**), ein reiner Nasallaut, wird wie das **n** im franz. bo**n** ausgesprochen, und der *visarga* (**ḥ**), der ein starker Hauchlaut ist, wird am Zeilenende mit Wiederholung des vorangegangenen Vokals ausgesprochen. So wird also **aḥ** wie **aha** ausgesprochen und **iḥ** wie **ihi**.

Die gutturalen Konsonanten – **k, kh, g, gh** und **ṅ** – werden in ähnlicher Weise wie die deutschen Kehllaute gebildet. **K** wird ausgesprochen wie in **k**ann, **kh** wie in Ec**kh**art, **g** wie in **g**eben, **gh** wie in we**gh**olen und **ṅ** wie in si**ngen**. Die Gaumenlaute – **c, ch, j, jh** und **ñ** – werden vom Gaumen aus mit der Mitte der Zunge gebildet. **C** wird ausgesprochen wie das **tsch** in **Tsch**eche, **ch** wie im engl. staun**ch-h**eart, **j** wie das **dsch** in **Dsch**ungel, **jh** wie im engl. he**dge-h**og und **ñ** wie in Ca**ñ**on. Die dentalen Konsonanten – **t, th, d, dh** und **n** – werden gebildet, indem man die Zungenspitze gegen die Zähne drückt. **T** wird ausgesprochen wie in **T**al, **th** wie in Sanf**th**eit, **d** wie in **d**ann, **dh** wie in Sü**dh**älfte und **n** wie in **N**atter. Die zerebralen Konsonanten – **ṭ**, **ṭh**, **ḍ**, **ḍh** und **ṇ** – werden in gleicher Weise gebildet wie die dentalen, aber bei ihnen berührt die Zungenspitze den oberen Gaumen. Die labialen Konsonanten – **p**, **ph**, **b**, **bh** und **m** – werden mit den Lippen gebildet. **P** wird ausgesprochen wie in **P**astor, **ph** wie im engl. u**ph**ill, **b** wie in **B**all, **bh** wie in Gro**bh**eit und **m** wie in **M**alz.

Die Halbvokale – **y**, **r**, **l** und **v** – werden ausgesprochen wie in **Y**oga, **R**avioli (wie das italienische r), **l**achen, **V**ene.

Die Zischlaute – **ś**, **ṣ** und **s** – werden ausgesprochen wie in i**ch**, **sch**ön und fa**s**ten. Der Buchstabe **h** wird ausgesprochen wie in **h**elfen.

Zentren der Internationalen Gesellschaft für Krishna-Bewusstsein

Gründer-Ācārya: His Divine Grace A. C. Bhaktivedanta Swami Prabhupāda

Für Informationen zu Vorträgen, Veranstaltungen, Kursen mit Unterkunft, Festivals und örtlichen Treffen kontaktieren Sie bitte ein Zentrum in Ihrer Nähe.

DEUTSCHLAND

Abentheuer – Goloka Dhama, Böckingstraße 4a–8, 55767 Abentheuer; Tel. +49 (0)6782 2214; www.goloka-dhama.de

Berlin – Berliner Allee 209, 13088 Berlin; mail@tempelberlin.de; www.tempelberlin.de

✦ **Hamburg** – Krummholzberg 9, 21073 Hamburg; Tel. +49 (0)151 10652236; vaidyanath.acbsp@pamho.net; www.bhaktiyogazentrum.de; www.govindas-hamburg.de

Heidelberg – Zuzenhäuser Straße 13, 74909 Meckesheim; Tel. +49 (0)6226 9530741; www.iskcon-heidelberg.de

Köln – Taunusstraße 40, 51105 Köln; Tel. +49 (0)221 8303778; kontakt@gauradesh.com; www.gauradesh.com

Leipzig – Krishna-Tempel Leipzig, Zschochersche Straße 55, 04229 Leipzig; Tel. +49 (0)159 02414953; office@krishna-tempel-leipzig.de; www.krishnakrishna.de

München – Wachenheimer Straße 1, 81539 München; Tel. +49 (0)89 68800288; iskcon.muenchen@krishnatempel.de; www.krishnatempel.de

Wiesbaden – Hari Nama Desh, Aarstraße 8, 65329 Burg Hohenstein; Tel.+49 (0)6120 904107; iskconwiesbaden@pamho.net; www.iskconwiesbaden.de

Bauernhof

Jandelsbrunn – Simhachalam, Zielberg 20, 94118 Jandelsbrunn; Tel. +49 (0)8583 316; info@simhachalam.de; www.simhachalam.de

✦ Tempel mit Restaurant oder Verköstigung

SCHWEIZ

Zürich – Krishna-Tempel; Bergstrasse 54, 8032 Zürich;
Tel. +41 (0)44 262 33 88; kgs@pamho.net; www.krishna.ch

Langenthal – Gaura Bhaktiyoga Center, Dorfgasse 43, 4900 Langenthal;
Tel. +41 (0)62 922 05 48; gaura.bhaktiyoga.center@gmx.ch;
www.gaura-bhakti.ch

Restaurant

Locarno – Govinda Ristorante, Via della Motta 10, 6600 Locarno;
Tel. +41 (0)91 752 38 52; info@govinda-locarno.ch; www.govinda-locarno.ch

ÖSTERREICH

Wien – Vedisches Zentrum Wien, Loquaiplatz 2, 1060 Wien;
Tel. +43 (0)650 9429480; iskconwien@gmail.com

ANDERE LÄNDER

Bergamo, Italien – Villaggio Hare Krishna (da Medolago strada per Terno d'Isola), 24040 Chignolo d'Isola (BG); Tel. +39 035 4940706

Budapest, Ungarn – Lehel u. 15–17, 1039 Budapest; Tel. +36 1 391 0435;
info@krisna.hu; www.krisna.hu

✦ **Durbuy (Radhadesh), Belgien** – Château de Petite Somme, 6940 Septon (Durbuy); Tel. +32 86 322926; info@radhadesh.com; www.radhadesh.com

Kopenhagen, Dänemark – Skjulhøj Allé 44, 2720 Vanløse; Tel. +45 48 286446;
iskcon.denmark@pamho.net; harekrishna.dk

Ljubljana, Slowenien – Žibertova 27, 1000 Ljubljana; Tel. +386 1 4312124;
iskcon.ljubljana@pamho.net; www.harekrisna.net

✦ **London, Großbritannien** – Sri Sri Radha-Krishna Temple, 10 Soho Street, London W1D 3DL; Tel. +44 20 7437 3662; london@pamho.net; www.iskcon-london.org; Govinda's Restaurant: Tel. +44 20 7437 4928; govindas@iskcon-london.org

✦ **Lund, Schweden** – Bredgatan 28, 22221 Lund; Tel. +46 46 399500,
Restaurant: +46 46 120413; vedicstudieslund@pamho.net

✦ **Mailand, Italien** – via Valpetrosa 5, 20123 Milano; Tel. +39 02 862417; Fax +39 035 4940705; iskcon.milano@radharamana.it; www.radharamana.it

Paris, Frankreich – 230 Avenue de la Division Leclerc, 95200 Sarcelles; Tel. +33 68 2590079 paris@pamho.net; www.krishnaparis.com

Prag, Tschechien – Lužce 48, 26718, Karlštejn; Tel. + 420 311516558; info@harekrsna.cz; www.harekrsna.cz

Stockholm, Schweden – New Radhakunda, Korsnäs Gård, 14792 Grödinge; info@pamho.net; www.krishna.se

Teneriffa, Kanarische Inseln – Calle Gran Bretaña, 2 C.C. Palmeras del Sur, 9–11, 38660 Adeje; Tel. +34 92 2715384; patita.pavana.grs@pamho.net

Watford, Großbritannien – Bhaktivedanta Manor, Hilfield Lane, Watford WD25 8EZ; Tel. +44 1923 851000; info@krishnatemple.com; www.krishnatemple.com

Zagreb, Kroatien – II Bizek 36, 10000 Zagreb; Tel. +385 91 429 5877; zagreb@iskcon.hr; www.iskcon.hr

Bauernhöfe

Brihuega (Nueva Vraja Mandala), Spanien – (Santa Clara), 19411 Brihuega; Tel. +34 949 280436; www.nuevavrajamandala.es

✦ **Somogyvámos, Ungarn** – Krisna-völgy, Fő u. 38., 8699 Somogyvámos; Tel. +36 85 540 002; info@krisnavolgy.hu; www.krisnavolgy.hu

Restaurants

Barcelona, Spanien – Restaurante Govinda, Plaça de la Villa de Madrid 4–5, 08002 Barcelona; Tel. +34 93 3187729; www.govinda.es

Budapest, Ungarn – Govinda Restaurant, Vigyázó Ferenc utca 4., 1051 Budapest; Tel. +36 1 473 1310; govinda1.etterem@gmail.com; www.govinda.hu

Prag, Tschechien – Góvinda, Soukenická 2060/27, 110 00 Praha-Nové Mûsto; Tel. +420 605 700871; info@govindarestaurace.cz; www.govinda.cz

Diese Liste stellt nur eine teilweise Aufstellung unserer Zentren dar. Manche Adressen und Kontaktdaten können sich im Laufe der Zeit ändern. Wenn Sie ganz sichergehen wollen, kontaktieren Sie das jeweilige Zentrum oder werfen Sie einen Blick ins Internet, um herauszufinden, ob die Daten noch aktuell sind, bzw. welche weiteren Zentren sich in Ihrer Nähe befinden.

